广播电视学学科建设书系之三

新修地方志

早期广播史料汇编（上）

赵玉明　艾红红　刘书峰◎主编

中国广播影视出版社

“广播电视学学科建设书系”前言

2007年年初，我已年逾七十岁，按照中国传媒大学的有关规定办理了退休手续。当年9月10日，在教师节庆祝大会上，学校宣布了《关于授予赵玉明等四位教授“中国传媒大学突出贡献教授”称号的决定》。不久，学校又做出了对已退休或将退休的八名首批博士生导师资助出版个人文集的决定。回顾在中国传媒大学（北京广播学院）半个世纪的教学研究工作历程，本人既深感荣幸，又心怀感激，于是决心倾力完成好编辑出版个人文集的任务，以不辜负学校的厚望。

近几年来，我一方面收集、整理自己从教以来历年所存的文稿，编选目录，一方面考虑如何使这部个人文集能对自己终身从事的新闻传播学教育、特别是广播电视史的教学研究工作有所贡献。经再三斟酌，也听取了相关同志意见，决定将个人文集之事适当扩容，定名为“广播电视学学科建设书系”。其中之一为个人文集三卷，包括广播电视卷（上）、（下）及新闻传播卷，每卷内容各有说明。此外，尚包括以下内容。

之二，我所主持的教育部人文社科重点研究基地——中国传媒大学广播电视研究中心重大项目《广播电视学学科体系建设研究》结项成果，包括《广播电视学学科体系建设研究总论》和《广播电视学研究述评》（含《广播电视理论研究述评》、《广播电视史学研究述评》、《广播电视实务研究述评》、《广播电视交叉学科研究述评》和《西方广播电视研究述评》），分上、下两卷，本书由我和我指导过的两位博士艾红红教授、庞亮副研究员共同主编。

之三，我和我指导过的两位博士艾红红教授、刘书峰副编审共同主编的《新修地方志早期广播史料汇编》分上、下两卷。

今年是中国传媒大学建校60周年，也是本人在本校从教55周年，谨以“广播电视学学科建设书系”的出版作为献礼，聊表寸心。

本校艾红红教授、刘书峰副编审和庞亮副研究员及其指导的研究生李晓光、张立雷为本书系的编选做了大量前期准备工作，中国广播电视出版社领导和责任编辑李晓霖、贺明同志对本书系的出版给予了大力支持，谨致谢意。

赵玉明

2014年春节之际

本书前言

编修地方志是中华民族特有的文化传统。20世纪80年代，新修地方志工作普遍展开，广播电视首次入志，为当代中国志林增加了新的成员和新的品种。随着首轮省级广播电视志编纂工作的完成，1991年至2009年，全国正式出版了29部省级广播电视志书，共计约一千七百多万字，同时还编纂了一大批地市县区级广播电视志（稿）及广播电视台志。广播电视志书第一次从“横向”的角度完成对各地广播电视发展的历史记述，为修订、重写中国广播电视史提供了系统、完整、真实的资料。从各地所编修的广电志早期广播史料中，可以了解中国境内最早的广播电台、中国人所办的最早的广播电台、国民党所办最早的广播电台、中国共产党领导下的第一座人民广播电台及各地广播事业发展的概况等等。

总的来说，首轮编修的广播电视志内容涵盖从20世纪20年代初至20世纪末，其中以新中国成立为节点，前后经历了两个历史时期。相对于新中国成立之后的内容而言，首轮编修的广播电视志对民国时期的广播，尤其是对北洋时期广播电台、国民党党政军办的广播电台、民营广播电台、宗教性广播电台和外国人办的广播电台以及日本侵华广播电台的记述过于简略。即便如此，这些有关新中国成立前的早期广播的内容，仍然是十分宝贵的。

本书将这些散见在几十本省市级广播电视志书中不同章节的新中国成立之前广播的内容集中起来，并保留原书出版时的篇章结构，以方便有关研究人员和爱好者查阅。全书收录了当时29个省、自治区、直辖市编修的广播电视志书及部分地市级广播电视志的有关内容，以及云南广电局戴美政同志对云南民国广播研究的新成果，并附两篇对首轮广播电视志编修的评述文章。

本书收录内容的下限一般为1949年10月新中国成立，也包括部分当时尚未解放的地区直至解放时的内容。广播人物选自有关省级广电志中的人物介绍，主要选取在民国时期对广播事业发展有所贡献的人物。

因主编者目力所限，可能仍有部分地区的广播电视志未能收录。编选不当之处，敬请方家赐教。

中国广播影视出版社责任编辑史闻峰同志为本书出版付出辛勤劳动，谨致谢意。

2014年12月25日

目录 Contents

天津市

第二篇　管理

第三篇　研究资料、报刊团体

第四篇　经营服务

河北省

山西省

第二篇　事业管理

附录

地市级地方志广播史料

吉林省

黑龙江省

上海市

第三篇　广播电视技术

第四篇　管理

第五篇　交流合作

第六篇　研究、出版、团体

第七篇　经营、服务

第八篇　人物

附录

江苏省

附录

地市级地方志广播史料

北 京 市

《北京志·新闻出版广播电视志》，北京出版社 2006 年版

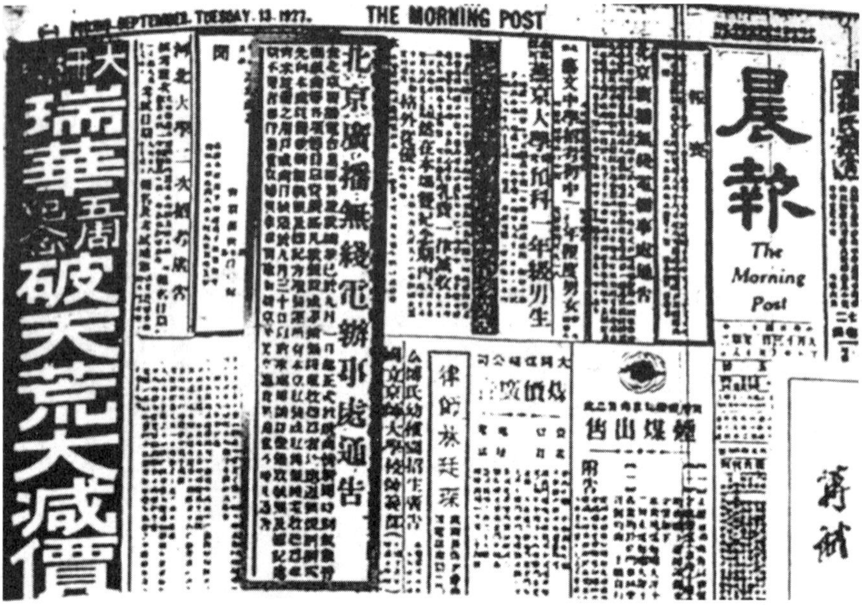
THE MORNING POST

晨報

The Morning Post

北京廣播無線電辦事處通告

瑞華五周紀念破天荒大減價

民国十六年（1927 年）9 月 1 日，北京广播无线电台正式播音，台址在琉璃厂电话总局内，次年迁至西单甘石桥。（图为当年北京《晨报》新闻）

民国十六年（1927 年）4 月、9 月，北洋政府东北无线电长途电话监督处颁发的北京广播无线电办事处印章启用令及办事处正副主任委任令

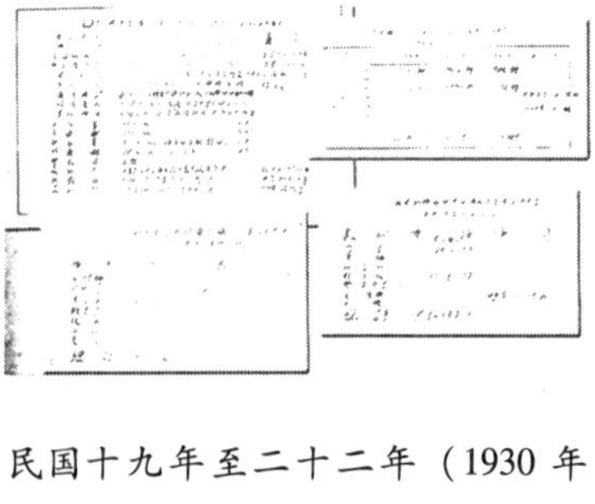

民国十九年至二十二年（1930 年至 1933 年）期间，北平广播无线电台部分概况调查表、固定资产价值调查表及职工人数调查表

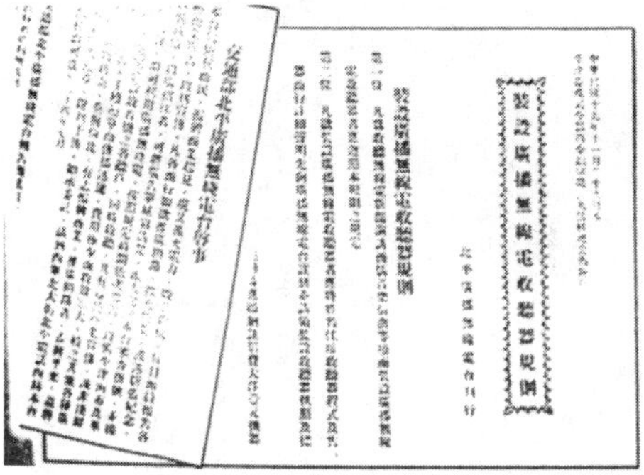

裝設廣播無線電收聽器規則

交通部北平廣播無線電台啟事

民国十九年至二十四年（1930 年至 1935 年）期间，国民政府颁布《装设广播无线电收听器规则》及《交通部北平广播无线电台启事》

新民報

聯合委會正式成立
葉劍英主持開會
文化部已接管三宣傳機構
人民日報定今日出創刊號

南京人希望向北平看齊

民国三十八年（1949 年）1 月 31 日，北平和平解放，中国人民解放军北平市军事管制委员会接管设在西长安街 3 号的北平广播电台，并更名为北平新华广播电台。（《新民报》刊发该消息）

1949 年 2 月 2 日，北平新华广播电台正式播音。同年 9 月 27 日更名为北京新华广播电台。（图为电台部分工作人员）

1949 年 2 月 2 日 11 时 45 分，北平新华广播电台第一次播音。播音员播送了北平和平解放的消息和北平市军管会、北平人民政府的布告、法令

概 述

北京第一座无线广播电台是民国十六年（1927 年）由北洋政府东北无线电长途电话监督处出资创办的“北京广播无线电台”。建台时发射功率只有 20 瓦，翌年增至 100 瓦，每天播音 7 小时，除 20 分钟新闻节目外，主要播送音乐、戏曲唱片、转播剧场戏曲等娱乐节目。民国十七年（1928 年）10 月，南京国民政府交通部接收该台，改名“北平广播无线电台”。到 20 世纪 30 年代初，北平又相继开办“燕声”、“潞河中学”、“育英”、“增茂”、“亚平”等私营电台和“河北”第二家官办电台。

民国二十六年（1937 年）七七事变后，日军侵占北平，取消原有的公私营广播电台，将“北平广播无线电台”改名“北京中央广播电台”，用华语和日语广播。全天播音十多小时，主要是鼓吹日本军国主义“大东亚共荣圈”理论，进行殖民化宣传。

民国三十四年（1945 年）8 月 15 日，日本无条件投降。10 月 10 日，国民政府中央广播事业管理处派员接收伪“北京中央广播电台”，改名“北平广播电台”。该台办有 4 套节目，奉行“注重主义宣扬”的方针，加紧反共内战宣传，实施“广播战”计划，对陕北新华广播电台等解放区电台的对北平广播进行“全面集中之干扰”。民国三十八年（1949 年）1 月 31 日北平和平解放，中国人民解放军北平市军事管制委员会接管了“北平广播电台”。

抗战胜利后的几年里，北平又先后建立了“胜利”、“国华”、“中国”、“华声”、“民生”、“北辰”、“联合”7 家广播电台。此外，还建立了国民党军队办的“军中之声”广播电台和美国驻军开办的“美国海军陆战队广播电台”。

在民国时期，北京先后共开办 17 座无线广播电台，其中官办电台 2 座，私营电台 13 座，军办电台 2 座（其中外国人办的电台 1 座）。这个时期尽管举办的电台数量较多，但因社会动荡、政权迭变、经济落后、民生疾苦，无线广播的发展极为缓慢，主要是广播电台发射功率小（最大的 500 瓦，最小的只有 15 瓦），广播接收工具少，且大多数都集中在少数人手里，对广大的普通市民来说听广播基本上还是一片空白。

第一篇 >>>

广播

第一章　播出机构

民国十六年（1927 年）9 月 1 日，北洋政府所属东北无线电长途电话监督处出资筹办的“北京广播无线电台”正式开始播音，这是北京创办的第一座广播电台，也是北京首家官办电台。发射功率为 20 瓦。此后因政权迭变，电台名字屡改。同年底，北京第一家私营的燕声广播电台开播，发射功率为 15 瓦，频率 730 千赫，呼号 XGKD。日播音 12 小时，除播送 80 分钟的政治教育、新闻和宗教节目外，其余均是娱乐节目，插播广告，靠广告收入维持该台营业。

进入 20 世纪 30 年代，又开办过多座广播电台。其中有民国二十一年（1932 年）初建立的通县潞河中学广播实验电台，呼号为 LVHO。该台受教会控制。

民国二十三年（1934 年）12 月，北京第二座官办电台，即河北广播电台建成播音。该台是由国民政府中央广播无线电台管理处和交通部利用废置在天坛的长波发射机，改装成广播发射机，置于天坛内，播音室设在国民党河北省党部。呼号 XGOT，发射功率 500 瓦，频率 1230 千赫。每天播音时间 9 小时多，有 70 分钟新闻节目，主要是音乐、戏曲节目，插播政治性“警策语”（口号）。开播七个月后，奉命停播，将其设备西迁，筹建西安电台，与延安的革命政权相对抗。

民国二十三年（1934 年），英商增茂洋行与北平电报局订立合同，租用功率为 280 瓦和 15 瓦的广播发射机各一台，开办增茂广播电台。台址设租界内。民国二十四年（1935 年）4 月，被国民政府交通部收回，迁至北平电话西局内，改名交通部北平广播无线电台分台。发射功率为 300 瓦，后增到 1 千瓦，成为抗日战争前北平发射功率最强的广播电台。

除上述之外，民国二十四年（1935 年）前后，北京还开办过亚平商业广播电台和育英广播无线电台。前者是私营电台，后者为教会所控制，发射功率为 150 瓦，频率 1190 千赫，每周三、周日为华北福音广播社节目，每晚定时播送中文和英文祈祷等。台址在育英中学内。

从民国十六年（1927 年）到民国二十六年（1937 年）是北京广播电台的初创阶段，各种类型的广播电台陆续开办。但是，正当北京广播电台初创方兴之际，民国二十六年（1937 年）7 月 7 日，侵华日军制造了卢沟桥事变，侵占北平，取缔了北平所有的广播电台，各台原有设备被集中到麻花胡同，改装成 500 瓦、300 瓦和 100 瓦发射机，盗用“北平广播电台”的名义播音，扼杀了十年来北京广播电台的正常发展。同年 8 月 28 日，日本内阁决定立即新建北平大功率广播电台，并从日本拆运来一部中波 50 千瓦屏调发射机，以应急用，将原北平双桥电台的长波大功率发报机废弃。10 月 28 日，任命工程师沈宗汉兼任“北平广播电台”台长。

民国二十七年（1938 年）1 月 1 日，日伪“北京中央广播电台”开始播音，呼号为 XGAP，台址西长安街 3 号。设置华语节目和日语节目，全天播出时间 10 小时 15 分钟。伪北京中央广播电台设置的《新民讲坛》栏目中，宣扬“大东亚宣言的真义”、“大东亚宣言与大东亚解放”；在《每日演讲》栏目中，讲演“决战之下华北商工”、“中日同盟与国人的责任”等；播放《东亚民族进行曲》、《保卫东亚》、《大东亚总进军之歌》等歌曲。北平沦陷八年期间，伪北京中央广播电台垄断了北平的广播，成为宣扬日本侵华，进行奴化宣传的工具。

经过八年的艰苦奋斗，中国人民取得抗日战争的伟大胜利。民国三十四年（1945 年）8 月 15 日，日本宣布无条件投降。10 月 10 日，平津区广播电台接收专员接收了伪北京中央广播电台及其全部设备，重建北平广播电台，同日开始播音，电台规模有所扩大。抗日战争胜利后的三年多的时间里，北平又开办了十家不同性质的广播电台。北京广播事业进入前期发展的新阶段。除北平广播电台另行记述外，其余诸电台分别简介如下：

民国三十四年（1945 年）8 月抗日战争胜利后至年底，北平出现了军队开办的“军中之声”广播电台和国防部第七十二广播电台，驻北平美军开办的美国海军陆战队广播电台，供驻北平美军娱乐。同年 9 月 25 日，国民党保定绥靖公署军人张会真呈请第十一战区政治部批准设立北平胜利广播电台，经国民政府军事委员会委员长北平行营与该政治部支持和批准，台址内二区北沟沿甲 49 号。发射功率为 100 瓦，频率 1020 千赫，波长 249.1 米，呼号为 XLIB。该台“秉承第十一战区政治部之意旨，以宣扬党义、传播政令，提高文化水准，注重国民教育为目标，并代本市（北平）党政军各机关宣传政闻、公布法令及播送各项文告”。

民国三十五年（1946 年）10 月、11 月、12 月，接连有三家广播电台开播，分别是国华、中国和华声广播电台。国华广播电台呼号 XPKH，发射功率 100 瓦，频率 1410 千赫，台址内一区东单帅府园。民国三十七年（1948 年）7 月改称军友广播电台。电台负责人国震宇。北平和平解放前夕，该台出动广播车在街头进行煽动性宣传，妄图破坏中国人民解放军进城。1949 年 1 月 31 日北平和平解放后，该台作为私营广播电台予以保留。军友电台原属国民党政府国防部军中广播电台系，北平和平解放后仍播送“充满毒素的节目和欺骗人的广告”，至 1949 年 10 月被北京市军管会查封。

民国三十五年（1946 年）11 月开办的中国广播电台，呼号 XPCK，发射功率分别为 500 瓦、频率为 710 千赫和 200 瓦、1060 千赫的第一、二两台，台址外二区前观音寺。董事长楼兆元，副董事长赵容德，监事长马汉三，经理段维纲。北平和平解放后，该台作为私营电台予以保留。该台创办者原为国民政府“军统”分子，以经营电台为名，从事反革命活动，于 1949 年 10 月 25 日被北京市军管会查封。

民国三十五年（1946 年）12 月建台的华声广播电台，呼号 XPAG，发射功率 100 瓦，频率 1130 千赫。台址内一区八面槽椿树胡同。台长张芷江系经营者。北平和平解放后该台亦被保留。1952 年 6 月，北京市人民政府接受该台的申请，将该私营电台的全部设备财产作价收购。

民生广播电台于民国三十六年（1947 年）9 月开办。台址内三区马市大街，呼号 XPMS，发射功率为 100 瓦，频率为 970 千赫。董事长楼兆元，经理朱熙元，副经理叶丹秋，后改由秦丰川担任。北平和平解放后该台予以保留。该台实为“军统”北平经济建设协会主办，楼兆元等系“军统”特务分子。北平和平解放后，该台仍多次进行反动的广播宣传，于1949年10月25日被北京市军管会查封。

民国三十六年（1947年）下半年还开办有两家私营的北辰广播电台和联合广播电台。

从抗日战争胜利至1948年，北平的广播事业得到恢复和一定程度的发展，成为当时中国北方广播电台数量最多的地区。

表1－1　1927年9月至1949年1月北平（京）广播电台一览表

台名	呼号	创办时间	性质	备注
北京广播无线电台	COPK	民国十六年（1927年）9月	官办	后改称“北平广播电台”
燕声广播电台	KGKD	民国十六年（1927年）年底	私营	北京第一家私营广播电台
潞河中学广播实验电台	LVHO	民国二十一年（1932年）4月前	潞河中学办	
河北广播电台	XGOT	民国二十三年（1934年）12月	官办	开播七个月后迁往西安
增茂广播电台		民国二十三年（1934年）	原为英商办，后由交通部收回	收回后改称“交通部北平广播无线电台分台”
育英广播电台	XLKA	民国二十四年（1935年）前后	北平育英中学办	
亚平商业广播电台		民国二十四年（1935年）前后	私营	
美国海军陆战队广播电台	XCOY	民国三十四年（1945年）12月	驻北平美军办	供驻北平美军娱乐
胜利广播电台	XLIB	民国三十五年（1946年）1月	私营	
国华广播电台	XPKH	民国三十五年（1946年）10月	私营	1948年7月改称“军友广播电台”

（续表）

台名	呼号	创办时间	性质	备注
中国广播电台	XPCK	民国三十五年（1946年）11月	私营	
华声广播电台	XPAG	民国三十五年（1946年）12月	私营	
军中之声广播电台		民国三十四年（1945年）抗日战争胜利后	军队办	
国防部第七十二广播电台		民国三十四年（1945年）抗日战争胜利后	军队办	
民生广播电台	XPMS	民国三十六年（1947年）9月	私营	
北辰广播电台	XPPC	民国三十六年（1947年）9月	私营	
联合广播电台	XPAY	民国三十六年（1947年）10月	私营	

1949年1月31日，北平和平解放，中国人民解放军北平市军事管制委员会接管了民国时期的北平广播电台，从2月2日开始取而代之的是北平新华广播电台，不久改名北京新华广播电台。对原北平其他几家广播电台则分别予以保留、收购、取缔。

第一节　北京广播无线电台·北平广播电台

民国十五年（1926年）10月，出席华盛顿国际无线电信会议的中国北洋政府人员访问欧美、日本诸国，目睹国外无线电广播兴起及其巨大作用，回国后呼吁政府筹建广播电台。经交通部长叶恭绰倡议由交通部组成“无线电广播公司”，以推动建台事宜。民国十六年（1927年）4月14日，北洋政府所属东北无线电长途电话监督处电字第112号训令，颁发“北京广播无线电办事处”印章；4月23日，任蒋斌为办事处主任，工程师沈宗汉为副主任。据民国十六年（1927年）9月13日的北京《晨报》刊登的《北京广播无线电办事处通告》称：“北京广播无线电台”于民国十六年（1927年）9月1日起“正式放送商情、新闻、时刻、气象、音乐、戏曲等各项节目，以资广播”。这是北京首家官办广播电台，呼号为COPK（1931年1月起改为

XOPP)，发射功率20瓦。台址琉璃厂电话局内（次年5月迁至西单甘石桥电话局内）。同月23日，该监督处电字第39号令，委任北京广播无线电办事处副主任沈宗汉为办事处代理主任，负责电台工作。北京广播无线电台以东北无线电长途电话监督处规定的“应用无线电传播新闻、商情、音乐、歌曲、演讲等项，以供公众收听”为办台方针。发射功率翌年增至100瓦，波长为315米。每天播音2次，共7小时。

民国十六年（1927年）4月18日南京国民政府成立。民国十七年（1928年）6月8日，东北军撤离北京，同日，阎锡山率国民革命军第三集团军进驻北京，北京广播无线电台归太原无线电管理处管辖。同年6月28日，北京改称北平特别市。同年10月，国民政府交通部派员接收北京广播无线电台，改称“北平广播无线电台”。民国十八年（1929年）5月，交通部任沈宗汉为北平广播无线电台主任，叶櫸云为该台工程师。是年，北平广播无线电台呈国民政府交通部文中称：“现在职台每日放送各项节目，多偏重娱乐方面，对于宣传党义以及报告紧要新闻，均付阙如，殊失宣传文化之本意。”民国十九年（1930年）10月，国民革命军第三集团军撤出，张学良率部进驻北平，北平广播无线电台由东北边防司令官公署接收，改称“北平无线电广播电台”，仍由沈宗汉负责电台工作。民国二十一年（1932年）10月，电台收归交通部，受交通部上海国际电信局管辖，改名为“交通部北平广播电台”。呼号为XOPP，发射功率100瓦，后增至300瓦。

民国三十四年（1945年）8月15日，日本无条件投降。国民政府中央广播事业管理处派黄念祖和齐昌鼎为接收伪华北广播协会及所属伪北京中央广播电台等的专员。9月22日，成立平津区广播电台接收专员办事处。10月10日接收了伪北京中央广播电台及其全部设备，改名为“北平广播电台”，同日开始播音，呼号为XRRA。同日，任沈宗汉为代台长。12月7日沈宗汉以“宿疾未瘳，难胜繁剧”为由辞职，改任接收专员黄念祖兼台长，齐昌鼎为副台长。该台共4套节目，其发射功率分别为100千瓦、500瓦、100瓦、15瓦。该台执行国民党中央宣传方针，“注重主义之弘扬”，在节目中播送国民党总裁蒋介石言论、国民党员守则及国民党政治性“警策语”等，与国民党挑起内战相配合，进行反共宣传。

北平广播电台还奉命对陕北新华广播电台等解放区广播电台对北平广播进行严密“侦听”，宣称“侦听”到北平有陕北等解放区短波、中波二十个电台对北平广播，并称据其“精密统计”，当时东北、华北由中共“掌握中之收音机最低达四十万部以上”，于是制订了开展“广播战”计划，设立强力电波（加大发射功率），对陕北新华广播电台等对北平在内的华北地区的广播“作全面集中之干扰”，由于从事广播发射工作的中共地下党员的工作，排除了北平广播电台的干扰，部分北平市民仍然可以收听到陕北新华广播电台等台的广播节目。

抗战胜利后，北平广播电台及其所属部门，人员多达600名，由于国民党发动内战，给电台的拨款减少，经费困难，大量裁员。至民国三十七年（1948年），全台仅剩四五十人，职员薪水也只能发半数，勉强维持广播。双桥电台的三座发射塔也被逐节拆下变卖，以维持生活。

1949年1月31日北平和平解放，中国人民解放军北平市军事管制委员会接管了北平广播电台及其设备。

表1－2　北平广播电台沿革一览表

台名	定名时间	隶属关系	变动原因
北京广播无线电台	民国十六年（1927年）9月1日	北洋政府所属东北无线电长途电话监督处	北京第一座广播电台
北平广播无线电台	民国十七年（1928年）6月	归属太原无线电管理处管辖	民国十六年（1927年）4月南京国民政府成立。翌年（1928年）国民革命军第三集团军进驻北京，东北军撤离
	同年10月	国民政府交通部接收北京广播无线电台	民国十七年（1928年）6月28日北京改称北平特别市，故改称
北平无线电广播电台	民国十九年（1930年）10月	被东北边防司令官（张学良部）公署接收	国民革命军第三集团军撤退，张学良率部队进驻北平
交通部北平广播电台	民国二十一年（1932年）10月	交通部上海国际电信局管辖	国民政府交通部收归北平无线电广播电台
北平广播电台	民国三十四年（1945年）10月10日	国民政府中央广播事业管理处接收日伪北京中央广播电台	日本投降，国民政府接收日伪北京中央广播电台

说明：1937年七七事变后，日军侵占北平初，取缔原北平所有公私营广播电台并利用其设备，仍称“北平广播电台”播音，台址在西长安街3号，1938年1月1日改称“北京中央广播电台”，日伪北平广播电台与抗日战争胜利后的北平广播电台性质不同。

第二节　中央人民广播电台

中央人民广播电台（以下简称中央电台）是中华人民共和国的国家广播电台，是国家重要的大型传媒机构。其前身是延安新华广播电台，创建于民国二十九年（1940 年），是中国共产党中央直属的一座规模较小的广播电台（属新华通讯社口播部），同年 12 月 30 日首次播音。每天播音 2 小时，稿件由新华通讯社编发。英文台名 XNCR。台址在延安附近王皮湾村的两孔窑洞里。发射机是共产国际援助的，发射功率 300 瓦。以木炭产生的煤气作燃料，用旧汽车的发动机带动发电机发电。民国三十六年（1947 年）3 月 19 日国民党政府军攻占延安，延安新华广播电台随中共中央撤离延安，转战瓦窑堡好坪沟，于 3 月 21 日更名为陕北新华广播电台。5 月 23 日迁到河北省平山县西柏坡。

民国三十八年（1949 年）1 月 31 日北平和平解放，陕北新华广播电台部分人员随中国人民解放军进北平，接管原北平广播电台及其设备。2 月 2 日，开始以北平新华广播电台的呼号向北平市播音。3 月 25 日，陕北新华广播电台随中共中央从西柏坡迁至北平，改名为北平新华广播电台，并于当晚开始对全国广播。同年 9 月 27 日，全国政协第一次全体会议决定改北平为北京，中华人民共和国定都北京，北平新华广播电台则改名为北京新华广播电台。10 月 1 日，中华人民共和国成立，该台归中央广播事业局领导，实行局、台合一体制。12 月 5 日，经中共中央批准，北京新华广播电台定名为中央人民广播电台。

表 1－3　中央人民广播电台名称变更一览表

台　名	启用时间	说　明
延安新华广播电台	民国二十九年（1940 年）12 月 30 日	台址陕西省延安王皮湾村。是日为中央人民广播电台诞生日
陕北新华广播电台	民国三十六年（1947 年）3 月 21 日	台址陕西省瓦窑堡好坪沟，同年 4 月 1 日起在今河北涉县播音，1948 年 5 月 23 日起迁到河北省平山县张胡庄播音
北平新华广播电台	民国三十八年（1949 年）3 月 25 日	是日陕北新华广播电台随中共中央迁进北平，改名北平新华广播电台，并开始向全国广播，原北平新华广播电台改名北平人民广播电台

（续表）

台　名	启用时间	说　明
北平新华广播电台第一台	1949 年 9 月 1 日	1949 年 2 月 2 日开始对北平市广播的北平新华广播电台改称北平新华广播电台第二台
北京新华广播电台	1949 年 9 月 27 日	随中华人民共和国定都北京的决定而改为是名
中央人民广播电台	1949 年 12 月 5 日	是为定名

第三节　中国国际广播电台

中国国际广播电台（以下简称国际电台）是中华人民共和国以国外听众为主要传播对象的国家广播电台，是国家重要的大型传媒机构。英文台名 CHINA RADIO INTERNATIONAL，缩写为 CRI。国际电台发端是延安新华广播电台开办的日语广播节目，首次播音是民国三十年（1941 年）12 月 3 日。民国三十五年（1946 年）7 月，延安新华广播电台首次对华侨广播，曾用广州话、闽南话和普通话播出过延安归国华侨联合会书记王唯真的《告侨胞书》。10 月 15 日，播出过廖承志的广播讲话《全世界各地侨胞团结起来，反对蒋介石独裁卖国》；同月 20 日，美籍友人马海德用英语发表要求美国撤出驻华美军的广播演说。民国三十六年（1947 年）9 月 11 日，正式开办英语广播，每天播出 20 分钟，呼号为 XNCR。《开播的话》说："通过这个电台向讲英语的世界各地听众播送有关中国时事的简明、真实的报道。"使用波长为 40 米，频率为 7500 千赫。

民国三十八年（1949 年）3 月 25 日，陕北新华广播电台迁至北平，改称北平新华广播电台，继续用英语广播。6 月 20 日，北平新华广播电台恢复传播的日语广播，同时开播广州话、潮州话和厦门话节目。9 月 27 日，北平新华广播电台改名为北京新华广播电台。

表 1－4　中国国际广播电台名称变更一览表

台　名	启用时间	说　明
延安新华广播电台	民国三十年（1941 年）12 月 3 日	台址陕西延安王皮湾村。是日开播日语节目，后定为中国国际广播电台诞生日。1943 年 4 月 1 日因机器故障中断广播

（续表）

台　名	启用时间	说　明
陕北新华广播电台	民国三十六年（1947年）3月21日	是年3月21日，延安新华广播电台改为是名，台址陕西省瓦窑堡好坪沟。同年4月1日在今涉县播音。9月11日开办英语广播。1948年5月23日迁到河北省平山县播音
北平新华广播电台	民国三十八年（1949年）3月25日	是日陕北新华广播电台随中共中央迁进北平，改为是名
北京新华广播电台	1949年9月27日	随中华人民共和国定都北京的决定而改为是名
中央人民广播电台国际广播编辑部	1950年4月10日	对外广播开始用“北京广播电台”呼号
中华人民共和国国际广播电台	1978年5月	对外广播仍用“北京广播电台”呼号
中国国际广播电台	1993年1月1日	统一改用呼号CRI（CHINA RADIO INTERNATIONAL）

第四节　北京人民广播电台

民国三十七年（1948年）11月20日，中共中央向各中央局和前委发出《对新解放城市的原广播电台及其人员政策的决定》，指出：“所有敌方政府军队及党部管理之电台，必须全部接收。凡属广播台机件动力及物资，一律不许拆卸搬迁，作其他通讯器材，或其他目的使用，并务须争取入城后迅速开始播音，首先播送我入城法令、布告、城市政策等，并转播陕北广播电台节目。”

民国三十八年（1949年）1月31日北平和平解放，遵照《决定》的精神，中国人民解放军北平市军事管制委员会接管了国民政府北平广播电台，接收其广播设施，以北平新华广播电台的名称，于2月2日开始对全市播音，其主要任务是对北平市民播送军管会和人民政府的布告、法令，转播陕北新华广播电台的节目。同年3月25日，陕北新华广播电台随中共中央从西柏坡迁进北平，改名为北平新华广播电台，负责向全国广播；而原对北平市广播的北平新华广播电台遂更名为北平人民广播电台。同年9月1日，北平新华广播电台与北平人民广播电台合并成为北平新华广播电台第一台和第二台。1949 年 10 月 1 日中华人民共和国成立，北平改称北京。12 月 5 日，中央广播事业局和北京市人民政府决定将原北平新华广播电台第二台更名为北京市人民广播电台。

表 1－5　北京人民广播电台名称变更一览表

台　名	启用时间	说　明
北平新华广播电台	民国三十八年（1949 年）2 月 2 日	1949 年 1 月 31 日北平和平解放，军管会接管原北平广播电台，2 月 2 日开始用“北平新华广播电台”名义向北平市播音
北平人民广播电台	民国三十八年（1949 年）3 月 25 日	是日陕北新华广播电台迁进北平，改名北平新华广播电台，原对北平市广播的北平新华广播电台改为是名
北平新华广播电台第二台	1949 年 9 月 1 日	是日北平人民广播电台与北平新华广播电台合并，改为是名，北平新华广播电台为第一台
北京市人民广播电台	1949 年 12 月 5 日	划归北京市属，改为是名
北京人民广播电台	1951 年 3 月 11 日	1955 年至 1960 年并入中央人民广播电台，成为该台首都广播部，对外仍称北京人民广播电台，1961 年分出，归属北京市

第五节　京郊区县广播站（台）

民国二十四年（1935 年）11 月 25 日，在日本关东军特务机关长土肥原策动下，扶植汉奸殷汝耕在通县成立傀儡政权“冀东防共自治委员会”，同年 12 月 25 日改称“冀东防共自治政府”，同时在通县城内建立冀东无线电台进行反共宣传，不到一年便告终。

第二章　广播语种

北京广播事业发展，经历了广播语言从单一语种到多语种的过程，20 世纪20年代末创建首家广播电台时只有单一的汉语普通话（国语）播音。北平沦陷期间，日伪广播电台设汉语和日语节目，进行殖民化宣传。抗日战争胜利后，北平增加了英语、法语等几种外国语言播音。

第一节　汉语广播

一、汉语普通话广播

民国十六年（1927年）9月1日，北京首家广播电台北京广播无线电台开播，运用国语对北京广播。每天播音7小时，除20分钟新闻节目外，主要是播送娱乐节目。直至民国二十六年（1937年）七七事变前，北平广播电台每天播音时间仅10小时20分钟。其他公办私营的广播电台也只有汉语普通话（国语）播音。

民国二十六年（1937年）七七事变后，日军侵占北平，取缔北平各广播电台，设立伪北京中央广播电台，于翌年1月1日开始用华语和日语同时播音，广播地区从北平扩大到华北。全天播音10小时15分钟，每天播出新闻类节目6次，还设置“新民讲坛”、“儿童时间”、“青年时间”、“日语讲座”等专题节目，文艺节目比重退居次要。

伪北京中央广播电台华语普通话广播节目表（表1－6）如下：

表1－6　华语广播基本节目表

开播时刻	广播内容	附　注
8：00	新民体操	冬期8：30开始
8：20	日语讲座	休息日停止
8：40	音乐	
9：00	新闻汇述	
9：20	商情行市	
9：25	新民讲坛	休息日停止
9：45	休息	
11：50	演艺音乐	休息日为儿童时间
11：59	报时	
12：00	家庭常识	休息日为音乐

（续表）

开播时刻	广播内容	附　注
12：10	职工介绍	
12：15	演艺	
13：00	新闻	
13：15	商情行市	
13：30	演艺	
14：30	新闻	
14：50	演艺	
15：30	休息	
18：00	儿童时间	
18：20	儿童新闻	
18：17	预报晚间节目	
18：30	日语讲座	休息日为日语讲座
19：00	青年时间	休息日为一周大事汇述
19：20	行政工作报告	
19：30	演讲	
19：50	演艺音乐	
20：20	新闻	
20：40	演艺	
21：39	报时	
21：40	地方新闻　预报节目	
22：00	演艺	
22：30	新闻　新闻解说　新闻汇述	
23：00	演艺	

民国三十四年（1945 年）8 月 15 日抗日战争胜利后，国民政府接收了伪北京中央广播电台及其设备，改称北平广播电台，大多为国语（普通话）广播，每天有五个不同频率播送节目，分别以偏重上中级、中下级、低级和

一般青年听众为主要对象。

表1-7　1947年5月北平广播电台播音情况表

	播音时间	主要对象	节目内容	备注
第一广播	7点半至4点（12~17点休息）	偏重上中级听众	除宣传政令外，注重于文化之宣传，娱乐节目以适应高级趣味为标准	
第二广播	9点至23点	一般青年	除青少年各种学术讲座外，设置初高级国文讲授、初高级英语讲授，便于青年课余进修与失学自修	该机在敌伪时期代为日语广播
第三广播	8点至24点（4~15点休息）	偏重中下级听众	除新闻、讲演、宣传资料外，其娱乐节目适合地方听众趣味，辅助社教	1947年4月起电力增为500瓦
第四广播	8点至24点（15~16点休息）	偏重低级听众	除播送有关社教及常识等节目外，其娱乐以提高低级听众趣味为标准，以辅助社教	
短波广播	20点至23点半			20点半至21点播送西语节目

中央人民广播电台汉语普通话广播

汉语普通话是中央人民广播电台主要的广播语言，面向全国和海外一些地区的听众。民国二十九年（1940年）12月30日开播的延安新华广播电台，用普通话向全中国播送中共中央和解放区的声音。初创时每天播音2小时，主要是播发新华通讯社稿件。民国三十八年（1949年）3月25日，该台迁进北平，更名北平新华广播电台，当晚用普通话向全国广播。1949年12月5日，北京新华广播电台定名为中央人民广播电台。

第二节　外国语言广播

从民国十六年（1927年）9月至民国二十六年（1937年）7月的十年间，北平（京）开办的广播电台是运用汉语广播。民国二十六年（1937年）七七事变后，日本侵占北平，建立伪北京中央广播电台。民国二十七年

（1938年）1月1日，伪北京中央广播电台设置华语节目和日语节目，开始向北平市民广播，进行殖民化宣传。该台日语节目时刻表抄录如下：

表1－8　日语放送项别时刻表

开始时刻	放送事项	备考
7：00	体操	冬季8：30分开始
7：20		
7：30	语学讲座	休日讲演
8：00	朝的音乐	
8：20	休止	
9：05	经济市况	休日休止
9：10	休止	
9：30	经济市况	休日子供时间
9：45	休止	休日演讲实况
11：30	家庭时间	休日休止
11：40	经济市况	休日演讲实况
11：50	休止	
11：59	时报	
12：00	居留民告知	休日休止
12：05	音乐演艺	休日休止
15：00	讲演音乐	休日休止
15：20	经济市况	休日休止
15：30	休止	
16：00		
16：30	休止	
18：00	子供时间	
18：20	子供新闻	
18：25	语学讲座	休日讲演
18：55		
19：00		
19：30	音乐讲演	休日讲演
19：40	讲演音乐　演艺实况	
21：39	时报	
21：40	番组预告	

据民国二十七年（1938年）4月1日统计资料，伪北京中央广播电台日

语广播台址西城西长安街3号，频率为950千赫，功率为50瓦。

民国三十四年（1945年）8月15日抗日战争胜利后，国民政府接收了伪北京中央广播电台及其广播设备，恢复北平广播电台，该台除用国语播音外，还增加英语、法语、荷兰语、西班牙语和意大利语等播音，每天有5个不同频率同时播送节目。

日本语广播　民国三十年（1941年）12月3日延安新华广播电台日语节目正式开播。开播时的日语节目以侵华日军为对象，主要是宣传中国人民抗日战争和世界反法西斯战争的新闻和评论，宣传中国共产党的政策和主张，揭露日本侵略者的暴行。每星期三17时30分播出，每次播出30分钟。日语广播开播后，日本曾用大功率设备进行干扰。民国三十二年（1943年）4月1日，因机器故障而中断日语广播。从1949年6月20日起，北平新华广播电台（前身为延安新华广播电台）恢复日语广播至今。

英语广播　民国三十六年（1947年）9月11日开始播出。呼号是“陕北新华广播电台”（XNCR），每天播出20分钟新闻。1949年3月25日，新华广播电台迁到北平，呼号改为“北平新华广播电台”（NEW CHINA BROADCASTING BEIPING）。

第三章　广播节目

第一节　新闻类节目

民国十五年（1926年）10月，奉系军阀镇威将军（张作霖）公署批准颁布的《无线电广播条例》规定“广播电台应用无线电传播新闻、商情、音乐、歌曲、演讲等项，以供公众收听”，新闻节目列首项。民国十六年（1927年）9月1日北京广播无线电台开播后，新闻节目比重甚小。民国十八年（1929年），北平广播无线电台检讨了每天播送娱乐节目多，“宣传党义以及报告紧要新闻”太少的失误，呈文强调新闻节目是广播电台“宣传文化”的一项重要节目。民国二十年（1931年），北平无线电广播电台全天播音450分钟，只有一次5分钟的《报告国内新闻暨商业广告》节目，占全天播音时间不足1%。民国二十一年（1932年）10月，北平无线电台改称北平广播电台后，新闻节目播音的时间有所增加。民国二十二年（1933年）2月北平广播电台的文稿称，该台“每天报告两次紧要新闻，日间根据《华北日报》选择报告，晚间根据《世界晚报》选择报告……每条报告两遍”。

民国二十三年（1934年）12月开播的河北广播电台，每天播音9小时，其中新闻节目的时间多达1小时10分钟，约占全天播音时间的13%。

民国二十四年（1935年）1月制定的北平广播电台播音节目表中，每天有两次新闻节目，每次10分钟，全天共20分钟。同年春季改订的播音节目，每天增加为三次新闻节目：上午11时15分至11时20分《简明新闻》5分钟，下午2时30分至2时45分“国乐”及“中外新闻”15分钟，晚间8时30分至8时45分“国内新闻”及“预告明日节目”15分钟，三次新闻节目播音时间共35分钟，除“国乐”和“预告明日节目”外，新闻节目增加到20多分钟，约占全天播音570分钟的4%。

民国二十六年（1937年）七七事变后，日本侵占北平，翌年元月1日伪北京中央广播电台开播，加大新闻节目的比重，强化殖民主义宣传。据该台《华语广播基本节目表》，每天播音时间共625分钟，其中，《新闻汇述》20分钟，三次《新闻》共55分钟，《儿童新闻》7分钟，《地方新闻、预报节目》20分钟，《新闻、新闻解说、新闻汇述》30分钟，共132分钟，约占全天播音时间的21%。

民国三十四年（1945年）8月抗日战争胜利后，国民政府接收伪北京中央广播电台后复建的北平广播电台，10月10日开始播音，新闻节目播音时间明显加多。民国三十五年（1946年）5月国民党中宣部函示中央广播事业管理处，“今后广播重要新闻，应以中央社电讯为准。”据民国三十六年（1947年）6月北平广播电台第二广播节目时间表中有《儿童新闻》、《国外新闻及本市新闻》、《简明新闻、时事述评》三个节目，共60分钟，约占该台全天播音时间840分钟的7%。同年8月1日实行的该台第一广播节目时间表中，有四次新闻节目，播音时间共70分钟，约占全天播音时间的16%。

中央人民广播电台新闻类节目

1949年3月25日，陕北新华广播电台迁到北平，以北平新华广播电台的呼号开始向全国播音，全天设有四次新闻节目。虽然国内战争尚未结束，传送新闻的设备比较落后，但每天还设有3小时的《对野战军记录新闻》广播节目和1小时的《记录新闻》节目。同年12月5日，正式定名为中央人民广播电台以后，节目也进行相应的调整。

第二节　社教类节目

社会教育是广播电台的一项重要功能，历来为广播事业管理部门和广播电台所重视，社会教育类节目始终是广播节目的重要组成部分。

民国十六年（1927 年）3 月，北洋政府所属东北无线电长途电话监督处筹办北京广播无线电台时就以“普及文化与传播商情”为宗旨。该台开办不久播出的《广播无线电定义及其效用》一文就提出各地广播电台应请名人学者“讲演各种学术，如政治、经济、法律、科学、农工商以及卫生常识等，藉以宣传文化”，使听众收听“名言伟论，享受空中教育”。

民国十七年（1928 年），南京国民政府建立中央广播电台的宗旨是“阐扬主义，宣达政令”，每天播音不足 5 小时，政令节目占 2/3 以上。民国二十年（1931 年），北平广播电台节目表列有《名人讲演或各机关施政报告》和《宣讲党义》节目。同年“九一八”事变次日，该台停止娱乐节目播送，以报道日本出兵消息，改戏曲节目为宣讲节目，呼吁各界警惕日本侵华。民国二十四年（1935 年）1 月，交通部北平广播无线电台播音节目表中设有《新生活演讲》、《党义浅说》、《公民常识》、《科学演讲》、《卫生常识》、《电学浅说》、《邮电常识》、《名人故事》；该年春季每周节目表有《公民常识》、《民众教育》、《科学讲座》等节目。民国二十五年（1936 年），北平广播电台社教节目每天设 30 分钟轮回播送《学术演讲》、《科学演讲》、《卫生常识》、《音乐常识》，15 分钟的《家庭常识》、《公民常识》、《电信常识》、《邮政常识》，10 分钟专栏，轮流播出《古人箴言》、《名人故事》、《妇女教育》，当年教育文化类节目已占全天播音时间的 46%。

民国二十六年（1937 年）七七事变后，北平沦陷，翌年元月 1 日，日伪开播的“北京中央广播电台”加强社会教育性节目的播送。据该台“华语广播基本节目表”，每天设 10 分钟《新民讲坛》，两次《日语讲座》共 50 分钟，《儿童时间》和《青年时间》各 20 分钟，还有《演讲》20 分钟，向北平市民灌输建立“大东亚共荣圈”思想，进行奴化教育，煽动“肃奸反共”。

民国三十四年（1945 年）8 月 15 日日本投降后，10 月 10 日北平广播电台开播，共办五套节目。其节目方针“注重于主义之弘扬及民教之增进”，在节目中插播国民党总裁蒋介石言论、国民党员守则及国民党的政治性“警策语”，每天设立《新生活运动讲话》、《历史讲话》、《地理讲话》、《卫生讲话》、《艺术讲话》节目；《农业知识》、《工业知识》、《商业知识》、《家庭知识》、《科学知识》、《书报选读》节目；讲授《初级国语》、《高级国语》、《初级英语》、《高级英语》节目；《儿童时间》、《青年时间》、《妇女时间》、《政令传播》、《讲演》节目。民国三十七年（1948年）1月起新办《空中晚会》和《北平之声》节目，前者以大中学生为对象，以扼杀反饥饿、反内战、反独裁的学生运动为目的；后者针对解放区军民，企图瓦解军民斗志，欺骗国民党统治区民众。

第三节　经济类节目

民国十五年（1926年），北洋政府东北无线电长途电话监督处就把“普及文化、传播商业”两项并列为开办广播无线电事业的方针，提出广播电台应用无线电“传播新闻、商情、音乐、歌曲、演讲等项，以供公众收听”。民国十七年（1928年）南京国民政府接管后的北平广播无线电台，其广播节目表中的商业新闻和广告节目就占一定的比例，如民国二十二年（1933年）该台“放送时间节目表”中有4分钟报告银钱汇兑、公债证券、米麦杂粮行市，60分钟增茂洋行及各洋行广告节目。民国二十四年（1935年）1月，交通部北平广播无线电台播音节目表中有一次“中西唱片、商业广告”节目，一次“中国唱片、商业广告”，一次“商情行市”节目。该台同年春季每周播音表有两次“中国唱片及商业广告”节目，两次“商情行市”节目，共25分钟，还有20分钟“中国航空公司特别广告”，商业性节目播音时间有所增多。

民国二十五年（1936年）10月18日，国民政府中央广播事业指导委员会公布实施的《指导全国广播电台播送节目办法》对商业广告播放的时间作出规定，民营广播电台娱乐节目至多不得超过播音节目60%，广告节目应包括在娱乐节目内，不得超过娱乐节目三分之一。翌年，国民政府交通部规定民营广播无线电台商业报告节目，“不得逾每日广播时间十分之二”。

民国二十七年（1938年）元旦开播的日伪北京中央广播电台，其“华语广播基本节目表”中有两次共30分钟“商业行情”节目；其“日语放送项别时刻表”内有四次共30分钟“经济市况”广播。该台经济类节目播音时间增加较多。

抗日战争胜利后，民国三十五年（1946 年）3 月，国民政府交通部制定的《广播无线电台设置规则》第 22 条规定：民营广播电台音乐歌曲及其他娱乐和商业报告两项节目至多不得超过每日播音时间的 80%，而公营电台应不予播送商业广告。翌年 6 月，“北平广播电台第二广播节目时间表”中仅有 10 分钟“商情、气象”节目；同年 8 月“第一广播节目时间表”中则有 5 分钟“商情、气象”和 5 分钟“鱼肉菜蔬市价”节目。这个时期，按有关规定，允许私营电台经济性节目的播音时间比例较前略为增大；而对公营电台经济性节目播音时间却有所限制，所占北平广播电台全天播音时间的比例较小。

第四节　文艺类节目

民国十五年（1926 年），奉系军阀镇威上将军公署批准颁布的文件中就把用无线电传播音乐、歌曲与传播新闻、商情并列。民国十六年（1927 年）9 月 1 日北京广播无线电台开播时，每天播音 7 小时，播出的节目除 20 分钟新闻外，主要是播送中西音乐和戏曲等娱乐节目。北京的开明戏园、新明剧场、北京饭店、三庆戏园四家也遵令架设播音专线，供电台转播演出节目。

民国二十二年（1933 年），交通部北平广播电台娱乐节目播出的时间比重也较大，放送时间节目表中，“各戏院戏曲”节目一天播出两次，共五六个小时，还有中西唱片节目。民国二十四年（1935 年）1 月播音节目表中，每天两次《北平各戏院戏曲》节目共 5 小时 30 分钟，另有中西唱片节目。同年春季播音节目中，每天播送两次《评剧》节目 4 小时，此外还有《国乐》唱片、《西乐》等节目。

民国十六年（1927 年）年底开播的北京首家私营广播电台燕声广播电台，以经营广告为主，靠大量娱乐节目插播广告。到民国二十五年（1936 年），该台负责人赵伯庸申请于每晚 7 时至 11 时连续播送《西乐》，供平津两市外国侨民收听。交通部批复该台应注意发扬中国文化及有益民众教育之节目，音乐节目应以《国乐》为主，所有播送西乐时间不应过多。同年 10 月 28 日交通部颁布《指导全国广播电台播送节目办法》，规定娱乐及广告节目至多不得超过 60%。

民国二十五年（1936 年），北平广播电台的娱乐节目品种有所增加，新设有广东戏曲、苏州昆曲、河南坠子、明星歌曲、对口相声、大鼓评书等栏目，在一周内轮回播出，并设有话剧和军乐，每周各播出一次。全天娱乐节目加起来接近总播音时间的70%。同年12月29日，中国国民党中央广播事业指导委员会发函批评北平广播电台的娱乐节目超过一半以上，并令其从速改正。

民国二十六年（1937年）7月日本侵占北平后，于翌年1月1日伪北京中央广播电台开播，每天设有多次“演艺”或“演艺音乐”节目，华语广播每天播音约9个半小时，其中娱乐节目4个半小时，占近50%。而星期日及“祝祭日”，全天播音11个小时，娱乐节目8个小时，占全天节目的72%。娱乐节目中播送的音乐有《大东亚胜利之歌》、《中日同盟歌》等歌曲，也有中国的丝竹乐、广东音乐、大鼓、单弦、评书、相声等。其目的均为“治安强化”，巩固日伪的殖民统治。

民国三十四年（1945年）8月抗战胜利，10月10日北平广播电台开始播音，由于接收伪北京中央广播电台的全部设备，北平广播电台除第一套（640千赫）、第二套（850千赫）广播外，还开设第三套（1350千赫）、第四套（770千赫）广播为广告台，加上短波1026千赫，共五套节目，娱乐节目各有侧重。以民国三十六年（1947年）为例（见表1－9）。

民国三十六年（1947年）7月4日，北平广播电台台长会议决定，此后850千赫为第一广播；短波1026千赫为第二广播；1350千赫为第三广播；770千赫为第四广播。第三广播专播广告，每天播音13.5小时，尽量保留较旧的娱乐节目，不带广告的音乐节目等一律取消。第四广播，每天播音16小时，在不妨碍业务收入条件下，尽量排入较新的娱乐节目，如歌曲、话剧、播音小说等。

民国三十七年（1948年）10月25日，北平广播电台会议记录规定《北平之声》节目每周最少要有30分钟录音片，可录制歌剧、杂曲和优秀歌唱家及学生演出节目。

表1－9　北平广播电台民国三十六年（1947年）娱乐节目时间表

第一广播	第二广播
西乐20’	西乐15’
国乐30’	梅花调30’
杂曲30’	国乐20’
文艺朗诵30’	平剧30’

（续表）

第一广播	第二广播
国乐 10’	歌曲 30’
话剧（周日）45’	西乐 20’
西乐 15’	平昆 100’
总计 180’	总计 245’
第三广播	**第四广播**
平剧 40’	乐亭大鼓 35’
单弦 40’	单弦 40’
西河大鼓 60’	评剧 70’
梅花调 40’	国乐 20’
平剧 20’	话剧 50’
话剧 40’	太平歌词 40’
平韵大鼓 40’	西河大鼓 40’
故事丛谈 40’	琴书 40’
评书 45’	名著演述 60’
话剧 40’	单弦 35’
琴书 40’	竹板书 20’
莲花落 20’	话剧 60’
平剧 100’	京剧转播 90’
总计 565’	总计 600’

第五节　体育类节目

随着体育运动的发展、体育赛事的增多，体育类节目越来越为广播电台所重视，成为广播节目的组成部分，受到听众的欢迎。

民国二十二年（1933 年），北平广播无线电台广播节目表中，每天都有《体育消息》节目。民国二十七年（1938 年）开播的伪北京中央广播电台《华语广播基本节目表》和《日本放送事项时刻表》分别有“新民体操”和“体操”节目内容。民国三十六年（1947 年）8 月份北平广播电台第一广播节目时刻表中，有 15 分钟《健身操》节目。同年 6 月份该台第二广播节目时间表中除每天 15 分钟《健身操》节目外，逢周一、三、五还有 10 分钟播出《北平市市民健身操》。

第六节　服务类节目

为听众实际需要提供服务的节目，如报告时刻、天气预报、生活咨询、公益活动、商情行市、节目预告等，是广播节目的重要组成部分。

民国时期的北平广播无线电台或北平广播电台也设有一些服务性的节目，如《报告时刻及天气预报》、《时刻气象》、《商情行市》。日伪北京中央广播电台华语节目表设有《新民体操》、《商情行市》和《预报节目》，但没有天气预报节目。民国三十六年（1947 年）北平广播电台第一、二套节目中均设有《健身操》、《鱼肉菜蔬市价》、《市民服务时间》和《预告次日节目》。此外，广播节目中还有既是商业性，也带有服务性的广告节目。

第四章　记者　编辑　编译

广播电台日常的大量工作是采访和编辑工作。广播记者采访和稿件编辑工作在很大程度上决定着广播电台工作水平和节目质量高低。因而，建立一支足够数量、素质良好的记者和编辑队伍是办好广播电台的重要工作。

北京广播事业发展初期，从创办首家广播电台起，先后开办过十多家不同类型小规模的电台，都未曾设专职的广播记者和编辑。资料记载，民国二十一年（1932 年）2 月，北平无线广播电台共有工程师、司事、报告员、技工、小工、信差等共 11 人，没有记者和编辑人员。翌年 2 月，改名为交通部北平广播电台，计有各类人员 13 名，也没有设专职的记者和编辑，每天两次"紧要新闻"播报，白天由工程师根据《华北日报》圈选，晚间则从《世界晚报》上选择，交由"报告员"依次报告，次日由事务员把报告稿粘簿存查。抗日战争胜利后重建的北平广播电台，规模有所扩大。据民国三十六年（1947 年）5 月 1 日《北平广播电台组织系统表》统计，编播人员共 41 名，其中"征集股"与"编审股"各 8 名。这两股 16 人的职务相当于记者与编辑。

中国国际广播电台编辑

对外广播的编辑工作起步于1941年12月3日延安新华广播电台创办的对侵华日军的日语广播。对日军广播的新闻要短，只讲事实，不加评论。评论、述评要和新闻分开，不能把对内报道稿件原封不动地对日军广播，强调研究敌情动态、日军心理。

1947年9月11日，陕北新华广播电台开办英语广播，英文稿由新华社提供，强调广播节目要简明、真实。

1948年12月7日，新华总社发出通知，强调对外宣传（包括对国民党地区的公务人员）材料的选择、解释问题的方法、用词用语均应与老解放区的宣传有所不同。要求所有稿件都要合乎实际，应多讲详细事实，少讲大道理；解释问题要合乎听众的经验和认识水平，对一些在老解放区已成常识的问题，均需有必要的解释。

第五章　播音与主持

民国十六年（1927年）9月北京创建自家广播电台后的头十年里，发展缓慢，规模很小。到民国二十一年（1932年）2月，北平无线广播电台人员为11人，其中报告员即播音员仅1人，后增至2人。同年10月台名改为交通部北平广播电台，延长播出时间，从每天两次播音改为每天四次，遇有夜戏转播则需延长至午夜。为此，该台向上级申请补充员工，报告称“原有报告员二人自晨至夜，担任报告时刻气象、商情行市、国内外新闻、古人箴言、名人故事、家庭常识暨各种商业广告与唱片名称，实觉不敷分配”。稍后，该台发出招考播音员广告，要求女生需在高中毕业，18岁以上25岁以下；男生需大学或专科毕业，年龄在20岁至30岁之间，并以国语纯粹、学识优良、发音清晰、身体强健为合格。考试科目为国文、英文、史地常识。笔试合格后举行口试：读文告、讲故事、述新闻。录取后实习一个月，期满分派工作。

民国二十六年（1937年）七七事变后日军侵占北平，日伪北京中央广播电台时期，订有《播音员服务须知》共13条，如值早班者须在开始播音前10分钟到班；播音前5分钟必须进入播音室；播音员所用之秒表须在各节目开始播音前与标准钟核对准确；节目播毕交接班须填写联络簿，不得仅作口头交代。凡报告新闻、商情行市等稿件须预读数遍，遇有疑问应询问明白，不得有误；播音室内不得任意饮食并须保持清洁等项。

民国三十四年（1945 年）8 月 15 日抗战胜利后复建的北平广播电台，对播音质量比较重视，曾专门组织播音员试播，相互观摩，并由以台长为首的业务周会经各部门负责人集体评议，以求改进。随着电台规模的扩大，播音人员也有所增加。民国三十六年（1947 年）5 月北平广播电台组织系统表中，设有传音科，科下设播送股和监听股。电台对播音员管理和播音工作作了严格规定："播音员依照值班表所定班值班，并于开始前 15 分钟到播音室准备"；"播音员不能迟到早退"；"播音员请假需于前一日呈准并自请代理人"；"播音员不得在发音室谈笑及吃零食"；"播音员日常应禁止饮酒及食用刺激性或有碍声带之食物"；"播音员于播音前须详读原稿、标点，签名后慎重播出"；"播音员对演播者有不适于播送之言词，有监督打断之责"等等。

第一节　播音工作

一、中央人民广播电台播音

民国二十九年（1940 年）12 月 30 日，延安新华广播电台开始播音。播音员徐瑞璋（麦风）以明朗响亮、振奋人心的声音发出了呼号："延安新华广播电台，XNCR，现在开始播音。"标志着中国人民广播播音事业的开始。随着抗日战争和人民解放战争战场形势的变化，解放区的不断扩大，广播事业也不断发展，播音队伍也逐渐壮大。在革命战争年代，毛泽东主席曾称赞过播送"蟠龙大捷"消息和评论的女播音员"真是爱憎分明"。"这样的播音员要多培养几个"。中央电台初创时期，先后承担过播音工作的除徐瑞璋外，还有肖岩、姚雯、孙茜、李慕琳、孟启予、丁一岚、于毅、钱家楣、杨慧琳、王恂、吴作贤、齐越、夏沙、于韵琴、兰林、胡迦陵、柏立、李惠一、秋原、杨洁、柏培思、智世民以及刘涵、吴影、姚琪、康普、刘淮、韩浩等。

1949 年 1 月 31 日北平和平解放，齐越、刘涵、吴影、姚琪、康普、刘淮、韩浩等，由军管会主任徐迈进率领接管了西长安街 3 号的北平广播电台。2 月 2 日上午 11 时 40 分，北平新华广播电台开始播音，播音员是齐越。

1949 年 10 月 1 日中华人民共和国成立，北京新华广播电台播音员丁一岚和齐越在天安门城楼现场广播开国大典的盛况，以最快的速度，向全国、全世界庄重宣告新中国的诞生。

二、中国国际广播电台播音

国际电台有38种是外国语言广播。对外广播的播音工作，主要是将记者采写的或新华通讯社发来的各类内容、各种文体的稿件，译成各种语言文字，播发出去。建台初期，外语播音在西方主要国家电台的对外广播中几乎都是请外籍人员担任，以后外语广播都是由国家自己培养的播音员播音，几十年来各外语广播都涌现出一批受听众喜爱的优秀播音员。

中国对外广播的第一位播音员是日本女士原清志（原名原青子、前岛清子）。她是日本反战同盟会成员，与中国留学生程明升结婚，民国二十六年（1937年）3月到中国，后到延安八路军总政敌工部工作，民国三十年（1941年）12月3日参加首次广播，担任日语播音员。

对外广播中的英语广播是民国三十六年（1947年）9月11日开播（在这之前，晋察冀边区的张家口和延安地区曾在1945年和1946年断断续续办过英语广播）。播音员有钱行、陶军、魏琳、冯培。

1949年6月20日日语节目恢复广播，播音员是艾英。

第六章　听众工作

广播电台与广播听众联络，听取听众对收听广播的意见与要求，是办好广播节目的重要工作。资料表明，从民国十六年（1927年）到民国三十七年（1948年）的二十多年里，北京先后开办过十多家不同类型的广播电台，均未曾建立过听取听众意见的专门机构和进行过此项实际工作。

第七章　广播技术

民国十六年（1927年）9月1日开播的北京广播无线电台，所用的发射机是由天津义昌洋行承包，用一部马可尼军用无线电话机改装而成，发射功率为50瓦，次年增至100瓦。台址在琉璃厂电话局内（次年5月迁至甘石桥电话局内)。同年年底开播的“燕声广播电台”是北京首家私营电台，发射功率只有 15 瓦。

民国二十三年（1934 年）12 月，国民政府中央广播事业管理处在天坛利甲废置的长波发报机改装成广播发射机，输出功率为 500 瓦，建立河北广播电台，七个月后设备迁往西安，筹建西安广播电台。至民国二十六年（1937 年）七七事变前，北平先后开办了规模不大的亚平商业广播电台、育英广播无线电台、潞河实验广播电台、增茂广播电台。

民国二十六年（1937 年）七七事变后，日军侵占北平，取缔北平所有的广播电台，把这些电台的原有发射机集中在麻花胡同，改装成 500 瓦、300 瓦和 100 瓦发射机各一台，盗用“北平广播电台”的名义播音。同年 8 月 28 日，日本内阁决定立即在北平建大功率广播电台，将双桥电台长波大功率发报机废弃，从日本拆迁一部中波 50 千瓦屏调广播发射机，以应急用，于次年（1938 年）1 月 1 日改以“北京中央广播电台”名义开始播音。民国二十八年（1939 年），该台发射功率增加到 100 千瓦。同时日本又赶制一部短波 10 千瓦发射机投入使用，于民国二十九年（1940 年）8 月 1 日播音，开始转播东京日语节目。

民国三十四年（1945 年）10 月，国民政府中央广播事业管理处派员接收了伪北京中央广播电台及设备，10 月 10 日恢复北平广播电台播音，发射机功率仍为 100 千瓦。此后，该台经费拮据，大量裁员，双桥电台的三座发射铁塔也被逐节拆下变卖，技术工作大为削弱，勉强维持播音。

抗日战争胜利后到 1949 年 1 月底，北平又相继开办了“中国”、“国华”（后改为“军友”）、“胜利”、“民生”、“北辰”、“华声”和“联合”等七家私营广播电台，其中除中国广播电台发射功率为 500 瓦外，其余各台均为 100 瓦左右。

民国三十八年（1949 年）1 月 31 日北平和平解放，中国人民解放军北平军管会接管了位于西长安街 3 号的北平广播电台及其设备。2 月 2 日北平新华广播电台开始播音。3 月 25 日迁进北平的陕北广播电台改名北平新华广播电台，开始向全国播音，原北平新华广播电台更名北平人民广播电台。

第一节　录音制作

中央人民广播电台录音制作

1949 年，利用接管的北平广播电台的录音室、二部蜡盘刻纹录音机和几部美制钢丝录音机，若干个铝带式和炭粒式话筒，开始录制节目，节目只能是演什么录什么，录什么播什么，演员演唱必须一次成功，无法进行剪辑。

第二节 发射与覆盖

一、中央人民广播电台发射与覆盖

中央电台的前身延安新华广播电台从民国二十九年（1940 年）12 月 30 日开始播音，发射机是共产国际赠送的，经过改造后的短波广播发射机，发射功率约 300 瓦，频率白天为 9800 千赫，夜间为 4940 千赫。民国三十二年（1943 年）春，因发射机主要部件电子管损坏，中断了广播。民国三十四年（1945 年）9 月 5 日，恢复延安新华广播电台的播音。民国三十六年（1947 年）3 月 21 日，因电台撤离延安，转移到陕西省瓦窑堡好坪沟，改名为陕北新华广播电台播音。同年 4 月 1 日起在今河北省涉县播音。民国三十七年（1948 年）5 月 23 日，迁到河北平山县张胡庄播音，后来又迁到井陉县窟窿峰村。

民国三十七年（1948 年）12 月 14 日，中国人民解放军冀东军分区解放通州，当晚冀东军分区城工部接管双桥电台。1949 年 1 月 31 日北平和平解放后，由中国人民解放军军委三局、新华通讯社总社正式管理双桥电台。该台有日本 30 年代生产的两部大功率发射机，一部为中波 100 千瓦乙类屏调机，另一部为短波 10 千瓦乙类屏调机。由于中波机缺少，大功率电子管（171E 型）只能改由末前级输出 10 千瓦功率。

1949 年 3 月 8 日，双桥电台奉命启用短波 10 千瓦发射机，频率 10260 千赫，转播陕北新华广播电台节目。

1949 年 3 月 25 日，中共中央和中国人民解放军总部从西柏坡迁进北平，同时陕北新华广播电台迁至北平，改称北平新华广播电台继续播音，由双桥电台正式发射播出。双桥发射台中波机，发射功率为 10 千瓦，频率为 850 千赫，短波 10 千瓦，频率为 10260 千赫同时播音。北平新华广播电台实际上是代表中共中央的全国性广播电台。同年 12 月 5 日，北京新华广播电台正式定名为中央人民广播电台。

1949 年 4 月开始，双桥发射台对中波 100 千瓦机进行技术改造，逐步将日本产电子管改成苏联产电子管。同年 6 月输出功率提高到 50 千瓦，9 月提高到 85 千瓦，1950 年 10 月恢复到 100 千瓦。

1949 年 9 月 1 日，中波机频率改为 640 千赫。由于当时无线电广播电台少，背景干扰小，空间较为清静，双桥发射台两部大功率发射机覆盖面较大，如上海、南京、武汉等地均能较好地收听到中央电台的声音。

二、中国国际广播电台发射与覆盖

国际电台的前身延安新华广播电台于民国三十年（1941 年）12 月 3 日开始对侵华日军的日语广播，呼号 XNCR，频率 7500 千赫，功率为 300 瓦。

民国三十六年（1947 年）3 月 21 日延安新华广播电台更改为陕北新华广播电台，9 月 11 日，开办英语新闻节目广播。仍用同一部发射机和频率播音，发射功率为 350 瓦。

1949 年 3 月 25 日，陕北新华广播电台迁到北平，更名为北平新华广播电台，继续英语广播，发射功率增加到 10 余千瓦。

1949 年 6 月 20 日，北平新华广播电台恢复日语节目，同时开办对东南亚华侨广州话、潮州话和闽南话广播。

三、北京人民广播电台发射与覆盖

1949 年 2 月 2 日，北平新华广播电台利用接收北平广播电台的设施，利用麻花胡同的发射台，使用频率为 850 千赫和 770 千赫，发射功率 600 瓦和 250 瓦开始播音。10 月，北京市军管会查封“中国”、“民生”、“军友”三家反动和私营广播电台，将这几家电台的部分发射机运至麻花胡同发射台，并于 12 月建立了以播送文艺节目和广告为主的经济台（翌年改称北京市人民广播电台第二台）。

第二篇 >>>
管 理

1927 年 9 月至 1949 年 1 月，是北京广播电台初创和初步发展时期。这二十余年间，北京地区各种类型和性质的广播电台无不受当时政治集团主管部门的管理和控制。同时广播电台也逐步建立了广播工作的制度和规章，其中合理的规章制度是广播管理工作的需要。当然，由于这个时期北京广播电台的规模不大，业务范围不广，管理工作也显得比较简单。

第一章 行政管理

一、北平诸电台隶属行政管理

从民国十六年（1927 年）至民国三十八年（1949 年）年初，北京先后开办过 17 座不同类型的广播电台，隶属关系屡变，尽管政局动荡，各政治集团的相关部门都十分重视对广播电台的控制。

民国十六年（1927 年）9 月 1 日开播的北京广播无线电台，是北洋政府所属东北无线电长途电话监督处创办、北京广播无线电办事处经办，是北京第一家官办广播电台。早在民国十五年（1926 年）10 月，经镇威上将军（张作霖）公署批准，东北无线电长途电话监督处就颁布了《无线电广播条例》、《装设广播无线电收听器规则》和《运销广播无线电收听器规划》三个无线电管理法规，规定机件装置和收听范围限在波长 100 米至 500 米间；装设无线电收音机收听广播节目者，必须到广播电台申请注册并交注册费，违者没收其全部商品并罚款。

民国十七年（1928 年）6 月 8 日，国民革命军第三集团军进驻北京。同年 6 月 28 日，北京改称北平，北平广播无线电台归属太原无线电管理处管辖。同年 10 月 10 日，国民政府交通部会同北平电话局接收北京广播无线电台，更名为“北平广播无线电台”并开播。民国十九年（1930 年）6 月 23 日，阎锡山行营核准公布《北平广播无线电台销售广播无线电收听器暂行规则》，规定销售商行应向电台注册，颁给营业执照并缴纳执照费；并规定只能装置收听波长为 100 米至 600 米以下无线电波的收听器，不能任意变更作发报或发话用。同年 9 月 26 日，东北军于学忠任平津卫戍司令，率部队进驻平津，该电台又由东北边防司令长官公署接收，改名北平无线电广播电台。11 月 29 日，平津卫戍司令部核准公布《装设广播无线电收听器规则》和《销售广播无线电收听器规则》。民国二十年（1931 年）4 月 10 日公布修正的《装设广播无线电收音机登记暂行办法》，规定装设广播无线电收音机者均应向交通部，或交通部国际电信局，或交通部所指定之登记处登记；收音机程式及波长范围“暂均不加限制”。

民国二十一年（1932 年）10 月，北平无线电广播电台收归交通部上海国际电信局管辖，更名“交通部北平广播无线电台”。民国二十三年（1934 年）年底交通部发出通知，自翌年（1935 年）1 月 1 日起，免予征收装设收音机各户的执照费。

民国二十五年（1936 年）7 月 30 日公布《交通部广播无线电台组织通则》，规定交通部设置广播电台“悉依本通则之规定组织之”；规定广播电台设工程师一人，综理一切事务，由交通部就电务技术员遴选派充，并由部指定电信机关指挥监督；规定广播电台设置播音、技术、事务三股及各股的有关事项。

民国二十六年（1937 年）4 月 12 日，公布《播音节目内容审查标准》十条，规定各广播电台节目，其演说、歌曲、唱词、广告等，如有左列各项情形之一者，应予修正或全部禁止：（一）违反本党主义者；（二）危害本国安全者；（三）违反善良风俗者；（四）侮辱他人或先哲者；（五）妨害社会治安者；（六）宣传迷信者；（七）词句猥亵者；（八）违禁物品或违禁出版品之广告；（九）危害身心之药物或场所之广告者；（十）其他违背政府法令者。

同年（1937 年），交通部公布《民营广播无线电台暂行取缔规则》，《规则》规定领得许可证方准中国境内设立广播电台，广播电台业务以下列为限：（一）公益演讲，（二）新闻报告（必要时交通部得制止之），（三）音乐、歌曲及其他节目，（四）商业报告（不得逾每日广播时间十分之二）；规定广播电台不得触犯下列之任何一项：（一）扰乱及妨害国有海陆空及公众通讯电台之业务，（二）不服从交通部所派检查员之指导与监督，（三）播送不真确之消息或新闻，（四）与任何一电台叫通有类如通报情事，（五）传递私人消息，（六）播送危害治安或有伤风化之一切言论、消息、歌曲、文词，（七）扰乱其他广播电台之播音；规定违犯本规则之任何一条者予以下列处罚：（一）停止播音，（二）取消执照，（三）没收机件及处以五十元以上二千元以下之罚金。

民国二十六年（1937 年），国民政府中央广播事业指导委员会制定《暂定民营电台播音节目时间标准表说明》，规定各台播音时间每日最少不得少于 5 小时。教育节目时间不足可占据娱乐时间，但娱乐时间不得侵占教育节目时间。

民国二十六年（1937 年）4 月 22 日公布的《民营广播电台违背〈指导播送节目办法〉之处分简则》规定：广播电台不遵守《指导全国广播电台播送节目办法》者其处分：（一）警告，（二）停播，（三）取消执照，并具体规定违规处分的事项。

民国二十六年（1937 年）七七事变后，日军侵占北平，取缔北平原有广播电台，建立号称“北平广播电台”，次年（1938 年）1 月 1 日改名“北京中央广播电台”，开始用华语和日语播音。汉奸周大文任台长，实际由日本侵略者管理控制。民国二十九年（1940 年）3 月，伪华北政务委员会以北平日伪电台为中心，成立“华北广播协会”，管辖北平、天津、济南、青岛、烟台、太原、石家庄、保定、唐山和徐州等地的伪电台。同年 6 月 24 日，制定《华北广播协会条例》、《华北广播协会捐助章程》，以及电台各科、股规程等。

民国三十四年（1945 年）8 月 15 日侵华日军无条件投降，国民政府交通部接收伪北京中央广播电台后，在发展广播的同时，也强化了对广播电台的管理和控制。

民国三十五年（1946 年），交通部公布修正的《广播无线电台设置规则》，对公营和民营广播电台作出界定，规定公营广播电台电力（发射功率）以 100 瓦至 5000 瓦为限，民营广播电台电力以 50 瓦至 500 瓦为限，波长均限用中波（550 千赫至 500 千赫）。《规则》规定广播电台播音节目限于：（一）教育及公益演讲；（二）新闻报告。以上两项每日播音时间，公营电台应占多数，民营电台亦不得少于全日播音时间的20%；（三）音乐歌曲及其他娱乐节目；（四）商业报告。民营电台播送以上两项节目至多不得超过每日播音时间的80%，公营电台应不与播送商业广告。《规则》规定广播电台不得播送不真实之消息，或违反政府法令，危害治安，有害风化之一切言论、消息、歌曲、文词。规定违反该《规则》任何一条者，由交通部按情节给予处分：（一）警告，（二）停止播音，（三）吊销执照，限令撤除电台。

民国三十五年（1946年），国民政府中央广播事业管理处制定《三十五年度工作人员考绩细则》。次年（1947年）1月，该处准许电台将广告收入20%中的半数为经手职员之酬金，其余半数为全台职员奖金。

在中国人民解放战争时期，北平广播电台"奉饬草拟"了全面干扰河北、陕北、东北、华北解放区广播电台播音的计划，配合国民党政府军对解放军的军事进攻，开展"广播战之攻势"，企图掩人耳目，削弱解放区广播电台对国民党统治区的影响。

从1927年至1949年年初，北平先后开办的17家广播电台，有关内部行政管理的资料缺乏，仅根据有限的资料，对北平广播电台的内部行政管理作简要记述。

民国十六年（1927年）9月1日建立北京广播无线电台，全电台员工只有数人。民国十七年（1928年）10月，南京国民政府交通部接管北京广播无线电台，更名为北平广播电台。民国二十一年（1932年）1月，北平广播电台归交通部上海国际电信局管辖。同年2月25日，交通部国际电信局核准北平广播电台编制缩减为11人，其中工程2人，司事3人，报告员1人，技工1人，小工1人，信差1人，差役2人。

民国三十四年（1945年）8月15日抗战胜利，同年10月10日，国民党政府接收伪华北广播协会及伪北京中央广播电台，改名北平广播电台。北平广播电台所属部门有双桥第一播送台、西城麻花胡同第二播送台和黄村收音台，原有人员600余名，接收后减为280名，至民国三十六年（1947年）4月，全台人员减为180名，电台的"经济仍万分拮据，处境艰窘"。同年5月，北平广播电台提出要"竭尽所能，于本身业务及内部管理上力图改进"，采取措施，在管理方面科学化，经济方面力求撙节。此时电台机构设总务科、工务科、传音科、业务科、会计科。总务科设文书、出纳、事务3股，工务科设调音、器材2股，传音科设征集、编审、播送、监听4股，业务科设广告、服务2股，会计室设审计、账务2股。各科室、股均制定具体的办事细则、工作程序、人员守则、管理规则、业务表报等。

二、中央人民广播电台行政管理

中央电台的前身是延安新华广播电台及陕北新华广播电台，是新华通讯社的语言广播部。1949 年 3 月 25 日，改名北平新华广播电台。1949 年 9 月 27 日又改名为北京新华广播电台，1949 年 12 月 5 日正式定名为中央人民广播电台。

第二章　节目管理

第一节　管理制度

北平广播电台管理制度

如第一章所述，民国二十六年（1937 年）4 月 12 日，国民政府广播行政管理部门规定了《播音节目内容审查标准》，其中包括“违反本党主义者”、“危害本国安全者”、“妨害社会治安者”、“宣传迷信者”、“违反善良风俗者”、“违禁物与违禁出版品之广告”及“其他违背政府法令者”等十条，有违背规定情形之一者，“应予修正或全部禁止”。同年 4 月 22 日公布民营广播电台违背《指导播送节目办法》的处分简则，其中规定“播音稿本及歌曲、唱词等未经核准或许可，擅用播放者”，“播音节目内容与审定稿本不符者”等情形之一项者，受警告处分。播送节目内容未经审查核准擅自播放而有违“破坏民族固有道德”，“违反民族平等之旨引起国际恶感”等情形之一者，处以停播 1 日至 7 日。有下列情形之一者：“为他国宣传危害本国安全”，“诋毁或违背政府法令”，“诋毁或违反本党主义”，“妨害社会治安”等，处以停播一个月或吊销执照。

民国三十六年（1947 年），北平广播电台对编排广播节目表也作了具体规定是否适当；研讨广播内容是否适当；监听广播有无谬误；监听传音技巧有无过失错误；监听电波传导、发射有无故障不良；监听艺员音调优劣、内容良否、言辞有无轨外；监听普通演讲及各种学术演讲有无谬误或轨外言论；监听时如认定确有必要，得呈请主管转饬播音人提前结束该项节目，或中止该项节目，将理由立时通知关系科股，并向上提出特别报告；等等。

第二节 播出管理

北平广播电台播出管理

抗日战争胜利后，北平广播电台加强了广播节目的播出管理监督工作。民国三十六年（1947 年），北平广播电台规定，节目表编排和节目内容制定，盖由传音科长负责召集节目征集股和编审股股长先行会商设计，再由征集股具体编拟，会同编审股盖章，呈科长室检阅后，呈台长检阅签注缮正付印，分发关系各科股，并分送各报馆、各通讯社。该台规定播送股专司发音室内外播音的一切事宜并督导演播者（包括讲演人、演奏者及艺员等）进行节目演播，负责管理播音员和发音室等。

北平广播电台制定了监听股办事细则 23 条，主要的职责如：研讨节目编定是否适当；研讨广播内容是否适当；监听广播有无谬误；监听传音技巧有无过失错误；监听电波传导、发射有无故障不良；监听艺员音调优劣、内容良否、言辞有无轨外；监听普通演讲及各种学术演讲有无谬误或轨外言论；监听时如认定确有必要，得呈请主管转饬播音人提前结束该项节目，或中止该项节目，将理由立时通知关系科股，并向上提出特别报告；等等。

第三节 资料管理

广播电视节目资料和档案管理，包括文字资料、音响资料和录像资料的管理。

唱片录音片是北平广播电台主要的节目资料。民国三十六年（1947 年），北平广播电台《唱片录音片管理规则》规定，节目唱片分为中国唱片、西乐唱片及日本唱片。日本唱片已经整理，搁置不用，中国唱片和西乐唱片每日播音随时使用，并须时时加以整理，如编号、粘贴附签、整理片套、审查唱片内容，试听剧情等项工作。中西乐唱片各以性质分类，编成目录，更附片名目录、均编排号数，依次置于柜内。唱片使用完毕后，由保管人员负责收回，如无异状，必须仍分置原处。

中央人民广播电台资料管理

中央电台的资料工作是与编辑工作同时开始和发展起来的。1949 年 6 月 5 日，北平新华广播电台编辑部成立，下设资料编辑科，开始建立资料工作。

第三章　技术管理

广播电视是现代科学技术发展的产物，并随着科学技术的进步而不断发展，因而对广播电视技术也必须实行科学管理。广播电视技术管理，就是指广播电视向广大受众传播信息过程中一切科学技术活动的管理工作。广播电视技术管理是广播电视管理工作的一个组成部分。

北京地区的广播电台创建初期，虽然各电台规模很小，广播技术和设备落后、简陋，但也配备相当比例的工程技术人员，以维护技术设备，保障运行。随着广播电台规模的扩大，到了20世纪40年代中后期，北平广播电台也逐渐建立专门技术部门，负责广播技术管理工作，并且制定了一些技术管理的规章制度。

第一节　技术管理部门

一、北平诸电台技术管理部门

北京地区广播电台创建初期，规模很小，人员仅10人左右。至民国二十一年（1932年）2月，北平广播电台人员为11人，其中工程师2人（沈宗汉和叶穉云），没有设立广播技术管理部门。随着广播电台的扩大，人员不断增加，到民国二十五年（1936年）7月30日《交通部广播无线电台组织通则》中规定，广播电台应设工程师1人，综理一切技术事务，由交通部从电务技术员中遴选派充，并由交通部指定电信机关指挥监督之。《通则》规定广播电台设置技术股。

民国二十六年（1937年）7月北平沦陷后，日本侵略者取缔了北平各广播电台，成立伪北京中央广播电台，广播技术管理均被伪电台控制。民国三十四年（1945年）8月抗日战争胜利后，国民政府接管北平日伪北京中央广播电台，北平广播电台恢复播音，其规模逐渐扩大，人员增加到600余人。民国三十六年（1947年），北平广播电台工务科下设调音股，负责管理全台广播技术工作。

二、中央人民广播电台技术管理部门

中央电台技术系统在延安新华广播电台开办日语广播时，机务工作由军

委3局9分队负责，仅有发射和播控系统一个部门。

第二节 技术管理制度

北平广播电台技术管理制度

民国时期，北平广播电台从初创到发展的过程中，逐步建立了广播技术管理部门，有关部门也制定了比较具体的技术管理规章制度和管理工作细则。如民国三十六年（1947年），北平广播电台《工务科调音股暂行办事细则》规定该股七项管理工作范围，主要是："管理自发音室送出之成音周率（即频率）经增音机调节放大送到各广播发射机，务使音量送出合度、音质优美，监听各广播播音状态及效果之良否"；"管理各发音室之各种设备并随时检查修理之"；"管理一切录音事宜"；"管理扩声装置"；等等。增音股还规定该股所属各部门工作进行程序，包括"增音机之管理"，"增音机所用蓄电池"，"录音片之灌制"，"扩音机之运用"，"有线转播"，"无线转播"，"第四广播机室"，"检查修理设计改进"八项工作程序。

第四章 经济管理

广播电视经济管理是广播电视管理工作的重要组成部分。北京地区的广播电台创办60多年、电视开播30多年来，广播电视经济管理体制和管理制度经历过重大的发展与变革，经济管理工作的规章制度和管理措施也随着逐步建立和健全。

1949年以前，北京地区创办的广播电台，按其所有制划分，有国营、公营和民营三种类型。国营电台的经费来源靠政府拨款，不足部分以征收听众执照费和广告收入补充。因而政府拨款是否到位直接影响国营广播电台业务的兴衰。民营电台主要靠广告收入维持。北京电台初创时，没有专门的财务管理部门和相应的管理制度。从30年代起，规模较大的广播电台事务股中必须按规定有管理财务的人员，到了40年代北平广播电台则设会计室，管理财务和审计，并制定了会计办事规章，推出广告业务细则，制定了广告价目表。

第一节　经济管理体制

北平诸电台经济管理体制

民国十六年（1927 年）至民国三十七年（1948 年），北平地区开办的广播电台有国营、公营和民营之分。民国三十五年（1946 年）国民政府交通部作出进一步界定，广播电台除国营者外分为两类："凡中华民国政府机关所办广播电台，除交通部所办者系属国营电台外，其余均称为公营广播电台"；"凡中华民国公民或正式立案完全华人组织设置之公司、厂商、学校、团体所办广播电台，均称为民营广播电台。"民国十六年（1927 年）9 月 1 日开播的北京广播无线电台及以后改称北平广播电台和民国二十三年（1934 年）开办的河北广播电台，为国营、官办广播电台，其余诸台均属私营、民营广播电台。不同类型的广播电台存在经济管理体制的区别。

官办的北京广播无线电台开办费 12000 万元左右和每月经费 1000 元，由北洋政府拨款。经费来源除政府拨款之外，不足部分则靠征收听众执照费和广告收入。初办时期，听众少、广告少，入不敷出。民国十九年（1930 年），北平广播无线电台每月需职员薪金 540 多元，业务、杂项、贴费等 216 元，共需经费 765 元，而每月收入平均为 300 多元，每月需政府补贴 400 元。民国二十一年（1932 年）2 月，北平广播电台呈请 1 月份薪金为 549 元，但核准金额为 435 元，只好减员缩薪。同年下半年，收入收听户注册费、执照费、广告费、充电费为 2277 元，支出 4096. 88 元，政府仅补贴 1819. 88 元。民国二十八年（1939 年），收入 2355169 元，支出 2125394 元。民国三十六年（1947 年）5 月，北平广播电台报告称：自接收日伪北京中央广播电台迄今，经济方面尤为艰窘，"日伪电台经济向由敌伪双方源源供应，甚至电费均有优待"，而北平广播电台接收后业务较彼时有增无减，经济则"万分拮据"。仅是年三四月份电费一项支出达 3000 余万元，而经常费自是年度起仅 2000 万元，全数不敷充作电费。同年 7 月，获准从广告业务收入金额中提支 20% 作为该台员工业务奖金。

第二节　经济管理制度

北平广播电台经济管理制度

北京广播事业创办初期，经济管理机构不健全，规章制度不完善。民国十六年（1927年）创办北京广播无线电台，到30年代初的北平广播无线电台，规模小，人员少，电台没有设置专门的财务和广告管理部门。民国二十一年（1932年），北平广播无线电台人员共11人，只有工程师、司事、报告员、技工、小工、信差、差役人员、没有财务专职人员，3名“司事”中应当有管理财务人员。

民国二十五年（1936年）7月31日，国民政府公布《交通部无线电台组织通则》，规定广播电台要设置播音、技术、事务三股，其中事务股掌管的事项之一即“关于现金之出纳及单据之保管”。规定不设事务股的广播电台，也要设雇员1人至3人办理事务股各项事务。

民国三十四年（1945年）8月抗日战争胜利后，北京广播事业有所发展，北平广播电台的规模扩大。到民国三十六年（1947年）5月，北平广播电台机构设置有4科2室，其中业务科下设广告股，2室之一为会计室，会计室下设审计股和账务股。

民国三十六年（1947年）北平广播电台制定的《会计室办事细则》，具体规定了会计室及审计股和账务股的职责及办事程序，对全台的财务管理工作作了较为明确的规定，包括员工借支手续、购置物品请求付款手续、奖金车膳费加班费支给办法、员工离职结付薪金办法、员工借支薪金及扣还办法、国内出差旅费支给标准、支出凭证单据证明规则等。

到民国三十六年（1947年），广告在北平广播电台节目中的比重明显加大，广告费收入有所增加。是年，北平广播电台在业务科下设广告股，并制定了《北平广播电台播音广告章程》、《北平广播电台播音广告实施细则》和《北平广播电台业务科广告股办事细则》。《广告章程》和《广告实施细则》都规定，凡有下列之一者广告概不接受：一、政府禁售之一切物品；二、妨碍社会心理之各种书报图画营业等；三、妨碍人民生理之各种食物或药品；四、婚丧寿庆以及诉讼之启事。电台还编制有《播音广告价目》表。

第五章 科研机构与学术团体

第一节 科技研究机构

20世纪40年代，北平成立“北平电波研究所”。1949年中华人民共和国成立后，北京相继成立了众多广播电视科技和广播电视专业性的研究院所（室）。

北平电波研究所

民国三十四年（1945 年）8 月抗日战争胜利后，国民政府派员接收了北平伪北京中央广播电台，北平广播电台复建开播，国民政府中央电波研究所所长冯简函聘沈宗汉为中央广播事业管理处北平电波研究所研究员，并面谕从速筹备成立北平电波研究所，早日开始工作。沈宗汉奉谕即选定西郊新市区东首前伪华北广播协会研究所原址为办公处所，并于同年（1945 年）12 月 26 日拟就《中央广播事业管理处北平电波研究所组织规程草案》暨编制民国三十五年（1946 年）度全年预算表格，呈报中央广播事业管理处平津区接收专员办事处备案。

《组织规程草案》规定，北平电波研究所归中央电波研究所节制。确定该所的基本工作是研究物理测验电波，探求新知，供应实用。该所设置主任 1 人，由研究员兼任，总理全所一切事务，全所暂设研究员 5 人，工务员 3 人，职员 2 人，事务员 2 人，技术 2 人，工役、车夫及警卫等若干人。全所设总务、研究、秘书三课。其中研究课掌握事项：海氏层之测验；超短波及微波之研究；电子之研究；电波之电磁强度之测量；定向天线之实验；收听各地电台成绩之记录；测验电波之调查及统计；仪器、图书之购置及保管。

北平电波研究所呈报民国三十五年（1946 年）度全年《俸薪表》（表 5－1）及《工饷表》（表 5－2）如下：

表 5－1　民国三十五年（1946 年）北平电波研究所俸薪表

职别	职位	人数	拟支薪水（元）	合计（元）	备　考
主任	一等技术员	1	480	480	
研究员	一等技术员	4	405	1620	450 元 1 人，420 元 1 人，390 元 1 人，360 元 1 人，平均 405 元
工务员	二等技术员	3	220	660	240 元 1 人，220 元 1 人，200 元 1 人，平均 220 元
职员	干事	2	180	360	
事务员	助理	2	140	280	
技工		2	100	200	
合　计		14		3600	全年预算数 43200 元

表 5-2 民国三十五年（1946 年）北平电波研究所工饷表

职别	人数	拟支工饷（元）	合计（元）	备考
号房	1	40	40	
差役	4	40	160	
厨房	1	40	40	
警卫	1	110	110	

第六章 队伍管理

北京广播电台初创时期，规模很小，全台职工只有 10 余人。抗战胜利后，重建的北平广播电台人员增加到 600 人，但因经费困难而一再减员，到民国三十六年（1947 年）仅剩下 180 名。

第一节 队伍构成

北平广播电台队伍状况

北京从 20 世纪 20 年代后期建立广播无线电台到 30 年代初，是广播初创时期，规模小，从业人员少。民国二十一年（1932 年）2 月，北平广播无线电台编制包括工程师、司事、报告员、技工杂役等只有 11 人。30 年代后期，特别是民国三十四年（1945 年）抗日战争胜利后，北平广播电台复建后的规模有所扩大，电台员工人数有较大增加。同年 10 月 10 日，国民政府接收日伪华北广播协会及伪北京中央广播电台后，改名北平广播电台，加上所属部门，机构庞大，有人员 600 余名。北平广播电台感到经济负担太重，人员减为 280 名，犹感难于担负，不得已再减至 230 名，至民国三十六年（1947 年）5 月，又压缩为 180 名。经济艰窘，迫使减员，阻碍着北平广播事业的发展。为维持现状，无奈只有“竭尽每人之所能，以抵二人或三人之用”。

民国三十六年（1947 年）5 月北平广播电台机构和队伍状况见下表（表 5-3）。

表 5-3　民国三十六年（1947 年）北平广播电台组织系统表

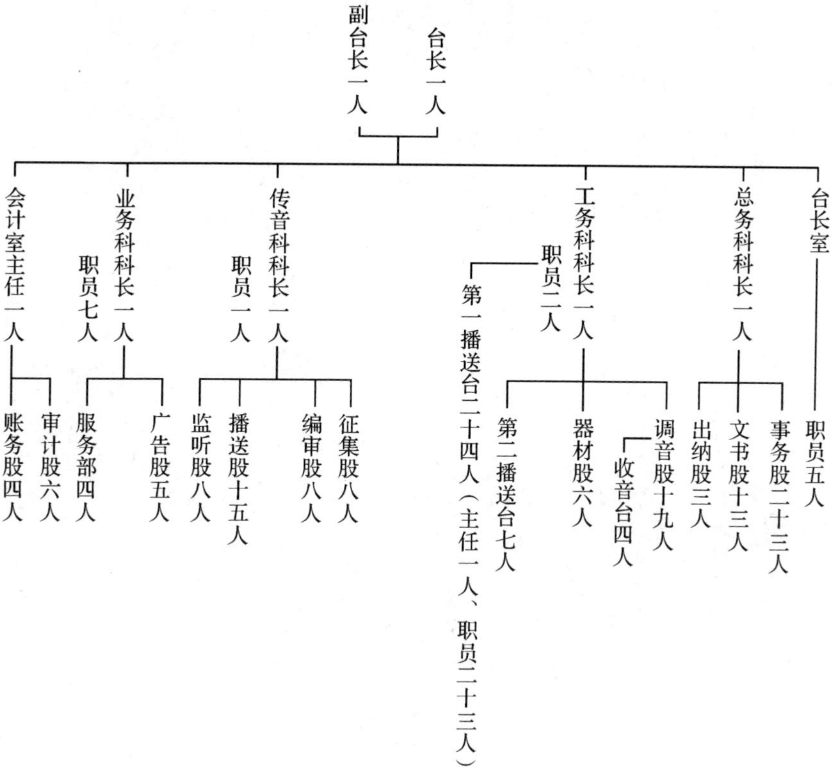

天 津 市

天津市地方志编修委员会办公室、天津市广播电视电影局、天津广播电视电影集团编著:《天津通志·广播电视电影志》(1924~2003),天津社会科学院出版社2004年版

第一代人民广播工作者从解放区奔赴即将解放的天津城

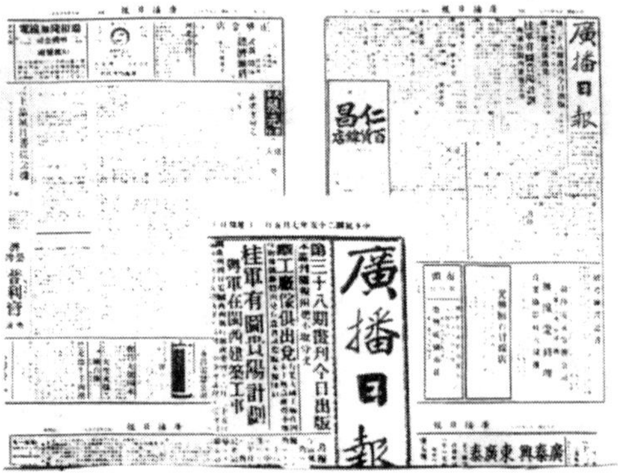
廣播日報

1936 年 7 月 5 日《广播日报》

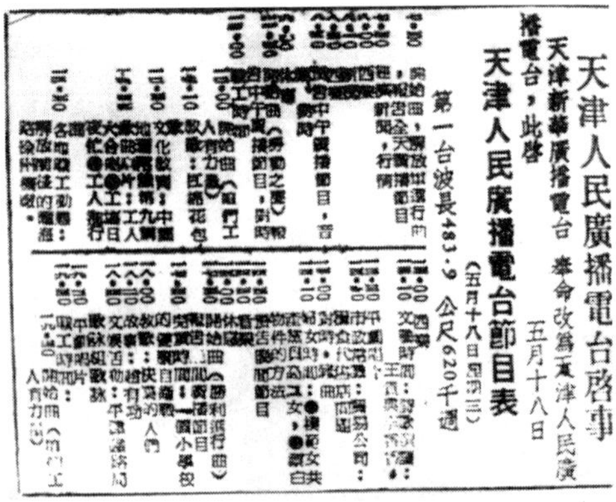
天津人民廣播電台啓事

天津新華廣播電台 奉命改爲天津人民廣播電台，此啓

五月十八日

天津人民廣播電台節目表

(五月十八日星期三)

第一台波長483.9公尺620千週

1949 年 5 月 18 日《天津日报》刊登的电台更名启事和节目表

概　述

天津是国内开办广播电台较早的城市之一。世界上第一座广播电台于1920年诞生在美国的匹兹堡，中国的第一家广播电台于1923年出现在上海，是由美国人奥斯邦开办的。两年后，1925年由日商义昌洋行设立的商业性电台在天津日租界旭街（今和平路）四面钟该行楼下开播，这便是天津的第一家广播电台。该台办了两年多时间。1927年5月，由北洋政府开办的天津第一座官办电台——天津广播无线电台开始播音。1928年6月北伐战争结束后，国民党政府接管了这家电台，此后曾兼作军用，1933年年底停止播音。1934～1936年，是天津私营电台的发展时期，先后开办了仁昌、中华、青年会、东方四家私营商业性电台。一些学校（如南开大学）、企业（如中原公司）、体育场馆（如北站外的河北省体育场），乃至某些个人（如新天津报社长刘髯公），均办过播音时间很短的小型电台。到1937年，这些私营电台先后关闭。

早在1937年“七七事变”以前，日本侵略者就不顾当时国民党政府的有关禁令，在日租界福岛街（今多伦道）的日本公会堂内设立一座广播电台，播送部分华语节目并转播东京电台的日语广播。1938年1月又在此处设立天津广播电台（1939年迁至南市华安大步）。这两座电台都是为日本的侵华政策和进行奴化教育服务的。1942年1月，日本侵略者又在天津广播电台开办了商业性的特殊广播，除播广告外，还面对天津的外侨播出英语、俄语新闻节目，实际上仍是为其侵略政策服务的。

1945年8月日本投降后，国民党政府接管了日伪天津广播电台，改名为“中央广播事业处天津广播电台”，不久又设立天津广播电台第一广播、第二广播、第三广播、第四广播，使之成为国民党宣传反共、反人民，鼓吹内战政策的工具。此后，一批私营电台，如中国、华声、中行、世界、友声、宇宙、青联、青年等相继成立，不过这些商业电台多数都有一定的政治背景，有的则是军统、中统等特务组织直接经营的。这一时期，还开办了一些军办或名为军办实为私营的电台，如军友、军声、阵中等。

自1925～1949年1月天津解放，天津已办或筹办的有据可查的广播电台共39座。

1949年1月15日，当解放天津的炮声刚刚停息不久，军事代表鲁荻及刘文、柳先等人便在部队和中共地下党组织的配合下接管了地处南市华安街的国民党天津广播电台，当晚即开始播音，呼号为“天津新华广播电台”（XTNC）。由此宣告了天津人民广播事业的诞生。1949年5月18日，天津新华广播电台更名为天津人民广播电台。

第一篇 >>>

广　播

天津早期的广播电台，以开办者的不同身份区分，有外国人办、民办（私营）、军办（或名为军办实为私营）及日伪电台，其数量虽多，且均为无线广播电台，但规模都很小，是为统治、剥削人民，为商业目的，或为帝国主义的侵略政策服务的。随着1949年1月天津解放诞生的人民广播事业，以传播手段划分，有无线广播和有线广播；以隶属关系的不同，分为市级电台和区、县电台或广播站。

第一章　天津早期的广播电台

自1925年日商义昌洋行设立天津第一座广播电台起，到1949年1月15日天津解放，旧中国的天津广播事业前后共有二十四年的历史。在这二十四年中曾出现过外国人办的电台、官办电台、民营电台、军（警、宪、特）办电台和日伪时期的电台共计39家。另外还有未获批准，或经费困难，或受时局影响未正式开播的二十多个台。

第一节　外国人办的电台

一、义昌广播电台

1925年1月，天津的日商义昌洋行在日租界旭街（今和平路251号）义昌洋行的楼下，正式创立天津第一座广播电台，负责人是日本冈崎家族中的一位企业家。该行是一家经营无线电器材的商号。开办这座电台是为了扩大该行的影响，推销无线电零件。义昌洋行广播电台的节目主要有：转播日本国内的日语广播节目、音乐及少量的广告。当时的无线电器材只是一些纱包线、胶木板、耳机等供人们做矿石收音机的极简单的零件，以后又有了早期的直流收音机及与之配套使用的蓄电瓶等。这座电台办起来之后，果然在天津掀起一股小小的“无线电热”，一些中学及专科学校的学生纷纷买耳机，绕线圈，买自然铜，自制矿石收音机。从这些人中间，产生了天津最早一批无线电业余爱好者及无线电专业技术人才。由于当时日商的无线电零件在货源、质量等方面与美商相比，均有差距，故义昌洋行的广播电台并未给它带来太多商业上的好处，它也就没有发展成为正式的商业电台，播音的时间也没有形成规律化，而是常有变化，时断时续。尽管是处于这样一种状态，义昌洋行的广播电台还是办了较长一段时间，直到 1927 年北洋政府创办的天津广播电台开播后，义昌洋行的广播电台才停办。

二、美军广播电台

1945 年 10 月开办。主办为美国海军陆战队。当时美军到天津后，不顾国民党政府公布的未经允许不得开办电台的规定，在美国驻军营盘（今天津河西区广东路）设立了一座电台。该台主要作为军用，还播放一些爵士乐之类的节目。使用频率为 1500 千赫，功率为 500 瓦。1946 年冬美军撤军后停播。

第二节　官办电台

一、天津广播无线电台

1927 年 5 月 15 日，北洋政府统治时期，在天津正式设立了第一座官办广播无线电台，全称为天津广播无线电台，后简称天津广播电台。这座电台设在和平区烟台道与四川路交口处的电话局南院内（今烟台道 31 号电话三分局），呼号 COTN，波长 450 米，功率为 500 瓦。可以覆盖市区，有时可达到大沽海口。该台节目有商业消息、社会新闻、戏曲、曲艺、音乐等。

早在 1923 年以前，当时的北洋政府交通部就曾利用电话局南院内的通讯用无线电台实验过广播，当时，北洋政府是为了解决京津间长途电话线不足的困难，准备利用无线电台辅助，向中国电业公司购买了两座无线电台，在京津各设一台。受各国兴起建立广播电台热潮的影响，也用这两座电台实验了广播，得出结论，认为这两座电台用作广播最为相宜。1924 年，天津各租界当局纷纷要求设立广播电台。北洋政府再次考虑利用这两座电台进行广播。1925 年，北洋政府下令在京津两地实验广播收音工作。这些设想都因政局变幻、战事频仍而未能实现。1926 年，国际无线电信会议在美国华盛顿召开，北洋政府派代表参加。当时天津电话局的工程师兼局长吴梯青为代表之一。40 多天的会议后，中国代表又前往英、美、法、德、丹麦、瑞士、日本、苏联等国考察电信事业。在考察中，深感正在蓬勃兴起的广播事业的重要，因而决定回国后，向当局呼吁设立无线电广播电台。回国后，即向北洋政府建议：先将上海美商开洛公司电台收购，然后再在北京、天津两地电话局内，利用原有无线电话机件，加以改装试行播音。由于当时广播事业名称还未确定，用“播音”“传声”或日语“放送”等名词的都有，吴梯青便按英文意译，建议定名为“无线电广播”，经当时北洋政府交通部批准，在各地通用。后来建立广播电台的建议得到张学良、杨宇霆等的支持，交通总长叶恭绰亦认为应加提倡，就由交通部组织了一个无线电广播公司来开展这项工作。这一公司成立后，先由东三省拨款 1 万元，在北京、天津两地开办广播电台。1927 年 5 月 1 日，宣布天津广播无线电办事处成立，5 月 15 日，天津广播无线电台即开始播音。北京的广播电台则到 9 月才开始播音。天津办事处由耿励任处长，吴越为副处长，设在电话局南院内。天津广播电台使用的波长是 450 米，开始时是每天上午播出两次。按照当时北洋政府的东北“镇威上将军公署”的指示，天津电话局每日规定若干开放时间，将京津长途电话线空出来，接通天津广播无线电台，以转播北京方面的各项节目。开始主要转播北京开明戏院的戏曲，六国饭店的跳舞音乐，并播送新闻、行情等。同时决定，由东北无线电长途电话监督处着手准备播音、收音所需各种机件。规定无线电收费的工作由电话收租员兼任；规定由天津广播电台派人兼任海关方面的无线电检察员，监督无线电器材的进口。同时规定，暂在天津、北京两地施行东北“镇威上将军公署”1926 年 10 月 13 日公布的《装设广播无线电收听器暨运销广播无线电收听器规则》。按照这两项规定，凡是运销无线电器材的商行均需向广播无线电办事处注册，领取执照。当时，听户如欲装设收音机也需办理相当多的手续。首先，要按照《规则》内的“请愿注册书”的样式向天津办事处或北京办事处申请、注册，领取购机凭单；然后持单向持有东北无线电长途电话监督处所发执照标记的商行购买收音机。收音机装好后还要再写申请书领取执照，由天津办事处派人检验后发给执照及标记。这种规定在一定程度上限制了收音机的普及，也影响了天津广播事业的发展。法商长途电话公司及德商西门子公司为了抢先进入天津的无线电器材市场，在得到天津筹设广播无线电办事处的消息后，即申请登记。以后日商、美商也先后申请领取执照，天津的无线电器材市场基本为外商所左右。

天津广播无线电台建立之后，先后开办了戏曲、曲艺、音乐、新闻、商情及各种讲座等节目。在各种节目中，以通过长途电话线转播北京各剧院的京剧为主，受到一些人的欢迎。广播电台开播以后，并不是全天播出，一天之中也只是下午和晚上才有节目。晚上主要转播北京一些京剧名演员演出的实况。以后，又开放了沈阳到天津的长途电话线，转播沈阳的节目。每周还要请一些著名的票友到电台演出京剧清唱。这时，收听广播用的还是矿石机和直流收音机，有时也由天津广播电台向各商号提供收音机、大喇叭、蓄电池，每月收一定租费。翌年，逐渐有了交流收音机。由于广播电台离电话局的交换台等设备很近，二者之间互有干扰，致使当时天津广播无线电台的播音质量较差，音质不好，有杂音。许多听众愿意听义昌洋行广播电台的音质较好的广播。广播的干扰也使电话中常有劈劈啪啪的杂音，这种二者之间相互干扰的现象，也是造成天津广播无线电台日后停播的一个原因。天津广播无线电台在最初开播的一年多时间内，没有承揽广播广告业务，以后，逐步增加了该项业务，但在全天 6.5 小时的播音时间里，广告仅占 30 分钟。1928 年 6 月，北伐结束后，天津广播无线电台除作广播用外，当局还将此台兼作中波军用电台。北伐后，天津设立广播无线电放送局，归交通部管辖。至 1929 年 8 月，由天津市政府接管，更名为天津特别市广播无线电话局。天津广播无线电台于 1933 年年底停止播音。

二、中国无线电业股份有限公司广播电台

1929 年秋，当时在天津的中国无线电业股份有限公司也设立了一座广播电台，功率 100 瓦。组织中国无线电业公司，主要是京奉铁路局的一些工作人员，经理由京奉铁路局的考工科长胡光彪担任。该公司是当时很有影响的美国无线电公司（RCA）在中国的独家代理。该公司的营业部在滨江道 112 号（后曾为先锋自行车商店）。广播电台设在马路对面的基泰大楼（现为滨江道委托店），308 室为播音室，机器是从美国无线电公司购买的旧机器，由无线电技术人员改装而成，天线是自制的笼式天线，该电台的节目中科技知识占了较大比重；文艺节目部分依靠唱片。每星期六晚上，该电台都要组织一些有名的票友演出京剧，或是整出，或是折子戏，这就是当时最好的节目。当时中国制造无线电零件的能力很差，中国无线电业公司在开幕时很多东西是从日商义昌洋行买来的。这样，电台打开营业的局面就存有许多困难，再加上该广播电台一直没有积极做商业性的营业广播，这一广播电台在开办一年之后停办。后来，该台曾断断续续地进行过一些广播，但一直没有恢复正式播出。

三、中央广播事业管理处天津广播电台

1945 年 8 月日本投降以后，国民党政府接管了天津的日伪电台，改名为中央广播事业管理处天津广播电台。地址在南市华安大街 99 号，台长黄念祖，但时间不长他又被任命为北平电台台长。孙国珍从 1945 年 10 月 10 日为代台长，1946 年 2 月 1 日被委任为台长。1945 年后 10 月 1 日，美海军陆战队到天津。美军人员控制了广播节目。同时带来了些钢丝录音机，播放一些爵士乐唱片，恢复了一些节目的广播。10 月下旬，国民党委派孙国珍等正式接管电台，开始了正常广播和业务，这即是天津广播电台第一广播。不久，天津广播电台的第二广播、第三广播恢复了商业广告节目。1946 年年初，开设了第四广播。当时，最大发射功率为 500 瓦。四套节目，每套每天平均播音为 10 ~ 14 小时，主要为国民党发动内战作政治宣传，除了每天转播几次国民党中央台的新闻节目外，还播放一些西乐、军乐的唱片。除此之外，还用英语报告航程、方位等，为赶赴华北的美国舰船指示目标。

在天津广播电台第一广播刚播出的一段时间里，大部分是转播北平广播电台的节目，至 1946 年 6 月，才逐步将大部分节目改为天津台自编的节目。第一广播不播广告，是以新闻、演讲、各种讲座、各种西洋古典音乐、民乐、儿童节目等为主要内容。随着国民党政府加紧执行反共政策，“戡乱救国宣传”这样一类节目也越来越多；在一些演讲、讲座等节目中也加入很多这类的宣传。第一广播的频率和日伪时期使用的频率相同，仍为 620 千赫，功率为 500 瓦。每天从早 7 时开始广播，至夜间 12 点左右结束，每天广播节目分为早、中、晚三段。每天广播时间近 9 小时。每晚 8 时 20 分还要转播 10 分钟美国之音旧金山电台的华语广播节目，晚 10 点转播一次南京国际台的英语新闻节目。

第二广播的频率为 1110 千赫，功率为 100 瓦，后增为 500 瓦。在第二广播刚恢复时，是以英语新闻、英语讲座、英文歌曲等节目为主，以后改为以广告节目为主。由于当时国民党政府对广播电台的广告节目规定了一定的比例，第二广播中也插入了一些新闻、科学知识、“新生活运动讲话”等节目。第二广播从每天上午 9 时直到夜 12 时，中间并不休息。在第二广播的广告多是“乙种广告”。即由商户出钱预定一段广播时间，节目编排、演员聘请等工作皆由商户自己做，即所谓“售时广告”。

第三广播的频率为820千赫，功率也是100瓦，播出的节目、播出时间基本和第二广播相同。非广告性节目和第二广播稍有区别。广告则多是“甲种广告”，即由电台聘请演员，由商户按广告的长短缴一定的费用。

第四广播初期为短波广播，没有专门的节目，只是在一定的时间内和第一广播联播，有时用来和各地电台进行联络。至1947年7月，又将第四广播改为中波，每天由下午2时至晚10时广播。开办了第四广播自己的节目，使用的频率为1290千赫。

四、资源广播电台

资源广播电台成立于1947年4月，是由国民党政府资源委员会下属的中央无线电器材公司天津营业处开办的。台址设在罗斯福路（现和平路）197号该营业处的楼上。成立这一广播电台的目的，是为了推销当时的中央无线电器材公司天津厂（解放后曾为国营天津无线电厂）用美国零件组装的收音机。该电台的业务工作由营业处工作人员兼任，只是招聘了几名播音员。发射机是利用美军剩余物资的一台500瓦短波发射机改装成的。改成中波发射机后输出功率不到500瓦。该台的主要节目是播放各种音乐唱片，其中西洋古典交响乐是其他各台较少播放的，有时还对各种音乐作品做一些简单的介绍。节目中也安排了少量的京剧唱片。新闻节目很少，仅是有时在晚上转播半小时“美国之音”的华语新闻节目。每星期六晚上多是播放一些舞曲。该电台没有开展商业性的广告营业，偶尔播放一些推销中央无线电器材公司天津厂组装的收音机的广告。该台至天津解放前夕停止播音。

第三节　民营电台

国民党政府于1928年12月和1929年8月先后公布《中华民国广播无线电台条例》和《电信条例》，除规定政府机关可设立广播电台外，还允许公私团体和个人经营广播电台。20年代末30年代初期，中国出现了一批民营广播电台，其中有半数集中在上海，天津仅次于上海。纵观形形色色的民营广播电台，大致可分作三种类型：一类是教育性广播电台，一类是宗教性广播电台，一类是商业性广播电台。

1946～1949年天津解放前，天津出现开办私营商业电台的广播发展时期。这期间开办的虽多是商业广播电台，但此时的“民营”广播电台与过去的不同，多数都有一定的政治背景。有的则是国民党中央军事统计局（军统）、国民党中央调查统计局（中统）等特务组织直接经营的，利用广播电台搜集情报及进行反人民的宣传活动。就是没有这种政治背景的商业电台也要设法和国民党政权中的人物拉上关系，才能获得批准。

一、仁昌广播电台

1934年春，天津仁昌绸缎庄开办了仁昌广播电台，呼号为XQKC。创办人王铭荪、刘嘉祥，后有胡晋宸。最早设在东马路东门北，不久移至现和平路，设备为7.5瓦的小机器，为日商义昌洋行原来所用的机器。国民党政府公布的有关广播电台的规定中，禁止外国人在中国设立广播电台。仁昌绸缎庄曾在义昌洋行的广播电台做过不少广告，两家的关系较好，义昌洋行即将广播电台转给仁昌绸缎庄。在播音近一年以后，为和其他电台竞争，仁昌广播电台改为50瓦。至1935年年底，仁昌电台从中华无线电研究社买来一部新机器，该机曾由亚北公司在北京试播音，功率达200瓦，效果较好，进一步扩大了仁昌电台的影响。1937年，日本帝国主义侵占天津以后，仁昌广播电台仍继续广播了一段时间。以后，仁昌绸缎庄发生火灾，仁昌广播电台即搬到法租界紫竹林庆丰里（现河北路、滨江道口），与仁昌绸缎庄脱离关系，独立经营。随着日本帝国主义加紧对侵占地区的全面控制，仁昌电台不久即告关闭。

1936年9月7日《天津午报》刊登仁昌电台节目，上午8时至12时：最新唱片，商业介绍，时刻报告，张岐山《刘公案》，唱片，商业介绍，马宝山说唱《狸猫换太子》，唱片，商业介绍，赵荣昌单弦拉戏。中午12时至夜间2时：张寿臣、侯一臣相声，唱片，商业介绍，马增芬《呼家将》，最新唱片，商业介绍，王佩臣铁片大鼓，唱片，商业介绍，曾振庭八角鼓，陈子贞、广阔泉相声，中原游艺场各种游艺，唱片，商业介绍，石慧儒八角鼓，转播中央节目，陈子贞、广阔泉对口相声，潘月容西河大鼓，转播北平第一舞台梨园公会义务戏，马宝山说唱《施公案》。

二、中华广播电台

1934年夏，由上海的中华无线电研究社天津分社成立，呼号为KHKA。负责人龚雪甫，后改由黄雅白、郭振庭负责。电台台址原在法租界4号路，后迁到意租界大马路29号（美最时洋行，现建国道、四经路口）。成立时发射机为50瓦，1935年春改为100瓦，后又增至200瓦。

中华无线电研究社为中国较早制造和销售无线电零件的商行，设立广播电台的目的，也是为了扩大该社的影响，促进无线电零件的销售。中华电台刚成立的几个月中，由于功率较大，播音质量好，在节目编排上为迎合多数听众的心理，花样翻新，在一段时间内，在听众中的影响较大。该台在1937

年日军侵入天津后，日渐萧条，延续一段时日，1939 年冬停播。

1936 年 9 月 7 日《天津午报》刊登中华电台节目，上午 8 时至 12 时 45 分：宗教音乐，恭读《圣经》，西乐唱片，历代名人传，国剧唱片，马连登西河大鼓《反唐传》，马三立、刘民光对口相声，国乐唱片。中午 12 时至夜里 11 时 30 分：王剑云说唱八角鼓《庄周点化》，西乐唱片，马俊贤单人话剧《可怜的母亲》，国剧唱片，常起霆说唱西河大鼓《三侠五义》，儿童节目《青年播音团》，国剧唱片，报告米粮面杂粮行市，王剑云说唱单弦八角鼓《画皮》，冯质彬说唱京韵大鼓《对刀》，休息，特播最新音乐唱片。

三、青年会广播电台

1934 年 11 月青年会广播电台成立，钱仲玖任主任，台址设在东马路天津青年会（现为少年宫）楼上。青年会为宗教性质的世界组织。天津青年会每年登记会员 5000 人，其中基督教徒不到 1000 人，会员大多数都是天津各界的代表人物、市长、局长、经理等。该会设立广播电台，主要是为了宣传青年会的宗旨，扩大影响。青年会当时活动的面很广，设立广播电台，为它的乐队、歌咏队和各种讲座活动提供了很有利的活动场所。青年会广播电台机器功率最初为 50 瓦，至 1935 年 9 月改为 150 瓦，播音质量较好。1936 年 11 月，曾有一新西兰的业余无线电爱好者邮来新西兰 DX 无线电社的证明，证明他曾在 10 月 1 日上午 9 时收听到天津青年会电台的广播。青年会广播电台的机器安装费共约 8000 元，由东亚毛纺公司、中华国货售品所、敦庆隆绸缎庄和正兴德茶庄四家分担垫付，这四家商户都与青年会有关系。为了补偿垫款，青年会广播电台在四年内不收他们的广告费，且在每天的商业宣传中，享受优先广播的权利。青年会广播电台开始播音时，并未申请执照，只是和当时的市政府打了个招呼，为了留有余地，称为“实验播音”。直到一年以后，该台才有了执照、呼号。呼号为 XQKB，波长 400 米，频率 750 千赫。

1936 年 9 月 7 日《天津午报》刊登青年会电台节目，上午 8 时至 12 时：宗教音乐，恭读《圣经》，西乐唱片，历氏名人传，国剧唱片，马连登西河大鼓《反唐传》，马三立、刘民光对口相声，国乐唱片。中午 12 时至夜里 11 时 30 分：王剑云说唱八角鼓《庄周点化》，西乐唱片，马俊贤单人话剧《可怜的母亲》，国剧唱片，常起霆说唱西河大鼓《三侠五义》，儿童节目《青年播音团》，国剧唱片，报告米粮面杂粮行市，王剑云说唱单弦八角鼓《画皮》，冯质彬说唱京韵大鼓《对刀》，休息，转播最新音乐唱片。

四、东方广播电台

1935 年春由东方贸易工程公司成立了东方广播电台。东方电台的经理为陈锦涛，叶绍荫为主任兼工程师。该台原设在法租界32号路（现赤峰道），后迁至法租界2号路大陆银行货栈（现长春道、吉林路交口）的楼上。该台呼号为XQKA，发射功率为150瓦，波长222.2米，频率1350千赫、1280千赫。1939年先后停播。1937年日军入侵天津后，器材被日本军事当局强行买走。

1936年9月7日，《天津午报》刊登东方电台节目：上午8时至12时：最新唱片，王福恩说唱《金环记》，粤曲，刘文斌说唱《三省庄》。中午12时至夜里0时：最新唱片，国外股票金融行市，古典音乐，钢琴音乐，琵琶钢琴各种西乐，天津妙峰山下院张希文居士佛经讲演，于景元说唱《双合印》，王树田、赵佩茹合说对口相声，赵世英说唱八角鼓，吉评三说《济公传》，野蔷薇播音团节目，儿童故事，听户特约节目，钢琴提琴各种西乐，转播中央电台节目，唱歌音乐，跳舞音乐，国外股票金融行市，刘文斌说唱《刘公案》，刘君衡八角鼓。

仁昌、中华、青年会、东方等四个广播电台是以广告收入为主要经济来源的商业电台，所以，在四台的广播中，广告都占了相当的比重。当时，广告广播有几种形式。最普通的是由报告员（即播音员）在两个文艺节目之间插播几条广告，或是在演唱节目的中间，由报告员插播几句。另一种是由演员在所演唱的节目中插播广告，此类收费较多。还有一种，是将某一段广播时间“出售”给商号，由商号自己安排节目与广告。

为了吸引更多的听众，各台都尽力丰富自己的节目。30年代中期，正是天津的各种曲艺形式蓬勃发展的时期，涌现出不少有影响的演员。各电台也就将各种曲艺节目作为自己的主要节目，像仁昌、中华两台最多时每天的曲艺节目时间达10小时以上，占去全天播音的大部分时间。即使是播送曲艺节目较少的东方台，每天也要有3个小时以上的曲艺。在电台经常演出的演员中有说相声的张寿臣、陶湘如、常连安、常宝堃、绪德贵、张傻子、陈子贞、广阔泉等。演唱单弦的荣剑臣、石慧儒，评书演员陈士和、张浩然、吉评三等，还有刘文斌说唱的京东大鼓，王佩臣的乐亭大鼓，马增芬的西河大鼓等。曲种之多，演出水平之高在全国都是首屈一指的。此外，像乔清秀、董桂芝的河南坠子，以及京剧清唱、口技等节目都是广播中常出现的节目。从演出节目的内容来看，各台都比较注意利用长篇连续节目来抓住听众。在一些节目中也出现了一些不太高雅的东西。

30年代中期，天津的话剧运动正处在一个高潮时期，天津的四家私营商业电台成立以后，广播剧这种艺术形式很快就发展起来了。当时的鹦鹉剧团、中国旅行剧团、燕社话剧团、咪咪话剧团、华北喇叭团都到电台演出广播剧。演出的剧目有中外话剧名作，也有根据古典名著改编的广播剧，也有根据现实题材创作的剧目。听众比较欢迎广播剧。还有一种“单人话剧”，主要在中华台播出。“单人话剧”有时又被称为“说解话剧”，由一个演员模仿剧中男女老幼各种人物的不同声调，近乎口技，却又与口技不尽相同。有人又把它称之为“独角播音戏”。在天津首创这种表演形式的是梁赤侠。所演出的剧目有根据《聊斋》改编的古典剧，也有梁赤侠自己编写的反映家庭生活的现代剧。这种“单人话剧”受到不少听众的欢迎。1936 年，《天津晨报》搞过一次评选“播音明星”活动，梁赤侠和演唱西河大鼓的马增芬、说评书的张浩然当选。1935 年年底，梁赤侠成立晨曦话剧团，想扩大这种演出形式的影响，引来一些非议，认为由单人说解与团体组织的名义不合，应将团体名义取消。广播剧的繁盛在天津持续了几年。一些话剧团体，如咪咪话剧团等还专设了播音部，广播日报社亦于 1936 年春成立了广播剧团。

除了曲艺、广播剧这样一些各台都比较注意的节目外，每个台在节目安排上还各有自己的特点。仁昌电台将自己节目的重点放在转播各剧场的实况上。先后在南市燕乐、升平茶园、中华茶园、天祥三楼的小广寒茶社、中原公司游艺场三楼杂耍部等处设立了转播专线，转播曲艺、昆曲等节目。东方电台则在广播节目中安排了相当数量的西洋古典音乐、各种舞曲及宗教音乐。东方电台还成立了儿童播音团，设话剧、歌乐、演说三组，组织小学生在课余练习、演出。该台还举办了不少讲座，由单世伟等人讲解儿童教育、青年等各种问题。

在青年会电台的广播中则时常转播青年会各种活动的实况，报告青年会的会务。在当时的四家商业电台中，只有青年会电台有新闻节目，报告当时的中央社提供的消息。在该台的节目中，宗教节目占了相当的比重。有宗教讲座、礼拜诗歌等。除此之外，还开办了英文讲演，教授国音字母，国剧讲座教授等节目。1935 年还举办了儿童技艺播音比赛。青年会电台在曲艺广播节目中不请女演员演出。至 1936 年 9 月，又决定完全用男播音员。同时，在广告中申明不做烟酒行业的广告。1935 年 10 月，青年会广播电台开始用收音机试着转播当时的北平广播电台广播的北平各戏院的京剧实况，受到不少听众的欢迎。青年会电台和东方台都举办过佛经讲座。

中华台则是主要以大量的长篇连续节目来吸引听众。除了上面谈到的一些节目外，各台都安排了一定数量的流行音乐节目。这个节目则是由报告员（播音员）随意拣出一些唱片来播，并无固定的安排。

由于仁昌、中华两台开办较早，较有影响的演员多被他们请走，所以青年会、东方两台在曲艺节目上就显得比仁昌、中华两台弱一些。在其他节目上，青年会、东方两台也就要多想些办法。在一般人的心目中，还是仁昌、中华两台的影响大一些。

1936 年 8 月，由于各台大量播放长篇连续节目，吸引了大量的听众，影响了民间说书艺人的生活。天津各区的说书盲人曾联合起来向当局请愿，社会局召集四电台的负责人研究之后，亦不得不减少这类节目的播出。

为了加强对各民营电台的管理和利用，国民党中央政府交通部于 1935 年 3 月命令各地民营电台“取缔播送淫词邪曲”，并要求各台安排时间，播送“党义”、公民常识、国际常识、历代民族英雄小史等节目。当时天津负责管理广播电台的社会局、电报局亦先后几次对电台播出的节目、时间加以限制。1936 年 4 月，社会局奉国民党中央广播事业管理处的命令，要求天津各民营电台自每晚 8 时至 9 时转播“中央台”节目。仁昌等四家电台则认为这种转播会影响电台的营业，经与社会局商讨，在“不违命令”、“听户利益”、“电台本身”三者兼顾的方针下，改为每周由一台转播，四台轮流担任转播任务。1936 年 7 月，社会局命令各电台，禁止播放河南坠子与评剧。8 月，又下令各电台不准转播中华落子馆的戏曲节目。1936 年 9 月，电报局、社会局拟定了管理天津各广播电台节目的暂行办法，规定“每晚 7 时至 10 时为市民公余时间，不得随意播放低级趣味节目”。并规定“每晚 12 时后宜停止广播，或减低电力”。1936 年 10 月国民党政府交通部进一步采取一些措施对广播电台的节目进行限制。主要有：各台应将播音节目种类、时间，预编节目时间表，送“中央执委会广播事业指导委员会”审查，各台近日播送节目标题、编排节目标题，如不得已临时变更，不得逾每日节目的五分之一，还要按时转“中央台”节目，遇“中央台”、“特殊节目”，须转播等等。天津这几家私营电台的广播也受到了较多的限制。

1936 年 12 月，仁昌电台因“能按时转播”，而接到“中央广播事业管理处”的“奖励”。1937 年 2 月，青年会广播电台受到“中央执委会广播事业指导委员会”的“嘉奖”，准其“自行审查艺人播音脚本”。1937 年 2 月，四家广播电台又按照“中央广播事业管理处”的通知，将每日广播时间限制在 12 小时以内。

1937 年 7 月日本侵略军占领天津后，青年会电台所在的东马路落入日军控制之中，该台即停播了。仁昌、中华、东方三个台由于地处法租界和意租界内，继续广播了一段时间，终因日本侵略者的压力越来越大，在 1939 年冬先后关闭。

在30年代中期，由于看到仁昌等四电台所造成的影响，广播的作用渐被人们所认识。在天津，除了上述四家影响较大的私营商业广播电台之外，还有一些学校、报刊、个人设立或筹设的广播电台。

五、南开大学广播电台

1934年春，南开大学设立了一座广播电台，所用的机器为当时南开大学理学院附设的电机工程系实验用广播电台。功率为15瓦。这座电台设在南大思源堂的地下室内。设立这座广播电台，一方面是为了供学生实验用，另一方面，也是为给南大的各种学术活动提供阵地，扩大南开大学的影响。广播电台开播的那一天，由南大校长张伯苓致开幕词，演说的中心是“学以致用”的办学思想。这座电台并未正式申请波长、呼号，也没有严格固定的广播时间。一般是在晚饭后广播，周四是下午3时后也要安排广播。遇有南大的重要集会以及音乐会、游艺会等，即用广播电台播送。从广播的节目来看，以各种学术性的活动为主，经常有自然科学、社会科学各方面的讲座、讨论，也有一些科学普及性的节目，文艺性的节目也常有辅导作用。也曾请本校教授弹钢琴，另一位教授讲解普及知识。到了招生时候，广播电台也播放一些介绍南开大学的节目。所有这些节目都较短。一般十几分钟就一个题目。该台功率虽不大，但在塘沽等地也可以收听到。南开大学广播电台开办不到一年，由于经费不足停办。1935年10月，南开大学曾考虑再将这座广播电台恢复起来，后终因经费、手续等原因而未能实现。

六、十八届华北运动会广播电台

1934年10月，第十八届华北运动会在天津举行，为转播这次运动会的实况，在天津市北站外的河北省体育场专设了华北运动会广播电台，功率为15瓦。向全市转播运动会的情况。

七、中原公司广播电台

1935年10月，中原公司（现百货大楼）亦安装了功率15瓦的一座小型广播电台，将话筒安在该公司五楼的“巴黎跳舞场”的乐坛上，播送舞场的音乐。由于功率较小，稍差的收音机就收不到信号。

八、北宁铁路局广播电台

1935年9月，北宁铁路局安装该局的广播电台，计划在全局所有的列车内都装设收音机，专门收听该台的广播节目，希望以此促进该局的营业。因技术上的原因及经济上的考虑，开播不久便于同年12月停播了。

九、天津《益世报》广播电台

1935年春，天津《益世报》筹划设立广播电台。5月，得到交通部发下来的执照，原拟设立500瓦广播电台，交通部批准设立200瓦电台。原拟电台7月开始播音，后由于一直未能与东方贸易公司达成购买机器的协议，几经周折，一拖再拖。半年以后，局势变化，设立广播电台的工作就被搁置起来。

十、刘髯公小型广播电台

1936年3月，天津《新天津报》社长刘髯公在其家宅（今河北区建国道66号）设立一座小型电台，其功率为15瓦，播出仅七八个月时间，在同年冬停播。

十一、朱传榘小型广播电台

1936年4月，名人朱传榘在家宅设一座仅有5瓦功率小型电台，同年冬季停播。

十二、中国广播电台

中国广播电台于1946年11月12日开始正式播音。地址在日商义昌洋行的旧址（现和平路四面钟处）。抗日战争胜利后，义昌洋行由国民党政府接收，在这里成立中美电机厂营业部。中美电机厂的正式名称是国防部中美电机厂。厂长是楼兆绵。中国广播电台即由楼兆绵与其妻阮一成利用其在警备司令部的关系所开办。由警备司令部参谋长严家诰任董事长，楼兆绵任台长，阮一成任经理。中国广播电台除进行商业性的广告广播外，还设立了一个修理部，修理各种收音机。由于楼、阮二人主要利用广播电台的名义向银行借款，进行投机经营，所以，中国广播电台虽然有在这一时期首先开始广播的便利条件，但它的营业并不发达。中国广播电台的呼号先后为XLMC、XPCA，先后使用过880千赫、988千赫、1400千赫等频率，功率为500瓦。

十三、华声广播电台

华声广播电台于1946年11月10日开业。地址在寿德大楼（现和平路东方饭店）。华声广播电台系国民党特务机关军统局的人员直接控制经营。由舒季衡（原名舒宝铨）任董事长兼台长、经理，副经理为杨鉴明。由于该台发射天线较高，功率大、设备全，除平津、华北地区外，山东甚至四川、陕西等地都曾收听到华声台的广播。当时影响较大。1947年4月华声电台也设立一修理服务部。1948年，由于市面萧条，各电台竞争激烈，华声台为扩大营业，维持播出，曾开办导航的业务，为从天津至上海的飞机导航。每晚两小时左右，放一定的唱片为飞机导航。华声电台曾经使用过1260千赫、950千赫、920千赫等频率，功率为500瓦，呼号为XLMA。

十四、中行广播电台

中行广播电台于1946年12月15日正式成立。该电台的正式名称是“中行贸易公司附设广播电台”。中行公司是为了扩大该公司的影响，想通过经营商业广告获利而设立了这座广播电台。中行台的台址在大沽路149号。中行台的台长是陈树铭，副台长是凌廷璋，并负实际责任。当时要申请办电台没有国民党中人员参与，难获批准。陈树铭是以三青团的身份参与电台工作，中行台开业一年多后，才拿到正式的营业执照，并且数次面临着被封的局面。中行公司的进口贸易很兴旺，而广播电台则没有多大利润可获。1948年年初，中行公司即要求中行电台独立经营。中行台的节目和其他商业台的节目基本相同，以广告为主，然后穿插一些讲座、科学知识、儿童节目、卫生讲座等文化节目作为点缀。中行台还报告一些商情。中行台曾想开办一所广播专科学校，因经济上的原因而没能实现。中行台先后使用过1000千赫、1220千赫的频率，使用过XTCH、XLMC的呼号，功率为500瓦。

1946~1948年三年中，在天津设立的商业广播电台中，仅有中国、华声、中行三台正式得到了批准，领有执照、呼号。一部分电台虽已播出节目，但始终没领得正式的执照。

十五、世界新闻广播社（天津市文化广播电台）

世界新闻广播社成立于1946年12月28日。地址在罗斯福路（现和平路）189号，设在当时的文化会堂旁。世界新闻广播社又称为“天津市文化广播电台”，或称“世界电台”。该台由国民党特务机关中统局所经营，范子文任社长，董之勤、王大光、王远勃任副社长。除了广播商业性的节目以外，还播送国内外各地新闻及时事述评、施政问答、法律讲座、名人讲演等节目。经常有国民党当局各方面的官员到该会做宣传。世界新闻广播社到1948年下半年，因营业困难等原因而陷于停顿状态。世界新闻广播社的频率为704.8千赫，呼号为XNBA，功率为200瓦。1948年1月起，世界新闻广播社还出版了名为《世界新闻》的小报，汇编一些重要新闻，刊登一些与广播有关的文章，仅出了几期，在达到争取捐款的目的后即停办了。

十六、友声广播电台

友声广播电台于1947年1月3日开始播音。地址在陕西路安养里胡同口右手第一门的楼上，台长为郑晓帆（又名郑芸），经理为李杰三、孙圻（技术经理）。孙圻是天津警备区稽查处电台台长，在天津所有军统局的电台技术上均由他负责，副经理杨杰荣、章国栋。这几人均是军统局成员。由于没有领得营业执照及营业上不能打开局面，播出未到一年就停播了。它是国民党军统局在天津直接领导以电台为掩护的特别站。友声电台频率为 760 千赫，呼号为 XPBA。

十七、宇宙广播电台

宇宙广播电台于 1947 年 3 月开始播音。地址在和平区万全道 87 号。该台是当时国民党十一战区天津办事处负责人贾景盛支持而设立的。台长为王芝村。未到年底，播音即停止。宇宙广播电台使用的频率先后为 750 千赫、730 千赫，呼号为 XTYC。

十八、青联广播电台

青联广播电台成立于 1947 年 3 月，该台设在辽宁路常盘大楼“青年联谊会”的楼上。该台为国民党中央军事统计局天津区保密组青年联谊会主办经营。台长高枫（高文祥），经理吴钰荪，总编辑佟六达（冬人）。播音不过几个月的时间，就因无营业执照而被查封。该台使用的频率先后为 1360 千赫、1480 千赫，功率为 200 瓦。

十九、天声广播电台

天声广播电台成立于 1947 年 6 月，台长吴振瀛。数次播音之后因无法领到执照而未能正式营业，仅播两个月便夭折停办。地址在和平区锦州道宁静里 4 号。发射功率为 500 瓦。

二十、青年广播电台

青年广播电台于 1947 年 9 月 5 日对外营业、开播。该台前身为天声广播电台。该台由无经费的三青团和有经费的原天声台合作而建。因 1946 年 2 月国民党政府交通部公布《广播无线电设置规则》：“不准再行请设电台”，即以青年广播电台的名义，由三青团出头申请执照。该台仍设在锦州道宁静里 4 号。经理为吴振瀛。台长先后为朱博儒、刘畏吾。该台的节目中除商业性广告外，一部分时间为三青团用作宣传，曾为三青团负责人的竞选作广播宣传。1948 年 6 月 10 日，因未领到正式执照而被查封。青年广播电台的功率为 500 瓦。

二十一、钟镜广播电台

钟镜广播公司于 1948 年 7 月开设、播音。该台系由迪明无线电行、野玫瑰无线电行集资向停播的友声电台购买了全部机器而设立的，但因无法领得执照，于同年年底停播。它的呼号为 XPBA，频率 760 千赫，功率为 200 瓦。

1946 年后，有 20 多家商号欲设立广播电台，提出申请而未能获批准。1946 年 5 月有黄邦彦、王正哉等人在东马路大业大楼筹备设立大德广播电台，以宣传医学常识为号召，未获批准。瀛西广播电台是由瀛西药房主办，1948 年 5 月申请，各项准备就绪，由于未获准，未能播出。就是在 30 年代最有影响的仁昌广播电台，在 1946 年时曾准备恢复，也未能实现。

1947 年 6 月，天津教育局又一次考虑设立广播电台，与河北省立工学院学生实验电台的代表人王天助、高风等订立契约，准备合资设立“天津市政府教育局附设电台”，地址选在东马路的“第八民众教育馆”，功率准备定为 350 瓦。后因物价飞涨，教育局经费困难，这一电台于当年下半年停办。

1947 年 3 月，华声、中行、中国、世界、友声 5 台成立了天津民营电台联谊会，又名为“天津民营电台联营社”，会址在华声电台内。目的是汇总办理各台广告，统一规定价格雇佣演员。但并未起到多大的作用。

1948 年 4 月，由天津广播电台出面组织了一个天津市公、民营电台座谈会。除各台的负责人之外，警备司令部电监组、电信局、教育局等负责电台工作的单位均有人参加。目的是为了让天津广播电台更好地控制各民营电台，更多地为国民党政府的各项政策做宣传。座谈会规定每月举行一次，地点设在天津广播电台，并且决定组织天津市广播从业人员联谊会。1948 年 7 月，召开的座谈会上要求举办《天津之声》联播节目，是为了进一步控制各台的节目。各民营台想从当时的天津广播电台专线“小梨园”转播曲艺节目，从中得到好处。

抗日战争胜利后，为了控制各电台的广告，经营电台广告的“广播广告业联合会”与经营报纸广告的广告社联合起来，成立了“广告同业公会”，非会员不得办理广告。由于当时美国剩余物资大量向市场倾销，民营工商业处境艰难。一些想做广告打开销路的商户，通过各种渠道做广告，这一公会也难于控制。

第四节　军办电台

一、军友广播电台

军友广播电台成立于 1948 年 6 月。地址在辽宁路 91 号。台长为张振华。这座电台由国民党的天津警备司令部政工处领导、主办。广播的节目中有国民党军队的每日训练指导、生活指导、军乐等节目，为国民党军队做宣传。此外，还有一些商业广告节目，由于经营上的困难，播音未能超过当年 9 月，即处于时播时停的状态。该台使用的频率为 1450 千赫，功率 300 瓦。

二、军声广播电台（天津警备司令部政工处附设军声广播电台）

军声广播电台于 1948 年 12 月 1 日开始播音。地址在天津市湖北路 45 号。该台前身为钟镜广播公司电台。由于同样想走利用机关团体的名义来申请执照的途径，即与天津警备司令部政工处订立和约成立军声广播电台。一切经费由钟镜公司负责。军声广播电台的正式名称是“天津警备司令部政工处附设军声广播电台”。它名义上是军办，实际上民办。由章继先任经理，徐广茂任副经理。播音时间由 8 点至夜 12 点，仍是以商业广告为主。播音使用频率为 900 千赫，呼号为 XMLA，功率为 200 瓦。1949 年 1 月 15 日天津解放该台即宣告结束。

三、阵中广播电台

1948 年 12 月底，天津被围之后，国民党守军天津警备司令部政工处主办，为做宣传将停播的青年广播电台改为阵中电台。于 1949 年 1 月 1 日起播音，功率为 500 瓦。1949 年 1 月 14 日停播。

天津解放前夕，天津广播电台用实验发射机来干扰当时已移至河北省的新华广播电台的广播。1948 年 12 月 13 日，警备司令部又匆匆拟订了“天津区无线电收音机暂行管理办法”。规定装设收音机，买收音机均需向电信局、警备司令部登记。如要拆机件，迁地址，转户主也要报申请，换新证。通过种种办法干扰新华台的广播。天津被围之后，平津间的长途电话中断。电信局将原中山路发讯台的一部分机器挪到电话局南院，用中波广播做长途电话之用。市民打开收音机，不时可听到平津间的通话情况。

1949 年 1 月 15 日天津解放以后，天津广播电台即被接管。其他各电台停播。1949 年 3 月中旬，华声、世界及青联三台因曾进行特务活动而被接管。中行台经过调整，于 1949 年 5 月初又开始播音。

附录：

天津的日伪电台

一、日本公会堂广播电台

1936 年，日本驻津领事馆不顾当时国民党政府的有关禁令，在日租界福岛街（现和平区多伦道）日本公会堂内设立了一家广播电台。1937 年“七七事变”后，日军于 7 月 23 日发动了“天津事变”，日军用电台广播了安民告示，1938 年 1 月以后，日军统治下的天津广播电台也一度设在这里。1939 年日伪政府经中南银行购得南市华安街 99 号的两座楼后，将天津广播电台挪至该处。日本侵略者利用掌握在他们手中的日伪天津广播电台，鼓吹帝国主义政策，宣传日军“战绩”。1939 年日本公会堂广播电台被日伪天津广播电台所代替。

二、天津广播电台

1937 年卢沟桥事变后，天津沦陷。日本侵略者逐步将天津的报纸、电台停刊停播。日军为了战争的需要和奴化人民，宣传所谓“大东亚战争”，也必须运用一些舆论工具。在宣传方面除了日本所办的《庸报》外，1938 年 1 月成立了天津广播电台。台长为村崎敦雄。到 1944 年天津广播电台共播出三套节目，内容主要是宣传日军的战绩，日伪政策，“强化治安运动”和转播东京日本电台的华语新闻，也播出曲艺、大鼓、评书、唱片等节目和商业广告等。

《银线画报》刊登的天津广播电台 1938 年 7 月 16 日（星期六）节目表：

9：00　清晨音乐西乐
9：10　早操
9：20　新闻
10：00　商业常识，商业知识
10：15　唱片
10：30　大鼓鸿雁捎书，指日高升，8（金），杏元和番（花）
12：00　演艺
12：30　日语新闻
16：00　日语新闻
19：00　日语新闻
19：30　西乐
19：40　唱片：洪羊洞、四进士、奇冤报、鸿门宴、宫门带、哭刘表、青风亭、御碑亭、南天门、借东风（马）
20：20　时事述评
20：30　日语教授
21：05　英语新闻与西乐
21：30　国乐：柳关笛怨、双飞燕、夜泊秦淮（尹）
21：40　新闻
21：58　预报节目
22：00　停止

（说明：上记节目表原载1938年7月16日《银线画报》，社址：天津特别二区菜市胡同2号，天津商业广播电台）

三、天津广播电台特殊电台

1942年2月1日，日军成立了一特殊广播电台，也称为天津广播电台特殊放送节目或天津广播电台特殊广播，是专播广告的商业性电台，也有人称为天津商业广播电台，仍设在天津广播电台内。

此时，天津广播电台已有了两套节目，一套是广播新闻及综合节目，频率为620千赫。另一套是专门转播东京台日语广播，频率为1110千赫。新成立的这套节目使用820千赫的频率。在天津成立专播广告的商业电台之前，日军统治下的北京中央广播电台已开办了“特殊广播”节目，生意较兴隆。北京广益公司看到其中有利可图，经过疏通日本华北派遣军报道部，伪华北广播协会等部门联络了伪华北广播协会会长周大文，由广益公司负责开办天津广播电台特殊广播。于1941年秋开始筹备，联系广告商户，聘请演员。经过半年时间的准备，1941年年底几次进行试播，1942年2月1日正式播音。特殊电台每天上午10时开始播音，至夜间2点结束。该台所有的商业广告都由广益公司包办，广益公司又分包给天津各广告社。主要节目是曲艺节目、单人话剧、流行歌曲、西洋音乐、京剧唱片等。所有节目都是由要报广告的商户包订播的。因做广告的商户多起来，又增加了分条广告等形式。由于当时请到了不少有名的演员，要做广告的商户相当多，广益公司获利甚丰。一些人看了，不免也想染指。广益公司看到有人想在日本人面前推倒它，就很快取消了广益公司的名义。改以“天津广播电台询问处”的名义继续办理商业广告业务。至1944年，经营电台广告的各广告社组织了“广播广告业联合会”，以从天津广播电台询问处手中分得更多的好处。

由于天津的外侨多，天津广播电台特殊广播还开设了英语新闻、俄语新闻节目，来扩大日本侵略政策的影响。

天津广播电台及特殊放送广播情况，直到1945年日本投降，没有太大的变化。

民国时期天津尚有虽经筹备，但因种种原因未能开播的电台，如1935年10月西沽工业学院广播电台，1936年5月天津市社会局广播电台、华北广播电台、1947年10月天津市教育局附设电台、1948年5月瀛西广播电台、1946年5月大德广播电台……，有20余家。

表 1－1　天津早期的广播电台一览表

台名	呼号	波长（米）	千赫	电力（瓦）	主办单位及负责人	开办时间	停办时间及原因	地址	历史沿革	备注
义昌广播电台	GEC	620		500	日商义昌洋行，日本冈崎家族的一企业家为负责人	1924 年申办获准，1925 年 1 月正式开播	1927 年北洋政府创办天津广播电台，后停办	天津旧日租界旭街（今和平路 251 号）		由于经营无线电器材，曾有不少广播电台购置它的机器
天津广播无线电台	COTN	450		500	奉系军阀北洋政府耿励任处长，吴越任副处长	1927 年 5 月 15 日	1933 年年底停止播音	和平区烟台道与四川路交口处	1928 年北伐结束后，国民党政府接管，1929 年由天津市政府接管，同年 8 月更名为天津特别市广播无线电话局	除作广播用外，此台一度兼做中波军用电台
中国无线电业股份有限公司广播电台				100	中国无线电业公司胡光彪	1929 年秋	1930 年冬停办	滨江道 112 号		该台旧机器分别购自日商义昌洋行及美国无线电公司
仁昌广播电台	XQKC	370.3	1230 325 810 870	7.5 50 200	仁昌绸缎庄开办，台长王铭荪、刘嘉祥，后有胡晋宸	1934 年春	日军入侵天津后，1939 年冬断断续续播出后即停播	东马路东门北；后移至和平路；一度火灾移迁到紫竹林庆丰里		在 1946 年曾一度准备恢复，但时局变化未能实现
南开大学广播电台				15	南开大学电机工程系主办，负责人张伯苓	1934 年春	1935 年停办，经费不足	南开大学校内思源堂（地下室）		未正式申请波长、呼号，也没有严格固定的广播时间

（续表）

台名	呼号	波长（米）	千赫	电力（瓦）	主办单位及负责人	开办时间	停办时间及原因	地址	历史沿革	备注
中华广播电台	KHKA	286	1050	50 100 200	上海的中华无线电研究社天津分社所办，先是龚雪甫，后改由黄雅白、郭振庭负责	1934 年夏	1939 年冬停播	原在天津法租界 4 号路；后迁到意租界大马路 29 号（美最时洋行，现河北区建国道、四经路口）		
第十八届华北运动会广播电台				15	北洋政府	1934 年 10 月	1934 年 10 月	北站外河北省体育场		此台专为召开运动会而设，向全市转播运动会的情况
青年会广播电台	XQKB	400	750	50 150	天津青年会主办	1934 年 11 月	1939 年冬停办，日军入侵天津后日渐萧条	东马路天津青年会（现为少年宫）楼上		该台由东亚毛纺公司、中华国货售品所、敦庆隆绸缎庄和正兴德茶庄四家垫款购置机器，四年内不收其广告费
东方广播电台	XQKA	222. 2	1280 1350	150	东方贸易工程公司	1935 年春	1939 年冬逐渐停播，日军入侵天津后日渐萧条，器材被日军强行买走	天津法租界 32 号（现赤峰道），后迁到法租界大陆银行货栈（现长春道吉林路交口）		
天津《益世报》广播电台				500 200	《益世报》与东方贸易公司合办	1935 年 5 月 7 日开始播音	1935 年冬停播			合办两家购置机器未达成协议，而被搁置起来

（续表）

台名	呼号	波长（米）	千赫	电力（瓦）	主办单位及负责人	开办时间	停办时间及原因	地址	历史沿革	备注
西沽工业学院广播电台				50	西沽工业学院无线电研究系	1935年10月	实验期间由于经费、人力未能实现正式播音	红桥区丁字沽		西沽工业学院后为河北工学院
中原公司广播电台				15	中原公司（今百货大楼）	1935年10月	1936年，因功率较小，稍差的收音机收不到停播	中原公司5楼（今百货大楼），和平路多伦道交口		功率较小稍差收音机收不到
北宁铁路局广播电台					北宁铁路局	1935年9月	1935年12月，因技术上的原因和经济上的考虑，播了一段时间后停播	北宁公园内		考虑在列车内装设收音机专门收听该台节目，促进该局营业
刘髯公广播电台				15	《新天津报》社长刘髯公	1936年3月	1936年冬	刘髯公家宅（建国道66号）		
天津市社会局广播电台				500 200	天津市社会局	1936年5月	1936年冬，未能商妥何处支付所需经费	河北区黄纬路（民众教育馆内）		受时局影响未能正式开播
朱传榘广播电台				15	朱传榘	1936年4月	1936年冬	朱传榘宅		
日本公会堂广播电台				100	日本驻津领事馆	1936年	1939年被日伪天津广播电台所代替	日租界福岛街（今多伦道）		1938年后日伪天津电台一度设此处

（续表）

台名	呼号	波长（米）	千赫	电力（瓦）	主办单位及负责人	开办时间	停办时间及原因	地址	历史沿革	备注
华北广播电台	XGBP		620	50 500	台长为日本人	1937 年	1938 年并入日伪天津广播电台	日租界福岛街（现多伦道）		此台是日本侵略军和天津伪政府的喉舌
天津广播电台		493.9 260.2	620 1110	500	日军入侵天津后日本伪政府开办，台长村崎敦雄	1938 年 1 月	1945 年 8 月 15 日日本投降移交国民党政府	南市华安街 99 号赵家冰窖	由日本公会堂广播电台转为天津广播电台	
天津广播电台特殊放送广播（天津商业广播电台）		365.8	820	500	日本在华伪政府开办，台长村崎敦雄、中川一郎	1942 年 2 月 1 日开播	1945 年 8 月 15 日日本投降移交国民党政府	南市华安街 99 号赵家冰窖		由广益公司经理杜颖陶与佟方达等人具体负责开办
天津广播电台（第一广播至第四广播）		493.9 260 365.8	620 1110 820 1290	500 100 500 100	天津广播电台黄念祖、孙国珍	1945 年 8 月开办第一和第二广播，10 月开办第三和第四广播	1949 年 1 月 15 日中国人民解放军进入天津后接收	南市华安街 99 号	接收日伪电台至 1949 年 1 月 14 日	天津广播电台有四套广播节目，称为第一广播、第二广播、第三广播、第四广播
美军广播电台			1500	500	美国海军陆战队	1945 年 10 月	1946 年冬美撤军电台停播	当时美军驻军营盘（今河西区广东路）		主要作为军用，还播放爵士乐之类节目
大德广播电台				200	黄邦彦、王正哉	1946 年 5 月	1946 年 6 月由于一直未获批准而停播	东马路大业大楼		以宣传医学知识为主

（续表）

台名	呼号	波长（米）	千赫	电力（瓦）	主办单位及负责人	开办时间	停办时间及原因	地址	历史沿革	备注
华声广播电台	XLMA		1260 950 920	500	中国国民党中央军事统计局主办，舒季衡任董事长兼经理，副经理杨鉴明	1946年11月10日开播	1949年3月中旬被天津市人民政府没收接管	法租界寿德大楼（今和平路东方饭店）	国民党军统局人员参加经营	四川、陕西等地曾收听到该台广播，它领有执照，正式得到批准
中国广播电台	XLMC XPCA		880 988 1400	500	中美电机厂厂长楼兆绵与其妻阮一成开办，严家诰任董事长，业务主任杨广文	1946年11月12日	1949年3月被天津市人民政府封闭停播	罗斯福路（现和平路）四面钟对过	原日商义昌洋行旧址，为国民党政府接收	正式名称是国防部中美电机厂，这里是中美电机厂营业部，有正式执照
中行贸易公司附设中行广播电台	XTCH XLMC		1000 1220	500	中行贸易公司主办。台长：陈树铭；副台长：凌廷璋	1946年12月15日	1950年8月经产业作价处理后与天津人民广播电台合并	大沽路149号		得到正式批准，领有执照
世界新闻广播社（天津市文化广播电台）	XNBA		1048 704.8	200	国民党中统局范子文任社长，董之勤、王大光、王远勃任副社长	1946年12月28日	1949年3月为天津市人民政府没收接管	罗斯福路（今和平路189号）	国民党中统局经营	简称世界电台。它的所有工作人员均为中国国民党中央调查统计局的背景
友声广播电台	XPBA		760	200	国民党中央军事统计局主办，郑晓帆为台长，经理李杰三，孙圻为技术经理，杨杰荣为副经理	1947年1月3日	1948年因未领到正式执照，营业萧条，打不开局面而停播	陕西路安养里		负责人均为国民党军统局工作人员

（续表）

台名	呼号	波长（米）	千赫	电力（瓦）	主办单位及负责人	开办时间	停办时间及原因	地址	历史沿革	备注
宇宙广播电台	XTYC		750 730	200	台长：王芝村	1947年3月	1947年底未领到正式执照，营业不振而停播	万全道87号		该台由国民党十一战区支持而设立
青联广播电台			1360 1480	200	国民党军统局天津区保密组青年联谊会主办，负责人高枫	1947年3月	1947年底为天津市政府查封，因无营业执照	天津市辽宁路常盘大楼		该台为国民党军统局天津区保密组（学运组）经营
资源广播电台			1500	500	国民党政府资源委员会	1947年4月	1949年天津解放前夕停播	罗斯福路（现和平路197号）		
天声广播电台				500	吴振瀛	1947年6月	数次播音未领到营业执照，同年8月停办	天津市锦州道宁静里4号		
天津市政府教育局附设电台				350	天津市教育局、河北省立工学院合办，王天助、高风负责	1947年6月	1947年下半年	东马路原“第八民众教育馆”	在30年代就曾设立电台，由市教育局与河北省立工学院合办	因经费困难未正式播出
青年广播电台				500	吴振瀛为经理，朱博儒、刘畏吾先后为台长	1947年9月5日开播	1948年6月10日，未领到正式执照被查封	锦州道宁静里4号	该台前身即天声广播电台	该台为三青团和天声电台合作而建
瀛西广播电台					瀛西药房主办	1948年5月	1948年	东马路		工作准备就绪，因未批准，未能播出

（续表）

台名	呼号	波长（米）	千赫	电力（瓦）	主办单位及负责人	开办时间	停办时间及原因	地址	历史沿革	备注
军友广播电台			1450	300	天津市警备司令部政工处主办，台长：张振华	1948年6月	1948年9月由于经费困难而停播	辽宁路91号		为国民党作宣传、为军队作训练指导、生活指导等
钟镜广播电台	XPBA		760	200	迪明无线电行、野玫瑰无线电行合办，对外用钟镜广播公司	1948年7月播音	同年底停办，未领到正式执照	法租界（今和平区长春道）	该台系友声电台全部机器由迪明和野玫瑰合资购置开办	
军声广播电台	XMLA		900		钟镜公司与天津警备司令部政工处合办，章继先任经理，徐广茂任副经理	1948年12月1日	1949年1月15日天津解放，宣告解散	湖北路45号	该台前身即钟镜广播公司电台	全称为天津警备司令部政工处附设军声广播电台
阵中广播电台				500	国民党驻军天津警备司令部政工处主办	1949年1月1日	1949年1月1日播音仅一天因机器零件损坏停播	国民党天津警备司令部（今八一礼堂院内）	将停播的青年广播电台改为阵中广播电台	

注：天津早期的广播电台，除表中列出的这39座外，在1946年前后，尚有20余家商号提出要设立广播电台的申请而未获准，在此就不一一列举了。

第二章　天津人民广播电台机构沿革

1949年1月15日诞生的天津人民广播电台（开始称天津新华广播电台，以下简称天津电台），是由天津市军事管制委员会委派的首批接管人员，在接管国民党办的天津广播电台后建立的。

开创初期，天津电台经过不足半年的摸索和开拓，即推出以综合台、职工台、经济台（后改为广告台）为广播宣传骨架的专业台布局，并在人民广播史上第一次采用大型集会游行实况直播及充分利用广播大会等现场直播形式。

第一节　天津新华广播电台

1949年1月15日，天津解放。当天天津新华广播电台成立，它是党领导的第一座大城市人民电台，也是天津人民广播事业创建的起点。

天津解放前夕，天津市军事管制委员会（以下简称天津市军管会）已在号称“北方苏杭”的胜芳镇成立。1月12日晚，受天津市军管会委派，负责接收国民党天津广播电台的首批人员军代表鲁荻和刘文、柳先等，从胜芳镇赶到杨柳青镇。他们到前线指挥部报到后，被指定随炮兵部队到天津城外西营门前沿阵地。1月14日总攻开始后，首批接收人员携带着第一次播音的稿件，在1月15日天色微明时进了西营门。尔后，随攻城部队进入天津市区，并经西南角、南开二马路、南门外大街向南市华安大街国民党天津广播电台进发。1月15日，天已大亮，首批接收人员尚在进发途中，而攻入市内的第四野战军先头部队已迅速进驻并接管了国民党天津广播电台。是日上午10时左右，在前来接收的首批人员与部队接管负责人（第四野战军某师政治部主任）进行了简单的交接后，部队很快撤离电台。随后，鲁荻等人分头与电台现有员工座谈情况。是日上午11时，鲁荻接到时任天津日报社副社长王亢之的来信指示：电台应于今晚开始广播。

当时，迫切需要将天津解放的消息公布出去，传播开来，告知全国人民，并鼓舞中国人民解放军指战员斗志，进一步瓦解敌军士气。而上午首批人员与电台现有员工的座谈情况表明，对这些人员急需宣传党的政策，使他们安定下来；500 瓦发射机天线在 14 日夜晚战斗中被炮弹打断，暂不能使用，两部 100 瓦发射机虽可以使用，但需尽快恢复供电；包括播音员在内的第二批接收人员 16 日才能从胜芳赶到电台。

为抓紧落实王亢之的来信指示，15 日下午 3 时，在大播音室召开了电台全体员工大会。会上，鲁获首先宣读了天津市军管会接收国民党天津广播电台的命令；然后讲了中国共产党的城市政策以及对国民党天津电台留用人员的政策，并让全体员工安于本职工作，办好移交，留用人员待遇均按原职原薪，最后严厉警告国民党天津广播电台台长孙国珍、传音科科长马正清，不准乱说乱动，等候处理。会后，立即着手进行发射和播音的准备工作。到天黑时，经工务科卢佑民、王为礼开动原电台配套的一台单相发电机（备份电源），解决了发射机供电问题；通过试播（不对外播出）做到了两部 100 瓦发射机正常运转。经过几名原男女播音员试播以后，认为贾惠璞音调比较纯朴，便确定他为第一个播音人选。

1 月 15 日晚间约 20 点 10 分左右，一切准备工作就绪，即开始使用天津新华广播电台的呼号播音。呼号为："天津新华广播电台"（XTNC）。从此，天津人民广播事业宣告诞生，并写下了自己崭新的第一页。

第一次播音的内容是：《天津市军管会第一号布告：告天津人民书》、《中国人民解放军宣言》、《三大纪律八项注意》，以及《天津市人民政府正式成立》等新闻。这次播音约 1 小时。所用频率是：810 千赫、1290 千赫。用两台各 100 瓦发射机播出。是日下午，距天津解放不到 4 个小时，党的地下工作者王守惇、陈乃裕按上级的布置，通过军声电台、中行电台和华声电台三台联播的形式，向全市广播了中国人民解放军平津前线司令部布告《入城约法八章》，并一直广播到次日黎明。

原国民党天津广播电台，前身系日伪时期建立的华北广播会的天津广播电台，发射功率仅 700 瓦，设备老化。天津解放前夕，由于党的地下工作人员和党的外围组织新民主主义青年建国联盟成员赵树垣、陈广智、吕钟瑜、卢佑民、魏鸿发、于传义等人的保护，广播设备基本未受破坏，只有架设在台内大院 30 多米高的三根木杆天线中的一根在战斗中被炮弹打断。此外，还把广播设备备用器材和配件，各类唱片、资料分别装箱封存，藏在了地下室和隐蔽的地方，以保证解放后能及时播音。

天津新华广播电台（以下简称天津电台）开播时，台址仍在南市华安大街原国民党天津广播电台所在地。这个地方仅有13亩多地，分前后院落，院内有一座由德国人修建的三层小楼，砖木结构，面积约1500多平方米。天津电台的编采、播出、传音、发射工作，均在这座小楼里进行。一楼除会客室外还有大小三间播音室（最大的不过三四十平方米）和机房，二楼是编辑部，有两间大办公室，一间是综合科，负责编辑综合台节目，一间是职工科，负责编辑职工台节目。编辑记者按节目分工，把办公桌拼到一起组成一摊，各摊同室办公容易互相干扰，编辑记者都愿去阅览室写稿。此阅览室，是利用楼上一个狭长露台，安上窗户改成的。因它比办公室清静，所以，每天来这里查阅资料的、写稿的、看报纸杂志的人很多，经常座无虚席。

建台伊始，除转播好陕北新华广播电台的节目外，还自办了《本市新闻》、《重要文告》、《时事评论》、《解放区介绍》等节目，从不同角度传播党中央的声音和战地消息，使广播很好地发挥了团结人民、教育人民、打击国民党反动派的作用。为做好广播宣传，充实、丰富节目内容，适合群众收听，自1月20日至4月18日天津电台先后进行了6次节目调整，宣传规模迅速扩大。

第一次节目调整是在1949年1月20日，将广播频率由两个恢复到四个：（1）810千赫；（2）1290千赫；（3）620千赫；（4）1110千赫。第二次节目调整是在1949年1月30日，这次调整节目主要是向社会公布新华电台各个台的播出频率，并开始用第一、二、三、四台的名称对外播音：第一台的频率是620千赫；第二台的频率是810千赫；第三台的频率是1110千赫；第四台的频率是1290千赫。第三次调整节目是在1949年2月6日，这次调整节目的特点是新华电台各个台的节目有了明显分工，突出了新闻节目，增加了教育节目和专题节目，为发挥广播的宣传、教育功能打下了基础。此后又进行了三次节目调整，特别是1949年4月18日第六次节目调整，不仅公布了新的节目播出时间表，而且全天的广播节目有了开始曲和结束曲，从而使广播电台的节目整体性、全天节目的播出结构渐趋完整。同时，广播节目的内容也得到了丰富、充实，增加了《经济新闻行情》、《文化教育》、《政治教育》、《本市职工动态》、《卫生常识》、《群众服务》、《广播通讯网》、《西乐》、《评剧唱片》、《妇女时间》、《青年时间》、《儿童时间》等新节目。全台每天播出的时间，由最初的24小时增加到约30小时。

此期间，除新节目多为初创外，还在全国广播战线率先创造了实况转播等现场直播形式，用以从头至尾宣传报道重大群众集会活动，向全国、全世界播送。天津电台在1949年2月13日成功播出了全市14万人参加的各界庆祝平津解放大会和游行实况后，兼管广播工作的新华通讯社社长廖承志打来电话说：“你们为广播事业开辟了一条新路，你们的创造性，是值得骄傲的！”天津市长黄敬在游行结束之后来电话说：“要及时总结这次广播的经验，要慎重地使用这个宣传武器，在今后工作中发挥重大作用。”台编委会按照上级指示，对此次宣传工作做了总结，并将总结呈报到市委、中央广播事业局。中央广播事业局接到总结后，派人到天津电台进行了工作访问，还有15个地区电台先后来访问。这次积累的现场直播经验，后来不仅为中央人民广播电台现场直播天安门广场开国大典盛况所借鉴，而且对以后解放军南下、庆祝“五一国际劳动节”、抗美援朝、镇压反革命和“三反、五反”运动等几次广播大会的成功播出也起了很大作用。

天津电台在建台初期，几乎天天请工人群众到电台参加各种直播活动，以丰富广播电台的节目。工人群众也把到广播电台介绍生产经验、演唱自编的节目、提倡议、送喜报，同工人地位提高联系在一起。一些工人不仅是播音室的常客，同时广播宣传生产和工人活动之多，使人有“工人阶级是电台的主人”之感。有一篇介绍中纺五厂歌咏团的文章写道：每次工人兄弟到广播电台唱歌时，工人宿舍里的收音机差不多全都打开了，关切地等待广播的时刻，有的工人师傅一边听着一边就评论起来。歌咏团成员的家属也特别关注自己亲人的声音。当收音机里传出中纺五厂歌咏团的歌声时，唱的和听的都感到亲切和兴奋。据统计，天津电台1949年全年先后组织17314人到电台参加直播和演出，所产生的政治影响不可低估。

天津新华广播电台当时隶属于天津日报社，为广播部（负责广播电台工作），由报社总编辑朱九思兼任广播部主任，鲁获为副主任。1949年1月初广播部在胜芳镇组建时，除鲁获、孙洪、刘文、王淑耘、邵琳外，其他13名干部均是1947年和1948年到解放区的大学生。电台的工作安排是：王淑耘和孙洪负责编辑工作；孙洪主要领导文艺编辑工作；王济是文艺编辑；刘文负责办公室工作；王予负责行政庶务工作；柳先负责工务科工作；邵琳负责会计工作；乌拉、沅华、江海、李耐波、李中南担任编辑和记者；徐恒、林青、高心一、陈冰担任播音员。进城后，又由市委宣传部调来进城干部罗汉、陈康和石火担任编辑和记者。广播部组建后，为了进城后办好广播，在征得报社及市军管会文教部领导同意后，把曾在国民党统治区工作时间较长，做过文化工作又熟悉新闻广播的人员邀集到一起，开了一次座谈会，听取了他们的意见。被邀请的人有阿英、章汉夫、章文晋以及从北平、上海来的工作人员。他们提出的意见为：1. 电台应发布新闻，而且应先于报纸，既要综合各报的新闻，也要有自己的符合广播要求的新闻，要发表评论性文章；2. 宣传党的政策、党的历史；3. 要办知识性、趣味性的节目，从家庭生活到社会生活、从天上到地下，科学知识、社会知识、生活知识，多样化的带有服务性的节目；4. 文化娱乐，要办具有地方特色的文艺节目，也要办南腔北调的节目，同时做剧场转播。这次座谈中的许多意见，进城之后逐渐付诸实施，对于创建天津人民广播事业有着开拓意义。

1949 年 4 月，天津新华广播电台脱离天津日报社独立为台，台长由军管会文教部主任、市委宣传部副部长曹裕民兼任，鲁荻任副台长。5 月 18 日，根据中央广播事业管理局和天津市军管会的决定，天津新华广播电台更名为天津人民广播电台（以下简称天津电台），任命鲁荻为台长，樊允行为副台长，刘文为总编辑，郑少明为秘书长。天津电台设编辑部，部长刘文，副部长孙洪。下设编辑科（科长江海、副科长沅华），记者科（科长乌拉、副科长石火），播音科（副科长徐恒）。

第二节　天津人民广播电台综合台、职工台、经济台、广告台

天津人民广播电台创办初期，是围绕当时党在城市的中心工作，率先在专业台设置上开拓广播宣传与经营的独特功能和自己特色的时期。开台不足六个月，不仅将全台节目和编排进行了 6 次调整，而且发挥了大城市台频率较多的特点，在全国第一个推出了专业台的广播布局。此期间，天津电台综合台、职工台、经济台、广告台，在国内同行中都办得最早，比较引人瞩目。

一、天津人民广播电台综合台

1949 年 6 月 20 日，天津电台进行第七次节目调整，第一台更名为综合台，频率为 620 千赫，1951 年 7 月 15 日后改频率为 770 千赫。

天津电台综合台的播音时间，早晨 7：00 开播，晚间 0：00 结束。综合台的节目由综合科编辑。科长江海，副科长李耐波。

综合台除转播北平新华广播电台新闻外，还先后办有以下几个对象节目：

《妇女时间》，于1949年3月7日开办。经过逐步摸索，该节目在教育妇女提高觉悟，学习科学文化知识，改善家庭关系等方面起了很大作用。

《儿童时间》，于1949年4月4日开办。配合团市工委、市教育局、学校做好中小学生的思想教育工作，帮助少年儿童树立新的思想和良好的品质。该节目设置的许多专栏，具有儿童特点。像徐薇晔自编、自导、自播的栏目《华伯伯的话》，以虚拟人物“华伯伯”和几个性格不同孩子之间的故事，反映并指导儿童的生活，寓道德品质教育于故事之中。

《青年时间》，于1949年“五四”青年节后不久开办。配合市总工会、团市工委、市青联、市教育局等部门，开展对青年的宣传教育。

《社会服务》节目于1949年8月17日开办。每天19：40～20：00播出。主要内容是为了加强与各界联系，更进一步为人民服务，不论工人、学生、妇女、自由职业者、工商业者及革命干部等，如对政策法令有不明了之处，或在生产、生活、工作、学习等方面发生了问题，均可用信函或电话提出，电台尽量设法予以解答或共同研究。这是天津电台首次设立的为听众服务类型的节目。同年12月13日还在节目中设立了《气象》栏目，播出前一天及当天零点到20点的气象报告。这是天津人民广播电台首次设立报告气象时间。

二、天津人民广播电台职工台

天津解放初期，在全市200多万人口中工人（连家属在内）占半数，工人订报纸的又比较少，因此市委很重视广播电台的对工人宣传工作。市委书记兼市总工会主席黄火青，经常找广播电台的领导及编辑记者布置这方面的工作。市长黄敬、文教部长黄松龄、市总工会生产部长石英等都经常利用广播对全市职工讲话。企业党委、产业会也很快学会使用广播工具。市委还在工矿企业里发展了一批工人宣传员，这些人经常被请到广播电台讲话，使广播很快成为宣传工作的热门。从而为开办全国第一个，也是唯一一个职工台奠定了良好基础。

三、天津人民广播电台经济台、广告台

天津电台创办广告台，在全国是最早的。1949年1月15日在接管了天津国民党广播电台后，为适应天津市刚刚解放的形势，向全市人民进行政策和形势的宣传，以安定民心，恢复生产和稳定社会经济秩序为内容，天津新华广播电台集中力量办好500瓦功率第一台的广播，其他两个100瓦功率台作为辅助。这两个台以第一台的节目为主，反复进行播出。至2月14日，为了进一步稳定社会经济秩序，恢复生产，活跃市场，经市军管会文教部批准，用这两个台开办了广告台。广告台为宣传经济政策，恢复生产，稳定市场经济秩序，以宣传政策和广告的形式，并辅以文化娱乐节目进行播出。

当时，还有唯一未被接管的私营中行电台，主营广告。到 1950 年 8 月，根据市军管会文教部的指示，由天津人民广播电台收买了中行电台。并与天津电台第二台（广告台）合并，同为天津电台广告台。

在 1949 年 6 月 20 日第七次节目调整中，原第二台（广告台）改称经济台，频率为 1110 千赫，后来频率改用 810 千赫，发射功率为 100 瓦。

经济台一开始设在原华声电台旧址（原寿德大楼三楼，今和平路狗不理大酒楼），此后在是年八九月间迁到南市华安大街台内办公。孙洪、王晓明为负责人。

经济台的节目有《经济新闻》、《商品行情》、《综述节目》、《市场动态》，还有占绝大部分时间的文艺节目和在文艺节目中间插播的各类工商业广告。

《经济节目》主要播出国家发布的经济政策、经济法令、经贸往来活动情况，商品行情和市场动态。这个节目客观上起到了沟通城乡物资交流，打击投机倒把，制止哄抬物价，平抑物价，稳定民心，有秩序地进行经济建设的作用。

《商品行情》节目实施滚动播出，编辑每天早晨用电话与经贸部门负责管理商品价格的人联系当天的商品价格情况，有时经贸部门也主动来电话报告商品价格变化的情况。他们提供的商品价格，从百姓用的油、盐、煤、小米等到工业用的原材料达四五十种。

《市场动态》节目是每天晚上由编辑到《天津日报》总编室摘抄有关内容，转天编辑播出。

经济台的文艺节目，除播送老解放区的文艺节目外，还选择过去比较健康的文艺节目进行播出。如当时曾连续播出了《白毛女》、《九件衣》、《血泪仇》等戏剧，引起了强烈的社会反响。

经济台的广告节目，为防止内容不实、故弄玄虚，广告词由联系广告的编辑编写稿件，经审查后播出。

刚解放的天津市，是一个有 200 多万人口的大城市，人民生活需要的各种商品，都要从全国各地运来。大量的商品除通过国营企业流通渠道外，其他的都是通过私营商业户在市场上运筹。有的私营主投机倒把，囤积居奇，扰乱市场，直接影响着人民的生活和生产。经济台通过不断播出政府的经济政策、法令、商品行情、市场价格动态，不但起到有利于平抑物价、稳定市民生活和生产情绪的作用，而且对稳定天津市和附近省市的物价也起到了一定的作用。比如：河北省、山东省、山西省等地区和市县的商业主管部门都设专人收听天津电台经济台的节目，特别是《商品行情》节目，作为他们掌握物价的参考。山东菏泽、山西长治等地公司还给广播电台来信，索要广播节目时间表，并提到他们每天定时收听《商品行情》、《市场动态》等节目，对他们的工作帮助很大。

第三章　天津人民广播电台节目

第一节　新闻节目

自 1949 年 1 月 15 日，天津新华广播电台诞生之后半个多世纪以来，新闻节目始终是天津人民广播电台的重点节目。它以迅速、真实、公正、客观的报道风格，忠实记录了解放后天津市日新月异的变化。

一、沿革

1949 年 1 月 15 日，天津解放。当晚 20：10，以“天津新华广播电台”为呼号开始播报新闻，当天的新闻节目及时播出了《天津市军管会的第一号命令》、《约法八章》、《中国人民解放军宣言》、《三大纪律八项注意》等重要文告以及“天津市人民政府正式成立”这一振奋人心的消息。当时建台伊始，重点转播陕北新华广播电台（后改为“北平新华广播电台”，又更名为“中央人民广播电台”）的节目外，主要播发新华社天津分社和《天津日报》提供的消息。

自 1949 年 1 月 17 日开始，天津新华广播电台在继续转播陕北新华广播电台节目的同时，还自办了三个时段的新闻节目，每天播出 4.5 个小时。自办新闻节目主要有《本市新闻》及《重要文告》等，通过 810 千赫和 1290 千赫两个频率播出。其间先后播发了毛泽东主席 1 月 14 日《关于时局的声明》及《天津日报》刊发的《天津人民当前的任务》等重要文章，及时宣传了党和政府的各项政策，天津人民的五项任务。2 月 6 日起，又增加了《重要新闻》（国内、国际）、《时事述评》、《文献政策》等新闻性节目及《解放区介绍》、《共产党介绍》、《解放军介绍》、《国际问题介绍》、《问题浅释》、《蒋党真相》、《美帝真相》等专题新闻节目。当时的广播新闻对天津城市的接管、社会的稳定、工商业恢复和发展以及为群众解疑释惑等方面发挥了十分重要的作用。

自 1949 年 1 月 20 日至 4 月 18 日，天津新华广播电台先后进行了六次节目调整。经过调整，新闻节目编排更加规范，品类也更加齐全，先后增加了《重要新闻及评论》、《经济新闻及行情》、《简明新闻及时事漫谈》等栏目，使新闻节目更加适应城市的特点及群众的需求。

人民电台初创时期，尽管人员比较少，许多人是第一次接触广播工作，但大家以饱满的革命热情和对人民群众高度负责的精神，高质量地完成了对天津这座工商业城市的接管、整顿、恢复、重建等各项新闻宣传任务，并创造了大型游行集会的现场直播、深入企业做现场报道及广播大会等多种新闻宣传形式，充分发挥了广播宣传群众、鼓舞群众、教育群众的作用，扩大了广播在群众中的影响。

二、主要新闻节目

（一）《本市新闻及重要文告》

这是天津新华广播电台开办的第一个新闻节目。每天三次的新闻节目，虽然播出时间很短，但有很强的时代气息，在天津解放初期，建立政权，巩固政权，团结人民，建设新中国时起了至关重要的作用。此节目 1949 年1 月 17 日开播，2 月 6 日结束。主要内容是：天津市军事管制委员会的各种通告、命令、法令，《中国人民解放军宣言》、《三大纪律八项注意》、天津市人民政府的文告和法规政策，播出《天津日报》的消息和各种新闻。《本市新闻及重要文告》的播出时间是：每天上午 10：00～11：30。《重要文告》：18：30～19：30播出。《本市新闻》：21：00～21：55 播出。播出的频率为 810 千赫和 1290 千赫。

（二）《本市新闻》

开办于 1949 年 1 月 17 日（1955 年节目调整时，改为《天津新闻》，整个节目播出时间长达六年之久）。每次节目 10～15 分钟不等，主要播出天津市头一天发生的新闻、新事、重大活动，市委、市政府的法令和政策，老百姓关心的有关问题等。起初是晚上 21：00 播出，1949 年 2 月 6 日，又增加早晨8：10播出一次，提高了节目的时效性。

（三）《简明新闻》

1949年2月6日开办（1967年1月27日停办，1977年4月恢复播出）。每次节目5~15分钟左右，每天多次播出。开办初期都是转播陕北新华广播电台的节目，以后播送天津市、国内、国际发生的重大事件和当天各种新闻的摘要。特点是简短、迅速、信息量大，内容广泛，形式灵活，是天津电台的重要新闻节目之一，一直开办至今。

（四）《重要新闻》和《新闻节目》

《重要新闻》开办于1949年2月6日，每早8：40播出，每次节目10~20分钟（1955年更名为《新闻节目》）。这个节目主要是根据形势的需要，播出国际国内新闻和天津要闻。开始是摘播《天津日报》的重要新闻和新华社的专稿，以后除自编自采节目外，还摘发中央台、中国国际广播电台、中央电视台、各省、市电台和报纸的新闻，相当于信息总汇，内容相当广泛。

（五）《职工新闻》

前身叫作《职工时间》，开播于1949年2月26日（终止于1955年4月，节目开办了六年）。每天19：00播出，每次节目30分钟。1949年5月16日建立了职工台。《职工时间》改名为《职工新闻》节目，每天上午播出，中午和下午重播（在综合台叫作《各地职工动态》）。天津设立职工台，在当时是一个创举，《人民日报》配发了评论，向全国推广。天津是一个工厂企业为数众多的城市，《职工新闻》节目的开播受到广大职工的赞扬，成为听众最多的节目之一。《职工新闻》节目除选用报纸的内容外，大量播出记者和通讯员的稿件。《职工新闻》动态报道多，采用录音新闻、口头报道、电话采访等多种形式，报道时速快，通俗易懂，不仅报道各厂的新人新事，也报道生产上的发明创造和生活上的趣闻乐事。因此，《职工新闻》成了工厂企业之间情况交流的最快捷的媒体，成为市委、市政府联系广大职工群众的桥梁。

（六）《工厂联播》

开播于1949年5月16日，1955年4月停播，时间长达六年，与职工台的建立同步。《工厂联播》节目是职工台的重点节目之一，中午时间播出。节目听众多，影响大，工人喜闻乐见。围绕这个节目，职工台投入了主要编播力量，并聘请了多名身居工厂车间的产业工人做通讯员，形成《工厂联播》节目的信息网，大大丰富了稿源。为满足工人的收听需要，不断调整改进节目内容和编排形式，先后设立过《李师傅读报》、《快板张谈生产》、《聊天亭》、《广播文化宫》等栏目，甚至还试行过方言广播。编辑记者也经常在中午职工休息时间到工人中间了解收听情况，征求改进意见，深受工人欢迎。

（七）《天津新闻》

始叫《本市新闻》节目，开办于1949年1月17日，是天津人民广播电台开办最早的节目之一。1955年节目调整时，改为《天津新闻》，从此《天津新闻》节目伴随着天津电台的成长而发展至今，是天津电台的重要节目。《天津新闻》以报道天津市政治、经济、科技、文化、教育、社会生活等各方面的新闻事件为主，辅之评论、通讯等多种体裁。

三、重大新闻报道

（一）建台初期三次群众集会游行现场直播

1949年1月15日天津解放，1月31日古都北平（北京）又宣告和平解放，平津战役胜利结束，全市人民一片欢腾。天津市军事管制委员会顺应民心，决定于2月13日上午10时在民园体育场举行各界群众庆祝天津解放大会，会后游行。天津新华广播电台现场直播了这次大型群众集会和游行的实况。

参加这次集会游行的各界群众共14万人，为了保证直播效果，天津新华广播电台技术人员在2月12日就前往民园会场安装扩大器和播出机器，提前试验播音。2月13日，用第一台620千赫、第三台810千赫、第四台1290千赫三个频率直播集会和游行的盛况。为了充分展现全市200万市民欢庆解放的激昂情绪，电台在游行队伍途经的民园、利顺德饭店、东北城角、西南城角设立了四个临时播音站。同时，还出动了一辆播音宣传车，在车头上安装一块红底白字标语牌“拥护毛主席的八项和平条约”，随游行队伍前进，随时采录、插播游行队伍中出现的感人场景。这是在全国最早举办的大型现场直播活动，为10月1日在天安门广场举办开国大典的现场直播提供了经验。

第二次现场直播是在1949年3月11日，天津市各大中学学生为庆祝全国学联成立及欢送南下工作同学而举行的联欢营火晚会。参加联欢会的有1万多人，天津市军管会主任黄克诚、市长黄敬以及人民解放军特种兵团萧华将军、熊伯涛将军都亲临会场，天津新华广播电台用第三台810千赫现场直播了这次联欢营火晚会实况。

1949 年 4 月 21 日，中共中央主席毛泽东、总司令朱德向人民解放军发布命令：奋勇前进，坚决、彻底、干净、全部地消灭一切敢于抵抗的国民党反动派，解放全国人民。当天驻天津郊区的人民解放军奉命进军，分两路途经市区南下。津门百姓得知这一消息后纷纷夹道欢送，人山人海，盛况空前。天津新华广播电台用第三台 810 千赫对这一热烈的场面进行了现场直播。上午 9 点多钟，当转播车开到鼓楼东门时，很快就被热情的人群围住了，为了保证直播效果，播音员不得不爬到车顶上播音。

这回第三次现场直播是从上午 10 时左右开始，直到下午 2 时，驻津南下部队走出市区。

（二）直播刘少奇《天津讲话》

1949 年 3 月，中国共产党中央委员会副主席刘少奇到天津视察工作，中共天津市委向刘少奇汇报天津解放后的城市管理工作和存在的问题。刘少奇先后参加了市委常委会议、市委扩大会议，并与有影响的天津民族工商业家座谈了工商业发展问题，还召开了一部分高级知识分子座谈会和几次工人代表座谈会，参观了东亚毛纺织厂等企业。之后在南开中学礼堂召开的全市处长以上干部会议上作了关于城市工作报告。随后又在耀华中学作报告，被称为刘少奇《天津讲话》。

中共天津市委决定把刘少奇的这次《天津讲话》由电台向全市市民广播。市长黄敬说："这一次转播不同于上一次游行转播（指 1949 年 2 月 13 日天津新华广播电台直播的由 14 万人参加的天津市各界庆祝平津解放集会游行实况），应该把收听重点放在机关干部、工厂职工、部队，不要加解说，而要忠实地转播出去，要注意到国际和国内影响，要把机器调到最好的状态，不能发生错误。这是一项艰巨的政治任务。"

天津新华广播电台负责人鲁获接受任务后，立即回单位召开紧急会议，确定了以下几项工作：1. 人员安排；2. 线路检查、调整机器、电源检查；3. 应变措施；4. 向中央广播事业局汇报以及与各个有关部门联系，尤其是制定应变措施，在任何情况下（如出现飞机轰炸、电源断绝以及其他情况）都要保证顺利播出。经过紧张有序的工作，利用 620 千赫、810 千赫、1290 千赫三个频率顺利播出。这是我国广播战线第一次全文直播中央领导人的长篇讲话实况。

第二节　社会教育节目

新中国成立以来，天津电台的社会教育节目（以下简称“社教类节目”）始终是广播节目的重要组成部分。它包括理论讲座、演讲节目和专题节目、对象性节目等节目。

一、理论学习节目及讲座、演讲

天津解放之初，广大干部群众学习政治理论的热情高涨，为适应这一形势，天津电台综合台经常收集京津两地理论界人士在各种场合所作的理论报告录音，不定期地在综合台播放，以辅导干部群众的理论学习。为使刚获解放的人民群众了解中国共产党及党的各项方针政策，了解人民军队。1949 年 2 月 6 日，天津新华广播电台在第三次调整节目时，除了突出新闻性外，还突出了教育性，设置了《时事述评》、《文献政策》等节目。是年6 月 20 日，把第三台改为以广大职工为主要服务对象的职工台，开设了《政治讲座》节目。

1949 年 8 月 19 日，电台与天津市市政企业职工会合作，对市政企业系统的职工进行普遍教育，组织各单位职工收听《政治讲座》，同时组织讨论。这是天津电台第一次举办组织收听的定期的政治讲座节目。1949 年 9 月 15 日，由天津市总工会筹委会宣传部聘请华北职工干部学校的王向新、刘毅在职工台主讲《中国革命基本问题》，这是一次依靠社会力量在全市范围举办有组织收听的政治讲座。1949 年 10 月 22 日，市总工会筹委会宣传部为加强对全市职工的国际主义教育，与电台联合举办了《国际政治常识》讲座。1949 年 12 月 24 日，天津电台在中国大戏院实况转播天津市总学委会举办的《社会发展史》讲座，主讲人为侯外庐。这是天津电台配合天津市总学委会在全市干部群众中开展马列主义理论学习而播出的第一个报告会。

二、法律节目

1949 年 8 月 17 日，天津电台设立了《社会服务时间》，其中就有解答听众提出的有关政策法令问题的内容。

三、妇女节目

1949 年 3 月 7 日，天津新华广播电台开设了《妇女时间》节目，纪念“三八国际劳动妇女节”。当天，《妇女时间》邀请一些工厂女工来电台讲话、演唱歌曲等。

《妇女时间》节目初始阶段，讲大道理多，贴近生活的内容少，类似上大课。

四、儿童节目

天津电台的少年儿童节目《儿童时间》创办于1949年4月4日。当时天津刚刚解放，为庆祝天津解放后第一个儿童节，并充分发挥广播宣传的教育群众、鼓舞群众的作用，配合学校、市教育局、团市工委做好中、小学生的思想教育工作，帮助少年儿童树立新的思想和良好的品质，开办了以小学四、五年级和初中一年级学生为重点对象的儿童节目。每天播出三次，每次20分钟。最初，多是组织学校学生唱革命歌曲，或是播讲一些革命老区的儿童故事、战斗故事以及苏联的战斗英雄故事等。这些内容对新解放的天津儿童来说都是新鲜的，再加上广播内容和形式上的轻松活泼，很快争取了一部分小听众。

少儿节目在初创时期不仅重视节目的编播制作，而且重视节目的收听工作。1949年7月，节目刚开播三个月就通过广播建立了广播小组。这种广播小组是由各学校组织起来的收听小组，在各区构成收听网，由区教育局负责。收听小组集体收听，一起讨论，有的还办有“收听壁报”。

五、工人节目

把工人听众作为宣传对象的主体，一直是天津电台广播宣传工作的重点。1949年4月10日，天津新华广播电台召开的广播通讯干事会议上提出，必须进一步加强电台和工人群众的联系，有计划地组织收听。并要求编辑、记者要深入到工人群众中去用多种形式反映工人的生活、工作和学习。同年4月18日，电台开办了《本市职工动态》节目。

1949年6月20日，天津人民广播电台第三台定名为职工台，这是全国设立最早的对职工广播的专业台。当时，职工台的节目主要有《职工时间》、《职工新闻》、《职工生活》、《工厂联播》、《政治讲座》、《职工文艺》、《特别节目》等。职工台还设有联络组，负责组织收听调查，帮助和指导企业广播站工作。

六、青年节目

新中国成立初期至60年代，青年听众一直是收听广播的主体。1949年5月4日，天津新华广播电台第三台转播了天津市“五四”纪念大会的实况。不久，开设了《青年时间》节目。1949年9月1日，天津电台第一台调整节目时，对各个对象性节目作组合，从而加强了《青年时间》节目。

第三节　经济类节目

发展沿革

1949 年 6 月，天津新华广播电台初建时期成立了经济台，这是全国省级广播电台中率先成立的。该台主要安排经济类节目。记者经常到天津百货公司、花纱布公司、油脂公司、土产公司、煤建公司、化工公司、粮食公司、供销公司、畜产公司、粮油进出口公司等单位，进行采访，了解经贸的进展情况，组织报道。另外，还从当时有关单位出版的经济刊物、内部经济简报中搜集资料，加工编写，组织节目。为配合国家发布有关的经济政策和制定的各种经济法规的宣传，电台经常邀请各单位的领导针对某些经济方面的问题，来台讲解，并随时开辟时间播出。经济台每天播出《商品价格》，都是通过有关单位电话联系提供价格变化情况，报告 50 多个品种的价格变化。至 8 月底，经济台又增加了《市场动态》和一周大事记的内容，则是根据《天津日报》总编室提供的信息编辑整理而成。经济台还设有《经济新闻》节目，主要是报道经济领域中的新闻事实，为市民提供资讯。

第四节　科普、知识、服务类节目

1949 年 2 月 20 日 18：50～19：00，原有音乐节目临时改为《卫生常识》节目。这是天津新华广播电台第一次播送科学普及节目。3 月 20 日，天津新华广播电台进行第三次节目调整，每周五、周日 20：00～20：15 播出《卫生常识》节目。这时，正式设立科学普及节目。4 月 18 日，天津新华广播电台进行第六次节目调整，由第一台设立《文化教育》节目，时间 12：30～12：45，每周一、二、三历史，周五、六地理常识，周日自然科学常识。6 月 20 日，天津人民广播电台进行第七次节目调整，第三台 18：10～18：20设立历史常识。9 月 1 日，天津电台再次进行节目调整，第一台 13：40～13：55 开办《社会服务》节目。

1949 年 8 月 17 日，天津新华广播电台为了加强同社会各界的联系，更好地为人民服务，设立了《社会服务》时间，解答听众提出的有关的政策、法令及生产、生活、学习、工作等方面的问题。这是天津电台第一次设立的为听众服务类节目。

第五节　外语广播节目

俄语节目

1949 年 1 月天津解放后，开展中苏友好宣传活动。为适应形势，向苏联“老大哥”学习，天津人民广播电台于 1949 年 11 月 12 日开办了《俄语讲座》节目，采用中央人民广播电台教材，录音播出，每次半小时，第二天重播录音。每周邀请部分听众征求意见。《俄语讲座》因教材、师资不足以及当时时事、理论学习比较紧张，学员不能坚持学习，办的时间不长便停播了。

第六节　文艺类节目

一、文学节目

1949 年 2 月 6 日，天津新华广播电台第三次调整节目时，第一次出现文学节目《革命故事》，播出时间 20：10～20：20。2 月 26 日，第四次调整节目时改为《故事》，播出时间 18：40～18：50。6 月 20 日，第七次进行节目调整，又开办《工人讲故事》节目，第二台播出，时间 21：30～21：50。

为了充分调动广大群众文学创作的积极性，1949 年 8 月 13 日，天津人民广播电台《文艺时间》节目开辟文艺青年学习研究的园地，公开征稿，欢迎短篇小说、诗歌、杂文、书刊评介，文艺批评、文艺动态、影评剧评、书词鼓词等类稿件，尤其欢迎播音剧。

二、音乐节目

1949 年 1 月 20 日，天津新华广播电台公布广播节目时间表，第一次在时间表中出现《音乐》节目：10：00～10：30《音乐》，17：00～17：30《歌咏》。2 月 6 日，再一次公布节目时间表：8：35～8：40《音乐》，13：00～13：10《音乐》，18：00～19：15《教歌》。这是第一次在广播节目表中出现《教歌》节目。1949 年 4 月 18 日，天津新华广播电台第六次调整节目时间表，第一次安排《歌曲唱片》节目：12：45～12：50。《广东音乐》：22：00～22：10。

（一）音乐专题、专辑

1949 年 10 月 30 日，为了纪念人民音乐家冼星海逝世 4 周年，天津人民广播电台特请（天津）国立音乐学院院长吕骥同志在第一台 6：30～7：00 作广播讲话，题目是《纪念星海》，并推出了由国立音乐学院演唱的冼星海代表作《生产大合唱》、《路是我们开》等歌曲。

1949年12月21日，时值斯大林70寿辰，天津台在第一台播送祝寿晚会，开始曲为《中华人民共和国国歌》，播出了由美国黑人歌王罗伯逊演唱的《苏联国歌》，播出了刘秀峰副市长的讲演，播出了新华中学歌咏队演唱的歌曲《光明赞》、《祖国进行曲》、《组织起来更坚强》，天津市学生歌咏团演唱的歌曲《向旧世界进攻》、《在毛泽东旗帜下前进》、《祖国进行曲》，红星歌咏团演唱的歌曲《斯大林光荣》、《穿过海洋穿过波浪》，天津市音乐工作者协会小提琴演奏、演唱的歌曲《斯大林之歌》、《伏尔加河》等，天津苏联青年团演出独唱、合唱，国立音乐学院歌咏《斯大林我们倒向你这边》、《斯大林颂》。晚会还播送了毛泽东1939年庆祝斯大林60寿辰的论文和演说及歌曲。

三、戏曲节目

1949年2月6日，天津新华广播电台第三次调整节目公布新的节目时间表，第一次开办《评剧》节目，播出时间20：20～20：25，21：15～21：25。2月26日第四次调整节目，在节目时间表中出现《评剧唱片》节目，播出时间12：20～12：25，21：15～21：25。3月21日，第五次调整节目，又安排了《杂曲》节目，播出时间13：00～13：15。安排了《杂曲或地方戏》节目，播出时间18：50～19：00。安排了《评剧、杂曲》节目，播出时间20：15～20：30。

（一）戏曲演出转播

1949年天津解放不久，解放区两大戏曲剧团解放文艺评剧团和华北评剧团研究院先后来津演出了《红娘子》、《四劝》、《进长安》、《九件衣》、《李逵夺鱼》等一系列解放区的新京剧剧目。天津新华广播电台从下半年开始为加强对解放区这些新剧的宣传和介绍，采用了以电话专线转播剧场演出实况的形式，使这些革命新戏及时传入千家万户，从而取得了广泛的社会影响。这个时期的转播有两个重点：一是尽量结合解放初时代与现实的需要，选择优秀的新剧目予以转播；二是在全国和本市著名的戏、曲表演艺术家演出时，选择精彩的剧目、曲目转播。

当时，转播新戏有两大戏曲单位，一是坐落在南市的升平戏院（今黄河剧场）的正风剧社。由原在天津的评剧演员白云峰、孙芸竹（六岁红）等组建。解放后，他们先从移植改编解放区的小戏开始，如《兄妹开荒》、《宝山参军》等，随后又着手移植改编大戏《血泪仇》、《九件衣》、《刘胡兰》、《王秀鸾》等。在镇压反革命时，编演了《枪毙袁文会》、《恶霸李式举》、《赵石匠复仇》等。在反对反动会道门、宣传《婚姻法》时，又及时地编演了《刘巧团圆》、《小女婿》、《二嫂婚姻》（根据吕剧《李二嫂改嫁》改编）、《罗汉钱》等，深受听众的欢迎。如《小女婿》上演半年，电台转播多次，观众仍热情不减。新戏还有《仇深似海》、《九尾狐》、《烟花女翻身》、《赵大嫂》（根据话剧《在战斗里成长》改编）等。另外，还穿插有传统剧目与新编历史剧目《新桃花庵》、《杜十娘》、《卓文君》、《秦雪梅吊孝》（即《雪玉冰霜》）、《生死恨》、《情探》等。再一个转播的重点是坐落于南市大舞台的天津新艺京剧团，主要演员有李铁英、闻占萍等。他们上演了不少的新戏。如《闯王进京》、《三打祝家庄》、《黄巢》、《白毛女》、《猎虎记》、《窃符救赵》、《后羿射日》、《南霸天》等，天津新华广播电台也都进行了转播。

1949 年 2 月 23 日，天津新华广播电台从 19：00 起，用第三台在大舞台戏院转播了演出的新京剧《三打祝家庄》，由李铁英主演。这是在当时设备非常简陋的情况下转播的，转播取得了非常好的成功。这也是天津新华广播电台第一次实况转播。

1949 年 3 月 21 日，天津台每晚 18：00 以后，用第二台轮流播送各剧场演出的戏剧，让广大听众及时听到各剧场的戏剧演出。

在戏曲转播中，天津电台逐步发展形成了一种新的转播形式——即兴转播。这种形式是天津电台从中央台张之转播球赛中得到的启示。当时，文艺编辑对这一形式取得了共识，决定用在戏曲转播上。这就需要一位播音素质娴熟又精通戏曲和有关知识的播音员来担当此任。姚宝莲（播音名黎阳）出身梨园世家，不仅了解戏曲知识，播音也相当不错，所以就让她担任了戏曲转播的主持人，后来，梁莲也担任主持人。这样，在转播时，即使是武戏开打，也要由播音员解说动作，使戏院的活跃气氛如实地反映在广播里，使广大听众犹如身置剧场之中。

四、综合文艺

1949 年 1 月，天津新华广播电台文艺广播节目数量很有限，只用旧唱片开办一些节目。有《渔光曲》、《牧童短笛》、《打渔杀家》、《捉放曹》和部分西洋古典音乐如贝多芬、肖邦的名曲等。逐步有了各类文艺节目唱片和从苏联进入的音乐歌曲唱片。这一时期主要是组织部队文工团、军管会文艺处所属文艺团体来台演播革命歌曲、秧歌剧、音乐演奏，还有转播剧院演出的京剧、歌剧、话剧和评剧实况，以及学校、工厂、商店、街道等群众团体业余文艺组织演播自编自演的歌曲、音乐和小话剧。为此，在春节前夕，台长鲁获在南市电台内召开了一次全市著名戏曲、曲艺艺人参加的座谈会，会后大家积极准备各种文艺节目，第一个活动就是除夕文艺广播节目。

1949 年 1 月 30 日（农历正月初二），天津新华广播电台又一次公布节目时间表，在第一、三、四台联播中，《文艺节目》播出时间 17：00 ~ 17：30。2 月 6 日，第三次调整节目时间表，开办《文娱活动》，播出时间 18：30 ~ 19：10。3 月 21 日，第五次调整节目，开办《文艺创作选读》播出时间13：15 ~ 13：30（周二），《文艺漫谈》时间同上（周日）。6 月 20 日，第六次节目调整开办《广播俱乐部》节目，第三台播出时间 18：50 ~ 19：20。6 月 20 日，天津人民广播电台第七次调整节目，开辟了《职工文艺节目》。

1949 年 8 月 13 日，天津电台开办《文艺时间》节目，并公开征稿，旨在以《文艺节目》为阵地，丰富文艺节目内容，活跃市民文化生活。

（一）综合文艺节目

1949 年 1 月 28 日，农历除夕，天津新华广播电台为庆祝天津解放后的第一个春节，邀请各文艺团体与天津市的著名艺人常宝堃（艺名小蘑菇）、白云鹏、张淑筠（花五宝）、武艳芳、张伯扬、马增蕙、张菡香（喜彩莲）、王庆林（银达子）、王德贵等，于 16：00 ~ 24：00 到广播电台播音室，播送他们演唱的相声和大鼓、坠子、单弦、评剧、河北梆子、京剧节目，这是天津新华广播电台第一次在播音室举办组台文艺节目。

1949 年 1 月 31 日，邀请中共天津市文艺工作团和天津市著名艺人银达子、武艳芳等到播音室，用第二台播出他们联袂演出的文艺节目。

1949 年 4 月 30 日，为庆祝天津解放后第一个“五一国际劳动节”，天津新华广播电台决定从 5 月 1 日至 5 月 3 日，每晚 6：00 ~ 9：00 专辟广播时间播送文艺演出活动。

（二）综合文艺节目演出

1949 年 1 月 28 日，农历除夕，天津新华广播电台为庆祝天津解放后的第一个春节，经过周密策划，特邀请各文艺团体与本市的著名艺人常宝堃（艺名小蘑菇）、白云鹏、花五宝、武艳芳、张伯扬、马增蕙、喜彩莲、银达子、王德贵等，于 16：00 ~ 24：00 到广播电台播音室，播送他们演唱的相声、大鼓、坠子、单弦、评剧、河北梆子、京剧节目。这是天津新华广播电台第一次在播音室举办组台文艺节目。

1949 年 1 月 31 日，为庆祝天津解放后的第一个春节，特邀请中共天津市文艺工作团和本市著名艺人银达子、武艳芳等到播音室，用第二台播出他们联袂演出的文艺节目。

1949 年 3 月 11 日，为庆祝中华全国学生联合会成立和欢送南下工作的同学，本市40多所大、中学校1万多人，在南开大学举行营火晚会，会上表演了文艺节目，天津新华广播电台用第三台转播了晚会实况。

1949年4月30日，为庆祝天津解放后第一个“五一国际劳动节”，天津新华广播电台决定从5月1日至5月3日，每晚6时至9时专辟广播时间庆祝活动，其中有大量的文艺演出活动。

1949年5月4日，天津新华广播电台为庆祝“五四”青年节，晚7：00用第三台转播天津市文艺界纪念“五四”青年节晚会文艺节目。

第四章　天津人民广播电台编辑及播音工作

第一节　天津人民广播电台编辑及群众工作

一、采编

1949年1月15日，天津新华广播电台正式成立。此后，采编工作按照上级要求，实行三级审稿和重要编播活动请示报告等制度。建台初期，因人手少，有的身兼数职，既是记者编辑，又是节目和听众的组织者。随着广播工作的不断发展，电台的节目日益丰富，节目量也随之增加。编辑记者队伍逐渐扩大和发展，编辑记者的职责也有了更加明确的分工。

二、听众服务

（一）通联工作

自1949年3月开始，天津电台就在工厂、机关、学校发展通讯员，并与市总工会联系，很快建起了工人通讯网。1949年4月30日召开了由100多人参加的天津电台第一次通讯员大会，明确提出通讯员的主要任务是为电台撰写稿件，组织收听广播，反映情况。

（二）听联工作

在天津电台创建初期，听联工作基本就是开展收听工作。并且是从无到有，从分散到有组织，从点推广到面，是随着与听众的联系日益广泛深入和争取有关领导机关的支持协助逐步开展起来的。天津刚解放时大约有200万人口，全市只有12.4万台收音机。如何加强与听众的联系，是广播工作者由农村进入城市后，工作中首先遇到又最迫切需要解决的问题。

第二节　播音与节目主持

1949年1月15日20：10，“天津新华广播电台”的呼号声通过无线电波传遍天津的上空，标志着天津人民广播的播音与人民广播一同起步。经过五十多年的历程，天津人民广播的播音和主持工作与人民广播事业一同发展，在中国播音与主持界占有举足轻重的一席，写下了自己的辉煌。

一、播音

天津人民广播的播音队伍创建于1949年，经历了创业、发展、曲折、中兴、成熟，到世纪之交又走向新的辉煌。

天津人民广播的最初一批播音员，是在解放战争的隆隆炮火中，在革命队伍中开始播音生涯的。1949年新年前的最后几天，在河北省霸县胜芳镇建立的接管和开办新的天津电台的班子，首先确定了进城后担任播音工作的4名播音员：徐恒、林青、高心一、陈冰。他们都是大学生，都有舞台表演经验和朗诵的经验。徐恒声音清脆有力、咬字清楚，是南开大学新诗社一流的朗诵员，后来在中央台播音时曾到第一次全国人民代表大会上朗读文件，周恩来总理夸奖说：“连标点符号都读出来了！”林青是燕京大学舞台上经常出现的话剧演员，他的语言有着强烈的节奏感；高心一是南开大学中文系的学生，对稿件的内涵有着深刻的理解；陈冰是南开大学哲教系的学生，热情而奔放。他们向陕北新华广播电台的播音员学习，听陕北台怎样报台名，怎样播出新闻，同时借鉴国民党电台和外国电台的华语广播，几乎每篇稿子都要读几十遍，不达到令人满意的程度不肯罢休。在其短暂的时间内，为树立起一种不同于国民党电台和外国电台的自己的播音风格奠定了坚实基础。1949年1月15日夜和16日上午，他们分别乘车或步行进入天津，陆续开始了神圣的播音工作，成为天津人民广播播音事业的开拓者。

1949年1月15日20：10，原国民党天津电台编辑贾惠璞，接受市军管会代表的指令，第一次代表天津新华广播电台播音。播出使用的呼号是：“天津新华广播电台”（XTNC），播出的内容是：天津市军管会第一号布告《告天津人民书》、《中国人民解放军宣言》、《入城约法八章》、《三大纪律八项注意》，以及新闻《天津市人民政府成立》。这是天津人民广播播音事业弥足珍贵的第一次播音。

在天津新华广播电台（1949年5月18日改名天津人民广播电台）建台

的最初时期，播音工作只有徐恒、林青、高心一、陈冰四位播音员担任。很快补充了工作人员梁鲁园（播音用名鲁园）、戎寿恭（播音用名戎峥）、姚宝莲（播音用名黎阳）等。加上吸收原国民党电台和原广告台的播音员冯作民、梁炜（播音用名梁莲）、王秀英（播音用名王纾茜）、贾惠璞、徐薇晔等担任播音工作，播音队伍逐步壮大。来自原陕北新华广播电台（中央台）的柏力还在天津台担任一段播音组长。

以亲切口语、政文并重、一专多能为播音风格

建台初期，天津台的播音员大多来自革命队伍，他们了解工农，了解群众。1949 年，天津台首创群众大会和盛大游行的实况直播。由播音员即兴解说，反映了群众的呼声，有着一般广播所没有的鼓动力量。当时在平山的陕北台（中央台）的同志们听到徐恒等播音员的广播高兴地喊起来："听，工人在讲话！群众在欢呼！"这是天津台大众本色的反映。

天津是中国重要的工商业城市，兼收并蓄了中国南北文化和中西文化的特色，从知识阶层到市井大众，懂艺术，会欣赏，成为天津人一大特色，也成为天津广播听众的一大特点。天津电台的广播节目和广播播音，从一开始就定位于为广大听众特别是工农大众服务。播音员除了研究业务，还经常深入到听众中去收集意见，随记者采访、组织收听，力求使播音适合听众的口味。

二、节目主持

1949 年 2 月 13 日，天津电台直播了庆祝平津解放大会及群众游行全部实况，这是人民广播有史以来的第一次大规模实况直播。直播中播音员在记者的配合下，有稿与无稿结合，现场报道。

第五章　天津人民广播电台技术工作

第一节　沿革

初创时期

1949 年 1 月 15 日中午，天津解放战役结束后，天津军事管制委员会接管坐落在南市华安大街 99 号的原国民党“天津广播电台”。当晚 8 时 10 分，利用原国民党电台播音楼的旧设备，天津新华广播电台以 810 千赫、1290 千

赫频率开始播音。5 月 18 日，天津新华广播电台奉命改为天津人民广播电台（以下简称天津电台）。当时没有节目录制设备，都是由播音员在播音室里直播，有些文艺节目只是播放唱片。发射机的功率是 100 瓦，天线架设在后院三根 30 多米高的木杆上。1949 年 2 月 6 日，620 千赫、810 千赫、1110 千赫、1290 千赫四个频率全部恢复播音，其中 620 千赫、810 千赫、1290 千赫三个频率联播本台节目；1110 千赫全天转播陕北新华广播电台节目。收音台设在万全道原国民党电台收音台内，用 240—D 和 20R 收信机接收，通过电话线传到南市电台内转播。

第二节　播控系统及设备

播控系统

早期的播控系统

1949 年 1 月 15 日，建立天津新华广播电台，并在南市华安大街原国民党电台旧址的 1500 平方米播音楼内开始播音，使用的播音和传音设备是从国民党电台接收过来的，没有节目录制设备，都是由播音员和演员在播音室里直播，有些文艺节目用唱机播放唱片播出。转播陕北新华广播电台节目的收音台设在万全道原国民党电台收音台内，同时负责监测工作。

第三节　发射系统及设备

中波发射系统及设备

天津解放初期广播发射

1949 年 1 月 15 日，天津解放，原国民党"天津广播电台"被接管。电台台址在南市华安大街 99 号，播音室和发射机同在一座楼内，发射天线就架设在楼外的院内。当晚 20 时 10 分左右，使用"天津新华广播电台"呼号播出两套节目，发射设备用接收时的旧设备，发射频率和发射机功率分别为：810 千赫、功率 100 瓦，1290 千赫、功率 100 瓦。同年 1 月 20 日，天津新华广播电台使用四个频率播出：620 千赫、发射机功率 500 瓦，810 千赫、发射机功率 100 瓦，1110 千赫、发射机功率 100 瓦，1290 千赫、发射机功率 100 瓦。6 月 20 日，天津人民广播电台第二台（经济台）在寿德大楼原华声电台旧址播音。

第二篇 管理

第一章 天津市广播电视电影局

第一节 天津人民广播电台

1949年1月15日，在天津解放的同时，由军代表鲁荻带领的进城干部接管了国民党天津广播电台，当天即以天津新华广播电台的呼号开始向天津人民广播。天津新华广播电台最初隶属于天津日报社，为天津日报社广播部，部主任由《天津日报》总编辑朱九思兼任，副主任为鲁荻。1949年4月起独立为台。台长由市委宣传部副部长曹裕民兼任。1949年5月18日，天津新华广播电台改名为天津人民广播电台，此后鲁荻任电台台长，樊允行任副台长，刘文任总编辑，郑少明任秘书长。设有总编室、综合编辑科、职工编辑科、广告科、工务科、总务科、服务部等科室。

第二节 无线电管理、频率管理

1949年1月15日天津解放后，天津市军事管制委员会要求各广播电台一律封闭机器，进行检查。对国民党经营的电台立即接收。对私营、商业等形式的电台进行审查，符合规定的，可以复播。1949年1月15日，天津新华广播电台开始播出，使用的频率为 810 千赫和 1290 千赫，发射功率均为 100 瓦，呼号为 XTNC。20 日又恢复了 620 千赫（500 瓦）和 1110 千赫（100 瓦）两个频率的播出。5 月 18 日，天津新华广播电台更名为天津人民广播电台。

第三篇 >>> 研究资料、报刊团体

第一章　广播影视报刊

第一节　1949年以前的广播报刊

20世纪二三十年代，随着天津各种性质电台的设立和市民收音机拥有率的上升，越来越多的听众希望能提前知道广播内容，还有一些无线电爱好者也希望出版一份专业性广播报，以便于了解无线电技术知识，在这种情况下，天津陆续出版了《广播日报》、《无线电日报》、《广播半月刊》等报刊。

一、《广播日报》

《广播日报》于1935年9月1日创刊。总编辑李然犀，社长袁无为，社址在河北大经路（今中山路）。社长袁无为是20世纪30年代天津报业兴盛时期的活跃人物，他既能写又能编，有经营能力，很多小报初创时期都请他主持工作。后来袁无为在当时青年会广播电台的钱仲玫支持下，创办了《广播日报》。

《广播日报》为四开四版小报。第一版是国内和本市新闻，刊登社会上凶杀、桃色新闻等。第二版刊登一些无线电常识、无线电修理、矿石耳机的制造及演员的一些花絮、演出情况等。第三版刊登本市仁昌、中华、青年会、东方电台和南京中央电台的节目表。第四版刊登当时流行的评书或武侠言情小说。

《广播日报》创刊之时即声明，该报是站在电台与听众中间的读物，是收音机听众的喉舌，没有丝毫背景，完全公开所有稿件，以文会友。作为专业性广播报，《广播日报》对当时的电台起到了一定的监督、纠正和促进作用。

后期的《广播日报》又增加了《广播日报三日画刊》，随报赠送，其中多为戏剧演员、名闺、名花的照片，很受欢迎。《广播日报》当时虽为小报，但在普及无线电常识、沟通电台与听众联系上起到很大的作用，以后还在北平出过北平版。《广播日报》是天津30年代独一无二的专业性广播报。

《广播日报》从1935年9月创刊至1937年3月底止，共计出版568号。日本侵略者初占天津时曾出刊一两个月，后由伪天津新闻检查所勒令停刊。

二、《无线电日报》

继《广播日报》后，1936年天津又出了一份也是以电台广播为主要内容的报纸，即《无线电日报》，总编辑陆泪魂，社长翁一清。社址在东马路东袜子胡同的院子里。

《无线电日报》也是四开四版的小报，内容大致和《广播日报》类似。也有一些介绍无线电常识的文字和各电台每日的节目表。《无线电日报》骨干人员除总编、社长外，还有副刊编辑王子庵、业务负责人伊鸿善。

《无线电日报》的新闻稿，除一部分用国民党“中央社”通稿外，本市新闻多由本市私人办的通讯社供稿。此外，陆泪魂、王子庵还为该报创作连载小说。这份报纸一直出版到日寇侵入天津时才停刊。

三、《广播半月刊》

1949年以前，天津的一些电台，为方便听众按时选择自己喜爱的节目，曾印刷登载自己节目的宣传品，如1946年天津广播电台创办了《广播半月刊》。这个刊物的发行人是天津电台台长孙国珍。

《广播半月刊》是32开的小册子，内容除刊登广播节目外，还登载了一些演员演出花絮。此外，还刊登一些大鼓词，如梅花调《黛玉葬花》等，以便听众对照收听。《广播半月刊》只出版五六期就停刊了。

第四篇 >>>
经营服务

第一章　广告经营

1925 年 1 月，由日本人开办的天津义昌洋行成立了天津市第一家广播电台，该电台也是天津最早尝试播出广告的电台，其播出广告的目的是推销该行经营的无线电器材。在其后成立的官办和私营电台亦纷纷从事广告经营活动，多数私营电台都以广告收入为主要经济来源。

1949 年 1 月 15 日天津解放后，原国民党天津广播电台的广告业务基本保留下来，当年 5 月 1 日，天津新华广播电台广告台开播。

第一节　广播广告

一、1949 年以前的电台广告

从天津成立第一家广播电台至天津解放，在这二十四年中，有外国人办的电台及官办、私营、日伪等性质的电台共 39 家，电台广告节目也应运而生。这一时期的广告以私营电台广告、商业电台广告多于官办电台广告为主要特征，广告形式多样，广告内容五花八门，广告管理不断协调加强，办理广告的机构社团也有更迭。

义昌洋行是一家日商办的经营无线电器材的商号，当时的无线电器材是一些纱包线、胶木板、耳机等供人们做矿石收音机的简单零件，以后，又有了早期的直流收音机及与之相配套的蓄电瓶等。义昌洋行开办广播电台的目的是为了扩大该行的影响，推销无线电零件。这家电台在转播日本国内日语广播节目、音乐节目时插播少量介绍该行商品的广告。由于当时的日商无线电零件在货源、质量等方面与美国商品相比均有差距，因此，义昌洋行广播电台没有获得理想的商业利润，该电台也没有发展成为以广告为主的商业电台。

1927 年 5 月，天津成立了第一家官办电台即天津广播无线电台，后简称为天津广播电台。这家电台在最初的一年多时间里，没有承揽广告业务，此后逐步增加了一些广告播出，在全天 6 个半小时的播音时间里，广告仅占 30 分钟。

1934 ~ 1935 年先后成立的仁昌、中华、青年会、东方等四家私营广播电台都是以广告收入作为主要经济来源的商业电台，在这四家电台的广播中，广告都占了相当的比重。当时广告广播有几种形式：一是由报告员（即播音员）在两个文艺节目之间播几条广告，或是在演员表演节目中间，由报告员插播几句；二是由演员在所表演的节目中插播广告，这类广告收费较多；三是将某一段广播时间“出售”给商号，由商号自己安排节目与广告。青年会广播电台申明不做烟酒行业的广告，这是天津自有广告节目以来第一家明确表示不做烟酒广告的电台。

这四家电台在广告经营方式上以上海商业电台为范例，具体做法是：电台公开招揽商户前来办理广告业务，或由电台派人直接与工商户接洽，中间没有介绍人。这种情况一直延续到“七七事变”以后各商业电台停播。

1941 年秋冬之交，北平（今北京）成立广益公司代理天津、北京商业广播电台，经理杜颖陶委派佟六达、王子庵、高风到天津以广益公司名义创办天津商业广播电台。经过半年的筹备，于 1942 年 2 月 1 日开始播音。这家电台以曲艺、文艺为主并播发商业广告。天津商业广播电台是当时各类电台商业广告比例最高的电台，这家电台从早晨 6 点至深夜 2 点，每天共播音 20 小时。每个演员的节目 50 分钟，演员在表演节目后报 10 家广告，播音员每次报五家广告，每个广告 100 字。所有广告，广益公司不直接办理，由各广告社代理。每家广告社代理由早至晚的 20 个大广告、20 个小广告，谓之“一条”（即一整套广告节目）。有的广告社包一条或两三条。每月 25 日以前交广告客户的稿件和广告费，下月 1 日开始播出。在初期，天津的几家大广告社如北洋广告社、大陆广告社、新中国广告社、长城广告社等都不愿办电台广告。电台广告主要由一些中小广告社或个人办的广告社代理，如远东广告社、北华广告社、五洲广告社、齐昌广告社、六一广告社、张砚农广告社、诚文广告社等。所宣传的商品也是五花八门，药品有德茂源的一品膏、大同药房的生乳灵、普太和的舒肝调气丸、费迪氏的娃娃宁等。化妆品有留香素、孔雀霜、白兰香霜、369 雪花膏、三五油发蜡。利达化妆社包了一个时间（50 分钟），聘请荷花女、秦佩贤在演播节目中插播冷香霜广告。当时很多医生在电台做广告。如中医尉稼谦、肺病科古今人、内科陈微尘、妇儿科张兰亭、眼科刘子华、腿病科李晓江。做广告的还有猴子刘、耿记修脚、马家烧麦馆、同生堂膏药、侯家后豆腐脑以及寿衣店、花砖铺、绸缎花布铺、照相馆等店铺。泥人张在锅店街的同升号卖肥皂也做广告，坐落在鼓楼西的一家棺材铺也做电台广告。

在商业广播电台开播后，广益公司在山东路紫阳里对面租了一座小楼，楼下是宇宙药店（也属于广益公司），楼上办理广告业务。

当时，天津商业电台只此一家，这家电台开播后，广益公司获利甚丰。北平、天津两地一些人找门路以期染指。广益公司杜颖陶知此情况，与广播协会和日本军方联系，将广益公司改为“天津电台广播广告总询问处”，外人看来好似天津电台直接管理，实际上还是广益公司原班人马，只不过是换个名义而已。由于各广告社收入增多，也有些人企图插足，因此，各广告社协商后，委托《新民报》驻天津记者高飞廉负责筹备在“新民会”领导下的天津广播广告联合会。1943 年 3 月，该联合会成立时，在第八小学操场设立会场，由“新民会”派来的齐科长主持，高飞廉代表会员宣誓，选举远东广告社杨少林（曾任《国强报》社长）为会长。至此，各广告社都有了“靠山”，局势才稳定下来。此后，广益公司每月 25 日以前接收各广告社的广告费和广播稿，到下月 1 日播出，各广告社业务工作均有了保障，这种局面一直保持到日本投降。

广益公司在天津办的商业电台开播后，原开办人佟六达、王子庵、高风因在北平有工作，都回到北平。杜颖陶派曾毅公（北平人，在山东齐鲁大学教甲骨文学）为主任。其他人员有从北平来的丁允一，还有天津三连绸缎庄的王敬轩等人，后因经营无方亦回到了北平。杜又派沈镇远为主任，继续接收商业广告，由电台业务科长董冠东主持办理。各广告社仍继续办理工商广告。后因广告增多，商业电台又增加了第三、第四两套文艺和广告节目。期间，日伪时期成立的广播广告联合会无形中解体了。电台也将过去广告社承包节目的办法改变为每天从广播开始到播音结束，每一个节目都附有一“条”广告。光复后不久即改为包时间，每40分钟为一个时间，各广告社承包一段或两三段时间，有的广告社自己请演员招揽广告，有的由电台直接请演员招揽广告，这种情况一直延续到1949年1月天津解放。

1946～1949年三年多的时间里，天津又成立了世界电台、华声电台、中行电台等多家商业电台。这些电台在播出各类节目的同时也做广告，但规模和效益均没有超过天津商业广播电台。1948年12月成立的私营性质的军声广播电台也以播商业广告为主。

1948年，为了控制各电台的广告，经营广播电台广告的广播广告联合会与经营报纸广告的广告社联合起来成立了广告同业公会。非同业公会会员不得办理广告，但由于当时国外剩余物资大量向中国倾销，民营工商业的处境艰难，一些想通过广告打开销路的厂家采取多种渠道做广告，广告同业公会很难控制。

二、天津人民广播电台广告

广告节目

天津电台广告节目的发展是和商品经济、市场活跃的大气候紧密相连的。由于天津地处九河下梢，毗邻京都，自古就是南北水运、商贸集散重地。因此，天津电台的广告业务在解放前就被商家认为是沟通产销的有效工具。

1949年2月14日，经市军管会文教部批准，天津新华广播电台广告台开始播音。除沿袭解放前由艺人说段子插播商家广告的形式外，还在其他时间播送一些经济新闻、市场动态。

1949年6月20日，电台调整节目，将原来四个频率合并为三个台，第一台为综合台，第二台为经济台，第三台为职工台。广告台划归经济台。

1949年8月4日，天津电台经济台开办了《广告服务时间》节目，除播送商家广告、市场行情、经济新闻外，还将听众提出的批评、建议、要求及时反映到天津市人民政府和工商局、税务局、财委会等部门。

第二章　多种经营

天津人民广播电台在1949年建台初期便先后开办了无线电工厂及工厂

服务部。后来无线电工厂发展为国营大厂——天津广播器材厂，服务部发展为天津广播电视设备公司。

第一节　天津人民广播电台无线电工厂

一、创建与发展

该厂创建于1949年4月。1949年1月15日，天津新华广播电台开始播音以后，台领导鲁获提出了广播电台必须有听众的见解。而当时听众的收听条件极差，收音机不是收听不到，就是收听不好，听众找修理收音机的店铺很难，而且费用昂贵。为此，台领导决定首先要解决收音机修理问题，并责成当时工务科负责人柳先筹建以修理收音机及其他无线电设备为主要任务的工厂。1949年4月，先成立了研制小组，地址在南市华安大街99号广播电台后院，房屋只有两间平房，面积36平方米，人员只有从电台抽调的6名技术人员，他们是吕仲瑜、王所荐、王为礼、王志杰、虞世恩、王履绥。开始只有一般手动工具，如锄头、改锥、锤子、虎钳、台钳、电烙铁，无机动设备。工厂的主要任务是修理与装配扩音机，修理收发信机等。1949年5月，又筹建了天津人民广播电台无线电工厂服务部，主要业务为修理收音机、销售工厂产品，为天津较大的工厂安装有线广播站，为市政府组织的各种会议（当时经常召开广播大会）和文艺演出提供扩音服务。经济上未搞独立核算，不以营利为目的。

二、经营特点及影响

天津人民广播电台无线电工厂是为解决市民收音机的修理问题而创办的，不以营利为目的，经济上自给自足，技术上自力更生，敢于创新，培养自己的工人队伍和技术队伍。其原材料通过修旧利废获得，器材也大都是有关单位捐献出来的，工厂不向国家伸手要钱，国家也不要求工厂上缴利润。天津人民广播电台广播器材厂就是在这样的条件下发展起来的，它的创办为广播事业及无线电广播工业的发展奠定了一定的基础。

第二节　天津广播电视设备公司

一、沿革

天津广播电视设备公司的前身是成立于1949年5月16日的天津人民广

播电台无线电工厂（以下简称“工厂”）服务部。

二、经营与服务

在公司的前身服务部初创初期，广播听众大幅度增加，机关、学校和企业经常组织收听各种广播节目。为保证收听的效果，服务部主要为机关、学校、企业和广大听众修理收音机和扩大器，只收材料费。服务部还为企业安装有线广播设备，为市政府组织的各种广播大会和文艺演出提供扩音服务。

第五篇 >>>

人物

第一章 人物传

鲁荻（1921～1996）山东济南人。中共党员。1937 年参加革命，1938 年加入中国共产党。曾任天津人民广播电台第一任台长。在艰苦的战争岁月里，他先后任山西决死队第十总队宣传干事，山西晋西南黄骅支队政治部宣传干事，延安中央军区第二秘书处秘书，晋察冀军区政治部干事、指导员、协理员，平北第十二军区政治部干事，平北七团三营教导员，察北骑兵支队政治部主任，热辽区党委民革报社采访处长，冀察热辽边区群众日报社采通部长等职。

辽沈战役结束不久，《群众日报》的干部除小部分到北平郊区汇合准备进城办报外，大部分南下胜芳，与来自华北、冀中、冀鲁豫的同行汇合，准备在天津解放后进城办报。

1949 年 1 月 15 日，解放天津的战斗一结束，天津军事管制委员会即派军事代表鲁荻率刘文、柳先等接管国民党“天津广播电台”，当晚 20 时 10 分左右，使用“天津新华广播电台”呼号开始播音。5 月 18 日，天津新华广播电台更名为天津人民广播电台，鲁荻开始任电台台长。

电台创业之初，鲁荻带领进城干部以革命的乐观主义精神和雷厉风行的工作作风，在很短的时间内就消除了旧社会遗留下来的腐朽庸俗作风，在全体人员中树立起一种新的革命作风。作为电台台长，不分昼夜坚持工作。全台工作千头万绪，他始终把广播宣传摆在一切工作的首位。他要求所有稿件必须层层审查，层层签字，甚至连一张唱片、一段歌词都要经过审查才能播出。不论白天多忙，第二天播出的稿件，他晚上不睡觉也要连夜审完，不误播出。他在自己的宿舍门口挂了一个小木箱，待审的稿件放在里面，夜里审完又放回木箱，第二天由播音员取走。他对编辑工作和播音工作的要求都是极其严格的，播音员不能错播一个字，不能念白一个字；编辑记者写了错别字，有时要在编播例会上当众批评。

附录

一、大事记

1924 年

是年 天津日商义昌洋行申办义昌广播电台获准。地址在旭街（今和平路251号）义昌洋行楼下。翌年1月，该台正式开播，广播的主要内容有：转播日语节目，音乐和广告。1927年停办。

是年 “天津”、“北方”影片公司开办。“北方”公司拍摄了《永不归》、《血手印》两部故事片。“天津”公司未拍片因故停办。

1925 年

是年 天津籍电影工作者沈浮联合天津文人黄山客等人，创办“渤海”影片公司。拍摄了天津第一部滑稽讽刺故事片《大皮包》。沈浮除担任编剧、导演外，还担任了角色。

1926 年

是年 “新星”、“中美”影片公司成立。“新星”公司拍摄一部故事片《险姻缘》。“中美”公司未拍片因故停办。

1927 年

5月15日 北洋政府交通部在天津市设立天津广播无线电台，简称“天津广播电台”。台址设在烟台道（今烟台道与四川道交口处），播出节目有：商业消息、社会新闻、戏曲、曲艺、音乐等。1949年1月14日停播。

1928 年

6 月 国民政府接管天津广播无线电台，该台除作广播用外，还兼作中波军用电台。

1929 年

8 月 天津市政府接管天津广播无线电台，更名为天津特别市广播无线电话局电台。1939 年年初，购买南市华安大街 99 号楼作为台址。

秋 中国无线电业股份有限公司广播电台开办。台址在滨江道 112 号基泰大楼内，播出节目主要有：科技知识、文艺节目；每周六晚上播出一些票友演出的京剧（整出或折子戏）。1939 年冬停办。

1934 年

春 南开大学广播电台开办，该台由南开大学电机工程系主办，地址设在南开大学校内思源堂地下室。1935 年春因经费不足停办。

春 仁昌广播电台开办。该台由仁昌绸缎庄主办，地址开始设在东马路东门北，后搬到和平路仁昌绸缎庄楼上。1939 年冬停办。

夏 中华广播电台成立。该台由上海中华无线电研究社天津分社创办。地址设在法租界 4 号路，后迁到意租界大马路 29 号（今建国道四经路口）。1939 年冬停办。

10 月 第十八届华北运动会广播电台开播，该台由河北省体育场开办，国民政府主办。该台专为召开该运动会而设，向全市转播运动会的情况。运动会结束后，该台于当月停办。

11 月 青年会广播电台成立。该台由天津青年会主办，台址设在东马路青年会（今为少年宫）楼上。1939 年冬停办。

1935 年

春 东方广播电台开办。该台由东方贸易工程公司主办。地址开始设在赤峰道，后迁到长春道吉林路口（大陆银行货栈）。1939 年冬停办。

5 月 7 日 天津《益世报》广播电台开始播音。该台由《益世报》与东方贸易公司合办。是年冬停办。

5 月 11 日 天津中华广播无线电台和天津东方广播无线电台的节目时间表，刊登在中央广播事业管理处出版的《广播周报》第 34 期上。

9 月 北宁铁路局广播电台开办。该台由北宁铁路局主办，地址开始设在北宁公园内，于 12 月停办。

10 月 西沽工业学院广播电台筹办，该台由西沽工业学院（今河北工业大学）无线电研究系主办。地址在红桥区丁字沽，未正式播音即停办。

10 月　中原公司广播电台开办。该台由中原公司主办，地址在和平路中原公司 5 楼（今百货大楼），1936 年停办。

1936 年

3 月　刘髯公小型广播电台开办。由天津新天津报社社长刘髯公主办。是年冬停办。

4 月　朱传築小型广播电台开办。是年冬停办。

5 月 9 日　天津青年会、仁昌、中华、东方广播电台的节目时间及基本情况介绍登在中央广播事业局管理处出版的《广播周报》第 85 期上。1939 年冬，《广播周报》停办。

本月　天津社会局广播电台开办。该台由天津社会局主办。地址在河北区黄纬路。是年冬停办。

11 月　新西兰的一位业余无线电爱好者邮来新西兰 DX 无线电组织的证明，证明他曾在 10 月 1 日上午 9 时收到天津青年会电台的广播。

是年　日本公会堂广播电台开办。日本驻津领事馆主办，地址在日租界福岛街（今多伦道）的日本公会堂内，播送部分华语节目并转播东京电台日语节目。1939 年为天津广播电台代替。

1937 年

3 月　青联广播电台成立并播音。该台由青年联谊会主办。台址在辽宁路、锦州道附近的常盘大楼上。首次播出童语《稻草人》。后该台因无营业执照被市政府查封，停止播音。

7 月 28 日　日本公会堂广播电台在日军发动“天津事变”时，播送日军的“安民告示”。

8 月 1 日　日本公会堂广播电台定名为“华北广播电台”。

1938 年

1 月　天津广播电台开办，隶属日伪天津政府，其前身为“华北广播会天津广播电台”。

1940 年

3 月　伪政府在北京成立“华北广播协会”，直接控制天津、北京、济南等地的广播电台。

1942 年

2 月 1 日　天津商业广播电台成立，也称“天津广播电台第二台”，或称为“天津广播电台特殊放送节目”和“天津广播电台特殊广播”，为专播广告的商业性电台，仍设在天津广播电台内，此时天津广播电台已有了两套节目，一套是广播新闻及综合节目，一套是专门转播日本东京台日语广播节目。

3 月 村畸敦雄任天津广播电台台长，下设：技术、广播、庶务配给、加入 4 个科，共有 168 名人员。

1944 年

是年 天津广播电台播出三套节目：（1）620 千赫为华语广播，每天 17：00～18：00 播自办节目，其余时间转播北京广播电台节目。（2）1110 千赫为日语节目，每天播出三次，全部转播日本“东京放送”的日语节目。（3）820 千赫为“特殊放送”，主要播出曲艺、大鼓、评书、唱片等文艺节目，由播音员播出商业广告。

1945 年

8 月 15 日 国民政府交通部中央广播事业管理处派黄念祖等要员接管日伪天津广播台。

同日 “交通部中央广播事业管理处天津广播电台”成立，台长黄念祖。

10 月 10 日 孙国珍为天津广播电台代台长。翌年 2 月 1 日任台长。

本月 美军广播电台开办。美国海军陆战队主办，地址在河西区广东路美国驻军营盘。翌年因美军撤军停播。

1946 年

5 月 大德广播电台开办。黄邦彦、王正哉主办，以宣传医学知识为主，由于未获批准，播出月余后停办。

11 月 10 日 华声广播电台开播。该台由中国国民党中央军事统计局主办，地址在寿德大楼（今和平路东方饭店）。该台白天播广告，夜间为南京发各种情报并为飞机导航。1949 年 3 月被天津市军事管制委员会文教部接管。

11 月 12 日 中国广播电台开播，台址在原日昌洋行旧址（今和平路四面钟处）。中国广播电台除进行商业性的广告广播外，还设立了一个维修部。该台由中美电机厂主办。1949 年 3 月 20 日，被天津市人民政府封闭停播。

12 月 15 日 中行广播电台开办。该台由中行贸易公司主办。

12月28日 世界新闻广播社成立。地址设在罗斯福路（今和平路）189号，该社又称为“世界电台”。除了商业性的广告节目外，还播送国内外新闻及时事述评、施政问答、法律讲座、名人演讲等节目。1949年3月20日，被天津市人民政府封闭停播。

1947年

1月3日 友声广播电台开始播音，地址在陕西路安养里口，因没领到执照，1948年即停播。

3月3日 宇宙广播电台开始播音，地址在万全道87号，未到年底即停播。

本月 青联广播电台成立，地址在辽宁路常盘大楼“青年联谊会”的楼上。是年12月因无营业执照被查封。

本月 华声、中行、中国、世界、友声五台成立了“天津民营电台联谊会”。会址设在华声电台内，该会又名为“天津民营电台联谊社”。

4月 资源广播电台开播，该台由资源委员会主办。

6月 天声广播电台成立，地址在锦州道宁静里4号。到8月份因未领到执照停办。

6月 天津市政府教育局附设电台开办。由市政府教育局和河北省立工学院合办。下半年因经费困难未正式播出即停办。

9月5日 国民政府交通部公布《广播无线电设置规则》，规定：天津可设民营广播电台6座，超额不准申办。

同日 青年广播电台对外营业。当时主要以商人和三青团合办，以青年广播电台名义办台。是年6月10日因未领到正式执照被查封。

1948年

4月 天津召开公民营电台座谈会，由天津广播电台主办，参加会议的有警备司令部电监组、电信局、教育局和各民营电台的负责人。其目的是控制各民营电台。

5月 瀛西广播电台开播。瀛西药房主办，地址在东马路，本月因未获批准而停办。

6月 军友广播电台开播。由天津警备司令部政工处主办，地址在辽宁路91号，播音未到两个月即停播。

7月 钟镜广播电台开播。由迪明无线电行和野玫瑰无线电行合办，地址在长春道。12月因未领执照而停办。

12 月 1 日 军声广播电台开始播音，地址在湖北路 45 号。当时的正式名称是“天津警备司令部政工处附设军声广播台”，以商业广告为主。1949 年 1 月 15 日解散，4 月 21 日被天津军事管制委员会下令查封。

12 月下旬 中国人民解放军天津市军事管制委员会文教部在河北省霸县胜芳镇组建了接管国民党天津电台及筹办建立天津新华广播电台的机构，负责人为鲁西良，此组织由天津日报社和新华社天津分社编委会领导。同时在报社还建立了为广播电台供稿的口播编辑组。

1949 年

1 月 1 日 由国民党驻军天津警备司令部政工处主办阵中广播电台开始播音，地址在鞍山道（今八一礼堂）。14 日停播。

1 月 14 日 中国人民解放军进入天津，占领了南市华安大街 99 号的国民党天津电台。天津广播电台停播。

1 月 15 日 天津市全部解放。中国人民解放军天津市军事管制委员会派军代表鲁荻、刘文等 17 人接管国民党天津广播电台，创建天津新华广播电台，并于当晚 20 点 10 分左右开播。首播为天津市军管会第一号命令：《约法八章》、《中国人民解放军宣言》和《三大纪律八项注意》。电台隶属天津日报社口播组。

1 月 17 日 天津日报社口播组和接管电台人员合并为报社广播部，对外称天津新华广播电台，部长由报社总编辑朱九思兼任，副部长为鲁荻。孙洪为编辑科科长、刘文为秘书（相当于科长），编插人员有柳先、王予、李中楠、高心一、林青、徐恒、陈冰、江海、李耐波、王济、王淑耘、沅华、邵琳。另有留用职工 57 人，共 74 人。

同日 天津新华广播电台在《天津日报》上公布每日广播节目及时间表。20 日，该台共使用四个频率播音，并公布第一次调整后的广播节目时间。

1 月 28 日 天津新华广播电台为庆祝天津解放后的第一个春节，特邀天津市各文艺团体与名艺人常宝堃、白云鹏、花五宝、马增蕙等于 16 ~ 24 时演播相声、大鼓、评剧、河北梆子、京剧等节目。这是第一次在播音室举办文艺演出，也是第一次用四个频率播送。

1 月 30 日 天津新华广播电台在《天津日报》上第二次公布广播节目时间，并首次以“台”的名义，向社会公布各台使用的频率。

2 月 6 日 天津新华广播电台第三次调整节目，公布新的广播节目时间表。分别设立了儿童、妇女、青年、职工、战士等节目。

2月13日 上午10时，天津市各界14万人在民园体育场举行庆祝天津解放大会，会后分两路游行。天津新华广播电台在会场安装了扩音设备，并在民园、利顺德饭店、东北角和西南角设立四个临时播音站，用第一、第三、第四台转播集会游行的全部实况。这次实况转播从下午一直延续至夜晚，群众还举行了提灯游行，这是广播史上第一次大型群众集合游行实况直播。

2月20日 天津新华广播电台播出《卫生常识》。这是天津台第一次播出普及科学知识节目。

2月23日 天津新华广播电台转播大舞台戏院演出的新平剧（京剧）《三打祝家庄》（李铁英主演，根据延安平剧团剧本）。这是天津台第一次转播文艺演出实况。

2月26日 天津新华广播电台第四次调整节目，创办了《重要新闻及评论》、《经济新闻和行情》、《简明新闻或时事漫谈》、《教育讲话》、《解放区介绍和各地通讯》等节目。

2月28日 中共中央同意天津市接管四个私营电台，准许私人继续经营三个电台。指示提出了私营广播电台必须执行的几项规定。

3月7日 天津新华广播电台为纪念“三八国际劳动妇女节”特增加《妇女节目》，并邀请各厂女工在“三八”节前后来台发表讲话、表演歌咏等。这是天津新华广播电台第一次举办特别节目。

3月19日 天津新华广播电台建立广告台，播出时间从上午8时到午夜24时。

同日 天津新华广播电台开始播出《妇女座谈》节目，这是第一次设立的以妇女为对象的节目。

3月25日 天津新华广播电台转播北平新华广播电台的节目（注：陕北新华广播电台迁至北平播音，改名为北平新华广播电台）。

本月 刘少奇到天津视察并在耀华中学礼堂发表讲话，天津新华广播电台进行实况转播。这是天津人民广播史上第一次全文转播中央领导的长篇讲话实况。

4月4日 天津新华广播电台为庆祝天津解放后第一个儿童节，举办了“四四”儿童节广播庆祝会，并用第一台播出庆祝会实况。参加会的有童工、贫苦儿童、孤儿及小学生等共200多人。

4月10日　天津新华广播电台召开广播通讯干事会议，到会的有各公营和私营企业中的通讯组代表103人。

4月18日　天津新华广播电台第6次调整节目，公布新的播音时间表，增加了新节目：《文化教育》、《政治教育》、《天津市职工动态》、《广播通讯网》、《西乐》、《评剧唱片》、《儿童时间》。《儿童时间》是电台第一次设立的以少年儿童为对象的节目。

4月21日　天津新华广播电台全文广播中共中央主席毛泽东、中国人民解放军总司令朱德向人民解放军发出的命令，解放军应奋勇前进，坚决、彻底、干净、全部地歼灭中国境内一切敢于抵抗的国民党反动派，解放全国人民。

4月24日　天津新华广播电台用第一台播送华北总工会筹委会天津办事处主任李颉伯向全市各公私营企业职工讲话，表示坚决拥护毛主席、朱总司令的命令。这是天津市领导干部第一次在广播电台发表广播讲话，并要求各行各业职工代表组织收听。

同日　天津新华广播电台《故事》节目开始播送第一部长篇小说《吕梁英雄传》。

本月　天津新华广播电台隶属市委宣传部直接领导。主任：曹裕民（兼市委宣传部副部长）；副主任：鲁荻；秘书长：郑少明；总编辑：刘文。

本月　天津市军事管制委员会遵照中央的指示精神：除接管电台外，对私营的“中行广播电台”予以收买，改为广告台。5月1日正式播音。

5月1日　天津新华广播电台为庆祝“五一国际劳动节”，用第三台转播天津市“五一”纪念大会实况并在《天津日报》刊登启事，请各工厂企业机关组织职工收听。

5月4日　天津新华广播电台第三台转播了天津市“五四”纪念大会的实况。

5月16日　天津新华广播电台服务部成立。

5月18日　天津新华广播电台改名为天津人民广播电台（以下简称天津电台）。

6月20日　天津电台第七次调整节目，第一台为综合台，第二台为职工台，把《职工时间》改在职工台播出。这是全国设立最早的对职工广播的专台。职工台设有收听联络组，负责组织收听、调查、帮助或指导企业广播站工作。随着节目的变化，编辑部机构也由过去的编辑科改为综合科、职工科、文艺科。

本月 鲁获为天津人民广播电台台长，免去曹裕民主任职务。

8月15日 电台与市总工会为纪念抗日战争胜利四周年，联合举办广播演讲比赛。这是电台第一次与社会团体共同举办有奖比赛节目。

8月19日 电台职工台结合天津市市政企业职工会，对市政企业系统职工进行教育。第一次举办有组织收听的、经常性的、定期的政治讲座节目。

9月5日 电台转播天津市第一届各界代表会议开幕实况。

同日 天津棉纺五厂建立全市第一个企业广播站。之后，又相继协助建立了棉纺三厂、四厂、六厂广播站。

9月23日 电台转播了北平新华广播电台播送的，毛泽东主席在中国人民政治协商会议第一届全体会议上致开幕词的录音。

9月25日 电台以三台联播方式转播北平新华广播电台播送人民政协首届全会上代表发言的录音及大会重要消息。9月26日用台联播方式转播。28日转播北京新华广播电台《对野战军广播》节目，再次播送毛泽东主席在中国人民政治协商会议第一届全体会议上的开幕词录音，还播送了国家领导人朱德、刘少奇、陈毅、贺龙、刘伯承、粟裕、黄克诚、张云逸等代表的讲话。

10月1日 电台转播中央人民广播电台在天安门广场举行的中华人民共和国开国盛典实况。

10月2日 电台转播天津市各界人民30万人在人民广场举行的天津市人民庆祝中华人民共和国中央人民政府成立及拥护世界和平大会和游行盛况。

11月 电台播出第一部广播剧《保尔·柯察金》，根据苏联小说《钢铁是怎样炼成的》改编，当时是在没有录音设备条件下，在演播室现场直播的，名为“播音剧”。

二、天津新华广播电台一个半月工作总结

（1949年3月）

一、概况

1942年1月，日伪在天津设立广播电台，并严格管制，定期收费，作为

电台经费来源之一。

1945 年 8 月国民党接收后，仍照常向听户收费。1947 年 3 月因不能及时领到经费，难以维持遂停止收费，大量收广告。

1949 年 1 月 15 日天津解放，我们于当日下午接收，当晚开始播音，未变旧波长。计接收机器四部，620 千周、500 瓦晶体震荡机一部，810 千周、100 瓦晶体震荡机一部，1110 千周、100 瓦晶体震荡机一部，1290 千周、250 瓦晶体震荡机一部（这些机器全为国民党接收日伪时代的机器，发射能力除 620 外，其他皆弱），旧人员 57 人。

据不精确之估计，天津市民中共有收音机 10 万部。日伪时代曾有详细登记，国民党接收后未加重视，已散失一部分，故收音机分布情况尚不详知，待我们调查后再告。

二、工作后一个月来的工作总结如下

一个月来工作中检讨：

（一）开始广播时编辑思想不够明确，没有切合实际方针与具体计划。干部对无线电广播工作比较生疏，如何进行大城市的广播工作更无经验，国民党在天津的广播办法不敢轻易采取，新的办法又拿不出来。因此在干部思想中就反映出："广播工作只是个传音筒，每天念文件新闻布告。"在这个时期工作上所反映出的最大缺点是：对工作虽有信心，但缺少办法，又未认真进行调查研究，未能及时掌握天津城市听户收听习惯（天津市民所最喜欢的是杂耍及戏剧，他们以收听广播作为消遣），所以播出的东西都不能切合实际，群众反映我们广播生硬，不受听，听不懂，因此在这个阶段中广播工作收效较少。

（二）为了使广播工作在群众中建立信仰，2 月 6 日第一次改变节目增加了文娱活动，适当减少了政策讲解的分量。利用解放区介绍、革命故事、职工与青年时间进行宣传，加多了音乐时间。但由于我们未能掌握广播工作的特有条件，生动、活泼、多样、由浅入深，适应听众心理，适合于广大听众需要，以及在时间配备等问题上未能更多地考虑而发生了如下几点缺点：（1）确定的节目虽然项目很多，但每个节目中仍然很硬，仍然缺乏故事性、趣味性，不能为群众接受。如"美帝真相"把马歇尔计划广播了，没有看清群众接受程度，解释了许多国际问题，群众不愿意听。（2）在编写中由于干部政策水平低，所要广播的内容多，口语化工作不熟练，又未能很好确定每个节目广播中心及有系统的计划，因之产生了原文照抄现象。如"群众服务时间”，因事前没有认真准备及研究，大的问题由于水平低不敢答复，小问题则因不了解情况而无从下手。再如“共产党介绍”，事前未能好好考虑所应介绍的内容和如何介绍，如何连续，到应该广播的时间尚无确定的稿件，只好临时取消这一节目。(3) 在改变节目的前后编辑思想上未能作更深的考虑，一时满足于节目的多样性，而未有作出全部工作提纲，有的有提纲也不详细。如确定了青年时间，但未作出青年时间所应广播的内容，临时瞎抓，硬凑，因之稿件无连续性，说明不了问题，只能做到反映一部分情况，职工时间也如此。(4) 未能深入了解听众情况，具体的了解听众思想，根据过去及现在群众情形及时改变节目。改变节目后，根据群众反映：青年中认为教歌尚好，青年时间则没任何反映，职工时间听众反映也很少。最近电信局的一位工人说：“他的机子坏了，也没有修理，打开收音机听起来听不进。” (5) 在编辑工作上，仍以编辑报纸的习惯来编辑广播稿件。如稿件前的导语与稿件中的结构方法都未超脱编报纸稿件的格式，因而读起来名词连篇极难听懂。(6) 在节目排定之后，未很好组织节目。如职工及青年时间除了文化娱乐时间组织了工人及学生来进行了一些活动之外，对其他的问题未认真组织。

三、一个月来的广播工作获得如下几点经验

(一) 节目除以市委中心工作进行布置之外，主要来源不应完全放在编辑身上（因为编辑的情况了解很差，往往以主观见解来说明问题）。来源的另一部分应该放手：

(1) 求助于有关各个部门（如青年应与青年委结合，职工应与职工会结合，文娱活动应与文艺团结合，卫生常识应与卫生机关结合），与各个有关部门取得密切联系，与他们的中心工作密切配合起来。同时党委与各有关机关应重视无线电的宣传，并充分利用。

(2) 其次应放在组织节目上，编辑人员应经常在外活动，有计划的分配时间，将所应允来电台的单位，很好地组织他们，要有广播的中心，认真审查。这样在他们自己广播时这个单位无形之中要听广播，利用这个机会以便更好地组织听众。

(二) 与群众取得密切关系，广泛地征求意见，有重点地建立广播点。这个工作的开展我们是根据听户的来信，一方面采纳听众意见；另一方面需要加强写信联络工作，使其能够经常提出意见变为我们的基本听户。最近我们计划培养一个典型工厂、一个区与一个学校，成为广播工作中的重点，然后再逐步发展成为广播网。我们进行这个工作的步骤是利用他们来电台播音的时间，如中纺、电信局职工，耀华中学、广东中学、南开中学学生，向他们说明广播作用，征求他们意见，并与他们建立联络关系，提高他来广播的兴趣，达到收听广播的目的。最近与第一区商讨在该区进行试点工作。

（三）经常调查听户分配情形，及听户心理，否则无法知道效果。

（四）一个月来的工作中认为必须进行征稿及建立广播通讯网，要做到此点在内部必须加强通联工作，经常在下面了解情况进行联系，并从技术上帮助听户。

（五）稿件应采取多样性，利用歌曲、广播剧（过去在广播中得到群众欢迎的就是广播秧歌剧）、教歌（很多青年都认为很好，愿意听）来争取听户。

（六）设立听众服务时间，解答思想问题与介绍群众所需要知道的事情。

（七）适当利用旧艺人及利用旧形式新内容。在天津一般工人、青年市民所喜欢听的杂要，增添新的内容，由旧艺人去说，听众很感兴趣，如文艺处所组织的大鼓书队，很受群众欢迎。

（八）播音员在播音时采取对话形式，一问一答群众容易接受。

（九）认真组织收听网，只有这样，才能使 10 万部收音机每天都能收听。关于如何组织，3 月份已确定工作计划着手进行。

四、关于团结旧人员工作总结

根据一个月来的工作情形，我们采取了如下几个办法，团结工务人员：

（一）天津台的工务人员，全部都是日伪时代的原职员。国民党在时他们的地位很低，与原总务、播音人员比较，我们接收之后，适当地提高了他们的地位。总务及编辑人员不能与他们相比，利用个别谈话及工务科会议强调说明了我们重视技术，要他们认真管理机器，并从工作上帮助他们，成立办公室、工作室（过去都未有），使他们发挥技术创造性。因此工务科人员都能安于职守认真进行工作，如第一台机器的三个电阻坏了，只用了十几分钟修理，即恢复了播音。

（二）帮助他们进行政治学习，过去工务员是技术第一，我们则采取了由他们提出问题及个别漫谈、介绍书籍等方式帮助他们学习，并为他们购置了一批书籍、报纸。

（三）适当解决他们生活困难，过去他们的薪金很低，我们进城之后，首先借支他们一部分钱安顿家庭生活。

（四）解放区来的干部、播音员、编辑都团结技术人员，以向他们学习技术为主要工作之一。

（摘自《天津接管史录》）

三、天津人民广播电台部分节目时间表

天津新华广播电台节目时间表

（1949 年 1 月 17 日）

周率：810 千周　1290 千周

10：00～11：30　本市新闻与重要文告
11：30～12：00　休息
12：00～15：00　转播陕北新华广播电台节目
15：00～17：30　休息
17：30～18：30　转播陕北新华广播电台节目
18：30～19：30　重要文告
19：30～21：00　转播陕北新华广播电台节目
21：00～21：55　本市新闻
21：55～22：00　预告明日广播节目

（注：这是在 1949 年 1 月 17 日《天津日报》创刊号上刊登的天津新华广播电台的第一张节目时间表）

天津新华广播电台节目时间表

（1949 年 4 月 18 日）

波长 483.9 公尺　620 千周

7：30～7：40　开始曲（《解放军进行曲》）、报告全天广播节目
7：40～8：00　经济新闻、行情
8：00～8：10　西乐

8：10～8：30　新闻

8：30～8：50　西乐

8：50～9：00　预告中午广播节目、音乐、对时

9：00～11：50　休息

11：50～12：00　开始曲（《劳动之声》）、报告中午广播节目、对时

12：00～13：00　职工时间

12：00～12：10　开始曲（《咱们工人有力量》）

12：10～12：30　教歌

12：30～12：45　文化教育（星期一、二、三历史；星期五、六地理常识；星期日自然科学常识）

12：45～12：50　歌曲唱片

12：50～13：00　各地职工动态

13：00～13：10　西乐

13：10～13：30　文艺时间（创作选读、书报影剧评介）

13：30～13：40　评剧唱片

13：40～14：00　市政常识（星期一公用；星期二、五邮政；星期三、六电讯；星期四法院；星期日公安）

14：00～14：10　对时、杂曲

14：10～14：30　妇女时间（星期一苏联妇女生活介绍；星期二本市妇女动态；星期三家庭常识；星期四妇女问题漫谈；星期五婴儿保育、儿童教育；星期六本市妇女动态；星期日模范妇女介绍）

14：30～14：40　预告晚间广播节目

14：40～15：00　音乐

15：00～17：00　开始曲（《胜利进行曲》）、报告晚间广播节目

17：40～18：00　儿童时间（星期一解放区儿童介绍；星期二史地读话；星期三学校知识介绍；星期五童话故事；星期六劳动儿童播音；星期日儿童播音）

18：00～18：40　文娱活动

18：40～19：00　故事

19：00～19：20　教歌

19：20～19：30　评剧唱片

19：40～20：30　职工时间
19：30～19：40　开始曲（《咱们工人有力量》）
19：40～20：00　政治教育（社会发展史、党与职工关系、职工运动简史、目前形势）
20：00～20：30　本市职工动态
20：30～20：40　广播通讯网
20：40～21：00　青年时间（星期一、二青年修养讲解；星期三本市青年活动；星期四、五政治经济学讲解；星期六本市青年活动；星期日解放区青年活动）
21：00～21：15　简明新闻（转播北平新华广播电台）
21：15～21：30　卫生常识
21：30～21：40　西乐
21：10～21：50　轮回节目（星期一、二解放区介绍；星期三、四各地通讯；星期五、六苏联介绍；星期日新民主主义国家介绍）
21：50～22：00　地方剧、杂曲、对时
22：00～22：10　群众服务
22：10～22：30　本市新闻
22：30～22：40　评剧唱片
22：40～23：00　今日行情、预告明天广播节目结尾曲（《解放军进行曲》）

（注：这是天津新华广播电台第六次调整节目后的节目时间表）

天津人民广播电台节目时间表

（1949年6月20日起实行）

第一台　综合台　620千周　483.9公尺

7：00　开始曲　报告本日节目
7：10　转播北平新华广播电台新闻
7：25　苏联唱片
7：30　俄文讲座
8：00　对时　休息
11：30　开始曲　报告中午节目

11：40　市政常识

11：50　西乐

12：00　对时　文艺创作选读

12：30　妇女时间

12：50　预告晚间节目　音乐

13：00　休息

17：00　开始曲　报告晚间节目

17：10　故事时间

17：30　儿童时间

18：00　战士时间

18：30　文娱活动

19：00　青年时间

19：50　转播北平新华广播电台演讲节目

20：10　教歌

20：30　与北平新华广播电台联播节目

22：00　广东音乐

22：10　广播通讯网

22：20　文艺时间

22：40　农村通讯

22：50　群众服务

23：00　本市新闻

23：20　预告明日节目

23：30　休息

第二台　经济台　1110 千周　270. 2 公尺

7：00　开始曲　报告全天节目

7：10　行情

7：30　金融消息

7：40　经济新闻

8：00　工商业广告

12：30　上午行情

12：50　工商业广告

15：00　休息
15：25　开始曲　报告午后节目
15：30　工商业广告
19：40　新书介绍
19：50　转播北平新华广播电台讲演节目（或服务时间）
20：10　经济常识
20：30　与北平新华广播电台联播节目
21：30　工商业广告
22：20　轮回节目
22：40　行情
23：00　金融消息
23：15　经济新闻
23：35　预告明日节目　结束曲
23：40　休息

第三台　职工台　810 千周　370.4 公尺

7：00　开始曲　报告本日节目
7：10　转播北平新华广播电台新闻
7：25　音乐
7：30　政治教育
7：50　预告中午节目
8：00　对时　休息
12：00　开始曲　报告中午节目
12：10　教歌
12：30　文化教育
12：40　各地职工动态
12：50　预告晚间节目
13：00　对时　休息
18：00　开始曲　报告晚间节目
18：10　历史常识
18：20　音乐
18：30　第一次职工广播

18：50　广播俱乐部

19：20　第二次职工广播

19：40　音乐

19：50　转播北平新华广播电台演讲节目

20：10　政治教育

20：30　与北平新华广播电台联播节目

21：30　工人讲故事

21：50　轮回节目（技术教育、各行业工会时间）

22：10　广播通讯网（转播第一台节目）

22：20　预告明天节目

22：30　休息

附：星期六 18：00～20：30　广播座谈会

星期日 18：00～20：30　职工文娱晚会

河北省

河北省地方志编纂委员会编：《河北省志·第82卷·新闻志》，中华书局1995年版

《石家庄市志》第五卷，中国社会出版社1999年版

《保定市志》第四册，方志出版社1999年版

唐山市广播电视局编：《唐山广播电视志（1936~1988）》

①民国三十一年（1942 年），《晋察冀日报》总编邓拓等同该报编辑记者在平山合影

②民国时期在张家口出版的日伪《蒙疆新报》和国民党张垣市政府《民生报》

③民国三十五年（1946 年）7 月 15 日，程子华在承德新华广播电台作题为“热河应该是谁的”广播讲话

民国三十二年（1943 年），晋察冀画报社用自己改装的轻便印刷机印制画报

民国三十六年（1947 年）11 月 12 日，人民解放军接管石门广播电台

第一批国产设备装备的河北电视台中心机房

第一篇 广播电视事业

第一章 广播事业

河北省第一座广播电台始建于民国二十三年（1934 年）。该年年初，国民党中央无线电管理处在北平天坛筹建“河北广播电台”，同年 10 月 27 日建成试播，12 月 1 日正式播音。呼号 XGOT，使用频率 1120 千周，发射功率 500 瓦。民国二十四年（1935 年）6 月，因受日本侵略威胁而停办，将其设备迁往西安。

民国二十五年（1936 年）秋，唐山市瑞兴祥绸缎庄开办了“唐山坚声广播电台”，呼号为 XPDT，使用频率 1130 千周，发射功率 200 瓦。主要播送文艺节目和广告。

民国二十六年至三十四年（1937—1945 年），日本侵略者先后在唐山、承德、张家口、保定、石家庄（石门）等城市和北戴河建立了中波广播电台。民国三十二年（1943 年）1 月，日军在张家口建设了 10 千瓦短波广播电台，是当时华北地区功率最大、技术最先进的电台，南亚、东欧及日本一些地区都能听到该台广播。

民国三十四年（1945 年）8 月日本投降后，国民党政府先后接收了保定、石家庄和唐山广播电台，沿用原有技术设备。八路军晋察冀军区部队解放张家口后，接管了蒙疆放送局和宁远发射台，改称“张家口新华广播电台”。同年 8 月 19 日，苏蒙联军进驻承德市，接管了承德中央放送局，该局的两套广播设备全部被苏军拆卸运走。因当时无广播设备，承德新华广播电台未建。民国三十五年（1946 年）10 月，晋察冀军区撤出张家口，张家口新华广播电台主要设备及工作人员也随其撤出。国民党军队进驻张家口后，建立了察哈尔广播电台。

解放战争时期（1946～1949 年），中国共产党在河北省各解放区先后建立了邯郸、承德、晋察冀、唐山、张家口新华广播电台和承德、保定人民广播电台。中共中央所属陕北新华广播电台也先后转移到涉县、平山县播音。

中华人民共和国诞生前夕，河北省有保定（河北人民广播电台）、张家口（察哈尔省台，后改为河北人民广播电台张家口转播台）、承德（热河省台，后改为河北人民广播电台承德转播台）、唐山四座新华广播电台。

第一节　解放区的人民广播电台

张家口新华广播电台

张家口是华北北部重镇，日伪占领时期，是伪蒙疆自治政府所在地。该伪政权下设蒙疆广播协会，并设一座广播电台，是晋北、察南一带日伪广播的中心。民国三十四年（1945 年）8 月中旬，朱德总司令发布向日军侵占区进军的命令后，晋察冀军区决定攻占张家口。经过三天激战，8 月 23 日收复了张家口，随之新华社冀察分社记者团到达张家口。8 月 24 日接管了日伪广播电台，其中包括 10 千瓦短波发射机和 500 瓦中波发射机各一部。因该电台设备完好，符合播出要求，多数原有中国职员又能继续使用，于是，从军区剧社抽调播音员，安排就绪以后，定名“张家口新华广播电台”，当晚即开始播音。呼号 XGCA（后改为 XGNC），使用波长 231 米、1300 千周，31.17 米、9625 千周，开始曲《开路先锋》，终曲《大路歌》。每天早、午、晚三次播音。

张家口新华广播电台起初主要是播送张家口市军政机关的布告和命令，以逐步安定社会秩序，以后逐渐增加了国内外要闻和本市新闻以及一些文艺节目。8 月 26 日开始转播延安新华广播电台节目。从民国三十四年（1945 年）10 月 1 日起，张家口台调整节目，充实了节目内容。主要有新闻、评论、时事解说、百科常识、政策法令讲座、广播讲演以及多种文艺节目等。民国三十五年（1946 年）7 月 15 日又增设了英语节目。遇有重大节日和重要事件时，还举办特别节目。当时，东南亚一些国家都能够收听到张家口台的广播，发挥了功率大的优势。

民国三十四年（1945 年）11 月初，毛泽东视察延安新华广播电台时，利用广播亲自与张家口台的负责人通话，勉励张家口台的全体人员努力做好广播工作，为全国人民服务。不久，朱德总司令又利用广播与张家口台通话，对张家口台取得的成绩表示赞扬，鼓励大家继续努力工作，取得更大的成绩。

张家口新华广播电台刚建时，隶属新华社冀察分社，民国三十四年（1945 年）9 月 12 日划归晋察冀日报社领导，先后由林明、张庆泰、哈文光任台长。全台近 50 名工作人员，分别在编辑、播音、机务、总务、警卫等部门工作。

民国三十五年（1946 年）10 月，国民党军队进犯张家口。人民解放军实施战略转移，暂时撤出张家口。张家口台工作人员于 10 月 10 日将需带的广播设备器材打包装箱，随部队离开张家口，历时二十多天，转移到河北省阜平县栗园庄，建设新的广播电台。

晋察冀新华广播电台

民国三十五年（1946 年）11 月，张家口新华广播电台转移到阜平县栗园庄后，全台同志在当地村民的大力支持下，经过一个多月的艰苦奋斗，完成了建设新台任务。12 月 31 日，新建的广播电台和延安新华广播电台以相互通话作为试播。当听到两台声音遥相呼应可以播音时，大家热烈欢呼、鼓掌，共贺建台成功。

民国三十六年（1947 年）元旦，新建的广播电台正式播音，改名为“晋察冀新华广播电台”，呼号仍是 XGNC，发射功率 500 瓦，波长 35 米、8660 千周。开始曲为《黎明铁匠》。每天播音一次，从 17 点 45 分至 22 点，其中 18 点至 21 点转播延安新华广播电台节目。自办节目有新闻、评论、通讯、专论轮回节目、人民呼声、解放区介绍、对华北国民党政府军广播、哲学讲座、文艺丛谈、每周评论汇编、记录新闻等。毛泽东主席的重要报告《目前形势和我们的任务》发表之后，晋察冀广播电台分八个段落全文播送了这个报告，当时没有录音机，是丁一岚直播的，反复播出了 10 天。播出以后，对解放战争的胜利发展和各项工作的顺利进行起到了很大作用。

晋察冀新华广播电台从建台开始到终止播音，人员最多时达 60 余人，台长罗清，副台长李廉士、赵洪政。设有编辑部、编辑科、播音科、调配股、动力组、总务股等部门。

民国三十七年（1948年）5月，中共中央和毛泽东主席从陕北转移到河北省平山县西柏坡。遵照中央的指示，陕北新华广播电台（延安新华广播电台改称）从涉县沙河村迁到西柏坡附近。为了加强陕北台的宣传力量，中央决定，将晋察冀台并入陕北台。同年7月1日，晋察冀台大部分人员在编辑部主任黎韦带领下到达平山县封城村，同陕北台会合。

邯郸新华广播电台

邯郸新华广播电台是由晋冀鲁豫军区和新华社晋冀鲁豫总分社于民国三十五年（1946年）初开始筹建的。在此之前，有一架载有两部美制无线电导航机的国民党空军运输机误落在河南省焦作市，被解放区军民缴获。晋冀鲁豫中央局决定把这两部导航机改装为广播发射机，在晋冀鲁豫解放区建立一座广播电台。军区三处副处长王士光主持了发射机的改装调试工作。

邯郸台原计划建在峰峰矿区，后因国民党军进犯，离战场较近，不易保障安全，于6月间转移到太行山东麓的涉县沙河村。这里距邯郸市约90公里，是晋冀鲁豫解放区的腹心地带，相邻村距较远，地形隐蔽，是个比较理想的建台之处。由王士光负责技术指导，台长常振玉、机务科长祝敬迓等组织施工。经过军区三处和当地村民奋战两个多月，完成了建台任务。播音室和机房设在窑洞内，用汽车头烧木炭解决了电力供应问题。25米高的发射天线是利用杉木杆子架起来的。发射机经过改装试播，达到了播出标准。

民国三十五年（1946年）9月1日，邯郸新华广播电台开始播音，呼号XGHT，发射功率250瓦，两部发射机波长分别为49米、6120千周，240米、1250千周。每天上午、晚上各播音一次。除转播延安新华广播电台节目外，自办节目有向人民解放军广播、对国民党军广播、国内外新闻、本区新闻报道以及文艺节目等。自办节目中最有特色的是对南下人民解放军广播节目。这个节目开办于民国三十六年（1947年）8月1日。当时，刘伯承、邓小平率部强渡黄河，挺进大别山，后方邮递信报跟不上，前方作战环境又不适于出版报纸，晚间广播时间，又逢部队行军，不便于收听。在这种情况下，邯郸台特别增添早上节目1～2小时。内容包括国内外时事，前方战况，后方参军、支前、生产建设和文化教育等。南下部队机关指定专人按时收听，然后油印发至连队。邯郸台的广播成为鼓舞前线解放军指战员斗志的有力工具。从民国三十七年（1948年）元旦起，邯郸台又开始用记录速度播送军属家信。十个月的时间共播送近2000件。前方的指战员反映，他们和邯郸台建立了浓厚感情。

民国三十六年（1947年）3月间，邯郸台承担了筹建接替陕北台广播的任务，为确保延安（陕北）台的声音不中断作出了重要的贡献。

邯郸新华广播电台由中共晋冀鲁豫中央局宣传部领导，台长是常振玉。创建时期，只有十四五位工作人员。民国三十六年（1947年）3月，从其他新闻、文艺单位调来部分编辑、文艺工作人员，建立了编辑部，任命了总编辑。到民国三十七年（1948年）6月，邯郸台的工作人员又得到充实，增加到五六十人。辽沈、淮海、平津三大战役之后，邯郸新华广播电台完成了独立广播的历史使命，大部分人员于民国三十八年（1949年）1月到达华北局机关报《人民日报》驻地河北省平山县李庄村，留下的少数人员也在同年3月下旬结束了转播工作，随军南下，接收国民党的广播电台。

陕北新华广播电台（涉县、平山时期）

在陕北战局日趋紧张之际，民国三十六年（1947年）3月初，晋冀鲁豫军区接到中共中央的紧急来电：立即筹建一座新的广播电台，准备在必要时立即接替陕北台广播。晋冀鲁豫军区三处和邯郸新华广播电台立即着手筹建。

邯郸台共使用两部发射机，一部是短波机，一部是中波机。晋冀鲁豫军区三处处长林伟、副处长王士光与邯郸台台长常振玉等商定，把短波机稍加调试，改为陕北台波长40米，随时做好接替陕北台广播的准备。同时，为了保证邯郸台播音的需要，把中波机也改装成短波机49.2米。在王士光的主持下，无线电技术人员密切配合，很快完成了改装发射机、加大发射功率、架设天线等一系列任务。

接替陕北台广播需要的编辑人员是从晋冀鲁豫解放区一些文艺、新闻单位迅速调集的。陕北台与邯郸台编辑部一起设在西戌村，距沙河村只有两公里左右。在邯郸台编辑部主任萧风、副主任顾文华的主持下，编辑人员开始了紧张的工作。有的根据抄收来的消息练习编写“新华社陕北××日电”的电讯稿；有的按时收听陕北（延安）台的广播，试着编写口播稿；女播音员模仿着陕北（延安）台播音员的声调和语气，认真地反复试播。经过大家的共同努力，一切准备就绪，只等一声令下，立即接替陕北台的广播。

民国三十六年（1947年）3月29日晚上，准备接替陕北台的人员同前几天一样，紧张而又严肃地收听陕北台的广播。直到19时以后，还没有听到呼号，这时，常振玉立即下令接替陕北台的广播，首先播出《兄妹开荒》的唱片，然后反复呼叫“陕北新华广播电台，XNCR……”，并且重播了青化砭大捷的消息。第二天起，经过请示，正式接替了陕北新华广播电台的广播。

陕北台顺利在太行区继续播音，使国民党企图摧毁陕北台广播的阴谋再次遭到失败。后来，他们又调派无线电测向队四处侦察陕北台新址所在地，但是始终未能得逞。

原陕北台的编播技术人员分为两批和新华社其他部门的人员一起，跋山涉水，辗转千里，分别在 4 月底和 7 月份到达涉县，和太行区的同志们会合。新组成的陕北台编辑部由温济泽任主任，胡若木为副主任。充实了几名编辑，新增一名男播音员（齐越）。新华总社副总编辑梅益分工领导陕北台的工作。

民国三十六年（1947 年）9 月 5 日，为纪念陕北台恢复播音两周年，陕北台调整了节目。从这天起，每天增加播音 1 小时，改进了新闻、评论节目，新开办了《对国民党军广播》和《星期文艺》节目。11 日起又增办了英语节目。“二周年告听众”广播稿中，揭露了国民党军队利用流动广播电台冒充延安台以及国民党中央台的造谣行径。广播稿最后满怀信心地宣布：“今后随着人民解放军反攻的胜利，解放区的广播事业一定会有更进一步的发展，代表中国人民的呼声，在祖国乃至全世界的天空，一定会越来越响亮的。”

陕北台在沙河村播音一直持续到民国三十七年（1948 年）5 月 22 日。

民国三十六年（1947 年）夏初，人民解放军转入了全国性的反攻，相继在中原、西北、华北、华东和东北各战场取得了一系列重大胜利。为了部署新的战略决战，更好地领导和指挥全国的解放战争，中共中央和毛泽东主席等于民国三十七年（1948 年）3 月下旬离开陕北，东渡黄河，5 月下旬来到晋察冀解放区平山县西柏坡村。

根据中共中央指示，陕北台也随新华总社由涉县北上，从 5 月 23 日起开始在平山播音。

中共中央领导机关设在平山县西柏坡村，陕北台迁到平山之初曾一度设在部家庄，不久，即与新华总社一起迁到西柏坡附近，先后设在陈家峪、韩家峪和通家口三处。发射机房和播音室起初在张胡庄，后又迁至窟窿峰。张胡庄距编辑部约 20 公里，窟窿峰距编辑部约 40 公里，中间还隔着滹沱河。一般情况下每天的广播稿件是前一天下午编好，当天上午由通信员骑马送到播音室，傍晚首次播出。当时解放战争的重大战役紧张进行，战场上捷报频传，骑马送稿来不及，编辑部就利用电话传稿，由播音员记录，核对无误后，立即播出。民国三十七年（1948 年）9 月 24 日晚，在当天节目全部播出刚刚关机之际，陕北台打破惯例，重又开机，及时播出了电话传来的“号外”消息——山东人民解放军于当天下午 5 点全部解放济南——的捷报。前线人民解放军指战员闻讯受到很大的鼓舞。

在平山，陕北台的建设有了多方面的发展，主要表现在以下几方面：

第一，编播队伍逐步充实。民国三十七年（1948 年）7 月，晋察冀新华广播电台撤销，部分编播人员并入陕北台编辑部。年底，一些新进入解放区的青年又加入了陕北台。民国三十八年（1949 年）春天，陕北台迁至北平前夕，已有编播人员三四十人。

第二，编播制度日趋完善。陕北台在平山开始播音前夕，编辑部就编辑工作中一些问题作出了明确规定，例如每天发稿字数、人员分工、稿件编审时间、编辑轮流收听每天的播音等等。在这之后，又陆续制定了《播音手续》、《编稿发稿工作细则》、《口播清样送审办法》等项制度。

第三，自力更生建立发射台。民国三十六年（1947 年）年底开始，在窟窿峰西南的天户村由李强主持动工修建一座短波发射台，参加建台的有军委三局的部分技术人员。天户发射台共有五副天线，分别向南京、上海、欧洲、美国方向广播。为了防止轰炸，专门修建了地下发射机房。这里离井陉煤矿不远，可以利用煤矿的电力。天户台的发射电力为 3000 瓦，民国三十八年（1949 年）1 月建成后，作为陕北台的发射台，后来又成为北平新华广播电台的转播台。

民国三十八年（1949 年）3 月 25 日，中共中央由西柏坡迁至北平。同一天，新华总社和陕北新华广播电台也由平山迁到北平。从这天起，陕北台改名为北平新华广播电台，同时终止了陕北台在平山的播音。

承德新华广播电台

民国三十四年（1945 年）8 月 15 日，日军宣布无条件投降，8 月 19 日苏蒙联军进占承德，接管了日伪承德中央放送局。该局两套广播设备被苏军拆卸运走。同年 11 月中共热河省委成立后，曾设法筹建广播电台，但因没弄到广播设备而未建成。

民国三十五年（1946 年）1 月 3 日，冀热辽军区前委通信科董林负责押运从锦州放送局接收的全套广播设备到达承德。3 月初，中共冀热辽中央分局决定：利用原承德放送局地址，把接收锦州放送局的设备安装起来，建立一座广播电台，要求“五一”播音，并任命董林为台长。董林立即动员原承德放送局的职员和他带来的工作人员进行建台的各项工作。4 月 30 日建成试播,5 月 20 日正式播音。定名为承德新华广播电台，呼号是 XGCT，发射功率 15 瓦，波长 234. 37 米，频率 1280 千周，T 型天线高 80 米。同年 7 月 15

日改用250瓦功率发射，波长250米，频率1200千周。

承德新华广播电台开始每天两次播音，全天播出6小时，除转播延安新华广播电台节目外，自办的有新闻报道、时事政治讲述、地方新闻、音乐唱片、商业行情和记录新闻等节目。7月15日起改为每天播6小时30分。

承德新华广播电台隶属中共冀热辽中央分局宣传部，下设总务股、技术科、播务科。全台20人。

民国三十五年（1946年）8月，国民党调军攻占承德，8月下旬承德新华广播电台停止播音，奉命转移，电台职工携带大部分设备于民国三十六年（1947年）2月到达齐齐哈尔，并入西满新华广播电台，培训干部，改装机器设备。同年11月，承德台职工携机器设备回到赤峰，筹建冀察热辽新华广播电台。民国三十七年（1948年）5月26日，在建成试播过程中，国民党军队派飞机轰炸赤峰，电台奉命停止播音，撤到水泉待命。

热河省全境解放后，原承德新华广播电台人员又带设备返回承德，于民国三十八年（1949年）3月筹建热河省电台。8月1日建成试播，15日正式播音，呼号承德人民广播电台，发射功率500瓦，波长359.3米，频率835千周，木杆水平天线高60米。1951年1月15日更换2000瓦，发射频率改为1103千周，同时将呼号改称热河人民广播电台，程广泰、李惠先后任台长。1955年12月，热河省建制撤销，电台于1956年1月1日停止播音，改为河北人民广播电台承德转播台，频率改成1160千赫。

唐山新华广播电台

唐山市于民国三十七年（1948年）12月12日解放，当天中共冀东区委派庄华接管了南京国民党中宣部广播管理处管辖的唐山广播电台，更名为唐山新华广播电台，发射功率200瓦，频率1130千周，波长265米，台址在今唐山市财神庙街。

同年12月13日，唐山新华广播电台正式开始播音，到民国三十八年（1949年）7月2日改为唐山人民广播电台，期间，每天分早、午、晚三次播音，共8小时。除转播陕北、东北、北平新华广播电台节目外，自办的有新闻、专题、文艺等节目。新闻节目有快报新闻、记录新闻、英语新闻、评论，专题节目有施政文告、对国民党军广播、解放区介绍、报告行情、社会服务、卫生常识、职工时间、妇女时间、青年时间和儿童时间，文艺节目有歌咏、歌剧、评剧唱片、杂曲唱片、影戏唱片、国乐唱片、西乐唱片等。自办节目的文字稿件大部由《新唐山日报》、《冀东日报》供给电台改编后广播。专题节目现播文字稿，也请市里的领导人、各级组织有关人员到电台播音室直接播讲。文艺节目主要是放唱片，后来用钢丝录音机播出节目；同时组织文工团、曲艺社和工人、学生以及业余文艺爱好者到电台直接广播。当时，由于人员少，没经验，稿件和节目质量比较粗糙，但是大家工作热情很高，不怕苦不怕累，积极主动地配合全市中心工作，进行广播宣传，在贯彻落实中国共产党的重大方针政策方面，特别是唐山解放之初，对安定民心，稳定社会秩序，以及瓦解平津敌军等工作，都起到了很好作用。

唐山新华广播电台隶属《新唐山日报》，在报社设广播部，电台的工作人员主要是搞机务和播音工作。当时有工作人员 13 名，庄华任台长，克荣主管技术工作。

张家口人民广播电台

民国三十七年（1948 年）12 月 24 日，人民解放军二次解放张家口。在军事接管国民党中央广播事业管理处察哈尔广播电台之际，当地中共组织即派《北岳日报》电务科马清士负责抓紧恢复电台播音工作。解放前夕，国民党察哈尔电台台长孙国威派遣部下将主要设备运抵北平，所余设备少而受损，人员所剩无几，工作处于停顿状态。面对这种情况，马清士立即发动电台工作人员献计献力献器材，用极短的时间修复了 50 瓦有线扩音机。当天下午开始播音，呼号仍为张家口新华广播电台。随后又修复 100 瓦中波发射机一部，于同年 12 月底开通无线广播，波长 300 米，频率 1000 千周。从此，广播电台节目沿用有线、无线并存的方式播出。每天播音三次，全天播出 7 个半小时。除转播陕北新华广播电台节目外，自办节目主要有重要政策论文、时事新闻、文艺及临时节目等。民国三十八年（1949 年）年初，大同、北平解放后，先后从大同调来 500 瓦中波发射机一部，由北平运回 1000 瓦中波发射机一部及钢丝录音机两部，弥补了设备不足。

民国三十八年（1949 年）5 月 1 日，张家口新华广播电台改称张家口人民广播电台，同时增开第二台，以 1260 千周向察哈尔全省广播。5 月 19 日，第一台改为波长 275 米，频率 1090 千周播节目。从这天起，第一台每天播出三次，第二台每天播出一次。两台全天播音 11 个小时。除转播北平新华广播电台节目外，自办节目有：本区新闻、本市新闻、国内外要闻、记录新闻、评论、通讯、广播信箱、多种讲座、文艺及广告等节目。

张家口（察哈尔）人民广播电台开始属察哈尔日报社领导，报社下设广播部管理电台工作。民国三十八年（1949 年）3 月间，广播部撤销，电台单独设立，受中共察哈尔省委宣传部领导，台下设职工组、城市组、农村组、文艺组、播音组、工务科、收音网管理科、总务科。全台职工 60 余人。历任正副台长、正副主编是：吕郎、马清士、谭天铎、林冬、许树春。

第二节　国民党广播电台

石家庄广播电台

日本宣布投降后，国民党中央广播事业管理处平津区广播电台接收专员黄念祖负责接收石门广播电台，并委派吴湘为接收负责人，接收后吴湘担任台长。仍在原址，用100瓦发射机广播，以转播北平电台节目为主。以后又开辟了第二广播时间，台名改为“石家庄广播电台”，呼号发XRDS，频率仍使用980千周和780千周。第一广播每天两次播音，第一次播音早7：30至9：30，第二次播音从20：00到22：30；第二广播第一次播音9：30至14：30，第二次播音15：30到19：30。主要节目有本市新闻、箴言逻辑、名人演讲、国文讲座、无线电讲座、播音剧、国乐等。

唐山广播电台

民国三十四年（1945年）8月日本投降后，国民党中宣部广播管理处接管了唐山广播电台，发射功率、频率都没变，仍办有两套节目：一套是综合节目，每天两次播音，第一次8：00至8：40，办有健身操、早晨的话、新闻节目；第二次18：00至23：00，办有儿童、教育与艺术、自由谈、教育讲话、生活丛谈、地方新闻、简明新闻与时评以及娱乐节目。二套节目每天从19：30至23：00，除45分钟新闻与政令外，全部是文艺、广告节目。民国三十七年（1948年）12月唐山解放时，唐山广播电台停止播音。

察哈尔广播电台

民国三十五年（1946年）10月，国民党军队进犯张家口，人民解放军为了实现集中优势兵力，各个歼灭敌军的战略部署，于10月10日主动放弃张家口，张家口新华广播电台的工作人员携带主要广播设备随军撤离张家口，转移到河北省阜平县。

国民党军队占领张家口之后，由国民党包头广播电台台长孙国威带领的二三人东拼西凑，直至年底建成广播电台开始播音，呼号为“张家口广播电台”，发射功率50瓦。民国三十六年（1947年）5月1日，改名为“察哈尔广播电台”，发射功率增至500瓦。

察哈尔广播电台办一套节目，每天早、晚两次转播北平广播电台的重要新闻，兼播一些自编的卫生、文体等方面的小知识。文艺节目多是转播北平广播电台的京剧实况，并播出一些自己组织的歌曲、相声、评书等节目。

察哈尔广播电台设传音、工务、总务三个科，共有职工 17 人，孙国威任台长。

第三节　民间广播电台

民国二十五年（1936 年）秋，唐山市瑞兴祥绸缎庄为播广告开办了无线广播电台——唐山坚声广播电台，呼号为 XPDT，使用频率 1130 千赫，发射功率 200 瓦，发射天线高 33 米。每天两次播音，全天播出 10 小时，除转播南京政府中央广播电台联播节目外，主要播送商业广告和文艺节目。台址开始在唐山市粮市街瑞兴祥绸缎庄楼上，后迁到财神庙街 29 号。

第四节　日伪广播电台

承德放送局

民国二十六年（1937 年）7 月 22 日，日本电信电话株式会社在承德市建起的承德放送局开始广播，呼号是 MTFIY，发射功率 50 瓦，频率 915 千周，天线高 80 米，当时只转播日语广播节目。民国三十年（1941 年）12 月 25 日，日本人又在承德放送局开办了第二广播，发射功率 1 千瓦，频率 1270 千周，除转播新京（长春）、奉天（沈阳）电台节目外，设有自办的汉语广播和文艺节目。台址由石洞子沟迁至小佟沟南山上新建的广播专用机房（现承德地区广播电视局院内）。民国三十二年（1943 年），承德放送局升格为承德中央放送局，下设赤峰和平泉两个放送局（平泉放送局未建成日本就投降了）。机构设有业务系、技术系、放送系、受信所、放送普及课；历任局长都是日本人，先后为大冢敬之、连川亮吉、玉利仲吾。民国三十四年（1945 年）8 月 15、日日本投降后，承德放送局停止播音。

张家口放送局

民国二十六年（1937 年）8 月 27 日日本侵略军占领张家口之后，建立了张家口放送局，同年 9 月 10 日开始广播，呼号 XGCA，发射功率 10 瓦，频率 843 千周。民国二十八年（1939 年）9 月 1 日发射功率增至 500 瓦。民国三十二年（1943 年）1 月 21 日，张家口放送局分为两个台，第一台仍用 843 千周进行广播，以汉语为主，兼有蒙语节目；第二台是日语广播，发射功率 10 千瓦，频率 9625 千周。

张家口放送局编排节目以反共为宗旨，专门设有对延安广播的专题节目；还有日本侵华新闻及德意法西斯的侵略战况等等。新闻稿件来源于《蒙疆新报》及蒙疆新闻社的电讯稿，略加修改，使其口语化，直接播出。

张家口放送局隶属伪蒙疆联合自治政府交通部，日本人福永任局长。

“冀东防共自治政府”广播电台

民国二十六年（1937 年），原在通州（今通县）的“冀东防共自治政府”迁到唐山市，唐山坚声广播电台改名为“冀东防共自政府”广播电台，隶属“满洲电信电话株式会社”，发射功率和频率未变。民国二十七年（1938 年），“冀东防共自治政府”广播电台由“华北广播协会”接管，呼号为“唐山广播电台”。民国二十九年（1940 年）开办了两套节目：一套是对日本人的日语广播，并转播东京电台节目，发射功率 200 瓦，使用频率 1130 千周；一套是华语广播，发射功率 50 瓦，使用频率 750 千周。每天除广播地方新闻、评论、市政文告外，并转播北平电台节目。民国三十一年（1942 年），日本人笠松文一郎到职任台长。民国三十四年（1945 年）8 月日本投降后停止播音。

石门放送局

民国二十七年（1938 年）春，日本侵略者着手在石家庄筹建广播电台，台址在新民路 19 号休门赵家祠堂（现解放路中段市外贸楼后），占地面积 40.27 亩。同年 5 月 5 日建成开始广播，定名“石门放送局”，又称“石家庄广播电台”，呼号为 XDEP，隶属日伪北平中央广播电台。同年 7 月，“华北广播协会”成立，石家庄广播电台属该会管辖。有职员 25 ~ 27 名，技术人员多数由日本人担任。民国二十九年（1940 年）6 月 1 日，电台更名为“石门广播电台”，呼号 XCEP。使用三部广播发射机：一是 10 瓦机，先是用作干扰国民党中央台广播，后又改为干扰美国塞班广播；二是 50 瓦机，用作华语广播；三是 100 瓦机，用作日语广播。使用频率 980 千周、波长 305.1 米，780 千周、波长 384.6 米。广播内容大多是转播北平电台和东京电台节目，自办的有新闻、速成日语、商情行市、唱片、娱乐等节目，也邀请各界人士到电台播讲和演说。

民国三十四年（1945 年），为进一步扩充电台发射功率，从日本东京运来一部500 瓦发射机，没来得及安装日本就投降了。石门广播电台台长是山田辉亲。

保定广播电台

民国三十二年（1943 年）2 月 5 日，日伪建立的“保定广播电台”开播，台址在保定市民权街 47 号，呼号为 XGHP，发射功率 100 瓦，频率 730

千赫，在日伪控制下用华语播音。民国三十三年（1944 年）11 月 1 日，保定广播电台开办第二套节目，用日语播音，发射功率 20 瓦，频率 990 千赫。

宁远第一播音台

宁远第一播音台位于张家口东南的宁远堡，系日军侵占时期伪蒙疆联合自治政府的广播通信中心。全台占地 2.6 万平方米，有 10 千瓦短波广播机、500 瓦中波广播机、300 瓦短波广播机各一台；并有 3 千瓦、1 千瓦、300 瓦、100 瓦电讯机各两台，50 瓦电讯机三台。其中，10 千瓦广播发射机有方向性天线 6 根，对内外蒙古、东北，日本、南洋及重庆，在日军占领时期经常作为对外蒙古广播的第三套广播；500 瓦的中波发射机以汉语播送为第一套广播，市内有 50 瓦的中波发射机以日语播送为第二套广播；300 瓦短波机准备用作蒙疆内四台即张家口、大同、归绥、包头之间的联络，但完工后，日军即战败。

第五节　河北人民广播电台

河北人民广播电台（以下称河北电台）于民国三十八年（1949 年）5 月在保定市筹建，同年 7 月 1 日正式播音。呼号为“保定人民广播电台”。

一、编辑工作

河北电台的编辑队伍是由少到多，逐步发展壮大的。民国三十八年（1949 年）9 月 1 日开播时，只有 10 名编辑。第二年增加到 17 名编辑（包括台长、副台长），负责经办节目和听联工作。

二、群众工作

创建广播收音网

河北电台筹建期间，就着手创建广播收音网。民国三十八年（1949 年）6 月，在保定第二师范学校举办了第一期广播收音员训练班。参加学员 60 名，学期三个月。结业时，每人发给一部收音机，带回本地成立收音站。

三、体制、机构与职工队伍

（一）领导体制

河北电台自民国三十八年（1949 年）9 月成立，隶属中共河北省委。

（二）组织机构

河北电台刚建台时，下设编辑科、工务科、总务科等三个科级单位。

（三）干部职工队伍

河北电台的干部职工队伍是逐步发展壮大的。民国三十八年（1949 年）

9月1日正式播音时，全台只有27人，到年底发展为39人。

部分广播节目时间表

河北人民广播电台节目时间表

（1949年9月1日起实行）

开始时间	停止时间	时　间	节　目
18：00	18：10	10’	开始曲（预告本日节目）
18：10	18：30	20’	地方新闻
18：30	18：35	5’	唱片
18：35	18：50	15’	综合报道
18：50	19：00	10’	娱乐
19：00	19：15	15’	干部教育（专论在内）
19：15	19：20	5’	音乐
19：20	19：35	15’	通讯文艺
19：35	19：40	5’	唱片
19：40	19：50	10’	经济行情
19：50	21：30	100’	转播总台节目
21：30	21：50	20’	轮回节目（部门工作）
21：50	22：00	10’	娱乐
22：00	22：55	55’	记录时间

唐山人民广播电台

唐山人民广播电台的前身是唐山坚声广播电台，该台是由唐山市瑞兴祥绸缎庄开办的广告台，于民国二十五年（1936年）秋建成播音。发射功率200瓦，频率1130千赫，呼号XPDT。民国二十六年（1937年）被“满洲电信电话株式会社”接管，改名为“冀东防共自治政府”广播电台。民国二十七年（1938年）转交给华北广播协会，易名为唐山广播电台，呼号XG-GP。民国三十四年（1945年）10月被南京国民党中央宣传部广播管理处接管，仍称唐山广播电台，呼号XRDT。

民国三十七年（1948年）12月12日，唐山解放，唐山广播电台改为唐山新华广播电台，民国三十八年（1949年）7月2日，又改为唐山人民广播电台。

石家庄人民广播电台

民国三十六年（1947年）11月12日，石家庄解放，解放军接管了国民党的广播电台。当时，为防敌机轰炸，未办无线广播，在原国民党的电台旧址开办了石家庄新华有线广播电台，使用10瓦、30瓦、40瓦三部扩大机，并借用电信局线杆安装喇叭。台址在中山路中段（今工商银行中山路办事处）。1949年迁中华大街中段（今石家庄市京剧团）。

保定人民广播电台

保定人民广播电台的前身是保定市有线广播站。民国三十七年（1948年）11月，保定市解放，同年12月，保定市建立了有线广播站，归市文化馆领导。

地市级地方志广播史料

一、石家庄市

第十九篇　文化

第十六章　广播电视

第一节　广播

无线广播

（一）*石门广播电台*

1938 年春，日军筹建石家庄广播电台，台址在新民路 19 号休门赵家祠堂（今解放路外贸楼后边），占地 40.27 亩。是年 5 月 5 日开始播音，台名为石家庄广播电台，又称石门放送局，呼号 XDEP，隶属日伪北平中央广播电台。1938 年 7 月，华北广播协会成立，随即受该协会管辖，有职员 25 ~ 27 人，技术人员大多由日本人担任。1940 年 6 月 1 日，电台更名为石门广播电台，呼号 XCEP，使用三部广播发射机：一部是 10 瓦特机，先是用做干扰国民党中央台，后又改为干扰美国塞班广播；一部是 50 瓦特机，用作华语广播；一部是 100 瓦特机，用作日语广播，使用频率 980 千周、波长 305.1 米和 780 千周、波长 384.6 米。广播节目大多是转播北平电台和东京电台节目，还办有新闻、速成日语、唱片、商情行市、娱乐节目等。也邀请各界人士到电台播讲和演说。宣传内容多是粉饰日本侵华为“中日亲善”、“治安强化”。

（二）*石家庄广播电台*

1945 年日本投降后，国民党接收石门广播电台，以转播北平台节目为主。以后又开辟了第一广播，恢复两套广播，改石门广播电台为石家庄广播电台，呼号 XRDS，仍使用 980 千周和 780 千周的频率。第一广播部分，第一次播音 7

点30分到9点，第二次播音20点至22点30分。第二广播部分，第一次播音9点30分至14点30分，第二次播音15点30分至19点30分。主要节目有本市新闻、名人演讲、国文讲座、无线电讲座、播音剧、国乐等。

二、保定市

第十六卷　文化

第八篇　广播电视

保定的广播事业起源于1935年，河北省会由天津迁回保定，建立了第一座无线广播电台。

1943年年初，日伪华北政权在保定市重建无线广播电台，播出节目。1944年11月1日，伪保定电台开办第二套节目。

1945年8月，国民党接收日伪广播电台，改称为“河北广播电台”，于1945年10月正式开播。播出节目一套。每晚播音一次，主要节目构成有：新闻占16%、讲述占13%，电台实有人员10名。

解放后，军管处从国民党手中接收一部50瓦扩音机。市委、市政府着手筹建“保定市有线广播电台”，并于11月26日播音，有线电台每天播音8小时，节目以转播中央新华人民广播电台节目为主，播出本市新闻为辅，并负责抄收记录新闻和时事新闻。

第一章　广播

第一节　有线广播

一、设施和机构

保定解放时，接收敌伪50瓦扩音机一部。市委、市政府指示组建“保定有线广播电台”。电台于1948年11月26日开始正式播音，这是保定第一座市属有线广播站。台址设在市中心鼓楼，有线广播输出功率为50瓦，连接高音喇叭三只，全天播音为3小时，节目以转播新华人民广播电台节目为主，并兼收《记录新闻》和《时事新闻》，播发本市新闻等。

1949年9月“保定市有线广播电台”移交市民众教育馆（现文化馆）领导。呼号改为“保定市文化馆有线广播电台”。

二、广播节目

1948年11月，保定市第一座有线广播电台开播，节目构成是转播中央新华人民广播电台节目为主，本市新闻为辅。

第二节　无线广播

1935年，河北省省会由天津迁回保定，建立了第一座无线电台。1937年9月，日军侵占保定，电台随省政府南迁。

1943年2月5日，伪华北政权在保定重建无线电台，台址在民权街（今裕华西路）47号，电台用汉语播出。1944年11月1日，伪保定无线电台开办第二套节目，用日语播出。

1945年8月，国民党接收日伪保定广播电台，改称“河北广播电台”，并于10月开播。

三、唐山市

第一编　概　述

唐山的无线广播已有五十多年的历史，从1948年12月12日唐山解放、人民政府接管电台也有40年了。

无线广播的历史始于30年代。1936年秋，瑞兴祥绸缎庄为播送广告，扩大经营，从天津请来技术人员组装发射机，开办了竖声广播电台。发射功率200瓦。该台每天除转播国民政府中央广播电台联播节目外，主要播送文艺节目和商业广告。

1937年8月，原在通州（今通县）的“冀东防共自治政府”迁到唐山，唐山坚声广播电台改名为“冀东防共自治政府”广播电台。

1938年，该台由侵华日军接管，改称原唐山广播电台，办有两套节目：一套是对日本侨民广播，并转播东京电台节目，发射功率200瓦；一套是华语节目，发射功率50瓦，每天除广播地方新闻、评论和市政文告外，还转播北平广播电台节目。

1945年8月15日日本投降后，唐山广播电台由南京国民党中宣部广播管理处接管，仍办有两套节目：一套是综合性节目，一套是广告文艺节目。

1948年12月12日唐山解放，唐山新华广播电台在唐山人民欢庆胜利中光荣诞生。从此，这个为日伪和国民党向人民进行十多年反动宣传的工具回到人民手里，开始为人民大众服务了。

电台刚回到人民手里时，设备极其简陋，人员也很少。那时全台十几名人员（其中留用人员5人），编播人员只有五六人，播出的稿件除报纸清样和组织人员来电台讲话外，自己采写的稿件很少。当时新闻和职工生活节目的稿子主要是靠报纸，“一把剪子，一瓶糨糊”。1949年7月2日唐山新华广播电台更名为唐山人民广播电台。随后在少数厂矿建立通讯员，为电台写稿。也请市里领导人和各级组织有关同志和职工来电台播音室直接播讲。文艺节目主要靠放唱片。

第二编　无线广播

第一章　日伪和国民党时期的广播

第一节　唐山坚声广播电台

瑞兴祥绸缎庄为播送商业广告，于1936年秋开办了一座小型的无线广播电台——唐山坚声广播电台。这是唐山最早的一家私营广播电台。发射功率200瓦，频率1130千赫（呼号XRDT）。广播的内容，每天除转播国民政府中央广播电台联播节目外，主要是播送文艺节目和商业广告。每天两次播音：上午8：30到下午14：00，晚上18：30到23：00，全天播音约10小时。全台共有工作人员八九人，负责机务、播音、总务。

1937年8月，原在通州（今通县）的"冀东防共自治政府"迁到唐山，唐山坚声广播电台改名为"冀东防共自治政府"广播电台，隶属伪满洲电信电话株式会社。台长史勉之。发射功率和频率都未变。

第二节　唐山广播电台

1938年，"冀东防共自治政府"广播电台，由侵华日军接管，呼号为唐山广播电台，台长为日本人笠松文一郎。1940年开办了两套节目：一套是对日本侨民广播，并转播东京广播电台节目，发射功率200瓦；一套是华语节目。每天除广播地方新闻、评论、市政文告以及文娱节目外，还转播北平广播电台节目，发射功率50瓦。

1945年8月15日日本投降后，唐山广播电台由南京国民党中宣部广播管理处接管（呼号XRDT），发射功率、频率都未改变。该台设备简陋，人员也很少，全台只有18人，台长1人。下设三个股：总务股、工务股、传音股。办两套节目：一套是综合节目，一套是广告节目。第一套节目每天两次播音：第一次8：00~8：40，办有《健身操》、《早晨的话》、《新闻节目》；第二次18：00~23：00，办有《儿童节目》、《教育与艺术》、《自由谈》、《教育讲话》、《生活丛谈》、《地方新闻》、《简明新闻与时评》以及《娱乐节目》。第二套节目，每天播音从9：30~23：00除45分钟的新闻与政令外，其余全部是文艺广告节目。地方新闻除少量自采外，大部取材于唐山、工商两家日报。文艺节目主要是放唱片，每周也轮换转播市内三个剧院的演出实况，偶尔组织学校、厂矿、俱乐部以及专业曲艺演员来电台广播。每天晚上转播南京中央广播电台30分钟新闻与"国府政令"，其内容多是反共反人民煽动内战的反动宣传。

1948年11月，辽沈战役结束后，中国人民解放军从东北进关，唐山解放在即。原国民党中宣部特派员、唐山市党部宣委兼电台台长宛儒仪坚持反革命立场（宛在"镇反"中被我镇压），指令工务股人员将发射机等广播设备拆成零件，装箱发运北平或天津电台，如来不及拆运，立即将广播设备破坏掉，不得落入共产党手中。对宛的这一决定，电台职员采取敷衍搪塞的态度，暗里保护广播设备，准备完整地将设备交给中国共产党，迎接唐山的解放。12 月 12 日傍晚，地下党员、交大学生段植林到广播电台，向电台职员们讲清了形势，交代了政策，告诉他们，解放军很快就要进城，要他们组成护台委员会（或小组）保护好电台，为人民做好事人民不会忘记，他们连声答应："一定保护好。"说完段就离开了电台。此后，电台职员们成立了护台小组，日夜分班护守，并把易碎广播设备零件（如电子管等）装箱保存，防止在战乱中受损或遭到破坏。

12 月 12 日凌晨，唐山守敌弃城逃跑，我公安若干小分队分别从东、北、南三个方向进入市区，这时大部队还没到，李文（冀东区党委唐山情报站站长）率一小分队首先占领电信局，并用电话向天津、北平以及唐山各大厂矿宣布了唐山市区已经解放。随后李文进驻唐山广播电台，他动员技术人员迅速恢复电台广播，立即得到了电台技术人员的积极响应。晚 9 点钟左右，广播发射机组装好恢复工作，李文立即通过广播宣布：唐山解放了！中国人民解放军已经占领了唐山。希望全体市民安居乐业。随即宣读了我军入城《约法八章》。要求国民党各党政军机关工作人员和厂矿企业值班人员恪尽职守，保证安全，等待我军接收。随后，由播音员连续播送我军入城《约法八章》，直到深夜。

第二章　解放后的无线广播

第一节　唐山新华广播电台

1948 年 12 月 12 日，冀东名城唐山正式宣告解放。从此，唐山人民广播事业的历史掀开了新的一页。

13 日上午，市军管会派庄华以及工作人员林倩来电台主持工作。下午，庄华代表军管会、新华社正式接收了广播电台，唐山新华广播电台正式播音。庄华任电台台长。

唐山解放后的最初几天，电台广播终日不断，反复向市民广播党的重大方针政策，入城《三大纪律八项注意》，以及军管会的有关命令，对安定民心，稳定社会秩序以及瓦解平、津敌人发挥了很大作用。

我党接收唐山电台后，设备极其简陋，人员也很少。为加强广播宣传工作，中共唐山市委陆续派一部分干部到电台工作。这时全台有20多名干部，设有编辑股（开始编辑股由报社领导，1949年年底改由电台领导）、工务股、总务股，编播人员只有七八个人。每天播出的稿件大部分是由市委宣传部组织，然后送电台广播；一部分是报纸大样，编辑改编后广播。此外，电台每晚还抄收新华社稿，第二天早晨广播。广播节目设有新闻（《快报新闻》和《记录新闻》）、评论、对国民党军广播、施政文告、解放区介绍、职工、青年、妇女、儿童节目以及文艺节目，并转播陕北、东北新华广播电台节目（因陕北台转播效果不好，只转了八次就停止了）。这个时期由于设备简陋，人员少，节目比较粗糙。

大事记

1948年

12月12日晨　唐山国民党守敌弃城仓皇逃跑，中共唐山市委立即组织入城。唐山情报站站长李文率先头公安部队进入唐山，下午5点左右，接管唐山广播电台。晚9点，通过广播宣告唐山解放，并反复广播我军入城颁发的约法八章及唐山市军事管制委员会布告，要求国民党各党政军机关工作人员和厂矿企业值班人员恪尽职守，保证安全，等待我军接收。

12月13日　唐山市军事管制委员会派庄华等同志接管电台。唐山广播电台改称唐山新华广播电台。庄华任电台台长。

1949年

1月1~3日　唐山市18万群众狂欢三天，庆祝解放后的第一个胜利年。唐山电台报道了群众狂欢的盛况。

1月7日　唐山电台反复广播了新华社《新年献词》——《将革命进行到底》，并组织全体干部学习。

2月11日　唐山电台报道了冀东各界5万多人在唐山集会，庆祝平、津、唐解放。会上，冀东行署主任张明远号召加紧生产，支援前线，为全中国彻底解放而奋斗。

2月12日 唐山电台报道了全市8万多工人、市民举行盛大元宵节提灯游行，欢庆平、津、唐解放。

6月19日 唐山新华广播电台创办的业务刊物《广播工作》出版，共出刊3期。刊物内容不定期地在《冀东日报》上刊登。

7月2日 唐山新华广播电台改称唐山人民广播电台。

7月29日 唐山人民广播电台（以下简称唐山台）报道了开滦唐山矿500多名工人集会，控诉国民党特务包工大柜“活阎王”雷阳善的罪行，最后公安局将其逮捕。

8月8日 因水灾唐山发电所被淹，全市停电。唐山台停播。

9月2日 唐山发电所修复正式发电，唐山台恢复播音。

山 西 省

山西省史志研究院编：《山西通志·新闻出版志·广播电视篇》，中华书局 1999 年版

绪　　言

民国二十年（1931）6月，山西省办起了第一座无线电广播电台——太原广播电台，功率500瓦，为山西广播事业之发端。民国二十六年（1937年）9月，日本侵略军侵占太原后，于次年设立了伪放送局（广播电台），用自带的500瓦和100瓦发射机开始广播，呼号仍为太原广播电台，开办华语和日语两套节目。民国二十八年和民国三十一年，日伪又分别在运城和大同设立了放送局（广播电台），功率均为500瓦。民国三十四年日本投降后，日伪时期办的几座广播电台被国民党政府接管。其中，太原广播电台用500瓦发射机开办第一套广播，播送新闻与文艺两类节目；用100瓦发射机开办第二套广播（商业台），播送商情行市、社会服务、商业广告等内容。民国三十六年（1947年）2月1日，太原广播电台改称山西广播电台。同年11月又用改装的1千瓦短波发射机开办了第三套广播，呼号为“山西之声”广播电台。

民国三十八年（1949年）4月24日太原解放，太原市军事管制委员会接管了阎锡山政权的山西广播电台。25日晚即用抢修好的100瓦发射机，以太原新华广播电台的呼号开始广播。当年6月改为太原人民广播电台，1950年12月又改称山西人民广播电台。从此揭开了山西广播事业发展史上的新篇章。

山西日報

第二號

太原新華廣播電台開始播音

【本報訊】太原新華廣播電台自入城後即積極進行修復工作，經過原有人員與[illegible]司機工和接管人員的共同努力，已於[illegible]十五日）二十一點[illegible]十分正式開始播音。試台波長[illegible]二三六公尺，一二七（千週，自今日（二十六日）起，每天分兩次播音，第一次中午十二點開始，第二次十八點開始。節目內容有本市新聞，本市軍事管制委員會和人[illegible]政府的[illegible]項[illegible][illegible]政[illegible][illegible]，十九點三十分門[illegible]十一點三十分要轉播北平新華廣播電台[illegible]。

1949 年 4 月 26 日《山西日报》发表“太原新华广播电台”开始播音的消息

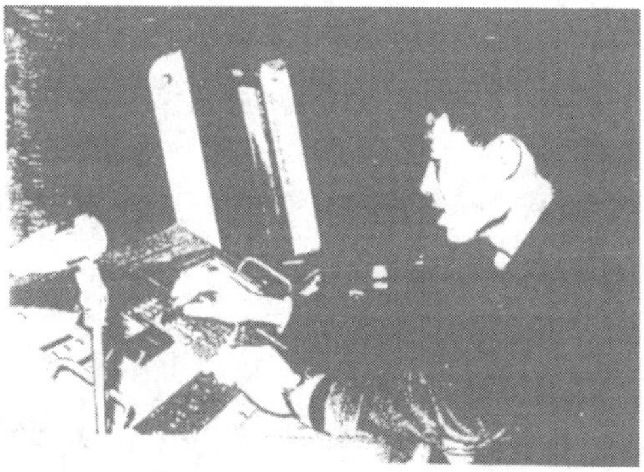

1945 年 4 月 25 日太原新华广播电台开播时的播音室

1949 年元月太原市军事管制委员会电台接管组部分人员在榆次合影(左起)

前排：周敬先　李涛　常振玉　史纪言(山西日报社社长)　何静

后排：李兴旺　于明昭　丁毅　陈继　荣一农　张国强

1949 年 4 月 25 日，太原新华广播电台开播时使用的发射机房

第一篇 无线电广播

第一章 无线电广播

第一节 广播电台

山西省的无线电广播起始于20世纪30年代初。民国二十年（1931年）建立了太原广播电台。日军侵占太原后，于民国二十七年开办了伪太原广播电台，民国二十八年建立了伪运城广播电台，民国三十一年又建立了伪大同广播电台。这三个电台的功率都很小，开办的节目也很少，主要是为日军侵华服务。抗战胜利后，这三座电台均被国民党政府接收，直至解放。

民国三十八年（1949年）4月25日，山西人民广播电台的前身——太原新华广播电台的诞生，标志着山西人民广播事业的开创。1978年中共十一届三中全会以后，各地（市）级电台和县（市）级调频广播电台逐步发展起来。截至1995年年底，全省共有省级电台4座，地（市）级电台9座，县级电台97座，形成了纵横交错的无线电广播网络，在宣传党的路线、方针、政策和两个文明建设中发挥了应有的作用。

一、新中国成立前的广播电台

（一）山西广播电台

山西广播电台的前身为太原广播电台。民国十五年（1926年），山西省督军府投资银圆6万元，开始筹建报话机通讯系统。整个建设工程是由德国西门子公司承包完成的。西门子公司从德国得律风根厂购置了一台35瓦中波火花式报话机和两座高80米的发射天线铁塔，并派工程师黄格来太原设计安装。这个报话机通讯系统于民国十六年在太原市东后小河8号（现门牌为21号）院内建成启用。同年12月在太原正式成立了晋冀察绥无线电管理局，无线报话机系统归该局管辖。民国十九年（1930年）9月，该局改称晋绥无线电管理局。不久，通讯改用短波，原有的35瓦中波火花式报话机通讯系统经过改装，于民国二十年6月正式诞生了无线广播电台——太原广播电台，从此开始了山西无线广播的历史。

太原广播电台当时隶属晋绥无线电管理局管辖，台长由该局的工务股长曾新安兼任。该台延续到民国二十六年（1937年）9月，由于日本侵略军逼近太原，阎锡山当局撤离太原城，太原广播电台停播。电台的技术人员随同阎锡山撤退到吉县克难坡之后，用原有设备在吉县、乡宁、大宁、蒲县、隰县、交口、孝义等县使用已有的电话线进行有线广播，每天早上播半小时左右，内容多是阎锡山训话。

日军侵占太原后，于民国二十七年（1938年）设立了伪太原放送局，呼号仍为“太原广播电台”。民国三十四年（1945年）9月3日驻太原的日军投降后，伪太原广播电台于当年10月7日由第二战区绥靖公署接管，10月13日恢复广播。民国三十五年（1946年）2月，太原广播电台划归国民政府中央广播事业管理处管辖。民国三十六年（1947年）2月1日，太原广播电台奉中央广播事业管理处通知，改称“山西广播电台”。民国三十八年（1949年）4月20日中国人民解放军解放太原的炮火将广播发射设备击毁，山西广播电台停播。

技术设施

太原广播电台从民国二十年（1931年）6月开始播音到民国二十六年（1937年）9月的第一次广播期间，只有一套广播。民国二十四年（1935年）冬季前，使用的广播发射机的工作频率先后用过600千赫兹、800千赫兹和1000千赫兹；发射功率为500瓦。由于这部发射机是用3.5瓦中波火花式报话机改装的，不是正规的广播发射机，所以技术性能较差，发射的音质不好，交流声很大。除了太原市收听效果较好外，在阳泉、石家庄两地，用再生式四灯直流收音机可以听到，但声音很小。民国二十四年（1935年）冬季，改用山西无线电制造厂试制成的一部工作频率为1200千赫兹、发射功率为50瓦的广播发射机。该机的强放、调幅都采用的是Z11电子管，功率虽小，但音质较为清晰，一直用到民国二十六年（1937年）九月。这个发射机功率比原来缩小了10倍，只有太原市可以听到广播。当时的广播发射机不能直接使用交流电源，只能采用直流大型玻璃蓄电瓶供电方式。每次广播结束后，都要对蓄电瓶进行充电。充电用的是15马力直流发电机。为保证广播用电，还备有一台15马力柴油发电机作为动力。在音频方面的技术设施有音频放大器一台、电唱机两台、炭粉话筒若干，还有播音室一间和80米高的天线铁塔两座。

民国二十七年（1938年），日伪太原放送局，有两部广播发射机，办有两套广播节目。广播发射机的功率一部为100瓦，一部为500瓦；工作频率一部为1210千赫兹，另一部未查到记载。这两部广播发射机是日军从日本国带来的正规产品，技术性能和广播发射的音质效果比原来有所改善。此外，还改建三个播音室，增加了一些音频设备。另据历史档案记载，日军侵占太原后，阎锡山当局撤往晋西地区，无条件办无线广播，只有通过有线广播的方式进行广播。具体做法是，在邻近每一个县安装有一部直流扩音机，并与电话线联通，到广播时，将各县电话线接通，即可通过扩音机听到广播。每个扩音机可供2000多人收听。这种广播方式一直使用到日军投降。

民国三十四年（1945年）日本投降后，阎锡山当局利用接收的500瓦中波广播发射机作为太原广播电台的第一套广播，改用工作频率为720千赫兹开始播音，同时将100瓦中波广播发射机改用工作频率为940千赫兹，作为第二套广播（商业台）开始播音。到民国三十五年（1946年）12月，太原广播电台增加了一套短波广播台，发射功率为200瓦，工作频率为9500千赫兹，与第一套广播联机同步广播。民国三十六年11月，短波广播台改用频率为12120千赫兹，功率为1千瓦的广播发射机。并以“山西之声”广播电台的呼号，开办了第三套广播。据民国三十五年（1946年）12月10日《中央广播事业管理局所属太原广播电台现在广播概况表》记载，第一套广播，中波500瓦的可听范围为东到娘子关，西无确实调查，南到运城，北到宁武，用户分布主要在太原市。第二套广播，中波100瓦的可听范围为东到阳泉，西无确实调查，南到临汾，北到崞县（今原平市），用户分布与第一套广播相同。短波广播电台，功率为200瓦，可听范围为东到天津，西无确实调查，南到运城，北至大同。短波功率改用1千瓦办成一套独立节目后的可听范围没有记载。这个可听范围没有确切的技术参数，是以高放一级收音机确实可以收听到广播作为依据的。

收听工具从民国二十年（1931年）到民国二十六年（1937年），分布在太原市内及近郊的收音机共计300多台。其中有矿石收音机，也有再生式四灯收音机。这些收音机多数都是美国生产的 RCA 系列收音机。大部分都集中在一些高级官员的公馆内和一些大商号内。工人和学生当中仅有极少数的矿石收音机。民国二十六年（1937 年）9 月，日军侵占太原后，太原市内及近郊的收音机数量增加到 3000 多部。所增加的收音机大部分是日本制造的 A—3、A—11、A—13 等系列的三灯、四灯收音机，还有少数超外差式收音机和带短波的高级收音机。民国三十四年（1945 年）9 月到民国三十八年 4 月，太原市内及近郊的收音机总数为 4900 多台。其中日本制造的标准型收音机占到 90% 以上，其余的为中级超外差式。在榆次、太谷、祁县、平遥、临汾、阳泉、崞县（今原平市）等地方的收音机总数为 250 多台。

民国三十六年（1947 年），山西广播电台办公和宿舍（不包括机房）的房屋设施共有 17 间，用途分别是：会议室、会客室、办公室、总务科、工务科、传音科、台长室、工作室、传达室、工友室、收音所、水塔房等各一间，职员宿舍五间。

广播节目

民国二十年（1931 年）6 月到民国二十六年（1937 年）9 月，太原广播电台办有一套节目，每天分两次播音，全天共播 4 小时左右。其节目内容仅有新闻和文艺两类。新闻节目每天播两次，每次 5 分钟。新闻节目主要取材于三方面内容：一是阎锡山在早会上的训话，二是新闻处提供的稿件，三是摘要读播报纸上的新闻。播放阎锡山的早会训话，有时是把放筒拉到阎的卧室内，通过电话线传到电台机房进行直播；有时是由新闻处将阎锡山的训话摘要稿送到电台，由播音员播出。文艺节目白天是放送唱片，晚间多数是转播戏院的戏曲演出实况。播放的唱片中除有少量的音乐、器乐外，戏曲最多，有平剧（京剧）、河南梆子、山西梆子等剧种。山西梆子唱片，有 30 年代上海百代公司灌制的毛毛旦演唱的《六月雪》、《拣柴》；盖天红演唱的《下河东》；刘芝兰演唱的《换花》；丁果仙演唱的《空城计》等。晚间转播戏院的演出实况，是通过电台与戏院之间架设的专线进行传输播出。当时太原市大水巷维新舞台、开化市新化戏园、校尉营新民戏园（今长风剧场）、上肖墙永庆园等四个戏院都架有供实况转播的专线，先后转播过丁果仙的《走雪山》、梁小云的《花田错》、乔国瑞的《宫宴》。

民国二十七年（1938 年）到民国三十四年 9 月 3 日，日军在太原开办的伪太原广播电台有华语、日语两套节目。

民国三十四年（1945 年）10 月阎锡山当局接管日伪太原广播电台以后，到民国三十六年（1947 年）12 月以前，太原广播电台办有两套节目。第一套广播全天分两次播音，上午从8点30分开始，至9点30分结束。下午从17点30分开始，至21点30分结束，共5个小时。广播的内容除自办节目外，还转播南京中央广播电台和北平广播电台的各档重要节目。第二套广播（商业台）全天一次播音，从13点开始到17点结束，共4小时。内容包括商情行市、社会服务、商业广告、娱乐节目、戏院播送等。短波广播台每天一次播音，从17点30分开始，到20点20分结束，共2小时50分钟。由于短波广播电台是与第一套广播联机同步播出，所以节目内容与第一套广播内容完全相同。民国三十六年第一套广播的播出节目进行了调整。下午播音从17点30分开始，至21点45分结束。栏目和内容是：17点30分到18点《开始音乐和文艺》，18点到18点15分，自办《空中大学》节目，包括《卫生常识》（星期一）、《史地常识》（星期二）、《民众教育》（星期三）、《妇女讲座》（星期四）、《兵农讲话》（星期五）、《青年教育》（星期六）、《时装讲座》（星期日）。18点15分到18点30分是自办《儿童节目》（星期一、二、四、六）；星期三、五转播南京中央广播电台节目；星期日是自办临时规定的节目。18点30分到19点是自办《平剧（京剧）唱片》节目。19点到19点15分转播南京中央广播电台《新闻》节目。19点15分到19点30分是自办《讲演》节目。演讲者由省党政军团宣传委员会指派各机关首长担任。19点30分到19点59分是自办《演奏节目》。播出内容为星期一、五是《粤曲唱片》，星期二、四是《曲乐唱片》，星期三《津杂曲唱片》，星期六《平杂曲唱片》，星期日临时规定节目。在临时规定的节目中曾播出过狄来珍在播音室演说的《三侠剑》、《小五义》等评书。19点59分至20点是《对时（报时）》节目。20点到20点20分是自办的《第二次综合新闻》节目。20点20分到20点30分转播美国旧金山电台节目。20点30分到20点50分是《名曲介绍及音乐欣赏》节目。这个节目中有转播北平广播电台的节目，也有自办的节目。自办文艺节目中有时放唱片，有时请一些演员来电台播音室弹奏钢琴曲或唱几首歌曲。20点50分到21点是自办的《自由谈时论》（星期一、三、五）、《名人介绍》（星期二）、《地方通讯》（星期四、六）、《各地风物》（星期日）节目。21点到21点30分转播南京中央广播电台《简明新闻》和《时事述评》节目。21点30分到21点35分是预告次日节目时间。21点35分到21点45分播放结束曲。

民国三十六年（1947年）12月山西广播电台的短波台试播第三套节目。据当年12月9日制定的《短波机试播临时节目表》记载，全天分三次播音，共播出2小时40分钟。早上从7点30分开始，到8点40分结束；上午从10

点开始，到11点结束；下午从16点30分开始，到17点结束。播出的节目内容为：早上7点30分到7点35分开始音乐，预告节目；7点35分到8点35分《记录新闻》；8点35分到8点40分《终了音乐》。上午10点到10点05分《开始音乐》；10点05分到10点30分《山西梆子唱片》；10点30分到10点50分是辱骂共产党的《共匪暴行》节目；10点50分到11点《唱片时间》。16点30分到16点40分《唱片时间》；16点40分到16点55分《本省新闻》；16点55分到17点《广告节目和音乐》。

机构和人员

太原广播电台从民国二十年（1931年）6月正式播音到民国二十六年（1937年）9月期间，全台共有8人。台长曾新安负责全面工作；工务员1人，负责技术；机务员1人，负责值机；事务员1人，负责勤务；兼职播音员二人（一男一女），负责节目和播音；工徒2人，负责杂役。

民国二十七年（1938年）到民国三十四年（1945年）9月，日伪太原广播电台内设有工务、勤务、庶务三个课。台长中岛（日本人），技术负责人山村（日本人）。此外还雇佣有部分中国人，全台有20余名人员。

民国三十五年（1946年），中央广播事业管理处管辖的太原广播电台的机构人员为：台长赵希圣，下设技术组，组长康曝，负责电台技术设备的使用和维修；广播（播音）组组长刘崇燕，负责广播节目内容的编播工作，编辑业务量很小，主要是播音；业务组组长王家驸，负责财务、伙食和后勤工作，也负责收取收听费和广告费。全台暂定编制员工名额职员28名，还有工友6名、练习生4名，共计38人。

民国三十六年（1947年）太原广播电台的内设机构由组改为科，设有总务、工务和传音三个科。总务科代替业务组的职能，科长王家驸；工务科代替技术组的职能，科长康曝；传音科代替广播组的职能，科长刘崇燕。全台职员总数仍为28人。同年2月1日，太原广播电台改为山西广播电台后，内设机构和职工定员数量没有变化，只是个别人员有进有出，人员总数仍保持在27~30人之间，台长仍是赵希圣（赵化之）。

（二）运城广播电台

民国二十七年（1938年）日军侵占运城。第二年，日军在运城阜巷原27号建立了运城野战放送局，设立一座伪广播电台。放送局隶属日军之华北广播协会直接管辖。当时的广播电台设备很简单，只有一部500瓦发射机和一部10瓦干扰机。日伪广播电台的主要任务是制造侵华舆论，收转日伪北平广播电台节目。干扰机的频率为1200千赫兹，主要任务是干扰国民党设在重庆的中央广播电台节目。

民国三十四年（1945 年）日本投降前的伪运城广播电台共有 14 人。其中台长片山哲，技术组长金国太郎，一个技术员，一个总务组长，共 4 名日本人，其余出纳员、播音员、技术工人、干事、勤杂人员等均为中国人。这时的电台没有正式编辑人员，主要任务还是转播日伪北平广播电台节目，有时也放一些运城的文艺团体和学校演唱的文艺节目。当时运城的供电情况很差，一般只有晚上供电，电台只好晚上工作，一直播放到次日凌晨 1 点 30 分停止。接收工具是日本人设计制造的再生式三灯、四灯收音机，只能收听运城广播电台节目。这类收音机当时在运城有二三十部。

民国三十四年（1945 年）日军投降撤退运城之前，片山哲和金国太郎命令将全部机器拆卸带走。但在电台工作的中国人秘密商量，在拆卸过程中机智周旋，终于藏下一台 50 瓦扩音机和少数喇叭、话筒，还有一部高级收音机。当日军将全部器材准备装车搬走时才发现缺少了一部分重要器材，便派日军搜查。由于早有准备，搜查一无所获。被藏起来的扩音机等器材，完整无损地交给前来接管的阎锡山所属部队。可是，前来接管的阎锡山所属 34 军电台台长王家骏带领一批人进驻后，看到所有的财产都已一一造册登记，发财美梦破灭，便向上级谎报说：原放送局的人员中多数是共产党人，应严加镇压。在当年中秋节的晚上，将两名技术人员逮捕入狱，其他人员惶惶不安。王家骏乘机将播音室毛毯、留声机、唱片、收音机等抢走。被逮捕的两名技术人员最后不了了之，释放出狱。

同年 10 月，第二战区绥靖公署派贾凤魁接替王家骏的职务，挂起了“运城广播电台”的牌子。日军留下来的设备，根本无能力修复。只有一部 50 瓦扩音机，供当时运城专署开“朝会”（每在早上以半小时用广播布置工作）。这一时期的运城广播电台，除服务于运城专署开“朝会”外，基本上没有进行无线电广播。在电台工作的人员工资待遇参照军队级别发给粮食。台长是中校级，技术组长和播音组长是少校级，技术员是上尉级，其他人员是少尉或上、中、下士级。

民国三十五年（1946 年）3 月，原在江西省上饶广播电台任过台长的刘士烈来运城广播电台接任台长，他来后先安插了两名北平籍一男一女任播音员，接着又把他儿子安排为财务科长。并宣布了一条，不是大学生和国民党员者不能在电台工作。有的工作人员因为不符合条件，先后被辞退。刘士烈上任不久，就在电台大门口安装了一只大功率喇叭，利用那台 50 瓦扩音机送信号，每天下午播两个小时。10 月，刘士烈奉命将运城广播电台的全部设施运往河南，同开封广播电台合并。运城广播电台便停止了播音。

（三）大同广播电台

民国三十一年（1942 年）3 月，侵占大同的日军，为了全面推行其侵华政策，成立了大同广播局。用 755 千赫兹的频率 500 瓦中波发射机广播，听众约有 1800 多人。广播的主要对象是当地人，同时也对日本侨民进行日语广播。该局局长由伪大同邮政局局长岩田车郎兼任。

民国三十四年（1945 年）8 月，日本投降后，伪大同广播电台由国民党大同接收组于当年 10 月 23 日派员接收，隶属大同军用电信局管辖。民国三十五年 4 月该局无法维持，改由中央广播事业处天津区接收专员办事处接收管理，委派石万里任大同广播电台台长。电台仍使用一部 500 瓦中波发射机，呼号为 XKDK，频率 755 千赫兹，每天播音共约 4 小时，分早、中、晚三次播出。广播内容除了器乐演奏、山西梆子、话剧和曲艺等文艺节目外，还转播南京中央广播电台、《美国之音》以及新德里电台的新闻、演讲，同时穿插播出商业广告。同年 9 月，大同广播电台台长石万里被免职，改派锦州电台的武鸣兼任代台长。民国三十六年（1947 年）2 月又委派李敬修担任大同广播电台台长。

二、山西人民广播电台

（一）机构沿革

山西人民广播电台的前身是太原新华广播电台。民国三十八年（1949 年）4 月 24 日，太原解放当天，以邯郸新华广播电台台长常振玉为组长的太原市军管会电台接管组，接管了太原市东后小河 21 号院的“山西广播电台”。25 日，接管组抢修好 100 瓦发射机，并运用原有的一台 A2A3M2 播控设备和两个铝带话筒，于 21 点 50 分正式开始播音。频率 1270 千赫兹，呼号：“太原新华广播电台”。从此，三晋上空发出了人民广播的声音。

同年 6 月 1 日，太原新华广播电台更名为“太原人民广播电台”。6 月 25 日，太原人民广播电台成立领导机构编辑委员会（以下简称编委会），常振玉任台长、总编辑；何静任副台长、副总编辑。编委会下设秘书组、本市组、服务线、播音组和工务科、行政科，全台职工 61 人。

（二）节目设置

太原新华广播电台建台之初办有《新闻》、《文艺》和《记录广播》三个节目，全部采用直播。前奏曲为《渔光曲》。一天两次播音，第一次 12 点开始，第二次 18 点开始。同年 6 月更名为太原人民广播电台后，9 月 1 日起首次启用广播节目时间表，全天三次播音，共 540 分钟。自办节目有《本市新闻》、《本省新闻》、《记录新闻》、《报告物价》、《文娱》、《青年》、《职工》，以及不固定轮流播出的时事讲话、卫生讲话、文化消息、新人生观讲话、广播服务等节目。

（三）装备设施

太原新华广播电台刚播出时，使用的是经过维修的接管设备。1950 年，从上海购置了两台美制韦伯斯特钢丝录音机放在直播室，既作录音又作放音用。

（四）专业队伍

编辑

1949 年建台之初，山西人民广播电台的前身——太原新华广播电台的编辑人员有：郑笃、丁毅、李涛、荣一农、赵德荣、范德民、吴荫碧、陈继、王洪烈、王立新、王海葵等 11 人。6 月，张文昭、李淑珍、白有为、侯德章和刘秀霞从《晋中日报》调进；8 月 30 日，刘江、陈远、李纪明、高一帆、杜汀、王志迅、李樵、曾昭耕、张枫如、李景白、杨纯林、张荷仙等 20 余人从太行《新华日报》调入电台工作。同时从华北人民革命大学分配到省电台的有：魏唐、高辛田、杜国馨、李妙珍、董愫、任高云等，充实了编辑队伍。此时，编辑部门设有总编室，总编室秘书主任高一帆。下设新闻编辑科，科长由副总编辑刘江兼任；采通科，科长侯德章，副科长陈远；讲座编辑科，负责人为郑笃。新闻编辑科下设有本省组、本市组、时事组。本省组组长由刘江兼任，本市组组长李纪明，时事组组长由丁毅代理。讲座编辑科下设职工组、学校组和常识组。职工组组长张文昭，学校组组长由曾昭耕代理，常识组组长由王志迅代理。全台职工 78 人，其中编辑 30 人，占 38%。30 名编辑人员中，具有大专学历者 5 人。1953 年，全台职工 93 人，其中编辑 38 人，占全台总人数的 40% 左右。

播音员

太原新华广播电台于 1949 年 4 月 25 日开播时，有余铭玖、于明昭、吴砺、陈石之、赫崇贞、于书琴、李天福等七名播音员。第一次播音由吴砺、于明昭采用直播形式播出。播音工作建有监督制度，每次播出要登记播音差错。同年 6 月 1 日，太原新华广播电台更名为太原人民广播电台的同时，组建了播音组，担负着全天 540 分钟播音任务。7 月中旬，从华北人民革命大学分配到太原人民广播电台工作的人员中，经过笔试、口试挑选出殷琦、宋云、李妙珍、靳德龄、赵阳春、董愫六人担任播音工作。下旬又调来耿慧君任播音员。

播音组定有值班制度、监听制度、碰头会制度。监听制度规定："播音员在直播节目时为‘双班制’，即一人播出，一人监听”，“播音员在直播节目时，节目组值班人员，要把全部的直播内容录下来，并与播出稿件核对，重大差错进行登记，同时告诉本人并上报领导。”碰头会制度规定：“全体播音员每天早晨开一次碰头会，总结昨天工作，安排当日工作。”播音组保证安全播出措施很多，规定“提前5分钟进入播音室”、“必须认真备稿三遍以上”、“播出差错不得超过万分之零点五”。为了提高播音质量，规定播音员清晨要练声，即对用气、发声、语言表达进行强化训练，要求播音员做到“一专多能”，不仅能播各种文体稿件，而且要在直播中能说相声、快板、演广播剧。同时要求播音员除了正常节目播出外，要下乡、下厂体验生活，组织收听和进行节目调查，并采写稿件。

技术人员

广播技术人员包括设备安装、节目采录制作、播出控制、传送、维修及研究、开发、制造广播设备的工作人员。

太原解放时，接管组中只有刘月桂、李兴旺两名技术人员。他们在军代表的领导下，组织接管组的全体成员并动员原山西广播电台的技术人员经过一天的努力，修复了被炮火击坏的发射机，使太原新华广播电台于25日21点50分开始了播音。同年，在太原人民广播电台的机构中，设立了工务科，成员由接管组中懂技术的人员和原电台的机务人员组成。具体担任技术管理，发射机的安装、调试、维修、值机操作等工作，并兼管录音、放音及收转中央人民广播电台信号等工作。

表1　太原人民广播电台1949年广播时间表（1949年9月1日起实行）

时　间	内　　容
7：00	预告当天节目
7：15	清晨的话
7：30	转播北平新华广播电台第一次新闻
7：45	第一次本市新闻
8：00	对时、唱片
8：10	报告物价
8：30	文娱节目（工厂、学校或艺人演唱）
9：00	休息
11：00	预告中午晚间节目
11：10	第二次本市新闻

（续表）

时 间	内 容
11：25	唱片
11：30	报告物价
11：45	唱片
12：00	对时、青年节目（星期一、三、五）、文艺节目（星期二、四、六）、每周时事（星期日）
12：30	转播北平新华广播电台第二次新闻
12：45	唱片
13：00	对时、职工节目
13：30	休息
18：00	介绍晚间节目
18：10	文告、评论、通讯
18：45	不固定轮流节目（时事讲话、卫生讲座、文化消息、新人生观讲话、广播服务等）
19：00	唱片
19：10	苏联介绍
19：30	文娱活动（教歌、工人或学生歌咏）
20：00	第三次本市新闻
20：15	报告物价
20：30	转播北平新华广播电台新闻评论等节目
21：30	旧艺人演唱
22：00	本省新闻
22：15	预告明天节目、对时
22：30	休息

第二节 新闻类节目

新闻类节目是整个广播节目的龙头和骨干，是及时宣传党的路线、方针、政策的阵地，最大特点是短、快、新、汇。

山西人民广播电台是从播发新闻开始的。民国三十八年（1949 年）4 月

25日21点50分，山西人民广播电台的前身——太原新华广播电台开始广播，首次播出的节目是《本市新闻》。以后又陆续开办了《记录新闻》、《本省本市新闻、评论、通讯》、《全省各厂矿广播站联播》等节目。

第三节 社教类节目

一、《温馨时光》

省电台《温馨时光》节目的前身，是民国三十八年（1949年）9月1日太原人民广播电台开办的《青年》节目。该节目每周一、三、五播出，每次30分钟。主要服务对象是城市青年职工和大、中院校学生。重点是对青年进行爱国主义教育和时事形势教育。

二、《小号角》

太原新华广播电台开播之初，办有《青年、妇女、儿童》轮回节目，这是《小号角》节目的雏形。

第四节 文艺类节目

一、科技之窗

民国三十八年（1949年）9月1日，太原人民广播电台办有《卫生讲座》，每周播出1~2次，每次约15分钟。

二、大戏台

太原新华广播电台建台初期，开办了一个临时性的《旧艺人演唱》栏目。在这个节目里曾经邀请丁果仙、张美琴、马秋仙、梁小云、花艳君等戏曲演员到播音室直播演唱，有时也放一些上海百代公司灌制的晋剧唱片。

三、《长篇小说连播》

《长篇小说连播》节目也叫《长书连播》。山西台的《长篇小说连播》，多年来始终是安排在第一套节目12点30分至13点，无论是城市、农村，都是人们午饭时间。由于播出时间的相对稳定，拥有相当多的听众群。是建台以来一档保持时间最长的节目。

太原新华广播电台建台不久，请太原著名说书艺人狄来珍，到直播室说书。《新儿女英雄传》便是第一部描写抗日战争故事的长篇小说连播，约100讲。

第五节　节目采制播控

一、节目播控技术

民国三十八年（1949 年）4 月 25 日，省电台以太原新华广播电台呼号开播时，使用的播控设备是从原山西广播电台接管过来的。直播室主要设备有：调控盘 A2B3M2 一台，铝带话筒 6 只。

二、节目资料存储

太原新华广播电台建台初期，旧电台遗留有 2383 张唱片，绝大部分已不能使用。经审查能使用的唱片就放在播音室，由播音员兼管使用。

第六节　节目通联

节目通联工作主要包括通讯联络、节目调查和征文约稿等内容。

随着广播事业的不断发展，特别是实施热线直播后，广播与通讯员和听众的联系更直接、更深入、更丰富。

通讯联络

省电台与通讯员最早的通讯方法是信件，最早的通讯员队伍来自厂矿职工。1949 年 7 月 26 日，省电台前身太原人民广播电台、《山西日报》社与新华社山西分社共同召开了第一次工人通讯员工作会议。之后，省电台成立了采通科，负责对通讯员的联络工作。

第二章　传输与发射

阎锡山统治山西时期，所建电台功率小，设备简陋，覆盖面很小。

第一节　广播传输

电缆传输

中华人民共和国成立前的山西广播电台，播控室和发射天线（包括天馈线）同在太原市东后小河 21 号院内。

太原新华广播电台开始播音时，播控、发射由工务科管理，播控室使用电缆将节目信号传给发射机播出。

第二节　广播发射

省级中波发射

（一）中华人民共和国成立前的省广播电台发射

民国十六年（1927 年）由晋冀察绥无线电管理局开始筹建太原无线通讯电台，到民国二十年（1931 年）晋绥无线电管理局建成太原广播电台，其发射设备使用德国西门子公司生产的 35 瓦中波火花式报话机，工作频率为 780 千赫兹。民国二十六年（1937 年）9 月日军占领太原后，太原广播电台停办；民国二十七年（1938 年），日军设立伪太原放送局，并配备了 100 瓦和 500 瓦两部发射机为太原广播电台发射华语和日语两套节目；民国三十四年（1945 年），日军投降，电台由阎锡山政权接管；民国三十五年（1946 年）2 月 21 日，国民政府中央广播事业管理处将太原广播电台改名为山西广播电台，发射功率仍为 500 瓦和 100 瓦两部发射机，频率分别是 720 千赫兹和 940 千赫兹。民国三十六年（1947 年）下半年，将日伪电讯器材厂留下的一部电报发射机改装成 1000 瓦短波广播发射机，以“山西之声”广播电台的呼号广播，频率为 6 兆赫兹。

民国三十六年（1947 年）至民国三十八年（1949 年）4 月间，太原广播电台还办过一个商业台，发射功率 15 瓦。

（二）山西人民广播电台第一套节目发射

山西人民广播电台（前身为太原新华广播电台和太原人民广播电台）第一套节目的发射功率经历了由 100 瓦到 1 千瓦、7.5 千瓦、150 千瓦和 200 千瓦等发展阶段。

1949 年 4 月 25 日太原新华广播电台开始播出时，发射机功率为 100 瓦，频率 1270 千赫兹。同年 7 月修复好 500 瓦发射机，频率 735 千赫兹，供太原人民广播电台使用，原太原新华广播电台使用的 100 瓦发射机发射太原人民广播电台经济台的节目。1949 年冬，将 1 千瓦短波机改为中波机，并于 1950 年初投入运行，与 500 瓦发射机互为备机，为山西人民广播电台发射播出。1953 年 9 月，投资 19.3 万元，扩建发射机房，安装了南京无线电厂生产的 7.5 千瓦屏极调幅发射机，并于 1954 年元旦正式投入运行。

以上机器使用的发射天线，都是中华人民共和国成立之前建起的拉线铁塔支撑的T形天线，高度80米。

第三章　广播电视管理

第一节　管理体制

体制演变

新中国成立以前，山西广播电台由国民党政府中央广播事业管理处和山西省政府双重领导。

民国三十八年（1949年）太原解放以后，新建立太原新华广播电台。同年6月1日，更名为太原人民广播电台，由中共太原市委领导。同年9月1日，山西省人民政府成立后，太原人民广播电台由中共山西省委宣传部领导。

第二节　管理机构

省级广播电视管理机构

民国三十八年（1949年）4月24日太原解放当天，太原市军事管制委员会电台接管组接管了国民政府的山西广播电台和山西绥靖公署专用导航台，组成太原新华广播电台。6月1日，太原新华广播电台更名为太原人民广播电台。6月25日，太原人民广播电台成立领导机构——编委会，常振玉任总编辑、台长，何静任副总编辑、副台长。编委会下设秘书组、本市组、服务组、播音组和工务科、行政科。后增补刘江为副总编辑。

附录

大事年表

民国20年（1931）

6月　山西省第一座无线电广播电台正式建成播音，呼号为太原广播电台。

民国26年（1937）

抗日战争前夕，山西省政府给在太原的各军政部门架设起有线广播线路，专供阎锡山每天训话用。

9月 日军占领太原后，太原广播电台停播。

民国27年（1938）

日军在太原设立伪太原放送局，呼号仍称太原广播电台，举办一套日语节目，一套华语节目。

民国28年（1939）

日军在运城建起一座广播电台，称野战放送局。

民国31年（1942）

3月 日军在大同建起一座广播电台，称大同广播局。

民国34年（1945）

8月 日军五条件投降后，大同、运城的两座日伪广播电台，由国民政府接管。

10月7日 日军设在太原的伪太原广播电台，由国民政府接管。

10月13日 太原广播电台恢复播音。

民国35年（1946）

2月 太原、大同、运城广播电台正式归国民政府中央广播事业管理处统一管理。

民国36年（1947）

2月1日 太原广播电台的呼号改为山西广播电台。

11月 山西广播电台以短波发射开办了第三套广播，呼号“山西之声”。

民国37年（1948）

9月 中国人民解放军太原市军事管制委员会电台接管组在榆次南合流村组建。

民国38年（1949）

4月20日 山西广播电台机房被炮火炸塌，砸坏发射机，广播停止。

24日 在中国人民解放军解放太原当天，太原市军事管制委员会电台接管组正式接管山西广播电台。

25日 中国人民解放军太原市军事管制委员会副主任胡耀邦与军管会副主任兼中共太原市委书记赖若愚到广播电台视察。

同日 接管组成员与原电台留用人员一起检修广播设备，修复供电线路。21 点 50 分，以太原新华广播电台的呼号开始广播。

6 月 1 日 太原新华广播电台改为太原人民广播电台。

25 日 太原人民广播电台成立领导机构编委会。

7 月 1 日 检修好的 500 瓦发射机开始代替 100 瓦发射机进行广播，使太原附近的 18 个县可以听到广播。

9 月 4 日 太原人民广播电台进一步健全机构。下设播音科、工务科、新闻编辑科、采通科、讲座编辑科。

12 月 1 ~ 19 日 开始筹建山西省广播收音网，举办山西省第一期收音员训练班。

1950 年

1 月 1 日 太原人民广播电台增加为两套节目，对全省广播的称第一台；对太原地区广播的称第二台。

地市级地方志广播史料

太原市

第三十三卷　广播电视

概　述

作为现代化传播媒介的广播电视，在太原出现于20世纪中叶。太原的无线电广播起始于20世纪30年代初。民国二十年（1931年）建立了太原广播电台。民国二十四年（1935年），建立了太原广播无线电台。日军侵占太原后，于民国二十七年（1938年）开办了伪太原广播电台。抗日战争胜利后，这家电台被国民党政府接收，直至解放。1949年4月25日，太原新华广播电台的诞生，标志着太原人民广播事业的开创。

第一章　广播

民国二十年（1931年）6月，由山西省督军府投资、晋绥无线电管理局创办的太原广播电台开始播音，这是山西省和太原市无线广播事业的开端。1949年4月25日，即太原解放第二天，太原新华广播电台开始播音，从此揭开了太原市广播发展史上的新篇章。

第一节　市级广播电台、广播站

太原广播电台

民国二十年（1931 年）6 月，晋绥无线电管理局利用改装后的 35 瓦中波火花式报话机通讯系统建立了太原广播电台，呼号为 XOTY，发射功率 35 瓦，中波，工作频率为 780 千赫。民国二十四年（1935 年）9 月，太原建立起第二座广播电台，即太原广播无线电台，呼号为 XGOT，频率 1000 千赫，功率为 100 瓦。民国二十六年（1937 年）9 月，日本侵略军占领太原前夕，太原广播电台、太原广播无线电台被迫停播。

民国二十七年（1938 年），日伪政权设立太原放送局，仍然使用“太原广播电台”名号，电台呼号为 XGFP，周率为 723 千周。民国三十四年（1945 年）10 月 7 日，第二战区绥靖公署接管了日伪太原广播电台，10 月 13 日恢复广播。民国三十五年（1946 年）2 月，太原广播电台划归国民政府中央广播事业管理处管辖。民国三十六年（1947 年）2 月 1 日，太原广播电台改称山西广播电台，有职工 21 人，内设工务（安装、调试、维修）、机务（值班操作）、播音、行政文牍四个部门。

1949 年 4 月 24 日，太原解放，太原军管会接管山西广播电台。

机构

太原广播电台从民国二十年（1931 年）6 月正式播音到民国二十六年（1937 年）9 月，全台共有 8 名职工（台长、工务员、机务员、事务员各一人，播音员、工徒各两人）。

民国二十七年（1938 年）到民国三十四年（1945 年）9 月，日伪太原广播电台内设有工务、勤务、庶务三个课，有职工 20 余人。

民国三十五年（1946 年），太原广播电台下设技术组、广播（播音）组、业务组，有职工 28 人。

技术设施

到民国二十四年（1935 年）冬季前，太原广播电台广播发射机的工作频率先后为 600 千赫兹、800 千赫兹、1000 千赫兹；发射功率为 500 瓦。由于发射机由 35 瓦中波火花式报话机改装而成，所以技术性能较差，发射的音质不好，除了太原市收听效果较好外，在阳泉、石家庄两地，用再生式四灯直流收音机虽然可以听到，但声音很小。民国二十四年（1935 年）冬季到民国二十六年（1937 年）9 月，改用工作频率为 1200 千赫兹、发射功率为50 瓦的广播发射机。该机的强放、调幅采用的是 Z11 电子管，音质较为清晰，但只有太原市可以听到广播。该发射机不能直接使用交流电源，只能采用直流大型玻璃蓄电瓶供电方式，充电用的是 15 马力直流发电机。为保证广播用电，还备有一台 15 马力柴油发电机。此外，太原广播电台还有音频放大器一台，电唱机两台，炭粉话筒若干；有直播室一间和 80 米高的天线铁塔两座。

民国二十七年（1938 年），日伪太原放送局有三部广播发射机。一部功率 100 瓦，天津义昌洋行制造；一部功率 500 瓦，A 型，东京冲电气株式会社制造；一部功率 15 瓦，自装，作为备机使用。工作频率一部为 1210 千赫兹，另两部未查到记载。此外，还有三个播音室和一些音频设备。

民国三十四年（1945 年）日本投降后，阎锡山当局利用接收的 500 瓦中波广播发射机，改用 720 千赫兹频率，作为太原广播电台第一套广播开始播音，同时将 100 瓦中波广播发射机改用 940 千赫兹工作频率，作为第二套广播（商业台）开始播音。民国三十五年（1946 年）12 月，太原广播电台增加了一套短波广播台，发射功率为 200 瓦，频率为 9500 千赫兹，与第一套广播联机同步广播。民国三十六年（1947 年）11 月，短波广播台改用频率为 12120 千赫兹、功率为 1 千瓦的广播发射机，并以“山西之声”广播电台的呼号，开办了第三套广播。据民国三十五年（1946 年）12 月 10 日《中央广播事业管理局所属太原广播电台现在广播概况表》记载，第一套广播，中波，功率 500 瓦，收听范围为东到娘子关，西无确实调查，南到运城，北到宁武，用户分布主要在太原市。第二套广播，中波，功率 100 瓦，收听范围为东到阳泉，西无确实调查，南到临汾，北到崞县（今山西原平市），用户分布与第一套广播相同。短波广播电台，功率为 200 瓦，收听范围为东到天津，西无确实调查，南到运城，北至大同。

广播节目

民国二十年（1931 年）6 月到民国二十六年（1937 年）9 月，太原广播电台办有一套节目，每天两次播音，全天共播 4 小时左右。其节目内容有新闻和文艺两类。新闻节目每天播两次，每次 5 分钟。文艺节目白天放送唱片，晚间多数是转播戏院的戏曲演出实况。晚间转播戏院的演出实况，通过电台与戏院之间架设的专线进行。当时太原市大水巷维新舞台、开化市新化戏园、校尉营新民戏园（今长风剧场）、上肖墙永庆园等 4 个戏院都架有供实况转播的专线，先后转播过了果仙的《走雪山》、梁小云的《花田错》、乔国瑞的《宫宴》等。

民国二十七年（1938 年）到民国三十四年（1945 年）9 月 3 日，日伪太原广播电台有华语、日语两套节目。

民国三十四年（1945 年）10 月到民国三十六年（1947 年）12 月，太原广播电台办有两套节目。第一套节目全天两次播音，上午从 8 点 30 分开始，至 9 点 30 分结束；下午从 17 点 30 分开始，至 21 点 30 分结束。广播内容除自办节目外，还转播南京中央广播电台和北平广播电台的各档重要节目。第二套广播（商业台）全天一次播音，从 13 点开始到 17 点结束，内容包括商情行市、社会服务、商业广告、娱乐节目、戏院播送等。短波广播台每天一次播音，从 17 点 30 分开始，到 20 点 20 分结束，与第一套节目联机同步播出。

民国三十六年（1947 年），第一套广播的播出节目进行了调整。下午播音从 17 点 30 分开始，至 21 点 45 分结束。广播内容除转播南京中央广播电台、北平广播电台、美国旧金山电台的新闻等节目外，还有自办节目，主要栏目为“空中大学”，包括“卫生常识”、“史地常识”、“民众教育”、“妇女讲座”、“兵农讲话”、“青年教育”、“时装讲座”；“演奏节目”包括“粤曲唱片”、“曲乐唱片”、“津杂曲唱片”、“平杂曲唱片”；“儿童节目”；“平剧（京剧）唱片”；“讲演”；“第二次综合新闻”；“名曲介绍及音乐欣赏”；“自由谈时论”；“名人介绍”；“地方通讯”；“各地风物”等。

民国三十六年（1947 年）12 月，山西广播电台的短波台试播第三套节目。全天三次播音，共播出 2 小时 40 分钟。早上从 7 点 30 分开始，到 8 点 40 分结束；上午从 10 点开始，到 11 点结束；下午从 16 点 30 分开始，到 17 点结束。播出的主要节目为：《记录新闻》、“山西梆子唱片”、“唱片时间”、“本省新闻”、“广告节目和音乐”。

收听工具

民国二十年（1931 年）到民国二十六年（1937 年），分布在太原市内及近郊的收音机共计 300 多台。其中有矿石收音机，也有再生式四灯电子管收音机。这些收音机多数都是美国生产的 RCA 系列收音机，大部分集中在高级官员的公馆和一些大商号内。民国二十六年（1937 年）9 月日军侵占太原后，太原市内及近郊的收音机数量增加到 3000 多部，所增加的收音机大部分是日本制造的 A—3、A—11、A—13 等系列的三灯、四灯收音机，还有少数超外差式收音机和带短波的高级收音机。民国三十四年（1945 年）9 月到民国三十八年（1949 年）4 月，太原市内及近郊的收音机总数为 4900 多台，其中日本制造的标准型收音机占到 90% 以上。

第二节　省级广播电台

山西人民广播电台

机构

山西人民广播电台的前身是太原新华广播电台。1949 年 4 月 24 日太原解放当天，太原军管会电台接管组接管了太原市东后小河 21 号院由国民党中央广播事业管理处管辖的山西广播电台。25 日，接管组抢修好被炮火击毁的 100 瓦发射机，并运用原有的一台 A2A3M2 播控设备和两个铝带话筒，于 21 点 50 分正式开始播音。频率 1270 千赫兹，呼号为“太原新华广播电台”。同年 6 月 1 日，太原新华广播电台更名为“太原人民广播电台”。6 月 25 日，太原人民广播电台成立编委会，下设秘书科、本市组、服务组、播音组和工务科、行政科。全台职工 61 人。

第二章　管理机构

第一节　省级管理机构

民国三十八年（1949 年）4 月 24 日太原解放当天，太原市军事管制委员会电台接管组接管了国民政府的山西广播电台和山西绥靖公署专用导航台，组成太原新华广播电台。6 月 1 日，太原新华广播电台更名为太原人民广播电台。6 月 25 日，太原人民广播电台成立领导机构——编委会。编委会下设秘书组、本市组、服务组、播音组和工务科、行政科。

内蒙古自治区

内蒙古自治区广播电视志、军事委员会编：《内蒙古自治区志·广播电视志》，内蒙古人民出版社2003年版

第一篇 无线广播

第一章 历史简况

第一节 放送局

民国二十年（1931年）“九一八”事变后，日本侵略者先后占领中国东北、内蒙古东部地区达十四年，占领华北和内蒙古西部地区达八年。在其统治期间，建立起傀儡政权——伪满洲国政府和伪蒙疆联合自治政府以及华北伪政权，作为全面侵华的基地。为了宣传其侵略战争，奴役沦陷区人民，进行殖民统治，在各地建立起放送局（广播电台），施行法西斯奴化宣传，麻痹和毒害中国听众。

日本侵占东北后，内蒙古东部地区与东三省一起沦陷，先后被划为伪满洲国的四个兴安分省和兴安总省。除伪兴安西省未建立放送局外，其他三个省先后都建有放送局。

兴安北省的放送局建立于民国二十八年（1939年），局址在伪兴安北省省会海拉尔市以东的伊敏川岛，称海拉尔放送局。该局呼号：MTRY，同时用日、俄、蒙古三种语言广播。用两个频率播音，其中，一个为1260千赫、波长318米，另一个为935千赫、波长238米。该局当时在伪满洲国北部属第二放送局。

兴安南省的放送局于民国三十二年（1943 年）筹建，民国三十三年（1944 年）10 月 1 日试播，同年 11 月正式播音。原名兴安放送局，全称满洲电讯电话株式会社兴安放送局，后改名王爷庙放送局，局址在王爷庙（今乌兰浩特）。该局有中波发射机一部，发射功率不足 500 瓦，以蒙、汉（普通话）两种语言轮换播出。另用一架美制转播机转播新京放送局的日语节目。还有唱机和钢琴各一架，有时播少量文艺节目。局内设编辑室、技术室、总务课。局长是日本人，副局长是蒙古族人，全局共有职工 30 多人。

伪兴安东省的放送局筹建于民国三十三年冬，地址在其伪省会扎兰屯雅鲁河畔西山坡，未正式播音。

上述三局均在日本投降前夕被烧毁或破坏殆尽。

此外，日本人还于民国三十三年（1944 年）在热河的重镇赤峰建立了赤峰放送局，用两部 20 瓦中波发射机。主要转播日本东京、伪满洲国新京放送局和热河省放送局的广播节目，有少量自办节目，用日、汉（普通话）两种语言广播。该局局长为日本人，有职工 27 名。日本投降后，其设备由当时中共热中地委的《民声报》社接管。

民国时期，内蒙古西部地区为绥远省。民国二十七年（1938 年）秋，绥远省中部地区被日本帝国主义占领。不久，投靠日本帝国主义的蒙奸德穆楚克栋鲁普，在日本帝国主义的卵翼下，在张家口成立了包括绥远省中部地区、察哈尔省和大同地区在内的伪蒙疆联合自治政府，随后又成立了伪蒙疆广播协会并将张家口、大同、厚和豪特（今呼和浩特市）、包头设为直辖市。

民国二十七年（1938 年）秋，厚和放送局建成。地址在厚和豪特市新城财神庙街 9 号大院内，占地面积约 100 平方米，广播发射功率为中波 20 瓦。当时厚和豪特市区内包括新城、旧城、麻花板一带均可收听，呼号为 XGPA。每天播音三次，全天播音时间 5 ~6 小时。用汉语和日语两种语言播音。大部分时间转播东京广播的新闻、张家口伪蒙疆放送局的节目，此外，还播放唱片等文艺节目。当时，厚和豪特全市共有 100 多台收音机，多为三管再生式和四灯标准牌。厚和放送局掌握在日本人手中，台长为日本人佐佐木。

厚和放送局还用 25 瓦广播扩音机，通过自架线路带动 40 多只挂在街头的广播喇叭，用以进行欺骗中国人民的宣传。

民国二十九年（1940 年），厚和放送局迁至姑子板新建台址，其中包括播出与发射机房和播音室，于民国三十一年（1942 年）播音，发射功率扩大为500 瓦，中波频率为815 千赫。发射机为日本东京大和无线电株式会社生产的第一批产品；转播接收机为“德律枫根”和美国制造的 SX－42 型高级收讯机各一部。

扩建后的厚和放送局覆盖范围显著扩大，百灵庙、锡林郭勒南部地区、绥东、绥西等地都能听到。厚和豪特市收听工具增加到400 多台收音机。有线广播喇叭开始入户，全市达到2000 多只。每天播音时间达到 8～9 小时。厚和放送局职工扩大到20 多人。

民国三十二年（1943 年）冬，日本帝国主义在包头建立了放送局，地址在旧包头市和平路富三元巷40 号，发射机房设在永合巷内。中波发射功率为50 瓦，每天早、午、晚三次播音，使用日、汉两种语言广播。包头市区及郊区均可收听到。包头放送局由厚和放送局领导，包头放送局的局长由包头邮政局局长兼任，放送室主任为日本人神田。

第二节　广播电台

民国三十四年（1945 年），抗日战争胜利后，内蒙古东部地区的几座广播电台被破坏殆尽，日本侵略者留下的西部地区的厚和放送局和包头放送局为国民党绥远省政府接管。由于厚和豪特市改称归绥市，厚和放送局改为归绥广播电台，呼号为 KGOK，民国三十五年（1946 年）又改为 XKPA，沿用厚和放选局的频率，每日三次播音，约 7～8 小时，除少量自办节目外，大部分时间转播国民党北平广播电台和《军中之声》广播电台的节目，每晚转播南京中央广播电台的“新闻联播节目”。当时，全归绥市共有收音机 2000 多台，其他中心城镇如平地泉、丰镇、萨拉齐等地共有收音机 300 台。

归绥广播电台设一室三课，即台长室、传音课、工务课、总务课。第一任台长为孙国威，第二任台长为彭光祖。全台职工 26 人。

归绥台隶属南京国民政府中央广播事业管理处直接领导，经费由中央广播电台拨给，不属地方管辖。

民国三十四年（1945 年）8 月底，国民党接管了包头放送局，改为包头广播电台，发射功率与频率未变，先归包头电信局管辖，后改为由国民党包头县党部管辖；民国三十五年（1946 年），又改为包头市政府管辖。同年夏，国民党中央广播事业管理处统一接管国民党统治区的广播电台。由归绥台台长孙国威兼任包头台台长。该台当时只是转播台，没有自办节目。不久，派潘丙心为包头台代理台长。民国三十六年（1947 年），任总务课沙养源为代理台长。台内设总务、传音、机务三个课。全台职工最多时达 20 余人。

民国三十七年（1948 年），人民解放军解放包头，接管了包头广播电台，并播出有关解放包头等新闻。同年底，解放军撤出包头，包头台再度为国民党接收。

民国三十八年（1949 年）9 月 19 日，绥远地区和平解放，归绥广播电台归人民政府管辖，包头台重新改名为包头人民广播电台。

领导与正高级技术职称人物简介

陈湘屏（1914 ~ 1971 年）　安徽省五河人。民国十八年（1929 年），在安徽凤阳县骆恒丰布店学徒，民国二十年（1931 年），在杭州参加国民党部队。民国三十八年（1949 年），绥远省“9·19”和平起义后，在归绥市起义学习班学习。1950 年 1 ~ 7 月，在绥远省人民政府新闻出版处任干事。1950 年 8 月至 1951 年年底，任绥远人民广播电台第一任代台长。

张寿泉（1913 ~ 1987 年）　河北省安平县人。民国二十六年（1937 年）加入中国共产党。民国三十五年（1946 年），随部队出关任辽宁省昌图县区长、副县长；民国三十六年年初（1947 年），调中共内蒙古哲里木盟委任宣传部副部长；民国三十八年（1949 年），任中共内蒙古自治区委员会东部区党委宣传部处长兼《内蒙古日报》东部版主编；1950 年，任内蒙古乌兰浩特人民广播电台台长，后任内蒙古人民广播电台二台台长；1956 年年初，调往中共呼伦贝尔盟委宣传部任副部长、部长；1957 年，任中共呼伦贝尔盟委副书记；1958 年后，任中共呼伦贝尔盟委副书记兼科尔沁右翼前旗第一书记；1968 年，任呼伦贝尔盟革命委员会副主任；1971 年，任呼伦贝尔盟委副书记；1974 年，任呼伦贝尔盟委副书记兼呼伦贝尔盟副盟长。

张荣森（1922 ~ 2001 年）　曾用名沈普，山西省保德人。民国二十七年（1938 年）3 月参加革命。民国二十九年（1940 年），加入中国共产党。1952 年 8 月至 1956 年 12 月，先后被任命为绥远、内蒙古人民广播电台台长、中共内蒙古自治区广播事业管理局党组书记、局长。在此期间，主持领导了绥远人民广播电台划归内蒙古人民广播电台的工作，主持创办了蒙古语广播以及技术设备的改造等工作。

昂如布 民国八年（1919 年）出生，蒙古族，内蒙古科尔沁左翼后旗人。民国二十九年（1940 年），毕业于兴安学院。民国三十五年（1946 年），参加革命，民国三十六年（1947 年），加入中国共产党。1950 年，任乌兰浩特人民广播电台副台长。1956 年后，任内蒙古人民广播电台台长、内蒙古自治区广播事业管理局局长。1983 年，离休。1988 年，成为研究员。主要作品有《蒙古语文字历史概要》、《蒙古语音简史》（蒙文）、《蒙古语的基本词汇及构词方法》（蒙文）、《蒙古语的构形法及其变迁》（蒙文）、《蒙古人是从什么时候开始使用畏兀儿文的?》（蒙文）。

曲　辰（1922～1998 年）　曾用名牛黄根，山西省五台人。民国二十七年（1938 年）参加革命，同年加入中国共产党。1968 年后，历任内蒙古自治区广播事业管理局革命委员会主任、局长、党组书记。在这期间，主持了农村有线广播网的恢复及建设工作，主持筹建了内蒙古电视台，并于 1979 年实现了彩色电视节目的播出，主持创办了蒙古语电视节目的演出。1983 年，任内蒙古自治区人大常委会专职委员。

中华民国时期（1938 年至 1949 年 9 月）

民国二十七年（1938 年）

秋 日本侵略者在被其侵占的归绥市（今呼和浩特）建成厚和放送局。台长为日本人佐佐木。台址在新城财神庙街 9 号大院，占地面积约 100 平方米，广播发射功率为中波 20 瓦，呼号为 XGPA。每天播音三次，全天 5～6 小时。用汉语与日语两种语言播出。

是年 厚和放送局用 25 瓦广播扩音机，带动街头广播喇叭进行有线广播宣传。

民国二十八年（1939 年）

日本侵略者在兴安北省省会海拉尔建成放送局，使用日、俄、蒙三种语言播音，呼号 MTRY，频率为 1260 千赫。

民国二十九年（1940 年）

厚和放送局在姑子板建新台址，包括播出与发射机房和播音室。民国三十一年（1942 年正式播出）发射功率为 500 瓦，中波频率为 815 千赫，锡林郭勒盟南部和绥东地区均可收听到。

民国三十二年（1943 年）

日本军侵占包头以后，在旧包头市和平路富三元巷 40 号建立包头放送局，中波功率50瓦，早、中、晚三次播音，使用日、汉两种语言广播。

民国三十三年（1944年）

10月1日 日本侵略者在王爷庙（今乌兰浩特）建成兴安放送局并开始试播，同年11月，正式播音，中波功率不足500瓦，轮流使用蒙、汉两种语言广播，每天转播奉天（今沈阳）放送局的日语广播。

是年 日本侵略者在赤峰建立放送局，使用两部20瓦中波发射机，主要转播日本东京、新京（今长春）和承德电台节目。

民国三十四年（1945年）

8月底 厚和放送局和包头放送局为国民党绥远省政府接管，厚和放送局改称为归绥广播电台，呼号为XGOK。

民国三十五年（1946年）

归绥广播电台呼号改为XKRA，大部分时间转播国民党北平广播电台和《军中之声》节目，每晚转播南京中央广播电台“新闻联播”节目。包头放送局改为包头广播电台。

民国三十七年（1948年）

中国人民解放军解放包头，派人接管了包头广播电台并及时播出有关新闻。不久，解放军撤出包头，包头电台再度为国民党接管。

民国三十八年（1949年）

9月 绥远省和平解放，归绥广播电台和包头广播电台均改为人民广播电台。由上级机关派出接管人员，对原有人员进行思想教育，并增派若干名编播人员开始进行党的方针、政策的宣传。

辽宁省

辽宁省地方志编纂委员会办公室主编:《辽宁省志·广播电视志》，辽宁科学技术出版社 1998 年版

《沈阳市志·第十三卷·文化、新闻出版、卫生、体育、文物》，沈阳出版社 1990 年版

大连市地方志编纂委员会办公室编:《大连市志·广播电视志》，大连出版社 1996 年版

《丹东市志·第九卷·教育、科学、文化、出版、广播、电视、卫生、体育》，辽宁科学技术出版社 1991 年版

1928年奉天（沈阳）广播无线电台

1949年沈阳人民广播电台

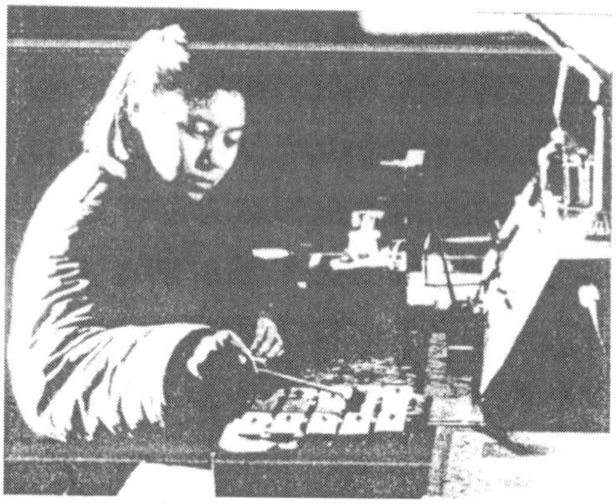

东北新华广播电台播音员潘励在播音

1950年东北新华广播电台外景

概　述

广播电视是以电波、导线为载体的向社会公众传送声音、图像（文字）的多功能传播工具。20世纪20年代初，美国人奥斯邦（E. G. Osborn）在中国上海设立广播电台，无线电广播这一现代科技开始传入中国。

辽宁是中国兴办无线广播较早的地区之一。民国十四年（1925年）7月，日本帝国主义在其霸占的大连设立大连放送局（广播电台），其建成并正式播音时间，仅比日本第一座电台东京放送局迟四个月。这是日本帝国主义在辽宁建立的最早的殖民地电台。民国十七年春，东北奉系军阀政权的东北无线电长途电话监督处在沈阳创办了奉天广播无线电台。它是旧中国中国人早期建立的4座官办电台（另为哈尔滨、天津、北京台）之一，其发射功率为2千瓦，相当于当时全国广播电台总功率的一半。辽宁地区早期出现的这两座广播电台，属性不同，宗旨各异。大连放送局是设在中国土地上的殖民地电台，是日本帝国主义推行其血腥统治、加紧侵略中国东北的舆论工具。奉天广播无线电台则是由中国自己的无线电专家筹建的官办电台，是东北军阀的舆论工具。它的建成，对于发展中国早期无线广播事业，在某种程度上对抗日本的侵略，均有重要历史意义。但在当时半殖民地半封建的社会条件下，无线广播不可能有大的发展，经费不足，听众也少，所起的作用不大。

民国二十年（1931年）“九一八”事变后，日本攫取了奉天广播无线电台。民国二十二年成立伪满洲电信电话株式会社（即股份有限公司）垄断东北广播事业。在辽宁境内共设立奉天、大连、安东（丹东）、营口、锦县、鞍山、抚顺、本溪湖、阜新9座日伪放送局，总功率4.48千瓦。

民国二十九年（1940年），作为中国人民广播的发端，延安新华广播电台在抗日烽火中诞生。1945年8月，抗日战争胜利，中国共产党领导的人民军队挺进辽宁，接收了辽宁境内9座伪放送局，建立起人民广播电台，有7座先后播音。

辽宁各地人民广播电台自力更生，艰苦奋斗，在伟大的人民解放战争中逐步成长，为解放战争的胜利作出重要贡献。1946 年，由于国民党军的进犯，部分人民电台随人民军队的战略转移撤出大城市，在极其艰苦的环境中坚持播音，揭露国民党发动内战的阴谋，宣传中国共产党的主张，报道解放战争的每一胜利。1945 年 9 月，中共辽宁省工委建立辽宁省级电台——沈阳广播电台。同年 11 月省工委撤出沈阳后，继续在现辽宁境外的通化建立广播电台，转临江、海龙，宣传共产党的政策，同国民党展开针锋相对的斗争。1946 年，大连电台开始播音后，播音从未中断，强有力地戳穿、驳斥了国民党的种种谎言。

1948 年 11 月 2 日东北全境解放，12 月 25 日中共中央东北局领导的东北新华广播电台（东北区总台）由哈尔滨迁至沈阳，辽宁境内的人民广播事业得到全面恢复和发展。至 1949 年新中国成立前夕，辽宁境内共有东北区和省、市广播电台七座，总功率达 13.3 千瓦。

第一篇 >>>
无线广播

第一章 东北行政区级广播电台

1945年抗日战争胜利后，中国共产党领导的人民军队挺进东北，建立了东北解放区。1946年，在中共中央东北局领导下成立了东北行政区广播电台——东北新华广播电台。1948年东北全境解放，东北新华广播电台由哈尔滨迁至沈阳。该台的广播宣传为支援解放战争、抗美援朝、恢复和发展国民经济发挥了巨大作用，同时，为领导全区广播电台不断改革、扩大和发展无线广播事业作出重要贡献。

第一节 东北新华广播电台

一、建置与设施

1946年9月23日，东北新华广播电台在佳木斯建成并正式播音。呼号“XNMR”，中波发射功率1千瓦，后又增加短波3千瓦，是全国解放区中最早建立的面向东北全区（兼有对外宣传报道任务）的广播电台。

随着解放战争形势发展，1948年1月东北新华广播电台迁址哈尔滨，5月25日播音。为迎接东北解放战争战略决战的胜利，中共中央东北局于7月9日作出《关于统一广播电台的决定》，以东北新华广播电台为总台，统一领导和管理东北全区的广播电台。

1948年11月2日东北全境解放。4日，东北新华广播电台副台长朱明率人接收国民党沈阳广播电台和军中广播电台，成立沈阳新华广播电台，当日播音。12月25日，东北新华广播电台随中共中央东北局、东北行政委员会由哈尔滨迁址沈阳，沈阳新华广播电台并入东北新华广播电台。1949年5月1日，东北新华广播电台改称沈阳新华广播电台（东北区台），原沈阳新华广播电台（于3月1日恢复播音）改称沈阳人民广播电台（市台）；1949年9月10日，沈阳新华广播电台（区台）改称沈阳人民广播电台（区台）。原沈阳人民广播电台（市台）停播。

东北新华广播电台（区台）由中共中央东北局宣传部领导。区台领导下的分台，经过调整，至中华人民共和国成立前夕，共有13座。

区台迁沈后，已经初步形成的东北区广播网，由于设施不完备，人员少，尚不能充分发挥其宣传作用。1949年提出的总任务为："改革编播，安设机器，从事推广，培训干部。"1949年春，区台由马路湾暂迁市内民族街163号办公和播音，条件极差。为改善播音条件，提高播音质量，同年着手扩建播音室。

增强广播发射功率，扩大广播的覆盖面，是区总台迁沈后着力进行的重要工作之一。1949年1月末，在副台长董林（兼技术科长）的主持下，开始自力更生组装10千瓦中波发射机。经过群策群力，到4月末全部装成，7月1日试播。这部机器是中国共产党创办广播事业以来自己动手装设的第一部大功率中波广播发射机。此外，还组装300瓦短波联络机一部，新装调整盘一台，改装一部短波发射机（1千瓦）。经过几个月的努力，使机器设备大都趋于完好，保证了广播宣传的正常进行。在区台的领导与协助下。有些分台自力更生，采取自装、改装、拼装机器等办法，千方百计增强发射功率，扩大覆盖面。

1949年4月成立修理部，从事修理收音机业务；6月底，成立沈阳新华广播电台附属无线电修造厂，开始生产扩音机。

二、广播节目

东北新华广播电台的广播节目依不同时期、不同形势、不同的宣传任务而设置。除转播陕北新华广播电台（后为北平新华广播电台）外，自办五套主要节目。

新闻节目

《东北新闻》、《通讯》、《论评报道》、《简明新闻》、《记录新闻》。《东北新闻》是报道东北地区政治、军事、经济、文化的综合性新闻节目，区台规定全区广播电台按时转播。《论评报道》播送新华社及《东北日报》的评论、社论、时评、短评，或重要事件的专题报道、新闻综述。有时根据需要，也邀请社会名人、劳动模范作广播演讲。其他各类新闻节目，都是上述节目的补充或延伸，但各具特色。

区台的新闻节目以短小的消息为主，通讯、文章也摘要改写，使之适于口语广播。1949 年 5 月 1 日，沈阳市 30 万职工为庆祝解放后第一个“五一国际劳动节”和太原、南京解放，举行了盛大的集会游行，区台作了迁沈后第一次实况广播。10 月 1 日下午 3 时，区台转播了首都开国大典的实况。

专题节目

《对国民党军广播节目》、《对野战军广播节目》、《轮回节目》、《职工节目》、《儿童节目》、《讲座节目》。

《对国民党军广播节目》是在人民解放战争进入战略决战形势下，利用广播的“空中优势”对国民党军展开政治攻势而举办的，影响较大。1948 年 3 月开始广播，1949 年 2 月结束，历时 11 个月。1948 年 10 月底前主要配合辽沈战役，11 月后，转为配合淮海、平津战役。节目内容有：（1）起义、投降、被俘的国民党军政官员所写的广播词及其与亲友、同事、同学、家属的来往书信；（2）解放军、人民政府领导人及民主人士、社会名流对国民党统治区老同事、老同学（军政官员）的讲话和所写书信；（3）解放区党、政、军的布告、政令、公开信；（4）重要新闻，政论、通讯。这一节目对瓦解国民党军士气、配合解放军部队胜利进军起到了其他宣传工具无可比拟的作用，使相当多的国民党军政人员思想动摇，或起义，或投诚。

1948 年 12 月 15～28 日《对国民党军广播节目》目录

广播人		广播对象		备注
范汉杰	前国民党军东北“剿总”锦州指挥所中将主任	傅作义	国民党军华北“剿总”总司令	电台代播
郑庭笈	前国民党军 49 军少将军长	郑挺锋	国民党军 94 军军长	自播
文小山	前国民党军新一军副军长兼 30 师师长	张毓湖	国民党军 92 军 21 师师长	自播

（续表）

广播人		广播对象		备注
张麟阁	前国民党军东北骑兵司令部少将参谋长	李世杰	国民党军华北“剿总”司令部参谋长	
张麟阁	前国民党军东北骑兵司令部少将参谋长	郑长海	国民党军华北“剿总”司令部副参谋长	
张麟阁	前国民党军东北骑兵司令部少将参谋长	范玉书	国民党军86军284师师长	
杨焜	前国民党军第9兵团少将参谋长	袁庆荣	国民党军105军军长	自播
杨焜	前国民党军第9兵团少将参谋长	范玉书	国民党军86军284师师长	
杨焜	前国民党军第9兵团少将参谋长	陈膺华	国民党军86军293师师长	
张羽先	前国民党军新六军169师少将师长	郑挺锋	国民党军94军军长	
李郁芳	前国民党军93军22师政工室上校主任	周体仁	国民党军34集团军副总司令	
冼盛楷	前国民党军整69师92旅少将副旅长	邱维达	国民党军74军军长	自播
尹荣光	前国民党军第8兵团政工处少将处长	杜聿明	国民党军邱、李、孙三兵团总指挥官	自播
王浥生	前国民党军冀热辽边区司令部少将高参	王克俊	国民党军21军军长	自播
袁仲修	前国民党军新一军军部军务处处长	郑挺锋	国民党军94军军长	自播
张国良	前国民党军交警第15总队少校总队长	田树桦	国民党军101军副参谋长、参谋处长	自播
鲁茨莘	前国民党军新一军50师上校参谋长	席宸炫	国民党军独立95师284团团长	自播

（续表）

广播人		广播对象		备注
宋邦纬	前国民党军新三军54师少将师长	骆振韶	国民党军13军第4师师长	电台代播
赵思齐	前国民党军93军暂编22师少将副师长	周中砥	国民党军92军56师师长	自播
陈林达	前国民党军新五军中将军长	骆振韶	国民党军13军第4师师长	自播
鲁茨莘	前国民党军新一军50师上校参谋长	陆静澄	国民党军87军220师师长	自播
黄师岳	前国民党军国防部中将部员	朱大纯	国民党军35军262师师长	自播
黄友旭	前国民党军新六军军部上校副参谋长	陈膺华	国民党军86军293师师长	自播
杨褐涛	前国民党军新五军暂编54师上校参谋长	鄂友三	国民党军驻张家口骑兵第12旅旅长	自播
曾光汉	前国民党军军训班少将主任	黄翔	国民党军第92军军长	自播
云茂达	前国民党军新八军288师上校副师长	郑挺锋	国民党军94军军长	电台代播
赵化龙	前国民党军71军88师上校参谋长	黄翔	国民党军92军军长	自播
王允力	前国民党军华北“剿总”办公厅上校总务课长	傅作义	国民党军华北“剿总”总司令	自播
袁冠南	前国民党军49军105师上校副师长	黄翔	国民党军92军军长	自播
殷开本	前国民党军93军少将参谋长	广琼	国民党军华北“剿总”高参	自播
袁湘廷	前国民党军新三军59师上校参谋长	袁朴	国民党军第16军军长	电台代播

（续表）

广播人		广播对象		备注
李定一	前国民党军207师一旅上校旅长	王晏清	国民党军97军副军长	电台代播
鲁茨莘	前国民党军新一军50师上校参谋长	郭跻堂	国民党军105军239师师长	自播

说明：以上“目录”是东北新华广播电台配合淮海战役、平津战役《对国民党军广播节目》的部分广播内容。

《对野战军广播节目》是专为入关作战的中国人民解放军第四野战军开办的，它是东北地区第一个为解放军开办的广播节目。1949年1月27日开始广播，6月24日停播。其内容有：拥军优属、生产支前、时事新闻及评论、战斗通讯、英雄事迹、军属家信、慰问信及文艺节目。此节目对鼓舞东北子弟兵南下作战起了一定的作用。

《轮回节目》是为加强对城市广播，向工人、青年、学生、妇女、儿童进行政治思想教育而开办的。在一周内分别按不同收听对象，固定轮回播出。区台《轮回节目》中办得较好、效果较大的是《工人时间》和《儿童时间》。《工人时间》以讲话和文艺演出为主要形式，工人讲话内容主要是解放后对中国共产党的认识，新旧社会对比，在生产、工作中创造的成绩。《儿童时间》多为儿童活动动态新闻及儿童文艺演出，注意研究儿童心态，语言贴近儿童，因此颇受儿童的欢迎。随着形势的发展，《工人时间》及《儿童时间》从《轮回节目》中分离出去，成为独立的《职工节目》和《儿童节目》。

《轮回节目》具有明显的时代特点，是广播宣传向对象化发展的一次重要尝试。在内容上比较联系实际，针对性强，便于组织收听，可直接获知收听效果；但因过分强调广播对象化，削弱了听众共同感兴趣的节目。

服务节目

有《节目预告》、《天气预报》、《工商广告》、《金融·贸易·行情》、《社会服务》、《听众信箱》。

文艺节目

有音乐、戏剧、曲艺、文学作品诵读等。

对外广播

有《英语节目》、《日语节目》以及《粤语节目》（主要面向海外侨胞和广东一带听众）。

《英语节目》于1948年5月28日开始播送，1949年4月6日停播（改为转播北平新华广播电台《英语节目》）。英语广播主要面向外国听众和海外侨胞。内容以新闻为主，宣传中国共产党的方针、政策和对国外重大事件的政治立场和态度。

《日语节目》于1948年7月区台成立时开始广播的，1949年6月20日停办。《日语节目》内容为新闻以及评论、文告。《日语节目》的广播对象，一为国外听众，二为东北待遣的日侨。

《粤语节目》于1948年7月播音，1949年6月20日停办。在香港、东南亚地区均可收听到。

此外，在自办节目中，《丙组干部学习讲座》、《俄语讲座》都是影响较大的节目。在对沈阳市的广播（区台曾担负对沈阳市广播任务）中，还曾设置《本市新闻》、《本市节目》、《沈市节目》（政令通告、商情、社会服务）等。

区台迁沈初期，编播人员少，缺乏办广播的经验，1949年4月举办编播人员（48人）训练班，7月结业，参加工作。9月建立通采组，开始培养广播记者，逐步建立广播通讯组，发展通讯员，扩大了新闻报道源。同时，逐步学会依靠社会力量（工厂、工会、学校等）办广播，充实了广播内容。

1949年5月1日，原东北新华广播电台改称沈阳新华广播电台（东北区台）；原沈阳新华广播电台改称沈阳人民广播电台（市台）。

三、管理

事业管理

东北新华广播电台迁址沈阳后，按照当时东北全区广播电台分布和设备情况，逐步进行调整，使全区电台布局更加合理。1948年12月海龙台迁往四平，组建四平台。1949年7月，辽北省与辽西省合并，四平台迁往锦州与锦州台合并。1949年11月28日，经报请中央广播事业管理处批准，牡丹江台与哈尔滨台合并。

区台还按全国广播系统统一部署，对全区广播电台呼号进行两次调整。1949年1月，根据新华总社的通知精神，通知各分台从当年2月1日起，在广播中一律取消原有拉丁字母的呼号，直接以电台所在地称为某地新华广播电台。4月，又根据中央广播事业管理处的指示，通知各分台从5月1日起，一律改称某地人民广播电台。

从1949年年初开始，区台相继制定了《广告条例》等一系列规章制度；加强了同分台的业务联系，实行定期通话（通过联络机专项广播）制，以指导分台工作。

宣传管理

区台明确提出了“地方化”和“加强对城市和工人广播”的方针，在重点办好全区联播的《东北新闻》的同时，大力搞好以工人、青年、学生、妇女、儿童为主要对象的各类节目，建立收听组，形成了广播—收听—反馈的系统。

认真贯彻“大家办广播”的方针，1949年共组织讲演433次，文娱节目776次，座谈会12次。在外邀广播节目中，工人团体约占3/5。

区台播出的稿件实行分级负责制。一般稿件由编辑科长审定，《东北新闻》、《论评报道》等节目由台长最后签发。区台迁沈初期，中共中央东北局宣传部副部长郭述申亲自到电台审阅稿件。

区台对分台的广播宣传管理内容主要为：（1）确定宣传业务方针；（2）制定宣传中心，统一宣传口径；（3）审批广播时间和节目设置；（4）总结、交流广播宣传经验；（5）调配和培训编播干部；（6）对日常广播宣传进行检查监督，发现问题及时处理，一般采取“指示信”的方式，提出改进意见。

机构与职工队伍

区台的机构由行政、编辑、工务三部分组成。至1949年9月，总台的机构经过调整充实，设置台长、副台长；下设平行的秘书室、编辑科、工务科。秘书室下设总务科；编辑科下设编辑组、通采组、编成组、播音组、资料室；工务科下设机务股、电机股、调整组、材料股、发射台、修理部。先后担任台长的有罗清、高戈；副台长朱明、董林、李文涛。工作人员由1948年末32人发展到256人。

区台一方面对各级领导干部进行了合理调配，一方面通过培训充实业务力量。1949年2月制定规划，培养高中级技术干部100人，播音员30人，编辑20人。按此计划，分别开办两个训练班。编播训练班共48人，其中37名为平、津两地的大学、中学在校生，另11名为从各台抽调的业务骨干。该班于4月1日开课，7月1日结业。技术训练班33人，于7月1日开课，12月末结业。这些学员为东北区广播战线增添了新生力量。

限于客观及自身条件，东北区台对全区广播事业的管理，只是初步的，不系统也不平衡。但从全国广播事业的发展进程看，区台领导与管理东北全区广播事业的领导体制，表明人民广播事业分区管理的新体制的诞生，在全国具有首创意义。

1949 年 9 月东北区广播电台一览表

台名 \ 项目	发射功率（千瓦）中波	发射功率（千瓦）短波	波长（米）	频率（千赫）	正式开播日期	备 注
东北新华广播电台	10.00 1.00	3.00	338.9 228.4 85.7	885 1313 3500	1946 年 9 月 23 日	1949 年 5 月 1 日，东北新华广播电台改称沈阳新华广播电台，1949 年 9 月 10 日沈阳新华台改称沈阳人民广播电台（东北台与沈阳台同一机构）
沈阳广播电台	1.00		260.8	1150	1945 年 9 月 6 日	中间停播，1948 年 11 月 4 日恢复播音，1949 年 9 月 10 日与区台合并
大连广播电台	1.00	2.00	281.7 24.15	1065 12420	1946 年 1 月 16 日	
安东新华广播电台	0.50 0.50		236.2 353.2	805 1720	1945 年 11 月 7 日	1946 年 10 月 23 日至 1947 年 6 月 9 日撤出安东仍坚持广播
锦州新华广播电台	0.50		315.7	950	1948 年 12 月 15 日	
鞍山广播电台	0.20			1.043	1945 年 10 月 24 日	中间停播，1948 年 11 月恢复播音
抚顺人民政府广播电台	0.02		275	1050	1946 年春	中间停播，1948 年 10 月 31 日恢复播音
营口广播电台	0.10			1270	1945 年 10 月 20 日	
吉林台	0.20		240	1250	1945 年 11 月 21 日	中间停播，1948 年 3 月 10 日恢复播音
长春台	0.20		535.7	560	1945 年 9 月上旬	中间停播，1948 年 10 月 22 日恢复播音

（续表）

台名＼项目	发射功率（千瓦）		波长（米）	频率（千赫）	正式开播日期	备　注
	中波	短波				
延吉台	1.00	0.20	221.73 49.6	1353 6050	1946年6月16日	
哈尔滨台	1.00		248.4	1055	1945年8月20日	中间停播，1947年4月20日恢复播音
齐齐哈尔台	1.00		279.1	1075	1946年5月1日	
热河台	1.00		359.3	835	1946年5月20日	中间停播，1949年8月15日恢复播音

附录

沈阳新华广播电台夏季播音节目时间表

（1949年5月1日起实行）

频率　7100千赫
　　　3500千赫

早晨播音（5：30～6：30）

5：30　对第四野战军特别播音节目

晚间播音（19：00～23：30）

19：00　开始曲、预告晚间播音节目

19：10　轮回节目（工人、青年、妇女、学生、文艺）

19：30　转播北平新华广播电台新闻

20：00　对时，文娱活动

20：30　东北新闻

21：00　对时、论评报道

21：15　通讯、文艺

21：30　转播北平新华广播电台英语节目

22：00　粤语节目

22：20　日语节目

22：40　记录新闻

沈阳人民广播电台夏季播音节目时间表

（1949年5月1日起实行）

频率　885千赫

早晨播音（5：25～6：30）

5：25　开始曲、预告早晨播音节目

5：30　转播沈阳新华广播电台对第四野战军特别播音节目

中午播音（**自**11：30～14：30）

11：30　开始曲、预告中午播音节目

11：40　本市新闻

12：00　对时、沈市节目

12：30　文娱活动

13：00　对时、讲座

13：20　工商业广告

晚间播音（19：00～22：30）

19：00　开始曲、预告晚间播音节目

19：10　转播沈阳新华广播电台节目

21：30　唱片

21：40　本市新闻

22：00　政令通告、社会服务

22：15　音乐、预告次日播音节目

第二章　省级广播电台

民国十七年（1928年）军阀张作霖统治时期，辽宁省就曾建立过省级广播电台即奉天广播无线电台。1945年8月抗日战争胜利后，辽宁地区由中国共产党领导的省级电台有沈阳广播电台、辽东人民广播电台、辽西人民广播电台。

第一节　奉天广播无线电台

一、建置与设施

20世纪20年代，奉系军阀张作霖出于军事的需要，极力网罗人才，发展无线电事业。民国十二年（1923年），奉系军阀政权在沈阳故宫建立奉天无线电总台，将原设于哈尔滨的无线电总台改为分台。同年3月17日设置东北无线电长途电话监督处，张宣任监督，统筹管理东北无线电事业。同年在沈阳山东庙兴办东三省无线电专门学校，培养无线电技术人才。民国十六年（1927年）夏，奉系军阀政权东北无线电长途电话监督处筹建奉天广播无线电台，民国十七年春正式播音。① 奉天广播无线电台是中国早期自建的4座官办电台之一。至同年年底，东北各地共建无线电台14座。1931年"九一八"事变前，东北无线电事业无论设备规模或通讯能力均居全国之首。无线电事业的发展，为无线广播电台的开办创造了技术和人才条件。

奉系军阀发展无线电事业是为巩固其统治，扩大势力范围，也是针对日本帝国主义侵犯东北电信主权而采取的措施。当时，日本帝国主义者在大连及沿南满铁路各地装设无线电台及广播电台，中方备受压迫，因而促使奉系军阀努力开办无线电建设事业。民国十二年以来，设置无线电广播电台的条件渐趋成熟。特别是民国十四年（1925年）7月，日本在大连建立广播电台之后，东北始有在哈尔滨及沈阳两地设立广播电台的计划。民国十四年10月，镇威上将军（张作霖）公署批准颁发了《广播无线电条例》、《装设广播无线电收听器规则》、《运销广播无线电收听器规则》下达各省，这三个法规对于促进中国早期广播事业的发展起了一定的作用。

20年代，许多人对无线电广播并不了解。民国十五年（1926年）10月27日，奉天省长公署在创办广播电台的训令中详述了无线电广播的功能与作用，称无线电广播与无线电报、电话迥然不同，无线电广播只需设立广播电台一所，收听者装置收听器就可随时收听，而且无线电广播的效力极大，在奉天装置1千瓦的发射机，其所发出的电波就可达东北三省及周边省区，听

---

① 据现有资料，有关奉天广播无线电台正式播音时间的记载极不一致。大体有：1928年1月、2月、春、10月四说。据东北无线电长途电话监督处1月发出的测听广播效果公务电报及7月核定各台呼号的公务电报考订，以陈先舟所著《九一八事变前东北无线电建设和通讯状况》（载1963年辽宁省政协出版的《文史资料选辑》第三辑第7页）一文中所述"于1928年春正式开播"较为实际。

户就可直接收听到电台播放的一切新闻、商情、演讲、音乐等。

无线电广播这一新事物得到了张学良将军等一派人物的支持，于民国十六年（1927 年）夏选址沈阳市商埠地马路湾（今辽宁人民广播电台址）兴建奉天广播无线电台，当年冬建成。

电台全部工程由东三省无线电专门学校工程班毕业生曹恩敷（1902 ~ 1978 年）负责，开办费约 6 万元（银圆）。发射机为法国巴黎电气公司制造，设长波电机两组，建 41 米高 T 型天线铁塔两座，天线长度为 75 米，呼号为 COMK，发射电力 2 千瓦，波长 425 米，通常电波通达距离约 600 公里。

奉天广播无线电台建成后，于民国十七年（1928 年）1 月试播。1 月 25 日，东北无线电长途电话监督处给北京广播办事处的电报称："奉天广播电台三时放送，希各诸处派定一员，会同法商公司专员收听，将收听结果上报监督处。"据民国十八年统计，奉天广播电台发射电力在全国 7 座官办电台中是最大的，设备也是一流的。

奉天广播无线电台的人员配备情况是：主任（台长）1 人、播音管理员 1 人、司事 1 人、报告员 1 人、收发员 1 人、教授 1 人、技工 2 人，共 8 人，每月行政经费约 800 元（银圆）。

奉天广播无线电台从创建至 1931 年"九一八"事变前，事业经费不足，主管机关多次变动，加之装设无线电收听器价格昂贵，限制了事业的发展。创建之初，奉天城听户为 850 户，至"九一八"事变前才达到 1000 户左右。为了能及时传达政令，奉天省长公署按东北无线电长途电话监督处建议，于民国十七年（1928 年）10 月 22 日向各道尹、县知事发出训令，要求各县购买收听器 1 ~ 4 具，以便把广播送至边陲。但在军阀混战年代，民不聊生，普及广播不过是一个梦想。

1929 年中国广播无线电台调查表

台　名	中央广播无线电台	浙江省广播无线电台	奉天广播无线电台	哈尔滨广播无线电台	天津广播无线电台	北平广播无线电台	广州市无线电播音台
所在地	南京国党中央党部	播音台在牛羊司巷，发音室在省政府	沈阳市商埠十一纬路	哈尔滨南岗	天津英租界十四号	北平西城甘石桥	广州市中央公园

（续表）

台　名	中央广播无线电台	浙江省广播无线电台	奉天广播无线电台	哈尔滨广播无线电台	天津广播无线电台	北平广播无线电台	广州市无线电播音台
电力（瓦特）	500	500	2000	1000	500	100	1000
天线电流（安培）	6.5～7.0	6	8	11	2	2.5	7～7.5
天线高度（米）	38	32	41	37	31	21	43
天线长度（米）	34	24	75	37	61	37	27.4
呼号	XGZ	XGY	COMK	COHB	COTN	COPK	CMB
波长（米）	420	307	425	445	475	315	440
开始播音日期	1928年8月1日	1928年10月10日	1928年1月	1928年1月1日	1927年5月1日	1927年9月1日	1929年5月6日
每日播音时数	5.5小时（特别节目除外）	3.5小时（特别节目除外）	约5小时	6小时	7小时	7小时	5小时（周日6小时）
开办费约数	33000元	30000元	60000元（银圆）	30000元	2500元	12000元	70000元（毫洋）
每月经费约数	1500元	1000元	800元（银圆）	900元	1000元	1000元	1012元（毫洋）
制造厂家	上海美商开洛公司	上海美商开洛公司	法国巴黎电气公司	上海美商开洛公司	美国西方电气公司	天津义昌洋行	美国西方电气公司
附近收音机约数	300台	100台	1000台	3000台	3000台	1000台	100台

二、广播节目

奉天广播无线电台创办之初，无固定节目。1928年春正式核定节目，播音节目内容为报告时刻、气象、商情、新闻、播送中外唱片、音乐、戏曲、名人演讲等，“以资宣传，尚能引起民众兴趣”，每日从中午12时30分至夜22日时，间歇播音5小时。

奉系军阀政权创建无线电广播之始，就效法欧、美、日等国家，把无线电广播用于政治宣传，奉天广播电台开播后就强调广播宣传要为军阀政权服务，一方面用以传播政令，一方面用以“祛上下隔膜之病，收官民一致之功”（引自1928年11月21日《奉天公报》）。节目内容涉及政治、经济、文化、教育、娱乐、社会服务等方面，已具有中国早期广播节目的雏形。但由于当时条件限制，节目内容贫乏，以30分钟为一单元的节目组合编排也较单调，尤其每周6天播音节目重复排列，星期日停播。这些都反映出20年代无线广播尚处在起步阶段。

奉天广播无线电台广播节目的组织、编排由电台主任（台长）曹恩敷亲自主持，且筹划播音节目，邀请名人演讲，邀京剧票友到电台演播。民国十七年（1928年）12月29日，张学良通过奉天广播电台播出了易帜通电。民国十八年（1929年）5月17日，曾邀请中国著名报学史学家戈公振（1890～1935年）于当日21时至22时到电台作爱国主义广播演讲，并电告沪、宁、平、津广播电台转播。中国国民革命军第四集团军总指挥白崇禧也在奉天广播电台作反对日本侵略的广播演讲。日本一家专事搜集情报的刊物写道，奉天、哈尔滨两台播音后，“中国民众（从广播中）听到祖国的声音，极为高兴”。

三、管理

民国十二年（1923年），东北无线电长途电话监督处管理奉天、哈尔滨、天津、北京四座广播电台，并在哈尔滨、天津、北京设广播办事处。民国十五年（1926年）10月，由监督处拟订经镇威上将军公署批准，并以奉天省长公署训令公布的《广播无线电条例》、《装设广播无线电收听器规则》、《运销广播无线电收听器规则》三项广播无线电法规，体现了东北奉系军阀政权对广播事业的管理。这三项法规与北洋政府交通部公布的《装用广播无线电接收机规则》相比，在时间上迟了两年，但法规的内容趋于完备、全面。三项法规共44条，主要是对电政管理，但也涉及了节目设置等方面的管理。其中规定东北无线电长途电话监督处主要业务是普及文化，传布商情；在东三省境内设立广播无线电台，开办无线电广播事业；规定广播电台应按规定时间用无线电传播新闻、商情、音乐、歌曲、演讲等内容，以供公众收听；东三省境内听户都可照章装设收听器，须经有关管理部门验准注册，发给收听执照，执照费真空管机12元，矿石机6元；听户每月须缴纳听取费，真空管机1元，矿石机5角；中外商行均得遵章运销收听器及附属品或零件，任何个人或机关不得在东三省境内私运、私售或私设无线电机器并经营广播无线电事业。上述各项规定，其中一些条文是为防止和抵制列强侵犯中国主权而制定的。各项缴费、征税、罚金的规定，既是维护主权利益所必须，也是筹措广播事业经费的重要手段。

奉天广播无线电台主管机关是东北无线电长途电话监督处。民国十七年（1928 年）12 月东北易帜后，奉天广播无线电台改称辽宁广播电台，后又改称沈阳广播电台。民国十八年（1929 年）7 月，东北无线电长途电话监督处不能按时支付广播经费，使广播电台处于半停顿状态。同年冬，该监督处裁撤，电台改归东北交通委员会管理，经充实整顿才得以恢复。民国十九年（1920 年）5 月底，电台由东北无线电总台接管，不久又归东北电信管理处管理。

附录

波长四百十米达　电力二启罗华特　KMOC

东北无线电辽宁广播电台播音节目周期表

星期 时刻	星期 一	星期 二	星期 三	星期 四	星期 五	星期 六	星期 日	附注
下午三十分至一时	奏国歌　东北各埠行情报告新闻西乐	同上	同上	同上	同上	同上		一、听众对于广播事宜如有意见请函本台无不竭诚欢迎 二、本表空白可随时加入节目若有更改当预先布告 三、雷雨之时停止播音收听诸君亦希注意将天线接地线上停止收听以防危险 四、星期晚间停止播音以便听户听收外埠广播
下午三时三十分至四时	奏国歌　东北各埠行情报告新闻商业广告中国唱片	同上	同上	同上	同上	同上		
下午六时至六时三十分								
下午六时三十分至七时								
下午七时至七时三十分	奏国歌　东北各埠行情报告新闻时刻报告	同上	同上	同上	同上	同上		
下午七时三十分至八时	东北边防消息气象预告　广播消息	同上	同上	同上	同上	同上		
下午八时至八时三十分	娱乐	同上	同上	同上	同上	名票清唱		
下午八时三十分至十时	娱乐	同上	同上	同上	同上	名票清唱		

说明：此表摘自民国十八年（1929 年）12 月《广播无线电台年刊》，表中“COMK”为电台呼号，表上“启罗华特”即千瓦。

第二节　沈阳广播电台

一、建置与设施

沈阳广播电台是抗日战争胜利后，由中国共产党辽宁省工作委员会和沈阳市委员会共同领导的省内第一座人民广播电台。

1945 年 8 月日本投降后，为了防止广播电台遭到破坏，原在日伪奉天中央放送局（广播电台）工作的中共地下党员贾玉岗领导前伪奉天中央放送局内中国职工，于 8 月 17 日组成“电台维持委员会”，维护设备，以待中国共产党派干部接收。8 月 20 日，苏联红军进入沈阳，第二天进驻电台，对电台实行军事管制。9 月初，东北抗日联军冯仲云率领的沈阳地区工作组委派抗联干部刘铁石（化名张忠寰）参与电台工作，被任命为台长，与苏军共同管理电台。工作组成员庄凤（当时用名郭淑三，刘铁石爱人）做播音工作。

9 月 6 日，中国共产党领导的八路军冀热辽军区十六军分区曾克林、唐凯部队进驻沈阳。派李复、孙茜（女）接收电台，任李复为台长，孙茜为播音科长，当日起开始播音，发射功率 1 千瓦。9 月中旬，中共辽宁省工委书记兼沈阳市委书记陶铸，委派熟悉无线电通信技术的林超到沈阳广播电台工作，加强对电台工作的领导。由于贾玉岗和刘铁石等人在电台的有效工作，电台设备保存完好，为中共辽宁省工委和市委领导机关顺利接管电台创造了条件。

11 月 21 日，苏军以苏联政府与国民党政府签订有《中苏友好同盟条约》为由，通知中共领导的党、政、军机关及其工作人员在限期内撤离沈阳。25 日，沈阳广播电台的领导干部林超、李复、孙茜等分别随中共辽宁省工委、沈阳市委和部队离开沈阳。沈阳广播电台仍由苏军军管，一直在电台工作的中共地下工作人员贾玉岗继续隐蔽下来。1946 年 3 月 12 日，苏军从沈阳撤退，13 日国民党军侵占沈阳。4 月 8 日，沈阳广播电台由国民党中央广播事业管理处接管。贾玉岗奉命撤离电台。

1946 年 5 月下旬，国民党统治的沈阳广播电台播音。沈阳广播电台仍为省、市台一体性质。其发射功率为 1 千瓦，呼号 XQPA。台长吴融和，下设传音、工务、总务、业务四科。1948 年 10 月 30 日停播。

二、广播节目

1945 年 9 月 6 日至 11 月 25 日，沈阳广播电台用接收日伪放送局的设备进行播音。广播节目内容以新闻、通告、讲话为主，并广播一些音乐、戏曲（唱片）。广播节目及广播时间均不固定，有时苏军还利用广播导航。

沈阳广播电台处在东北政治、经济中心的重要地理位置，其广播宣传具有较大的权威性和影响力。1945 年 9 月，沈阳电台播出的八路军冀热辽军区十六军分区部队进入沈阳市的新闻，影响甚大。这一消息不仅极大地鼓舞了东北人民，更使东北各地的中共地下工作人员纷纷前来与部队接洽，向部队提供了大量重要情报，对帮助部队挺进东北、建立人民政权发挥了很大作用。9 月 19、20 日两日，沈阳电台还连续广播了东北抗日联军负责人之一（沈阳工作组组长）冯仲云在沈阳市纪念“九一八”事变雪耻大会上的讲话。

人民武装进入沈阳后，面临着复杂的斗争形势。1945 年 10 月成立沈阳市总工会。此时，沈阳出现“东北工友会”和“工人自治联盟”两个组织，其负责人是国民党党员或与国民党有联系的分子。中共中央东北局指示市总工会高举工人阶级团结旗帜，主动与之谈判，在这一形势下，沈阳广播电台及时广播了苏军沈阳卫戍司令部的通告，指出“现经批准的沈阳市工人组织只有沈阳市总工会。凡未经批准承认的组织均属非法……”通告广播后，迫使这两个工人组织同意与市总工会合并。11 月 14 日，沈阳市公安局长赵濯华在沈阳电台作了题为《镇压反革命分子，保护人民正常生活》的广播讲话，对维护人民政权、促进社会治安起了一定作用。

三、机构与职工队伍

沈阳广播电台机构仍保留东北光复后“维持会”时期的编播、工务、总务、业务科的总体框架。先后担任电台台长（负责人）的有刘铁石、李复、林超。职工队伍除中共委派进入电台工作的领导干部外，基本上是“维持会”期间的人员，其中编播、技术、总务三科人员为 31 人，另有收听费收款员十余人。

第三节　辽东人民广播电台

一、建置与设施

辽东人民广播电台的前身是安东（今丹东）新华广播电台。1945 年 10 月下旬，中国共产党领导的安东市民主政府派白刃、冷克带领一班战士接管日伪安东放送局，成立安东新华广播电台，11 月 7 日正式开播。呼号 XTAK（后改为 XNAR），发射功率 50 瓦。

1946 年 10 月国民党军队进犯安东，国民党中央广播事业管理处在日伪放送局原址成立安东广播电台，呼号 XQPY，发射功率 50 瓦，台长张文翰。

国民党军侵占安东后，安东新华广播电台转移至朝鲜新义州，继续以原呼号播音。1947 年 6 月初安东第二次解放。6 月 9 日安东新华广播电台迁回安东，6 月 10 日恢复播音。该电台在 1947 年 11 月底前由中共安东市委领导，12 月后由中共安东省委领导。

1949 年 5 月 1 日，安东新华广播电台改称安东人民广播电台。同月成立辽东省，安东人民广播电台改由中共辽东省委宣传部领导。

自 1949 年 5 月辽东省建立以来，辽东人民电台的建设事业有很大发展。1947 年 6 月安东新华广播电台恢复播音时，发射功率为 10 瓦，后增到 500 瓦。

第四节　辽西人民广播电台

一、建置与设施

辽西人民广播电台的前身是锦州新华广播电台。

1948 年 10 月 15 日锦州解放。冀热辽军区十六军分区派杨志理接收国民党锦州广播电台，成立了由中共辽西省委领导的锦州新华广播电台，12 月 15 日正式播音。呼号 XQCT，发射功率 100 千瓦，频率 950 千赫。1949 年 5 月 1 日，锦州新华广播电台改称锦州人民广播电台。同年 7 月，辽北、辽西两省合并为辽西省，原设在辽北省的四平人民广播电台共 24 人及全部设备成建制地并入锦州电台。

二、广播节目

辽西人民广播电台成立后，中共辽西省委于 1949 年 7 月 31 日发出了《关于加强报纸和广播电台工作的通知》，指出“今后凡《辽西日报》登载和电台广播的政令、通知，亦即代表省委对各种工作的指导和意见”。为此，辽西电台对政令、通知类的广播给以极大重视。辽西一部分地区交通不便，广播在传达政令推动各项工作中起了相当大的作用。

第五节　辽宁人民广播电台

建置与设施

辽宁人民广播电台（以下简称辽宁电台）是中共辽宁省委领导的宣传舆

论机构，隶属于辽宁省广播电视厅。

辽宁电台的前身是1945年抗日战争胜利后，中共辽宁省工委和沈阳市委共同领导的沈阳广播电台。同年9月6日播音，11月25日中共辽宁省工委、市委撤出沈阳。1946年4月，沈阳广播电台为国民党所占。

在解放战争期间，随着战争形势的发展变化，中共辽宁省委先后在通化、临江、海龙建立新华广播电台。

1946年5月，通化划归辽宁省委领导。原归冀热辽行署通化专署领导的通化新华广播电台（呼号XTHR，发射功率50瓦），改由辽宁省委领导。台长张东。1946年10月，辽宁省委从通化迁至临江。通化电台的人员、设备也全部撤至临江，通化新华广播电台改称临江新华广播电台（呼号XLCR，发射功率500瓦）。1947年“四保临江”战役胜利后，辽宁省委由临江进驻海龙县梅河口镇。同年11月，临江电台也随省委迁至海龙县海龙镇，改称海龙新华广播电台（呼号XNHR，发射功率500瓦）。

1948年6月，中共中央东北局决定撤销驻在梅河口的辽宁省委，海龙电台亦同时撤销。海龙电台的设备与大部分人员去吉林省四平新建辽北省委领导的四平新华广播电台；另一部分人员调入安东新华广播电台。

1949年7月，四平电台并入锦州电台，后来改称辽西省委领导的辽西人民广播电台；由辽东省委领导的安东电台于1949年5月改称辽东人民广播电台。

第三章　市级广播电台

第一节　沈阳人民广播电台

一、建置与设施

20世纪20年代，奉系军阀政权统治东北时期沈阳始有无线电广播电台。

1. 奉天广播无线电台

民国十四年（1925 年），东北无线电长途电话监督处决定在奉天（沈阳）及哈尔滨两地筹建无线广播电台，民国十六年兴建，民国十七年（1928 年）春奉天广播无线电台开始播音。同年先后改称辽宁广播电台、沈阳广播电台。发射功率 2 千瓦。

2. 伪奉天中央放送局

1931 年“九一八”事变后，日本关东军抢占了沈阳广播电台。10 月 6 日，关东军把电台交由日本和登商行经营并开始广播。10 月 26 日，在关东军特殊通信部控制下，以伪奉天放送局名义进行军事侵略宣传。

民国二十一年（1932 年）10 月，日本关东军特殊通信部由沈阳迁至长春，在伪新京（长春市）电话局内设广播室，以伪奉天放送局新京演奏所名义播音。后改为伪新京中央放送局，控制全东北的广播。

民国二十二年（1933 年）8 月 31 日，伪满洲电信电话株式会社（即电信电话股份有限公司——简称“电电”）成立，垄断和控制全东北的广播和通信事业。“电电”成立后迅速接管了新京、奉天、哈尔滨、大连四座广播电台。民国二十七年（1938 年）10 月，伪奉天放送局进行扩建，共占地 1.8 万平方米，局舍为砖瓦结构平房 984 平方米。在原 1 千瓦发射机基础上增加 1 千瓦发射机，用以播送华语节目。同年，伪奉天放送局升格为伪奉天中央放送局，呼号 MTBY。民国三十年（1941 年）12 月 8 日太平洋战争爆发，日伪加紧控制广播电台。民国三十二年（1943 年）日伪“电电”将原伪新京中央放送局改为伪新京放送总局。伪奉天中央放送局被纳入战时体制，所有广播一律接受伪新京放送总局指导和监督。

日伪在增强大城市电台发射功率、增设中小城市电台以扩大广播覆盖面的同时，设置了长春到哈尔滨、长春到沈阳、沈阳到大连的广播专用转播线。此外，还建立了沈阳到天津的联络线，沈阳到安东、沈阳到长春的地下电缆，为伪满当局联播做准备，实现其“广播一体化”，以统一控制广播。

3. 沈阳广播电台

1945 年 8 月 15 日日本无条件投降。8 月 17 日，中共地下党员贾玉岗领导前伪奉天中央放送局中国职工成立“电台维持委员会”，维护设备，以待中国共产党派干部接收。8 月 21 日，进入沈阳的苏联红军进驻电台，对电台实行军事管制。9 月初，东北抗日联军冯仲云率领的沈阳地区工作组抵沈，冯仲云以苏军沈阳卫戍司令部副司令身份进行工作，委派抗联干部刘铁石（当时用名张忠寰）任沈阳广播电台台长，与抗联女干部庄凤（当时用名郭淑三，刘铁石爱人）一起到电台工作，与苏军共同管理电台。此时，电台无正式播音节目，但已开始继续播音。发射功率为1千瓦。

9月6日，中国共产党领导的八路军冀热辽军区十六军分区部队，在曾克林、唐凯率领下进入沈阳，派李复、孙茜（女）到电台工作，李复为台长，孙茜为播音科长，仍与苏军共同管理电台，原“电台维持委员会”不变。9月19日，中共中央东北局在沈阳成立。中共辽宁省工委、沈阳市委派林超到电台工作。11月21日，苏军以苏联政府和国民党政府订有《中苏友好同盟条约》为由，通知中国共产党领导的党、政、军机关及人员在限期内撤出沈阳，沈阳广播电台随即停播。

1946年3月12日，苏军撤出沈阳，13日国民党军占据沈阳。国民党中央广播事业管理处派董毓秀为东北区“接收专员”，吴融和为沈阳广播电台台长。董、吴于4月8日接管了沈阳广播电台，5月下旬播音，呼号XQPA，功率1千瓦，每天早、晚播音两次。

国民党统治下的沈阳广播电台，为扩大内战及巩固其反动统治服务，除转播国民党中央广播电台的节目外，自办节目有《早晨的话》、《新闻》、《晚间的话》、《社会教事》、《时事漫谈》、《学术讲座》、《讲演》等。1947～1948年沈阳解放前夕，曾连续播放美国新闻处提供的胶质录音片——《美国之音》，引起听众的极大愤慨。

国民党统治下的沈阳广播电台，设传音、工务、总务、业务四科，科下设股。1948年10月30日，沈阳解放前夕电台停播。

4. 沈阳人民广播电台

1948年11月2日沈阳解放。4日，东北新华广播电台副台长朱明接收沈阳广播电台。当天下午即以沈阳新华广播电台呼号开始广播，频率885千赫，波长338.9米。9日调整播音时间，增加波长260.8米，1150千赫。主要播送政令通告、时事评论、转播东北新华广播电台节目。12月25日，东北新华广播电台由哈尔滨迁到沈阳，沈阳新华广播电台与东北新华广播电台合并。1949年3月1日沈阳新华广播电台（市台）恢复播音，同东北新华广播电台同一机构。5月1日，东北新华广播电台改称沈阳新华广播电台（区台），原沈阳新华广播电台改称沈阳人民广播电台（市台）。9月10日沈阳新华广播电台（区台）改为沈阳人民广播电台东北电台（区台），原沈阳人民广播电台（市台）停播。

二、广播节目

1948 年 11 月沈阳解放后，位于东北中心城市的沈阳人民广播电台，在中共中央东北局和中共沈阳市委的领导下，广播宣传密切联系沈阳市的实际，进行政治鼓动和宣传教育，使党的方针政策及时深入地传达到群众中去。

三、机构

从 1948 年 11 月至 1975 年年末的 27 年时间里，沈阳电台先后与东北电台、辽宁电台同一机构，统一领导，一套人马，两台节目。

附录

沈阳人民广播电台不同历史时期有代表性的播音节目时间表

沈阳人民广播电台播音节目时间表

（1949 年 6 月 20 日实行）

频率 1150 千赫

早晨播音（6：30～7：30）

6：30　开始曲、预告早晨播音节目、音乐

6：35　早晨讲话

6：45　气象、音乐、对时

7：00　综合新闻

7：20　音乐、预告中午播音节目

中午播音（11：30～14：30）

11：30　开始曲、预告中午播音节目

11：40　沈阳市新闻

11：55　音乐、对时

12：00　职工时间（生产快板、通讯、工人作品、工矿先进事迹、工人政治文化教育、唱歌指导及文娱等）

13：00　文娱活动

13：30　政令通告、社会服务

13：40　预告晚间播音节目、音乐

13：50　工商业广告

晚间播音（18：30～22：30）

18：30　开始曲、预告晚间播音节目

18：40　唱歌指导（转播沈阳新华广播电台）

19：00　苏联介绍

19：15　音乐

19：20　简明新闻（转播沈阳新华广播电台）

19：35　大众讲座

19：50　广播信箱

19：55　管乐

20：00　东北新闻（转播沈阳新华广播电台）

20：20　娱乐节目

20：30　转播北平新华广播电台（第三次新闻、评论、综合报道、国际时事、周日播送特别文艺活动）

21：30　文艺活动（转播沈阳新华广播电台）

22：00　对时、沈阳新闻

22：15　行情、气象

22：25　预告次日播音节目、终了曲

第二节　大连人民广播电台

一、建置与设施

20世纪20年代中期，日本帝国主义在大连建立放送局，大连始有无线广播。

1. *伪大连放送局*

1905年日俄战争后，日本帝国主义取代沙皇俄国统治大连地区，将大连地区列为日本的一个州——“关东州”。1924年，日本政府颁布《放送用私设无线电话规则》，同年以社团法人方式筹建大连放送局（广播电台），民国十四年（1925年）7月大连放送局建成，开始试验播音，对大连地区人民进行思想文化侵略和统治。大连放送局发射功率500瓦，频率645千赫，呼号JQAK。

大连放送局隶属关东州递信局。放送局局址（演播室）设在大连大山通（今中山广场附近）的大连中央电话局（今大连电话局）内；发射台设在市外西山屯大连无线电信局沙河口受信所。

大连放送局的节目编辑大体与日本国内的电台相同，设有日语的一般新闻、音乐、讲演、娱乐、气象、警报、教养和社会服务等节目。民国十五年（1926 年）11 月，增设《华语讲座》。此外，每周还播送几次中国戏剧和音乐，用以笼络大连的中国听众。

大连放送局开播时，听户约 1300 户，以后听众逐渐增加，至民国十六年（1927 年）末增至 3500 户。

日本帝国主义为了推行全面侵华的“大陆政策”，民国二十五年（1936 年）在大连市内圣德公园（今中山公园）东北隅建立新的伪大连放送局，12 月，开始短波海外放送。民国二十七年（1938 年），伪大连放送局升格为伪大连中央放送局。

2. 大连人民广播电台

1945 年 8 月 22 日，苏联红军进驻大连地区。当时根据苏联政府同中国国民党政府签订的有关条约和协定，苏军在大连地区实行军管。23 日晨，苏军司令部派人接管日伪大连中央放送局。10 月 28 日，中国共产党领导的大连市政府成立。12 月上旬，中共大连市委派康敏庄、白全武、林培信（即林伟之）和林针等人，以市政府名义接管日伪大连中央放送局，开始筹建大连广播电台。苏军在看守电台期间，拆迁了一套 1 千瓦的中波广播设备、两座大铁塔及播音室设施，在旅顺水师营建立一座广播转播台，转播莫斯科广播电台的节目（后来苏军撤走时交还中国）。大连广播电台在筹建中修复了 1 千瓦中波发射机，1946 年 1 月 16 日正式播音。呼号 XGTR，波长 281. 7 米，频率 1065 千赫。

1948 年 1 月 16 日，大连广播电台开始短波广播试播，波长 24. 15 米，频率 12420 千赫，发射机功率为 2 千瓦。1949 年 3 月 5 日，短波广播正式播音，短波主要是对海外广播，1949 年年底停办。

大连广播电台是解放战争中东北解放区播音从未中断的电台。大连广播电台发射出的电波，东北、华北、华东、华南以及朝鲜、日本、东南亚甚至南北美洲都能收到。1947 年 4 月 2 日，大连市政府改称关东公署，大连电台于同年 5 月 1 日改称关东广播电台。1949 年 4 月 1 日，大连地区中国共产党组织公开，关东广播电台于同日改称大连新华广播电台。1949 年 7 月 14 日改称大连人民广播电台。

二、广播节目

从 1949 年 1 月大连广播电台开始播音至 1949 年 9 月，平均全天播音 10

小时左右。其中新闻每日播放5～7次，国内外时事新闻及评论约占2/3，地方新闻占1/3。1948年1月在短波试播中增加了英语广播，还先后举办了对工人、农民、妇女、青年、儿童的广播节目以及对日侨广播的日语节目；在文艺节目中大连电台与东北文工团举办教唱革命歌曲节目，先后组建了海星合唱团、播音剧团和儿童业余广播剧团。

1. 新闻节目

1949年1～9月，大连电台每日平均播放新闻稿件1万字左右，主要是新华社电讯，另有一定数量的地方新闻。随着形势的发展，大连电台贯彻广播宣传"地方化"方针，在节目设置上加强了《旅大新闻》，增办了《简明新闻》、《经济新闻》、《政令通告》等节目，同时增加了《早晨的话》栏目，作为电台的评论时间。

2. 专题节目

1946年大连电台创建时，以社会教育为主要内容的专题节目主要有《政治材料》、《儿童节目》、《妇女节目》、《青年节目》、《苏联介绍》、《科学讲座》等。1949年增办《职工时间》、《轮回节目》，全年共举办学术讲座138次，讲话278次。

3. 文艺节目

大连电台创建之始，文艺广播就大力宣传、介绍革命新文艺。1946年3月24日，中共中央东北局派遣由沙蒙带领的东北文工团到大连演出，电台实况转播了他们演出的《黄河大合唱》、歌剧《白毛女》、《血泪仇》和话剧《日出》等节目，并请文工团的杜粹远、李百万、李准、江巍等在广播中教唱革命歌曲。电台还举办文艺讲座，培训歌咏活动骨干，组成第一个业余文艺广播团体海星合唱团。

大连电台创作、演播广播剧起步较早，1946年第一部广播剧《搬家》问世。

4. 服务节目

建台之初即有《节目预告》、《气象预报》、《听众信箱》、《广告》等服务类节目。《广告》节目始于1946年创办的《政令通告》，当年6月1日开始播出商业广告。

三、机构与职工队伍

1. 机构

大连人民广播电台是中共大连市委领导的新闻宣传单位，副局级建制，隶属大连市广播电视局。大连电台从1946年1月创建至1972年年底，领导体制为台长负责制。

大连电台创建时，正、副台长以下设行政、播音、编辑、技术、营业五个科，计92人。1947年4月改称关东广播电台时。正、副台长以下设行政、技术、播音、编辑四个科。1949年7月改称大连人民广播电台时，正、副台长以下设行政、地方、时事、联络、文艺、普及、播音、机务、调整、征收、营业、资料室等科室。

2. 职工队伍

1946年建台初期总计92人，编播人员占总人数21%，技术人员占总人数23%。当年，该电台新闻科设专职记者2人，这是全国人民广播电台史最早设置的专职广播记者。

附录

大连人民广播电台不同历史时期有代表性的播音节目时间表

大连广播电台播音节目时间表

（1946年1月16日起实行）

频率　1065千赫

7：00　转播莫斯科俄语节目
7：45　转播莫斯科中国语节目
8：10　当日节目预报及音乐
8：20　时事新闻
8：40　政治材料
9：00　西洋音乐
12：00　日语时间
12：30　游艺节目
12：40　新闻
13：00　转播莫斯科俄语节目
13：30　政令传布及音乐
13：50　音乐
18：00　晚间节目预报
18：05　儿童、妇女、青年节目

18：20　音乐

18：30　日语时间

19：00　音乐

19：10　地方新闻

19：30　名人演讲、政治材料、苏联介绍

19：50　音乐

20：00　转播莫斯科中国语节目

20：30　中苏文艺

20：50　科学讲座

20：10　时事新闻、次日节目预报

21：30　转播莫斯科俄语节目

第三节　鞍山人民广播电台

一、建置与设施

鞍山无线广播始于民国三十三年（1944 年）东北沦陷时期建立的伪鞍山放送局。

1. 伪鞍山放送局

民国三十三年（1944 年）初筹建伪鞍山放送局，9 月 1 日开始播音。地址在当时的鞍山长大区（今铁东解放路一带）伪鞍山电信电话株式会社（简称“电电”）。主要设备有一台功率 10 千瓦的发射机，频率为 725 千赫，呼号 MTJY。1945 年春，由日本运来两部 50 千瓦发射机。这时把日语节目和华语节目分开广播。日语广播频率为 725 千赫，华语广播为 1160 千赫，呼号均为 MTJY。放送局设放送课、技术课和庶务课。从业人员约 15 人。

2. 鞍山广播电台

1945 年 10 月，中国共产党领导的山东纵队和冀热辽军区十六军分区部队进驻鞍山。10 月 24 接收了伪鞍山放送局，成立鞍山广播电台，发射功率 50 千瓦，频率 725 千赫。1946 年 4 月 2 日，国民党军队侵占鞍山，人民军队撤离鞍山，电台广播中断。1947 年 1 月，国民党统治的鞍山广播电台正式广播，发射功率 20 千瓦，呼号 XQPL，每天播音三次，主要转播国民党沈阳广播电台节目。此时台址在铁东四道街。

3. 鞍山人民广播电台

1948年2月19日，鞍山解放。3月初，鞍山新华广播电台成立，开始播音。7月，国民党军企图打开一条通路经营口从海上逃走，辽阳之敌经常窜扰鞍山市郊，鞍山新华广播电台随党政机关迁往岫岩。11月初东北全境解放，电台迁回鞍山，在市政府楼内继续广播。因发射机破旧，功率小，广播时断时续。1949年3月1日，在器材奇缺情况下，电台技术人员安装200瓦发射机，并按新制定的节目时间表正式播音。5月改称鞍山人民广播电台。

1949年后，电台数度迁址，增加设备，扩大发射功率。

二、广播节目

1949年2月底前，鞍山电台的广播节目以转播上级台为主，自办节目时间不固定，随时播送一些当地新闻、政令通告，或音乐、京剧唱片等。3月后，始有固定节目，转播与自办节目时间各半。其后，随着鞍山生产的恢复与发展，电台自办节目不断增加，转播节目相对减少。在自办节目中，除《本市新闻》（《鞍山新闻》)、《简明新闻》等节目外，围绕钢都建设先后举办了《职工节目》、《基本建设节目》、《工地广播站节目》、《厂矿广播站联播节目》、《职工生活节目》、《鞍山生活》、《学习与生活》、《听众服务》及各类《文艺节目》。

附录

鞍山人民广播电台不同历史时期有代表性的播音节目时间表

鞍山人民广播电台播音节目时间表一

(1949年3月1日起实行)

频率　1043千赫

11：55　开始广播，预告中午播音节目

12：00　对时、本市新闻、政令通告

12：15　广东音乐

12：30　职工时间

12：45　评剧唱片

13：00　对时、播音结束

13：30　第二次播音结束

第三次播音（17：00～22：30)

17：00　开始曲、预告节目

17：05　文艺节目

17：30　转播中央人民广播电台《星星火炬》节目（周日音乐）

17：50　预告次日广播节目

17：55　广告

18：00　鞍山生活（周一、周四），科学知识（周二），道德与法制（周三），老年宫（周五），青年节目（周六），报刊文摘（周日）

18：15　广告

13：25　天气预报

18：30　转播辽宁人民广播电台辽宁各地人民广播电台联播节目

18：50　简明新闻（周日　经济信息）

18：55　评书

19：25　文艺节目

19：45　每周一歌

19：55　天气预报

20：00　转播中央人民广播电台全国各地人民广播电台联播节目

20：30　文艺节目

22：30　全天播音结束

第四节　抚顺人民广播电台

一、建置与设施

民国三十一年（1942 年），日伪当局成立了伪抚顺放送局。民国三十三年 9 月 1 日正式播音，呼号 MTIY，发射功率 30 瓦。台址在现中央大街新抚区政府所在地。1945 年 9 月，中国共产党领导的人民军队进驻抚顺接管了伪抚顺放送局，建立了抚顺市人民政府广播电台，1946 年春正式播音。后因人民军队战略转移，电台撤至抚顺县五龙口。1946 年 4 月国民党军队占据抚顺后，12 月建立抚顺广播电台，波长 275 米，频率 1090 千周。1948 年 10 月 31 日抚顺解放，抚顺人民政府广播电台恢复播音，发射功率为 30 瓦。

二、机构与职工队伍

1. 机构

抚顺人民广播电台是抚顺市广播电视局所属单位，是中共抚顺市委领导的新闻宣传机关。

抚顺电台的前身是抚顺新华广播电台，1949 年改称抚顺人民广播电台。当时由中共抚顺市委领导，同时受东北人民广播电台（区台）领导。

2. 职工队伍

1949 年抚顺电台初创时只有工作人员 3 人（播音员 2 人、技术员 1 人）。

第五节　本溪人民广播电台

一、建置与设施

1. 伪本溪湖放送局

本溪无线广播始于民国三十三年（1944 年）日伪当局建立的伪本溪湖放送局，是年 9 月 1 日正式播音。台址在本溪湖宫原兴亚街 16 号（现平山区南二路）电报电话大楼内。发射机 50 千瓦，呼号 MTMY。每天播音三次，每次 15 分钟。伪放送局原为播放空袭警报而建，故在每日三次播音之外，遇有空袭警报则立即播放。时有工作人员 19 人。

2. 本溪新华广播电台

1945 年 9 月 21 日，中国共产党领导的八路军冀热辽军区十六军分区派陈自新接收了伪本溪湖放送局，当即以本溪新华广播电台名义筹备播音，发射机 10 瓦，9 月 28 日开始播音。1946 年元旦，成立东北民主联军辽东军区，本溪新华广播电台从同日起改称辽东军区新华广播电台。1946 年 3 月中旬，国民党军进犯本溪。辽东军区新华广播电台随军转移至凤城，迅速恢复广播。同年 5 月，辽东军区新华广播电台从凤城转至安东（今丹东），并入安东新华广播电台。

第六节　丹东人民广播电台

一、建置与设施

1. 伪安东放送局

丹东无线广播始于民国二十六年（1937 年）日伪统治时期建立的伪安东放送局，隶属奉天放送局管辖。伪安东放送局开始时办一套节目（称第一放送），民国二十六年（1937 年）10 月 20 日播音，用日语对日本人广播；后又增办第二套节目（称第二放送），民国二十八年（1939 年）12 月 10 日播音，用汉语对中国人广播。当时伪安东放送局地址在安东市六番通四丁目三番地（今振兴区六纬路92号）。其呼号JQBK，第一套节目频率805千赫，波长373米；第二套节目频率1260千赫，波长238米。发射功率50瓦。

伪安东放送局成立初期，局下设业务系、技术系，从业人员12人。后期局下设放送课、机械课、庶务课，课长均系日本人，从业人员20多人。局下属一个无线电营业所（后改为伪安东放送普及局），人员较多，主要掌管经销收音机、收取收听费和修理收音机业务。

2. 安东新华广播电台

1945年10月下旬，中国共产党领导的安东市民主政府派白刃、冷克（女）带领一班战士，接管伪安东放送局，成立安东市政府广播电台，不久改称安东新华广播电台。11月7日开始播音，呼号XNAR，频率1260千赫，发射功率50瓦。

1946年10月，国民党军队进犯安东，10月23日夜，台长陈自新奉命带领工作人员7人，携带广播发射机撤出安东，转移至朝鲜新义州。在极端困难条件下办秘密广播电台，坚持向安东人民广播。发射功率10瓦，呼号为安东新华广播电台，频率1260千周（同国民党统治的安东广播电台的一个波长相同）。

1947年6月9日，安东第二次解放。在新义州坚持播音七个月的安东新华广播电台，于当日迁回安东，6月10日恢复播音。安东电台迁回时发射功率为10瓦，当年7月增至50瓦，9月扩大到100瓦，12月达250瓦。1948年4月，中波发射发展到500瓦，并增设短波广播机向国外播放，广播覆盖由市区扩展到东北、华北、华南一些地区。1948年7月左右，短波机停用，启用两部中波发射机，一部500瓦，一部50瓦。

3. 国民党安东广播电台

1946年11月，国民党统治的安东广播电台开始播音，呼号XQPY，发射功率为50瓦，波长318米，频率942.8千赫。后又使用100瓦发射机，波长238米，频率1260千赫。台内设4课9股，从业人员40多人。1947年6月初，国民党军撤出安东时停播。

4. 丹东人民广播电台

丹东人民广播电台的前身是安东人民广播电台。1949年4月，按东北台指示，安东新华广播电台改名为安东人民广播电台。当年8月，通化电台撤销并入安东人民广播电台。

1949 年 4 月 21 日，原辽宁、安东两省合并成立辽东省，作为省台的安东人民广播电台未立即改名，直至 1951 年，根据中央广播事业局及东北台指示，于 3 月 25 日改称辽东人民广播电台。

二、机构与职工队伍

1. 机构

1945 年 10 月，安东市建立的第一个人民广播电台称安东市政府广播电台，不久改称安东新华广播电台，由中共安东省委领导。

2. 职工队伍

1945 年 10 月建台初期，包括行政、编播、工务人员，共 20 人左右。

附录

丹东人民广播电台不同历史时期有代表性的播音节目时间表

安东新华广播电台播音节目时间表

（1949 年 3 月 1 日实行）

频率　1270 千赫

清晨播音（6：25～7：30）

6：25　开始曲、预告节目

6：30　清晨音乐

6：40　早晨的话

6：45　清晨特别节目

7：00　新闻重述

7：20　预告中午播音节目、对时

7：30　播音结束

中午播音（11：50～13：30）

11：50　开始曲、预告节目、对时

12：00　简明新闻

12：20　布告和通告

12：30　讲座

12：45　唱片

13：00　地方新闻

13：15　工商业广告

13：25　预报晚间播音节目、对时

13：30　播音结束

晚间播音（17：55～22：00）

17：55　开始曲、预告节目

18：00　唱片

18：10　介绍本市商情行市

18：15　布告和通告

18：25　唱片

18：30　文化娱乐活动

19：00　转播东北新华广播电台新闻和论评

19：30　转播陕北新华广播电台新闻、论评和城市通讯

20：30　唱片

20：35　通讯

20：50　预告次日播音节目、对时

21：00　地方新闻

21：15　唱片

21：20　新闻

21：45　论评报道、终了曲

22：00　全天播音结束

第七节　锦州人民广播电台

一、建置与设施

锦州人民广播电台隶属锦州市广播电视局，与局和锦州电视台在广播电视大楼合署办公。地址在锦州市北京路四段3号。

1. 伪锦县放送局

锦州无线广播始于民国二十八年日伪统治时期建立的伪锦县放送局。民国二十八年（1939年）4月14日，伪锦县放送局开始播音，地址在锦州市向阳区昭和街（今锦州市北京路四段3号）。当时设两部100瓦中波发射机，分别用于日语和汉语广播。日语节目（时谓“第一放送”）频率575千赫；汉语节目（时谓“第二放送”）955千赫。广播呼号均为MTOY。

伪锦县放送局下设庶务、放送、工务、放送普及各课，计约30人。不

设编采人员，没有独立的编采业务。其《市况》节目则由放送员（播音员）播读当时的《辽西晨报》、《康德新闻》地方消息。伪锦县放送局播音覆盖面积半径约50公里。

1945年抗日战争胜利后，中国共产党领导的冀热辽军区十六军分区部队于9月4日进驻锦州，派董林接收伪锦县放送局。同年11月25日部队撤出锦州，广播设备随军转移。

2. 锦州广播电台

1945年11月26日至1948年10月15日，国民党军占据锦州。国民党中央广播事业管理处派员“接收”伪锦县放送局，1946年2月2日以锦州广播电台名义正式播音，发射功率先后为50瓦、100瓦，呼号XQDC，频率950千赫。台址仍在日伪放送局原址。台内设播音科、工务科、总务科，从业人员25人。

3. 锦州人民广播电台

1948年10月15日，锦州解放。冀热辽军区十六军分区派杨志理接收了国民党锦州广播电台，成立锦州新华广播电台。经两个月修复广播设备和试播，1948年12月15日正式播音。功率100瓦，呼号XQCT，频率950千赫。

1949年5月1日，锦州新华广播电台改称锦州人民广播电台，取消原呼号。7月，行政区划调整，辽北、辽西两省合并为辽西省。原设在辽北的四平人民广播电台撤销，人员及设备成建制地并入锦州电台，重新组建的锦州人民广播电台为中共辽西省委领导的宣传机构。

二、广播节目

1. 新闻节目

锦州新华广播电台及锦州人民广播电台初期，以转播陕北和北平新华台、东北电台为主。

第八节　营口人民广播电台

一、建置与设施

1. 伪营口放送局

民国二十八年（1939年）2月10日，日伪营口放送局正式播音，台址在现东升街青柳里站前房产管修所院内。日语广播（时谓“第一放送”）和汉语广播（时谓“第二放送”）的呼号皆为MTPY，发射功率各为50瓦。日语广播频率 1025 千赫，汉语广播频率 1270 千赫。每日播音三次，全天播音约 9 小时。广播节目有新闻、报告、教育、修养、慰安、气象、市场行情等。台内设放送系、技术系、庶务系，从业人员 20 余人。

2. 营口广播电台

1945 年 8 月抗日战争胜利后，原在伪营口放送局和放送普及局工作的中国人组建营口广播电台。10 月 20 日，中共营口特派员办事处接管了营口广播电台，开始播音。1946 年 3 月，国民党军进犯营口，人民武装撤出时将电台全部机器转移至岫岩县。

3. 营口人民广播电台

1948 年 2 月营口解放。5 月，中共营口市委着手恢复电台工作。10 月 23 日，国民党军队 52 军 25 师窜扰营口，电台随党政机关转移至盖平（今盖县）熊岳境内。11 月 2 日东北全境解放，营口市党政机关回到营口。1949 年初开始筹建营口新华广播电台，4 月 15 日正式播音，发射功率 50 瓦，后改装为 100 瓦，频率 1270 千赫。台址最初在中共营口市委后院楼上（今辽河大街胜利里），9 月迁至东双桥老造船厂（今建设街）。是月，营口新华广播电台改称营口人民广播电台。

二、机构

1945 年 10 月 20 日，营口市建立营口广播电台。在人民解放战争中营口电台经过转移、重建，于 1949 年 9 月正式改为营口人民广播电台。

1945 年建立营口广播电台时，设事业、播音、技术三科。

第九节　阜新人民广播电台

建置与设施

1. 伪阜新放送局

民国三十三年（1944 年）年初，日伪建立伪阜新放送局，1945 年 7 月 15 日开始播音，发射功率 50 瓦，同年 8 月 15 日停播。台址在现阜新矿业学院东南角。

2. 阜新人民广播电台

阜新人民广播电台前身为阜新煤矿广播电台。1948 年 3 月 18 日阜新解放，矿区曾建有线广播。

第十节　民营广播电台

1947年，在国民党统治的沈阳、营口两地，相继出现一些民营广播电台，但一些台未及播音即告夭折。建成并开始播音的电台有沈阳华音广播电台和营口青年广播电台。两台都以经营商业广告为主，设备极其简陋。

一、沈阳华音广播电台

沈阳华音广播电台于1947年3月16日开始播音，地址在沈阳市小西大街路北（现沈河区小西路四段1—2号）。呼号为XNHB，发射功率50瓦，分别使用1150千赫、1003千赫、815千赫频率播出。

广播节目除商业广告外，尚有新闻、儿童教育及文艺节目。每日早、午、晚三次播音，全天播音约10小时。

该台创办人何豫（号荆璞），伪满奉天第二国民高等学校毕业，爱好无线电技术，投资筹建广播电台。国民党辽宁省党部主任委员石坚为名誉台长。电台经理王会文，下设编辑、机务、服务、总务四部，工作人员达20余人。国民党统治下的沈阳市经济凋敝，路有饿殍，广播广告业务不景气，加上市内时常停电，华音电台不得不于同年5月13日停播，11月1日宣告停业解体。

二、营口青年广播电台

营口青年广播电台于1947年春筹建，同年10月播音，年底左右停业。该台由营口国民党三青团书记刘万发发起，陈修实任台长。呼号为XNNY，发射功率0.1千瓦，波长269.5米，频率1113千赫。

播音内容除广告外，还播放一些京剧、评剧、大鼓、流行歌曲唱片等。

第四章　广播技术

民国十七年（1928年），辽宁在全国较早地兴办了无线电广播。由于受当时政治、经济条件的限制，无线电广播技术尚处于起步阶段。东北沦陷时期，广播电台发射功率很小，一般只有几百瓦甚至几十瓦，最大不过2千瓦，发射制式也只限于调幅式一种。

第一节 播控

录制设备

录音机是节目制作合成的主要技术设备。1949 年新中国成立前，辽宁地区电台仅有日伪时期遗留的少量蜡盘录音设备，技术落后，且多坏损，不能形成以录音为技术手段的节目制作系统。

第二节 发射

中波发射

中波发射技术

民国十七年（1928 年），在辽宁开办的第一座电台——奉天广播无线电台发射功率为 2 千瓦，是当时国内功率较大的电台。此前，民国十四年（1925 年）日本在大连所建的殖民地电台大连放送局，功率仅为 50 瓦。

东北沦陷时期，日伪在辽宁地区共建电台 9 座，发射总功率为 4. 48 千瓦。各台以转播新京（长春）电台节目为主，除奉天、大连两台发射功率稍大外，其他电台发射功率在 50 ~ 100 瓦之间。

1945 年 8 月日本投降后，在中国共产党领导下，辽宁地区一些城市利用日伪遗留的广播设备建立了人民广播电台。在解放战争中由于形势动荡，绝大多数人民电台发射功率维持在原有水平；国民党统治区的电台时播时停，也无发展。1948 年 11 月东北全境解放后，位于沈阳的东北电台成为东北广播宣传和技术工作的中心，东北台的技术人员自己动手，克服困难，1949 年 7 月，组装了人民广播史上第一个功率最大的 10 千瓦中波发射机。辽宁地区各市台也相继扩充发射设备。

1949 年新中国成立后，人民广播事业的首要任务是尽快增建电台和扩大发射功率。

第三节 传输

传输技术

20 世纪 20 年代，处于起步阶段的辽宁无线电广播尚未建立起节目传输系统，听众直接收听中波广播，广播覆盖面积较小。1931 年“九一八”事变东北沦陷后，日伪为集中控制广播宣传，以新京（长春）为中心，建立了通往北至哈尔滨，南至沈阳、大连的广播转播线。相继又建设了沈阳到长春、沈阳到安东的地下电缆，通过专线传输广播节目，实现其联网广播。1945 年日本投降后，这些专线在解放战争期间遭到破坏，停止使用。

第二篇 >>>
事业管理

第一章　管理体制与机构队伍

第一节　管理体制

省级广播电视机构管理体制

从1945年8月东北光复到1949年9月末中华人民共和国成立前夕，辽宁地区先后建立由中国共产党领导的人民广播电台九座。其领导体制可分为四种情况：东北台［与沈阳台（区台）同一机构］由中共中央东北局领导；沈阳台（1945年9～11月）由中共辽宁省工委、沈阳市委共同领导；安东台由中共安东省委领导；锦州台由中共辽西省委领导，大连、鞍山、抚顺、本溪、营口台由当地市委领导（抚顺台开始由市政府领导，鞍山、本溪台开始由部队政治部领导）。1948年12月，东北新华广播电台（区台）迁到沈阳后，东北台继续统一领导和管理（包括器材供给）全东北地区的广播电台。各台内部的领导体制，除安东台设指导员领导政治思想工作外，其他台均由台长、副台长实行全面领导。

第二章　宣传管理

第一节　管理体制与机构

省级管理体制与机构

1948年7月8日以前，辽宁地区由中国共产党领导的各人民广播电台，处于分散状态，没有统一宣传管理机构。各广播电台的宣传工作有的由所在省委、市委宣传部领导；有的由新华社、报社领导；还有的由部队和政府教育局领导。

1948年7月7日，中共中央东北局宣传部在哈尔滨市召开了东北地区各广播电台台长联席会议。7月9日，中共中央东北局作出《关于统一广播电台的决定》，要求东北解放区各广播电台，统一由东北新华广播电台管理；各省新闻统一归东北新华广播电台播送。广播电台的一般宣传工作由省、市委宣传部领导，本市地方新闻报道由市委审查。

附录

一、大事记

民国十四年（1925年）

7月　日本在大连建立伪大连放送局，开始播音。

是年　奉系军阀的东北无线电长途电话监督处开始制订在哈尔滨、沈阳建立广播电台的计划。民国十六年（1927年），奉天广播无线电台动工兴建，是年冬建成，开始试播。民国十七年春，奉天广播无线电台正式播音。

民国十五年（1926年）

10月　镇威上将军（张作霖）公署批准颁发了《广播无线电条例》、

《装设广播无线电收听器规则》和《运销广播无线电收听器规则》，下达东三省贯彻执行。

民国十七年（1928 年）

12 月 29 日　张学良通过奉天广播无线电台播出东北易帜通电。

民国十八年（1929 年）

年初　奉天广播无线电台改称辽宁广播电台（后又改称沈阳广播电台）。

5 月 17 日　辽宁广播电台邀请中国著名报学史家戈公振到台作广播讲演；东北无线电长途电话监督处电告沪、宁、平、津 4 台转播。

民国二十年（1931 年）

9 月 18 日　日本帝国主义发动武装侵略东北三省的“九一八”事变，侵占沈阳。沈阳广播电台被日本关东军侵占，后改为伪奉天放送局（即电台），12 月正式播音。

民国二十二年（1933 年）

9 月　日本帝国主义在大连成立“满洲电信电话株式会社”（简称“电电会社”），统一管制东北境内的伪放送局。

民国二十四年（1935 年）

11 月　“电电会社”从大连迁到新京（长春）。

民国二十五年（1936 年）

10 月 1 日　日本帝国主义为了推行全面侵华的“大陆政策”，在大连市内圣德公园（今中山公园）东北隅建设新的伪大连放送局。

12 月 1 日　伪大连放送局开办“短波海外放送”。

民国二十六年（1937 年）

7 月 1 日　日本帝国主义为了侵略战争的需要，大力增设广播设施，扩建了伪奉天放送局。

10 月 20 日　伪安东市放送局正式播音。

11 月　伪大连放送局播送华语节目。

民国二十七年（1938 年）

4 月　日“电电”会社将大连、奉天、哈尔滨等放送局升格为伪中央放送局。

10 月　伪奉天中央放送局播送华语节目。

民国二十八年（1939 年）

2 月 10 日　伪营口市放送局正式播音。

4 月 14 日 伪锦县放送局正式播音。

民国三十年（1941 年）

12 月 8 日 日伪成立伪新京放送总局，加强对广播的集中统制。伪奉天中央放送局和伪满各地放送局统由伪新京放送总局指导、监督。所有广播节目由总局统一编发，各地放送局进行中继连网广播，实行所谓“全满广播一体化”。

民国三十三年（1944 年）

9 月 1 日 伪鞍山、抚顺市和本溪湖放送局正式播音。

民国三十四年（1945 年）

7 月 15 日 伪阜新放送局正式播音。

8 月 15 日 日本宣布无条件投降。苏联红军接管沈阳广播电台后，东北抗联派刘铁石到沈阳电台工作，与苏军共管电台。

9 月 4 日 冀热辽军区十六军分区派董林接收伪锦县放送局。11 月 25 日，因形势发展奉命将其广播设备和部分器材运往承德。

9 月 6 日 八路军冀热辽军区十六分区部队进驻沈阳市，派李复、孙茜接管沈阳广播电台，开始播音。9 月中旬，中共辽宁省工委和中共沈阳市委派林超参与沈阳广播电台的领导工作。当时沈阳广播电台既是辽宁省台又是沈阳市台。同年 11 月 25 日，由于形势的变化，林超、李复、孙茜等撤出沈阳广播电台。

9 月 21 日 冀热辽军区十六军分区部队接收日伪本溪湖放送局，成立本溪新华广播电台，9 月 28 日正式播音。

10 月下旬 中国共产党领导的安东市民主政府派白刃、冷克带领一班战士接管伪安东放送局，成立安东新华广播电台，11 月 7 日开始播音。

10 月 20 日 中共营口特派员办事处接收伪营口放送局，并开始播音。1945 年 3 月停播，设备撤至岫岩县。

10 月 24 日 冀热辽军区十六军分区部队接收伪鞍山放送局，成立鞍山广播电台，并开始播音。1946 年 4 月 2 日民主联军及党政机关撤离鞍山，鞍山电台广播中断。

11 月 14 日 沈阳市公安局局长赵濯华在沈阳广播电台发表了《镇压反动分子，保护人民正常生活》的广播讲话。

12 月上旬 中共大连市委派康敏庄、白全武、林培信、林针等人，以市政府名义接管日伪大连中央放送局，开始筹建大连广播电台。1946 年 1 月

16 日开始播音。

民国三十五年（1946 年）

1 月 1 日 本溪新华广播电台改称辽东军区新华广播电台。5 月电台战略转移，并入安东新华广播电台。

1 月 16 日 大连广播电台正式播音。1947 年 5 月 1 日，大连广播电台改称关东广播电台。

3 月 大连市公安部门破获了国民党暴力集团妄图破坏广播电台的案件。

春 抚顺市人民政府广播电台正式播音。

4 月 大连广播电台新闻科设专职记者 2 人。这是全国人民广播电台中最早设置的专职广播记者。

10 月 23 日 国民党军队进犯安东，安东新华广播电台停播，电台转移朝鲜新义州继续播音（隐蔽）。

民国三十六年（1947 年）

6 月 9 日 安东市第二次解放，安东新华广播电台由朝鲜新义州迁回安东。10 日恢复播音。

民国三十七年（1948 年）

1 月 16 日 大连广播电台副台长白全武撰写的《两年工作回顾》一文在《大连日报》上发表。此文从理论上对广播的特点作了较全面的阐述。

同日 大连广播电台的短波广播开始试播，1949 年 3 月 5 正式播音，年底停办。

7 月 7 日 中共中央东北局宣传部在哈尔滨市召开东北地区各广播电台台长联席会议，成立东北新华广播电台（区台）。

11 月 2 日 沈阳解放。4 日，东北新华广播电台副台长朱明率人接收国民党沈阳广播电台和军中广播电台。当日，沈阳新华广播电台开始播音。

12 月 15 日 中共辽西省委领导的锦州新华广播电台正式播音。

12 月 25 日 东北新华广播电台由哈尔滨市迁到沈阳市，与沈阳新华广播电台合并。

1949 年

1 月初 东北新华广播电台公布《广告条例》。

1 月 20 日 新华总社发出《关于东北台担负国际宣传任务的规定》，规定日语广播继续由东北台负责广播；并要求各台转播东北台英语广播、日语广播及粤语广播。

1 月 27 日 东北新华广播电台为入关作战的中国人民解放军第四野战军

举办《对野战军广播节目》，它是早期专为解放军举办的广播节目。于6月24日完成其历史使命而停播。

2月1日 各广播电台广播直呼自己的台名，一律取销拉丁字母呼号。

3月1日 东北新华广播电台通知东北地区各广播电台从5月1日起，一律改称人民广播电台。

同日 按照区、市台分设要求，沈阳新华广播电台恢复播音。

3月5日 中共沈阳市委宣传部和沈阳新华广播电台联合发出《关于组织广播通讯员》的通知。

4月1日 关东广播电台改称大连新华广播电台。同年7月14日改称大连人民广播电台。

5月1日 东北新华广播电台改称沈阳新华广播电台（东北区台），原沈阳新华广播电台改称沈阳人民广播电台（市台）。同年9月10日，沈阳新华广播电台（区台）改称沈阳人民广播东北电台（区台），原沈阳人民广播电台（市台）停播。

6月底 沈阳新华广播电台附属无线电修造厂成立。1950年8月改称东北人民广播器材厂，同年10月迁址长春市宽城子。

7月1日 沈阳新华广播电台（区台）组装的10千瓦发射机试验播出。这部机器是中国共产党创办广播事业以来自己装设的第一部大功率中波发射机。

7月 沈阳人民广播电台与沈阳市总工会在沈阳染料厂组建了沈阳市第一个工厂有线广播站。

7月15日 中共中央东北局发出《关于统一管理广播宣传及各种讲座的决定》。

二、重要文献辑存

民国时期文献

1. 民国十五年（1926年）10月东北无线电长途电话监督处颁发的《广播无线电条例》

第一条 东北无线电长途电话监督处为普及文化、传布商情起见，于东三省境内，择相当地点，设立广播无线电台，办理广播无线电事业。

第二条　广播无线电台于每日规定时间内，用无线电传播新闻、商情、音乐、歌曲、演讲等项，以供公众收听。其详细办法，由该台另行规定。至每日广播节目，预登报纸或印刷传单宣布之。

第三条　广播无线电台所发之新闻、商情、音乐、歌曲、演讲等项，凡居住东三省境内者，均得装设收听器收听之；惟须绝对遵守东北无线电长途电话监督处所规定装设收听器之规则。

第四条　凡东三省境内所需之收听器暨附属品以及零件等项，无论中外商行均得运输销售；但须绝对遵守东北无线电长途电话监督处所规定运销收听器之规则。

第五条　广播无线电收听器暨附属品以及零件输入东三省境内各口岸时，除由承运之商行遵章请领进口护照外，并须经东北无线电长途电话监督处派员检查，其详细办法，另行规定。

第六条　无论何人或任何机关，不得在东三省境内私运私售或私设任何无线电机器并经营广播无线电事业。违则除没收其全部机器外，并处以现大洋二千元以上一万元以下之罚金。惟本国海陆军机关装设无线电机专为军事通信或有特别情形呈奉镇威上将军公署核准者不在此限。

第七条　凡私人或团体有因事藉东北广播无线电台向公众宣告或讲演者，须先将底稿商得该台许可，并缴相当之费用。

第八条　广播无线电台须用长途电话线接通他埠，以便传音时得由该台随时接洽办理。

第九条　本条例呈奉。

镇威上将军公署批准，自公布之日施行，如有未尽事宜，仍得随时呈请修改之。

2. 民国十五年（1926 年）10 月东北无线电长途电话监督处颁发的《装设广播无线电收听器规则》

第一条　凡为收听无线电新闻、演讲、商情、音乐等项而装设广播无线电收听器者，应遵照本规则之规定。

第二条　凡欲装设广播无线电收听器者，应遵照后开请愿书式样逐项填照，先行函请当地或附近之东北广播无线电台或办事处注册，并发给购机凭单；机器装竣后，再请派员检验，发给广播无线电收听器执照及标记，方可使用。

第三条　凡欲装设广播无线电收听器者，应持购机凭单，向钉有东北无线电长途电话监督处特许营业标记之商行购买机件。购妥后即将该项凭单交经售之商行运送东北无线电长途电话监督处查核。其每副收听器或附属品或零件，均须钉有东北无线电长途电话监督处所发号牌，方可购买。如用户私购不钉号牌之机件，一经查出，除将该机件没收外，并处以现大洋五十元以上一百元以下之罚金。其钉有号牌之收听器，须适合下列各项之规定，方可装用：

一、只能收听一百米达以上六百米达以下之无线电波者；

二、内部装置不能任意变更作为发报或发话用者。

第四条　装设广播无线电收听器之用户，如购用贴有号牌之零件，自行装配完成一副收听器时，应先送就近东北广播无线电台试验，缴纳试验费现大洋一元，并请发给号牌标记及收听器执照，方可使用。

第五条　广播无线电收听器所用天线不可接近电报、电话、电灯或其他电力之线路；其接连地线之处须不致有引火之虞。又用户调整真空管时不得故意发射电波致生扰乱。

第六条　装设广播无线电收听器之原注册用户住址或装机地点变更时，须通知原注册之东北广播无线电台声明原委，并记载新旧两处装置地点，请其派员检查及更正原册。又装设收听器之原注册用户若本人名号或机关名称或商行字号如有变更时，亦须函请原注册之东北广播无线电台更正。

第七条　装设收听器之用户应将所领执照置于装设机器之处，如携带收听器至他处时，亦须带执照同行，以备检查；若执照遗失应立即申请原发执照之东北广播无线电台补发。

第八条　装设收听器之用户于请愿注册时，应缴纳注册费现大洋一元，机器装备后请领执照时，若用矿石收听器者，应缴纳执照费现大洋六元，若用真空管式收听器者，应缴纳执照费现大洋拾贰元，上项执照效用以一年为限，逾期应照章缴费更换新照。

第九条　装设收听器之用户如欲停止收听广播无线电时，应将机器及天线拆卸并通知原注册之东北广播无线电台注销，并缴还执照及标记。该项机器欲重装使用时，应照本规则第二条重请执照及标记。若用户欲将该项机器移让或转售他人或他团体时，应由新旧用户联名函请原注册之东北广播无线电台更名，旧用户须将执照及标记缴还，新用户应请另发执照及标记。

第十条　本规则第九条之重发执照标记及第七条之补发执照均须于申请时缴纳手续费现大洋一元。

第十一条　凡未经东北广播无线电台注册发给执照标记私自设置广播无线电收听器者，一经觉察，除没收其全部机器外，并处以现大洋五百元以上二千元以下罚金，倘该项机器查与本规则第三条之规定不符时，应按照广播无线电条例第六条处罚。

第十二条　装设广播无线电收听器之用户，于机器装妥后，不得将内部装置变更或添置机件以收听一百米达以下六百米达以上之电波，或改作发报或发话之用，惟为增加广播无线电之收听效用起见须添置附属品或零件时，应照本规则第二条，先行函请广播无线电台发给购机凭单方可购用，如违本条规定，即照第十一条处罚。

第十三条　凡装设广播无线电收听器之用户，应将东北广播无线电台所发之标记钉于大门上。该项标记连同执照每年更换一次，以颜色区别之。如遇无线电检查员检查执照或试验机器时，应随时任其检查，不得拦阻。

第十四条　本规则施行前已装广播无线电收听器之用户，尚未向东北广播无线电台注册并领有执照者，限于本规则施行后一个月内，遵章补请注册并领取执照及号牌标记，逾期不报者，按照本规则第十一条处罚。

第十五条　凡由东三省境外各埠购买广播无线电收听器携入境内，或位居东三省境内向境外各埠订销收听器使用者，应于机器输入境内以前，先向东北无线电长途电话监督处请领进口护照，按照机器价值缴纳百分之十进口护照费，并须按照本规则第四条办理。该项机器价值由东北无线电长途电话监督处按市价公平估计，不得争执，如违本条所规定，即照运销广播无线电收听器规则第十四条处罚。

第十六条　本规则呈奉镇威上将军公署批准，自公布日施行。如有未尽事宜，仍得随时呈请修改之。

（以下为《装设广播无线电收听器请愿注册书》、《装设广播无线电收听器请领执照书》、《装置报告单》，从略。）

3. 民国十五年（1926 年）10 月东北无线电长途电话监督处颁发的《运销广播无线电收听器规则》

第一条　东北无线电长途电话监督处为普及文化传布商情起见，准许国内外各商行输入或销售任何工厂或公司所制广播无线电收听器或附属品或零件等项，但须遵照本规则之规定。

第二条　凡输入或销售广播无线电收听器或附属品或零件之商行，应遵照附开请愿书式样逐项填明，函请奉天东北无线电长途电话监督处注册，并请颁给营业执照及标记。该项标记须安置于商行大门之上，方准营业。凡输入广播无线电收听器或附属品或零件之商行兼营销售该项机件时，对于营业执照只请一次。

第三条　各商行于请领营业执照时，应缴纳执照费现大洋二十四元，此项执照效用以一年为限，逾期应更换新照，照章缴费。

第四条　输入广播无线电收听器或附属品或零件之商行，于请领营业执照时，除缴纳执照费外，应缴保证金现大洋一千元。

第五条　输入广播无线电收听器或附属品或零件之商行，于机器进口以前，应将发货单、装箱单、机器式样说明书及详细材料价目单，函送奉天东北无线电长途电话监督处查照，并请领进口护照。

第六条　输入广播无线电收听器或附属品或零件之商行，除照中华民国现行税则缴纳关税外，应于请领进口护照时，按价目单所开收听器或附属品或零件价值，缴纳百分之十之进口护照费。倘所开价目查明不实，得由东北无线电长途电话监督处按照时价公平估计，其进口护照费，即照所估价值缴纳百分之十，以昭公允。

第七条　东三省境内各口岸均驻有东北无线电长途电话监督处所派之检查员，凡进口之广播无线电收听器或附属品或零件等项，经检查员验明，确与发货单、装箱单所开数目、容积及重量符合后，方准输入。

第八条　东北无线电长途电话监督处对于允许进口之收听器或附属品或零件，如认为有试验之必要时，应随时送处请验。

第九条　广播无线电收听器之接线方式、内部装置不加限制；惟须适合下列各项：

一、只能收听100米达以上600米达以下之无线电波者；

二、不能任意变更作发报或发话用者。

第十条　凡允许进口之广播无线电收听器或附属品或零件，于发护照时按照发货单及装箱单所开件数，另给号码牌；该牌须钉于收听器上方可出售。如系附属品或零件，除零星小件不能粘贴牌号者，应就每一小包或每一小箱加贴牌号外，其余可以加钉者钉铜号牌，不能加钉者粘贴纸号牌。其未经粘钉号牌之收听器或附属品或零件，一概不准出售。

第十一条　各商行如将未粘钉号牌或粘钉伪号牌之广播无线电收听器或

附属品或零件等项出售，一经查出，除取消其营业执照、没收其全部机件外，并处以现大洋五千元以下一千元以上之罚金。

第十二条　凡在东三省境内之各商行，如违本规则第二条之规定，擅自输入或销售广播无线电收听器或附属品或零件者，一经查出，除没收其全部机件外，并照私运或私售无线电机论，处以现大洋一万元以下二千元以上之罚金。

第十三条　销售广播无线电收听器或附属品或零件之商行，对于购买此项收听器或附属品或零件之主顾，应先索验东北广播无线电台发给之购机凭单，方可发售。该项凭单于机器售妥后，毋庸发还买主，应于月终检送奉天东北无线电长途电话监督处查核，如违本条规定，一经查出，除取消其营业执照外，并处以现大洋五千元以下一千元以上之罚金。

第十四条　凡输入广播无线电收听器或附属品或零件之商行，如不按照本规则第五条办理或输入收听器违反第九条所规定者，一经查出，除取消营业执照没收保金及其全部机器外，并照私售或私运无线电机论，处以现大洋一万元以下二千元以上之罚金。

第十五条　凡运销广播无线电收听器或附属品或零件之商行，于每副收听器或附属品或零件出售时，均应填写三联单：一联存根，一联交购料者，一联于月终连同购机凭单封送奉天东北无线电长途电话监督处查核。又，每届月终应将存货单无论整副收听器或附属品或零件均应详细开列函送奉天东北无线电长途电话监督处备查。

该项售货三联单及存货单应将机件进口日期、护照号数、所钉号牌及购机凭单号数，详细填明，不得遗漏。所填各项如查有不符时，按照本规则第十一条、第十三条或第十四条处以相当之罚金。

第十六条　输入广播无线电收听器或附属品或零件之商行，对于应缴各费，若不按时缴纳，即于所存之保证金内扣除，不足得没收其机件作抵。

第十七条　销售广播无线电收听器或附属品或零件之商行，对于应缴各费，若不按时缴纳，除取消其营业执照外，并没收其机件作抵。

第十八条　各商行如需停止营业时，应于十日前通知奉天东北无线电长途电话监督处注销，并将营业执照缴还，其以前所存之保证金，除将应缴各费扣除外，余数一并退还。

第十九条　本规则呈奉镇威上将军公署批准，自公布之日施行。如有未尽事宜仍得随时呈请修改之。

（说明：1. 上述三个法规，原文无标点符号；2.《运销广播无线电收听器请愿书》、《销售广播无线电收听器请愿书》、《运销广播无线电收听器请领进口护照本》从略。）

解放战争时期文献

1. 新华总社文献

新华总社关于东北台担负国际宣传任务的规定

（1949 年）

东北局宣传部东北广播台：

15 基罗短波台之国际宣传任务是用外国语及文字播发新华社消息及文章，并向东方各民族进行宣传。总社除增强现有之英文广播外，正计划增设俄文广播。中文则在整个南洋华侨中作用甚大。日文广播请继续由东北台负责广播。凡此中、俄、英、日文之广播，具应利用此十五基罗之大台，以发挥其最大效用。

目前之具体任务如下：

（甲）转播东北台口头英文广播，并由你处建立英文记录新闻，在午夜开始专供南洋方面抄收。

（乙）转播东北广播台之日文、广东语等节目。

（丙）转播总社陕北台之新闻、评论、城市报道、解放区介绍等节目。

（丁）口头广播完毕后，即转发新华总社英文文字广播稿，并即与吴文涛商量决定有适合于欧洲抄收之波长播发。

以上各点能否做到，你们有何意见，盼告。

总社

1 月 20 日

新华总社关于改变各广播电台呼号的通知

（1949 年）

总分社转东北广播台：

（一）查过去广播台之呼号 ×…等，原系以英美为中心之所谓国际无线电会议上之决定，苏联没有参加，我们更没参加，因此我们没有任何理由跟着他们去改变呼号，并且我们也不须跟着去给我们的广播台冠以一定拉丁字母之呼号。

（二）由2月1日起，各广播台即以自己的台名为呼号，一律取消其原有之拉丁字母呼号。如：东北台即直接报名东北新华广播台，其原用之XN-MR即取消不用。今后任何新建或新解放城市之广播台俱不要拉丁字母作呼号。

（三）各广播台取消原有拉丁字母呼号后，应由1月29日、30日、31日到2月1日连续声明四天，每天可多播数次，其声明如下："各位听众注意，本台从2月1日起，即以××（城名）新华广播电台为呼号，原用之××（旧拉丁字呼号）取消。"

总社

1月15日

2. **中共中央东北局文献**

中共中央东北局宣传部给嫩江、牡丹江、吉林、辽宁、安东、冀察热等各党委的信

（1948年）

（一）随着战争形势的发展，革命运动的深入城市，我党对外宣传的重要性亦随之加大，这时，由于战争环境的特殊限制和一般报纸杂志等宣传在客观上存在着若干困难，广播电台就成为对国际、蒋管区和解放区大城市宣传最迅速而有效的工具了，这也是最现代化的宣传武器。陕北新华广播电台，这两年来在对外宣传上，就的确起了很大作用。

（二）目前东北解放区共有广播电台九所，每所都有中波（赤峰只有短波在外），加上4个短波，通化多一个中波，一共有14个波长，除每个电台都用中文进行宣传外，目前还有英文、韩文广播。东北有这许多电台，如果有组织有计划地使用起来，无疑将成为一支强大的宣传力量，各省（市）党委宣传部应予以必要的重视，并应研究如何去有效地使用这个力量。

（三）宣传部为了更有效地发挥广播电台的作用，有计划进行工作起见，决定本月内召开一次广播电台会议，就东北各台的广播宣传，来一次全盘的检讨，目的在使广播宣传工作在统一领导、分工合作的方针下组织起来，以便达成应负的任务。各省（市）党委宣传部，应即先行召开广播宣传会议，

吸收电台领导同志参加，分别讨论各个广播电台的工作，务必使统一领导的必要性，在领导同志的思想认识上取得一致，以便在即将召开的电台会议上通过决议以后，不致发生思想上不能贯彻的现象。此外，也望能通知各台早时总结广播宣传工作，准备材料和意见，以便在电台会议上加以充分讨论。会议时间当另通知。

东北局宣传部
6月5日

中共中央东北局关于统一广播电台的决定

（1948年7月9日）

广播电台是现代化的宣传武器，党应该加强其领导，统一集中地使用广播电台，在今天尤为重要。鉴于东北解放区现在几个电台尚未统一的情况，以及有效的发挥广播电台的作用，东北局特作如下决定：

1. 全东北解放区各电台，统一属东北新华广播电台领导管理（包括供给）。

2. 现在各广播电台的干部人员（包括编辑、机务与事务人员）和全部器材均由东北新华广播电台接受，统一分配统一处理。

3. 东北新华广播电台作为东北解放区各地方电台的领导机关，设在东北局所在地，直属东宣部领导，各地按照地理情况共分设四个中波电台。

4. 各个地方电台不设短波，只设中波专门转播陕北新华广播电台和东北新华广播电台节目，中波电台只能播送经过市委审查后的本市新闻，各省新闻统一归东北新华广播电台播送。

5. 各县或市内小的中波电台其任务与地方中波台同。

6. 广播电台统一后，党的支部生活由地方党委领导，本市地方新闻报道由市党委审查。

7. 统一后的东北新华广播电台，应将各地配备后多余的编辑人员、广播员、机务人员集中训练，进行各项业务教育，提高政治水平与科学技术水平，以应革命发展的需要。

以上决定由各省委市委负责将全部人员及器材移交东北新华广播电台，并将移交的干部名册和器材清单和移交情形报告东北局。

3. 中共沈阳市委文献

中共沈阳市特别工作委员会宣传部《对目前宣传工作与新年活动的几点意见》

（1948 年）

一、目前宣传工作的方针

目前宣传工作须配合本市我党发动群众，继续巩固治安，准备组织大生产的工作总方针来进行。在工厂要结合当前发动工人评工资，选代表会，对坏职员进行说理斗争等中心工作，对工人加以民主教育，使工人有主人翁的感觉，知道现在的政权是属于谁的？由谁领导？工厂是属于谁的？由谁领导？干活为了谁？基于这种认识再宣传新的劳动态度等。在区街要结合清查户口，准备改造保甲进行宣传我党对改造保甲的政策，如为什么要改造保甲？新的人民政权与敌伪时有何不同？指出改造保甲主要为了使人民翻身当家做主，不再受坏人压迫并依靠人民起来彻底肃清特务，消灭匪盗过和平民主的日子。另外需将今天要召开各界代表会深入宣传。解释民主政府与国民党政府的基本不同，人民与政府的关系，代表会与国民党的参议会参政会区别及为什么选代表会等。

二、宣传什么？反对什么？

除结合当前中心工作进行宣传外，还要着重宣传以下几个问题：

（一）革命将全国胜利。我军胜利情形及关内各战场的胜利消息（可参看《东北日报》12 月 4 日东北战场三年以来歼灭蒋匪百万大军的总结及各战场的战绩等），要指出所以有此伟大胜利都是靠共产党与毛主席的英明领导与解放军的艰苦奋斗而来的。

（二）民主政府与人民的血肉关系，工人是建设新社会的主人翁。建设新沈阳需要以工人为骨干团结各阶层共同来努力。

（三）宣传解释苏联的社会制度，它是什么样的国家，与中国革命的关系，战败法西斯，帮助我们战败日本，解放东北的功绩，是全世界工人阶级，全世界人民解放的堡垒。

（四）对自由资产阶级可宣传我工商业政策，只要他们遵守政府法令，从事对国计民生有益处的工商业，政府保证使其有发展扩大的可能。

（五）多多表扬保护恢复与发展生产与各项建设中的模范事迹、人物。

另外，我们要着重提出反对的：

（一）深入与扩大反帝、反封建、反官僚买办的宣传。

（二）反对破坏发展生产与各项建设的思想行为，如雇佣观念、消极怠工、破坏浪费及旧社会蒋伪遗留下来的腐朽的官僚作风等。

（三）反对自由资产阶级能复业不复业，并用以要挟工人，依然虐待工人的行为。

（四）要揭露国民党的种种罪恶，如旧保甲制度，敌特罪行，如他们在战场、市场、工厂上种种奴役人民的罪行。

三、对几种训练班的宣传要点

对工人训练班，要讲阶级，讲工人阶级怎样来的，工人阶级与共产党的关系与人民的关系。（参看《中国革命与中国共产党》）

对学生、职员、知识分子训练班，要讲新民主主义，新人生观，与一般政治上的启蒙知识。

对准备遣散的旧职员、旧警察训练班要多讲胜利的形势，人生的起码道德，批判腐朽的官僚制度与作风，让他们反省。

四、两个认识问题

（一）如何满足工人要求？

在私营工厂满足工人要求即改善不合理的制度，不是发动工人来清算厂主，分果实，这样做是不利新民主主义建设的。在公营工厂是对工人组织教育，使其有主人翁的感情，更以积极的生产来增加财富，但要注意改进工人的福利事业，将政治教育与解决具体问题相结合。

（二）如何宣传

宣传党的政策要善于将一般原则与具体问题联系起来，这就首先要求我们干部努力学习党的各种政策，及认真的研究具体情况，否则我们就很难做到将一般原则与具体政策联系起来。

五、对新年活动的意见

（一）因时间紧促，并顾及一般群众对阳历年的淡漠，决定在新年期间不做大规模活动，如开全市性的群众大会、提灯会等。仅以各工厂、区街、机关、学校团体为单位，根据本单位的具体条件，有计划地进行新年宣传活动。可采取多种多样的方式，避免铺张浪费。

（二）要组织新年文娱活动，如各剧团、音工团（原稿如此，编者著）、影戏院演出游艺节目。但一切文艺活动要首先面向工人，防止工人看不到戏，干部多看戏的现象。

（三）为使艺术宣传能深入群众，对剧本、影片需要选择，对旧影片、旧剧目凡含反动毒素，丧失民族气节，提倡奴隶、封建、迷信及低级淫荡内容者一律禁演。组织与改造唱大鼓说评词的旧艺人，帮助他们演唱新歌词，鼓励新旧艺人及文艺工作者积极创作适应新情况具有新内容的剧本鼓词等。

（四）充分利用民教馆进行宣传，未开幕的争取新年开幕，可组织照片展览、美术展览及小型的游艺会。

（五）广播电台要广播新年献词或庆祝新年节目。

（六）新年的拥爱工作，着重爱民，区街要帮助部队，开爱民会，做纪律检查，赔偿损失等工作，优属、年画、对联放到旧年春节统一搞。对残余的敌伪标语口号应尽快予以刷新。

（七）注意收集群众的反映以便总结经验筹备旧年活动。

中共沈阳市工作委员会宣传部
12 月 26 日

中共沈阳市委宣传部《关于组织广播宣传的通知》

（1949 年）

无线电广播是宣传教育工作最近代化的一种工具，我们必须加以利用。在沈阳市极应充分利用东北沈阳新华广播电台，并充实广播节目的内容。为此，组织各种广播讲演并建立广播通讯网与活跃文艺节目，应成为本市各有关部门、机关、团体、学校宣教业务之一。兹将初步的方针做法列后：

一、目前广播讲演内容要围绕当前沈阳市继续巩固治安、准备发展大生产的党的中心任务，其要点见市宣传部《关于目前宣传工作几点意见及春节宣传工作的通知》。

二、除各单位如市委、市府、卫戍司令部、市工会、妇联会、青年团之负责同志及所属各部、局之负责同志，应依其工作职责与工作需要，通过广播讲演向群众号召、指导与推动工作外，更重要的是要组织群众中的积极分子、劳模人物的讲演。首先是工人，其次是青年、妇女及一般有组织的市民，要将他们的政治觉悟、生产热忱、劳动态度、团结、学习等等事迹，由各单位领导机关组织讲演，达到在群众中交流经验与互相学习的目的。

三、讲演稿的形式要注意通俗、生动，抓住中心，避免平淡枯燥，字数一般限定 1500 ~ 2500 字，具体时间，预先与电台约定，讲演人至迟须于 12 点半到达电台。

四、关于组织广播通讯网与文艺节目问题：各单位之重要活动，如有公开宣传之必要时，应选写新闻稿，送电台发表。为此，各单位应指定一、二人，任广播通讯员，选稿应注意广播新闻与报纸新闻不同，时间有限，每条消息不得超过200字（广播新闻稿发表后由电台致送稿费）。此外，日常的政令、通告、启事等，适于对市民传达者，亦应速送电台发表。各团体、学校、训练班，特别是文艺工作团，应经常组织文艺节目，如歌咏、音乐、播音剧、话剧、秧歌剧等。

五、关于广播讲演稿，新闻稿及文艺节目之审查问题，市委暂规定：凡属市府系统者由市长负责，各级党委、团体、学校及群众代表之演稿，由市委宣传部负责，所有稿件在送审之前，须经本单位负责同志审查签字。演稿须写三份，一份供自播，一份供审查，一份审后预送电台，电台亦有对演稿文字上、技术上删改之权。

中共沈阳市委宣传部

1月22日

中共沈阳市委宣传部、沈阳新华广播电台《关于组织广播通讯员的通知》

（1949年）

为了加强本市广播宣传，1月22日市委宣传部已发出通知，最近电台又召开广播座谈会，均指出近代化的广播宣传的重要性，各单位应当充分利用它作为宣传教育及推动与改进工作的重要工具，为此，特决定确实组织起来，建立各单位的通讯员，与电台建立经常联系，进行具体工作，兹将组织办法列后：

一、凡本市各机关团体市政企业均各指定一二相当负责人员任广播通讯员，其人选当不限于宣教工作者。

二、通讯员要负责编写广播新闻（200字左右）、通讯（100～1500字）、组织各种广播讲演（特别是对工人的）、文娱节目及布告、启事、实况转播等。

三、通讯及一切稿件，均须经各单位负责人及其上级机关审查（如：各工厂工会须经市总工会；市政府各单位经过市长），其重要的经过市委审查。

四、通讯员与广播电台之联系：凡属新闻、通讯讲演、政令通告等，与电台编辑部联系；凡属轮回讲演，文娱节目、实况转播等，与播音部联系（电话或通信均可）。凡有重要会议需要广播者，事前通知电台。

五、通讯员要注意收听电台广播，经常汇集听众对广播意见，向宣传部或电台反映，并帮助本单位负责同志制订广播宣传计划。出席电台召开之广播座谈会或通讯员会议。

六、通讯员享受之待遇：

A. 一切新闻通讯及讲演稿等，均给以稿费。新闻稿费从优。

B. 对积极负责成绩优异者，市委与电台定期予以奖励。

C. 通讯员之收音机如发生故障时，在电台修理部开始营业以后，除材料外免费修理。

七、目前要求下列各单位建立通讯员

市委及所属各区委、农委

市府所属各局、各区政府、各公安分局

市职工会、党群委员会及所属各工厂工会

市青年团办事处

市妇女联合会

市学生联合会

市民教馆及各区民教馆

工人报社等

中共沈阳市委宣传部
沈阳新华广播电台
3月5日

地市级地方志广播史料

一、沈阳市

主要广播电台简介

奉天无线广播电台 1926年年初，在东北无线电长途电话监督处监督张宣提倡与张学良的支持下，奉天无线广播电台在商埠地马路湾（现辽宁人民广播电台院内）动工兴建，翌年冬建成，经过试播，1928年1月1日正式开始播音。该台使用法国巴黎电气公司制造的发射机，发射功率2千瓦，波长425米，覆盖面积600平方公里。每天从12时30分至20时播音，分六次间歇播出（共5小时），内容有新闻、商情、时刻、气象及少量音乐、戏曲、名人演讲等。1928年10月，沈阳有收音机820台。

奉天广播电台是我国历史上第四座公办广播电台，是东北政令传播中枢。它在维护国家统一，反对日本帝国主义侵略的斗争中，做了大量宣传鼓动工作，同时，在普及文化和传播商情等方面也起到一定作用。1927年秋，中国报学史家戈公振即在试播阶段的奉天广播电台做过爱国主义演讲；1928年12月29日，张学良将军为国家统一，在奉天广播电台向中外播发了“东北易帜”的通电；此后不久，中国国民革命军第四集团军军长白崇禧也在该台做了反对日本帝国主义侵略东北的演讲。

1928年“东北易帜”后，奉天广播电台改称沈阳广播电台，归东北无线电长途电话监督处管辖，1929年冬改归交通委员会直辖，1930年5月由东北无线电总台接管。

1931年“九一八”事变后，沈阳广播电台停播。

附录

1929年沈阳广播电台节目表（周一至周六）

12：30～13：00	奏国歌、东北各埠行情、报告新闻、音乐
13：30～16：00	奏国歌、东北各埠行情、报告新闻、商业广告、中国唱片
16：00～19：30	奏国歌、东北各埠行情、报告新闻、时刻报告
19：30～20：00	东北边防消息、气象预告、广播消息
20：00～20：30	娱乐
20：30～22：00	娱乐

奉天放送局 1931年“九一八”事变后，日本关东军占领了沈阳广播电台。10月16日，日本奉天和登洋行以“奉大放送局”名义，使用原设备进行以广告宣传为主要内容的广播。1932年1月改为短波联播，固定在每星期二、四、六21时30分转播15分钟日本东京电台节目。5月，“奉天放送局”广播节目改为两部分，一部分是日语广播，一部分是华语、朝鲜语和俄语广播。

1933年9月，日伪在东北建立“满洲电信电话株式会社”，接管沈阳、哈尔滨和大连放送局，实施对东北三省电台的强化统治。1938年，日伪将“奉天放送局”升格为“奉天中央放送局”，并开始在延吉、通化、黑河、佳木斯、海拉尔等地建立小型广播电台。为适应侵华战争需要，日伪对“奉天中央放送局”进行扩建，增设两个播音室和一个演奏室，并改用两套节目进行广播。播音内容除原“联播”、报道、讲演外，增加了实况转播和文艺节目，主要为其殖民统治和战争政策服务。

整个日伪统治时期，广播事业十分萧条。1935年至1939年，沈阳市广播听众统计如下：

1935年至1939年沈阳市广播听众统计表

年　度	听　众			
	总数	中国人	日本人	其他外国人
1935年	3305	545	2722	38
1936年	6931	1006	5868	57
1937年	12560	1376	11120	64
1938年	22763	8887	13720	156
1939年	41729	22164	19493	72

到1940年，收听人员中日本人增至3万，总数为55402人。1945年8月15日日本投降后，“奉天中央放送局”告终。

沈阳广播电台　1945年抗战胜利后，中共地下工作者贾玉岗领导原“奉天放送局”的中国职工，于8月17日组成“沈阳广播电台维持会”，很快便以沈阳广播电台名义开始播音，内容主要为音乐和曲艺节目。8月21日，苏联红军接管电台，维持会工作停止。9月初，东北抗日联军冯仲云到达沈阳，派张忠寰（刘铁石）任沈阳广播电台台长。9月6日，东北民主自治军（原冀热辽军区十六分区）进入沈阳，不久即派李复、孙茜与苏军共同管理沈阳广播电台，李复任台长，孙茜任播音科长。此后，电台播音主要内容为宣传中国共产党的政策、主张、纪律及介绍解放区人民生活情况等。10月18日，沈阳市公安局长赵濯华在电台发表《镇压反动分子，保护人民正常生活》的广播讲活，同时还广播了市政府《关于解决土地纠纷的暂行办法》及沈阳市各界代表会议发布的《拥护民主政府的宣言和为实现和平制止内战的通电》等，对巩固民主政权，安定地方治安，迅速恢复沈阳的生产，特别是扩大中国共产党在人民群众中的政治影响，起到很大作用。11月末，李复、孙茜等同志随军撤离沈阳，电台继续由苏军管理。

1946年3月12日苏联红军从沈阳撤出后，沈阳广播电台由国民党中央广播事业管理处接管。电台设人事、财务、编播，技术和总务科、领导人统由接收人员担任。5月底，电台开始广播，每天播音两次：第一次从6时30分到7时30分；第二次从19时到23时（共5小时），播出内容主要是反共反人民及煽动内战的反动宣传。特别是1947年至1948年间，该台用大量时间播放美国新闻处提供的胶版录音片“美国之音”，引起沈阳听众的极大反感。

沈阳解放前夕，国民党当局预谋将电台备用的1千瓦发射机运走。中共地下党领导电台职工与之进行斗争，保护了机器设备。1948年11月2日沈阳解放，沈阳广播电台完整地回到人民手中。

沈阳华音广播电台　沈阳华音广播电台是国民党占据沈阳期间成立的私营商业电台，地址在沈阳市小西大街原东北日报社经销处楼上。1947年3月16日开始播音，播出节目以广告宣传为主，每天从5时30分至22时30分间歇播音三次（共10小时）。除播送广告外，还播出新闻、儿童教育及文艺节目，曾播出小说《东北抗战史》等。

该台创建人何豫（号荆璞），系奉天第二国民高等学校毕业生，爱好无线电技术。抗日战争胜利后，投资36万元（东北九省流通券）购买无线电发射机筹建广播电台，欲以播出商业广告获利，并聘请国民党辽宁省党部主任委员石坚为名誉台长。但在国民党统治下的沈阳，经济凋敝，广告收入甚微，电台难以维持，遂于5月13日终止播音，11月1日宣告停业。

沈阳军中广播电台 1947年夏，国民党国防部新闻局播音总队派人来沈阳，在中山路（现沈阳市第一百货商店办公楼）筹建“军中广播电台”（今称为“国防部新闻局军中播音总队第四队”）。同年10月开始播音，主要内容为反共反人民的宣传。沈阳解放前夕，主办人员逃跑，停止播音。

辽宁人民广播电台

1948年11月，东北新华广播电台山哈尔滨迁到沈阳，1949年，先后改称沈阳新华广播电台和沈阳人民广播电台。

沈阳人民广播电台

沿革 1948年11月2日沈阳解放。11月4日，东北新华广播电台副台长朱明率领林伟之、张焰、赵济、孙振华等同志接收了沈阳广播电台，当天即以沈阳新华广播电台名义开始播音。在台长领导下，成立了编辑部播音科、技术科、秘书科等，11月9日正式调整了播音时间，用338.9米、885千赫及260.8米、1150千赫两台发射机进行广播。这一时期广播内容除本市新闻外，主要是宣传中国共产党的政令通告，战时评论，转播东北新华广播电台节目及本市行情等。

1948年12月，东北新华广播电台（总台）由哈尔滨迁到沈阳，负责领导东北14座广播电台。1949年5月1日，东北新华广播电台改称沈阳新华广播电台，原沈阳新华广播电台改称沈阳人民广播电台，以沈阳市为主要广播对象。6月20日，沈阳新华广播电台奉命停止日语、粤语播音，集中全力为东北工业建设服务。7月1日，该台新安装的15千瓦中波发射机正式投入使用。9月10日，沈阳新华广播电台又改称沈阳人民广播电台，仍对东北各台负有领导责任，原沈阳人民广播电台停止播音。10月1日，沈阳人民广播电台实况转播了中华人民共和国开国大典，这是沈阳人民广播电台进行的第一次实况转播，沈阳市50万人收听了转播实况，电台记者当晚还对沈阳城乡的欢庆情景做了现场采访报道。

沈阳新华广播电台播音时间表

（1948 年 11 月 6 日）

时　间	内　　容
5：50～6：00	开始曲，报告早晨播音节目
6：00～7：00	转播东北新华广播电台节目
7：00～7：15	本市新闻
7：15～7：25	政令通告
11：55～12：00	开始曲，报告中午播音节目
12：15～12：30	论评报道
13：00～13：15	政令通告
18：00～19：30	转播东北新华广播电台节目
19：30～20：00	转播陕北新华广播电台节目
20：00～20：20	转播东北新华广播电台节目
20：30～20：45	政令通告
21：00～21：20	对时、新闻
21：40～21：50	本市行情

广播节目　沈阳人民广播电台播出节目主要由自办的新闻性、教育（专题）性、文艺性、服务性四大类节目及转播节目组成。

新闻性节目　新闻节目是广播宣传的主体，办好新闻性节目是电台的首要工作。1948 年 11 月沈阳解放后，沈阳台（沈阳新华台）播出的第一条新闻就是宣布沈阳解放和庆祝东北全境解放的消息。根据当时各阶层群众渴望了解中国共产党政策的需要，沈阳电台积极配合形势宣传党的方针、政策，多次广播布告，法令等，并及时转播东北新华广播电台的国内外新闻，报道解放战争胜利消息和土地改革情况及工农业生产成就。鼓励广大人民群众积极生产、参军参战、支援前线。当时新闻节目占全天播音时间的 60% 以上，并且还用日语和粤语进行新闻广播，在日本及东南亚地区的华侨中产生一定影响。1949 年 10 月 1 日，沈阳人民广播电台第一次用实况转播的形式，播出北京庆祝中华人民共和国成立大会和阅兵式盛典，沈阳市听众达 50 万人。

教育（专题）性节目　教育性节目以思想政治教育与传播科学文化知识为宗旨，由理论、政策、科学知识、外语讲座等内容组成。沈阳人民广播电台的教育节目办得较早。1948 年 11 月沈阳解放后，电台即同工会、青年团等部门联合举办了《社会发展史讲话》、《联共（布）党史讲座》、《政治经济学讲座》和《俄语讲座》等节目。1949 年 8 月 4 日，为更好地对工人、青年、妇女运用讲座形式进行宣传教育，沈阳市成立了广播节目委员会。当时各种讲座较为经常，如 7 月 1 日至 7 日，纪念党的生日宣传周中讲演达 13 次；纪念“八一”建军节的特别节目中请军人、荣复转退军人、军属讲话并发表评论等。进入社会主义建设时期，举办了《经济建设常识讲座》、《贯彻农业八字宪法对话》以及贯彻国民经济“调整、巩固、充实、提高”方针的问答等，收到较好的效果。

文艺性节目　文艺节目是广播宣传的重要组成部分，占自办节目的三分之二左右。1948 年 11 月 4 日开播当天，就请部队宣传队到电台播送《兄妹开荒》、《白毛女》等革命歌曲。1949 年年初，为加强文艺宣传，电台成立了文艺工作队，下设音乐、戏剧组。宗旨是贯彻党的文艺方针，宣传政策，提高职工思想觉悟，鼓动生产热情，服务于群众。根据党和政府的法令，及时编排说唱、快板等文艺节目进行广播，并教唱革命歌曲。同时请部队、学校和文化馆等单位到电台做广播演出，并经常组织工人歌咏比赛。

服务性节目　《天气预报》是沈阳台创办最早、持续时间最长、在听众中影响最好的节目之一。早在 1928 年沈阳初建广播电台时，每天就从气象所抄收天气预报进行广播。解放后，为更好地服务于工农业生产，每天由气象台预报员定时用电话通知播音组，于早、午、晚三次播出，遇有重大灾害，如台风、暴雨、霜冻、大雪时，电台还与市气象台做临时性协作广播。

转播节目　及时转播上级台的节目，是沈阳人民广播电台广播宣传的重要内容。从 1948 年 11 月 4 日开播之日起，该台就及时转播东北新华广播电台的重要新闻和有关节目。

有线广播

城市工矿有线广播　1949 年 7 月，沈阳人民广播电台会同沈阳市总工会，在沈阳染料厂（中央直属企业）组建了第一个工厂有线广播站，下分编辑、播音、文艺、收听四个小组。厂党委和工会对广播站提出了“面向生产，鼓舞竞赛热情，激发职工的积极性和创造性；结合时事进行政治思想教育和活跃职工业余生活”的方针，并经常召开各车间宣传委员、文教委员及电台通讯员会议，布置宣传中心和写稿任务，还用黑板报、漫画、快板等形式出广播站特刊。由于广播内容和工人思想密切结合，对生产起到很大推动作用。

二、大连市

概　述

大连地处辽东半岛南端，东临黄海，西濒渤海，北与东北腹地毗连，南与山东半岛相对，共扼渤海海峡，历为沟通山东、江浙与辽东的桥梁和拱卫京津的门户。

大连是一座工业、港口和旅游城市。工业门类齐全，港口四通八达，自然风光秀丽。1840 年鸦片战争以后，帝国主义列强觊觎大连的战略地位，数度入侵大连沿海。

1894 年的中日甲午战争和 1904 年的日俄战争，将大连地区作为重要战场，曾给大连人民带来深重灾难。1905 年，日本侵占大连，为了维护其殖民统治，奴化中国人民，日本殖民当局于 1925 年 7 月，在大连建立了放送局，同年 8 月，开始试播音。为扩大殖民宣传，日本殖民当局又于 20 世纪 30 年代，新建两座 75 米高的自立式铁塔，铺设了辐射状地网，不仅覆盖南满，而且越黄、渤海可达朝鲜及华北。1945 年 8 月 15 日，日本投降，苏军进驻大连地区后，对电台实行军事管制，广播终止。

同年 12 月，中国共产党大连市委员会（以下简称中共大连市委）派康敏庄等人，以大连市政府的名义接管了大连中央放送局，并开始筹建大连广播电台。1946 年 1 月 16 日大连广播电台建立，正式播音，从此开始了在中国共产党领导下的人民广播事业。

1945年12月19日，大连市政府接收日占大连中央放送局和大连普及局，图为移交书

日占大连中央放送局

日占大连普及局营业所

日占大连管理局

大連廣播電臺
十六日開始廣播

停頓日久的大連廣播電臺，在我六十萬同胞之熱切期待下終於十六日開始廣播，一開群衆之耳目。爲便利各界之收聽今廣播之周波及時間節目等介紹如下。

(A)千周一〇六五

(B)波長一二八〇公尺。

(C)時間及節目

7.00	7.45	轉播莫斯科俄語節目
7.45	8.10	轉播莫斯科國語節目
8.10	8.20	當日節目預報及音樂
8.20	8.40	時事新聞
8.40	9.00	政治材料
9.00	9.30	西洋音樂
12.00	12.30	日語時間
12.30	12.40	游藝節目
12.40	13.00	新　聞
13.00	13.30	轉播莫斯科俄語節目
13.30	13.50	政令傳播及音樂
13.50	14.20	音　樂
18.00	18.05	晚間節目預報
18.05	18.20	兒童婦女，青年節目
18.20	18.30	音　樂
18.30	19.00	日語時間
19.00	19.10	音　樂
19.10	19.30	地方新聞
19.30	19.50	名人演講，政治材料，蘇聯介紹
19.50	20.00	音　樂
20.00	20.30	轉播莫斯科國語節目
20.30	20.50	中蘇文藝
20.50	21.10	科學講座
21.10	21.30	時事新聞，明日節目預報
21.30	22.00	轉播莫斯科俄語節目

建台第一张节目表

播音员在播音

播出的稿件

建台初期使用的对时琴

不同时期的徽章

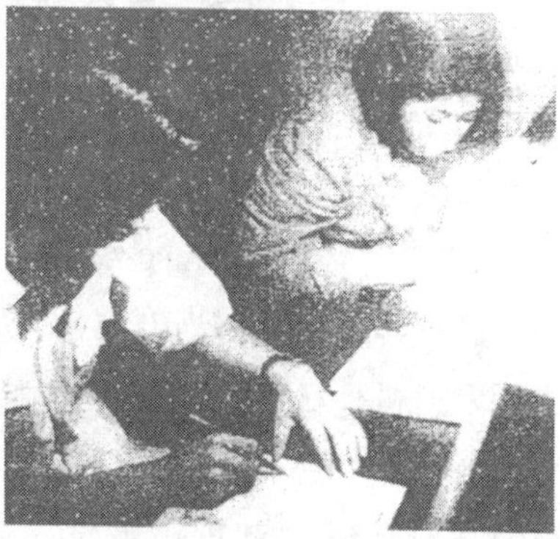

抄收陕北新华广播电台《记录新闻》

日本侵占时期的大连放送（广播）事业

日本侵占大连地区后，便开始实施永久霸占大连的计划，并企图把大连变成占领中国东北和整个中国的前哨阵地。从1924年起，日本政府着手运用无线广播这一近代化宣传工具强化对华的思想文化侵略和统治，颁布了《放送用私设无线电话规则》。1925年7月，关东递信局在大连建立大连放送局，局址设在大连市大山通（今大连市中山广场附近）的大连中央电话局（今大连电话局）内，利用部分房间做演播室，配备了调整盘，其发射室设在大连沙河口受信所内。同年8月9日，开始播音，发射功率为500瓦，周率465千赫（1933年11月，改为760千赫），呼号JQAK。当时，大连放送局的设施，不亚于日本东京、名古屋两地的放送局。

1931年"九一八"事变后，日本侵占中国东北，为严格控制东北地区的无线广播，以便于"对各民族有关国策渗透、治安的维持、生产的开发以及文化的提高等一系列教育工作"，殖民当局于1933年9月，以"民族协和与日满一德一心为理想"，在大连成立了满洲电信电话株式会社（简称"电电"），接管了新京（现长春）、奉天（现沈阳）、哈尔滨和大连四个放送局。至此，形成了东北地区的"电气、电信事业之一元化"的统治。

"电电"为强化对各放送局的统辖，最初，在"电电"本社下设大连、奉天、哈尔滨三个放送管理处。大连放送局隶属大连放送管理处，由"电电"本社直接掌管。后来，又把上述三个管理处改称放送管理局，同时，增设新京放送管理局。1935年11月，"电电"本社从大连迁往新京后，大连放送局便由大连放送管理局直接管理。

日本为推行其全面侵华的"大陆政策"，于1936年在大连市内圣德街3丁目245番地（今民权街162号）建二层水泥钢骨结构新局舍。建筑占地总面积为5582.77平方米，局舍占地面积628.9平方米，总建筑面积为1401.55平方米。有演播室4个，其他房间18个。地下室安置电源部分及冷却水系统装置，一楼为发射室，二楼为调整室（控制室），其周围有演播室。广播发射机是日本电气制造的晶体振荡低电力调制方式广播发射机。发射功率增加到1千瓦。同时，建起两座75米高的自立式铁塔，并铺设了辐射状地网，同年11月起正式播音。

1936年12月1日，大连放送局开办发射功率为10千瓦的"海外短波放送”。播音室仍设在大连中央电话局内，发射室设在大连市郊柳树屯送信所（今大连湾附近）。天线设备为水平型平行二线式，周率 9.925 兆赫，波长 30.22 米，呼号为 JDY；还设有 1 千瓦发射机一台，5.710 兆赫，呼号为 JDZ。

大连放送局开播之初，采取了和日本国内各放送局基本相同的办节目方针，主要有新闻、音乐、讲演、气象、行情及教育性节目。每周还广播数次中国京剧及中国音乐。日本人曾对此评价说：“作为殖民地放送局初创时的情形，（大连局）较日本国内东京、名古屋的节目，并不逊色。”尤其在“九一八”事变后，在东北广播全部停播的情况下，唯独大连放送局仍为配合日本推行侵略扩张政策，大肆宣传“事变的重大意义和原因”等，“所树伟绩，自不待言”。

大连放送局从成立到 1933 年，只有一套日语广播，统称为“第一放送”，对象主要是日本人。每天早、午、晚三次播音，累计时间在 5 小时 50 分到 6 小时 20 分左右。其中，新闻报道占 39%，知识教育节目占 22%，文艺节目占 36%，儿童节目占 3%。其新闻节目，迅速、直接地反映日本的军事政治情况，传达日本侵略的意识观念和政策的有关内容占主导地位。

1934 年 7 月至 11 月，日本殖民当局先后在新京—哈尔滨、大连—奉天、奉天—新京之间，分别建起了载波式广播用电话线路（即广播专用线），使广播由一个局为单位编排节目，改为各局相互交换进行的综合组成方式，地方自办节目每天只有 15 分钟。

“七七事变”后，为了配合日本的侵华战争，从 1937 年 7 月 13 日开始，利用大连的 10 千瓦短波发射机对华中、华南及海峡殖民地一带广播。以英语及汉语新闻、音乐（唱片）为内容，“对外阐明日满两国在国际上正义的严正立场”，“集中力量对蒋政权的反宣传广播进行抵制”，如举行了对重庆广播宣传周等。这些广播，除《华语新闻》是由新京的“第二放送”广播外，其他节目全由大连放送局担当。

另外，伪满广播还和天津、北平（今北京）等沦陷区伪电台进行“双方交换广播”，即每周日由伪满对华北，每周五由华北对伪满实行“满华定期互换广播”，鼓吹“日、满、华之间善邻友好，共同防共和经济合作”。上述内容大连放送局均参与广播。

为强化殖民教育，1937 年，新京放送局办起了发射功率为 100 千瓦的“第二放送”（以中国人为对象的华语广播）。当年 11 月，大连放送局也建立了“第二放送”。播音室、发射室，都与“第一放送”在一起，另设调整盘，周率1065千赫，呼号仍为JQAK。至此，新京放送局和大连放送局用日语、华语、朝鲜语、俄语、英语、蒙语等多种语言广播，鼓吹“建立东亚新秩序”、“大东亚共荣圈”等中心主题。其间，以东北日本人为主要对象的“第一放送”设有市况、新闻、音乐等节目，其中，以新闻报道的比例为最大，约占全部节目的45%，使在东北的日本人获得政治、经济和军事信息。以中国人为主要对象的“第二放送”，侧重于政治欺骗和“思想诱导”，灌输殖民思想，进行思想文化奴役，以达到“使民心归顺日本帝国”的目的。1940年6月，伪满皇帝溥仪第二次访日，名义上是去庆祝日本纪元2600年，实际捧回“天照大神”，供奉到“靖国神庙”，以此暗示溥仪是日本天皇的后代，东北人民是日本天皇的臣民。对此，“第二放送”大肆宣传，称这次以“日满一体化”为目的的伪满皇帝访日之行“获得极大成功”。

1938年4月，“电电”为强化广播宣传机构，对原有机构进行了调整，将新京等四个放送局改为中央放送局。大连放送局改称为大连中央放送局，设庶务课、放送课和技术课。随着时局日益紧迫，大连中央放送局把短波广播转到以欧洲、南洋、华南及远东一带为对象，直到1939年9月1日结束。

1941年年末，日本天皇在广播中发布对美宣战诏书后，伪满广播“实行战时一体化”。从1942年1月开始，对“决战节目进行整顿”，原来由各地方局担当的节目全部停播，完全由新京局统一播出，各局只负责转播。新闻节目的次数，从每天的7次增加到10次。另外，时刻监听日本短波广播，一旦东京局播送新闻，不管任何时候，各局都要中断原有节目，转播东京新闻。殖民当局还规定，消息来源必须以“满洲国通讯社各消息为基本材料”。据载，1941年12月8日，“第二放送”的汉语新闻，一共播出16次之多。其中10次是临时新闻转播，播送天皇诏书、日本偷袭马来半岛、日本陆海军进驻上海、天津租界、日军空袭菲律宾、日军进驻泰国、日本空袭珍珠港“战果”等。

“电电”为扩大殖民宣传的影响面，提高收听率，于1934年11月，在大连、新京、奉天等六个地区设立了“收音机相谈所”，从事收音机贩卖和修理业务。1936年10月起，“电电”又在本社放送课内增设商事股，并将大连等四个相谈所升格为放送局营业所，以加强收音机的推销。同时，委托日本国内实力强的生产厂家大量生产他们指定规格的收音机，在老百姓中实行赊销，使收音机销售量大增。到1936年，伪满及关东州的听众增至5万户。1937年6月，“电电”还通过纪念全满广播听户突破5万和有奖征集

（有关无线广播）摄影作品活动，扩大宣传，并于1942年将大连放送营业所改为大连放送普及局，增设甘井子和岭前两个普及局，至此，伪满及关东州听众突破50万户。

日本殖民当局在极力普及收听广播的同时，严格限制收听“满洲国”以外地区的广播。制定了《放送无线电话听取规程》，进行种种封锁，规定听众只许收听550～1500千赫以内的中波广播，剥夺中国人民收听东北地区以外广播的权利。大连中央放送局成为日本侵略中国，奴化中国人民，进行殖民地政治、思想、文化宣传的重要工具。

1945年8月15日上午，日本天皇裕仁通过广播宣告投降。当日晚，大连中央放送局一切文字节目全部停播。8月24日，苏军派出两辆坦克占领大连中央放送局。至此，由日本殖民当局操纵二十年的大连中央放送局宣告终结。

解放战争时期的广播事业

大连广播电台是在中国共产党领导下最早创办的电台之一。它是在1945年12月下旬，接管日本大连中央放送局基础上建立的。

创业初期，设备简陋，人员不足，尤缺技术人才。在中共大连市委的领导下，首先建立了中共大连广播电台支部。选调进一部分业务骨干，原在日本放送局工作的中国人，凡是继续上班的一律留用。原技术课的日本技术人员，大部分留用。同时，在社会上招聘部分人员，解决了人员不足等困难。

其间，大连地区由苏军实行军事管制，是解放战争时期的特殊解放区。当时，东北、华北、华东、华南以及朝鲜、日本、东南亚直至南北美洲均能收听到大连电台的广播。在社会环境方面，由于苏军军管，中共党的组织尚未公开，这就便于客观而策略地进行党的宣传报道。电台创建之初，正值中共中央提出建立东北根据地的关键时刻，因此，大连电台在东北新华广播电台开播之前，就担负起重要的对外宣传任务。大连电台队伍素质、技术设备及发射手段较好，建台45年来，播音一直没有中断。

大连电台根据老解放区办报的光荣传统、基本经验以及新形势下广播宣传的自身规律，把为人民服务作为办广播的总方针。提出“要使大家从广播中听到真实的消息，获得进步的知识，享受正当的娱乐”，走大家办广播的群众路线。同时，还吸收了苏联办广播的一些有益的管理经验和办法。

此间广播宣传的内容，新闻节目主要是宣传解放战争胜利消息和国内外大事。全天播音10小时，每天平均发稿1万字左右，每天准时抄收延安新华广播电台记录新闻，选播新华社电讯稿。1946年10月至1947年5月，电台成立了报务股，直接抄收新华社电讯稿。依据这些材料，经过加工处理后，迅速地反复地进行广播。如1948年5月18日，山西南部全部解放的胜利消息传来后，大连电台当晚就作了广播。后据陕北电台记录新闻和《大连日报》号外，翌日晨和中午又进行了重播，迅速地把胜利喜讯传播给广大群众。

在播发新华社电讯同时，做好时事的评论和介绍，撰写广播评论，每天至少一篇，驳斥敌人谬论，揭穿敌人阴谋，阐述人民革命每一胜利的重大意义，激励广大听众。短波开播后，进一步扩大了覆盖面，弥补了延安——陕北新华广播电台发射功率小的不足，起着延安新华广播电台的重要助手作用。

地方新闻，紧紧围绕大连地区党委和政府的中心任务，开展宣传报道。如全市开展的大生产运动，农村的生产互助运动，民主改革、反奸清算、减租减息、识字运动以及翻身群众搬家运动等，都及时进行宣传报道，发挥了巨大作用。当时，大连市副市长任仲夷在大连广播电台周年纪念专刊上题词："大连广播电台有效地提高了大连听众的政治觉悟，帮助了被压迫群众的翻身运动。"

教育类节目，根据当时的实际情况，举办《政治材料》、《苏联介绍》、《名人演讲》等节目。其中《祖国史地讲座》，共有38个选题，介绍中国的悠久历史和大好河山，唤起人民的爱国之心。

在对象性节目中，经常邀请工人、农民、妇女、儿童以及各界知名人士、党政领导、群团领导和英雄模范人物到电台发表广播讲话。中共大连市委书记韩光以及任仲夷等都曾到电台做过专题讲话。1946年1月，大连市公安总局局长赵东斌，以《新警察与大连人民》为题，向广大人民群众介绍人民警察的性质和任务。还有高速切削能手王兆达、新中国第一位女火车司机田桂英、党的好女儿——赵桂兰、第一个组织生产自救大粪生产队长白玉江等人，都到电台讲过话或介绍过经验。其中赵桂兰的录音广播讲话，还在中央人民广播电台向全国广播，这是大连电台受到中央电台表彰的第一篇广播稿。

文艺广播，从1946年3月，东北文工团来大连演出革命文艺节目之后，逐步改变了单纯播放戏曲和音乐唱片的状况，不仅播放革命文艺节目，说唱新书，还教唱革命歌曲，培训新歌咏活动骨干。新建立的第一个业余广播文艺团体——海星合唱团，与广大文艺工作者密切配合，开展文艺广播宣传，丰富了人民群众的文化生活。

通过两年多的实践，摸索出一些广播宣传的规律。广播稿力求通俗简明，避免冗长。节目编排注意小型多样和音乐的配合，以提高收听率。在新闻宣传方面，逐渐从单纯依靠播发新华社电讯和报纸稿件，转向以电台编辑人员深入实际采访、组织节目为主，增加具有广播特点的通讯、特写、录音采访、现场报道、知识讲座、外语、广告等节目。1946 年 7 ~ 8 月间，创作播出的广播剧《搬家》，首开大连电台广播剧的先河。1946 年 9 月 3 日，大连电台播出了第一个录音报道。虽然播出时间不长，质量亦欠佳，但很受听众欢迎。

大连广播电台在解放战争时期，为了搞好广播宣传，积极依靠广大群众办好节目、建立通讯联络网和广播文艺播音站，运用多种方式与各界听众密切联系。经常邀请劳动模范和人民代表到电台参观内部设施，听取意见。在各阶层听众中间开展“广播之友”活动，定期听取广播之友的意见和要求，不断改进广播宣传。

第一章　大连人民广播电台

第一节　沿　革

1945 年 11 月 8 日，大连市政府成立，12 月上旬，中共大连市委（当时中国共产党尚未公开）派康敏庄、白全武、林培信和林针四人，在苏军代表李必新少校陪同下，以大连市政府名义接收大连中央放送局。12 月 19 日，中日双方签署交接文书。移交人：大连中央放送局局长广濑登；接收人：大连广播电台台长康敏庄；监交人：王珍。

1946 年 1 月 16 日电台正式开播，呼号为大连广播电台，波长 281.7 米，频率 1065 千赫，发射功率为 1 千瓦。播音开始曲为孙瑜作词、聂耳作曲的《大路歌》。

建台初期的新闻节目，主要有时事新闻和地方新闻。时事新闻主要播发新华社电讯稿和抄收延安新华广播电台的记录新闻。播出的新闻稿件，由苏军司令部派员审阅。

1947 年 4 月 3 日，关东公署成立。大连广播电台于 5 月 1 日改称关东广播电台，呼号为 XGTR。

1948 年年初，开办短波广播，增设《英语节目》，每天晚上中、短波广播，各转播一次延安新华广播电台节目。新加坡、马来亚、印度尼西亚、美国、巴西等国家和地区，均能收听到关东广播电台的节目。

1949 年 4 月 1 日，中国共产党在大连地区公开，关东广播电台随之改称大连新华广播电台。从 6 月 20 日起，每天转播 175 分钟的北平新华广播电台节目。

1949 年 7 月 14 日，遵照中央广播事业管理处的指示，大连新华广播电台改称大连人民广播电台。

第二节 宣 传

解放战争时期（1946～1949）

1945 年 12 月筹办大连电台时，困难重重，宣传资料主要求助于胶东大众报社和联合书店提供，有介绍中国共产党和各个根据地的小册子、解放区报纸合订本、艾思奇的《大众哲学》、许立群的《中国史话》、华岗的《中国民族解放运动史》等；大连出版的《人民呼声》报，驻连苏军也提供了部分资料。根据这些材料，结合当时实际情况编写出一部分广播稿。大连电台开播的第一篇稿是台长《和听众见面的话》，这篇见面话向听众介绍了人民广播的性质、任务和为人民服务的方针。

建台伊始，每天准时抄收延安新华广播电台记录新闻，选播新华社电讯稿，及时宣传国内外大事。1946 年 10 月至 1947 年 5 月，在新闻科内成立了报务股，直接抄收新华社电讯稿，同时，根据新华社的电讯稿撰写广播评论。此外，对人民解放军全面大反攻的胜利捷报、“号外”，随时在广播节目中插播。

在时事新闻节目中，设置《政治材料》、《名人演讲》和对象性节目。宣传中国革命和中国共产党，讲解八路军、新四军和东北抗日联军的战斗事迹，系统地介绍中国历史和抗战中敌后各抗日根据地情况。旗帜鲜明地宣传中国共产党的“独立、自由、民主、统一和富强的新中国”的政治主张。在

《苏联介绍》节目里，介绍了苏联十月革命、苏联各加盟共和国简况和苏联经济建设以及苏联红军的战斗故事。

1948 年，短波广播开播后，每天晚间广播 3.5 小时。转播陕北、北平新华广播电台节目和莫斯科电台国语节目，自编的《关东（旅大）新闻》、《苏联介绍》以及 30 ~ 50 分钟的文艺节目。

短波广播，弥补了延安（陕北）新华广播电台发射功率小的缺陷，扩大了广播宣传效果。新加坡、印度尼西亚、美国和巴西等地华侨听众曾来信畅谈他们收听到祖国人民胜利喜讯时的感受。

当时的地方新闻广播，主要结合各个时期的中心工作和活动进行报道。如对 1946 年 7 月《关于开展大连住宅调整运动的决定》的宣传。解放初期，大连市的住宅先后进行了三次调整，有 1.6 万户长期住在贫民窟里的群众，搬进了原日本人居住的房屋。住宅调整运动在当时是对全市人民，特别是对劳苦大众的一次最实际的翻身教育运动。大连电台专门派出一名记者参加工作队，跟踪报道。听众几乎每天都可从广播中听到电台记者发来的有关消息。这期间共播出稿件百余篇，有十多人被请到电台进行广播演讲。记者程美光根据采访的资料编写的广播剧《搬家》，受到听众好评。

大连电台在全市开展的大生产运动、农村组织生产互助运动以及民主改革、反奸清算、减租减息、识字运动中，都及时地做了宣传报道。为发挥广播特点，还经常邀请普通劳动群众和模范先进人物到电台畅谈翻身做主人的感受。在最艰苦时期组织的第一个生产自救生产队队长、劳动模范白玉江，战胜困难不断提高生产效率的铁路工人薛吉瑞，积极参加农业生产互助的劳动英雄赵振声，识字模范度量衡工厂工人刘梅兰以及部分工人、农民、妇女、儿童和各界人士经常到电台做广播讲话，仅 1946 年就有 102 人次。

1946 年至 1948 年下半年，大连电台还专门为大连的日本侨民开设了《日语时间》，向他们进行政治时事政策教育，对帮助他们了解中国共产党的政策、稳定思想情绪、遵纪守法和参加恢复生产建设等，起到了良好作用。

1949 年 9 月 18 日，大连市举办了工业展览会。这是工业生产成就的一次大检阅，不仅反映了大连地区恢复工业生产和建设的概貌，也展示了中国工业发展的远景。大连电台组成报道组，通过实况转播、消息、特写、录音报道、评论、讲话等形式介绍了 16 个展馆的情况，宣传广大工人创造发明的智慧和劳动生产积极性，宣传劳动与技术的结合，还组织几十位厂矿领导和工人先进分子到电台做广播讲话。专程来连参观展览会的中共西北局书记马明芳、中国人民解放军第一野战军副司令员赵寿山、陕甘宁边区政府副主席杨明轩、著名化学家侯德榜、知名诗人萧三等，发表了许多赞扬大连工人阶级辛勤劳动、革新创造的讲话和评语，大连电台都及时进行采访播出，出色地完成了工业展览会的宣传报道任务。

电台的文艺广播，最初主要广播一些老戏曲、音乐唱片。1946 年 3 月开始，东北文工团来大连演出，把解放区的革命文艺火种带到大连。电台及时通过现场转播，开办教唱革命歌曲、组织合唱团、请艺人讲革命故事、演唱新段子等形式，为文艺广播开辟了新天地。

大连电台从 1946 年开播到 1949 年，在整个解放战争时期，全天播音平均保持在 10 小时左右，每天发文字稿 1.4 万字，节目配套逐步完善，节目质量不断提高。1949 年，电台增办了工人和农民讲座，开辟了《职工时间》（后改为《工人时间》），广播政治常识讲话、生产新纪录讲话、工人福利讲话、英模讲话、工会工作介绍等内容。同时，增加了通俗政治、自然科学、妇女时间等节目。当年举办学术讲座 138 次、各类讲话 278 次、文娱节目 758 次。仅 12 月份，共播地方新闻稿件 409 件，其中，反映工业生产和工人活动的占 38.7%。同年，还增加了《简明新闻》、《经济新闻》、《日用品行情》、《旅大政令》及《早晨的话》等节目。

第二章　广播电视技术

大连市的广播电视技术事业，随着国民经济的发展，电子科学的进步，立足于自力更生、艰苦奋斗、奋发图强的基础上，经过扩大功率、更新改造设备、扩建或新建的过程，逐步壮大和发展起来。

大连电台建台初期，艰苦创业，克服困难，改进旧设备，扩大功率，尤其是自己动手装配的 2 千瓦短波广播机，在全国也属先例，它为支援解放战争和对外宣传起到了重大作用。

新中国成立后，广播技术建设有了进一步发展，扩大了广播覆盖面，增设了监测设施，技术管理逐步走上正轨，广播技术队伍已基本形成。

第一节　广播技术设施

1945年，大连电台接管日本大连中央放送局时，有1千瓦中波广播发射机两部，天线铁塔四座，立柜式调整盘（即增音机）两部以及少量无线电器材。在苏军驻守电台期间，苏军将其中一部发射机、两座铁塔、一部立柜式调整盘和部分器材搬迁到旅顺水师营，建立了中波转播台，转播莫斯科广播电台节目，为驻大连苏军服务。

1946年1月16日，大连电台仅用一部1千瓦中波广播发射机开始播音。之后，大力进行技术改造，设备不断改进和更新，提高了发射功率，改善了技术指标，保证了广播质量，扩大了覆盖面。

一、广播中心技术建设

（一）节目制作

大连电台建台当时，只有从日本放送局接收的一台笨重的只能录3分钟的铝片唱盘录音机。1946年9月3日，大连市召开“庆祝抗战胜利周年纪念大会”，电台用汽车将录音机拉到大会现场采录实况。播放时，播音员一边播放录音铝片，一边对照录音实况播稿，这是大连电台制作的第一个录音报道。

1949年10月，东北广播电台拨给大连电台两台美国韦伯斯特钢丝录音机，后又购置了两台丹麦产钢丝录音机，随机带有两只“51”动圈话筒、两只铝带话筒，从此，能够进行记者现场采访和文艺节目演出的实况录音。当年梅兰芳剧团来连演出《霸王别姬》、《贵妃醉酒》、《洛神》等京剧实况，就是用这些机器录制播出的。

（二）播出控制

大连电台开播时的播控设备是接管大连中央放送局日制的立柜式调整盘。1947年12月，为适应短波广播发射机的需要，中日两国技术人员，利用旧设备，共同设计、组装了一部小型增音机。

（三）节目转播

建台初期的实况转播，主要是运用自装的电子管电路放大设备，将音频信号经过电话专用线传回增音室，再经过发射机广播出去。转播莫斯科广播电台的华语节目、中央和省台节目，主要是使用高灵敏度接收机，接收对方信号再广播出去，初期使用的接收机是美制SX－42型接收机，架设了具有方向性的菱形接收天线，进一步提高转播中央和莫斯科电台节目的接收效果。

二、广播发射技术建设

大连电台建台初期的广播发射功率仅有一部1千瓦中波广播发射机。1947年，购入一部500瓦中波发射机；1947年第二季度，中日两国技术人员共同努力，利用旧设备，设计、制作一部短波广播发射机，功率为2千瓦。1948年3月，通过技术改造，将输出功率由500瓦提高到1千瓦。短波试播时，采用德律风根短波发射天线，高度为25米，频率12420千赫，波长24.15米。

1948年3月，将原日本制1千瓦广播发射机经过技术改造，输出功率提高到3千瓦，同时重新敷设了120根组成的辐射状地网，不仅扩大了覆盖面、改善了收听效果，也解决了县（市）区收听市台广播的困难。

为检测广播发射机的技术指标，1949年，自己动手设计装配了示波器、真空管电压表、音频振荡器，结束了靠耳朵听测量指标的历史。3月，又研制成在现场用超短波传输，在台内经过接收解调采用唱盘机械录音的实况录音设备，质量大有提高。

第二节　人事组织管理

干部的选拔、任命、考核

大连电台成立后，人事管理工作由行政科负责。当时的主要任务是，以中共大连市委派来的干部为骨干，组建人民广播的队伍，审查大连中央放送局的留用人员和从社会上新招聘的部分人员，并建立与健全定期和不定期的干部考核制度；对留用的日本技术人员，向他们宣传中国共产党的政策，教育他们打消顾虑，发挥一技之长，更好地为人民广播事业服务；同时，还建立政绩考勤等制度，从而保证了各项工作的顺利进行。

第三节　行政管理

1946年1月，大连电台成立行政管理科，下设总务股、会计股、收金股，逐步充实人员，至1947年共有38人，主要做了以下几件事：

第一件事：1946年4月，由行政管理科长王珍主持制定了一个《行政管理工作制度》。这是大连人民广播史上制定的第一个行政管理制度（9项40条2000字）。内容包括；财政开支、物品供给、财产管理、收发、保密与传达、参观、作息、请假、值班、采用人员、集体单位管理与供应、工作人员享受待遇等。这个制度的制定，保证了各项工作顺利开展。

第二件事：清查与接收日本放送局移交的广播器材。在清查、核对日本大连中央放送局财产时，根据举报及时追回没有交出的原大连普及局仓库里的收音机和零部件，经过登记造册后交给大连广声无线。这些设备和器材，为筹建人民广播电台起到了一定作用。

第三件事：整顿收听收费工作。解放前夕，大连地区约有收音机6万台左右；解放后，经过全面整顿和登记，收音机只有3万台左右。当时，制定的收听管理办法：凡有收音机的听户，要向大连电台申报，经批准后发给收听证，每月收取收听费。建台初期，每台收音机收苏军通用券10元。

思想政治工作

随着广播电视事业的建立与发展，大连市广播电视的干部队伍不断充实和扩大。按照党的优良传统，在系统内着重抓了党的建设。坚持不懈地进行思想政治工作，保证了党的路线、方针和政策的贯彻执行。

建立党的组织，发挥战斗堡垒作用

1945年12月中旬，在大连广播电台未正式开播前即建立了党支部，台长康敏庄兼任第一任党支部书记，实行一元化领导。

第四节　财务管理

建台初期，大连电台一直是独立核算单位，靠大连市政府拨款，在行政科内设有会计股，负责财务管理。

1946年，大连市正处于经济困难时期，财政收入很少，经费十分困难。但为了发展人民广播事业，大连市政府确定大连电台是财政重点保证单位，被定为“特别开支户”，尽管如此，也保证不了广播事业建设经费的需要。据1946年10月到12月的统计，大连市政府拨给的经费为1583593元（苏军通用券），只能支付一般宣传、办公和人员工资费。当时财务管理的体制，基本上采取供给制的办法，工作人员的月工资以粮食（小米、苞米）折价：台长150斤，科长120斤，一般人员90斤，对留用的日本技术人员的工资待遇略高于中国人，留用的日本技术科长工资，每月粮食为175斤。当时对留用的日本人员，政治上不歧视，生活待遇略优，使他们尽力发挥才能，做好工作。

大连电台的经费来源除大连市政府拨款外，还有少量征收广播收听费和广告收入。1947 年半年征收的收听费为 2211760 元（苏军通用券），广告收入为 75720 元。1949 年为加强收听费的征收工作，大连电台成立了征收科，编制 14 人。

第五节　安全保卫

大连电台一成立，就很重视保卫工作。解放初期，旅大地区斗争形势复杂，社会秩序很乱。国民党“中央广播事业处”驻沈阳机构派人以“善后救济总署”的名义，潜来大连，通过大连的国民党分子串通大连电台留用的几个人进行策反与煽动罢工；国民党在大连的地下反动组织“暴力团”也相继勾结大连电台内个别留用人员进行破坏活动。大连电台党支部始终保持高度的警惕，加强安全保卫工作，并与大连市公安总局密切配合，依靠群众，加强戒备，强化警卫班的夜班管理。在局势严重时，大连市公安总局发给短枪，加强轮流值班。1946 年 3 月，大连市公安总局逮捕了大连电台内与“暴力团”案件有关人员。经过教育，他们在中国共产党的政策感召下，坦白交代了企图破坏活动的罪行，得到了宽大处理，有的继续留用，有的被开除公职。

大事记

1925 年

7 月　日本关东递信局建立大连放送局。

8 月 9 日　大连放送局开始试播音，发射功率 500 瓦，频率为 465 千赫，呼号为 JQAK。播出新闻、音乐、讲演、娱乐、行情及教育性节目。

1933 年

9 月　日本殖民当局在大连成立“满洲电信电话株式会社”，大连放送局改属“满洲电信电话株式会社”管理。

11 月 大连放送局将频率由 465 千赫改为 760 千赫。

1935 年

4 月 大连放送局向大连、日本和全“满洲国”现场直播伪满皇帝溥仪访日途经大连火车站，乘船去日本及访日归来的情况。

8 月 7 日 大连放送局在大连满铁俱乐部举行建局 10 周年纪念活动，并出版《周日无线电》周刊（1937 年停刊）。

1936 年

10 月 1 日 大连放送局在圣德街（今民权街）建起新局舍，开始正式播音，发射功率由 500 瓦增至 1 千瓦。

11 月 1 日 大连放送局开办广告节目。

12 月 1 日 大连放送局开设海外短波广播，频率分别为 9.925 兆赫和 5.710 兆赫，发射功率分别为 10 千瓦和 1 千瓦，呼号分别为 JDY 和 JDZ。

1937 年

6 月 大连放送局参与“纪念全满广播听户突破 5 万”全满联播活动。

7 月 “七七事变”后，日本为其侵华战争服务，利用大连放送局 10 千瓦短波发射机对华中、华南等地进行侵略宣传，这项广播除《华语新闻》由伪满新京放送局第二放送广播外，其他节目全由大连放送局承担。

9 月 大连放送局参与“满华定期互换广播”，鼓吹“日、满、华之间善邻友好，共同防共和经济合作”。

11 月 大连放送局开办以中国听众为对象的第二放送（华语广播），发射功率为 1 千瓦，频率为 1065 千赫，呼号为 JQAK。

1938 年

4 月 大连放送局改称大连中央放送局。

8 月 大连中央放送局的短波广播结束，其任务由伪满新京中央放送局接替。

1940 年

6 月 大连中央放送局宣传伪满皇帝溥仪第二次访日“获得极大成功”，鼓吹“日满一体化”。

1941 年

12 月 8 日 大连中央放送局广播日本天皇对美宣战诏书及空袭珍珠港战果等新闻，共播出 16 次。

1945 年

8 月 15 日　广播日本宣布无条件投降。

24 日　驻大连地区苏军司令部派员接收大连中央放送局，派兵把守，广播终止。

12 月 19 日　中共大连市委派康敏庄、白全武、林培信和林针等人，以大连市政府名义接管大连中央放送局。

中旬，中共大连市委任命康敏庄为大连广播电台台长。

中旬，中共大连广播电台第一届支部委员会成立。

1946 年

1 月　上旬，大连广播电台组建时，设新闻科、播音科、行政管理科和技术科。分别由白全武、姜毅和王珍担任科长，技术科长由留用的日本技术人员藤原利喜担任。

16 日　大连广播电台开始播音，波长为 281.7 米，频率为 1065 千赫，发射功率为 1 千瓦。

大连广播电台开办《日语节目》，每天一次，每次 30 分钟。

24 日　大连市公安总局局长赵东斌以《新警察与大连人民》为题，在大连广播电台发表广播讲话。

3 月　大连市公安总局逮捕潜伏在大连广播电台的国民党敌特分子 6 人，粉碎了国民党妄图破坏广播电台的阴谋。

17 日　大连广播电台首次现场转播东北文工团在大连首场演出的《黄河大合唱》等革命歌曲，由刘炽指挥。

27 日　应群众要求，（与东北文工团联办）第一次在广播里举办《教唱歌》节目。

5 月　大连广播电台与东北文工团联合举办短期音乐班，由刘炽主讲。

7 月 23 日　大连广播电台第一个业余文艺团体——星海合唱团成立（后改为海星合唱团），刘炽任团长。东北文工团离连后由大连广播电台播音科长姜毅任团长。

8 月　根据中共旅大地委《关于开展大连市住宅调整运动的决定》，大连广播电台第一次派记者宋黎光参加寺儿沟工作队，进行跟踪报道。

七八月间大连广播电台创作的第一部广播剧《搬家》问世。该剧由记者程美光编剧，演员由电台的编辑和播音员担任。

9 月 3 日　大连广播电台第一次利用铝片唱盘录音机，录制了全市“庆祝抗战胜利一周年纪念大会”的实况。

10月 大连广播电台建立报务股，直接抄收新华社电讯，供广播采用。

10日 大连海星合唱团公演《黄河大合唱》及15首民族歌曲。

11月15日 大连广声无线（大连广播电视服务公司前身）成立。

1947年

1月 大连广播电台建台一周年，《大连日报》发表专刊，大连市副市长任仲夷题词：“大连广播电台有效地提高了广大听众的政治觉悟，帮助了被压迫群众的翻身运动。”大连广播电台台长康敏庄撰文《贯彻大家办广播的方针》，强调“大家办广播，大家广播大家听，才能把广播办好”。

5月1日 大连广播电台改称关东广播电台，呼号为XGTR。

10日 关东通讯社成立，大连广播电台报务股的设备及部分人员并入该社。

12日 康敏庄被任命为关东广播电台台长兼任关东通讯社社长，白全武被任命为关东广播电台副台长。

11月 白全武被任命为关东广播电台台长，康敏庄调离。

1948年

1月16日 大连广播电台的短波广播开始试播，波长为24.15米，频率为12420千赫，发射功率为2千瓦。

为纪念大连广播电台建台两周年，台长白全武在《大连日报》发表题为《两年工作的回顾》文章，提出按广播的特点和规律办好广播。

3月 关东广播电台对原1千瓦中波发射机进行改造，功率提高到3千瓦。同时还重新铺设辐射状地网，扩大覆盖面，改善了收听效果。

4~6月 对中波500瓦广播发射机进行改造，将功率提高到1千瓦，同时改装两台增音机，分别用于中波和短波广播。

1949年

1月16日 中共旅大区委书记欧阳钦在大连广播电台建台三周年庆祝会上讲话，强调“广播对象要普遍，要照顾到各阶层，可多照顾工农一点”。

3月5日 关东广播电台短波广播正式播音。除播出新闻节目外，还转播北平新华广播电台节目及莫斯科广播电台华语节目。

关东广播电台设计与装配的示波器、真空管电压表、音频振荡器，解决了测试广播设备的质量问题。

4月1日 中国共产党在大连地区公开。关东广播电台改称大连新华广播电台。

5月 俞伯被任命为大连新华广播电台副台长。

7月14日 大连新华广播电台改称大连人民广播电台。

9月3日 在全市举行的庆祝“九三”抗日战争胜利四周年大会上，大连人民广播电台用超短波传输信号，接收解调，进行唱盘录音取得成功。

陈自新被任命为大连人民广播电台台长，白全武调离。

18日 大连市工业展览会开幕，大连人民广播电台以副台长俞伯为首组成报道组，用各种形式对展览会进行全面报道。

10月 东北区台调拨给大连人民广播电台两台美国韦伯斯特钢丝录音机。

大连广播电视节目时间表（部分）

附录

大连放送局节目时间表

1925年8月9日大连放送局开播当天节目时间表

午后7：20开始

1. 无线电放送颂歌

   南满教科书编辑部词曲

   大连音乐研究所演唱

2. 新闻

3. 常磐津[①]：《夕雾》中的一段

4. 三曲合奏[②]：

   新叶琴　　富森大检校

   演唱及三弦　　足立夫人

   尺八　　足立秀风

5. 曼德林合奏：小夜曲（舒伯特曲）

   管弦乐：妮娜之死

   满铁会社音乐会演奏部演奏

---

① 常磐津是日本传统曲艺形式之一。

② 三曲是以琴、三弦、尺八三种乐器合奏，并有歌唱的一种民间乐器合奏形式，日本至今仍流传。

6. 鸭绿江小调　北村席空演唱

7. 长歌[①]：都鸟

杵屋六寒演唱

杵屋六寒三郎三弦伴唱

8. 管弦乐：卡门

大和旅馆管弦乐队演奏

指挥：村冈乐童

9. 天气预报

1934 年度大连放送局节目时间表

平日

午前

6：30　放送体操（第一放送）

7：00　放送体操（第二放送）

各地温度通报

11：00　行情

11：05　讲演（周三全满与日本内地联播）

正午报时

午后

0：05　行情

新闻

3：30　行情

新闻

5：30　外语讲座

6：00　新闻

职业介绍

6：30　儿童时间（周三、周六）

文艺

7：00　文艺节目

新闻

① 长歌是日本古江户时代流行的民间谣曲。

8：30　报时

新闻

气象通报

周日、节日

午前

6：30　放送体操（第二放送）

7：00　放送体操（第一放送）

10：00　唱片

11：50　讲演（周日全满与日本内地联播）

正午　报时

新闻

午后

3：30　新闻

6：00　新闻

6：30　文艺节目

8：30　报时

新闻

气象通报

大连人民广播电台节目时间表

大连电台开播第一张节目时间表

（1946 年 1 月 16 日起实施）

频率：1065 千周　波长：280 公尺

播出时间　　　　节目内容

7：00　转播莫斯科俄语节目

7：45　转播莫斯科国语节目

8：10　当日节目预报及音乐

8：20　时事新闻

8：40　政治材料

9：00　西洋音乐

12：00　日语时间

12：30　游艺节目

12：40　新闻
13：00　转播莫斯科俄语节目
13：30　政令传布及音乐
13：50　音乐
18：00　晚间节目预报
18：05　儿童、妇女、青年节目
18：20　音乐
18：30　日语时间
19：00　音乐
19：10　地方新闻
19：30　名人演讲、政治材料、苏联介绍
19：50　音乐
20：00　转播莫斯科国语节目
20：30　中苏文艺
20：50　科学讲座
21：10　时事新闻、明日节目预报
21：30　转播莫斯科俄语节目

关东广播电台节目时间表

（1949 年 3 月 1 日起实施）

中波广播

早晨广播
6：55　当日节目预报
7：00　转播莫斯科电台国语节目
7：30　新闻
7：50　国乐
8：00　对时、综合新闻
8：15　音乐
午间广播
12：00　游艺节目
12：20　综合新闻
12：50　游艺节目与广告

晚间广播

17：25　晚间节目预报
17：30　转播莫斯科电台国语节目
18：00　群众文娱活动时间
18：25　俄语讲座
18：50　音乐
19：05　苏联介绍
19：25　讲座
19：50　平剧唱片
20：00　转播莫斯科电台国语节目
20：30　转播陕北新华广播电台节目
22：00　对时、关东新闻
22：15　国乐
22：25　次日节目预报

短波广播　24.15 公尺　12420 千周

19：00　开始曲、当日节目预报
19：05　苏联介绍
19：25　文娱节目
20：00　转播莫斯科电台国语节目
20：30　转播陕北新华广播电台节目
22：00　对时、关东新闻
22：15　国乐
22：25　次日节目预报

一年来的回顾（摘要）

今天，是广播电台一周年纪念日。

1946 年的今天，刚开始广播的时候，“手忙脚乱”。虽然苏军当局帮助我们将广播机修好了，但是当时我们所处的情况却是：第一，过去敌人组织机构是被破坏了，但是由于敌人长期间的统治，使我们缺乏各方面必需的人员；第二，事变之后在混乱当中，电台同样遭受到严重的损失和破坏。比如中国唱片，当时剩下能用的不到300张，其他就可想而知了；第三，在广播材料上，敌人留下的是反动的，我们不能用，而新的我们自己的，则还没有产生出来。在这样的情形之下，我们仅经过了十几天的筹备，所以当时在广播上和诸位见面的，就像三岁小孩子写的字一样，真是“七歪八斜”见不得人。比如在音乐上，只是200多张中国片子，加上点外国音乐。广播员常读错字、白字，断句多，倒跟私学馆里的小学生背《论语》一样。同时，广播也不断发生故障，编辑只有两个人，忙一天所准备的材料，还不够一天用的。

既然这样，为什么我们仅经过了十几天的筹备，就仓促地和大家见面呢？因为我们认为，旅大光复之后，能使大家早一个钟头听到自己的声音也是好的，虽然这声音是那样的幼稚可笑，但它终究是我们自己的。过去敌人把广播电台作为它侵略、奴役我们的工具，现在我们则是在祖国的土地上，为祖国的独立、繁荣而工作。虽然我们做得很不好，但我们有信心，从无到有，建设起我们的广播事业。大连“中央放送局”和“大连广播电台”，这不仅是个名字上的改换，而是有着根本的区别。

另外，从开始广播的一天起，我们就确定了我们的总方针是“为人民服务”。在这个方针之下，我们要使大家从我们的广播中，听到真实的消息，获得进步的知识，享受正当的娱乐。

这一年来的工作，简单地分为如下几项，向大家报告一下：

第一，关于编辑工作。在4月份以前，我们只有两个人，当时的情形就是乱抓；在4月以后，才稍微充实了一下编辑人员，全科连记者在内共5个人，才使广播的材料，趋于正常，扭转了现抓的现象。到秋季本市群众搬家运动开始之后，我们又加强了一下记者，来宣传报道群众这个轰轰烈烈的大运动。9月以后，我们又开始时事新闻通俗化的工作，重要新闻通通改写，一般新闻，也将生涩的字句和简语加以改正。10月，为了加强时事新闻的时间性，我们又建立起收报台。

前半年，为适应大家的需要，我们曾有系统的广播了中国历史和抗战中敌后各抗日根据地的介绍和苏联概况的介绍。到11月为了加强中苏友谊，将苏联介绍经常化。对国际、国内及本地的评论，则早已经成为经常的广播节目了。

我们每天广播的新闻稿件平均达1万字。加上其他，每日平均则为1.4

万字，而直到现在我们还只是一个科长、两个编辑、两个记者，共5个人。

第二，关于广播工作。在广播时间上我们曾按季节情形，进行了五次调整。在头年2月以前，仅是初期的试验性质，2月9日做了第一次调整，纠正了过去长而且乱的现象。3月17日把晚间的节目又调整了一次。6月1日，依据夏季的到来，作了一次较大的变更：早晨提前，晚间延长。8月1日和11月1日，又作了两回变动。现在我们每天的广播时间达10小时。

在娱乐节目上，4月前，我们只是有些唱片。东北文工团来大连后，我们遂即增添了歌曲教唱和现场戏剧转播。9月前，只是有旧艺人的说唱，9月后又增添了新内容的大鼓，到现在已经演唱民兵英雄刘文宪，女英雄孙玉敏、孟祥英等五部鼓词。为了满足大家对娱乐的要求各剧院出演新的节目时，我们几乎都现场转播了。

对于广播员的提高，去夏曾进行了一次调整，淘汰了一部分品质不良的广播员，以后又不断物色增添了新广播员。另外对广播员的教育提高，也不断在进行。到今天，读错字、白字等现象，较前已经大为减少。但这是一件长期的工作，我们做得非常不够。今后我们还将继续加强这一方面的努力。

第三，关于台内人员的教育与整顿工作，除去日常工作之外，7月间曾进行抗战历史学习月。八九月间开展了反省运动，12月进行精简，电台工作人员由91人减到64人，以减少开支，减少人民负担。同时也重新整顿了组织机构。

第四，关于台外的听户与修理工作。“八一五”事变后，电台不仅在物质上遭受到严重损失，连一切账目也被焚毁，对于听户登记工作，曾使我们费了很大的力量，实行按户重新登记。到4月登记户仅达22113户，8月达到31203户，到现在达到32629户。当然，直到现在听户的登记工作也还没有彻底完成。这一工作不仅是为电台的收入，同时也是为了了解听户的情况，以便于改进工作。

去年9月，为了广泛听取各界人士对广播电台的意见，我们曾召开了一次座谈会，听取了很多宝贵意见，以后打电话、写信向我们提意见的，可以说是常有的事情了。

今后工作的努力方向，首先是地方化做得非常不够。这不仅是我们的本地新闻数量少，质量太低，主要的还是我们对旅大建设上的中心和主要工作报道的不够，数量太少，也很零碎。因之，在使用广播电台，推动旅大民主建设上，应起的作用就大大降低了。

今后，紧密配合旅大当前的中心工作，发挥广播事业的指导作用，就成为我们工作上的第一个课题了。

其次是广播内容的通俗化问题。虽然过去曾经注意过通俗化，但与群众需要的距离，则相差得很远。通俗化不仅仅限于语句的浅显易懂，而且更重要的则在于围绕着一个中心问题，作各方面的解释，只有这样，才可以使听众彻底了解它。虽然在这方面我们受着人力和参考材料缺乏的限制，我们也必须努力解决，否则，我们广播了大家听不懂和不明白，这不仅等于不广播，反而是浪费。今后从编辑到广播员，尽可能改进，以便充分发挥广播的效能。

再次，大家办广播，大家广播大家听，才能把广播办好。过去我们虽然也曾邀请过各界人士到电台广播过，开头还限于几个团体的负责人，后来虽然也有工人、贫民、学生、妇女、儿童等到电台来广播，但是一来数量少，二来所邀请的范围也很狭小。行行出状元，处处有圣人，大家的智慧与知识是无穷无尽的，要想充实广播内容，适应各界人士的需要，使大家发挥所长，运用广播武器，贡献于旅大的民主建设，今后应当加强我们的联络工作，求得与各界人士保持密切联系。这里同时也希望各界更多的关怀我们，帮助我们，这不仅是为把广播电台办好，也是直接有利于旅大民主建设的事情。

最后，电台内部工作人员的改进与提高，是办好广播的先决条件。比如提高广播员的文化政治水平与技术训练，加强编辑人员时事常识与写作能力等等，都会立即表现到广播的成绩上，特别是打通所有人员“为人民服务”的思想。应当是我们内部工作的总方针。

注：这是大连广播电台第一任台长康敏庄在建台一周年纪念会上的讲话（摘要），发表于1947年1月16日《大连日报》。

两年工作回顾（摘要）

一、两年工作概况

本台从诞生的那一天起，在工作和广播上就有了明确的方针，那就是为人民服务，这是毫无疑问的。然而在“怎样为人民服务？在工作和组织上应该怎样？”等办法和方式问题上，在我们来讲确是一个新的课题。本台全体同事在这一新的课题下面，走了长期的曲折的道路，经过了多少次失败，碰了多少次的壁，在今天来讲，我们确实摸索到了一点东西。

两年来的工作，大体可分为三个阶段。第一个阶段是从广播开始到1946年5月。在这个期间，日寇的东西被我们抛弃了，然而新的东西没有建立起来，工作混乱，缺乏计划，每天被工作赶着走。第二个阶段是从1946年6月到1947年4月。在这个期间，工作上的混乱现象基本上已经不存在了，工作大体上走上了轨道。第三个阶段是从1947年5月到今天。在这个期间，工作上的进步和收获特别明显，像播音技术的提高，稿件的通俗化，中波和短波机器的装设和改造工作，登记户数的增加等。

二、从对电台的特点认识中来检讨工作

电台是一个宣传机关，这和报纸等有其相同性。另外，由于电台不等于报纸，因而就有其差别性，即特点。

在今天来讲，报纸和电台是最有力的两个宣传工具，因而我们就采取和报纸作对比的办法，来认识电台的特点。

第一，报纸和电台在空间上不相同。报纸在空间上受限制比较大，电台受限制比较小（这只是一般地来讲，由于电力的大小，其程度上也不同），同样是一个地方性的宣传机关，一般地来讲，电台的听众要比报纸读者多。

第二，在时间上不相同。在传播速度上电台比报纸快。另外报纸一旦出版后，它可以较长期保存，阅读不受时间上的限制，而电台只是瞬间的电波波动。

第三，在接收器官上不相同。报纸是用眼睛看，电台是用耳朵听。

第四，在工作性质上，电台是报纸和社教工作的有机结合。

第五，在宣传方式上，报纸稿件内容是和空间、形迹相结合；广播是和时间、声音相结合。

上述几个不同点，并不是其不同点的全部，而是在决定电台的特点上起决定性或比较大的作用点。

根据以上的特点，就决定了广播在工作上的特殊性。

第一，在广播内容上，应把一般化和地方化相结合，一般化的比重要比报纸大。

第二，稿件应该通俗简明，冗长深奥或长篇经验介绍，不适于广播，只要给听众一个较强烈的印象就可以了。

第三，报纸注意版样的编排，我们应注意的是节目的编排、音乐的配合、声音的变化。

第四，应把娱乐节目的联络工作重视起来。

三、关于大家办广播

过去两年来，我们对于大家办广播的这个正确方针重视不够，虽然有很多人来讲话了，那大部分都是“三顾茅庐”请来的。

在这一工作上，除了要求各界人士来重视和帮助我们外，领导上应注意这一工作，组织应该健全，并且根据电台的特点，用各种办法使大家愿意到电台来广播，愿意向电台投稿。

四、业务工作

本台业务工作大体有播音、编辑、资料整理、唱片整理、调整工作、收金工作、供给工作等几种。

和大家有直接关系的是播音技术、编辑技术及调整工作三种。这三种工作，一般来讲都有进步，只是调整工作，由于机器刚完成，领导上也注意不够，在过去一个期间经常出毛病，最近也改善得多了。

五、工作上的收获与缺点

A. 收获：

1. 工作走上了轨道，工作人员熟悉了自己的工作。

2. 稿件比较通俗简明了，播音技术也提高了一步。

3. 听户增加了，广播开始时是3.2万户，去年搬家和日侨归国时减到2.3万户，最近一次登记工作完结后，又增到3.6万余户。

4. 推动了关东地区的社教工作。本台曾组织了海星合唱团，演出新内容的大鼓及评词有89次，演剧126次，唱歌199次，唱歌教授75次。另外，本台还组织了儿童播音剧团及本台所属播音剧团。

5. 广播内容也逐渐充实起来了。

6. 在建设方面，重新装设了中波广播机，并且改造了短波广播。

7. 保证了供给工作。

B. 缺点：

1. 广播方针与主要对象不明确，因而在广播上缺乏中心内容；节目种类比较繁杂。

2. 对电台特点缺乏明确认识。

3. 对电台的群众路线缺乏足够认识。

4. 稿件内容多缺乏战斗性。

5. 缺乏思想领导。

注：这是大连广播电台第二任台长白全武为纪念建台两周年撰写的文章。该文摘要发表于1948年1月16日《大连日报》。

三、丹东市

广播电视篇

概　述

20世纪30年代，日本侵略者为强化伪满傀儡政权，在东北一些地区设置放送局（广播电台）。1937年建起安东放送局，宣扬所谓“民族协和”“王道精神”“日满一德一心”，日本侵略中国的“赫赫战功”。1941年12月太平洋战争爆发后，放送局纳入“战时体制”，直接服务于侵略战争，1945年8月随日本投降而垮台。

1945年丹东解放，市长吕其恩派白刀、冷克接管安东放送局，成立安东市政府广播电台，后改称安东新华广播电台，并于11月7日对外播音。

1946年10月，国民党政府军队进犯丹东，安东新华广播电台于10月23日夜间撤到外地，在极端困难的情况下，向丹东人民播送解放战争的胜利消息，揭露蒋介石发动内战必然失败的命运，号召敌占区人民坚持斗争，度过黎明前的黑暗，迎接解放。

国民党政府军队进占丹东后，雇佣一批原安东放送局人员，于1946年11月组成安东广播电台，进行反共、反人民宣传。诬蔑中国共产党领导的人民解放事业。1947年6月丹东第二次解放，安东广播电台解体。

1947年6月9日，安东新华广播电台迁回丹东，6月10日恢复播音，1949年4月改为安东人民广播电台。

第一章　无线广播

第一节　广播电台

伪安东放送局　设立于1937年10月。局址在安东市六番通四丁目三番地（今丹东市六纬路92号）。由安东电信电话局统辖，隶属于伪奉天放送总局。第一任局长由安东电信电话局局长松野节（日本人）兼任。业务关系归伪新京放送总局统辖，初建时办1套节目，称“第1放送”，于1937年10月20日用日语广播，后增办第2套节目，称“第2放送”，于1939年12月10日用所谓“满语”（即汉语）广播。放送局下设业务系、技术系，从业人员12人。东北沦陷后期，下设放送课、机械课、庶务课，课长均系日本人，从业人员20多人。放送局另设无线电营业所（后改为安东放送普及局），主要经销和修理收音机，收取收听费，从业人员20余人。

1945年8月14日，日本天皇发表投降书，为日本侵略者侵华服务的安东放送局解体。

安东新华广播电台　日本投降后，原安东放送局的中国职工接到伪安东省政府组织的安东省治安维持会通知，成立安东电台维持会。同年8月下旬，在李春有（原是播音员）等人控制下，安东电台维持会成立，李春有任会长。维持会利用电台为伪省政府维持会播送“文件”“指示”，转播北平市国民党的“新闻”。同年10月，苏联红军进驻丹东，命令电台停止广播活动。

10月下旬，安东市长吕其恩、副市长张雪轩派白刃、冷克带领一班战士接管由安东电台维持会把持的原安东放送局的设备和财产，成立安东市政府广播电台。次年9月改称安东新华广播电台。安东新华广播电台是解放区除延安新华广播电台外的五家地方电台之一。台长白刃，政治指导员冷克。台内设播音科、机务科和庶务科（后改为庶务股），共20人。1945年11月7日对外播音。每日播音7小时。1946年9月，党组织从辽东军区派陈自新任台长。1946年10月，国民党政府军队进犯丹东。陈自新在10月23日晚按安东省民主政府副主席刘澜波指示完成播出《告安东人民书》后，同严林、代之、张若曼、陈重、中村武（日本人）、了长庆、朱××（炊事员）8人撤出安东。电台迁到外地后，在中共安东省委宣传部领导下于同年11月开始播音。电台呼号是“新华广播电台”，频率为1260千周。由于处在战争年代，广播条件极差，工作十分艰苦。1947年6月，丹东第二次解放。在外地坚持播音七个月的电台，迁回丹东，恢复播音。

国民党安东广播电台 1946年10月下旬，国民党政府军进占丹东。8月，成立安东广播电台，台长张文翰。除张文翰带来的随员外，还雇佣一批原安东放送局的伪职员，组成4科（课）9股，工务科设服务股、机务股，播音课设编审股、播音股，业务课设收费股、业务股，总务课设庶务股、会计股、文书股，共40多人。隶属国民党政府中央广播事业管理处东北区广播播电台领导。1947年6月丹东第二次解放，张文翰等人带着机器逃往沈阳。

安东（辽东）人民广播电台 安东新华广播电台1947年6月10日迁回后迅速投入重建工作。台下设总务股、工务股、编播股。

1948年9月，东北新华广播电台（下称东北台）调海龙新华广播电台台长，张东任副台长，并兼任中共安东新华广播电台第一任支部书记。由于行政区划变更，东北台将通化新华广播电台划归安东新华广播电台领导。1949年1月，陈自新调往东北台，张东任台长。1949年3月成立广播电台服务部。1949年4月，根据东北台指示，安东新华广播电台改名为安东人民广播电台。台下设编辑室、播音股、技务股和总务股。总人数由一年前的14人增加到26人。1949年8月，通化新华广播电台撤销，并入安东人民广播电台。

第二节 设施设备

1937年10月20日，伪安东放送局开始用日语广播，称“第1放送”。呼出符号为JQBK，波长373米，频率805千周，发射机功率为50瓦，发射天线为T型，机型为水晶高电力变调式。局舍404.9平方米。1939年12月10日用所谓“满语”（即汉语）广播，称“第2放送”，波长238米，频率1260千周，其他与“第1放送”相同。

1945年11月7日，安东市政府广播电台对外播音，用的是没收伪安东放送局的发射机，呼号为XTAK（后改为XNAR），功率50瓦，频率1260千周，波长238米。1946年10月，国民党政府军进占丹东，电台撤出时带走一台10瓦发射机，在外地坚持广播。频率为1260千周，同国民党设在丹东的电台频率相同，以便市民收听。并干扰对方电台。

1946年11月至1947年6月，国民党政府军盘踞丹东期间，成立安东广播电台，呼号为XQPY，频率为942.8千周，波长318米，发射机50瓦，后为强化宣传，又使用一台100瓦家射机，波长238米，频率1260千周。

1947年6月，安东新华广播电台迁回，发射能力仍为10瓦，同年7月恢复到50瓦，9月为100瓦，12月增到250瓦。到1948年4月，除中波发射能力发展到500瓦外，还增设短波，同时向外播放，覆盖面积由市区到全省，甚至到东北、华北、华南一些地区。1948年7月，短波停用之后，电台启用中波发射机两部：一部500瓦，波长236.2米，频率1270千周；一部50瓦，波长353.2米，频率805千周。

第三节　节目

节目分两种，一是转播节目，一是自办节目。

伪安东放送局播送的全部节目均由新京放送总局统一组织编排。节目分甲、乙、丙三种：甲种节目占全部节目的85%，规定各地放送局一律转播；乙种节目占全部节目的10%，规定未经许可地方局不得随意变动，一律转播；丙种节目占全部节目的5%，在规定时间内各地方局可以转播或播送自办节目。在上述节目比重中，所有关系国际性或伪满“重要”新闻、言论及国策的讲话等，都由总局安排。各地方局分担的大都属“教养”节目，如家庭讲座、趣味讲话、科学常识及文艺节目等。伪安东放送局转播的主要节目有：新闻、政府公报、家庭讲座、政策、新闻解说、讲演、圣典讲义；格言、先哲故事；日语讲座、趣味科学讲座、音乐以及广告等。地方自办节目极少，每日有“市况”（地方新闻）、“气象”和少量文艺节目（学生唱歌、实况转播戏剧等）。每日播音时间为15小时。

安东新华广播电台于1945年11月7日对外广播，办1套节目。每日播音分早、午、晚三次。早晨以《渔光曲》为开始曲，播音2小时；中午播音一个半小时；晚间播音3个半小时，以《义勇军进行曲》为终了曲。每日播音7小时。转播节目有：延安新华广播电台的记录新闻和莫斯科华语广播；自办节目有：新闻性节目、文艺性节目和服务性节目等。1946年10月，安东台撤到外地后，转播节目有延安（陕北）新华广播电台的记录新闻，自办节目有新闻节目和文艺节目。广播时间一般在清晨和深夜。

1946年11月后，国民党安东广播电台每天按“中原时间”分早、午、晚播出三次，约7个小时。主要转播国民党中央电台新闻节目、美国旧金山电台对华节目。还有早晨的话、修养讲话、历史故事、总理遗教、总裁言论、经济信息、儿童节目、青年节目、妇女节目、公民常识、讲演、时事评论、政令传布、文化晚会、奉市新闻和文艺节目转播或自办节目。

1947年6月，安东台迁回丹东后，每日仍按早、午、晚三次播音。1948年5月后，随着解放战争需要，每日四次播音。东北全境解放后，又改为三次播音。1949年3月以后，主要转播陕北台的新闻、评论和城市通讯、东北台的东北新闻和评论报道。自办节目有清晨特别节目、简明新闻、地方新闻、布告和通告、讲座、工商业广告、评论报道、通讯和文艺节目等。

第四节　内容

伪安东放送局建于抗日战争爆发后，直接为日本的侵略政策服务。大肆宣传日本帝国主义“赫赫战功”“反共防共”“日满华一体建筑防共和平新事业”。1941年12月8日太平洋战争爆发，它纳入“战时体制”，一切宣传服务于侵略战争。直到1945年8月14日，广播里传出日本天皇接受投降的消息，才停止活动。

安东新华广播电台作为解放区除延安外的五个电台之一。从1945年8月7日传出中国共产党的声音开始，就为中国的独立、和平、民主事业服务，为中国人民的解放事业服务。它主要宣传抗日战争胜利后的时局和中国共产党的方针；宣传解放区的减租、反霸运动和生产建设；宣传拥政爱民和拥军优属；揭露国民党反动派依赖美帝国主义援助，准备全面内战的阴谋；教育人民提高警惕，壮大自己，保卫解放区，保卫胜利果实等。新闻节目来源主要从《安东日报》中选播，有时根据宣传需要也编播言论、消息等稿件。还常播送安东省、安东市的党政军领导关于形势和任务的报告。1946年，广播辽东军区司令员肖华的新年贺词，播送市长吕其恩的春节讲话。文艺宣传，主要播送解放区歌曲和苏联歌曲，还广播30年代的歌曲和古典音乐。它对传播革命思想，提高解放区人民的政治觉悟和生产热情，鼓舞群众参军参战，起了推动作用。为加强革命文艺宣传，解决节目来源问题，1946年2月在白刃台长倡导下成立“安东新华广播电台广播乐团”，成员十余人，演奏解放区歌曲、外国轻音乐，为电台演出文艺节目的演唱者伴奏。

1946 年 10 月，国民党政府军进犯丹东，安东新华广播电台迁出。11 月，在外地开始广播。宣传在中共中央和毛泽东主席领导下，解放区广大军民贯彻执行“以自卫战争粉碎蒋介石的进攻”的方针。在自行安排的新闻节目里，着重宣传解放区人民克服困难，生产支前，参军参战，“迎接中国革命的新高潮”的好形势；宣传国民党统治区人民的民主运动和揭露国民党反动派行将灭亡的命运，鼓舞人民坚定必胜信心。文艺宣传主要播送一些进步歌曲。电台在外地坚持广播七个月，使丹东人民在国民党盘踞期间，能听到中国共产党的声音，受到极大鼓舞。

1946 年 11 月，国民党在丹东设置安东广播电台，执行蒋介石的反共、反人民的“戡乱”政策，配合反革命的军事进攻，进行反动的政治欺骗，充当鼓吹内战的喉舌。在“早晨的话”等一些节目里，鼓噪蒋介石的《中国之命运》，讲播歪曲历史真相的“抗战史略”“国史讲座”，在新闻广播中充斥所谓“中美友谊”“剿共胜利”。诬蔑共产党领导的中国人民解放事业。在文艺广播中播放黄色音乐和戏剧，以欺骗和麻痹听众。该台在七个月中，为蒋介石造了大量舆论。

1947 年 6 月，丹东第二次解放的第二天，安东新华广播电台向全市人民广播的第一件新闻是安东重见天日的消息。随着革命形势发展，广播任务不断加重。初期主要宣传“夏季攻势的胜利”，扩大政治影响。10 月以后靠新华总社和地方报纸提供前线胜利消息，广播地方土地改革和生产建设，以及安乐市的政令布告等。1948 年 5 月，加强了对国民党政府军广播。

1948 年 11 月，东北全境解放之后，安东台围绕动员人民参加东北经济文化建设和支援全国解放战争等方面进行广播宣传。系统播送毛泽东的《新民主主义论》《论联合政府》等著作，以及其他领导人的著作。还选播部分知识性内容的稿件以普及文化科学。1949 年 6 月之后，按中共辽东省委和东北台指示，安东台加强了为经济建设服务、为工人阶级服务的宣传。

1949 年 10 月 1 日，安东台按时转播中央台的中华人民共和国开国大典及阅兵式的实况，使全省人民听到了毛泽东主席站在北京天安门城楼上向全国、全世界人民庄严宣告：“中华人民共和国成立了！”这一具有历史意义的声音。同日晚，全市各界群众举行庆祝建国游行，安东台派记者到市内主要街道采访，及时报道了这一盛况，形成较大的广播宣传声势。

第五节 播音

伪安东放送局时期，“第1放送”的播音员是日本人；“第2放送”的播音员是中国人，前后有马天来、曹会澄等。

1945年，安东新华广播电台播音员有曹会澄（曾任广播科长）、孔光、陈良田、吴丽（女，曾任广播科长）、王振铎、王达、赵海风、严林（女，曾任广播科长）等。有时人员不足，电台领导和其他人员也临时参与播音。电台撤到外地后，播音员严林集采访、编辑、播音于一身。1947年6月电台迁回丹东，严林仍负责编播工作。播音员先后由李微（女）、李志洁（女）、路明（女）、李冰芬（女）、朱悦萍（女）、程辛（女）、杨宏亮等人担任。他们怀着对人民解放事业必胜的信念，学习延安新华广播电台的经验，以话筒为武器，怒斥敌人义正词严，讲胜利鼓舞人心，形成战争年代立场坚定、爱憎分明的风格与基调。

第六节 编采通联

伪安东放送局仅有少量地方新闻和文艺节目，只靠播音员去完成，没有专职编辑和记者。国民党的安东广播电台，由于处于人民解放军的包围之中，活动范围很小，除转播节目外，仅编采少量稿件应付播出。

1945年11月，安东新华广播电台成立后，逐步实施一套行之有效的“编、采、通”合一的工作体制。电台建立初期，只有一两个编辑人员，新闻稿源主要靠摘编报纸大样，重要的稿件经台长选定，自写的广播评论多由台长执笔。事多人少，台长、指导员都做具体编辑工作，没有专职记者。广播科设有联络组，负责对外联络，外请社会名人、英雄模范、文艺团体为电台写稿或到电台讲话、出节目。电台撤到外地后，五人办广播，台长直接与中共安东省委联系，取得指示和稿件，由严林一人编播，采访和通联工作很少。1947年6月，电台迁回丹东，编辑兼播音员，播音员也做编辑。联络员做通联或访问工作，没有专职记者。

1949年5月，安东台设立编辑室，有编辑、联络人员，做编采通联工作。由于人员少、设备不全，电台编辑人员有时也参与直接对外播放。

吉 林 省

《吉林省志·卷四十二　新闻事业志·广播电视》

概　述

吉林省在1932年设立第一座无线广播电台。吉林省无线广播曾经被日本侵略者及殖民政权“满洲国”统治13年，成了奴化东北四省（区）人民和鼓吹“大东亚圣战”的罪恶工具。抗日战争胜利后，中国共产党及其领导的人民军队、地方政府，在解放战争中接管和创建6座广播电台。它们就是吉林省人民广播事业的雏形。

新中国成立后，吉林省广播电视事业蓬勃发展。

第一篇 >>> 无线广播

第一章 东北沦陷时期的广播电台

东北沦陷时期，日本关东军司令部、伪满洲国在吉林省境内先后设有4座广播电台。它们是："新京（长春）放送局"（后改为"新京（长春）放送总局"）、吉林放送局、延吉（后改为"间岛"）放送局、通化放送局。这些广播电台是由"满洲电信电话株式会社"控制，宣传日本帝国主义侵略政策，鼓吹"日满协和"，旨在奴化中国人民，实行殖民统治。

第一节 "新京（长春）放送局"

1932年10月，侵略中国东北的日本关东军司令部由沈阳迁到长春。日本关东军司令部特殊通讯部，占用"新京（长春）电话局"两个房间，改建成演奏室（即演播室、播音室）和调整室。同年10月31日，以"奉天（沈阳）放送局新京演奏所"名义，通过长途电话线路，将广播讯号传到"奉天（沈阳）放送局"播出。这个演奏所是"新京（长春）放送局"的前身。

1933年4月6日，"新京（长春）放送局"开始播音，呼号MTAY。发射功率1千瓦，频率570千赫，波长529米。广播发射台是由原设在长春东三马路的收发电报的无线电台改建成的。"新京（长春）放送局"成立初期，每天17点开始播音（星期六或节假日从9点开始播音）。每天除转播日本东京中央放送局的部分日语节目外，自办节目有《新闻》（包括汉语、日语、朝鲜语、英语、俄语等语种）、《儿童时间》、《日语讲座》、《汉语讲座》和文艺性节目。同年8月，根据日本政府和伪满洲国当局签订的《关于在满洲设立日满合办通讯公司协定》，在大连设立了“满洲电信电话株式会社”，统一经营管理东北的通讯广播。这时，“新京（长春）放送局”并入该株式会社，由大连管理处领导。同时，把电台呼号改为MTCY。

1934年，日本关东军司令部和伪满洲国当局，为了扩大对东北民众的欺骗宣传，对抗中国国民政府和苏联的广播宣传，由“满洲电信电话株式会社”筹资，在长春宽城区新建一座发射台，安装了日本电气会社制造的100千瓦长波广播发射机。同时在该株式会社本部大楼内新建了增音室、播音室。这里安装的设备，当时在日本亦属精良，可见其居心险恶。同年11月1日开始播音，频率180千赫，波长1666米。可覆盖东北大部分地区。当时，日本侵略者声称是亚洲大功率的广播发射台之一。

1935年11月，“满洲电信电话株式会社”本部大楼在长春大同大街601号（现西安大路2号）建成。该株式会社本部即由大连迁至长春。同年11月10日，“新京（长春）放送局”由长春市南广场迁入本部大楼内办公。这时，“新京（长春）放送局”的内部机构有业务课、技术课。1936年增设营业所。

1936年11月，“新京（长春）放送局”的广播发射台新增了一部由日本东京电气会社制造的10千瓦中波发射机，频率560千赫，波长535.7米。从此，“新京（长春）放送局”开始办两套节目，分第一广播和第二广播，用两个频率播音。100千瓦长波发射机作为第二广播，主要是播出汉语节目，同时也播出一部分英语、俄语、蒙古语节目。10千瓦中波发射机为第一广播，主要播出日语节目，有时也播出朝鲜语节目。这时的节目设置，除保留部分原有节目外，新增加了《先哲故事》、《圣典讲义》、《对学校广播》、《对家庭广播》、《协和青年讲座》、《生活改善讲座》。

1937年全民族抗日战争爆发以后，日本帝国主义加强了对伪满洲国广播宣传的控制。“新京（长春）放送局”增设了《时事解说》、《今日新闻》和《临时新闻》节目，并随时插播殖民主义的政治口号。东北地区的广播宣传以“新京（长春）放送局”为中心，广播节目由它组织编排，统一播出，各地方放送局实行联播。“满洲电信电话株式会社放送部”规定：广播节目分为甲、乙、丙三种。甲种节目占全部节目时间的85%，地方放送局必须一律转播；乙种节目占10%，这类节目未经许可，地方放送局也要一律转播；丙种节目占5%，在此规定时间内，各地方放送局可以自由选播，或播出地方性节目。凡属涉及国际性新闻和伪满洲国的重要消息、言论和政策性的讲话，都要由“新京（长春）放送局”组织、编排和播出。1938年5月，“新京（长春）放送局”升格为“新京（长春）中央放送局”后，隶属“满洲电信电话株式会社新京管理局”领导。内设机构除保留庶务课、技术课外，还新增设了专门主管广播宣传工作的放送课。

1939年6月和1940年7月，日本侵略者出于通过国际广播舆论来强化殖民主义的宣传的考虑，“新京（长春）中央放送局”在“新京（长春）宽城区广播发射台”增设了两部20千瓦短波广播发射机，使用汉、日、蒙古、俄、英（有时使用德、法语）等语言，分别对远东、欧洲、北美西部、中国南部、南洋、海峡殖民地（马六甲海峡附近）、澳大利亚等地广播。每天广播四次，全天播音3小时55分钟。1940年1月，“新京（长春）中央放送局”为进一步扩大对内对外宣传，调整了内设机构，除保留原有的庶务课、技术课外，将放送课分解为三个课，即报道课、国际课、学艺课。同时，增加了工作人员。1941年1月8日，在对欧洲广播中开设定期的德语广播。最初，每周两次。同年6月，苏德战争爆发后，“新京（长春）中央放送局”进一步强化了反苏反共宣传，延长了俄语广播时间。同年8月，调整对外广播，对上述地区都增加了广播时间，其中德语广播时间延长到每次30分钟。

1941年12月8日，日本对美、英等国宣战后，为适应所谓“大东亚圣战决战体制”的要求，实行“日满一体化”，严格控制广播舆论。规定：各地方放送局只许转播“新京（长春）中央放送局”统一编排和播出的节目，不得自办广播节目；将每天第二广播（主要是汉语）中的《新闻》节目增加到10次，并随时中断正常广播，插播日本东京中央放送局的临时新闻；第一广播（日语广播）全部转播日本东京中央放送局的节目。为了强化对广播宣传的直接控制，“满洲电信电话株式会社”把本部放送课与“新京（长春）中央放送局”合并，于1943年4月组成了“满洲电信电话株式会社”直属的放送总局。放送总局拥有指导、监督和组织各地方放送局广播工作的权力。其内设机构有庶务课、监理课、编成课、报道课、国际课、学艺课和技术课。

从1943年春开始，“新京（长春）中央放送局”举办了大型“农村新年”特辑节目。同年2月17日至19日，连续三天播出了日本关东军报道队录音班采制的日军守卫北方的报道。同年5月用一周时间，反复宣传“防空生活化”的要求。为了灌输“职域即战场”的意识，从6月1日起在广播中增设了《产业体操》节目。在第二广播中举办了两次所谓“慰问产业战士”文艺广播晚会。这一类宣传，都是为推行“对付南方决战”（指太平洋战争）和侵华战争，“加强北边镇护”（指反苏反共），“强化国内体制”（指加紧对东北人民的思想统治和经济剥削）和“发扬战时生活意识”的侵略政策。

第二节　地方放送局

一、吉林放送局

吉林放送局前身是“新京（长春）放送局吉林演奏所”。1934年11月，吉林演奏所将占用吉林市电报电话局的房间改建成演播室和调整室，通过长途电话线路，向“新京（长春）放送局”传送广播节目。

1944年4月，“吉林放送局”开始筹建，同年12月试验播音。1945年2月正式播音，呼号MTWY。使用两部50瓦中波发射机，频率分别为725千赫、1160千赫。地址在吉林市南大马路（现重庆路62号附近）。吉林放送局设置汉语和日语两套节目，主要是转播“新京（长春）放送总局”编排的节目。

吉林放送局隶属“满洲电信电话株式会社新京管理局”领导。

二、延吉放送局、“间岛”放送局

延吉放送局于1938年4月1日开始试验广播，呼号MTKY。发射功率10瓦。地址在延吉县延吉乙字街（现延吉市光明街）。同年11月1日，该局改用大连义昌无线电会社制造的200瓦中波发射机正式播音，频率785千赫、波长382米。

延吉放送局初期采用汉语、日语、朝鲜语混合广播，以日语广播为主。除转播“新京（长春）中央放送局”的《新闻》节目外，还转播“新京（长春）放送局”、“奉天（沈阳）放送局”组织的讲演、文艺节目。

1941 年 11 月 1 日，延吉放送局增设一部 50 瓦中波广播发射机，频率 1270 千赫，开始办两套节目，使用两个频率。新设的 50 瓦广播发射机为第一广播，以日语广播为主；原有 200 瓦广播发射机为第二广播，以朝鲜语广播为主，有时也播出俄语节目。

延吉放送局开始隶属“满洲电信电话株式会社新京管理局”领导。1943 年 5 月 1 日，延吉放送局改称“间岛放送局”。从 1943 年起，“间岛放送局”又改由“满洲电信电话株式会社牡丹江管理局”领导，直到 1945 年 8 月 15 日东北光复。

三、通化放送局

通化放送局于 1940 年 11 月 10 日开始播音，呼号 MTTY。发射功率 10 瓦，频率 1035 千赫。地址在通化大桥区甲 58 号，后迁至通化西关外（现新华大街隆发居民委员会区内）。

初期，通化放送局采用汉语、日语混合广播。不久，增设一部 10 瓦发射机，频率 725 千赫，开始办两套节目，分第一广播（1035 千赫）和第二广播（725 千赫）。1941 年 12 月 15 日，“满洲电信电话株式会社”分配给该局一部 50 瓦广播发射机，加强了汉语广播。不久又新增了一部 50 瓦广播发射机。

通化放送局隶属“满洲电信电话株式会社奉天管理局”领导。

第二章　国民党占领时期的广播电台

1945 年 8 月 15 日东北光复后，国民党运兵东北，大打内战，曾一度占领吉林省境内的长春、吉林等地。同年 12 月，国民党中央执行委员会广播事业管理处派董毓秀为东北区广播电台接收专员。1946 年 5 月 23 日，国民党军队占领长春。不久，董毓秀在长春设立了东北区广播电台接收专员办事处，统管东北国民党占领区内务广播电台事宜。在国民党占领长春市、吉林市期间，曾先后设有六座广播电台。其中，属于国民党中央广播事业管理处管辖的三座，属于省、市公营的三座。国民党利用这些广播电台，宣传独裁政策，反对共产党，鼓吹内战。

第一节　设在吉林市的广播电台

一、吉林广播电台

1946 年 5 月 28 日，国民党军队占领吉林市。同年 7 月中旬，国民党中央广播事业管理处派赵家兰组建广播电台，并开始播音，称吉林广播电台，呼号 XQDK。发射功率 50 瓦，频率 725 千赫，波长 414 米（1947 年 9 月 27 日改为 730 千赫，波长 411 米）。台址在吉林市南马路（现重庆路 62 号附近）。

吉林广播电台每天早、午、晚三次播音，每天播音 8 小时左右。设置的主要节目有《早晨的话》、《自由谈》、《讲演》（包括民众教育、医学常识、青年园地、妇女之声、市政等专栏）、《商业介绍》、《新闻简报》、《省市新闻》、《活用节目》（包括演讲、歌咏、国乐、舞曲、相声、雅乐等）、《英语讲座》、《游艺节目》。此外，还转播国民党中央广播电台的《简明新闻》、《时评》和美国旧金山广播电台对华节目。据国民政府行政院新闻局印行的《广播事业》一书第 35 页记载：1947 年 10 月统计，吉林广播电台各类节目成分的比例是新闻占 22%，演讲占 30%（其中，宣传占 14%，教育占 16%），文艺性节目占 48%。1948 年年初，吉林广播电台各类节目成分的比例有了变化，新闻占 23%，演讲占 42%，文艺占 35%。

吉林广播电台于 1948 年 3 月吉林市第二次解放前夕停止播音。

二、省政府广播电台

省政府广播电台由国民党吉林省政府主办，1946 年 9 月开始播音，呼号 XKCL。发射功率 50 瓦，频率 1160 千赫，波长 260 米。台址在吉林市南马路（现北京路 1 号）。

省政府广播电台每天播音三次，主要节目有新闻、演讲、政府通告、文艺等。

1948 年 3 月，省政府广播电台在吉林市第二次解放前夕停播。

第二节　设在长春市的广播电台

一、长春广播电台

1946 年 6 月 25 日，国民党东北区广播电台接收专员董毓秀接收了“满洲电信电话株式会社放送总局”，改称长春广播电台，呼号 XQRA。发射功率10千瓦，频率560千赫，波长535.7米。台址在长春市中山广场路西（现西安大路2号）。

长春广播电台每天早、午、晚三次播音，全天播音7小时左右。设置的主要节目有《新闻》、《本市新闻》、《新闻类述》、《古今丛谈》、《午间漫谈》（内含经济知识、学术讲话、现代史话等专栏）、《儿童节目》、《英文讲座》和文艺性节目；转播国民党中央广播电台的《简明新闻》、《时评》；转播国际广播电台的《英语新闻》和美国旧金山广播电台的对华节目。

东北人民解放军包围长春后，地处长春北郊的宽城子广播发射台于1947年10月停止使用。长春广播电台启用办公大楼内备用的200瓦发射机广播，频率为560千赫。从此，长春广播电台的节目播出时间和内容明显缩减，不久便改为早、晚两次播音。据国民党政府行政院新闻局印行的《广播事业》第35页记载：1947年10月统计，长春广播电台各类节目成分的比例是新闻占29%，讲演占42%（其中，宣传占17%，教育占25%），文艺性节目占29%。

1948年2月，长春发电厂停止供电后，长春广播电台采用柴油发电机发电，每天只能在晚上19点到20点播音一个小时。这时，长春广播电台的节目只有《新闻》（20分钟）、《时事分析》（10分钟）、《时论介绍》（10分钟）、文艺性节目（10分钟）、《修养的话》（5分钟）。长春广播电台这种奄奄一息的状况，维持到1948年10月长春第二次解放前夕停止播音。

二、长春广告电台

长春广播电台附设的长春广告电台，于1946年10月25日开始试验播音，11月下旬正式播音，呼号为 XQRA。发射功率50瓦，频率943千赫，波长318.1米。台址在长春市新发路长春广播电台业务处楼上（现大经路1号）。

长春广告电台每天播音3小时（15点到18点）。主要节目有，《商业新闻》、《各地行情》、《政令传播》、《要闻简述》、《趣味漫谈》和文艺性节目。1947年4月1日，长春广告电台更改了播音时间，每天从14点到18点，播音4个小时。1948年年初停止播音。

三、长春之音广播电台

1946年6月至1948年10月，国民党军队占领长春期间，国民党中央通讯社还附设了长春之音广播电台，呼号 XPVG。发射功率100瓦，频率850千赫，波长353米。台址在长春市中央大街（现斯大林大街35号）。

四、长春新闻广播电台

1947 年年初，设立长春新闻广播电台，呼号 XPNA。发射功率 50 瓦，频率 745 千赫，波长 403 米。播音不久，于 1947 年春停播。

第三章　解放战争时期的新华人民广播电台

1945 年 8 月，抗日战争胜利后，随着苏联军队和中国共产党领导的人民军队进驻吉林省境内各地，相继接管了“新京（长春）放送总局”、吉林放送局、“间岛”放送局、通化放送局，创建了吉林、延吉、长春、通化（海龙、临江）新华广播电台。这些广播电台坚持自力更生、艰苦创业，依靠群众办广播，为传播马列主义、毛泽东思想，宣传中国共产党的政治主张，传达政令，讲解解放战争形势，揭露国民党政府的内战阴谋，报道土地改革和生产建设，支援解放战争，发挥了积极的作用。

第一节　吉林新华（人民）广播电台

1945 年 10 月，中共吉林特别支部派李之白等人从苏联红军手中接管了吉林广播电台。台址在吉林市南马路（现重庆路 62 号附近）。同年 11 月 21 日，吉林新华广播电台正式播音。发射功率 50 瓦，频率 730 千赫，波长 411 米。每天早、午、晚播音三次，全天播音 5 小时。1946 年 2 月，吉林广播电台改称吉林新华广播电台。吉林人民日报社社长杨文元（当时化名赵福洪，现名杨子苍）、余平若先后兼任台长。全台工作人员 25 人。设有广播科、技术科和总务科（与吉林人民日报社、新华通讯社吉林分社是统一的）。吉林新华广播电台除转播延安新华广播电台的新闻节目外，自办节目有《新闻》、《市内新闻》、《告知》、《时评》、《解放区通讯》、《介绍》和音乐、戏曲等。这个时期，广播舆论的重点：宣传党在新民主主义革命时期的路线、方针、政策；宣传人民军队在抗日战争中的历史作用；播送毛泽东同志的《新民主主义论》、《论联合政府》、《中国革命与中国共产党》等著作；报道解放区军民支援解放战争和建设新生活的业绩；揭露国民党实行独裁、卖国、内战的政策。

1946 年 5 月 28 日，东北民主联军实行战略转移，吉林新华广播电台停止播音，部分工作人员随军撤往延吉。

1948 年 3 月 9 日，东北人民解放军再次解放吉林市。延吉新华广播电台派刘树林、郝吉明接管吉林广播电台，仍称吉林新华广播电台。全台工作人员 11 人，机构设有播音科、工务科。同年 3 月 18 日恢复播音，呼号 XNKR。发射功率 50 瓦，频率 730 千赫，波长 411 米。每天早、午、晚播音三次，全天播音 6 小时 15 分钟。该台转播陕北新华广播电台的《对蒋军广播》、《新闻》、《时评》、《通讯》和延吉新华广播电台《对蒋区广播》等节目。此外，自办节目有《新闻》、《地方新闻》、《时评、通讯》、《军事新闻》以及音乐、戏曲唱片等。同年 7 月，东北新华广播电台成为东北总台后，吉林新华广播电台为其分台，行政业务由东北总台领导，日常政治思想工作和宣传工作由中共吉林省委宣传部委托中共吉林市委宣传部领导。同年 8 月，根据中共中央东北局和中共吉林省委决定，对电台内设机构进行了调整，设有广播股、机务股、总务股。全台工作人员 17 人。中共吉林市委宣传部部长陈南生（现名吴南生）兼任台长，王世民任副台长，主持日常工作。这时，吉林新华广播电台除增加了转播东北新华广播电台《新闻》、《评论》等节目外，还增设了自办的《讲座》（包括社会科学、自然科学、市政报告等内容）、《工商业广告》等节目。同年 8 月，吉林市各界人民举行了隆重纪念“八一五”东北光复三周年庆祝活动。吉林新华广播电台不仅转播了庆祝大会实况，还转播了北山脚下和南马路运动场内两处露天剧场的文艺演出实况。这期间，吉林新华广播电台在“特辑节目”中经常邀请工人、干部、教师、学生和工商业者参加广播座谈会，畅谈人民当家做主的喜悦心情，表达努力恢复和发展工农业生产、支援前线、为解放全中国贡献力量的决心。为了丰富文艺节目，该台还经常邀请各专业文艺团体和工厂、学校等单位的业余文艺组织演播文艺节目。其中，有快板、大鼓、评词、河南坠子、京剧清唱、秧歌剧、话剧、小歌剧、吹奏乐、二胡独奏。据《吉林日报》报道，1948 年年末，两个月共播出群众演出的文艺节目 81 次，改变了文艺节目只靠播放唱片的单调局面，受到了听众的好评。

1949 年 4 月 20 日，吉林新华广播电台开始使用自己组装的 300 瓦中波发射机，频率改为 1250 千赫，波长 240 米。同时，开办了《吉市节目》（政令通告，社会服务）和《轮回节目》。《轮回节目》的时间、对象和内容是星期一、三、五对工人广播；星期二对青年广播；星期四对妇女广播；星期六卫生知识；星期日对儿童广播。

1949年5月1日，根据东北新华广播电台通知，将吉林新华广播电台改称为吉林人民广播电台。同年9月21日，吉林人民广播电台转播了毛泽东主席在中国人民政治协商会议第一届全体会议上致开幕词的实况。29日举办了《庆祝中国人民政治协商会议》特别节目，吉林省人民政府主席周持衡发表了《祝人民政协开幕，祝新中国诞生》广播讲话。

附录

吉林人民广播电台节目时间表

（1949年7月20日开始实行）

第一次播音

5：30～5：35　开始曲，报告早晨播音节目

5：35～5：50　朗读

5：50～6：00　广东音乐

6：00～6：20　对时，简明新闻

6：20～6：30　音乐，终了

第二次播音

11：50～12：00　开始曲，报告中午播音节目

12：00～12：20　对时，简明新闻

12：20～12：30　音乐

12：30～12：45　地方新闻

12：45～13：00　京剧唱片

13：00～13：10　通告，广告，终了

第三次播音

18：25～18：30　开始曲，报告晚间播音节目

18：30～18：50　轮回节目（青年、妇女、儿童、苏联介绍、卫生、星期文艺）

18：50～19：00　苏联歌曲

19：00～19：20　对时，职工时间

19：20～19：40　文娱活动

19：40～20：00　评论、报道

20：00～20：20　转播沈阳新华广播电台东北新闻

20：20～20：30　苏联音乐

20：30～21：30　转播北平新华广播电台新闻、综合报道、评论、国际时事

21：30～21：45　地方新闻

21：45～21：55　京剧唱片

21：55～22：00　预报次日播音节目

22：00～22：50　转播北平新华广播电台第四次新闻、文娱活动，终了

第二节　延吉新华（人民）广播电台

1945年8月，东北光复后，苏联红军接管“间岛”放送局，改称延吉广播电台。1946年4月，苏联红军撤离延吉后，中国共产党领导的吉东行政督察专员公署接管了延吉广播电台。由于当时经常停电，没有正式播音。1946年5月28日，东北民主联军撤出吉林市，中共吉辽省委（不久改称吉林省委）机关迁至延吉。1946年6月初，中共吉辽省委宣传部派王建颖等3人到延吉广播电台，重新组建延吉新华广播电台（即省电台）。6月16日试验播音，7月1日正式播音，呼号XNYR。发射功率50瓦，频率785千赫，波长382.17米。台址在延吉市延新街（现光明街）。全台有工作人员19人，机构设有广播科、技术科。台长王建颖。同年初冬，按照中共吉林省委决定，延吉《人民日报》、新华通讯社延吉分社和延吉新华广播电台联合成立管理委员会。肖林任延吉人民日报社社长兼新华通讯社延吉分社社长，王建颖任延吉新华广播电台台长兼新华通讯社延吉分社副社长。

延吉新华广播电台成立初期，每天早晚两次用汉语和朝鲜语播音，全天播音4小时20分钟。1947年7月1日改为早、午、晚三次播音，全天播音时间增加到5小时零5分钟。节目有《新闻》、《军事新闻》、《国际新闻》、《简明新闻》、《地方新闻》、《时评、通讯》、《记录新闻》、《朗读》、《讲座》以及《娱乐时间》。新闻稿件的来源，除采用《吉林日报》的稿件外，还播送新华社延吉分社抄收的新华社电讯稿。有时，还用“实况转播”和“广播讲话”等形式进行宣传教育。1947年元旦，吉林省民主政府主席、吉林军区司令员周保中到电台作新年讲话。

1946年12月31日，延吉《人民日报》四版刊登了该台台长王建颖撰写的文章《延吉新华广播电台成立半年来的回顾》。延吉新华广播电台把这篇文章作为新年献辞，在元旦节目里由台长王建颖亲自播出。这篇文章通过总结半年来的工作，对人民广播的性质、任务、作用、功能和工作指导方针等作了阐述，指出：延吉新华广播电台从它正式成立时，就开始树立为人民服务的精神。人民广播的功能和作用在于它对国内外的新闻作了迅速而正确的报道，各级党政机关运用它传播政令和政策，使政府和人民联系得更密切。从延吉电台一诞生就有意识的注意了与群众的结合，坚持了"大家办广播"的群众路线，使过去一贯被人奴役的劳苦大众，能出现在麦克风前，讲出他们所要说的话来。

同年春节，延吉新华广播电台组织播出了"特辑节目"，邀请工人、农民代表谈翻身解放的感想。播出了广播剧《天堂地狱》、秧歌剧《兄妹开荒》，并连续两天转播吉林军区文工团演出的歌剧《白毛女》实况。

从同年5月中旬开始，该台组织技术人员，克服当时广播器材缺乏的困难，经过64天的昼夜奋战，连续进行了7项技术改造。把50瓦广播发射机扩大成1千瓦（频率1353千赫，波长221.73米），使广播发射功率扩大20倍，于9月8日投入使用。把借用邮电局的一间空房改建成机械室，搬迁了发射机，并新装置了一部200瓦短波发射机（频率6050千赫，波长49.6米），于同年11月3日开始了短波广播。这些技术改造项目的成功，使该台扩大了广播覆盖面积，延长了播音时间，增加了节目内容，提高了广播宣传的社会效益。

1948年1月21日，延吉新华广播电台调整广播节目时间，增设了《对蒋区广播》、《朝鲜语时间》节目。全台每天播音三次，总播音时间达到10小时45分钟，比建台初期的每天播音时间增加了一倍。其中，中波播音时间为8小时15分钟，短波播音为2小时。

附录

延吉新华广播电台中波、短波播音时间表

（1948年1月21日实行）

中波广播

第一次播音

5：55~6：50　朝鲜语时间

6：50~7：00　开始音乐，预报节目

7：00～7：20　对时，朗读
7：20～7：30　广东音乐
7：30～7：50　新闻
7：50～8：00　音乐，预报中午及晚间播音节目

第二次播音

11：50～12：00　开始音乐，预报节目
12：00～12：20　对时，新闻
12：20～12：30　音乐
12：30～12：45　朝鲜语新闻
12：45～12：50　音乐，预报晚间播音节目

第三次播音

16：00～17：00　朝鲜语时间
17：20～17：30　开始音乐，预报节目
17：30～18：40　转播陕北新华广播电台的新闻、时评及通迅
18：40～18：50　京剧
18：50～19：10　地方新闻
19：10～19：20　西乐（歌曲）
19：20～19：35　对蒋管区广播（星期一至六，星期日文艺）
19：35～19：40　音乐
19：40～20：00　转播陕北新华广播电台的英语新闻
20：00～20：15　对时，军事新闻
20：15～20：25　广东音乐
20：25～20：40　新闻
20：40～21：00　时评、通讯
21：00～21：10　音乐、预报次日广播节目
21：10　记录新闻

短波广播

19：10～19：20　开始音乐，预报节目
19：20～19：35　对蒋管区广播（星期一至六，星期日文艺）
19：35～19：40　音乐

19：40～20：00　转播陕北新华广播电台的英语新闻

20：00～20：15　对时，军事新闻

20：15～20：25　广东音乐

20：25～20：40　新闻

20：40～21：00　时评、通讯

21：00～21：10　对时，预报次日节目

延吉新华广播电台从本地朝鲜族群众较多的情况出发，创办伊始就设有朝鲜语广播。到1948年1月，每天的朝鲜语广播时间为150分钟，占全天总播音时间的28.4%。它是全国解放区新华广播电台最早用少数民族语言广播的电台。

延吉新华广播电台坚持依靠群众办广播，组织业余文艺爱好者到广播电台演播节目，注意做好听众工作。从1947年10月到1948年5月，该台先后四次在《吉林日报》上刊登有关做好听众工作的文章，介绍收听电台广播节目的方法，征求对广播工作的意见。向听众提出："你感到本台今后还应增加些什么节目?""你收听本台转播陕北电台节目时情况怎样?""你喜欢听解放区哪个电台，你喜欢它的哪个节目?"等问题，博采众议。

延吉新华广播电台是在艰苦的解放战争防御阶段创建的。开始时，全台工作人员只有十几个人，工作任务重，绝大多数人业务生疏，困难重重。为了做好播音工作，播音员从查字典起步，学习播音，锻炼基本功。他们除播音外，还负责播放间隔乐曲。为了把两个节目之间的间隔缩短到最小限度，往往是这边话音一落，那边唱机立刻把间隔乐曲播出去；播音员的两只手同时操作，左手放唱片，右手闭话筒开关，几秒钟内准确完成这些动作。当时，许多工作人员是多面手，播音员当编辑，有时当演员和值机员；有的技术人员兼做播音员和负责剧场实况转播时的解说工作。许多人参加业余的新华歌咏团和吉林新华播音剧团的演出活动。在工作中既有分工又有合作，争先恐后拣重担子挑。当时从领导到工作人员都是供给制，吃住在工作单位。每月只发两三万元东北币的津贴费。他们还积极响应毛主席关于"自己动手，丰衣足食"的号召，开展大生产运动，每天晚饭后纺线，有时工作忙，就在晚间播音结束后搞生产。

1948年3月，中共吉林省委机关迁回吉林市。同年11月，延吉新华广播电台移交给中共延边地委宣传部领导。自此，它完成了作为省级广播电台的历史使命。

第三节　长春新华（人民）广播电台

1945 年 8 月 19 日，苏联红军到达长春后，即派员接管“满洲电信电话株式会社放送总局”，改称长春广播电台，呼号为“格瓦里，长春”（俄语，这里是长春）。播送唱片，为苏军飞机导航。9 月上旬，苏军通讯司令部派一名懂日语的少校到广播电台主持日语广播。9 月 10 日，中共东北委员会派遣东北抗日联军干部王一知（化名佟涤心）、乔邦信以军代表身份进驻广播电台，主持汉语广播。这时，长春广播电台已正式播音。发射功率只有 3 千瓦，频率 560 千赫，波长 535.7 米。每天播音三次，使用汉语、日语、俄语广播。汉语节目设置不固定，新闻节目主要是从苏军警备司令部和市公安局搜集材料，编写新闻稿件；从俄文报纸上摘译苏联塔斯社的新闻报道；抄收延安新华广播电台的新闻节目。广播中大部分是朗读节目。文艺节目，只是播送一些唱片、革命故事、鲁迅作品和苏联小说。同年 12 月初，由于局势的变化，进驻长春广播电台的军代表王一知等人奉命撤出。这以后，长春广播电台仍由苏联红军管制，直到 1946 年 4 月中旬苏联撤军回国为止。

1946 年 4 月 18 日，东北民主联军解放了长春市。中共中央东北局宣传部派《东北日报》新闻台台长周叔康以军代表身份，接管长春广播电台，改称长春新华广播电台。同年 4 月 24 日开始播音，呼号 XNCM，频率 560 千赫，波长 535.7 米。每天播音三次，共 11 小时 10 分钟。其中，自办节目 7 小时 10 分钟。全台有工作人员 100 多名，设有新闻、教育、文艺、服务等类节目。同时，转播延安新华广播电台、张家口新华广播电台的新闻节目以及苏联莫斯科广播电台的华语和日语新闻节目。

附录

长春新华广播电台广播节目表

（原载 1946 年 5 月 19 日至 21 日《东北日报》四版）

5：50～5：59　开始的话，预报上午节目，唱片
5：59～6：00　报时
6：00～6：30　新闻（莫斯科）
6：30～7：00　西乐唱片

7：00～7：20　朗读

7：20～7：30　国乐唱片

7：30～8：00　新闻、通告

8：00～11：00　休息

11：00～11：30　预报中午节目，西乐唱片

11：30～11：50　常识讲话

11：50～11：59　京剧唱片

11：59～12：00　报时

12：00～12：30　娱乐节目（星期一、三、五为大鼓，星期二、四、六为唱片）

12：30～13：00　新闻、通告

13：00～13：20　故事

13：20～13：30　杂曲唱片

13：30～16：00　休息

16：00～16：30　新闻、通告，预报夜间节目

16：30～17：00　新闻（莫斯科）

17：00～17：30　日语新闻（莫斯科）

17：30～18：00　日语新闻

18：00～19：00　新闻（张家口）、唱片

19：00～20：30　新闻（延安）、唱片

20：30～20：50　演讲（无演讲时播送唱片）

20：50～20：59　京剧唱片

20：59～21：00　报时

21：00～21：30　新闻、通告，预报明日节目

21：30～22：30　记录新闻

1946 年 5 月初，林超担任长春新华广播电台军代表。不久，因国民党军队占领梅河口、四平一带，东北民主联军开始战略转移。长春新华广播电台根据中共中央东北局宣传部的通知，于 5 月 22 日晚停止播音。部分工作人员携带广播设备和器材，撤往黑龙江省佳木斯和密山。

1948 年 10 月 19 日，东北人民解放军第二次解放长春。中共中央东北局宣传部派东北新华广播电台副台长朱明率领接收小组接管被国民党控制两年多的长春广播电台。同年 10 月 22 日，长春新华广播电台（当

时长春是中央直辖的特别市）恢复播音，呼号为 XCCR。每天播音三次，发射功率 200 瓦，频率 560 千赫，波长 537.7 米。不久，朱明等奉命接收沈阳广播电台，东北新华广播电台（总台）调王建颖任长春新华广播电台台长。

长春新华广播电台恢复播音初期，自办节目较少。除转播陕北新华广播电台和东北新华广播电台节目外，主要是到《长春新报》社抄收新华社电讯稿，选编地方报纸的新闻，然后在新闻节目中播出。当时的宣传重点是：宣传党在新民主主义革命时期的路线、方针、政策；报道人民军队的战绩；激励人民恢复和发展生产，支援全国的解放战争。

1949 年 2 月，长春新华广播电台调整节目。全台办有新闻性、教育性、文艺性、服务性等节目共 16 个。节目设置有：《新闻》、《本市新闻》、《简明新闻》、《评论、报道、通讯》、《政令通告》、《讲座》、《青年时间》、《职工时间》、《儿童时间》、《社会服务》、《工商业广告》、《文娱活动》、《唱歌指导》等。每天播音 7 小时 30 分钟，其中自办节目时间 6 小时 30 分钟。在自办节目中，新闻性节目 2 小时 35 分钟，占 40%；教育性节目 44 分钟，占 11%；文艺性节目 1 小时 50 分钟，占 30%；服务性节目 1 小时 15 分钟，占 19%。

同年 5 月 1 日，根据东北新华广播电台（总台）通知精神，长春新华广播电台改称长春人民广播电台。同日，长春市举行大规模群众集会，庆祝解放后的第一个“五一”国际劳动节。长春人民广播电台转播了大会实况。这是该台建台以来的第一次实况转播。同年 6 月 20 日，长春人民广播电台连续转播北平新华广播电台在《演讲节目》中播送的毛泽东、朱德、周恩来等领导同志在新政治协商会议筹备会上的讲话。同年 7 月 1 日至 7 日，长春人民广播电台举办了“纪念‘七一’中国共产党诞辰”、“‘七七’民族抗战”特别节目。请有关领导干部和工人代表到电台作广播讲话。同时演播文艺节目，转播庆祝大会的实况。据“长春人民广播电台 1949 年工作总结”记载：“一年来的广播工作，以经济建设为主的方针是正确的，基本上配合了每个时期的中心工作，发挥了广播作用。”

长春新华广播电台恢复播音后，一直受中共长春特别市委宣传部和东北新华广播电台（总台）的双重领导。内设机构有总务科、广播科、机务科（含播送台、服务部）。工作人员约 60 人左右。

附录

长春人民广播电台播音时间表

第一次播音

5：55　开始曲，报告早晨播音节目

6：00　对时，青年时间

6：20　清晨音乐

6：30　简明新闻

6：45　政令通告

6：55　预告中午播音节目

7：00　休息（每星期三、六，从7点到8点是《工人学习时间》）

第二次播音

11：55　开始曲，报告中午播音节目

12：00　对时，新闻

12：20　评剧唱片

12：45　本市新闻

12：55　预报晚间播音节目

13：00　社会服务、工商业广告

14：00　休息

第三次播音

18：30　开始曲，报告晚间节目

18：35　唱歌指导（星期二、四、六）、儿童时间（星期一、三、五）

18：50　职工时间（星期一、三、五）、讲座（星期二、四、六），（星期日从18：35～19：10文娱节目）

19：10　本市新闻、政令通告

19：40　简明新闻

19：55　音乐

20：00　联播沈阳人民广播电台东北新闻

20：20　评剧唱片（星期一、三、五、日），粤曲唱片（星期二、四、六）

20：30　北平新华广播电台联播节目

21：00　文娱活动

22：00　评论、报道、通讯

22：25　预报次日节目，终了曲

22：30　休息

第四节　通化（临江、海龙）新华（人民）广播电台

通化（临江、海龙）新华广播电台，在解放战争期间，是距离国民党占领区较近的一座广播电台。它随着战争形势的变化，曾四次转移，五次搬迁，三易台名，历经了艰难困苦。

通化新华广播电台的前身是通化广播电台，创建于1945年9月24日，呼号XTHR。发射功率50瓦，频率725千赫，波长414米。台址在通化市西昌街（现新华大街隆发居民委员会区内）。同年10月，迁到龙泉路广场附近（现龙泉路1—26号）的新台址。通化广播电台有工作人员33人。其中，编播人员10人，技术人员16人，行政人员7人。机构设有广播科、技术科、总务科。台长张东。

通化广播电台每天早、午、晚三次播音。当时，中共通化地委宣传部要求以转播延安新华广播电台节目为主。所以，该台每天中午和晚上，都转播延安新华广播电台《新闻》节目，转播张家口新华广播电台《新闻》、《记录新闻》和娱乐节目。自办节目有《新闻》、《新闻重述》、《地方节目》、《青年时间》、《儿童时间》和《清晨音乐》。

1945年11月7日，通化广播电台台长张东，以“民役”的笔名，在《辽吉日报》上发表了题为《介绍通化广播电台》的文章。这篇文章对人民广播的性质、任务和办台方针作了阐述。

为了弥补群众收听工具的不足，通化广播电台率先注意发展城镇有线广播，在市内繁华地区的路口和一些大商店门前，安装了高音广播喇叭。在东昌丁字街路口修建了一座10米高的方形广播塔。同年11月，还开办了无线电修理部，为群众修理收音机。

1946年1月，通化广播电台改称通化新华广播电台。同年7月，根据中共辽宁省委宣传部的指示，该台并入辽宁日报社，对内为报社广播科，对外仍称通化新华广播电台。从这以后，通化新华广播电台的播音时间和节目设

置情况如下：

6：55～7：00　开始音乐（国乐）

7：00～7：30　新闻重述

7：30～7：50　通讯介绍

7：50～8：30　西乐唱片

11：55～12：00　开始音乐（国乐），报时

12：00～12：30　各类常识、故事介绍

12：30～13：00　京剧唱片

17：30～18：00　娱乐时间

18：00～19：00　转播张家口新华广播电台节目

19：00～20：30　转播延安新华广播电台新闻

20：30～21：30　新闻时间

21：30～21：35　预报次日节目

1946年7月，通化新华广播电台临江分台建成，并开始播音。发射功率50瓦，频率1270千赫，波长236米。主要是转播延安新华广播电台和通化新华广播电台节目，还自办一部分节目。台址在临江镇南围子泡子沿附近。全台工作人员10人，负责人宋雨枫。

由于国民党军队进犯通化地区，通化新华广播电台于同年10月30日停止播音，撤往临江镇，与临江分台合并，改称临江新华广播电台，由中共辽宁省委宣传部直接领导。后因东北民主联军准备进行保卫临江战役，当时临江新华广播电台没有播音。同年11月下旬，临江新华广播电台的工作人员携带广播设备转移到朝鲜北部的中江镇。

1947年春节后，根据中共辽宁省委宣传部的通知精神，临江新华广播电台台长张东率领3名工作人员，援建朝鲜江界放送局（广播电台），并赠与50瓦中波发射机一部、增音机一台、高级收音机一台。同年5月上旬，张东等人返回临江镇重建临江新华广播电台，并于1947年7月1日开始播音，呼号XLCR。发射功率50瓦，频率1270千赫，波长236米。每晚播音一次，2小时5分钟。其节目安排是：

19：55～20：00　报告当天广播节目及20点对时

20：00～20：20　文艺团体、民间艺人活动或轮回节目（包括苏联介绍、美国介绍、解放区介绍、蒋管区介绍及各种讲座等）

20：20～20：30　商情介绍

20：30～21：00　转播陕北新华广播电台新闻

21：00～21：10　播送唱片（星期一、四广东音乐，星期二、五歌曲唱片，星期三、六地方戏唱片）

21：10～21：30　综合新闻

21：30～21：50　京剧唱片

21：50～22：00　西乐唱片及预报次日节目

临江新华广播电台开始播音不久，便改为早、晚两次播音，播音时间延长到6～7小时。但因经常停电，播音时断时续。

为了解决临江新华广播电台新闻稿源少的困难，1947年8月，经中共辽宁省委宣传部批准设立电讯台。由辽宁军区通讯科供给电讯机一部，派遣报务员2人，从8月16日起，每天直接抄收新华社电讯稿。不久，该台启用本台技术人员组装的500瓦中波发射机，频率1035千赫，波长289.8米。

1947年10月18日临江新华广播电台停止播音，11月2日迁往海龙镇，改称海龙新华广播电台。同年11月22日试验播音。1948年1月1日正式播音，呼号XHCR。发射功率500瓦，频率1035千赫，波长289.8米。台址在海龙镇东关外路南，原银行旧址。全台工作人员24人。机构设有广播股、技术股、总务股、电讯台（后撤销）、修理部。台长张东，指导员朱受之。

海龙新华广播电台每天早、晚两次播音，全天播音5小时20分钟。以转播陕北新华广播电台的节目为主（每晚18点到20点转播）。自办节目的设置和构成是：

新闻性节目：《综合新闻》，每天二次（早20分钟，晚15分钟），内容包括解放区新闻、本地新闻、蒋管区新闻、国际新闻；《工作通讯介绍》，每晚一次，15分钟，内容包括生产运动、群众运动、练兵运动、拥军参军、青年知识分子活动；《评论》，每天二次（早、晚各15分钟），内容包括社论、专论、时评、战评、一周战况、东北一周战况、国际一周、国际评论。

教育、知识性节目：《轮回节目》，每晚一次，20分钟。具体安排是：星期一，蒋管区介绍；星期二，解放区介绍；星期三，解放区文艺介绍；星期四，美国介绍；星期五，苏联介绍；星期六，政治常识；星期日，文艺团体活动。《常识介绍》节目，每晚一次，15分钟，内容包括生产、卫生、地理、历史等方面的知识。

文艺性节目：《音乐》，每天早晨10分钟；《文艺介绍》，每天早晨20分钟；《音乐唱片》，每天早晨10分钟；《广东音乐》，每天晚上10分钟；《京剧唱片》，每天晚上20分钟。

服务性节目：《对时》，每天早晚各一次；早晚预报当天广播节目，晚上预报次日广播节目。

1948年4月1日，海龙新华广播电台在《辽东日报》三版刊登了《海龙电台征求通讯员启事》，提出：本台为了更好地开展宣传工作，特征集前线作战胜利消息，后方之生产运动，拥军参军，立功运动，学习、教育、文化活动，以及政令、布告、启事等类材料。并希望各该机关首长帮助本台组织通讯员队伍。

1948年5月，根据中共辽宁省委宣传部的指示，海龙新华广播电台在通化市原通化新华广播电台楼内大演播室建立了通化分台。同年5月中旬开始播音，发射功率50瓦，频率1270千赫，波长236米。每天播音三次，转播陕北新华广播电台和海龙新华广播电台的节目。通化分台有工作人员2人，两届负责人是单书章、王昆（王志义）。同年11月，海龙新华广播电台停止播音，通化分台移交给中共通化地委宣传部领导（对外称通化新华广播电台），后又移交给中共通化市委宣传部领导。1949年8月，根据东北新华广播电台（总台）通知，通化分台撤销。其工作人员及广播设备并入安东（现丹东）人民广播电台。

通化（临江、海龙）新华广播电台，在解放战争期间，历经了许多艰难困苦，工作一直有条不紊。每迁到一个新的地址，全体工作人员连续作战，争分夺秒地进行房屋修建，清点设备和器材，安装广播设备，调试机器，加快工作进度，争取早日播音。为了增强工作人员的集体观念，锻炼"团结、紧张、严肃、活泼"的作风，对每天的工作、学习、生活、生产的作息时间都作出具体安排。1947年8月，临江新华广播电台实行的作息时间表是：6:00起床，6:15~7:00自修，7:00早饭，7:30~9:30学习，10:00~13:00工作，13:00午饭，13:30~14:30休息，14:30~18:00工作时间，18:00晚饭，18:30~19:50业余活动，19:55~20:00工作时间，22:00就寝。工作人员的政治学习分甲、乙两个组。甲组学习《整风文献》，乙组学习《中国近代史》。业余文体活动也比较活跃。当时，在电台大院内外因陋就简设了篮球架和排球网，供台内人员业余锻炼身体，有时和附近机关或驻军进行比赛。全台工作人员实行供给制。为了改善生活，大家利用业余时间种了五六亩地的蔬菜，做到了蔬菜自给有余。据台长张东的《工作日志》记载：1947年6月下旬，共食用自己种的白菜、菠菜、萝卜等360斤。6月份出售菜收入1.5万元（辽东币）。该台搬迁到海龙镇以后，在镇郊种了40多亩菜地，还购置了一台胶轮大车和三匹马。他们还在省直机关合作社入股。在1948年年初就收回本利1万元（辽东币），用这些收入来补助机关经费和工作人员生活福利的开支。

第五节　四平新华（人民）广播电台

四平新华广播电台是东北全境解放后，以海龙新华广播电台的工作人员和广播设备为基础，于1948年11月建立起来的。台址在四平市道里三马路（现南天桥街39号）。发射功率500瓦，频率1440千赫，波长208.33米。

四平新华广播电台以转播陕北新华广播电台（后为北平新华广播电台）和东北新华广播电台（后为沈阳人民广播电台）的节目为主。每天中午和晚上播音二次，共5小时30分钟。节目安排是：

11：55　开始曲，报告中午播音节目
12：00　对时，本市节目
12：15　简明新闻
12：45　工商业广告，社会服务
13：00　休息
18：30　开始曲，报告晚间播音节目
18：40　唱歌指导
19：00　对时，政令通告
19：15　轮回节目
19：30　辽北新闻
19：50　音乐唱片
20：00　沈阳人民广播电台东北新闻及娱乐节目
20：30　北平新华广播电台联播节目
21：30　文娱活动
22：00　论评、报道、通讯、讲座
22：15　音乐唱片
22：20　简明新闻
22：45　预报次日节目，终了曲

四平新华广播电台受中共辽北省委宣传部和东北新华广播电台（总台）

的双重领导。全台有工作人员 27 人。机构设有编播股、技术股、总务股。台长朱受之。

第四章　市、县级人民广播电台

吉林省市（地、州）县广播电台既是全省广播事业的一部分，又有相对的独立性。它除转播中央电台、吉林电台部分节目外，都有自办的广播节目。

吉林省在解放战争时期就建有市（地）级人民广播电台。

第一节　长春人民广播电台

长春人民广播电台前身为长春新华广播电台。1949 年 5 月 1 日改称长春人民广播电台（简称长春电台）。中华人民共和国成立时，长春市为中央直辖市，长春电台隶属于中共长春市委领导。台内设广播科、工务科、总务科及播送台、服务部，共有职工 61 人。台址设在长春市西安大路 2 号。发射功率 200 瓦，频率 560 千赫（后为 873 千赫）。自办节目 355 分钟。

第二篇 >>>
管 理

第一章 体制 机构

第一节 体制

1946年2月，吉林广播电台改称吉林新华广播电台（市台）。同年5月下旬，国民党军队进犯吉林，吉林新华广播电台撤往延吉。6月上旬，重新组建延吉新华广播电台（省台），受中共吉辽省委（不久改称吉林省委）领导，实行台长负责制。同年12月，中共吉林省委决定：吉林人民日报社、延吉新华广播电台和新华通讯社延吉分社联合，组成了领导三个单位的管理委员会。

占据吉林市的国民党军队败退后，吉林新华广播电台于1948年3月由延吉迁回吉林市。吉林新华广播电台实行台长负责制。行政业务受东北新华广播电台领导。

第二节 机构

1946年6月，延吉新华广播电台（省台），设技术科、广播科。

1948年3月，吉林新华广播电台由延吉迁回吉林市。设广播股、机务股和总务股。

1949 年 5 月 1 日，吉林新华广播电台改称吉林人民广播电台，设播音科、机务科和总务股。

第三节 领导成员更迭

1946 年 6 月上旬，王建颖任延吉新华广播电台（省台）台长。

1948 年 3 月，吉林新华广播电台由延吉迁回吉林市，同年 7 月，王世民任副台长。1948 年 8 月到 1949 年 4 月，中共吉林市委宣传部部长陈南生（现名吴南生）兼吉林新华广播电台台长。

第二章 队伍培训

第一节 职工队伍

抗日战争胜利后，长春、吉林广播电台各有职工二十多人，通化广播电台有职工 40 人。

1946 年 4 月，中国共产党领导的吉东行政督察专员公署从苏联红军手中接过延吉广播电台。当时，只有十几名职工。年末，从东北大学、吉林军政大学、土地改革工作队调来一些职工。虽然大多数人只有初中文化程度，没有做过广播工作，但他们刻苦钻研，努力学习，很快熟悉了工作。

1948 年，吉林新华广播电台有职工 18 人，长春新华广播电台 63 人，延吉新华广播电台不超过 30 人，通化新华广播电台（后改成海龙新华广播电台）二十多人。

第二节 广播电视服务公司（部）

1948 年 11 月 2 日，长春新华广播电台成立了服务部（现大经路 11 号）。当时，有职工 6 名，主要修理收音机，经营无线电元器件。该服务部在 1949 年 5 月改为长春人民广播电台服务部。

黑龙江省

《黑龙江省志·广播电视志》，黑龙江人民出版社 1996 年版

《哈尔滨市志·报业广播电视》，黑龙江人民出版社 1994 年版

《齐齐哈尔市志·文化卷》，黄山书社 1999 年版

《牡丹江市志》下卷，黑龙江人民出版社 1993 年版

《佳木斯市志》下卷，中华书局 1996 年版

《黑河地区志》，生活·读书·新知三联书店 1996 年版

概　述

一

黑龙江省地处中国东北边疆。1923 年春，设在哈尔滨的东三省无线电台开始试办无线电通讯业务，把电报通讯从军用中分解出来。副台长刘瀚用军用的马可尼野战电话机改装成广播发射机，自装话筒和收音机，进行无线广播试验，获得成功，并开办了临时广播。1925 年 8 月开始进一步改装发射机，提高功率，准备正式建立广播无线电台。

1926 年 10 月 1 日，由中国人创办的中国历史上第一座无线广播电台——哈尔滨广播无线电台正式播音。它的呼号是 XCH，发射机功率 100 瓦，波长 280 米。广播频率 1071 千赫。广播无线电台的创建者刘瀚被任命为哈尔滨广播无线电台台长。台址设在哈尔滨市道里外国八道街 18 号（今端街 16 号）。

这座广播无线电台是经过省特别区行政长官公署批准成立的。同时，成立了哈尔滨广播无线电台事务所，颁发了《广播无线电管理条例》、《装设广播无线电收听器规则》、《运销广播无线电收听器规则》，对无线广播事业实行有效的行政管理。

哈尔滨广播无线电台是在无线广播进入人类社会 20 年、广播进入实用阶段 15 年之后，中国人民与帝国主义势力进行顽强斗争的情况下诞生的。它体现了中国人民自立自强，以勇敢和智慧维护国家主权的精神，标志着中国无线广播光荣地矗于世界无线广播电台之林。刘瀚就是中国创建无线广播的先行者。

1931 年“九一八”事变后，1932 年 2 月 5 日哈尔滨沦陷。刚刚兴建不久的哈尔滨广播无线电台，沦为日本侵略者的宣传工具。沦陷期间，在黑龙江地区先后建起了哈尔滨、牡丹江、佳木斯、齐齐哈尔、黑河、富锦、北安、东安等八座放送局（广播电台）。这些放送局被日本帝国主义者用以宣扬他们的侵略企图和对中国广大群众实行奴化教育。到 1945 年 8 月日本投降时，除哈尔滨、齐齐哈尔两座广播电台外，都遭到了日本侵略者的彻底破坏。

二

1945 年 8 月，苏联红军进入东北。随同苏联红军进入哈尔滨的中国共产党代表刘亚楼，于 8 月 20 日在苏联红军协同下，接管了日伪哈尔滨中央放送局，将哈尔滨中央放送局改名为哈尔滨广播电台，并于当日播音。哈尔滨广播电台发射机功率 1 千瓦，广播频率 1055 千赫，波长 285 米。这是中国共产党领导下的第一座地方广播电台。

哈尔滨广播电台诞生后，在刘亚楼、李兆麟、张观的直接领导下，集中力量宣传马列主义、毛泽东思想和中国共产党的宗旨，宣传中国共产党对中国抗日战争胜利后对时局的主张，宣传建设巩固的东北根据地的方针、政策。

1946 年 4 月 23 日，嫩江军区部队在辽北军区部队和东北民主联军一个旅的配合下，第二次解放了齐齐哈尔，嫩江省政府派洪涛接管了被国民党“中央先遣军”劫持的日伪齐齐哈尔中央放送局的广播设备。经过维修组装，于 5 月 1 日建成了齐齐哈尔广播电台，并开始播音。

1946 年，国民党反动派在中国发动了全面内战。进入东北地区的国民党军队大举北犯，先后侵占了四平、长春。5 月下旬，中共中央东北局决定，把哈尔滨广播电台迁移到佳木斯市。不久，改建成东北新华广播电台，于 9 月 23 日开始播音。

为了抵制国民党长春广播电台对黑龙江地区广播电台的干扰，1947 年春，中共中央东北局批准在哈尔滨市重建一座哈尔滨广播电台，4 月 20 日开始播音。同年，在群众要求下，中共牡丹江市委发动群众自筹经费办起牡丹江广播电台，8 月 15 日开始播音。这样，在黑龙江地区建设了由中国共产党领导的四座广播电台。这些广播电台，对东北解放区的反奸清算、剿灭土匪、土地改革、发展生产、建政建军、宣传战绩、揭露敌人、瓦解敌军等工作，都起到了强大的宣传作用。同时，也为人民广播事业建设和管理积累了经验，培养了一大批广播技术和编播人员。

1948 年春，在东北解放战争形势好转的情况下，东北新华广播电台从佳木斯迁回哈尔滨，与新建的哈尔滨广播电台合并。5 月初，以 3.5 千瓦功率的短波和 1 千瓦功率的中波同时播音，进一步扩大了人民广播的宣传效力。7 月 7 日，中共中央东北局宣传部在哈尔滨市召开第一次东北地区广播工作会议，参加会议的有东北台（含哈尔滨台）、安东台、齐齐哈尔台、延吉台、吉林台、海龙台、通化台、牡丹江台等各广播电台的台长和技术负责人。会上讨论了东北地区广播电台统一领导和宣传工作问题。7 月 9 日，中共中央东北局作出《关于统一广播电台的决定》，规定全东北解放区各广播电台统一归东北新华广播电台领导和管理。东北新华广播电台成为东北地区广播事业的领导和管理机关。这项统一领导和管理东北地区广播电台的决定，不仅创建了人民广播事业管理体制的雏形，更重要的是在当年秋冬东北战场大决战中，有效地组织和调动全东北地区的人民广播，配合解放战争进行了强大的宣传攻势，对东北全境解放作出了卓越的贡献。12 月 5 日开始东北新华广播电台分批从哈尔滨迁往沈阳，留在哈尔滨的部分仍称哈尔滨新华广播电台，并继续播音。

在东北解放战争期间，为了宣传的需要，从 1947 年 4 月起，哈尔滨、齐齐哈尔、牡丹江等市创建了城市有线广播。在市区主要街道上安装广播大喇叭，及时传达中国共产党和民主政府的政策法令，特别是宣传解放战争的胜利消息，使广播起到了动员人民、鼓舞人民、团结人民的作用，成为党的喉舌和宣传工具。

1949 年 2 月，根据新华总社通知，黑龙江地区各广播电台广播时直呼台名，一律取消原英文字母呼号。5 月，根据东北新华总台命令，黑龙江地区的各广播电台，一律改称人民广播电台。

第一篇 >>> 无线广播

1906年，美国费森登首先实现调制无线电波收发音乐和讲演，无线电由之诞生。1910年开始用于广播。

1926年10月1日，在哈尔滨出现了中国人举办的第一座无线广播电台——哈尔滨广播无线电台，并正式播音。中国开始进入了有无线广播的新的历史时期。

从1945年8月20日，中国共产党领导的第一座地方广播电台——哈尔滨广播电台诞生。

第一章　无线广播源流

第一节　民国初期中国第一座无线广播电台

1911年辛亥革命后，奉系军阀集团很快成为全东北的地方军政统治者。他们采用新式练军方法，举办军事工业，为军队装备新式武器和通讯设施。1922年第一次直奉战争中奉系军阀失败后，他们更加强化了军事通讯装备，网罗现代通讯人才，进口先进通讯设备，为在东北地区使用现代先进通讯技术创造了条件。

1922年2月初，在美国邀集有英、法、意、比、荷、中、日、葡等国参加的华盛顿会议上签订了《九国公约》。确认：保证中国领土完整和行政独立，确定应将各国在华无线电台全部设备移归中国接管。东三省保安军陆军整理处代表中国政府，于1922年9月28日接管了坐落在哈尔滨市马家沟中东铁路局苏俄节制的无线电台。由东三省保安军直辖，改名为东三省无线电台，纳入东北军事系统。11月30日，东北三省无线电台划归东三省保安军陆军整理处，台长由陆军整理处工务科长吴梯青兼任、副台长刘瀚，全台55人。

1923年2月10日，这座电台开始试办无线电新闻通讯业务，把电报通讯从军用电报中分解出来。同时，刘瀚用当时军用的马可尼野战电话机改装成广播发射机，自装话筒和收音机，进行无线广播试验，获得成功。经过筹备，在哈尔滨市南岗转角楼（今黑龙江省博物馆楼）开办了临时广播，呼号XOH，功率50瓦，频率600千赫，波长500米，用汉语和俄语播音。这是由中国人自办的临时广播电台，后因奉天沈阳无线电台定名为东三省无线电总台，5月15日，位于哈尔滨的东三省无线电台改为东三省无线电哈尔滨分台，刘瀚代理台长。

1923年9月，东三省无线电哈尔滨分台代理台长刘瀚主持XOH广播，同时与共产党人陈为人、李振瀛合作，创办哈尔滨通讯社。该通讯社与欧洲、日本、南亚及国内诸省联系广泛。共产党人李维汉是这个通讯社驻湖南的通讯员。1924年12月初，齐齐哈尔无线电台设立，专办东三省北部官电。

1925年4月29日，日本驻奉天总领事向中国东北地方当局提出：要在东三省各地设无线电台、长途电话，东省官宪不得干涉等8项无理要求。1925年8月，无线电哈尔滨分台接到东三省无线电总台长途电话监督处督字211号训令，要求进一步改装XOH广播发射机，提高功率，准备正式成立广播无线电台。1926年1月，日本人在哈尔滨市道里买卖街121号日本商业通信社（商务通讯社），私设无线电报机及天线，擅自收发新闻电讯及商电，这是侵犯中国电政主权的行为。3月，中国东北当局向日本领事馆提出抗议。对于外国在中国私设无线电台采取“认真取缔，严行禁止”，“以维电政而保主权”的严正立场。日本驻哈尔滨总领事天羽英二表示：“如中国承办此项研究，订有条例，日本亦可遵办。”

与此同时，刘瀚将改装的原50瓦无线广播发射机，增大功率为100瓦。1926年8月，在刘瀚主持下，举办历时四天的广播试验展览。无线广播发射播出部分设在哈尔滨市王兆屯铁路平房内（今哈尔滨市动力区文治街165号），接收部分设在哈尔滨市南岗转角楼。当时，参观展览的有东省特别区行政长官公署、中东铁路护路军总司令部、东省特别区警察总管理处、外交交涉员公署等军政上层人物以及各国驻哈尔滨领事、各国侨民。这次展览是维护中国电政主权取得胜利的一次显示。

1926 年 9 月 22 日，成立了哈尔滨广播无线电台和哈尔滨广播无线电台事务所，地址在哈尔滨道里外国八道街 18 号（今端街 16 号）。刘瀚“兼管哈尔滨广播无线电台事宜职”。29 日，东省特别区行政长官公署批准：哈尔滨无线电台兼管哈尔滨广播无线电台。同时准予《广播无线电条例》、《装设广播无线电收听器规则》、《运销广播无线电收听器规则》备案。

1926 年 10 月 1 日，中国人自己创办的哈尔滨广播无线电台正式广播，台址设在哈尔滨市道里外国八道街 18 号（今端街 16 号）。呼号 XOH，发射机功率 100 瓦，波长 280 米，频率 1071 千赫。每天广播 2 小时，主要内容是钱粮行情、新闻、音乐、文艺等。同时，哈尔滨广播无线电台事务所正式办公，颁发了《条例》、《规则》，对广播实行有效管理。这是中国第一次颁发专门的广播无线电条例和法规。11 月 19 日，在哈尔滨广播无线电台的管理下，日商哈尔滨通信社被取缔，拆除了私设的 XOY 无线电台。这是中国取得维护电政主权的一次胜利。

1927 年年底，在哈尔滨市南岗区长官公署街（今民益街）新建的广播专用的编播、发射为一体的二层楼房竣工，总面积为 844 平方米。1928 年 1 月 1 日，新楼正式启用。哈尔滨广播无线电台呼号改为 COHB，波长 445 米，频率 674 千赫，发射机功率 1 千瓦，用汉、俄、日三种语言广播，这在当时是中国境内功率最大的无线广播电台。节目有钱粮行情、新闻、戏曲、音乐、气象等，每天播音 6 小时。3 月 14 日，哈尔滨广播无线电台台长刘瀚呈文东省特别区行政长官公署“拟请签署转饬所辖各机关及地方商会一体装用（收音机）”，各县都买了 1 ~ 3 台收音机。到年底广播影响不断扩大，哈尔滨市拥有收音机 1200 多台。1929 年，哈尔滨广播无线电台撤销日语节目，改播英语节目。1930 年 6 月，由于日本人无理指责刘瀚曾于 1923 年 9 月支持共产党人合办通讯社，刘瀚被迫离开哈尔滨广播无线电台，去中东铁路工作。陈淮清接任台长。1931 年“九一八”事变后，哈尔滨广播无线电台宣传抗日，播音员秦素（女）等一些人参加了中国共产党满洲省委“哈尔滨各界青年赴嫩江前线慰问团”，慰问抗日将士，义演募捐支援前线。以后播音员秦素利用长途电话为中国共产党人做情报工作，投身于抗日洪流之中。1932 年 2 月 5 日哈尔滨沦陷，哈尔滨广播无线电台被日本侵略者占据而停播。

第二节 日伪时期的广播电台

1932年2月5日哈尔滨被日本帝国主义侵占后，日本侵略者利用无线电广播作为工具，向中国人民进行奴化宣传。

1932年7月23日，日伪成立哈尔滨电话总局，接管了哈尔滨广播无线电台，恢复了广播。台名改为哈尔滨放送局（即广播电台）。呼号仍为COHB，波长445米，频率674千赫，发射机功率降到500瓦。使用一部广播发射机，每天一段时间用日语广播，另一段时间用汉语广播，再一段时间用俄语广播。由于广播时间、节目都不固定，加上播出的都是“日满一德一心”、“日满提携”、“王道乐土”之类的话，听众人数急剧下降。1928年时，哈尔滨有收音机约1200多台，1932年下半年降到700多台。其中有收音机的中国人仅153人。1932年11月，哈尔滨放送局改变呼号为MONB。1933年整修机器，发射机功率恢复到1千瓦，固定了广播时间和节目。同年9月1日，哈尔滨放送局归属满洲电信电话株式会社哈尔滨管理局管理。呼号改为MTFY。1934年3月将发射机功率由1千瓦扩大到3千瓦。1934年7月，从伪新京（长春）到哈尔滨和到大连的广播专用中继线敷设完毕，实行“全满联网广播”，缩减了地方自办节目时间。哈尔滨放送局的地方时间是15分钟，规定可以自选节目广播，也可以转播伪新京（长春）中央放送局的节目。但地方台既无记者，又无自选新闻材料的自由，因而哈尔滨放送局的地方时间基本上不自办节目，有时转播“满洲国通讯社”统一发布的消息。1934年以前，哈尔滨放送局工作人员是从日本放送协会和关东军特殊通讯部抽调出来的，全是日本人。到1935年年初，放送局才开始吸收中国人参加广播工作。1935年，满洲电信电话株式会社试行收音机赊销、修配收音机减价、简化收听手续等措施，企图扩大收听范围。后因收效甚微而停止。

1936年11月，伪新京（长春）放送局增设一台10千瓦发射机用于日语广播，称第一放送；另用100千瓦发射机作汉语广播，称第二放送，它可以覆盖全东北地区。同时哈尔滨放送局把原来的放送改为单纯的日语第一放送。1938年5月，哈尔滨放送局改为哈尔滨中央放送局。1940年7月，哈尔滨中央放送局增设第二放送——汉语广播。呼号MTFY，频率1055千赫，发射机功率1千瓦。但实行的是伪新京控制的“全满”统一的联网广播。1941年3月25日，哈尔滨中央放送局迁入南岗区松花江街新址。1941年12

月8日，太平洋战争爆发，哈尔滨中央放送局和“全满”其他放送局一样纳入战时体制，一切权限统归伪新京放送总局，节目由放送总局统一编发，各地方放送局中继联网广播。1942年11月，哈尔滨中央放送局又增设第三放送——俄语广播。呼号MTFY，发射机功率1千瓦，频率1280千赫。至此，哈尔滨中央放送局成为整个东北地区唯一有三个放送（即三个频率）、各用1千瓦发射机，总发射功率共3千瓦的广播电台。12月末哈尔滨中央放送局由音乐家刘忠（刘性诚）组织“FY”合唱团，即哈尔滨放送合唱团，演播中外名曲，乐队指挥王钧鼎（王垒一、王一丁）等人参加演播活动。1943年3月20日哈尔滨中央放送局为抵制英、美音乐，停止放送英、美音乐。

1944年7月1日，伪满当局改正电气通讯法严格取缔短波，对收听短波者处以10年以下徒刑，5000元以下罚金。同年7月25日伪日满协和会成立12周年时，哈尔滨中央放送局19时在《儿童节目》时间里，播放了孤帆（赵乃禾）写的反满抗日的广播剧《新天地》。赵乃禾被日伪列入紧急处理名单。

1945年8月15日，哈尔滨中央放送局中午播出了日本天皇裕仁宣读《投降诏书》的录音后终止了广播。

东北沦陷时期，在今黑龙江省境内还建有7座放送局（广播电台）。

一、齐齐哈尔中央放送局

1936年年末，齐齐哈尔市在新开路电报大楼内，由日本人设立一座小型广播电台，只播送日语节目。这是齐齐哈尔市最早出现的无线广播电台。1938年年初又建成齐齐哈尔放送局第一放送（日语广播），并于4月1日开始广播，呼号MTLY，发射机功率1千瓦，频率835千赫，转播伪新京（长春）中央放送总局第一放送的节目。1939年6月改为齐齐哈尔中央放送局，并建立第二放送（汉语广播），呼号MTLY，频率1075千赫，负责管辖黑河放送局和海拉尔放送局（1938年12月建立，今已归内蒙古自治区）。

二、牡丹江中央放送局

由于哈尔滨至牡丹江的广播专用中继线路敷设完毕，1937年6月1日建立牡丹江放送局第一放送（日语广播），呼号MTGY，发射机功率500瓦，频率745千赫。1941年12月建立第二放送（汉语广播），呼号MTGY，发射机功率500瓦，频率1015千赫。1943年10月下旬改为牡丹江中央放送局，管辖富锦放送局和东安放送局。呼号MTCY。机构设置放送课、中继课、技术课、业务课、普及课，全局45人。普及课的主要任务是无线电管理、修理和收听取费。每台无线电（收音机）每月收费5角，同时限制中国人收听短波广播。

三、黑河放送局

1938年12月20日设黑河放送局第一放送（日语广播），呼号MTSY，频率795千赫。1942年5月建立第二放送（汉语广播），呼号MTSY，频率1100千赫。

四、佳木斯放送局

1939年2月10日建立佳木斯放送局第一放送（日语广播），呼号MT-NY，频率615千赫。1942年3月设立第二放送（汉语广播），呼号MTNY，频率845千赫。

五、富锦放送局

1939年10月1日建立富锦放送局，只设第一放送（日语广播），呼号MTQY，频率1280千赫。

六、北安放送局

1941年2月1日建立北安放送局，第一放送为日语广播，呼号MTUY，频率725千赫；第二放送为汉语广播，呼号MTUY，频率1025千赫。归属哈尔滨中央放送局管辖。

七、东安放送局

1942年3月28日建立东安（今密山县向阳台）放送局，只设第一放送（日语广播），呼号MTVY，频率915千赫。

这七座放送局实际上都是无线广播转播台，就是在齐齐哈尔放送局和牡丹江放送局分别列为中央放送局后，在联网广播中，也基本上还是属于无线广播转播台的性质。

东北沦陷时期各放送局广播节目的设置，由于多为“全满”联网广播，各放送局（广播电台）的节目相差无几。以哈尔滨放送局（包括成为哈尔滨中央放送局时）为例，不同时期的广播节目各有不同，但总的说来不超出这样几类：报道、实况广播、讲演讲座、儿童时间、对学校广播、文艺节目、广告、行情等。其内容随着日本帝国主义侵略战争的不断扩大而有所侧重。初期突出宣传伪满洲国“王道乐土”；“七七事变”后侧重宣传“日满支相提携，建设东亚新秩序”；太平洋战争爆发后以“圣战必胜”为主要内容。但是侵略者的欺骗宣传泯灭不了中国人民的抗日斗志，就是在日伪放送局工作的中国人也出于民族意识，巧妙地作了一些斗争。1935年下半年，哈尔滨放送局播出了哈尔滨口琴社演奏的表现“九一八”事变的大型口琴曲《沈阳月》。因具有反满抗日内容，哈尔滨口琴社惨遭镇压，共产党员侯小古英勇牺牲。到1938年8月在日本侵略者对哈尔滨口琴社进行法西斯镇压三年后，口琴曲《沈阳月》又以其原名《战场月》，在哈尔滨中央放送局播出。这反映了广播电台内部爱国人士对敌斗争的奇妙与顽强。1938年哈尔滨中央放局音乐“嘱托”王钧鼎（王一丁），主持每星期一播讲的《音乐欣赏》节目，向听众介绍法国革命时期的作品，借题影射，对日本侵略者进行鞭挞。因此日本人将其解除音乐“嘱托”职务，划入危险分子名单。

1945年日本帝国主义投降时，在今黑龙江省区域内的日伪放送局，除哈尔滨和齐齐哈尔的放送局保留下来外，其余均遭到彻底破坏。

第三节　初建的人民广播电台

抗日战争胜利后，中国共产党在创立和建设东北革命根据地的斗争中，非常重视掌握和运用无线广播。到新中国成立前，在今黑龙江省区域内陆续建立了四座人民自己的广播电台。这些广播电台在宣传中国共产党的方针政策，揭露国民党的阴谋，动员群众发展生产，支援战争方面发挥了重要作用。

一、中国共产党领导的第一座地方广播电台

1945年8月18日，苏联红军进驻哈尔滨市。8月20日，随同苏联红军进入哈尔滨的刘亚楼，作为中国共产党的代表接管了伪哈尔滨中央放送局，改名为哈尔滨广播电台。这是在延安新华广播电台（中国共产党领导的中央广播电台）之外，由中国共产党领导的第一座地方人民广播电台，黑龙江的人民广播事业由此开始。

哈尔滨广播电台使用1千瓦发射机，频率1055千赫，波长284米。刘亚楼亲自领导哈尔滨广播电台的工作，每天安排和审定广播节目。8月末，刘亚楼把广播电台交由中共东北委员会委员、中共松江地区委员会负责人李兆麟领导。李兆麟任滨江省副省长以后，广播电台的工作由省政府宣传兼交际科长张观主管，任命赵乃禾为哈尔滨广播电台台长。1945年10月中旬，中共滨江工作委员会成立，哈尔滨广播电台开始在滨江工委直接领导下开展宣传工作。按照中共中央东北局委员陈云“搞一个大的宣传攻势”的指示，要求广播电台发动宣传攻势，揭露“国民党不抵抗‘九一八’失掉东北”，

“今天与敌伪合流，发动内战的罪行，启发群众觉悟”。要广播电台“作长期打算，编制节目，制订计划，使其内容充实”。

当时，国民党进入哈尔滨的接收大员也企图掌握哈尔滨广播电台。国民党委任的哈尔滨市长杨绰庵曾多次派人要接收哈尔滨广播电台。但中国共产党利用苏联红军和人民军队在哈尔滨外围驻扎的有利条件，和李兆麟“不理睬国民党接收哈尔滨广播电台的要求”的指示，牢牢地将哈尔滨广播电台掌握在自己手中。

哈尔滨广播电台的节目设置有新闻性节目、领袖文章选播、名人讲演、知识讲座、文艺节目等。内容主要是宣传中国共产党和平、民主、团结、建设的主张。还经常转播群众大会实况，把知名人士的演讲传播到群众中去。1946 年 2 月 23 日中苏友好协会会长李兆麟到哈尔滨广播电台讲演，庆祝苏联红军节。1946 年 3 月 8 日哈尔滨广播电台举办了《纪念三八国际劳动妇女节》专题广播，李兆麟将军作了有关妇女解放的演讲，合唱团演出了音乐节目。3 月 9 日，李兆麟将军被国民党特务暗杀。3 月中旬，哈尔滨广播电台转播了哈尔滨市各界人民追悼李兆麟大会的实况。3 月下旬广播电台举办了《悼念民族英雄李兆麟将军特辑》节目，介绍李兆麟将军生平，发表悼念文章。月末，哈尔滨广播电台播出了作为人民广播的第一部广播剧，歌颂和悼念民族英雄李兆麟将军的《血染荒原》。4 月 8 日哈尔滨广播电台又转播了中共中央东北局、民主联军总部和东北各界代表举行的万人追悼民族英雄李兆麟将军大会实况。通过李兆麟将军被国民党特务暗杀的事件，展开强大的宣传攻势，揭露国民党反动派仇恨人民、阴谋内战的反动本质，从而擦亮了人民的眼睛，动员了整个社会舆论，一致谴责国民党反动派，同情拥戴中国共产党，使国民党在黑龙江地区处于异常孤立的境地。

1946 年 4 月 23 日，苏联红军开始撤离哈尔滨。哈尔滨广播电台转播了苏联红军撤离哈尔滨开跋式实况。同时，苏军将所征用的原哈尔滨中央放送局第一放送所属的功率 3 千瓦的广播设备搬运回国。同时，哈尔滨广播电台台长赵乃禾按照党组织的安排，随同松江省政府宣传科长张观一起撤离至哈尔滨市郊三棵树一带。随后国民党的省长、市长逃离哈尔滨。4 月 28 日东北民主联军松江军区部队解放了哈尔滨，赵乃禾随军入城。哈尔滨广播电台广播了全市 80 万人民欢迎民主联军进城的盛况。5 月 4 日哈尔滨广播电台又转播了哈尔滨市 15 万人“热烈欢迎民主联军市民大会”实况。5 月中旬，中共中央东北局决定接管哈尔滨广播电台，由中共中央东北局宣传部直接领导，并办理了移交事宜。5 月 28 日，根据当时的形势，中共中央东北局指示哈尔滨广播电台于当晚 8 时停播，迁往佳木斯，台名改为东北新华广播电台。1947 年春，根据中共中央东北局的决定，又在哈尔滨广播电台原址重建一座哈尔滨广播电台。1947 年 4 月 20 日，重建的哈尔滨广播电台开始广播。呼号 XMHR，频率 1280 千赫，波长 234.4 米，发射机功率 200 瓦。起初只有一次播音，从早 6 时 50 分到上午 9 时 00 分，设置了唱片、讲座、时评、通讯、报道和娱乐节目。7 月 1 日开始增加了晚间播音，时间由 18 时 50 分到 22 时 30 分。又增设了《今晚话题》（播出节目来历、名人、人品修养等内容）、《讲座节目》、《小晚会节目》、《战地通讯》、《国内外新闻》、《本市新闻》、《政令通告》、《广告》等。广播电台还在哈尔滨市的主要街道安装了有线广播喇叭。4 月 20 日开始播音时，中共哈尔滨市委书记钟子云到广播电台祝贺，并做了广播讲话。东北新华广播电台台长赵乃禾兼任哈尔滨广播电台台长。月底，朱明被任命为哈尔滨广播电台副台长。9 月 26 日哈尔滨广播电台在哈尔滨市道里区水道街设立服务部，10 月 2 日正式营业，这是人民广播最早的服务部。1947 年年末，哈尔滨市约有收音机 1 万多台。

随着解放战争的不断胜利，东北根据地的巩固和扩大，1948 年 1 月，东北新华广播电台从佳木斯迁回哈尔滨，与哈尔滨广播电台合并。哈尔滨广播电台改名为哈尔滨新华广播电台，成为东北新华广播电台的一部分——对哈尔滨地区广播。1948 年 5 月 28 日，哈尔滨新华广播电台用短波频率 5880 千赫，波长 51 米，对国内外进行英语广播。1948 年 12 月，东北新华广播电台迁往沈阳，留下部分设备和人员继续进行哈尔滨新华广播电台的广播。发射机功率 1 千瓦，频率 1055 千赫。1949 年 1 月 12 日哈尔滨新华广播电台改由中共松江省委和松江省政府领导。2 月上旬，林青任哈尔滨新华广播电台台长。原副台长马皓随人民解放军南下。到 4 月末，哈尔滨新华广播电台共有工作人员 50 名，机构有编辑科、播音科、技术科、行政科。1949 年 5 月 1 日，哈尔滨新华广播电台改名为哈尔滨人民广播电台。5 月 15 日哈尔滨人民广播电台增设《俄语讲座》节目，每星期播出 6 次，每次 30 分钟。这是全国解放前最早举办的、有广泛听众的俄语教学节目。当时的广播节目时间表如下：

哈尔滨人民广播电台广播节目时间表

早晨播音（5：00～6：30）

5：00～5：10　开始曲《工人歌》、预报当天节目

5：10～5：30　新闻

5：30～5：50　评论或报道

5：50～6：00　清晨音乐

6：00～6：30　对时、俄语讲座（星期日为苏联音乐）

中午播音（11：25～12：30）

11：25～11：30　开始曲《工人歌》、报告中午节目

11：30～12：00　群众文娱活动

12：00～12：20　对时、《新闻》

12：20～12：30　《工商广告》

晚间播音（18：30～22：30）

18：30～18：45　开始曲《工人歌》、预报当晚节目

18：45～19：00　通讯

19：00～19：15　讲座

19：15～19：30　《政令通告》、《社会服务》

19：30～20：00　转播北平新华广播电台《新闻》

20：00～20：30　文化娱乐活动

20：30～21：00　转播沈阳新华广播电台《东北新闻》

21：00～21：20　《新闻》

21：20～21：40　评论或报道

21：40～22：00　音乐或评剧

22：00～22：15　苏联音乐

22：15～22：30　本市消息（终了音乐）

1949年6月20日，哈尔滨人民广播电台使用新的节目表，增加了《职工》节目。《轮回讲座》的内容为每星期一《通俗科学》、星期二《青年》、星期三《儿童》、星期四《妇女》、星期五《卫生》、星期六《学术》、星期日《文艺》、《松江消息》。

哈尔滨人民广播电台非常注意对解放战争进程的报道，随时把解放战争胜利的消息告诉广大群众。1949年4月24日凌晨，当时称哈尔滨新华广播电台的工作人员，从北平新华广播电台同南京国民党中央广播电台广播通话中得知南京已解放，便立即传播了这一特大喜讯（南京解放是4月23日）。报社也根据哈尔滨人民广播电台的消息印刷了特大字的“号外”和“快

报”。6月20日至23日，哈尔滨人民广播电台转播北平新华广播电台播送的中共中央主席毛泽东、副主席周恩来、中国人民解放军总司令朱德在新政治协商会议筹备会上的讲话录音。7月1日至6日举办了《纪念“七一”特别节目》。7月7日还举办了《纪念“七七”抗战12周年特别节目》，转播了哈尔滨市各界群众纪念大会的实况。8月12日到16日举办《纪念“八一五”4周年特别节目》，转播了纪念“八一五”抗日战争胜利4周年大会实况。1949年9月21日，中国人民政治协商会议第一次会议召开时，哈尔滨人民广播电台转播了北平新华广播电台播送的中国共产党中央委员会毛泽东主席在第一次政治协商会议上的讲话录音。1949年10月1日，哈尔滨人民广播电台转播了北京举行的中华人民共和国开国大典的盛况，人们从广播中听到了毛泽东主席庄严宣告中华人民共和国、中央人民政府成立的消息。

二、东北新华广播电台

1946年5月，中共中央东北局宣传部根据形势发展和战略的总部署，接管了哈尔滨广播电台，于5月28日晚8时停止广播并将其迁到佳木斯，改称东北新华广播电台。

东北新华广播电台于1946年9月23日开始播音，呼号为XNMR，频率1055千赫，波长284.4米，发射机功率1千瓦。它采用的是定向天线，桃形电波覆盖面直指西南，使当时还是国民党统治区的长春、沈阳、天津、北平、邯郸都能收听到它的广播。开播伊始，它就明确宣布：东北新华广播电台“是东北人民自己的喉舌”，要“担负起为人民讲话之任务”。这是解放战争期间，在今黑龙江省境内建立的面向全国广播的一座广播电台。

东北新华广播电台的节目设置比较齐全。开始曲：《大路歌》，结束曲：《渔光曲》。每日固定早、午、晚三次播音，计7小时30分钟。主要节目有《国际国内新闻》、《东北新闻》、《时事评述》、《名人讲演》、《人民呼声》、《政治与青年讲座》、《广播剧》、《解放区介绍》等。1947年1月，又开办了《简明新闻》节目。内容紧密结合现实，除了及时报道解放战争胜利的消息，同时把解放区农民翻身、土地还家、公审恶霸、清算运动、剿灭土匪、人民参军、支援前线等人民当家做主这一历史性变化作为宣传的主要内容。

1947年10月，东北新华广播电台自装3千瓦水冷短波广播发射机成功并正式投入广播。这在人民广播技术史上是第一次自己装机功率最大的短波广播发射机，频率7100千赫，呼号为XNMR。从此，东北新华广播电台开始用中波和短波同时广播。使东北新华广播电台成为当时解放区功率最大、覆盖面最广的广播电台。

1948 年 1 月，随着解放战争形势的发展，东北新华广播电台由佳木斯迁回哈尔滨，5 月 28 日正式在哈尔滨开始广播。

在哈尔滨开播的东北新华广播电台节目更加丰富，影响日益扩大。它每天播音三次，共 7 小时 30 分钟，开始曲为《开路先锋》。节目设置除在佳木斯时广播的节目外，增加了《人物介绍》《小说》、《诗歌》及各种常识节目。还开办了《对蒋军广播》节目，让放下武器的蒋军军官到广播电台现身说法，对蒋军官兵讲话。这个节目对于为内战所困扰的蒋军官兵有很大影响，对加速敌军的瓦解起了一定作用。它办的英语、日语、粤语广播，不仅面对东北、全国，而且担负起对海外宣传的任务。

东北新华广播电台的《英语广播》，1948 年 5 月开办。每天广播 1 小时 30 分钟，设置了《英语新闻》、《英语评论》、《记录新闻》等栏目。播音员是中共中央东北局宣传部特邀的英国共产党党员、中国人民的朋友阿兰·魏宁顿，还有周砚、周奉墀。英语广播客观准确地报道了中国人民解放战争的态势，宣传了中国共产党的方针政策，戳穿了国民党反动派的欺骗宣传，让世界人民及时了解了中国的真相。这对争取世界人民的同情和支持起了重要作用。广播电台收到世界许多地方的听众来信。1948 年 7 月《英语广播》改为每天 20 分钟。

东北新华广播电台的《粤语》节目，办于 1948 年 7 月，对象是海外华侨。这是个以新闻为主体的综合节目，每天 20 分钟，播音员黄伊华。节目受到听众和有关方面好评，除香港、南洋外，岭南、上海也都有反映。同时办的《日语新闻》是“供日本晨间收听的”。编辑八木宽，播音员小松、宫晓珊。

1948 年 6 月末，东北解放区已经连片。为加强对各地广播电台的指挥和管理，6 月 29 日，中共中央东北局宣传部召开部务会议，研究广播电台工作，提出了加强东北各广播电台管理工作的九项实施意见。东北新华广播电台台长、副台长列席了会议。会议决定“召开东北地区广播电台联席会议，统一领导，统一方针”。7 月 7 日，中共中央东北局决定，东北新华广播电台由东北局宣传部直接领导。同日，中共中央东北局在哈尔滨市召开了第一次东北地区各广播电台联席会议，会议提议成立东北广播电台总台。7 月 9 日，中共中央东北局正式作出《统一广播电台的决定》，全东北解放区各广播电台统一归东北新华广播电台领导和管理（包括供给）。同时，东北新华广播电台总台宣布成立。台长罗清，副台长朱明、马皓。它使东北新华广播电台由一个单纯的宣传部门发展成为具有对东北地区的广播事业领导和管理职能的机构，这表明中国人民广播事业管理体制雏形的诞生。10 月 19 日东北人民解放军解放长春，副台长朱明前往长春接收长春广播电台。11 月 2 日东北人民解放军解放沈阳，4 日朱明到沈阳，接收国民党沈阳广播电台和军中广播电台，建立沈阳新华广播电台，并开始播音。11 月中旬，爱国将领冯玉祥将军的夫人李德全于 11 月 2 日从欧洲归国抵达哈尔滨后，应邀到东北新华广播电台对冯玉祥将军的部下刘汝明、刘汝清、孙元良等做广播讲话，号召他们不打内战，认清前途，弃暗投明。在长春起义投诚的原国民党守城司令官、东北“剿总”副总司令兼第一兵团司令郑洞国，于 10 月 25 日抵达哈尔滨后，到东北新华广播电台做广播讲话，呼吁蒋军官兵放下武器，弃暗投明。11 月下旬董林任东北新华广播电台副台长。

1948 年末东北全境解放，12 月 5 日东北新华广播电台由哈尔滨迁往沈阳，与沈阳新华广播电台合并。东北新华广播电台于 12 月 25 日在沈阳正式播音。

三、齐齐哈尔广播电台

1946 年 4 月 23 日齐齐哈尔第二次解放后，于 24 日嫩江省政府秘书长王光伟派洪涛接管了被国民党劫持的原日伪齐齐哈尔中央放送局的广播设备，并组织技术人员进行维修，准备建立人民的齐齐哈尔广播电台。经过紧张筹备，齐齐哈尔广播电台于 1946 年 5 月 1 日开始广播。呼号为 XNTR，波长 279. 7 米，发射机功率 1 千瓦，频率 1075 千赫。开始时隶属于嫩江省政府领导，1946 年 6 月，改由新华社西满分社领导。台名改为齐齐哈尔新华广播电台，新华社西满分社社长于岩兼任台长。7 月又更名为西满新华广播电台，由中共西满分局领导。呼号改为 XNWR。体制为新华分社、报社、广播电台三位一体。仍由于岩兼任台长。1946 年 10 月下旬，东北局宣传部秘书长王阑西调任新华社西满分社社长，并兼任西满新华广播电台台长。1947 年 10 月，新华社西满分社撤销，西满新华广播电台又改名为齐齐哈尔新华广播电台。1949 年 5 月 10 日，按中央广播事业管理处的规定，齐齐哈尔新华广播电台名称改为齐齐哈尔人民广播电台，体制为报社、广播电台二位一体。台长马宗媛、副台长刘丹华。

齐齐哈尔广播电台建台初期，设有新闻、文艺节目。但播出时间不固定，一般在晚间播出 2 小时左右。新闻节目主要是请人讲话、发布政令、宣传中国共产党的方针政策，文艺节目主要是放唱片。后来节目有所改进，播音时间固定。1946 年 7 月，西满新华广播电台的广播节目表如下：

18：30～18：40　报时、本晚节目报告

18：40～19：00　音乐表演或儿童节目

19：00～20：00　转播《延安新闻》

20：00～20：20　娱乐

20：20～20：30　《重要新闻》

20：30～20：50　《新华讲座》

20：50～21：00　唱片（商业广告或通告）

21：00～21：15　朗读（茅盾名著《腐蚀》）

21：15～21：20　唱片

21：20～21：45　《东北新闻》、《本地新闻》

21：45～21：50　呼口号

21：50～22：00　次日节目预报、报时

当时广播电台的宣传内容主要是报道根据地建设、解放区土地改革和西满地区人民群众的生产、生活，反对国民党反动派发动内战，动员人民参军参战，支援解放战争等情况。同时，文艺广播也比以前活跃，主要是组织专业和业余文艺团体、著名演员、书曲艺人直播。1948 年除夕的文艺节目有京剧、歌曲、音乐、秧歌剧、曲艺，一直播到午夜。

1947 年 2 月下旬，承德新华广播电台台长董林率全台人员和机器设备到达齐齐哈尔西满新华广播电台休整。董林在齐齐哈尔开办无线电技术训练班，亲自讲授无线电、英语和政治课，还同承德广播电台的日籍技术人员酒井重作共同编译了《无线电手册》作为训练班的基本教材。这个训练班是人民广播史上第一个技术训练班，这本教材也是人民广播技术的第一本教材。训练班的学员一面上课，一面在广播电台值班，一面改装无线广播发射机。这个训练班的学员有许多人后来成为人民广播的技术骨干力量。

1949 年 5 月以后，齐齐哈尔人民广播电台增加了播音时间，充实了节目内容。这个广播电台《早晨新闻》节目成为当地人民了解国内外大事的重要渠道。为扩大广播宣传的影响，1948 年春，广播电台在齐齐哈尔市区架设有线广播线路，用 150 瓦扩大机带动 60 多只安装在主要街道、商店、车站等地方的广播喇叭，使市民随时能听到广播。1948 年 10 月 20 日，长春解放的消息传到齐齐哈尔市已经是深夜，60 只大喇叭一齐向市民报告这一喜讯。顿

时，灯笼火把高照，鞭炮锣鼓齐鸣，全市一片欢腾。

四、牡丹江广播电台

牡丹江广播电台于1947年8月15日开始播音。呼号XMMR，波长295.5米，频率1015千赫，发射机功率200瓦。牡丹江广播电台是中共牡丹江市委应人民群众联名写信要求而建立的。台址在牡丹江市西五条路平安街。由于日伪时期的牡丹江中央放送局在日本投降时遭到彻底破坏，筹建工作是在一无所有的情况下进行的。1947年5月3日，中共牡丹江市委责成市委组织部长陈安带领三个人筹建牡丹江广播电台。经过三个多月的努力，在哈尔滨广播电台帮助下，终于建成播音。

牡丹江广播电台开始广播时，每天晚上一次播音（17：25～20：30）。节目有新闻、政令、通告、行情、讲座、音乐等，用汉语和朝鲜语两种语言广播。9月开始转播陕北新华广播电台节目。1948年4月，延长晚间播音时间，增加了午间播音（11：00～13：10）。随后又开始转播东北新华广播电台节目。为方便没有收音机的听众收听，广播电台还在市区设置了19只广播喇叭。1948年8月15日，牡丹江广播电台更名为牡丹江新华广播电台。同时，新闻节目中增加了战场消息、通讯、评论等。对于战争捷报，接到消息即播，不受节目表限制。1949年1月，播音时间改为早、午、晚三次。1949年5月1日更名为牡丹江人民广播电台。台长由中共牡丹江市委宣传部部长许法兼任。每天播音5小时，自办节目有《牡丹江节目》、《职工讲座》、《轮回节目》、《小常识》、《行情广告》、《启事广告》、《文娱活动》、《唱歌指导》、《苏联介绍》等。

第四节　两座省级广播电台

1949年9月中华人民共和国成立前夕，在今黑龙江省区域内，原有的五个省和一个市民主政府，逐步合并为松江省人民政府（省会设哈尔滨市）和黑龙江省人民政府（省会设齐齐哈尔市）。

一、松江人民广播电台

松江人民广播电台是在哈尔滨人民广播电台的基础上建立的，直属中共松江省委领导。早在1949年6月，哈尔滨人民广播电台就设置了报道松江省信息的《松江消息》节目。

两台改名后仍沿用原哈尔滨人民广播电台一、二台的节目时间表，但节目有所调整。

二、黑龙江人民广播电台

黑龙江人民广播电台是在齐齐哈尔人民广播电台基础上建立的。1949 年 6 月，嫩江省与黑龙江省合并为黑龙江省（省会设齐齐哈尔市），归嫩江省领导的齐齐哈尔人民广播电台，改由中共黑龙江省委领导。7 月末台长马宗媛调离，由《黑龙江日报》总编辑殷参兼任台长，与黑龙江日报社实行报、台二位一体体制。

辽北省党政领导非常重视广播工作。1949 年新年、春节期间，辽北省民主政府主席阎宝航曾两次到电台做广播讲话，慰问全省军民。中共辽北省委宣传部部长赵石也多次到电台，通过广播讲解时事。

1949 年 5 月初，根据东北新华广播电台通知精神，四平新华广播电台改称四平人民广播电台。同年 6 月，因东北行政区划的变动，辽北省与辽西省合并，四平人民广播电台停止播音。同年 7 月初，四平人民广播电台合并到辽西省锦州人民广播电台。

第五节　洮南广播电台

洮南广播电台于 1948 年 11 月由县有线收音站（该站建于 1947 年 8 月）改建的。台址在现在县武装部院内。发射功率 100 瓦，频率 1330 千赫。全台有工作人员 6 名，其中编辑 1 名（另有县委宣传部 1 名干部兼任编辑），播音员 2 名，技术人员 3 名。

洮南电台以收转黑龙江电台节目为主。每天早、午、晚三次播音。自办节目有《地方新闻》、《地方戏曲》。

1949 年 9 月，根据黑龙江省政府指示，洮南电台改为有线广播站。

第二章　黑龙江人民广播电台

1945 年 8 月 20 日和 1946 年 5 月 1 日，分别在哈尔滨市和齐齐哈尔市建立的哈尔滨广播电台和齐齐哈尔广播电台，实际是省级广播电台，后分别改为松江人民广播电台和黑龙江人民广播电台。

第二篇 >>> 技术与科研

第一章　无线广播技术

黑龙江省从1923年开始应用无线广播技术。东三省无线电台副台长刘瀚用马可尼双工机野战电话机改装成广播发射机，功率为50瓦，在哈尔滨开始临时广播。1945年8月20日，哈尔滨广播电台回到人民手中。从此，无线广播技术在黑龙江省发展起来。

第一节　中波广播

一、中华人民共和国成立前后的中波广播

中华人民共和国成立前，黑龙江地区有三座中波广播电台。哈尔滨人民广播电台和齐齐哈尔人民广播电台的广播发射机都是日伪留下的1千瓦屏调发射机；牡丹江人民广播电台的广播发射机是200瓦栅调发射机。当时由于广播发射技术水平不高，全机的高放和低放灯丝均用直流供电，以克服杂音。没有仪器测试电声指标，只好用示波器看包络波形加主观评价。1949年时，中波频段空间电波干扰很少，哈尔滨人民广播电台和齐齐哈尔人民广播电台，每星期固定一天午后用广播通话联系一次，双方通话声音清晰。

第三篇 >>> 体制与管理

第一章 领导体制

第一节 中国共产党和政府对广播电视的领导

1945年抗日战争胜利后，在黑龙江地区内陆续建立了由中国共产党领导的哈尔滨广播电台、东北新华广播电台、齐齐哈尔广播电台、牡丹江广播电台。

当时根据地初创，每座广播电台的建立情况很不一致。又值战争时期，各级党和政府机构变动频繁，省、市的区划和隶属关系，也根据战争的需要不断调整。因此，对广播电台领导体制和广播电台的名称，也有多次改变。直至东北解放前夕，根据地基本上连成一片的情况下，中共中央东北局才于1948年7月作出《关于统一广播电台的决定》。规定黑龙江地区内的哈尔滨、齐齐哈尔、牡丹江三座广播电台，统一归东北新华广播电台领导管理（包括人员、供给）。广播电台党的工作由当地中共地方党委领导。

1949年中华人民共和国成立后，中央人民政府政务院设中央广播事业局。从此，黑龙江地区的广播事业开始实行由中央和地方党政双重领导体制。

第二章　管理机构

第一节　省级机构

1945年8月哈尔滨广播电台建立后，当时未设相应机构，人员只是有大致分工。1947年4月哈尔滨广播电台重建后到1949年机构设行政科、工务科、编辑科。

齐齐哈尔广播电台1946～1951年设编辑科（包括播音）、机务科。

黑龙江省广播电视机构领导人更迭情况表

哈尔滨广播电台

（1945.8～1946.8）

姓名	性别	机构名称	职务	任职时间	备考
赵乃禾	男	哈尔滨广播电台	负责人	1945.8～1945.10	
赵乃禾	男	哈尔滨广播电台	台长	1945.10～1946.8	
沈浩然	男	哈尔滨广播电台	副台长	1946.4～1946.5	

东北新华广播电台（在佳木斯、哈尔滨时期）

（1946.9～1948.12）

姓名	性别	机构名称	职务	任职时间	备考
赵乃禾	男	东北新华广播电台	台长	1946.9～1947.12	在佳木斯广播
马浩	男	东北新华广播电台	副台长	1946.9～1947.12	在佳木斯广播
赵乃禾	男	东北新华广播电台	台长	1948.1～1948.3	在哈尔滨广播
罗清	男	东北新华广播电台	台长	1948.3～1948.12	在哈尔滨广播
朱明	男	东北新华广播电台	副台长	1948.1～1948.12	在哈尔滨广播
马浩	男	东北新华广播电台	副台长	1948.1～1948.12	在哈尔滨广播

哈尔滨广播电台（重建）——松江人民广播电台

（1947.4～1951.1）

姓名	性别	机构名称	职务	任职时间	备考
赵乃禾	男	哈尔滨广播电台	台长(兼)	1947.4～1948.3	
朱明	男	哈尔滨广播电台	副台长	1947.4～1947.12	
林青	男	哈尔滨新华广播电台	台长	1949.2～1951.1	

齐齐哈尔广播电台——西满新华广播电台

（1946.5～1947.5）

姓名	性别	机构名称	职务	任职时间	备考
洪涛	男	齐齐哈尔广播电台	台长(代)	1946.5～1946.6	
于岩	男	齐齐哈尔新华广播电台	台长(兼)	1946.6～	
于岩	男	西满新华广播电台	台长(兼)	1946.7～1946.10	
陈亚夫	男	西满新华广播电台	副台长	1946.7～1946.10	
王阑西	男	西满新华广播电台	台长(兼)	1946.10～1947.1	
黄启明	男	西满新华广播电台	副台长	1946～1947.10	

齐齐哈尔新华广播电台——黑龙江人民广播电台

（1947.10～1951.3）

姓名	性别	机构名称	职务	任职时间	备考
孙泱	男	齐齐哈尔新华广播电台	台长(兼)	1947.10～1948.3	
黄启明	男	齐齐哈尔新华广播电台	副台长	1947.10～1948.3	
李林	男	齐齐哈尔新华广播电台	台长(兼)	1948.3～1949.5	
林青	男	齐齐哈尔新华广播电台	副台长	1947.12～1949.2	
马宗媛	女	齐齐哈尔新华广播电台	副台长	1948.3～1949.5	
马宗媛	女	齐齐哈尔人民广播电台	台长	1949.5～1949.7	
刘丹华	男	齐齐哈尔人民广播电台	副台长	1949.5～1951.3	
殷参	男	齐齐哈尔人民广播电台	台长(兼)	1949.7～1951.3	

地市级地方志广播史料

一、哈尔滨市

概　述

1922 年 9 月 28 日，东三省保安军陆军整理处，接管了哈尔滨马家沟中东铁路局苏俄人无线电台，由东三省铁路护路军直辖，改名为东三省无线电台，纳入东北军事系统。台长由陆军整理处工务科长吴梯青兼任，副台长刘瀚，全台 55 人。

1923 年 2 月 10 日，东三省无线电台试办无线电新闻通讯业务，电报通讯从军用中分解出来。刘瀚用军用的马克尼野战电话机改装成为发射机，自装话筒和收音机，进行无线广播实验，获得成功。经过筹备，在哈尔滨南岗转角楼（黑龙江省博物馆）开办了临时广播。呼号 XOH，功率 50 瓦，频率 600 千赫，波长 500 米，用汉语和俄语广播。

1923 年 5 月 15 日，奉大（沈阳）无线电台定名为东三省无线电总台，哈尔滨东三省无线电台改名为无线电哈尔滨分台，刘瀚任代理台长。

1925 年 4 月 29 日，日本驻奉天总领事向东北地方当局提出要在东三省各地设无线电台、长途电话，东省官宪不得干涉的无理要求。1926 年 1 月日本人在哈尔滨道单买卖街 121 号日本商业通信社私设无线电报机和天线，擅自收发新闻电和商电。针对日本侵犯中国电政主权的行为，中国东北当局采取“认真取缔严行禁止”，“以维电政而保主权”的严正立场，向日本领事馆提出抗议。斗本驻哈尔滨总领事天羽英二表示：“如中国承办此项研究，订有条例，日本亦可遵办。”此时，由刘瀚改装的临时发射机功率已由 50 瓦提高到100瓦。8月在刘瀚主持下，举行广播试验展览，历时四天，无线广播发射播出部分设在哈尔滨王兆屯铁路平房内（动力区文治街165号），接收部分设在南岗转角楼。参观展览的有东省特别行政区长官公署、东铁护路军总司令部、东省特警总管理处、外交交涉员公署等军政上层人物和各国驻哈尔滨领事与部分侨民。

1926年9月22日，哈尔滨广播无线电台和哈尔滨广播无线电台事务所成立。29日东省特别区行政长官批准：哈尔滨无线电台兼管哈尔滨广播无线电台。10月1日，由中国人建立的第一座无线广播电台——哈尔滨广播无线电台正式广播。与此同时，哈尔滨广播无线电台事务所正式办公，并第一次公布了《广播无线电条例》、《装设广播无线电收听器规则》、《运销广播无线电收听器规则》等全套管理法规，对无线广播实行管理。

1931年“九一八”事变后，东北沦陷为日本帝国主义的殖民地，日本侵略者入侵哈尔滨，强占了哈尔滨广播无线电台。由于时局动荡，工作人员离散，哈尔滨广播无线电台停播五个多月。1932年7月伪哈尔滨电话总局成立，接管了哈尔滨广播无线电台，改称哈尔滨放送局，并恢复广播。翌年，哈尔滨放送局纳入伪电信电话株式会社（简称“电电”）管理体系，加大发射功率，强化“连网广播”，调整放送体制，把日语、汉语、俄语三种“混淆放送”，改为第一放送——日语广播、第二放送——汉语广播。

抗日战争爆发后，日本侵略者加紧利用无线广播为其侵略战争服务。1938年5月日本实行扩充广播五年计划，在东北各地广设小功率放送局的同时，把哈尔滨放送局升格为哈尔滨中央放送局。1942年12月哈尔滨中央放送局又增设第三放送——俄语广播，成为东北唯一有三个放送的广播电台。对无线广播节目的播出，日本侵略者采取情报机关严密监听，新闻报道以“满洲通讯社”编发的消息为基本来源，必须转播日伪统一的各种节目，地方放送局不设记者，放送节目必须经呈报、审查、批准方可播出等办法严加控制，还采取推广低功能收音机，强制短波机登记，切断短波线路，不准收听中国、苏联广播，搞“收听指导”等办法，限制人们只能收听日伪广播。

1945年8月15日日本帝国主义投降，16日哈尔滨中央放送局的日本人破坏广播电台，播音员赵乃禾不惧危险，带领中国职工制止了日本人的破坏，保护了广播电台。18 日苏联红军进入哈尔滨市。20 日赵乃禾前往苏联红军司令部，要求进驻哈尔滨中央放送局。当日，中国共产党代表刘亚楼与苏联红军代表接管了哈尔滨中央放送局，决定改称哈尔滨广播电台，当晚开始广播。

1946 年 1 月 3 日国民党政府派接收大员进驻哈尔滨，设法接收哈尔滨广播电台，由于人民群众的斗争没有得逞。1946 年夏，国民党政府军队对东北地区大举进犯，先后占领了四平、长春。5 月 28 日中共中央东北局决定把哈尔滨广播电台迁往佳木斯，改称东北新华广播电台。

1947 年 1 月哈尔滨新建广播电台，4 月 20 日正式广播。1948 年年初，随着东北解放战场局势的变化，东北新华广播电台从佳木斯迁回哈尔滨，与新建的哈尔滨广播电台合并，5 月以东北新华广播电台呼号，用 3.5 千瓦功率短波、1 千瓦功率中波同时广播，成为东北地区功率较大的一座广播电台。

1948 年 7 月初，中共中央东北局宣传部在哈尔滨召开第一次东北地区广播工作会议。东北、安东、齐齐哈尔、延吉、吉林、海龙、通化、牡丹江广播电台的台长、技术负责人出席了会议。7 月 9 日中共中央东北局作出《关于统一广播电台的决定》，东北解放区各广播电台统一归东北新华广播电台领导和管理。东北新华广播电台成为东北地区广播事业的领导和管理机关。12 月东北全境解放，东北新华广播电台迁往沈阳，留在哈尔滨部分仍以东北新华广播电台呼号广播。1949 年 2 月改称哈尔滨新华广播电台，5 月 15 日改称哈尔滨人民广播电台。这一时期，有线广播网建设开始兴起。哈尔滨新华广播电台在哈尔滨市的一些主要街道、公共场所安装了有线广播喇叭。哈尔滨广播电台为宣传贯彻中国共产党的方针政策，创建东北革命根据地，动员群众进行清剿土匪，实行土地改革，发展工农业生产，参军支前，作出了贡献。

第一篇　无线广播

1926年10月1日哈尔滨广播无线电台诞生，是中国最早的一座广播电台。

东北沦陷后，日本侵略者强占哈尔滨广播无线电台，改称哈尔滨放送局，成为日本帝国主义奴化中国人民的工具。

1945年8月15日日本宣告无条件投降后，中国共产党代表刘亚楼等接管了哈尔滨放送局，成为中国共产党领导的中国最早的大城市广播电台，为宣传中国共产党的主张，支援解放战争，解放全中国作出了贡献。

第一章　沿　革

第一节　民国时期的无线广播

1926年10月1日，哈尔滨广播无线电台正式开播。哈尔滨广播无线电台呼号为XOH，波长280米，频率1071千赫，功率100瓦。每天广播2小时，夏季19时40分开始，秋季16时开始。主要节目有钱粮行情、新闻、音乐、文艺等。播出及发射地址在哈尔滨市道里外国八道街（端街）。刘瀚任监理。

1927年2月东北无线电长途电话监理处奉东三省保安司令张作霖的命令，兴建大功率哈尔滨广播无线电台，在哈尔滨市南岗长官公署街（民益街）与义州街（奋斗路）交汇处，新建一座两层广播专用楼房，架设了新的广播天线，于1928年1月1日正式启用开播。呼号改为COHB，波长445米，频率674千赫，功率1千瓦。设汉语、俄语、日语三种语言广播，每天广播6小时。主要节目有钱粮行情、新闻、戏曲、音乐、气象等。陈淮清接替刘瀚任哈尔滨广播无线电台台长。

1929年，哈尔滨广播无线电台揭发了日本商界搜集经济情报，企图控制哈尔滨经济的活动，在钱粮行情节目中撤销了日语广播。接着，全部撤销日语节目，改播英语节目。1931年11月4日，嫩江江桥驻军英勇抗击日本侵略军，取得重大胜利。哈尔滨广播无线电台部分人员参加了哈尔滨市各界青年赴嫩江前线慰问团，慰问抗日将士，义演募捐，支援前线。播音员秦素（女）是慰问团的组织者之一，并代表慰问团向抗日将士致致辞。

第二节　沦陷时期的无线广播

1932年2月5日，日本关东军多喜二郎师团攻占了哈尔滨市之后，关东军特殊通讯部抢占了哈尔滨广播无线电台。由于时局动荡，原哈尔滨广播无线电台工作人员撤离，停止了广播。

1932年3月1日，日本帝国主义炮制了伪满洲国。7月23日日本关东军制定了《对满洲国通讯政策》，提出"推行帝国的国策"，"把握满洲国通讯权"。接着，成立哈尔滨电话总局，接管了哈尔滨广播无线电台，改称哈尔滨放送局，恢复了广播，呼号仍沿用COHB，波长445米，频率674千赫，功率由1千瓦降到500瓦，工作人员从日本放送协会和关东军特殊通讯部抽调，全为日本人。广播节目、广播时间不固定，利用一部广播发射机安排日语、汉语、俄语三种语言节目，每天一段时间用日语广播，一段时间用汉语广播，一段时间用俄语广播，

交叉播出，称谓"混淆放送"。由于节目、时间不固定，广播中又充斥着"日满一心一德"、"日满提携"、"王道乐土"等日本军国主义侵略主张的滥调，听众人数急剧下降。到1932年下半年哈尔滨收音机由1200多台降至700多台，而中国人有收音机仅150多台。这一年，哈尔滨放送局整修广播发射机，功率恢复到1千瓦，广播节目、广播时间开始固定。8月伪交通部下达日满合办通信公司命令，统一接收和管理放送局。9月1日哈尔滨放送局归属满洲电话电信株式会社哈尔滨管理处，呼号改为MTFY，发射机功率由1千瓦提高到3千瓦，仍"混淆放送"。11月哈尔滨放送局呼号改为MONB。12月建立伪"满洲国通讯社"，统一控制宣传舆论。

1934年3月日伪为扩大对外宣传，增加投资，对全满进行广播设备技术改造。7月完成了新京（长春）到哈尔滨的广播中继线路敷设，连通了大连到哈尔滨的中继线路，实行东三省联网广播，地方放送局自办节目时间缩

减，哈尔滨放送局自办节目时间缩减到每天15分钟。可以自办地方节目，也可以转播新京（长春）中央放送局的节目，由于地方放送局不准设记者，又没有自选新闻题材的自由，哈尔滨放送局基本不办地方节目，除有时播发“满洲国通讯社”统一发布的消息外，大多是转播新京（长春）中央放送局的节目。

1936年11月新京（长春）中央放送局增加一套功率为10千瓦的日语广播，称为第一放送；用原100千瓦的发射机作汉语广播，称为第二放送，覆盖整个东北地区。哈尔滨放送局把“混淆放送”改为单纯日语第一放送。

抗日战争爆发后，1938年5月日伪为加强对广播宣传的管理，扩大广播的覆盖面，将哈尔滨放送局改为哈尔滨中央放送局，下设庶务课、放送课、技术课，通过中继线路把日语节目传送到华北。1940年7月哈尔滨中央放送局开设第二放送——汉语广播，并在哈尔滨市南岗区松花江街601号（松花江街113号）建设新的局址，1941年3月25日迁入新址。

1941年12月8日，日本袭击珍珠港，太平洋战争爆发，哈尔滨中央放送局与东三省各地放送局统一纳入战时体制，一切权限归新京（长春）中央放送局，节目由新京（长春）中央放送局统一编发，哈尔滨中央放送局通过中继线路进行连网广播。1942年11月哈尔滨中央放送局按新京（长春）中央放送局的指令，配合法西斯德国对苏联的攻势，开设了第三放送——俄语广播。

1945年8月15日中午，哈尔滨中央放送局播出了日本天皇裕仁宣读的投降诏书录音后，终止了广播。

在哈尔滨沦陷时期，各地放送局多是进行东三省连网广播，哈尔滨放送局的节目设置，不同时期广播节目各有不同。主要有，新闻报道、实况广播、讲演、讲座、儿童节目、对学校广播、文艺节目、广告行情等。节目内容随着日本帝国主义侵略战争的不断扩大而有所侧重。初期，突出宣传伪满洲国的“王道乐土”、“日满一德一心”、“共存共荣”等；抗日战争期间，重点宣传“日满互相提携，建设东亚新秩序”、“大东亚共荣圈”、“共同防共”等；太平洋战争爆发后，则以“大东亚的光辉战果”、“圣战必胜”、“昂扬战争意识”为主。

尽管如此，日本侵略者的欺骗宣传泯灭不了中国人民的抗日斗志。在哈尔滨放送局工作的中国人，出于民族意识和爱国心，巧妙地进行斗争。1935年9月哈尔滨放送局播放了哈尔滨口琴社演奏的表现“九一八”事变的大型口琴曲《沈阳月》（原名《战场月》）。1938 年 5 月王钧鼎（化名王一丁）主持的《音乐欣赏》讲座，介绍了法国大革命时期的作品，借以影射日本帝国主义的侵略行径。1940 年 7 月，哈尔滨放送话剧团在洪徽善（化名尘沙）主持下，拒演“日满亲善”、“共存共荣”的“国策”剧，演出了《日出》、《晦明风雨》等进步剧目，社会影响很大。1944 年 7 月 25 日，由哈尔滨中央放送局播音员赵乃禾（化名孤帆）编写的广播剧《新天地》，在伪哈尔滨协和会成立 12 周年纪念日之际播放，影射“满洲国”的黑暗统治。

第三节　解放战争时期的无线广播

1945 年 8 月 15 日日本无条件投降。18 日苏联红军进驻哈尔滨市。20 日随同苏联红军进入哈尔滨市的刘亚楼，代表中国共产党接管了哈尔滨中央放送局，改名为哈尔滨广播电台，成为中国共产党领导的第一座地方广播电台。

当天，由刘亚楼口授广播内容，于 18 时 30 分用 1 千瓦发射机开始广播。3 千瓦发射机为苏联红军飞机导航，250 瓦发射机转播莫斯科广播。8 月末，刘亚楼把哈尔滨广播电台移交给中共东北委员会委员、松江地区委员会负责人李兆麟领导。李兆麟任滨江省副省长以后，指定滨江省政府宣传科长兼交际科长张观主持哈尔滨广播电台工作，滨江省政府任命赵乃禾为台长。

哈尔滨广播电台设有编辑、技术、总务部门，全台共 20 余人，每天早、晚两次播音，每次播音开始时敲击 5 音排钟（5—3—/5—i—/i— — ——//），直呼“哈尔滨广播电台”三次。全天播音约 4 小时 30 分。波长 284 米，频率 1055 千赫。设置的节目有新闻、清晨讲话、讲演、音乐、唱片、娱乐、小说朗读等。

1945 年 10 月中旬，中共滨江地区工作委员会（以下称“滨江工委”）成立，哈尔滨广播电台在滨江工委领导下，认真贯彻陈云要“搞一个大的宣传攻势”，揭露国民党“对日不抵抗，丢掉东北人民”，“又与敌伪合流，发动内战的罪行，启发群众的觉悟”，电台“作长期打算，编制节目，制订计划，使其内容充实”的指示和要求，积极开展宣传工作。

1946 年 1 月 3 日，国民党接收大员杨绰庵就任哈尔滨市长后，几次派人接管哈尔滨广播电台。中国共产党利用苏联驻军和人民军队驻扎在哈尔滨外围的有利条件，进行巧妙的斗争，挫败了国民党的企图，牢牢掌握哈尔滨广播电台，积极宣传中国共产党和平、民主、团结建国的主张，揭露国民党准备内战、专制独裁、分裂倒退、祸国殃民的罪行。在广播中介绍了毛泽东著作《新民主主义论》、《论联合政府》和苏联宪法等。还经常通过实况转播，把知名人士的讲演传播到群众中去，使人们丢掉盲目正统观念。1946 年 3 月 8 日，哈尔滨广播电台举办纪念“三八国际劳动妇女节”专题节目，哈尔滨市中苏友好协会会长李兆麟亲自作广播讲话，宣传中国共产党的政策，扩大了中国共产党的影响。3 月 9 日李兆麟被国民党特务杀害，哈尔滨广播电台通过新闻、讲演、时评，揭露国民党的法西斯暴行，激起了人民的义愤。3 月下旬，哈尔滨广播电台举办了《悼念民族英雄李兆麟将军特辑》广播节目，并转播了哈尔滨市各界追悼李兆麟将军大会实况，集中揭露国民党反动派倒行逆施、仇恨人民的罪行。

文艺节目积极配合形势，经常播出在李兆麟倡导下，由陈振球、王钧鼎（王一丁）、吴限等人组织的中苏友好合唱团演唱的革命歌曲以及举办的抗日歌曲演唱会。演唱的《救国军歌》、《救亡进行曲》、《露营之歌》、《在太行山上》、《到敌人后方去》、《打回老家去》等革命歌曲，就首先是由哈尔滨广播电台传播到群众中去的。文艺节目还播送苏联卫国战争时期的一些作品，如小说《丹娘》、《宁死不屈》、《日日夜夜》、《只不过是爱情》等。

1946 年 4 月 28 日，东北民主联军进驻哈尔滨，哈尔滨市解放。哈尔滨广播电台当即播送了这一特大喜讯，并于 5 月 4 日转播了全市 15 万人举行的欢迎大会实况。此时，国民党政府军队大举向东北地区进犯，先后占领了四平、长春。根据形势发展，中共中央东北局宣传部接管了哈尔滨广播电台。5 月 28 日，中共中央东北局指示哈尔滨广播电台迁往佳木斯，改名为东北新华广播电台。6 月 25 日，国民党控制的长春广播电台开始广播，覆盖面伸展到哈尔滨市。为此，中共中央东北局决定在哈尔滨再建一座广播电台。1946 年年末，中共中央东北局宣传部决定派东北新华广播电台台长赵乃禾带领徐崇华及部分日本籍技术人员回哈尔滨建设新台。1947 年 1 月赵乃禾到哈尔滨后，向中共哈尔滨市委传达了中共中央东北局的指示。赵乃禾、徐崇华等克服天寒地冻、缺少器材等重重困难，经过四个月的奋战，完成了土木工程、安装调试、架设天线等任务，在原台址重新建起新的哈尔滨广播电台。4 月 20 日，正式开始广播，中共哈尔滨市委书记钟子云前来祝贺，并作了广播讲话。

重建的哈尔滨广播电台呼号为 XMHR，波长 234.4 米，频率 1280 千赫，功率 200 瓦。起初，每天只在早上播音一次，6 时 50 分开始，9 时 30 分结束，共 2 小时 40 分钟。7 月，改为每天早、晚两次播音，全天播音时间 6 小时 20 分钟。广播节目有新闻、政令、通告、讲座、战地通讯、时评、报道、唱片、娱乐等，后来又增加了今晚话题、小晚会、广告服务等。哈尔滨市及其周围地区人们听到了中国共产党的声音，抵制了国民党广播的侵扰。

1948 年 1 月东北新华广播电台由佳木斯迁回哈尔滨，与哈尔滨广播电台合并，改名为哈尔滨新华广播电台，成为东北新华广播电台的一部分，面向哈尔滨地区广播。12 月东北地区全部解放，东北新华广播电台迁往沈阳，留下部分设备和人员继续以东北新华广播电台呼号广播，发射机功率为 1 千瓦，频率为 1055 千赫，交由中共哈尔滨市委领导。

1949 年 1 月东北新华广播电台改由中共松江省委和松江省人民政府领导。2 月林青调任台长。5 月 15 日改名为哈尔滨人民广播电台，取消了英语呼号，全天三次播音，播出时间为 6 小时 35 分。

哈尔滨广播电台重建后，正是东北人民解放战争重要关头，中国共产党由战略防御转入战略进攻的重要阶段。这期间，广播宣传的重点是突出自卫战争和土地改革的报道。像《秀水河子全歼守敌》、《松南大捷，歼敌六千》、《老爷岭战斗，歼敌三十八师》、《梅河口大捷，歼敌八十八师》、《大洼战役，击溃八十七军》等报道，对鼓舞士气，稳定后方秩序起了很大作用。还通过广播的形式，为被俘的国民党军队官兵及其家属"代邮家书"，号召国民党政府军队弃暗投明。为配合清剿土匪，建立巩固根据地的宣传，播发了活捉匪首座山雕张乐山的消息，连续报道了汉奸、匪首姜鹏飞和土匪头子、国民党第十集团军总司令谢文东的罪恶行径，动员军民积极参加剿匪斗争。土地改革的宣传特别注意典型报道，先后介绍了哈尔滨周围地区的土改经验，报道了翻身农民保田保家、参军支前的消息并与在哈尔滨出版的《东北日报》密切配合，随时广播《东北日报》的重要消息和社论。

文艺节目积极配合自卫战争和土地改革中心进行组织和编排。像话剧《血泪仇》、《一个裁缝之死》，歌剧《白毛女》、《兄妹开荒》，歌曲《黄河大合唱》、《劳军小调》、《翻身道情》、《夫妻识字》，小说《夏红秋》等，对唤醒群众、教育群众起了很好的作用。还播放一些苏联战斗歌曲，传播了革命思想。

1949 年 4 月哈尔滨新华广播电台开始转播北平新华广播电台的晚间新闻、综合报道、评论和国际时事节目。4 月 24 日工作人员听到北平新华广播电台同国民党中央广播电台人员谈话，得知南京解放后，立即传播了这一特大喜讯，哈尔滨市各种报纸根据哈尔滨新华广播电台播发的消息，赶印了特大字的“号外”、“快报”。9月21日中国人民政治协商会议第一次会议召开时，哈尔滨人民广播电台转播了北平新华广播电台播送的毛泽东主席在大会上的讲话录音。10月1日哈尔滨人民广播电台转播了北平新华广播电台转播的开国大典盛况，人们从广播中听到了毛泽东庄严宣告中华人民共和国成立的消息。

二、齐齐哈尔市

新闻出版

综　述

广播电视设施

无线广播设施　1946年，齐齐哈尔广播电台开播时，使用伪满中央放送局遗留下来的1千瓦发射机，覆盖半径40~45公里。

广　播

齐齐哈尔市无线广播事业始于沦陷时期。1938年4月，日伪当局为加强对全市人民思想控制，开办伪满齐齐哈尔放送局。1941年，伪满洲国将各地放送局联网，广播节目由新京（长春）伪中央放送局统一播发。1944年，伪满齐齐哈尔放送局改为伪满齐齐哈尔中央放送局。翌年8月15日日本投降，终止广播。

1946年4月，由于斗争形势的发展，嫩江省政府在伪满齐齐哈尔放送局的基础上创办齐齐哈尔广播电台。1949年5月，改称齐齐哈尔人民广播电台，负责对黑龙江省广播。

无线广播

1938年4月，伪满齐齐哈尔放送局开始播音。发射功率50瓦（后期增大到1000瓦）。频率853千赫，波长359米。共有19人，其中播音员2人。只办一套日语广播节目，以日本人为对象。每天均广播2小时。1939年6月，开设第二套节目，用汉语广播，使用频率1075千赫，以中国人为对象。每天平均广播110分钟。当年，齐齐哈尔市收听广播人数为5692人，其中日本人2580人，中国人3078人，其他外国人25人。1941年，伪满齐齐哈尔放送局纳入战时体制，实行广播一体化，广播节目由新京（长春）伪满中央放送局统一编发，内容是宣传日本帝国主义殖民统治，用报道、娱乐等形式，灌输"日满一德一心"、"民族协和"的殖民意识。1945年8月15日，日本帝国主义投降，伪满齐齐哈尔中央放送局停止广播。

齐齐哈尔市解放初，1946年5月，嫩江省政府在伪满齐齐哈尔中央放送局旧址，创建齐齐哈尔广播电台，职工十多人，编播新闻、京剧、音乐等节目，并组织文艺工作者到电台直接演播或在剧场转播文艺演出实况。文艺节目播出时间不固定。新闻节目在晚上播出约2个小时，主要是宣传党的方针政策，团结广大群众，反对国民党发动内战，动员群众参加自卫战争和解放战争。同年6月，齐齐哈尔广播电台交由新华社西满分社领导，改名为齐齐哈尔新华广播电台。6月末，改名为西满新华广播电台。每天晚上播发两次新闻，栏目是《重要新闻》、《东北新闻》或《本地新闻》。年末，开始在早晨播发新闻，内容主要是解放区建设，动员人民群众参战支援解放战争，土地改革和西满地区人民群众政治、文化、经济生活。1947年2月，早晚均播发新闻节目，栏目有《国内外新闻》、《东北新闻》、《记录新闻》。文艺栏目有《文艺朗读》、《娱乐节目》等。1948年10月，新闻栏目调整为《简明新闻》、《国内外新闻》、《地方新闻》、《记录新闻》。时间为早、午、晚。解放战争发展的战地新闻随时播出。同年11月，沈阳解放的消息在晚上10点多广播，全市人民听到后立即敲锣打鼓，上街庆祝。

1949年5月，改称齐齐哈尔人民广播电台。

三、牡丹江市

第二十六编　新闻出版

概　述

牡丹江的新闻广播事业始于1937年东北沦陷时期。当年5月建立牡丹江放送局（即广播电台）；1940年1月和8月先后创办《哈尔滨日日新闻（牡丹江版）》和《东满报》。这些舆论工具，都是为日伪当局服务的，并随着日伪的垮台而自行消灭。

第一章　广播

牡丹江的广播业始于1937年6月1日成立的伪牡丹江放送局，当时用日语播音，1941年12月25日增设汉语播音。

第一节　牡丹江人民广播电台

一、机构·队伍

1947年8月15日，建台初期未设正式机构，配有台长、编辑、记者、文播、后勤工作人员共12人。1948年始设广播（编、采、播）、机务、总务三个股，工作人员共16人。1949年10月增至28人。

二、广播节目

（一）新闻性节目

1947年8月建台伊始，就把新闻节目列为广播宣传的主体和首要工作。开辟地方新闻，用消息、通讯、评论等形式，及时宣传土地改革、支援解放战争、战争胜利捷报以及恢复发展地方工商业等情况。开始时，只晚间播音。1948 年4 月1 日增加午间播音。1949 年1 月后，每天早、午、晚均有新闻广播，增大宣传量。

（二）教育知识性节目

1947 年建台初期，举办过《科学知识》、《讲科学、破迷信》讲座，讲解如何防止猪瘟、鸡瘟知识；播出过马喂夜草，庄稼防早霜、促早熟等好处和做法；揭露过“大神”巫医骗术等。

（三）文艺性节目

文艺节目在电台广播时间中约占2/3。1947 年播过《解放区的天是明朗的天》、《黄河大合唱》、《大路歌》、《兄妹开荒》等革命歌曲、秧歌剧和《锄奸》、《翻身》等活报剧。

（四）服务性节目

服务性节目的内容主要是传播经济信息、反映听众的批评、建议，解答人民群众所关心的问题。1947 年起，每天坚持《报时》，并设有《常识》5 分钟，解答一些日常生活中的问题。1948 年 4 月 3 日开始，增加《行情》、《启事》、《广告》5 分钟，早晚各播一次。1949 年，服务性节目早、午、晚各播一次，共30 分钟。

三、技术设施

1947 年建台时，有发射机一台，功率200 瓦，波长295. 5 米，频率1015 千赫。发射天线利用日伪时期遗留下来的气象天线，呈倒 L 型，高 25 米。

四、佳木斯市

第二十四编　报刊广播电视

佳木斯新闻广播事业始于东北沦陷时期。1934 年，伪满三江省弘报机关主办《三江报》。嗣后又办起《佳木斯新闻》报。1938 年成立佳木斯放送局，始有无线广播。

1945 年伪满政权瓦解时将广播电台捣毁，报纸终止。

抗日战争胜利后，人民政权接管敌伪新闻设施。1945 年 11 月，中共合江省委主办地方报纸《合江日报》（初名《人民日报》）。1946 年 5 月，中共中央东北局于佳木斯建立东北新华广播电台和《东北日报》二线基地。从此开创人民新闻广播事业。这些大区和省级的新闻广播机构，随着解放战争的胜利和省级建置的变化，先后南迁或撤并。

第一章　广播

第一节　无线广播

日伪统治时期的无线广播

1938 年年初，伪满洲电信电话株式会社佳木斯放送局成立，同年 4 月 1 日正式播音，呼号为 MTNY，波长 488 米，频率 615 千赫，发射功率 50 瓦。1943 年增设第二套节目，频率为 845 千赫。广播内容宣扬“日满亲善”、“一德一心”，推行殖民地教育，为巩固日伪统治制造舆论。除转播新京（今长春）、奉天（今沈阳）电台节目外，自办节目有《新闻》、《建国体育》、《日语讲座》、《满洲之颂》等。第二套节目则注重“满洲国势”等鼓动“大东亚圣战”的宣传。放送局职员 24 人，另附设一营业所，负责征收收听费兼修理业务。局长、所长均为日本人。1945 年 8 月，日军溃败时将电台破坏。

解放战争时期的无线广播

1946 年 5 月 28 日，中共中央东北局决定将哈尔滨广播电台迁至佳木斯，改名为东北新华广播电台，台址设于佳木斯东郊蒙古力。同年 6 月 2 日试播，9 月 23 日正式播音，呼号为 XNMP。波长 284.4 米，频率 1055 千赫，发射功率 1 千瓦。1947 年 10 月，技术人员和工人自行装成一台 3 千瓦广播发射机，在人民广播技术史上开创一先例，电波覆盖面远达当时尚处于国民党统治的长春、沈阳、天津、邯郸等地。

东北新华广播电台广播主要内容有东北、国内、国际新闻，军事讲评，人民翻身等报道。广播栏目有《国际国内新闻》、《时事述评》、《人民呼声》、《解放区介绍》、《科学讲座》、《儿童时间》、《文艺通讯》、《工农写作》及音乐、戏剧等娱乐性、服务性节目。每日播稿量为4万字左右。在宣传东北解放区的政治、军事形势，经济、文化建设成就，坚定解放战争必胜的信心方面起到作用。后由于解放战争形势的发展，于1948年2月迁到哈尔滨。

第三十四编　人物

第一章　人物传

绿川英子

绿川英子（1912～1947）女，日本人，原名长谷川照子，世界语名为VEY—DAMAJO。1912年3月7日出生于日本国山梨县猿桥。其父长谷川幸之助曾任日本国东京市府土木建设课长。1919年，绿川英子随家迁居埼玉县山口村。她性情开朗活泼，聪颖好学，四年级时作文曾获奖。绿川高中毕业后考入奈良女子高师受到民族文化的熏陶，对中国唐代高僧鉴真大师极为崇拜，敬佩其多次冒险越海到日本传播中华文化，进行亲善交流的精神。

大学三年级时，绿川在校内已小有名气。她的散文、诗歌等作品在同学中广为流传。此时，进步的世界语在日本传播，她对此产生了浓厚的兴趣，开始学习研究世界语，并参加了世界语组织。

1931年，日本军国主义者对中国发动“九一八”侵略战争，绿川深为反感，积极参加奈良地方的劳农组合、文化团体及世界语组织的活动，反对日本当局的侵略行径。她的正义行动遭到日本政府的镇压，于1932年9月10日被逮捕。后在学生抗议和社会舆论的声援下，警方被迫将其释放，但却被学校开除。绿川遭受沉重的打击，反对进行侵略战争的意志毫不动摇。回东京后，她先在打字学校学习世界语打字技能，以后考中NHK广播电台播音员，同时为日本著名作家秋田雨雀领导的日本世界语学会工作。1932年5

月，绿川被吸收为日本世界语文学研究会会员，参加《世界文学》的创刊工作。

1935年，绿川结识了正在东京留学的中国学生刘仁（刘镜寰），当时刘仁也在学习世界语。相同的志向，共同的语言，将两位异国青年紧紧地联系在一起。1936年秋，绿川与刘仁在东京结成伉俪。

1937年1月，刘仁决定投笔从戎回国参加抗日。刘仁的爱国行动得到绿川的充分理解和支持，协助刘由横滨港乘英国邮轮返回祖国。同年4月19日，绿川避开日本政府当局的监视，秘密来到中国上海，与刘仁团聚。同时积极参加上海世界语组织的编辑、写作、翻译和打字工作。

1937年8月13日，日本侵略军攻占上海。11月27日，绿川被迫离开上海经香港、广川到达武汉，受到时任国民政府军事委员会政治部第三厅厅长郭沫若的热情接待，将绿川安排到第三厅国际宣传处，从事对日广播。她以流畅的日语向日本人民和日本侵华军人宣传中国的抗日主张，宣传抗日战场形势，使日本当局十分恼怒，诬蔑她为“娇声卖国贼”。并对其在日本家属进行威胁、恫吓。

1938年10月26日，武汉失守。绿川于同年12月到达重庆。此时，郭沫若领导的第三厅改为文化工作委员会，绿川在该会从事宣传与敌情研究工作。同时为世界语刊物《中国报道》和《新华日报》、《解放日报》、《群众》等报刊撰写了《中日两国妇女携起手来》、《解放是要争取的》、《在战斗中前进》、《在歧路上的日本》等大量政论文章与散文、诗歌等，歌颂中国人民在中国共产党领导下英勇杀敌的业绩，痛斥日本法西斯的侵略罪行。中共中央副主席周恩来曾在重庆文化界人士一次集会上赞扬绿川是“日本人民的忠实女儿，是真正的爱国者”。

1941年11月16日，郭沫若五十寿辰。绿川曾写《一个暴风雨时代的诗人》的诗，发表在《新华日报》上，以作贺礼。郭沫若回赠律诗一首：“茫茫四野弥暗，历历群星丽九天。映雪终嫌光太远，照书还喜一灯妍。”

1945年8月15日，日本宣布无条件投降。绿川向刘仁表示：“日本投降了，这只实现了我一半的愿望，中国革命的任务还没有完成，我还要留在中国，继续参加反蒋斗争。”随着斗争形势的变化，中共中央决定将部分机关和人员转移至东北，建立东北巩固的根据地。为了完成最后一期《反攻》杂志“胜利号”专刊的出版发行，绿川直至9月18日始随刘仁等秘密撤出重庆。

1946年冬，经一年多的辗转周折，绿川与刘仁随东北行政委员会转移至佳木斯。绿川在东北行政委员会后方留守处工作，任东北社会调查研究所研究员。她受任后工作热情很高，在文化团体和其他单位邀请的报告会、讲演会上用切身的经历，宣传在中国共产党领导下中国人民不屈不挠的革命精神，揭露蒋介石政权的黑暗腐朽。她对东北大学青年知识分子的思想状况所作的调查研究报告，受到有关领导的好评。

此时，绿川发现自己怀孕，为了不影响工作，他们夫妇决定堕胎。东北行政委员会负责人曾多次婉言劝阻，均被谢绝。由于当时医疗技术条件差，在做流产手术时引起感染，经多方抢救无效，于1947年1月10日不幸逝世，年仅35岁。同年4月刘仁也因病逝世。

为了表彰绿川英子，经中共中央书记处批准，追授绿川英子为国际主义战士。佳木斯市人民政府于1983年8月8日，在风景秀丽的四丰山，为绿川、刘仁夫妇修建了合冢墓。

附录

轶文轶事

萧军在电台的一次演讲

1946年6月，东北新华广播电台于佳木斯开办，向东北解放区播音。当时有一个节目叫《名人演讲》，主要邀请社会各界知名人士谈对解放区的认识及揭发国民党反动派发动内战、祸国殃民的罪行。11月中旬，电台请东北大学鲁迅艺术学院院长萧军发表演讲。当时，他的著名小说《八月的乡村》已开始流传，颇受欢迎。为邀请萧军演讲，电台做了精心安排。时间虽然安排在下午7点，但下午4点即派马车将萧军接到电台。

按电台规定，播音时间须准时无误，播音稿要经电台审阅。经商定，萧军的演讲时间为20分钟，萧亦同意，但未出示讲稿。播音时间将到，萧军忽然从上衣口袋中掏出一张约2寸见方的纸片，上面只写有4行小标题。萧交给电台领导后，微笑着等候答复。这使电台的领导十分为难：这4行小标题，既看不明白要讲的具体内容，又不知道所需时间。但播音计划已定，难以更改，又要顾及礼貌，只好对主持人员说："此公就是这么个脾气，由他去吧。"

萧军准时进入直播间端坐在话筒前，从衣袋中拿出一只怀表放在讲桌上，看了一眼演讲提纲便从容地讲起来。他的演讲内容集中、凝练，语言生动，铿锵有力又带有几分幽默，很有感染力。演讲结束，包括他留给播音员做结束语用的 10 秒钟，恰好是 20 分钟。

萧军演讲结束后，电台工作人员十分敬佩。萧从直播间走出来时，大家不约而同地起立鼓掌，表示祝贺，热烈欢送。

五、黑河地区

第三十八篇

第一章　广播

第一节　无线广播

1938 年 12 月 20 日，伪黑河省在黑河街南岗建立了放送局（广播电台），隶属齐齐哈尔电信管理局，呼号 MTSY，频率 795 千赫。局内设放送室、技术室、总务室，有职工 15 人，局长和各室主任均由日本人担任。放送局每天播出时间约 11 小时，以转播伪新京（长春）和日本东京台节目为主，每天还自办 15 分钟地方新闻和 15 分钟文艺节目。第一次播音用日语，第二次播音用汉语。1945 年 8 月 9 日，苏联向日本宣战，下午放送局停播。

自 1945 年 8 月黑河地区解放以后，全区各地均建成有线广播。

上海市

《上海广播电视志》，上海社会科学院出版社 1999 年版

上海人民广播电台的前身，坐落于山东临朐程家庄的华东新华广播电台旧址

到上海去创建人民广播事业的队伍

解放初期坐落在上海延安西路的上海人民广播电台

1949年10月5日上海人民广播电台编辑部部分人员在原大西路7号的电台办公楼前合影。前排左起：刘继汉、肖唐、肖文、铁云、沈晓芳；后排左起：陆明、李天骧、李斌、徐庄、谢林风、周新武

解放初期马寅初在五一国际劳动节广播大会上致词

解放初期上海人民广播电台举办广播大会，听众反映来自四面八方

解放初期上海电台成立了第一个音乐团体——上海人民广播电台广播乐团

上海人民广播电台早期录制合唱节目的情景

概　述

一

上海自1840年开埠以后，在半封建半殖民地条件下，依托其独特的地理位置、良好的自然环境和优越的人文资源，畸形发展为中国最大的工商业国际都市和吸收西方文化科学技术的重要门户，作为20世纪前叶先进科学技术之一的无线广播技术也首先从国外传入上海。

民国十一年（1922年）冬天，美国新闻记者奥斯邦（Oshorn）得到旅日曾姓华侨的资助，在上海成立中国无线电公司，发售收音机器。同时，该公司和英文《大陆报》报馆合作在广东路3号大宋洋行屋顶设立发射功率50瓦的无线广播电台，自定呼号XRO，通称奥斯邦电台。民国十二年1月23日晚8时，这家电台正式播音，它是上海也是中国境内最早正式播音的无线广播电台。此时距1920年11月世界上第一座无线广播电台在美国匹兹堡的建立只晚了两年多时间。奥斯邦电台首播的当晚，500多名中外听众聚集在四川路（今四川中路）中华基督教青年会礼堂内惊喜地聆听来自空中的广播音乐会，当时称无线广播为“空中传声法”。同年1月26日，电台播出了孙中山在上海发表的《和平统一宣言》。对此，孙中山特向《大陆报》记者发表谈话，盛赞无线广播“不仅可于语言上使全中国和全世界密切联络，并能联络国内之各省、各镇，使益加团结也”。中国北洋政府根据民国四年颁布的《电信条例》关于有线无线电信由国家经营的规定，禁止民间设立广播电台和装设收音机，并于民国十二年（1923年）3月14日下令查禁奥斯邦电台。同年4月间，奥斯邦电台停止播音。

民国十二年（1923年）5月30日，南京路（今南京东路）50号美商新孚洋行继起经营一座学术试验广播电台，不定期播送节目，这是上海第二座无线广播电台。由于北洋政府严禁无线电器材进口，以出售收音机为主要业务的新孚洋行营业不振，广播电台于翌年8月初停止播音。

在外商早期经营的广播电台中以美国开洛公司（Kellogg Co.）上海分公司于民国十三年5月创办的开洛广播电台（呼号KRC，发射功率100瓦）播音时间较长，影响较大。开洛电台与《申报》报馆合作，在报馆安装发音室，每天上午、晚间各播一次市场行情、新闻和唱片等，时间2小时。该电台持续播音到民国十八年（1929年）10月，历时五年多，是上海广播事业形成规模的开端。

民国十三年8月，北洋政府交通部颁发《关于装用广播无线电接收机的暂行规则》，从禁止民间装设收音机改变为有条件开放的政策，但仍禁止民间私设无线广播电台。

在外商办广播的影响下，民国十六年（1927年）3月18日上海新新公司无线电技师邝赞设计和装配的广播电台开始播音，这是上海也是中国最早的华商广播电台，电台除报告新闻和商情外，粤调等娱乐节目占了大部分。

民国十七年7月和12月，南京国民政府先后颁布《中华民国无线电台管理条例》及《中华民国广播无线电台条例》，开放公私团体和个人经营广播电台。从20年代末30年代初起，上海出现了亚美、大中华等一批华商经营的广播电台。其中以民国十八年（1929年）12月23日亚美无线电公司创办的广播电台在上海民营电台中历史最长、影响较大。

民国二十一年（1932年）1月28日，日本侵略军在上海挑起战事，十九路军奋起抵抗，“一·二八”淞沪抗战爆发，电台大都停止播音，唯亚美、大中华等电台坚持播送抗战消息，劝募款物，救济难民，支援前线。参加淞沪抗战的第十九路军将领曾致书亚美电台表示感谢。“一·二八”战事中的广播宣传，使广播在社会上的地位得到提高。此后，上海民营广播电台蓬勃发展，民国二十一年年底，上海已有广播电台40座，其中外国人设立6座。

当时，上海除福音、佛音等宗教性电台外，均为商业性电台。为保障电台经费，早期电台由新众组织播音会，交纳会费资助电台，电台则按播音会要求播送节目。开洛电台曾由外国听众组织的中国播音会（CBA）和中国听众组织的中国播音协会（BAC）两个听众组织出资点播节目，以维持电台的开支。这种做法一直延续到亚美电台成立后的一段时间。后来由于广播电台和收音机的增多，不交会费同样可以收听节目，统一收费点播节目的做法行不通了，听众组织即自行解体，代之而起的是电台以出卖播音时间为客商做广告的经营方法。此后，中小资本家以办广播有利可图，纷纷购机设台，替客商做广告盈利，各电台之间商业竞争加剧，而广播节目内容也愈加强调娱乐倾向，娱乐节目播出时间要占全天播音时间的85%以上，其中评弹占第一位，其次为中西音乐、申曲（沪剧前身）、滑稽戏、故事等。随着民营电台的增加，为了协调关系、维护播音业的共同利益，民国二十三年（1934年）11月11日成立上海市无线电播音业同业公会，凡经交通部核准发给执照的电台均为该会会员。

民国二十四年（1935年）3月9日，在收购英商美灵登电台设备的基础上建立的上海第一座官办广播电台——交通部上海广播电台（XQHC）正式播音。民国二十五年（1936年）3月9日，上海市政府广播电台（XGOL）开播。

民国二十二年1月11日，交通部上海国际电信局着手对民营电台实施整顿，核发上海市各民营电台呼号、频率、许可证及执照事宜，同时审核节目播送。民国二十五年10月起，各民营电台节目由新成立的国民党中央执行委员会广播事业指导委员会审核。从民国二十二年至民国二十六年“八一三”事变前，交通部以技术和节目内容违规为由先后取缔上海民营电台23座。经过整顿，上海尚有民营电台27座，外商电台4座，官办电台2座。

民国二十六年，日本侵略者发动“八一三”事变，上海各广播电台努力播送抗战消息，动员市民参加救亡工作，劝募捐款支援前线、救济难民。一时间，电台播音面貌焕然一新，《义勇军进行曲》、《保卫大上海》、《出征歌》、《伤兵慰劳歌》等救亡歌曲和救亡节目随电波响彻申城上空。茅盾为此在《救亡日报》上撰文：“无线电播音在抗战宣传上确实起了很大的作用，这方面的工作人员也确实尽了最大的努力。”这是旧上海广播史上最为光彩的一页。

同年11月，战事西移，上海租界沦为孤岛。11月17日，日本占领军当局对上海的邮政、电报、广播实行管制，“接管”国民政府两座官办电台，建立日伪“大上海广播电台”，成为日本占领军的宣传工具。民国二十七年3月20日，日本占领军当局设立广播无线电台监督处，接管原国民政府交通部对广播事业的管理，强令上海各民营电台到该处登记，经它“重加认可，方准营业”。对此，鹤鸣、亚美、东方、元昌、大中华、大陆、麟记等民营电台先后拆机停播，免为敌用。华侨电台于民国二十九年（1940年）1月售与美商《大美晚报》社，改名大美电台，继续播音。一批老的和新成立的民营电台经日本广播监督处“批准”后继续营业，并参加受日伪控制的“上海市民营广播电台公会”，节目内容更加趋向低级趣味。但值得一提的是，从民国二十八年春起，袁雪芬和马樟花合作，在华东电台播唱越剧，开创电台播唱越剧的先河，使越剧通过广播争取大量听众，民国三十年（1941年）7月，苏联政府主办的苏联呼声电台在沪开播，传播反法西斯战争的胜利消息，使处在黑暗中的上海市民看到了黎明的曙光。

民国三十年12月8日，太平洋战争爆发，日军进驻上海租界。当日，日军报道部与宪兵队“接管”从事“敌性宣传”的外商广播电台6座，改为大东、东亚、黄浦等电台，加上原日伪的大上海广播电台，成为日本实行奴化教育的宣传工具。同时，在“统一广播事业”的幌子下，禁止民办广播电台，封闭了“上海市民营广播电台公会”所属的28座电台，机件由汪精卫伪政府广播建设协会作价收购。民国三十四年（1945年）5月，德国战败，原德国电台改为大上海广播电台的国际电台。

民国三十四年（1945年）8月15日，日本无条件投降。同年9月25日，国民党中央广播事业管理处派员接收日伪在上海所管辖的广播电台6座及机关2所。接管后，原日伪上海广播电台及其国际电台，改组为上海广播电台，属国民党中央广播事业管理处管辖。民营广播电台仍属交通部管理。

国民政府于民国三十五年（1946年）2月14日公布《广播电台设置规划》，规定：“上海市广播电台总数不得超过10座，民营电台不得超过上列数目之半数；外籍公司、团体和个人不准在中国境内设立广播电台。”实际上，当时上海私设广播电台已经远远超过此规定数，据民国三十五年（1946年）5月上海市电信局调查，已播和尚未开播的广播电台总数已达108座。在此期间，由中共上海地下党组织领导的，以商业电台为掩护的中联广播电台于民国三十五年（1946年）3月10日开播，运用广播手段进行革命宣传，这在中共白区斗争史上尚属创举。该台在宣传报道反内战等学生运动方面起到了配合作用。同年7月间，被国民党当局以“整顿”为名遭封闭。

国民政府交通部以上海市未经核准擅自开设的广播电台为数过多为由，另订《上海市广播电台初步整理办法》规定：民营电台凡发射功率不满50瓦或超过500瓦者；凡机件简陋频率不稳者；凡在抗战前曾受勒令停播处分者；凡有代敌宣传或其他附逆行为者，均应予撤销。其余民营电台暂准合用8～12个频率，每2～4台合用一个频率，轮流播音。对抗战期间不甘附逆，自动停播的大中华等9座电台准其推选机件较优之电台5座，参加轮流播音。

从民国三十五年（1946年）8月起，上海市电信局陆续批准23座民营电台播音，同年10月11日上海市民营广播电台同业公会成立，除此之外的民营电台均在被取缔之列。对此，国民政府上海市电信局、淞沪警备司令部和市警察局三方曾多次采取联合行动取缔“非法电台”。但一些电台商人托庇于国民党党政军机关，向其交纳“背景费”，假其名义继续播音招揽广告盈利。因此，多次查封行动，均以虎头蛇尾告终，民国三十七年（1948年）10月，国民政府国防部以“戡乱”宣传需要为名，准许上海16座“军营”电台播音，将“非法电台”合法化，查封行动彻底失败。

从1923年1月至1949年5月上海解放，有文字记载的上海中外广播电台先后共出现234座。上海解放前夕，尚存民营电台23座，公营（大部分挂军营的招牌）电台22座，官办电台1座。

二

1949年5月27日上海解放。从此，广播电台这个现代化的大众传播媒介，作为意识形态的重要组成部分，开始发生根本性质的变化。

5月27日上午，中国人民解放军上海市军事管制委员会派员接管了设在大西路7号（今延安西路129号）国民党上海广播电台。经过争分夺秒的筹划，当天晚上，即以“上海人民广播电台”的呼号对外播出，标志着中国共产党领导的人民广播事业在上海诞生。

上海人民广播电台（以下简称上海电台）成立之初有职工79人。组成人员中，除随军从山东南下的华东新华广播电台的27名干部外，还有经过甄别留用的原在国民党上海广播电台就职的业务技术人员和总务勤杂人员。开播初期，办有一套节目，使用中波900千赫（发射功率为1千瓦）、短波11780千赫（发射功率为400瓦）两个频率播出。

解放后的上海是中共中央华东局和华东军政委员会（后改为行政委员会）所在地，解放战争迅猛发展的形势需要上海的广播事业同时肩负起向华东地区广播的任务。1949年9月，上海电台的节目由一套增加为两套：第一套节目以上海电台第一台的呼号向华东地区广播，接替原设在山东的华东新华广播电台的任务；另一套节目以上海电台第二台的呼号对上海地区广播。翌年4月1日，华东人民广播电台成立，与上海电台合署办公。嗣后，华东台还受中央广播事业局的委托，负责华东各省、市广播电台行业管理和业务指导的工作。对 22 家公营性质的广播电台，由军管会令其一律停止播音，并按系统分别由有关单位、部门进行接管、处理；同时开始对私营广播电台进行清理、整顿和改造。

条例规定，私营电台必须转播军管会指定的节目；未经许可，不得自行播出政治性节目；不得使用短波；凡要求开办和复业的私营电台必须先行登记。经过登记、审核，有 22 家私营电台许可继续播音。这些台除大量播出娱乐性节目外，也有少量教育性、服务性和读报类节目。由于经费主要靠广告收入，节目很大程度受到广告客户的制约。.

为使私营电台发挥其积极作用，以适应人民群众的需要，市文管会新闻出版处于 1949 年 6 月发起建立了上海广播界座谈会制度，运用这一形式，学习政策，交流情况。从当年年底开始，市新闻出版处广播室对私营电台实行公私合营的改造试点，旋即有两家私营电台改组合并为公私合营电台。

第一篇 >>> 广播电台

概　述

民国十二年（1923年）1月23日，上海外滩广东路一座由外国人经营的50瓦电台开始播音。这是上海的第一座广播电台，也是全国最早的无线广播电台之一。上海早期无线广播均属外商经营，目的是为本公司产品做广告。当时中国北洋政府对民间装用无线电是禁止的，而一些外国人恃强妄为。直到民国十六年（1927年）后才出现华商民办电台。历史上上海民办电台最多时超过200家。政府官办电台到民国二十四年才在上海设立。民国二十六年“八一三”抗战爆发，特别是从民国三十年（1941年）12月8日太平洋战争爆发至民国三十四年（1945年）8月抗战胜利前，侵华日军和汪伪政府控制了上海广播事业。抗战胜利后，国民党接收组建中央广播事业管理处上海广播电台，播音用的中波机、短波机的总功率为1.8千瓦。截至1949年5月上海解放前，全市共有民营电台23家，“军营”（含“公营”）电台22家，官办电台一家。

1949年5月诞生的上海人民广播电台（以下简称上海电台），是由随中国人民解放军渡江南下的华东新华广播电台主要成员，奉命接管国民党办的上海广播电台后建立的。它揭开了上海广播事业的新篇章。

解放初期，上海电台除对上海地区广播外，还承担对华东地区广播任务，其中包括首开对台湾广播。这就要求迅速扩大发射功率，使广播载体与不断增加的节目套数相适应。华东人民广播电台成立后，连同上海电台的5套节目共办6套节目，后在调整中又增加到9套，每天播出时间最多时达122小时44分。

第一章　无线广播

早期外国人办无线广播也播新闻与音乐，主要为推销产品。随着民办、官办电台相继出现，传播内容日益广泛，其中播音时间较长、社会影响较大的有30余家。上海解放后，无线广播出现了新的跨越，事业建设、宣传规模，与上海国际大都市相匹配，在诸多的新闻媒体中享有突出地位。

第一节　民国时期广播电台

一、外国人电台

1.《大陆报》暨中国无线电公司广播电台（简称XRO电台，通称奥斯邦电台）

民国十一年（1922年）底，在国外东方无线电公司任职的美国人奥斯邦（E. G. Osborn）利用一位旅日曾姓华侨的资金在上海组织中国无线电公司，附属于东方无线电公司，销售无线电产品。为了宣传推销产品，民国十二年（1923年）1月23日20时，该公司与英文《大陆报》合作设在广东路3号大来洋行屋顶的广播电台正式广播“新闻和音乐节目”。电台呼号XRO，频率1500千赫，功率50瓦，电台每日定时播送音乐，并出售收音机，一时上海居民耳目为之一新，影响所至，宁、杭、甬各地均有人购去私装收听。

XRO电台的积极支持者，是一批上海租界里钻研无线电技术的外国人，他们在南京路（今南京东路）50号新孚洋行内组织成立上海国际无线电学会。这些业余爱好者在电台演播节目、了解收听情况和排除机器故障等方面发挥了作用。同年3月2日，上海第一家中国人的收听组织——俭德储蓄会无线电俱乐部启用新装置的收音机，XRO电台特为他们播放了中国音乐。

XRO电台逐日播音约两个多月，中国无线电公司发生人事变动，奥斯邦离职，公司及电台一切事务由美籍工程师及张姓经理负责。此后，电台节目改为不定期播出。4月8日，电台还为俭德储蓄会第四届劝导会庆功宴举办特别节目，由无线电传送昆剧及西乐、京曲等。

XRO 电台约在同年 4 ~5 月间停播，设备机器归曾姓华侨所有。

2. 新孚洋行广播电台

民国十二年（1923 年）5 月 30 日，上海国际无线电学会秘书长、美商新孚洋行主人戴维斯（Davis）试办一座 50 瓦发射功率的学术试验广播电台。20 时 30 分播出第一次试验节目。电台设在南京路 50 号新孚洋行楼上，不定期广播节目，主要用于试验和向顾客示范该公司销售的收音机，上海及江、浙两省居民购置者甚多，该洋行一时营业大盛。

民国十三年 8 月初，新孚洋行广播电台停止播音。

3. 开洛广播电台

当新孚洋行营业兴盛之时，美商开洛公司见办广播有利可图，也着手筹办广播电台，向曾姓华侨租用原 XRO 电台全副播送设备，月租银 75 两。电台呼号 KRC，发射功率 100 瓦，频率 822 千赫，发射机装设在福开森路（今武康路）一草地上，播音室设在江西路（今江西中路）62 号开洛公司内。开播日期不详。

开洛公司为了打开公司收音机的销路，免费提供电台播送设备给报社等各家使用，成为开洛总播音站的分站。民国十三年 4 月 23 日，开洛广播电台《大晚报》馆分站开始播音。5 月 15 日，《申报》馆分站开始播音。同年 12 月，《大陆报》馆分站开始播音。此外，利用开洛电台机器播送节目的尚有巴黎饭店、神户电气公司等。

开洛电台的唯一收入是发行行情密码单，将市面行情编写成密码，每月印行一次，听众欲知行情，就得出资购买密码单。该台每年仅播送一项就需银 2 万两，在上海连续播音五年多后，终因开支巨大，无法维持，于民国十八年（1929 年）10 月底停播。

4. 美灵登广播电台

民国二十年（1931 年）春，上海美灵登广告公司和英国路透电讯社合办无线电播音公司，设中西董事会，在爱多亚路（今延安东路）115 号设立播音台。5 月 14 日试播音乐等节目，自 11 时至 23 时 30 分连续不断播音。民国二十年 7 月 11 日，播音台迁至百老汇路（今东大名路）瑞丰大厦楼上。发射功率 400 瓦，频率 1280 千赫，呼号 XCBL（后改 XQHC）。沪上美国一些无线电公司的专家组织顾问团指导该台业务。民国二十四年（1935 年）春，该台由国民政府交通部收购，改建为交通部上海广播电台。

5. 美商华美（又称西华美）广播电台

民国二十二年（1933 年）6 月 21 日在交通部上海国际电信局登记，呼号 XMHA，发射功率 500 瓦，频率 600 千赫。1941 年 12 月 8 日太平洋战争爆发后，被侵华日军以“敌性”电台为名接管。民国三十四年（1945 年）8 月日本投降后，该台被美国接管，为美军导航。民国三十五年（1946 年）10 月，该台曾以美商东方电台名义向电信局登记，因属外商经营未被获准。

6. 法商法人广播电台

民国二十一年（1932 年）8 月 19 日开始播音，呼号 F. F. Z.，发射功率 250 瓦，频率 1290 千赫（后改为频率 1400 千赫）。该台原是法租界当局为法兵娱乐而设，后为法国侨商接办。据《申报》民国二十八年（1939 年）4 月 20 日报道，该台经扩充设备后，播音范围已遍达远东各地，并开设短波广播（频率 12458 千赫）。民国三十六年（1947 年）1 月 6 日，该台被国民政府淞沪警备司令部与上海市警察局会同外交部驻沪办事处封闭。

7. 德国广播电台（又名欧洲广播电台）

民国二十九年（1940 年）6 月 14 日开始播音，台址在大西路（今延安西路）3 号德侨总会内。由德国驻沪领事馆新闻处主办，呼号 XGRS，频率 570 千赫。每日自 7 时 15 分至 12 时止，广播欧洲战事情形及现状，是德国政府在上海的宣传机关。1945 年 5 月，由侵华日军接管。

8. 苏联呼声广播电台

民国三十年（1941 年）7 月装机，8 月试播，9 月 27 日起正式播音。呼号 XRVN，发射功率 500 瓦，频率 1470 千赫、1480 千赫。设机地点在九江路 220 号，播音室在天主堂街（今四川南路）620 号。后来发展到两处播音，1470 千赫在静安寺路（今南京西路）992 号，设华语节目；1480 千赫在天主堂街 620 号，用俄语广播。

该台属于苏联塔斯通讯社上海分社，在苏联驻华使馆登记，系苏联国家财产。任务是播送苏联卫国战争进展情况，并进行文化宣传，使听众了解苏维埃国家及其在文学、音乐和科学方面的成就。民国三十年（1941 年）12 月 8 日太平洋战争爆发后，该台成了上海地区报道中国及盟国对日战争真实消息的唯一来源。民国三十四年（1945 年）8 月 9 日，苏联对日宣战后，该台一度被日军接管，旋即日本无条件投降，电台又恢复播音。民国三十六年（1947 年）1 月 6 日下午，该台被淞沪警备司令部与市警察局会同外交部驻沪办事处代表以“外国人不得在华设电台”为由，勒令封闭。

其他外商广播电台尚有美商奇美（XQHE）、美商大东（XQHA）、英商奇开（XQHB，又名劳勃生电台）、法商雷士（XQHO）等。

二、民营电台

1. 新新广播电台

民国十六年（1927 年）3 月 18 日，设在南京路新新公司 6 楼的新新广播电台正式播音。电台由新新公司无线电技师邝赞设计和装配。公司经理刘锡基原想购买一部广播发射机来建立播音台，而邝赞曾在美国旧金山学过无线电技术，他自告奋勇承担设计和制造电台设备。他利用公司经营的无线电器材和开洛公司提供的无线电线路图，用 211 式真空管装置一部最简单的广播机，装设在公司 6 楼屋顶。电台自定呼号 XGX（后改为 XLHA），发射功率 50 瓦。通过播音宣传新新公司的商品，特别是招徕顾客购买该公司装配的 109 式矿石收音机。

“八一三”抗战爆发，上海沦陷后，新新电台为了抵制向日本广播监督处登记，曾于民国二十七年（1938 年）4 月 28 日至 5 月 13 日停止播音。据民国二十七年（1938 年）12 月 2 日上海公共租界警务处的报告，当时新新电台是仅存的继续抵制日本控制的四家中国电台之一。后来，新新电台亦参加受日伪当局控制的“上海市民营广播电台公会”，向日伪屈服。民国三十年（1941 年）10 月 31 日，新新公司 6 楼失火，该台被焚，此后也未恢复。

2. 上海（亚美）广播电台

亚美无线电公司自办的广播电台，初名上海广播电台，亦称亚美电台。呼号 XGAH，发射功率 50 瓦，设立在江西路（今江西中路）223 号亚美公司内。

早在开洛电台停播前，亚美公司就已决定自办电台。电台创办者苏祖国及其兄苏祖圭自己设计图纸和制造广播发射机，除电子管和少数元件外都用国产品。民国十八年（1929 年）9 月完成电台组装，10 月建成，12 月 23 日正式播音。当时开洛电台停播，新新电台亦正暂时停播，上海及外地备有收音机者失其利用，而外埠商界依赖上海商情广播以资交易者也失其引导，上海经营无线电的商店尤感恐慌。亚美公司电台正式播音，使上海度过了广播中断的危机。

该台节目以学术为主，娱乐为辅，并努力于公众事业之广播。民国十九年（1930 年），全国运动会在杭州举行，该台与浙江广播电台联络，及时传播运动会消息。是年秋，远东运动会在日本举行，该台转播运动会当日消息。“八一三”事变后，日军侵占上海，亚美公司广播电台于同年 12 月 1 日起停止播音。

抗战胜利后，民国三十五年（1946 年）9 月 8 日该台复业播音，正式改名亚美广播电台。复业后先与麟记电台合并，后又与大陆、大中华四家合用频率940千赫播音。民国三十七年（1948年）10月恢复亚美麟记电台，合用频率860千赫播音，台址设在成都路470号。

3. 大中华广播电台

由大中华电器公司建立，民国二十年（1931年）1月正式播音。呼号XHHU，发射频率100瓦，频率1160千赫，台址设在南京路501号大中华电器公司内。初建时，仅有管理人员3人：一人专司报告，一人收集商情和编排节目，一人管机务。“八一三”事变后，该台由公共租界迁到法租界公馆马路（今金陵东路）519号大中华电器分公司楼上。民国二十八年（1939年）7月前后，法租界公董局下令停播。民国三十年（1941年）12月8日太平洋战争爆发，日本宪兵队借口大中华电台广播机未拆除与大后方通讯，将分公司经理包启洪关押一年多，广播器材被没收。民国三十五年（1946年）9月8日复业。

4. 东方广播电台

民国二十一年（1932年）1月初设立于西藏路120号东方饭店内。抗战爆发，日军占领上海后，东方电台拒绝向日本广播监督处登记。民国二十七年间，日本广播监督处将该台频率1080千赫划归新设立的永生电台。东方电台被迫将频率改为1220千赫，民国二十七年（1938年）12月6日，监督处通知新成立的美声电台使用东方电台的1220千赫。东方电台被迫于同年年底停止播音。民国三十五年（1946年）9月8日复业。

5. 华美广播电台

民国二十一年（1932年）6月创立，属港粤沪华美电器行附设电台，设在南京路565号。呼号XHHI，发射功率100瓦，频率1060千赫。电台由资方任命职工毛礼祚兼管。毛任电器行无线电部主任兼电台部主任，对外为电台代表人。“八一三”抗战，上海沦陷，该台于民国二十六年（1937年）12月1日自动拆机停播。民国三十五年（1946年）9月8日复业，与东方电台合并使用呼号XLAQ及频率轮流播音。同年10月15日起，又与元昌、鹤鸣（XLAR）等四家电台合用1060千赫轮流播音。民国三十七年（1948年）10月21日起再恢复东方华美电台，使用频率1040千赫播音。

6. 元昌广播电台

由元昌广告公司建立，民国二十一年开始广播。呼号XLHM，发射功率50瓦，频率1120千赫。台址设在安纳金路（今东台路）323号。开业不久，适值法国驻沪总领事署擅订租界广播电台管理条例，侵犯中国主权。元昌电台负责人张元贤主动向政府有关部门反映情况，要求交涉制止。嗣后交通部颁布管理民营广播电台条例，维护中国主权。

该台节目以教育为主，曾举办过空中教育及知识讲座。民国二十四年（1935 年）1 月，元昌电台不慎失火遭焚毁。经数月筹备，同年 11 月，电台在菜市路（今顺昌路）170 弄 7 号新址恢复播音。“八一三”事变上海沦陷后，元昌电台为抵制日本广播监督处的控制，于民国二十七年 4 月自动停播。民国三十五年 9 月 8 日复业，与鹤鸣电台共用呼号和频率。同年 10 月 15 日起，元昌、鹤鸣（XIAR）又与东方、华美（XLAQ）四家电台合用 1060 千赫轮流播音。民国三十七年（1948 年）10 月 21 日起，再恢复为鹤鸣、元昌两家电台，合并使用 1160 千赫，呼号 XLAI 播音。

7. 鹤鸣广播电台

民国二十一年（1932 年）2 月 2 日正式播音，呼号 XLHQ，频率 1440 千赫，原址在南市中华路小西门祥顺里 11 号。该台自称以研究学术、普及教育、辅助工商业发展为宗旨，负责人王文彬。1937 年抗战爆发后，电台机件迁入法租界，同年 9 月自动停播。抗战胜利后，民国三十五年（1946 年）9 月 8 日复业。

8. 富星广播电台

民国二十二年（1933 年）6 月 4 日开始播音，负责人龚元炳原是英国汇丰银行买办，后办富星乾一企业银公司，并在福州路开设富星电器行，再办广播电台。电台初办时发射功率 100 瓦，后增至 1000 瓦，办事处设在北京路乾一企业银公司，广告归山东路国华广告社经理。上海沦陷后，该台拒绝与日方合作，民国三十七年（1948 年）年底毁机停播。抗战胜利后曾申请复业，但此后富星电台一直未能复业。

9. 福音广播电台

民国二十二年 12 月 2 日设立，系由上海基督教同人组织的福音广播社所建，呼号 XHHA，发射功率 150 瓦，频率 840 千赫，台址设在博物院路（今虎丘路）19 号。电台总经理王完白原在常州主办福音医院，“一・二八”事变后来沪。从同年 6 月开始，他先在中西电台播讲基督教义与医学常识，以后约集基督教会人士数人发起另创福音广播电台。经费由发起人自行捐助，电台无广告收入。

民国二十五年元旦，该台 1 千瓦新电机建成启用，呼号改为 XMHD，经费筹集由发起人自行捐助改为公开募捐，凡年捐 2 元以上者皆得为福音广播社社员。“八一三”事变后，日军侵占上海，福音电台不愿向日方登记，遂由教会中的美籍人士向美国领事署登记，以求保护其继续播音。民国三十年12月8日太平洋战争爆发，该台被日军以“敌性电台”为名接管。

民国三十五年7月，国民政府在取缔外商电台过程中涉及福音电台国籍问题，该台董事会名誉董事长孔祥熙（时任国民政府行政院长）为其作国籍证明。民国三十五年9月8日获准复业，与合众电台共用频率1120千赫播音。

10. 佛音广播电台

民国二十三年（1934年）1月24日，在赫德路（今常德路）418号开始播音，呼号XMHB，发射功率500瓦，频率980千赫。该台由中国佛教会主办，上海爱文义路（今北京西路）觉园内佛教净业社具体经办，以阐扬佛理，宣扬佛化为宗旨。“八一三”事变上海沦陷后，佛音电台为抵制日本广播监督处的控制，于民国二十七年（1938年）年底自动停播，以后也未曾复业。

11. 大陆广播电台

民国二十四年12月21日，中法药房创设的大陆广播电台正式播音。呼号XHHK，发射功率100瓦，频率1320千赫。大陆电台在“八一三”事变上海沦陷后，未向日伪屈服。民国二十八年6月，该台曾为中国职业妇女俱乐部等团体举行义卖音乐会播音，募集经费救济难民和支援新四军抗日，遭到日伪方面恐吓威胁。民国二十八年年底，大陆电台自行停播。民国三十五年9月8日复业，赵乐事任台长，陈懋甫、李介夫分任业务、总务之职，张大炜任工程师。复播后与大中华电台合并，共用一个频率轮流播音。同年10月15日起，大陆、大中华（XLAP）又与亚美、麟记（XLAH）四家电台共用940千赫轮流播音。民国三十七年（1948年）10月21日起再恢复为大陆、大中华两家合用960千赫播音。

12. 麟记广播电台

民国三十五年1月4日创立，系麟记蓄电池制造厂附属电台，为提倡国人采用国产蓄电池及引起无线电研究之兴趣而创设。呼号XQHG，频率1220千赫，台址在南市。“八一三”事变爆发，日军侵沪，该台拆除机件，迁入租界，拒绝与敌伪合作。民国三十五年9月8日复业，与亚美电台合并使用一个频率，10月15日起又与大陆、大中华四家电台合用940千赫轮流播音。民国三十七年10月21日起仍恢复亚美、麟记（XLAH）两家使用860千赫播音。麟记电台经理刘凤麟（麟记蓄电池厂经理）。

13. 大美广播电台

前身是华侨电台，发射功率500瓦，频率700千赫，系加拿大华裔曾祖达、刘光壎创办，于民国二十三年（1934 年）1 月播音。民国二十九年（1940 年）1 月，原创办人曾祖达回加拿大，华侨电台售与美商《大美晚报》馆，改称大美电台。1941 年 12 月 8 日太平洋战争爆发，电台被日军接管。抗战胜利后，大美电台复归美商《大美晚报》馆。民国三十四年（1945 年）10 月，郑肇骥、王彦存、季载华、刘光壎四人合伙购买电台，台名不变，所有权属华商。台址设在中正中路（今延安中路）19 号。

民国三十五年 6 月，电台遭火灾被焚毁，王彦存退出，由郑、刘、季三人继续合伙经营，台址迁中正中路（今延安中路）347 号 11 室，同年 7 月复业。民国三十六年 1 月，因交通部调查该台国籍问题暂停播音。经确定为国人合法企业后，于同年 9 月继续播音，频率 700 千赫。该台人员情况：郑肇骥（上海电力公司），电台总经理；季载华（中美无线电公司经理），电台经理；刘光壎，工程师。

14. 中联广播电台

民国三十五年 3 月 10 日举行开幕典礼并正式播音。这是唯一由中共地下组织主办，以民营商业电台为掩护的广播电台。抗战胜利后，在上海东吴大学理学院学习的中共地下党员钟信耀（陈古海）和同学赵铮、缪德培等商议要办一座广播电台作为宣传阵地。地下党组织研究了他们的倡议，认为办一个公开的广播电台对配合正在兴起的学生运动，宣传进步思想是有利的。于是地下党学委派钟沛璋（钟信耀哥哥）负责筹备和领导电台。钟沛璋首先说服其父钟惠勤（西药商行老板）投资和筹资。钟惠勤又约请南京路某鞋帽店老板王某一起筹办。王某又联系中国新闻专科学校校长陈高镛，以“中国国民党上海市文化运动委员会”名义主办。陈名义上担任台长，但不管经费开支和具体业务，赚钱时分成。其他四位副台长也是挂名的，都是商界老板和电台经费的投资者。

电台定名为“中联广播电台”，寓意联合中国的一切进步力量。呼号 XGCA，发射功率 500 瓦，频率 1140 千赫。电台广播部主任钟沛璋，广告部主任沈正光，工务部主任钟信耀，工程师赵铮、缪德培，播音员张明华、陈文琴，均为中共地下党员。电台在配合当时上海学生运动方面做了宣传报道。民国三十五年（1946 年）6 月 16 日，全市 100 多所大中学校召开“尊师庆功联欢会”，会上公开喊出了“反对内战，争取和平”的口号。同月 19 日，上海学生争取和平联合会成立。中联电台均及时作了报道。6 月 23 日，上海爆发了有数万群众参加的欢送“上海和平请愿团”赴南京请愿活动，并举行反内战示威大游行。次日，中联电台排除干扰，及时将实况广播出去。

该台的宣传报道活动引起了国民党当局的注意，于民国三十五年（1946 年）7 月，以整顿电台为借口将中联电台封闭。

15. 亚洲广播电台

原称上海广播电台，民国三十四年 10 月开始筹建。创办人张寿椿（久记木材公司监察人）在呈请创办电台呈文中称：拟“经常广播中英文商务节目及有关建国大业之国内外新闻节目”。大约在民国三十五年 6 月开始播音。同年 7 月，亚洲（XLAA）与合作（XLAB）两家电台共用 1180 千赫轮流播音。亚洲电台发射功率 300 瓦，台址在陕西南路福志饭店。民国三十六年（1947 年）10 月，台址迁进贤路 272 号。民国三十七年（1947 年）10 月 16 日起，亚洲电台独用频率 1200 千赫播音。电台台长张寿椿，工程师刘景邹。

16. 九九广播电台

民国三十四年（1945 年）11 月以国民党上海特别市第三区执行委员会名义申请设立，其目的为“宣传党义，启迪民智”，民国三十五年（1946 年）2 月 10 日试播，8 月 16 日正式播音，台址设在贝勒路（今黄陂南路）杜神父路（今永年路）天祥里 13 号。民国三十五年（1946 年）7 月，该台经交通部批准与民声电台合用频率 1240 千赫播音。民国三十七年（1948 年）10 月 16 日起，改与合众电台合用频率 1120 千赫播音。电台台长兼工程师朱智民。

17. 大中国广播电台

民国三十五年 1 月 5 日创立。10 月，与新声电台合用频率 1310 千赫播音。发射功率 200 瓦，初设在直隶路（今石潭弄）250 号，后迁今南京西路 1081 号，使用 1360 千赫，功率 500 瓦。该台系合伙经营，创办时负责人李凤霖（太乙化学制造厂经理兼利丰企业公司副经理）。民国三十七年该台以借款入股方式合伙经营，入股股东有：李祖法、荣毅仁、荣鸿仁、李凤霖等 9 人，总经理陈亦，工程师李大祺。

18. 合众广播电台

民国三十五年 1 月建立，2 月开始播音，10 月经交通部核准单独使用频率 1120 千赫播音。民国三十六年与福音电台共用频率 1120 千赫。民国三十七年 10 月起，与九九电台合用 1120 千赫，发射功率 500 瓦，台址设在吴江路 23 弄 12 号。该台系民营独资，负责人王丹青（台长），副台长兼工程师狄佐荃。

19. 中华自由广播电台

抗战前由中华无线电研究社主办，抗战开始，该社奉令内迁，电台机件拆卸。抗战胜利后于民国三十五年（1946 年）1 月 1 日重新创立，恢复播音。该台由 8 人合伙经营，使用频率 820 千赫，发射功率 500 瓦，台址设在今延安中路 533 号 2 楼。从民国三十五年（1946 年）10 月至民国三十七年（1948 年）10 月，与金都电台共用 820 千赫。民国三十七年 10 月起恢复单独用 820 千赫播音。电台经理陈信厚（味珍食品公司经理），副经理吴邦藩（中国电影映营处经理），副经理吴稚川（中映影业公司经理）；电台台长潘松年（美成摄影场总务），工程师许世全。电台经理由股东陈信厚、吴邦藩、吴稚川三人轮流担任，两年换一次。

20. 民声广播电台

创立于民国三十五年（1946 年）1 月 1 日，频率 1240 千赫，发射功率 500 瓦，台址在威海路 301 弄 14 号。该台由 10 人合伙经营。负责人：葛正心（利达无线电公司工程师），电台经理王杏兴，总工程师顾大义，业务主任尤邦祺。自民国三十五年 10 月起与九九电台合用 1240 千赫播音，呼号 XLAE。同年 12 月起呼号改为 XLAC。民国三十七年（1948 年）10 月 16 日起，民声电台单独使用 1240 千赫播音。

此外，“八一三”事变上海沦陷后，李树德堂、国华、友联、建华、中西、明远、航业等民营电台则向日本广播监督处登记，继续播音。同时又有 20 多家新成立的民营电台向监督处登记开业。太平洋战争爆发后，在汪伪“统一广播事业”的口号下，这些电台均被封闭，机件被收购。抗战胜利后，未准其复业。抗战胜利后，上海一些商人因办电台本轻利重，有利可图，纷纷开办电台。由于上海民营电台数目有限额，于是一些电台商人另找门路，托庇于国民党的党政机关，以“军营”、“公营”为招牌，每月向有关机关交纳“背景费”，实质上仍是以商业盈利为目的民营广播电台。

三、官办电台

1. 交通部上海广播电台

民国二十四年（1935 年）1 月 16 日，上海国际电信局奉交通部令组建上海广播电台筹备委员会。电台设备购自外商美灵登电台，经国际电信局改进后设立。民国二十四年（1935 年）3 月 9 日，电台开幕。这是上海第一座由政府部门主办的广播电台。电台呼号 XQHC，发射功率 500 瓦，频率 1300 千赫，发射机装在百老汇路（今东大名路）瑞丰大厦上层，播音室设在南京路沙逊大厦（今和平饭店）国际电台中央收发室内。该台隶属于国民政府交通部上海国际电信局管辖，由局长直接主抓。民国二十六年（1937 年）4 月初，上海国际电信局购买一台 2 千瓦的广播机，未及安装即爆发抗日战争。在“八一三”抗战中，该台继续播音，直至民国二十六年（1937 年）11 月 27 日被侵华日军接管为止。

2. 上海市政府广播电台

民国二十五年 3 月 8 日，上海市政府广播电台开幕。该台由上海市公用局管理，发射机设在公用局，播音室设在市政府内。电台呼号 XGOI，发射功率 500 瓦，频率 900 千赫。早在民国二十四年即进行筹办、试播，所有应用机件均由中国无线电业公司负责承装，同年 10 月 1 日建成。民国二十五年 2 月 18 日，上海市广播无线电管理处在市公用局内成立，公用局第三科科长陈综汉兼管理处主任，副主任王敏明，下设播音组、技术组。播音原则以宣传市政建设及民众教育为宗旨。“八一三”抗战爆发后，设在江湾五角场的上海市政府电台迁南市继续播音。民国二十六年 11 月 27 日被侵华日军接管。

3. 中央广播事业管理处上海广播电台

抗战胜利后，民国三十四年 9 月 26 日，国民党京沪区接收专员叶桂馨接收伪上海广播电台及国际电台，合组改称中央广播事业管理处上海广播电台。该台是国民党中央执行委员会所特设的中央广播事业指导委员会、中央广播事业管理处的直属电台。陈辅屏为台长，彭乐善为副台长，芮得先为工程师兼代工务科科长。陈彬、蔡骧分任主办中短波传音事务。电台呼号 XORA，发射功率 1.8 千瓦，中波采用 900 千赫、800 千赫，短波采用 11690 千赫。民国三十五年（1946 年）6 月 22 日，新装 250 瓦、580 千赫的中波机开始播音。该台分设两处，中波台设在四川路（今四川中路）133 号英商卜内门洋行 4 楼。民国三十五年（1946 年）9 月房屋归还原主后，迁中正西路（今延安西路）7 号。短波台设在中正西路 3 号。电台每日 7 时 40 分开始播音到 23 时 30 分止，中间休息两小时。

附录

日伪电台

1. 上海广播电台（亦称大上海电台）

呼号 XGOI，频率 900 千赫，台址设在四川路（今四川中路）133 号。该台即战前之上海市政府广播电台被日军接管后迁此。台长陈正章（伪广播协会上海办事处参事），副台长井河亮（日本放送协会情报局官员），其他工作人员 49 人。

民国时期上海广播电台一览表

台名	呼号	波长（米）	千赫	功率（瓦）	主办单位、负责人	开办时间	停办时间及原因	地址	历史沿革	备注
《大陆报》暨中国无线电公司	XR0	200（英尺）		50	以美国人奥斯邦（Osborn）为代表的中国无线电公司和英文《大陆报》合办	1923年1月23日	1923年4、5月间，被北洋政府取缔	广东路3号大来洋行		通称奥斯邦电台
新孚				50	美商新孚洋行主人戴维斯（Davis）	1923年5月30日	1923年8月，被北洋政府取缔	南京路（今南京东路）50号新孚洋行		
开洛	KRC	364（英尺）		100	美商开洛公司	1924年4月23日《大晚报》分站播音	1929年10月，因营业亏损停办	江西路（今江西中路）开洛公司（播音室）福开森路（今武康路）（机房）		
新昌	N. K. S.	300			日商新昌洋行（神户电气公司）	1926年12月7日试播		大连湾路（今大连路）45号		
新新	XHHC	384.6	780	50	新新公司电器部长邝赞	1927年3月18日	1941年10月，遭火灾后停办	南京路（今南京东路）新新公司六楼		

（续表）

台名	呼号	波长（米）	千赫	功率（瓦）	主办单位、负责人	开办时间	停办时间及原因	地址	历史沿革	备注
李树德堂	XHHE	319.1	940	1000	李瑞九	1929年10月		白克路（今凤阳路）250号	1940年李瑞九将电台交朱福钧办，改名“大华”电台	开办时功率100瓦
上海（亚美）	XHHS	328	915	100	亚美电器公司 苏祖国	1929年12月23日	1952年10月，参加“联合”台	江西路（今江西中路）323号	1937年12月1日自动停播，1946年9月8日复播	
天灵				100	天灵广告公司 张剑秋　张大炜	1930年春	1931年12月1日，被法租界封闭	霞飞路（今淮海中路）和合坊47号		
大中华	XHHU	258.6	1160	100	大中华电器公司	1931年1月	1952年10月，参加“联合”台	南京路（今南京东路）599号	1939年7月前后自动停播，1946年9月8日复播	
美灵登（上海中国播音公司）	XQHC	224.3	1280	400	美灵登广告公司和英国路透社合办	1931年5月14日	1935年春被交通部收买停办	爱多亚路（今延安中路）115号		
国华	XHHN	333.3	900	100	国华电器行 陈子桢	1931年	1941年12月，被日军封闭	公馆马路（今金陵东路）418号		

（续表）

台名	呼号	波长（米）	千赫	功率（瓦）	主办单位、负责人	开办时间	停办时间及原因	地址	历史沿革	备注
西华美	XMHA	500	600	500	美商无线电工程有限公司	1931 年	1941 年 12 月 8 日被日军接管改名“东亚”电台	跑马厅路（今武胜路）445 号	抗战胜利后复播，1947 年 2 月被电信局封闭（不准外商在华设台）	
东方	XHHG	294.1	1020	100	东方饭店陈鞠春	1932 年 1 月	1952 年 10 月，参加“联合”台	西藏路（今西藏中路）120 号东方饭店内	1938 年 12 月自动停播，1946 年 9 月 8 日复播	
亚声	XGYS	267.8	1120	200	亚声无线电研究社	1932 年	1937 年 9 月，台主黄菊隐募款舞弊被枪决，电台被淞沪警备司令部封闭	贝勒路（今黄陂南路）359 号		
大声		340		15	大声唱机行	1932 年				
友联	XHHV	340.9	880	100	友联电器公司郑国治	1932 年春	1941 年 12 月被日军封闭	福煦路（今延安中路）930 弄 5 号		
快乐	XLHD	416.6	720	50	快乐无线电研究社	1932 年	1935 年 8 月交通部命令停办	老西门安定里 1 号		

（续表）

台名	呼号	波长（米）	千赫	功率（瓦）	主办单位、负责人	开办时间	停办时间及原因	地址	历史沿革	备注
建华	XGCH	405.4	740	100	建华电机公司蓝象亨（石奇孚）	1932 年 5 月 1 日	1941 年 12 月被日军封闭	福煦路（今延安中路）多福里 36 号	1933 年，由石奇孚接办此台	
华美	XHHI	283	1060	100	港粤沪华美电器行　李佩珩（代表人毛礼祚）	1932 年 6 月	1952 年 10 月参加“联合”台	南京路（今南京东路）565 号	1937 年 12 月 1 日自动停播，1946 年 9 月 8 日复播	
华东	XQHD	220.5	1360	220	华东公司	1932 年 6 月	1940 年 5 月改为“好友”电台	宁波路（今淮海东路）598 号		1946 年 5 月，华东公司李洪声申办复播，为电信局取缔，未开设
法人	XFFZ	224	1340	250	法商法文协会	1932 年 8 月 19 日		霞飞路（今淮海中路）193 号		
中西	XHHH	288.5	1040	100	中西大药房陈廷桢	1932 年 8 月	1941 年 12 月被日军封闭	福州路中西大药房		1946 年拟再开设，被电信局取缔，未开设
三瑞堂	XGSZ		700	100	敦煌三瑞堂	1932 年		南京路（今南京东路）		

（续表）

台名	呼号	波长（米）	千赫	功率（瓦）	主办单位、负责人	开办时间	停办时间及原因	地址	历史沿革	备注
元昌	XLHM	267.8	1120	50	元昌广告公司 张元贤	1932 年 11 月	1952 年 10 月参加“联合”台	安纳金路（今东台路）323 号	1935 年 1 月 28 日夜失火被焚。迁址莱市路（今顺昌路）170 弄 7 号复播。1938 年 4 月自动停播，1946 年 9 月 8 日复播	
华泰	XLHB	483.9	620	100	陈信录	1932 年	1941 年 12 月被日军封闭	广东路 161 号	1932 年设于虹口公平路，“八一三”战事暂停，战事西移后复业	
凌云	XGLY			5	凌云无线电研究社 杨志青	1932 年	1937 年“八一三”战事停业	南阳桥（今蓬莱路）恒安坊 32 号		1945 年 12 月 7 日在同业公会登记表称：1929 年 3 月创立
利达	XHHO		1220	100		1933 年 1 月 19 日登记	1935 年 8 月交通部命令停办			
孔氏	XLHP		1400	15		1933 年 1 月 20 日登记	1935 年 8 月交通部命令停办			

（续表）

台名	呼号	波长（米）	千赫	功率（瓦）	主办单位、负责人	开办时间	停办时间及原因	地址	历史沿革	备注
电声	XLHO	214.2	1400	15	电声研究社	1933 年 1 月 21 日登记	1935 年 8 月交通部命令停办			
明远	XHHF	312.5	960	100	明远无线电材料行　秦德邻	1933 年 1 月 21 日登记	1941 年 12 月被日军封闭	湖北路 132—134 号		
亚东	XLHJ	394.7	760	15	亚东无线电研究社　俞仁明	1933 年 1 月 21 日登记		甘世东路（今嘉善路）新顺兴里 5 号		1946 年拟再设立，未装置即为电信局取缔
安定	XHHD	348.8	860	100	安定别墅	1933 年 1 月 21 日登记	1937 年 2 月 1 日被上海电报局取缔	新闸路福康里 15 号		
永生	XHHJ	277.7	1080	200	永生无线电公司	1933 年 1 月 31 日登记	1935 年冬，交通部命令停办	南京路（今南京东路）563 号		1938 年 8 月向日本广播监督处登记重播
敦笃堂	XLHK	375.0	800	15	郑敦笃堂	1933 年 1 月 31 日登记	1935 年 8 月交通部命令停办			
天一			1140		天一影片公司与中华无线电研究社合办	1933 年 2 月 1 日开幕				

（续表）

台名	呼号	波长（米）	千赫	功率（瓦）	主办单位、负责人	开办时间	停办时间及原因	地址	历史沿革	备注
鹤鸣	XLHQ	208.6	1440	15	鹤鸣无线电研究社　王文彬	1933年2月2日播音	1951年3月1日被军管会命令停播（擅自出卖台产）	小西门祥盛里11号	1937年9月自动停播，1946年9月8日复播	
周协记	XLHI	394.6	760	15	周协记无线电行　周教贵	1933年2月11日登记	1937年2月1日被上海电报局取缔	新闸路鸿祥里7号		
市音	XHHR	223.8	1340	50	邱俊夫	1933年3月6日登记	1937年2月1日被上海电报局取缔	初设南市，后迁卡德路（今石门二路）231号		
蓬莱	XLHR		1440	15	蓬莱市场	1933年3月6日登记	1935年8月交通部命令停办			
华兴	XHHP	238.1	1260	100	华兴公司许劲先	1933年3月6日登记	1941年12月被日军封闭		青岛路19号	1946年拟恢复重播，被电信局封闭，后成为“中坚天声”军营电台
恒森	XHHK	281.6	1420	100	1933年3月6日登记	1935年8月交通部命令停办	南京路（今南京东路）404号			

（续表）

台名	呼号	波长（米）	千赫	功率（瓦）	主办单位、负责人	开办时间	停办时间及原因	地址	历史沿革	备注
华光	XQHF	202.7	1480	250		1933年3月6日登记	1937年2月1日被上海电报局取缔	葛罗路（今嵩山路）94号		
杨氏	XHHT		1500	100	杨毅庆	1933年3月6日登记	1935年冬，交通部命令停播	牯岭路人安里23号		1938年7月向日本监督处登记，重播1320千赫、227.2米
惠灵	XLHF	217.4	1380	15	杜惠灵	1933年3月7日登记	1937年2月1日被上海电报局取缔	光启路裕成里2号		
沈氏	XLHH		640	15	新汇中饭店	1933年3月7日登记	1935年8月交通部命令停办	汉口路		
孙氏	XHHQ		1280	50		1933年3月7日登记	1935年8月交通部命令停办			
眉寿堂	XLHA		560	15	顾眉寿堂	1933年3月7日登记				
敦本堂	XLHL	375.0	800	22.5	顾重九	1933年3月7日登记，1934年11月20日开幕	1937年2月1日被上海电报局取缔	民国路（今人民路）448弄1号		1946年拟在林森中路（淮海中路）19弄1号设台，未开设，被电信局取缔

（续表）

台名	呼号	波长（米）	千赫	功率（瓦）	主办单位、负责人	开办时间	停办时间及原因	地址	历史沿革	备注
同乐	XLHC	416.6	720	50	同乐无线电研究社	1933 年 5 月 8 日登记	1937 年 2 月 1 日被上海电报局取缔	北京路（今北京东路）800 号		
曹氏试验电台	XGAC	400		15						
仁寿堂	XGPT		1034.5	7.5	仁寿堂无线电研究社					
孙树德堂	XGSY		1115	50						
中研	XHHL		1140	100	中华研究社	1933 年交通部发证	1937 年春，被上海电报局取缔	爱多亚路（今延安东路）大世界五楼		
汇中	XGMS		690	100	汇中饭店	1933 年	1935 年	南京路（今南京东路）外滩汇中饭店		
其美（St. George's）	XQHE	205.5	1460	250		1933 年 4 月 26 日登记	杜美路（今东湖路）9 号			
东陆	XLHG	468.7	640	100	东方旅社张锦伯	1933 年 5 月 8 日登记	1941 年 12 月被日军封闭	浙江路（今浙江中路）245 号东方旅社		

（续表）

台名	呼号	波长（米）	千赫	功率（瓦）	主办单位、负责人	开办时间	停办时间及原因	地址	历史沿革	备注
奇开（劳勃生）	XQHB	365.9	820	30	美国人劳勃生	1933 年 5 月登记	1941 年 12 月 8 日被日军接管	赵主教路（今五原路）274 号		
新声	XLHE	217.4	1380	15	周庸琦	1933 年 6 月 1 日正式播音	1937 年 2 月 1 日被上海电报局取缔	汉口路 131 号	1939 年 8 月向日本监督处登记重播，1941 年 12 月被日军封闭	
富星	XHHX	326	920	1000	富星乾一银公司　龚元炳	1933 年 6 月 4 日试播音	因拒绝向日本广播监督处登记，1938 年年底被迫停业	葛罗路（今嵩山路）94 号		1946 年 8 月拟复播，尚未开设，被电信局取缔
佛音	XMHB	306.0	980	500	佛教净业社	1933 年 6 月 21 日登记，年底播音	因拒绝向日本广播监督处登记，1939 年被迫停业	赫德路（今常德路）418 号		
合组	XHHM	254.2	1180		鸿康电料行、中华无线电研究社、大声唱机行合办	1933 年 6 月	1935 年 5 月被交通部停止许可证			

（续表）

台名	呼号	波长（米）	千赫	功率（瓦）	主办单位、负责人	开办时间	停办时间及原因	地址	历史沿革	备注
利利	XHHY	241.9	1240	100	利利土产公司吴志权	1933 年 10 月 19 日登记		北西藏路（今西藏北路）安宜村 9 号		
福音	XHHA	357.1	840	100（1936 年元旦后 1000）	中美教会人士捐款设立，总经理王完白	1933 年 12 月 2 日开幕	1941 年 12 月 8 日被日军占用，1946 年 9 月 8 日复播，1952 年 8 月奉命停播	博物院路（今虎丘路）128 号		电台无广告收入
赏奇	XGSG		882.4	5	浦东大团赏奇无线电研究社	1933 年				
六也	XTMK		1005	7.5	川沙六也无线电研究社	1933 年				
华侨	XMHC	428.5	700	500		1934 年 1 月 9 日登记	1940 年售与美商《大美晚报》馆，改名“大美”电台	宁波路（今淮海东路）47 号		
无敌播音室	XHHE		940		家庭工业社	1934 年 1 月 20 日开幕				
孔玉辉堂	XKON		1460	15		1934 年				

（续表）

台名	呼号	波长（米）	千赫	功率（瓦）	主办单位、负责人	开办时间	停办时间及原因	地址	历史沿革	备注
天主教无线电台	XLHD		1200		中华全国公教进行会总会长陆伯鸿	1934年6月29日播音		南市正修中学		
航运（航业）	XHHZ	254.2	1180	150	航运俱乐部吴释舟	1934年8月4日开幕		广东路93号		1935年4月改名“航业”
大东	XQHA	517.2	580	250			1935年冬，交通部命令停播	斜桥路（今吴江路）80号		
交通部上海电台	XQHC	230.8	1300	2000	交通部	1935年2月9日开幕	1937年11月被日军接管	百老汇路（今东大名路）瑞丰大厦（发射机）仁记路（滇池路）沙逊大厦（和平饭店）（播音室）		
大陆	XHHK	223.9	1340	100	中法药房	1935年12月21日开幕	拒绝向日本监督处登记，1939年冬自动停播	北泥城桥中法药房楼上	1946年9月8日复业	1952年10月参加“联合”台
麟记	XQHG	245.8	1220	250	麟记蓄电池厂刘凤麟	1936年1月4日	1937年8月，日寇侵沪，拆除机件停播	南市西仓路（今西仓桥街）南阳桥（今蓬莱路）口椿泽里2号	1946年9月8日复业	1952年10月参加“联合”台

（续表）

台名	呼号	波长（米）	千赫	功率（瓦）	主办单位、负责人	开办时间	停办时间及原因	地址	历史沿革	备注
上海市政府电台	XGOI	333.3	900	500	市政府公用局	1936年3月8日开幕	1937年冬，被日军接管	市中心区（江湾五角场）		
大东	XQHA	454.4	600		日人	1937年10月左右	1945年9月25日国民政府接收	杨树浦路340号		
汪伪上海广播电台	XGOI		900	10千瓦	伪广播协会上海办事处台长陈正章		1945年9月25日被国民政府接收	四川路（今四川中路）133号原英商卜内门洋行旧址		即战前上海市政府电台
大美	XHHM	263.2	1140		大美无线电行梅鹤年，由徐天生承租	1938年4月	1941年12月被日军封闭	静安寺路（今南京西路）15号		
大亚	XHHC	234.4	1280		顾沈香	1938年5月	1941年12月被日军封闭	九江路华尊坊		
大光明	XLHH	227.3	1320			1938年5月	1938年5月被公共租界工部局封闭	白克路（今凤阳路）548号		
大上海	XOJB	333.3	900		日人	1938年		南京路（今南京东路）哈同大楼		又说在四川路133号

（续表）

台名	呼号	波长（米）	千赫	功率（瓦）	主办单位、负责人	开办时间	停办时间及原因	地址	历史沿革	备注
金鹰	XQHK	217.4	1380		黄国屏	1938年6月		浙江路（今浙江中路）159号		
大来	XMHJ	267.4	1120		马襄卿	1938年7月	1941年12月被日军封闭	湖北路迎春坊7号		
中义（商业）	XQHT	300	1060		意商	1938年12月12日	1945年9月25日被国民政府接收	天津路405号煤业大楼	“二战”中，意大利投降后，曾为日军接管	
精美	XHTM	258.5	1160		潘淦生	1938年9月	1941年12月被日军封闭	爱文义路（今北京西路）130号		
新华	XHHA	272.4	1100		陈正章（后为乌济城）	1938年9月	1941年12月被日军封闭	南京路（今南京东路）470号	1946年5月沧州书场负责人陈子桢主办复播。同年8月9日被电信局取缔	
良友（两友）	XQCT	230.7	1300		瑞商索尼埃（Saunier）	1938年9月27日		南京路（今南京东路）454号	后改为华商，迁址福建路（今福建中路）152号7楼	1946年五福公司刘万钧主办“两友”，8月9日被电信局取缔

（续表）

台名	呼号	波长（米）	千赫	功率（瓦）	主办单位、负责人	开办时间	停办时间及原因	地址	历史沿革	备注
天蟾	XQHG	230.7		1300	刘春山	1938 年 12 月	1941 年被日本监督处封闭	福州路天蟾舞台 3 楼		
中美	XMHE	401.0	720		麦正学	1938 年 12 月	1941 年 12 月被日军封闭	湖北路 131 号	1946 年，中美文化协会主办“中美”电台，被电信局取缔	
天声	XHBC	440.1	680		天声唱机唱片公司	1939 年 1 月		福煦路（今延安中路）540 弄 10 号		
美声	XQMS	245.0	1220			1938 年 12 月		南京路 423 号 2 楼		
华英	XHHD	208.3	1440		陈显宗	1939 年 2 月	1941 年 12 月被日军封闭	汉口路同安大楼		
雷通	XHHR	357.1	840	100	定次宫原（日人）	1939 年 3 月		斜桥东弄（今制造局路 91 弄）19 号		
华盛	XQMW	306.0	980			1939 年 3 月		直隶路（今石潭弄）25 号		

（续表）

台名	呼号	波长（米）	千赫	功率（瓦）	主办单位、负责人	开办时间	停办时间及原因	地址	历史沿革	备注
雷氏	XQHO		880	200	法侨雷士比那司	1939年6月		虞洽卿路（今西藏中路）69号		
亚开	XQHT	283.0	1060		徐磐	1939年10月	1941年12月被日军封闭	福建路（今福建中路）84号		
民声	XMHO	211.3	1420			1939年		牛庄路691号		
意大利广播电台		250	1200	200		1939年		大西路（今延安西路）10号		
好友	XHHT	220.6	1360		三友实业社孙文毅（代理人）	1940年5月	1941年12月被日军封闭	贵州路77弄12号		“华东”台改名
欧洲	XGRS	526.3	11690		德国驻沪领事馆新闻处主办	1940年6月14日	1945年9月25日被国民政府接收	大西路（今延安西路）3号	1945年5月德国投降后，日军接管，改为伪上海台的国际台	又名德国电台
大新	XHHO	227.3	1320		孙爱忠	1940年7月	1941年12月被日军封闭	南京路（今南京东路）819号		
光明	XHHX	217.4	1380		陈志文	1940年7月	1941年10月改为妙音电台	浙江路（今浙江中路）159号神州旅社		

（续表）

台名	呼号	波长（米）	千赫	功率（瓦）	主办单位、负责人	开办时间	停办时间及原因	地址	历史沿革	备注
经研	XKLE		940		日本组织的上海经济研究协会	1940年8月筹设				
安华	XHHL	545.4	550		黄寅初	1940年11月	1941年12月被日军封闭	西摩路（今陕西北路）59号		
大美	XMHC		700		美商《大美晚报》馆	1940年1月	1941年12月8日日军接管，改为“黄浦”电台	中正东路（今延安东路）《大美晚报》馆		
文友					刘保和	1940年12月	1941年12月被日军封闭			
大华	XHHE	306.1	980		朱福钧	1940年	1941年12月被日军封闭	九江路579号		李聚德堂改名
中华	XPBS	545.4	500		刘重恒	1941年1月	1941年12月被日军封闭	南京路（今南京东路）470号	抗战胜利后，一度擅自播音，1946年8月9日被电信局取缔	
字林西报	XCDN	208.3	1440				1941年12月被日军接收	南京路（今南京东路）华懋饭店430号		又名民主电台

（续表）

台名	呼号	波长（米）	千赫	功率（瓦）	主办单位、负责人	开办时间	停办时间及原因	地址	历史沿革	备注
妙音	XHHX		1300		周干甫	1941 年 10 月	1941 年 12 月被日军封闭			光明电台改名
苏联呼声	XRVN	240	1480 1470		苏联塔斯社	1941 年 9 月 27 日	1947 年 1 月 6 日被国民政府封闭	静安寺路（今南京西路）778 号（办事室）	1945 年 8 月苏对日宣战后，一度为日军占用，胜利后复播	
《新申报》电台					日伪《新申报》馆			南京路（今南京东路）哈同大楼屋顶		
扬子	XHHI	217.4	1380					汉口路扬子饭店八楼		
伪国际电台	XGOO		500	1000		1945 年 5 月	1945 年 9 月 25 日被国民政府接收	大西路（今延安西路）3 号前德侨总会内		
大东	XGOH			200		1941 年 12 月	1945 年 9 月 25 日被国民政府接收	博物院路（今虎丘路）广学会 10 楼		
东亚	XMHC				台长藤尾薰宏	1941 年 12 月	1945 年 9 月 25 日被国民政府接收	跑马厅路（今武胜路）445 号		原为美南“西华美”电台

（续表）

台名	呼号	波长（米）	千赫	功率（瓦）	主办单位、负责人	开办时间	停办时间及原因	地址	历史沿革	备注
黄浦	XMAC			100		1941年12月	1945年9月归还美商《大美晚报》馆	大上海路（今延安东路）19号		原为美商《大美晚报》电台
民主			1400			1945年8月以前		台拉斯脱路（今太原路）300号		
上海	XORA		800		国民党中央广播事业管理处	1945年9月25日	1949年5月27日军管会新闻出版处广播室接管	中正西路（今延安西路）7号		
			900		同上	同上	同上	同上		
			11690		同上	同上	同上	同上		
青年（上海青年）	XCYC		1440	200	三青团上海支团部，台长王立本	1945年8月下旬	1949年5月27日军管会青年工作委员会接管	古拔路（今富民路）43号	1946年8月电信局曾下令取缔，以后又取缔多次	
亚洲	XMZC	254.2	1180	300	AEC无线电公司张寿椿	1945年10月	1951年军管会命令停播	进贤路272号		

（续表）

台名	呼号	波长（米）	千赫	功率（瓦）	主办单位、负责人	开办时间	停办时间及原因	地址	历史沿革	备注
金都	XMKD		780	500	金都无线电工程公司陈福庆	1945年11月	1952年10月参加“联合”台	中正中路（今延安中路）580号		
建成	XGHS		1420	500	国民党沪宁、沪杭甬铁路局党部	1945年12月15日	1952年10月参加“联合”台	虞洽卿路（今西藏南路）195号		
青年文化	XGYM		1040		国民党文化运动委员会，台长王微	1945年12月	1946年8月被电信局取缔	劳合路（今六合路）77号		
国民	XGLA		1000		国民党上海特别市执行委员会杨士芳	1945年12月	1948年9月电信局封闭	公馆马路（今金陵东路）486号	1946年8月以后曾命令取缔多次	
中华海员	XCSU	220.5	1360		国民党中华海员特别党部	1945年11月	1946年8月电信局取缔	胶州路170弄7号		
建国（上海建国）	XVCK		1200		三青团上海支团第二分团	1945年12月	1946年8月电信局取缔	林森中路（今淮海中路）511号		

（续表）

台名	呼号	波长（米）	千赫	功率（瓦）	主办单位、负责人	开办时间	停办时间及原因	地址	历史沿革	备注
金城	XQGC		1260		金城广播有限公司裘铭飞	1945 年 12 月	1946 年 8 月 9 日被电信局取缔	北京路（今北京东路）780 号金城大戏院楼上		
惠工	XGVK		1160		上海市总工会许康甫	1946 年元旦	1946 年 8 月 9 日被电信局取缔	宁波路 74 弄 43 号		
青华	XLHC		1100		三青团上海支团第四分团，电台主任杨文广	1945 年 12 月		爱文义路（今北京西路）1278 号		
美灵					凌廷佐	1945 年 12 月				
忠义			980		忠义救国军	1945 年 12 月				
胜利	XGNE		980		忠义救国军政工二区队	1945 年 12 月		南京西路 982 号		
环球	XUCC		1180		国泰戏院台长顾宣元	1945 年 12 月	1946 年 8 月 9 日被电信局取缔	迈尔西爱路（今茂名南路）275 弄 5 号		
民声	XPOC	241. 8	1240	500	中国业余无线电协会葛正心等	1946 年元旦	1952 年 10 月参加“联合”台	威海卫路（今威海路）313 号		
新声	XLMC				上海市教育会周裴成	1945 年 12 月复播				

（续表）

台名	呼号	波长（米）	千赫	功率（瓦）	主办单位、负责人	开办时间	停办时间及原因	地址	历史沿革	备注
大美	XMHC		700		郑肇骥、王彦存、季载华、刘光壎购自《大美晚报》馆	1945 年 10 月	1952 年 10 月参加“联合”台		1946 年 6 月失火被焚，7 月复业，1947 年 1 月 1 日调查国籍问题暂停，9 月继续营业	1951 年 4 月 1 日改名“大众”电台
中华自由	XHHL	365.8	820	500	陈信厚等	1946 年 1 月 1 日	1952 年 8 月军管会新闻出版处批准歇业申请，8 月 1 日起停播	中正中路（今延安中路）641 号		战前曾为交通部取缔
大中国	XDCK	229 221.3	1310 后 1360		李凤霖	1946 年 1 月 5 日	1952 年 12 月 14 日市新闻出版处命令停播	直隶路（今石潭弄）250 号		
中和	XHWW		820		中和企业公司徐中和	1946 年 1 月 14 日	1946 年 8 月 9 日被电信局取缔	九江路 150 弄 7 号		
合作	XHLA		1120	500	社会部全国合作社物品供销处上海分处陈仲明	1946 年 1 月	1949 年 5 月解放后改为公私合营电台（改名“沪声”）	南京西路南海饭店		

（续表）

台名	呼号	波长（米）	千赫	功率（瓦）	主办单位、负责人	开办时间	停办时间及原因	地址	历史沿革	备注
海声（上海海声）	XQHS		860		国民党中华海员特别党部上海区党部沈召坪	1946年1月	1946年8月被电信局取缔	贵州路127号		后变为“复青”台
军政	XGAT		1060		第三方面军政治部，台长谈中行	1946年1月	1948年3月13日被电信局取缔	窦乐安路（今多伦路）85号		
大公	XMPK		800		上海市总工会大公通讯社	1946年1月	1946年8月9日被电信局取缔	汉口路678号金山饭店内		后变为“联合”台
华美学术	XHMS	234.4	720		华美无线电学校，电台负责人徐昭明	1946年1月	1946年8月9日被电信局取缔	林森中路（今淮海中路）607号		
建设	XGZS		940		中国建设广播公司黄金荣、陈其	1946年1月	1946年8月9日被电信局取缔	浙江路(今浙江中路)159号4楼		后变为“沪军”台
合众	XRCA	267.7	1120	500	王丹青	1946年2月2日播音	1952年10月参加“联合”台	吴江路23弄12号		
九九	XGNP		1280	250	国民党上海第五区执委会上海工商协济会正诚通讯社，台长朱智民	1946年2月10日试播，8月16日正式播音	1952年10月参加“联合”台	永年路149弄13号		

（续表）

台名	呼号	波长（米）	千赫	功率（瓦）	主办单位、负责人	开办时间	停办时间及原因	地址	历史沿革	备注
复兴	XCRO		1320		何五良、史致富、王晓籁等7人发起	1946年2月开幕	1946年8月9日被电信局取缔	中正东路（今延安东路）340弄32号		
大同	XHDT		1380	200	刘宝椿	1946年3月5日	1951年7月1日市新闻处勒令停播（私自出售台产）	同孚路（今石门一路）旭东里2号		
中联	XGCA	263.1	1140	500	中共上海地下组织以“上海市文化运动促进会”名义主办	1946年3月10日开幕	1946年8月被电信局取缔	新大沽路（今大沽路）411弄4号		
能维雅	XOSP		620		《辛报》馆宓季方	1946年3月	1946年8月9日被电信局取缔	淮安路（今石门二路）90弄63号		
前进	XCHP		1190		中华海员工会上海分会张耀明	1946年4月4日开幕	1946年8月9日被电信局取缔	临安路（今金陵中路）174弄24号		

（续表）

台名	呼号	波长（米）	千赫	功率（瓦）	主办单位、负责人	开办时间	停办时间及原因	地址	历史沿革	备注
三八	XHYL		580	100	俞仲铭	1946年4月10日	1946年8月9日被电信局取缔	新大沽路（今大沽路）451号		
亚洲	XMHK				亚洲公司张建岐		1946年8月9日被电信局取缔	临安路（今金陵西路）105号		
天然	XHFC		1320		大成营业公司李道义		1946年8月9日被电信局取缔	芝罘路64号天然饭店		
华昌	XLPC		780		信昌水电材料行		1946年8月9日被电信局取缔	南京西路685号		
太华	XHHA				郭于繁		1946年8月9日被电信局取缔	河南路（今河南中路）72号		
大业	XHDY		800		黄金荣（麦正学）	1946年	1946年8月9日被电信局取缔	中正东路（今延安东路）大世界五楼		
胜利	XGNC		1260	500	宪兵司令部周用行	1946年1月	1949年5月27日军管会宣教部接管	胶州路170弄25号		1945年12月1日调查：上海市妇女筹备会陆惠民申办“胜利”广播电台

（续表）

台名	呼号	波长（米）	千赫	功率（瓦）	主办单位、负责人	开办时间	停办时间及原因	地址	历史沿革	备注
上海复兴	XHRC		920		赵耿梅 徐明辉		1946年8月9日被电信局取缔	中正东路（今延安东路）1414弄37号		
心光	XHBC				钟光宇		1946年8月9日被电信局取缔	福建路（今福建中路）152号7楼		
生产	XHRA				生产界出版社 李凤初、章荣霖		1946年8月9日被电信局取缔	宁波路（今淮海东路）599号		
利华	XGRC		920		朱丽文		1946年8月9日被电信局取缔	汉口路441号120室		
光华	XKHA				兴华实业公司 徐希达		1946年8月9日被电信局取缔	重庆路（今重庆中路）108号		
力行	XUCQ		740		《大晚报》馆 汪调然	1946年	1946年8月9日被电信局取缔	中正东路（今延安东路）285弄54号		后变为“中坚天声台”

（续表）

台名	呼号	波长（米）	千赫	功率（瓦）	主办单位、负责人	开办时间	停办时间及原因	地址	历史沿革	备注
上海新闻					第三方面军上海指挥所新闻室施杰、陈志钧	1946年	1946年8月9日被电信局取缔	中正东路（今延安东路）1275弄4号		
新声	XHHE				王澄波	1946年	1946年8月9日被电信局取缔	中正东路（今延安东路）504号		
大兴	XHCV				金中仁	1946年	1946年8月9日被电信局取缔	浙江路（今浙江中路）62弄30号		
中华	XMSA		760		国民党上海市第二区魏敦义	1946年	1946年8月9日被电信局取缔	莱市街（今宁海东路）128号5楼		后变为“新苏”台
大中	XHLB		1170		华东通讯社沈秋雁	1946年	1946年8月9日被电信局取缔	爱文义路（今北京西路）238号		
沪卫	XMHV		680		保卫总团沪南区团部陆永琪、姚文璋	1946年	1946年8月9日被电信局取缔	亚尔培路（今陕西南路）253弄17号A		

（续表）

台名	呼号	波长（米）	千赫	功率（瓦）	主办单位、负责人	开办时间	停办时间及原因	地址	历史沿革	备注
中建	XHPR		1460		中国战后协进会吴铁城	1946 年	1946 年 8 月 9 日被电信局取缔	南京西路 437 号		
自治	XHZS		1220		上海地方自治协进会吴文德	1946 年 5 月	1946 年 8 月 9 日被电信局取缔	西爱咸斯路（今永嘉路）74 号		
建声	XMKS		960		顾文辉	1946 年 5 月	1946 年 8 月 9 日被电信局取缔	同孚路（今石门一路）9 号		
建业			820			1946 年 5 月	1948 年 8 月 9 日被电信局取缔	宁海路（今宁海东路）129 弄 29 号		
绿营	XHBS				市商会王晓籁	1945 年 5 月	1946 年 8 月 9 日被电信局取缔	北苏州路 470 号		
上海国泰	XCBS				法国国泰广播公司	1946 年	1947 年 1 月 6 日被国民政府封闭（不准外人在华设台）			

（续表）

台名	呼号	波长（米）	千赫	功率（瓦）	主办单位、负责人	开办时间	停办时间及原因	地址	历史沿革	备注
新运	XNLA		980	500	新生活运动促进会钱大钧	1946 年	1949 年 5 月 27 日军管会青年工作委员会接管	福州路万寿山酒楼		
大华（上海大华）	XROY				胡世雄 司徒卫	1946 年	1946 年 8 月 9 日被电信局取缔	河南路（今河南中路）72 号		
正风	XGHA				楼兆鼎	1946 年	1946 年 8 月 9 日被电信局取缔	古拔路（今富民路）172 弄 12 号		
祥生	XJBC		980		祥生饭店周祥生	1946 年	1946 年 7 月 23 日被电信局封闭（利用电波向苏州通话）	亚尔培路（今陕西南路）祥生饭店		
航海	XQHB		1110		全国航海技术团体协进会金月石、秦虎	1946 年	1946 年 8 月 9 日被电信局取缔	南京西路 1081 弄 2 号		
上海时代	XMTA				时代广播公司徐明诚	1946 年	1946 年 8 月 9 日被电信局取缔	雷上达路（今兴国路）63 号		
市立民众教育馆	XGMC				徐则骧	1946 年	1946 年 8 月 9 日被电信局取缔	南市文庙路		

（续表）

台名	呼号	波长（米）	千赫	功率（瓦）	主办单位、负责人	开办时间	停办时间及原因	地址	历史沿革	备注
雷霆	XQRD		720		龚天健	1946年	1946年8月9日被电信局取缔	虞洽卿路（今西藏中路）皇后戏院四楼		
凯旋	XQHK		860		《正言报》馆吴绍澍、王晋时、刘道芳	1946年	1949年5月27日军管会宣教部接管	南京路（今南京东路）新新公司五楼	1946年8月9日被电信局取缔。1947年改名“民粹”，10月29日查封，1947年12月18日再改名“凯旋”，由陆军整编63师186旅委托杨志青主办	1948年10月国防部核准（XHAS860千赫）
和平	XVPC		980	200	《和平日报》馆吴泽舟、魏稚青	1946年	1949年5月27日军管会宣教部接管	中正中路（今延安中路）424弄44号		
中国文化	XMHY		1420	500	中国文化服务总社陈起人、潘武鼎	1946年5月以前	1950年6月1日军管会命令停播	福州路679号		

（续表）

台名	呼号	波长（米）	千赫	功率（瓦）	主办单位、负责人	开办时间	停办时间及原因	地址	历史沿革	备注
新沪	XNSA		1360	200	新沪通讯社凌曙东	1946年9月20日开幕	1949年12月公私合营，改名“大沪”	环龙路（今南昌路）295号		
复青	XCVA		1080	500	复员青年军联谊会王元悌	1947年4月	1949年5月27日军管会宣教部接管	南京西路437号		原“海声”台
新苏	XOSV	245.8	1220	300	第一绥靖司令部周子良	1947年4月	1949年5月27日军管会宣教部接管	莱市街（今宁海东路）128号		原“中华台”
铁风	XHTF		1040	300	空军供应司令部政工处商汀	1946年5月	1949年5月27日军管会宣教部接管	南京西路1561—1563号		1948年10月2日国防部核准
中韩文化			880			1947年4月				
新都	XLST		1330	500	上海市参议会唐梦熊	1947年4月	1949年5月27日军管会政务委员会接管	贵州路28号		原“鸿声”台
警声	XSMP	272.6	1100		市警察总局	1947年4月	1949年5月27日市公安局接管	福州路市警察局		

（续表）

台名	呼号	波长（米）	千赫	功率（瓦）	主办单位、负责人	开办时间	停办时间及原因	地址	历史沿革	备注
新建			1020				1947年1月6日被电信局封闭			
民粹			860			1947年7月	1947年10月29日被电信局查封	南京路（今南京东路）新新公司		1947年12月18日改名“凯旋”
远东	XMYP	428.3	700	200	国民党中央各军校毕业生调查处上海通讯社梁傅玻	1946年1月	1949年5月27日军管会宣教部接管	武进路506号	一说负责人杨学贤，武进路580号	1948年10月国防部核准
军民	XJMC	217.3	1380			1947年4月	1947年10月29日被电信局查封	汉口路441号		
天声（中坚天声）	XMTS	277.6	1080	300	中坚出版社许劲先	1947年4月	1949年5月27日军管会新闻出版处广播室接管	青岛路19号		1948年10月国防部核准
沪军	XOSM		1140	300	上海师管区司令部祝文豪	1947年4月	1949年5月27日军管会宣教部接管	浙江路（今浙江中路）159号5楼		1948年10月国防部核准

（续表）

台名	呼号	波长（米）	千赫	功率（瓦）	主办单位、负责人	开办时间	停办时间及原因	地址	历史沿革	备注
联合	XQAC		740	300	东方经济研究所徐忠良	1947 年	1949 年 5 月 27 日军管会宣教部接管	汉口路金山饭店 5 楼		1948 年 10 月国防部核准
远征	XLAM		1020	500	青年军 202 师 162 旅政治部黄立	1947 年	1949 年 5 月 27 日军管会宣教部接管	虞洽卿路（今西藏中路）451 号国泰戏院楼上		1948 年 10 月国防部核准
新闻	XCNA		960	200	水上稽查大队长冯仲远办，上海通讯社社长史秉成负责（后为乔柳浪）	1947 年	1949 年 5 月 27 日军管会宣教部接管	芝罘路 64 号天然饭店 4 楼		
公建	XMHD		760	300	淞沪警备司令部王凯鼎	1947 年	1949 年 5 月 27 日军管会宣教部接管	中正东路（今延安东路）1060 号		1948 年 10 月国防部核准
陆总（民本）	XGMB		860		陆军总司令部袁凤举	1947 年	1949 年上海解放前迁台湾	浙江路（今浙江中路）泰康大楼	1947 年 10 月 29 日被电信局查封	1948 年 10 月 2 日国防部核准
沪光	XNKL		920	400	胡子荣	1947 年	1947 年 10 月 29 日被电信局查封	湖北路中央旅社		1948 年 1 月 14 日改名“建军”台

（续表）

台名	呼号	波长（米）	千赫	功率（瓦）	主办单位、负责人	开办时间	停办时间及原因	地址	历史沿革	备注
建军	XMHA		860		市警察局某职员私设	1948年1月14日	1949年5月27日军管会宣教部接管	河南路（今河南中路）72号	1948年3月13日被电信局搜查取缔	1948年10月2日国防部核准
伤友			780		联勤总部上海医院王文刚	1948年6月1日	1949年5月27日军管会宣教部接管	白克路（今凤阳路）724弄7号	1948年6月25日被电信局查封	1948年10月2日国防部核准
勤政			920		联勤总部政工处	1948年5月26日	1949年5月27日军管会宣教部接管	虞洽卿路（今西藏中路）220号万寿山酒楼	1948年6月25日被电信局查封	1948年10月2日国防部核准
军讯			1180		国防部政工局军讯社黄国浩	1948年	1949年5月27日军管会宣教部接管	南京西路437号2楼		1948年10月2日国防部核准
军声	XMHT		1180			1947年		福建路（今福建中路）吴宫饭店	1947年10月29日被电信局查封	1948年10月2日国防部核准
政声			940		淞沪警备司令部政工处杨永年		1949年5月27日军管会宣教部接管	浙江路（今浙江中路）430号407室泰丰大楼		

（续表）

台名	呼号	波长（米）	千赫	功率（瓦）	主办单位、负责人	开办时间	停办时间及原因	地址	历史沿革	备注
军友	KJSS		840		军之友社刘德铭	1947年		乍浦路180号		国防部核准
公训	XMHG		720					四川路（今四川中路）29号4楼		
军心			780			1948年	1948年3月13日电信局搜查封闭	浙江路（今浙江中路）泰康大楼		
青光	XMHY	340.7	880					南京路（今南京东路）新新公司五楼520—522		
凌云			760			1947年		中正东路（今延安东路）1036号		
劳动	XCAL		620		中国劳动协会上海办事处水祥云	1946年	1946年8月9日被电信局取缔	福州路33号		

（续表）

台名	呼号	波长（米）	千赫	功率（瓦）	主办单位、负责人	开办时间	停办时间及原因	地址	历史沿革	备注
怀恩	XMGC				上海怀恩堂戚庆才	1946 年	1946 年 8 月 9 日被电信局取缔	西摩路（今陕西北路）375 号		
大声										
青白							1947 年 1 月被电信局封闭			
建新							1947 年 1 月被电信局封闭			
国光							1947 年 1 月被电信局封闭			
沪声							1947 年 1 月被电信局封闭			
中青							1947 年 6 月被电信局取缔			
洪光							1947 年 6 月被电信局取缔			

（续表）

台名	呼号	波长（米）	千赫	功率（瓦）	主办单位、负责人	开办时间	停办时间及原因	地址	历史沿革	备注
公平							1947年6月被电信局取缔			
青声							1947年10月29日被电信局取缔			
军支							1947年4月25日被电信局封闭			
军勤					联勤总部特勤学校播音系					
鸿声							1947年1月被电信局封闭			亦名“洪声”
茸声				50	中国业余无线电协会松江分会	1946年6月1日	因节目平淡，广告不振，约一年后停办	松江镇长桥东		

2. 国际广播电台

原为德国电台，民国三十四年5月由日军接管，改为伪上海广播电台国际台。台址在大西路（今延安西路）3号前德侨总会内，呼号XGOO，发射功率1千瓦。

3. 大东广播电台

即战前福音电台，呼号XGOH，发射功率200瓦，用日语广播，专为对上海的日本居留民作宣传之用。

4. 东亚广播电台

设在跑马厅路（今武胜路）445号，呼号XMHA，原为美商华美广播电台。该台专用转播日本东京发来之消息。台长藤尾薰宏（伪广播协会上海办事处副董事），职员18人。

5. 黄浦广播电台

即战前美商《大美晚报》电台，在大上海路（今延安东路）19号，呼号XMHC，发射功率100瓦，系商业性电台。

第二节　华东人民广播电台

华东人民广播电台的前身是华东新华广播电台。在解放战争胜利形势鼓舞下，华东解放区军民迫切希望建立华东广播电台。1948年3月，中共中央华东局决定，建立华东新华广播电台（以下称华东新华电台），由华东局宣传部周新武和华东军区通讯局曹维廉负责筹备。几经选择，最后确定远离交通干线的偏僻小村山东临朐城西的程家庄为台址。电台附近是大众日报社的新闻收发报台。

华东新华电台的主要器材，系抗日战争时期宋庆龄通过上海“保卫中国同盟”购买赠送华中地区新四军，由华东军区通讯局装配、调试的。由于战争原因，这批广播器材的散件，先后埋藏、转移到山东滨海区石臼所附近的村子、山东五莲县石场材料厂和胶东乳山县山里。1948年春，部队用汽车把这些器材运到五莲县洪灵子村，以它们为主要部件，为华东新华电台设计安装了一台500瓦的无线电广播发射机。

1948年7月中共中央宣传部和新华通讯社发来电报，希望把华东新华电台办得完备些，争取用北京话、上海话和英语广播，以“我野战军和周围蒋军为主要宣传对象”。党政军民各机关对此积极支持。华东局宣传部调来陈浩天，新华社调来苗力沉、邱原、杨杰等，华东局城工部和华东军区政治部调来了编辑干部肖文、苏星、梅林、沈晓方、高沛、鲁瑾、张葳、章博等，播音员夏之平、言炎、苏珮，军区参谋处派来连指导员夏登江和一个30多人的武装警卫排，并给电台一些干部发了自卫短枪。从华东局党校调来的有许刚、华坚、蒋铁云、唐艾华、邓汉林等。8月21日，所有人员到齐，广播发射机、两部柴油发电机及一切技术设备都先后到达。曹维廉、力一、王玉等负责安装机器，用6根长木杆，连接成两根30多米长的天线杆，动员许多村民和全体工作人员，把木杆竖起来，代替发射天线塔。把一间小屋的门窗缝隙用绒布堵住，四周挂上军毯，成了简陋的播音室。

华东新华电台对外称“大众日报社通讯研究馆”，以迷惑敌方侦察人员。1948年9月12日起开始试播，用华东新华广播电台名称和XNEC呼号；每天早、中、晚试播三次。10月20日正式播音，使用5020千赫、6222千赫、9500千赫三个短波频率，由济南、徐州两台中波频率转播。开始曲先后为《步步高》和《解放区的天》，结束曲为《大路歌》。每天播音五个半小时。

华东新华电台成立了以周新武、苗力沉、陈浩天、王元石、华坚、孙卫山等7人为委员的管委会，周新武、苗力沉为正、副主任。下设编辑室、工务室，秘书室。

济南战役中，华东新华电台参加了解放济南的宣传攻势。1948年9月24日下午济南解放，国民党中央委员、山东省政府主席王耀武被活捉。王直接与蒋介石通话用的2千瓦无线电话机战争中被打坏，经抢修后，为华东新华电台所用。11月7日淮海战役开始，华东新华电台又投入配合淮海战役的宣传攻势，中共中央华东局决定抽调华东新华电台部分干部参加济南电台广播。至11月13日，周新武、苗力沉、华坚、林风、夏之平、言炎、苏珮等在济南完成任务后，即返回程家庄。之后，解放军势如破竹向南推进。1949年2月21日起，华东新华电台迁至济南播音，由肖文、苏星负责，程家庄播音结束。经华东局决定，华东大学分配来的郭冰、张之、王友枚、蔡志勋、周婕、黄其、范小莹等几十名学员和其他干部，渡江后分别到上海、南京、杭州接管国民党广播电台。4月21日，解放军大举过江，很快解放了南京、杭州等地，电台人员随军进城接管。5月27日晨，上海市军事管制委员会派周新武为代表，率华坚等人接管了国民党办的上海广播电台。从7月份起，设在济南的华东新华广播电台停止播音，原留在济南的工作组和部分机器迁往上海。

1949年9月1日，用“上海人民广播电台一台”名义，以800千赫和5985千赫，对华东地区广播，设有华东新闻和华东通讯节目，并办对台湾广播节目。

第三节　上海人民广播电台

1948年年底，中共上海地下组织的文委会成立记者联谊会，派张安友等人与国民党上海广播电台个别播音员、技术人员联系，动员他们团结员工，保护好电台的财产和设备。1949年5月25日中国人民解放军攻入上海市苏州河以南地区，凌晨，中共地下党员邹凡扬，带着解放军入城布告（即“约法八章”）和在坐车途中写成的《中国人民解放军今天凌晨攻入上海市区，上海解放了》新闻稿，赶到大西路（今延安西路）7号，此时国民党上海电台已由进城的解放军战士值勤，邹要电台工务科长（当时为代理台长）杨伯枢停止原有广播，改播解放军入城布告和上海解放的新闻稿。杨伯枢答应照办，旋即安排女播音员施燕声播出。7时许，无线电波中传出了“上海解放了”的消息。与此同时，地下党派来的王世桢、陈奇等到电台，分头负责播音和监听工作，钱乃立、徐炜先后参加播音。正在反复广播解放军攻入上海的消息时，由交通大学、同济大学进步学生组成的“人民保安队”也赶来保护电台，以防敌人破坏和不致广播中断。这时，中国人民解放军还在与苏州河北岸的国民党军队进行激烈战斗。“入城布告”和“上海解放了”的广播新闻也起到了瓦解敌军士气的作用。5月25日播出“上海解放”消息的还有凯旋电台、中华自由等私营电台。

当晚，华东新华广播电台参加接管的人员奉命从江苏丹阳出发，26日到达上海南翔，晚上进入上海市区。27日晨，周新武等27名干部乘车到大西路7号上海广播电台，召集电台全体人员宣读上海市军事管制委员会主任陈毅、副主任粟裕签署的命令：“上海广播电台为国民党宣传机关，兹任命周新武为本会接收专员，代表本会前往办理接管事宜。”国民党上海台台长陈辅屏接命令后，表示绝对服从。具体移交工作由杨伯枢办理。接管联络员华坚负责联系。

随着对国民党办的上海广播电台的接管，上海人民广播电台宣告成立。5月27日晚上参与接管的播音员夏之平、苏珮以“上海人民广播电台”呼号向全市人民广播，先由夏之平播出以中国人民解放军总司令朱德、副总司令彭德怀名义发布的布告；接着苏珮播出上海人民广播电台的第一次新闻。从此，上海人民广播事业翻开了新的一页。

一、事业建设

上海人民广播电台（以下简称上海电台）成立之初，用接管国民党的上海广播电台发射机对外播音。播出设备的总功率为1.8千瓦。由于上海电台还担负对华东地区的广播任务，这样规模的发射设备远远不能适应需要。遂相继从济南、南京调来功率分别为400瓦、2500瓦的短波报话两用机，经安装调试投入使用。后又向上海广播器材修造所订购三架1千瓦的中波发射机。

二、宣传规模

上海电台成立之初，每天播出一套节目，播出时间为9小时20分。1949年9月1日，中共中央华东局宣传部指示，上海电台同时担负对华东地区的广播宣传任务，使用两个频率，节目增加到两套，播出时间增加到36小时30分。华东人民广播电台成立后，总共办有六套节目，使用七个频率，其中上海电台办五套节目，使用五个频率。

上海电台初期的广播宣传，主要是贯彻执行中央人民政府规定的“发布新闻、传达政令；社会教育；文化娱乐”三大任务，一天中就有三次《布告·法令》节目。上海市的党政军领导人也经常利用电台向全市干部、群众宣传中国共产党和人民政府的政策、法令和部署工作任务。上海刚解放几天，上海市军事管制委员会主任、市长陈毅等通过电台发表了有关城市政策等广播讲话。在中华人民共和国成立前后，上海电台多次转播党和国家领导人的重要讲话。1949年6月20日，北平新华广播电台播送毛泽东、周恩来、朱德、李济深、沈钧儒、郭沫若、陈叔通等领导人在新政协筹备会议上的讲话，上海电台作了转播；同年9月21日，中国人民政治协商会议开幕，10月1日中华人民共和国诞生，上海电台先后通过转播北平新华广播电台、北京新华广播电台的广播，使上海和华东地区人民听到了毛泽东的历史性宣言。同年11月7日，中央人民政府副主席宋庆龄在上海电台作题为《我看到了新中国》的录音讲话。按照“全党办广播”和“人民广播人民办”的原则，上海电台经常邀请群众代表和文艺工作者，到电台发表广播讲话或表演文艺节目，在建台后短短一年时间里，就有近2万人次到电台演讲、演播，仅10个月的统计资料表明，儿童上广播就达到219次。

三、机构、队伍

1. 机构沿革

1949年5月27日，周新武等代表上海市军事管制委员会接管国民党办的上海电台之后，上海人民广播电台党支部随即成立。当时编辑工作主要由苗力沉负责，由他带领参加接管的一部分人员谢林风、蒋铁云等，到汉口路原申报馆与《解放日报》编辑部一起办公，及时了解上级指示，迅速获取新闻。

半月之后，电台编辑部由《解放日报》迁至大西路（今延安西路）台内办公，并开始在市中心寻找新台址。8月6日，上海市军管会主任陈毅签署第10号委任令正式任命周新武为上海人民广播电台台长，苗力沉为副台长兼总编辑室主任。9月初，上海电台首次宣布组织机构设置，即台长办公室、编辑部、工务科、行政科共四个部门。编辑部下设工业、政治及文教组，负责采编新闻、工人节目、政治讲演、市政节目、青年、妇女、儿童等节目。并在工厂、学校、机关发展广播通讯员及组织收听工作。编辑部还设有研究室和文艺室。研究室有主任一人，几名编辑，负责评论、报纸摘要、为听众服务等节目，并负责组织收听、信访接待工作。同时负责社会科学、自然科学、俄语、新文字、无线电讲座等节目的组织工作。研究室管辖的资料组，负责收集、剪贴、保管资料，为各部门服务。文艺室有主任一人，下设音乐、戏剧、唱片管理，并以少数专业人员为基础，团结音乐、戏剧工作者和爱好者，组织广播乐团和广播剧团。文艺室担负全台的文艺节目、革命故事、文化节目编排及文艺新闻采访。

根据中共中央华东局宣传部的指示，华东人民广播电台成立后，与上海电台合署办公，对外是两块牌子，内部是一套班子，华东电台称第一台，上海电台称第二台。组织机构调整，在台长、总编辑领导下，设立“5室”，即总编室、第一台编辑室、第二台编辑室、研究室、文艺室。

2. 广播队伍

上海电台的广播工作者队伍状况与广播事业兴衰紧密相连。1949年5月建台初期，编辑、记者、播音员、行政和技术人员总共才79人。短短几个月，由于节目增加，职工人数增至109名。至11月，上海电台广播乐团、广播剧团相继成立，职工人数增至144名。

上海电台初创时期，从业人员的主要来源，一是上海市军管会委派，华东新华广播电台的南下干部，原上海地下党的干部，以及中共中央华东局宣传部从浙江、苏南，南通、芜湖、厦门等华东地区一些广播电台调来的干部，其中有陈浩天、田志强、柳星三、何允、高宇、陈醇、黄允、李学成等30人。他们大都被充实到台和部门的领导班子。二是原国民党上海广播电台的留用人员，除旧电台台长陈辅屏、总务科长等少数几人自动请求离职，其他人全部留用，分配适当工作。杨伯枢、朱懋桢还分别被任命为工务科副科长和财务组长。原国民党中央广播事业管理处处长、交通大学校长吴保丰被聘为顾问。三是向社会招聘，主要是从工人通讯员、“广播之友”中物色热爱广播事业，并具有一定文化程度和写作水平的人员，如汪韵之、葛锦帆、姚尚武等，这批人员大多成为电台的业务骨干。

第四节　上海联合广播电台

一、上海私营电台改造

自从上海有了无线广播之后，曾先后出现过民营即私营广播电台200多家。到1949年5月上海解放，尚有23家私营广播电台。6月13日，上海市军事管制委员会颁布《关于上海市私营广播电台暂行管制条例》，规定凡要求开设和复业的私营电台必须先行登记。新闻出版处登记并审核后，准许继续播音的私营电台有22家：大美、亚洲、福音、新沪、金都、鹤鸣、中华自由、民声、亚美、麟记、大中华、大陆、东方、华美、合众、九九、元昌、建成、新声、大同、大中国和沪声。

对私营电台的改造方针是“稳定情绪、争取多数”。1949年6月29日，上海市军管会下属的文管会新闻出版处，召开私营电台和上海剧艺界负责人茶话会，文管会副主任夏衍、范长江在会上进一步阐述了军管会对私营电台的方针政策。会上，建立了上海广播界座谈会。以后每周举行一次，各私营电台以频率为序，轮流担任召集人。

第一次邀请出席广播界座谈会的对象是有选择的，政治面目不清者暂不邀请。一时未被邀请者纷纷要求参加，并主动坦白了和原国民党政权的关系。1949年底的第十二次座谈会时，所有私营电台都参加了广播界座谈会。在私营电台的改造方面，上海广播界座谈会起了“组织起来”的关键作用，对交流情况、学习政策、提高觉悟、推动私营电台的改造很有效果。又因各私营电台职工也有代表参加，可直接了解中国共产党的政策，在对私改造中能起推动和监督作用。

私营电台以追求利润为主，节目受广告左右，有的电台还有宗教宣传，有的电台经常发生违犯军管会管制条例的情况。这样，就有必要对私营电台宣传业务进行严格管理。其中一个措施是限制私营台的频率，缩减节目时间。按主管机关规定，1949 年 12 月底以后，两个电台合用一个频率。根据中共中央指示，私营电台频率安排在 900 千赫之后，其先后次序按照各私营电台的各种表现而定。调整后分别是：960 千赫：大中华、大陆；990 千赫：亚美、麟记；1050 千赫：东方、华美；1140 千赫：九九、合众；1220 千赫：元昌、鹤鸣；1310 千赫：建成、新声；1370 千赫：大中国、大同；1430 千赫：福音、新沪；1440 千赫：大美。以上各台 1949 年 12 月 1 日起实行。1080 千赫：金都；1250 千赫：民声、中华自由；1400 千赫：亚洲。

限制频率的结果，私营台节目时间逐步减缩。

紧接着，着手对私营电台进行改造试点。1949 年 12 月开始，没收了与军统特务有关的原新沪电台的官僚资本部分作为公股，改为公私合营大沪电台，对与国民党社会部“全国合作社物品供销处”有关的原合作电台，改为公私合营沪声电台。之后，两台合在一起，改组为公私合营大沪、沪声广播电台。非中共人士张一苹，张鹭祥、陈耀堂为公方代表，分任正副经理，李介夫任台长。原沪声电台私股股东广告商胡克敏作为私方代表任副经理。大沪、沪声电台的重点放在评弹改革上，强调多说新书。同时，帮助该台改进了编辑工作。

二、宣传规模

上海解放初的私营电台节目，80% 以上是娱乐节目，地方戏曲占很大比重。这些节目中除少数是唱片播出，绝大多数是演员在电台直接播出。其中，评弹占的比重最大，万仰祖主持的“空中书场”，评弹迷最为熟悉。

私营电台的谈话类型节目也有一定听众，如“唐小姐信箱”、“杨六郎夜话”、“朱瘦竹故事”、“汤笔花故事”等。解放初，东方华美电台的“牛马走杂谈”，内容广泛，夫妻关系、婆媳关系、孩子教育、人际关系其至烧菜做饭什么都讲，还经常回答听众来信。此外，私营台还有冯秋萍、鲍国芳的编结节目，医生讲卫生疾病常识，教口琴和无线电讲座等节目。

第二篇 >>> 广播节目

概　述

广播电台在上海诞生的初期，其广播节目以娱乐为主，并有大量广告；新闻节目大多与报馆合作，插播其间。民国十六年（1927 年）后民营电台成批建立，增设了商情和许多南方的戏曲等节目，但节目总体结构并未改观，各台节目规模也只每天播出 6 小时左右。据民国二十三年（1934 年）4 月上海 28 家电台的统计，文娱节目及插播的广告时间占 80% 左右。

“一·二八”和“八一三”淞沪抗战期间，各台努力播送抗敌消息，文艺节目也多救亡内容，呈现了旧上海广播史上灿烂的一页。日伪时期，多数民营电台停播。敌伪电台则进行奴化教育，文艺节目也充斥靡靡之音。民国三十年（1941 年）7 月在沪建立的“苏联呼声”电台，给处在黑暗中的上海市民传送着抗战的真实情况。

抗战胜利后，国民党政府的官办电台在节目中加强了所谓“戡乱建国”的内容。民营电台的新闻节目仍大多依靠报纸，文艺节目中音乐、戏曲、文学等内容较前丰富，但不健康的流行歌曲等有所泛滥。唯有民国三十五年（1946 年）3 月开播的由中共地下组织领导、以商业电台为掩护的中联广播电台，在多种节目中报道了上海学生的反内战运动，起到了积极的宣教作用，但 7 月间即遭查封。

1949 年 5 月 27 日诞生的上海人民广播电台，广播节目以新闻节目为主干，配以社教节目和文艺节目，穿插部分服务节目，面貌一新。

第一章　民国时期电台节目及编播

民国时期的上海各类广播电台节目大体上分为新闻、专题（教育）、娱乐、宗教、广告五个大类。其中民营电台娱乐节目及插播广告的时间占整个节目播出时间的80%左右。在“一·二八”及“八一三”抗战中，上海无线电播音中的抗日救亡宣传一度成为播音节目的主流，是对敌斗争的有力宣传工具。

第一节　节目

一、新闻

民国十二年（1923年）1月23日，中国境内第一座无线广播电台——上海奥斯邦电台的首次播音，就有新闻报道内容。当晚，该电台播送了本埠新闻、路透社电讯稿、市场和汇兑情况以及本期《大陆报》刊登的特讯等新闻，用英语播出。新闻报道插在两个音乐节目中间播出。同年1月26日晚，该电台在新闻报道中播出了孙中山于当日发表的《和平统一宣言》。

民国十三年（1924年）4月23日，美商开洛公司广播电台《大晚报》馆分站播音，新闻节目主要播送航务、邮政、汇兑、气象及国际新闻。同年5月15日，开洛电台《申报》馆分站播音，每日上午和晚间两次播送汇兑行情和重要新闻。同年12月17日，开洛电台《大陆报》馆分站播音，每日两次报告时事新闻（中、英语各一次），一次报告商情新闻。此时，新闻（包括商情）被作为正式节目列入电台每日发音时间表，定时播送。

民国十六年（1927年）3月18日，民营新新广播电台播音。每日10时30分至11时播送国内外重要新闻，12时至13时30分播送商业行情。新闻主要来自报纸消息，也有自辟渠道。民国十九年，亚美无线电公司设立的上海（亚美）广播电台与浙江省广播电台联络实验无线电通话，互报气象及重要新闻。同年，杭州举行全国运动会，该台与浙江电台联络，传播运动会场消息，并随时供给报纸刊载。同年秋，远东运动会在日本举行，因远距离收音试验成功，该台顺利地转播了会场当日赛事。

民国二十一年（1932年），“一·二八”事变爆发，各地交通受阻，信息不通，上海（亚美）电台于敌机轰炸之下，设立临时电台与南京中央广播电台及浙江、苏州等电台联络，及时播送淞沪战况及各项消息。大中华广播电台在事变中与《晨报》馆合作，每日12时和22时两次播送当日新闻，报道准确及时，辟除谣言，稳定人心。

民国二十二年（1933年）4月26日，中国国民党中央执行委员会第63次党委会决议，凡国民政府交通部与各省市政府所设之广播电台及交通部所管辖之民营广播电台，其功率满100瓦者均应转播中央广播电台之中央纪念周及重要新闻两次节目。

“一·二八”事变后，上海的民营广播电台有了蓬勃发展，但时事新闻广播却出现了一段时间的冷落。上海（亚美）电台在“一·二八”事变结束后曾征求听众意见是否继续广播时事新闻时，而要求继续播送时事新闻的听众寥寥无几，于是该台暂时中止时事新闻广播。据《中国无线电》杂志民国二十三年（1934年）2月5日统计，民营电台32座，设立新闻节目的电台只有6座。播送新闻节目较好的电台有中西电台每日播送新闻四次，福音电台两次，大中华电台两次，鹤鸣电台周六20时至21时转播中央广播电台新闻节目。新闻广播在广播节目中所占的比重很小。据《中国无线电》杂志民国二十三年（1934年）4月5日统计，这一天28座民营电台播出娱乐性节目共217.5档；非娱乐性节目39档，其中新闻节目只占6档（每档以45分钟计）。

民国二十四年（1935年）3月成立的交通部上海广播电台每日定时播送三次新闻，一次晚报新闻。次年成立的上海市政府广播电台每日播送两次新闻。

民国二十五年（1936年）4月20日，民国政府行政院通令各地公营、民营广播电台每日20时至21时5分一律转播中央广播电台的新闻等节目。此后，随着日本对中国侵略的不断扩大与深入，各电台的新闻报道量逐渐增多。据民国二十六年7月5日统计，28座广播电台（民营26座，官办2座）除每日必须定时转播中央广播电台的新闻节目外，另有12座电台设置新闻节目。

民国二十五年（1936年）12月25日18时15分，上海市播音业同业公会收听到中央广播电台关于“蒋介石离开西安、西安事变和平解决”的新闻，立即通知各会员电台转播。19时左右，上海各报有号外出版。江苏无锡各界收听上海（亚美）电台之报告后，通过长途电话询实，亦随即播送，该地报纸亦出号外。电台播送新闻首次抢在报纸的前面。

“八一三”淞沪抗战爆发后，民营电台的广告播音几乎全部停顿，新闻广播在播音中占了重要的位置。播音节目大致是：（1）战事新闻；（2）战事常识；（3）转播各报社评论；（4）征集慰劳品和救护用品。上海市政府广播电台在战火中的江湾五角场地区，仍设法继续播音，设置的新闻节目有：新闻、时事述评、演讲、英文新闻、英文演讲以及转播中央广播电台的国际新闻。

随着战事西移，上海沦陷，国民政府官办广播电台被日本侵略军接管，部分民营电台不甘附敌，自动拆机停播，部分民营电台则向日本广播监督处登记，继续营业，一些商人为追逐利润纷纷登记办电台。据民国三十八年（1949年）1月1日节目表统计，民营电台28座，竟没有一座设置新闻节目，而被日伪控制的大上海电台每日报告新闻八次，其中国语新闻两次，英语新闻两次，沪语新闻两次，粤语新闻一次，周刊新闻一次，为日本的侵略作宣传。

抗日战争期间，苏联呼声广播电台于民国二十九年成立，每天播出国语新闻七次，此外还有俄、英、德语新闻。每日新闻播出总时间4小时50分钟，其新闻主要来自苏联塔斯社、美联社和路透社的消息报道。太平洋战争爆发后，该电台成了上海市民获取战争进展真实消息之唯一来源。

抗战胜利后，国民党中央广播事业管理处所属的上海广播电台在“戡乱建国”的宣传宗旨下，对新闻广播相当注意。据该台民国三十五年8月1日节目表所载，中波台两个频率每日共有16次新闻；短波台每天有国语新闻及述评三次，闽语、粤语新闻及述评三次，英语新闻三次，经济新闻一次。据民国三十五年9月21日节目表统计，16座民营电台中有14座设置新闻节目，有3座转播中央广播电台新闻节目。

抗战胜利后，唯一受中共上海地下组织学委领导的中联广播电台在新闻节目中配合当时的反对内战、要求和平民主的人民民主运动，在文娱节目中灵活机动的插播3～5分钟。新闻来源主要依靠当时的进步报刊提供资料。

民营电台的新闻来源主要来自报纸，报纸亦需赖电台的广播新闻以扩大报纸的销售，两者互为依存。民国三十六年3月，上海《申报》馆与上海市民营广播电台商业同业公会合作，开办新闻广播。每日上午、下午和晚间三次由《申报》馆提供新闻稿，各电台播音员必须不加删节地原文播出，播出后必须说明以上消息由《申报》馆供给。《申报》馆每月付给各电台一定数目的津贴费。

民国三十七年（1948 年）11 月 23 日，国民党政府交通部电信总局要求全国民营电台一律转播南京中央广播电台新闻。

民国三十八年 4 月 23 日，国民党中央广播事业管理处以南京已变为前线，中央广播电台名义已撤销，要求所属的上海广播电台播出自选“戡乱”消息和时评。同年 5 月 16 日，上海解放前夕，国民党淞沪警备司令部还下令上海各电台在晚上一律转播重庆国际电台的新闻消息，国民党政权对广播新闻的统制一直到上海解放前夕。

二、专题（教育）

1. 演讲

特约演讲节目是民国时期广播专题（教育）类节目中的一个特色栏目。据《申报》刊登开洛电台的节目预告统计，从民国十四年 3 月到民国十七年 6 月，前后共播送演讲特别节目 60 次，其内容广泛涉及政治、医药卫生、妇女家庭、儿童教育、美术、科学知识和世界见闻等各个方面。该电台的演讲节目成为一个综合性的专题教育节目。

以后出现的电台，凡标榜重视学术教育者，均有演讲节目的设置。上海（亚美）电台设置演讲部，每周六 16 时 20 分至 16 时 50 分有各种学术演讲节目。民国二十年 5 月成立的美灵登广播电台设有国语、英语演讲节目。

民国二十二年 3 月 21 日，上海市政府教育局为推行社会教育，公布施行无线电播音暂行办法。播音人员由教育局长、科长、督学、专员及各职员暨附属机关教职员轮值担任，并延请党政机关委员、长官及专门学者为特约演讲人。播音人员自行认定讲演题目，撰写好材料交市教育局核定后汇编付印。演讲时间和地点设在中西电台（每周三、四 19 时至 19 时 30 分）和大中华电台（每周六 16 时至 17 时）。据民国二十三年 2 月 5 日广播节目表统计，32 座民营电台中仅有上海（亚美）、中西、鹤鸣和同乐等四座电台设置演讲节目。此外福音和佛音电台设有宗教演讲节目。

民国二十六年（1937 年）2 月，交通部上海广播电台一周节目表中，安排了五次演讲节目时间，其中两次为通俗演讲，一次学术演讲，一次劝用国货演讲，一次一般演讲。在“八一三”抗战前夕，民国二十六年7月5日上海各广播电台节目表统计，全市28座广播电台除两座官办电台设置演讲节目外，在26座民营电台中有10座设置演讲节目，数量比三年前有明显增加，其内容由于抗日宣传的需要，也从学术性内容转向时事政治内容。

“八一三”事变，上海沦陷后，只有日伪控制的大上海电台从周一到周五19时设有趣味演讲节目。

抗战胜利后，据民国三十五年（1946年）9月21日节目表统计，22座广播电台中只有国民党中央广播事业管理处所属的上海广播电台和三青团上海支团部设立的青年广播电台设有特约演讲节目时间，前者安排在每日20时至20时15分，后者安排在周一和周二19时至19时20分。

2. 教学

上海最早的广播教学节目是民国十四年（1925年）12月开洛电台开办的无线电话世界语练习班。民国十七年（1928年）5月，全国国语（普通话）教育促进会在新新电台开办首届无线电国语传习会，每周三、六17时30分起传授基本国语的语音字母与速成之功课。民国二十一年（1932年），上海（亚美）广播电台设电码教授节目，开始时每月一期，月初从头教授，月末结束。后改为三月一期，每逢3月、6月、9月、12月之初开始。民国二十二年（1933年）8月1日起，中华书局聘请周椒青每日7时至8时30分在永生电台教授该书局出版之基本英语课本，每月教授一册，三个月毕业。如有疑问可投函询问，汇齐后在无线电中答复。这一举措被学者称为空前之壮举。

此后，上海各广播电台设立广播教学节目逐渐增多。从不同时段的节目表来分析：民国十四年至民国二十二年，只有5个电台设立教学节目；民国二十三年2月5日节目表上有10座电台教授国文、英文、国语（普通话）、口琴和无线电码等5项课程（电台总数32座）；民国二十六年7月5日节目表上28座电台中有16座教授10门课程，其中交通部上海广播电台、上海市政府广播电台、上海（亚美）广播电台、元昌和友联广播电台都授课三门以上。抗战爆发后，民国二十八年1月1日统计，29座电台中只有4座电台教授英文、国文、日语和口琴。民国三十年12月5日，太平洋战争爆发前夕，26座电台中只有4座有教学节目。抗日战争胜利后，教学节目又有所恢复，据民国三十五年9月21日节目表统计，22座电台中有9座电台设置教学节目，其中教授英语的有6座电台，教授国文的3座，教国语的1座，识字教育的1座，有2座电台教授2门课程。此外，未列入节目表的还有民国二十三年12月1日起，法文协会在该会电台播讲法文。

民国时期若干年份开设广播教学节目电台情况一览表

单位：座

内容	1925～1933年	1934年2月5日	1937年7月5日	1939年1月1日	1941年12月5日	1946年9月21日
世界语练习班	1					
国语（普通话）	1	2	3			1
无线电码	1	1	1			
英语	1	2	6	2	3	6
口琴	1	2	2	1		
国文		3	8	1	1	3
日语				1		
国乐			1			
珠算			1			
美术			1			
无线电			2			
识字教育						

3. 知识讲座

最早在民国二十一年6月，中西广播电台设置《医学常识》讲座，每月12时30分至13时由王完白医师主讲。在不同的时段，知识讲座的数量增减也呈现出波浪式的曲线，从开始创办逐步增加，发展到抗日战争前夕为最高，在全市28座电台中有25座电台举办14种知识讲座。抗战爆发，上海沦为“孤岛”，知识讲座急剧减少，在太平洋战争爆发前夕，全市26座电台只有6座设置知识讲座，播讲《无线电常识》、《编结常识》、《医学常识》和《一般常识》。抗日战争胜利后，知识讲座又大幅上升，据民国三十五年9月21日统计，全市22座电台中有16座电台设置七种知识讲座。

民国时期若干年份开设知识讲座广播节目电台情况一览表

单位：座

内容	1932年	1934年2月5日	1937年1月~7月5日	1939年1月1日	1941年12月5日	1946年9月21日
医药常识	3	6	15	6	1	5
家庭常识	1	1	3			5
无线电常识	1		7	1	2	
法律常识		3	1			
卫生及救护			5	1		
防卫知识			10			
青年问题			3			
摄影问答			3			
邮政常识			1			
电政常识			1			
制糖常识			1			
数学常识				1		
编结法					2	
航空常识						1
旅行常识						1
哲学讲座						1
科学常识				1		5
教养讲座						1
戏剧讲座						2
一般常识	1		3		1	1
农工知识			2			
玻璃制造法			1			
常用字浅谈				1		

4. 妇女儿童

民国十四年12月9日，开洛电台聘请中国妇女协会干事舒惠桢讲演《中国妇女经济独立问题》。民国二十一年12月17日起，大东书局主办的

《家庭教育讲座》借中西电台播出，内容有《中国与法国家庭教育的比较》、《中国与英国家庭之比较》、《家庭教育的价值》、《现代妇女应负的责任》以及《家庭保育问题》等。以后，官办电台及民营元昌、福音、航业、华东、华美、鹤鸣、“民声九九”、“亚洲合作”、国民、新运和“亚美麟记”等电台均设置过以妇女与家庭为主要内容的知识专题讲座。此外，常设的妇女节目有：民国二十二年（1933 年）6 月，中西电台增办《妇女与家庭》节目，由《晨报》妇女与家庭专栏主编，聘请妇女界名人播讲。民国二十五年（1936 年）7 月，交通部上海广播电台设置《妇女教育》节目，讲述《新家庭主妇所应有的常识》，该台并办有《妇女通问》解答妇女问题。民国二十八年（1939 年）6 月，天蟾广播电台开办《育婴常识》节目。

设置儿童节目最多的时期是在“八一三”抗战前夕。据民国二十六年 7 月 5 日节目统计，29 座电台中，2 座官办电台均设置儿童节目，民营电台有亚美、明远、华美、华泰、华兴、福音、鹤鸣等 7 座。节目内容有儿童教育、儿童故事、儿童歌唱等。抗战胜利后，有官办上海广播电台及民营胜利、“中华自由金都”、大美、青年文化等电台设置儿童节目。东方、华美、元昌、鹤鸣和大美电台还设置《迷途儿童报告》节目。在组织儿童参加社会活动方面有：民国二十二年（1933 年）5 月 1 日《儿童晨报》社和永生、恒森电台联合举行儿童音乐播音竞赛会；民国二十四年 3 月 29 日中国国货公司与交通部上海电台联合举行上海市儿童播音竞赛大会；民国二十五年 4 月 12 日，由小学生组成的幼童播音团在中西电台播唱儿童歌曲。

5. 体育

播送体会竞技消息最早的是上海（亚美）电台，民国十九年（1930 年）播送在浙江杭州举行的全国运动会会场消息；同年秋，转播在日本东京举行的远东运动会当天消息。民国二十三年 5 月，该台在 16 时、18 时 50 分、19 时 50 分、20 时至 21 时，一日四次播送在日本东京举行的远东运动会消息。当晚 22 时 35 分汇集报告当天各项比赛成绩。

在“八一三”抗战爆发前夕，上海各广播电台对体育和健身节目一度特别重视。据民国二十六年（1937 年）7 月 5 日广播节目表统计，在 28 座电台中，有 21 座电台设置体育节目，官办的上海市政府广播电台设置早操、晚操和体育常识三档节目，有 14 座民营电台设置早操节目，3 座电台设置晚操节目，元昌电台教太极操。以后，体育节目便在上海各电台销声匿迹，只有抗战胜利后设立的军政电台在 8 时 15 分至 8 时 30 分设置晨操和健康运动讲解节目。

三、娱乐

1. 音乐·歌曲

音乐是最早吸引听众收听广播的节目。奥斯邦广播电台的首次播音，就是一台空中音乐晚会，内容有小提琴独奏、金门四重唱、萨克斯独奏和舞曲。当时听众主要是外国人，音乐节目全是西洋音乐。

开洛电台《申报》馆分站播音后，音乐节目增加了中华古典音乐的播出，由琴师演奏七弦古琴和合奏弦乐。据民国十三年（1924年）12月19日开洛电台发音时间表所载，这一天安排了两次中西音乐、三次西乐、一次日本音乐。中国音乐虽已有一定位置，但仍以西乐和外国唱片为主，间以极少数的中国唱片。以后为迎合中国听众的需要，逐步增加中乐的播送。民国十四年7月31日《申报》报道：开洛电台将在13时至13时30分之节目全部改为中乐，并将在中国剧场装设发音电路。

电台播送歌曲最早的是新孚洋行广播电台于民国十三年5月开始每周四21时播送小儿催眠歌谣唱片。

民国十六年成立的新新公司广播电台开始定时播送音乐和歌曲唱片。民国十七年7月1日，中国播音协会成立后，出资在开洛电台播送特别节目，歌曲节目增多。同年7月28日19时45分至20时45分，玫瑰歌舞会女会员在开洛电台播唱“新式歌曲”，这是歌唱演员直接上电台播音的开始。同年8月，又有家庭歌舞团在开洛电台演唱歌曲。

30年代初期，业余歌唱团艺化社每月一次在中西电台播唱歌曲。以后上海出现职业歌唱团体到电台演唱，推销商品，但其内容常常为迎合一些小市民的低级趣味而播出一些黄色歌曲。其中也有内容健康、积极的，如民国二十三年4月11日21时至21时30分北平（京）育英中学歌咏团应邀在上海（亚美）电台播唱爱国歌曲；同年5月9日，为纪念“五九国耻日”（按：指民国四年5月9日，北洋政府袁世凯承认日本政府提出的《二十一条》不平等条约），中国无线电音乐戏剧团在华东电台全体合唱《五九》歌。

“九一八事变”后，聂耳、冼星海、吕骥、任光等著名音乐家创作了《义勇军进行曲》、《毕业歌》、《热血》、《打回老家去》等抗日救亡歌曲。上海有许多广播电台反复播出这些歌曲和唱片。民国二十五年（1936年）3月，吕骥每周一、三、五18时30分至19时在交通部上海电台教唱救亡歌曲，第一支歌就是《义勇军进行曲》。民国二十六年3月1日，励志业余播音社宣称，凡国货工厂，商号在本市各电台订有固定节目而欲请该社播送特别节目者，该社可免费义务在周六和周日 13 时至 23 时时间内播送歌唱节目。据民国二十六年 7 月 5 日广播节目表统计，28 座广播电台中有 11 座设置了 16 档由各歌唱社播唱的歌曲节目。其余电台也普遍设置了播送歌曲唱片的节目。歌曲成了音乐节目中的主要组成部分。

"八一三事变"，上海沦陷后，在日伪控制下开业的广播电台只能播送低级庸俗的靡靡之音，独有苏联呼声广播电台仍设有《广东音乐》和《西洋音乐》等音乐节目。

抗战胜利后，国民党中央广播事业管理处所属的上海广播电台设有《国乐》、《军乐》、《流行歌曲》，《西洋流行歌曲》和《西洋名曲介绍》等节目。民营电台普遍设有歌曲节目，但有的电台仍播送一些黄色歌曲。民国三十七年（1948 年）5 月，由中共地下组织成员徐炜和进步音乐工作者姚牧发起成立的上海广播乐团在上海广播电台播唱民歌和中外名曲。以后转到中华自由电台教唱《兄妹开荒》、《朱大嫂送鸡蛋》、《山那边啊好地方》以及《团结就是力量》等民歌和革命歌曲。该团以《东方红》和自己创作的《解放大上海》歌曲，迎接上海的解放。

2. 戏剧

戏剧节目最早出现的是苏滩、粤曲、京剧等。民国十三年（1924 年）10 月，名票友在开洛电台播唱京剧《击鼓骂曹》、《起解》、《四郎探母》、《捉放曹》、《定军山》和《打渔杀家》等。民国十四年京剧名伶程砚秋、郭仲衡到开洛电台播唱。

30 年代初，各民营电台戏剧节目多以播放唱片为主，演员到电台演唱较少。到 30 年代后期，才逐渐增多。其中申曲（沪剧的前身）在民国二十八年（1939 年）时，就有专业演员在电台播唱申曲。抗战胜利后，光华、施家，中艺、正艺、英华等沪剧团在电台有固定节目。民国二十八年，越剧演员马樟花、袁雪芬、傅全香等为爱国企业三友实业社做广告，在华东电台播唱，开了越剧上电台播音的先河。翌年，袁雪芬、马樟花、傅全香三人主演的新戏《恒娘》就是先上电台播唱，获得听众欢迎后才公演的。电台播唱成了越剧戏班与广大观众建立友谊的空中桥梁。民国三十六年（1947 年），为筹建越剧学校和实验剧场，越剧界举行联合义演《山河恋》，他们首先通过电台广播，为演出做宣传，扩大了越剧的影响。

3. 曲艺

曲艺节目有滑稽、弹词、宣卷、四明文书等，其中弹词在民国时期广播节目中出现较早。民国十六年（1927 年），开洛电台在徐大经任该台播音部副主任后，每天增播 1 小时弹词节目。民国十七年，开洛电台每天设置两档弹词节目。当时新新电台每天有一档弹词节目。民国十八年春，开洛电台由于经费短缺，继续播出有困难，亚美无线电公司以中国播音协会机关会员的资格出资在开洛电台播出一档弹词节目。次年，明远电料行亦出资在开洛电台播送弹词节目，使弹词的广播没有中断。到 30 年代后期，弹词成了上海最流行、最脍炙人口的娱乐节目。上海街头巷尾收音机中弦索叮咚，昼夜不辍。据民国二十七年 11 月 29 日《申报》一篇报道中统计，28 座民营电台每天播送弹词节目 103 档，平均每个电台每天播出 3.7 档，每档以 40 分钟计，共计 4120 分钟。如果在一个电台播送，需连续播送两昼夜又 20 小时。

滑稽（独角戏）说唱易做广告，在民营电台中都设有滑稽节目。其中有低级趣味的内容，也有不少具有爱国主义思想的好作品，如《“一·二八”大鼓》、《闸北逃难》、《活捉东洋人》、《哭东北》和《哭难胞》等；抗战胜利后，也有《劫收大员》、《五子登科》等讽刺腐败的节目。滑稽说唱演员中也不乏爱国者。民国二十六年 7 月上旬，“七七事变”发生后，滑稽游艺家刘春山应上海市滑稽（独角戏）公会之请，假座航业广播电台为慰劳华北二十九军抗敌战士，播音劝募捐款，共收到捐款 159.68 元，全数送交《立报》社转交二十九军抗敌战士。据《立报》7 月 12 日报道：“捐款中有刘的学徒笑嘻嘻、笑奇奇两人所捐十元零二角，系前年在大世界演唱抗敌作战歌曲时，因表演真挚，观众大受感动，纷纷向台上抛掷的铜圆所积成者。”

4. 播音剧、故事

民国二十二年（1933 年）1 月 27 日，上海（亚美）广播电台为纪念“一二八”抗战一周年，播出由苏祖圭编导的播音剧《恐怖的回忆》，反映上海一家人在日机轰炸中遇难的故事。全剧分两幕，虽然情节比较简单，但播出时剧中的枪炮声、轰炸声、人声喧哗悲惨呼号声，都摹拟得十分逼真。此是播音剧在上海的首次播出。

同年 3 月 21 日起，小说家黄南丁在中西电台播讲故事《天雨花》。此后，汤笔花在元昌电台播讲《聊斋》故事，还在新新、国华、东方、大中华、亚美、麟记等十多家电台播讲《伊索寓言》故事、《岳飞传》历史故事、《人猿泰山》冒险故事、《霍桑探案》侦探故事以及《红楼梦》、《玉梨魂》等。

据民国二十八年1月1日广播节目表所载，29座电台中有15座设置故事播讲节目，其中5座电台一天安排两次以上故事节目，最多的为金鹰电台安排四次故事节目。故事的播讲有的安排在夜深人静时，如汤笔花在金鹰电台播讲《谈奇说怪》和《儿女英雄传》是在午夜1时20分，接下去是方正播讲《包公奇案》（午夜2时）；高阳山人在明远电台播讲《蜀山剑侠传》和《古今轶事》是在午夜零时25分至2时20分，获得部分听众的欢迎。

民国二十五年（1936年）11月1日，交通部上海广播电台播出剧作家洪深编写的话剧《开锣船》。民国二十七年6月，银雾剧团在利利电台演播曹禺话剧《雷雨》和《日出》。

抗战胜利后，民国三十五年（1946年）5月，官办的上海广播电台在中午12时至12时45分穿插一次文艺节目，播讲巴金小说《火》。这部由空中艺术社设计的广播小说，在对话的地方，男的、女的、老的、少的、粗暴的、温柔的、快乐的……各种声音都有。跟着剧本情节的需要，还有狗吠声、婴孩哭声、纺车咿呀声、鸡啼声……广播小说戏剧化是当时播音界的创举。

四、宗教

奥斯邦电台在星期天设有《布道》、《祈祷》等宗教节目。民国十四年（1925年）6月起，开洛电台星期天11时至12时有美国教堂讲道及赞美歌等宗教节目。民国二十一年6月，中西电台每周日14时至15时有宗教演讲，周六15时至16时基督教义。宗教电台福音电台成立后，宗教播音占其节目的主要部分，从民国二十三年（1934年）2月5日节目表所载，每天安排晨祷，圣经研究、布道演讲和晚祷等四档宗教节目。民国二十六年7月5日福音电台节目表所载，每周一至周六设置四档布道讲节目，其中一次为英文布道，此外圣经研究和晨祷（每日）。周日有英文礼拜、粤语礼拜，国语布道和俄文布道及夜礼拜。播讲基督教义的电台还有其美、航业，国华、华侨等。

民国二十三年6月19日，天主教会借快乐电台播讲天主教义。

民国二十三年2月，永生电台设置佛学演讲节目，逢周日增加一档。至民国二十六年，有7座电台播讲佛学，以宣扬佛教教义为主的佛音电台每天除早、晚课外，安排诵经和讲经三次。其他有大中华电台的佛学演讲、大陆电台的讲佛、李树德堂、利利电台的讲佛经节目。民国二十八年1月，佛音电台从7时至17时全部安排宗教节目。佛音电台停播后，光明电台主办佛教节目。民国三十年9月，该台为纪念已故罗迦陵女士（哈同夫人）生前热心提倡佛学，改名为妙音电台（妙音系哈同夫人之法号）。该台有12种佛学节目，终日罄声与木鱼交响。其他大华、李树德堂、新声等电台也都设有佛学讲座。

抗战胜利后，除基督教义仍有福音电台播讲外，佛教的广播宣传便显得冷落萧条，很少见到有播讲佛教的节目。

五、广告

民国二十二年（1933 年），东方、明远、国华及亚美公司上海电台开始联合播送广告。厂商只要做一次广告，同时可得到四个电台的听众收听，扩大了广告的范围。民国二十九年 12 月，新亚药厂假新新电台播送特别节目一天，其他电台转播，等于全市各电台为其播送特别节目一天。广告播音没有专设节目，商品广告穿插在各项文娱节目里播出，每项文娱节目都有一批热心的听众，穿插其间的商品广告借此扩大其影响。在一些受听众欢迎的节目中，经常有十多家商号联合做广告的情况。播送广告的时间超过了一档节目的大半时间，反客为主，又常常在收听节目的紧急关头，插上一段广告，令人生厌。据民国二十四年 12 月 31 日《晶报》载："新新电台在一次播送京戏《龙凤呈祥》的唱片中间，插播广告 10 余次，所有袜子、皮鞋、雨衣、绸缎、雪茄等商品广告轮番播送。当播《甘露寺》一戏时，正唱得起劲，突然一报告员的声音插进，大讲手提皮包以及大小皮夹子等商品，发出各种叫卖声，仿佛甘露寺前摆货摊，使听者感到滑稽可笑。"

"八一三"抗战爆发，上海各民营电台的广告宣传差不多全停顿了，代之以抗日救亡的播音宣传。但随着战事西移，上海租界成为日伪势力包围中的"孤岛"，一些原来被国民政府交通部勒令封闭的不合格电台又重新开张播音，新电台又不断出现，广告播音更加没有节制。一面唱片不过唱了 3 分钟，而报告员的商业广告却继续到 5 分钟甚至 10 分钟。民国二十七年（1938 年）12 月 15 日《申报》曾载文生动地描述无线电听众的烦闷："每只唱片播送之后，便有大批商品的广告开始播送，连篇累牍地口诵着，过了半刻钟或一刻钟之后口诵完毕，方才把无辜的听众从压迫中解放出来，让他们再听一只唱片，或者是一个歌曲，几分钟播送完毕，又是一大篇商品广告的口诵。当我们听了一出《四郎探母》的名曲后，我们的广告播音员便急促地发出沙音的警告，叫听众要赶紧到××路××号××针织厂去买丝袜，要买的原因是该厂线袜特别便宜，不买的便须记好该厂的电话号码；接着又叫你去买酱鸭和肉骨头；又叫你去买祖传的人参补药。把你麻烦一阵子之后，方才肯给你再听《贵妃醉酒》的名歌。这是播音台安排给一般听众的恩赐。"但也有许多主持这种专栏文艺和广告播出的广播员因此而闻名上海。

民国二十八年广告广播员唐霞辉为三友实业社在华东、大亚广播电台播送广告，广告在绍兴戏、申曲、歌曲等文娱节目中插播。她以优质的服务获得广告客户和广大听众的赞赏，被誉为上海的“播音皇后”。民国三十三年，广播员万仰祖以“万阿狗”的艺名在《空中书场》的评弹专栏节目里，为中国华明烟草公司的“大百万”金香烟做广告。万仰祖为华明公司找了功率大的电台，聘请著名评弹艺人每天每档45分钟播出六档，播音简单扼要，避免啰唆，在书的情节发展的时候插播广告。节目一年365天不停播送，听众十分欢迎。连播数年，“大百万”金香烟牌子和“万阿狗”的播音艺名红遍上海滩。

抗战胜利后，上海民营广播电台同业公会为纠正广告过滥和虚假广告盛行等弊端，曾于民国三十六年9月制定《播音合同（草案）》，其中有一条规定，广告客户所宣传之商品须先将该货样送交电台验看，如电台认为有损商业信誉或与广告词句不符时，有权立即停止其播送，并不负一切损失之责。

第二节　抗日战争中广播宣传

一、“一·二八”抗战中广播宣传

民国二十年（1931年）日本发动“九一八”事变，侵占中国东北。第二年1月28日，日军又在上海挑起侵略战争。蒋光鼐、蔡廷锴指挥的第十九路军奋起抵抗，给了日军沉重打击。上海各界人民积极投入到支援十九路军的英勇抗战中。

上海广播界的上海（亚美）电台和大中华、国华等少数广播电台坚持在敌机盘旋下继续播音，播送战况，这对于当日沪报不能到达之江苏、浙江各县尤其显得重要。江苏常熟东张市私立益众图书馆每日按时收听上海（亚美）电台播送的战事消息，听者有千余人。该图书馆将电台所播之消息记录下来，随时油印单张分发，使大众明了真相。当时正在宁波港停泊的海轮“嘉禾号”全体百余名船员自晨至深夜不停地收听广播，闻胜则喜，闻败则忧。

上海（亚美）电台通过广播开展募集慰劳品、慰问金与赈济金活动。有时早晨播音募捐，到中午就已将所需款项和物资收集齐全。住在上海戈登路（今江宁路）的10岁儿童致信亚美电台说，他每天早晨上学前收听广播，知道“许多小同胞家内因为受了日本人的炮火，无家可归，真正可怜，小生年小无力帮助为恨，将所积压岁钱购做丝棉马夹100件，计洋299.3元，已送往前线。又请母亲将小生旧棉衣、棉袍捡出，共50件，请转送受苦的各位小同胞应用”。从民国二十一年2月17日到3月17日止，亚美电台共收到捐款2.1万余元及救济物资无数。第十九路军总指挥蒋光鼐、军长蔡廷锴及淞沪警备司令戴戟联名致信亚美公司上海电台致谢。

“一·二八”事变后，通过广播开展抗日救国共赴国难的宣传开始为各界所关注，每年在“一·二八”事变纪念日都要举行纪念播音。民国二十二年（1933年）1月23日至28日，上海各界开展航空救国播音宣传周活动，由上海市长吴铁城及社会名流分赴亚美、中西、大中华电台演讲宣传。上海（亚美）电台在“一·二八”抗战一周年之际，播出了有一定声势的广播宣传节目。内容包括：1月26日（农历正月初一）为纪念播音开场白及“一·二八”事变之始末介绍；1月27日为“一·二八”事变每日大事记及播音剧《恐怖的回忆》：1月28日为特别节目《哭周年》；1月30日航空救国宣传，1月31日纪念播音结束语。

民国二十二年2月4日起，上海国际宣传社为唤醒国人注意国际情形共赴国难，在永生电台举办国际问题演讲大会。同年5月18日，国货运动宣传大会在大中华电台播讲国货救国。

民国二十三年1月28日，中外电台一律停止娱乐节目，从10时至20时有7位社会名流到各电台作爱国演讲。

民国二十六年1月28日，“一·二八”事变五周年，元昌电台播送纪念节目，9时播送警策语及防卫知识。15时30分播送爱国剧《一·二八之夜》、《李老大说梦》；22时30分播送爱国剧《争夺记》、《收回》。

二、“八一三”抗战中广播宣传

1. 概况

民国二十六年（1937年）7月7日，日本侵略军进攻卢沟桥，发动全面侵华战争。8月13日，日军又把战火烧到上海。上海军民英勇抗战，到11月12日中国军队撤退，上海抗战历时三个月。“八一三”事变前后，上海广播界大力进行抗日救亡工作。无线电广播在宣传和动员中成了有力的对敌战斗工具。

民国二十六年7月22日，上海市各界团体在国民政府支持下，发起成立了上海市各界抗敌后援会。淞沪抗战爆发后，交通部上海广播电台每日有上海文化界救亡协会做救亡播音。上海市政府广播电台迁南市继续播音，节目有新闻、军乐、时事演讲、战事教育、爱国歌唱、外语演讲等。上海27座民营电台从商业广告为主转为救亡播音为主，同年9月8日，抗敌后援会宣传委员会与民营无线电播音业同业公会共同议定战时广播电台统一宣传办法，规定在战时各广播电台播音主要节目为：时事报告、劝募救国公债、劝募慰劳物品及其他征集事项、各类战事常识指导、外国语演讲及时事杂评、抗战歌曲演唱、名人演讲、游艺劝募或宣传八项。同时规定：第一项节目可由各电台自由播送，唯须以受新闻检查所检查之报纸为限；第二项节目由宣传委员会拟定宣传稿件送各电台播送；第三项节目由宣传委员会依照慰劳委员会所需之物品及其他征集事项拟就稿件通知各电台播送；第四项至第八项节目一律由宣传委员会特派人员播送。同时，宣传委员会又拟定非常时期的每周广播节目。

宣传委员会指定5处电台为监察电台，随时监察、纠正各电台的广播宣传工作并针对敌方的广播宣传，指定电台从事干扰敌台音波。

2. 救亡演讲

民国二十六年（1937年）8月10日开始，抗敌后援会举行筹募救国捐款广播演讲。每日13时40分起，由四位各界名人分别在亚美、华美、大中华和中西广播电台演讲，每次20分钟至30分钟，4时20分结束。播音日程一直排到8月29日，共有吴蕴斋等80人作了广播演讲。9月，上海市各界抗敌后援会与中国特种教育会联合举办无线电名人抗日救亡广播演讲，每日两次。第一次从12时30分至13时，第二次从16时45分至17时15分。每次由两人分别在两处电台同时演讲，其他电台转播。

上海文化界救亡协会从同年9月11日开始，请文化界著名人士在交通部上海电台作救亡播讲。到11月15日止，共播讲50多次。演讲内容有郭沫若的《抗战与觉悟》、钱俊瑞的《抗战胜利的基础》、胡愈之《抗战中的国际形势》、郑振铎《如何保持抗战的胜利》、萨空了《抗战中的宣传工作》、刘思慕《上海抗战后的日本国内社会经济》、恽逸群《抗战中的农民运动》、沙千里《抗战中的职业青年》、许广平《鲁迅与抗日战争》、施复亮《抗战与民主》等。

抗敌后援会宣传委员会国际宣传部拟定外国语宣传大纲，针对日本国民、英美政府与人民、苏法政府与人民不同对象，制定不同的宣传内容。每日19时至19时45分为外国语播音时间。每种外国语播音以10～15分钟为限。英语和日语播音每天都有，其余时间为其他外国语播音。

民国二十六年10月20日，宋庆龄在美商广播电台以《中国走向民主的途中》为题，用英语向美国各界人士发表广播演讲，介绍并盛赞平型关战役的胜利。同时指出中国反抗日本法西斯侵略战争不单是为自己国家，也是为世界所有爱好自由民主的人们。

3. 文艺广播宣传与募捐活动

从民国二十六年（1937 年）8 月 13 日日本侵略军进攻上海之日起，上海曲艺界救亡协会分别在中西、华东、富星等电台举行募捐宣传播音三天。参加播音的剧种有：苏滩、甬剧、越剧、滑稽、话剧、申曲、平剧、弹词等。民国二十六年 9 月 24 日，上海戏剧界电影界联合国难后援会为募集救国公债及慰劳前方将士举行平剧大会串播音。梅兰芳、周信芳、李少春、高百岁等参加演出。播音持续三天，募集捐款 1.3 万余元。10 月 11 日中国作曲家协会、上海戏剧界救亡协会话剧组在中西电台联合播音，每日 19 时至 20 时播出。演出歌曲《出征歌》、《救亡之歌》、《募寒衣》、《保卫大上海》；话剧《保卫卢沟桥》。12 日继续播出歌曲《中国的呼声》、《中国空军歌》、《伤兵慰劳歌》；钢琴独奏《少年中国进行曲》；话剧《保卫卢沟桥》第二幕。15 日，上海文化界救亡协会在中西电台播送话剧《大家一条心》和教唱救亡歌曲。以后连续在中西和华东电台播出话剧《青纱帐里》、《最后一课》、《吞下了一颗炸弹》等。22 日，上海电影界与上海救济委员会合作，连续三天在中西电台播音募捐，救济难民。播出话剧、平剧、救亡歌曲等，其中有田汉编剧的《阿 Q 正传》、《卢沟桥》，陈鲤庭等编的《放下你的鞭子》，欧阳予倩编的《曙光》，孙瑜编的《最初之一课》，蔡楚生编的《第七个“九一八”》以及周信芳与电影明星合演的《明末遗恨》等。这次募捐规定：捐款 50 元以上赠送一册明星签字纪念簿，首页由田汉题词；捐款 100 元以上可亲临播音室听唱。

上海市各民营电台不仅放弃广告收入，参加义务播音募捐，而且也参加捐献。友联电台捐献 1000 件棉背心，在每件棉背心里写有不同的话语，其中有一则是这样写的：“亲爱的忠勇将士！你们安心地干吧！你们不用后顾，你们前方需要的东西，我们都能尽力输送。你们放心大胆地前进吧！直到把敌人全部赶出我们国境。”但在播音募捐中也出现个别的播音界败类。亚声电台台主黄菊隐假借为伤兵募捐名义，侵吞 8000 余元现金及金银饰品等物，经调查属实，以国难期间犯罪性质十分恶劣，被淞沪警备司令部以军法判处死刑，于民国二十六年 10 月 26 日执行枪决。

民国二十六年 10 月 30 日至 11 月 7 日，上海文化界救亡协会还举办“保卫大上海宣传周”。参加宣传周活动的有 113 个团体组织的 930 个宣传队达 4690 人。这是上海各界救亡团体第一次大规模行动。上海文化界救亡协会组织的名人在交通部上海电台演讲，有诸青来讲《保卫大上海》、章乃器讲《民众武装保卫大上海》、史良讲《全上海妇女动员起来保卫大上海》、萨空了讲《用我们全力保卫大上海》等。

同年11月12日，中国军队全部撤离上海，上海租界成为“孤岛”。中国人民抗日救亡运动在租界受到种种限制；到年底，上海的电台有的停播，有的转向，抗日救亡的广播之声，一时趋于沉寂。

但是救济难民的义务播音仍继续进行。民国二十七年（1938年）11月1日，上海难民救济协会劝募委员会成立，各民营电台主任及游艺界知名人士均为义务宣传劝募委员。同年12月26日，全市播音界、游艺界举行联合播音劝募认养难民活动，当时上海有难民10万名，月需给养30多万元，号召市民每月节省2元即可认养一名难民。

民国二十八年6月7～25日，中国职业妇女俱乐部等团体假大陆、新新电台的名义举行多次慈善义卖播音，募集经费救济难民和支援新四军。

第三节 编 播

民国时期广播电台除官办电台外，民营电台编播工作由电台报告员负责。各台设报告员少则一人，多则3～4人。报告员负责选择播音材料、放唱片、播读报纸新闻报道以及播送商品广告等。报告员选择播音材料时，实际上起了编辑的作用，而在读报时又要将文字语言变成口语播出，需要讲究播送艺术，他们集编播工作于一身。民国二十一年（1932年）8月26日，上海市政府教育局训令各民营广播电台对播音材料“务应郑重选择，俾免流弊，而维风纪为要”。

民国二十四年开始筹建的上海市政府广播电台未设专职编辑人员，对于该台播音的编审事宜，由市政府相关处局各派代表一人组成播音编审委员会负责。该委员会的常务委员由市政府秘书处、教育局及公用局所派代表担任。民国三十四年9月26日组建的国民党中央广播事业管理处所属的上海广播电台，设立了传音科、总务科、工务科等组织，由传音科负责编播工作。

听众对播音工作的好坏是有评价的。民国二十一年（1932年）3月24日，一位听众致函亚美电台，表扬该台播音员在播读新闻时能够详加解释，尤其对文言语句和成语的解释使“文化幼稚的妇孺听了格外明了”。时值“一·二八”事变期间，日军占领了上海闸北地区，当亚美电台播出“中国人到闸北取物件先要在日军司令部打一红手印”这一消息时，播音员还加了一段按语。这位听众反映："听后惊心动魄，妙在无形之中激发听众爱国思想。"

以后，随着商品经济的发展，游艺、弹唱、说故事等人员来电台播送文娱节目的日益增多，这些人的播音水平和质量就比较差，听众啧有烦言。据民国二十七年12月15日《申报》发表的听众评论称："有些老气横秋的播音家似乎多半是痰迷专家，终年患着伤风咳嗽，时常把咳声和吐痰声播送出来。"

附：

民国时期上海广播电台节目一览表

一、1923~1933年节目表

1.《大陆报》暨中国无线电公司广播电台（奥斯邦电台）

1923年1月23日节目表

时间	节　目	备注
20时	介绍性预告	
20时15分	小提琴独奏——诙谐曲——德伏乍克 世界著名的捷克小提琴家贾罗斯拉·科西恩（Jsroslav Kocian） 今夜稍晚时候在法国总会演奏	
20时30分	金门四重唱，目前每晚在卡尔登演出	
20时45分	萨克管独奏，最新动人歌曲——蓝色 卡尔登乐队的乔治·霍尔	
21时05分	舞曲	

说明：《大陆报》还在节目之间插播国际和本埠新闻简报。

2. 开洛公司广播电台

1924年12月19日节目表

时　间	节　目	备　注
9时45分至10时15分	中西音乐及商情新闻	除星期日外，按日播送
13时至13时30分	西乐	除星期日外，按日播送
18时至18时30分	西乐及新闻	每星期三改为晚8时至9时有特别音乐
20时30分至21时	中西音乐及新闻	除星期日外，按日播送。每星期六或有特别节目
22时至23时30分	西乐	卡尔登跳舞音乐，按日播送
10时至20时	日本音乐	每星期日播送

3. 新新公司广播电台

1927年3月19日节目表

时　间	节　目	备　注
9时30分至10时30分	新友社各种杂调	
10时30分至11时	国内外重要新闻	
11时至12时	著名粤调西调	
12时至12时30分	新新公司商业特别行情	
14时30分至16时	张素兰特别苏滩	
16时15分至17时	范少山男女苏滩	
18时至18时30分	周筱红女子杂调	
21时至22时	范少山男女苏滩	
星期日10时至11时	新新公司德育演讲	下午照常，每月1日更换一次

4. 上海（亚美）广播电台

1932年1月节目表

时　间	节　目	备　注
9时30分至10时30分	报告商情，当时上海气象及唱片	
11时10分起	报告各交易所商情	
11时45分至12时30分	唱片、报告商情、当时上海气象、转播杭州气象报告	
12时30分至12时57分	最新西乐唱片	
13时	上海标准钟点	
14时至14时45分	报告各交易所商情	
15时30分起	报告各交易所商情	
16时起	报告各交易所商情	
16时20分至16时50分	儿童节目（演讲部）	星期二、四举行
16时20分至16时50分	演讲（演讲部）	星期六举行
17时10分起	最新唱片，报告商情，当时上海气象	

（续表）

时　间	节　目	备　注
17时20分至18时10分	弹词　朱介生：落金扇	中国播音协会会员国华电器行播送
18时10分至19时	评话　黄兆麟：三国志	中国播音协会播送
19时至19时50分	弹词　杨仁林：白蛇传	中国播音协会会员明远电器行播送
19时50分至20时40分	四明南词　陈昌浩：十美图	中国播音协会播送
20时40分起	无线电常识问答（问答用纸购货时请向亚美公司门市部索取）	星期一、五
20时40分至21时40分	特别节目（节目临时报告）	星期三 中国播音协会会员国华电器行播送
20时40分至21时40分	特别节目（节目临时报告）	星期六 中国播音协会播送

说明：星期日休业。

二、1934年2月5日节目表

1. 中西广播电台

时　间	节　目	备　注
9时至9时30分	新闻　节目预告	
10时至11时	唱片	
11时至12时	大红袍　周剑虹	
12时30分至13时	医药常识　王完白	星期六　秦道源
13时至13时45分	欢喜冤家　周凤文	
13时45分至14时15分	故事　徐哲身	
14时15分至15时	三笑　刘天韵	
15时至15时30分	电影介绍　李君磐	
15时30分至16时	紧要电讯	
15时至16时	基督教义	星期六
16时至16时30分	新闻　演讲	三、四、六演讲，余新闻

（续表）

时　间	节　目	备　注
16时至17时	特别节目	星期日
16时30分至17时	新闻、医药、演讲、法律、新闻	星期二、五医，星期四法，星期六演讲　余新闻
17时至17时45分	珍珠塔　姚筱奄	
17时45分至18时45分	苏滩　庄海泉	
18时45分至19时45分	话剧	
19时45分至20时45分	四明文书　果报录　陈昌浩	
20时45分至21时	唱片	
21时至21时45分	笑笑笑　周凤文	
21时45分至22时45分	南方歌剧　梁山伯　天韵集	
22时45分至23时45分	苏州文书　王宝庆	
23时45分至24时	唱片	

2. 福音广播电台

时　间	节　目	备　注
8时至8时30分	晨祷	每日
8时30分至9时	音乐	星期日
8时30分至9时	新闻与报告	每日
13时至13时20分	英文宗教演讲	星期日停
13时20分至13时40分	国语读经	同上
17时至17时30分	儿童故事	星期日停
17时至17时30分	勉励会	星期日
17时30分至18时	家庭改良与人格训练	星期日停
17时30分至18时30分	晚祷会	星期日
18时至18时30分	圣经研究	星期日停
19时至19时30分	特别音乐	每日
19时30分至20时	布道演讲	星期日停

（续表）

时　间	节　目	备　注
19时30分至20时30分	夜礼拜	星期日
20时至20时30分	医学卫生	每日
20时30分至21时	德育故事	同上
21时至21时30分	社会问题	同上
21时30分至21时50分	晚间新闻	同上
21时50分至22时	晚祷	同上

三、1937年7月5日节目表

1. 交通部上海广播电台

时　间	节　目	备　注
7时30分至8时10分	惠灵国学会　国学	星期日停
8时10分至8时30分	早操	星期日停
8时30分至9时	苏省农产物行市	星期日停
9时	报时	星期日停
9时至9时30分	新闻气象	星期日停
	国语会话周一、周三、周五 科学常识周二	
	张克成卫生常识周四、周六	
11时55分至12时	国外行市	星期日停
12时至12时40分	西乐　唱片	每日
12时40分至13时	防卫知识	星期三停
	英文书报选读	星期三
13时	报时	每日
13时至13时40分	西乐唱片	
13时40分至14时	党义周一　书报选读周二、周六	
	英文教授	星期二、四、五
	周椒青　教英语　正音	星期日
16时至16时40分	爵士社　歌唱	星期六
16时至17时	海光无线电初步	星期日

（续表）

时　间	节　目	备　注
16 时 30 分至 17 时	家庭节目	星期六
17 时起	邮政常识	星期一
	电政常识	星期二
17 时至 17 时 40 分	莹社　话剧一 雏声社　歌唱二	
	艺鸣社　歌唱四 艺音社　歌唱五	
	翔虹社　歌唱六 自强社　歌唱日	
17 时 15 分至 17 时 40 分	女青年会演讲	星期三
17 时 40 分至 18 时	妇女演讲一　国货演讲二	
	孙默心教歌唱三 教授职业英语四	
	演讲五 教授职业英语　六	
	家庭节目	星期日
18 时	报时	
18 时至 18 时 40 分	励敏社　弹词一 律社　国乐二	
	怒吼团　歌唱三 大众会　口琴四	
	稚鸣社　歌唱五　歌曲六	
	飞声社　歌唱	星期日
18 时 40 分至 19 时	儿童节目	
19 时至 20 时	西乐唱片	星期六停
	转播青年会　演讲	星期六
20 时	报时	每日
20 时至 21 时 05 分	中央节目	星期日停

（续表）

时　间	节　目	备　注
	陈大悲　观音戏	星期日
21时至22时	雷社票房　平剧	星期日
21时05分至21时30分	新闻	星期日停
21时30分至22时	平剧	星期一、二、三、四、五
	西乐	星期六
22时至22时20分	故事一、三、五 一周大事二	
	演讲四、六　游记日	
22时20分至23时	平剧一、二、三、四、五 雷社票房平剧日	
	电霞艺术研究社　平剧	星期六
22时30分起	报告新闻报及夜报新闻	每日

2. 上海市政府广播电台

时　间	节　目	备　注
7时45分至8时	早操	星期日停
8时至8时15分	军乐	星期日停
8时16分至9时	国乐	星期日停
9时至9时30分	无线电浅说	星期一
	吴士谦　教国文	星期二、四、六
	教电码	星期三、五
9时30分至10时30分	纪念周	星期一
11时至11时30分	教育节目	星期二、四、五
11时30分至11时50分	日常科学一　市政报告二、三、四、五	
	演讲六　唱片星期日	
11时50分至12时30分	西乐	星期日停
12时30分至13时	新闻气象　唱片	
13时至13时30分	农工常识	星期四

（续表）

时　间	节　目	备　注
13时30分至14时	革命历史一　演讲二、三、四、五、六	
	体育常识	星期日
13时55分至14时	预报节目	星期一
16时30分至17时	唱片	星期一、日停
16时30分至17时30分	中华会　口琴	星期日
17时	报时	星期一停
17时至17时30分	名人演讲二 上海历史演讲三	
	通俗学术演讲四 考古演讲五	
	科学新闻	星期六
17时30分至18时	唱片	星期一停
18时	华社　歌唱	星期六
	怒吼团　歌唱	星期日
18时至18时30分	儿童节目	星期六、日停
18时30分至19时	新闻气象　唱片	星期一、日停
19时起	电送社　话剧	星期六、日
19时至19时30分	家庭节目	星期二至五
19时30分至20时	唱片二、三、四 警察局军乐五	
20时至21时05分	中央节目	星期二至六
20时至21时55分	民教馆平剧队　平剧	星期日
21时05分至21时45分	西乐唱片	星期二、三、四、五
21时45分	预报节目	星期一停
21时50分	晚操	星期一停

3. 佛音广播电台

时　间	节　目	备　注
7 时	早课	早课每逢星期一停
8 时	诵《金刚经》	
9 时	诵《华严经》	每逢星期一停
10 时	讲《法华经》	
12 时	讲《佛说仁王护国般若经》	
13 时	讲《无量寿经》	
14 时	讲《华严经》	
15 时	讲《乐师经》	
16 时	晚课	晚课每逢星期日停
17 时	讲《涅盘经》	
18 时	粤曲唱片及胡章钊故事	
19 时	家庭教育星期一、三、五	
	广东戏星期二、四、六	
20 时	唱片	
20 时 40 分	教授平剧	
21 时 20 分	讲短篇故事	林凤阁
22 时	讲精忠奇侠传	林凤阁
23 时	京剧唱片	
		每逢星期六歌舞唱片

四、1939 年 1 月 1 日节目表

1. 大上海广播电台

时　间	节　目	备　注
11 时		家庭日常科学
11 时 30 分	宗教问题	宗教歌
11 时 50 分	报时	沪语
12 时	故事	三国
12 时 30 分		唱片

（续表）

时　间	节　目	备　注
13 时	报告新闻	英语
13 时 30 分		唱片
14 时	报告新闻	国语
14 时 30 分	经济新闻	沪语
17 时	教儿童唱歌	
17 时	儿童歌剧	星期日
17 时 30 分	报告新闻	粤语
18 时	教授日语	星期一至六
18 时	报告周刊新闻	星期日
18 时 30 分	报告新闻	沪语
19 时	西乐	星期日
19 时	趣味的演讲	星期一至五
19 时 50 分	报告新闻	英语
20 时	游艺	
	星期日　申曲	阿增出灯
	星期一　苏滩	昭君和番
	星期二　女子弹词	新军开篇
	星期三　南方歌剧	
	星期四　滑稽	外国滑稽
	星期五　南北时曲	
	星期六　弹词	看灯
20 时 30 分	游艺	
	星期日　名伶平剧	南天门
	星期一　话剧	阋墙之争
	星期二　歌唱	
	星期三　口技	
	星期四　口琴	
	星期五　国乐	

（续表）

时　间	节　目	备　注
	星期六　女子平剧	
21 时	报告新闻	国语
21 时 25 分	游艺	
	星期日　名伶严剧	南天门
	星期一　话剧	阋墙之争
	星期二　滑稽	
	星期三　西乐	
	星期四　粤乐	
	星期五　歌唱	
	星期六　女子平剧	
	新闻解说	国语
22 时 05 分	预告节目	国语

说明：大上海广播电台是日本侵略军控制的电台。

2. 金鹰广播电台

时　间	节　目	备　注
零时	张幻尔　故事话剧	啼笑姻缘
零时 40 分	何锡云	评话三国
1 时 20 分	汤笔花　故事	谈奇说怪
2 时	方正　故事	包公奇案
2 时 40 分	浦梦古　故事	金粉世家
8 时 40 分		唱片
9 时 20 分	宋美琴	申曲
10 时	筱文滨	申曲
10 时 40 分	筱文滨	申曲
11 时 20 分	赵天飞	弹词：描金凤
12 时	刘子云	申曲
12 时 40 分	王效孙	评话：水浒
13 时 20 分	雪音社　维扬文戏	珍珠塔

（续表）

时　间	节　目	备　注
14时		唱片
14时40分	仲心笑	滑稽
15时20分		唱片
16时	汤笔花　儿女英雄传	故事
16时40分	张少蟾　周慧芳（逢星期日大套琵琶）	弹词：双珠凤
17时20分	佛笑话剧团话剧	半夜夫妻
18时	江笑笑　鲍乐乐	滑稽
18时40分	沈筱英	申曲
19时20分	浦梦古乐团	音乐名歌
20时20分	奇音社	女子平剧小曲
20时40分		唱片
21时20分	凌幼祥	评话金台传
22时	陈莲卿　祁莲芳	弹词：双珠凤
22时40分	蒋宾初	弹词：三笑
23时20分	范雪君	弹词：杨乃武

说明：金鹰广播电台是抗战前被国民政府交通部取缔的不合格电台。后向日本广播监督处登记，改换名称、呼号，再开业播音。

五、1941年9月27日苏联呼声广播电台节目表

时　间	节　目	备　注
9时	申曲	
10时	潮州音乐歌唱	
11时	京戏	
11时30分	华语（国语）报告（新闻摘要）	
12时30分	华语（国语）新闻报告	
12时45分	俄语新闻报告	
13时	英语新闻报告	

（续表）

时　间	节　目	备　注
13 时 15 分	德语新闻报告	
13 时 31 分	越剧	
13 时 30 分	华语（沪语）新闻报告	
14 时 45 分	京戏	
15 时 30 分	粤乐	
16 时	华沿（粤语）新闻报告	
17 时	西洋音乐	
18 时	轻音乐或俄文讲座	
18 时 30 分	华语艺术节目（另详本埠新闻）	
19 时	华语（国语）新闻报告	
19 时 15 分	英语新闻报告	
19 时 30 分	德语新闻报告	
19 时 45 分	俄语新闻报告	
20 时	俄语、英语及德语莫斯科报纸述评	
20 时 20 分	艺术节目	
23 时	华语（沪语）新闻报告	
23 时 15 分	弹词	

1943 年 10 月 18 日至 10 月 30 日鲁迅先生逝世七周年纪念广播节目表

时　间	节　目	备注
第一周：10 月 18 日（星期一）	《鲁迅传》	
10 月 19 日（星期二）	《阿 Q 正传》	
10 月 20 日（星期三）	《风波》、《故乡》	
10 月 23 日（星期六）	《长明灯》，独幕剧（鲁迅原作改编）	
第二周：10 月 25 日（星期一）	一、《现在的屠杀者》；二、《聪明人和傻子和奴才》；三、《娜拉走后怎样》	
10 月 26 日（星期二）	《过客》、《人话》	

（续表）

时　间	节　目	备注
10月27日（星期三）	一、《说面子》；二、《病后杂谈》；三、《答国际文学社问》；四、《文人相轻》	
10月30日（星期六）	一、《鲁迅与中国民族及文学上的鲁迅主义》——冯雪峰； 二、《鲁迅与苏联文学》——罗果夫	

六、1946年9月21日节目表

1. 国民党中央广播事业管理处上海广播电台

中波部分

时　间	节　目	备注
7时~7时05分	钟声，国歌，预告播音节目	
7时05分~7时45分	英语教授（英文研究社）	
7时45分~8时	军乐（对时）	
8时~8时15分	（前奏曲）国语新闻	
8时15分~8时30分	西乐	
8时30分~8时35分	渔市行情报告	
8时35分~9时	弹词（一、三、五），　大鼓（二、四、六）	
9时~9时15分	（前奏曲）沪语新闻	
9时15分~10时	国乐（一、四），　越曲（二、五），　申曲（三、六）	
10时~10时15分	（前奏曲）经济新闻	
10时15分~11时	平剧（对时）	
11时~11时10分	船期报告	
11时10分~11时45分	流行歌曲	
11时45分~12时	自由谈（对时）	
12时~12时30分	粤曲	
12时30分~12时45分	（前奏曲）粤语新闻	
12时45分~13时	流行歌曲（对时）	
13时~18时	（固定片）休息	
18时~18时05分	钟声，预告播音节目	

（续表）

时　间	节　目	备注
18 时 05 分 ~ 18 时 15 分	职业介绍（一），妇女讲话（五），儿童节目（二、三、四、六）	
18 时 15 分 ~ 19 时 15 分	歌咏（中华歌咏团）	
19 时 15 分 ~ 19 时 30 分	善后救济节目（善后救济总署）	
19 时 30 分 ~ 19 时 45 分	（前奏曲）国语新闻	
19 时 45 分 ~ 20 时	流行歌曲（对时）	
20 时 ~ 20 时 15 分	特约演讲（或文摘介绍）	
20 时 15 分 ~ 21 时	传音戏（沈菊隐领导）	
21 时 ~ 21 时 30 分	国语新闻及时评（转播中央台）	
21 时 30 分 ~ 21 时 50 分	（固定片）沪语商情报告	
21 时 50 分 ~ 22 时	预告次日播音节目，军乐	
22 时 ~ 22 时 15 分	英语新闻（转播国际台）	
22 时 15 分 ~ 22 时 30 分	平剧	
22 时 30 分 ~ 23 时	（固定片）转播伦敦电台华语节目	
23 时 ~ 21 时	趣谈（沈菊隐，沈一杰）	
24 时 ~	国歌，播音停止	

短波部分

时　间	节　目	备注
7 时 30 分 ~ 8 时	钟声，国歌，预告上午播音节目，晨乐	
8 时 ~ 8 时 15 分	（对时）（前奏曲）国语新闻	
8 时 15 分 ~ 8 时 45 分	西乐	
8 时 45 分 ~ 9 时	（前奏曲）英语新闻	
9 时 ~ 9 时 30 分	西乐，英语文艺故事	
9 时 30 分 ~ 9 时 15 分	科学讲话（一、三），自由谈（二、四、六），地方通讯（五）	
9 时 45 分 ~ 10 时	家庭节目（日）平剧（对时）	
10 时 ~ 16 时 30 分	休息	
16 时 30 分 ~ 16 时 45 分	钟声，预告播音节目，日本音乐（一 ~ 六）	

（续表）

时　间	节　目	备注
16时15分~17时	日语节目（一~六）	
17时~17时15分	军乐（一~六）钟声，预告节目，军乐（日）	
17时15分~17时30分	（前奏曲）闽语新闻及时评（一~六），韩语节目（日）	
17时30分~17时45分	粤剧	
17时45分~18时	粤语新闻及时评	
18时~18时30分	西洋流行歌曲	
18时30分~18时40分	英语评论	
18时40分~19时	西乐（对时）	
18时~19时	英语周末特别节目	
19时~19时15分	（前奏曲）英语新闻	
19时15分~19时30分	善后救济节目（一~六），国乐（日）	
19时30分~19时45分	（前奏曲）国语新闻	
19时45分~20时	国语时事述评，歌咏（对时）	
20时~20时15分	特约演讲（或文摘介绍）	
20时25分~20时40分	国乐（一、三、五），西乐（二、四）	
20时40分~21时	国语商情，气象，水位报告（一~六）	
19时45分~21时	星期日特别节目	
21时~21时30分	经济新闻	
21时30分~21时55分	西洋舞曲（一~六），海外通讯（日）	
21时55分~22时	英语新闻（转播国际台）	
22时15分~23时	平剧（二、四），星期音乐（日）	
22时15分~23时30分	西洋名曲介绍（一、三、五），播送戏院平剧（六）（联播900KC）	
23时	国歌，播音停止（二、四、日）	
23时30分	国歌，播音停止（一、三、五、六）	

2. 军政广播电台

8 时	钟声，国歌，每周总理遗训	
8 时 10 分	恭读军人信条	
8 时 15 分	晨操	
8 时 30 分	对时，预告本日节目	
8 时 40 分	国语新闻　军乐　气象报告	
9 时	军人教授节目开始每周一步兵操典　二号音三内务　四野外勤务　五陆军礼节　六简明经历	
11 时 30 分	军中生活介绍　社会服务职业介绍	
12 时	对时　军人信条　休息	
12 时 01 分	商业介绍唱片（大戏考）	
14 时	抗战事实，名人介绍，今日回忆	
15 时	党史讲解新武器介绍　社评	
16 时	国语沪语新闻全国经济概况	
16 时 40 分	国货介绍　医学常识	
17 时	军民联欢节目地方什曲唱片	
21 时	转播南京央广播电台	
21 时 20 分	娱乐节目	
23 时 45 分	预告明天节目　军人信条	
24 时	国歌　播音停止	

说明：（1）军政广播电台系打着“军营”招牌的民营电台。

（2）每星期日播送军民联谊节目。

第二章　华东人民广播电台节目及编播

华东新华广播电台于民国三十七年（1948 年）9 月 12 日试播，每天早、中、晚三次。同年 10 月 20 日在鲁中临朐城西的程家庄正式播音，每天播音 5 个半小时。

1949 年 5 月 27 日上海解放以后，对华东地区的广播任务即上海人民广播电台担负。

1949 年 9 月 1 日起，用“上海人民广播电台第一台”名义，以 800 千周和 5985 千周对华东地区广播。

华东新闻广播电台试播时，除转播陕北新华广播电台节目外，同时抄收各解放区电台广播的重要内容，扩大新闻来源。

华东新华广播电台正式播音后，早晨6点半到7点，对华东战场国民党军广播。主要内容有在华东战场放下武器的国民党军官介绍，书信、讲演和文章，有华东解放军对国民党军的广播、讲话等。7点到8点，对华东我军广播，主要内容有军人家书、后方情况、战斗英雄和先进单位的事迹，军中文化娱乐材料等。17点到18点，对南京、上海、杭州、福建、台湾等地蒋管区广播，主要内容有新闻、言论、华东解放区介绍等。18点到21点，转播陕北新华广播电台节目。

在解放济南战役中，华东新华广播电台于1948年9月2日开始对济南广播《华东紧急动员令》、济南前线战报，原整编第12军军长霍守义等人劝国民党中央委员、山东省政府主席王耀武起义的信等。

王耀武被俘后，经过教育，愿意戴罪立功。11月14日，在华东新华广播电台济南的临时播音室里，王耀武第一次向南京蒋介石进言。陕北新华广播电台也转播了这次讲话。以后王耀武又讲了好几次。其他一些起义与被俘的愿戴罪立功的国民党将领也陆续讲过话。

在淮海战役广播中，最具瓦解敌军功能的是毛泽东主席亲自撰写的《敦促杜聿明投降书》，当时是以刘伯承和陈毅两将军名义广播的。

华东新华广播电台广播的国民党军被俘军官名单，是所有国民党军从统帅到前线各部队都想收听的，他们的家属更想收听。国民党电台经常干扰解放区广播，但一到广播国民党军俘虏名单时，即停止干扰。

解放后华东人民广播电台（以下简称华东台）的政治节目中，华东新闻是主要节目，它及时传达华东局领导机关意图，报道上海及华东各地动态。华东各省台都加以转播，收听面很广。除华东新闻外，还有记录新闻。以后，在全国联播之后，又开辟了15分钟的“华东通讯和评论”。

第一节　节目

华东台每天两个小时的记录新闻广播，在当时起了很大作用。中央和华东的政策法令文件全文记录广播，重大新闻和言论摘要广播。各县、分团、电台收音站抄收下来，或印报，或出黑板报，边远地区因此可从广播中早十天半月得到上级的指导意图。

政治理论学习节目也是华东台固定节目中的台柱节目。

华东台与华东军区、上海气象台联合举办的“台风节目”，关系到生产和人民生命财产的安全，受到华东各地领导和人民的重视。

华东台经济类专题节目，如统一财经工作特别节目、民主评议工商业税特别节目、调整公私关系以及工商业登记、劳资协商会典型报告特别节目等，对新解放区发展经济，理顺各方面的经济关系，教育私营工商业者遵纪守法起了一定作用。财经讲座，对华东地区财经干部进行系统的政策和业务教育，有组织的听众达几万人。经济类节目还办有经济动态、物资交流、华东行地商情，上海商情、华东供销合作行情、华东区百货公司百货行情等节目。

华东台成立不久，对台湾广播节目划归华东台，用普通话、闽南话广播，内容有新闻、通讯、讲话、书信等。

第二节　编播

华东新华广播电台刚成立时，曾设编辑部，主任由苗力沉兼任。编辑部下设六个组：新闻组，组长萧文；敌军组，组长华坚；本军组，组长张葳；蒋区组，组长林风；文艺组由张葳兼管；播音组，组长夏之平。

华东人民广播电台成立后，与上海人民广播电台是一套编播机构。起初，上海台编辑部抽出两人编辑对华东地区广播节目，并成立工作组，增设华东新闻和华东通讯节目。

第三章　上海人民广播电台节目

第一节　新闻节目

1. 报道形式

上海电台在新闻报道中注重实况音响的运用，增强传真效应，陆续创造出广播大会、实况转播、录音讲话、录音报道、录音新闻、录音通讯、现场口头报道等具有鲜明广播特点的报道形式。

1949年6月1日，上海解放才几天，在技术条件极差的情况下，上海电台就设法现场广播了陈毅市长在交通大学向全市人民发表的广播讲话。那时没有转播设备，是在现场把话筒和电话线连接起来直播出去的。

上海解放不久，电台编辑、记者用刚从香港购来的钢丝录音机，制作了第一个录音通讯《欢乐周末》。为迎接10月1日的开国大典，上海一些基层单位准备各类文体活动。电台记者带着录音机，把这些活动的录音保留下来。几个记者商量，写成串联词，把这些片断剪接起来，先由编辑王友枚写稿，副台长苗力沉修改定稿后开始制作。大家来到播音间，有的翻稿纸，有的打手势，工务室姚更生操作机器，施燕声播音，插播一段，接一段音响实况。这样没有音乐和混播的6分钟录音报道，折腾了一个下午。为与报纸上的新闻通讯相区别，在节目单上加上了"录音通讯"四个字，于开国大典前夕在上海电台播出。

2. 广播大会、实况转播

广播大会是华东。上海电台创造的一种新闻广播形式，这一形式与现场广播、现场直播形式，都具有与新闻同步的特点，能比较充分地发挥以声音传播，不受时空限制的宣传鼓动优势。上海电台最早的一次现场广播是1949年6月1日，陈毅市长在交通大学向全市人民发表广播讲话。

第二节　社会教育节目

一、学习节目

1949年9月，开办《政治常识讲话》，约请陈虞孙、姚溱主讲，并解答听众提出的问题。陈虞孙先讲社会发展简史，而后播送艾思奇的讲稿，上海市有10万以上的人收听。

二、工人节目

1949年7月，上海电台开始设置《工人节目》。节目时间每星期两次，每次30分钟，9月1日以后增加到每天早、中、晚各一次，每次30分钟。节目内容由编写报纸材料，发展为自己采访工厂新闻、组织职工来台讲话、表演文娱节目，并有时事讲话、苏联介绍、政治文化教育等。

三、青年节目

《青年节目》开办于1949年9月，是上海电台建台以后较早开办的节目之一。每周播出三次，每次 30 分钟。初办时主要是组织青年学生、青年工人、店员以及其他进步青年到电台广播，介绍他们的日常生活、工作和学习情况；经常组织演讲，对青年进行思想教育，如请上海市教育局中教处杭苇主任讲怎样开展学习，以及毕业生的前途问题等；同时报道国内外青年动态。

四、妇女节目

《妇女节目》于 1949 年 8 月开办，每星期播出两次，每次 30 分钟。同年 9 月 1 日开始，增加到每星期四次，逢星期一、三、五、日播出，每次 45 分钟。节目内容有：星期一为妇婴卫生讲座、妇女常识课本教授、节约食谱；星期三为民主妇联时间和冯秋萍讲绒线编结法；星期五播送通讯及各地妇女动态、妇女故事；星期日为家庭妇女联合会时间和文娱节目。

五、科普节目

1949 年 7 月 18 日，上海电台开办《卫生常识》节目，8 月 8 日，开办《科学技术广播》节目。由中国技术协会、中国科学工作者学会、中国农业科学社、科学时代、上海生物学会、纺织协会、米丘林学会、中华营养促进会等联合组成的科技广播工作者协会主办。

第三节　经济类节目

上海人民广播电台建立后，在中共七届二中全会精神指导下，将经济宣传列为中心工作之一，除新闻、通讯和评论节目中经济内容为重要成分外，还开办定时的专门节目和不定时的特别节目，遇重大事件则开广播大会，以加大经济节目宣传分量。

1949 年 6 月 11 日，为了反对不法分子的银圆投机，稳定上海金融物价，上海电台举办了第一个经济专题节目，主要内容有：市民主妇女临时联合会对全市妇女的讲话；市学联代表和总工会筹备代表的讲演以及教唱反对银圆贩子金融投机的歌曲。

同年 7 月，为促进上海的工业生产，开办了工人节目，每天播出。内容有报道劳动竞赛、技术革新、超额完成生产任务、改善工人生活的工厂新闻，劳动模范、积极分子或负责人的讲话，工人自己表演的文艺节目等。以后还和上海市总工会及各行业工会合办“纺织工人”、“五金工人”、“店员市政工人”等各行业的节目，分别定期定时播出。

不久创办了内容包括市场动态、金融行情等“经济节目”。

第四节　文艺节目

一、文学节目

1. 诗歌

1949 年 7 月 18 日起上海电台即不定期播出诗歌朗诵节目，曾联合 17 家私营电台及文艺界举办庆祝性特别节目，组织很多著名影剧演员演播诗朗诵。10 月 1 日，在人民广场转播上海人民庆祝开国大游行实况时，组织多名诗人在转播台前，根据游行实况，即兴赋诗，由播音员当场朗诵，后编成诗歌专辑《歌唱祖国的春天》播出。在抗美援朝运动中也播出了诗朗诵《狠狠打击侵略者》和《侵略者的命运》等许多诗篇。

2. 故事·小说连播

1949 年 6 月 11 日，上海电台就有故事节目，播出的第一个故事是《李勇大摆地雷阵》。

二、音乐节目

1. 华夏旋律

上海电台于 1949 年 5 月 29 日设立《国乐》节目，此后曾分成《广东音乐》、《民族民间音乐》、《民族音乐》。

2. 星期广播音乐会

1949 年上海解放初期，上海电台就经常在星期日上午 9 点到 11 点，开办《星期唱片音乐欣赏会》。解放后的一年中，播放了三十多次。

3. 教歌、每周一歌

1949 年 5 月 27 日上海解放之日起，《教歌》节目即开办。它是上海电台歌曲节目的组成部分。每周教唱一首或两首新歌，每次 45 分钟（后改为 30 分钟）。教唱曲目选自上海电台编印的《广播歌选》以及全国性的歌曲刊物如《歌曲》、《上海歌声》、《解放军歌曲》等。上海解放初期，上海电台适应形势和群众的需要，教唱了大量革命歌曲，如《解放区的天》、《东方红》、《我们的队伍来了》、《解放大上海》等。据统计，上海解放后的一年中，共教唱各种群众歌曲，民歌、苏联歌曲 101 首。其中歌颂领袖、歌颂新中国，歌唱工人、农民、解放军、青年学生以及配合宣传反轰炸、发行胜利公债、生产救灾、保卫和平运动、纪念节日等方面的歌曲占 87 首。

4. 外国音乐

早在1949年6月就设有《苏联名歌》、《西洋名歌》等外国音乐节目。以后，节目的内容和名称几度调整更改，形成几个固定栏目，即《西乐》、《苏联歌曲》、《轻音乐》等，其中，《西乐》于1949年7月1日设立，专门播送西洋古典音乐。

上海电台的外国音乐节目，在1949年每天播出的数量为25分钟，以后逐年上升。

5. 广播书场·星期书会

1949年6月起上海电台开办评弹节目，先后由编辑编写和组织创作新节目《鲁迅颂》、《祝家庄》、《节储买公债》、《反轰炸慰难胞》、《白毛女》、《走在时间前面的人——王崇伦》、《小二黑结婚》、《武松》等，都由响档播唱，颇受听众欢迎。

三、综合文艺节目

1949年7月18日设置了45分钟综合编排的“文化娱乐”节目，后改称“文艺节目”。先后播出军乐《新民主主义进行曲》、管弦乐《歌唱毛主席》、儿童剧《小白兔》、越剧《梁山伯与祝英台》和边疆民族舞曲等。

第五节　少儿节目

《少儿节目》是上海电台历史较久并受到听众喜爱的节目之一。始办于1949年7月。节目设置根据少年儿童不同年龄的特点和要求而变化和发展。先后举办有《儿童节目》、《儿童园地》、《少年儿童节目》等。

《少年儿童节目》、《快乐少年》

上海电台对少年儿童广播的节目，最早称为《儿童节目》，于1949年7月开办。由上海市教育局（初教处）、新民主主义青年团工委少儿部、上海市教育工作者工会、《新少年报》社和电台联合组成的“儿童广播工作委员会”组织领导。电台和上海市教育局各一人负责编稿兼播音。

《儿童节目》的对象是小学四年级以上的少年儿童。1949年初创时，儿童节目与妇女节目在同一个时间轮流播出。以后每天播出，时间分别是45分钟、30分钟、20分钟，也安排过1小时。

节目经常组织小学生到电台表演文艺节目或进行猜谜比赛。寒假则利用广播给小朋友上补习课，并帮助他们成立通讯组和收听小组。

第六节　服务类节目

上海刚解放时，市民对于人民政权的法令、中国共产党的政策，感到陌生，加之特务造谣，投机商人哄抬物价等，心中疑问甚多，于是用电话向电台询问各种问题，也有不少市民写信或亲自到电台询问。为适应听众的需要，上海电台于1949年6月开设《听众服务》节目，每天播送两次，每次15分钟。选择听众提出的带有普遍性或政策性较强需要广泛宣传教育的问题，编成口语化的问答稿播出。

1949年9月起，《听众服务》节目的时间，根据听众要求有所增加。在900千赫用普通话广播，每天两次，每次20分钟，内容是各种服务消息；在800千赫用沪语广播，每天两次，每次45分钟。

《节目预告》

上海电台诞生之日，《节目预告》节目即同时开播。随着广播频率的增加和节目内容的丰富多彩，《节目预告》也不断变化和改进。听众欢迎《节目预告》，称它为收听节目的指南。

第四章　上海人民广播电台编播

第一节　播音和节目主持

播音

播音队伍

上海电台播音组始建于1949年5月27日上海解放之日，当天由夏之平和苏珮等人的首播揭开了上海电台播音工作的序幕。

上海电台播音组第一任组长夏之平，后由钱乃立接任。首批播音员有南下干部黄其等5人，以及中共地下党员和留用的原国民党上海广播电台播音员，主要从事普通话播音以及上海话和广东话播音。

第二节　资料工作

书报资料

上海电台的书报资料可以追溯到1949年淮海战役时华东新华广播电台剪贴的资料合订本。在解放军进军江南时，华东新华电台工作人员肩挑了两货郎担的图书。内有《马恩论中国》、《反杜林论》、《列宁文选》、《新民主主义论》、《论联合政府》、《整风文献》、《新闻工作文献》、《白毛女》、《李有才板话》等书籍，以及部分中共中央华东局机关报《大众日报》的合订本等。这些成了上海电台资料工作的原始积累。5月27日上海人民广播电台诞生后，资料工作即在此基础上遵循为编播服务的方针积极同步开展各项有关工作。

第三篇 >>>

广播电视技术

概　述

上海的广播事业历经北洋政府、国民政府时期而逐渐发展。上海解放前夕，全市各类广播电台共45家，技术设施均较简陋。

第一章　无线广播技术

解放前，上海市的广播电台，由于条件限制，在广播技术设施方面不论官办、外商或民办，其所使用的发射机、天馈线系统、录音放音等设备比较简陋，发射功率较低。1949年解放前夕，官办的上海广播电台，中、短波广播的发射总功率为1.8千瓦。所用天线为“T”型或倒“L”型，高约30～40米。其他私营电台发射功率为50～500瓦不等。天线一般用毛竹竿竖立在大楼顶，高约20米，一般都用空中地网代替埋设地网。

第一节 播控系统及设备

一、播控系统

1. 民国时期的播控系统

上海早期的广播电台播控设备较为简单，由传声器（话筒）和唱机送出的信号，经放大器输出送到发射机。

民国三十二年（1943 年）建立的上海广播电台增音室设在四川路 133 号，该处是日伪上海广播协会上海事务所大楼（即原英商卜内门洋行旧址）。共有大小播音室五间，并设有调音控制室三间，增音室一间，录音室一间。抗战胜利后，国民党接收了上海广播电台，并于民国三十五年 9 月将房屋、器具退还给英商卜内门洋行。上海广播电台迁至大西路（今延安西路）5 号和 7 号，在原德国新闻处小洋房内重建播出系统。在建造过程中，临时利用大西路 3 号原德国电台进行播出。民国三十六年上半年，大西路 7 号播出系统建成，陆续启用新系统播出节目。新系统设有播音室六间，还有增音室一间，收音室一间。因总控台混合系统损耗太大，所以音量全部由播音室控制，增音室只起放大调配、转播等作用。

2. 华东新华广播电台播音室

1948 年 7 月在山东五莲县的洪灵子创建了华东新华广播电台（华东人民广播电台前身），后又迁至临朐县的程家庄。当时的播音室很简陋，它是利用地主宅院的一间大屋子的一角，用毛毡搭了一个“小蒙古包”，把传声器、混音器及增音器放在里面进行播音。后来又把整个屋子改成播音室，把军毯悬挂在四壁作吸音设施，门窗缝用绒布条塞住，与室外杂音隔开。

1949 年 1 月，华东新华广播电台由山东临朐搬到济南。上海解放后，上海电台利用大西路原播出系统对华东地区广播，9 月 1 日开始用上海电台第一台的名义广播。

3. 上海人民广播电台播控系统

上海解放后，上海市军事管制委员会接管国民党上海广播电台，播控系统和发射机房都在大西路一个院子里。大小播音室共六间。1949 年 7 月，上海电台技术人员加装了第七播音室。

二、播控设备

总控室（增音室）设备

民国三十一年（1942 年）后，日伪上海广播电台在四川路卜内门洋行大楼建立了播控室。当时的增音设备采用日本零件在上海组装，有均衡线路放大器两台，线路增音机六台，试听放大器三台，测试用低频振荡器一台，室内线路监听功放机六台以及各种电源等。增音机采用集中供电方式。另有外出便携式转播机两台，用于对外转播。录音室内有 10 英寸胶片刻纹录音机两台（均为日产）。这是 40 年代日军在远东设计较新颖、播音室声学设计也较完美的播出设施。民国三十五年 9 月，因大楼归还英商，将设备全部拆除封存。民国三十六年上半年，国民党上海广播电台在大西路 7 号的增音系统建成，增音室将原四川路封存的设备启用，并增加了刻纹录音机两台，收音室还置有松下（National）NC—100 收讯收音二用机一台，供无线转播南京国民党中央台之用。

解放后，上海人民广播电台及时修复和改造了国民党政权留下的破旧设备，对技术设备进行了扩充、改造。在人手少，时间紧的情况下，自己动手设计安装新的播控系统，解决了播控设备的不足。

第二节　节目制作系统及设备

节目制作系统

解放前，上海各广播电台的播音方式为直接口播和播放唱片，没有专用录音设备。

解放初期，上海电台的播音方式主要是播音员照稿直播、放唱片、放录音。

第三节　节目传输系统及设备

转播中央电台节目的传输

解放初的上海电台收音室每日收听中央电台节目，按时进行转播，并经常收听其他电台节目。收音室原设在大西路电台内，因与发射机距离太近，收音情况不佳。为改善收听效果，于 1949 年 7 月 23 日，将收音室移至西康路国际电台内，收音情况有所改善。

第四节　发射系统及设备

1923～1949 年上海官营、民营主要电台的发射系统及设备情况表

	电台名称	开播时间	播出频率（千赫）	波长（米）	发射功率（瓦）	附注
北洋政府时期	中国无线电公司广播电台（奥斯邦电台）	民国十二年（1923 年）1 月 23 日	1500	200（英尺）	50	中国境内最早正式播音的广播电台
	新孚洋行试办学术实验广播电台	民国十二年 5 月 30 日			50	
	美商开洛公司广播电台《大晚报》馆分站 《申报》馆分站	民国十三年 4 月 23 日 5 月 15 日	824	364（英尺）	100	发射机房在福开森路（今武康路），草地上有高 27 米和 45 米的铁桅杆二株，天线及地网各 4 根
	新新广播电台	民国十六年 3 月 18 日 民国二十二年 3 月 6 日	810 780	370 384.5	50	使用新新公司技师邝赞用 211 真空管装置的“哈特莱”型广播机，是上海第一家由中国人创办经营，也是中国第一座民营广播电台
国民政府时期（抗日战争前）	李树德堂广播电台	民国十八年 10 月	940	319.1	100	
	亚美无线电公司广播电台	民国十八年 12 月 23 日	915	328	创办时 50，后增至 100	
	大中华电器公司创办的大中华广播电台	民国二十年 1 月	1160	258.6	100	

（续表）

	电台名称	开播时间	播出频率（千赫）	波长（米）	发射功率（瓦）	附注
国民政府时期（抗日战争前）	国华广播电台	民国二十年2月1日	900	333.3	100	
	无线电播音公司	民国二十年5月14日	1280	234.3	400	上海美灵登广告公司和英国路透通讯社合办
	友联广播电台	民国二十一年3月	880	340.9	100	
	中西广播电台	民国二十一年6月14日	1040	288.5	100	
	华美广播电台	民国二十一年6月	1060	283	100	
	法商法人广播电台	民国二十一年8月19日	1340	224	250	
	明远广播电台	民国二十二年初	960	312.5	100	
	华泰广播电台	民国二十二年3月	620	483.9	100	
	美商奇美广播电台	民国二十二年4月26日	1460	205.5	250	
	英商奇开广播电台	民国二十二年5月29日	820	365.9	30	又名劳勃生电台
	美商华美（又程西华美）广播电台	民国二十二年6月21日	600	500	500	民国三十年12月8日改名东亚电台
	富星广播电台	民国二十二年6月	920	326	初办时100，后增至1000	

（续表）

	电台名称	开播时间	播出频率（千赫）	波长（米）	发射功率（瓦）	附注
国民政府时期（抗日战争前）	福音广播电台	民国二十二年12月2日	840	357.1	150	民国二十五年元旦，发射功率增至1千瓦。民国三十年12月8日福音电台被日军接管，1千瓦发射机被日方拆去。另由伪广播协会就原址另设日制200瓦发射机，改名大东电台
	佛音广播电台	民国二十三年1月22日			500	
	交通部上海广播电台	民国二十四年3月9日	1300	230.8	500	上海第一座官办广播电台。发射机装在百老汇路（今东大名路）瑞丰大厦上层，播音室设在南京路沙逊大厦（今和平饭店）国际电台中央收发室内。民国二十六年4月初，上海国际电信局又购买一台功率2千瓦的发射机，未及安装即爆发抗日战争
	大陆广播电台	民国二十四年12月1日	1340	223.9	100	
	上海市政府广播电台	民国二十五年3月8日	900	333.3	500	发射机房设在公用局，播音室设在市政府内

（续表）

	电台名称	开播时间	播出频率（千赫）	波长（米）	发射功率（瓦）	附注
日伪控制时期	日伪上海广播电台（亦称大上海电台）		900	333.3	10	发射台设在唐山路澄衷中学内，操场上架高的木杆天线，民国三十四年7月17日被美机炸毁，后被国民党上海广播电台接收
	大东广播电台（即以前的福音电台）				200	
	黄浦广播电台（即以前的美商大美电台）				100	
	法商雷士广播电台	民国二十八年6月30日	880	340.9	200	台址在虞洽卿路（今西藏中路）36号
	意大利广播电台	民国二十八年	1200	250	200	台址在大西路（今延安西路）10号
	苏联呼声广播电台	民国三十年9月27日	1470 1480	204	500	
	日伪国际广播电台	民国三十四年5月			1000	台址在大西路（今延安西路）3号

（续表）

	电台名称	开播时间	播出频率（千赫）	波长（米）	发射功率（瓦）	附注
国民政府时期（抗战胜利后）	中央广播事业管理处上海广播电台	民国三十四年9月26日	900、800（中波机三座）、11690（短波机一座）		1800	民国三十五年5月20日上海广播电台有1千瓦中波机和5千瓦短波机。同年6月22日开始新装中波800千赫400瓦发射机，播英语节目
	亚洲广播电台（原称上海广播电台）	民国三十四年10月	1180	254.2	300	
	大中国广播电台	民国三十五年1月5日	1310后使用1360	229 220.6	200 500	
	中华自由广播电台	民国三十五年1月1日重新创立播音	820	365.8	500	
	民声广播电台	民国三十五年1月1日	1240	241.8	500	
	中联广播电台	民国三十五年3月10日	1140	263.1	500	是唯一由中国共产党上海地下组织主办以民营商业电台为掩护的广播电台

1949年9月，上海电台对年久失修的天线进行整修。中波发射天线采用倒“L”式，短波发射天线是三角形阻抗匹配式半波天线。为提高发射效率，改善华东地区的收听效果，同年12月起，将1千瓦中波机的发射频率由原来的900千赫改为800千赫，对华东地区广播。

第四篇 管理

概述

民国四年（1915 年）4 月，北洋政府公布中国第一个《电信条例》，规定由交通部电政司实施对有线和无线电信事业的管理。当无线广播电台及收音机在上海首次出现后，交通部曾采取取缔措施，并严禁无线电材料进口。民国十三年（1924 年）8 月，北洋政府才有条件地允许民间装设、使用收音机，但仍严禁民间私设广播电台及进口无线电材料。

民国十七年（1928 年）7 月，国民政府公布《中华民国无线电台管理条例》，允许民间设立广播无线电台。此后，有关民营广播电台的建设、播音频率的分配、功率的核准、收音机登记及无线电材料进口等均属交通部管理。民国二十五年（1936 年）12 月，国民党中央广播事业指导委员会在上海设立办事处，开始审查广播节目。

日伪侵占上海期间，民国二十七年（1938 年）3 月，日军在上海成立广播监督处，接管过去由国民政府实施的对无线电广播的监督。民国三十年（1941 年）12 月 8 日，太平洋战争爆发，一些被日本侵略军认为是从事“敌性行为”的广播电台被接管，28 家依附日本广播监督处的中国民营电台在“统一广播事业”口号下，亦被封闭。民国三十四年（1945 年）8 月，抗战胜利后，上海官办广播电台改属国民党中央广播事业管理处管理，民营电台仍由交通部管理。

上海解放后，广播电视实行中央和地方双重领导制度。宣传方面初由中共中央华东局后由中共上海市委领导。

第一章　体制

“八一三事变”前，上海两家官办广播电台分属国民政府交通部和上海市政府。抗战胜利后，上海只剩下一家官办的上海广播电台，改属国民党中央广播事业管理处管理。民营广播电台的登记及取缔仍由交通部主管，广播节目由国民党中央广播事业指导委员会主管。上海解放后成立的上海人民广播电台由上海市政府和中央广播事业局双重领导。

第一节　市级管理体制

沿革

北洋政府时期严禁民间私设广播电台。对于上海私设广播电台的取缔事宜由江苏电政监督和当地地方官执行；对外人在沪私设广播电台则由外交部通知江苏特派交涉员取缔。

民国十七年（1928 年）7 月，国民政府颁布《中华民国无线电台管理条例》，规定广播事业归建设委员会无线电管理处管理。全国分为 5 个稽察区域，执行各区各类广播电台的纠察、登记、取缔及征收等事项。上海属于第一区，管辖江苏、浙江、安徽三省，稽察所设在上海。民国十八年 8 月 1 日，建设委员会无线电管理处和交通部无线电报话管理处合并，改组为交通部无线电管理局，统管全国无线电事务，局址设在上海。民国二十年 2 月 1 日，交通部上海国际电信局成立，无线电管理局撤销，上海各类广播电台改由国际电信局无线电课管理。民国二十五年 1 月 8 日，交通部上海电报局局长包可永兼任上海国际电信局局长，原局长温毓庆调任交通部电政司司长。同年 4 月 1 日，上海国际电信局撤销，上海各类广播电台改由交通部上海电报局管理。

当时，上海广播事业的管理体制呈现多头管理的状况。除交通部上海电报局外，上海市教育局以及民国二十五年 12 月才成立的国民党中央广播事业指导委员会驻沪办事处也参与上海各广播电台的节目审查工作。同年2月，上海市政府公用局成立的上海市广播无线电台管理处，也插手管理上海各广播电台。

民国二十六年“八一三”抗战爆发，同年11月12日上海沦陷。11月17日，日军对上海的邮政、电报、广播实行管制。民国二十七年3月20日，日本广播无线电监督处成立，上海各民营电台继续播音者必须接受广播监督处的控制与管理。民国三十年2月，汪伪政府建立中国广播事业建设协会，接办侵华日军在华经营的广播电台。民国三十年12月8日太平洋战争爆发，日军占领上海租界地区，接管美国和英国人电台，尚存的民营电台一律封闭。民国三十二年春，伪中国广播事业建设协会在上海设立事务所，管辖仅存的几座广播电台。

民国三十四年8月15日，日本无条件投降。同年8月27日，国民政府交通部江苏省江南区电信规复处暂行接管日伪所属上海各广播电台。同年9月25日，国民党中央广播事业管理处派员接收敌伪在上海的广播电台6处并机关2所。以后，民营广播电台营业登记及取缔等仍由交通部主管，国民党中央广播事业指导委员会审核节目播送。同年11月，上海市电信局从上海国际无线电台分出，兼管民营广播电台，郁秉坚任局长。同年12月初，淞沪警备司令部设立电信检察科，检查电台及管理无线电收音机等。民国三十五年4月，上海市警察局行政处第七课开始审查广播节目。

1949年5月27日，上海解放。当日，军代表周新武奉中国人民解放军上海市军事管制委员会（简称军管会）命令率华东新华广播电台27名南下干部接管国民党中央广播事业管理处所属的上海广播电台，成立上海人民广播电台，周新武任台长，苗力沉任副台长兼总编室主任。

第二章　宣传管理

解放前，上海的广播节目管理，由国民政府交通部、上海市政府教育局以及国民党中央广播事业指导委员会等多家机构实施。上海解放后，私（民）营电台的宣传业务由上海市军事管制委员会新闻出版处广播室统一管理。

第一节　解放前节目管理

民国十七年（1928 年）12 月 13 日，国民政府建设委员会颁布《中华民国广播无线电台条例》，规定广播电台业务限于："一、公益演讲；二、新闻、商情、气象等项之报告；三、音乐、歌曲及其他娱乐节目；四、商业广告不得逾每日广播时间 1/10。广播电台不得广播一切违背党义、危害治安、有伤风化之一切事项，违者文法庭讯办。"以后，广播事业改由国民政府交通部主管。交通部于民国二十一年 11 月 25 日，颁布《民营广播电台暂行取缔规则》，对广播节目的内容又作了限制，并明确规定民营电台广播节目是否符合规定是政府当局是否执行取缔该电台的一项重要依据。

从民国二十三年开始，国民政府上海市教育局开始审查上海市各民营电台节目底稿。据《申报》同年 10 月 5 日报道，审查结果，准予播音者有话剧 3 种，弹词 98 种，歌曲 83 种，故事 5 种，平（京）剧 6 种；应修正复核者，计弹词 1 种，歌曲 1 种，话剧 3 种；不准播音者，计话剧 4 种，宣卷 1 种，弹词 8 种，歌曲 5 种等。随后，交通部上海市电报局也开始整理广播节目。据民国二十五年 7 月《新闻报》报道，电报局限制各电台对申曲、滑稽、苏滩、四明文书、四明南词、小曲、清曲、淮戏、各派宣卷等节目（包括唱片在内）每天播放时间不得超过 3 小时，不得在 19 时至 22 时之间播送。电报局设电台广播稽查员，每日监听各电台所播节目，遇有可疑者即加以制止。

同时，上海市电报局发表查禁广播节目，计有歌曲、滑稽、地方戏等节目 84 个。除查禁一些淫秽节目外，对有抗日内容的节目经审查后改名，《五三惨案》改名《交涉记》、《五卅惨案》改名《五月里之南京路》、《一·二八》改名《失地记》。对宣扬"党化内容"的《新生活宝卷》则极力普及，购买大批党歌及名人演讲的灌音片，免费借与各电台播送。

民国二十六年 8 月 13 日，"八一三"抗战爆发后，上海市公共租界工部局即插手干涉租界内各民营电台广播节目的播送。8 月 16 日，工部局发布紧要布告，禁止各广播电台播送未经租界当局证实的消息，违者立时封闭电台。同月 19 日起，由租界工部局每晚将当日发生的事件通过华兴、中西、西华美及劳勃生等四座中外广播电台播送，以此来限制中国电台的抗日宣传。对此，上海市民营无线电播音业同业公会致函工部局进行抵制称："各会员电台所报新闻，均根据沪上各大报纸。在报纸上既能披露，则在电台方面想无不能宣布之理。”

日军侵占上海后，民国二十七年5月初，公共租界工部局接受日军广播监督处要求，封闭了一家播送政治节目的华商电台。同月8日，工部局又召集各民营电台负责人谈话，到会各电台代表20余人在书有“自即日起自愿不广播工部局警务处认为有妨碍的一切政治性的戏剧、歌曲、演说节目”的保证书上加盖印章。

法国驻沪总领事署亦于同年5月16日颁布《管理无线电话及无线电报章程》令，禁止各电台作政治宣传或广播含有政治性质的戏剧、歌唱和新闻等。

民国二十九年3月，汪伪上海特别市政府开始检查租界中的电影和广播，清除反日宣传。太平洋战争爆发后，日军进入租界，美、英等国电台被接管，中国民营电台一律封闭，剩下几座日伪直接管理的电台成为舆论统治的工具。

民国三十四年8月，抗日战争胜利后，国民党政府对广播节目的管制大大超过抗战之前。民国三十六年10月11日，国民党上海市政府社会局禁止电台播送不满社会现实的《再来一杯》唱片。民国三十七年11月5日，国民党上海市政府禁止121首歌曲播送，其中《保卫马德里》、《锄头舞》、《义勇军进行曲》、《扬子江暴风雨》、《开路先锋》等革命歌曲均被列入查禁之列。

随着国民党政府反人民内战的失败，人民解放军渡江南下，上海即将解放，国民党当局对广播节目的管制变本加厉。民国三十八年4月23日，国民党京沪杭警备司令部禁止《日出》、《雷雨》、《原野》等话剧广播节目播送。4月24日，淞沪警备司令部又规定各广播电台节目未经其核准者，一律不准播送，如有违背，立即查封。各台广播节目如有“反动”或足以影响治安的言论，一经查实，按照戒严法从严惩办。

第二节　解放后宣传管理

对私营电台节目管理

1949年6月13日，军管会发布《关于上海市私营广播电台暂行管制条例》，规定私营电台继续播音者，其宣传业务由军管会新闻出版处广播室统一管理，各台每天广播节目及广播内容必须于次日向军管会文化教育管理委员会新闻出版处作书面报告，并必须转播军管会所指定的节目。未经军管会许可不得有任何自播的政治性节目，如新闻评论、政治性讲演及通讯等，不得有反对人民政府、反对人民解放军及任何反共、反人民、反对世界民主运动的宣传与败坏风俗的节目。

同年6月29日，军管会文化教育管理委员会召开上海私营电台和剧艺界人士负责人茶话会。文化教育管理委员会领导夏衍、范长江在会上阐明了军管会对私营电台的方针政策，让与会者了解政策，安下心来。会上决定建立上海市广播界双周座谈会制度，作为政府和私营电台经常联系的方式，并决定由上海电台先行召集。7月11日，召开了第一次广播界座谈会，中央广播事业领导人李强参加座谈，并就私营电台宗教节目问题阐述了中共对宗教宣传的政策。从第三次座谈会起，由各私营电台按着当时排列的频率为序，轮流担任召集人和主席。在座谈会上，政府直接向私营电台负责人通报中共的宣传政策，及时交换改进广播宣传工作的意见，保持宣传的正确导向。

根据《关于上海市私营广播电台暂行管制条例》，在军管时期私营电台必须转播指定的节目。1949年“七一”至“七七”宣传周、毛泽东在政治协商会议上的讲话以及开国大典实况等，私营台都能遵照通知一律转播。

第三章　财务管理

上海解放前，从民国十七年（1928年）12月建设委员会颁布的《中华民国广播无线电台条例》到民国三十五年2月交通部颁布的《广播无线电台设置规则》，均规定私人设立广播电台需上报建台经费来源、预算等，经核准后方可建造。

第四章　基建管理

上海解放前，从民国十七年（1928年）12月建设委员会颁布的《中华民国广播无线电台条例》到民国三十五年（1946年）2月交通部颁布的《广播无线电台设置规则》，均规定私人设立广播电台需上报建台工程设计图纸，经核准发给营造证后方可建造。同时规定广播电台必须在六个月至一年内建造完成，违者注销其营造证。官办的交通部上海广播电台和上海市政府广播电台的建设由其主管机关组织筹备委员会进行筹建。抗日战争胜利后，官办的上海广播电台直属国民党中央广播事业管理处管理。民国三十五至三十六年，该电台的功率扩大工程由中央广播事业管理处另组扩充工程处筹备建设。上海解放后的一段时间内，没有专门从事广播事业基本建设的机构。

第一节 机构与职责

上海电台从1949年5月27日成立至1965年，没有设立专门从事基本建设的机构。一项工程上马临时搭班子，工程结束，班子解散。再上工程，再起“炉灶”。

第五章 技术管理

上海解放前，广播的技术管理主要是审批各类广播电台的频率和功率。

第一节 机构

北洋政府时禁止民间私设广播电台，上海当时尚无官办广播电台，因此政府在上海未设置技术管理机构。民国十七年（1928年），国民政府建设委员会设立无线电管理处，下设稽察科稽察各地商办无线电事业，第一区稽察所设在上海。民国十八年8月，建设委员会无线电管理处和交通部无线电报话管理处合并，改组为交通部无线电管理局，局址设在上海，统管全国无线电事务。民国二十年2月，交通部在上海成立国际电信局，无线电管理局撤销，其管理业务归并于国际电信局无线电课。以上两个先后成立的无线电管理部门均设有工务机构负责技术管理。民国二十四年3月，交通部主办的上海广播电台开播，由上海国际电信局工务课负责技术管理。民国二十五年3月，上海市政府广播电台开播，技术管理由市公用局广播无线电管理处技术组负责。民国二十五年4月，国际电信局撤销，其管理职责由交通部上海电报局接替。

抗日战争爆发后，占领上海的侵华日军于民国二十六年11月接管国民政府官办广播电台，次年3月在上海成立广播监督处，胁迫中国民营广播电台接受其监督与控制。太平洋战争爆发后，侵华日军进入租界，民营广播电台一律封闭。由日伪直接管理的广播电台归属于设在南京的汪伪中国广播事业建设协会，该协会于民国三十二年春在上海设立事务所。

抗日战争胜利后，上海民营广播电台由国民政府交通部上海电信局主管。上海电信局于民国三十六年9月成立稽察电台和淞沪警备司令部的检察科一起检查无线广播电台，管理无线电器材和收音机等。官办的上海广播电台设有工务科负责技术管理。民营广播电台的机构大都非常简单，只设有工程师负责电台机器的维护管理，而且往往一个工程师要负责几家电台的技术维护工作。

上海解放后，上海电台于1949年5月27日成立。电台设工务科，其内部机构包括播送机房、增音机房、材料科、修造间、服务股等。华东人民广播电台在上海成立后与上海电台合署办公，工务科负责两个电台的技术维护和管理，并负责华东地区广播电台的技术管理和技术指导。

第二节　频率管理

民国二十二年（1933年）1月30日，国民政府交通部上海国际电信局开始对上海民营广播电台频率等实施管理，通告上海市区域各民营广播电台于同年2月15日前去该局登记，以便核对呼号、频率、许可证及执照。同年5月2日，国际电信局发布新闻稿，称已派员专司管理及取缔不合法的电台。当时交通部限定民营电台频率在550～1500千赫范围之内，各台相差之数规定为10千赫。民国三十四年4月，国际电信局对因频率不准，干扰其他电台播音的华泰等五家民营电台实施暂停播音，进行整顿。

抗日战争爆发后，占领上海的侵华日军通过广播监督处对设在租界拒不向日本人登记的中国民营广播电台实行频率干扰，将他们的频率拨给亲日的电台，逼迫他们就范日本广播监督处或关闭电台，东方、大陆等广播电台为此相继被迫停播。

抗日战争胜利后，国民党政府交通部于民国三十五年1月制定的《广播无线电台设置规则》中第20条规定，地方政府所设广播电台及民营广播电台频率均用中波550～1500千赫，广播电台频率力求稳定，使与指定频率上下相差不超过0.02千赫，同时规定必须用晶体控制振荡器，广播电台频率由交通部指配。当时规定上海市广播电台不得超过十座，其中上海的民营广播电台不得超过五座。实际上，当局对上海各类广播电台的频率管理完全失控。上海电信局最终批准大美等23家民营广播电台占用700～1420千赫15个频率播音。此外，一些未被批准的民营电台托庇于国民党军政机关以“军营”、“公营”名义，由国民党政府国防部等机关批准的也有22家之多，占用21个频率（600～1460千赫）。国民党政府官办的上海广播电台占用三个中波频率、一个短波频率。这样，上海在解放前夕，共有广播电台46家占用中波频率39个、短波频率一个。

1949年5月，上海解放后，原“军营”、“公营”电台一律停止播音。21家（中国文化、合作电台除外）私营（民营）广播电台使用从960～1430千赫12个频率播音。

1949年5月27日，上海电台成立后，使用900千赫、1178千赫播音。不久市军管会制定《关于上海市私营广播电台管理暂行办法》（草案）第5条规定：上海市私营广播电台中波机播出功率不得超过300瓦，频率不得低于1300千赫、高于1600千赫；各台所用频率由本会规定后不得自行更改。为此，从1952年9月1日起，上海13家私营广播电台合用频率1310千赫、1330千赫、1390千赫、1440千赫播音。同年10月1日，公私合营上海联合广播电台成立，使用频率1080千赫、1330千赫、1390千赫，均符合上述第五条规定。

第三节　无线电管理

民国四年（1915年）4月18日，北洋政府公布中国第一个《电信条例》，规定有线无线电信均由国家经营，严禁民间设立广播无线电台、安装无线电收音机和进口无线电材料。民国十三年8月，北洋政府交通部颁布《装用广播无线电接收机暂行规则》，才开始从“严禁”转向“允许”人民装用收音机，但装用地点只限于通都大邑及繁盛市镇，军事边防、海防及政府或地方官厅示禁之区域不得装设。民国十六年国民政府成立后，取消装用收音机的限制，但必须向有关机关登记，领取执照方可收听。民国二十四年8月1日，交通部上海国际电信局开始办理收音机登记，至同年9月30日登记期满，上海共登记收音机6.8万余具。抗日战争期间，侵华日军出于侵略的需要，对上海等地沦陷区人民装设收音机实施严厉管制。民国三十一年12月，侵华日军和汪伪政权规定：七灯以上收音机除特许外，一概不得使用或持有；装有短波设备的收音机由指定电料行进行改造；违反规定者将处以徒刑、拘役或罚款。抗日战争胜利后，国民党政府仍继续实行收音机登记的规定。

国民政府在开放民间设立广播无线电台以后，对民营电台的发射功率加以限制。民国二十一年1月22日，交通部公布的《限制民营电台暂行办法》中，限制民营电台的最大发射功率为50瓦。民国三十五年2月14日，交通部公布《广播无线电台设置规则》，对民营电台的发射功率限制为50～500瓦，地方政府所设公营电台功率限制为100～5000瓦。同时，国民党政府规定进口无线电材料需申请办理进口护照后，方可进口。

1949年5月27日，上海解放。6月13日，市军管会公告关于《上海市私营广播电台暂行管制条例》规定私营电台发射功率不得超过300瓦。

第四节　监测

上海解放初期，由于转播北平新华电台及中央人民广播电台节目的需要，上海电台在传音科下设有收音组或称收音台。当时有关群众来信、来电或有关广播技术质量方面的问题，诸如收听效果、邻近省市要求能收听上海的广播等，除部分由技术部直接处理外，均由收音组负责答复。收音组有时也进行一些听众访问和实地收听情况的了解。

监听小组成立之初，设备有两架北京邮电器材厂生产的430型收讯机，一台REVOX B—708调频接收机和一架“山水牌”FM—7D收录机。监测科成立后添置了一台电视机和一台3/4英寸录像机。

第六章　人员管理

上海解放前，民营广播电台数量虽多，但每个电台的人数很少，多者不过10人，而且电台老板的亲属亦多参与电台工作，老板与职工的关系完全是雇佣与被雇佣的关系。官办的上海广播电台员工在上海解放前约有百人左右，内部实行严格的思想控制。1949年上海电台成立，初期电台工作人员仅79人，其中编辑、记者31人，播音员13人。

第五篇 >>> 交流合作

概　述

民国十二年（1923 年）1 月，由华人出资、外商经营的奥斯邦广播电台播音。以后，华商、外商以及国民政府办的广播电台在上海纷纷建立，国际间交流合作偶有发生。民国二十二年 12 月，意大利无线电发明家马可尼来沪，上海广播界十多家电台代表前往车站欢迎，并参加欢迎茶话会。民国二十五年 12 月 24 日，国民政府上海市广播电台于晚上 11 时 45 分，向美国公民作圣诞节播音，由美国播音公司转播，播送了圣诞节祝词、中国圣诞歌曲等 15 分钟节目。民国二十六年 10 月 20 日，宋庆龄在上海美商 R. C. A 广播电台，以《中国走向民主的途中》为题，用英语向美国各界人士发表广播演说。

1949 年 5 月，上海电台建立后，走上了有领导、有组织、有计划的平等互利的国际交流合作轨道。

第六篇 >>>

研究、出版、团体

概　述

随着30年代民营广播电台在上海兴起，一些无线电爱好者开始在报刊上切磋交流收音机的装配和编修技术，同时还就无线广播的作用、节目内容、播音艺术以及广播设置等方面广泛开展评论与研讨。民国二十三年(1934年）11月，上海民营电台同业公会成立，内设学术研究科。

公开出版发行的无线广播刊物，民国时期影响较大的有苏祖国主编的《中国无线电》月刊和上海无线电修理公司出版的《上海无线电》半月刊等。

30年代，上海已经出现为电台播送节目服务的各种业余或专业艺术团体，主要有播送流行歌曲的歌社以及演播话剧和平（京）剧的社团等。民国三十七年夏，由中共上海地下组织领导的上海广播乐团成立，在国民党中央广播事业管理处所属的上海广播电台播唱民歌和中外名曲。

第一章　出版

20世纪初，录音唱片已传入上海。清光绪三十四年（1908年），法商在沪开设东方百代公司经营唱片销售业务，并于民国六年（1917 年）在徐家汇路设厂生产、出版唱片。此后，录音唱片的生产出版经历了粗纹唱片、密纹唱片和薄膜唱片等发展阶段。

第一节　音像制品

录音制品

上海解放前，生产出版唱片的有法商百代公司（后由英商经营）、中日资本家合资经营的大中华唱片厂和美商 R. C. A 上海胜利唱片公司。其中以英商百代公司设备最新，产量最高，影响最大。在 20 年代以前，唱片录制内容都是戏曲和曲艺节目，20 年代后开始出版歌曲和乐曲（民乐）。30 年代，任光、聂耳、冼星海等进步作曲家先后进入百代公司工作，在他们主持下，出版了《义勇军进行曲》、《渔光曲》、《太行山上》等一批抗日救亡歌曲。以上三家唱片公司在上海解放前总共出版了各种牌号的粗纹唱片约 8000 多种，总印数约几百万张。

上海解放后，出版的第一批粗纹唱片是《解放区的天》、《军队向前进》等。到 1949 年年底共出版 60 个片号，1 万张唱片。

第二节　报刊

民国广播刊物

上海解放前出版发行的广播无线电刊物不下数十种，其中以苏祖国主编、亚美无线电公司编印出版的《无线电问答汇刊》和《中国无线电》杂志影响较大。两者均为半月刊，前者于民国二十一年（1932 年）1 月创刊，同年 12 月停刊，共出 24 期。该刊初以回答无线电技术问题和登载广播电台节目为主，后应读者要求，增加实用文字，曾发表过上海“一・二八”抗战的广播新闻及广大听众的来信反映、《第十九路军给亚美无线电公司上海广播电台的感谢信》、《上海广播无线电台之经过》、《中国播音协会之兴替》、《从上海播音说到国际纠纷》、《广播无线电播音者与收音者应有之道德》等重要资料和文章。后者于民国二十二年 1 月创刊，民国二十七年 1 月改为月刊，民国三十一年 3 月停刊，出满 10 卷。该刊设有编辑余话、各地广播电台新闻、无线电技术问答等栏目并刊登全国广播电台节目。发表过的重要文章有：苏祖国的《广播节目趋向》、《谈广播节目》和《播音与教育》，俞子夷的《谈广播节目》，署名玉的《听“一·二八”纪念播音纪详》，苏祖圭、苏祖国编写的广播剧《恐怖的回忆》等。

此外，上海无线电修理公司于民国二十七年出版的《上海无线电》（周刊），发行时间较长，至民国二十九年12月停刊，共出版109期，从第81期起改为半月刊。该刊每期刊登各广播电台节目表和节目分类表。从第11期起辟有“广播圈”专栏，由吕布主编，第97期起改由纪龙主编。发表一些关于广播工作的评论和节目介绍、播音台信息、无线电知识和“读者信箱”等。评论文章有：浦婺修的《报告艺术》、《播音艺术》、《播音员与善良风俗》、《播音台与播音者之自觉》和《向播音台主持者建议》等，凤娇的《播音员应知之点》，香芸的《特别节目之特别》，吕布的《特别节目的将来》等。

第二章　团体

民国时期出现的一些播音业同业公会和播音员协会等团体，其宗旨中都有研究学术的内容，但并无实质性的研究成果。

在艺术团体方面，在30年代，上海出现专为广播服务的艺术团体，其中以广播歌唱节目的社团为最多，其次为话剧及平（京）剧播音的社团。民国三十七年（1948年），有中共党员参加的上海广播乐团成立，在电台播送一些进步歌曲。

第一节　研究会

其他协会

民国二十三年（1934年）11月11日，上海市无线电播音业同业公会成立。凡属上海华商经营的电台并经过交通部发给执照或登记注册者均为该会会员。该会成立目的为联络感情，互通信息。公会设总务、组织、调查、会计、研究五科。日常会务为解决各电台相互间的问题，并为各电台上报和收转国民政府当局交办的各项事务等。苏祖国、胡芝楣、王完白、金康候、陈子桢、王纬之、陈翰春、陈懋甫、张元贤为执行委员，陈仰乾、顾克明、李瑞九为候补委员。民国二十六年 11 月，日军侵占上海，公会即停止工作。抗日战争胜利后，公会改名上海市民营广播电台商业同业公会，于民国三十五年 10 月 11 日恢复成立。先后参加该会的共有民营电台 23 家。该会理事张元贤、苏祖国、王完白、赵乐事、刘凤麟、周廉清、葛正心、毛礼祚、凌曙东，候补理事陈鞠春、朱智民，监事王叔贤、陈信厚、张寿椿，候补监事陈起人。在该会成立前，民国三十五年 4 月 7 日成立上海广播电台联合会，会员电台约 40 多家。同年 10 月，民营电台公会成立后，该联合会即行解散，其中民营电台参加同业公会。

此外，在民国二十六年 11 月日军侵占上海后，部分民营电台负责人刘重恒、陈显宗、马襄卿等在日本广播监督处指使下，另组上海市民营广播电台公会，自任理事，为敌伪工作。太平洋战争爆发后，该公会停止活动。

上海市各民营电台播音员于民国三十六年 8 月 17 日成立上海市播音员协会。该会以联络感情、研究学术、宣扬三民主义、辅助社会教育、提高文化水准并谋公共福利为宗旨。会员 222 人，理事沈菊隐（理事长）、徐道明、黄兆熊（2 人为常务理事）、朱瘦竹、李竹庵、杨笑峰、朱良、姚慕双、骆宏彦、潘善云、方正，候补理事周柏春、徐清风、金志英，监事钱无量（常务理事）、骆月楼、顾合才，候补监事唐笑飞。

第七篇 >>> 经营、服务

概　述

无线广播在沪上刚刚兴起，即和商业经营联为一体。上海早期的广播电台多由无线电公司或经销无线电产品的公司设立，目的是推销本公司生产和经营的收音机等无线电器材。以后，逐渐发展到为其他厂商的产品做宣传并收取一定费用，即广告经营。由于有了广告收入，一些商人纷纷投资办电台追逐利润。作为中国最大工商业城市的上海，广播广告在解放前已经相当发达。

解放后刚建立的上海电台没有广告经营，原民（私）营广播电台仍保留广告经营。

第一章　广告经营

上海解放前除以宣传基督教义为主要广播内容的福音广播电台不设广告外，其他各类电台均有广告经营。上海解放后，由于公私合营的上海联合广播电台并入上海电台，其广告经营业务也带进了上海电台。

第一节　广播广告

民国广播电台广告

上海早期的广播电台大多数附属于厂商，是为自己作广告的宣传机构，不经营广告业务，无广告费收入。民国十三年（1924年）4月成立的美商开洛电台，唯一的收入是发行“行情密码单”，电台只报告每日市场行情的密码，听众欲知行情，就须购买每月编印一次的行情密码单，这种收入非常微薄。开洛电台在后期主要依靠在沪外国听众组织的中国播音会（CBA）和华人听众组织的中国播音协会（BAC）的会员缴纳的会费，承担节目播出的费用。中国播音协会（BAC）的会员中有机关会员即无线电厂商，他们希望节目继续播出可以扩大他们无线电产品的销路，因此这些厂商愿意参加播音协会以听众一员的资格来出资点播节目。民国十八年春，亚美无线电公司以机关会员的资格，出资给开洛电台，承担一档弹词节目的播出费用。次年明远电料行加入机关会员承担弹词及特别节目的播出费用。后因播音电台相继兴办，播送节目较前增多，中国播音协会会员认为非会员亦可自由收听娱乐节目，不再愿意按章出资，故会费无从收入，两个听众组织即无形解体。开洛电台办了五年多终因经费短缺，难以维持而停办。

在开洛电台停办之前，民国十五年9月16日，《申报》发表署名文章，提出广播电台要补救广播经费的不足，应征集商店广告，在播送节目之时插入广告，或由商店自行组织节目付费给电台，播送节目时顺便报告该厂或商号名称。文章介绍美国当时广播广告每小时收费至500美元者。此文实际上为开拓广播广告业务做了舆论准备。

开洛电台停办后，继起的亚美无线电公司上海（亚美）广播电台最初也靠出售行情密码单取得收入。

第八篇 >>>

人 物

第一章 人物传记

李之华（1911 年 6 月至 1955 年 6 月）

李之华

浙江鄞县人，曾用名李一、忻礼一。大学文化程度。民国二十七年（1938 年）11 月由扬帆介绍加入中国共产党，后因与组织失去联系，中断了与党的组织关系。1950 年 2 月经周新武介绍重新入党。

因爱好文艺，经常写影评给报社投稿，民国二十二年被《时事新报》社聘为副刊“新上海”的特约撰稿人。后曾参与主编《文献》月刊。在任上海艺术剧团编导时，曾编导过《男女之间》、《小凤仙》等进步话剧。后进《时事新报》主编“大地”副刊，兼《世界晨报》采访主任。李之华自参加工作后长期与上海影剧界、新闻界进步人士接近，接受进步思想并为左翼文化运动服务，为中国共产党做了一些工作。解放时受上海地下党派遣参加新闻出版处广播室接管国民党上海广播电台工作。1950 年任广播室副主任兼上海人民广播电台台长室秘书。他在领导上海私营广播电台的改造方面做了大量工作。在每周一次的“上海广播界座谈会”上，他注意做好私营电台方面的统战工作，积极宣传党的政策，交流情况，提高他们觉悟，推动私营电台改造工作。1952 年 10 月全市各私营广播电台经改造合并为公私合营上海联合广播电台后，他任联合广播电台秘书兼编辑组长，1953年6月任联合广播电台副台长。1954年任上海人民广播电台戏曲组组长、文艺部秘书。1955年6月1日晚公毕归家途中被三轮车撞成重伤，经抢救无效于6月8日辞世。

吴保丰（1899年4月至1963年4月）

吴保丰

字嘉谷，江苏昆山人。民国十年（1921年）毕业于上海交通大学电机科。同年7月加入由李大钊、恽代英等人在北京发起组织的“少年中国学会”。民国十二年考入美国密歇根大学，获电机硕士学位。民国十四年经陈果夫、曾养甫介绍加入中国国民党，历任中央组织部总干事、秘书长、昆山县县长和交通大学校长，国民党中央广播事业处处长、国民党中央广播事业指导委员会副主任委员等职；解放后曾任华东人民广播电台、上海人民广播电台顾问等。

民国二十五年1月，吴保丰出任国民党中央广播事业管理处处长，除直接管辖国民党中央广播电台，还管辖部分地方广播电台。同年在陈果夫任主任委员的国民党中央广播事业指导委员会中任副主任委员，参与制定了《指导全国广播电台播送节目办法》等法令，依此审查各广播电台的播出节目。吴保丰还著有《十年来的中国广播事业》等有关广播的文章，对抗日战争爆发前十年的中国广播事业（主要是国民党广播事业）的建立和发展作了介绍。

周行（1907年3月至1980年5月）

周　行

江苏无锡人。评弹作家。1949年7月任上海人民广播电台文艺部戏曲编辑。

早年受新文化运动影响，常有散文、小说等作品发表。任上海广播电台戏曲编辑后，曾组织许多著名艺人录制了大量优秀评弹节目，使一批珍贵艺术资料得以保存。他还与评弹作家平襟亚、陈灵犀等共同提倡及从事新评弹创作。当时他以电台编辑身份参与策划了“新评弹作者联谊会”；由于他负责的电台评弹节目影响较大，因此成为该会的主要组织者和发起人之一。该会对推动评弹艺术的改革与创新做了大量工作，也丰富了广播评弹节目的内容和形式，提高了节目的品位。由他创作编写的弹词作品，如长篇《红娘子》、《凤凰俦》、《华尔洋枪队》；书戏《三雄惩美记》、《众星拱月》、《兄妹除奸记》、《自新立功》；开篇《王贵与李香香》、《文天祥》、《光荣人家》、《杏花村》等，既具文人创作的严谨，又符合说唱要求，且有一定的艺术情趣。这些作品，大都由评弹演员在广播中播出，使后来评弹节目扩大为“广播书场”充实新评弹内容，增色不少，对评弹界的书目建设也产生了较大影响。他所写的《我写新评弹》等文章，对新评弹的创作，就指导思想、方法技巧等方面，在理论上进行探讨，并在“广播书场”中贯彻了创新精神。

在“反右”运动中，周行被错划成右派。1959 年，派往宁夏回族自治区石嘴山市农机厂任会计。1974 年退休回沪。

李介夫（1911 年 12 月至 1980 年 9 月）

李介夫

曾用名李介甫、李嘉富、李国柄，江苏武进人。解放前为上海广播界最早且历时较长的播音员兼广告业务员。他以亲切的海派播音风格，吸引了大量听众，有“播音皇帝”之美誉。从民国十七年（1928 年）10 月起担任上海新新公司电台播音员。之后，先后在上海友联电台、建成电台、新声电台、华昌电台、大陆·大中华电台担任播音员兼广告业务员，直至上海解放。1949 年 5 月 27 日经李之华介绍参加军管会接管国民党上海广播电台总务工作，任上海人民广播电台总务科副科长。1950 年 7 月调上海新闻出版处广播管理科工作兼任公私合营沪声广播电台经理，并协助接管外籍华美电台，负责总务管理工作。1952 年起在上海人民广播电台行政科、总务科工作，直至逝世。

杨伯枢（1911 年 6 月至 1981 年 12 月）

杨伯枢

辽宁昌图人。民国二十四年（1935 年）在东北大学毕业后，就职于上海真如无线电台，在抗日救国的热潮下，于翌年 7 月奔赴西安，进入西安东北军第五军无线电台工作。“西安事变”的次日升任电台台长。民国二十六年到民国三十年 1 月，曾率领电台全体人员参加守卫镇江要塞及随军转战两湖地区。民国三十年 3 月起，在国民党中央广播事业管理处重庆国际广播电台任工程师。其间对国民党腐败统治日益不满，而向往共产党。中共地下党员曹自明曾拟发展杨伯枢入党并已上报，但适遇沙坪坝地下党组织被破坏而未果。民国三十四年8月日本投降，杨伯枢先后拒任国民党长春、沈阳、兰州、昆明等地电台台长职务，又辞去青年党昌图县国大代表的推荐，拒不参加伪国大会议。同年2月任上海广播电台扩充工程处工程师、工务科科长，后代行台长事务，在代管上海广播电台期间，他决定停止对解放区新华广播电台节目的干扰，保护电台工作人员免受国民党军警的逮捕，不接受国民党作出撤离上海逃往台湾的安排，他执行中共地下组织成员陈香屏的护台指令，稳定员工情绪，保护设备，迎接解放。

1949年5月25日，解放军进入上海市区。杨接受中共上海地下党员邹凡扬的安排，迅即广播上海解放消息和解放军入城布告。后在地下党文委派来的王世桢领导下维持工作。1949年5月27日军管会正式接管电台，由杨伯枢负责办理移交手续。当晚，上海人民广播电台顺利开播。杨伯枢护台有功，得到中共中央宣传部广播事业管理处副处长李强的接见和表扬。上海人民广播电台台长周新武对杨给予充分的信任，并任命杨为工务科副科长。1951年转任技术研究室秘书，负责技术建设和日常设备的管理，保证了节目传送的技术质量。“三反”时，杨受到审查，结果确认账目清楚，清白无污。1958年调宁夏人民广播电台任基建科长，负责建设广播电视大楼、发射机房、职工宿舍等工程。

在“文化大革命”中遭到严重迫害。1979年，宁夏人民广播电台为杨伯枢彻底平反。

杨涛（1917年10月至1982年5月）

杨　涛

陕西宜君人。民国二十六年（1937年）2月在当地参加红军，同年10月参加中国共产党。在抗日军政大学二期十队和延安通信学校十期学习后，长期从事军队通信工作。历任报务员、报务主任、鲁南军区司令部通信科副科长、华东野战军三纵队司令部通信科长、华东海军司令部通信处副处长、海军东海舰队司令部通信兵处主任等职。曾荣膺“八一奖章”、“三级独立自由勋章”、“三级解放勋章”。1956年在解放军军事学院学习成绩优异，被授予三等奖。

1964年转业到地方工作，历任上海人民广播电台副台长、党委委员、上海市广播事业局党委副书记、副局长。18年中，一直主管广播电视事业建设和技术工作，经常深入广播、电视各机房检查指导工作。60 年代后期，领导建成了战备广播电台和应急广播技术工程。70 年代，为上海彩色电视工程和电视铁塔等基本建设奔走操劳，在当时十分困难条件下，按期完成了这一重大的彩色电视工程。“文化大革命”中，公开抵制江青反革命集团在上海的余党的谬论，受到 9 个月的批判追查。他衷心拥护中共十一届三中全会的路线、方针、政策。在患了癌症住院治疗期间，他还时刻关心着广播电视工作，对宣传、事业建设，职工生活、住房分配等，提出了积极建议。

苏祖国（1904 年 10 月至 1984 年 8 月）

苏祖国

出生于上海市，祖籍福建永定县。大学专科学历。是中国民用无线电事业的开创者和爱国实业家。他参与主持的亚美无线电公司是全国最早的无线电工厂之一；创办的亚美广播电台也是旧中国上海民营电台中历史最长、影响较大的一个电台。

民国十一年（1922 年）苏祖国于上海民立中学毕业后，到正利银行当练习生。民国十二至十四年考入美国万国函授学校，利用业余时间攻读无线电专科。为了解决学习中的实验问题，在家中办起了实验室和小工场，试制无线电元件和装配收音机。民国十三年 10 月 18 日，他与兄弟创办亚美无线电公司，正式生产无线电元件和收音机。公司设门市部于江西路 323 号，出售国产无线电制品，开展收音机修理业务。他任公司副总经理兼工程师。

民国十八年 12 月 23 日，亚美无线电公司设立的上海（后改名亚美）广播电台正式对外播音。当时各中外电台正停播整修，亚美公司电台的开播使上海的无线广播不致中断。苏祖国担任电台总经理。播音内容以学术为主，娱乐为辅，并积极为公众事业服务。民国二十二至三十一年，主编《中国无线电》月刊，传播世界无线电信息，探讨无线电技术。月刊发行全国及南洋、澳洲等地。在苏祖国的联络推动下，民国二十三年 11 月 11 日成立上海市播音业同业公会，苏任副理事长。公会在统一广告收费标准和改进节目内容等方面起了作用。

民国二十一年“一·二八”战事发生，苏祖国主持的亚美电台即以宣传抗日、支援前线为广播节目的主要内容，并与南京、苏州、杭州等地电台联系，互相配合，及时转播前线战报。电台配合宋庆龄、何香凝等发起的捐献运动，通过广播募集慰劳与赈济钱物。第十九路军指挥部曾致函亚美电台致谢。民国二十六年“八一三”事变后，苏祖国任上海市抗日救亡后援会广播组委员。他联系二十四家民营电台进行联合广播，由《时事新报》、《时报》提供战地新闻，组织抗日救亡歌曲大合唱，防空知识介绍，并发起支前捐献和救济难胞等活动。民国二十六年11月，抗日战事西移，上海租界成为孤岛。日军当局不断向苏祖国和亚美电台施加压力，企图禁止抗日宣传。民国二十六年12月1日苏氏兄弟决定关掉电台停止播音，并拆毁全部机件，免为敌用。民国三十四年8月抗日战争胜利后，亚美电台于翌年9月8日复业，并与麟记电台合并成立亚美麟记电台，苏祖国任经理。

1949年5月上海解放后，亚美麟记电台继续营业。1950年1月，上海私营广播电台同业公会成立，苏祖国任副主任委员。1952年10月1日，对私营电台实行公私合营，成立上海联合广播电台，苏祖国任董事、监察人。1954年年底，联合电台中私股由上海人民广播电台收购。苏祖国离开电台后致力于机械工业。曾被选为中国民主建国会上海机电一局直属支部主任委员和市工商联常务委员。

奚里德（1923年1月至1985年4月）

奚里德

安徽无为人，大专肄业。民国二十六年（1937年）9月参加革命，民国三十六年11月加入中国共产党。

从少年时代起，他就参加抗日救亡运动和中共领导下的进步演剧队活动。民国二十六年发起组织孩子剧团，担任剧务部长，从事编、导、演工作。民国三十一年进四川“国立剧专”学习，民国三十四年参加了在周恩来、郭沫若领导下建立起来的“抗敌演剧队”和“新中国剧艺社”，任演员。民国三十六年在上海比乐中学任教员时秘密加入中国共产党。解放后曾任中国福利会少年文化馆馆长等职。1959年1月调到上海电视台，历任导演、演播组长、副主任、副台长和上海市广播电视局艺术委员会副主任。1985年4月离休。

唐霞辉（1918年7月至1991年3月）

唐霞辉

上海市人。1955年6月加入中国共产党，1956年评为上海新闻出版系统先进工作者。

她是中国早期播音员和广播节目主持人之一。16岁时父亲去世，中断学业，以缝手套等挣钱养家糊口，同时，补习英语、读簿记会计。民国二十六年（1937年）进民营华东无线电公司任记账员。一个偶然机会，一位播音员辞职，一时无合适人选，广告部主任让唐霞辉试播，一举成功，从此，她与广播结下了不解之缘。她以上海话播音，播商业广告时，把资料重新组织编排，播得颇有情趣，与众不同。不久，三友实业社和童春堂国药店请她每晚主持播音两小时。在主持节目中，除播广告外，加上新闻、故事，或请演员唱沪剧、越剧，并回答听众来信。一位听众无钱买药，向唐小姐求助，她即在广播中动员大家捐助，听众纷纷响应。从此，问病求医信件雪片般向电台飞来。为此电台特设“唐小姐秘书处”，专事处理听众来信，并聘请一位医师任医药顾问，唐小姐根据他提供的资料，广播回答听众问题。由于在社会上有较大影响，外地听众来信，只写“上海唐小姐收”，即可收到，而唐霞辉也有了“唐小姐”和“上海之莺”之称。她一时声名大振，老板更借此大做广告，特请教授为唐小姐上国文课，规定凡电话购货满50元者，可请唐小姐朗诵《滕王阁序》等古文一段，电话购货满100元者，赠“唐小姐问答集”小册子一本。

民国二十九年11月，日本侵略进入上海，她不愿听从日军命令填写“忠诚登记”及“志愿者”，因此离开电台。之后，先为三友实业社整理广告，编写广告目录，后参加由银行地下党领导的活动，1949年10月，首批加入上海财政金融行业新民主主义青年团。1950年进陕西南路小学任教，同时，参与上海人民广播电台儿童节目工作。1951年，进上海人民广播电台任文教和少儿节目记者、编辑。去夏令营采访，7天中写了8篇通讯，得到领导好评，她热情对待小通讯员工作，使每月来稿从20篇左右增加至60~70篇，扩大了少儿节目影响。1958年调往青海，在柴达木工委宣传部任资料室负责人。1959年因“反右”中的“错误言行”，受留党察看两年的处分。1960年因病回沪。1988年撤销处分，彻底平反。1970年退休后仍积极参加里弄组织的读书会，热心为居民读书读报，受到居民群众的欢迎。

时敏（1929年6月至1996年5月）

时　敏

原名时文修，笔名时莳，江苏海安人。大专文化程度。民国三十一年（1942年）6月参加革命，民国三十三年9月加入中国共产党。1992年评为高级编辑。1992年离休。

民国三十一年在家乡参加党领导的青年解放团，并任儿童团指导员，民国三十四年9月在新四军1师1旅泰州独立团时参与创办《战友报》并任记者。同年在一次战地采访中被敌人子弹击中左胸，光荣负伤，荣立战功，为二等甲级伤残军人。以后历任苏中一分区特务团技术书记兼统计干事，华中工委工作队、华中支前政治部、苏北区党委工作队干事、团委书记等职务。新中国建立初期先后担任苏北区党委政策研究员、组织部秘书，江苏省委组织部秘书，地市委综合组、秘书组副组长、组长和江苏省委刊物《群众杂志》编辑、组长等职。1962年调任中共华东局办公厅秘书兼《红旗》杂志的撰稿人和组稿人。1978年11月起先后担任上海市广播电视局宣传办公室副主任、上海电视台副台长，副总编辑兼《上海电视》杂志主编，总编办公室主任、电视二台台长、电视台新闻领导小组组长、上海市广播电视局副局级巡视员等职。

曾为报纸、刊物、广播电视撰写了大量新闻、通讯、评论等文章；参与主编《新闻透视轨迹》等书，策划主编《黄浦江·母亲河》等大型纪录片，领导和参与策划了《体育大看台》、《生活之友》、《法律与道德》等一批名牌电视栏目。曾先后在美国、卢森堡以及广东省举办的国际学术研讨会上，宣读过自己的论文。离休后被选为上海广播电视学会副会长兼秘书长。

荒砂（1923年8月至1996年9月）

荒　砂

女，又名芮琴和，江苏宝应人。大学学历，民国二十九年（1940年）8月加入中国共产党。荒砂在江苏宝应中学时期加入中共地下组织，民国三十至三十三年，在南京中央大学时参加地下党组织的学运工作，民国三十三年以后，先后任苏南区《火线报》记者，《兴化新报》通联科长、通讯部主任、副社长，苏中二分区《人民报社》、新华二支社、《扬州人民报》社编辑、主编、代社长。1949年10月起先后任上海人民广播电台编辑、组长、编辑部副主任、新闻部主任、上海人民广播电台广播专科学校教师、上海人民广播电台副台长等职。1981 年调任中共上海市妇联党组成员、宣传部长、秘书长兼《现代家庭》、《为了孩子》杂志社社长、总编、编审。1985 年 12 月离休。1990 年后任《上海妇女志》编委副主任、主编。

一、中共上海市代表大会代表

苗力沉（1921 ~ ） 原名苗正已，笔名之真、李沉。中共上海市第一次、第二次代表大会代表，上海市第一届、第二届人民代表大会代表。原上海人民广播电台台长兼总编辑。河南洛阳人。民国二十五年（1936 年）加入中华民族解放先锋队。民国二十六年加入中国共产党。民国二十七年入伍，在延安抗大和军政学院各学习一年。后历任中央军委和总政考察团团员、中央敌伪研究室研究员、军事学院和西北联军政治部秘书、358 旅连政治指导员、庆阳小学教师等职。民国三十五年调入新华社语言广播部（即延安新华广播电台编辑部）任编辑。民国三十七年调任华东新华广播电台管理委员会副主任兼编辑主任。1949 年上海解放后，历任华东·上海人民广播电台副台长兼总编辑，上海人民广播电台副台长、台长兼总编辑，并兼任上海市新闻出版处副处长、广播室主任，民治新闻专科学校和复旦大学新闻系教授。1963 年后，任上海图书馆《全国报刊资料索引》编辑。1978 ~ 1985 年为上海社会科学院《社会科学》副主编、顾问，1989 年评为编审。1985 年离休。社会职务：曾任《方法》杂志常务编委和《医学思维》杂志编审，现为上海广播电视学会顾问。先后发表过目录学、广播学、政治学和哲学论文 10 余篇。

杨时（1916 ~ ） 中共上海市第二次代表大会代表，上海市第四届人民代表大会代表。原上海人民广播电台党组书记、台长，上海市高级人民法院党组副书记兼副院长。安徽无为人。民国二十五年（1936 年）6 月参加中共上海地下组织的外围组织——上海业余合唱团。翌年 11 月去延安参加革命工作。民国二十七年参加中国共产党。民国二十八年（1939 年）12 月调中央社会部工作。民国三十年调中共中央办公厅任警卫科科员、科长。民国三十五年（1946 年）6 月任张家口市公安局三科科长。同年 10 月，任晋察冀边区保安处一科副科长，后任边区财经办事处组织部长。民国三十七年 9 月，进马列学院学习。1951 年结业后调公安部一局任六、五处处长。1954 年 5 月，赴越南参加赴越政治顾问团任公安顾问。1955 年 6 月回国，12 月任上海市公安局政治部主任，后任航运公安局局长。1957 年 12 月调中共上海市委宣传部，以市委工作组名义派往上海人民广播电台，调整电台领导班子，后被任命为电台党组书记、代理台长、台长。1958 年，在他领导下，上海电视台在半年时间内建成开播。1964 年 11 月，调任上海市高级人民法院副院长。1978 年任高级人民法院党组副书记兼副院长。1983 年 3 月离休。社会职务：上海市法学会常务理事兼副会长。

二、上海市人民代表大会代表

周新武（1916～　）　曾用名周晓乐、周德成、李朴。上海市第一届人民代表大会代表。原华东上海人民广播电台台长，中央广播事业局副局长。副部级离休干部。河南息县人。北京中国大学政治经济系肄业。民国十九年（1930 年）参加中共领导的群众组织互济会和反帝大同盟。民国二十四年在北京加入北方左联和共青团，参加了“一・二九”运动。民国二十五年参加中华民族解放先锋队，同年由共青团员转为中共党员。民国二十六年后，先后在河南、安徽从事中共的地方工作。民国三十一年起任中共皖鄂赣边区区委宣传部长、《大江报》社长。民国三十四年任新四军第七师政治部宣教部长。民国三十五年任中共中央华东局宣传部宣传科科长。民国三十七年在山东解放区创建华东新华广播电台，并兼任电台管委会主任，先后派出干部帮助徐州、南京、杭州接管旧广播机构。1949 年 5 月任上海市军管会新闻出版处处长兼任上海人民广播电台台长。1950 年 2 月任华东新闻出版局副局长，1954 年 2 月任局长。1950 年 4 月，华东人民广播电台建立，兼任华东台台长，管理华东各省市的广播事业。1955 年 2 月调任中央广播事业局副局长，长期分管地方广播电视事业。1958 年负责创建中国唱片社，兼任社长。1959 年参加创办北京广播学院，兼任院长。1982 年离休。社会职务：先后被中国新闻教育学会和中国广播电视学会聘为顾问。

三、全国“三八”红旗手，全国先进青年

山文葆（1928～　）　女。原上海人民广播电台文艺部少儿组（科）组长。全国“三八”红旗手、全国先进儿童少年工作者。上海人。高中毕业。民国三十五年（1946 年）参加工作。中共党员。主任编辑。1984 年退休。民国三十五年 9 月考入上海私营大中华、大陆电台任播音员。1952 年私营电台社会主义改造后，转入上海联合广播电台工作，不久又转入上海人民广播电台，任少儿节目编辑、记者，少儿组副组长、组长。民国三十六年在私营电台主持《儿童园地》节目，受到众多小听众欢迎，称她为“最好最好的大姐姐”。1982 年在人民广播电台与一位同事创办了《百灵鸟》学龄前幼儿节目，以情趣丰富、制作细腻，在全国少儿广播工作会议上获得好评。著有《我和少儿广播》、《“百灵鸟”飞向孩子们的心窝窝》等。1960年获上海市先进儿童工作者称号、1982年获上海市儿童少年校外教育先进工作者称号，1983年被评为上海市和全国“三八”红旗手、全国先进儿童少年工作者。1992年10月起享受国务院颁发的政府特殊津贴。

张　之（1930～　）　原上海人民广播电台播音组副组长。高级编辑。北京市人。大专学历。民国三十七年（1948年）参加革命，中共党员。1991年起享受国务院颁发的政府特殊津贴，同年离休。民国三十八年3月分配到华东新华广播电台工作。上海解放后任上海人民广播电台播音组副组长，1953年调中央人民广播电台工作。1951年与他人合作转播苏联男子篮球队和上海队的比赛实况，开创了新中国体育实况广播的历史。1955年创办中央台体育节目，并多次参加体育比赛的转播工作，他广播的节目曾受到毛泽东、贺龙的表扬。曾为26届、27届、28届世乒赛纪录片配解说。尤以在转播徐寅生战胜日本选手勇夺世乒赛男子单打冠军的现场播讲词，为全国人民所乐道。所写新闻评述《中国体育健儿在第九届亚运会上获得总分第一已成定局》被评为1982年全国好新闻一等奖。曾先后访问了二十多个国家和地区，出版了《向世界纪录进军的尖兵》、《在绿茵场上》、《趣谈足球赛事》、《排坛春秋》4本书。1991年2月，中央台和中国体育记者协会联合举办了张之从事体育广播40周年纪念会。社会职务：曾任中国体育记者协会副主席、中国广播体育记者协会主席、宋庆龄基金会儿童体育促进会副会长。

钟期志（1913～　）　原上海人民广播电台工务科长，教授级高级工程师。北京市人。民国二十六年（1937年）北平大学工学院电机工程系毕业。民国三十七年春参加革命，中共党员。1987年离休。民国二十九年在重庆国民党中央广播电台短波机房工作，民国三十五年随电台迁返南京，民国三十六年结识中共地下党员，民国三十七年开始参加地下工作，经党组织同意，未随该台南撤广州，设法留在上海。上海解放当日，由李强通知，组织安排他担任上海华东人民广播电台工务科长。1955年调任中央广播事业局安装工程队总工程师，1961年至1963年调任基建处、无线处总工程师，1978年起任无线总处、工业局技术顾问。在上海人民广播电台主管全台技术工作期间，除改造国民党电台遗留的简陋落后的广播设施外，并进行大规模基本建设。1951年在虹桥路建立了中短波机房和发射天线地网，建议从南京调来3.5千瓦和7.5千瓦短波发射机各一台，解决了华东台的覆盖问题，1951年在北京东路2号新建当时国内规模最大、技术先进的播控中心，从规划到总体设计等技术，均由钟亲自负责。1952年为上海台自行设计制造了国内第一台8千瓦中波广播发射机，并在虹桥路建造了新发射机房，1953年又自行设计了国内第一台20千瓦中波发射机，钟为项目负责人。

附录

一、大事记

民国四年（1915年）

4月18日 中华民国北洋政府公布中国第一个《电信条例》，规定有线无线电信由国家经营。

民国十一年（1922年）

12月 美国人奥斯邦（E. G. Osborn）以留日华侨曾某的资金在上海组建中国无线电公司（Radio Corperation of China），出售收音器具并筹办广播电台。

民国十二年（1923年）

1月23日 中国无线电公司与英文《大陆报》（*The China Press*）合作开办的中国无线电公司广播电台于20时开始正式播音。奥斯邦任电台经理。这是中国境内第一座无线广播电台，通称奥斯邦电台。电台呼号XRO，波长200英尺，发射功率50瓦，台址设在广东路3号大来洋行屋顶。每晚播音1小时，内容有政治和经济新闻、音乐演奏、唱片等。广播用语为英语。

1月26日 大陆报—奥斯邦广播电台在新闻节目中，播出孙中山当天在上海发表的《和平统一宣言》。

3月21日 中国无线电公司发生人事变动，奥斯邦去职。不久，电台改为不定期播音。由于北洋政府的取缔，电台约在四五月间停播。

5月29日 《大陆报》报道，英商全国无线电公司（National Radio Administration LTD）在永安公司楼顶装设电台，将于5月31日开始播音。经北洋政府多次交涉，该电台未能开播，同年7月31日拆除。

5月30日 南京路（今南京东路）50号经营电器设备的美商新孚洋行

（Electric Equipment Co.）试办广播电台，开始不定期播音。由于北洋政府禁止无线电器材进口，新孚洋行被迫歇业，电台约在1924年8月间停办。

民国十三年（1924年）

4月23日 美国开洛公司（Kellogg Switchboard and Supply Co.）广播电台大晚报馆分站开始播音。开洛电台呼号KRC，发射功率100瓦，波长364英尺，发射机装设在福开森路（今武康路）一草地上，播音室设在江西路（今江西中路）62号开洛公司内。使用开洛广播电台设备播送节目的除开洛本公司外，尚有大晚报馆、申报馆、巴黎饭店、神户电气公司等分站。

5月15日 申报馆分站开始播音。

8月 北洋政府交通部公布《装用广播无线电接收机暂行规则》。允许民众装用广播无线电接收机。

民国十四年（1925年）

3月25日 为悼念孙中山逝世，开洛电台是日起连续三天播送孙中山于民国十三年5月应《中国晚报》留声部之请而作的勉励国民演讲辞。

8月15日 开洛电台播送西北边防督办冯玉祥将军告诫军官、士兵之演说留声片。18日续播。

10月4日 美术专门学校校长刘海粟在开洛电台演讲《人体模特儿与美术》。

12月19日 开洛电台开办广播世界语练习班，报名踊跃。

民国十五年（1926年）

10月9日 南洋大学30周年校庆。开洛电台播送该校开会典礼之各种报告词及颂词，并播送9～11日之所有游艺节目。

10月10日 云南路（今云南中路）同昌无线电话部发起无线电话研究会，于19～21时假南京路（今南京东路）20号大和洋行发音台播送音乐（竹笛、粤曲、琵琶独奏）。

民国十六年（1927年）

3月18日 南京路（今南京东路）新新公司在六楼设立的新新广播电台正式播音，这是中国第一座民营广播电台。电台功率50瓦，波长370米，呼号XGX，播音设备由该公司电器部部长兼无线电师邝赞设计和装配。节目有新闻、商情报告，粤调、苏滩。

12月27日 外滩（今中山东一路）17号正在筹建中的无线电收音人组织——中国播音会登报征求会员。年会费每人10元，作为供给开洛电台播送娱乐节目及津贴报告员之费用。会员主要是外国人。

民国十七年（1928年）

5月11日 全国国语教育促进会在上海新新公司无线电播音台开办第一届无线电国语传习会，每周二、周六下午传授基本国语的语音字母。

7月1日 中国收音人组织——中国播音协会在南京路（今南京东路）12号成立。该会由开洛公司播音台华语部主任曹仲渊发起组织。协会承租开洛电台和新新电台的时间，组织播送评弹、古乐、京剧等中国节目，与以外国人为主体的中国播音会竞争。

7月 国民政府建设委员会设立无线电管理处，管辖中国国内及国际间包括广播电台在内的全部无线电事业。同月，公布《中华民国无线电台管理条例》。规定广播电台"得由人民设立"。

11月 建设委员会公布《中华民国无线电台呼号条例》。根据1927年华盛顿国际无线电报会议的规定，中华民国治权所达处电台呼号应在XGA～XUZ字母范围之间。

12月13日 建设委员会公布《中华民国广播无线电台条例》。规定"广播电台得由中华民国政府机关、公众或私人团体或私人设立，但事前须经国民政府建设委员会无线电管理处特许"。

民国十八年（1929年）

8月1日 国民政府交通部无线电报话管理处将建设委员会无线电管理处接收合并，在上海设立交通部无线电管理局，统管全国无线电事务。

8月5日 国民政府公布《电信条例》规定：凡国家经营之电信，由国民政府行政院交通部管理；装用无线电收音机者须向交通部或其委托机关登记并领取执照。

12月23日 亚美无线电公司广播电台开始播音，初名上海广播电台，亦称亚美电台。电台呼号XGAH，发射功率50瓦，波长328米，台址在江西中路223号亚美公司内。节目内容除报告新闻、商情及播送中国播音协会点播的节日外，还设有《学术讲演》、《无线电问答》等知识性专题。

民国十九年（1930年）

7月1日 交通部公布《装设广播无线电收音机登记暂行办法》。规定凡欲装设广播无线电收音机者，无论是购置还是自行装配均应向交通部有关机关登记。

7月20日 交通部无线电管理局规定自即日起至8月31日止，凡装有广播无线电收音机者须至该局或局指定地点登记，逾限不往登记，概作私设论。已领有建设委员会执照者仍有效。

民国二十年（1931 年）

2 月 1 日 交通部国际电信局在上海正式成立，原无线电管理局撤销，归并国际电信局之无线电课，局址暂设老北门无线电管理局旧址。

3 月 南京路（今南京东路）501 号大中华电器公司新建 50 瓦电力广播电台。节目内容除报告商情外，尚有音乐、说书、唱片等。

5 月 14 日 美灵登广告公司和英国路透电讯社合办无线电播音公司，开始试播音乐。同年 7 月 11 日，播音台由爱多亚路（今延安东路）115 号迁往百老汇路（今大名路）瑞丰大厦楼上。节目内容有音乐唱片、商情报告及华、英语演讲等。

12 月 1 日 天灵无线电广告公司播音台，于民国十九年春在法租界霞飞路（今淮海中路）和合坊 47 号创办，被法租界捕房以私设无线电台播音演讲处以罚金 300 元，并没收无线电机件而封闭。

民国二十一年（1932 年）

1 月 10 日 亚美公司苏祖国编辑的《无线电问答汇刊》（半月刊）创刊。内容有无线电问答汇编、各电台介绍及播音时间表。同年 12 月 20 日停刊，共出 24 期。

1 月 22 日 交通部公布《限制民营电台暂行办法》修正案，规定设台团体或个人以中华民国国籍及完全华人资产为限，最大发射功率暂定为 50 瓦。

1 月 23 日 交通部国际电信局登报通告，限各民营电台于 3 月 15 日以前，将所设电台之目的、电力、机器、程式、电台地址及台主姓名籍贯等详细呈报，以凭核办。

1 月 28 日 “一·二八”事变爆发。亚美公司广播电台、大中华广播电台等少数电台仍坚持每日播送抗战新闻，组织募捐慰劳前方将士及救济被难同胞。俟后，第十九路军总指挥蒋光鼐、十九路军军长蔡廷锴及淞沪警备司令戴戟致函亚美公司上海广播电台表示感谢。

8 月 26 日 上海市教育局致各广播电台训令，以播送弹词、歌曲，每于言辞声调之间含有诲淫伤风之意，殊足影响社会风化，要求各电台郑重选择播音材料，俾免流弊，而维风化。

10 月 29 日 上海民营广播电台的第一个联合组织——中国播音会成立。

11月12日 中国国民党中央执行委员会广播无线电台（简称：中央广播电台）在南京开幕，上海各民营电台负责人应邀参加。

11月24日 交通部公布《民营广播无线电台暂行取缔规则》，对民营电台的设立、营业、管理、限制等作出具体规定。

11月 南市老西门安纳金路（今东台路）323号元昌广播电台开始播音。民国二十四年（1935年）1月28日夜失火被毁。停播数月后，迁址菜市路（今顺昌路）170弄7号继续播音。

12月1日 交通部国际电信局致函公共租界工部局，就租界当局擅自管理界内广播电台并拟发给执照等情提出交涉。

12月15日 大中华广播电台新建500瓦功率播音台开始播音。声音清晰，各埠听众如干（北平）、津、闽、粤、皖、鄂、赣还有朝鲜等地来函报告均称满意。

民国二十二年（1933年）

1月5日 亚美公司苏祖国主编之《中国无线电》（半月刊）出版。民国二十七年起改为月刊。民国三十一年3月5日发行第10卷第3期后宣告停刊。该刊不间断发行近10年。

1月23日 抗日救国广播宣传周开始。至28日，邀请吴铁城、史量才、陶百川、杜月笙等沪上15位知名人士，分别在亚美、中西、大中华电台举行广播讲演。

1月26日 亚美公司上海广播电台举办“一·二八”周年纪念播音。27日，电台播送苏祖圭编写的播音剧——《恐怖的回忆》。纪念播音从26日至31日止。

1月30日 交通部国际电信局在《申报》、《新闻报》、《时事新报》和《晨报》连续三天登报通告上海市各区域内民营广播电台于2月15日以前到国际电信局登记，以便核发呼号、频率、许可证及执照事宜。

3月1日 上海市教育局假座中西、大中华等广播电台开办定期播音演讲节目。播音材料每月汇编出版。

3月21日 中西电台首次通过广播播讲小说《天雨花》，由小说家黄南丁播讲。

3月27日 上海江海关布告禁止无线电材料自由输入，须持有交通部执照方准进口。

4月26日 《申报》报道，国民党中央执委会第63次常委会决议，凡交通部与各省市政府所设之广播电台以及交通部所管辖之民营广播电台，其功率满100瓦者均应转播中央广播电台之中央纪念周及重要新闻节目。

4月29日 全沪民营广播电台为救济热河、东北难民，组织募捐联合播音，连续播音36小时。

5月12日 儿童晨报社、永生电台、恒森电台联合举行儿童音乐播音竞赛会。参赛项目为歌唱、弦乐、管乐、西乐，22日结束。

6月10日 法国驻沪总领事署发布署令第132号《上海法租界公董局管理界内私立无线电播音台章程》。民国二十三年10月23日，法驻沪总领事署发布署令第270号，对前颁章程作了修订。

7月13日 上海国际电信局会同市公用局、公安局在南市大境路85号同鑫米店楼上查获私设发音机一具。台主张甲瀛被处罚金1200元，并没收全部机件。

11月 上海国际电信局印发《广播电台听众报告表》。电信局据听众填写此表内容责令有关电台检查改良，以此管理上海各广播电台之发音、波长及节目优劣。

12月2日 上海基督教团体福音广播社主办的福音广播电台在博物院路（今虎丘路）19号举行开幕典礼。播音内容有晨祷、晚祷、布道读经、新闻报告、英文演讲以及圣经研究、音乐、故事等。

12月7日 意大利无线电发明家马可尼抵沪。上海14个学术团体代表曹仲渊、方子卫等及部分广播电台代表赴车站迎接，并参加翌日的茶话欢迎会。

民国二十三年（1934年）

1月22日 佛音广播电台开始播音。该台由中国佛教会主办，佛教净业社具体经办。广播节目以阐扬佛理、宣扬佛化为主。

1月 华侨广播电台开始播音。每日8～10时播送粤曲。

同月 据国际电信局统计，上海市广播电台已达51家。

4月5日 《中国无线电》杂志第2卷第7期发表节目表统计：上海28家中国电台非娱乐节目每家平均每天1.3档（每档45分钟或1小时），娱乐节目平均每家每天7.75档。娱乐节目中弹词居第一。

5月1日 国民党上海市执行委员会颁发上海市无线电播音业同业公会许可证。

5月21日 交通部公布《请领无线电材料进口护照办法》。规定输入无线电材料须向交通部请领护照。

5月30日 为纪念“五卅惨案”9周年，上海市无线电同业公会议决：各华商广播电台停止娱乐节目一天。元昌电台于14时起由李昌镃播音剧社播送爱国剧《祖国之光》。

7月28日 徐光启第十一世孙徐宗泽博士在天主教播音台演讲徐光启历史，题为《明相国徐文定公》。

8月26日 交通部令上海电信局自即日起对沪埠装设广播电台许可证一律停止发给。

9月27日 交通部公布《请领无线电材料转口凭证暂行办法》。规定凡进口无线电材料需转运其他地方时，应填具申请书，向电报局领得转口凭证，方准起运。

10月5日 上海市教育局禁止四明文戏在电台播音。据称四明文戏（即宁波滩簧）取材粗陋，强半涉于猥亵，有碍社会风化。教育局函请国际电信局通知各电台，自即日起一律禁播。

11月11日 上海市民营无线电播音业同业公会在市商会举行成立大会。凡经交通部核准之上海华商电台均为该会会员。大会通过会章，选举苏祖国等九人为执行委员，陈仰乾等三人为候补执行委员。

民国二十四年（1935年）

1月21日 交通部电报局代发《无线电收音机及其材料进口护照暂行办法》。规定进口无线电收音机及其材料须向就近指定之电报局请领进口护照，一切手续按无线电材料进口护照办法办理。

1月24日 口琴专家鲍明珊组织成立空中口琴音乐研究社，内设口琴乐理研究组和音乐教授组。从2月3日起，每星期日上午，由社长鲍明珊在华美电台教授。

3月9日 交通部上海广播电台开始播音。电台呼号XQHC，发射功率500瓦，播音室设在仁记路（今滇池路）沙逊大厦（今和平饭店）内。发射机装在百老汇路（现大名路）瑞丰大厦楼上。

4月4~7日 中国国货公司与交通部上海广播电台联合举办上海儿童播音竞赛大会。11~15岁儿童为甲组，参加音乐、演讲、歌唱、京剧竞赛；8~10岁儿童为乙组，参加歌唱、京剧、讲故事竞赛。

4月25日 交通部令各广播电台从本年5月1日起一律用国语报告，如有特殊情形得用方言翻译，但不能纯用方言报告。

6 月 交通部限制民营电台频率在 550～1500 千赫之间。

7 月 1 日 由于英商电气音乐实业有限公司（原百代公司）规定广播电台播送该公司唱片时须取得其许可并预付每月 150 元唱片版权税等，民营无线电播音业同业公会通告各会员电台暂停播放该公司唱片，改播大中华公司国产唱片，同时委托律师进行法律解决。

8 月 5 日 全国广播收音机开始登记。上海国际电信局从 8 月 1 日开始办理登记，至 9 月 30 日登记期满，总计登记收音机 6.8 万余具。

8 月 交通部整顿民营广播电台。1. 因频率分配完，停发许可证；2. 惩办管理不善的电台；3. 令各台送呈播音节目及时间表，加以统筹安排。通过整顿，在年内停办沈氏等 12 家电台。

11 月 22 日 《申报》报道，上海市社会局将会同教育局草拟取缔无线电“乖谬播音”节目办法，规定上午应播送教育及社会常识，下午及晚上方可播送娱乐节目。

12 月 广播电台播放唱片应否缴纳版权税问题获法律解决。经司法院统一解释法令会议决议：留声机片既非出版品，亦非著作物，购买人本具所有权作用，无论如何使用，应任凭自由，出售人、制造人、发行人均不得干涉。

民国二十五年（1936 年）

2 月 18 日 交通部令上海国际电信局转各民营广播电台一律停止增加电力，以安定电波秩序。同月 28 日又重申此令。

2 月 19 日 福音电台改装之 1 千瓦新机开始播音。

3 月 2 日 作曲家吕骥即日起在交通部上海广播电台教授歌曲，每周一、三、五 18 时 30 分至 19 时，教授第一支歌为《义勇军进行曲》。

3 月 8 日 上海市政府广播电台开幕。该台由市公用局管理，播音原则以宣传市政建设及普及民众教育为宗旨，电台呼号 XGQI，发射功率 500 瓦，频率 900 千赫，发射机设在公用局，播音室设在市政府内。

4 月 1 日 国际电信局撤销。交通部上海广播电台归上海电报局管辖。上海民营广播电台之监督亦归上海电报局办理。

4 月 20 日 行政院通令全国各广播电台自即日起，从 20 时至 21 时 5 分（星期日除外）一律转播中央广播电台节目。转播内容暂定为简明新闻、时事述评、名人演讲、学术演讲、话剧、音乐等 6 项。

7 月 1 日 上海市电报局规定，电台播送节目稿本一律须经审定方可广播。审定工作由上海电报局会同社会局、教育局办理。

7月15日 交通部上海广播电台创办《妇女通问》节目，播讲新家庭主妇所应有的常识。

8月1日 交通部上海广播电台转播德国柏林世界运动会开幕实况。2日起，每晚定时播送中央通讯社记者报道的世运会消息。

10月28日 交通部公布《指导全国广播电台播送节目办法》。规定：宣传、教育和演讲方面节目，公营广播电台应占多数，民营广播电台亦不得少于40%；娱乐节目不得超过60%，广告应包括在娱乐节目内，不得超过娱乐节目的1/3。

10月 全市儿童播音竞赛冠军张银蟾在交通部上海广播电台作宣传国货播音。

12月5日 国民党中央广播事业指导委员会开始审查全国广播电台播音节目。15日，中央广播事业管理处通告，上海电报局和社会局、教育局会同办理之各电台节目审查事宜应即停止。

12月24日 上海市政府广播电台于23时45分至24时向美国人民播送圣诞节祝词和圣诞歌曲。由美国播音公司转播。

12月 国民党中央广播事业指导委员会在上海设立办事处，由交通部上海电报局协助工作。地址在南京路（今南京东路）大陆商场5楼537室。

民国二十六年（1937年）

1月28日 元昌广播电台于"一·二八"纪念日暂停娱乐节目，播送纪念节目。上午9时起播送"警策语"及"防卫常识"，下午播送爱国剧《一二八之夜》及《李老大说梦》，晚上播送爱国剧《争夺记》及《收回》。

2月1日 同乐、周协记、敦本堂、安定、市音、新声、惠灵、华乐八电台因设备简陋或违反法令，交通部电政司训令上海电报局加以取缔。19日，上海电报局发出通告，注销上述八电台之许可证，收回各台前用之呼号、频率。

2月26日 民营广播电台同业公会推派代表赴南京请愿，要求设法救济被取缔之电台并放宽对民营电台的播音限制。

3月8日 为纪念国际妇女节，市妇女会请市长吴铁城夫人、蔡元培夫人、王孝英、陆礼华、舒惠桢等女士在亚声、大中华电台演讲。

7月30日 22日成立的上海市各界抗敌后援会召开第一次宣传委员会议。对广播组的工作方法确定为："每日作时事广播或名人演讲，凡关于民族抗战主义有关之唱片节目尽量予以提倡，反之则设法劝阻之。”

8月13日　“八一三”事变爆发，公共租界工部局发表紧要布告，通告所有广播电台“切勿播送任何未经该管当道证实之消息，否则当由本局警务处将各该电台立时封闭”。17日，民营播音业同业公会致函工部局对此进行抵制。

8月19日　公共租界工部局宣称：从即日起，“每晚将当日发生之事件摘要用英语在西华美（XMHA）及劳勃生电台（XQHB），华语在华兴（XHHP）及中西电台（XHHH）广播，“以辟除近日常有之无稽谣传”。

8月28日　茅盾在《救亡日报》发表《对于时事播音的一点意见》。希望文艺界和游艺界（特别是说书人）同仁联系起来。将战士在前线浴血奋斗的壮烈事迹用半报告、半分析解释的方法编成故事播出。

9月5日　上海市各界抗敌后援会与中国特种教育协会即日起联合举办名人无线电广播演讲，每日上下午各两次，每次半小时，每次由两人在同一电台演讲，其他电台转播。

9月7日　抗敌后援会宣传委员会国际宣传部确定每日19时至19时45分为外国语播音时间，内容有英、日、德、法、俄、朝鲜等外语播音，其中德语播音由王安娜及王炳南担任。

9月8日　抗敌后援会宣传委员会与播音业同业公会议定《战时广播电台统一宣传办法》，规定战时各广播电台应一律播送下列主要节目：一、时事报告；二、劝募救国公债；三、劝募慰劳物品及其他征集事项；四、战时常识指导；五、外语演讲及时事杂评；六、抗战歌曲演唱；七、名人演讲；八、游艺劝募或宣传。以上第四至第八类节目由宣传委员会派人员播送，各电台可以转播。

9月21～23日　上海慈善团体联合救灾会和救济灾区委员会特邀名票界、电影界、话剧界、伶界假赫德路（今常德路）佛音电台举行大规模播音募捐。23日晚，梅兰芳参加播唱。

9月24～26日　上海伶界联合会、国难后援会为筹集救国公债及救护伤兵、救济难民、慰劳将士等款项，举行大规模平（京）剧会串播音，在佛音电台播出。特邀京剧名演员梅兰芳、周信芳、李少春、高百岁等出席，三天共募得13000余元。26日，梅兰芳、周信芳、华慧麟等在富星电台义务播唱，共募得现金13600余元及银器、古玩等。

10月20日　宋庆龄在上海美商R. C. A. 广播电台，以《中国走向民主的途中》为题，用英语向美国各界人士发表广播演说。

10月22日 上海电影界假中西电台播音募捐。三天中播出田汉编的《阿Q正传》和《卢沟桥》、陈鲤庭等编的《放下你的鞭子》和欧阳予倩编的《曙光》等话剧。周信芳和电影明星合演的《明末遗恨》亦同时播出。

10月26日 亚声电台台主黄菊隐在播音募款中侵吞巨款，经上海市戒严司令部查明属实，判处死刑，执行枪决。

11月27日 日本侵略军接管交通部上海广播电台（XQHC）。

12月1日 亚美公司上海广播电台因上海战局变化，宣布拆机停播，以免为敌所用。同日，华美电台亦拆机停播。在此前后停播的还有鹤鸣电台（1937年9月）、元昌电台（1938年4月）、麟记电台（1937年8月从南市迁入租界后停播）、富星电台（1938年）、佛音电台（1938年年底）、大中华电台（1939年7月前后）和大陆电台（约1939年年底）。

民国二十七年（1938年）

3月20日 日本侵略军当局宣布成立上海广播无线电监督处，接管过去由国民政府实施的对无线电广播的监督。监督处处长浅野一男，副处长阪义雄，办事处设在南京路（今南京东路）233号哈同大楼316室。

同日 日本监督处发布第一号指令，宣布从4月1日起，“对于国民政府交通部以及中央广播事业指导委员会所实施之监督电台、取缔及指导播音等有关之一切事务由本监督处予以接收。”

3月31日 日本监督处发布第二号指令，宣布“现有上海播音电台均须本监督处重加认可方准营业”。要求各电台负责人于4月15日以前，携带前交通部所发营业执照及电台情况报告书前往该处登记。

4月3日 《上海无线电》创刊，由上海无线电周刊社出版。初为周刊，81期起改为半月刊。民国二十九年（1940年）12月停刊。

4月11日 华东等20家民营广播电台联名致函公共租界工部局总办，对日本监督处指令限期登记事，请求租界当局“以公正立场筹谋应付”。

4月20日 日本监督处发布第三号指令，将登记期限推迟到4月27日。

4月25日 民营无线电播音业同业公会执行会主席王完白致函工部局总办，再次要求“筹谋应付”。

4月27日 工部局为避免日本人在租界内直接行动，建议监督处将申请登记表格由工部局警务处转交给各家中国电台，待填好后再收集送交监督处。27日和28日两天，有明远、华东、东方、华泰、国华、友联、东陆、中西、华兴、新新等10家电台将登记表送交工部局。

4月28日 民营电台除李树德堂电台和航业电台照常广播外，余均暂停播音。

5月1～2日 华泰、明远、华兴、国华、建华等电台恢复播音并陆续向监督处登记。

5月3日 日本监督处发布第四号指令，命令未登记电台即行停止播音。

5月5日 工部局与日本监督处及日本领事馆达成协议：工部局通过警务处监督中国广播电台，使其不播反日宣传或参与其他政治性行动。

5月8日 工部局警务处召集各民营电台负责人，要求再次具结，保证不播反日宣传及一切政治性内容。

5月16日 法国驻沪总领事署发布《管理无线电话及无线电报章程》。

7月15日 日本监督处颁布《私人无线电发射台管理条例》。规定任何人欲设立广播电台须先向广播管理处提出申请，获准后才可以进行装设工作。

10月17日 截至本日，公共租界华商电台已有建华、李树德堂、明远、华泰、中西、永生、新华、大来、大美、航业、国华、华兴、大业、杨氏、金鹰、精美等16家民营电台向日本监督处登记。11月14日，利利电台向监督处登记。不久，东陆电台也与监督处商妥登记。

11月19日 《申报》报道，刘子云、施春轩、刘春山、刘冶儿、黄兆麟等发起组织上海游艺播音联谊社，由故事、甬剧、苏滩，申曲、滑稽、弹词、评话等艺人联合组织。社址云南路（今云南中路）福昌里8号。

11月29日 《申报》报道，上海播音界节目最脍炙人口的是弹词，每天共有103档，每档以40分钟计算，总数为4120分钟，如在一个电台连续播送要两天20小时多。

12月18日、25日 新华电台两次举办听众歌唱播音，凡爱唱歌曲听众可在该台登记一试歌喉，人数以30人为限。

12月26日 全市播音界、游艺界在大陆电台举行联合播音救济难民劝募大会。31日，新华、艺华、明星等影片公司男女影星在中西电台播音。

民国二十八年（1939年）

4月6日 上海各界公祝马相伯百岁寿辰。难民救济协会联合伶界、电影界在大陆电台播送特别节目三天，募款救济难胞。

5月30日 上海婴孩救济所敦请越剧坤伶和滑稽、故事、歌唱名家在大来电台（1120千赫）举行“五卅”义务播音，劝募经费。

6月7~25日 中国职业妇女俱乐部等团体假大陆、新新电台举行多次慈善义卖播音，募集经费救济难民和支援新四军。其间，俱乐部主席茅丽瑛（中共党员）及大陆电台均收到附有子弹之匿名恐吓信。

6月10日 日本广播监督处通知已登记电台的播音游艺员于6月20日以前向监督处登记。20日，监督处通知各电台经理从7月1日起制止所有未登记的游艺员到电台播音，也禁止已领取执照的播音游艺员去未登记的电台播音。

6月29日 《上海无线电》报道，天蟾广播电台首次播讲《育婴常识》。

7月 新新广播电台在新新公司六楼新都饭店内设立玻璃播音室，以广招徕。

12月6日 日本广播监督处以中西电台与未登记的东方电台和福音电台合作宣传基督教的重整道德行动，给予暂停播音处分。

民国二十九年（1940年）

1月15日 参加世界重整道德大会的缅甸代表马宁泰女士回国途经上海，在福音电台播音演讲。

6月14日 德国在大西路（今延安西路）设立德国广播电台开始播音，全日插播欧战情况。德国投降后，电台被日本接办。

8月13日 上海救济难民儿童教养院假座新新电台、中西电台、国华电台和明远电台，举行播音宣传大会。参加播音的有周信芳、高百岁、谭富英、上官云珠、白虹、周璇、陈云裳、陈燕燕、马樟花、袁雪芬、薛筱卿、杨振雄、施春轩等。

民国三十年（1941年）

2月20日 日本广播监督处控制的上海市民营广播电台公会出版《广播无线电》半月刊。同年12月停刊。

2月22日 汪伪宣传部与日本大使馆共同声明，建立中国广播事业建设协会，隶属伪宣传部管辖。在其制订的《广播无线电台计划》中，提出要“统一管理”沦陷区的广播电台，“民间不得再有广播电台”。

7月29日 《大陆月刊》社在新新玻璃播音室举行文艺广播。由上海剧艺社广播话剧《求婚》，陈致通播送张天翼小说《稀松的恋爱故事》，蓝兰、叶璟珍等分别朗诵雪莱的《西风歌》、普希金的《离别了故乡》和冀汸的《月季花》等诗歌。

9月27日 苏联呼声广播电台正式播音。电台以苏商名义创办，实际上届于苏联塔斯通讯社上海分社，目的在于加强在苏德战争爆发后的宣传工作。太平洋战争爆发后，该电台成为上海地区报道战争进展真实情况的重要传播媒介。

10月31日 凌晨，新新公司六楼起火，新新玻璃播音室同时被焚，电台停办。

12月8日 太平洋战争爆发。当天，日军报道部和宪兵队接管了西华美、福音、奇开、大美等广播电台，后将福音电台改名大东电台，大美（美商）电台改名黄浦电台，西华美电台改名东亚电台，三家电台统归属中国广播事业建设协会管辖。同日，向日本监督处登记的民营广播电台公会所属28家民营电台也被封闭。

民国三十一年（1942年）

4月16日 汪伪宣传部公布施行《装设无线电收音机登记暂行办法》，废止国民政府交通部民国十九年（1930年）7月1日公布之《收音机登记暂行办法》。

6月25日 上海方面日军最高指挥官通令上海地区无线收音机用户，不论国籍，均应于7月1日至8月31日之期限内向当局申请登记。

11月28日 上海特别市范围内（两租界除外）登记收音机用户共9972户。

12月18日 汪伪宣传部宣布实施《修正无线电收音机取缔暂行条例》及《施行细则》、《各地违禁收音机特许委员会组织办法》及《违禁收音机使用持有特许标准》。

民国三十二年（1943年）

1月13日 上海日军宪兵队长颁发告示，重申对违反取缔违禁收音机布告规定者“不问其国籍将采取严峻措置，切望未办手续者，从速于限期前办理”。

1月18日 汪伪上海特别市政府通告实施取缔违禁收音机。

3月5日 汪伪国民政府修正公布《无线电收音机取缔暂行条例》。规定：“未经许可制造、使用、持有或转让违禁收音机者处以一年以下徒刑、拘役或3000元以下罚金。”

春 伪中国广播协会成立上海事务所。原民营广播电台公会理事陈显宗任管理部参事。

7 月 30 日　汪伪国民政府于上午“接收”上海法租界。31 日下午汪精卫在沪作广播演说。8 月 1 日，举行上海公共租界“接收”仪式。

9 月 29 日　上海日本总领事馆告示：“在上海特别地区内凡装有以收听广播无线电为目的之无线电收音机者于 10 月 1 日至 10 月 14 日期间内与财团法人中国广播协会缔结《收听契约》。”

9 月 30 日　汪伪宣传部公布实施收音机装置许可制，并准许中国广播协会自 10 月 1 日起得与收音机所有人缔结《收听契约》，按月收取听费中储券 10 元。

10 月 30 日　伪国民政府行政院长汪精卫与日本全权大使谷正之在南京签订汪日《同盟条约》，沦陷区各广播电台转播。

民国三十三年（1944 年）

10 月 17 日　伪广播协会上海办事处发表工作状况。伪上海广播电台台长陈正章宣布：“上海电台拟扩充游艺节目，并计划将上海经济新闻当日广播南京及华中一带。”10 月份起，收听费涨至中储券 100 元，收音机改装费中储券 300 元。

民国三十四年（1945 年）

3 月 11 日　伪中国广播协会通告，对未交付收听费的 30 家收音机用户即日起取消其《收听契约》，并将收音机没收。

5 月 7～19 日　伪上海广播电台举行保甲工作宣传播音，内容有《保甲与治安》、《强化保甲、协力保卫》等。

8 月 15 日　日本宣布无条件投降，25 日，上海名歌唱家从即日起至 31 日止，借青年广播电台（1300 千赫）播唱时代歌曲，征集慰劳品，慰劳盟邦侨胞。

8 月 27 日　国民政府交通部江苏江南区电信规复处处长郁秉坚发出布告，暂行接管使用上海各广播电台及所存材料。

9 月 20 日　国民党中央广播事业管理处指派冯简为本处特派员，叶桂馨为京（南京）沪区敌伪广播电台接收专员。

9 月 25 日　冯简、叶桂馨接收上海市日伪管辖之广播电台六所及机关两所。旧上海广播电台及旧国际电台接收后合称上海广播电台，陈辅屏为台长。

10 月 5 日　原民营无线电播音业同业公会请求交通部和中央广播事业管

理处驻沪办事处制止新成立电台使用前鹤鸣等八家会员电台之相同频率，要求保留频率并早日复业。

10 月 9 日 上海沦陷期间存在之上海市民营广播电台公会所属 28 个单位要求复业，受到中央广播事业管理处特派员冯简的批斥。指出，该公会“受敌伪当道之意志推动一切，出版刊物，为敌伪工作，确为不合法之组织”。

11 月 13 日 民营广播电台商业同业公会整理委员会成立。整理委员三人（王完白、苏祖国、张元贤），后吸收助理整理委员七人（陈靭春、王文彬、周廉清、毛礼祚、刘凤麟、陈懋甫、张大炜）。

11 月 上海市电信局从上海国际电台分出，兼管民营广播电台，郁秉坚任局长。

12 月 初淞沪警备司令部设立电信检察科，检查各电台、登记收音机及管理无线电材料。

12 月 6 日 上海广播电台对全市广播台调查结果为：有广播电台 27 家，其中已播音者 16 家，尚在筹备者 11 家。

12 月 淞沪警备司令部办理民营广播电台纳费发给居留证，规定临时呼号及周率，其有效期间俟民营广播电台设置规则公布即予停止。

民国三十五年（1946 年）

1 月 11 日 上海电信局发布新闻稿：“交通部令：关于民营广播电台设置规则正由行政院审核中，在未奉颁示前，一律不准开放。其有已先擅自开播者，责令电信局会同市政府等予以取缔。”

2 月 14 日 交通部公布施行《广播无线电台设置规则》。规定上海市广播电台不得超过 10 座，其中民营电台不得过半数，功率以 50 ~ 500 瓦为限，波长限用中波（500 ~ 1500 千赫）。外籍机关和人民一律不准在中国境内设立广播电台。

3 月 10 日 由中共上海地下组织主办，以商业电台为掩护的中联广播电台开幕。同年 7 月，上海市电信局、警备司令部和市警察局以“整顿”为由，加以封闭。

3 月 21 日 交通部上海电信局公告：上海市公营及民营广播电台应于 3 月 25 日至 30 日备具正式公函到北四川路（今四川北路）872 号电信局工务处领取广播电台设置规则及登记表格。前去电信局登记的电台共有 108 家（含将设电台）。

3 月 交通部以上海地方未经核准即行架设之广播电台为数过多，另订

《整理上海市广播电台的初步办法》。

4月5日 上海市广播电台联合会成立。会员约有四十个单位，由国民电台负责人杨士芳任主席。

5月10日 中联电台举行空中座谈会，题为《建国时期的教育问题》，有张耀翔、傅统先等十余人出席。

5月16日 上海电信局报告对各电台调查结果。机件设备优良者（A级）4家，尚佳者（B级）7家，平常者（B_级）7家，劣者（C级）8家，最劣者（D级）29家，需复查者18家，此外尚未装设者35家。

5月30日 蒋介石电示：据报，上海现有二三十家广播电台，任意造谣生事，流弊极大，应由中央广播事业管理处会同交通部拟具管制办法，以杜流弊。

6月28日 国民党中央广播事业指导委员会第29次会议修正通过中央广播事业管理处拟具的管制办法草案，规定上海市民营广播电台数目绝对不得超过20座。各广播电台不得播送有关禁例和偏激之言论，不得播送诲淫诲盗、迷信荒诞之故事及歌曲唱词。

7月19日 上海市电信局、淞沪警备司令部电信监察科及市警察局三方代表商讨整理上海市广播电台办法，议决：亚洲、合作、中华自由、金都、民声、九九等6座A、B类电台自8月16日起两台合用一个频率轮流播音；建成、中国文化、大同、新声、合众、大中国、新沪等7座B类电台限于8月15日前改善机件，再行复查；请求复查及C、D类电台一律停止播音尚未装设之电台除9家战前老民营电台外，其余停止办理。电信局设立稽查电台，随时监察各电台广播内容。

7月28日 26家被取缔广播电台代表在国际饭店举行记者招待会。当晚，推派代表赴南京向交通部请愿，未获结果。

8月6日 电信局、警备司令部及市警察局召开会议，勒令被取缔电台自8月9日零时起停止播音。9日，三方派员实施取缔，12日下午结束。

8月16日 第一批核准电台6座（亚洲、合作、中华自由、金都、民声、九九）开始轮流播音，两台合用一个频率。31日，第二批核准电台5座（建成、中国文化、新声、大中国、新沪）开始播音。9月6日，第三批核准电台中的大同、合众两电台开始播音。

9月7日 国防部召开会议商讨外人在华设立广播电台取缔办法。23日，通过《取缔外人在华设立广播电台决议案》。凡外人在沪设立广播电台一律取消（美国军用电台不在此限）。

同日 上海电信局、警备司令部及市警察局联合召开8家“不合格”电台（国民、新运、上海青年、青年文化、铁风、远东、胜利、海员）负责人座谈会，劝令自动停播。

9月8日 抗战中未向日本侵略者屈服的9家老民营电台（亚美、麟记、元昌、鹤鸣、东方、华美、大陆、大中华、福音）举行复业开幕典礼。除福音外，两台合用一个频率和一台机器轮流播音。10月，电信局通知改为4家电台用一个频率轮流播音。

10月16日 上海市民营广播电台商业同业公会在元昌电台举行成立大会，会员电台21家。大会通过会章，选出张元贤等9人为理事，王叔贤等3人为监事。至民国三十七年，会员电台增至23家。

11月16日 上海市电信局向电信总局报告整理沪市广播电台情形称，未经核准之广播电台日见增加……其自称公营者大半假借名义，擅自播音，争揽广告收入，甚至查封以后，一再擅自毁封条，仍复播音。

12月1日 上海市广播电台呼号改为$XLAA_2$、$XLAA_3$至$XLAJ_2$、$XLAJ_3$ 10组共20个。

12月20日 上海市电信局通告：除经交通部核准电台外，其余各台统限于12月31日以前停止播音，并将电台撤除。

民国三十六年（1947年）

1月6日 苏联呼声电台、国泰电台（法商）被封闭。

2月1日 民营广播电台商业同业公会通知各会员电台：因物价上涨，提高广告费。每档40分钟，每月从法币50万至100万元；星期日每次法币25万至75万元；小报告每天三次，每月法币15万元。

同日 行政院通令禁止广播100多首歌曲，其中有《义勇军进行曲》、《五月的鲜花》等进步歌曲。

2月 美军东方（原西华美电台）、大美电台被封闭。大美电台后经调查确系国人设立，于9月28日恢复播音。

3月7日 查封电台已达30家，但宪兵司令部开设之胜利电台和市警察局的市警电台仍在播音。

3月18日 上海市民营广播电台商业同业公会与申报馆商定合作广播新闻细则，申报馆每日上、下午及晚上三次将广播稿送电台广播，每次约5分钟。播毕后，播音员要说明：“以上消息由申报馆供给。”

4 月 1 日　民营广播电台商业同业公会及建成、合作两电台与申报馆合作广播广告。每家电台每日担任小报告 10 次，每次以 100 字及客户两户为限，每月由申报馆津贴法币 1000 万元。

5 月 7 日　民营广播电台商业同业公会奉命通告：因上海 6 日发生抢米风潮，自即日起不得报告米市行情。

5 月 8 日　上午，被抢米商向市府请愿。因迁怒于华兴电台播音员筱快乐播唱骂米蛀虫歌词，电台被请愿米商捣毁。同日，筱快乐在民粹电台继续骂米蛀虫。事后，米商公会赔米 200 石，剧艺界以此转赠慈善团体。

8 月 15 日　公建广播电台开幕。电台主持人为淞沪警备司令部稽查处处长陶一珊及电信监察科科长胡振庸等。

8 月 17 日　上海市播音协会在南京西路 130 号金国大戏院举行成立大会。会员总数 222 人，出席大会 187 人。会议通过简章，选举沈菊隐为理事长，钱无量为常务监事。

10 月 10 日　民营广播电台商业同业公会和中国红十字会合办流动诊疗车免费施诊送药。

10 月 28 日　上海市电信局、淞沪警备司令部及市警察局召开会议，再次讨论取缔非法电台问题。

11 月　交通部修正《广播电台设置规则》，上海市使用频率从 10 个放宽至 15 个。

民国三十七年（1948 年）

1 月 15 日　国防部颁布《军用广播无线电台设置与管理暂行办法》。

4 月 5 日　交通部公布《广播无线电收音机登记规则》。凡为收听无线电广播新闻、演讲、音乐、歌曲等项而装设广播无线电收音机者均应向当地之交通部电信局申请登记。

4 月 29 日　青年电台（1440 千赫）改称“中央广播事业管理处上海广播电台管理青年广播电台”。（简称“上海青年广播电台”）在中正东路（今延安东路）915 号继续播音。

10 月 12 日　淞沪警备司令部转国防部参谋总长顾祝同 10 月 2 日代电，暂准公建、胜利，铁风、沪军、天声、联合、凯旋、远东、新苏、远征 10 座军用电台，仍用原频率播音。勤政与伤友、军声与军讯、建军与民本 6 座军用电台，两台合用一个频率。以上每台每日必须增加 2 小时以上之“戡乱”宣传节目。

10 月 16 日 民营广播电台同业公会公告，即日起使用交通部增拨上海民营电台的五个半频率，原四家电台合用一个频率改为两家合用一个频率。

10 月 21 日 军用伤友电台与民营金都电台争用 780 千赫频率。伤友电台滑稽演员杨筱峰带领穿制服伤兵五六人闯入中正西路（今延安西路）580 号金都电台，强令停止播音。

11 月 13 日 交通部命令全国各地民营电台于 21 时至 21 时 30 分一律转播中央广播电台的新闻。

12 月 3 日 淞沪警备司令部订定《戒严期间本市各广播电台应行注意事项》。规定：各电台应增播"戡乱"节目；严加考核电台职工思想、行动等。

12 月 11 日 广播电台商业同业公会向上海市社会局呈请，要求所属会员电台从业员享受新闻记者同等之配给及配物之权利。

民国三十八年（1949 年）

1 月 1 日 全国广播电台改换呼号。根据 1947 年 10 月国际无线电会议的决定，中国各无线电呼号"X"字母开头一律改为"B"字母开头。交通部规定广播电台以"BE"两字母为首。

4 月 8 日 淞沪警备司令部命令各广播电台须遵守四项规定：一、禁止以电话推销商品；二、公营、军用电台之新闻、教育及公益演讲等节目不得少于全日播音时间十分之四，民营电台不得少于十分之二。节目内容由警备部政工处会同电信监察科核盖章后播送；三、特别节目须在三天前呈报核准，方可播送；四、各台一律以晶体控制振荡，遵照指定频率，不得有副现象。

4 月 23 日 京沪杭警备总司令部文教委员会禁止各电台播出《日出》、《雷雨》、《原野》等话剧。

4 月 24 日 淞沪警备司令部订定《广播电台管制办法》。规定：各广播电台节目未经警备司令部核准者，一律不准播送，如有违背，立即查封；广播节目内容如有足以影响治安之言论，一经查实，按照戒严法从严惩办。

同日 淞沪警备司令部命令民营电台自行协商停播半数电台，以"适应战时体制"。经协商停播的有合作、合众、大中华、大陆、东方、华美、中华自由、民声、九九、大美等 10 家广播电台。

5 月 23 日 淞沪警备司令部征用亚美、麟记、凯旋、联合四电台协助空军总部导航。即日起，全天 24 小时由四台交替播音。

1949 年

5 月 25 日 凌晨，上海市苏州河以南地区解放。中共上海地下组织分别派员进入国民党上海广播电台、中华自由广播电台、凯旋广播电台。是日晨先后播出中国人民解放军进入上海市区和上海解放的消息，播出《中国人民解放军布告》（约法八章）。

5月27日 上海市全部解放。中国人民解放军上海市军事管制委员会派接管专员周新武和联络员华坚等27人接管国民党上海广播电台。上海人民广播电台（简称上海电台）成立，当晚开始播音。台址在大西路7号（现延安西路129号）。编辑部暂设在解放日报社，由苗力沉负责（7月初迁入电台）。

5月28日 上海电台使用广播频率：900千赫、波长333米，11780千赫、波长25米。总输出功率为1.8千瓦。每天早、中、晚播音三次，总播音时间为9小时20分。自办节目有新闻、评论、通讯、布告、法令、音乐、歌咏、教歌、越剧、话剧等，并转播北平新华广播电台的新闻、评论、英语新闻等节目。

5月29日 周新武奉命接管了国民党政府中央广播事业管理处所属在上海的广播器材修造所（王元石为联络员）和大中华唱片厂（许刚为联络员），日常工作由联络员负责。

6月1日 中共中央华东局第二书记、上海市军事管制委员会主任、上海市市长陈毅在上海交通大学举行的上海市各界青年纪念“五卅”代表大会上发表讲话，上海电台向全市作了实况转播。

同日 上海电台6月1日起临时广播节目在《解放日报》刊出，增加了上海新闻、评论、对国民党空军人员讲话和听众服务等节目。

6月2日 中国人民解放军上海市军事管制委员会颁布《无线电登记及管制条例》。

6月10日 中央广播事业管理处副处长李强、上海市军管会文化教育管理委员会副主任范长江约上海电台负责人周新武、苗力沉、华坚等谈话，对上海的广播宣传以及华东广播事业和对私营广播电台的管理问题等作了指示。

6月13日 上海市军事管制委员会颁布《关于上海市私营广播电台暂行管制条例》。这是在已解放的城市中颁发的第一个大城市管理私营电台的法令。

同日 中央广播事业管理处通知各地广播电台转播北平新华广播电台节目的规定。上海电台从20日起转播北平新华广播电台20时30分至21时30

分的新闻、综合报道、评论、国际时事节目。

6月29日 上海市军管会文化教育管理委员会召开上海广播界座谈会。夏衍、范长江在会上讲话，有主管文化工作、广播工作和私营电台负责人、戏曲界50多人参加。会上决定建立上海广播界座谈会制度，作为政府和私营电台经常联系的方式。

6月30日 上海电台报道了逸园（现文化广场）举行的“七一”纪念晚会，使全市人民听到宋庆龄（大会祝词）、黄炎培、盛丕华、吴有训、茅以升等著名人士盛赞中国共产党的伟大功绩的热情洋溢讲话。

6月 中国共产党上海人民广播电台支部委员会成立。华坚任党支部书记。

7月1~7日 上海电台举办特别节目，庆祝上海解放，纪念“七一”、“七七”。应邀发表广播演说的著名民主人士有黄炎培、陈叔通、盛丕华、沈体兰、胡子婴、许广平、林汉达、包达三、施复亮、吴耀宗等。

7月6日 上海电台报道了中国人民解放军入城式盛大阅兵典礼和全市军民联合大游行盛况。

7月11日 由上海电台和上海市军管会文管会新闻出版处广播室联合召开第一次上海广播界座谈会。

7月30日~8月1日 上海文艺界劳军分会与上海广播界联合举行“劳军和救灾募捐广播会”，历时三天，分别在大中华、大陆等17家私营电台和上海电台同时广播。文艺界著名演员魏鹤龄、白穆、黄宗英、上官云珠、金焰、秦怡、乔奇、言慧珠、童芷苓等演出文艺节目。

7月 从本月份开始，上海人民广播电台接替华东新华广播电台的宣传任务，在济南的华东新华广播电台即停止播音。

同月 上海电台开办《工人节目》、《儿童节目》、《经济节目》。

8月3日 中央广播事业管理处电复同意用《新四军军歌》作为上海人民广播电台的开始曲。

8月6日 上海市军事管制委员会第十号委任令，任命周新武为上海人民广播电台台长，苗力沉为副台长。

8月20日 上海电台在中共中央华东局台湾工作委会员指导下开办对台湾广播节目，使用频率为5985千赫。

8月 上海电台开办《青年节目》、《妇女节目》。

9月1日 上海电台第一台开始对华东地区广播（第二台对上海市广

播），使用800千赫、5985千赫、6812千赫，有《华东新闻》、《华东通讯》等节目。

9月5日 上海电台宣布组织机构和人员配备。设台长办公室、编辑部、工务科、行政科四个部门，全台共109人。

10月1日 上海人民广播电台和上海各私营广播电台转播首都北京庆祝中华人民共和国中央人民政府成立大会实况。上海市广播、戏剧、电影、曲艺界联合举办两天特别节目，庆祝开国盛典。

10月2日 上海电台播出上海人民庆祝开国盛典实况。8日播出“上海人民庆祝开国和保卫和平”的百万市民大示威游行实况。

10月 上海人民广播电台广播乐团成立。

11月7日 为纪念俄国十月社会主义革命32周年，中央人民政府副主席宋庆龄在上海人民广播电台作录音广播讲话，题目是《我看到了新中国》。

11月 上海广播剧团成立。

同月 上海电台在《学习三大文献问题》节目基础上，开办《政治学习问答》节目。

12月1日 上海市私营广播电台经过登记、审核，批准开业的有22家，其中17家私营台按调整后的广播频率，两台合用一个频率，轮流播音。

12月11日 上海电台与中苏友好协会上海分会联合开办《俄语讲座》节目。

12月 原含国民党官股的合作、新沪两家私营台改为公私合营新声电台和公私合营大沪电台。

二、重要文件辑存

国民政府交通部《广播无线电台设置规则》

（1946年2月14日）

第一条 本规则依电信条例第五条之规定制定之。

第二条 本规则所称之广播无线电台（以后简称广播电台），系指用无线电传播语言、音乐、歌曲等，供一般公众收听之电台而言。此项广播电台之设置、运用均应照本规则之规定办理。

第三条 广播电台除国营者外，分为下列两类：

1. 公营广播电台　凡中华民国政府机关所办广播电台，除交通部所办者系属国营电台外，其余均称为公营广播电台。

2. 民营广播电台　凡中华民国公民或正式立案完全华人组织设置之公司、厂商、学校、团体所设广播电台，均称为民营广播电台。

第四条 凡外籍机关人民、非完全华人组织设置之公司、厂商、学校、团体，一律不准在中国境内设立广播电台。

前项公司、厂商、学校、团体之职员虽全系华人，而其行政权系由外籍机关或人民掌握；或其行政权虽操于华人，而其资产之一部属于外籍机关或人民者亦同。

第五条 本规则各条所称广播电台，除于文内叙明公营或民营者外，均系包括公营、民营两类电台而言。

第六条 凡欲设置广播电台，均应先行填具申请书登记表（由交通部印制空白书表发给填用），并将下列各项叙明，送请交通部审核，经核准发给许可证后，方可架设：

1. 申请人姓名、住址、经历（如系公司、厂商、学校、团体，应将名称、地址、组织情形、立案机关及负责人姓名、住址、经历叙明）；

2. 设立广播电台之目的；

3. 广播电台名称、组织概算及其经费来源；

4. 发射机电力、地址、制造厂家及详细工程计划（应附详细线路图）；

5. 播音室地点。

第七条 广播电台许可证之有效期间，为自核发之日起满六个月为止，声请人必须于该期间内将电台建设完成；其因特别事故未能在期内设成者，得于期满前申述理由，附缴原许可证声请交通部展期三个月，但以一次为限。

第八条 广播电台建设完成，应即声请交通部派员查验核发执照，俟查验合格发给执照后方准播音，其原领之许可证并应于核发执照后缴销。

第九条 广播电台如需试验播音，应以夜间零时至六时为限，并应先行报请交通部查核。

第十条 广播电台执照之有效期间，为自核发之日起满一年为止；如拟于期满后继续设置、运用，应予期满前一个月内声请交通部换发新执照。此项新执照之有效期为自旧照失效之日起满一年为止。

第十一条 在本规则公布前设立之广播电台，无论以前已否领有交通部许可证或暂用执照，均应按照本规则之规定补请执照。凡公营广播电台，应在本规则公布后三个月以内，将声请手续办竣，逾期即不得继续播音；民营广播电台应即日停止播音，俟请准发给执照后，方得恢复。

第十二条 广播电台许可证或执照，如有遗失应即登报声明作废，并报请交通部补发。

第十三条 广播电台许可证或执照内所载事项如拟予变更，应先行声请交通部核准换发新证照。

第十四条 凡依照前两条规定补发之许可证或执照，其有效期间应仍以原许可证或执照之期间为准。

第十五条 凡声请核发、换发、补发广播电台许可证，应附缴证书费500元，印花税费5元；声请核发、换发、补发广播电台执照，应附缴执照费2000元，印花税费5元。

第十六条 广播电台许可证、执照，均不得移转租让。

第十七条 凡公营广播电台，如系地方政府所设者，应以供所辖区域内公众收听为标的，其电力以100瓦特至5千瓦特为限；民营广播电台应以供所在市县内公众收听为标的，其电力以50瓦特至500瓦特为限。此项地方政府所涉及民营电台，波长均限用中波（550千赫至1500千赫）。

第十八条 广播电台之分布，每省不得超过10座，并以散布各市县为原则；特别市除上海市不得超过10座外，其余每市不得超过6座。民营广播电台在上列各项数目中不得超过半数。上列各项数目交通部仍得随时酌量减少核准之。

第十九条 广播电台千赫，由交通部于核发许可证时指定，其呼号由交通部于核发执照指定之。

第廿条 广播电台之周率应力求稳定，所用周率如系中波，应随时测验调整，使与指定周率上下相差不逾0.02千赫。

第廿一条 广播电台必须用晶体控制振荡器。

第廿二条 广播电台播音节目，应以左列各项为限：

1. 教育及公益演讲；
2. 新闻报告（上列两项之播音时间不得少于全日播音时间4/10）；
3. 音乐、歌曲及其他娱乐节目；
4. 商业报告（不得超过每日播音时间2/10）。

第廿三条 广播电台除经交通部核定有特种使命者外，其播音语言应以中国语言为主。

第廿四条 广播电台在播音时间内，至多每隔30分钟必须将台名、呼号及所有周率报告一次。

第廿五条 广播电台不得播送不真确之消息或违反政府法令、危害治安、有伤风化之一切言论、消息、歌曲、文词。

第廿六条 交通部得将政府机关政令消息以及其他有益民众之节目发交广播电台播送，或派员前往自行播送，或规定转播另一广播电台之节目，各广播电台均应照办，不得托故拒绝。

第廿七条 关于广播电台播音节目，交通部得在不与本规则抵触之范围内，另订详细章则管理之。

第廿八条 广播电台未经领有交通部执照而已被取消或已遗失未经请准补发者，均不得播音。

第廿九条 广播电台之周率、呼号及其他一切事项，经交通部规定或核准后，非经声请核准不得变更。

第卅条 广播电台不得扰乱或妨害任何合法电台之电讯，并不得扰乱或妨害其他广播电台之播音。

第卅一条 交通部得随时派员携带证明文件至各广播电台检查机件及簿籍图表并其他有关事项，各广播电台不得托故拒绝。

第卅二条 交通部或其所派人员对广播电台一切事项有所指示改善，广播电台应尽速照办。

第卅三条 遇于船舶电台、航空电台遇险呼救，而所用周率与广播电台周率相近时，广播电台或亲自闻得，或经交通部所属海岸电台或陆地电台之通知，应即停止播音，以避干扰而利救险电报之传递，必俟救险电报之传递确已终止时，始得继续播音。

第卅四条 广播电台技术及播音人员交通部得令其登记。

第卅五条 广播电台不得向任何电台或收讯机传递不属广播性质之语言、电码或数目字，如有违背，应分别按发递电话电报应纳之费3倍赔偿交通部电信机关损失。

第卅六条 广播电台如因故欲停止播音若干时日，应先行报请交通部查核；如停止播音逾两个月者，交通部得吊销其执照。

第卅七条 广播电台如拟停办，应先报告交通部查核，并将执照缴销，其机件天线等均应拆卸。

第卅八条 广播电台停办后，其机件存放地点应报告交通部查核，非经核准不得移动或出售转让。

第卅九条 广播电台违反本规则任何一条时，除电信条例及统制电信器材法规另有规定者应照各该规定办理外，其他事项由交通部按情节轻重予以下列处分：

1. 警告；

2. 停止播音（自一日至一个月）；

3. 吊销执照，限令撤除电台。

第四十条 凡违反第卅五条之规定者，除赔偿交通部电信机关损失外，应仍按前条之规定处罚。

第四十一条 广播电台如有违反规章之处，应由该台主管人员负完全责任，交通部除对于广播电台按照第卅九条之规定予以处分外，并得通知设台人对电台主管人予以记过罚薪或撤职处分。

第四十二条 国际无线电规则及交通部颁布之各项法规内有关于广播电台而与本规则不相抵触之各项规定均适用之。

第四十三条 本规则自公布之日施行。

中国人民解放军上海市军事管制委员会
《关于上海市私营广播电台暂行管制条例》
（1949年6月13日）

第一条 本市私营广播电台，凡在本条例颁布之日继续播音者，皆须于本月廿五日以前向本会文化教育管理委员会新闻出版处作书面报告，以备参考。报告项目如左：

1. 电台名称、地点、电话号码；

2. 电台组织情形，现任总负责人姓名、学历、社会职业、政治背景及参加社会活动情形；

3. 创立沿革（包括创办宗旨、创办时间、地点、经费来源、曾领何种津贴、创办后演变情形及原因、创办以来的重大历史事件）；

4. 创办人及过去历届负责人姓名、学历、社会职业及政治背景、参加社会活动情形；

5. 机器情况：波长、周率、动力、输出电力、何处出品、如何得来、使用年代；

6. 现在经费来源，每月营业收入及支出状况；

7. 台内现有人数、姓名、职别、简历；

8. 每天播音时间、播音节目、播音内容和各种节目在时间上所占百分比；

9. 与国民党广播事业管理处及与私营广播电台同业公会的关系。

第二条 各台每天广播节目及广播内容必须于次日向本会文化教育管理委员会新闻出版处作书面报告，并必须转播本会所指定之节目。

第三条 非得本会许可不得有任何自播之政治性节目，如新闻评论、政治性讲演及通讯等。

第四条 不得有反对人民政府、反对人民解放军及任何反共、反人民、反对世界民主运动的反宣传与败坏风俗之节目。

第五条 不得与其他电台进行通话联络，亦不得使用短波。

第六条 凡欲新创设或复业的私营广播电台，必先向本会文化教育管理委员会新闻出版处登记，获得许可后，始得创设或复业。

第七条 以上各条必须遵照执行。第一条所列登记项目必须具实详报，不得隐瞒伪造。如有故违，当分别情节轻重予以惩处。

第八条 本条例只适用于中国人经营之私营广播条例［电台］。

三、广播史料选录

1. 英文《大陆报》关于上海首次无线电节目广播获得成功的报道（1923 年 1 月 24 日）

首次无线电节目昨晚广播大获成功

礼查爵士乐队、卡尔登的金门四重唱、著名小提琴家科西恩、首席萨克斯手乔治·霍尔演出均获轰动。

数百人聆听了时代的奇迹

今晚 8 点将播出另一组精彩的节目厄尔·柯伦斯乐队、请专栏和新闻报道。

中国首次无线电音乐会昨晚从广东路大来楼顶播出，租界内 500 多架私人接收机和远至天津的许多接收机都清楚收到。昨天午夜时分虽未从天津收到报告，但发射台的广播如此清晰，使得无线电人员都坚信声音在天津一定也很清楚。

一大群人在礼查和卡尔登也听到了首次无线电音乐会。在那受人欢迎的餐馆里，放大机工作得不够好，致使千载难逢的演出美中不足。正与《大陆报》合作在中国建立广播的中国无线电公司的 E. G. 奥斯邦先生昨晚说，他今天一早就着手工作，使两处的放大机臻于完善，以便听众享受今晚的音乐会。

500 多名中外听众在四川路中华基督教青年会大楼的礼堂内听到了首次《大陆报》暨中国无线电公司的广播音乐会。

完美的音乐会

罗伯森教授在音乐会开始前发表了简短讲话。准 8 点时，他的讲话被无线电传出的声音打断了。从那时开始，一个多小时，一大批听众惊讶地坐着，对当代最新奇迹又惊又喜。罗伯森教授的接收机装配得很好，音乐从头到尾毫无故障地传给了听众。

一些中国听众简直不相信自己的耳朵，在音乐会结束后，他们将罗伯森教授留住了一小时，请他解释关于这项发明的某些问题。不得不关闭电灯的时候，有些人还不愿离去。

客人中有中国商会前会长聂其杰先生和一些知名的商贾。

在楼顶

大来楼顶是全部耳朵的中心。就在 8 点前一点，第一批兴致勃勃的听众来到这里，其中包括著名的捷克小提琴家贾罗斯拉·科西恩先生。他是在灵敏的无线电传声筒前演奏的第一个人。科西恩先生的演奏由奥斯邦先生亲自报幕，他用几句话解释了音乐会的目的，并请所有海上船只以及在距离范围内的业余爱好者收听广播。

然后科西恩先生将小提琴夹于颌下，朝前走向传声筒，向钢琴师点一点头，于是，从中国播出的第一首乐曲就穿过空中传到数百人的耳朵里（其中一些人远在几百里之外）。

当科西恩先生奏完诙谐曲以后，电台播放了几张唱片，以便科西恩先生知道，经空中播出的乐曲听来怎样。

出色，出色，著名的小提琴家频频扫视输送音乐用的耳机后赞叹道。

几分钟后，科西恩先生驱车赶到法国总会，此时拉里·莱尔巴斯先生已开始播送新闻报道。科西恩先生的到来使法国总会的不少观众感到高兴。

柯伦斯乐队

继本埠新闻、路透社电传稿、市场和汇兑情况以及本期《大陆报》刊登的特讯等等新闻广播之后，厄尔·柯伦斯的礼查爵士乐队来到了。

奥斯邦先生调好机器后打开广播机，著名的爵士乐演奏者演奏了三支活泼的狐步舞曲。音乐清澈悦耳，引人起舞，就像爵士乐队在大饭店为茶会或晚餐舞会伴舞时一样。

在演奏最后一支曲子时，礼查的萨克管手偷偷将一架接收机放在耳朵上方，听乐队和他自己演奏。他那满脸笑容有几秒钟差一点妨碍了他高超的吹奏技术。然后，厄尔·柯伦斯自己走到传声筒前感谢听众善意和赞赏的掌声。

四重唱

礼查乐队刚一结束，每晚在卡尔登演出的金门四重唱组被引入播音室，演唱了两首扣人心弦的歌曲。两首歌都出奇地清楚，大获成功。金门四重唱组从前已有过电台演播的经验，当时他们以几首快乐的歌曲宣告了旧金山圣佛朗西斯饭店无线电音乐会的开办。

出色的卡尔登乐队的乔治·霍尔先生表演了下一个节目。霍尔先生由于他对萨克管的非凡才能曾成为轰动一时的人物，他的萨克管吹奏起来像人的声音一样。霍尔先生演奏了轰动美国的一首最新歌曲——《蓝色》。演奏结束后，几乎从节目一开始就在电台工作的奥斯邦先生说，这是他在无线电中听到的所有萨克管独奏中最清楚的一次。

我们不觉得有趣吗?

霍尔先生演奏时，轮到四重唱组收听音乐了，他们大感刺激。《蓝色》奏完之后，他们又演唱了一支滑稽歌曲，再一次打动了听众，虽然听众至少在两英里之外，但仿佛也能听到歌声赢得的无数笑声。

广播节目以几张唱片选段结束，显示无线电清晰的载波质量。

2. 对于时事播音的一点意见（茅盾）（1937 年 8 月 28 日《救亡日报》）

无线电播音在抗战宣传上确实起了很大的作用，这方面的工作人员也确实尽了最大的努力，然而还不能说没有缺点。

上海战事发生以来，播音界进入了战时状态，平剧、大鼓、蹦蹦戏这一类的唱片不再播送了，代替的是救亡歌曲；风花雪月情调的开篇也没有了，代替是有关抗战的新的东西；什么桂圆大王，什么化妆品的宣传也没有了，代替的是时事消息和慰劳品募集的成绩报告；讲解《古文观止》也停止了，代替的是防空防毒等等常识的演说。

最受听众注意的自然是时事消息，这些消息的来源大都是当日的早报和晚报，除将文言翻成半文半白而外，别无贡献。这对于不大容易看到上海早报、晚报的地方自然很好。但当天重要新闻既有中央电台和交通部上海电台在负责报告也就够了，上海其他的民营电台很可以不必死板板地讲读报纸，很应该把作风变换一变换。

我们的战士在前线浴血奋斗，不是每天都有空前的壮烈的记录么？各报所载，或详或略，但综合以观，则一场血战时我军的英武实已跃然纸上，倘如演述，便是最感人的故事。我有一次曾经听到有将报纸上一段记载（述士兵的英勇的）用说书的方式在 retold，觉得既能通俗，又热情横溢，比之死板板的逐句讲读实在好多了。我以为每天的重要战事新闻也可以用这方法。例如，近日吴淞及罗店之战，据中央社的报道，已足演述为动人的故事。

但此事须得文艺界同人和游艺界同人（特别是说书人）联系起来干。文艺界同人担任把当天重要新闻编成故事式，在不背事实的原则下加一点想象和渲染是必要的；而为了使故事生动，加一点环境描写也是必要的。例如，我军进展至汇山码头，已将敌东西联络截断一语便很可以把汇山码头的形势及附近的形势描写一下，使这条硬性的新闻变为生动的故事。余如罗店之战、南口之胜那就更容易发挥环境描写的特长了。这样编成了故事仍是一个大纲，在播送时尚须多加渲染，这一部分工作便可由游艺界同人应用他们特长的技巧来完成它。

播送时消息也不应限于上海战事，北方的战局亦应播送，乃至英国政府的上海中立化的提议，美国当局对远东事态的动向都可以半报告半解释与分析地编成了故事的形式。

3. 抗战中的广播电台（莫）（1937 年 10 月 3 日《救亡日报》）

在抗战期中，一切活动都不方便，无线电播音便成为唯一的对内对外最有力量的宣传工具了。

上海的民营广播电台是多过国营好几倍以上的。平时，那些民营电台是以各商店广告宣传为对象的，而现在各电台的这类营业差不多全停顿了。他们目前的工作就是作救亡的播音宣传，一般所播的节目大致是：（一）战事新闻；（二）战事常识；（三）转报各报社评；（四）征集慰劳品和救护用品。最显著的是最近有好几次共同作推销救国公债和其他救亡组织募集经费的播音。这一方面是获得了很大的宣传，而另外一方面又予救亡工作以实际上的援助。

最近广播宣传国际组聘请了能讲英、法、德、俄、日、韩等国的语言作国际方面的宣传，这效果一定是很大的。

关于亚声电台的募款账目不清，播音同业是认为很遗憾的。各电台个别的也做了不少的救亡工作。如友联电台日前捐了一千多件棉背心，为了要使这棉背心穿在作战将士身上，得到一些勉励和安慰，他们在每件棉背心里贴着各种不同的话语。这里抄一则在下面：亲爱的将士！我们真不知该怎样对你们表示感激，但只对你们作心内的感激是不够的，我们应在后方给你们种种的援助。亲爱的忠勇将士，你们安心地干吧！你们不用后顾，你们前方需要的东西，我们都能尽力输送，一切都没有问题，你们放心大胆前进吧！直到把敌人全都赶出我们国境。那时候我们在吾国庆祝胜利大会里握手互见，互相举杯痛饮倭奴的血酒，敬祝大功告成，并致军礼！

国营电台在上海的本来有两个，一是交通部电台，一是市府电台。交通部电台在沙逊房子，当然依旧可以照常播音。而市府电台是在市中心的，这次在抗战前为了不愿使宣传停顿，终于没有把机件搬出来，这损失自然是很大的。不过他们的工作并没有因之而停下来，他们仍旧设法照常播音。现在他们的节目：早操、新闻、军乐、时评选讲、战时教育、国乐、演讲、爱国歌唱、战时常识、西乐、英文新闻、英文演讲、转播中央、国际宣传。交通部电台每日由文救会作救亡播音，也是很好的一个节目。

播音宣传不但在上海，即使外埠也同样收到效果的。

4.《解放日报》关于上海市军事管制委员会接管国民党上海广播电台及上海人民广播电台开始播音的报道（1949 年 5 月 28 日）

军管会接管沪国民党广播电台

人民广播电台昨开始播音

本报讯：原国民党上海广播电台业经上海市军事管制委员会文化教育管理委员会派员接管。上海人民广播电台已于昨晚开始播音。该台波长暂用 333 公尺，900 千赫；25 公尺，11780 千赫。播音时间暂定每天播音三次，早晨 7 时 45 分到 8 时 45 分；中午 11 时 50 分到 13 时；晚上 16 时 50 分到 24 时。广播内容暂定为新闻、评论、通讯、革命文献、布告、法令、音乐、戏剧、越剧等。

附录

上海人民广播电台临时广播节目
(1949年5月29日)

一、早晨

7时45分~8时　报告当天节目、报时、音乐

8时~8时15分　新闻

8时15分~8时45分　布告、法令

二、中午

11时50分~14时　报告中午和晚上节目、报时

12时~14时15分　新闻

12时15分~14时30分　音乐

12时30分~15时　布告、法令

三、晚上

16时50分~19时　报告当晚节目、报时

17时~19时30分　布告、法令

17时30分~20时15分　歌咏、教歌

18时15分~20时45分　越剧

18时45分~21时　新闻

19时~21时15分　音乐

20时~20时30分　话剧

20时30分~22时　转播北平新华广播电台国语新闻、评论、讲演、通讯等

22时~22时30分　布告、法令

22时30分~23时　转播北平新华广播电台英语新闻

23时~23时15分　通讯

23时15分~23时30分　音乐

23时30分~23时45分　最后新闻

23时45分~24时　预告次日节目

(《解放日报》1949年5月28日、29日)

江苏省

江苏省地方志编纂委员会编：《江苏省志·广播电视志》，江苏古籍出版社 2000 年版

《南京广播电视志》，南京出版社 1998 年版

《常州市志·第四十四卷·新闻出版》，社会科学出版社 1995 年版

镇江市广播电视志编纂委员会编：《镇江市广播电视志》，方志出版社 1999 年版

概 述

世界上第一座广播电台 KDKA，民国九年（1920 年）11 月在美国匹兹堡开播。民国十二年（1923 年）1 月 1 日，在当时属于江苏的上海，出现了中国境内第一座广播电台。随后，这一新兴媒体传入今日江苏境内。民国十七年国民党中央广播电台在南京播音，并于民国二十一年建成当时亚洲最大的发射台。从那时以后，江苏一直是中国的无线电大省，广播电视事业无论建设规模与先进性、节目制作的数量与质量以及居民拥有视听工具的总量，均居全国前列。

一

无线电广播因其传播的迅速、广泛，为一切政治力量所关注。广播传入中国不久，孙中山先生就曾说过："这是可惊可喜之事。吾人以统一中国为职志者，极欢迎无线电话之大进步。"民国十七年（1928 年）3 月，国民党中央执行委员会出于"宣传主义"的需要，决议设立中央广播电台，由陈果夫负责筹办，当年 8 月 1 日建成播音。稍后数月，该台即着手扩建，至民国二十一年（1932 年）11 月，建成发射功率 75 千瓦的当时"东亚第一，世界第三"的强力发射台。据称不但覆盖全国，且远播美、澳、印、苏。

民国二十六年（1937 年）11 月，日本侵略军攻陷南京的前夕，中央广播电台西迁重庆，后随抗战胜利而重返，于民国三十五年（1946 年）5 月在南京恢复播音，直至民国三十八年（1949 年）4 月南京解放前夕，随国民政府在大陆的崩溃，撤往台湾。至此，中央广播电台在大陆存在二十年又八个月，其中在南京播音十二年又三个月。

中央广播电台的主要职能是担当国民党中央的政治喉舌，除宣传"三民主义"之外，更紧密配合了国民党每个时期的政治要求。"反共"是该台长时期的宣传内容。30年代中期特别是40年代后期，该台曾倾注全力，动用各类节目，从事“剿共”“戡乱”的反动宣传，包括转发国民党中央社的许多煽动内战、诬蔑共产党的新闻。但自“九一八”事变后，也有民族自强、抗敌御侮的内容。“西安事变”后，则把抗日列为宣传重点，展开了对日广播宣传战。周恩来、彭德怀、吴玉章、郭沫若等共产党人与进步人士，都曾以中央广播电台为讲坛发表抗日演说。此外，该台在传播科学文化方面做过有益的工作。著名学者作家蔡元培、马寅初、叶圣陶等都曾应邀发表学术演讲。该台在提倡平剧（京剧）、国乐及创立广播剧等方面有一定贡献。在20年实践中也留下了若干广播业务经验。当年由德国德律风根公司建造的两座天线铁塔，至今仍矗立于南京西郊继续服役，并已成为中国广播史上的重要文物。

国民党中央广播电台西迁期间，在沦陷了的南京出现了中国广播史上的怪胎——汪精卫伪政权中央广播电台。该台于民国三十年（1941年）3月由日军主办的“南京广播电台”改头换面而成，且无耻盗用迁往重庆的国民党中央广播电台的名称、呼号、频率，企图混淆视听。至民国三十四年（1945年）8月日本投降为止的四年多时间里，这座电台完全受制于日本军方，是一座配合日本军事政治攻势，粉饰日本军国主义血腥统治，麻痹敌占区人民意志的汉奸电台。

在民国三十八年（1949年）4月以前，江苏境内还曾存在军中之声（设于南京）等军队台和江苏省广播无线电台（设于镇江）等政府台。它们都具有强烈的政治色彩，主要是作为国民党反动当局的政治工具而存在的。另有各种社团广播电台，它们的情况不一。其中属国民党和三民主义青年团的，大略近于前者。教育部门所办，如江苏省立教育学院广播电台（设于苏州）、徐州民众教育馆广播电台，则致力于社会教育，抗日战争中都曾投入抗日宣传。徐州民众教育馆电台由于在台儿庄战役中的贡献，被誉为“制造民众协力的发动机”。当时为数最多的则为民营台，如苏州的久大广播电台、无锡的时和广播电台、南京的益世广播电台等大多分布于沪宁一线，先后存在过36家。它们多属商业性质，功率很小，以广告娱乐为主，但也关注时政，播报新闻，传播过有用的科学文化、医药卫生知识，娱乐内容不乏清雅，也有不少低俗的内容。在当时统治者的压力下，有的宣传过“反共”，有的受过日军控制，但更多的民营台自动参加过伸张民族大义的抗日宣传。

民国三十八年（1949年）初，国民党政权大势已去。中央广播电台于民国三十七年（1948 年）底着手撤往台湾。其他军、政、党、团电台，因国民党政府南撤而失却依附，纷纷撤离或停止播音。民营台因国民党统治区经济崩溃，广告无源，加以人心浮动，难以维持。整个广播界风雨飘摇，落叶满阶。

二

民国三十八年（1949 年）春，江苏广播事业发生了历史性的变革。变革的第一个标志是徐州新华广播电台的成立。民国三十七年（1948 年）12 月徐州解放，当月，国民党徐州广播电台被中国人民解放军接收，并于 23 日开始了筹建人民广播电台并进行试播。试播期间，该台尽力投入了淮海战役第二阶段的宣传，特别在瓦解敌军方面显示了威力。次年 2 月 1 日，徐州新华广播电台宣告成立并正式播音。徐州市军管会主任傅秋涛将军在成立大会上讲话，希望这座在战火中诞生的电台，在解放战争和祖国建设中发挥更大的作用。

历史性变革的第二个标志，是南京人民广播电台在国民党中央广播电台的原址南京西祠堂巷 8 号创立。1949 年 4 月 23 日，南京解放。24 日上午，发生了一件不寻常事件：北平—南京空中通话。北平新华广播电台播音员齐越受命向南京中央广播电台留守人员喊话，接话人为中央广播电台代理传音科长蔡骧。齐越询问了南京情况后传达如下指示：遵守中国人民解放军约法八章，保护机器设备，等待接管；以“南京广播电台”呼号维持播音，转播北平新华台节目。5 月 6 日，南京特别市军事管制委员会接管该台，5 月 18 日，南京人民广播电台正式播音。

第一章　中波、短波无线广播电台

江苏的无线广播事业自民国十七年（1928 年）开始。民国十七年（1928 年）8 月 1 日，国民党中央广播电台在南京开播，这是中国建立的第一座全国性广播电台。民国二十一年，中央台发射功率由 500 瓦扩大为 75 千瓦，成为当时亚洲功率最大的广播电台。江苏历来为经济文化比较发达的地方，南京又曾是民国时期的首都，为全国的政治、军事、经济、文化中心，因之，江苏广播事业发展较早，广播电台也较集中。民国时期，除国民党中央台外，还有各级政府广播电台、军队系统广播电台、各类社会团体广播电台以及大批民营广播电台等，先后成立的电台共 70 多座，江苏成为国内广播电台成立时间早、台数多、功率大、分布广、门类全的主要省区之一。

国民党中央广播电台成立后，经过数次扩建，同时也因战事经历了不止一次的迁移。民国二十六年（1937 年）11 月，日本侵略军逼近南京，该台西迁重庆；民国三十五年（1946 年）5 月，重返南京。民国三十八年春，国民党在自己发动的内战中惨败，该台随国民党政府撤离南京到了台湾，结束了在大陆近二十一年其中在南京播音十二年又三个月的历史。

抗战期间，汪精卫投敌叛国，在日本侵略者的扶植下，民国三十年（1941 年）在南京成立伪国民政府。次年 3 月，建立伪中央广播电台，秉承日本军国主义者的旨意，对沦陷区人民进行奴化教育。民国三十四年（1945 年）8 月 15 日，抗战胜利，日本宣布无条件投降，汪伪政权垮台，伪中央台也随之消亡。

民国三十八年（1949 年）春，江苏全境解放，全省广播事业步入一个全新的历史发展时期。

第一节　国民党中央党政军在江苏的广播电台

一、国民党中央广播电台

（一）沿革

民国十六年（1927 年）4 月 18 日，国民政府定都南京。次年 3 月，国民党第二届中央执行委员会第四次全体会议通过由国民党中央委员陈果夫、戴季陶、叶楚伧等创设无线广播电台的议案，并决议由陈果夫主持筹建。会后，向上海美商购置500瓦中波发射机一部及高140尺自立式铁塔两座，另有5千瓦汽油发电自备电源等。5月，勘定南京丁家桥国民党中央党部后院西南隅为台址，并于此建筑机房，装置铁塔。

同年7月12日，经国民党第二届中央执行委员会第155次常务会议通过建台计划，电台定名为“中国国民党中央执行委员会广播无线电台”，简称“中央广播电台”，频率545千赫，波长550米，呼号XKM。“X”为国际无线电公会当时指定给中国无线电台专用的第一字母，“KM”为国民党的英文缩写。

民国十七年8月1日，中央广播电台在南京正式播音。这是国民党当局继中央通讯社（民国十三年4月1日创立于广州，民国十六年迁至南京）、《中央日报》（民国十七年1月1日创刊于上海，同年11月迁来南京，次年2月1日在南京刊行）之后，创办的第三个全国性中央宣传机构。

民国十八年7月，国民党第三届中央执行委员会第18次常务会审议通过中央台扩建计划，拟将功率扩大为50千瓦。

次年3月，该台向德国得力风根公司订购50千瓦中波发射机及全部配套设备，其中包括两座高400尺发射铁塔及600匹马力柴油引擎发电机等其他全套设备。原来，合同签订发射机功率为50千瓦，德方按照惯例为具体经办人留出等于该机价款总数20%的“回佣”。但中方经办人，无一人收取这笔“回佣”，后来该公司主动把这笔钱用在发射机上，增加了25千瓦功率，使50千瓦变成75千瓦。

同年7月，该台选定南京西郊江东门以西濒临长江的北河口为发射台台址，征地百亩，建筑机房，架设铁塔。同年12月，在丁家桥动工兴建播音办公楼500平方米。整个扩建工程，历时三年零九个月，于民国二十一年5月全部竣工。6月1日，开始试机。

民国二十一年11月12日，新建的75千瓦广播发射台正式开播。这天正是孙中山诞辰66周年纪念日。自这天起中央台改呼号为XGOA，改频率为680千赫（次年改为660千赫）。这是当时亚洲发射功率最大的广播电台，故又称为“强力广播电台”。

民国二十六年，“七七事变”爆发，日本发动全面侵华战争，大片国土沦丧。11月2日，上海沦陷，日军沿沪宁线向西进攻。11月20日，日军进逼宜兴、无锡，南京告急，中央台奉命广播《国民政府移驻重庆宣言》，国民党军政机关及人员大部撤离南京，移驻武汉。

11月23日深夜，中央台作“告别广播”后，在南京停止播音。24日，该台播音任务由长沙和武汉广播电台接替。

中央台在南京停播后，员工分批撤离南京。并将发射机的重要而可以搬运的机器部件，日夜拆卸，装入数十只木箱，赶运下关，搭乘江轮，运往汉口。一些无法拆运的机器设备作了破坏，使敌人无法在短期内修复使用。

11月27日，装载广播机件的江轮抵达武汉。12月8日，日军向南京发起进攻。13日，南京全城陷落。

该台撤至武汉后，将由南京拆运到的广播机件分批经宜昌转运重庆。同时，派员分驻香港、广州、汉口、宜昌，将由英国运来的35千瓦短波发射机机件，装轮西上，运达重庆。

民国二十七年（1938年）3月10日，中央广播电台在重庆牛角沱陶瓷职业学校旧址恢复播音，频率1450千赫，呼号仍为XGOA，功率10千瓦。民国二十八年（1939年）1月，改频率为1200千赫。

民国三十四年（1945年）8月15日，日本宣布无条件投降。随即，中央广播事业管理处拟定《广播复员紧急措施办法》，派员接收沦陷区的日伪广播电台。国际广播电台台长冯简，被任命为京沪区接收特派员，中央台工程师兼工务科长叶桂馨为接收专员。

同年8月30日，冯简、叶桂馨等飞抵南京。叶等到达南京后，立即召见伪中央广播电台台长黄燧，查询一般情况。31日下午，叶桂馨在祠堂巷25号（即今西祠堂巷8号）伪中国广播事业建设协会向该会常务理事、代理理事长内清（日人），通知接收伪中央广播电台的日程安排和有关事项。

9月19日，叶桂馨等从南京市党政接收委员会领到第85号、86号、87号接收证，正式接收了伪中央台。10月1日，改以南京广播电台名称广播，呼号XGOB。

民国三十五年（1946年）4月，中央广播电台准备重返南京，将10千瓦中波发射机及4.5千瓦短波发射机拆卸，用四条木船装载，随同员工家属500多人，张帆东下。

同年5月5日，中央电台在南京恢复播音。是日，为国民政府“还都日”，也是孙中山建立广州革命政府25周年纪念日。

该台在撤离八年五个月又十一天重返南京恢复播音后，呼号仍为

XGOA，频率660千赫，功率10千瓦，并用4.5千瓦短波机联播节目。播音控制中心设在中山东路祠堂巷25号。这里为抗战前国民党财政部关务总署原址，抗战期间汪伪中国广播事业建设协会在此办公。发射台仍在江东门。

同年5月中旬，该台拟订扩建计划，并成立“中央广播电台扩充工程处”，由吴道一任处长，主持扩建事宜。次年1月，首先将留在重庆的7.5千瓦短波发射机运回南京，以1183.5千赫加入联播，加强对外广播阵容。同年2月，由印度将抗战期间向美国购置的一部50千瓦中波发射机和两部20千瓦短波机运回南京，安装于江东门发射台。两部短波机于同年6月以15105千赫、11880千赫频率播音，呼号亦为XGOA。

扩建工程中的另一重要项目是兴建中国广播大厦。次年3月，中央电台在邻近新街口中央商场附近，征购土地9.58亩，并连同征购有千人座位的中央大舞台和设备齐全的胜利餐厅以及一幢三层楼房建筑的游艺场。此三幢建筑，以总价国币19.5亿元成交。征购后，先将游艺场全部拆除，改建为拥有14个大小播音室的小型“无线电城”。1948年秋，这座无线电城完成了总工程的大部工程。另将中央大舞台改建为现场播音及演播台，同时设有电视播音室，为将来发展电视做准备。胜利餐厅则准备改建为中央台总办公室。这座中国广播大厦工程的筹建，正处于国民党发动内战期间，由于局势动荡，百物腾贵，物价一日数涨，进展缓慢，工程一缩再缩，一直拖至民国三十七年底，只得草草了事，未能付诸实际使用。

同时，收购美国战时剩余物资100千瓦中波发射机一部。购回100千瓦中波机后，中央台将原来的50千瓦中波机运往上海，准备交由上海广播电台使用。此时，上海电台也正准备扩建。

民国三十七年（1948年）秋，100千瓦中波机开始试播。但此时时局紧张，国民党政权处于风雨飘摇之中，无暇庆贺这一大功率发射机的开播，以至几乎不为人知。

同年秋冬，中国人民解放军相继取得了辽沈、淮海、平津三大战役的伟大胜利，解放了长江以北的大片地区。在此情况下，同国民党政权的命运紧密相连的中央电台也面临绝境，并着手收拾残局。

11月，中央台台长吴道一放下扩建工程，开始裁减和遣散员工。

12月27日，该台将江东门发射台的100千瓦中波机和两部20千瓦短波机停止播音，并连夜拆卸。租用招商局一艘名叫“万国轮”的2000吨登陆艇，准备南迁。次年1月底农历除夕前两天，吴道一率部分员工，随船东撤。2月初，“万国轮”抵达上海，在上海加装上那部于半年前由南京调往上海的50千瓦中波机的全部机件，南下广州，后又辗转到了台湾。吴道一走后，由张维和代理中央台台长职务。

国民党政府南撤后，中央电台无所依附。不久，中国人民解放军云集长江北岸，南京城内一片慌乱。面对这一残局，民国三十八年（1949年）4月16日，张维和提出辞职报告。4月22日，张维和悄然离开南京，前往上海。

4月23日，中国人民解放军占领南京。24日，该台取消了中央台的呼号，改以“南京广播电台”的名称维持播音，呼号为XGOB，全部转播北平新华广播电台的节目。

5月6日，中国人民解放军南京市军事管制委员会文教委员会派李强、陆亘一等为代表，正式接管了国民党中央广播电台。当时，原中央电台江东门发射台尚有10千瓦中波机一部、7.5千瓦和4.5千瓦短波机各一部，连同发射铁塔、机房等尚属完好。接收后，以此为基础，建立南京人民广播电台。

5月18日，南京人民广播电台正式播音。从此，国民党中央电台终结了在大陆的历史。

（二）组织机构

民国十七年（1928年），中央广播无线电台初建，隶属于国民党中央宣传部，这年4月，中央宣传部委派徐恩曾为电台主任。7月，徐恩曾因事赴北平，中央宣传部派吴道一任电台代理主任。8月1日，中央广播无线电台开播，台内共有员工14人。

次年3月，国民党第二届中央执行委员会第204次常务会议通过，正式任命吴道一为中央广播无线电台主任。全台职工26人。

民国二十一年（1932年）夏，国民党第三届中央执行委员会第17次常务会议通过成立中央广播无线电台管理处，直属国民党中央执行委员会，并任命吴保丰为处长，吴道一为副处长。同年，国民党第三届中央执行委员会第30次常务会议通过《中央广播无线电台管理处组织法》。处内设技术科、传音科、总务科及编译室、报务室等机构。共有职工70人，其中正副处长各1人，总工程师1人，工程师数人。

民国二十五年（1936年）1月，国民党第四届中央执行委员会第2次常务会议通过，将中央广播无线电台管理处更名为中国国民党中央执行委员会广播事业管理处，简称中央广播事业管理处。并任命吴保丰为处长，吴道一为副处长。实行处、台合一体制，处台职工增至159人。

次年3月，撤销编译室，所有人员并入技术科。11月，撤销报务室。

民国二十八年（1939年）2月6日，短波台开播。中波和短波两台职工共227人。

次年11月，中央广播事业管理处增设收音督导科，处、台共有员工332人。

民国三十一年（1942年）6月，中广处增设人事室。次年7月，又增设会计室。处、台员工增至613人。

民国三十五年（1946年）5月5日，中央台迁回南京播音。中央广播事业管理处与中央电台仍实行处、台合一体制。吴道一任处长兼台长。此后，虽仍处、台合一，但台内已单独设有组织机构工务科、传音科、事务科、音乐组。人事、行政、党务等均由中广处直接负责。

中央广播事业管理处既是中央台的组织实体也是国民党统治时期广播事业的主要管理机构，处内分设技术、传音、收音督导、总务、文书等五科及会计、人事二室。技术科管理广播器材之研究改进试验，及各分台工务方面之考核审察与改进事项；传音科管理播音节目之征集、审察，各分台节目之考核、侦察与改进；收音督导科，管理各地收音工作之推进协助及收音人员之训练指导等事项。该处曾先后举办收音训练班3期，培训收音员430余人，分别派往各省、市及一等县负责收音工作。中央广播事业管理处开初时隶属于国民党中央宣传部，后直接隶属于国民党中央执行委员会，其宣传事项受中央宣传部指导。民国三十四年，中央宣传部改隶国民政府行政院，该处也划归行政院宣传部直辖。

民国三十五年（1946年）2月14日，经行政院审核批准由交通部公布实施的《广播无线电台设置规则》，对全国广播电台划分为三类，交通部所办的广播电台称为国营广播电台；各级政府机关创办的广播电台称为公营广播电台；中国公民及完全华人组织的公司、厂商、学校和团体设立的广播电台称为民营电台。这三类电台，公营广播电台由中央广播事业管理处管辖；国营和民营电台由交通部管理。至次年，直接由中央广播事业管理处管辖的广播电台除中央电台外，共41座。

国民党统治时期广播事业的决策机构为国民党中央执行委员会广播事业指导委员会。系据民国二十五年（1936年）2月6日国民党第五届中央执行委员会第3次常务会议决议成立。该会由中央广播事业管理处、中央宣传部、中央文化事业计划委员会、军事委员会、教育部、交通部、内政部、海外部等各有关部派代表 1 人组成。陈果夫任主任委员。内设指导组、考核组、侦察组、事务组。人员大都为兼任。按照该会《组织大纲》规定，其职务范围为：（一）广播网之计划与统制事项；（二）广播电台之筹设与取缔事项；（三）广播事业法规之规定事项；（四）广播电台波长之分配与呼号之规定事项；（五）广播电台机械测验与程式之规定事项；（六）广播电台播音节目之审核与支配事项；（七）收音机之调查与登记事项；（八）国内外广播电台播音节目之侦察与交换转播事项；（九）广播机件材料自给之计划事项；（十）国际广播会议之参加事项。

民国三十五年（1946 年）9 月 17 日，该会在南京召开第 30 次会议后，遂行休会。次年底，该会经国民党中央常务会决议裁撤。

民国三十二年（1943 年）11 月 20 日，中央广播事业管理处拟订战后发展广播事业的方案，提出以该处所辖电台为基础，成立中国广播公司，实行企业化经营并拟具组织章程草案，后因意见分歧而搁浅。民国三十五年（1946 年）1 月，吴敬恒、陈果夫、居正等重提旧案，在国防最高委员会第 184 次会议获得通过。2 月 6 日，行政院决议，将中国广播公司组织章程交付审查后，经多次会议，获得批准，并选定 77 人为公司股权代表人。12 月 12 日，中国广播股份有限公司召开成立大会，推选董事 21 人，监察 7 人，通过公司章程，并将章程送经济部备案。次年 1 月，中国广播股份有限公司向南京市社会局申请登记。1 月 10 日，陈果夫代表中国广播公司与行政院签订合约，其要点为政府运用公司全部器材、人力，从事广播，每月补助经费 20 亿元。同年 4 月，经济部核准中国广播公司章程备案。但因推选的公司董事长戴季陶没有就职，公司未能正式成立，一切业务仍由中央广播事业管理处办理。民国三十八年初，国民党政府撤迁台湾。11 月 16 日，中国广播股份有限公司在台湾成立。

（三）技术设施

民国十七年（1928 年）8 月 1 日，中央电台开播时，有美制 500 瓦中波发射机一部、140 尺自立式铁塔两座、5 千瓦汽油发电机一台及其他室内发音设备。这批机器设备系从美商开洛公司购得，总价计银 1.9 万两。

次年 7 月，中央电台开始实施扩建计划。

民国十九年（1930 年）3 月，中央电台与德国得力风根公司签订合同，订购 50 千瓦（后为 75 千瓦）发射机一部、600 匹马力柴油引擎发电机一台、400 尺高自立式铁塔两座、七对同心架空传音电缆 10 公里，货款加上三位中国工程师在德国制造厂监造机器八个月所需的费用，总计美金 27.61 万元，分四期付款。7月，中央台选定南京西郊江东门以西濒临长江的北河口为发射台台址，该处海拔53米。是年8月，经招标，由新华公司承建机房、宿舍、东西塔基土方工程，共填土5400多立方，房基、塔基填高至历年洪水最高水位一米以上。次年2月，中央台与华中营造公司签订承建机房、铁塔、宿舍、道路、水井等工程合同，工程总价21.8万多元。华中营造公司于同年2月27日动工兴建。这年夏季，正当铁塔工程部分完成，机房工程正在施工时，长江水位暴涨，南京汉中门外一片汪洋。发射台地址离江岸不足二公里，除了已填高的屋基和塔基露出水面尺许外，余皆水深及肩。洪水历时三周始行退去。因水灾影响，机房工程于同年10月底始行竣工。新建的机房面积1100平方米，内分播送室、整流室、马达室、重冷室、变压器室、试验室及办公室等。机房屋顶采用钢架，铺以厚达半寸的紫铜皮，与四周钢筋水泥墙内所埋的无数根钢线相连接，形成隔离罩，以避免机房内发射机所产生的电波与屋顶上方天线电波相混扰。

播音室仍设在丁家桥中央党部前院右侧。播音室及办公楼，于民国十九年（1921年）12月由孙永兴承建，民国二十一年（1932年）6月竣工，建成一幢面积约为500平方米的办公大楼，其中有大小播音室三间，增音室、马达室、电池室及休息室各一间，办公室十二间。中央广播事业管理处也在这幢楼内办公。

向德国得力风根公司所订购的全部机件设备，于民国十九年10月至次年6月期间分批运抵南京。次年9月，开始安装机器。同年12月底，完成装机任务。民国二十一年1月至5月，进行机器测试工作，并架设丁家桥至江东门发射机房的长达9公里的传音电缆。6月1日，开始试播，扩建工程基本完成。

抗战期间，在重庆的中央电台向美国购进10千瓦中波发射机一台、4.5千瓦和7.5千瓦短波发射机各一台。至民国三十四年（1945年），除国际广播电台的35千瓦短波发射机外，中央台计有两个中波、两个短波同时播音，总功率共31.5千瓦。

民国三十五年5月5日，中央广播电台在南京以10千瓦发射机恢复播音后，又开始新的扩建计划。按照扩充计划，首先将尚留重庆的7.5千瓦短波发射机急运南京，装于江东门发射台。次年1月，这座短波机以11835千赫频率，加入联播。其次派员赴印度，将抗战期间于民国三十年（1941年）3月由英国运达那里的一部50千瓦中波机、两部20千瓦短波机转运回南京。后又收购美国战争剩余物资100千瓦中波发射机一部。

安装大功率发射机，需要架设天线，铺设天线地网。民国三十六年（1947年）1月，中央电台会同南京特别市政府地政局，在江东门发射台东侧200米处，以每亩115万元的价格，征地324.7亩，用来安装两部20千瓦短波机定向天线及铺设天线地网。在发射台西边，以每亩240万元的价格征地85.8亩，供敷设100千瓦中波机地下线网。地网铺设工程，历时半年。6月，两部20千瓦短波机安装完成，加入海外广播行列。100千瓦中波发射机于民国三十七年（1948年）秋开始试播。此外，中央电台在南京东郊筹建收音台。收音台台址选在中山陵园体育场以东、沿京汤公路一个名叫安乐堂村的地方。建成的收音台内设有分布式收音机三座，用来收转国内外各国电台节目，通讯收音机四座，以备收录远方重要节目；阴极摄波器二座，以测验电波的方向等现象。台内共设对美、欧菱形天线各三副，短波天线三组。天线都用高周率备送线转至收音室。

（四）节目演变

民国十七年（1928年）8月，中央电台开始播音时，还属于试验性质，每天只播音两小时。后来增加为4小时。主要节目有《报告新闻》、《施政报告》、《演讲》及播放音乐唱片等。所有新闻稿件均由中央通讯社提供。

9月，中央电台制定第一张正式节目表。根据这张播音时间表，采用分割播音的办法，每天上、下午及晚间，播音8~9次，共5小时20分钟。设有《新闻》、《通告通令》、《宣传大纲》、《报告决议案》、《名人演讲》、《气象报告》等。《新闻》全部是采用当天各大报纸及中央通讯社来稿。《通令通告》系来自中央党部和国民政府各部门。《报告决议案》主要播报国民党中央常会、中央政治会议、国务会议及立法院和行政院的各项会议决议。当时，《中央日报》曾刊登该台《通告》称："嗣后所有中央一切重要决议、宣传大纲以及通令通告等，统由本台广播。"《演讲》节目，主要邀请国民党中央及国民政府委员、大学教授担任。第一位出席演讲的是国民政府建设委员会的刘纪文，讲题是《总理和南京》；第一位作科学演讲的是恽震教授，讲题是《电与人生之关系》。特别节目《总理纪念周》每星期一上午9时，在中央党部大礼堂发音，曾一度规定，在南京市的各机关人员，一律按时聚集各单位礼堂内，收听中央电台广播，并同时举行纪念仪式。后因技术上存在困难而中止。

民国二十一年（1932年）11月，75千瓦大功率发射机投入使用后，每天播音时间增加为10小时40分钟。民国二十三年（1934年）9月，每天播音时间又增加到13小时30分，同时节目也逐步趋向正规化和系统化。当时，各类新闻节目有《新闻》、《简明新闻》、《科学新闻》、《商业新闻》、《英语新闻》、《厦门语、广州语新闻》、《一周大事简报》等，每天新闻节目时间2小时50分；政治性、教育性节目有《中央纪念周》、《总理遗教》、《名人演讲》、《政治报告》、《杂谈》、《国际时事述评》、《国学丛谈》、《儿童节目》等；知识性节目有《科学知识》、《无线电常识》、《电学常识》、《军事常识》、《农技常识》、《法律常识》、《家庭常识》等；服务性节目有《早操》、《南京气象》、《全国气象》、《京沪商情》、《长江水位》等。《杂谈》节目分科学、社会、宗教三类，其中《科学杂谈》，内容丰富，既有科学新闻，并有各类科学知识。《教育节目》由中央台与教育部合办，邀请国内知名教授学者担任学术演讲。这一节目，面向各地民众教育馆、学校及其他学术团体，进行空中教学。

民国三十五年（1946年）5月，中央电台从重庆迁回南京后，播音时间略有减少。节目设置也有所调整。据1947年1月实行的播音节目时间表，每天播音10小时。设置的新闻性节目有《新闻》、《新闻摘要》、《简明新闻》、《英语新闻》、《时评》等；政治和教育类节目有《国府政令》、《演讲》、《早晨的话》、《自由谈》、《儿童节目》、《家庭节目》等；文艺节目有《国乐》、《军乐》、《西乐》、《歌咏》、《口琴》、《平剧》、《戏剧》、《音乐会》等。

中央电台的宣传主要是为国民党的政治服务的。国民党坚持反对共产党的反动立场，中央台建立后，“反共”、“剿共”一直是该台长期的重要宣传内容，即使在抗日战争期间，也没有放松“反共”的宣传。

民国三十五年，国民党军队向解放区发动进攻，中央电台根据国民党中央宣传部的要求，开展“暴露性”的反共宣传，并逐步升级达到顶点。次年7月6日，“七七”抗战10周年纪念前夕，蒋介石在中央电台作广播讲话，发布“戡乱建国”总动员令。7月24日起，中央宣传部两次下发“剿共总动员宣传计划纲要”，国民党中央执行委员会秘书处下发中央常务委员会第61次会议通过的“中国国民党戡乱建国总动员方案”，其中规定中央电台“每日就国务会议决议及主席‘七七’广播词要义加以释明，酌请名流播讲”。按照这个规定，中央电台反复播送蒋介石的“七七”广播词和国务会议决议。播送各种“释明意义”的稿件，欺骗人民，混淆视听。国民党上层人物也相继到该台作反共演讲。

文艺节目也突出反共内容。中央宣传部编制大量的反共文艺材料交该台组织演播，如《动员剿匪歌曲》18册，其中不少材料由中央电台演唱播出。

以反共为中心内容的广播剧《正气》、《马家寨》、《七匹布》、《兄弟行》等也都多次播出。

民国三十八年初，中央电台缩短了播音时间，保留的节目有《新闻》、《时评》、《英语新闻》及部分文艺节目，其他各类节目全部取消，勉强维持播音。新闻节目原来都是采用中央通讯社的来稿，后来中央通讯社撤离南京，停止发稿。该台没有新闻来源，只得靠收抄美国之音和英国BBC电台的广播，作为主要播出内容。

中央广播无线电台播音时间表（民国十七年9月订）

寻常节目	星期三除外	上午	八时十分至八时半	新闻
			十时至十时半	通告通令
		下午	十二时一刻至一时	唱片
			二时至二时三刻	宣传大纲
			五时至五时三刻	报告决议案
			七时至七时一刻	气象报告
			七时半至八时	唱片
			八时半至九时半	重要新闻
特别节目	星期一	上午	九时起	中央纪念周
	星期二	下午	三时至四时	名人演讲
	星期五	下午	三时至四时	科学演讲
	星期六	下午	七时一刻至八时半	特别音乐
			八时半至九时	重要新闻
	星期日	下午	二时至二时三刻	唱片
			七时至七时一刻	气象报告
			七时一刻至八时	重要新闻

中央广播无线电台节目时间表（民国二十三年9月）

平日			
时间			播送节目
起	止	共	
7：00	7：20	20	早操
7：20	7：30	10	音乐

（续表）

9：00	10：00	60	中央纪念周	
9：00	9：30	30	新闻（星期一纪念周后）	
9：30	9：40	10	音乐	
9：40	10：00	20	讲读　总理遗教（星期一停）	
10：00	10：10	10	全国气象（星期一新闻后）	
11：10	11：20	10	音乐	
11：20	11：45	25	电码练习（星期一、三、五）	
11：45	11：50	5	南京气象	
11：50	13：00	70	音乐　正午报时及沪市商情	
15：30	16：00	30	星期一　电学常识　　星期二　故事 星期三　政治报告　　星期四　公民常识 星期五　杂谈　　星期六　军事常识	
16：00	16：15	15	音　乐	
16：15	16：45	30	星期一　卫生常识　　星期二　儿童节目 星期三　家庭常识、法律常识　　星期四　儿童节目 星期五　农林常识　　星期六　儿童节目	
16：45	17：00	15	音　乐	
17：00	17：30	30	教育节目	
17：30	17：50	20	商业新闻及京沪商情	
17：50	18：20	30	音乐	
18：20	18：30	10	全国气象及长江水位	
18：30	19：00	30	星期一　科学常识　　星期二　无线电常识 星期三　科学常识　　星期四　名人演讲 星期五　科学演讲　　星期六　无线电常识	
19：00	19：40	40	星期一　乐队奏乐　　星期二　弹词 星期三　乐队奏乐　　星期四　大鼓 星期五　弹词　　星期六　平剧	
19：40	19：55	15	简明新闻	
19：55	20：15	20	西乐	星期六　平剧
20：15	20：35	20	英语报告新闻	
20：35	20：55	20	音乐	

（续表）

20：55	21：20	25	广州语、厦门语报告（星期一、三、五） 新闻（星期二、四、六）
21：20	21：25	5	预告明日节目
21：25	21：45	20	音乐
21：45	22：45	60	新闻
22：45	23：00	15	音乐
星　期　日			
11：00	11：25	25	音乐
11：25	11：55	30	儿童节目
11：55	12：00	5	全国气象及正午报时
12：00	12：50	50	音乐
12：50	13：30	40	乐队奏乐
17：30	18：00	30	音乐
18：00	18：30	30	科学新闻
18：30	18：45	15	音乐
18：45	19：15	30	无线电常识问答
19：15	19：45	30	音乐
19：45	19：50	5	全国气象
19：50	20：15	25	一周大事简报
20：15	20：30	15	西乐
20：30	20：55	25	侨务委员会报告
20：55	21：15	20	音乐
21：15	21：20	5	预告明日节目
21：20	22：00	40	新闻

附注：1. 本节目如有变动随时播音通知。

2. 中央广播无线电台管理处廿三年九月重订。

中央广播事业管理处中央广播电台播音节目时间表（民国三十六年）

波长454、30.8公尺	周率660、9730千周	
7：30~7：45（15）	国歌　预告上午节目　健身操	
7：45~8：00（15）	国乐	
8：00~8：15（15）	新闻	
8：15~8：30（15）	军乐	
8：30~8：35（5）	早晨的话	
8：35~9：00（25）	西乐	
9：00	休息	
波长454公尺	周率660千周	
12：00~12：45（45）	预告中午节目　平剧	
12：45~12：50（5）	新闻摘要	
12：50~13：00（10）	家庭节目	
13：00~13：25（25）	西乐	
13：25~13：30（5）	自由谈	
13：30……	休息	
波长454、30.8公尺	周率660、9730千周	
17：00~17：30（30）	预告当晚节目　气象　平剧	
17：30~17：45（15）	儿童节目	
17：45~18：00（15）	西乐	
18：00~18：15（15）	新闻	
18：15~18：30（15）	歌咏或口琴	
18：30~18：45（15）	广播服务	
18：45~19：00（15）	音乐会（由本台音乐组担任）	
19：00~19：15（15）	新闻	
19：15~19：45（30）	戏剧（包括杂耍戏剧电影话剧地方剧广播剧）	星期日特别节目
19：45~19：50（5）	国府政令	星期日特别节目
19：50~20：00（10）	军乐	星期日特别节目
20：00~20：15（15）	演讲	星期日特别节目
20：15~21：00（45）	（活用节目）	星期日特别节目

21：00～21：30（30）	简明新闻及时评（中央广播事业管理处所属各台转播）	
21：30～22：00（30）	预告次日重要节目　平剧	转播戏院平剧临时决定
22：00～22：15（15）	英语新闻（由 XCOY 播出）	
22：15～23：00（45）	西乐　文艺　或其他	
23：00……	国歌　停止	
23：00～24：00（60）	记录新闻	
24：00……	停止	

附注：

1. 为方便听众对时 17：00 播音早三分开始；
2. 活用节目轮流播送各听众爱好节目；
3. 本表系概括性质欲知次日重要节目，请注意每日 21：30 之次日重要节目预告；
4. 本表自三十六年元月起实行。

二、南京短波广播电台

民国十七年（1928 年）8 月，国民党中央广播电台建成后，中央广播事业管理处认为该台电力当时虽列世界第三，但射程所达，未越东亚，故即计议设立强力短波广播电台。

民国二十二年秋，中央广播事业管理处开始制订建立 20 千瓦短波电台计划，分函欧美各国较大无线电公司或厂商，征集资料，了解情况；同时，组织中央电台技术人员自己设计，制造 500 瓦小型短波发射机，以备试用。自行设计制造的 500 瓦短波机，因屡次改变线路，再加器材缺乏，人力不足，直至民国二十四年（1935 年）12 月才竣工，并进行试播。

民国二十五年（1946 年）2 月 23 日，中央电台自行装制的 500 瓦短波机在江东门发射台正式开播，定名为“南京短波广播电台”，呼号 XGOX，频率 9460 千赫。每日从 19 时 30 分至 21 时 40 分，联播中央广播电台的《新闻》、《时评》、《英语报告》及音乐节目等，计两小时又 10 分钟。2 月 16 日，中央广播事业管理处与英商马可尼公司，签订购置 35 千瓦四波段短波广播发射机合同，其中包括 360 马力蒸汽引擎发电机一部、200 尺高铁塔两座、不定向天线四套、定向天线四套、架空传音电缆 15 公里及供给中国工程师 5 人在英国工厂监造机器及实习 8 个月的费用等，总计耗资 6 万英镑（约合当时 99 万银圆）。短波发射台原拟设在南京，后因日本侵华战争战局日趋紧张，决定改在重庆建台。随接中央短波广播电台筹备处正式成立，由中央广播事业管理处副处长吴道一任筹备处主任，冯简任筹备处副主任兼总工程师。冯简随即自南京到重庆进行勘察，选择台址。

民国二十六年（1937 年）8 月，日本侵华日急。为防避日机轰炸，中央电台将 500 瓦短波机装设在南京东郊中山陵园灵谷寺附近，临时播音室设在新街口中央通讯社。24 日夜，日机乘月夜轰炸南京东郊，设在那里的短波发射机被炸毁，青年工程师蒋德彰被弹片击中身亡。

同年向英国马可尼公司订购的短波发射机机件陆续经香港和河内转运到重庆。

民国二十七年夏，经过实地勘察，选定重庆邻近磁器口的沙坪坝为发射台台址，临嘉陵江的土湾为发电机厂址，两处共占地 200 亩，歇子台为收音台台址，播音室设在重庆国府路 2 号上清寺。

民国二十八年 2 月 6 日，短波广播电台在重庆上清寺国府路 2 号（解放后改名人民路）正式播音。台名“中央短波广播电台”。短波台的蒸气发电厂和收音台于同年建成使用。中央短波广播电台建成后，由吴道一兼任台长，冯简任总工程师，钱凤章任副总工程师。全台工作实际上由冯简负责。同年 6 月 1 日，取消中央短波广播电台名称，与中央广播电台中波台合并，统称中央广播电台。

短波广播电台的任务主要是对国际播音，而中央广播事业管理处当时无法提供各种外文的稿件和外国语言的播音员，故不得不依赖国民党中央宣传部国际宣传处。民国二十九年（1940 年）1 月 15 日，根据中央广播指导委员会决议，为便利国际宣传起见，将并入中央广播电台的短波电台，连同人员及经费，划出来交给中宣部国际宣传处直接管理，并派王慎铭任台长，同时改名为国际广播电台。国际台呼号改为 XGOY，另加一个英文名称：Voice of China（中国之声），简称 VOC。

民国二十九年 6 月 7 日，中央宣传部国际宣传处奉令又将国际广播电台交由中央广播事业管理处管理，中广处派冯简任台长。传音科人员仍多由国际宣传处派来。

民国三十年，国际台技术人员自装 10 千瓦短波机一部，频率 7171 千赫，波长 41 米。同年 3 月，中央广播事业管理处提请国民党中央批准，由财政部分配英国贷款 13.5 万镑，委托中国驻伦敦购料委员会，依据中国提出的程式，向英国标准无线电公司订购 50 千瓦中波发射机一部、20 千瓦短波发射机两部。按照协议，签约后66个星期内，在伦敦交货。由于日本扩大侵略战争，运输线路受阻，向英国标准无线电公司订购的发射机直到民国三十三年才运到印度。

抗日战争胜利后，国际台每况愈下。中央广播事业管理处和中央广播电台于民国三十五年（1946年）5月随国民党政府迁返南京。国际台各种语言播音员大多随国际宣传处离渝。同时，中央通讯社迁回南京后，英文稿件亦无来源，致使留在重庆的国际台的节目无法维持。次年，国际台与南京中央台建立通报台，每日将中央社英文稿件以电报发往重庆，由国际台抄收整理后，作英语新闻播出，但半天通报，往往维持不了10分钟的新闻时间。当时，除汉语、英语、俄语、越语和粤方言节目外，其他语言全部停止。至重庆解放前夕，仅有汉语、英语、越语和粤语方言节目。每天播音时间减少至4小时。

民国三十五年5月中旬，中央电台成立扩充工程处，由中央广播事业管理处处长兼中央电台台长吴道一任处长，拟订中央电台发展计划。根据计划，首先将尚留重庆的7.5千瓦短波发射机急运南京，安装在江东门发射台，于次年1月以11835千赫频率加入联播，加强短波对外广播的阵容。3月起，扩大对海外广播范围，每日8点50分起，以9730千赫、15350千赫两个频率，对北美播音4小时，全部用英语播音；17点起，用11835千赫，对菲律宾、澳大利亚、新西兰、南太平洋群岛，以国语和英语两种语言播音1小时40分钟；19点起，对蒙古、西藏、南洋侨胞，分别用蒙、回、藏、缅、粤、闽、马来等语或方言播音1小时50分钟；21时起，用15350千赫频率，以日、俄两种语言对日、西伯利亚播音1小时；21点30分起，用9730千赫、15350千赫两个频率，对印度、南非、东欧，分别以英、法、俄、粤四种语言或方言播音1小时45分钟。

同时，派员赴印度，将抗战期间由英国运抵印度的一部50千瓦中波发射机和两部20千瓦短波发射机转运回南京。民国三十六年（1947年）2月，两部20千瓦短波机和6套定向天线、4套不定向天线，在江东门发射台架设完工。同年7月1日，两部20千瓦短波机分别以XGRZ、XGRY两个呼号及17765千赫、15350千赫进行试播。试播一个月后，正式用XGOA呼号，以15105千赫、11880千赫两个频率播音，每天播音11小时。

次年11月，国民党在其政权即将倾覆前夕，令中央广播事业管理处将正在播音的100千瓦中波机及两部20千瓦短波发射机拆除南运。11月27日晚，这三部发射机停止播音，并连夜拆卸装箱，民国三十八年初运到台湾。大功率发射机拆走后，中央电台以10千瓦中波机及7.5千瓦短波机维持播音。

1949年4月，南京解放。5月6日，南京市军事管制委员会派李强和路星源等分别接管中央电台和军中之声电台。国民党中央广播电台及其短波广播电台终结了在南京播音的历史。

国际台在重庆播音一直维持到1949年11月底。1949年11月27日，重庆解放前夕，国际台的35千瓦和10千瓦短波发射机及其他重要机器设备，在蒋介石的亲自策划和布置下被炸毁。抗战期间，国际台没有毁于日本飞机的轰炸之中，却被国民党政府在发动内战惨败时炸成一片废墟。11月29日，重庆宣告解放。国际台就这样结束了它在重庆的历史。

三、政院专务广播电台

政院专务台呼号XGIO，频率8430千赫，每天播音两次，共两小时，19：00～20：00、22：00～23：00。中央广播事业管理处出版的《广播周报》，民国三十六年（1947年）10月26日第59期开始，在《全国各公营广播电台一览表》中刊登该台的呼号、频率及播音时间。次年8月22日第101期后，不再出现该台名字。

四、资源广播电台

抗战胜利后由国民党中央资源委员会主办，机器设备均系资源委员会中央无线电器公司设计装置。频率1350千赫，台址南京珠江路274号。其他情况不明。

五、南京广播电台

民国二十四年（1935年），中央广播事业管理处用河北广播电台迁往西安时留下的部分机器和人员，在丁家桥中央广播电台原址建立南京广播电台，于当年8月建成并开始播音。呼号XGON，频率900千赫（后改为930千赫），功率200瓦，专门面向南京广播。每天自10点15分至16点25分，间歇播音两次，计3小时。设置的节目有《新闻》、《党务报告》、《市政报告》、《警政报告》、《风俗杂谈》、《体育及娱乐消息》、《科学常识》及《气象》等。次年3月，因人力不足而停播。

六、南京军中广播电台（“军中之声”）

民国三十一年（1942年），国民党广播事业指导委员会第24次会议决定由中央广播事业管理处协助军事委员会政治部，在重庆沙坪坝成立军中播音总队。并向资源委员会中央无线电机制造厂订购1千瓦短波广播发射机一部，10瓦流动广播机14架，收音机120架。由广播事业指导委员会指定短波频率三个，供播音总队使用。

播音总队于同年6月1日成立，以“军中之声”的名称播音。开始时播音总队设办事处于重庆两路口大田湾。民国三十三年播音总队迁至重庆。

民国三十四年春，播音总队下设5个中队，分驻各个军师。中队以下分设若干分队。播音中队及分队主要担任对敌喊话、战地宣传及收音转播等任务。

同年8月，日本投降。9月，军中播音总队派员到南京接收日军设在南京汉中门蛇山10号的通讯电台。

民国三十五年5月6日，该队由重庆迁至南京，易名为“南京军中广播电台”。同年10月10日，该台在南京正式播音。呼号XMAP，频率720千赫及12220千赫，地址在南京汉中门蛇山10号。

军中播音总队，在重庆时隶属军事委员会第三厅；民国三十五年迁至南京后，改属后勤司令部特种勤务总署。同年5月后，在北平、沈阳、汉口、西安、广州5市建立各地军中电台，统归南京军中广播电台管辖。民国三十六年7月，隶属国防部新闻局领导。

南京军中电台设指导、技术、总务三科，共有人员60余人。徐复华任台长。民国三十五年，军中电台增设扩音总队，林剑如任队长，队员20人，在南京市区设立4个扩音站，分别设在新街口、夫子庙、挹江门外过境军人接待站及中山陵新闻训练班。各扩音站有50瓦扩大机一部，安装25瓦高音喇叭两只，收转军中电台节目，供来往行人收听。

军中电台以国民党军队官兵为主要对象。设有《新闻》、《军中晨话》、《军人园地》、《时事评论》、《战地通讯》、《军学讲话》、《军事消息》、《一周战况》、《军人服务》等节目。每天从7时至23时，播音三次，间歇播音8小时30分钟。

民国三十八年（1949年）4月南京解放前夕，军中台台长徐复华匆匆撤离。徐复华临走时，宣布由康晖午（指导科科长）任代理台长，梁培麟任副台长。5月，中国人民解放军南京市管制委员会派路星源等接管了军中广播电台。

七、空军广播电台（“空军之声”）

民国三十五年（1946年）12月1日，空军广播电台在南京成立，12月

15日以“空军之声”的名称正式播音。呼号XGAF，用1000千赫、7100千赫、11680千赫三个频率播音，台址南京珠江路小营。该台隶属空军总司令部，负责人李建元、范昱。

“空军之声”每天播音三次，共8个半小时。主要节目有《新闻》、《各种常识》、《交通消息》、《航空讲坛》、《英语教学》、《康乐消息》、《电信常识》、《英语新闻》、《科学新闻》、《航空消息》、《军中花絮》等。《各种常识》节目中设有家庭妇女、史地、理化、生理卫生、生物农业等内容。《航空讲坛》中设有空军战史、国防科学、航空学术、空军生活、滑翔常识等。文娱节目有中国歌曲、西洋名曲、平剧、国乐等。

民国三十七年11月1日，空军电台迁往台湾。

八、第一绥靖区司令部南通正声广播电台

民国三十六年（1947年）初，团国兴、罗恺荣等开办南通正声无线电器材股份有限公司（简称南通正声电器公司），经营无线电器材和修理收音机业务，余仪孔任经理。同年3月，正声电气公司筹集资金，购买一台100瓦旧广播发射机，准备筹建商业性正声广播电台。后因没有领到执照，电台未能正式开播。

民国三十七年初，国民党第一绥靖区司令部征用了正声广播电台的机器设备，创办第一绥靖区司令部南通正声广播电台。台长冯衍宾，副台长余仪孔。台址在南通市水仓巷1号。

3月3日，正声广播电台正式播音，呼号XQNT，波长272.7米，频率1100千赫，功率100瓦。因当时南通及苏北地区没有日电供应，该台每日下午8时至10时播音，每天播音2至3小时。开办的节目主要有《新闻报告》、《绥靖讲话》、《国防军事》、《学术讲座》、《地方掌故》等。新闻由南通《绥靖日报》及《国民日报》供稿。

民国三十八年（1949年）2月2日，南通解放，中国人民解放军南通市军事管制委员会派出以孙大翔、郑柏年、何允等组成的接收小组接收了正声广播电台，并在此基础上筹建南通新华广播电台。

九、第一绥靖区无锡军政广播电台

民国三十五年（1946年）春，第一绥靖区军政广播电台在无锡开始播音，呼号XGAC，频率930千赫，功率50瓦，台址在无锡大成巷8号。

该台隶属第一绥靖区司令部新闻室，由李范负责。经费主要靠广告收入。

该台设置的节目有《锡报新闻》、《三民主义讲座》、《杂曲》、《西乐》、《平剧》、《弹词》、《粤曲》、《无锡文戏》等。每天播音两次，共 11 小时 30 分钟。文娱节目主要是播放唱片。

次年，国民党第三方面军撤离无锡，该台停播。

十、苏州青年广播电台

民国三十四年（1945 年）秋，由国民党青年军 202 师政工处与国民党吴县县党部联合创办，创办人周雅谷。电台呼号 XYFA，频率 1010 千赫，波长 297 米，功率 200 瓦。台址苏州国货公司三楼青年俱乐部内（现苏州人民商场）。青年俱乐部由 202 师创办。该台开始时，每晚 7 点至 9 点播音，以后逐步增加了播音时间。青年电台一直播音到苏州解放前夕，后随国民党青年军 202 师撤离。

第二节　江苏省广播无线电台

民国十八年（1929 年）春，江苏省政府由南京迁至镇江。

民国二十四年春，江苏省政府在省会镇江筹建广播电台，台址设在省政府大院内（现市政路 24 号）。在省府大院广场上架设木杆天线两根，木杆高 30 米，杆距 40 米，天线实长 33.3 米。6 月 3 日试播，7 月 1 日正式播音。

电台定名为江苏省广播无线电台（亦称“江苏省广播电台”），隶属江苏省政府秘书处。呼号 XGOZ，频率 1110 千赫，波长 270.3 米，功率 100 瓦。

民国二十四年（1935 年）12 月 16 日，该台举办无线电技术人员训练班，学员 74 人，为期三个月，次年 3 月 23 日结业。结业后 61 人分配到各县任收音员，其余留该台服务。分配到各县的收音员，除收听该台播出的新闻政令及其他节目外，并负责指导各该县无线电事业及收音机修理等任务。

民国二十五年（1936 年）4 月，该台功率扩大为 1 千瓦，频率改为 1150 千赫。同时，因在省府大院内电台无法发展，后选定镇江西郊省句路（今中山西路火车站西侧）旁空地为台址，面积 27 亩，于同年 8 月 4 日动工，建筑房屋，并架设 55 米高发射铁塔两座，全部工程于同年年底完成。民国二十六年（1937 年）1 月，该台迁入新址。该台初建时共有员工 7 人，民国二十五年（1936 年）7 月，增至 16 人。

该台节目以“施政、教育、常识、新闻四者为主，其他音乐、广告及特种节目副之”。节目设置有《新闻》、《施政报告》、《党务报告》、《名人学术演讲》、《国学概论》、《总理遗教》、《儿童教育》、《青年教育》、《妇女教育》、《商人常识》、《医药卫生》、《国语练习》、《小学教师进修》、《音乐丛谈》等。每天上午8时至下午15时30分时播音五次，共7小时30分钟。

民国二十六年抗日战争爆发后，该台随江苏省政府撤离镇江，机器散失。

民国三十四年8月15日，日本宣布无条件投降。9月21日，国民党江苏省党部与江苏省政府宣传处，接收汪伪江苏省政府在苏州建立的“苏州广播电台”，10月17日，将所接收的机器设备及物资用火车运至镇江。中央广播事业管理处认为，伪苏州广播电台应由该处接收。12月16日京沪接收专员叶桂馨前往镇江，办妥接收手续，并成立江苏省广播电台筹备处，暂派江苏省政府宣传处第一科科长金方哲为筹备主任，筹办建台工作。

民国三十五年春，江苏广播电台建成开播，呼号XOPA，频率1330千赫，波长225.6米，功率50瓦。台址在镇江中正路国民党江苏省党部院内(现解放路21号)。下半年功率扩大为100瓦。台长为金方哲，下设技术、广播、总务三组，共15人。民国三十七年7月，中央广播事业管理处委派邬德仲接任台长。

节目设置有《地方新闻》、《综合新闻》、《国父遗教》、《领袖言论》、《青年修养》、《儿童园地》、《商业行情》、《国际知识》等，并转播中央广播电台新闻及中外音乐等节目。民国三十五年至三十六年，每天播音7小时30分钟；民国三十七年（1948年）9月，每天播音6小时；10月，每天播音4小时。

民国三十七年冬，国民党在自己发动的内战中节节败退，镇江电源发生困难，播音时断时续。在形势动荡，播音难以维持的情况下，报经中央广播事业管理处批准，12月16日，该台停止播音，所有机器设备装运南京，交中央广播事业管理处处理，人员就地遣散。

江苏省广播无线电台播音节目表（民国二十四年7月1日起实行）

（呼号）XGOZ　　（周率）1110千周波

日期 节目 时间	星期日	星期一	星期二	星期三	星期四	星期五	星期六
8：30～8：33		党歌	党歌	党歌	党歌	党歌	党歌
8：33～9：00		暑期补习	暑期补习	暑期补习	暑期补习	暑期补习	暑期补习
9：00～9：20		党政联合纪念周	农人常识	工人常识	商人常识	电信常识	警政常识
9：20～9：40			国语练习	国语练习	国语练习	国语练习	国语练习

（续表）

节目 日期 时间	星期日	星期一	星期二	星期三	星期四	星期五	星期六
9：40～10：00		党务报告	休息				
10：00～12：00		休息					
12：00～12：20		嘉言 西乐	嘉言 西乐	嘉言 西乐	嘉言 西乐	嘉言 西乐	嘉言 西乐
12：20～12：45		新闻 歌曲	新闻 歌曲	新闻 歌曲	新闻 歌曲	新闻 歌曲	新闻 歌曲
12：45～13：00		平剧	平剧	平剧	平剧	平剧	平剧
13：00～16：00		休息					
16：00～16：30			政令	救灾常识	施政报告	政令	
16：30～17：00		休息					
17：00～17：15		医药卫生	医药卫生	医药卫生	医药卫生	医药卫生	医药卫生
17：15～17：35		保甲宣传	导淮宣传	禁烟报告	保甲宣传	导淮宣传	禁烟报告
17：35～18：00		音乐	音乐	音乐	音乐	音乐	音乐
18：30～20：00		青年教育	妇女教育	儿童教育	青年教肓	妇女教育	儿童教育
20：00～20：30	特别节目	休息					
		国学概念	特别节目	名人 学术演讲	特别节目	江苏 名贤传	特别节目
20：30～21：00	预报节目 西乐	预报节目 西乐	预报节目 西乐	预报节目 西乐	预报节目 西乐	预报节目 西乐	预报节目 西乐
21：00～21：27	本省新闻	本省新闻	本省新闻	本省新闻	本省新闻	本省新闻	本省新闻
21：00～21：30	党歌	党歌	党歌	党歌	党歌	党歌	党歌
21：30	停止						

附注： 1. 每逢星期一第三节之纪念周必待纪念周完毕后始结束。

2. 党务报告每月第一周之星期一举行即续纪念周举行之。

3. 特别节目内容现暂分平剧、话剧、歌韵、丝竹、昆曲、口琴、古琴等。

4. 星期日之特别节目间一周一次。

江苏广播电台节目表（民国三十七年11月1日起用）

（呼号）XOPA　　（周率）1330千周

13：30　国歌　军乐　报告本日节目

13：45　警策语或嘉言录

13：50　国乐（一、三、五）　粤曲（二、四、六、日）

14：10　综合新闻

14：25　平剧

14：55　讲座：学术（一）　公民（二）　电信（三）　科学（四）
社教（五）　卫生（六）　党义（日）

15：10　歌咏

15：30　青年辅导（一）　妇女节目（二、五）　儿童节目（三、六）
戡乱节目（四）

15：30～16：00　宗教节目

16：00～16：15　轻音乐（日）

16：15　联合国大会节目（转播联合国华语节目）

18：30　前奏曲，预报当晚节目，军乐

18：45　时论介绍（特约演讲）

19：00　弹词（一）　扬州曲（二）　越剧（三）　申曲（四）
大鼓（五）　昆曲（六）　什曲（日）

19：30　晚间的话

19：45　西洋名曲（一、四）
西洋歌曲（二、五）
西洋舞曲（三、六）

20：00　演讲

20：15　平剧（一、三）
广播剧（二、五）
国乐（四、六）

20：45　总统令

20：50　军乐

（20：15—20：50　转播中央台）

（19：45—20：50　星期日特别节目（转播中央台））

21：00　综合新闻及时评（转播中央台）

21：35　管弦乐

21：45　本省新闻

22：00　总理纪念歌

第三节　直辖市及行政区人民广播电台

民国三十八年（1949年）4月23日，南京解放，6月20日，江苏全境解放。

江苏全境解放后，在恢复江苏省建制前，分设华东军政委员会直辖的南京市及苏北、苏南两个行政区。苏北、苏南两个行署及南京市人民政府成立后，分别建立了南京及苏北、苏南人民广播电台。

一、南京人民广播电台

南京解放的次日，民国三十八年（1949年）4月24日上午，根据北平新华广播电台（中央人民广播电台前身）负责人梅益的指示，著名播音员齐越以该台的名义，与南京国民党中央广播电台进行广播通话。国民党中央台接话人是代理传音科长蔡骧。通话内容，一是询问南京当时情况，二是要求原中央台人员保护好机器设备，等待并配合中国人民解放军南京市军事管制委员会的接管。当天下午，国民党中央广播电台改以“南京广播电台”的呼号全部转播北平新华广播电台的节目。

同年5月6日，南京市军事管制委员会文教委员会派出以李强为军代表，由陆亘一、卢克勤、邱原等参加的接管组接管了国民党中央广播电台。以路星源为军代表的接管组接管了国民党国防部“军中之声”广播电台。接管后，以国民党中央台原有的机器设备为基础，建立南京人民广播电台。

同年5月18日，南京人民广播电台正式播音。频率660千赫，波长454米，功率10千瓦。台址祠堂巷，原国民党中央广播电台旧址。发射台在江东门北河口，原国民党中央电台发射台旧址。发射台利用的主要是所接收的国民党中央台的发射机及其他机器设备，其中有10千瓦中波发射机一部和两部分别为7.5千瓦、4.5千瓦的短波发射机，两座于民国十九年由德国得力风根公司制造的高125米的铁塔。

该台初建时，全天播音5小时。12时开始报告本市新闻，18时20分至19时30分播送文化娱乐节目，19时30分起转播北平新华广播电台节目。

第四节　地、市级广播电台

一、徐州广播电台

徐州广播电台是国民党在接收日军徐州放送局发射设备的基础上建立起来的。

民国三十四年（1945 年）8 月 15 日，日本宣布无条件投降。抗日战争胜利。重庆中央广播电台及国际广播电台于当晚通过广播，通知各地日伪广播电台："保存好机件器材，听候派员接收。"并规定各台按时转播重庆中央广播电台新闻节目。9 月 12 日，日军徐州放送局根据规定开始转播重庆国民党中央台的新闻节目。

日本投降后，国民党中央广播事业管理处所派京沪区接收专员叶桂馨委托第十战区临泉指挥所接收委员会，暂派第五组中校科长孔园人，前往徐州接收日军徐州广播电台。

同年 10 月 9 日，孔园人与日方移交人庄司猛夫，办竣接收点交手续。接收中波 30 瓦发射机一部及其他机件材料。

接收后，使用日军徐州台的原有机器设备，成立徐州广播电台。孔园人任台长。电台呼号 XOPC，频率仍为 1010 千赫。台址仍在户部山三义庙。该台由国民党中央广播事业管理处直接管辖。

同年秋，国民党因运送军队导航，曾将徐州电台频率改为 800 千赫，民国三十八年（1949 年）1 月又恢复为 1010 千赫。

徐州电台的节目主要有《徐州新闻》、《各地新闻》、《政令政情》、《精神讲话》、《自由谈》、《早晨的话》、《科学医药》、《邮电常识》、《家庭妇女》、《青年及儿童节目》、《宗教节目》等，并转播国民党中央台的新闻及时评、北平台的教育节目、美国旧金山美国之音的新闻评论等。每天播音三次，播音时间 8 小时。

民国三十七年（1948 年）12 月 1 日，徐州解放。中国人民解放军徐州特别市军事管制委员会派周国良、顾德等到徐州电台进行接收的准备工作。12 月 28 日，中共中央山东分局派张梦达正式接收了徐州电台。

二、徐州人民广播电台

（一）沿革

民国三十七年（1948 年）12 月 1 日，徐州解放。同月 26 日，中共中央山东分局派张梦达正式接收了国民党中央广播事业管理处所属的徐州广播电台。

接管后，以徐州市军管会无线电部的技术人员为主，并在原徐州电台人员的配合下，对广播发射机进行维修、调试。12 月 23 日，仍用解放前的频率开始试播，主要是转播陕北新华广播电台和华东人民广播电台的节目，并通过广播向听众宣读徐州市党、政、军的有关政令、布告、通知等。

该台试播期间，正是解放战争中淮海战役第二阶段最为激烈的时候，广播中有关人民解放战争节节胜利的消息，对战争前线和淮海地区人民以极大鼓舞。广播中还不分昼夜地反复播送对国民党军队的劝降书及我党优待俘虏的政策，报道国民党军队起义、投诚的消息，播送国民党军队官兵和家属向自己亲人、同事劝降的讲话。这些广播内容，对消除国民党官兵斗志，产生了一定的作用和威力。

次年 1 月 24 日，中共中央山东分局决定，成立徐州新华广播电台，任命张梦达为台长（1949 年，徐州属山东省管辖；1952 年 11 月，划归江苏省管辖）。同年 2 月 1 日，徐州新华广播电台正式播音。频率 1010 千赫，功率 50 瓦，台址仍在徐州市南关户部山上。这座在战火中诞生的电台，是江苏境内成立的第一座人民广播电台。

9 月，徐州新华广播电台改名为徐州人民广播电台。频率改为 1350 千赫。

（二）人员机构

民国三十八年（1949 年）2 月，徐州新华广播电台建台时，共有人员 13 人；1951 年底增加为 35 人。设有台长室、编辑室、工务股、服务部。

（三）节目演变

民国三十八年（1949 年）5 月，徐州台开始自办节目，主要节目有《徐州新闻》、《工人节目》、《青年节目》、《妇女节目》、《儿童节目》、《听众服务》、《大众常识》、《教唱歌曲》等。

三、南通人民广播电台

（一）沿革

南通人民广播电台是继徐州台之后在江苏省内成立的第二座人民广播电台。

解放前，南通市在民国三十六年（1947 年）前后建有“第一绥靖区司令部南通正声广播电台”和私营的“南通大声广播电台”。民国三十八年（1949 年）1 月下旬，中共华中第九地方委员会派郑柏年先行入城进行地下联络工作，设法掩藏、保护正声广播电台的机器设备。2 月 2 日，南通解放。南通市军管会派出以孙大翔为首的接管小组，会同郑柏年等一起接管了正声和大声两座广播电台。大声广播电台属私人资本，根据政策对其机器设备作价收购。正声台为国民党军队系统电台，南通市军管会予以没收。后来，利用这两台机器，进行配套改装，在此基础上，建成南通新华广播电台。

当时，该台设备十分简陋，只有 50 瓦发射机一部，增音机、电唱机各一台，话筒一个和几张唱片。天线是简单的“T”型天线，一头是一根独木杆，另一头用竹竿系在水塔上，高 20 米，长 55 米。

民国三十八年（1949 年）3 月 20 日，经中共华中工作委员会批准，南通新华广播电台正式播音。频率 1000 千赫，波长 300 米（1950 年 2 月 1 日，频率改为 1200 千赫，波长 250 米），功率 50 瓦，台址在南通市区北公园内。

7 月 8 日，该台改名为南通人民广播电台。

（二）人员机构

该台成立后，隶属中共南通地委宣传部领导。1949 年，电台初建时，全台只有 7 人，孙大翔任台长，郑柏年任副台长，何允为工务科科长。

（三）节目演变

民国三十八年（1949 年）3 月，南通电台初建时，主要是转播陕北新华广播电台和华东新华广播电台节目，自办有《新闻》、《综合节目》、《文艺》、《商情》等。其中新闻性节目每天 20 分钟，占全天播音时间的 6%；教育性节目 33 分钟，占全天播音时间的 9.4%；文艺性节目 57 分钟，占 16%；服务性节目每天播音 30 分钟，占 9%。每天播音 5 小时 50 分钟。

4 月，中国人民解放军百万雄师横渡长江，渡江战役开始后，该台连续几天反复播送《中国人民解放军向全国进军的命令》、《约法三章》和《三大纪律八项注意》等重要文告，有力地配合了解放战争。渡江前夕，中国人民解放军第三野战军副司令员粟裕到该台进行视察，并对广播工作作了指示。

四、苏州人民广播电台

（一）沿革

民国三十八年（1949年）4月28日，苏州解放。同年5月15日，苏州新华广播电台正式播音，频率1480千赫，波长203米，功率100瓦，台址在苏州拙政园内。该台建台时利用的是抗战期间创办于四川璧山，民国三十五年（1946年）迁至苏州的国立社会教育学院实验广播电台的机器设备。

民国三十八年（1949年）8月10日，遵照中央广播事业管理局的统一规定，该台改名为苏州人民广播电台。台址由拙政园迁至甫桥西街147号新址。同年11月18日，改频率为1265千赫，发射功率增为500瓦。

（二）人员机构

民国三十八年（1949年）5月，苏州新华广播电台初建时，仅有编辑、播音员各1人、机务员2人、后勤1人。台长丁正铎、总干事施芹。1950年2月，成立编辑部、机务股、总务股。编辑部下设综合组、文艺组、播音组。机务股内分设发射组、控制组。全台职工22人，其中编播13人、技术4人、行政后勤5人，并成立有业余广播乐团。

（三）节目演变

1949年苏州新华广播电台先后自办节目15个，每天播音7小时。《最后新闻》（后改为《最后消息》）是该台最早举办的新闻节目。

五、无锡人民广播电台

（一）沿革

无锡人民广播电台是在接管的国民党江苏省政府特设无锡广播电台（即江苏省立教育学院广播电台）的基础上建立的。教育学院广播电台成立于民国二十一年（1932年）7月3日。民国二十六年（1937年）抗日战争爆发，无锡沦陷，电台停播。民国三十五年，教育学院迁回无锡。次年，教育学院电台恢复播音，改名为江苏省政府特设无锡广播电台，由民营改成为公营。

民国三十八年（1949年）4月23日，无锡解放。无锡解放前夕，教育学院电台工作人员根据中共地下党组织的指示，妥善保护电台的机器设备，迎接解放。无锡解放后，中国人民解放军无锡市军管会未立即接管这一电台，责成该台以无锡广播电台的呼号继续播音。

8月6日，无锡市军管会派田志强、万冰、吴垲为代表正式接管了教育学院电台，接管后，经中共苏南区党委、苏南人民行政公署批准，决定在这一电台的基础上，成立无锡人民广播电台。

9月1日，无锡人民广播电台正式播音。频率1110千赫，功率150瓦，同年11月，增为500瓦。台址仍在无锡社桥教育学院内。

（二）人员机构

无锡台成立初期，担负着苏南区台的任务。电台隶属苏南人民行政公署。宣传业务由中共苏南区党委宣传部领导。该台在民国三十八年（1949年）9月建台时，有人员7人，同年11月，增为11人。台内设台长办公室、总务科、工务科、编辑部。苏南区党委宣传部宣传科长田志强兼任台长。

（三）节目演变

民国三十八年（1949年）9月，无锡台初建时，每天播音三次，全天播音550分钟，自办节目10个，其中有《新闻》、《苏南新闻》、《评论及其他》、《听众服务》、《商情》、《革命故事》《记录新闻》等。《新闻》节目，除用普通话播出外，还办有《沪语新闻》。《记录新闻》每周三次，每次60分钟，用记录速度播送，供各县收音站抄收油印后，送交各级领导参考，并供各区镇文化站编写油印小报和黑板报采用。后来，又增办了《职工节目》、《少儿节目》、《妇女节目》、《市政工商》、《大众课堂》等节目。

六、常州人民广播电台

（一）沿革

民国三十八年（1949年）4月23日，常州解放的当天，新华社三野前线分社派员接管了设在常州大庙弄30号中山纪念堂二楼的国民党武进县党部广播电台和设在常州第一公园的三青团常青广播电台，并在此基础上成立常州广播电台。

4月27日，常州广播电台试播，频率760千赫，波长394.7米，功率100瓦。台址设在常州第一公园（今人民公园）内原常青广播电台原址。

4月29日，中国人民解放军第三野战军副司令员粟裕将军路经常州，由新华社三野前线分社社长邓岗陪同视察了常州电台。5月2日，邓岗随军东进，常州电台具体工作交由新华社常州支社社长张伏年负责。

同年9月1日，常州广播电台改名为常州人民广播电台。10月1日，常州人民广播电台正式播音。

（二）人员机构

民国三十八年（1949 年）4 月，常州台初建时设编辑、机务、播音三个组，共有人员 12 人。戴良任副台长。

第五节　县级广播电台

国民党武进县党部广播电台

民国二十一年（1932 年）9 月，国民党武进县党部建立武进县党部广播电台。呼号 XGWT，频率 1250 千赫，波长 240 米，功率 15 瓦。台址武进县商会国耻馆。次年 3 月，该台频率改为 1330 千赫，波长 225.6 米。民国二十三年（1934 年）1 月 1 日，武进县党部中山纪念堂落成，该台由县商会迁至常州大庙弄 30 号武进县党部中山纪念堂二楼。同年 2 月 1 日，在新址开始播音。呼号改为 XLIK，功率增加为 50 瓦。

次年 2 月，该台因发射机真空管超过使用年限，播音暂停。后从上海购置新的发射机，恢复播音，功率增加为 75 瓦。播音时间也由 3 小时 30 分钟延长到 7 小时。

这时设置的节目有《县党部报告》、《县政府报告》、《县教育局报告》、《县公安局报告》、《县农业推广所报告》、《电报局电信常识》、《民众教育馆报告》、《本县新闻》、《省会重要新闻》、《总理纪念周》以及《商情》、《当日钱市》等。

民国二十六年 11 月 29 日，常州沦陷，电台停播，机器散失。

民国三十四年 8 月，抗战胜利，国民党武进县党部广播电台重新建立。华安电料行老板郭光华及其友人朱安如，向该台无偿提供无线广播发射机和全套设备，功率增加为 100 瓦，呼号 XLIK，频率 1330 千赫，波长 225.6 米，台址仍在中山纪念堂楼上。次年 10 月，功率又增加为 200 瓦。由国民党武进县党部执行委员盛景馥负责。民国三十七年，陈绍文任台长。

抗战前，各地广播电台统归国民政府交通部管辖，交通部曾发给该台播音执照。

次年 4 月 23 日，常州解放。当天，新华社第三野战军前线分社派代表接管了国民党武进县党部广播电台。后在该台及常青电台的基础上，建立常州人民广播电台。

第六节　社会团体广播电台

一、江苏省立教育学院广播电台

民国二十一年（1932年）7月3日，江苏省立教育学院广播电台开始播音。呼号XLIJ，频率1310千赫，波长229米，功率50瓦，台址无锡社桥江苏省立教育学院内。

该台的前身是无锡国难委员会集资筹建的无线广播电台。民国二十一年，"一·二八"事变激发了全国人民的抗日救国热情。当年2月，无锡成立国难委员会。后由国难委员会发起，以工商界为主集资4000元，从上海购回50瓦无线广播发射机一部，筹建无锡无线广播电台，台址在无锡公园天真照相馆东边的一间房子里。同年3月25日，电台试播。试播后，成立了由钱荪卿（无锡市管会）、高践四（教育学院）、薛剑明（申新三厂）等10人组成的管理委员会，负责管理电台的播出工作。

同年5月5日，国民党政府和日本签订了《淞沪停战协定》。"一·二八"事变激起的群众抗日浪潮，逐渐转入了低潮。再加电台成立后只是临时播音，无人招商承包，难以长期坚持广播。6月下旬，管理委员会决定电台停办，把广播设备转让给江苏省立教育学院，作为民众电化教育之用。

无锡国难委员会电台的发射设备转让后，经教育学院物理实验室主任汪畏之等进行整理改装，于同年7月3日该院举行学生毕业典礼时首次播音，转播毕业典礼的实况。民国二十三年，经国民政府交通部核准，发给民营电台执照。

该台设置的节目有《公民常识》、《民众教育学术讲座》、《卫生、农业及科学常识》、《应用文》、《职业英语》、《儿童节目》、《国语》、《简要新闻》等。

民国二十六年（1937年）10月，日本侵略军逼近无锡，教育学院撤退苏北地区，电台停播。抗战期间，该院在数度迁移中，只将电台的一部分较为贵重而轻便的零件随校携带，其余设备全部散失。

抗战胜利后，民国三十五年夏，教育学院在无锡复课，并恢复电化教育专修科。为便于开展学生实习和进行电化教育活动，该院向交通部呈文，申请恢复电台播音。交通部根据同年2月14日公布实施的《广播无线电台设置规则》的规定，无锡只能设立一座民营电台，并已批准锡音电台成立，教育学院恢复电台播音的申请未获批准。后来，该院请求教育部进行疏通，交通部同意该院按照公营电台办法成立，并由江苏省政府出面申请。这样，江苏教育学院电台就以江苏省政府特设无锡广播电台的名称被批准成立，交通部发给了播音执照。电台由抗战前的民营性质变为公营电台，在节目中将江苏省政府政令列入广播内容。

电台经交通部批准成立后，由该院电化教育专修科主任陈汀声兼任电台负责人。陈汀声带领专修科全班学生利用抗战前保存下来的部分机件，又补充了一些器材，经数月装置，于次年10月安装竣工并正式播音。电台频率1110千赫，功率100瓦。

民国三十八年（1949年）4月23日，无锡解放。中国人民解放军无锡市管制委员会责成该台以无锡广播电台的呼号维持播音。

8月6日，无锡市军管会派员正式接管了教育学院电台。同年9月1日，在这一电台的基础上，成立无锡人民广播电台。功率扩大为150瓦，台址仍在无锡社桥教育学院内。

二、徐州民众教育馆广播电台

民国二十三年（1934年）11月，由徐州民众教育馆馆长赵光涛负责筹建。台址徐州民众草堂民众教育馆内（现徐州市第三人民医院附近）。该台主要用于民众教育，文娱节目中曾播放过抗日救亡歌曲等。每天播音1～2小时。

民国二十七年5月，徐州被日军占领，该台停播。电台机器随民众教育馆迁移，散失无存。

三、无锡锡青广播电台

民国三十五年（1946年）下半年，锡青广播电台开始播音，呼号XW-TI，频率1400千赫，功率50瓦。台址无锡沈果巷四弄2号。

锡青电台由华耀麟任名誉台长，张道生、傅国昌任正副台长。该台隶属三民主义青年团江苏支团无锡分部。

该台的节目主要有《国语新闻》、《特别演讲》、《党义》、《常识讲座》、《英语教授》、《沪语商情》、《儿童节目》等。文娱节目内容有弹词、平剧、歌曲、国乐、音乐教授、口琴教授等。

次年秋，该台因经济入不敷出而停播。

四、无锡青年广播电台

民国三十五年（1946年）4月，无锡中华电器行老板薛斌钊曾筹建中华广播电台，5月开始试播，因未经交通部批准，没有领到播音执照，试播三个月后，被无锡电信局查封。后来，薛斌钊与三民主义青年团江苏支团无锡青年馆挂钩，由青年馆出面建台，并负责办理申请审批事宜，领取播音执照；台务工作由薛斌钊具体负责。经营收入三七分成，青年馆净得三成，七成归薛所有。电台一切开支由薛承担。电台定名为青年广播电台。

11 月，青年电台正式播音，呼号 XQYM，频率 870 千赫，功率 100 瓦。台址小娄巷 23 号无锡青年馆。

该台主要节目有《锡报新闻》、《国内新闻》、《家庭讲座》、《青年信箱》、《儿童节目》、《三民主义讲座》等。文艺节目内容有古典乐、平剧、交响乐、苏滩、滑稽、绍兴剧、弹词、申昆曲、自由点唱、歌曲等。

次年底，该台因经营亏损，停止播音。机器设备由薛斌钊收回自行处理。

五、南京青年文化广播电台

民国三十五年（1946 年），由三民主义青年团南京支团团部创办，同年 10 月 30 日正式播音，呼号 XYMC，频率 1200 千赫，台址南京厅后街 10 号。

民国三十八年（1949 年）1 月，南京即将解放，该台迁往杭州。杭州解放后，被杭州市军事管制委员会接管。

六、常州常青广播电台

民国三十六年（1947 年）春，由三民主义青年团常州分团筹建。华安电器行无偿提供发射机和其他机器设备。同年 4 月 27 日，该台正式播音。这天（农历三月二十九日）为黄花岗七十二烈士遇难纪念日，也是民国时期的“青年节”。呼号 XLYC，频率 760 千赫，功率 200 瓦。台址常州城内公园三青团常州分团团部楼上。

同年，该台隶属三青团常州分团团部。尹祖烈任台长，胡克文负责总务。次年改由三青团武进县社会服务处领导，朱国华任台长。

该台节目有《新闻报告》、《儿童节目》、《常识讲座》、《修养讲座》及其他特别节目。文艺节目以播放唱片为主，有时邀请京剧票友及青年歌曲爱好者到电台演唱。

民国三十八年（1949 年）4 月 23 日，常州解放。当天，新华社第三野战军前线分社派员接管了常青广播电台。接管后，在该台及国民党武进县党部广播电台基础上筹建常州人民广播电台。

七、国立社会教育学院实验广播电台

民国三十年（1941 年）8 月，该台创办于四川璧山，民国三十五年随国立社会教育学院迁到苏州，次年 4 月在苏州恢复播音。频率 1480 千赫，功率100瓦，台址苏州东北街拙政园国立社会教育学院内。

次年4月，该院成立电台管理委员会，汪畏之任主任委员，下设审核、播音、研究、编辑、事务、技术6个股。由管理委员会联络该院有关系、科，邀请专业人员，编写广播稿件，定期播送。

该台设置的节目有《医药常识》、《法律问答》、《工艺指导》、《时事、家事、国语讲座》、《气象报告》等。

民国三十八年（1949年）4月28日，苏州解放。苏州解放后，中国人民解放军苏州市军事管制委员会派丁正铎和施芹接管该台，并利用该台机器设备在原址建立苏州新华广播电台，于同年5月15日开始播音。

第七节　民营广播电台

一、苏州

（一）陆辛生自设电台

民国十九年（1930年），陆辛生购买无线广播发射机，在苏州天官坊自己家中试验播音，唱戏取乐。发射功率很小，数月后停播。这是苏州最早出现的民营电台的雏形。

（二）陈景学自设电台

民国二十年（1931年）2月7日，陈景学自己安装一台7.5瓦发射机，在苏州娄门外家中试验播音。第一个节目是由吴知修讲化学工业。该台存在的时间很短即停播。

（三）国华广播无线电台

民国二十年（1931年）8月，陈景学、张赓绥在苏州察院场开设国华电器行，自装发射机，设立国华广播无线电台。试播不久，被电信部门查封。

（四）婆罗花馆广播电台

民国二十一年（1932年）9月22日试验播音，功率15瓦，台址在观前街（现绿杨馄饨店楼上）。创办人吴似兰系画家，家庭殷实，开设婆罗花馆，作为文人画家聚会的场所，后又在婆罗花馆里办起广播电台。开始曲为《梅花三弄》。该台播音没有固定的节目和时间，随兴所至，临时拼凑。试播数月后停播。

（五）久大广播电台

民国二十一年（1932年），由久大布店李宝麟创办。呼号XLIB，频率

1410 千赫，波长 212.8 米，后改为 1450 千赫，波长 206.8 米，功率 15 瓦。台址开始在苏州胥门外万年桥久大布店楼上。次年秋，迁至苏州市中心北局国货公司 4 楼（现人民商场）。次年，交通部发给播音执照。主要节目有《苏州气象》、《商业介绍》、《国医常识》、《教授日文》、《久化法师讲经》等。民国二十六年“八一三”事件后，国民党吴县县党部民众服务指导处将该台定为对日宣传特约电台，增加抗日宣传的内容。11 月，日本侵略军占领苏州，该台停播。抗日战争胜利后，民国三十五年春，该台恢复播音。因未经交通部批准，同年 9 月 11 日，被吴县电信局会同苏州城防指挥部查封。

（六）百灵广播电台

民国二十一年（1932 年）秋播音。呼号先后为 XLIL、XHIC，频率先后为 880 千赫、870 千赫，波长先后为 340.9 米、345 米，功率先 20 瓦、后增为 75 瓦。台址苏州护龙桥街大井巷南 720 号（现人民路 386 号内）。创办人杨景春。主要节目有《曲艺》、《滑稽》、《评弹》、《中西唱片》、《教授英语》、《佛学》等。民国二十六年（1937 年）11 月，日本侵略军占领苏州，该台停播，机器设备被日军拆运南京。

（七）苏州广播电台

民国二十四年（1935 年）9 月，由吴克明（吴霆宫）创办。交通部核发给商字第 7504 号建台许可证和交字第 23 号播音执照。呼号 XLIP，频率 1310 千赫，波长 229 米，功率 50 瓦，台址苏州临顿路 600 号（现临顿路 19 号）。主要节目有《评弹》、《滑稽》、《歌咏》、《中西唱片》等。该台曾刊印《天声集》两册，内容有电台创办经过、工作概况、节目设置、评弹开篇等。民国二十六年 11 月，日军占领苏州，该台停播，机器被日军掠劫一空。日军兵临苏州时，吴克明匆匆离家。12 月，返回苏州途经荡口镇砖桥村时，被日军砍伤后，捆绑手脚，装入麻袋，扔进湖塘淹死。随行 4 人也同遭杀害。吴克明被害时年仅 27 岁。

（八）文化广播电台

民国三十五年（1946 年）1 月 1 日，开始播音。呼号 XCSS，频率先后为 1080 千赫、830 千赫，波长先后为 278 米、361 米，功率先 50 瓦、后增加为 100 瓦，台址在苏州宫巷 36 号（现宫巷 53 号）。由吴鉴生、潘仲彬、潘辛叔、余叔雄 4 人投资合办。抗战胜利后，交通部只准苏州成立一座民营台，并已批准新中国广播电台成立，该台未经批准自行播音。9 月 11 日，被吴县电信局查封。

（九）江南广播电台

民国三十五年（1946 年）3 月，由吴洵创办，不久开始试播。呼号 XVOK，频率 1030 千赫，波长 291 米，功率 50 瓦，台址苏州北局青年会楼上。该台曾多次申请核发执照，交通部未予批准。9 月 11 日，被吴县电信局查封。

（十）《明报》广播电台

民国三十四年（1945 年）9 月，由苏州《明报》社社长张叔良创办。呼号 XDNS，频率 1340 千赫，波长 224 米。台址苏州西中市德馨里 7 号。次年 9 月 11 日，该台被吴县电信局查封。

（十一）利康广播电台

民国三十五年（1946 年）3 月试播，频率 1000 千赫，波长 300 米，功率 50 瓦，台址苏州北局新市场。创办人宋湛清。9 月 11 日，被查封。

（十二）力行广播电台

民国三十五年（1946 年）5 月 1 日，开始试播。呼号 XQSL，频率 1250 千赫，波长 240 米，功率 100 瓦，台址苏州察院场中央饭店。由张振翼、沈学源创办。该台与《力行日报》挂钩，电台机器设备由张振翼提供，广告收入对半拆账。试播期间主要节目有《讲故事》、《评弹》、《滑稽》、《中西唱片》等。9 月 11 日被查封。

（十三）黎明广播电台

民国三十五年（1946 年）3 月，由张寿鹏、郑师勤筹办。呼号、频率均未确定。发射机于 5 月初自上海运至苏州，正准备播音，同年 9 月 11 日，被吴县电信局查封。

（十四）新中国广播电台

民国三十五年（1946 年）4 月初，由张辛成（张步增）申请筹办。4 月 13 日，交通部批准并发给广字第 2 号许可证。频率 1050 千赫，波长 286 米，功率 150 瓦。台址原拟设在苏州柳巷 2 号，后改为观前街 296 号中国饭店内及北显子巷 26 号。该台系抗战胜利后苏州经交通部批准成立的唯一一座民营电台。因领取许可证后，四个月没有建成并两次改迁台址等违章事项，9 月 21 日，被交通部吊销许可证，电台尚未播音即被查封。

二、无锡

（一）华美广播电台

民国二十一年（1932 年）下半年，由华美电料行创办，功率 15 瓦。台址在无锡汉昌路华美无线电料行内。该台每天播音1~2小时，主要是播放唱片。是无锡较早创办的商业性电台，开播不久即停播。

（二）振详广播电台

民国二十二年（1933年）上半年，由振详五金店创办，台址无锡汉昌路振详五金店内。次年5月前停播。

（三）时和广播电台

民国二十二年（1933年）上半年，由时和绸布庄创办。呼号XLCH，频率970千赫，功率75瓦。台址在无锡北大街时和绸布庄楼上，负责人胡棣华。节目有《无锡气象》、《佛学》、《滑稽》、《平剧》、《独角戏》、《弹词》、《文学与医学》等。该台是无锡成立较早影响较大的商业电台，顾客来店买布，可以上楼参观播音室，借以扩大营业。民国二十六年日军占领无锡，该台停播，机器设备被日军洗劫一空。

（四）世富广播电台

民国二十三年（1934年）8月，由富新电器公司与世泰盛绸布庄联合筹办，故又名“世泰盛、富新合组广播电台”。呼号XLIN，频率1390千赫，功率50瓦。台址在无锡大市桥世泰盛绸布庄顶楼，负责人王炳生。主要节目有《党义》、《国语》、《儿童故事》、《通俗常识》、《民族英雄故事》、《科学演讲》、《卫生常识》等。民国二十六年（1935年）10月，日机轰炸无锡，该台停播，后来毁于战火。

（五）兴业广播电台

民国二十三年（1934年）二季度，正式播音，呼号XLWU，频率1250千赫，功率50瓦。由日新绸布庄创办。电台取名兴业，含有振兴实业之义。台址在无锡北大街日新绸布庄二楼，负责人蒋瑾怀。主要节目有《演讲》、《故事》、《医药常识》、《沪市汇报及滑稽》、《话剧》、《弹词》、《平剧》、《歌曲》等。民国二十六年（1937年）10月，日机轰炸无锡，该台停播。11月，日本侵略军占领无锡，日新绸布庄停业，店内财物被日军抢劫一空，电台机器设备全被破坏。绸布庄员工在战火中逃离时，将一只菲利浦话筒携带出去，使这只话筒得以保存。民国三十八年（1949年）4月，无锡解放后，由日新绸布庄经理张凤鸣出面将这只话筒赠送给无锡人民广播电台。

（六）国泰广播电台

民国二十二年（1933年）6月18日，开始试播。次年10月28日，正式播音。呼号XLIF，频率1170千赫，功率50瓦，由国泰电器公司创办，负责人华重光、许毓生。台址无锡汉昌路6号。民国二十六年10月，无锡遭日机轰炸，国泰电器公司房屋被焚毁，该台同遭破坏。

抗战胜利后，民国三十五年下半年，该台恢复播音。呼号仍为XLIF，频率改为1050千赫，功率增为75瓦。台址在无锡光复路66号，负责人黄培俊。主要节目有《滑稽》、《弹词》、《粤曲》、《平剧》、《越剧》、《申曲》等。同年该台曾多次申请核发执照，交通部未予批准。民国三十八年（1949年）4月23日，无锡解放前夕，该台停播。

（七）吉士广播电台

民国三十五年（1946年）4月，开始播音，呼号XQTS，频率850千赫，功率50瓦。由无锡吉士照相馆创办，负责人张德馨。台址在无锡中山路277号。主要节目有《早晨音乐》、《佛学》、《朱子家训》、《锡报新闻》、《医学常识》、《法律讲座》、《家庭常识》、《妇女常识》、《儿童节目》、《英语教授》等。每天播音四次，共10小时。播音室设在照相馆内的亭子间里，四周用玻璃罩起来，故又称“玻璃电台”，供人参观，以此招来顾客，扩大营业。该台曾多次申请核发播音执照，交通部以无锡只准设立一座民营电台，并已批准锡音电台成立为由，未予批准。11月26日，无锡电信局限定该台与国泰、凯声三台共用1150千赫一个频率轮流播音，该台播音一直维持到民国三十八年4月23日无锡解放前夕。

（八）凯声广播电台

民国三十五年（1946年）12月，开始播音，频率1130千赫，功率100瓦。台址在无锡北大街23号。由无锡九纶绸布庄创办，负责人陈企峰。播音室设在绸布庄二楼。有专职技术及播音人员各1人，另有兼职人员2人。每天播音两次，共11小时。主要节目有《新闻》、《家庭及文艺讲座》等。文娱节目有《弹词》、《滑稽》、《平剧》等。该台曾多次向交通部申请领取热照未获批准。民国三十八年（1949年）4月23日无锡解放前夕，该台停播。

（九）锡音广播电台

民国三十五年（1946年）5月正式播音，呼号XLAV，频率970千赫，功率100瓦，台址在无锡北大街懋纶绸布庄三楼，发射机设在周山浜三支路8号。由方天炜创办。这是抗战胜利后无锡唯一一座经交通部批准成立的民营电台。民国三十五年（1946年）4月，交通部发给民营广字第1号建台许可证。同年12月10日，交通部发给民字第6号播音执照。该台开始时，由方天炜与良友无线电机社谈昌炜联合经营，由谈昌炜提供机器设备。次年5月，因经济纠纷，谈昌炜将发射机收回，电台停播。后来方天炜自己购置发射机，并将功率增为200瓦。该台由方天炜任台长，另有技术、会计、业务员各1人，播音员3人。主要节目有《锡报新闻》、《社会服务》、《教育节目》等。文艺节目有《平剧》、《歌曲》、《弹词》、《杂曲》、《故事》等。每天播音14小时。该台一直播音到无锡解放前夕。

三、常州

（一）大润广播电台

民国二十二年（1933年），由常州大润电料行和金融钱庄合办。呼号XGDZ，频率1174千赫，功率10瓦。台址在常州南大街大润电料行内。每天上午9时至10时、下午1时至2时、晚6时至7时播音三次，全天播音3小时。节目内容主要是播送戏曲和音乐唱片，插播本地及外埠商情牌价。该台于民国二十四年（1935年）停播。

（二）马氏广播电台

据《武进县志》载：民国二十三年（1934年）前后有“私人办的马氏广播电台（地址县城新丰街），规模小，节目少，播音时间短”。

四、江阴

沙允仁广播电台

民国二十三年（1934年）8月，由江阴澄江镇南街无线电爱好者沙允仁试办。电台呼号XGSA，频率1335千赫，功率5瓦。节目有《音乐》、《戏曲》、《报纸新闻》等。该台播音两年，民国二十五年停播。

五、高邮

杨氏广播无线电台

民国二十五年（1936年），由高邮县杨谨之创办，呼号XKYY，频率1150千赫，功率15瓦。台址高邮县城北门十灰阁（现高邮县城北小学内）。每晚6时开始播音。节目有《本县新闻》、《儿童节目》、《无线电问答》、《本埠商情》、《特别节目》等。民国二十八年日军占领高邮，该台停播。

六、南京

（一）益世广播电台

民国三十五年（1946年）5月8日正式播音，呼号XPBK，频率940千赫，功率200瓦，台址南京铁管巷78号。该台经交通部批准，发给民字第1号播音执照。由天主教南京教区总主教于斌任董事长，天主教神父、重庆

《益世报》记者陆复初任副台长。播出节目有着浓厚的宗教色彩。每天早晚开始播音和结束时，都有晨祷、晚祷，并播送益世歌。《益世福音》是该台的常设节目，内容有圣经宣读、教义讲座、圣贤述传、教友修养、主日讲道、圣乐等。除宗教节目外，还设有《精神讲话》、《哲学讲话》、《科学丛谈》、《家庭讲话》、《地方新闻》、《交通消息》、《国内外论坛介绍》、《国外名人故事》、《金融市场》等。文娱节目有西洋音乐、歌曲、平剧、单人话剧、导游、轻音乐、越剧、杂曲等。全天播音12小时，办有各类节目40多个。1948年秋，该台扩充电力，新装500瓦发射机，民国三十八年初投入使用。3月，南京即将解放，该台匆匆南迁，后辗转迁到了台湾。

（二）建业广播电台

民国三十五年（1946年）春，由瑞记无线电行老板吴瑞鸿筹建。同年10月，交通部核准并发给播音执照。同年冬，该台开始正式播音。呼号XLAX，频率1170千赫，功率200瓦。台址在南京中正路527号（现建康路）。吴瑞鸿任台长。有员工9人，其中：王薇、郑西章担任播音，吴政、金城负责机务，徐家华负责总务，马明仁负责广告。民国三十七年3月，该台与南京工商会挂钩，成立建业广播电台股份有限公司，由南京市工商会会长穆华轩任董事长，《东方通讯社》社长、《交通服务社》社长朱光正任总经理。自此，该台成为南京市工商会的特约广播电台。每天播音13小时，主要节目有《新闻》、《社会服务》、《妇女讲座》、《儿童节目》、《商情报告》、《民教广播》等。文娱节目有平剧、粤剧、滑稽、相声、单人话剧、口琴等。次年4月23日南京解放，该台停播。

（三）青年广播电台

民国三十五年（1946年）春，由兰绪人、卢崇烈筹建。同年年底正式开始播音。呼号XLAZ，频率1090千赫，功率100瓦。台址南京延龄巷79号。主要节目有《新闻》、《早晨的话》、《自由谈》、《儿童节目》、《教育讲话》、《医药小品》等。民国三十七年下半年，每天播音14小时，文字节目只有两次新闻，约20分钟，其余全部为文娱节目，其中滑稽节目7个多小时，其他有平剧、歌唱等。民国三十八年（1949年）4月23日，该台停播。

（四）金陵广播电台

民国三十五年（1946年）底开始播音，呼号XLAW，频率1030千赫，功率200瓦，台址南京建康路318号。负责人陆振华。节目有《新闻》、《医药讲座》、《电化教育》、《广播服务》等。民国三十七年（1948年）8月起，星期日延长播音时间，播出一周大事及宗教节目。次年4月23日，南京解放前夕停播。

（五）首都广播电台

民国三十六年（1947年）1月1日正式播音。呼号XLAY，频率850千赫，功率100瓦。台址南京延龄巷40号。由朱品三、郑达善、杨子韶创办。民国三十五年10月，交通部核准并发给民字第4号播音执照。次年9月，首都、建业、金陵、青年等五座民营电台向南京市社会局申请成立南京市民营电台同业工会，由该台朱品三任筹备委员会主任，吴政（建业台）、陆振华（金陵台）为筹委会委员。民国三十八年4月23日，该台停播。南京解放后，该台与金陵、建业三台曾申请恢复播音，南京市军管会未予批准。

七、南通

（一）正声广播电台

民国三十六年（1947年）初，团国兴、罗恺荣等几位无线电爱好者合股开办南通正声无线电器股份有限公司，经营无线电器材及收音机修理业务。同年3月，经理余仪孔等筹集资金，购买一台旧的100瓦广播发射机，筹建商业性广播电台。呼号XQNT，频率1100千赫，波长272.7米。台址南通水仓巷1号。试播后，因没有领到播音执照，未能正式开播。次年年初，该台被国民党第一绥靖区司令部征用，建立第一绥靖区司令部南通正声广播电台。

（二）大声广播电台

民国三十七年（1948年）3月，大声电料行经理团国兴等，自装50瓦广播发射机，筹建大声广播电台。台址在南通城内西大街90号大声电料行内。同年8月开始试播。后因形势动荡、经济萧条，电台广告收入难以维持，试播不久即停播，机器设备搁置未用。

次年2月2日，南通解放。解放后，南通市军管会派出以孙大翔为首的接管小组，接收了国民党第一绥靖区司令部南通正声电台及大声电台。对大声台的机器作价予以收购。接收后，利用这两台的发射机，筹建南通新华广播电台，3月20日正式播音。

八、常熟

久福广播电台

民国三十六年（1947年）初，常熟胜利无线电行的陆宇飞、陆天如与常熟电厂的俞仲久、时永福合作筹建电台。发射机及其他所有设备由陆宇飞兄弟负责提供，俞仲久、时永福各出一石大米，用来安装天线。台名取俞、时两人名字的最后一字，定名为久福广播电台。由国民党常熟县党部书记赵明炯出面，向交通部申请执照。该台于同年4月进行试播。同年10月18日，交通部核准，发给广字第6号许可证。12月23日，发给民字第20号执照后，开始正式播音。频率1010千赫，功率200瓦，木杆天线高20米。台址在常熟老县场道南街9号常熟电厂内。因当时电力供应不足，不能全天播音，每天下午4时至11时播音一次，主要节目有新闻、评弹、京剧等。次年年底，胜利无线电行迁至上海，陆宇飞等离开常熟，对该台业务不再过问。后因形势动荡，经济拮据，民国三十八年春，该台停播。

九、昆山

昆山县广播电台

民国三十六年（1947年）下半年，由昆山县商会筹办，经费是来自商会没收走私香烟的罚款一百石大米。同年12月18日，开始试播。次年2月1日正式播音。频率1350千赫，波长222.2米，功率100瓦。台址在昆山县玉山镇中山堂东厢房。开始时用昆山县广播电台的名称播音，后来因未向交通部申报，怕交通部发现，半年后播音时就不再播报台名。民国三十八年（1949年）1月20日，该台成立管理委员会，由朱敬之（县参议会议长）任主任委员，沈霞飞（昆山县长）、张仰之（县商会理事长）等14人为委员，负责电台的人员聘任、经费筹措及事务管理。该台共有人员5人，卫树嘉（县银行副理事长）任主任。5月，昆山县解放前夕停播。解放后，中共昆山县委宣传部接收了该台的机器设备。后交由苏州新华广播电台使用。

附：

汪伪、日军、美军等广播电台

一、汪伪中央广播电台

民国二十六年（1937年）12月13日，日本侵略军攻占南京。

次年9月10日，日军建立“南京放送局”（即南京广播电台），呼号XKJC，频率660千赫。台址廖家巷2号（今南京市第十五中学所在地）。

12月29日，汪精卫发表“艳电”，叛国投敌。民国二十九年（1940年）3月30日，在日本侵略者的策划下，汪精卫在南京成立伪“国民政府”。

民国三十年（1941年）2月22日，伪中国广播事业建设协会成立。协会设立理事会。理事会的理事及监事，由汪伪及日军双方人士共同担任，伪广播事业建设协会隶属伪中央宣传部。该协会的主要任务为，办理各种广播事业建设，统合经营广播无线电台，筹募、保管及支配广播事业建设款项，培训及介绍广播无线电台专门人才。

民国三十年（1941 年）3 月 26 日，伪中国广播协会常务理事韦乃纶等，到廖家巷 2 号“接收”日军南京广播电台，上演了日军把南京广播电台“交还”伪中国广播协会的骗剧。“接收”后，为了混淆视听，蒙蔽舆论，把原来的南京广播电台改名为“中央广播电台”播音，呼号由 XOJC 改为 XGOA，频率仍为 660 千赫，波长 454. 5 米，功率 3 千瓦。

汪伪中央广播电台的播音名称、呼号、频率，与迁往重庆的国民党中央广播电台完全一样。4 月，国民党中央广播事业指导委员会为此发出代电，揭露汪伪“冀图鱼目混珠，淆乱听闻”，要“全国听众勿为所弄”。

伪中央广播电台由伪中国广播事业建设协会理事王荫康任台长（民国三十四年 8 月日本投降前由黄燧接任台长）。日军报道部小森为电台顾问。电台第一广播科负责华语广播节目；第二广播科负责对日军及居留南京的日本人的广播节目。伪中央台从台长到台内各个科室，都被日军报道部严格控制。除小森为电台顾问，总揽全台一切技术大权外，各个科室也都派有日本人进行监视和控制。第二广播科则全部为日本人。

汪伪中央广播电台，除使用原国民党中央广播电台留在江东门的发射台及一切机器设备外，还利用廖家巷 2 号日军南京广播电台的机器设备，增设一个小型发射台。伪中国广播协会成立后，将祠堂巷 25 号原国民政府财政部关务署原址作为协会的办公室及伪中央电台的播音室。江东门发射台 20 千瓦中波发射机实际输出功率只有 3 千瓦。廖家巷发射台中波发射机 500 瓦实际输出功率也大为不足。

第一广播科的华语节目，由祠堂巷 25 号播音室播出后，经地下电缆送往江东门发射台。第二广播科的日语广播节目，由廖家巷 2 号发射台小功率发射机发射。

伪中央广播电台每天播音三次，播音约 12 小时。设有《政府公报》、《报告新闻》、《时事讲述》、《一周时局报告》、《经济新闻》、《日语讲座》、《演讲》、《儿童节目》、《特别儿童节目》、《国文教授》、《家庭讲座》等；文艺节目有《故事》、《歌唱》以及各种戏剧等。民国三十年（1941 年）12 月 8 日，太平洋战争爆发后，为了配合日本的侵略战争，伪中央广播电台增加了《日语新闻》（直接转播日本东京广播电台的广播节目）、《大东亚问题》、《军事解说》等节目。此外，该台还办过《早晨讲座》、《趣味谈话》、《体操》、《党义讲座》、《防空讲座》、《生活讲座》、《卫生讲座》、《青年节目》等。伪中央台实际上成为配合日本的军事和政治攻势，宣扬“东亚圣战”，鼓吹所谓“建立东亚新秩序”，粉饰日本军国主义血腥统治的重要宣传工具。

民国三十四年 8 月 15 日，日本宣布无条件投降，汪伪政权垮台，伪中央广播电台随后被国民党中央广播事业管理处所派人员接收。

同年 9 月 30 日，接收完毕，点交各物与所呈清册大致相符。唯档案文卷全部散失，后经查悉，所有文卷在接收人员未到达前已被焚毁。

接收后，经日夜赶修，于同年 10 月 1 日起改用“南京广播电台”的名称播音，呼号改为 XGOB，频率仍为 600 千赫。

二、伪苏州广播电台

民国二十七年（1938 年）5 月 23 日，汪伪“江苏省政府”在苏州成立。民国三十一年（1942 年）2 月，日军与伪江苏省政府在苏州建立“苏州广播电台”。

伪苏州广播电台是在民营苏州广播无线电台的基础上建立的。

民国二十七年（1938 年）11 月，上海航业电台老板、伪大上海广播电台台长陈正章在苏州筹建苏州广播无线电台。次年 5 月 1 日正式开播。民国三十年 2 月，陈正章将苏州广播无线电台以 2 万元的售价转让给当时刚刚成立的伪中国广播事业建设协会，由日军和汪伪江苏省政府联合经办，并改名为苏州广播电台。

伪苏州广播电台，呼号先后为 XOJH 和 HCOJ，频率 1330 千赫，功率 75 瓦，后扩大为 200 瓦。

伪苏州广播电台，由日军和汪伪双方共同担任台长。电台人员始终保持在 20 人左右。民国三十一年增设收听课（地址在玄妙观中山堂），办理居民的收音机登记、收费事项。

该台以所谓宣传和平反共建国国策，协助“清乡”为宗旨。宣传内容和播出节目，全部由日军严密控制，连当台长的汪伪人员也不能多加过问。

民国三十四年 8 月 15 日，日本宣布无条件投降，日军撤离苏州。同年 9 月，国民党江苏省政府和中央广播事业管理处争相来苏州接收伪苏州广播电台。9 月 21 日，江苏省政府抢先接收。10 月 17 日，将所接收的电台全部机器设备和物资运往镇江，筹建江苏省广播电台。

三、日军南京放送局

民国二十六年（1937年）12月13日，日军攻占南京。

次年3月，日军报道部在南京安装三个收音站，后逐渐增加到十五个。

9月10日，日军建立"南京放送局"（即广播电台），台址廖家巷2号（现南京市第十五中学所在地）。呼号XOJC，频率660千赫，功率500瓦。

南京放送局由日军报道部主持，台长及放送科、技术科科长全部由日本人担任。每天播音两次，播音8小时。设有《新闻》、《日语讲座》、《军人通信》、《经济通讯》、《皇军将兵之间》等节目。宣传内容主要是鼓吹"中日亲善"，建立"东亚新秩序"，污蔑中国共产党及抗日军民，攻击国共合作，向重庆国民党诱降。

12月29日，汪精卫叛国投敌。日军南京放送局对其大加吹捧。

民国二十九年（1940年）3月30日，在日军策划下，汪精卫粉墨登场，并演出"还都"南京的丑剧。汪伪国民政府"还都"南京的情况以及汪精卫和日本首相米内的交换演讲，不但由日军南京放送局广播，而且由日本东京电台转播全世界。

次年2月22日，伪中国广播事业建设协会成立。当天，汪伪国民政府宣传部与日本大使馆发表共同声明："根据中日基本条约之原则，创立中国广播事业建设协会，接办事变后日军在华经营之各地广播电台。"

同年3月26日，日军将南京放送局"交还"汪伪中国广播事业建设协会，并将其改名为中央广播电台。呼号改为XGOA，频率660千赫。台名和频率，与重庆国民党中央广播电台相同，用以混淆视听。

四、日军徐州放送局

民国二十七年（1938年）5月，日本侵略军占领徐州。日军占领徐州后，成立徐州放送局（即电台），频率1003千赫，发射功率15瓦。

徐州放送局归由日伪华北广播协会管辖，由日本人和田景治任第一任台长，后由日本人粟源原一郎、野村等人继任台长。台址徐州户部山上三义庙，12月发射功率由15瓦增为30瓦，频率改为1300千赫，呼号XGOI。

该台每天播音18小时至21小时，一半时间是转播日本东京广播电台的日语节目，一半时间转播伪北平电台和南京汪伪中央台的汉语节目。

民国三十四年8月初，该台转属伪华中行政区中国广播协会，发射功率扩大为50瓦，频率改为1010千赫。此时，伪中国广播建设协会派日本工程师山口到徐州进行电台扩建工作，拟将汉语广播发射机扩大为500瓦，日语广播发射机扩大为100瓦，但机器尚未运到，8月15日日本即宣布无条件投降，电台扩建计划未能实现。

10月9日，该台为国民党中央广播事业管理处所接收。

五、苏州广播无线电台

民国二十八年（1939年）4月27日试播，5月1日正式播音。呼号XO-JH，频率1330千赫，波长226米，功率75瓦。台址苏州北局国货公司楼上（现人民商场）。由伪大上海广播电台台长陈正章在苏州创办，由其弟陈焕章具体负责。

该台设置有《家庭修养》、《演讲与滑稽》、《戏曲》、《评弹》、《歌曲》等节目，并每天转播汪伪中央广播电台新闻节目。每晚7点30分，还办有一档日军与居留民节目用日语广播。该台的节目受日军严格控制，节目每三天一排，油印后提前三天送交日军放送班审查后，方能播出。

民国三十一年（1942年）2月，陈正章以2万元的售价，将电台转让给伪中国广播事业建设协会，由日军和汪伪江苏省政府经办，改名为苏州广播电台，成为日军进行奴化教育的工具。

六、美军广播电台

民国三十五年（1946年）由重庆迁来南京，电台呼号XMAG，频率1450千赫、4275千赫，功率250瓦、500瓦，台址南京黄埔路。每天播音三次：6：30~7：30、12：00~16：16：30~23：45，星期日9：00~23：00。全部英语播音，主要对象为驻华美军。

第二章　有线广播、有线电视

第一节　城乡广播收音网

创建与结束

江苏境内的广播收音工作，最先出现于解放较早的苏北地区。民国三十六年（1947年），淮阴县委宣传部从缴获国民党的无线电器材中选择零部件，组装了一台直流收音机，收听延安陕北新华广播电台的广播。1949 年泰州、灌云、东台等地，均出现收音点，设在党委宣传部门，负责收听、抄录新华广播电台新闻。

第三章　广播、新闻类节目

江苏境内广播新闻类节目随民国十七年（1928 年）8 月 1 日中国国民党中央执行委员会广播无线电台（简称“中央广播电台”）成立而出现。此后，江苏各级政府、军队、社团、民营、私人以及汪伪政权和日、美军等设置的各类广播电台大部分设新闻类节目。

中华民国建都南京期间，中央广播电台作为国民党中央“喉舌”，负政府宣传使命，将政治性甚强的新闻类节目置重要位置。尤其时局紧迫之际，撤销许多节目，而新闻类节目不仅保留，其地位更显重要。其他各类广播电台大多转播该台此类节目。民国三十七年（1948 年）11 月，国民党中央广播事业管理处致函交通部称，中央台所播新闻至为重要，要求转知全国各民营电台一律转播该台新闻节目。民国时期各类广播电台新闻类节目，在一定程度上起到国民党舆论工具作用，最终随旧时代告终而消亡，代之而起的是蓬勃发展的人民的新闻广播。

中华人民共和国成立前后，陆续成立的江苏省、地、市、县级广播电台均设新闻类节目，并为各台节目主体，主要配合不同时期党政中心工作宣传。

第一节　广播新闻类节目

一、中央广播电台

民国十七年（1928 年）8 月 1 日，中国国民党中央执行委员会广播无线电台（简称“中央广播电台”）在南京成立。节目分“寻常节目”、“特别节目”两大类，政治性节目占优势。其中《新闻》与《重要新闻》播出时间约为全台节目三分之一。内容有国内要闻、国际要闻、军事消息等。有收音网后，增设“慢报新闻”、“记录新闻”，播音语调缓慢并重复讲解，供各地收音员抄收，转送当地党部出油印小报，或在报纸上发表。当时邮传不便，收音工具稀少，这类节目起到为官方传递消息、贯彻政令的作用。

中央广播电台担负国民党中央重大活动现场扩音工作。对国家大典、中央盛会、各种纪念活动等基本转播。有的扩音内容作为新闻类特别节目播出。“特别节目”中设《中央纪念周》，每周一在中央大礼堂现场发音、转播。“特别节目”的首次播出为该台成立之日的开播仪式。

中央广播电台建立初期，宣传基调是“国家统一，民主建国”。随着对苏区“围剿”开始，反共宣传成为突出内容。新军阀混战之际，蒋介石集团攻讦异己势力，一时又居宣传重要位置。一些有识之士，左派人物也曾利用该台作过宣传。

民国二十年“九一八”事变，9 月 19 日，中央广播电台播出事变消息；20 日，播发《中国国民党中央执行委员会为日军侵华对各级党部的训令》；22 日，播发《中国国民党中央执行委员会告全国同胞书》。对这一突发事件，该台新闻节目反映迅速。对民国二十一年“一·二八”事变、第一次淞沪抗战等重大事件，该台均曾突出予以报道。因抗日战争形势需要，新闻节目主要报道抗日时局和前方战况，增播关于日军侵华特种报告，增设日语广播，着重向日军和日本公众说明战争真相和中国政府态度。不久，这种抗日救亡宣传势头发生变化。在日本方面“取缔排日”强大压力下，只提“救亡”，不言“抗日”，竟将“剿共”内容纳入“救亡”宣传范畴。

民国二十一年 11 月 12 日，中央广播电台 75 千瓦强功率发射台正式开播，新闻节目影响增大。民国二十三年，增设《简明新闻》、《商业新闻》、《科学新闻》、《英语报告新闻》、《一周大事简报》。

民国二十五年，中央广播电台宣传抗日往往含糊其辞，反共宣传则大张旗鼓。“捧蒋”宣传长期为该台宣传一大特点和重要内容，尤其该年较为集中。10 月 29 日、31 日，安排有为蒋介石祝寿的“特别节目”。

同年 12 月 12 日“西安事变”。当晚，中央广播电台迅速报道。当时，这条爆炸性新闻报纸尚未及发表，顿时传遍四面八方，震惊中外。25 日，以先在话筒前燃放 3 分钟爆竹的形式，播发了蒋介石“脱险”抵达洛阳的消息。“西安事变”后，抗日民族统一战线逐步形成，救亡图存呼声响彻全国，该台才逐步把宣传重点转到抗日方面来。

民国二十六年卢沟桥“七七事变”后，中央广播电台逐步实行战时宣传体制。除新闻、抗日演讲外，其他专题节目停办，增加午夜播音，专播战讯。8月14日（即日军再次挑起淞沪战争第二天），播发国民党政府《自卫抗战声明书》。11月20日，该台在上海失守南京告急之时，奉命播出国民政府发表移驻重庆宣言重大新闻。23日夜，除新闻已无其他可播。《记录新闻》报告太湖沿岸、沪杭一线敌我交战情况。午夜，播音员作“告别广播”，大意为鉴于时局发展，奉中央之命，本台即日起停止播音而西迁……至此，中央广播电台撤离南京，迁往重庆。

民国三十五年（1946年）5月5日，中央广播电台由重庆迁回南京，恢复播音。当日，向全国现场转播国民政府举行的“庆祝国民政府还都及广州革命政府成立纪念典礼”。当晚播出蒋介石在该台所作广播讲话。此后，每天20：00～20：30广播新闻、时评，全国电台同时播送。至民国三十六年，该台新闻类节目设《新闻》、《新闻摘要》、《简明新闻》、《记录新闻》、《英语新闻》、《国府政令》、《时评》、《演讲》等。

中央广播电台新闻一直采用外稿，主要来源为国民党中央通讯社、《中央日报》等报纸及军政部门提供的消息。民国三十五年至三十八年南京解放之前，增加美国新闻处、中央宣传部、行政院新闻局及军事当局等消息渠道。

民国三十八年1月起，中央广播电台执行新节目表，缩短播音时间，文字节目仅保留《新闻》、《时事评论》，处于维持状态。因无编辑任事，新闻由播音员从中央社新闻稿中自行选用。中央社停止发稿后采用上海报纸消息，新闻成旧闻，甚至以讹传讹；时评剪贴报纸社论。

同年4月23日南京解放，中央广播电台停止播音。24日，该台留守人员与北平新华广播电台取得联系，改以“南京广播电台”呼号转播北平新华广播电台节目，播送日刊《解放新闻》内容及中国人民解放军各项文告。5月6日，中国人民解放军南京特别市军事管制委员会文教委员会派员正式进驻并接管中央广播电台。

二、江苏省广播电台

民国二十四年（1935年）7月1日，江苏省政府在省会镇江设立江苏省广播无线电台（也称“江苏省广播电台”）。每天从8：00～21：30间歇播音7个半小时。设《新闻》，每周一至周六12：00～12：45与《歌曲》穿插播出；《本省新闻》，每天21：00～21：27播音。

三、地、市、县级人民广播电台

各地、市、县级广播电台均设新闻类节目。徐州、南通、苏州、南京、无锡等台创办新闻类节目较早。

民国三十八年（1949 年）2 月 1 日，江苏省第一座人民广播电台——徐州新华广播电台播音，5 月正式自办节目，内设《徐州新闻》。其后于 3 月、5 月相继成立的南通、苏州新华广播电台均设新闻节目。5 月 18 日，南京人民广播电台成立，办有新闻节目，后增设早新闻，摘播《新华日报》消息、新华社电讯、北平新华广播电台《记录新闻》等，并转播华东人民广播电台新闻节目。翌年，设三次本市新闻及一周大事、“评论通讯及其他”节目。9 月 1 日，无锡人民广播电台成立设《新闻》、《简明新闻》，播送当地新闻及国内、国际重要消息，作为苏南行政区区台设《苏南新闻》。

第四章　广播、电视社教类节目

江苏境内广播社教类节目最早见于民国十七年（1928 年）9 月中国国民党中央执行委员会广播无线电台（简称“中央广播电台”）所订播音时间表，有《通告通令》、《宣传大纲》、《报告决议案》、《名人演讲》、《科学演讲》。当时该台政治宣传为主体，演讲节目较多，逐渐形成系列化、系统化。除演讲节目，也有知识类及对象性节目。民国三十五年该台从重庆迁回南京后，坚持反共宣传的宗旨渗透到节目中，播出大量为发动内战制造舆论的内容。民国三十八年（1949 年）1 月起社教类节目消失。

民国时期，江苏各级政府、军队、社团、民营、私人以及汪伪政权和日、美军等设置的各类广播电台，一般均设社教类节目。江苏省广播电台设置节目较多，内容亦广。

第一节　广播社教类节目

一、中央广播电台

据民国十七年（1928 年）9 月中国国民党中央执行委员会广播无线电台（简称“中央广播电台”）所订播音时间表记载，建台之日就设有社教类节目。在“寻常节目”中，除星期三外，每天 10：00 ~ 10：30 是《通告通令》、14：00 ~ 14：45 是《宣传大纲》、17：00 ~ 17：45 是《报告决议案》；在“特别节目”中，每星期二 15：00 ~ 16：00 是《名人演讲》、星期五

15：00～16：00是《科学演讲》。其中，《通告通令》来自国民党中央党部和国民政府；《宣传大纲》由国民党中央宣传部交办；《报告决议案》播报国民党中央常务委员会、中央政治会议、国务会议、立法院会议、行政院会议等各项决议案件；《名人演讲》、《科学演讲》邀请国民党中央、国民政府各委员、各大学教授担任。第一位出席名人演讲者是国民党中央委员刘纪文，讲题为《总理和南京》；第一位出席科学演讲者是恽震教授，讲题为《电与人生之关系》。建台初期还设有“施政报告”、“宣传报告”、“特种演讲”、“政治演说”、“总理遗教”、“评论”、“纪念典礼”。国民政府及部院举行的总理纪念周、政治报告、政府各部演讲等，也时时通过该台传达、解释。

民国二十年（1931年）“九一八”事变后，演讲节目不少是宣传民族大义，痛斥日寇侵略罪行的。许多节目逐步向民众进行军事教育，普及军事常识。但不久宣传势头有变化，经常插播所谓先“安内”后“攘外”的“警策语”。

民国二十一年（1932年）11月12日，中央广播电台75千瓦强功率发射台正式开播，继续办国民党要人“名人演讲”；每星期一次政治报告，由国民政府各部轮流担任。

民国二十三年（1934年）调整、增设节目，增加播音时间。据当年9月所订节目时间表记载，栏目主要有《中央纪念周》、《总理遗教》、《政治报告》、《杂谈》、《教育节目》、《儿童节目》、《名人演讲》、《科学演讲》、《公民常识》、《家庭常识》、《卫生常识》、《科学常识》、《法律常识》、《军事常识》、《农林常识》、《电学常识》、《无线电常识》、《无线电常识问答》、《广州语、厦门语报告》、《侨务委员会报告》、《电码练习》等。

自“九一八”以来，许多有识之士包括部分国民党高层人士，时常在中央广播电台发表救亡图存演说。民国二十五年3月至12月，冯玉祥将军在该台作过四次广播讲话，疾呼团结抗日、共赴国难、停止摩擦、一致对外。蒋介石、汪精卫、陈公博等发表的广播讲话，则积极反共、消极抗日。长期以来，孙中山先生是中国国民党一面旗帜，该台每天播放《总理纪念歌》、《总理遗教》，频频转播纪念活动，反复阐扬“三民主义”思想。而自民国二十四年始，吹捧蒋介石的内容连篇累牍。蒋介石历年讲话、文章被编成《讲读蒋委员长文稿》系列节目，并摘其言辞辑为所谓“警策语”在节目中随时插播。蒋介石文稿《五十生日感言——报国与思亲》被翻成白话，用国语、粤方言、英语反复播送，并于《国文讲座》中逐段讲授。各节目均从不同角度对蒋介石加以吹捧。

民国二十五年，该台仍坚持反共宣传。“西安事变”发生后，12 月 17 日仍播送了留南京重要人物孔祥熙发表的“迅速削平叛乱”广播演说。民国二十六年“七七事变”后，除新闻、抗日演讲外，其他专题节目停办，宣传基调也发生变化。部分国民党要人顺应形势发表抗敌演讲。

30 年代，中央广播电台的《儿童节目》，内容大体健康，形式具有特色。它以谈天说地形式阐扬中华古老文化和辉煌历史，勉励孩子们奋发好学、自强不息。“九一八”事变后，将爱国主义教育注入节目之中。民国二十三年（1934 年）8 月 20 日播出题为《“九一八”的余痛》讲话。民国二十四年（1935 年）该节目采取了编播合一节目主持人形式，由三位播音员以孩子的角色，讲历史、地理，史地交叉，隔日一次。谈现代史时有爱国基调，但也有当时“拥蒋反共”内容。

民国二十六年冬，日军进逼南京。11 月 20 日，国民党中央党部、国民政府向中外宣告移驻重庆。该台奉国民党中央常务委员会委员陈立夫之命，于 23 日午夜起停止播音，迁往重庆。

民国三十五年（1946 年）5 月 5 日，该台由重庆迁回南京。当时，播出蒋介石讲话，内容是他当天在“首教各界庆祝国民政府还都大会”上的“训辞”，该台向全国转播。恢复播音后调整节目，社教类节目设有《早晨的话》、《国府政令》、《演讲》、《自由谈》、《家庭节目》等。为配合蒋介石集团发动内战的政治需要，节目中播出大量为发动内战制造舆论的内容。民国三十六年（1947 年）7 月 6 日“七七”抗战 10 周年纪念日前夕，蒋介石发表广播讲话，发布“戡乱建国”总动员令。此后一个多月内，国民党上层人物相继发表同一题旨的广播讲话。民国三十七年国民党统治区经济崩溃，民不聊生。8 月起，该台围绕国民政府“币制改革”进行一系列宣传，主要是演讲、座谈。民国三十八年（1949 年）1 月起，该台处于维持状态，社教类节目取消。

二、江苏省广播电台

民国二十四年（1935 年）7 月 1 日在镇江正式播音的江苏省广播无线电台（亦称“江苏省广播电台”），以“施政、教育、常识、新闻”为节目设置方针，设《施政报告》、《政令》、《党政联合纪念周》、《党务报告》、《总理遗教》、《青年教育》、《妇女教育》、《儿童教育》、《国学概论》、《国语练习》、《名人学术演讲》、《江苏名贤传》、《小学教师进修》、《嘉言》、《保甲宣传》、《导淮宣传》、《禁烟报告》、《医药卫生》、《暑期补习》及《农人常识》、《工人常识》、《商人常识》、《电信常识》、《警政常识》、《救灾常识》等社教类节目。

民国三十五年春，江苏广播电台在苏州重新建成开播，设有《国父遗教》、《领袖言论》、《青年修养》、《儿童园地》、《国际知识》等社教类节目。

三、地、市、县级人民广播电台

地、市、县级创办社教类节目最早的一批广播电台是徐州新华广播电台、苏州新华广播电台、南京人民广播电台、无锡人民广播电台、南通人民广播电台、扬州人民广播电台。

1949 年 5 月，徐州新华广播电台正式自办节目，设《工人节目》、《青年节目》、《妇女节目》、《儿童节目》、《大众常识》等。采取“开门办广播”方针，请徐州市总工会、妇联、共青团等团体主办节目，轮回播出；邀请市领导、各部门负责人和先进工作者到电台广播或开座谈会。后陆续开办了《市政讲座节目》、《干部学习节目》、《市政工商节目》，紧密结合党、政中心工作，广泛宣传党的政策，推动实际工作开展。

1949 年 5 月 15 日，苏州新华广播电台设置《法令布告》，每天 15 分钟；后开办《综合报道》、《评论及其他》，播送社会评论、革命文献、方针政策，对维护社会秩序、安定人民生活起了积极作用。

1949 年 5 月 18 日起，南京人民广播电台设置《市政之声》、《儿童节目》、《青年节目》、《自然科学讲座》、《卫生讲座》、《工商节目》、《农村节目》、《职工节目》、《妇女节目》、《军人节目》、《听众服务》、《政令常识》、《邮电常识》、《无线电常识》等节目。

1949 年 9 月 1 日，无锡人民广播电台成立初期，设《职工节目》、《妇女节目》、《市政工商节目》等。

第五章　广播文艺类节目

江苏境内各类广播电台的文艺类节目，最早见于民国十七年（1928 年）

8月1日，即中央广播电台开播之日。当时，该台文艺节目设置较少，后随时间推移渐多，内容渐广。平时多为娱乐、欣赏的较舒缓的文艺，战时转为激昂的军乐及抗日救亡歌曲。民国二十四年出现广播剧萌芽“无线电戏剧”（又称“播音话剧”），后逐步发展为正规的广播剧，创作、技术上渐趋成熟，并出现一些主调昂奋、突出爱国救国主题的作品。该台经常播送吹捧蒋介石的歌曲、乐曲。反共内容的文艺节目主要反映在民国三十六年（1947年）7月7日蒋介石在该台发表“七七”广播讲话后，文艺广播逐步成为反共与为内战张目的工具。

第一节　广播文艺类节目

一、中央广播电台

从民国十七年（1928年）8月1日起，中国国民党中央执行委员会广播无线电台建台伊始，即设有文艺类节目。据该台同年9月所订播音时间表记载，在“寻常节目”中，除星期三之外，每天12：15～13：00、19：30～20：00播放“唱片”；在“特别节目”中，每周六19：15～20：30为《特别音乐》节目，每周日14：00～15：00播放“唱片”。该台建台初期，还设有平剧、军乐演奏等节目。音乐节目主要依赖唱片维持，后有演奏节目，因该台无演奏队伍，由党政机关乐队和社会上各种乐社担任。

民国二十年“九一八”事变及翌年“一·二八”事变（第一次淞沪抗战）后，中央广播电台一度停止平时“喜庆升平”的音乐节目，改为播放铿锵激越的军乐，以及群众性的抗日歌曲。

自民国二十一年（1932年）11月12日75千瓦强功率发射台启用，中央广播电台播音时间大增，除星期日外，每天6：30～22：30间歇播音11小时20分。其中，音乐节目占2小时30分。文艺类节目由此逐步向系列化、系统化发展。

民国二十三年（1934年）9月起，中央广播电台新制订节目时间表，设置文艺类节目有：《音乐》、《西乐》、《乐队奏乐》、《故事》、《弹词》、《大鼓》、《平剧》等。同年，中央广播电台传音科开展歌咏活动，组织演唱抗日救亡歌曲，这类歌曲是该台当时文艺类节目的重要组成部分。如10月30日，南京市崇淑小学学生在该台播唱一组抗日歌曲，有《上战场去》、《为国而死》、《战歌》等，赞美华夏之魂，呼吁与敌抗争，颂扬为国捐躯等。

民国二十四年中央广播电台成立音乐组，对“国乐”（即后来的“中国民族音乐”）大加阐扬，并出现“本台同仁演奏”的音乐节目，发起人为甘涛。音乐组初创时期，广播广东音乐、江南丝竹、华北吹管乐以及自己创作的小型器乐曲。

同年2月，中央广播电台播出专门讲授中国文学的《国学丛谈》专题节目。

同年春，中央广播电台传音科科长范本中与本科人员筹划将话剧改制搬上广播，出现“无线电戏剧”，又称“播音话剧”，后定名为“广播剧”。每周六播出一次，后在星期三加播一次。并规定星期三为短剧，约20～30分钟；星期六为较长剧目，约1小时；多幕剧则分幕分日连续播出。最初的播音话剧，舞台味很浓，加之当时配乐、配音技术处于初期阶段，所播剧目又是直播，故效果欠佳。其后，逐渐加进解说词，趋向广播剧模式。范本中曾组织传音科人员自己编写剧本。创作的第一个广播剧是《苦儿流浪记》，内容为东北沦陷后，有一少年于国破家亡之际，四处流浪，历尽艰难，适逢义勇军奔袭而来，哀军奋起，给入侵者以沉重打击。剧本发表后，社会反响强烈，也引起有关当局注意，以“有碍国交”、“不合时宜”为借口而被搁置。但群众的强烈情绪却鼓舞了传音科人员编写、演播广播剧的热情，一年内编演播出广播剧数十部，成为该台节目一个重要的组成部分。

抗日战争时期，中央广播电台的广播剧取材广泛。有奉劝世人戒嫖、戒赌、戒烟（戒毒）的《烟犯》、《赌徒》、《生存之路》等；宣传传统道德、家庭伦理关系的《父子》、《同命鸳鸯》、《一夕之争》、《患难夫妻》、《兄弟争产》、《冤家聚头》等；有鼓励儿童、青年发奋读书的《老大徒伤悲》、《后生可畏》等；还有以指导卫生、提倡互助、赈济灾民等为题材的作品。而最集中的主题是爱国、救国。其中很多题材取自历史，如《西施》、《卧薪尝胆》、《一去不还》（又名《易水别》）、《木兰从军》、《塞上别》、《风波亭》、《文天祥》；以及现代题材的《五卅泪》、《对垒》等。随着国难日益深重，广播剧社会影响愈加强烈，成为听众来信最多的节目。其中，根据陈大悲同名平剧改编的《西施》，借吴越春秋的故事大谈救国之道，使人们联想到当时岌岌可危的中华民族，全剧主调昂奋，于当年底播出后，获得好评。对于广播剧，当时的上层政要中也有支持的。如国民党第三届中央候补执行委员、主管宣传的张道藩写了广播剧《自娱》，不仅亲自指导排练，还亲饰剧中男主角，一时成为热闹话题。

中央广播电台以音响效果配音的第一个广播剧是《笙箫缘》，开音响效果配音之先河。

民国二十五年，吹捧蒋介石成为中央广播电台宣传主要内容，在音乐节目中也有体现。该台组织了一批“捧蒋”歌曲、乐曲，在广播中多次播放。

民国二十六年“七七事变”爆发，中央广播电台取消平剧、杂剧等，并以军乐、军歌及“警策语”代替一般歌曲和乐曲。当年8月13日淞沪战役后，该台广播节目里一片军歌嘹亮声。因抗日歌曲的创作一时接应不上，歌源贫乏，该台便终日播放聂耳创作的《义勇军进行曲》。其后，《大刀进行曲》、《救国军歌》、《热血》等一批名曲应运而生，救亡歌曲的播出日渐丰富。当年9月11日，平津流亡同学会宣传股歌咏队曾在中央广播电台演唱《松花江上》、《九一八小调》、《打回老家去》、《前进歌》、《救国军歌》等。

民国三十五年（1946年）5月5日，中央广播电台随国民政府由重庆迁回南京。当年至次年上半年，是广播剧多产时期。该台所播广播剧，有描写社会悲剧，反映底层人民生活和呼声的，也有描写缠绵悱恻恋爱悲剧的。

民国三十六年（1947年）1月起，中央广播电台设置文艺类节目有《国歌》、《国乐》、《军乐》、《西乐》、《歌咏》、《音乐会》、《口琴》、《平剧》、《戏剧》等。自从当年7月7日蒋介石在该台发表“七七”广播讲话后，该台的宣传包括广播剧急剧变化，纳入内战宣传轨道，几乎全部改为反共内容。一批诽谤中国共产党的剧目相继推出，如《正气》、《马家寨》、《七匹布》、《兄弟行》等。由于创作方法违背艺术原则，主题先行，捏造题材，使广播剧的艺术魅力不复存在。从此，该台广播剧舞台，失却当年蓬勃进取的势头，不久衰亡。其他文艺节目也逐步成为反共宣传的重要组成部分。国民党中央宣传部编制了大量反共文艺材料，送交该台广播。

民国三十八年（1949年）4月23日，南京解放。中央广播电台播音发生重大变化，全部播放唱片。随后被中国人民解放军南京特别市军事管制委员会所接管。

二、江苏省广播电台

民国二十四年（1935年）7月1日正式播音的江苏省广播无线电台（也称“江苏省广播电台”），节目设置较丰富，文艺类节目也较多。从建台始即设有《党歌》、《西乐》、《平剧》、《音乐》、《歌曲》、《特别节目》。其中，《特别节目》分平剧、话剧、歌韵、丝竹、昆曲、口琴、古琴等，每隔一星期的周日播出一次。

三、地、市、县级人民广播电台

地、市级人民广播电台普通文艺节目

民国三十八年（1949年）2月1日，江苏省第一座人民广播电台——徐州新华广播电台正式成立，9月，易名徐州人民广播电台。该台刚接管国民党徐州广播电台时，只有100多张旧京剧唱片和少量外国音乐唱片，开始曲播放外国音乐，后改为中国歌曲《咱们工人有力量》。建台初期，设有《唱片节目》、《教唱新歌曲》、《文艺节目》、《听众服务》、《京剧唱片》、《故事》等。为丰富群众文化生活，请学校音乐教师到该台教唱革命歌曲，经常邀请地方艺人到该台演播，曾请山东快书演员高元钧、琴书演员崔金兰、京韵大鼓演员小黑姑娘、河南坠子演员徐玉兰、柳琴戏演员赵玉金等，群众非常欢迎。还举行“曲艺广播竞赛大会”、“徐州市少年儿童庆祝电台成立儿童节目广播会”，举办“周末舞蹈音乐广播晚会”。

3月20日诞生的南通新华广播电台，7月8日易名南通人民广播电台。文艺类节目初占全天播音时间16%。

5月15日创办的苏州新华广播电台，9月1日易名为苏州人民广播电台。开办《教唱》、《国乐唱片》、《平剧唱片》、《西乐》等，占全天播音时间45%。初创阶段，节目来源困难，节目设置和播出时间变动频繁，内容重复较多。

5月18日，南京人民广播电台建立。建台之初即设文艺节目。6月，根据听众要求，设置《歌曲习唱》节目，由该台音乐组负责教唱，编辑部人员参加学唱，没有录音设备，从播音室直接播出。

9月1日成立的无锡人民广播电台，建台初期设有教唱歌曲、锡剧、弹词等节目。

第六章　广播服务类节目

服务类节目，在江苏境内最早出现的是国民党中央广播电台的广播服务类节目。民国时期江苏各级政府、军队、社团、民营、私人以及汪伪政权和日、美军等设置的各类广播电台，大多设有服务类节目。但此类节目所占比重较小；也有与文艺类节目混设在同一栏目的情况。

第一节 广播服务类节目

一、中央广播电台

据民国十七年（1928 年）9 月中国国民党中央执行委员会广播无线电台（简称“中央广播电台”）所订播音时间表记载，在“寻常节目”中，除星期三外，每天 19：00～19：15 设有《气象报告》，另在每天所播各类节目中皆间以“时间报告”。民国二十三年，该台在娱乐节目中穿插《商业广告》。9 月起设《早操》、《全国气象》、《南京气象》、《正午报时》、《沪市商情》、《京沪商情》、《长江水位》等。民国二十六年（1937 年）11 月 23 日该台停止播音迁往重庆。民国三十五年 5 月 5 日迁回南京后，于民国三十六年 1 月起设置《预告上午节目》、《健身操》、《预告中午节目》、《预告当晚节目》、《气象》、《广播服务》、《预告次日重要节目》等。

二、江苏省广播电台

民国二十四年（1935 年）7 月 1 日正式播音的江苏省广播无线电台（也称“江苏省广播电台”），每天 20：30～21：00《预告节目》。该节目与《西乐》设在同一栏目，先预报节目，后播放西乐。民国三十五年春重建开播的江苏广播电台开设的《商业行情》栏目。

三、地、市、县级人民广播电台

地、市、县级广播电台服务类节目最早出现于民国三十八年（1949 年）。当年徐州新华广播电台、南通新华广播电台、苏州新华广播电台、南京人民广播电台于建台伊始即开办此类节目。

广告节目

部分台（站）初创时即开办。民国三十八年（1949 年）2 月 1 日徐州新华广播电台建立后，不定期播出一些广告，后为固定节目。

第七章 广播节目制作

江苏广播电视节目制作，包括采访、通联、编导、播音等过程，也包括广播节目的录音、合成过程。采访方面，1949 年之前只有个别记者，没形成专职记者队伍。

通讯联络方面，国民党中央电台建台的民国十七年开始有了通联业务。编辑、导演方面，民国十七年（1928 年）国民党中央电台建台时比较简单，民国二十三年以后，借鉴欧美的广播套路，节目编排方式有较大的改进。播音、主持方面，民国十七年国民党中央电台建台时，只有 1 名男播音员，民国二十二年招聘了 3 名女播音员。录音、录像和合成方面，国民党中央电台民国十七年建台初，播音采取直播方式，没有录音，民国二十五年开始用蜡盘灌片的方法录音，民国三十一年发展为钢丝录音。

第一节　采访

广播采访工作在民国三十五年（1946 年）以前的国民党电台，没能形成独立的记者队伍。那时的广播节目主要依靠于报纸杂志，新闻节目则主要依靠通讯社。如国民党中央广播电台的新闻节目，消息主要来源是中央社，再就是选播报纸，主要是《中央日报》的报道以及军政部门提供的消息。民国三十五年至三十八年期间，增加了美国新闻处、中央宣传部、行政院新闻局等发布的消息。民国三十五年，国民党中央电台计划设立记者，搞“本台消息”，潘启元主动求任。此人抗日战争期间先后担任过军事委员会战地服务团团员，后勤部政训员，熟悉军旅生活，当时在中央电台搞播音和编辑工作，当过代理传音科长。他根据国民党中央宣传部的统一部署，搞起战地报道。国民党军队在山东重点进攻解放区时，他随军采访，胡宗南部队侵占延安后，他以中外记者参观团一员的身份赴延安、陕北采访。他采写的新闻报道往往与事实差距很大。如：他多次报道中国人民解放军二野司令员刘伯承的消息，这次说“被国军击毙”，不久又在节目中复活；下次报道“死于部属之手”，但此后仍在指挥千军万马。以致弄到后来，一些播音员拒绝播他写的稿子。

第二节　通讯联络

广播通联工作始于民国十七年（1928 年），国民党中央电台开播伊始。当时无专职广播记者，但设专人负责同听众、同社会各界联系。通联工作内容一是组织稿源，二是反馈听众信息。主要通联渠道为：（1）同国民党中央党部、国民政府、各院、部、南京市政府及其下属有关单位、各省政府联系，以保证重要消息、议案、公告等能及时在电台播出；（2）同大、中、小学保持联系，从中取得所需要的消息；（3）同社会名流来往，聘请来电台讲演，开办专题讲座；（4）同文艺团体和民间艺人来往，发现、选聘所需人才，如抗日战争时期聘请过音乐名家马思聪、金声律、吴乐懿、贺绿汀等；（5）同文艺团体和民间艺人来往，组织来电台演播节目；（6）同社会各界广泛接触、联系，取得新闻来源，了解社会需求。当时联系听众最密切、反响较大的应数《儿童节目》。这个节目因受听众喜爱，听众不但向电台写信，甚至要求电台在《广播周报》上刊登三位主持人的照片，以至于电台台长招架不住，只好用电台同仁小儿子的一张照片冒名顶替"吴喧谷"（吴祥祜装扮"小朋友"的播音名），刊登在民国二十五年（1936年）9月26日的《广播周报》上，搪塞听众的热切心情。刘俊英、吴祥祜、张洁莲三位节目主持人也常常根据听众来信反馈的信息调整《儿童节目》，适应听众的要求。又如：中央电台自编的第一部广播剧《苦儿流浪记》在《广播周报》上登出后迟迟没有播出，听众纷纷来催促；广播剧《西施》播出后，听众反响热烈，有一位叫沈天频的合肥小听众于民国二十五年（1936年）1月2日写信给电台说："此剧寓意之伟大，剧情之壮烈，不但深合我国目前局势，足使甘心为汉奸者为之警惕，且唤起一般沉醉的心灵，为之觉悟，爱国的观念，亦不禁油然而生了……"广播剧《英雄与美人》于民国二十四年播出后，听众纷纷写信谈感想。一位名叫吉尹寿的听众信中说："前尊处所播《英雄与美人》话剧，绮丽悲壮，振起消沉之民气不少……"

1949年江苏全境解放以后，广播通联工作更趋健全，并在省市县台（站）分别构成网络。

市、县级电台的通讯联络

市级电台的通联工作起始于各市电台开办之际，最早为徐州电台，时间1949年。徐州电台建立初期，主要在机关、团体、企事业单位发展通讯员。与工会、团市委、市妇联合作开办《工人节目》、《青年节目》、《儿童节目》。

第三节　编辑、导演

广播编辑、导演工作起始于国民党中央广播电台，时间为民国十七年（1928年）8月。国民党中央广播电台建台初期的广播节目比较简单。新闻主要采用中央通讯社和当时各大报社提供的稿件，播音语调缓慢，重复播讲，供各地收音员抄录；文艺主要是播放音乐、戏剧唱片，编辑工作处于萌芽状态。民国二十一年（1932 年）以后，国民党中央电台大量充实人员，并请一些学者、名流担任编辑，广播节目日趋丰富，自编节目增多。特别是民国二十三年以后，范本中担任传音科科长（相当于现今编辑部主任），此人毕业于上海交通大学机电系，曾游历加拿大和美国，熟知国外的广播节目。他借鉴欧美的广播套路全面革新了中央电台的节目编排方式，全台既有新闻节目、文艺节目，又有演讲节目、教育节目，并使节目向系统化、系列化、正规化方面发展。出现了广播剧、广播小品，还出现了专为中央电台演播音乐的乐队。民国二十四年《儿童节目》虚拟了三个小朋友，借谈天说地的形式灌输救亡图存等爱国主义思想。这三位“小朋友”实际上是由刘俊英、吴祥祜、张洁莲三位播音员扮演的。她们负责撰写、编辑稿件和播出，创出了采编播合一的类于今日主持人节目的形式。同年，由范本中授以广播剧（当时称“无线电戏剧”）要旨，发动传音科内编辑动手，写出了第一个广播剧本《苦儿流浪记》。同年春，广播剧出现之日，就是广播导演诞生之时。有的广播剧演播规模非常可观，如《西施》一剧，演员达 23 人，加上器乐伴奏，总计近 30 人。由于受制于当时的技术条件，每一剧都是直播，广播剧导演就像话剧导演一样。每一剧都是反复演练，导演现场指挥。当时尚无专业队伍，不论表演、音响、伴奏，均为传音科人员加上他们的子女义务进行。民国三十五年，中央电台开办了《家庭节目》每天一次，着重讲家庭知识、人际关系以及有关的社会问题，有长有短，人情味和戏剧性很浓，其形式实际上是广播小品。这类专题性节目的编辑加工任务较重。中央电台的《新闻节目》占节目总量的 1/3，编辑的内容随政治形势变化，抗日战争前后，“剿共”的内容占重要位置，抗日战争期间主要报道抗日战局和前方战况。《新闻节目》中的“名人演讲”栏目和每周一次的“政治报告”栏目，编辑组稿、约稿显得很重要。孙科、罗家伦、冯玉祥、蒋介石、宋美龄等都曾作过演讲。《教育节目》常与国民政治教育部合作，请专家、学者、社会名流主持，内容有自然科学、社会常识。中央电台的编辑计划由国民党中央宣传部统一部署，一般每月一次。重要稿件的审稿有时很严格，如广播剧《苦儿流浪记》就因为“有碍国交”，不予广播。

汪伪中央广播电台在民国三十年成立后，设立第一广播科、编审科，编播对中国人的广播节目，只有几人从事编辑工作。第二广播科，编播对日本人的广播节目，编辑全是日本人。第一广播科和编审科的编辑主要是汪伪中央宣传部委派的，配备有《报告新闻》、《时事讲述》、《经济新闻》、《口语讲座》、《儿童节目》、《大东亚问题》、《军事解说》等节目编辑。其新闻稿源主要来自伪中央社、日本派遣军报道部和日本驻南京大使馆情报部。伪中央电台的节目紧紧围绕着侵略战争的需要和汪伪政权的反动施政方针进行编辑，其广播稿虽非一人所编写，却如同出自一人之手。在各类节目中，最突出的是多如牛毛的讲座，如“党义讲座”、“新国民运动讲座”。这些讲座从各个不同侧面对某一问题加以论述，每次讲稿之间都有相互紧密的联系，如谈“和平反共建国”、“中日亲善”、“大东亚新秩序”等，其欺骗性和毒害性很大。汪伪中央电台的宣传提纲由伪中央宣传部制定，每月一次。广播节目的具体安排，伪中央台每星期作一次讨论，由广播科科长、编审科科长商定后给台长、技术顾问审阅，再定下来。遇到“特别节目”还要伪中央宣传部音乐广播科科长、伪广播协会广播部长、伪中央电台台长、广播科科长、编审科科长一起研究后才能决定。所有节目稿件，先由广播科科长、编审科科长审阅盖章，然后由台长、技术顾问审查盖章，方能播出。

市、县级电台编辑

市、县级电台编辑工作始于各台开办之际，最早为徐州新华广播电台（后改为徐州人民广播电台），时间是民国三十八年（1949 年）2 月，同年配备编导人员的还有苏州、无锡、常州三家市级电台。初期编辑人员较少，苏州、无锡两家电台各仅有编辑 1 人，徐州电台有编辑 6 人，常州电台全台只有 6 名工作人员，编辑身兼数职，采、编、播样样要干。

第四节　播音、主持

江苏境内的广播播音起始于民国十七年（1928 年）国民党中央广播电台开播之际。当时播音员的配置并未步入正轨，仅有一名男播音员黄天如，其余几乎无固定的合格的国语播音员，常常由电台工作人员临时兼任。有一次总务科长陆以灏带着浓重的太仓方言进行播音，听众哗然，事后批评信函雪片飞来。民国二十一年（1932 年）以后，广播节目日趋丰富，自编节目日渐增多。为了适应需要，民国二十二年由电台总工程师冯简赴北平（今北京）主持招考播音员工作。招考消息一上报，平津一带青年趋之若鹜，以至全国各地都有人赶考。设在西长安街电讯局的大考场，被考生挤得水泄不通。考试有笔试、口试两项。笔试考历史、地理、语言、数学，还加了一项当时颇为新颖的内容：用国语注音字母写一篇文章。口试由主考人冯简在文、史、哲、地领域内广泛提问。经过严格筛选，在二三千名考生中录取了刘俊英、张洁莲、吴祥祜三人。刘俊英，女，25岁，河北沧县人，在北京度过小学、中学，又进入北平女子师范大学教育系攻读。被中央电台录取后，中途辍学，四年后因眼疾离开播音工作。张洁莲，女，东北哈尔滨人，东北沦陷后，辗转北京，正赶上中央电台招考，三年后随母亲回哈尔滨而离开播音工作。吴祥祜，女，20岁，祖籍江西，生于北京，毕业于北平女师大附中，录取后长期任中央电台播音员，抗日战争胜利后担任播音股股长，1949年参加人民广播事业，后成为广西壮族自治区广播电视厅干部。这三位播音员的共同特点是编播合一，能写稿，能播音，能歌咏，能演播话剧。她们主持的《儿童节目》，谈天说地，道古论今，清晰流畅，娓娓动听，引起社会广泛注目。尤其刘俊英，才思敏捷，文笔流畅，嗓音圆润，发音准确，被誉为“南京之莺”。抗日战争胜利后，国民党中央电台成立了播音股，隶属传音科领导。此时除国语播音员外，还有方言、边疆语、外语播音员。民国三十五年（1946年）5月中旬，中央电台扩充工程处成立，建设工作展开，次年初，11835KC频率加入联播，3月起又扩大对海外广播范围，播音员队伍得到进一步发展。以粤、闽、客家、缅、马来五种语言或方言对南洋广播；以英语、国语对北美、菲律宾、澳大利亚、新西兰、南太平洋群岛广播；以蒙、回、藏、缅、粤、闽、马来等语或方言对蒙古、西藏、南洋侨胞广播；以英、法、俄、粤四种语言或方言对印度、东欧广播；分别以日、俄语对日本、西伯利亚广播。

抗日战争期间，汪伪中央广播电台第一广播科对国内广播，有男女报告员（播音员）十余人，第二广播科对中国境内的日本人广播，播音员全是日本人。此外，民国三十八年以前，江苏境内还涌现出一些其他官营、军营和民营电台。这些电台大多雇佣女性为播音员，少则一二人，多则十来人，语调以软、糯为主要特点。

第五节　录音、录像及合成

江苏广播的录音工作分广播录音和电视录音两部分。

国民党中央电台的播音皆采取直播手段，小至个人讲话，大至广播剧、管弦乐演奏都为现场直播。广播录音工作直至民国二十五年（1936 年）前后才开始。当时没有配备专职录音员，由技术人员临时充任，录音手段是用蜡盘灌片，数量极为有限，质量很差，主要录蒋介石的广播演讲，供复播和储存之用，录音地点在国民党中央广播电台发音室。民国三十一年前后，汪伪中央广播电台播放汪精卫的广播演讲，为了汪精卫的安全，常常提前在戒备森严的“汪公馆”进行录音，过一二天再播放。录音人员由汪伪中央广播电台第一广播科的技术人员临时担任。其时进行录音播出的还有来南京作广播讲话的日本方面的重要官员，目的也是为了安全，并且由于不相信中国人，录音人员由汪伪中央广播电台第二广播科的日本人担任。此时的录音手段已发展为钢丝录音。

第八章　音像、出版

广播电视节目报 1949 年以前仅有国民党中央广播事业管理处主办的《广播周报》一家，期发行量最高为 2.2 万份。

广播电视刊物的兴起几乎与广播电视的兴起同步。1949 年以前，江苏境内广播电视系统（包括中央级广播机构国民党中央台）创办的有 11 种，有年刊、季刊、月刊、半月刊、双周刊、周刊等类型，但大多时间不长，最长的《无线电》杂志为 3 年零 4 个月；非广播电视系统创办的先后有 27 种。1949 年以后，主要是广播电视系统创办的，有季刊、双月刊、月刊、半月刊、周刊、不定期等类型，尤以不定期类型为多。

第一节　广播节目报

广播电视节目报的发展几起几落。1949 年以前，仅有一家，即国民党中央广播事业管理处于民国二十三年（1934 年）9 月在南京创办的《广播周报》，共出版 100 期，期发行量最高为 2.2 万份。

一、广播周报

民国二十三年（1934 年）9 月 17 日在南京创刊。抗日战争期间随国民政府西迁重庆出版。民国三十年 4 月，因日本国侵略军空袭，难以正常印刷而停刊，出版196期。战后国民政府还都南京，“周报”也于民国三十五年9月1日回到创始地复刊，期数另起。民国三十七年12月停刊，出版116期。

民国三十年停刊期间曾出版《广播通讯》作为代替，内部发行。样式和内容设置与“周报”大同小异。出版20余期。

“周报”发刊词中称创办目的：“值兹播音节目日益改善之际，因念音波漫布，虽借重于收听，而记录偶疏，辄遗珠于沧海，举凡广征博引之材料，胥有流传保存之价值，且耳濡目染，感觉愈深，聆音校义，兴趣益厚。尤以每日所播节目，时有鸿篇巨著，乐府新声，既藉妙音，演弥纶六合之奇，宜有椽笔，记振导群伦之绪，以期后先辉映，相得益彰。”

“周报”由中央广播事业管理处编辑、出版。16开本，竖行排版，40页左右。创刊时，每周一出版。内容大致四类：国民政府关于广播的政策法令和广播事业状况；中央广播电台和全国100瓦特以上广播电台每周详细节目安排；无时间性精彩广播稿；图表、照片。复刊后改为每周日出版。

期发行量：创刊时4000份，一直维持1.8万份左右，最高达2.2万份。售价：创刊时，每份法币5分；复刊第50期时，每份金圆券0.25万元；100期时，金圆券6万元；100期后又增价出售。

二、江苏广播周刊

前身为《江苏广播双周刊》，民国二十四年（1935年）7月在镇江创刊。民国二十五年8月出到30期时改名《江苏广播周刊》，民国二十六年改刊后第63期，总93期时停刊。

创刊时为双周刊，改名后为周刊。铅印，16开本，竖排版。刊名由当时的江苏省政府主席陈果夫题写。

创刊时由江苏省广播电台编辑，江苏省政府秘书处发行，改刊后江苏省政府秘书处编辑发行。期发行量2500册。

主要内容：双周刊时，刊登江苏省无线广播电台两周广播节目表，各种广播讲话稿，常识、教育、文艺方面的广播稿和江苏省两周大事记，每期文字约30万字。改为周刊后，除刊登江苏省无线广播电台一周广播节目表，重要广播讲话稿，江苏省一周大事记外，还刊登江苏无线广播电台播放的音乐词曲，如：歌词、话剧、平剧唱词，刊登有关健康卫生的小常识，另外还增设了《广播问答》专栏，解答听众、读者对无线电、广播机械、收音机修理方面的问讯。

民国二十四年（1935 年）12 月 30 日第 14 期时曾出新年特大号；民国二十五年（1936 年）6 月 29 日第 27 期时曾出江苏省无线广播电台建台一周年纪念特大号，内容增至 220 页。

第二节　广播刊物

1949 年以前江苏境内广播刊物可分为广播系统创办和非广播系统创办的两部分。广播系统创办的广播刊物计 11 种。最早的是国民党中央电台创办的《广播无线电台年刊》（创于民国十八年）；时间最长的为国民党中央电台在南京创办的《无线电》，存在 3 年零 4 个月，共出版 4 卷 3 期。非广播系统也创办了一些广播刊物，有月刊、半月刊、旬刊、周刊等类型。其中有：（一）《广播教育月刊》，国民政府教育部社会教育司创办、编辑。民国二十五年 1 月至民国二十六年 7 月，于南京。（二）《电影与播音》，电影与播音编刊社创办、编辑。民国三十一年 3 月至民国三十七年 7 月，于南京。（三）《无线电世界》，中国业余无线电协会创办、编辑。民国三十五年 2 月至民国三十八年 3 月，于南京。（四）《播音教育月刊》，国民政府教育部社会教育司创办、编辑。民国二十五年 11 月至民国二十六年 9 月，于南京。（五）《影音》，金陵大学理学院电影与播音编刊社创办、编辑。民国三十六年 11 月至民国三十七年 9 月，于南京。

一、《广播无线电台年刊》

中国国民党中央执行委员会无线电台（国民党中央电台）于民国十八年（1929 年）在南京创刊。为中国广播事业方面最早的专业刊物。出版 1 期后，因报道过详，有自我宣传之嫌而停刊。

该年刊铅印，竖排版，约 40 万字，350 页。由国民党中央电台管理处编辑。

主要内容：记载国民党中央电台从初创到民国十八年一年多以来有关广播技术、节目服务、收音、计划等事实，分为论著、专载、纪事、报告、附录五个部分。

二、《无线电》

中国国民党中央执行委员会无线电台于民国二十三年（1934 年）2 月在南京创刊。民国二十六年 6 月刊至 4 卷 3 期时停刊。创刊时为双月刊，民国二十四年 2 卷 1 期起改为月刊，民国二十六年 4 卷 1 期起改为双月刊。铅印，竖排版。创刊时由国民党中央电台管理处编辑，民国二十五年改由中国国民党中央广播事业管理处编辑。

主要内容：以无线电广播电台工程技术知识为主，其次为广播电台节目活动、节目内容及选录的广播稿。

三、《广播月刊》

徐州广播电台于民国三十四年（1945 年）在徐州创刊，为月刊。

四、《广播半月刊》

中国国民党中央广播事业管理处于民国三十五年（1946 年）7 月在南京创刊，为半月刊。同年 9 月出至 3 卷 5 期时停刊。

五、《广播歌选》

南京人民广播电台（江苏人民广播电台前身之一）于 1949 年 7 月创刊。创刊时名《活页歌选》，刊载电台《教唱节目》中的歌曲、老解放区的群众歌曲和苏联歌曲。期发行量最高 1500 份。

第九章　教育、研究

江苏广播教育培训工作始于民国十八年（1929 年）。当时国民党中央广播电台招生录取了 13 人，进行为期三个月的收音员培训。主要课程为广播机原理，广播器材维修、使用，接收机原理与装修，播音训练等。民国二十二年至民国二十三年又分别举办了三期每期五个月的无线电收音人员训练班，总人数达 435 人。此后，国民党中央广播电台多次派出技术人员赴各地训练广播收音人员。

江苏广播技术研究和传播研究起步于民国十八年，国民党中央广播电台创办一年之后。当时国民党中央广播事业管理处编纂了《中国国民党中央执行委员会无线电台年刊》，记载了国民党中央电台开播一年的技术、节目、服务、收音、计划等，分论著、专载、纪事、报告、附录几项，是关于中国广播方面的初次全面总结研究。

技术研究方面：民国二十二年秋中央广播事业管理处制订了建立 20 千瓦短波电台的计划，分函欧美各国较大的无线电公司和厂商征集资料，了解情况；同时组织中央电台的技术人员自己设计制造 500 瓦小型短波发射机，后因屡次改变线路和器材缺乏，人力不足，直到民国二十四年 12 月才竣工，并进行了试播。这期间，江苏境内有关广播技术方面的刊物纷纷创办。这些刊物主要介绍无线电知识、国外无线电科学技术情况以及无线电实践的经验体会。

第十章　管理

江苏广播管理机构和广播管理工作最早可追溯到中国国民党中央执行委员会广播事业管理处。该处成立于民国二十一年（1932 年），直隶国民党中央执行委员会，简称中央广播事业管理处。处内设技术、传音、收音督导、总务、文书五科及会计、人事两室；技术科管理广播器材的研究改进试验及各台工务方面的考核审察与改进事项；传音科管理播音节目的征集、审察及各分台节目的考察、侦察与改进；收音督导科管理各地收音员工作推进协助及收音员训练指导等事项。该处与中央广播电台实行处、台合一体制。民国二十一年至民国三十二年，吴保丰任处长、吴道一任副处长；民国三十二年至民国三十八年 4 月撤离大陆前，吴道一任处长，彭精一任副处长。

国民党统治时期，广播事业的最高决策机构为中央广播事业指导委员会。该会成立于民国二十五年 2 月 20 日。由中央广播事业管理处、中央宣传部、中央文化事业计划委员会、军事委员会、教育部、交通部、内政部、海外部等有关部门各派代表一人组成。陈果夫任主任委员，吴保丰任副主任委员，委员 10 人。内设指导组、考核组、侦察组、事务组。人员大都为兼职。据该会《组织大纲》规定，其主要任务为：（1）广播网之计划与统制事项；（2）广播电台之筹设与取缔事项；（3）广播事业法规之规定事项；（4）广播电台波长频率之分配与呼号之规定事项；（5）广播电台机械测验与程式之规定事项；（6）广播电台播音节目之审核与支配事项；（7）收音机之调查与登记事项；（8）国内外广播电台播音节目之侦察与交换转播事项；（9）广播机件材料自给之计划事项；（10）国际会议之参加事项。该会于民国三十六年年底，经国民党中央常务会议决议裁撤。

民国时期，广播事业的管理机构几经变革。30 年代初，广播事业初建时，全国广播事业的管理曾归属交通部管辖。民国十八年（1929 年）8 月，交通部成立无线电管理局，统一管理全国无线电事务，其中包括无线广播事业。后来随着事业规模的扩大和发展，国民党加强对广播事业的直接控制，交通部对广播事业的管理范围逐步缩小。

民国三十五年2月14日，经行政院审核批准，由交通部公布实施的《广播无线电台设置规则》，将全国广播电台分为三类：各级政府机关创办的广播电台，称为公营电台；交通部系统所办的广播电台，称为国营电台；中国公民及华人组织的公司、厂商、学校、团体所办的广播电台，称为民营电台。公营电台由中央广播事业管理处管理，国营和民营电台由交通部管理。民国三十六年后，国民党各级党部及三民主义青年团系统所办的电台，先后从交通部划出，归由中央广播事业管理处管理。

自30年代起至民国三十五年（1946年），交通部先后制定并发布多种规定和条例，加强对广播电台的控制与管理。其中有：《装设广播无线电收音机登记暂行办法》、《限制民营电台暂行办法》、《民营广播无线电台暂行取缔规则》、《指导全国广播电台播送节目办法》、《民营广播电台违背〈指导节目播送办法〉之处分简则》、《播音内容审查标准》、《广播无线电台设置规则》，是在以往发布的各项规定和条例的基础上经过修改制定的当时较为全面的法令，对广播电台的分布数目、设置程序、发射功率、播音节目等作了具体规定和限制。如，规定南京设置的广播电台不得超过十座，其中民营电台不得超过半数，即最多只能有五座；省内其他市、县，民营电台限定只有一座。民国三十五年后，交通部对全国各地民营电台进行整顿，取缔一批未经批准而播音的民营台，苏州十多个民营台全部被查封。其中唯一经批准建立的新中国广播电台因违章也被查封。苏州是江苏地区民营电台出现时间早、数量较多的地方，至此全部消失，不复存在。

抗战期间，汪精卫投敌叛国，在日本侵略军扶持下粉墨登场，在南京成立伪国民政府。汪伪政权建立后成立的中国广播事业建设协会，是当时该伪政权广播事业的主要管理机构。中国广播事业建设协会管辖的范围是长江以南被日军占领的各省。与此同时，建立华北广播协会、蒙疆广播协会，分辖华北及蒙古、新疆地区的广播电台。

伪中国广播事业建设协会成立于民国三十年2月22日。该会最高权力机关是理事会，理事长林柏生（汪伪中央宣传部长），理事由中日双方共同担任。协会内设总务、管理、广播、技术四部及研究、编译两室。根据该会《组织章程》，主要任务为：办理各种广播事业建设；统合经营广播无线电台；筹募、保管及支配事业建设款项，培训及介绍广播无线电台专门人才。该会隶属伪中央宣传部。

民国三十年3月，伪中央宣传部下先后成立全国无线电台管理处及广播事业设计委员会。广播事业设计委员会是汪伪时期广播事业的最高决策机构，委员长由林柏生兼任。该会主要工作职责是：拟定广播事业推行计划，规划广播国策实施办法，设计广播宣传等。

伪全国广播无线电台管理处，直属伪中央宣传部，并受伪交通部监督指导。处长华汉光，下设总务、管理、技术三科。主要任务是：办理广播无线电台登记注册及营业事项，取缔广播无线电台违法事项，编拟及执行全国广播无线电台法令，稽查广播无线电台工程机件及一切设备，调查广播无线电台一般营业状况及查验执照，指导广播无线电台播音技术事项等。

民国三十四年8月，抗日战争胜利，日本宣布无条件投降，汪伪政权垮台，汪伪政府的广播管理机构也随之化为乌有。

民国时期，于民国二十四年7月1日在江苏省省会镇江筹建播音、民国三十五年春重建播音的江苏省广播无线电台，隶属江苏省政府秘书处，由中央广播事业管理处管理，下设技术、广播、总务三组，不行使对全省广播电台管理职能。

第一节　机构

一、省级

沿革

1949年4月23日，南京解放。4月24日，国民党中央广播电台改以“南京广播电台”呼号XGOB播音。4月28日，在中国人民解放军南京特别市军事管制委员会文教委员会派路星源带队进驻中央广播电台。在中国人民解放军南京特别市军事管制委员会领导下，5月6日，以李强为首的军代表率领来自中央广播事业管理处的接管组，正式进驻并接管国民党中央党部中央广播管理处所属的中央广播电台；以路星源为首的军代表率领来自华东新华广播电台的接管组，接管国民党政府国防部新闻局所属的南京军中之声广播电台。5月18日，根据中国共产党南京市委员会决定，在接管中央广播电台和国防部南京军中之声广播电台的基础上，以接管人员为核心，吸收两台部分留守人员参与，改南京广播电台呼号为南京人民广播电台呼号播音，正式成立南京人民广播电台。该台隶属中国共产党南京市委员会、南京市人民政府，同时受中央人民政府政务院新闻总署广播事业局和华东人民广播电台领导、指导。

附录

领导更迭名录

李强：1949年4月起，任中国人民解放军南京特别市军事管制委员会文教委员会接管国民党中央广播电台和国防部南京军中之声广播电台接收组组长。

路星源：1949年5月至1951年，任南京人民广播电台副台长。

二、县级

1949年3月15日，灌云县建立江苏省第一个人民广播收音站。

作为县级管理机构前身的各县广播收音站，一般无内设机构，只配有一名专职收音员，少数站配二人。部分县广播收音站设兼职收音员；站长由县委宣传部领导直接担任，如丹阳县收音站站长由县委宣传部部长兼任。

县级广播收音站任务：抄收中央人民广播电台（华东、苏南、苏北人民广播电台）新闻和天气预报；组织、发动群众收听重要新闻和电台有关节目，为县、区党政组织提供政治信息和气象信息；出黑板报、油印小报等；负责领导和管理下级站工作，对各收音点收音人员进行培训，管理和发展全县的广播收音网。这就是江苏省县广播事业的开端，也是县级管理机构的前身和最初职能。

第十一章　经营、服务

江苏广播广告起始较早，民国十七年（1928年）建立的国民党中央广播电台就出现过插播的广告。30、40年代苏州、无锡、南京建立的一批民营广播电台的广播节目中广告数量更多。1949年以后广播广告得到较大发展，无锡甚至成立了播送广告的专业电台——苏南人民广播电台经济台。

市、县级电台（站）广播广告

江苏省市级电台的广播广告最早出现在徐州新华广播电台的节目中，其时为1949年2月，为不定期播出。嗣后，南通电台、常州电台于1949年4

月，无锡电台、苏州电台于1949年11月，相继办起了广播广告节目。

1949年4月南通电台设立《本市商情》、《花纱布牌价》、《粮食牌价》、《土产牌价》、《合作供销牌价》、《百货牌价》等挂牌商情广告节目。紧接着常州电台设立了《本市商情和广告》，徐州电台的播音节目表中也出现了固定的广告节目。

第一节　销售、维修

广播电视销售和维修机构成立最早的是作为省级台的南京人民广播电台服务部，成立于1949年7月。

省厅、两省台广播电视销售维修单位

江苏人民广播电台服务部

1949年7月，南京世界无线电料行并入南京人民广播电台，以此为基础成立了服务部。不久，与南京电台修理组合并，同年10月领到营业执照。

1949年负责人是陆荪然，另有工作人员6名。

服务部自成立起就是全民所有制单位性质，人员工资由省电台发，经营利润自留。1949年服务部隶属省电台工务科。

地址　1949年在南京无线电料行原址——东海路（现太平北路）。

机构　1949年设有修理部、销售部。

经营范围　1949年开始修理收音机、变压器、喇叭，销售无线电器材收音机零件。

资产　1949年资产仅南京世界无线电料行库存的器材、柜台。

第十二章　外事来往

江苏广播电视界同世界各国、各地区之间的交往始于20世纪30年代。民国十九年（1930年）2月，中国国民党中央执行委员会无线广播电台决定向德国得力风根公司订购一台75千瓦发射机，派工程师刘振清、王劲二人赴德监造。德国得力风根公司派工程师开尔孟等二人来华协助装配机器，发射台设在南京市江东门。此事开江苏地区广播界对外交往之先河。国民党中央广播电台的75千瓦功率，当时号称“东亚第一，世界第三”，电波远播东南亚，在日本也有很大的影响。民国二十四年春，日本《朝日新闻》驻南京特派员宫崎来中央电台采访著名播音员刘俊英，这篇《南京的夜莺》访问记以显著的地位和醒目的标题刊登在同年4月15日《朝日新闻》上。民国二十五年，国民党中央广播事业管理处副处长吴道一赴欧美考察广播事业。民国三十六年2月，加拿大广播公司（CBS）西岸区节目主任、著名记者、汉学家邓乐夫访中央广播电台台长吴道一，并应中国方面的邀请，参加中央电台国际广播电台的工作。

附录

一、大事年表

1928年（民国十七年）

3月 国民党第二届中央执行委员会第4次全会通过由陈果夫、叶楚伧、戴季陶等创设无线广播电台的议案，并决议由陈果夫主持筹办。

8月1日 国民党中央广播电台在南京成立并正式播音。该台全称为中国国民党中央执行委员会广播无线电台，简称中央广播电台。呼号XKM（同年11月改为XCZ），频率545千赫，功率500瓦。台址在南京丁家桥国民党中央党部院内。徐恩曾任中央广播电台主任。后由吴道一任代理主任。

9月 国民党中央电台制定出第一张正式节目表。每天播音5小时20分钟。设有《新闻》、《通告通令》、《宣传大纲》、《报告决议案》、《名人演讲》、《气象报告》等节目。

11月 国民政府建设委员会公布《中华民国无线电台呼号条例》。根据民国十六年华盛顿国际无线电报会议的规定，中华民国治权所达处电台呼号应在XGA～XUZ字母范围之间。

12月13日 国民政府建设委员会公布《中华民国广播无线电台管理条例》，规定广播电台得由中华民国政府机关、公众或私人团体或私人设立，但事前须经国民政府建设委员会无线电管理处特许。

1929年（民国十八年）

3月 国民党第二届中央执行委员会第204次常务会议通过，任命吴道一为中央广播无线电台主任。

8月1日 国民政府交通部无线电报话管理处将建设委员会无线电管理处接收合并，改组为交通部无线电管理局（设在上海），统管全国无线电事务。

8月5日 国民政府公布《电信条例》，规定装用收音机须登记领照。

1930年（民国十九年）

3月 国民党中央广播电台与德国得力风根公司签订购置50千瓦广播发射机及两座400尺高自立式铁塔合同。

7月 国民党中央电台选定南京西郊江东门北河口为发射台台址，兴建大功率发射台，并开始公开招标施工。

7月1日 交通部公布《装设广播无线电收音机登记暂行办法》。规定：凡欲装设广播无线电收音机者，无论是购置还是自行装配均须向交通部有关机构登记。该《办法》民国二十年4月10日修正，民国二十三年明令废止第十二条，即未遵令登记者除没收全副机器外并酌情处以十元以上一百元以下罚金。

同年 陆辛生在苏州天官坊自己家里试办娱乐性广播电台，数月后停播。这是江苏地区出现民营电台的雏形。

1931年（民国二十年）

7月16日 中国国民党第三届中央执行委员会第150次常务会通过《中央广播无线电台管理处组织条例》。

10月 国民党中央广播电台新建江东门发射台工程竣工。新建发射机房面积1100平方米。

12月 国民党中央广播电台江东门发射台完成75千瓦大功率发射机安装任务。

1932年（民国二十一年）

1月22日 交通部公布《限制民营电台暂行办法》修正案，规定设台团体或个人以中华民国国籍及完全华人资产为限；最大发射功率暂定为50瓦。

6月1日 国民党中央广播电台75千瓦发射机开始试播。

7月3日 江苏省立教育学院实验广播电台在无锡成立并开始播音。电台呼号XLIJ，频率1310千赫，功率75瓦，台址无锡社桥。民国二十六年抗日战争爆发，无锡沦陷，该台停播。

9月 国民党武进县党部广播电台成立并播音。电台呼号XGWT，频率1250千赫，功率15瓦，民国二十三年增为50瓦。台址武进县商会国耻馆，民国二十三年1月，迁至常州大庙弄30号武进县党部中山纪念堂二楼。民国二十六年11月29日，常州沦陷，该台停播。

9月 苏州婆罗花馆广播电台开始播音，功率15瓦。由画家吴似兰创办。该台是一娱乐性电台，只存在几个月即行停播。

秋 苏州民营百灵广播电台开播，电台呼号XLIL，后改为XHIC，频率880千赫，功率20瓦，后增为75瓦。台址苏州护龙街大井巷南720号（现人民路386号）。创办人杨景春。民国二十六年11月，日军占领苏州，该台被日军强占，部分机器被日军拆卸运往南京。

11月12日 国民党中央广播电台75千瓦大功率中波发射机正式投入使用。这是当时亚洲发射功率最大的电台。从这天起，中央广播电台改呼号为XGOA，频率660千赫。

11月24日 交通部公布《民营广播无线电台暂行取缔规则》，对民营电台的设立、营业、管理、限制等作出详细具体规定。

同年 苏州民营久大广播电台开播。呼号XLIB，频率1410千赫，功率15瓦。台址苏州胥门外万年桥街久大布店楼上。该台由久大布店李宝麟创办，国民政府交通部发给播音执照。民国二十六年11月苏州沦陷，电台停播。民国三十五年春恢复播音。因未经交通部重新批准，于同年9月11日，被吴县电信局查封。

1933年（民国二十二年）

春 无锡民营时和广播电台播音。电台呼号XLCH，频率970千赫，功率75瓦。该台由时和绸布庄创办。电台设在无锡北大街时和绸布庄楼上。民国二十六年10月，无锡沦陷，该台机器被日军洗劫一空。

6月18日 无锡民营国泰广播电台开始试播音。电台呼号XLIP，频率1170千赫，功率50瓦。台址无锡汉昌路6号。民国二十三年10月28日正式播音。由国泰电器公司创办。这是无锡较有影响的民营电台。民国二十六年10月，日军轰炸无锡，国泰电器公司房屋被焚，电台同时被炸毁。

9月 无锡民营世富广播电台开播。呼号XLIN，频率1390千赫，功率50瓦。台址无锡大市桥世泰盛绸布庄顶楼，该台由富新电料行与世泰盛绸布庄合办，故又称世泰盛、富新合组广播电台。民国二十六年10月，日军轰炸无锡，该台机器被炸毁。

同年 常州民营大润广播电台开播。该台由大润电料行与金融钱庄合办。电台呼号 XGDZ，频率 1174 千赫，功率 10 瓦。台址常州南大街大润电料行内。民国二十四年，该台停播。

1934 年（民国二十三年）

1 月 15 日 交通部公布施行《装设无线电收音机登记暂行办法》。

2 月 国民党中央广播电台发行技术性刊物《无线电》双月刊。

5 月 21 日 交通部公布《请领无线电材料进口护照办法）修正案，民国二十四年 1 月 30 日、民国二十五年 3 月 17 日又先后进行修正。

二季度 无锡民营兴业广播电台开播。电台呼号 XLWU，频率 1250 千赫，功率 50 瓦。台址无锡北大街日新绸布庄二楼。该台由日新绸庄创办。民国二十六年 10 月，日军轰炸无锡，电台机器被毁。

9 月 17 日 国民党中央广播电台《广播周刊》创刊。该刊于 1941 年出至 196 期在重庆停刊。民国三十五年 9 月 1 日在南京复刊，民国三十七年 12 月 5 日出至复刊第 116 期停刊。

11 月 徐州民众教育馆广播电台开始播音。该台主要用于民众教育。

1935 年（民国二十四年）

春 国民党中央广播电台传音科创作第一部广播剧《苦儿流浪记》。

4 月 25 日 交通部发布《通饬各广播电台用国语报告令》。

6 月 交通部限制民营电台频率在 550 ~ 1500 千赫之间，并通令禁止播送淫词邪曲。

7 月 1 日 江苏省广播无线电台（亦称江苏省广播电台）正式播音，电台呼号 XGOZ，频率 1110 千赫，功率 100 瓦。民国二十五年（1936 年）4 月，功率扩大为 1 千瓦，频率改为 1150 千赫。台址原在镇江国民党江苏省政府大院内（现镇江市政路 24 号），民国二十六年（1937 年）1 月迁至镇江西郊省句路新址。民国二十六年抗日战争爆发后，镇江沦陷，该台随江苏省政府撤离镇江，机器散失。抗战胜利后，民国三十五年春，该台又重新建立恢复播音。

7 月 《江苏广播周刊》在镇江创刊。该刊创刊时为双周刊，民国二十五年改为周刊。民国二十六年停刊。

8 月 5 日 交通部开始全国收音机登记。

9 月 民营苏州广播电台开始播音，电台呼号 XLIP，频率 1310 千赫，功率 50 瓦。台址苏州临顿路 600 号（现临顿路 19 号）。该台由吴克明创办。

交通部发给商字第7504号建台许可证及交字第23号播音执照。民国二十六年（1937年）11月苏州沦陷，电台停播，机器被日军掠劫一空。创办人吴克明后被日军杀害。

12月 国民政府司法院议决：唱片不享有著作权及对出版物之法律保护，应听凭电台自由处置。广播电台播放唱片问题获法律解决。

1936年（民国二十五年）

1月 国民党第4届中央执行委员会第二次常务会议通过，将中央广播电台管理处更名为中国国民党中央执行委员会广播事业管理处，简称中央广播事业管理处。并任命吴保丰、吴道一任正副处长。

2月16日 中央广播事业管理处与英商马可尼公司签订购置35千瓦短波发射机合同。民国二十六年抗日战争爆发，中央台迁至重庆，这部短波发射机部件陆续转到重庆。民国二十七年（1938年）10月，这部短波机安装竣工，并开始试播。民国二十八年（1939年）2月6日，中央短波广播电台在重庆正式播音。

2月20日 国民党中央广播事业指导委员会在南京成立并召开第一次会议。该会由中央广播事业管理处、中央宣传部、中央文化事业计划委员会、军事委员会、教育部、交通部、内政部、海外部等部门各派代表一人组成。陈果夫任主任委员、吴保丰任副主任委员。该会主要负责指导推进及整理全国广播事业，并统管全国广播电台节目。该会于民国三十五年（1946年）9月17日第30次会议后休会。民国三十六年年底，经国民党中央常务会议决议裁撤。

2月23日 南京短波广播电台正式播音，呼号XGOX，功率500瓦，频率9460千赫。该台主要联播中央广播电台的新闻、时评、英语报告节目，每天播音2小时20分钟。

4月20日 国民党行政院通令各地公营、民营广播电台每日20时至21时零5分转播中央广播电台的新闻、演讲、文艺节目（星期日除外）。

6月 国际广播公会第12届年会在瑞士举行，通过中国中央广播电台为该会会员。

10月28日 交通部公布《指导全国广播电台播送节目办法》。

同年 高邮民营杨氏广播电台开播。电台呼号XKYY，频率1150千赫，功率15瓦，台址高邮县城北门十灰阁（现高邮县城北小学内）。创办人杨谨之。民国二十八年（1939年），日军占领高邮县城，电台停播。

1937 年（民国二十六年）

4 月 12 日 交通部公布施行《民营广播电台违背〈指导节目播送办法〉之处分简则》及《播音节目内容审查标准》。

8 月 14 日 “七七事变”后，日本帝国主义大举侵略中国。国民党中央广播电台播发国民政府《自卫抗战声明书》。

8 月 24 日 日本飞机乘月夜轰炸南京。国民党中央广播电台临时设在南京东郊灵谷寺附近的短波发射台被炸。

11 月 23 日 日本侵略军逼近南京。国民党中央广播电台于是日深夜停止播音。自 24 日起，该台播音任务暂由长沙及武汉广播电台接替。

12 月 13 日 南京沦陷。

1938 年（民国二十七年）

3 月 10 日 国民党中央广播电台在重庆牛角沱陶瓷职业学校旧址恢复播音，呼号仍为 XGOA，功率 10 千瓦。

5 月 日本侵略军占领徐州后，建立“徐州放送局”（即电台）。功率开始为 15 瓦，民国三十四年扩大为 50 瓦。台址徐州户部山三义庙。民国三十四年日本投降。同年 10 月 9 日，国民党第 10 战区临泉指挥所接收委员会派员接收了这座电台。

9 月 10 日 日本派遣军报道部建立南京放送局（即电台），呼号 XOJC，频率 660 千赫，功率 500 瓦，台址南京廖家巷 2 号（现南京市第十五中学所在地）。

1939 年（民国二十八年）

5 月 1 日 民营苏州广播无线电台正式播音，呼号 XOJH，频率 1330 千赫，功率 75 瓦。台址苏州北局国货公司（现人民商场）楼上。该台由陈正章（伪大上海广播电台台长）创办。民国三十一年 2 月，陈正章把电台卖给汪伪中国广播事业建设协会，由日军和伪江苏省政府联合经办，改名为苏州广播电台。

1940 年（民国二十九年）

1 月 国民党中央广播事业指导委员会为便利国际宣传，决定将民国二十八年 2 月 6 日在重庆成立的中央短波广播电台划交中央宣传部国际宣传处管辖，并改名为国际广播电台。

1941 年（民国三十年）

2 月 22 日 汪伪中国广播事业建设协会在南京成立。该会是汪伪政权对广播事业的最高管理机构，理事及监事，由日伪双方人员担任。汪伪中央宣传部长林柏生任理事长。该会的任务：办理各种广播事业建设，经营广播无线电台，筹募、保管及支配广播事业建设款项，培训及介绍广播无线电专门人才等。

2月 汪伪行政院成立广播事业设计委员会，统筹广播事业设计事宜。

3月26日 伪中国广播事业建设协会常务理事韦乃纶等到廖家巷2号，“接收”日军报道部所办的“南京广播电台”，并改名为“中央广播电台”。伪中国广播协会理事王荫康任台长，民国三十四年由黄燧接任。伪“中央广播电台”呼号XGOA、频率660千赫。台名、呼号及频率与重庆国民党中央广播电台完全一样，企图混淆视听，蒙蔽舆论。

3月 汪伪全国广播无线电台管理处成立。该处主要任务为：办理广播无线电台的登记注册及营业事项；取缔广播无线电台违法事项；编拟及执行全国广播无线电台法令；稽查广播无线电台工程机件及一切设备；调查广播无线电台一般营业状况及查验执照；指导广播无线电台播音技术事项等。该处直隶伪中央宣传部，并受伪交通部监督指导。

4月 国民党中央广播事业指导委员会为设在南京的汪伪中央广播电台与重庆国民党中央广播电台用同一名称、呼号、频率播音发出声明，揭露汪伪“冀图鱼目混珠，淆乱听闻”。要“全国听众勿为所弄”。

1942年（民国三十一年）

2月 伪苏州广播电台正式播音。电台呼号先后为XOJH和HCOJ，频率1330千赫，功率75瓦，后扩大为200瓦。该台由日军和伪江苏省政府双方人员共同担任台长，宣传内容和播出节目全部由日军严密控制。

4月9日 汪伪中央宣传部修正公布《装设无线电收音机暂行办法》。

9月29日 汪伪国民政府公布《无线电收音机取缔暂行条例》，附《施行细则》，宣布取缔违禁收音机。

1945年（民国三十四年）

8月15日 日本宣布无条件投降。当晚由国民党中央广播电台和国际广播电台，播送国民党中央致日本侵华军总司令冈村宁次的通知，要其所属部队，按照指定地点，接受投降的命令，同时通知收复区各敌伪电台，严饬工作人员，努力保管机件器材，听候派员接收。

8月30日 国民党中央广播事业管理处派京沪区接收特派员冯简、接收专员叶桂馨等由重庆抵达南京。次日叶桂馨等到南京廖家巷2号、江东门发射台察看情况，并于当天下午在祠堂巷25号约见了伪中国广播事业建设协会常务理事、代理理事长日本人内山清，通知接收伪中央广播电台日程及有关事项。

8月 国民党武进县党部广播电台重新建立，恢复播音。呼号XLIK，频率1330千赫，功率100瓦，1946年10月增为200瓦。台址常州大庙弄中山纪念堂楼上。

9月18日 叶桂馨等持“京市党政接收委员会”所发接字第85号、86号、87号接收证，正式接管伪中央广播电台。并根据伪中国广播事业建设协会常务理事代理理事长内山清（日人）所交清册，进行点收。9月30日，点交结束，完成交接手续。

9月21日 国民党江苏省党部与江苏省政府宣传处接收汪伪江苏省政府在苏州建立的伪苏州广播电台。10月17日，将所接收的机器设备运往镇江，筹建江苏省广播电台。

10月1日 汪伪中央广播电台改以南京广播电台名称播音，呼号XGOB，频率仍为660千赫。全部转播重庆国民党中央广播电台节目。

10月9日 国民党第10战区临泉指挥所接收委员会派孔园人接收日军徐州广播电台，并在此基础上成立徐州广播电台。国民党徐州广播电台呼号XOPC，频率1010千赫，台址徐州户部山三义庙。孔园人任台长。民国三十七年12月1日，徐州解放。12月8日，解放军徐州市军事管制委员会接管了这座电台。

1946年（民国三十五年）

1月1日 民营苏州文化广播电台开始播音。电台呼号XCSS，频率先后为1080千赫、830千赫，功率50瓦，后增大为100瓦。台址苏州宫巷36号（现宫巷53号）。民国三十五年（1946年）9月11日，吴县电信局以该台未经国民党政府交通部批准自行播音，给予查封。与此同时，在民国三十五年春陆续开播的苏州久大、江南、力行、利康、明报、黎明等民营电台亦因未经交通部批准自行播音，也均于9月11日，被查封。

1月 吴敬恒、陈果夫、居正向国民党国防最高委员会第184次会议提出提案，建议将中央广播事业管理处改组为中国广播股份有限公司。

2月14日 国民党交通部公布施行《广播无线电台设置规则》。该《规则》共43条，对各类广播无线电台的设置、数量、分布、电力、频率及播音节目安排等都作了具体规定。

春 国民党江苏广播电台在当时的江苏省省会镇江建成并恢复播音。呼号XOPA，频率1330千赫，功率50瓦。台址镇江中正路国民党江苏省党部院内（现解放路21号）。民国三十五年下半年功率扩大为100瓦。民国三十七年12月16日，因江南地区即将解放，该台停止播音，员工就地遣散。

春 国民党第一绥靖区无锡军政广播电台播音，电台呼号XGAC，频率930千赫，功率50瓦，台址无锡大成巷8号。民国三十六年，国民党第三方面军撤离无锡，该台停播。

4月 无锡民营吉士广播电台开始播音。电台呼号XQTS，频率850千赫，功率50瓦。台址无锡中山路277号。该台由无锡吉士照相馆开办。1949年4月，无锡解放前夕，该台停播。

5月5日 国民党国民政府还都南京。中央广播电台在撤离南京8年5个月又11天后也于是日重返南京，恢复播音，呼号仍为XGOA，频率660千赫，功率中波10千瓦，短波4.5千瓦。播出中心在祠堂巷25号，发射中心仍在江东门原发射台。

5月8日 南京益世广播电台正式播出。电台呼号XPBK，频率940千赫，功率200瓦。台址南京铁管巷78号。该台由天主教南京教区总主教于斌任董事长，天主教神父杨慕时任台长。1949年3月，南京即将解放，该台匆忙南迁，后辗转到台湾。

5月 无锡民营锡音广播电台开始播音。这是无锡在抗战后，经交通部正式批准成立的唯一一座民营电台。该台呼号SLAV，频率970千赫，功率100瓦。台址无锡北大街懋纶绸布庄三楼。创办人方天炜。无锡解放后，1949年4月29日，该台停播。

6月28日 国民党中央广播事业指导委员会第二十九次会议通过《管制办法》，限上海民营电台数目不得超过20座，由交通部指定700千赫以上频率10个，分配轮流使用。

7月29日 上海被取缔的民营电台派代表5人来南京请愿。

9月21日 苏州民营新中国广播电台被查封。该台是抗战后苏州唯一一座经交通部批准建立的民营电台，因违章，尚未开播即被查封。

秋 无锡锡青广播电台开播，呼号XWTI，频率1400千赫，功率50瓦，台址无锡沈果巷四弄2号。该台由三民主义青年团无锡分部出面开办。该台于民国三十六年秋停播。

秋 无锡民营国泰广播电台开始播音。电台呼号XLIF，频率1050千赫，功率75瓦。台址无锡光复路66号。该台创办于民国二十二年，民国二十六年停播，抗战胜利后恢复播音。1949年4月23日，无锡解放前夕，该台停播。

10月10日 国民党军中广播电台在南京正式播音。呼号XMAP，频率720千赫及1220千赫。台址南京汉中门蛇山10号。该台抗战期间成立于重庆。抗战胜利后，民国三十五年（1946年）5月6日复员至南京。原称国防部军中播音总队，复员南京后定名为南京军中广播电台。南京解放后，1949年5月，由解放军南京市管制委员会接管。

10月30日 南京青年文化广播电台播音，呼号XYMC，频率1200千赫，台址南京厅后街10号。该台由三民主义青年团南京分团团部创办。民国三十八年（1949年）1月南京解放前，该台迁往杭州。杭州解放后被杭州市军管会接管。

11月 无锡青年广播电台开播。呼号XQYM，频率870千赫，功率100瓦。台址无锡小娄巷23号无锡青年馆内。该台由三民主义青年团无锡青年馆出面创办。民国三十六年年底停播。

11月21日 国民党政府交通部电信总局发布《取缔外人在华设立广播电台决议案》，饬上海电信局遵照办理。此前，9月7日，国民党政府国防部曾召开会议，商讨此议案。

12月1日 国民党空军广播电台在南京成立。同月15日以空军之声的名称正式播音。呼号XGOF，频率1000千赫、7100千赫、11680千赫，台址南京珠江路小营。民国三十七年（1948年）11月1日，该台迁往台湾。

12月20日 中国广播股份有限公司召开成立大会。经国民党中央选定的77人股权代表人参加。会上推选董事21人，监察7人，并通过公司章程。

12月 无锡民营凯声广播电台开播。电台频率1130千赫，功率100瓦。台址无锡北大街23号。1949年4月23日，无锡解放，电台停播。

冬 南京民营建业广播电台正式播音。电台呼号XLAX，频率1170千赫，功率200瓦。台址南京中正路（现建康路）572号。1949年4月，南京解放前夕停播。

冬 南京民营青年广播电台开始播音。电台呼号XLAZ，频率1090千赫，功率100瓦。台址延龄巷79号。1949年4月，南京解放前停播。

1947年（民国三十六年）

1月1日 南京民营首都广播电台开始播音。电台呼号XLAY，频率850

千赫，功率100瓦。台址南京延龄巷40号。1949年4月南京解放前夕停播。

1月 南京民营金陵广播电台正式播音。呼号XLAW，频率1030千赫，功率200瓦。台址南京建康路318号。1949年春，南京解放前停播。

1月 国民党中央广播电台由重庆运回的7.5千瓦短波发射机投入使用，以11835千赫联播中央广播电台节目。

2月8日 国民党政府行政院通令禁止广播和灌制100多首歌曲，其中大部分是黄色歌曲，也有《义勇军进行曲》、《五月的鲜花》等进步歌曲。

3月 国民党中央广播电台在南京新街口中央商场附近，征购土地9.58亩，连同有千人座位的中央大舞台、设备齐全的胜利餐厅以及有三层楼房的游艺场等建筑与设施，以总价19.5亿元购回，用以兴建中国广播电台大厦。这一工程延至民国三十七年，因国统区局势动荡，物价飞涨，进展缓慢，草草收工，没有付诸使用。

4月27日 常州常青广播电台开始播音。电台呼号XLYC，频率760千赫，功率200瓦。台址常州城内公园西侧。该台隶属三青团常州分团。1949年4月23日常州解放，常州市军管会接管了这座电台。

4月 苏州国立社会教育学院实验广播电台播音。频率1480千赫，功率100瓦，台址苏州东北街拙政园社会教育学院内。该台民国三十年创办于四川璧山，民国三十五年迁至苏州。1949年4月苏州解放后，苏州市军管会在该台基础上筹建苏州新华广播电台。

4月 常熟民营久福广播电台开始试播。同年12月23日，交通部发给民字第20号播音执照，电台正式播音。电台频率1010千赫，功率200瓦。台址常熟老县场道南街9号常熟电厂内。1949年初，该台停播。

7月1日 国民党中央广播电台两部20千瓦短波机分别以XGBZ、XGRY两个呼号及17765千赫、15350千赫进行试播。试播一个月后，正式用XGOA呼号，以15105千赫、11880千赫两个频率播音，每天播音11小时。

7月6日 “七七”抗战10周年纪念日前夕，蒋介石在中央广播电台作《七七广播训词》，发布“戡乱建国”总动员令。自此中央广播电台纳入内战宣传轨道，播出大量反共反人民的内容。

10月 国民党江苏省政府特设无锡广播电台开始播音，频率1110千赫，功率100瓦。该台的前身是江苏省立教育学院实验广播电台，创建于民国二十一年。民国三十四年抗战胜利后，经交通部批准，江苏教育学院广播电台改以公营电台性质恢复播音，定名为江苏省政府特设无锡广播电台。

1948年（民国三十七年）

1月15日 国民党政府国防部颁发《军用广播无线电台设置与管理暂行办法》。

2月1日 国民党昆山县广播电台开始播音，频率1350千赫，功率100瓦，台址昆山县玉山镇中山堂。1949年4月，该台停播。

3月3日 国民党第一绥靖区司令部正声广播电台在南通正式播音。电台呼号XQNT，频率1100千赫，功率100瓦。台址南通市水仓巷1号。1949年2月2日南通解放后，南通市军管会派员接管了这座电台。

4月5日 国民党政府交通部公布《广播无线电收音机登记规则》。

8月 南通民营大声广播电台开始试播，功率50瓦。台址南通城内西大街90号大声电料行内。该台试播不久即行停播。1949年2月2日，南通解放后，南通市军管会根据政策，将该台机器作价收购。

11月13日 国民党政府交通部命令全国各地民营电台于每晚中原时间9点至9点30分一律转播国民党中央台的新闻节目。

12月27日 国民党在其发动的内战中节节败退，国民党政权危在旦夕。国民党中央广播电台着手遣散人员，拆迁机器。该台将100千瓦中波机及两部20千瓦短波机连夜拆卸，赶装木箱1000只，准备撤离南京。这三部发射机拆卸后，中央台以10千瓦中波机及7.5千瓦短波机维持播音。

1949年（民国三十八年）

1月1日 根据1947年10月2日在美国大西洋城召开的国际无线电会议的决定，中国各无线电台呼号一律将X字母开头改为B字母开头。交通部规定广播电台以BE两字为首，全国广播电台从1月1日起改换呼号。

1月22日 国民党中央广播电台台长吴道一率部分员工，乘装载100千瓦中波发射机及两部20千瓦短波发射机机件的万国轮，撤离南京。吴道一走后，由传音科长张维和代理台长。

2月1日 徐州解放后，徐州新华广播电台正式成立并播音，台长张梦达。这是江苏境内在解放战争炮火中诞生的第一座人民广播电台。同年9月该台改名为徐州人民广播电台。

3月20日 南通新华广播电台成立并播音。频率1000千赫，功率50瓦。台址南通市北公园。台长孙大翔。同年7月8日，改称南通人民广播电台。

4月23日 南京解放，江苏人民广播事业开始步入新的历史时期，谱写新的篇章。

4月24日 北平新华广播电台播音员齐越，奉命以北平新华广播电台的名义，与南京原国民党中央电台留守人员进行广播通话，指示对方遵守中国人民解放军的约法八章，保护机器设备，配合接管。当日，国民党中央广播电台改以南京广播电台名称播音，全部转播北平新华广播电台的节目。

4月27日 常州新华广播电台建立并正式播音。频率760千赫，功率100瓦。台址常州第一公园。同年9月1日，改名为常州人民广播电台。

4月 中国人民解放军第二野战军司令员、南京市军事管制委员会主任刘伯承视察南京广播电台。

5月6日 南京市军事管制委员会派李强、路星源等分别接管国民党中央广播电台和国民党国防部新闻局所属的军中之声广播电台。并在此基础上筹建南京人民广播电台。

5月15日 苏州新华广播电台成立并正式播音。频率1480千赫，功率100瓦。台址拙政园内。台长丁正铎，总干事施芹。同年8月10日，改名为苏州人民广播电台，台址迁至甫桥西街147号。

5月18日 南京人民广播电台正式成立并播音。频率660千赫，波长454米，功率10千瓦。中共南京市委宣传部副部长石西民兼任台长，路星源任副台长。

6月30日 中央广播事业管理局发出对各地广播电台暂行管理办法，规定各地广播电台一律称某地人民广播电台。

7月中旬 国民党军从台湾派飞机轰炸南京，南京人民广播电台江东门发射台院内中弹7枚，一座仓库被炸毁。空袭时，发射台工作人员，坚守岗位，不为所动，保证播音正常进行。

7月 南京人民广播电台为配合《教唱节目》，印发《活页歌选》，刊载解放区的群众歌曲。这是江苏解放后最早出版的广播刊物，1950年4月改为《广播歌集》，后又改为《教唱教材》。

8月6日 无锡市军管会派田志强、万冰、吴垲接管国民党江苏省政府特设无锡广播电台（即原江苏省立教育学院实验广播电台），并在此基础上筹建无锡人民广播电台。

9月1日 无锡人民广播电台正式成立并播音。频率1110千赫，功率150瓦，同年11月增为500瓦，台址无锡社桥。台长田志强。

二、重要文献辑存

中华民国广播无线电台条例

（1928年12月13日建设委员会公布）

第一条 凡无线电台应用无线电话发射机广播言语、音乐或信号者为广播无线电台。广播无线电台分为下列二种：

甲、凡广播电台之经费完全自给，不再向听户征收听费者为甲种广播无线电台；

乙、凡广播电台以营业为目的，须向本地领有收音机执照之听户征收听费者为乙种广播电台。

第二条 乙种广播电台每地限设一台。

第三条 广播电台得由中华民国政府机关公众或私人团体或私人设立，但事前须经国民政府建设委员会无线电管理处之特许，违者由当地负责机关制止其设立。

第四条 广播电台之周率（波长）应遵照中华民国无线电周率（波长）分配表之规定。

第五条 凡公众团体或公司或私人之欲设立广播电台者，应备文向无线电管理处请求核准。其请求书内，应将下列各事详细开列：

一、请求人姓名，或团体名称，如系乙种广播电台并须陈明其经济状况及拟向听户征收之听费数目；

二、广播电台之名称；

三、电台地址及其天线之经纬度（经度以格林威区子午线为标准）；

四、拟用之呼号；

五、拟用之发（明）射周率（波长）；

六、拟用之最大电力（变压器入路内所量得者）；

七、发射机及收讯机之电路图；

八、发射天线之式样、高度、底脚、电流及本身波长；

九、机件之承办人及制造者；

十、广播时间；

十一、广播节目之性质；

十二、建造预算。

第六条 凡政府机关之欲设立广播电台者，除照第五条所列各项函请无线电管理处审查外，并得委托该处承办一切工程及管理事项。

第七条 无线电管理处对于请求书内所开各项审查合格者，或经处更正后认为合格者，得给予广播电台营造证。

第八条 请求人于领得营造证一年内，应将广播电台建造完备，呈请无线电管理处派员查验，违者注销其营造证。

第九条 广播无线电台经无线电管理处派员查验后，如与营造证所开各项并无不合者，得由处发给广播无线电台执照，随缴执照费，甲种广播电台四十元，乙种广播电台一百元。

第十条 广播电台之执照自发给之日起，以五年为有效期间，逾期须另换新照。

第十一条 广播电台之业务以下列各项为限：

一、公益演讲；

二、新闻、商情、气象等项之报告；

三、音乐、歌曲及其他娱乐节目；

四、商业广告，但不得逾每日广播时间十分之一。

第十二条 广播电台不得广播一切违背党义、危害治安、有伤风化之一切事项，违者送交法庭讯办。

第十三条 政府如有紧急事件须即广播者，私家广播电台应为尽先广播，不得拒绝，但得酌量收费。

第十四条 无线电管理处于必要时得收管或停业私家之广播电台。

第十五条 广播电台对于无线电管理处稽察员随时入台检查时不得拒绝。

第十六条 广播电台执照不准移转于其他广播电台，违者注销其执照。

第十七条 广播电台对于执照内新开各项非先得无线电管理处之许可，不得任意更换，违者撤销其执照。

第十八条 广播电台利用收音机将其他广播电台之节目重新广播时，立先得原广播电台之允许。

第十九条 广播电台之置有收讯机者，对于遇险呼号应速为传递，对于所收电信应尽严守秘密之责，违者交法庭讯办。

第二十条 广播电台对于下列各点应力求注意，并依技术之进步随时改善之。

一、广播时须常用周率表计量其电波之周率，对于执照内载明之数值上下不得逾百分之一。

二、发电射力宜求稳定。

三、竭力避免有害之复波。

四、竭力避免与其他电台间之骚扰。

第二十一条 乙种广播电台得向该地置有收音机之听户收取听费，但不得另发执照。如有听户抗缴该项听费时，得由广播电台报告该地负责机关取消其收音机执照。

第二十二条 广播电台得按照无线电台营业规则，兼营租售收音机件之商业。

第二十三条 广播电台对于代播之广告得收取广告费。

第二十四条 本条例如有未尽事宜，得随时修改公布之。

第二十五条 本条例自国民政府建设委员会公布日施行。

指导全国广播电台播送节目办法

（1936年10月28日中华民国交通部令公布，1936年12月16日中华民国交通部邮字第6576号令修正）

一、编排节目

1. 各广播电台应将播音节目种类及播送时间，预编节目时间表，遵照交通部之规定，送请中央执行委员会广播事业指导委员会审查后核准施行。嗣后如需更改，亦应报准实行。

2. 各广播电台逐日播送每种节目之标题（如演讲某事，奏唱某歌某曲）及担任人员姓名，应先编排节目内容预报表，送至中央执行委员会广播事业指导委员会审阅，如有更改之必要者，得通知改正之。

3. 各广播电台预定节目，如不得已临时变更，增加或停缺，应不逾每日节目1/5限度。

4. 各广播电台播音节目时间内应照交通部之规定，转播中央广播电台播音。其暂无转播设备者，得报明停播。

5. 凡遇中央广播电台有特别重要节目，经中央执行委员会广播事业指导委员会认为有转播之必要时，得随时通知办理之（但至多每日一节目为限）。

二、节目内容

1. 播音节目之成分，关于教育演讲及新闻报告方面，公营广播电台应占多数，民营广播电台亦不得少于20%，但以转播中央广播事业管理处所属各电台之节目为限，其娱乐及广告节目至多不得超过80%。

2. 各广播电台除娱乐节目外，对于教育演讲及新闻报告节目应以国语播送为原则，暂时兼用当地方言者，应另加教授国语节目。

3. 各广播电台不得播送有干禁例或偏激之言论、诲淫诲盗迷信荒诞之故事及歌曲唱词。

三、播送时间

1. 各广播电台播送节目之时间，应以规定各区标准时间为标准。此项标准时间，应与中央广播电台每日播音校对之。

2. 在同一市县以内已有100瓦特广播电台5座以上者，该地未满100瓦特之广播电台，其播送节目之时间应有限制，由交通部随时规定饬知不得逾越。

四、附则

1. 各广播电台不遵守本办法者，由交通部按其情节轻重，警告或取缔之。

2. 本办法自公布之日施行。

民营广播电台违背《指导播送节目办法》之处分简则

（1937年4月12日中华民国交通部令公布施行）

第一条 广播电台不遵守指导全国广播电台播送节目办法（以后简称指导办法）者，其处分：（一）警告；（二）停播；（三）取消执照。

第二条 广播电台有下列事项之一者，得予以警告：

甲、不遵规定寄呈各项表格及稿件送请审查，经中央广播事业指导委员会通知后，而仍不遵守者；

乙、不遵指导办法第一节第四条之规定者；

丙、播音稿本及歌曲唱词等，未经核准或许可，擅自播放者；

丁、播音节目内容与审定稿本不符者；

戊、不遵中央广播事业指导委员会关于广播节目指示者。

第三条 广播电台有下列事项之一者，得予以停播1日至7日之处分：

甲、接到指导办法第一节第五条所规定之通知，并不遵照办理或遇中央通令停止娱乐而依然播放娱乐节目者；

乙、经警告后而仍犯本简则第二项任何一款之情事者；或播送节目之内容未经审查核准，擅自播放，而有下列各项情形之一者：

子、破坏民族固有道德；

丑、侮辱国人共同敬仰之先哲或时贤；

寅、鬼神妖异荒诞不经之故事；

卯、词句鄙俚粗秽及诲淫诲盗；

辰、违禁物品或违禁出版品之广告；

巳、危害身心之药物或场所之广告；

午、违反民族平等之旨引起国际恶感。

第四条 广播电台播送节目之内容，未经审查核准，擅自播放，而有下列各项情形之一者，得勒令停播一月或吊销执照：

甲、为他国宣传危害本国安全；

乙、诋毁或违背政府法令；

丙、诋毁或违反本党主义；

丁、妨害社会治安。

第五条 本简则由交通部执行之。

播音节目内容审查标准

(1937年4月12日中华民国交通部令公布施行)

各广播电台节目其演说歌曲唱词广告等，如有下列各项情形之一者，应予修正或全部禁止：

一、违反本党主义者；

二、危害本国安全者；

三、妨害社会治安者；

四、违反善良风俗者；

五、侮辱他人或先哲者；

六、宣传迷信者；

七、词句猥亵者；

八、违禁物品或违禁出版品之广告；

九、危害身心之药物或场所之广告；

十、其他违背政府法令者。

广播无线电台设置规则

（1946年2月14日中华民国交通部公布施行）

第一条 本规则以电信条例第五条之规定制定之。

第二条 本规则所称之广播无线电台（以后称广播电台），系指用无线电传播语言音乐歌曲等供一般公众收听之电台而言。此项广播电台之设置运用均应照本规则之规定办理。

第三条 广播电台除国营者分为下列两类：

1. 公营广播电台。凡中华民国政府机关所办广播电台除交通部所办者系属国营电台外其余均称为公营广播电台。

2. 民营广播电台。凡中华民国公民或正式立案完全华人组织设置之公司厂商学校团体所设广播电台均称为民营广播电台。

第四条 凡外籍机关人民非完全华人组织设置之公司厂商学校团体一律不准在中国境内设立广播电台。

前项公司厂商学校团体之职员虽全系华人而其行政权系由外籍机关或人民掌握或其行政权虽操于华人而其资产之一部属于外籍机关或人民者亦同。

第五条 本规则各条所称广播电台于文内叙明公营或民营者外，均系包括公营民营两类电台而言。

第六条 凡欲设置广播电台均应先行填具申请书登记表（由交通部印制空白书表发给填用），并将下列各项叙明送请交通部审核经核准发给许可证后方可架设：

1. 申请人姓名住址经历（如系公司厂商学校团体应将名称地址组织情形，立案机关及负责人姓名、住址、经历叙明）；

2. 设立广播电台之目的；

3. 广播电台名称组织概算及其经费来源；

4. 发射机电力地址制造厂家及详细工程计划（应附详细线路图）；

5. 播音室地点。

第七条 广播电台许可证之有效期间为核发之日起，满6个月为止，申请人必须于期间内将电台建设完成。其因特别事故未能在期内设成者，得于期满前申述理由附缴原许可证，申请交通部展期三个月，但以一次为限。

第八条 广播电台建设完成，应即申请交通部派员查验核发执照，俟查验合格发给执照后方准播音。其原领之许可证并应于核发执照后缴销。

第九条 广播电台如需试验播音应以夜间零时至6时为限。并应先行报请交通部查核。

第十条 广播电台执照之有效期间为自核发之日起满1年为止，如拟于期满后继续设置运用，应于期满前一个月内申交通部换发新执照，此项新执照之有效期间为自旧照失效之日起满1年为止。

第十一条 在本规则公布前设立之广播电台无论以前已否领有交通部许可证或暂用执照，均应按照本规则之规定补请执照，凡公营广播电台应在本规则公布三个月以内将申请手续办竣，逾期即不得继续播音；民营广播电台应即停止播音，俟请准发给执照后方得恢复。

第十二条 广播电台许可证或执照有遗失，应即登报声明作废，并报请交通部补发。

第十三条 广播电台许可证或执照内所载事项如拟予变更，应先行申请交通部核准换发新证照。

第十四条 凡依照前二条规定补发之许可证执照，其有效期间应仍以原许可证或执照之期间为准。

第十五条 凡申请核发换发补发广播电台许可证，应付缴证书费2万元，印花税费2000元，申请核发换发补发广播电台执照，应附缴执照费4万元，印花税费2000元。

第十六条 广播电台许可证执照均不得移转租让。

第十七条 凡公营广播电台如系地方政府所设者，应以供所辖区域内公众收听为标的，其电力以100瓦特至5000瓦特为限；民营广播电台应以供所在市县内公众收听为标的，其电力以50瓦特至500瓦特为限，此限地方政府所涉及民营电台波长均限用中波（550千周至1566千周）。

第十八条 广播电台之分布，每省不得超过10座并以散布各市县为原则，特别市除上海市不得超过15座，南京市不得超过10座外，其余每市不得超过6座。民营广播电台在上列各项数目中，上海市不得超过2/3，其他各省市不得超过半数。综上各项数目，交通部仍得随时酌量减少核准之。

第十九条 民营广播电台经国家委托经常广播传布政教所需要之节目者，其电台台数电力瓦数及使用周率范围得由交通部呈报行政院特准，不受前两条内关于民营电台规定之限制，但仍须照章逐台申请交通部核准或指定之。

第二十条 广播电台周率由交通部于核发许可证时指定，其呼号由交通部于核发执照时指定之。

第二十一条 广播电台之周率应力求稳定，所用周率如系中波应随时测验调整，使与指定周率上下相差不逾 0.02 千周。

第二十二条 广播电台必须用晶体控制振荡器。

第二十三条 广播电台播音节目应以下列各项为限：

1. 教育及公益演讲；

2. 新闻报告；（以上两项之每日播音时间公营电台应占多数，民营电台亦不得少于全日播音时间 20%）

3. 音乐歌曲及其他娱乐节目；

4. 商业报告。（民营电台播送以上两项节目至多不得超过每日播音时间 80%，公营电台应不予播送商业广告）

第二十四条 广播电台除经交通部核定有特种使命者外，其播音语言应以中国语言为主。

第二十五条 广播电台在播音时间内至多每隔 30 分钟必须将台名呼号及所用周率报告一次。

第二十六条 广播电台不得播送不正确之消息或违反政府法令、危害治安、有伤风化之一切言论、消息、歌曲、文词。

第二十七条 交通部得将政府机关政令消息以及其他有益民众之节目发交广播电台播送或派员前往自行播送或规定转播另一广播电台之节目，各广播电台均应照办，不得托故拒绝。

第二十八条 关于广播电台播音节目，交通部得在不与本规则抵触之范围内另订详细章则管理之。

第二十九条 广播电台未经领有交通部执照或已领执照而已被取消或已遗失未经请准补发者均不得播音。

第三十条 广播电台之周率呼号及其他一切事项经交通部规定或核准后非经申请核准不得变更。

第三十一条 广播电台不得扰乱或妨害任何合法电台之电讯，并不得扰乱或妨害其他广播电台之播音。

第三十二条 交通部得随时派员携带证明文件至各广播电台检查机件及簿籍图表并其他有关事项，各广播电台不得托故拒绝。

第三十三条 交通部或其所派人员对广播电台一切事项有所指示改善，广播电台应尽速照办。

第三十四条 遇有船舶电台航空电台遇险呼救而所用周率与广播电台周率相近时，广播电台或亲自闻得或经交通部所属海岸电台或陆地电台之通知，应即停止播音以避干扰而利救险电报之传递必俟救险电报之传递确已终止时，始得继续播音。

第三十五条 广播电台技术及播音人员交通部得令其登记。

第三十六条 广播电台不得向任何电台或收讯机传递不属广播性质之语言电码或数目字，如有违背应分别按发递电话电报应纳之费 3 倍赔偿交通部电信机关损失。

第三十七条 广播电台如因故欲停止播音若干时日，应先行报请交通部查核。如停止播音逾两个月者，交通部得吊销其执照。

第三十八条 广播电台如拟停办，应先报告交通部查核并将执照缴销，其机件天线等均应拆卸。

第三十九条 广播电台停办后，其机件存放地点应报告交通部查核，非经核准不得移动或出售转让。

第四十条 广播电台违反本规则任何一条时，除电信条例及统制电信器材法规另有规定者，应照各该规定办理外，其他事项由交通部按情节轻重予以下列处分：

1. 警告；
2. 停止播音（自 1 日至 1 个月）；
3. 吊销执照限令撤销电台。

第四十一条 凡违反第三十六条之规定者除赔偿交通部电信损失外应仍按前条之规定处罚。

第四十二条 广播电台如有违反规章之处应由该台主管人员负完全责任，交通部除对于广播电台按照第四十条之规定予以处分外并得通知设台人对电台主管人予以记过罚薪或撤职处分。

第四十三条 国际无线电规则及交通部颁布之各项法规内有关广播电台而与本规则不相抵触之各项规定均适用之。

第四十四条 本规则自公布之日施行。

地市级地方志广播史料

一、南 京 市

概 述

中国无线电广播始建于民国时期。1928 年（中华民国十七年）在南京创建了全国第一座电台，即中央广播电台。当时功率只有 500 瓦，1931 年扩大为了 5 千瓦，成为电波遍及全中国和南洋一带，号称“东亚第一、世界第三”的强力电台。1937 年 12 月 13 日，日本侵略军侵占南京。随后，日军和汪精卫政府先后建立“南京放送局”（即南京广播电台）和汪伪“中央广播电台”。1945 年 8 月 15 日，日军无条件投降。1946 年 5 月 5 日，国民政府还都南京。国民党中央广播电台同日恢复播音。抗日战争胜利后，国民党发动内战，中央广播电台成为国民党“阐扬主义，宣传政令”、“反共反人民”的工具。在此期间，相继建立南京军中广播电台、空军广播电台、青年文化广播电台和政院专务广播电台、资源广播电台等。这批国民党军队、党团、政院所办的电台，均如出一辙，为国民党发动内战摇旗呐喊。同时，还成立了五家民间广播电台。有宗教性福音电台，有商业性电台。

随着 1949 年 4 月 23 日南京的解放，南京人民广播事业开始了新生。中国人民解放军南京市军事管制委员会接管了国民党中央广播电台和军中广播电台，并于 5 月 18 日用“南京人民广播电台”呼号正式播音。在随后的三年间，播出三套节目，全天播音 24 小时。节目内容主要是发布新闻、传达政令、社会教育以及文化娱乐等。鉴于当时群众拥有收音机甚少的情况，为了扩大影响，增强广播宣传效果，在城区和五县陆续建立了广播收音站（组）；形成收音网，组织群众收听人民广播电台的声音。

第一章　无线广播

第一节　民国时期广播电台

国民党中央广播电台

中央广播电台于民国十七年（1928 年）在南京建立。这是南京出现的第一座广播电台。

民国十六年（1927 年）4 月 18 日，国民政府奠都南京。民国十七年（1928 年），国民党中央委员陈果夫、叶楚伧、戴季陶等商决设立广播电台，由陈果夫负责筹措。随后，购置 500 瓦中波发射机一部、140 米高自立式铁塔两座。在丁家桥国民党中央党部后院西南隅，建筑机房，装置铁塔。同年 7 月，经国民党第二届中央执行委员会第 155 次常务委员会通过设台计划，定名“中国国民党中央执行委员会广播无线电台”，简称“中央广播电台”。呼号 XKM，“X”为国际无线电公会当时所指定给中国专用的字母，“KM”代表中国国民党。呼号后改为 XGZ。8 月 1 日，中央广播电台在国民党中央党部大礼堂举行开播式。国民政府军事委员会委员长、国民党中央政治会议主席蒋介石到会并致词。

经国民党第二届中央执行委员会第 198 次常务委员会讨论通过，于民国十九年（1930 年）向德国德律风根公司订购 50 千瓦中波机及全部配套设备。后来德方将 75 千瓦中波机出售给中国。发射台址在江东门北河口。民国二十一年（1932 年）6 月建成试播。同年 11 月 12 日，孙中山先生诞辰 66 周年纪念日，新台正式开播。呼号 XGOA，频率 680 千赫（后改为 660 千赫）。这座拥有 75 千瓦功率的电台，电波遍及全国和南洋一带，被称为“东亚第一、世界第三”的强力广播电台。

民国二十六年（1937 年）11 月，日本侵略军侵占上海，南京危殆。11 月 23 日午夜，中央广播电台停止播音。电台员工分批撤离南京，电台的设备、器材，可搬移的都辗转运往重庆，铁塔等无法带走的重要设备作了有节制的破坏。民国二十七年（1938 年）3 月在重庆恢复中央广播电台的播音。

民国三十四年（1945 年）8 月，抗日战争胜利，国民党中央广播事业管理处派员来南京接管汪精卫“国民政府”（简称汪伪）的中央广播电台。10 月 1 日，将汪伪中央广播电台改名为南京广播电台并开始播音，呼号 XGOB。

民国三十五年（1946 年）5 月 5 日为国民政府“还都日”。中央广播电台于同日恢复播音，呼号 XGOA，频率 660 千赫，功率中波 10 千瓦，短波 4 千瓦。电台的控制中心、办公室都在原汪伪“中国广播事业建设协会”所在地——中山东路祠堂巷 25 号。发射中心仍在江东门。

同年 5 月中旬，着手扩建中央广播电台。先后将留在重庆的 7.5 千瓦短波机和多年前向美国购置的两部 20 千瓦短波机运来南京，以 11835 千赫、15350 千赫、15105 千赫、11880 千赫的频率，分别对东欧、南洋、南太平洋群岛、菲律宾、澳大利亚、新西兰、印度、日本、蒙古和西伯利亚地区以及我国西藏广播。

民国三十八年（1949 年）初，由国民党发动的内战节节败退，国民党政权危在旦夕。中央广播电台着手遣散工作。电台工作人员中除去台湾的以外，有的疏散回乡或到下属地方电台工作，少数留在南京，维持播音。

1 月底，拆下 100 千瓦中波机和两部 20 千瓦短波机，连同其他设备，运往台湾。台长吴道一也带领部分骨干人员去台湾。留下的中央广播电台，用三个中、短波频率继续播音。南京解放前夕，中共南京市委成立“警员工作委员会”，指派杨辉等人负责西郊防务，重点保护国民党中央广播电台发射台等重要设施的安全。24 日夜击退一股反动武装对发射台的骚扰。国民党中央广播电台的少数员工也努力维持电台秩序，保护电台设备，抵制吴道一拆运设备去台湾。4 月 24 日，即南京解放的第二天，国民党中央广播电台改名为南京广播电台播音，呼号 XGOB。

1949 年 4 月 24 日上午，北平新华广播电台（中央人民广播电台的前身）播音员齐越，根据新华广播电台负责人梅益的指示，利用广播同国民党中央广播电台通话，要求电台留守人员遵守中国人民解放军约法八章，保护好机器设备。

5 月 6 日，中国人民解放军南京市军事管制委员会派出李强、陆亘一等正式进驻并接管国民党中央广播电台。当时的设备，只有发射机三部，其中 10 千瓦中波机一部，7.5 千瓦和 4.5 千瓦短波机各一部，还有铁塔、机房等。

技术设施 据国民政府行政院新闻局民国三十六年（1947 年）出版的

《广播事业》载，中央广播电台的技术设施、设备计有三大部分，即发音大厦（播控中心）、播送台（发射台）、收音台。这三部分由传音电缆联接。其中播控中心至发射台有25对电缆一根，传送播控中心各发音室的节目；收音台的发音室有6对电缆一根，传送收音台所收的节目，经播控中心的发音室送至发射台播出。

播控中心在中山东路祠堂巷25号。有发音室四间，分为国内和国外发音之用。所有播控设备，一部分由重庆运来，一部分利用原日本侵略军的装置。因发音室数量不够，且构造简陋，故购置了地处新街口中央商场的中央游戏场，加以改造。但由于时局变化、物价飞涨等原因，民国三十七年（1948年）底草草建成，并未使用。

发射台设于水西门外江东门北河口。播送机有10千瓦中波机及4.5千瓦和7.5千瓦短波机各一部。这三部播送机都是抗日战争初期在重庆购置的。抗战期间从美国购置的50千瓦中波机一部及20千瓦短波机两部，原拟装在重庆，因运输困难，未成。民国三十五年（1946年）9月运来南京。后又购置100千瓦中波机一部，将50千瓦中波机移装上海。20千瓦短波机于民国三十七年（1948年）下半年开始试播。发射台设有125米高的自立式铁塔两座，为10千瓦中波机使用；极偶天线（不定向）两副，为4.5千瓦和7.5千瓦短波机使用；菱形天线（定向）四副，为20千瓦短波机使用。

收音台设于中山门外中山陵园东区安乐堂村。有分布式收音机三座，以收转国内外各电台节目之用；通讯收音机四座，用以侦听电台平常播音。另有录音饥三座，以备收录远方重要节目；阴极摄波器两座，以测验电波的方向等现象，用于科研。台内共设对美、对欧菱形天线各三副，短波天线三组，作为连接三座分布式收音机之用。天线都用高周率备送线转至收音室。

节目设置 中央广播电台创办初期，由于人力有限，资料不足，采用分割播音的办法，每天播音4~5小时。据台湾出版的《中国广播电视发展史》载："民国十七年（1928年）为中国国民党二届五中全会召开时期，中央电台赶于同年八月一日播音，暂定每天两小时许，报告重要新闻，宣传大纲，并有音乐唱片，分别于上午及晚间播出。实际是属试验性质，屡屡改换电波频率，配合较远地区收听。9月起，制定第一张正式播音时间表。"根据这张播音时间表，电台日常播音每天5小时20分，设有新闻、通告通令，宣传大纲、报告决议案、重要新闻及气象、播放唱片等节目。新闻和重要新闻占80分钟，通告通令、报告决议案、宣传大纲占120分钟。另外设有特别节目，其中星期一转播中央纪念周，星期二名人演讲，星期三科学演讲，星期六重要新闻和特别音乐。

民国二十一年（1932 年）大功率电台正式开播以后，每天播音增加到 11 小时 20 分钟。据民国二十三年（1934 年）9 月制定的播音节目时间表，电台播出时间已增加到 13 小时 30 分钟（星期日 11 小时），节目也随之增加。如各类新闻，有新闻、简明新闻、科学新闻、商业新闻、英语新闻、广州语和厦门语新闻、一周大事简报等 7 个节目，播出时间共 2 小时 50 分（星期日 1 小时 35 分）。还设有中央纪念周、总理遗教、名人演讲、政治报告、侨务委员会报告以及教育、杂谈、儿童等 8 个政教性节目；设有科学常识、无线电常识、电码练习、电学常识、科学演讲、军事常识、农技常识、法律常识、家庭常识等 10 个知识性节目；设有音乐、国乐、乐队演奏、弹词、大鼓、平剧等 7 个文艺节目；另有早操、气象、长江水位、商情等服务性节目。

民国三十五年（1946 年）中央广播电台由重庆迁回南京以后，播音时间略有减少，节目设置有所调整。据民国三十六年（1947 年）1 月起实行的播音节目时间表，电台全天播音 10 小时，设有新闻、新闻摘要、简明新闻、英语新闻、时评，国府政令、演讲、早晨的话、自由谈、儿童、家庭等节目；文艺节目设有国乐、军乐、西乐、歌咏或口琴、平剧、音乐会、戏剧等。民国三十八年（1949 年）初，吴道飞等撤离南京以后，中央广播电台仅作维持播音，缩短播音时间，只保留了新闻及时评、英语新闻。此状况，延续至 4 月 23 日全天播音结束。

中央广播电台开播初期，没有正规的采编队伍。节目来源主要依靠社会，依靠各种官方机构。其中新闻选用中央通讯社和当天各大报的资料、稿件；通告来自国民党中央党部和国民政府；宣传大纲由国民党中央党校交办；报告决议案主要来自国民党中央执行委员会常务会议、中央政治会议和国务会议，立法会议、行政会议等决议案；广播演讲主要请国民党中央和国民政府要员、大学教授来担任；文艺节目主要播放唱片，星期六的特别音乐节目，大都由南京市政府管弦乐队到国民党中央大礼堂演奏，电台作实况广播。75 千瓦大功率电台开播以后，编播队伍得到充实和加强，一些学者、名流来到电台工作，编播技术水平有很大提高，自编节目由此逐渐增多。如儿童节目采用了自编自播的节目主持人形式；文艺节目出现了电台同仁的演奏节目，自编自演的广播剧等。电台接着成立音乐组，自己演奏江南丝竹等民族乐曲，自己创作并演奏小型器乐曲，丰富文艺节目内容。但是，电台始终没有形成独立的采访队伍，新闻节目，仍然依靠外稿。抗日战争胜利后，国民党接着发动内战。中央通讯社、国民党中央宣传部、美国新闻处以及军事当局提供的新闻，成为电台新闻的主要来源。南京解放前夕，编辑没有了，由播音员从中央通讯社的油印新闻稿中自行选用。

节目分类　新闻性节目，有新闻摘要、简明新闻等，政治性内容的广播占据着整个广播的主要位置。抗日战争以前一直设有中央纪念周、总理遗教节目。每星期一上午 9 时在国民党中央党部礼堂举行中央纪念周并现场播出，还规定首都南京市各机关的纪念周活动，一律按时聚集在各单位礼堂，收听中央电台广播，同时举行仪式。每星期三至星期六的 20 分钟总理遗教节目，由国民政府要员和名人演讲。遇有重大政治活动，电台集中全力加以宣传。如民国十八年（1929 年）5 月，孙中山灵柩从北京运来南京东郊紫金山南麓中山陵安葬，称为“奉安大典”，电台除在广播中宣传外，还装置迎柩宣传列车，沿途到站宣传，播放哀乐，宣传孙中山事迹，宣讲三民主义。民国三十七年（1948 年）3 月召开首届国民大会，4 月 19 日举行总统大选，电台作了实况转播，并通过联播将实况向全国广播。抗日战争时期，据《广播节目演讲概述》一文记载：“九一八事变发生，国难空前，继之‘一·二八’上海抗战，京沪危殆，广播节目自此遂发生强大作用，每日除新闻报道外，增设日语广播，一面揭穿敌寇阴谋，一面安定恐怖人心，既鼓励军士勇敢杀敌，复唤醒民众踊跃输将，尽力实多。”早在民国二十年（1931 年）“九一八事变”发生以后，一些爱国人士就纷纷来到中央电台作广播讲话，宣传抗日救国。爱国将领冯玉祥曾任国民政府中央军事委员会副委员长，多次到中央电台作广播讲话，呼吁团结抗战。“七七事变”抗日战争爆发。电台除了新闻和抗日演讲外，其他专题节目全部停止。新闻节目增加了抗日政局及前线战讯的报道，又增加了夜间播音，专播抗日快讯，还增加了日语广播。文艺节目也改播军乐、军歌以及警策语，并播放抗日歌曲。如聂耳创作的《义勇军进行曲》。话剧《精忠报国》、广播剧《文天祥》以及中国民族英雄的故事等也经常播出。民国三十四年（1945 年）抗日战争胜利，国民党军队向解放区发动进攻，进行内战，中央广播电台肆意宣扬“反对中国共产党、反对中国人民解放军”。对解放战争中的辽沈、淮海、平津三大战役以及其他战役，作了歪曲事实的报道。

社会教育性节目。抗日战争以前，除每日下午 5 点至 5 点 30 分，与教育部合作轮流邀请国内知名教授、学者担任学术演讲外，并有民众、儿童、科学、电码等教育与故事。还有电学、公民、军事、卫生、法律、家庭、农林、科学、无线电等节目。上述节目每天播出时间共 2 小时 25 分，占全天播音 13 小时 30 分的 18% 。

文艺性节目。建台初期，主要设置了“音乐唱片”节目和星期六的特别节目。随着发射功率的增加和编播队伍的扩大，文艺节目逐渐丰富。据民国二十三年（1934 年）9 月制定的播音节目时间表，电台的各类文艺节目达七个，总计 2 小时 50 分，占全天播音时间 13 小时 30 分的 35%。其中音乐，戏曲主要依靠唱片。乐队演奏节目，有军政部门专业乐队的演奏，有南京市学校、音乐团体的演奏，一些中外音乐名家也经常参加演奏。音乐会节目，以歌咏、西乐为主，由各社会团体担任。当时被誉为“国剧”的平剧（即京剧）是主要的戏剧节目之一，除了播放唱片，南京几家剧院都设有专线，经常转播演出实况。当时南京的平剧票友组织，如中央党部国剧研究会、阳春社、怡社、青光社、友声社等十多个票友会、社也都到电台演播。民国二十四年（1935 年）起，广播剧逐渐成为戏剧节目的一个组成部分。广播剧开始称“无线电戏剧”，后称“广播话剧”，又改称“广播剧”，由电台宣传科同仁编写并演播。广播剧的题材相当广泛，有历史题材，如《卧薪尝胆》、《一去不还》、《荆轲刺秦王的故事》、《木兰从军》、《塞上别》、《岳飞故事》、《史可法》、《文天祥》等；有家庭伦理教育的题材，如《同命鸳鸯》、《孔雀东南飞》等。抗日战争胜利后，文艺节目也逐渐成为反共反人民的一种宣传形式。广播剧，也转为以反共为中心内容。

教育性、常识性节目。每天播出的时间共 35 分钟，仅占全部播音 9 小时 30 分的 6% 强。据民国三十五年（1946 年）9 月的节目预告，早晨的话节目为 15 分钟，内容有：思想建设的重要性、怎样学做人、怎样做事、想和做、自学的重要与应具的条件、怎样获得人家的信任与惜重、消除成功的障碍，等等。自由谈节目为 5 分钟，内容有：不能无言、谈感情与理智、应酬与面子、淡固执、谈糊涂、好看与好听、我们的金钱、老并不可怕、闲话抽烟，等等。家庭节目为 15 分钟，内容有：应当宝贵你的青春、结婚以后、新的四德、吸烟有损你的美丽、从小姐到主妇、父母应该和孩子打成一片、儿童的摹仿性、应从社会及环境中去研究教育、脂粉香水的毒害性，等等。

服务性节目。主要有早操、天气及水位预报、商情等。民国二十二年（1933 年）在中央广播电台的娱乐节目中开办商业广告。并于民国二十三年（1934 年）8 月，筹设中国电声广告社承办广告业务，同年 10 月 1 日起营业。这是公营广播电台承办商业广告的开始。开办一年以后，广告又停止。

在播音语种方面，据民国十七年（1928年）9月制定的播音节目时间表，播音语种仅有国语。随着播出功率的增大，播音时间的增加，逐渐增加为国语、蒙语、藏语，以及英语、马来语等。民国二十一年（1932年）“一·二八”事变以后，又增加了日语。民国三十五年（1946年）从重庆迁回南京后，随着短波频率的增加，从民国三十六年（1947年）起，先后又增加粤、闽、客家方言以及缅、法、俄等语种。

南京短波广播电台

民国十七年（1928年）8月，国民党中央广播电台建成后，中央广播事业管理处鉴于广播事业的发展，为把播音射程远达南洋群岛、澳洲、新西兰、美国、加拿大，于民国二十五年（1936年）2月23日，用中央广播电台自行装制的500瓦短波机在江东门发射台建成南京短波电台，呼号XGOX，频率9460千赫。据民国二十五年（1936年）的播音节目时间表，每天播音时间为：上午11点至13点，下午18点至22点。其中11点30分至13点、18点至19点、20点至21点45分为转播中央广播电台的节目。播音除国语外，还有英语、马来语，以及蒙古语和厦门、广州方言。民国二十六年（1937年）8月，为防避日本侵略军敌机轰炸，将500瓦短波机移到中山陵园灵谷寺附近，后迁往重庆。南京被日军占领后，国民政府于民国二十八年（1939年）2月在重庆建立中央短波广播电台。同年6月，取消短波电台名称，与中央广播电台合并，统称中央广播电台。

南京广播电台

民国二十四年（1935年），中央广播事业管理处为使中央广播电台专播具有全国性的节目，用河北广播电台迁往西安时留下的部分机器和人员，在国民党中央党部后院前中央电台原址，装设200瓦功率的南京广播电台，当年8月建成并播音，呼号XGON，频率900千赫（后改为930千赫），专供播送南京新闻及宣传金陵文物之用。每天播音自10点15分至16点25分，间歇播音两次，播音时间3小时。民国二十五年（1936年）3月因人力不足而停播。

第二节　日伪、汪伪时期广播电台

民国二十六年（1937年）12月13日，日本侵略军侵占南京。次年3月，日军报道部在南京先后安装了15个收音机广播站。同年9月10日，建立南京广播电台（日军称“南京放送局”）。台址在廖家巷2号。民国二十九年（1940年）汪精卫投敌“还都”南京以后，于民国三十年（1941年）2月22日，汪伪行政院宣传部与日本大使馆发表共同声明，称：“根据中日基本条约之原则，创立中国广播事业建设协会，接办事变后日军在华经营之各地广播电台”，3月26日，广播事业建设协会接收南京广播电台，并改名为中央广播电台播音。民国三十四年（1945年）8月，日本政府宣布无条件投降，9月该台为国民党中央广播事业管理处接收。

日伪南京广播电台

日伪南京广播电台由日军报道部主持。几任台长及放送科、技术部的科长，都是日本人。呼号XOJC，频率660千赫。每天播音8小时。设有新闻、演讲、皇军将士之间、日语讲座以及家庭、儿童、故事、经济通讯、游艺等各类节目。主要宣传日本军国主义，污蔑中国共产党和抗日军民。民国二十七年（1938年）12月29日汪精卫投敌叛变以后，电台鼓吹汪精卫投敌的“和平运动”。

汪伪中央广播电台

汪伪中央广播电台于民国三十年（1941年）3月30日建立并播音。播出中心设在中山东路祠堂巷25号。发射台除使用原国民党中央广播电台在江东门的装置外，还利用原侵华日军的南京广播电台在廖家巷2号的发射装置，并增设一小型发射台。为混淆听闻，也使用原国民党中央广播电台的XGOA呼号和660千赫的频率，功率3千瓦。

广播事业建设协会理事王阴康任台长（日本无条件投降时的台长为黄隧），日军报道部的小森为电台顾问。电台设有总务科、技术顾问科、第一广播科、编审科以及第二广播科。第二广播科都为日本人，负责对日军及居留在南京的日本人广播。从台到各科，都有日军报道部派人控制。

电台每天播音三次，播音时间12小时30分钟。民国三十年（1941年）12月8日太平洋战争爆发以前，设置的节目有：政府公报、报告新闻、时事讲述、一周时局报告、广播演讲、经济新闻、日语讲座和故事、歌唱、戏剧，以及友邦将士节目、友邦侨民节目等。太平洋战争爆发以后，增加了日语新闻、大东亚问题、军事解说等节目。此外，还曾设有早晨讲座、趣味谈话、体操、党义讲座、防空讲座、生活讲座、卫生讲座、青年节目等。

第三节　民国时期其他广播电台

国民党军队、社团广播电台

南京军中广播电台　于民国三十二年（1943 年）在重庆成立，属国防部军中播音总队。民国三十五年（1946 年）从重庆迁来南京。呼号 XMAP，频率 720 千赫、12200 千赫。每天从 7 点至 23 点，分三次间歇播音 8 小时。台址在汉中门蛇山 10 号。

据民国三十七年（1948 年）元旦起实行的播音节目时间表载，电台设有新闻、军中晨话、军人园地、时事评论、战地通讯、特约演讲、军学讲座、军事消息、一月战况、一周时事述评、军人服务等节目。文艺节目设有军乐、国乐、中西乐、时代歌曲、杂曲等。在全天播音 8 小时里，新闻及各种社会教育性节目占 40%。在文艺节目中，每天有五次插播“戡乱动员”，进行反共宣传。

民国三十八年（1949 年）初，军中电台随国民政府迁往台湾。留下部分设备和人员，解放后由南京市军事管制委员会接管。

空军广播电台　民国三十五年（1946 年）12 月 1 日在南京建立。12 月 15 日正式开播，以“空军之声”XGAF 的呼号播音。有三个频率：1000 千赫、7100 千赫、11680 千赫。台址在珠江路小营。

据民国三十七年（1948 年）元旦起实行的播音节目时间表载，电台设有新闻、警策语或嘉言录、航空讲坛、军中花絮、交通消息、家庭，以及理化、生物、史理、儿童、卫生、英语教学等节目。文艺设有国乐、西乐、军乐、中国歌曲、中国舞曲、西洋舞曲、平剧等节目。全天从 7 点至 23 点，分三次间歇播音，共 8 小时 45 分。

电台于民国三十七年（1948 年）11 月迁往台湾。

青年文化广播电台　民国三十五年（1946 年）由三民主义青年团南京支团部创办，10 月 30 日开始播音。呼号 XYMC，频率 1200 千赫。台址在厅后街 10 号。

民国三十八年（1949 年）1 月，迁往杭州。杭州解放后，该台由杭州市军事管制委员会接管。

政院专务广播电台　民国三十六年（1947 年）10 月开始播音，民国三十七年（1948 年）8 月终止。呼号 XGIO，频率 8430 千赫。播音时间：19 点至20点、22点至23点。台址在萨家湾楼子巷。

资源广播电台 为国民政府行政院所办，其机器、设备均系资源委员会中央无线电器材公司制造。频率1350千赫。台址在珠江路274号。

民营广播电台

国民政府行政院于民国三十五年（1946年）1月发出节肆字第829号文，指定核准《广播无线电台设置规则》，由交通部于2月14日以603号令公布实行。同年10月，申请设置电台的已达16家。根据《广播无线电台设置规则》第18条规定，南京市公营、民营广播电台不得超过10座，其中民营广播电台不得超过半数。经交通部反复审核议定，核准设立益世、首都、金陵、建邺、青年等5座民营广播电台。益世广播电台率先于民国三十五年（1946年）正式播音，其他电台于民国三十六年（1947年）春先后播音。

益世广播电台 于民国三十五年（1946年）5月经交通部核准，发给民字第一号执照，5月8日开始播音。呼号XPBK，频率940千赫，功率200瓦。台址在铁管巷78号。台长杨慕时，为重庆益世报社社长，神父；名誉董事长于斌，天主教南京教区总主教。

益世电台的节目内容偏重于宗教宣传。据民国三十七年（1948年）制定的播音节目时间表，每天早晚的开始和结束时，都播送益世歌、益世福音，并设有圣贤述传、教友修养、主日讲道、圣乐等宗教性节目。其他有各类新闻、精神讲话、科学丛谈、国内外论坛、各地通迅、金融市场、民众卫生、民众教育辅导、名人格言以及儿童、家庭、讲座、社会服务等。文艺节目有国乐、歌曲、西乐、轻音乐、西洋舞曲、西洋电影歌曲以及平剧；越剧、杂曲等。节目总共40个，在民营电台中节目最多。全天播音11小时50分钟。

民国三十七年（1948年）秋，益世电台为扩大功率，另装500瓦发射机。民国三十八年（1949年）初，装成试播。3月，国民党内战败退，该台迁往台湾。

首都广播电台 于民国三十五年（1946年）10月经交通部核准建立，发给民字第4号执照。民国三十六年（1947年）元旦开始播音，电台呼号XLAY，频率850千赫，功率100瓦。台址在延龄巷40号。负责人朱晶三、郑达善、杨子韶。

据民国三十六年（1947年）10月制定的播音节目时间表，电台的节目设有新闻、英语新闻、社会服务、时论介绍以及国乐、歌曲、越剧、申曲、交响曲、中西流行歌曲、平剧等，共 12 个节目。全天播音时间 12 小时 30 分。民国三十七年（1948 年）还增办宗教讲座等节目。

金陵广播电台　于民国三十五年（1946 年）10 月经交通部核准建立，发给执照。民国三十六年（1947 年）春开始播音。电台呼号 XALW，频率 1030 千赫，功率 200 瓦。台址在建康路 318 号。负责人陆振华。

据民国三十六年（1947 年）播音节目时间表，电台设有新闻、自由谈、家庭、医学讲座、英文讲导、国文讲导、国乐、西乐、歌唱，平剧、曲艺等，共 20 多个节目。全天播音 11 小时 30 分。民国三十七年（1948 年）8 月起，星期日延长播音时间，播出一周大事和特别节目，并有宗教节目。

建邺广播电台　于民国三十五年（1946 年）10 月经交通部核准建立，发给执照。民国三十六年（1947 年）5 月开始播音。呼号 XLAX，频率 1170 千赫，功率 200 瓦。台址在建康路 572 号。吴瑞鸿任台长。吴原在夫子庙开设瑞记无线电行，经营无线电器材，修理收音机等。建邺电台与南京市工商会挂钩，成立建邺广播电台股份有限公司。并挂牌为南京市工商会特约广播电台。

据民国三十六年（1947 年）的播音节目时间表，电台设置的节目有：新闻、早晨的话、儿童节目、社会服务、商情报告、妇女讲座、特别节目、国乐、西乐、歌曲、口琴传授、京剧、越剧、杂曲等，共 17 个，全天播音 13 小时。

青年广播电台　于民国三十五年（1946 年）10 月经交通部核准建立，发给执照。民国三十六年（1947 年）春开始播音。呼号 XLAZ，频率 1090 千赫，功率 100 瓦。台址在延龄巷 79 号。负责人蓝绪文、卢崇烈。

据民国三十六年（1947 年）的播音节目时间表，电台节目设有报告新闻、早晨的话、自由谈、教育讲座、儿童节目、新闻商情、早晨音乐、歌唱、国乐、西乐、西洋舞曲、平剧、申曲、苏州弹词、医学小品等，共 14 个。全天播音 11 小时。

上述五家民营电台都属商业性质，开办时有的为独资经营，如建邺、金陵等台；有的为合资经营，如益世、首都、青年等台。首都电台在申请设置时，为首都、和平两电台，由于南京只能设置五座民营广播电台，除益世、建邺、金陵、青年等四台单独设置外，首都、和平两台经协商，决定合并为一台经营，保留“首都”台名。民国三十六年（1947 年）4 月，五家电台向南京市社会局申请成立“南京市广播电台商业同业公会”。6～7 月间，首都、建邺两台分别改组为首都、建邺广播无线电台股份有限公司。

五座电台的播音设施、设备，除益世台盖有新楼，设备较精良以外，一般都因陋就简，利用原有房屋。播音室一般约七八尺见方，四壁用一般隔音板，地面铺地毯。播音、放音合于一室。天线架设在屋后空地。天线的拉线，有的就系在附近树干根部，地线有的就接在自来水管上。电台的人员也很少，没有专职编采人员，节目主要由播音员具体负责。

根据《广播无线电台设置规则》第22条规定，民营电台的新闻不得少于全天播音时间的20%，文艺及商业广告两项不得超过80%。广告一般在文艺节目中插播或由客户指定专门时间播出。整个节目的安排，虽有制定的播音节目时间表，但实行时有较大的灵活性。新闻、言论等节目来源，主要依靠报纸；文艺节目主要依靠放唱片。

民国三十七年（1948年）底，因国民政府的货币金圆券贬值，市场萧条，除益世电台外，其余四台都先后停止播音。南京解放以后，首都、金陵、建邺等三台曾要求恢复播音，未获准，由各台向市公安局登记处理。

外国广播电台

美军广播电台，于民国三十五年（1946年）由重庆迁来南京。呼号XMAG，频率1540千赫、4275千赫。功率250瓦、500瓦。台址在黄浦路。每天播音三次，上午6点30分至7点30分，中午12点至16点15分，下午16点30分至23点45分。全部用英语，主要对象为驻华美军。

第四节　建国后广播电台

南京人民广播电台（含调频立体声广播）

南京人民广播电台建于1949年5月18日，这是南京市有史以来的第一座人民广播电台。

1949年4月23日南京解放。中国人民解放军南京市军事管制委员会派员先后接管国民党中央广播电台、国民政府国防部所属军中广播电台。开始以“南京广播电台”的呼号，转播北平新华广播电台（中央人民广播电台的前身）的节目，播送南京市军事管制委员会的布告和政府通知，摘播《新华日报》的部分消息，还播放少量文艺节目。在此期间，利用国民党中央广播电台的设备以及军中广播电台的部分设备，以随中国人民解放军南下的工作人员为核心，团结两台部分留守人员，筹建南京人民广播电台，同年5月

18 日，用“南京人民广播电台”的呼号正式播音。播出中心在中山东路祠堂巷 25 号，发射中心在江东门北河口。原南京广播电台的呼号同时撤销。

初建的南京人民广播电台，波长 454 米，频率 660 千赫，功率 10 千瓦。全天播音 5 小时。

技术设施 1949 年 5 月 18 日，南京人民广播电台正式播音，其技术设施、设备主要是国民党中央广播电台的。播出中心在中山东路祠堂巷 25 号，有播出控制室一间，大小播音室三间，美制增音机一部，钢丝录音机一部。从播控室到发射台，有日本制 25 对普通传音电缆一根，是日本侵略军占领时埋设的。发射中心在江东门北河口，有美制 10 千瓦中波发射机一部，德国制 125 米高的自立式铁塔两座。这在当时是全国功率最大的广播电台。

第二章 机构与管理

第一节 组织机构

民国时期广播管理机构

中央广播电台建台初期，隶属国民党中央宣传部，后改隶属国民党中央执行委员会。徐恩曾、吴道一任正副主任，后由吴道一任主任。台内设有正副技师各一人，公务员、管理员、文牍员、报告员、收音员、录音、机匠等若干人。民国二十一年（1932 年）成立中央广播事业管理处后，处台合一。处内设有技术科、传音科。

另据民国三十五年（1946 年）12 月中央广播事业指导委员会、中央广播事业管理处的职员录载，此时的电台已单独设有组织机构。吴道一兼台长。台内设有工务科、传音科、音乐组、事务科、人事室。其他行政、党务仍由管理处负责。民国三十八年（1949 年）1 月，吴道一撤离南京，由张维和代理台长。南京解放前夕，张也悄然离开南京。

中央广播事业管理处

民国二十一年（1932 年），经国民党第三届中央执行委员会第 17 次常务委员会通过，成立中央广播无线电台管理处。民国二十五年（1936年），经国民党第四届中央执行委员会第2次常务委员会通过，更名为中国国民党中央执行委员会广播事业管理处，简称中央广播事业管理处。民国三十六年（1947年）1月经行政院核准，管理处改组为中国广播股份有限公司，因董事长戴季陶未到职，公司未能正式成立。

管理处开始隶属于国民党中央宣传部，后直属国民党中央执行委员会，其宣传事项受中央宣传部指导。民国三十四年（1945年），中央宣传部改隶属于国民政府行政院，中央广播事业管理处也划归行政院宣传部直辖。

据国民政府行政院新闻局民国三十六年（1947年）11月出版的《广播事业》载，管理处的“内部组织除下属各台外，分设技术、传音、收音指导、总务、文书等五科及会计、人事两室。技术科管理广播器材之研究改进与试验，及各分台工务方面之考核审察与改进事项；传音科管理播音节目之征集、审察，各分台节目之考核、审察与改进事项；收音指导科则管理各地收音工作之推进协助，及收音人员之训练指导事项”。管理处“尚设有广播器材修造所及电波研究所各一处。前者专门修造广播器材，后者则专门从事电波之研究”。

管理处所属电台，除中央广播电台以外，抗日战争以前建成播音的电台计有福州、河北、西安、长沙、上海正音等五座；另有直属电台：南京广播电台、南京短波广播电台。抗战以后，至民国三十五年（1946年），接收的各地电台共11座。

民国二十一年（1932年）起，吴保丰任管理处处长，吴道一任副处长。民国三十二年（1943年）起，吴道一任处长，彭精一任副处长，直到民国三十八年（1949年）去台湾。

管理处出版两种刊物：一是《无线电》期刊，民国二十三年（1934年）2月出版，为双月刊；二是《广播周报》，民国二十三年（1934年）9月17日出版，为周刊。民国三十年（1941年）出至196期停刊。民国三十五年（1946年）9月1日复刊。民国三十七年（1948年）12月5日出至复刊116期停刊。

中央广播事业指导委员会

民国二十五年（1936年）2月，经国民党第五届中央执行委员会第3次常委会决议，设置中央广播事业指导委员会，以指导考核及统制监督全国广播事业的发展。由中央广播事业管理处、中央宣传部、中央文化事业计划委员会、军事委员会、交通部、教育部、内政部、外交部等机关各派一代表组成，陈果夫为主任委员，吴保丰为副主任委员。内部机构设有指导组、考核组、审察组、事务组。人员大都为兼任。

据民国二十九年（1940 年）1 月国民党中央执行委员会第 138 次常委会修正通过的《中央广播事业指导委员会组织大纲》规定，指导委员会的工作范围：广播电台业务的监督和节目的审察与审核、广播网的计划与统制、广播机件材料程式的规定、广播法规的编订、收音机的调查与登记以及参加国际会议等。

民国三十六年（1947 年）底，该委员会经国民党中央常委会决议裁撤。

汪伪时期广播管理机构

中国广播事业建设协会　民国三十年（1941 年）2 月 22 日，汪伪国民政府宣传部与日本大使馆发表《共同声明》，建立“中国广播事业建设协会”。协会设立理事会，为协会最高权力机关，受汪伪政府宣传部指导监督。理事会的理事及监事共 11 人，由汪伪及日本双方人士担任，经宣传部呈请行政院核准聘定。协会理事长为林柏生，常务理事为韦乃伦、郭保焕、中田末广、线野一男。据民国三十年（1941 年）2 月 18 日汪伪行政院核准备案的《中国广播事业建设协会章程》，协会任务：办理各种广播事业建设，统合经营广播无线电台，筹募保管及支配广播事业建设款项，培训及介绍广播无线电台专门人才等等。协会的内部机构，设有总务、管理、广播、技术等四部和研究、编译两室。

广播事业设计委员会　汪伪行政院宣传部为统筹广播事业设计事宜，于民国三十年（1941 年）2 月成立广播事业设计委员会。据民国三十年（1941 年）2 月 15 日呈行政院备案的设计委员会规程，其工作范围：拟订全国广播事业推进计划；规划广播国策实施办法；设计广播宣传工作；宣传部特种宣传司提请设计有关广播事项。设计委员会设委员长 1 人，由宣传部部长兼任；常务委员 3 人，由宣传部政务处长、常务次长、主管司长兼任；委员若干人，其中 4 ~ 6 人为专任，其余由行政院有关各部及其他有关机关派代表兼任。

广播无线电台管理处　成立于民国三十年（1941 年）3 月，直隶汪伪行政院宣传部，有关广播无线电台工程技术事项接受交通部的监督指导，管理处处长华汉光。处内设总务、管理、技术等三科。民国三十年（1941 年）2 月 21 日汪伪行政院核准公布的管理处组织规程，其职权为广播无线电台的登记注册及营业事项；取缔广播无线电台违法事项；编拟及执行全国广播无线电台法令；稽查广播无线电台工程机件及一切设备；调查广播无线电台一般运营状况及查验执照；指导广播无线电台播音技术事项。先后编写的法规有《中华民国广播无线电台条例》、《广播无线电台登记注册规则》、《广播无线电台播音节目审查办法》。还实施了对日军占领区的无线电收音机登记管理。

大事记

1928年（民国十七年）

8月1日 国民党中央执行委员会广播无线电台成立并正式播音。简称“中央广播电台”。台址设在南京丁家桥国民党中央党部后院。呼号XKM，同年11月改为XGZ，功率500瓦。负责人吴道一。

1929年（民国十八年）

2月 国民党中央广播电台着手在南京江东门北河口筹建大功率发射台。1932年（民国二十一年）11月12日，孙中山先生诞辰纪念日正式投入使用。功率75千瓦，呼号改为XGOA。

1932年（民国二十一年）

1月 成立中央广播无线电台管理处。1936年（民国二十五年）1月，改为中央广播事业管理处，管理所属的全国各地公营电台。1947年（民国三十六年），改组为中国广播股份有限公司。

1935年（民国二十四年）

8月 南京广播电台建成开播。呼号XGON，频率900千赫（后改为930千赫）。专供播送南京新闻及宣传金陵文物之用。1936年（民国二十五年）3月，因人力不足而停播。

1936年（民国二十五年）

2月23日 南京短波广播电台建成播音。呼号XGOX，频率9460千赫。用国语和英语、马来语对海外广播。南京被日军侵占后，1939年（民国二十八年）2月，在重庆建立中央短波广播电台。同年6月，与中央广播电台合并。

2月 设立中央广播事业指导委员会，负责指导推进及整理全国广播事业。陈果夫任主任委员。1947年（民国三十六年）裁撤。

1937年（民国二十六年）

11月 日本侵略军进逼南京。国民党中央广播电台于当月23日夜停止播音，并与中央广播事业管理处、中央广播事业指导委员会一并迁往重庆。

1938年（民国二十七年）

3月 占领南京的日军报道部在南京安装三个收音机广播站，后逐步增加为15个。9月10日，建立南京广播电台。台址在廖家巷2号。电台呼号XOJX，功率500瓦。全天播音8小时。

1941年（民国三十年）

2月23日 汪精卫国民政府（以下简称汪伪）宣传部与日本大使馆发表《共同声明》，成立汪伪“中国广播事业建设协会”。地址在南京中山东路祠堂巷。其任务是：办理各种广播事业建设，经营广播无线电台，筹募保管及支配广播事业建设款项，培训及介绍广播无线电专门人才等。

2月 汪伪行政院成立广播事业设计委员会，统筹广播事业设计事宜。

3月26日 日军的南京广播电台改为汪伪政权的中央广播电台，用原国民党中央广播电台的名称、呼号、频率播音。播出中心设在祠堂巷，发射中心为原国民党中央台在江东门的发射台，广播事业建设协会理事王荫康任台长，日军报道部的小森为电台顾问。电台全天播音12小时30分钟。

3月 汪伪行政院成立广播无线电台管理处。其职权为广播无线电台的登记及营业事项；编拟及执行全国广播无线电台法令等。

1945年（民国三十四年）

8月 日本宣布无条件投降。当月30日，国民党中央广播事业管理处派员从重庆来南京接管汪伪中央广播电台。10月1日，将汪伪中央广播电台改名为南京广播电台开始播音，呼号XGOB。

1946年（民国三十五年）

5月5日 国民党中央广播电台恢复播音（南京广播电台同时撤销）。呼号XGOA，频率660千赫，功率中波10千瓦，短波4千瓦。播出中心在祠堂巷，发射中心在江东门。全天播音10小时。

5月8日，益世广播电台成立并正式播音。这是南京第一座民营电台。获国民政府交通部“民字第一号”执照。呼号XPBK，频率940千赫，功率200瓦。台长杨慕时，神父；名誉董事长于斌，天主教南京教区总主教。节目内容偏重于宗教宣传。1949年春随国民党政府迁往台湾。

5月 国民党中央广播电台先后以11835千赫、15350千赫、15105千赫、11880千赫，除对蒙古、西藏外，并对亚、欧、美等一些国家广播。使用的语言除国语外，有蒙、藏语和粤、闽、客家等方言，还有马来、日、英、俄、法等语言。

10月 民营的首都广播电台建立。1947年（民国三十六年）元旦开始播音，呼号XLAY。台址：延龄巷40号。

10月 民营的青年广播电台建立。1947年（民国三十六年）春开始播音，呼号XLAZ。台址：延龄巷79号。

10月 民营的建邺广播电台建立。1947年（民国三十六年）5月开始播音，呼号XLAX。台址：建康路572号。

10月 民营的金陵广播电台建立。1947年（民国三十六年）春开始播音，呼号XALM。台址：建康路318号。

至1948年（民国三十七年）年底，民营的首都、青年、建邺、金陵等四家电台由于经济原因先后停播。

10月10日 南京军中广播电台正式播音。该台原为国防部军中播音总队，1942年6月1日成立于重庆。1946年5月6日迁来南京。呼号XMAP，频率720千赫、12220千赫。每天从早7点到晚23点播出，分三次共播音8个小时。台址：汉中门蛇山10号。

10月30日 青年文化广播电台正式播音，为三民主义青年团南京支团部所办。台址：厅后街10号。1949年（民国三十八年）1月迁往杭州。

12月1日 空军广播电台成立，15日正式播音。呼号XGAF，频率1000千赫、7100千赫、11680千赫。每天播音三次，共8小时30分钟。台址：珠江路小营。1948年（民国三十七年）11月1日迁往台湾。

12月 美军广播电台由重庆迁来南京。呼号XMAG，频率1540千赫、4275千赫，台址：黄埔路。每天播音三次，全部用英语，对象为驻华美军。

1947年（民国三十六年）

10月 政院专务广播电台建成并开播。呼号XGIO，频率8430千赫。台址：萨家湾楼子巷。1948年8月终止。

12月 资源广播电台建成播音。频率1350千赫，台址在珠江路274号。该台为国民党政府行政院资源委员会主办。

1949年

1月 国民党中央广播电台着手拆迁设备，遣散人员，后撤退台湾。军中广播电台也迁往台湾。国民党中央广播电台留下的部分人员和设备维持播音，一直延续至4月23日播音结束。

4月23日 南京解放。

4月24日 北平（北京）新华广播电台播音员齐越，受命以北平新华广播电台的名义，和南京国民党中央广播电台通话，指示对方留守人员遵守中国人民解放军约法八章，不听信谣言，保护好机器设备。当日，将原国民党中央广播电台改为南京广播电台播音，转播北平新华广播电台节目。

4月 中国人民解放军第二野战军司令员、南京市军事管制委员会主任刘伯承视察南京广播电台。

5月6日 在南京市军事管制委员会文化教育委员会领导下，中央广播事业管理处派李强、华东新华广播电台派路星源为军代表，分别率员接管原国民党中央广播电台和军中广播电台。

5月18日 根据中共南京市委的决定，将南京广播电台改名南京人民广播电台开始播音，并定该日为建台日。电台台长由中共南京市委宣传部副部长、《新华日报》社、新华通讯社南京分社社长石西民兼任。副台长路星源。

7月 出版《活页歌选》，刊载老解放区的群众歌曲。这是南京解放后出版最早的广播刊物。

10月 电台举办儿童节目，每周播出四次，每次15分钟，后改为30分钟。节目对象主要是学龄儿童。

二、常 州 市

第一章　广播

常州广播，始于1932年9月。当时国民党武进县党部设广播电台一座，发射功率仅15瓦，后增至50瓦、75瓦。1933年，曾有民营大润广播电台开播，但为时不长，1935年即停播。日军侵占常州时，国民党武进县党部广播电台停播。抗日战争胜利后恢复播音，功率从100瓦增加至200瓦。1947年5月，武进县三青团组织主办常青广播电台，功率100瓦。当时，人民群众中收音设备较少，只有少量的电子管收音机和矿石收音机，电台播音时间每天3小时左右，最多7~9小时。

解放后，人民政府接管了上述两个电台，建立常州广播电台，于4月27日无线广播试播成功。9月，改名常州人民广播电台，11月1日正式播音。

第一节 无线广播

解放前广播电台

国民党武进县党部广播电台 1932年9月建立，台址设武进县商会国耻馆，发射机一台，功率15瓦，频率1250千赫，波长240米。配备3名专职修理人员。次年3月，频率改为1330千赫，波长225.6米，发射功率增为50瓦，台址从国耻馆迁至大庙弄中山纪念堂楼上，于1934年2月1日正式播音。1935年，又将功率增至75瓦，播音时间从3小时左右增加到7小时，广播节目从不固定逐步改为固定。1937年日军侵常时停播。1945年抗日战争胜利后，由常州华安电料行业主郭光华及友人朱安如提供广播发射机和全套广播设备，恢复县党部电台，功率100瓦，翌年10月，扩大到200瓦，至1949年解放时停播。

大润广播电台 1933年由常州大润电料行业主和钱庄老板创办，属民营性质。凭着他们掌握的无线电技术，从市场上购得进口的广播器材，组装发射机。建台的目的，主要是报道商情、传递信息；寻求娱乐，活跃生活。台址设在南大街大润电料行，呼号为XGDL，功率10瓦，频率1470千赫，波长204.1米。每天播音3小时，上午9~10点，中午1~2点，下午6~7点。节目内容除本地及外埠商情、牌价外，大部分是文艺节目，以京剧唱片、流行歌曲等为主。1935年，频率改为1174千赫，波长255.5米，当年停办。

常青广播电台 1947年5月29日（农历三月廿九日，黄花岗战役纪念日）开播，由三青团武进分团建立。台址设在城中公园（今人民公园）内，电台呼号XLYC，频率760千赫，波长394.7米，功率200瓦，木杆天线高度49米，机器设备由常州华安电器行无偿提供。次年，电台改由武进县社会服务处（三青团所属机构）领导。此电台至1949年4月常州解放时停播。

国民党武进县党部电台情况变动表

呼号	功率（瓦）	频率(千赫)	波长（米）	变动时间	备注
XGWT	15	1250	240	1932 年 9 月	开始建台
XGWT	50	1330	225.6	1933 年 3 月	
XLIK	50	1330	225.6	1934 年 2 月	
XLIK	75	1330	225.6	1935 年	至 1938 年止
XLIK	100	1330	225.6	1945 年	抗战胜利后
XLIK	200	1330	225.6	1946 年	至 1949 年 4 月止

三、镇 江 市

概 述

镇江市位于长江和京杭大运河交汇处，西毗南京，东南连常州，北与扬州隔江相望，为江苏省省辖市。

镇江市辖京口区、润州区和丹徒县、丹阳市、句容市及扬中市。全市总面积 3843 平方公里，总人口 263 万人，市区人口 52 万人。

镇江境内，自民国二十四年（1935 年）诞生无线广播电台起至 1995 年，适逢一轮甲子。综观 60 年，经历了无线广播——有线广播——无线广播——有线广播、无线广播和电视广播共同发展的过程。

民国十八年（1929 年）起，镇江成为江苏省省会。民国二十四年（1935 年），江苏省政府在镇江设立的江苏省广播无线电台，是镇江最早的无线广播电台，中波发射功率 100 瓦（后扩大为 1 千瓦）。作为国民党江苏省政治喉舌的广播电台，除了宣传“三民主义”，还宣传导淮、禁烟等，设名人学术演讲，其时反共宣传亦在新闻和施政报告节目中出现。西安事变后，加大了反对日本侵略的宣传。1937 年 12 月，日军攻陷镇江前夕，广播电台随江苏省政府撤离。

镇江沦陷期间，汪伪镇江县宣传委员会广播电台（后改名镇江县政府政令播音所）于民国三十年（1941 年）4 月开始播音。在街头接拉 47 只扬声器通过有线广播，为粉饰日军侵华血腥罪行服务。其存在时间短暂，第二年停止播音。

抗日战争胜利后，民国三十五年（1946 年），江苏广播电台在镇江重新建立恢复播音，发射功率仅 50 瓦（后扩大为 100 瓦），除转播中央台节目，设《本省新闻》等节目外，又新设《勘乱节目》，宣传剿共。随着苏北大片土地解放，国民党政权风雨飘摇，江苏省广播电台于民国三十七年（1948 年）年底也停止播音。

1935 年至 1949 年的十四年中，江苏省广播电台在镇江播音前后共 5 年又 3 个月。其时，收音机罕见，收听率极其有限。

大 事 记

（1935～1948）

民国二十四年（1935 年）

7 月 1 日 江苏省广播无线电台（亦称江苏省广播电台）在省会镇江正式播音，功率 100 瓦。《江苏广播双周刊》也于同月在镇江创刊。台负责人王思撰。后功率扩大为 1 千瓦。

民国二十六年（1937 年）

12 月 日军侵占镇江前，江苏省广播无线电台随江苏省政府撤离镇江。

民国三十年（1941 年）

4 月 1 日 汪伪镇江县宣传委员会广播电台（有线）正式播音。同月 30 日，更名镇江县政府政令播音所，1942 年停办。

民国三十五年（1946 年）

春 江苏广播电台在镇江重新建立恢复播音，功率 50 瓦。台长金文哲。

民国三十七年（1948 年）

12 月 16 日 江苏广播电台终止播音。

第一章　无线广播电台

民国二十四年（1935 年）建立的江苏省广播无线电台，是镇江境内最早的中波无线广播电台，此台存在仅两年左右，因抗日战争爆发而撤离；抗日战争胜利后，民国三十五年（1946 年）在镇江恢复重建的江苏广播电台，存在不到三年。

第一节　江苏省广播无线电台

民国二十四年（1935 年）春，江苏省政府在省会镇江筹建江苏省广播无线电台（亦称江苏省广播电台），同年 6 月 3 日试播，7 月 1 日正式播音。台址设在省政府大院内（今市政路 24 号），发射机系自行装配，功率 100 瓦，在省府大院空场上用木杆架设天线两根，杆高 30 米，杆距 40 米，天线实长 33.3 米。呼号 XGOZ，频率 1110 千赫，波长 260.8 米。电台隶属江苏省政府秘书处，有职工 7 人，负责人王思撰。平均每天播音约 6 小时左右，星期日为 3 小时，节目设有《本省新闻》、《党务报告》、《施政报告》、《保甲宣传》、《导淮宣传》、《禁烟报告》、《青年教育》、《妇女教育》、《儿童教育》、《名人学术演讲》、《江苏名贤》等，星期日特别节目内容有平剧、话剧、歌韵、丝竹、昆曲、口琴、古琴等。《江苏广播双周刊》也于同年 7 月在镇江创刊，由江苏省政府主席陈果夫题写刊名，16 开，铅印，由江苏省广播电台编辑，主要刊登电台两周广播节目表，各种广播讲话稿，常识、教育、文艺方面的广播稿和江苏省两周大事记。江苏省政府秘书处发行。

民国二十五年（1936 年）4 月，电台功率扩大为 1 千瓦，频率改为 1150 千赫。同年 8 月，《江苏广播双周刊》更名《江苏广播周刊》，除刊登电台一周节目表、江苏一周大事记外，还设《广播问答》专栏等，由江苏省政府秘书处编辑发行，期发行量 2500 册，零售价每册 1 分钱。

民国二十六年（1937 年）1 月，电台迁入镇江西郊省句路（今中山西路火车站西侧）新址。新址占地 27 亩，架设高 55 米发射铁塔两座，新建房屋，全部工程历时近五个月，共用经费法币 35000 元。陈际唐任电台主任，王以宣任副主任。同年，日本侵华战争爆发后，江苏省广播无线电台随江苏省政府撤离镇江，机器设备散失。

民国三十四年（1945 年）8 月 15 日，日本宣布无条件投降。同年 9 月 21 日，国民党江苏省党部与江苏省政府宣传处接收汪伪江苏省政府在苏州建立的“苏州广播电台”，10 月 17 日，将所接收的机器设备及物资用火车运至镇江，由江苏省政府宣传处第一科科长金文哲任江苏省广播电台筹备处主任。

民国三十五年（1946 年）春，江苏广播电台恢复开播。台址设在中正路国民党江苏省党部院内（今解放路 21 号）。呼号 XOPA，频率 1330 千赫，波长 225.6 米，功率 50 瓦。同年下半年功率扩大为 100 瓦。全台职工共有 15 人，金文哲任台长，下设技术、广播、总务三个组。每天播音 7 小时 30 分钟。民国三十七年（1948 年）7 月，中央广播事业管理处委派邬德仲接任台长，11 月 1 日起播出节目有《本省新闻》、《戡乱节目》、《党义》、《宗教节目》、《时论介绍》及各种讲座等，每天播音 8 个半小时。其时，苏北大部分地区解放，国民党政府岌岌可危，镇江电源发生困难，播音时断时续，经中央广播事业管理处批准，于同年 12 月 16 日停止播音。

江苏省广播无线电台播音节目表

（民国二十四年 7 月 1 日起实行）

第一次播音（周一至六）

8：30 ~ 8：33　党歌（周一至六）

8：33 ~ 9：00　暑期补习（周一至六）

9：00 ~ 9：20　党政联合纪念周（一）、农人常识（二）、工人常识（三）、商人常识（四）、电信常识（五）、警政常识（六）

9：20 ~ 9：40　党政联合纪念周（一）、国语练习（周二至六）

9：40　第一次播音结束（周一党务报告至 10：00 结束）

第二次播音（周一至六）

12：00 ~ 12：20　嘉言、西乐（周一至六）

12：20 ~ 12：45　新闻、歌曲（周一至六）

12：45 ~ 13：00　平剧（周一至六）

13：00　第二次播音结束

第三次播音（周二至五）

16：00～16：30　政令（二、五）、救灾常识（三）、施政报告（四）

16：30　第三次播音结束

第四次播音（周一至六）

17：00～17：15　医药卫生（周一至六）

17：15～17：35　保甲宣传（一、四）、导淮宣传（二、五）、禁烟报告（三、六）

17：35～18：00　音乐（周一至六）

18：00～18：30　青年教育（一、四）、妇女教育（二、五）、儿童教育（三、六）

第五次播音（星期日为第一次播音）

18：30～20：00　特别节目（日）、休息（周一至六）

20：00～20：30　特别节目（日、二、四、六）、国学概论（一）、名人学术演讲（三）、江苏名贤传（五）

20：30～21：00　预报节目、西乐（周一至日）

21：00～21：27　本省新闻（周一至日）

21：27～21：30　党歌（周一至日）

注：

1. 逢星期一纪念周，必须待纪念周完毕后结束；
2. 党务报告每月第一周的星期一举行，即续纪念周举行；
3. 特别节目内容含平剧、话剧、歌韵、丝竹、昆曲、口琴、古琴等；
4. 星期日的特别节目间一周一次。

广播电视学学科建设书系之三

新修地方志

早期广播史料汇编（下）

赵玉明　艾红红　刘书峰◎主编

中国广播影视出版社

目录 Contents

浙江省

安徽省

福建省

江西省

附录

山东省

地市级地方志广播史料

河南省

湖北省

湖南省

广东省

广西壮族自治区

四川省

贵州省

云南省

附录

地市级地方志广播史料

西藏自治区

陕 西 省

第一篇　广播宣传

第四篇　管理

附录

地市级地方志广播史料

甘肃省

附录

地市级地方志广播史料

青海省

宁夏回族自治区

第一篇　广播

地市级地方志广播史料

新疆维吾尔自治区

台 湾 省

浙江省

浙江省新闻志编纂委员会编：《浙江省新闻志》，浙江人民出版社 2007 年版

《杭州市志·第六卷·新闻篇》，中华书局 1998 年版

概 述

民国十七年（1928年）10月，浙江省无线电广播电台（旋即改称浙江省无线广播电台）开始播音，这标志着浙江广播事业的诞生。这座广播电台建台开播时间，距我国政府自办的第一座广播电台，即哈尔滨广播电台仅晚两年多，是全国最早建成的几座公办广播电台之一。抗日战争前后到解放前夕，国民党军政当局在浙江境内先后建有浙江广播电台、青年文化广播电台等五座广播电台。另在工商业较为发达的杭、嘉、湖和宁、绍地区，约二十座民办的广播电台相继建成并播出各类节目。所有这些广播电台，大都规模很小，发射功率多为50瓦至100瓦，小的仅15瓦，只在电台所在地及其附近才能收听到广播。其中大部分广播电台，存在的时间极短，有的在办台当年甚或当月就停播了。此外，抗战期间浙江沦陷，日伪在杭州、宁波、金华三地办过广播电台，小功率发射，听众很少。

1949年杭州解放的当月，5月25日，浙江新华广播电台（浙江人民广播电台前身）首次广播，从此开创浙江人民广播事业崛起和发展的历史。

第一篇 >>>
广播电视

第一章 民国时期浙江广播

第一节 公办广播电台

浙江省无线广播电台（1928～1945）

（一）建台经过

民国十六年（1927 年）10 月 19 日，国民党浙江省政府委员会第 59 次会议上，省府委员兼建设厅厅长程振钧提议省政府建设广播电台，各县装置收音机，以通无线电话。这个提案说："省政府为一省政令所出，即政治之枢纽也。对全省 75 县之发令手续，均以邮递，近省县份尚可朝发夕至，而边远县份则有迟至半月之后始能递到者，虽遇有紧急命令可改用电报传达，无如直接通电报者仅有 30 余县，其余仍非转达不可，万一电线发生障碍，则消息因以阻滞。现值训政时期，消息最贵灵通，欲免除此种障碍，唯有装设无线电话，以通消息。况演讲宣传，教育民众，传播音乐以供民众娱乐，尤以无线电话为最便捷，所费不多，收效甚巨。故敝厅拟于杭州设无线电台一座，于各政府装置收音机一具，每日按日传布消息，传播音乐……"这个提案经审查复议后，在民国十七年（1928 年）1 月 13 日的省政府委员会第 67 次会议上获得通过。省政府拨专款 1.58 万元（同年 4 月又追加 1.2 万元，均系银圆），作为广播无线电台的购置费，并任命郑方珩（中央军委交通处电政科科长）、李熙谋（国立第三中山大学即浙江大学工学院院长）、赵牧（杭州无线电台台长）三人为筹备委员，立即进行筹备。至当年10月，建台工作就绪，发射台（当时称播送台）设在羊司巷旧抚署内，发射机是美国开洛无线电公司产品，两座天线铁塔高约34米。播音室设在梅花碑省政府内（民国二十三年即1934年在惠兴路省电话局内建造新播音室），在湖滨中山纪念馆装有200瓦公共讲演强力放大机（即扩音机）。

民国十七年（1928年）10月10日，浙江省无线电话广播电台正式开始播音。次年12月改称“浙江省无线广播电台”，呼号为XGY（民国二十年即1931年改为XGOD），波长420米（民国二十年改为307米）。发射功率250瓦，次年夏增至750瓦，民国二十一年（1932年）增至1千瓦，民国二十四年（1935年）增至2千瓦。

（二）组织机构

民国十七年（1928年）10月29日，浙江省政府委员会第173次会议通过了《浙江省无线电话广播电台规程》，对电台的组织机构、人员职责等作了明确规定：浙江省无线电话广播电台直隶于浙江省政府建设厅，办理全省无线电广播事宜；广播电台设播音室和播音台（又称播送台，即今之发射台）。播音室掌管收音机及报告演讲事宜，播音台掌管发电机、电池线路及各县收音机工程等事宜；广播电台设台长兼总工程师，综理全台事务。播音室设主任、收音员、发音员（即播音员）；播音台（发射台）设主任、工务员。此外，还有台务员、事务员、机匠等。

（三）播音时间与节目设置

建台初期，每天播音两次，每次1小时，上午8点40分至9点40分，下午4点至5点。后播音时间逐年延长，民国十九年（1930年）达到每天4小时。以后增至6小时、16小时。播音内容最初为新闻，省政府和国民党省党部通令、通告、决议案，名人讲演，中西音乐等。以后逐渐增加无线电常识、学术讲演、民众通俗讲话、妇女节目、儿童节目、国语正音、英语正音、杭州金融、上海证券、商情广告等节目。文艺节目也较以前丰富，歌曲之外增加杭滩、昆曲、大鼓、话剧等。

当时，播音节目以教育性质为多，电台邀请有关单位和专家，组成“教育播音委员会”。这些单位和承担的节目分别是，省政府：施政报告、决议案；省市党部：党义；浙江省教育厅：社会教育、家事教育、师资进修、史地常识、国文、休闲音乐；省立民众教育实验学校：民众教育；杭州市政府教育科：儿童乐园、儿童常识；杭州市政府卫生科：卫生常识；浙江省儿童幸福促进会：儿童教育；浙江省新生活促进会：新生活；浙江省保安处：军事教育；浙江省电话局（包括广播电台）：无线电知识、自然科学、国语、英语、新闻、一周时事概要；国立浙江大学：学术讲演。

除上述节目外，尚有商情、气象和新闻，由播音员每日播报。商情包括证券、花纱、钱市、其他；气象包括天气、温度、湿度、风向、风速、其他；新闻包括国内外新闻、本省新闻、省政府决议案等。

（四）各县收音工作

浙江省无线广播电台在筹建时，即着手组织全省各县的收音工作。国民党省政府指令各县从公益金中拨款三五百元（银圆）作为收音机购置费汇到省金库，由建设厅统一向国外购买收音机。由于当年许多县城尚无电厂，因此后来向美国无线电组合公司购买了不同型号的收音机。其中 16 号机用蓄电池，适合于有电厂的县使用；28 号杨与毕罗式都用干电池，适合于无电厂的县使用。另一方面，建设厅又举办收音员知识班，由各县指派人员到省城培训，经考试合格后，领取所需收音机，回本县开展工作。

为使收音员的工作有保障，建设厅制定了《各县无线电话收音员任用暂行办法》，规定“收音员以各县建设科科员兼任，如能另设一人时，其待遇应与建设科员同”。收音员的任务是管理无线电话收音事宜，每天将收音结果录呈县建设局（科）长，重要内容报告县长；认为应当公布的内容及时公布。

由于各县选送的收音员水平参差不齐，训练时间又很短，一遇机器故障就束手无策，以致收听停顿。有鉴于此，建设厅又在民国十九年（1930 年）5 月至 8 月，分两批抽调各县收音员到杭州集中训练收音机修理，时间两个月。两批受训收音员共 73 人。

（五）迁移至丽水播音

民国二十六年（1937 年）11 月底，日本侵略军占领杭州前夕，电台随浙江省电话局迁到丽水，台址设在丽水街口头。民国二十七年（1938 年）8 月因原 1 千瓦发射设备不配套，改用 200 瓦发射机恢复播音，呼号为 XGOD，频率 1000 千赫，波长 337.1 米。新闻节目摘自当地报纸，自办节目有救亡歌曲、戏曲、讲演及学术常识等。此外，还转播重庆中央广播电台和贵州广播电台的新闻、抗战丛谈、儿童教育等节目。每晚播音 5 小时（18 点至 23

点），直至抗日战争胜利。

民国十七年（1928年）11月13日，省政府委员会第181次会议同意建设厅厅长程振钧的推荐，任命李熙谋为广播电台第一任台长。民国十八年（1929年）10月18日，省政府委员会第261次会议同意李熙谋辞去台长职务，任命赵曾珏接任台长。民国二十一年（1932年）8月12日，省政府委员会第508次会议批准将浙江省无线广播电台归并于浙江省电话局；未及一月，省电话局局长李熙谋辞职，任命赵曾珏为省电话局局长兼广播电台台长。

浙江广播电台（1945～1949）

民国三十四年（1945年）10月2日，国民党政府中央广播事业管理处指派的接收专员陈泽凤等到达杭州，设立浙江区广播电台接收专员办事处，接管日伪杭州广播电台。接收的主要设备有100瓦中波机一台，播音设备全套。10月4日成立浙江广播电台，呼号为XGOD（后改为XOPB），波长234米，频率1280千赫，发射功率100瓦，直属中央广播事业管理处。后又从日伪宁波广播电台接收500瓦中波机一台。11月，原第三战区流动广播电台撤销，并入浙江广播电台，移交380瓦短波发射机一台。电台总功率增至980瓦，台址在杭州市英士街（今平海路）46号，民国三十七年（1948年）4月迁入国货街46号。浙江广播电台内部设工务、传音、总务三科，有员工25人左右。该台每天播音三次，全天播音8小时20分钟。民国三十五年（1946年）节目设置为：新闻六次，分别用国语和杭州话播音，并转播南京中央台《简明新闻》和国际台《英语新闻》。晚上有《杭市商情》，还安排了15分钟的《美军节目》。每星期日下午专门为美军设置2小时《特别节目》，由美军第十四航空队提供最新美国音乐。此外还有知识性、教育性节目。民国三十七年（1948年）下半年播音时间增至14小时，新办了《早晨的话》、《自由谈》、《宗教节目》和转播《联合国华语新闻节目》等。音乐戏曲大都播放唱片，也邀请大中专小学校师生和曲艺团、剧团到电台直接演播。宣传内容由台长直接控制。电台设有专职采访记者，稿件大都来自文件、简报和剪辑报刊的新闻、社论等。

民国三十六年（1947年），浙江省政府还在丽水地区龙泉县建立省无线电台龙泉分台，波长49米。

民国三十八年（1949年）初，浙江广播电台经费十分缺乏，濒于瘫痪。已经进入国民党电台工作的中共地下党员团结进步职工，坚守岗位，保护电台设备，迎来杭州解放。

先后担任台长的有陈泽凤、陆启民。陈泽凤，又名陈煜麟，浙江吴兴人，毕业于浙江大学电机系。解放初期任上海中华工商专科学校教授、系主任，1952 年后任山东工学院电机教授、研究室主任。系九三学社社员。

大绍兴广播电台（1937～1940）

民国二十六年（1937 年），绍兴县政府接管原民营电台越声广播电台，改名为大绍兴广播电台，台址迁往县政府内，频率 1090 千赫，波长 375.2 米，功率 25 瓦。大绍兴广播电台每天上午和傍晚各播音一次，经常播放抗日歌曲，邀请知名人士到电台讲演。民国二十九年（1940 年）停办。

鄞县县政府广播电台（1938～1941）

民国二十七年（1938 年）3 月 16 日，鄞县县政府在原民营电台四明广播电台基础上，建立鄞县县政府广播电台。台址在宁波市中山公园。发射功率 25 瓦，频率 770 千赫。播音时间从 17 点至 18 点，播送内容除了抗日救亡的节目，还教唱抗战歌曲《义勇军进行曲》、《大刀进行曲》等。当时宁波城中已有收音机 1000 台，电台宣传产生一定影响。民国三十年（1941 年）4 月，宁波沦陷，该台停播。日本投降后，曾恢复播音。

青年文化广播电台（1949）

隶属国民党国防部青年救国团领导。民国三十八年（1949 年）1 月从南京迁到杭州。电台借用昭庆寺一座偏殿作为临时台址，有广播发射机一台，功率 250 瓦，员工 7 人。台长武兆官。4 月下旬，机器设备安装完毕，进入调试阶段。南京解放消息传来，电台半数人员逃散。6 月 9 日，该台被杭州市军管会接收。

永嘉政宣广播电台（1949）

永嘉政宣广播电台由永嘉县政宣导队创办，民国三十八年（1949 年）2 月 24 日开播。频率 1500 千赫，波长 200 米。台址在温州市打绳巷 7 号。自称主要任务是“广播重要政令和国内外时事”。不久，中国人民解放军横渡长江，政宣广播电台自动停播。

第二节　民办广播电台

一、杭州地区

亚洲无线电公司广播电台

杭州最早的民办电台，由杭州亚洲无线电公司经理许建任独资兴办。民国二十一年（1932 年）4 月，浙江省政府批准并转呈交通部核准，颁发办台许可证。电台机器设备全部自行设计组装。初期发射功率为 15 瓦，后增至 50 瓦。频率 1370 千赫，天线高 15 米。每天播音 8 小时。节目有《当日金融》、《法律常识》、《学术讲演》、《无线电常识》、《唱片及广告》、《戏曲》等。全台 5 人。台址设在杭州市迎紫路 3 号（今解放路 141 号）。曾办有《亚洲无线电半月刊》。杭州沦陷前夕停播。

杭州电台公司广播电台

民国二十一年（1932 年）开办。呼号为 XGYC，发射功率 15 瓦，频率 1111.1 千赫。全天播音 5 小时。节目有《中西音乐》、《杭滩》、《无线电问答》等。台址在杭州市新民路 400 号（现解放路东段）。当年停办。

敬亭广播电台

民国二十二年（1933 年 ）由杭州敬亭无线电商店经理邵敬亭创办。初期台址设在英士街延龄路（今延安路）“沧洲旅馆”四楼，后迁移到英士街 84 号。发射功率 50 瓦，系自行设计组装。呼号为 XLIQ，频率 850 千赫。全天播音 15 小时，用上海话播音。节目有《商情介绍》、《法律问答》、《无线电常识》和音乐、地方戏曲等。日军侵入杭州时，电台和商店全部被焚毁。

宏声广播电台

由潘锡璋、潘锡贵、潘锡嵩、陈尧文、周圣善五人各出资 500 银圆合办。民国二十三年（1934 年）上半年开始试播，不久被交通部勒令停播，同年年底又恢复播音。呼号为 XLIR，发射功率 50 瓦，频率 1230 千赫。全天播音 11 小时，用杭州话和上海话两种方言播音。节目有《国文教学》、《钱市》、《证券纱花行情》、《电器常识》和中西音乐、地方戏曲等。电台还办有《无线电》半月刊，内容有节目时间表、节目介绍、无线电知识和商业广告。台址在杭州市众安桥直街 10 号（现中山中路千胜桥口）。全台 9 人，陈尧文任经理。日军占领杭州前夕停办。

大华广播电台

民国三十六年（1947 年）2 月，经交通部批准设立，同年 5 月 5 日开始播音。由在浙江广播电台任职的传音科科长、工程师王兴蔚，工务员杜锡道、唐昂等合办。电台发射功率 75 瓦，频率 620 千赫。台址设在青年路 49 号杭州基督教青年会四楼。办台宗旨为：“兴办电化教育，经营广告业务，谋求社会立足之地和保障经济来源。”全天播音 11 小时。节目有《无线电常识》、《医药常识》和流行歌曲、戏曲等。全台 7 人，负责人王均。

杭州解放后，大华广播电台向杭州市军管会申请复业，未获批准。1953年按国家颁布的管制无线电发射器材的有关规定，电台全部设备上缴杭州市公安局。

二、宁波地区

宁波试验无线电台

创办于民国二十一年（1932年）5月。创办人为宁波中国银行职员潘也鲁。台址在其砖桥寓所。装50瓦广播发射机一台，由其妻播音，邀戏剧音乐爱好者演唱、演奏，不久停办。

黄金广播电台

民国二十一年（1932年），在宁波市和义路口经营电器生意的上海电料行老板袁士川，自己动手安装了一台广播发射机，在电料行楼上办起小型广播电台，命名为黄金广播电台。发射功率15瓦，频率1320千赫，波长227米。播送商情、戏剧、曲艺等。民国二十四年（1935年）停办。

四明广播电台

民国二十四年（1935年），富商子弟李厚衷、林肯堂开办。台址初在宁波市冷静街，后迁到中山公园。发射功率25瓦，频率770千赫。上午、下午、晚上各播出数小时。节目以新闻、广告、文艺为主，特约播送各种救亡宣传节目。民国二十七年（1938年）停办。

宁声广播电台

民国三十五年（1946年），由全平及其弟妹五人开办。实为家庭广播电台。台址在宁波市湖西树巷14号。发射功率15瓦，频率1500千赫，波长200米。后因全平赴四明山革命根据地参加新四军浙东游击纵队，电台工作由三弟全一毛做采编，四弟全山石播音，五弟全永金管机务，妹妹全芝美做广告。节目内容有新闻、戏剧、歌曲、地方曲艺、广告等。每天播音时间最多16小时。全平参加新四军游击队后，国民党特务不断到电台追究全平，其弟妹借口机器损坏，被迫停播。1949年宁波解放当天，宁声广播电台率先播放宁波解放的新闻和解放军《三大纪律八项注意》、解放军宁波市军管会公告等。同年迁址公园路29号。1951年停播。

宁波广播电台

民国三十五年（1946年）6月14日，宁波四明电话公司工程师徐正大、工务科长王之祥及四维电料行工程顾罗四维合资开办。王之祥任台长，另聘播音员2人，广告业务员1人。台址在宁波市费家巷9号。后迁至开明街。

号为 XINP，发射功率 25 瓦，频率 610 千赫，波长 492 米。播音时间每日晚 7 点半至 10 点。1953 年停办。

宁钟广播电台

民国三十五年（1946 年）6 月，赵宁钟开办。自任台长，员工 6 人。台址在宁波市县学街仁和巷 1 号。发射功率 50 瓦，后增至 200 瓦，频率 890 千赫，波长 337 米。后来又曾使用 1010 千赫、1346 千赫、670 千赫等频率。节目有时事新闻、经济商情、教歌唱歌等。解放后转播中央人民广播电台新闻。日播音时间最多 17 小时。1952 年 9 月 15 日，宁钟电台停播，由宁波人民广播电台接管。

泰山广播电台

民国三十六年（1947 年）年底，宁波泰山报关行老板邱慈卿开办。台址在江北岸泰山报关行楼上。由于没有获得交通部批准，建成后播音不久就被查封。

三、温州地区

温州广播电台

永嘉县大风报社附设的广播电台，台址在华盖山西麓魁星阁。民国三十七年（1948 年）12 日 16 日试播，半月后，因报社关闭，电台停播。

四、嘉兴地区

利闻广播电台

民国二十四年（1935 年），由利闻电料行老板方勤采开办。初名嘉兴县党部利闻组合广播电台，后改名利闻广播电台。台址在嘉兴建国路利闻电料行。呼号为 XCKA，发射功率 15 瓦，频率 895 千赫，波长 335.2 米。每天播音两次，上午 8 点至 12 点，下午 17 点至 22 点半。播音内容主要是气象、商情、文艺节目。民国二十六年（1937 年）嘉兴沦陷后停播。抗日战争胜利后恢复播音，发射功率增至 50 瓦。民国三十七年（1948 年）底停办。

久大广播电台

民国二十四年（1935 年），由久大商店老板俞叔荣创办。台址在嘉兴城区北大街容德堂。呼号为 XLKS，发射功率 25 瓦，频率 1490 千赫，波长 201.3 米。每天播音三次：8 点半至 9 点，12 点 45 分至 13 点 45 分，16 点至 22 点。广播内容有商情、民众教育、常识演讲、文艺戏曲及新闻。民国二十六年（1937 年）秋，嘉兴沦陷，电台停办。

挹芳堂广播电台

民国二十四年（1935 年），平湖县士绅黄念勋创办。台址在平湖城西大街 51 号。呼号为 XLPH，发射功率 15 瓦，频率 1210 千赫，波长 247.9 米。平湖沦陷时停办。

新塍广播无线电台

台址在嘉兴新塍镇八字乡，开播和停播的时间不详。呼号为 XGML，发射功率 7.5 瓦，频率 714.3 千赫，波长 419.9 米。每天播音三次，除了上午、下午播送歌曲和民众教育外，晚上 8 点至 8 点 15 分还播送佛经。

另据了解，嘉兴还有过两家小型电台，播音时间都很短。一家是富翁之子杜明若开办的，台址在嘉兴柴湾巷，时间约在民国二十二年（1933 年）；另一家是民国三十六年（1947 年）由嘉兴南洋电料店老板陶金浩自装功率 1 瓦的电台，主要播送文艺、戏曲。

五、湖州地区

湖声广播电台

民国二十三年（1934 年）为湖州湖声电料行老板的独生子鲍云龙所办。台址在湖州志成路湖声电料行楼上。发射功率 50 瓦，能基本覆盖湖州老城区。除少数听众用进口收音机收听外，大多采用矿石机收听。播音内容主要是广告和文艺节目，还有摘抄报上的消息。用留声机播放戏曲、音乐唱片，有时也请评弹演员到电台直接播出。湖声电台每天播音 3 ~ 4 小时。大约办了一年时间，后在一场大火中被焚毁。

“三三”广播电台

民国二十七年（1938 年）春建台。台址在德清新市镇。创办人魏芝卿（牙医）。他与当时民间救亡组织——“三三”青年服务队的队长刘兆祥、副队长胡企曾等一起筹建。发射功率 5 瓦，频率 1260 千赫。主要传播抗战新闻。民国二十八年（1939 年）秋，日军占领新市，该台停播。

六、绍兴地区

越声广播电台

民国二十三年（1934 年）经交通部批准建立。台址在绍兴城区净瓶庵前 13 号陶家台门，民国二十五年（1936 年）3 月迁至北海桥直街 49 号李家台门。呼号为 XLIO，频率 1090 千赫，波长 275.2 米，功率 25 瓦。距城 15 公里的平原地带可清晰收听。播出节目有新闻、党义、科学常识、卫生演讲、无线电常识、商业常识、商情及越剧、滑稽、武林文戏等。台长李燕芬。民国二十六年（1937 年）被绍兴县政府接管。

浙东广播电台

民国三十五年（1946 年）8 月，由朱培川、陆培生创办。台址在绍兴题扇桥直街 6 号。9 月 1 日正式播音，节目有新闻、常识、商情、越剧、平剧、歌曲。每天播音时间从上午 7 点至下午 1 点。民国三十七年（1948 年）停办。

民国时期，绍兴还有过两家小型广播电台：一家是由陶孟舜、陶传淦所办的陶乐广播电台，台址在花巷布业会馆，使用组装简易发射机，无固定频率和波长，不定期播音，民国二十三年（1934 年）向南京政府交通部提出申请，未获批准而停办；另一家是学声广播电台，民国三十七年（1948 年）由绍兴教育界人士赵肃良、韦盛霖等发起筹办，宗旨在“推行政令，发扬文化，发展电化教育，繁荣工商市场”。由于种种原因一直未闻该台播音。

附：

日伪广播

杭州广播电台（日伪杭州放送局）

民国二十八年（1939 年），日本侵略军建立此台。台址在杭州市英士街（现平海路）46 号。是年 6 月 19 日开始播音。呼号为 XOJF，发射功率 100 瓦，架设 32 米高的自立型铁塔两座、倒“L”型中波天线一副（该发射塔原属浙江省无线广播电台所有，杭州沦陷后被敌伪移拆装用）。每天播音 9 小时，用杭州话和日语播音。节目有《杭州新闻》、《日语新闻》、《讲座》、《儿童节目》、《日语讲座》和特设的对日军广播《皇军将士》等，并由汉奸亲日分子发表广播讲演。历任台长（局长）为日本人岩崎、若宫晴宏。

民国三十年（1941 年）3 月 29 日，该台名义上由汪伪“中国广播事业建设协会”接收，呼号改为 XGOD，但节目基本没有变化。电台内主任以上职务仍由日本人担任。民国三十四年（1945 年）8 月日本投降后，该台由中央广播事业管理处接管。

宁波广播电台

民国三十年（1941 年）8 月 10 日，日伪政权开办“宁波广播电台”。呼号为 XCON，发射功率 25 瓦，频率 1110 千赫。每天晚上 6 点至 10 点 30 分播音。节目有《官厅公报》、《时事解释》、《家庭与儿童》以及新闻、西洋音乐、游艺、歌唱等。台长是日本人今野留次。民国三十四年（1945 年）8 月日本投降后，电台停播。

金华广播电台

民国三十一年（1942 年）春金华沦陷后，日伪曾建立广播电台，初建时称金华放送局。台址在冯宅岭背。每天用日语和华语播音。台长为日本人柴田若，广播科长为日本人岗田和精通日语的中国人吴继秋。民国三十五年（1946 年）10 月，因技术员王光剑逃往大后方，带走广播器材，致使电台无法播音而关闭。

第二章　解放后浙江省级广播电视

第一节　浙江人民广播电台

一、发展历程

1949 年 5 月 3 日杭州解放后，5 月 6 日，中国人民解放军的代表陈浩天率领 16 位同志和一个警卫班，在杭州市国货街 13 号接管国民党政府的浙江广播电台。当天就播出毛泽东主席、朱德总司令发布的《向全国进军的命令》、《三大纪律八项注意》和杭州市军管会《告全市人民书》。当时的主要设备有 100 瓦中波发射机一部，380 瓦短波发射机一部，25 米高的木杆天线一座。

经过短期筹备，1949 年 5 月 25 日，浙江新华广播电台成立并播音，同时实行新的节目时间表。广播内容除了转播北平新华广播电台的新闻外，还有自办新闻、布告法令和文艺节目。全天播音 4 小时 50 分钟。6 月 9 日，浙江新华广播电台改称杭州人民广播电台（省级电台）。次年 3 月，台址从国货街 13 号迁到菩提寺路 2 号。

二、宣传报道

新闻类节目

新闻节目的设置及改革

1949 年浙江电台刚成立时，自办的新闻节目为每天二次《本地新闻》和一次《布告法令》。不久，自办新闻节目每天增加到四次；第一套节目早晚有《省市新闻节目》，第二套节目有《杭州话新闻》和《省市新闻节目》。

第二节　人物传略

陈泽凤（1908～1980）

又名煜麟。浙江吴兴（今湖州）人。九三学社会员。毕业于浙江大学电机系。民国二十六年（1937 年）赴英国马哥尼学院及工厂学习和实习。回国后，先后担任中央广播电台助理工程师、传音课课长兼报务室主任，中央广播事业管理处工程师，中央广播电台国际台工程师，重庆大学兼职教授。民国三十四年（1945 年）10 月 2 日，奉国民党中央广播事业处指派，为接收日伪杭州广播电台专员，后任浙江广播电台台长、金华英士大学教授。新中国成立后，从事教学工作，任上海中华工商专科学校教授、系主任。1952 年后，任山东工学院电机系教授、研究室主任。

袁凤举（1911～　）

浙江上虞人。民国二十一年（1932 年）进上海粤港沪华广播电台，主持节目两年。民国二十三年（1934 年）该广播电台改名为凤鸣播音社，民国二十六年（1937 年）又改名为凤鸣广播电台，迁至英租界。因呼吁抗战，遭侵华日军查封。抗日战争胜利后，凤鸣广播电台在上海复业。1949 年去台湾，先后在台北成立民本广播电台，在高雄成立凤鸣广播电台，在台南成立胜利广播电台。现任凤鸣广播公司董事长、台湾省 13 家民营广播电台联合广播网主席、“中国电视公司”常务董事、高雄市记者分会理事长等职。著有《广播实务》。

第三章　广播电视

第一节　无线广播

杭州有广播电台，始于民国十七年（1928 年）。民国时期，杭州广播电台主要是政府举办的，虽然曾出现过一些民办广播电台，但规模都很小，大多只从事商业和娱乐性宣传，影响不大。新中国成立后，在较长一段时间只有省级的独家电台。

一、浙江省广播无线电台

民国十七年（1928 年）1 月 16 日，浙江省政府决定成立浙江省无线电话筹备委员会，先后拨款 22580 元进行筹建。同年 10 月 10 日，浙江省无线电话广播电台正式开始播音，呼号为“XGY”，每天播音两次，每次 1 小时，台址设佑圣观路 1 号省政府内。发射台在牛羊司巷旧抚署内，占地 6 亩。发射机系美国凯洛公司制造，设 32 米高铁塔两座，倒“L”型天线一副，发射功率 250 瓦。另在湖滨公众运动场中山纪念台（现六公园附近）设立“公共传话机”，有 200 瓦扩音机一台，全波段收音机一架，50 瓦高音喇叭三只，用于转播新闻、学术讲演和播放音乐。

当时，无线电话广播电台隶属于浙江省建设厅。在电台筹建同时，各县筹款装设收音机，选派收音员到省集训后回县专职收听广播。杭州市区则鼓励机关、团体、企业购置收音机。以后电台名称、呼号、波长、播音时间、节目内容乃至机构体制，逐年有所改动。民国十八年，波长由 420 米改为 307 米，同年 11 月，台名改称浙江省广播无线电台。民国十九年底发射功率由 250 瓦增至 500 瓦，民国二十年 3 月增至 750 瓦，民国二十一年增至 1 千瓦，民国二十一年秋增至 2 千瓦。民国二十三年在惠兴路新建 200 平方米播音楼一座。民国二十二年 3 月，呼号改为“XGOD”。民国十八年每天播音 3 个半小时，民国十九年每天播音 6 小时，民国二十二年为 11 个半小时，民国二十四年为 13 个半小时。民国十九年夏，电台增设报务股，在发射台装置电报收发机，并在庆元、平阳、泰顺设三个分台，兼理电报业务。民国二十七年 8 月，浙江省广播无线电台归并于浙江省电话局，保留电台名称与呼号。民国二十七年 11 月，日本侵略军占领杭州前夕，电台随浙江省电话局迁到丽水，民国二十七年 8 月改用 200 瓦发射机恢复播音，直到抗战胜利。

浙江省广播无线电台节目大致可分为四类：一是政闻节目，内容有《省政府施政报告》、《省政府决议案》、《省政府纪念周》、《党义》等固定栏目，此类节目从星期一到星期六，天天都有，从未间断；新闻节目有《本省新闻》、《国内外新闻》、《一周时事述要》等。二是教育性节目，其中教学节目有《英语》、《日语》、《国语》、《师资进修》；教育节目有《民众教育》、《儿童教育》、《妇女教育》，另外还有《史地常识》、《卫生常识》、《无线电问答》和《学说讲演》等。三是服务性节目有《商情》、《广告》、《气象》、《报时》等。四是文娱节目，有平剧、杭滩、西乐等。教育性节目的组织与编排，由电台召集有关机关团体代表和专家组成的教育委员会议定，聘请教师承担播音事宜。民国二十三年8月，浙江省电话局教育播音委员会成立后，教育节目改由该会办理。

历届负责人有李熙谋、赵曾珏。

二、杭州广播电台（日伪杭州放送局）

民国二十八年（1939年）由日本侵略军设立，台址设在杭州英士街（现平海路）46号。同年6月19日开始播音，呼号XOJF，发射功率100瓦，全天播音9小时，用杭州话和日语播音。节目有《杭州新闻》（用杭州话播音）、《日语新闻》、《讲座》、《儿童节目》、《日语讲座》和特设的对日军广播的《皇军将士》节目。内容大多是宣扬日本侵略军的“战绩”，鼓吹“中日亲善”、“和平合作”、“共存共荣”；并由汉奸亲日分子发表广播讲演，进行媚日捧汪、欺民、辱国的宣传。历任台长是日本人岩崎、若宫晴宏。

民国三十年（1941年）3月29日，该台名义上由汪伪中国广播事业建设协会接收，呼号改为XGOD，但节目基本没有变化。电台内主任以上职务仍由日本人担任。日本投降后，设备、人员由国民党中央宣传部所属中央广播事业管理处接管。

三、浙江广播电台

民国三十四年（1945年）10月2日，国民党中央广播事业管理处派人来杭接管日伪杭州，广播电台，4日成立浙江广播电台，呼号XGOD，后改为XOPB，频率1280千赫，发射功率100瓦，直属中央广播事业管理处。11月，原第三战区流动广播电台并入浙江广播电台，发射总功率增加到980瓦，有100瓦、500瓦中波发射机和380瓦短波发射机各一台。台址在英士街46号，民国三十七年4月迁入国货街。

浙江广播电台内部设工务、传音、总务三科，有员工25人左右。先后担任台长的有陈泽凤、陆启民。

该台每天播音三次。民国三十五年（1946年）节目设置：全天播音8小时20分，其中新闻六次，分别用国语和杭州话播音，转播中央广播电台《简明新闻》和国际台《英语新闻》，晚上有《杭市商情》；还安排15分钟的《美军节目》，每星期日下午专门为驻华美军设置2小时《特别节目》，由美军14航空队提供最新美国音乐。此外还有知识性、教育性节目。民国三十七年下半年播音时间增至14小时，新办《早晨的话》、《自由谈》、《宗教节目》和转播《联合国华语新闻节目》等。播音均采用直播方式。音乐戏曲大都播放唱片，也邀请大中小学校师生和曲艺团、剧团到电台直接演播。宣传内容由台长直接控制，贯彻所谓“反共建国”国策。民国三十六年（1947 年）9 月曾举办“戡乱”宣传周，宣传所谓“戡乱动员令”和国民党中央宣传部的“剿匪总动员宣传计划纲要”等。电台没有专职采访记者，稿件大都来自文件、简报和剪辑报刊的新闻、社论等。

民国三十八年（1949 年）初，浙江广播电台经费十分困难，濒于瘫痪。中共地下党员团结进步职工，坚守岗位，自觉保护电台设备。5 月 3 日杭州解放当天，电台就播发“杭州解放了”的消息。

四、浙江人民广播电台

1949 年 5 月 3 日，杭州解放。当天中国人民解放军有一个班进驻浙江广播电台。5 月 6 日，杭州市军事管制委员会派军代表陈浩天等 12 位同志接管该电台。当即启用电台连续广播毛泽东主席、朱德总司令给中国人民解放军的《向全国进军的命令》、《约法八章》等。当时该台设备只有 100 瓦中波机和 380 瓦短波机各一台，架设 30 米高的木杆天线，仅覆盖杭州市区。

1949 年 5 月 25 日，浙江新华广播电台宣告成立并开始播音，这是浙江第一家人民的广播电台。起始每天播音两次：第一次从中午 12 点开始，转播设在北平的新华广播电台《记录新闻》；第二次从 18 点开始到 22 点，内容有本地新闻、法令布告、文娱节目等。发射功率 100 瓦，频率 1280 千赫。同年 6 月 9 日改称杭州人民广播电台。

安徽市

安徽省地方志编纂委员会编：《安徽省志·广播电视志》，方志出版社1997年版

概　述

解放前，安徽广播事业十分落后。民国二十一至二十三年（1932～1934），含山等几个县始设收音站，广播电台仅芜湖有两家，发射功率为10瓦、15瓦的私营商业广播电台，抗日战争初期即先后停办。抗战胜利后，国民党安徽地方政府在省内未建成一座广播电台。1949年，安徽全境解放时，全省约有2000台收音机，主要集中在合肥、蚌埠、安庆、芜湖等城市和淮南矿区，多为资本家、地主和国民党官员家庭所有。全省2700多万人，绝大多数没有听过广播，没有见过收音机。

第一篇 >>>

无线广播

第一章　淮南煤矿、合肥（皖北）皖南广播电台

20 世纪 30 年代初，中国出现一批民间私营电台。据民国二十一年（1932 年）的《中国无线电杂志》统计，在宁、沪、甬铁路沿线，私营电台有 51 座，芜湖大有丰广播电台是其中之一。该台是安徽第一座民间私营电台。民国二十一年，国民政府首都南京建成号称“亚洲第一台”的 75 千瓦大功率发射台，芜湖收音机随之增多。芜湖经营五金电料和无线电器材的大有丰五金电料行，为扩大商店影响，利于无线电器材的销售，创办了“大有丰广播电台”。

该台经国民政府交通部批准，领取执照开业，地址在芜湖中山路口大有丰电料行楼上。发射功率 10 瓦（对外称 15 瓦），频率 1270 千赫，呼号为 XDYF，D. Y. F 是音译“大有丰”三字开头的英文字母。民国二十五年，国民政府对私营电台的呼号作了统一规定，该电台改呼号为 XLIH。

大有丰广播电台由芜湖永丰公粮行老板之子赵祖善经营（执照上写明电台负责人），经办人是大有丰五金电料行的店员郑有荣（执照上写明技术负责人）。大有丰广播电台的发射机，由郑有荣带领师弟周路赉请上海周协记无线电行制造。这台发射机的安装、调试、管理都由郑有荣负责。建台费用约 500 元，其他设备，除了电源变压器和整流器外，还有两台电唱机，六个

50伏的蓄电池（以备无电时使用）。

大有丰广播电台开始只有机务员、报告员（兼任）两名工作人员。曾请了一名报告员（播音员的前称，也叫报播员）韩秀英。

大有丰广播电台开办的头两年，每天播音分上午、下午两次，有时播三次，共约7小时。节目简单，几乎全是文艺节目，主要是放唱片。该台当时有100多张唱片，有京剧、沪剧、越剧、歌曲、广东音乐等，由报告员即兴挑选播放。另外有一个“特别节目”，请人到电台演播，如清唱、评弹、吹口琴等，此类节目播出时间不一，也不是每天都有，伸缩性很大。大有丰广播电台没有设置广告节目，在播音时插播一些该行的广告。外来广告也播，广告费看内容而定，播一个月收费2~4元。

民国二十五年（1936年），大有丰广播电台的节目设置有较大变动。考虑到单放唱片或请票友清唱纯系娱乐，故请一些单位和报馆支持，增设了教育性节目。变动后的节目，比原来增加九个，播出次数最多的是总理遗嘱、防卫知识、儿童教育、芜湖新闻、讲三国志；其次是教国文、常识，每周三次；再次是基础科学、无线电杂谈，每周一次。抗战前夕，全国人民爱国热情高涨，电台也播送一些抗日救亡歌曲，如《义勇军进行曲》、《大路歌》、《铁蹄下的歌女》、《松花江上》等，很受大众欢迎。

民国二十三年（1934年）冬，芜湖亨大利钟表无线电行也开办了“亨大利广播电台”。民国二十六年11月5日，日本侵略军飞机轰炸芜湖，大有丰广播电台和亨大利广播电台被迫停止播音。

抗日战争胜利后，安徽省政府在省城合肥筹办一座无线广播电台，设计发射功率1千瓦。民国三十八年（1949年）1月，发射机等机器买回，合肥已临近解放，未及开箱又匆忙南运芜湖。芜湖解放后，这批机器完整地为人民政府所接收。

第一节　淮南煤矿职工广播电台

民国三十八年（1949年）1月18日，淮南矿区解放。同年10月1日，淮南电厂用自己装配的一台扩大机，向电厂工人和附近的煤矿工人转播首都北京开国盛典的实况广播。这是淮南煤城第一次将扩音设备用作公用广播，当时收听实况转播的有万人之多，群情为之振奋。中共淮南矿委（中共淮南市委前身，下同）重视这一新的宣传教育工具的出现，很快购置了一批扩音设备发给厂矿，建立起矿区第一批基层广播站，宣传中共中央和政府的方针政策，教育、鼓舞群众恢复和发展生产。

中波城市广播网

安徽全境有 13.9 万平方公里，地貌类型复杂多样，平原、丘陵、山地相间排列，平原面积只占全省总面积的 24%，山地和丘陵面积占 60%，湖泊洼地占 16%。山丘地带中波广播传播效率很低，这在客观环境上形成了发展中波广播网的难度。

解放前的安徽广播事业几乎是空白。30 年代仅在芜湖有两家私人商业广播电台，发射功率很小，只有 10 瓦、15 瓦。

福建省

福建省地方志编纂委员会编:《福建省志·广播电视志》,方志出版社 2002 年版

《福州市志·广播电视志》

概　述

广播与电视是现代新闻传播媒体。

福建省广播事业滥觞于20世纪30年代。民国二十二年（1933年），第一座无线广播电台在福州建成试播。从那时起到1949年的十六年间，全省先后有福建广播电台（初名福州广播电台）、厦门广播电台、福建教育广播电台，但功率小，播音时间短，影响力有限。

1949年8月24日，福州解放仅一个星期，便诞生了福建人民广播电台。

福建人民广播事业，是在旧政权广播电台十分微小、脆弱的基础上发展壮大起来的。民国二十二年（1933年），福州广播电台开设时，中波功率只有250瓦，到民国三十六年（1947年），也只有1千瓦；厦门电台更小，初时仅100瓦（这点功率要覆盖全省是根本不可能的），但这些毕竟是福建已有广播的象征。

第一章　广播电视网

民国时期，福建先后建立三座中波广播电台：福建广播电台、厦门广播电台、福建教育广播电台，其中最大的福建广播电台发射功率只有1千瓦。民国二十四年（1935年），厦门还建有一座同文中学实验电台。

第一节　无线广播

广播是现代化大众传播媒体之一，福建省的广播起源于城市的无线广播。民国二十二年（1933年）5月，福建省政府创建福州广播电台。在国民党统治时期，虽然建立了福建广播电台、福建教育广播电台、厦门广播电台，但三个台只办三套简单直播式广播节目，仅有五部发射机，总功率才1.89千瓦。

一、福建广播电台

民国二十二年（1933年）5月间，福建省政府制订创建广播电台计划，以4.4万元（法币）委托上海亚洲电器公司设计装配中波发射机一部，创建福建省第一座广播电台——福州广播电台，同年10月16日建成试播。

该台中波发射波长172米、功率250瓦，隶属福州无线电局，由省政府直接领导。台址在福州东大路汤井巷3号，利用已停废的火花发报台的房屋、地线、天线杆的底座进行建设。

福建广播事业创建时，适值国民党第十九路军驻闽。民国二十二年（1933年）11月，十九路军将领等发动抗日反蒋的“福建事变”，在福州成立“中华共和国人民革命政府”，广播电台由该政府使用。11月16日，福州《民国日报》报道该台正式播音的消息说：“福州广播电台，现已装设完竣，定本月17日开始播音。昨晚，该台制定播音时间表，呈经省政府分行各机关指定人员，担任临时报告。”该台每天播音4小时，广播时间是：上午10时至11时，广播福建人民革命政府施政报告（或由省府各厅局轮回报告）；下午1时至2时，播送国内外新闻、商情、广告；晚间7时至9时转播中央电台新闻，播送本地气象及音乐唱片。同时，在《民国日报》上逐日刊登广播节目预告。民国二十三年（1934年）1月6日，厦门《江声报》报道，十九路军总司令蔡廷锴在福州广播电台向民众作广播讲话，说：“本年元旦为民府成立后之第一次新年……对于革命政府之主张，及共和国二年元旦可以庆祝之点。”

民国二十三年（1934年）1月，十九路军撤离福州，该台中断播音。随后，国民党中央广播事业管理处呈请中央批准，派该处传音科科长黄天如赴闽考察电台机器设备情况，并与省政府协商，于同年3月1日，将电台移交中央广播管理处统一管理，定名福州广播电台，呼号为XGOF，发射频率为1030千赫，从3月5日起试播，7月1日厘定节目，正式播音。此时，因呼号与山东电台相混，遂改呼号为XGOL。

广播电台始建时，广播内容贫乏，“仅播唱片，间有演讲者”。中央广播事业管理处接管后，任命该处传音科科长黄天如为台长，确定职员10人。每日从9时至21时50分间歇播音7小时40分，新闻报道占1小时，用国语、福州话、闽南话分别播出。随后，中央广播事业管理处又对广播电台的技术和节目方面进行整顿，改发射波长为291.3米，排除其他广播电台的同频干扰，声音较前清楚，发射里程亦较远。节目重新安排。民国二十五年（1936年），已有新闻、党义、教育、娱乐等内容，新闻占18%，常识演讲占26.7%，娱乐占33.5%。其余是党政报告、国语教授、儿童教育等。每天播音8小时。职员增加到14人，其中台长1人，总务、工务主任各1人。

在整顿时，确认广播电台的工作方向：“闽省交流梗阻，外侨众多，又逼近台湾、菲律宾、马来群岛，环境复杂，无过于此，工作方向与其他台不同，除传达政令，递送正确新闻与言论，并辅佐普及教育外，对传递新闻，沟通侨报信息，统一意旨，团结对外，应为其主要工作。”

民国二十七年（1938年）4月，因日军入侵，福建省政府迁至永安，9月，电台也跟着迁到永安继续广播。台址设在北门外龟山观音阁。9月份开始播音。此时台长为钟震之。民国二十九年（1940年）10月中旬，广播电台为改善发射效果，增添了200瓦短波发射机一部，与中波机联播。每天播音6小时。

为防备日机轰炸，省政府在龟山台址不远处建一地下钢筋混凝土机房，民国三十二年（1943年）1月竣工。1月2日，台址遭敌机轰炸，台长钟震之身亡，电台机件稍受损失，2月恢复播音。随后，国民党中央任命国民党中央执行委员会调查统计局译电室主任薛敦平为福建广播电台台长，职工增至26人。

抗日战争期间，国民党政府公营广播电台继续播音者，一度仅有重庆、成都、南宁、西安、南郑、永安几处。这时福建台每天播音6小时。播音呼号为XGOY。电台曾举办《抗战讲座》、《肃清汉奸》、《抗战剧运》等广播讲座。这一时期，广播电台的重大活动和广播节目在《福建民报》和《中央日报》（永安版）常有报道。民国三十三年（1944年）元旦，福建广播电台举行播音大会和展览会，《中央日报》（永安版）对此作了详细报道："福建省电台特举行盛大播音大会及展览会，招待各界参观。"

民国三十四年（1945年）9月抗日战争胜利后，福建广播电台随省政府迁回福州，因汤井巷旧台址屡遭日机轰炸，所有建筑物均遭破坏，电台无法迁入，遂将中山路12号龙泉古迹房屋加以整修，作为临时台址。同时，由中央广播事业管理处拨款重建汤井巷台址，于民国三十六年（1947年）5月建成迁入工作，播音呼号XUPA。并增设一部1千瓦中波发射机，发射频率为1140千赫。其节目构成为：新闻28%，宣传教育22%，音乐戏剧50%。

当时，福建广播电台隶属改制后的中国广播公司。

福建广播电台在福州解放前夕，有职工18人，台内的工务、传音、总务三个股已改为科。机器设备有250瓦和1千瓦中波发射机各一部。台长仍是薛敦平。薛慑于中国人民解放军挺进南方的形势，于民国三十八年（1949年）5月15日逃离福州至厦门，并准备将电台设备运往厦门继续广播。民国三十八年（1949年）8月7日，薛敦平与厦门广播电台翁礼维，共同签呈代电给中央广播事业处，电文称："厦门台遵即撤销，将所有机件财产移交福建台，俟福厦两台迁并就绪后，即用福建台名义在厦发音。"后因搬迁未遂，福建广播电台由中国人民解放军福州军事管制委员会接管。

二、福建人民广播电台

1949年6月下旬，在中共中央华东局的关怀下，中共福建省委在上海以老解放区新闻干部为骨干，并选调一批刚参加中国人民解放军华东随军服务团的上海大专院校新闻专业学生等，组建南下福建的新闻工作中队。

7月28日，福建新闻工作中队到达建瓯县，驻在城外东岳庙。在建瓯县驻地，新闻中队对办报纸、办电台的工作做了准备。中共福建省委宣传部领导考虑到福建语言复杂，福建人民广播电台除了用普通话播音外，还需要有福州话、厦门话播音。省委宣传部陈辛仁等领导试听几位同志的播稿后，选定吴徕（普通话播音）、邢航川（技术）、李祖植（行政）、刘泓（闽南话播音）、厉青（福州话播音）5 人参加广播电台工作。省委宣传部宣布，由孙明带领以上 5 人进入福州接管福建广播电台。8 月 17 日福州解放。新闻工作队于 8 月 22 日深夜进入福州市。次日（23 日）20 时，孙明率领吴徕、邢航川、李祖植、刘泓、厉青 5 人进驻东大路汤井巷 3 号福建广播电台。

8 月 24 日上午，接管小组召开福建广播电台在榕人员会议。孙明宣布福州军管会接管福建广播电台命令，讲解有关政策，同时宣布福建广播电台人员去留的名单。会上决定，当天晚上以“福建人民广播电台”名义开始播音。于是，接管小组人员分头进行行政接管、检查播出设备，以及编排当晚播出节目等工作。播音时间从 19 时到 23 时，使用 250 瓦中波发射机，频率为 720 千赫。播音员用激昂兴奋的声音播出：“福建人民广播电台，现在开始播音。”宣告福建人民广播事业的诞生。接着，分别用普通话、福州话、闽南话三种语言反复播送《中国人民解放军布告》，中间播放临时找出来的几张广东音乐唱片，并转播北平新华广播电台（中央人民广播电台前身）的新闻节目等。

福建人民广播电台设施非常简陋，接管下来的除了三座平房、两部中波发射机外，只有一大堆旧报纸杂志，几百张唱片。广播电台人员做好财产清册，按册点物，用两天时间完成接管工作。

为了尽快扩大广播覆盖范围，技术人员抓紧时间修好已停播四个多月的 1 千瓦中波发射机，于 9 月 3 日播出，频率为 1140 千赫。中共福建省委书记张鼎丞在一次干部大会上表扬电台“很快恢复了广播，又完成了接管工作”。

8 月 25 日创刊的《福建日报》刊登《为建设人民民主的新福建而奋斗》的社论，发表了福建省人民政府成立等重要文告和新闻。当日，福建人民广播电台也向全省播送这些文告和消息。并根据福建解放初期的特点，大力宣传中国共产党和人民政府的性质、任务和政策主张，以安定人心、维护社会秩序。

三、厦门广播电台

民国三十四年（1945 年）8 月，抗日战争胜利，沦陷七年多的厦门光复了。8 月下旬，中央广播事业管理处派人分赴各地接收日伪广播电台。9 月，国民政府行政院公布《管理收复区报纸通讯社杂志电影广播事业暂行办法》，并拟定“广播接收三原则”。

民国三十四年（1945 年）9 月 30 日，福建广播电台派工务股主任黄缘炘到厦，与日伪台台长佐佐木茂雄办理交接手续。

据福建广播电台呈报，计接收厦门台 100 瓦中、短波发射机各一部，40

瓦短波发射机一部，5 匹马力发电机一部及 8 汽缸汽车一辆。其他发音室设备均被盗卖。

民国三十四年（1945 年）10 月，南京国民党中央广播事业管理处派员办理日伪厦门广播电台的交接事宜。民国三十四年 11 月 19 日，厦门台向中央广播事业管理处发电称："厦门台拟于即日起每晚 7 时半至 9 时半试验播音三日，中波周率 730 千赫，短波周率 8348 千赫。"

经过筹备整顿，民国三十五年（1946 年）2 月 1 日，厦门广播电台正式播音。黄缘炘为代台长。当时日间没有供电，每天下午 5 时 5 分才开播，晚上 10 时结束。开播第一天，邀请厦门市政府市长黄天爵到电台作开播特别演讲。

开播初期，市民收音机拥有量极少。为了照顾街头听众，电台特于市区交通要道装置街头收音机三部，设在中山路万利电料行前、思明戏院对面慎昌钟表店门口、海后绿咖啡室门口。

民国三十五年（1946 年）2 月初，省政府宣布："今后凡省重要公文要随时广播。"厦门台于民国三十六年（1947 年）3 月间向台湾购买中波收音机 100 部；民国三十七年 3 月、6 月、8 月份，又从上海购进一批美国"飞歌牌"中短波五灯收音机供应市民，以扩大收听范围。

民国三十五年（1946 年）4 月，因厦门电厂晚上推迟送电，厦门台的开播时间推迟到 6 时 30 分。同年 11 月 27 日，电厂机件突然损坏，全市停电，电台无备用电机，连续停播六天，12 月 3 日恢复正常。

民国三十五年（1946 年）10 月 1 日，厦门台奉国民党中央广播事业管理处电令，即日起每晚 7 时 30 分至 45 分，转播旧金山美国电台国际新闻。

为了增强发射效能，厦门台自民国三十六年（1947 年）初开始，在虎园路台址内架设中短波天线，盖新机房一座，于同年 4 月中旬竣工并陆续搬迁安装设备。5 月中旬试播发射，于民国三十六年 5 月 27 日在虎园路山上正式启用。

民国三十七年（1948 年）1 月 11 日，厦门广播电台短波频率亦同时改为 9555.4 千赫。中波不变。

民国三十七年（1948 年）6 月 6 日，《中央日报》报道：厦门广播电台近奉命将中波发射机频率改用 1310 千赫，即日启用。

厦门台直属国民党中央广播事业管理处，经费直接由事业管理处下拨，业务和人事概归该处指导、监督。

据民国三十八年（1949 年）6 月厦门台的职员名册，全台共 13 人，除台长外，下设总务、传音、工务三个股。

1949 年 10 月 6 日，福建台与厦门台奉命合并，改称福建广播电台。

1949 年 10 月 6 日《江声报》、《星光日报》同时刊载：“厦门广播电台奉中央电令，准福建省政府方代主席电请移归省府接管”，“省府昨（5 日）已派主任秘书杨建尊先行接收。”

1949 年 10 月 14 日，《江声报》登载：“厦门广播电台隶省府后，已改名为‘福建广播电台’。该台日渐加强，广播时间已予延长，每日下午自五时三十分至八时三十分止，俟宵禁解除后再延。”

厦门临近解放，台长逃往台湾，实际工作无人负责，台内一片混乱，加上全市实行宵禁，广播时间只有晚上 1～2 小时，而且时断时续。厦门解放前夜，电台停止播音。

1949 年 10 月 17 日，厦门解放，国民党厦门广播电台由人民解放军厦门军管会接管，接着成立厦门人民广播电台，开创了厦门人民广播事业的新时期。

四、厦门人民广播电台

厦门人民广播电台是在接管国民党厦门广播电台的基础上建立和发展起来的。1949 年 10 月 17 日厦门解放。人民解放军厦门市军管会文教部新闻接管组副组长孙明作为军代表，带领联络员张溥、林清源到国民党厦门广播电台接管，并筹建厦门人民广播电台。不久，中共厦门市委派葛烈负责筹建事宜。经过短时间筹备，厦门人民广播电台于 1949 年 12 月 25 日正式播音。由于接管下来的广播机件已损坏，故暂借华侨吴荣华的美国军用 40 瓦发射机，用中波 1310 千赫播出节目。

建台初期该台机构设：台务办公室、编辑室、工务科、总务科。全台职工 23 人。

五、福建教育广播电台

民国三十六年（1947 年）春，福建省政府教育厅着手创办福建教育广播电台。同年 6、7 月间，派人前往国民政府资源委员会在上海的一个工厂购买一部美国制造的、用零部件组装的 500 瓦广播发射机及收转设备，台址设在省政府机关内（今福州市省府路工交大院内）。民国三十七年初，完成基建和机器安装调试，4 月份开始播音。

福建教育广播电台每晚播音 2 小时，时间为 19 时到 21 时。广播节目有：教课节目，由中学教师担任各科课程；演讲节目，邀请政界人士作广播演讲，电台曾举办过宪法解释讲座。此外，还播报每天报纸上的新闻，请剧团演播戏剧，请人讲评话，播放文艺唱片，有时也播卫生常识之类材料。教课节目占全天播音时间的30%，文艺节目约占70%。每天播出内容由教育厅有关人员确定。

教育广播电台由教育厅直接领导，台长黄缘炘。

民国三十八年（1949年）6、7月间，教育厅停止教育广播电台的播音，机器设备运到厦门，与厦门广播电台合并。

第二章　广播宣传

第一节　福建人民广播电台

1949年8月24日19时，福建人民广播电台开始播音，用普通话、福州话、厦门话（闽南话）反复播送《中国人民解放军布告》，插播音乐，并转播北平新华广播电台的各地人民广播电台联播节目和厦门话新闻节目。全天播音4小时。同年9月，福建电台根据上级有关规定，以省会所在地命名，改名福州人民广播电台。9月27日和10月4日，先后开办《评论节目》和《新闻节目》，10月4日开始制定广播节目播出时间表，预告节目。

一、节目设置

福建电台的广播节目有新闻类、社教类、文艺类、服务类四大类节目。其中新闻类节目是主体和骨干。它的任务是宣传中国共产党和人民政府的路线、方针、政策，报道省内外大事，宣传人民群众的创造精神和传播各种信息。

（一）新闻类节目

福建电台的新闻类节目在各类节目中占主体地位。它的任务是，宣传中国共产党和人民政府的路线、方针、政策，报道省内外大事，传播各种信息，满足全省城乡各层次听众的需要。

新闻

1949年9月27日起，福建电台首次开办《评论》节目，每天20：00～20：30播出；10月4日，正式开办《新闻》节目，每天22：00～22：30播出，内容为国内要闻及本省新闻，用普通话、福州话和闽南话轮流广播。

（二）转播节目

福建电台从1949年8月24日开始播音之日起，就转播北平新华广播电台（中央人民广播电台前身）30分钟的《各地人民广播电台联播》节目和15分钟的《厦门话新闻》节目。《厦门话新闻》转播到1949年年底。

1. 开始曲

播音开始曲，是广播电台的音响标记。广播电台在开始播音时，先播放一段特定乐曲，用来提醒人们：播音开始，请注意收听。并使人们一听就知道是哪个电台的广播。

福建电台最早的播音开始曲，是采用雄壮的世界名曲片断作为开始曲。以后，在不同时期更换过几次。每次更换开始曲，都为适应当时的时代背景。

2. 节目预告

节目预告，是为了方便听众收听自己爱听或需要听的节目，也便于各地广播电台（站）安排转播。

福建电台建台的头两个月，由于编辑力量单薄，每天播出的节目内容，都是当天临时安排的，无法事先预告，只能简单预告每道节目的播出时间。1949年10月4日起，除每天播音开始预告当天的广播节目外，还在播音结束前留点时间，预告第二天的广播节目。

二、编务工作

（一）采访

福建电台建台初期，没有专职记者。

（二）编辑

广播电台播出的每道节目和每篇稿件，从编撰、加工制作、审听、交播全过程，每道工序，编辑都要负责，福建电台编辑部的成员，从总编辑到编辑，到通联和节目管理人员，人人都在做编辑工作。编辑对宣传内容和宣传质量，起着决定性的作用。

1949年，福建电台创办时，自办节目数量很少，每天播出的节目，都是当天编辑临时安排的。

（三）播音

由于福建方言复杂，福建电台从建台开始，就使用普通话、厦门话（1953年11月起改称闽南话）、福州话三种语言播音。播音室设在一大一小两间简易房子里。全天播音一次，从19：00～23：00，由播音员坐班直播当天所有的节目。艰苦工作环境的锻炼，播音员养成严肃认真，一丝不苟的工作作风。

第三章　管　理

第一节　宣传管理

从1949年8月福建人民广播电台诞生之日起，广播电视宣传一直在省委宣传部直接领导下进行。

第四章　机构与队伍

第一节　队　伍

福建省广播电视职工队伍，是在创建、发展广播电视事业的过程中形成、发展和壮大起来的。1949年8月24日，福建人民广播电台开始播音时，职工仅有10人。之后，福建电台陆续从南下服务团等单位调进人员。1949年末共有38人。

第五章　无线广播

第一节　国、省属广播电台（公司）

民国时期的国、省属广播电台

福建广播电台

民国二十二年（1933年），福建省政府以法币4.4万余元，委托上海亚洲电器公司设计福建省第一座广播电台，台址设在福州市东大路汤井巷。同年10月16日建成试播，波长172公尺，功率250瓦，为中波台。11月，国民革命军第十九路军发动“福建事变”，在福州成立“中华共和国人民革命政府”，该台被接管使用。翌年1月，“闽变”失败，十九路军撤离福州，该台又归福建省政府；同年3月1日移交国民党中央统一管理，定名为“福州广播电台”。抗日战争期间，该台内迁永安，改称“福建广播电台”。抗日战争胜利后迁回福州。民国三十四年（1945年），国民党中央广播事业管理处拨给1千瓦中波发射机一台，与原中波发射机联播。1949年8月福州解放，该台由中国人民解放军福州市军事管制委员会接管。

福建教育广播电台

民国三十六年春，福建省政府教育厅在福州市省府路省政府机关大院内创办福建教育广播电台，发射功率500瓦，民国三十七年（1948年）4月开始播音，福州解放前夕停播。

附录

一、大事记

民国二十二年（1933年）

10月16日 福建省第一座广播电台建成试播，波长172米，发射功率250瓦。这是福建省政府拨款4.4万元（法币），委托上海亚洲电器公司设计装配的一台发射机投入使用。

11月17日 国民革命军第十九路军发动“福建事变”，成立中华共和国人民革命政府。广播电台由该政府接管。11月17日，使用福州广播电台呼号正式开播，每天播音4小时，分三个时段播出。

民国二十三年（1934年）

1月1日 十九路军总司令蔡廷锴在福州广播电台向民众发表广播讲话。

1月 “福建事变”失败，十九路军撤离福州。福州广播电台复归国民党福建省政府管辖。

7月1日 国民党中央广播事业管理处派员与福建省政府协商，将广播电台移交中央统一管理，定名为福州广播电台，呼号XGOF，本日正式开播，频率 1030 千赫，发射功率 250 瓦。每天间歇播音 7 小时 40 分，新闻报道占 1 小时，用国语、福州语、厦门语分别播送。以后，因呼号与山东广播电台呼号相混，改为 XGOL。

民国二十七年（1938 年）

9 月 因日军入侵，福州广播电台奉命内迁永安县，台址设在永安县北门外龟山观音阁。本月，福州广播电台更名为福建广播电台，呼号 XGOY。

民国二十九年（1940 年）

10 月中旬 福建广播电台增设一台 200 瓦短波发射机，与原来的 250 瓦中波发射机联播，每天播音 6 小时。举办《抗战讲座》、《肃清汉奸》、《抗战剧目》等广播讲座。

民国三十四年（1945 年）

9 月 抗日战争胜利，福建广播电台迁回福州，因东大路汤井巷广播电台台址被日军飞机炸毁，借用福州市中山路 12 号龙泉古迹房屋作临时台址，恢复播音。

民国三十五年（1946 年）

2 月 1 日 中央广播事业管理处派员接收日伪厦门广播电台后。厦门广播电台正式开始播音，呼号 XUPB。当时，日间没有供电，每天 17：05～22：00 播音。该台短波发射机功率 500 瓦，波长 35.95 米，频率 8348 千赫；中波发射机功率 200 瓦，波长 357 米，频率 800 千赫。

民国三十六年（1947 年）

5 月 中央广播事业管理处拨款在福州市东大路汤井巷旧台址重建福建广播电台，开始投入使用。该电台增添一部 1 千瓦中波发射机，频率 1140 千赫，呼号 XUPA。该台举办的各类节目的比例是：新闻占 28%，宣传教育占 22%，音乐戏曲占 50%。此后，该台大肆进行“戡乱救国”，“反共剿共”的反动宣传。

民国三十七年（1948 年）

4 月 福建省教育厅开办福建教育广播电台。本月正式播音，每天 19：00～21：00 广播，1949 年 7 月停办。

1949 年

5 月 15 日 福建广播电台台长薛敦平逃往厦门，与厦门广播电台台长翁礼维谋划福建广播电台搬迁厦门事。此后，该台停止播音，搬迁未遂。

8 月 23 日 中国人民解放军福州军事管制委员会指派新华分社主任孙明

率领吴徕、邢航川、刘泓、李祖植、厉青五人于晚上8时进驻福州市东大路汤井巷3号，接管国民党福建广播电台。

8月24日 上午，接管小组召开福建广播电台全体人员会议，孙明宣读福州军管会的接管命令，并宣布该台去留人员名单。19：00，福建人民广播电台正式播音，波长416.6米，频率720千赫，发射功率250瓦。19：00～23：00使用普通话、福州话、厦门话反复广播《中国人民解放军布告》，并转播北平新华广播电台新闻节目。

9月3日 福建人民广播电台技术人员奋战七昼夜，修复损坏已久的1千瓦中波发射机（使用频率1140千赫，波长263.1米），开始投播，受到中共福建省委书记张鼎丞大会表扬。

9月5日 根据中央广播事业局关于省级广播电台应以省会地名命名的精神，福建人民广播电台改称福州人民广播电台。

9月27日 福州人民广播电台开办《评论》节目，主要选播新华社和福建日报社编发的言论。

10月4日 福州人民广播电台开始自办新闻节目，选播《福建日报》刊登的重要新闻，同时制定广播节目时间表，每日进行节目预告。

10月上旬 福州人民广播电台邀请著名爱国华侨领袖陈嘉庚作广播讲话。

10月上旬 国民党厦门广播电台台长翁礼维逃离厦门去台湾。该台播音时断时续几天后，停止广播。

10月17日 中国人民解放军厦门军事管制委员会派员接管国民党厦门广播电台。

12月25日 厦门人民广播电台正式开始播音，波长229米，频率1310千赫，发射功率300瓦。当时，日间没有供电，晚上广播3小时30分钟。

二、日伪厦门广播电台

民国二十七年（1938年）5月，厦门沦陷。日本侵略者为了控制舆论工具，进行奴化宣传，在开办敌伪报纸的同时，着手筹建广播电台。日本在台湾的总督应日本海军的要求，极力协助。厦门广播电台的设施由台湾总督府交流局递送部和台湾广播协会办理。

民国二十七年（1938 年）6 月，日本侵略者利用原国民政府交通部厦门电报局无线电报台的建筑及无线铁塔改建广播电台，同年 8 月竣工。电台台址在白鹤路 2 号。广播电台直属于台湾总督府。据《新加坡厦门公会十周年纪念特刊》报道："其中设备周全，规模庞大，为日本广播网中有力枝干之一。在厦门沦陷七八载之悠长岁月中，此一电台无时不散发其侵略的毒素。"

民国二十七年（1938 年）8 月 15 日，日伪厦门广播电台正式播音，呼号是"XOJK"，发射机功率 100 瓦，波长 920 公尺。用厦门话播送报道，每日合计不超过 2 小时。

当时，厦门市区商号和住家极少有收音机，该台遂在市内数处安置收音机，供过路市民收听。

民国二十八年（1939 年）8 月 15 日（即开播一周年），该台日间广播增加 1 小时。

为了加快推行日本话，民国二十九年（1940 年）1 月 8 日，日伪厦门广播电台增加日语广播。开始每日广播两次，并广播北京话和福州话的地方新闻，全日广播时间为 4 小时 45 分。

民国二十九年（1940 年）9 月，日伪厦门广播电台业务归兴亚院厦门联络部直接指挥。该台计划新建接收厅和演奏厅，并更换台址。

民国二十九年（1940 年）12 月 28 日，台湾广播电台开始启用 100 千瓦发射机放送，日伪厦门广播电台也调整播音时间，以适应转播台湾电台节目的需要。其后，还转播日本东京的日语广播。

民国三十年（1941 年）12 月 8 日，太平洋战争爆发。日本侵略者为加强对日本人的广播宣传，急需进行二重广播，加紧实行发射和接收分开的计划，日伪厦门广播电台于民国三十一年（1942 年）6 月 15 日迁移到新台址（虎园路 9 号）。

民国三十一年（1942 年）6 月 15 日起，日伪厦门广播电台开始用二重播送，对日人、华人分别编组放送。第一放送，向中国人广播；第二放送，向日本人广播。

民国三十一年（1942 年）12 月 19 日，日本侵略者为了严密控制宣传工具，日本总领事馆和伪厦门市政府发表《取缔无线电信、电信和收音机规则》的布告，宣布自即日起实施。

民国三十四年（1945 年）8 月，日本战败投降，9 月，永安福建广播电台派员到厦门接管日伪厦门台，重新组建厦门广播电台。

地市级地方志广播史料

福 州 市

民国二十二年（1933 年）福建省政府在福州筹建无线广播电台，为福建广播事业之始。在试播期间“仅播唱片，间有演讲者”。民国二十三年，国民党中央广播事业管理处接管该台后，定名为福州广播电台。强调该台要“内启民智，外络侨讯”，其发射功率虽仅有 250 瓦，但夜间波长可达二三千里，大陆以外的台湾、琉球、菲律宾、越南的部分地区都能收到清晰的广播。抗日战争时期，该台内迁永安，改称福建广播电台。此时全国公营广播电台继续播音者，华东地区只有该台坚持广播。抗日战争胜利，迁回福州。民国三十六年又增加一台 1 千瓦中波发射机与 250 瓦中波发射机联播。同年，福建省政府教育厅又着手创办福建教育电台，发射功率为 500 瓦。民国三十八年五六月间，福建广播电台和教育电台先后停止播音。

1949 年 8 月 17 日福州解放，中国人民解放军福州市军事管制委员会接管原福建广播电台，建立福建人民广播电台。从此，福州广播事业开始了新的历程。

江西省

《江西省广播电视志》编纂委员会编:《江西省广播电视志》,方志出版社 1999 年版

概　述

一

江西省的广播电视事业起步于20世纪20年代末。江西第一座无线广播电台，是1933年10月建成开播的国民政府军事委员会委员长南昌行营广播无线电台。

1928年3月，江西省政府建设厅决定筹建无线电广播电台，并购置无线电收音设备一套。1929年11月11日，省政府第232次省务会议通过在南昌设立广播电台的计划。国民党向中央苏区四次军事"围剿"失败后又布置第五次军事"围剿"。1933年5月，军事委员会委员长南昌行营成立。国民党中央执行委员会广播事业管理处把本拟设在河南洛阳的250瓦发射机移装于南昌，"专供委员长南昌行营报告剿匪之用"。10月10日，南昌行营电台正式播音。1935年2月，国民政府军事委员会驻赣绥靖公署接管南昌行营电台，更名为南昌广播无线电台。同年11月，省建设厅接管南昌广播无线电台，更名为江西省广播无线电台，1942年11月29日停止播音。1942年，中央广播处计划在"东南各省中心地区之江西某地，设立巨型广播电台一座，电力3千瓦"，让电波覆盖"东南各省及西南太平洋各地"。因日军犯境，战火蔓延，未能实施。1945年8月14日，日本宣布无条件投降。1946年10月10日，中央广播处江西广播电台在南昌播音。

新中国成立前江西的广播电台分官办、民办两种性质。全省先后建台十一座，有的存在时间很短，或三年五载或一年半载。

1949年5月22日南昌解放。当晚，原江西广播电台台务代理曹自明与进步的广播工作者一道，利用江西广播电台250瓦机，以南昌新华广播电台为呼号，播出解放军《约法八章》和转播北平（今北京）新华广播电台节目。5月28日，解放军第二野战军四兵团三十七师正式通知电台用南昌新华广播电台为呼号播音，标志江西人民广播事业获得新生。6 月 3 日，南昌市军管会代表戴邦接管南昌新华广播电台。7 月 7 日，该台更名为南昌人民广播电台（仍为省属）。

江西的有线广播，30 年代中期至 40 年代初期，在个别城市或个别场所运用。1935 年，粤军第一军在大余县水城荆洲坝军用机场召开赣南军民体育运动大会，用有线广播报告大会实况。1942 年，上饶广播电台在上饶市街头设置有线广播。

电视事业起步晚于广播。1941 年 12 月 20 日，省电讯总队撰文展望电视事业，说“传播音影之电视，在先进各国扩展极速，本省亦将步其后尘，实验应用”。

二

江西的广播电视有着鲜明的阶级性。

第二次国内革命战争时期，蒋介石调集百万军队“围剿”中央苏区，南昌行营电台的任务规定为“加紧剿共宣传”。国民党省党部按照国民党中央的提法称广播的性质为“党国喉舌”，把广播的功能列为海、陆、空军三条战线之后的“第四战线”。1942 年 2 月 17 日省政府第 1436 次省务会议通过的《江西省广播电台组织规程》，规定广播电台的宗旨为“传达政令，普及社教，暨广播抗战之正确新闻”。1946 年 6 月，省政府主席王陵基在训令中规定广播的任务为“公告政情，宣传党义”。

时代不同，广播电视台站性质不同，节目的内容也不同。

第二次国内革命战争时期，南昌行营电台、南昌广播无线电台、江西省广播无线电台开办反共、反人民的《剿匪宣传》等节目。

抗日战争时期，民族矛盾上升，宣传报道的内容复杂，江西省广播无线电台办有《抗战或时事谈话》、《总裁言论》等节目。

第三次国内革命战争时期，江西广播电台骂中共为“匪”，视革命为“乱”，邀请地方高级官员播讲《戡乱时期危害经济惩治条例》、《戡乱军事之前瞻证明共匪必败理论》等稿件。

30～40 年代，江西的广播节目，自称谋求“时代化、实用化、大众化”，然而采用的仅仅是直播（那时无录音设备），念报纸，读文件，官员和名人作广播讲话，文艺工作者、文艺爱好者在话筒前演唱等采编播合一的方式。

三

新中国成立前，国民党江西省执行委员会、省政府对全省广播收音网的人、财、物严加控制，对广播宣传工作实行直接、全面的管理。1932 年，省政府通令各县政府和社会团队筹款购置收音机，并派人去南京中央广播电台学习收音技能，以后陆续制定《江西广播驿传通讯网络组织办法》、《江西省广播电台组织规程》等法规。

新中国成立前的省级广播电台，分属国民政府军事委员会委员长、江西省政府和中央广播处直接领导。军事委员会委员长直接领导的南昌行营电台和省政府直接领导的南昌广播电台、江西省广播无线电台，接受中央广播处的业务指导。中央广播处直接领导的江西广播电台接受江西省政府的指导。

第一章　广播电台

1933年10月至1949年5月的十六年中，全省先后建立无线广播电台11座，除江西广播电台功率较大外，其余规模都很小，覆盖面很窄。到1949年5月南昌市解放时，全省仅存一座功率3千瓦的江西广播电台，收音机仅有2000台左右，而且大都掌握在党政、事业机关和上层人士手中。

南昌行营广播电台　为配合蒋介石对中央苏区、中央红军的“围剿”，国民党中央执行委员会中央广播处于1933年8月22日派工程师俞曰尹到南昌筹建南昌行营电台。10月10日建成开播，呼号XGOC。发射机功率250瓦，频率1132千赫。全天播音两次，计3小时45分。该台隶属南昌行营交通处。台址南昌市城北新住宅区。台负责人顾厚莹。

1934年10月，红军离赣长征。南昌行营迁四川巴县。1935年2月，国民政府军事委员会驻赣绥靖公署接管南昌行营电台，改名南昌广播电台，呼号仍为XGOC。

江西省广播无线电台　1935年11月，驻赣绥靖公署结束工作，南昌广播电台移交省政府建设厅接管，改称江西省广播无线电台。1937年1月，该台迁至南昌市四经路，在新址架设T型天线，安装3千瓦中波发射机一台，并在汽车上安装100瓦发射机一台，建立流动电台。全天播音两次，计6小时。不久，因侵华日军狂轰滥炸，被迫停播。

1938年1月，江西省广播无线电台迁吉安县（今吉安市）播音。1939年1月6日，省建设厅成立省电讯事业管理总队筹备处，并将所属江西省广播无线电台一分为二，一台设在南昌，二台设吉安县，委派段石安、程懋域为一、二台筹备员。同年3月，南昌沦陷，第一台迁至吉安县，与第二台合并，改称江西省广播电台，发射机功率250瓦（第一台发射机已损坏，不堪应用），负责人程懋域。1940年4月，该台将250瓦发射机改造扩大为500瓦。1941年6月，该台随省政府由吉安县迁至泰和县，在县城南郊龙洲王家村12号播音。因泰和县电源不够供应3千瓦发射机，同年11月该台将3千瓦机移至于都县赖村天马岩下（今属宁都县）安装、调试。因省政府经费拮据，无力支付3千瓦机所需电费，未启用。为避免长期不用易受损坏，由省建设厅致函中央广播处商请接办3千瓦机。1942年1月办理3千瓦机移交手续后，用500瓦机在泰和县继续播音。同年11月25日，省政府停发江西省广播电台经费，决定暂行中止广播工作，人员遣散，设备移交省无线电讯总队保管。11月29日江西省广播电台停止播音。台负责人罗肖华等。

江西民众教育馆大众广播电台　原名民众教育馆广播电台，1936年10月12日建成开播，呼号XLJA。该台的主要任务是进行民众教育，同时播送一些文艺节目。1937年，因日本侵略军进犯中止广播。1947年1月，恢复播音，改名为大众广播电台。1948年，因经费困难停止广播。

江西省教育厅广播电台　1937年3月10日建成开播。台址南昌市中山路，发射机功率25瓦，频率1200千赫，呼号XGKE。该台设置《教育节目》、《无线电常识》，以及音乐、戏曲等节目。1939年，因经费困难停止广播。台负责人段石安。

南昌防空广播电台　1938年9月1日，经省政府批准，由江西省防空司令部投资建成开播，发射机功率30瓦，频率1300千赫，呼号XDBT。该台的主要任务是减少南昌市民因遭受日军飞机轰炸时带来的人身财产损害。一般在日军飞机空袭前后播音。空袭前，播送警报，急告市民迅速转移、疏散、躲避，以预防和减少轰炸损害；空袭后，播送解除警报信号，介绍遭炸范围、受损情况，或宣传一些防空知识，使市民有所准备，安定民心。1940年，省政府南迁泰和后停止广播。台负责人张仲智。

上饶广播电台　又名第三战区流动广播电台，是第三战区司令部向战区、沦陷区士兵、民众进行抗日战争宣传教育和对日本侵略军进行瓦解宣传教育的广播电台，隶属于第三战区司令部和中央广播处。1941年8月1日建成开播，800瓦短波发射机一台，频率9200千赫，呼号XIMA。台址初建时设在上饶，后因战事频繁，辗转于上饶、铅山和福建的建阳、邵武四县之间。1945年抗战胜利后并入浙江广播电台。该台节目设新闻、社教、文艺、言论、服务五大类，主要有《战区动态》、《政治常识》、《青年讲座》、《经济讲座》、《日语新闻》以及音乐文艺节目等，间或由第三战区司令部和上饶专区的主要官员作广播讲演。台负责人刘世烈。

新赣南广播电台　始建于1940年，原名赣县广播电台。隶属省教育厅电化教育服务处。1943年改名为新赣南广播电台，呼号XLDA，台址设在赣县章贡路（今属赣州市）。台址院内架设高30米天线杆，安装长25米T型天线，有50瓦中、短波发射机各一台及播音，录音扩音等设备，全天播音一次，计2小时，重大活动和节日延长播音时间。该台隶属省第四行政督察专员公署，由教育科主管。定编11人。台内设传音、机务、总务三课。台负责人先后有刘锦坤、肖涤新。1945年1月，因日本侵略军进犯赣县，停止播音，随专署迁至安远县。同年3月撤销，设备封存，人员遣散。

基督教青年会业余广播电台 1946年初，由南昌市基督教青年会主办建成。发射机功率250瓦，设置京剧、歌曲、广告等节目。台负责人张仲智。1946年10月10日撤销。

江西业余广播电台 1946年3月10日建成播音。该台隶属于南昌市政府，台址南昌市象山路。发射机功率100瓦，频率1100千赫，主要播送音乐、戏曲等节目，供市民休闲消遣。1949年初停播。

江西广播电台 中央广播处于1942年2月9日在泰和县上田村临江花园成立江西广播电台筹备处，任命侯恩铭为筹备处主任。3月6日侯恩铭在搬迁设备途中溺水身亡。1943年1月，中央广播处任命王溶如为筹备处主任。在泰和期间，筹备处用将近一年的时间对设备进行维修、安装和调试，为正式开播做准备。该台呼号为XUPC，频率1080千赫，但未正式播音。因赣东战事紧张，于1944年3月再迁赣县于今赣州市文清路筹备播音。由于日本侵略军分兵数路直指赣县，筹备处被迫将设备拆卸装运到会昌县保存。

抗日战争胜利后，江西广播电台筹备处于1945年8月下旬迁回南昌市北坛街44号，在该处安装、调试广播发射机。1946年春季试播。同时筹办节目和招聘播音员。10月10日，江西广播电台宣告成立，正式播音，发射机功率3千瓦，频率1080千赫，呼号XUPC，全天播音四次，计4小时。江西广播电台正式成立后，筹备处主任王溶如调离，汤一鹗任台长。1947年9月1日，该台迁至南昌市五纬路3号，在城北公园荒地兴建天线亭和敷设地网。

1949年5月南昌解放前夕，台长汤一鹗以“无法维持，决即设法赴穗面请救济”为由，弃职出逃，并指定由工程师、工务课长曹自明代理台务，主持工作。这期间，溃退到南昌市的夏威兵团曾多次派军官到电台催促拆卸设备，随军撤退。曹自明均以设备陈旧、不堪拆卸，且无运输工具以及职工生活困难为由予以拒绝；并根据中共地下组织的部署，积极向职工宣传党的政策，团结和教育职工保护电台设备，防止敌人破坏。同年5月18日，中共闽浙赣边区江西工委地下党员吴怀书，带领豫章中学部分进步学生到电台协助曹自明等将 3 千瓦发射机拆卸装箱运到五纬路 20 号丁金敏、夏宗欧家中保存，同时启用备用的 250 瓦发射机维持播音。5 月 21 日，国民军弃城西逃。当天，江西广播电台停止播音。

江西广播电台迁回南昌市后仍属中央广播处领导。该台设台长一人，下设总务、工务、传音三课。总务课主管经费、行政、事务工作；工务课主管电台技术及技术设备；传音课主管播音材料收集、审查和节目编播工作，除课长外，设记者，音乐、戏曲、资料编辑，播音员若干人。

南昌短波广播电台 1943 年 4 月 22 日，省文化运动委员会第 37 次常委会议决议利用省无线电讯总队短波机（由原江西省广播无线电台移交的 500 瓦中波机改装）建立短波电台。1944 年 9 月 15 日，省电讯总队队长张仲智向省政府主席曹浩森呈报关于拟在 1945 年内成立短波广播电台计划及概算。同年 10 月 6 日，省政府指示："查该短波播音电台如有设置必要，应利用该总队原有人员、机件办理，不另增加经费。"1945 年 12 月 4 日，省建设厅厅长胡嘉诏向省主席曹浩森再次报告称："本省广播电台于 1942 年 11 月结束后，所有机件交省电讯总队保管后，改为短波播音电台，因无经费，未能播音。抗战胜利，恢复本省广播电台确为切要之图。"同年 12 月 18 日，省政府财政厅会计处核签同意将电台人员、经费列入 1946 年概算。1946 年 7 月 3 日，省政府主席王陵基训令电讯总队应即日装设播音电台。7 月 10 日，设置安装就绪，试播。短波发射机功率 250 瓦，频率 6250 千赫，呼号 XKCA。试播时间每日下午 20：00～21：00（中原夏季时间）。1947 年 1 月 24 日，南昌短波电台正式播音，全天播音一次，计 3 小时，播出时间 18：00～21：00，主要报道省政府政讯及国内外新闻。因全省各县收音室未恢复，省电务局通知各县无线电台兼办收音业务，并将抄录新闻印发县城各机关。1949 年 4 月，电台随省政府解体而停止播音。该台隶属于省政府，由省电务局（1946 年由省无线电讯总队扩大改名）主管。全台职员 5 人，公役 2 人，台负责人章定安。

江西人民广播电台 江西人民广播电台的前身为南昌新华广播电台、南昌人民广播电台。1949 年 5 月 22 日，南昌市解放。中央广播处所属江西广播电台在台务代理曹自明主持下，当天以南昌新华广播电台为呼号，播送解放军《约法八章》和《解放军进行曲》等革命歌曲，同时转播北平新华广播电台节目。28 日，解放军第二野战军四兵团派联络员正式通知该台使用南昌新华广播电台为呼号播音，并派战士站岗放哨。

南昌新华广播电台发射机功率250瓦，频率1080千赫，全天播音一次，计6小时20分，播出时间15：00~21：20。全台工作人员21人，台址设在南昌市五纬路3号。

1949年6月3日，南昌市军管会派军代表戴邦接管南昌新华广播电台，并宣布省委宣传部任命通知，任命王族光为台长兼播音科长，曹自明为副台长兼工务科长。同日该台启用解放前夕隐藏在群众家中的3千瓦发射机播音。7月7日，南昌新华广播电台改名为南昌人民广播电台。12月3日，南昌人民广播电台将接收原省电务局250瓦短波发射机安装、调试后用频率6330千赫播音。不久，停止使用。

第二章　节目制作

广播节目制作　20世纪30~40年代，南昌行营电台等电台广播节目制作的设备、手段极为简单。手段除播音员讲播、名人和要员讲演外，只能放唱片。设备除拾音器和电唱头，只有30瓦演讲机（扩音机）、5瓦短波播音机（发射机）和初级增音机，用于广播节目增益和传递。1941年江西省广播无线电台3千瓦中波广播发射机于天马岩改造、安装，配置250瓦短波流动发射机（安装于汽车内），设有遥控播送放大器和语音放大器，用以改善节目播出质量。

第三章　民国时期广播电台节目

民国时期的南昌行营电台、江西省广播无线电台、江西广播电台以及国民政府所属的其他电台的节目，自开播至消亡，始终充当国民党、国民政府的喉舌。广播节目，以政治宣传为主，兼容信息知识传播及文学艺术欣赏。第二次国内革命战争时期，广播电台开展反对中共及工农红军的宣传报道，骂中共及工农红军为“匪”，开办“剿匪”节目；抗日战争时期，民族矛盾上升，也开展一些抗日宣传；第三次国内革命战争时期，宣传报道“剿匪”、

“戡乱”。节目的设置，随政治任务和形势的变动而改变。节目分设新闻、言论、社教、文艺、经济、广告、服务、特别八个类。新闻类节目，有江西新闻、全国新闻和国际新闻；言论类节目，多为政治、政策性的内容；社教类节目，有政治、法令、科学、历史、文化、妇女、青年、儿童等专题节目；文艺类节目，以音乐为主，兼之戏剧及其他文学作品。另设转播节目，转播中央电台、国际广播电台节目和美国之音节目。稿件来源，新闻、言论、社教节目多数由中央通讯社南昌分社、国民党江西省党部、省政府及其职能部门直接提供，少数剪报或自采。在泰和期间，新闻来源由省电讯大队提供。文艺类节目，多数时间播放中央广播处提供的唱片，少数播放传音课组织的文艺演出，个别为编播人员自创作品。

第一节　国民政府电台节目设置

国民政府所属几座主要电台，日播时间长度为3小时20分至6小时50分钟，其中1933年10月至1935年年初为5小时，1940年3月15日至4月为6小时50分钟，1946年6月1日至10月为3小时20分钟。有时上午播音，有时下午和晚上播音。节目时间长度，分别为5、10、15、20、30、40、45、50、60、90分钟，多数为10～20分钟，只有一次《记录新闻》节目为90分钟。

新闻类节目　1933年10月至1937年7月，南昌行营电台、江西省广播无线电台设置《新闻》、《本省要闻》、《重要政令》、《国内外新闻》、《一周大事报告》（又名《一周大事》）、《通令·新闻》、《剿匪消息及本省要闻》、《行营重要政令及剿匪消息》节目。每周播出7小时至13小时50分钟，与每周播出的总时长比，1933年占21.3%，1935年占26.7%，1936年占30.4%。围剿中共及中央苏区的《剿匪消息及本周要闻》、《行营重要政令及剿匪消息》节目，每周播出1小时，并列为主要的新闻节目。1937年8月至1942年11月，撤销《剿匪消息及本省要闻》等节目，新设《记录新闻》、《简明新闻》、《国际动态》节目。1939年的新闻类节目，全部与文艺节目搭配。《简明新闻》与《军乐》、《记录新闻》与《义勇军进行曲》、《本省新闻》与《杂曲》搭配，每周播出10小时30分钟，占每周播出总时长32.9%。1940年3月15日设的赣语《简明新闻》，每次20分钟，同日设的《本省要闻》开辟有《省务会议录》、《施政报告》、《建设报告》专栏，每次

15分钟。1946年6月至1949年5月21日，江西广播电台撤销《记录新闻》、赣语《简明新闻》、《一周大事》节目，新设《本日新闻》（又名《当日新闻》）、《综合新闻》、《新闻摘要》、《一周新闻解说》、《最后消息》节目。《本日新闻》节目，每周七次，每次20～25分钟，时段在22：00～23：30内。

言论类节目　1939年12月至1942年11月，江西省广播无线电台设《警策语》、《抗战丛谈》、《国际丛谈》、《杂谈》、《总裁言论》、《恭述》、《时论介绍》、《敌情论述》、《总理遗教·总裁言论》、《古今谈荟》节目。每周播出1小时10分至4小时5分钟，与每周播出的总时长比，1940年占8.5%。最早的言论节目是1939年12月18日开始的《抗战丛谈》，每周一次，每次20分钟，时段于19：00～19：20内。1946年6月至1949年5月21日，江西广播电台撤销《抗战丛谈》、《总裁言论》等节目，新设《今日的话》、《自由谈》、《预言之声》、《党义阐述》、《中国之命运》、《时事评论》节目。每周播1小时10分至2小时45分钟，与每周播出的总时长比，1946年占15%，1947年占10%，1948年占7.3%。1947年《自由谈》和1948年的《预言之声》节目，每周一次，每次5～15分钟。

社教类节目　1933年10月至1937年7月，南昌行营电台、江西省广播无线电台设《行营纪念周》、《党务报告》、《施政报告》、《演说》、《通令》、《政治报告》、《民众教育》、《公民训练》、《合作教育》、《名人演讲》、《学术演讲》、《新生活运动》（又名《新生活》）、《地方自治》、《儿童节目》、《建设概要》、《法令解释》、《剿匪宣传》节目。每周播出4小时至18小时30分钟，与每周播出总时长比，1933年占55.6%，1935年占46.7%，1936年占10.4%。1935年围剿中共及中央苏区的《剿匪宣传》节目，每周七次，每次30分钟，时段于19：30～20：00内，次年撤销。1937年8月至1942年11月，新设《禁烟宣传》、《江西名贤传》、《政治》、《读书生活》、《青年教育》、《妇女教育》、《战时青年》、《抗战谈话》、《战地通讯》、《科学建设谈话》、《宣读国民公约及党员守则》等节目，每周播出3小时25分至7小时35分钟，与每周播出的总时长比，1939年占10.4%，1940年占11.1%，1941年占9.7%。1937年的《禁烟宣传》节目，每周一次，每次10分钟，时段于9：35～9：45内。宣传抗战的节目，自1939年12月18日开始，持续三年。《抗战谈话》节目，每周七次，每次15分钟，时段于18：05～18：20内。1946年6月至1947年5月21日，江西广播电台对抗战期间设的社教类节目，除保留青年、妇女、儿童、学术、党政报告方面的节目外，其余节目均撤销。新设《宪法讲话》、《广播谈话》、《活用节目》、《东北青年训导》、《国际丛谈》节目，每次播出15分钟至1小时15分钟。

教学类节目 1933年10月至1937年7月，南昌行营电台、江西省广播无线电台设《科学常识》、《农林常识》、《卫生常识》、《无线电常识及问答》、《军事常识》、《电信常识》、《防空常识》、《史地常识》、《法律常识》、《家庭常识》、《体育常识》、《经济常识》、《国语》节目。每周播出1小时至3小时30分钟，与每周播出的总时长比，1933年占3%，1935年占7%，1936年占7.4%。1937年7月至1939年8月，江西省广播无线电台除保留《军事常识》、《防空常识》、《卫生常识》、《科学常识》外，其余节目撤销或改名，新设《农人常识》、《工人常识》、《商人常识》、《生物常识》、《化学常识》、《物理常识》、《小学教科进修》、《英语教授》节目，每周播出1小时45分至2小时20分钟，与每周播出的总时长比，1937年占5%，1939年占3.8%。1948年1～11月，江西广播电台调整节目五次，其中，三次撤销全部教学类节目，两次恢复或保留《卫生常识》、《科学常识》、《播音教育》、《英语教授》节目。设教学类节目期间，每周播出15分至1小时30分钟，与每周播出的总时长比，占0.8%～2%。1948年11月16日开始，教学类节目全部撤销。

文艺类节目 1933年10月至1937年7月，南昌行营电台、江西省广播无线电台设《音乐唱片》、《口琴》、《故事》节目。每周播出5小时15分至21小时15分钟，与每周播出的总时长比，1933年占15.5%，1935年占47%，1936年占37.2%。1937年7月至1942年11月，江西省广播无线电台撤销《故事》节目，新设《军乐》、《西乐》、《国乐》、《平剧》（京剧）、《杂曲》、《大鼓》、《粤曲》、《抗战歌曲》、《雄壮歌曲》、《歌咏》节目。12个文艺节目中有九个与文字节目搭配。1946年6月至1949年5月21日，江西广播电台撤销《军乐》等节目，新设《地方曲》、《昆曲》、《弹词》、《闽曲》、《西乐电影歌曲》、《电影歌曲》、《流行歌曲》、《粤剧》、《川剧》、《广播剧》、《地方剧》、《轻音乐》、《交响乐》、《音乐讲话及欣赏》、《名曲介绍》、《旗正飘飘歌》、《票友会唱》、《星期游艺》、《文艺朗诵》节目。每周播出1小时45分至10小时10分钟，与每周播出的总时长比，1946年占52.5%，1947年占37%，1948年占9%。

从南昌行营电台开播至江西广播电台消亡，音乐节目始终为文艺类节目的一个组成部分。1933年10月至1936年，文艺节目中专设《音乐》节目。1937年起，改设《西乐》节目，每日1～3次，每次10～20分钟。1939年12月18日起，开办《国乐》节目，每日1～3次，每次10～35分钟。

经济类节目 1936～1937年，南昌广播电台、江西省广播无线电台设《商情》节目，每周播1小时10分钟。1937年，江西省广播无线电台设《经济》节目，每周一次，每次15分钟。1938年12月28日撤销《经济》节目，设《商情报告》节目，每周七次，每次15分钟，1940年3月15日撤销《商情报告》节目。1940年12月16日，恢复《商情》节目，每周七次，每次15分钟，至1942年10月28日撤销。1946年11月起，江西广播电台先后设《上海及本市商情》（又名《上海及南昌当日商情》）、《当日沪赣商情》、《工商消息》，每周1～7次，每次10～15分钟。

广告类节目 1947年6月16日，江西广播电台设《广告》节目，与《平剧》节目搭配，每周七次，每次45分钟，同年8月1日撤销。

服务类节目 1933年10月，南昌行营电台设《报时》、《本地气象报告》节目（又名《气象》，《气象预报》），每周七次，每次10～45分钟。1935年江西省广播无线电台设《节目预报》节目，每周七次，每次10分钟，1946年6月，江西广播电台新设《社会服务时间》节目，每周七次，每次5分钟。1947年撤销《社会服务时间》节目，新设《听众信箱》节目，每周一次，每次15分钟。

特别节目 1935年，南昌广播电台设《特别音乐》节目，每周两次，每次30分钟。1936年，设《特别节目》，周六两次，每次1小时至1小时30分钟。同年1月1日的《特别节目》，播出儿童歌曲、省会公安局警乐队歌曲、省推行音乐教育委员会播音节目、南昌口琴队节目、省政府军乐队节目。节目长度1小时30分钟。1937～1942年和1946年12月至1948年3月，江西省广播无线电台、江西广播电台除几个月未设《特别节目》外，大部分时间的周六、日或周三设《特别节目》、《临时节目》、《星期日节目》、《星期六特别节目》、《星期日特别西乐节目》、《星期日特别娱乐节目》，播文艺节目和名人演讲。节目长度20分至1小时30分钟。1948年4月1日，节目撤销。

1940年，成都防空委员会周至柔电函省政府主席熊式辉，饬江西省广播无线电台在播音休息时间供空军广播，为避免敌机利用，播音时呼号改用XBX，介绍防空、防毒等知识。在正常播音遭日军飞机空袭时，则临时中止播音，播送防空警报。1945年抗日战争胜利，供空军利用广播时间中止。

转播节目 1936年，江西省广播无线电台转播中央广播电台节目，每周六次，每次1时5分钟。1939～1940年，转播中央电台《时事谈话或讲演》、《抗战讲座》、《抗战教育》、《简明新闻》、《新闻类述》、《记录新闻》、《特别节目》，每周1～7次，每次15分钟至1小时。1946年6月，江西广播电台转播国际广播电台《英语新闻》节目，每周七次，每次15分钟。1947～1948年，转播美国之音电台《国际新闻》（又名《世界新闻》）节目，转播中央电台《当日新闻》、《当日新闻及时评》、《简要新闻及时评》节目。每周七次，每次10～40分钟。周六还转播北平（今北京）或上海广播电台《北平剧院》、《平剧》节目，每次20分钟或至剧终。

军事委员会委员长南昌行营广播无线电台播音节目表

（1933年10月订）

呼号XGOC　　频率1132千赫

起时	讫时	需时（分）	播送节目
8：00	9：00	60	（星期一）行营纪念周
13：00	13：30	30	音乐唱片
13：30	14：00	30	党务报告（星期日改音乐唱片）
18：00	18：15	15	本地气象报告
18：15	19：00	45	施政报告
19：15	19：45	30	（星期二）科学常识　（星期三）农林常识 （星期四）演说
19：45	20：00	15	音乐唱片　报时
20：00	21：00	60	剿匪消息及本省要闻

江西省广播无线电台每周播音节目时间表

（1939年12月10日改订）

呼号XGOC　　频率950千赫

起时	讫时	需时（分）	播送节目
6：30	6：45	15	国歌　国乐
6：45	7：00	15	军乐　简明新闻
7：00	7：10	10	报时　西乐

（续表）

呼号 XGOC			频率 950 千赫
起时	讫时	需时（分）	播送节目
7：10	8：10	60	义勇军进行曲，记录新闻
8：10	8：30	20	平剧　警策语
8：30	17：30		休息
17：30	17：45	15	中华之光歌　一、防空常识；二、抗战教育（中）；三、卫生常识；四、儿童节目；五、军事常识；六、农业常识；日、科学常识
17：48	18：00	15	粤曲　警策语
18：00	18：05	5	报时　商情报告
18：05	18：20	15	抗战谈话
18：20	18：30	10	歌咏
18：30	18：40	10	施政报告　省务会议录
18：40	19：00	20	平剧　警策语
19：00	19：20	20	一、名人讲演；二、战时青年；三、特别节目或转播中央电台节目；四、抗战丛谈；五、时事谈话或讲演（中）；六、妇女讲座；日、国际丛谈
19：20	19：30	10	国乐
19：30	19：45	15	抗战讲座（中）
19：45	20：00	15	抗战歌曲
20：00	20：20	20	报时　新闻类述（中）
20：20	20：40	20	西乐
20：40	20：45	5	预报节目
20：45	21：00	15	本省新闻　杂曲
21：00	22：00		休息
22：00	22：05	5	大地进行曲
22：05	22：55	50	满江红歌　《记录新闻》或转播中央《记录新闻》
22：55	23：00	5	总理纪念歌　停止

说明：表中的中文数字“一”代表星期一，余类推。“中”，指转播中央电台节目。

中央广播事业管理处江西广播电台播音时间表

（1948 年 11 月 16 日改订）

呼号 XUPC　　　　频率 1080 千赫

起时	讫时	需时（分）	播送节目
12：30	12：45	15	国歌　报告中午节目
12：45	13：00	15	平剧
13：00	13：10	10	时评介绍
13：10	13：50	40	歌曲（一至六）　口琴（日）
13：50	13：55	5	警策语
13：55	14：00	5	西乐
14：00	17：30		休息
17：30	17：35	5	旗正飘飘歌　报告晚上节目
17：35	17：50	15	地方戏：大鼓（一）、弹词（二）、粤剧（三）、越剧（四）、梆子（五）、川剧（六）、滇剧（日）
17：50	18：00	10	教育节目：教育讲座（一）、妇女节目（二）、儿童节目（三、日）、国际丛谈（四）、青年节目（五）、学术讲座（六）
18：00	18：20	20	歌曲
18：20	18：25	5	警策语　预言之声（日）
18：25	18：50	25	西乐　名曲介绍（六）
18：50	19：00	10	活用节目（一至六）听众信箱（日）
19：00	19：15	15	国乐
19：15	19：30	15	歌曲
19：30	19：45	15	平剧
19：45	20：00	15	歌曲
20：00	20：40	40	平剧　西洋舞曲（六）
20：40	20：45	5	本省新闻
20：45	21：00	15	军乐
21：00	21：30	39	新闻及时评（转播中央电台）
21：30	21：45	15	沪赣商情　预报明日节目
21：45			报时　停止

第二节 节目生成

国民政府广播电台通常设总务、播音、机务三股，播音股执掌“播音材料之搜集及审查”、“播音节目之编订”、“指定电台报告及演讲之收录”、“播音机件唱片乐器及书籍之检查保管”、“政令之传播及标准钟之校对”、“音质音量之审查”、“播音人员之招待及引导”等项工作。1946 年，播音股改称传音股。播音、编辑、采访三项任务由播音股（传音股）的职员充任。

编辑 省党部、省政府、省建设厅、省教育厅和省宣传指导会为广播电台直接组织广播稿件，交由广播电台编排。1933 年 10 月，省政府制定《省政府担任南昌行营广播无线电台施政报告暂行办法》，规定施政报告由省政府及所属机关按周分别担任；施政报告以 45 分钟为度。该月，省政府秘书处、省民政厅、省财政厅、省建设厅、省教育厅、省保安处、省农村合作委员会的要员分别到南昌行营电台作施政报告，省教育厅、省建设厅派员分别到南昌行营电台宣讲科学常识、农林常识。1935 年 12 月 31 日，省建设厅训令，对事业建设的播音材料，应为有系统的文字；播音内容应理论与实际并重，避免公文式的文句；讲演文字一律用白话，字数 500 ~ 1000。1939 年 12 月 29 日，广播电台为庆祝民族复兴节暨 1940 年元旦、1941 年 1 月 1 ~ 8 日，为纪念国民政府成立，均敦请省高级官员及团体负责人讲演。1946 年 6 月 21 日，省教育厅案准江西广播电台组织省会 36 所小学的学生为儿童、青年节目播讲。同年 12 月至 1947 年 9 月，省教育厅安排 36 人作教育播音演讲。

文艺节目以编排音乐、戏曲唱片为主。1933 ~ 1941 年，南昌行营电台、江西省广播无线电台从中央广播处领取和购买唱片 588 张，其中平剧 288 张、国乐 55 张、歌咏 115 张、杂曲 47 张、国语 10 张、特用 15 张、军乐 5 张、西乐 98 张、歌曲 4 张。1947 年 2 月，增购唱片 98 张。1948 年 4 月，再增 82 张。播放的唱片歌曲有《壮士骑马打仗去了》、《背着枪》、《远征轰炸歌》、《凯旋回故乡》、《胜利进行曲》、《最后胜利》、《青天白日满地红》、《满江红》、《总理纪念歌》、《精神总动员》、《为国争光》、《还我河山》、《中国父母心》、《抗战必胜》、《复兴中华》、《国殇》、《中华民国国歌》、《木兰从军》、《香格里拉》、《夜上海》等。

自编的文艺作品有江西广播电台播音员许枫编写的广播话剧《乌江恨》，

吴祖光作词、陆华柏作曲的《牛郎织女歌》；传音课长史荫吾编写的广播话剧《火烧仓库》。1948 年 12 月，省教育厅收到教育部转发内政部关于“禁止广播不良歌曲”清单的代电，禁播歌曲共 123 首，其中有《夜半三更》、《桃李争春》、《满场飞》、《风雨》、《中国的青年》、《扬子江暴风雨》、《开路先锋》等。《义勇军进行曲》也在禁播之中。

采访 1933 年 10 月至 1946 年 5 月，各台大多实行采编播合一。1936 年 10 月，省党部批转省党部宣传科广播通讯社各县接收通讯办法，规定广播通讯社每日采集消息，由江西省广播无线电台播送至各县收音室。1946 年，江西广播电台经常派出记者出席省政府及其职能部门召开的新闻记者招待会，采写消息。记者招待会，一般于周六举行，通报近期施政情形及下步工作计划。省会 31 家报社、通讯社、广播电台记者以及中央新闻单位驻省记者、驻省特派员出席。最后一次新闻记者招待会为 1949 年 3 月 5 日省教育厅第 14 次新闻记者招待会。

播音 播音员全部照稿直播。1933 年 12 月 18 日，南昌行营电台雇用播音员播音。一些直播的施政报告因土语太多，各方收听深感困难，遂将稿件交由播音员代播。抗日战争时期，播音员用国语和赣语两种语言播送《简明新闻》。1946 年 2 月，江西广播电台公开招考播音员，报考者 47 人。3 月 10～11 日分党义、国文、英文、常识、播音、口试六种科目考试。正取 4 人（男二女二），备取 2 人（男一女一）。同年 6 月 10 日，省政府批准江西广播电台关于各机关派员到电台播讲或撰写讲稿由播音员代播的报告。

第三节 节目收听

收听工具调查 30～40 年代，省政府、省教育厅、省电政管理局以及南昌行营电台、南昌电台、江西省广播无线电台对收音机的分布情况频频调查。1934 年 9 月 30 日，全省的真空管、矿石收音机约为 128 台，其中填表造册 14 台，即南昌市 6 台，修水县 2 台，南丰、赣县、九江、黎川、星子县和樟树镇各 1 台。1935 年年底，全省中等学校装置交流、直流收音机 34 台。1936 年 2 月，省政府在维持收音事业办法中强调民间安装收音机之事应及时报告。至 1937 年 10 月 28 日，南昌市、九江县装置收音机 383 台，其中南昌市 303 台。1937 年 11 月，省电政管理局向收音机装户发出通告，规定收音机逾期不登记者，按照《电信条例》罚法币 5～200 元。1938 年年底，省教育厅统计，全省装设收音机769台，其中，教育机关159台、党政机关170台、军警机关61台、事业单位95台、其他单位或个人284台。1947年，全省的收音机（含矿石收音机）约2000台，其中南昌市区约1000台。

收音传抄 30~40年代，全省在收音机尚未普及的情况下，扩大广播的影响主要靠收音室传抄新闻。1939年3月，省广播第一台制表作收音事项调查。被调查的县76个，获填复的县51个，内附收音意见者33县。弋阳县政府提出，“电池价涨，电费不易维持，每日只能收听新闻4小时”；“所用五灯收音机，效力太小，不能供广众听闻。”永新县政府提出，“请增收音经费，添设收音助理员”；“请审核收音员资格，颁布收音服务及保障办法。”兴国县政府提出，“县收音经费，尚系依照民国二十六年省政府整理各县无线电收音办法之规定，月额共46元，现时电料陡涨，价过数倍，实在无法维持，希望有所改善。”南丰县政府提出，“希望本省赶速完成一较大电力之广播电台，广播事业急应推广，尤其时事消息、国际动态，每日应作有系统之报告。”1939年10月，省社教设施要项中规定，县政府收音室应逐日收听消息，印送各区、乡、镇、保，并张贴通衢。1940年11月，萍乡、宜春等68县反映，收音机能正常收音的只有33个县。为此，省党部函请省政府设法健全收音设施。1942年11月底，江西省广播无线电台经费无着，停止播音，县收音室因此瘫痪。1946年10月10日江西广播电台正式播音。1947年1月，省电务局所属的各县无线电台（通讯台）兼办收音业务，并将抄收的广播新闻送县直各机关。部分县为此出版《广播新闻》小报。

教育播音 1939年6月，省教育厅提出，江西省广播无线电台的教育节目，应“力谋其内容之充实与切要，诸凡科学教育、社会教育、精神教育、生产教育、妇女教育、青年教育、儿童教育等，务使其时代化、实用化、大众化，以切合一般听众之需要，而洗以前只喂哺，不问消化之弊”。为加强播音教育，省教育厅调整无线电指导室、播音教育服务处、播音教育巡回工作团。1947年11月，省教育厅、江西广播电台合办《教育播音》节目，并定立《合办教育播音实施办法》。每周播讲前，由教育厅通令各县收音室、民众教育馆，按时组织学生以及有关人员收听，并逐月填写收听报表。同年12月，省教育厅制定的《江西省各级社会教育机关及学校推行播音教育须知》规定，各级社会教育机关及学校应于每次教育播音完毕后将播音内容摘要揭示于适当场所以唤起听众之注意；各学校应以教育播音作为正式授课1

小时，督率学生按时听讲，并备出席簿逐次点名；各学校的学生考试应将有关播音内容酌量列入试题中，平日各科教员应负责批阅有关本科之学生播音笔记。此后，一些社会教育机关按月填写播音教育月报表。

南昌人民广播电台（省属）节目时间表

（1949 年 9 月 1 日起实行）

波长：277.8 米	频率：830 千赫
12：30～12：35	开始曲　报告中午节目
12：35～12：45	简明新闻
12：45～12：50	西乐
12：50～13：00	政令通告
13：00～13：40	娱乐节目（京剧）
13：40～13：55	商情
13：55～14：00	预报晚间节目
19：30～19：40	开始曲　报告晚间节目
19：40～20：00	省、市新闻
20：00～20：10	京剧
20：10～20：30	活用节目
20：30～20：50	转播北京新华广播电台新闻
20：50～21：00	转播北京新华广播电台国际时事
21：00～21：15	转播北京新华广播电台评论或综合报道
21：15～21：30	转播北京新华广播电台演讲或通讯
21：30～21：40	西乐
21：40～21：55	通讯　社论（一至六）　听众服务（日）
21：55～22：00	预报明天节目　报时停止

第四节　自办节目设置

江西人民广播电台的自办节目由新闻、社教、经济、文艺、广告、服务六大类组成。六类节目的格局是在广播事业的不断发展，宣传范围不断扩大的过程中逐步形成的，门类由少到多，节目由简到繁，再加上特别节目和转播节目互相配合，互为补充，使江西人民广播电台的节目日益丰富和完善。

新闻类节目

《新闻》是1949年5月28日，南昌新华广播电台正式播音时，唯一的自办节目。由传音科负责采、编、播工作。重点报道江西省重大新闻，适量报道国内、国际新闻。当时，每天播音一次，每次150分钟。其中自办新闻节目30分钟。还有120分钟是转播北平（北京）新华广播电台各类节目。

同年7月7日，南昌新华广播电台更名为南昌人民广播电台。经中央广播事业管理处批准，自8月20日起，每天除晚上照旧播音150分钟外，增加白天播音90分钟。自办新闻节目增加到四次，共55分钟。由编辑科新闻组负责采访和编辑。

播音

解放初期，播音工作由编辑科下设播音组负责，组长是原营口中新华广播电台播音员刘根。组员中，有三名民国时期江西广播电台的播音员（一男二女）。后来的播音员，是陆续从社会招收、部队转业和请中央人民广播电台在北京代招的。也有的是从中央广播事业局播音员培训班分来的。

第四章　地县级广播台站节目

第一节　地市广播台站节目

解放前，全省只有一座地市级广播电台——新赣南广播电台，1943年开始播音。1945年1月，因日本侵略军进犯赣州，停止播音。

新赣南广播电台

1943年开播，1945年消亡。节目设置《国内外要闻》、《社会新闻》、《战地消息》，《新赣南经济与文化建设》、《音乐节目》、《戏曲欣赏》、《专题广播讲座》、《特别节目》等。每天节目安排，冬春为18：00～21：30，夏秋为19：00～22：00，遇节日或重大庆典，播音时间略有延长。

第五章　政党社团

第一节　政党组织

中国国民党江西省党部第十五区分部

1946年，江西广播电台建立国民党江西省党部第十五区分部（以下简称“第十五区分部”），有党员17名。书记、组织委员、宣传委员分别由江西广播电台筹备处主任王溶如、总务课课长董琪、宣传课课长史荫吾担任。第十五区分部的上级指导人为兰仲和。1946年10月下旬，第十五区分部召开党员大会，改选区分部委员，汤一鹗（新任台长）为书记，曹自明（新任工务课课长）为组织委员，史荫吾连任宣传委员。此时，国民党员增至20人。

1948年秋后，国民党实行党团合并，第十五区分部党员和在江西广播电台的三民主义青年团员绝大多数人履行合并登记手续。

1947年精简人员，先后有国民党员4人离开江西广播电台和第十五区分部。1948年，随着解放军辽沈战役、淮海战役的节节胜利，国民党员2人离开电台和第十五区分部。1949年5月13日，书记汤一鹗弃职潜逃，第十五区分部解体。

中国共产党江西省广播电视厅（局、台）组织

1949年南昌解放前夕，中共地下党闽浙赣区江西工委（书记蔡敏）直属南昌小组组长吴怀书到江西广播电台，通过曹自明（未接上组织关系的中共地下党员），组织进步职工和豫章中学部分进步学生，共同保护电台设备，迎接解放。

1949年6月，省属南昌人民广播电台台长王族光、指导员谷林两位中共党员参加省委宣传部支部，当时的组织活动未公开。同年秋，增加一名党员，成立中共江西人民广播电台支部，中苏友好馆两名党员参加电台支部，王族光任书记。

第六章　管理

管理机构和领导体制，时代不同，设置不一。民国时期，广播事业管理工作，由中央和省有关部门交替进行。1933 年 9 月国民政府军事委员会委员长南昌行营广播电台成立，该台隶属于南昌行营交通处。1935 年 2 月，该台由国民政府军事委员会驻赣绥靖公署接管，更名为南昌广播无线电台。1935 年 11 月，该台由省建设厅接管，更名为江西省广播电台。1939 年 10 月省建设厅成立无线电总队，具体管理广播工作。1942 年 10 月中央广播处派员到江西筹建江西电台，于 1946 年 6 月建成播音，江西电台隶属中央广播处。

第一节　行政机构

省级机构

省建设厅　是全省广播事业较早的行政管理机构，曾于 1928 年 3 月筹建无线广播电台。1935 年 11 月省建设厅正式接管南昌广播电台（改称省电台）。1939 年 1 月派段石安、程懋域、张仲智，后又加派杨镇、张承基等筹备省无线电总队。10 月 1 日，总队成立，曹仲渊任队长。总队具体管理全省广播无线电事业，直接领导和管理省电台；负责审批各专业广播电台的建立和管理；制定全省无线电网和收音网的建设规划及规章制度；组织培训、安置收音员；广播设备、器材供应、维修工作等。

第二节　事业管理

民国时期的江西广播事业，建设规模小，中央广播处等有关部门直接管理。新中国成立后，广播电视事业发展迅速，管理工作不断强化，在不同阶段，制定事业发展计划和相关技术规划，同时，颁发有助强化管理的法规、条例及规章，使规模庞大的广电事业，管理有序，健康发展。

规划

《江西省广播电台及收音网扩充计划》　由于受日军侵略影响，江西省广播无线电台撤离南昌，机件补充困难，迫而停辍。1941 年 10 月制订扩充

计划，要求增加经费，健全机件，建筑标准播音室，购发电机自行发电，购短波机扩大发射功率，购灌音机及流动电台。要求省政府通令专署、市、县政府、学校装设收音机110部。改善电池制造，拨款无线电制造厂制造收音机。训练收音人员，履行收音督导工作。计划制订后，仍因受战争影响，部分计划未能实行。

法规、制度

《江西省广播驿传通讯网络组织办法》 1938年6月25日省教育厅制定通过施行广播驿传办法，并经省政府主席熊式辉签字同意，使省政府主要政令、宣传材料、简明新闻及工作指导等，能当日到达县乡、机关、团体、学校等基层单位。

《教育播音实施办法》 1947年11月18日，省教育厅与省电台联合制定，要求全省中学生收听广播，利用电台对全省中学生进行播音教育。

第三节 宣传报道管理

民国时期，国民党省党部、省政府对南昌行营电台等官办电台的节目播出时间表、党政官员广播讲演秩序表管理办法等，直接审批。

管理体制

解放前，省电台和江西电台均设传音课，兼负编播业务和管理工作。

播出管理

转播 省级和省级以下广播电视台站负有转播上级台站节目的任务，由上级广播电视管理部门规定各级台站必转的新闻、专题等文字节目。遇有重要新闻或专题节目，上级党政领导部门和宣传机关即时通知各级党政部门和广播电视台站届时转播。不承担自办节目的转播台、实验台、发射台则按规定的频率、时间和节目，完整地进行转播。

广播转播 1936年，中央广播处，规定江西省广播无线电台每周六次转播中央电台节目，每次1小时零5分钟。到1948年，江西广播电台每周七次转播中央电台节目，每次10～40分钟。

第四节 财务管理

预算内经费

南昌解放前，江西省广播无线电台各项经费收支由省建设厅无线电总队造具计划，列入省财政预算，由省电台总务课具体管理。直属于中央广播处的江西广播电台，其各项经费由中央广播处直接拨款，由电台总务科具体管理。1943 年，县收音站年经费为每县 645 元（法币），其中用于购置三灯收音机一台 285 元，电池费 360 元。县站经费由省财政厅在县地方预备费项内列预算。1937 年 10 月，南昌防空广播电台开支经费 2545.2 元（法币），包括：（1）开办费 1750 元，其中改装播音机 500 元，直流强力收音机 1200 元（20 台），公用器具 50 元；（2）月支经费 795.2 元，其中薪饷 125.2 元，办公费 30 元，播出消耗费 240 元，收音机消耗费 400 元。

职工工资

南昌解放前，实行工薪制，称薪水、薪饷、薪俸。

1940 年 7 月江西省广播无线电台人员薪水水平一览

室别	职别	等级	薪水（法币）
传音室	台长兼工程师	荐七	140
	主任	委一	105
	播音员	委十一	50
	播音员	委十五	42
总务室	主任	委五	80
	财务员	委九	60
	庶务员	委十五	42
机务室	办事员	委十五	42
	技士	委八	65
	技佐	委十五	42

1949 年 4 月，中央广播处江西广播电台，主要职员的月薪（金圆券）：台长 400 元，课长 350 元，助理工程师 300 元，工务员 240 员，机务员 200 元，干事 170 元，播音员 120 元，练习机务员 40 元。

第七章　职工队伍

民国时期，江西广播事业规模小、人员少。1940 年隶属省政府建设厅的省电台职工仅有 12 人。隶属中央广播处的江西电台 1942 年职工为 22 人，1947 年增至 42 人，1949 年 2 月减至 31 人，其中台长 1 人，工务课长 1 人，传音课长 1 人，工程师 1 人，工务员 5 人，播音员 4 人，总干事 1 人，干事 4 人，助理 3 人，技士 4 人，工友 6 人。

1949 年 7 月 7 日，南昌新华广播电台改称南昌人民广播电台时，全台职工21 人。

第一节　来源

民国时期国民政府所属各广播电台的筹备负责人、台长，主要根据电台隶属关系由南京中央广播事业管理处、省政府建设厅或省行政督察专员公署临时指派或正式任命。台内所设总务、播音、机务各股的主任及股员、办事员、播音员、技士与技佐等，均由台长遴选向上呈报由政府委派。

留用　1949 年 5 月 22 日，南昌解放，原江西广播电台开始以南昌新华广播电台呼号播音。6 月 3 日，该台有 13 名职工经批准留用，投身于人民广播事业的行列。

调入　1949 年 5 月底至 6 月初，前后有 8 名随中国人民解放军南下人员调入江西（南昌）人民广播电台工作。

招收招聘　1946 年 3 月，江西电台筹备处公开招考播音员，报考 47 人，正式录取 4 人，备取 2 人。

第二节　结构

广播电视职工队伍是由多种层次、多种类型的人员构成的。随着职工队伍的不断壮大，人员的性别、年龄、文化、政治、业务等层次发生相应的变化。

性别结构　1948 年，江西广播电台职工总数 37 人，其中女职工 2 人，占职工总数的 5.4%。

第三节　人物

汤一鹗　(1904.3～1959)原名汤增璜，别名少舒，萍乡县（今萍乡市）东桥乡人，国民党员，肄业于北京大学。1926年8月至1927年7月在萍乡达成师范学校教书。1929年在中央台收音员训练班学习无线电技术，毕业后派往汉口市国民党党部当无线电收音员。1937～1944年任国民党中央广播处干事、总干事、工程师。1946年9月代理江西电台筹备主任。同年10月任江西广播电台台长兼国民党江西省党部十五区分部书记。1949年5月13日，汤一鹗弃职逃至萍乡。1950年2月至1952年10月在萍乡师范学校当教员。1959年病亡。曾撰写论文《广播与教育》（刊于《电讯》1947.8.21第1卷第2期）。

张仲智　1907年出生，丰城县（今丰城市）人。毕业于国民军第五路军无线电养成所，在上海华光电机厂实习两年。曾任国民军第三军无线电队长、通信大队中校队长，省建设厅赣州电讯处领班，省政府保安处无线电第九台台长，江西政治地方讲习院军事通讯教师，保安处工兵大队教官，保安处通信大队电话队队长，省防空司令部电话队负责人。1938年9月任南昌防空广播电台台长。1939年1月后，任省无线电讯事业管理总队筹备员，江西电讯器材修造厂负责人，省建设事业工作人员训练所电讯班负责人，省电话局负责人，省地方行政干部训练团电讯班负责人，省无线电讯总队负责人。1946年1月任教育部南昌职业训练班电务专修科负责人、南昌市基督教青年会业余无线广播电台负责人。1947年任省电务局局长。1947年6月20日当选为中国业余无线电协会南昌分会理事长。同年7月22日担任中国业余无线电协会南昌分会主编的《电讯》杂志发行人。南昌解放前夕去香港，改名张北辰。

曹自明　1911年11月出生，笔名李昌明，化名罗世荣，又名曹道之，安徽省合肥市三河镇人。1935年9月在南京金陵大学参加中共领导的“秘密学联”。1938年5月加入中国共产党。1939年在国立重庆大学电机系毕业，获学士学位后遵照中共指示到国民党主办的国际广播电台担任值机工作，从事中共指派的地下活动。1938～1941年，先后在重庆大学、重庆沙磁区任中共支部委员、支部书记、区委委员、区委书记等职。1943年，为掩护工作，根据中共组织当时有关允许共产党员加入国民党的规定，集体加入国民党。1946 年春经组织批准赴赣，任江西电台工务课长，兼任国民党江西省党部第十五区分部委员、代理区分部书记。1949 年南昌解放前夕，领导和组织部分技术人员，保护江西电台设备，为迅速建立人民广播电台提供物质基础。1949 年 6 月至 1952 年任江西人民广播电台副台长兼机务科科长、工程师。1957 年在肃反、审干复查中定为一般政治历史问题，不给一切处分，继续工作。50 ~ 60 年代，为适应广播事业发展，多次主持全省广播技术人员培训班，自编教材讲课。1958 年为普及全省农村有线广播网，试验成功五种方式用电话线作远距离供电。1960 ~ 1961 年任江西广播专科学校教务处主任。1965 年为中国人民解放军福建前线台主调对台广播机三部，受到该台表扬。1980 年 9 月任省广播局工程系列专业技术职称评定委员会副主任。1980 年 12 月评聘为高级工程师。1983 年 8 月 26 日中共江西省委组织部就曹自明党籍问题结论为：恢复 1938 年 5 月 7 日的党籍，并连续计算党龄。其参加革命工作时间从 1935 年参加“秘密学联”时算起。曾任江西省政协二、三、四、五届委员。代表作品有《远距离供电建立公社广播站》、《中型广播机的调幅变压器》。1985 年 4 月离休。

王族光　1925 年 7 月出生，曾用名王弘、程飞。山东省龙口市人。1945 年 3 月 15 日加入中国共产党。1944 年 8 月 1 日在山东蓬莱县参加革命工作，任十三区工作队员。同年 12 月任区青救会副主任。抗日战争胜利后，任山东省平南县台头区青救会主任。1946 年 11 月调中共胶东区党委敌工部地下情报工作训练班学习。1947 年 4 月被派往东北做情报工作。同年 11 月，到辽吉省委训练班任教导员。1948 年 5 ~ 11 月，历任营口市工作队队长、营口新华广播电台副台长。后随南下第七干部大队到江西。1949 年 6 月任南昌新华广播电台台长，团结、教育、改造、留用的原江西电台工作人员，深入到工厂、学校发展广播通讯员，招聘采编播人员和技术员。1950 年 5 月调省委党校任第一期六班班主任。1951 年 1 月调江西人民广播电台筹办广播干部训练班，并任班主任。1952 年 8 月调离江西人民广播电台任三二〇厂宣传科科长。1953 年任江西医学院第二附属医院副院长、党支部书记。1956 ~ 1983 年 10 月先后任江西医学院马列主义教研室主任、顾问。1958 年 3 月 1 日被错划为“右派”，于 1978 年 10 月甄别改正。1983 年 10 月离休。

1935 年 10 月至 1949 年 5 月全省广播电台台长一览

姓名	单位名称	任职时间
顾厚莹	南昌行营电台	1935.10
罗肖华	江西省广播无线电台	1937.4
段石安	江西省广播无线电台第一台 江西省教育厅广播电台	1939.1
程懋域	江西省广播无线电台第二台 江西省广播无线电台	1939.1 1939.5
袁行健	江西省广播无线电台	1941.4
张仲智	南昌市基督教青年会业余广播电台 南昌防空广播电台	1946
汤一鹗	江西广播电台	1946.10
章定安	南昌短波广播电台	
刘孟瀛	南昌短波广播电台	
刘锦坤	新赣南广播电台	
肖涤新	新赣南广播电台	
刘世烈	上饶广播电台（第三战区流动广播电台）	1942.2

1949 年 6 月江西人民广播电台负责人一览

姓名	单位名称	职务	任职时间
王族光	南昌新华广播电台	台长	1949.6
曹自明	南昌新华广播电台	副台长	1949.6

第八章　广播

南昌广播电台于民国二十二年（1933 年）创办，是国民党军事委员会委员长南昌行营的广播无线电台。发射功率 500 瓦。1935 年 2 月南昌行营工作结束，由驻赣绥靖公署接管，不久，又移交江西省政府建设厅接管，改名江西省广播无线电台。

解放后，在接管国民党中央广播事业管理处的江西省广播无线电台基础上，新建江西人民广播电台。功率由3千瓦逐步扩大到150千瓦。

第一节　民国时期的广播电台

江西广播电台

前身为南昌行营广播无线电台，创办于1933年。当时，南昌行营为了加强“围剿”宣传，决定在南昌城北新住宅区筹建电台，于1933年9月11日试播成功，台名为南昌行营广播无线电台。

刚开办的广播无线电台，只有一套由中央广播事业管理处拨来的500瓦特广播机，周率1130千周，波长265公尺，隶属于南昌行营交通处，由工程师顾厚莹负责。

为做好收音准备，江西省政府通令各县筹款购置收音机，选派学员到南京中央广播电台学习收音技能，规定“逐日收听，择要披露”。

最初，南昌行营广播无线电台除规定每晚8时至9时播送新闻外，其余时间由分别请的名人演讲或演出。原先，是有关厅处派员直接到电台作施政报告，后因语音难懂，从1933年12月18日起，才雇用播音员播送，并调整节目播出时间。每日播出两次，第一次播出时间为13时30分至14时，第二次播出从17时45分至21时。

1935年2月，南昌行营撤销，由驻赣绥靖公署接管电台，改名为南昌广播电台。1935年11月，驻赣绥靖公署撤销，南昌广播电台由江西省政府建设厅接管，改名江西省广播无线电台。1936年又改称江西省广播电台，呼号XGOC，周率1130千周波，由顾厚莹任电台台长。内部组织机构初具规模，分设总务、传音、工务三股，开始播送广告。1937年元旦，江西省广播电台迁入四经路新址办公，有四座新式立体洋房，安装由上海订购来的3千瓦特新广播机，并竖起两座130公尺高的天线铁塔。1937年4月1日，江西省政府委派罗肖华为电台台长，顾厚莹仍专任工程师职务。此时全台共有职员14人。

江西省广播无线电台从1935年12月10日起，实行每日三次播出。第一次播出时间为8时30分至10时，第二次播出时间为13时至14时30分，第三次播出时间为18时30分至21时30分。节目内容分配为教育、新闻各占30%，音乐占40%。从1936年起每天约20时至21时零5分，又增加转播中央台的节目内容。1936年10月，国民党江西省党部组成广播通讯社，负责提供电台播出的新闻稿件。刘百川任社长，何勇仁兼总编辑。

不久，抗日战争爆发，为逃避敌机轰炸，江西省广播电台的机器设备向赣南疏散转移，辗转经过吉安、泰和到宁都，又迁泰和，再迁赣县，直到1945年抗战胜利迁回南昌，租用北坊44号民房，对机器重加改装后，于1946年8月恢复3千瓦电力播音，台名定为江西广播电台。恢复播音开始，一天播出两次，13时至14时为第一次播音时间，第二次播音时间从20时开始至23时结束，江西广播电台隶属于中央广播事业管理处。1946年9月，委派汤一鹗为台长。电台呼号XUPC，周率1080千周。1946年6月，派播音员许枫担任外勤采访，开始了江西广播电台记者外出采访新闻的历史。1947年9月1日，江西广播电台迁入五纬路3号新址办公，并在隔壁城北公园荒地建起天线亭与地网中心，播出发射条件有所改善。此时电台职员已有20余人，南昌地区各种收音机合计仍不超过1000架。

1949年，电台台长汤一鹗离职后，由任电台工程师、技术课课长（中共地下党员）曹自明代理台长工作。国民党夏威兵团派军官到电台，催促技术人员将电台全部设备器材随撤退运走。曹自明根据地下党的部署，积极宣传党的政策，团结和发动了大部分职工参加保护电台设备的斗争。5月18日，地下党派来联络员传达指示，电台主机设备要迅速拆迁疏散，并有民盟地下组织配合工作。当晚地下盟员梁强民身穿国民党军装，扮成戡乱建国队员前来接收电台设备，与电台机务人员连夜将主机设备拆卸装箱，又冒着风雨押运到五经路20号盟员丁全敏、夏宗欧家保存起来。

省立民众教育馆广播电台

1936年10月10日，省立民众教育馆广播电台揭幕，呼号XCME，波长277.8公尺，周率1130千周波，播音时间从19时30分起至22时结束，广播内容除音乐、戏剧、简明新闻外，还有半小时的儿童节目。

江西省教育厅广播电台

江西省教育厅广播电台于1937年3月1日试播成功，由教育厅收音指导员段石安主持。每天当江西省广播电台停止播音时，这个电台便播送教育节目及无线电常识等，周率1012千周。

民国二十六年（1937年）江西广播电台播音节目

呼号XGOC　　波长277.8公尺　　周率1130千周

中原夏令时间	节　目
18：30	钟声，国歌、报告本晚节目，进行曲
18：40	（固定片）综合新闻
19：00	报时，歌曲（一至六）。口琴（日）
19：10	儿童节目（一至三），妇女节目（四），青年节目（五），通讯（六），自由谈（日）
19：25	国乐
19：35	常识节目：学术讲座（一），卫生常识（二），农业常识（三），科学常识（四），法律常识（五），无线电常识（六），史地常识（日）
19：50	地方曲：昆曲（一）弹词（二），大鼓（三）
20：00	闽曲（四），粤剧（五），川剧（六），梆子（日）。报时，本省新闻（一至六），听众信箱（日）
21：15	平剧（广告时间）
21：00	转播中央台简明新闻和时评
21：30	（固定片）市及本市商情报告（一至六），工商消息（日）预报明晚活动节目
22：50	西乐
22：10	今天的话，音乐讲话及欣赏（星期五）
22：20	平剧
22：35	当日新闻
23：00	报时，停止

附录

一、大事记

1928年

3月　省建设厅决定筹建广播电台，购置无线电收音设备一套。

1929 年

11 月 11 日 省政府第 232 次省务会议通过在南昌市设立无线广播电台，并在全省各市县分置收音机计划。

1933 年

8 月 22 日 为配合蒋介石发动对中央苏区和中央红军的反革命围剿，中央广播处派工程师俞曰尹到南昌市筹建南昌行营电台。同年 9 月 29 日，南昌行营电台建成试播。10 月 10 日，正式播音。台址南昌市城北新住宅区，负责人顾厚莹。

10 月 省政府制定《省政府担任南昌行营广播电台施政报告暂行办法》，规定施政报告由省政府及所属机关主要官员轮流担任，报告时间每次以 45 分钟为度。

1934 年

10 月 南昌行营决定在中央通讯社南昌分社装置无线电台，抄收国内外新闻电讯，供南昌行营电台播音用。

1935 年

2 月 因中国工农红军于 1934 年 10 月离赣长征，南昌行营迁四川省巴县，所属南昌行营电台由国民政府军事委员会驻赣绥靖公署接管，改名为南昌广播无线电台。

11 月 驻赣绥靖公署关闭，南昌电台由省建设厅接管，改名为江西省广播无线电台。

1936 年

9 月 14 日 江西省广播无线电台转播中央电台教育节目，省教育厅发文要求南昌市公私立中小学校按时收听。

10 月 26 日 省党部设立广播通讯社，社址南昌市西棉花市 37 号。

1937 年

1 月 1 日 江西省广播无线电台迁南昌市四经路，在新址安装功率 3 千瓦发射机一台，架设天线两副。

4 月 1 日 罗肖华任江西省广播无线电台台长。

1938 年

1 月 因日军发动侵华战争，江西省广播无线电台由南昌市迁到吉安县清华寺（今属吉安市境），用 250 瓦发射机播音。

6月28日 省政府批准江西防空司令部设立南昌（防空）广播电台，同年9月1日建成开播。

8月1日 省政府停发江西省广播无线电台日常经费，该台中止播音。

1939年

1月6日 省建设厅筹建省无线电讯事业管理总队。

2月17日 江西省广播无线电台第一台播音，发射机功率250瓦，台址南昌市。同月27日，江西省广播无线电台第二台播音，发射机功率250瓦，台址吉安县。5月，第一、二台合并，仍称江西省广播无线电台，台址吉安县，台长程懋域。

1940年

2月13日 省政府第1249次省务会议通过《江西省无线电网第一期实施办法》，规定招收高中毕业或同等学力的学生和调集各县收音员进行培训，学习无线电知识及收音机使用、修理技能。

7月13日 省无线电讯总队制定《江西省广播电台组织规程》、《江西省电讯器材修造厂组织规程》、《江西省电讯总队组织规程》。

11月 国民党江西省执行委员会函请省政府设法健全全省播音设施。主要内容是：（1）江西省广播无线电台由吉安迁往泰和；（2）各县设置收音机，并配备收音员，开展正常收音工作。

1941年

2月7日 省政府第1335次省务会议通过《江西省地方行政干部训练团收音员训练班组织规程》。5月12日第一期收音员训练班开学，学员64人，11月1日结束。

6月22日 江西省广播无线电台由吉安迁至泰和县城南龙洲王家村12号，7月17日按新的播音时间表正式播音，时间为每天6：00～11：00。

8月1日 中央广播事业处上饶广播电台（亦即国民军第三战区战地流动广播电台）开播，台址上饶县东门外古岸寺。

1942年

2月17日 省政府第1436次省务会议通过《江西省广播电台组织规程》，确定江西省广播无线电台宗旨是“传达政令、普及社教暨广播抗战之正确新闻”，并确定江西省广播无线电台隶属省建设厅。

同月 中央广播处接管江西省广播无线电台3千瓦发射机，在泰和县上田村临江花园成立江西广播电台筹备处。

11月29日 省政府停发江西省广播无线电台经费，并指示暂行结束广播工作，所有人员一律遣散。当日，江西省广播无线电台停止播音。

1943年

9月 江西省新闻记者公会在泰和县成立。

同年 新赣南广播电台建成，每晚播音2小时，隶属于江西省第四行政专员公署教育科。

1944年

3月 中央广播处所属江西广播电台筹备处由泰和县上田村迁至赣县文清路（今属赣州市）。

1945年

7月 省政府批准省无线电讯总队在南昌市设立标准钟室。

7月下旬 筹建中的江西广播电台从赣南迁到南昌市北坛街44号，并着手安装调试发射机及其他配套设施设备。

1946年

3月1~11日 江西广播电台筹备处公开招考播音员，报考47人，正式录取4人，备取2人。

10月10日 江西广播电台正式成立，全天播音3小时。汤一鹗任台长。

1947年

1月24日 省电务局利用原江西省广播无线电台250瓦短波发射机在南昌市建立短波广播电台，每天18：00~20：00播音。

6月20日 中国业余无线电协会南昌分会成立，张仲智为理事长，汤一鹗为副理事长。

7月22日 中国业余无线电协会南昌分会主编的《电讯》杂志由电讯出版社出版。

1948年

1月 江西广播电台调整节目设置，到11月共设置新闻、教学、文艺等12个节目。

4月1日 江西广播电台公布广告价目，分甲乙丙三等时间收费，其中甲等时间每分钟收金圆券7万元，由传音课承办。

12月 省教育厅收到教育部转发内政部《关于禁止广播不良歌曲清单》代电，在禁播的123首歌曲中竟有《义勇军进行曲》等抗战歌曲。

1949 年

5 月 8 日　中共闽浙赣边区江西工委地下党成员吴怀书，带领豫章中学部分进步学生到江西广播电台协助曹自明等，将 3 千瓦发射机拆卸装运到南昌市五纬路 25 号隐藏。电台用 250 瓦机维持播音，5 月 21 日停止播音。

5 月 13 日　江西广播电台台长汤一鹗以“赴穗面请救济”为由，弃职潜逃，台务交工程师、工务课长曹自明代理。

5 月 22 日　江西广播电台在曹自明主持下，当晚以“南昌新华广播电台”为呼号播送《中国人民解放军约法八章》及《解放军进行曲》等革命歌曲，并转播北平新华广播电台节目。

5 月 28 日　中国人民解放军派出联络员，正式通知江西广播电台用南昌新华广播电台呼号播音。

6 月 3 日　南昌市军管会委派军代表戴邦，到南昌新华广播电台宣布正式接管该台，并宣布中共江西省委宣传部任命通知，王族光任台长，曹自明任副台长。是日，该台重新安装和启用 3 千瓦发射机播音，频率 1080 千赫，全天播音 6 小时。

7 月 7 日　中央广播处发出通知，南昌新华广播电台改称南昌人民广播电台。

7 月 20 日　江西解放后第一座县级收音站修水县广播收音站成立。

二、江西省广播驿传通讯网组织办法

（1938 年 7 月 7 日省政府批准）

（甲）理由

为适应战时需要，利用无线电报或广播，配合中国固有之驿站通讯办法，组成江西省广播驿传通讯网。目的在使本省主要政令、宣传材料、简明新闻及对各地党政机关学校团体一般的工作指导，能当日到达，而收普遍迅速之效。

（乙）办法

（一）广播驿传通讯总站

省会所在地设一无线电发报台，或利用本省广播电台，作为广播驿传通讯总站，于每日上午1时至4时，将通讯文件，用密码向全省播送。

（二）广播驿传通讯分站

选择地点较为适中，交通便利之城镇，设立广播驿传通讯分站，每分站备收报机或收音机一架（通讯总站，用无线电报机发报，则用收报机；用广播电台，则用收音机）。接收总站所播送之密码，复印分送所辖各县市广播驿传通讯支站。分站通讯范围，以由本分站可用快步，当日能达到之县市支站为限。（每分站可直辖三县至五县，其快步指骑脚踏车或马匹而言）

（三）广播驿传通讯支站

各县市于党部政府所在地，设立广播驿传通讯支站，负责译印分站送来之通讯密码，当晚用快步送达各机关、各学校、各团体及各乡镇，分别办理。

（丙）经费及人员

通讯总站分站所需要经费及人员，由省政府筹措调用，各支站由各该县市政府筹措调用。

三、江西省广播电台组织规程

（1942年2月17日省务会议通过）

第一条 江西省政府为传达政令、普及社教暨广播抗战之正确新闻起见，设立江西省广播电台（简称本台）隶属建设厅。

第二条 本台设台长一人，由建设厅遴员呈请，省政府委派，总理本台一切事务。

第三条 本台设下列各股：

1. 总务股；2. 播音股；3. 机务股。

第四条 总务股执掌如下：

1. 关于工作计划之拟订及报告之编辑事项。2. 关于文书之撰拟缮校收发及档案之保管事项。3. 关于印信之典守事项。4. 关于人事管理事项。5. 关于财务保管事项。6. 关于现金出纳事项。7. 关于清洁卫生消防设备及夫役之保管事项。8. 其他有关庶务事项。

第五条 播音股执掌如下：

1. 关于播音材料之搜集及审查事项。2. 关于播音节目之编订事项。3. 关于指定电台报告及演讲之收录事项。4. 关于播音机件唱片乐器及书籍之检查保管事项。5. 关于政令之转播及标准钟之校对事项。6. 关于音质音量之审查事项。7. 关于播音人员之招待及引导事项。8. 其他有关播音事项。

第六条 机务股执掌如下：

1. 关于全部机件之管理修理及整理事项。2. 关于波长之测验调节事项。3. 关于电压安全之检查事项。4. 关于材料收入及支付之登记事项。5. 关于机房内各项表格填载事项。6. 其他有关机务事项。

第七条 本台设股主任 3 人，文书股员、出纳股员、庶务股员各 1 人，办事员 1 ~ 3 人，播音员 2 人。技士技佐各 1 人，均由台长遴员呈报建设厅转呈省政府委派之，秉承台长掌理本股事务或承长官之命，办理职务内应办事务。

第八条 本台设会计员 1 人，由省政府依照会计人员任用条例任用，承省政府会计长之命，并依法受台长之指挥监督办理。

第九条 本台视事实需要，得酌用雇员技工各 2 人，呈报省府备案。

第十条 本台办事细则另定之。

第十一条 本规程自公布之日施行。

山 东 省

山东省地方史志编纂委员会编:《山东省志·广播电视志》，山东人民出版社1993年版

《青岛市广播电视志》编纂委员会编:《青岛市广播电视志》，知识出版社1995年版

《济南市志·教育科学技术、文化、卫生体育》，中华书局1997年版

《烟台市志·第四十五卷·新闻出版》，科学普及出版社1994年版

概　述

山东的无线广播事业起始于20世纪30年代，但由于受旧中国落后的政治、经济、文化等方面的制约，广播事业发展极其缓慢。自1933年山东省会广播电台建立，至1949年新中国成立前夕，山东省只有济南、青岛、烟台等城市建立过几家官办或民办的无线广播电台。由于这些电台设备简陋，发射功率小，收听效果都很差，加上民间缺乏收听工具，无线广播在人们日常生活中没有产生多大的影响。

山东的人民广播事业诞生于解放战争后期，为中国人民的解放事业作出了贡献。

第一章　民国时期的无线广播

第一节　抗日战争前的无线广播

1930年韩复榘出任国民党山东省政府主席后，即倡议创办山东省会广播电台，并责成省政府无线电管理处办理筹建事宜。1931年开始建设，到1933年5月1日正式建成播音，呼号为XOST，发射功率500瓦，频率为857千赫，台址在济南市经四路小纬六路。在中山公园建有两座30多米高的铁塔，架设“T”型天线。

山东省会广播电台，是国民党山东省政府的官办电台，它的主要任务是向全省传达省政府各机关的政令训令。当时收听工具甚少，为使政令普及，1932年5月27日省政府举行第156次政务会议，决定在全省建立收音网；并通过了筹设全省各县收音机和培训收音员计划书、组织章程、经费预算书等。同年，省政府第180次政务会议决定，在一等县先行试办安设收音机、配备收音员。经过一年试办，在全省二、三等县也配备了收音机和收音员，初步建成了全省收音网。省政府各机关发布的政令消息，由电台播音员用记录速度播出，各县收音员按时抄收誊清，送县长阅悉后写在县政府门前的黑板上，以示周知。

30年代初期，无线电技术传入中国，因收音机价格昂贵，除部分商号外，私人很少购买。自省会电台播音以后，济南自装矿石收音机的日渐增多，天线儿如雨后春笋，触目皆是。

山东省会广播电台称其办台方针是：以政令新闻为主，知识娱乐为辅，并服务于商情、气象等公众事业。该台每天两次播音，一次本省新闻，一次国内外新闻，三次政令报告，都是自办的，不转播当时国民党中央电台的政治性节目。文艺广播主要是播放京剧唱片，有时也请人到电台演唱曲艺，如请邓九如演唱“山东琴书”、杜大桂演唱“梨花大鼓”，还请过艺名“盖河南”的乔清秀演唱“河南坠子”等。1937年9月，张瑞芳等组成的北平学生移动剧团到济南，曾在省会广播电台演播过《打回老家去》、《流亡三部曲》、《放下你的鞭子》等抗战歌曲和话剧。后因日本军队入侵山东，该台炸毁铁塔天线，将人员设备撤离济南。

山东省会广播电台的人员编制为9～10人（工役人员除外）。第一任台长马仲考，第二任台长金丽舟。

抗日战争以前，山东除省会广播电台外，还有六家广播电台，分布在济南和青岛两市。

济南的广播电台有：

第三路军军部广播电台，为短波广播电台，呼号为XOAD，波长92米，频率3260.8千赫，发射功率50瓦，由国民党第三路军无线电管理处办。

齐鲁大学试验广播电台，1933年年底开始播音，呼号为XOCL，发射功率75瓦，频率1500千赫，波长200米，为齐鲁大学无线电专修科创办。设有《学术演讲》、《无线电常识问答》、《听众指定》等节目。1937年底日军侵占济南时停止播音。

长兴源广播电台，发射功率7.5瓦，地址在济南市估衣市街，为长兴源电料行创办。

福令克广播电台，功率7.5瓦，地址在济南经七路小纬二路，是华侨无线电专家朱富宁创办的。

青岛的广播电台有：

青岛市民众教育馆广播电台，创办于1933年6月，呼号为XTGM，频率930千赫、900千赫，波长340米和333米，发射功率为100瓦。为了传播1933年7月在青岛举行的第十六届华北运动会消息，青岛市政府投资1万多元，在朝城路7号民众教育馆内创建青岛广播电台。运动会闭幕后，由青岛市教育局民众教育馆负责领导电台工作。该台广播的主要内容有国内和本市重要新闻、教育局重要报告、通俗讲演、科学常识和音乐、戏曲唱片等。1938年2月青岛被日军侵占，该台停止播音。

青岛宏波广播电台，由青岛宏波电气公司创办，1933年7月开始播音。台址在中山路60号亚当姆斯大厦（现青岛百货一店），呼号先后为XGGW和XHKB，频率先后为1150千赫和590千赫，波长先后为260.8米和508.4米，发射功率先后为50瓦和100瓦。该台办有《新闻》、《特别节目》，主要播送商业广告。

第二节　日本侵占区的无线广播

1937 年 12 月 27 日，日军侵占济南，日伪当局随即将山东省会广播电台改建为济南广播电台，于 1938 年 6 月开始播音。主要设备是日本制造的一部 50 瓦中波广播机。由于机器功率太小，只限于向济南地区进行华语广播，播出效果很差。

日伪当局为了扩大战争宣传，进行奴化教育，1939 年春在经四路纬四路中山公园东侧建设新电台，12 月 26 日开始播音。呼号为 XGOP，频率 860 千赫，波长 348.8 米，发射功率为 1 千瓦，是当时华北第二大广播电台，用来向全省作华语广播。另外，用原有的 50 瓦广播机，作日语广播，频率为 1100 千赫。新建的济南广播电台为两层建筑，有大演播室、小播音室、办公室、机务室、发射机房等，共 3160 平方米，在中山公园内设有 51.5 米高的木杆“T”型天线。

在扩建广播电台的同时，日伪当局还大力发展收听工具。新电台落成之后，从日本进了一批三灯交流电收音机，开始免费赠送给学校、商场和影剧院等公共场所使用。后来又陆续购进日本和天津生产的三灯、四灯交流电收音机，由开明电料行代销，办法是：由购者向广播电台贷款，分期偿还，收音机用户要在电台登记注册。当时不准听短波，1940 年以后，日伪济南广播电台还用一部 50 瓦机对国民党重庆广播作杂音干扰，用一部 30 瓦机对“美国之音”干扰。收音机拥有量增加后，电台开始向用户收费。1943 年以后，电台有六个专职收费员，把济南市区划分为六片，平均每片约 1200 个收听户，由收费员分片包干按月向用户收费。当时每部收音机每月收费 1 元，约折合 1/4 袋面粉。据 1945 年统计，济南全市交费的收音机有 7300 多部。这些收音机 80% 集中在商号里，家庭用户只占 15% 左右。加上自装矿石机、直流电收音机和免费的交流电收音机，全市有约 1 万部，大体等于日伪建台初收听工具的 10 倍。

日伪济南广播电台，隶属于北平日伪华北政务委员会华北广播协会，日语广播由日本东京放送局直接控制。日语广播的服务对象，主要是在华日人，除转播日本东京放送局节目外，还播出当地新闻。华语广播每天三次：第一次是 7～10 点，主要转播北平伪中央台的《新闻》节目，也有二三十分钟的地方新闻；第二次是 11 点 30 分至 16 点，主要播送《商情行市》和

《曲艺》节目，也转播一次北平伪中央台新闻；第三次是18：00～23：00，除转播北平伪中央台节目外，还播送伪省公署行政工作报告和广播讲演。行政工作报告，每天由伪省公署宣传处编发送到广播电台，内容是报告民政、财政、建设、教育等工作情况。在日本侵略军发动太平洋战争时，为了“思想战阵容之强化”、“完成参战体制”，日伪省公署特组织了宣传处，加强对广播的控制。1942年九、十月，发动了两次规模较大的广播宣传，一次是“纪念孔子二千四百九十三周年诞辰”，另一次是所谓“第五次治安强化运动”。这期间，伪省公署主要官员轮番到电台讲演，9月初伪民政厅长在济南广播电台讲演《孔子诞辰扩大举行的感想》，9月21日伪教育厅长在广播电台讲演《纪念孔子要认识孔道》，9月25日伪省长在广播电台讲演《纪念孔子诞辰要建设东亚新文化》。他们宣传尊孔的目的，就是在武装侵略的同时，加强对被占领区的思想统治。当时伪省公署孔子诞辰筹备会就说，“纪念孔子是为了树立中心思想，以纳民轨物，昌明孔道，提倡东方道义”。9月底到10月份又突出宣传“五次治强运动”。9月30日伪省长带头到济南广播电台演讲《第五次治安强化运动》，10月5日伪民政厅长到广播电台演讲《五次治强应自动的实践》，10月13日伪教育厅长到广播电台演讲《第五次治强运动与公务员之责任》，10月20日伪警务厅长在广播电台演讲《第五次治强之认识与实践》，10月23日伪财政厅长在广播电台演讲《五次治强官民一致努力实践》，10月24日伪省公署宣传处秘书主任到广播电台演讲《督导平、禹五县治运归来之感想》。“治强运动”的目的，就是要加强对日本侵占区人民的残暴统治，镇压中国共产党领导的抗日力量。

日伪济南广播电台的文艺广播主要是播放唱片，每天21点至23点转播北平伪中央台的《京剧》节目。电台在北洋大戏院设有传送设备，名角到济，大都在北洋大戏院演出，可做实况转播，曾转播过马连良主演的《打渔杀家》，谭富英主演的《捉放曹》，张君秋主演的《玉堂春》等。日伪济南广播电视台以下设技术、业务、知告（即播音）三个系，历届台长和系长都由日本人担任。到1945年日本投降时，全台共有45人，其中13名日本人，32名中国人。

日军侵占青岛后，于1938年秋设立青岛广播电台，始称青岛放送局，台址在青岛贮水山路7号。发射功率50瓦，用华语、日语分时广播。1939年5月重修朝城路7号民教馆电台房舍，并安装了500瓦和50瓦广播机，于同年12月播音。1940年将青岛放送局改名为青岛广播电台，隶属于北平伪华北广播协会，呼号为XCDP。华语广播使用500瓦广播机，频率为1150千赫；日语广播先后使用50瓦和100瓦广播机，频率为700千赫。华语广播又称第一放送节目，主要是转播北平伪中央电台节目，自办节目有《现地报道》、《现地家庭时间》、《少国民的时间》、音乐等。据1939年10月30日出版的《青岛指南》记载：青岛广播电台的使命在于“发扬东方文化道德、新民主义之精神，以促进东亚新秩序之建设”。

日伪青岛广播电台下设业务科、广播科和技术科，有日籍职员15人，中国职员31人，工友8人，共54人，历届台长都由日本人担任。该台到1945年抗日战争胜利停播。

1943年开始，日本侵略军在烟台筹建烟台广播电台，1944年6月建成播音，台址在烟台市益文路7号，发射功率400瓦。该台用华语和日语两种语言广播，除转播北平华北广播电台的节目外，自办节目有新闻、文艺、广告等。日本驻烟台市各机关的头目、陆军部队长经常到电台发表演讲，宣扬“中日亲善”、“东亚共荣”。该台隶属于伪华北广播协会，由日本人担任台长，下设机械室、播音室、总务室，各室负责人均由日本人担任，全台共有职工20多人。1945年8月日本投降后停止播音。

第三节　国民党统治区的无线广播

1945年8月15日日本投降后，国民党中央政府即通过重庆中央广播电台，向沦陷区广播电台发出通知，要求广播电台的华人职工组成护台委员会，保护机器器材，监督日本职工，听候移交遣返。当时，原日伪济南广播电台华人职员郭树森，组织了护台委员会，负责保管该台一切机器设备、案卷图表、资财房产等。在国民党接收前，日本人山琦修己仍执行台长职务。国民党接收日伪济南广播电台时，中央和地方发生了争执。在国民党中央广播事业管理处派员接管之前，国民党山东省政府已派省府无线电总台台长汪圣农接管了日伪济南广播电台，并兼任台长和传音科长，仍用原来的人员设备、台名呼号和频率播音。

1946年年初，国民党中央广播事业管理处派接收员毕庶琦，到北平通过华北广播事业接收专员办事处，与国民党山东省政府交涉，要求由国民党中央接收济南广播电台。国民党山东省政府则强调济南广播电台抗日战争前原为地方政府创设，应由地方接管。后几经交涉，国民党山东省政府同意交国民党中央接管。同年4月1日，汪圣农对电台的人员、机器、财产等登记造册，移交给毕庶琦接收，同时毕、汪二人署名向国民党山东省省长何思源提交了移交情况报告。随后，国民党中央广播事业管理处正式任命毕庶琦为济南广播电台台长兼工务科长。在交涉期间，国民党省政府人员曾多次从电台拿走高级收音机、电唱机等设备，到正式移交时，除房产外，剩下的仅有两部功率分别为1千瓦、100瓦的广播机，勉强能够维持播出。

国民党济南广播电台每天早、晚两次播音。早、晚都转播国民党中央台的新闻联播，每次约30分钟；早、晚都有一次地方新闻，每次20分钟。当时电台没有自己的编辑、记者，地方新闻稿件的主要来源是国民党中央社的新闻稿和地方报纸，有时国民党省党部和教育厅编排好节目送电台广播。1946年10月10日，国民党山东省主席何思源在济南广播电台发表国庆广播词《扫除障碍，完成建设》，大肆进行反共宣传。同年11月1日，国民党省党部主任庞镜塘在广播电台向山东各界广播，庆祝蒋介石六十寿辰。1947年，国民党山东省主席王耀武也到广播电台讲过话。文艺节目有戏曲、曲艺、音乐、歌曲，有时也请名艺人到电台演唱。1946年6月，名震平津、号称“梅花鼓王”的筱玉蓉到济南时，应聘到电台连续播送梅花大鼓《黛玉葬花》等。随着人民解放战争的节节胜利，济南已陷入人民解放军的重重包围之中，交通断绝，能源短缺，电厂不能正常发电，电台每天只广播1小时，后来用柴油机发电，开百瓦机作短时间广播，有时停播。1947年对电台职工进行大裁减，由接管时的40多人减少到12人。年底，改台名为山东广播电台。

从1945年日本投降到1948年济南解放，国民党山东广播电台的领导人员换了三次，第一任台长汪圣农（1945年10月至1946年4月），第二任台长毕庶琦（1946年4月至1947年11月），第三任台长张维河（1947年12月至1948年9月）。电台设工务课、传音课、总务课等。

抗日战争胜利后，国民党中央广播事业管理处于1945年10月13日接管了日伪青岛广播电台，仍用青岛广播电台台名播音。开始办一套节目，用500瓦广播机播音，呼号为XRPC；1946年3月开辟第二台，用100瓦广播机专播商业广告；1949年2月又开辟第三台，用30瓦广播机播音，专播商业广告。第一台频率为1150千赫，波长260.8米；第二台频率为700千赫，波长428.5米。青岛广播电台自定宣传方针是“发展国策，宣传政令，推广文教，导正社风，为政府与市民联系之重要工具”。节目设有《本市新闻》、《讲演》、《党义重读》、《自由谈》、《教育广播》等。该台下设业务课、传音课和总务课，接收初期有职员16人，工役8人，以后陆续增加到50人。

青岛还有一座私营商业电台，称山东无线业行广播电台。该台于1946年2月8日动工兴建，同年4月1日建成播音。台址在青岛市观海二路68号，1948年11月迁至四方路53号，呼号为XIMD，频率910千赫，发射功率100瓦。主要播送商业广告，还转播国民党中央台的《简明新闻》、《时事述评》。全台共有报告员、机务员、事务员等9人。1949年6月青岛解放后不久停止播音。

第四节　解放区的无线广播

一、华东新华广播电台

华东新华广播电台，是在中国人民解放战争的胜利发展中诞生的，它是华东地区军民自力更生创建的第一座人民自己的广播电台。

1947年春季，国民党军队对山东解放区发动重点进攻，仅仅经过几个月就宣告失败，华东人民解放军随即进入反攻，于1948年3月和4月，先后发动了胶济铁路西段战役和潍县战役，歼灭国民党军队8万多人，攻克县城17座，使山东津浦铁路以东的广大地区，除青岛、烟台、临沂等几个孤立的国民党军据点外，已全部解放。华东解放区军民在解放战争的胜利鼓舞下，迫切希望建立自己的广播电台，及时报道华东解放战争的胜利消息和解放区人民的生活、建设情况，以教育人民，鼓舞士气，瓦解国民党军队，更直接地配合华东战场作战。在这样的形势下，中共中央华东局提出了创建华东新华广播电台的计划。

当时，华东地区战斗频繁，解放区多为农村山区，无线电器材奇缺。早在抗日战争时期，中共地下组织曾经在上海设法买到一部广播发射机，冲破日伪封锁运到华中解放区，后又转运到胶东。经过多次转移和地下埋藏，机器已经破损。到1948年春天，才从胶东运到鲁中山区五莲县洪凝村。5月16日，中国人民解放军华东军区通讯局委派科长曹维廉和工程师力一，同一部分技术干部组成一个工作组，开始在洪凝村装配广播发射机。为了把残缺不全的广播发射机重新装配起来，通讯局工作组的工程技术人员，不断摸索试验。机件买不到就想法制造，试验失败了，换个办法再试验。他们废寝忘食，夜以继日，凭着高度革命热情和创造精神，苦干一个多月，终于调试好一部500瓦短波发射机。

电台的地址几经选择，8月中旬确定在临朐县城西1公里的程家庄。程家庄村子很小，且有许多高大的树木，便于隐蔽，与大众日报社的新闻收发报台邻近，距华东局领导机关也不远。8月21日，工作人员都到了程家庄，广播发射机、两部柴油机和其他技术设备，先后运进村子。当时没有条件架设铁塔天线，就买了六根树干，接成30米长的杆子，靠近大树竖起来，代替铁塔天线。

电台的播音室是借用一间民房改建的。为了避免杂音干扰播音，把门窗空隙用绒布条堵塞起来，并将华东局和华东军区从战利品中拨给电台的一批毛毯挂在四壁，作为隔音设备。机务员和播音员在同一间屋里，话筒由机务员控制，播音员要咳嗽，需先打招呼，让机务员关好话筒。

华东新华广播电台筹建工作由中共中央华东局宣传部派来的周新武负责。华东局领导很重视广播工作，电请中共中央宣传部和新华总社派了几个有经验的编辑和播音员到华东台工作，又从华东局机关、党校、军区政治部、军区通讯局、大众日报社，调集了部分编辑、记者、播音员和工程技术人员。华东局还通知贸易部门设法给电台购买必需的电唱机、收音机、钟表等。

9月12日电台建成试播，12月20日正式播音，呼号为XNEC，开始曲为《解放区的天》，结束曲是《大路歌》。到正式播音时，华东台除原有500瓦短波发射机外，又增加三部发射机：600瓦机一部，波长48.2米，5020千赫；400瓦机一部，波长59.8米，6222千赫；1千瓦机一部，波长30.3米，9900千赫，作为备机。

华东新华广播电台由中共中央华东局宣传部领导，基本任务是：宣传中国共产党的各项政策，中国人民解放战争的伟大胜利，扩大中国共产党和中国人民解放军的影响；向华东国民党军队统治区人民宣传中国共产党的政策，瓦解国民党军队；报道华东解放区和国民党统治区人民民主斗争，揭露国民党反动派的欺骗宣传；报道华东解放区各条战线的成就、经验，鼓舞人民夺取解放战争的彻底胜利。

根据上述任务，华东新华广播电台设置了《对华东国民党军广播》，主要内容有华东战场放下武器的国民党军军官介绍、书信、讲演及文章，还有华东人民解放军对国民党军队的文告、讲话等；《对华东人民解放军广播》

主要内容有军人家书，后方情况报道，战斗英雄人物、单位的事迹介绍，军队文化娱乐材料等；《对京、沪、杭、闽、台等地国民党统治区广播》主要内容有中国人民解放军在各战场上的胜利消息、华东解放区介绍等。另外还转播陕北新华广播电台节目。

华东新华广播电台试验播出期间，适逢济南战役开始，电台专门举办了《对济南广播》，播出了《华东紧急动员令》、中国人民解放军布告《约法七章》，播出了济南前线的战报、国民党九十六军军长吴化文起义的消息、原国民党十二军军长霍守义等人劝王耀武起义的讲话等，并利用广播进行火线喊话，反复宣传中国共产党的“首恶者必办，胁从者不问，立功者受奖”的政策，促使济南国民党军放下武器，弃暗投明。9 月 24 日济南全部解放，电台迅速播出《全歼济南守敌十一万人，济南解放》的消息，工作人员还写出捷报，冒雨到临朐县城张贴。

济南解放后，华东新华广播电台陆续报道了参加济南战役的中国人民解放军英勇作战的事迹。曾广播过《英雄第一团》、《济南英雄王其鹏》等通讯，介绍了 9 月 23 日人民解放军的两个团突破外城攻入内城连续战斗的事迹；报道了济南一些工厂开工和各机关、企业旧职人员复职的情况；广播了济南市人民政府保护民族工商业的政策。还广播了中国人民解放军华东野战军司令员兼政委陈毅向国民党统治区青年学生和知识分子的讲话，题目是《欢迎来解放区工作和学习的开封大中学生、中小学教职员及其他职业青年》。

1948 年 11 月 7 日，中国人民解放军又发起了淮海战役，华东新华广播电台的工作人员立即投入配合淮海战役的宣传。电台延长播音时间，改进技术设备，增加发射频率，调整了节目，设置了《对淮海战场国民党军广播》、《对淮海战场人民解放军广播》。为了利用在济南的短波发射设备，配合淮海战役的宣传，电台临时搬到济南，借用一个学校的教室，作为播音室。同时，电台还组织被俘的原国民党山东省政府主席王耀武、原国民党九十六军军长陈金城、原国民党十二军军长霍守义等，对淮海战场国民党军队广播。王耀武讲话的题目是《劝徐州国民党军迅速自找出路》，他先概述了国民党军队在济南战役失败的原因，然后奉劝蒋介石“最好命令全国国民党军队，立即向人民解放军实行无条件投降，使全国立即恢复和平，国家民族多保存一些元气”。最后王耀武对徐州地区国民党官兵广播说：“请你们把自己的前途盘算一下：求生存，最好在战场上起义吧……愿我的同学及国军袍泽，一本先总理‘天下为公’之精神，爱惜国家，爱惜人民，爱惜自己的生命，幸勿再作专制独裁之工具而自误了。国家曙光就在各位面前，希望多加考虑。”根据新华总社的决定，这些广播分别被陕北新华广播电台、邯郸新华广播电台转播，对于瓦解国民党军队士气，起了促进作用。

华东新华广播电台对淮海战役作了连续集中的报道。在淮海战役第二阶段，即中国人民解放军攻歼海州、新浦、连云港、灌云地区之国民党军队至淮海战役结束，电台根据战役发展的进程，有计划地专门组织淮海战役通讯报道，共播出通讯稿 19 篇。其中记述国民党军队被歼经过的通讯有《黄百韬兵团被歼经过》、《黄维兵团全军覆灭的双堆集》、《活捉黄维》、《杜聿明十万大军最后覆灭的一个镜头》、《新四面楚歌》等，反映中国人民解放军胜利喜悦的通讯有《淮海战地胜利新年》、《战壕诗人和战壕诗》等，反映支前民工事迹的通讯有《箭一样的前进，箭一样的紧跟》、《他们的意志、行动和前线融汇在一起》等。这一段时间，华东新华广播电台还报道了解放区青年踊跃参军的热潮、解放区的新气象、中国人民解放军在各个战场上的胜利，宣传了中国共产党对新解放城市的有关政策。

1949 年 4 月 20 日晚，中共中央主席毛泽东和中国人民解放军总司令朱德发布《向全国进军的命令》后，华东新华广播电台及时广播了中国人民解放军百万雄师横渡长江的消息。此后，华东新华广播电台报道了东部人民解放军在泰兴和靖江一带横渡长江、登陆战斗的情况，苏北船民的 99 条船满载解放军强渡长江的事迹，新解放区人民的生活和斗争，济南、青岛、上海三大城市解放后人民欢欣鼓舞、人民政府各项政策的贯彻和社会秩序恢复的情况等。

华东新华广播电台的文艺广播，除请华东军区政治部文工团演播外，主要播送唱片和当时流行的《解放区的天》、《打到南京去，活捉蒋介石》、《白毛女》、《八路军军歌》等歌曲。

华东新华广播电台的领导机构是电台管理委员会。委员会由周新武、苗力沉、陈浩天、许刚、华坚、王元石、孙卫山 7 人组成，周新武任主任，苗力沉任副主任。管委会坚持“集体领导，分工负责”的原则。电台管委会下设编辑室、机务室、秘书室。编辑室下设综合组、新闻组、军事组、播音组，机务室下设动力组、装修组、调配组，秘书室下设总务科、警卫排、通讯班等。电台正式播音的时候，全台共有工作人员 61 人，其中编辑 11 人，播音员 5 人，工程技术人员 11 人，行政人员 13 人，事务人员 21 人。此外还有警卫人员30人，属军队编制。后来人员逐渐增多，到1949年3月，增至70多人。

为了加强管理工作，华东新华广播电台制定了各种规章制度，如请示报告制度、行政会议简则、编辑工作暂行规则、秘书室工作人员工作职责和行政人员各项制度等。这些规章制度，保证了宣传任务的顺利完成。

1949年1月中旬，中共中央华东局决定，华东新华广播电台的干部按三套配备，准备渡江后分别到上海、南京、杭州接收国民党政府的电台。按照统一的部署，2月下旬华东新华广播电台的人员和机器设备，陆续迁到济南，留下一小部分人在济南新华广播电台播音，大部分人员南下。5月27日上海解放，当天晚上，上海人民广播电台开始播音。7月，上海人民广播电台第一台担负起了对华东地区的广播任务，华东新华广播电台在济南停止了播音。

二、济南特别市新华广播电台

1948年9月24日济南解放，中国人民解放军华东军区济南特别市军事管制委员会无线电部接管了国民党政府的山东广播电台，便立即着手改建人民自己的电台。10月初，中共中央宣传部派陕北新华广播电台编辑部主任黎韦等三人到电台工作，黎韦任台长，军管会无线电部便将工作移交给黎韦。

为了尽快宣传中国共产党的方针、政策，报道各方面的发展情况，在无线广播还不能播音的情况下，电台人员组织了有线广播。10月5日，在电台附近和中山公园四周，开始用扩音器转播陕北新华广播电台的新闻，播送音乐、歌曲。10月15日，又开始用100瓦广播机转播陕北新华广播电台的节目。

机器设备修复以后，电台于11月4日下午举行成立大会，定名为济南特别市新华广播电台。11月8日上午7时，济南特别市新华广播电台正式播音。当天播出了毛泽东主席的重要论著《全世界革命力量团结起来，反对帝国主义的侵略》，播出了中国人民解放军在华北、东北等各战场连续大捷的消息、通讯。

建台初期，生活比较艰苦，也没有固定的日常休息时间，每天工作十几个小时，还要经常躲避国民党军队飞机的空袭，但电台职工以苦为荣，坚持工作。1949年1月14日晚，华东野战军司令员陈毅等到济南特别市新华广播电台视察，勉励大家克服所面临的各种困难，做好广播工作。

济南特别市新华广播电台的主要宣传任务是：为解放战争服务，为安定济南的社会秩序和恢复发展生产服务。该台设立的新闻性节目有《国内外新闻》、《前线通讯》、《解放区通讯》、《本市新闻》、《市政之声》、《工厂学校通讯》，以及同华东新华广播电台联办的《对华东战场人民解放军广播》、《对华东战场蒋军广播》等，还有根据形势发展需要编排的《对淮海战场特别广播》、《对北平天津特别广播》、《对京沪杭特别广播》、《对傅作义广播》等。

济南是中国人民解放战争期间在关内解放的第一个省会城市。为消除国民党反动派的影响，安定民心，建立新的社会秩序，迅速恢复发展生产，广播电台把对济南地区的宣传作为主要任务，曾反复播出过中国人民解放军华东军区颁布的《约法七章》，及时播送政府机关的号召、政令，大量播出本市新闻和记述工厂、学校等单位的先进事迹、先进人物的通讯。1948 年 11 月 9 日，济南特别市副市长徐冰到电台作了《建设新济南》的广播讲话，要求工人阶级发挥领导作用，发展生产，支援前线，并特别强调了发展文化教育事业。

利用广播，为中国人民解放战争服务，瓦解国民党军人，鼓舞中国人民解放军，是当时一项重要宣传任务。

瓦解国民党军队的宣传，除及时播送中国人民解放军的胜利消息外，主要是播送中国共产党和中国人民解放军的各项政策、毛泽东主席的重要论著。淮海战役期间，反复播出过毛泽东主席为中原、华东解放军写的广播稿《敦促杜聿明等投降书》，为 1949 年元旦写的新年献词《将革命进行到底》。还播出过冯玉祥将军的夫人李德全女士对旧西北军将领及部队所作的广播讲话，在战场上放下武器的国民党军将领，对他们过去的同僚、同学、朋友们所作的广播讲话。1948 年 12 月 25 日，播出过范汉杰给傅作义的信和在淮海战场起义的国民党将军廖运周发表的起义宣言。自 1948 年 11 月 14 日起，多次播出过王耀武被俘受到教育后，对淮海战场国民党军所作的广播讲话。

为了争取和团结尚在国民党统治区的广大人民群众和各实业界人士，济南特别市新华广播电台还经常组织济南各界代表到电台演讲，以亲身经历揭露国民党反动派的欺骗宣传。1949 年元旦，济南仁丰纱厂副经理刘谨山向平、津、青、沪各实业界同仁发表广播演讲，述说济南解放后自己的所见所闻。

对于鼓舞中国人民解放军的报道，主要是随时播出中国人民解放军在各个战场上胜利进军的消息。1948 年 12 月 2 日播出解放徐州的消息，12 月 25 日播出解放张家口的消息。此后，不断播出解放天津、北平，人民解放军胜利渡过长江，解放南京、解放上海等一连串胜利消息。《前线通讯》等节目，则经常播出中国人民解放军和支援前线的英雄模范人物的事迹，如射击英雄魏来国、支前女模范董力生等人的事迹，还经常播送后方努力生产、支援前线的情况，以及军人家属教育战士英勇杀敌的信件等。广播的主要对象是华东战场上的中国人民解放军将士，激励他们勇敢战斗，奋勇向前，解放全华东，解放全中国。

除了上述经常性的宣传外，济南特别市新华广播电台还组织了许多重大的宣传活动，如淮海战役取得胜利后，组织了《群歌众舞，庆祝胜利》的专题广播，新年、春节的联谊慰问广播，庆祝“济南解放一周年”、“中华人民共和国成立”等特别节目的广播。10 月 1 日中华人民共和国成立时，转播了北京新华广播电台广播的开国大典的实况，10 月 2 日转播了济南市各界 20 万人集会游行的活动，并连续播送了《中华人民共和国中央人民政府公告》、《中国人民政治协商会议共同纲领》。还播送了全省各地欢呼庆祝的消息、通讯，参加全国政协会议的代表、沂南县县长朱富胜的广播稿《我们有了新国家》。在广播中华人民共和国成立的实况和各项文件，特别是毛泽东主席的讲话录音时，工厂、机关和学校的礼堂、俱乐部里坐满了听众，还有很多人站在商店门口收听。

为办好广播，电台的编辑、记者、播音员常常到工厂、学校组织稿件，建立通讯网，组织收听广播，征求听众意见。电台根据听众的意见，及时调整和改进节目，并建立试播制度，不断提高播音质量。在庆祝济南特别市新华广播电台正式播音一周年的时候，电台播发了《加强广播，利用广播推动工作》的特稿，总结了一年来广播宣传工作，特稿说：“广播在鼓舞广大职工的生产情绪上，在协助政府贯彻政策法律上，以及在其他各项工作中，都起到了一定的配合和推动作用。”同时还肯定了一年来广播宣传的成就，指出了存在的不足之处。

解放战争时期，济南特别市新华广播电台的文艺广播，也有为解放战争服务的明显特点，设有歌咏、戏曲、革命故事和广播剧等节目，每天文艺广播的时间约占播出总时间的 1/3。常播出的歌咏节目有《解放区的天》、《打到南京去，活捉蒋介石》、《南泥湾》、《翻身道情》、《八路军军歌》等。

歌咏节目中，有《教唱解放区歌曲》的栏目，后来改名为《听广播学新歌》。当时的一些著名的音乐工作者如朱践耳、章枚等，都到电台教唱过歌曲，曾教过《解放区的天》、《南泥湾》、《妇女自由歌》、《二月里来》、《咱们工人有力量》、《全世界人民心一条》、《王大妈要和平》和《白毛女》插曲等。这个节目，每次半小时，安排在中午12时30分到13时，成了广大工人、农民、战士、学生、市民学习新歌曲的大课堂。通过教唱，使解放区的许多歌曲迅速在济南流传。

根据城市特点和听众的需要，济南特别市新华广播电台还专辟时间，播送世界名曲、古典音乐等。如贝多芬的《英雄》、《田园》交响曲，著名歌剧《卡门》，以及轻音乐《蓝色多瑙河》、《春之圆舞曲》等。这些乐曲，都是从接收国民党政府的电台唱片库中选出来的。电台也邀请专业音乐家及大学音乐系师生演奏名曲，如钢琴、小提琴、琵琶、古筝、二胡独奏《小夜曲》、《十面埋伏》、《春江花月夜》、《汉宫秋月》、《空中鸟语》、《光明行》、《金蛇狂舞》、《高山流水》以及广东音乐《步步高》等。

戏曲节目，除播放从国民党山东广播电台接收过来经过精选的戏曲唱片，如四大须生、四大名旦的京剧《借东风》、《白帝城》、《文昭关》、《玉堂春》、《御碑亭》、《红楼二尤》、《贫女泪》等以外，主要是组织安排播出新编戏剧及新词曲艺，如省立剧院实验剧团的新京剧《虎头牌》、《三打祝家庄》，新安旅行团和人民剧团等的歌剧《王贵与李香香》、《王秀鸾》、《赤叶河》、《三世仇》、《支援前线》，济南县学街小学的儿童剧《当解放军去》，济南市艺人演播的《济南解放》、《白马山祭英魂》、《王桂芳拥军》等。当时，北洋大戏院常常邀请一些著名演员到济南演出，每当有名角演出，电台总要到戏院转播。曾转播过程砚秋的《文姬归汉》、《荒山泪》、《青霜剑》，李宗义的《逍遥津》、《斩黄袍》，李多奎的《太君辞朝》，徐东明、徐东来的《乌龙院》等。

革命故事节目，主要是播送一些革命老前辈的斗争故事，如《朱总司令的故事》、《彭副总司令的故事》、《红军长征故事》，以及抗日战争、解放战争中的英雄模范人物的故事等。此外，还把歌剧、小说《白毛女》、《血泪仇》、《新儿女英雄传》、《李勇大摆地雷阵》等，改编为章回体故事播出。为加强革命故事的宣传效果，在播讲时配上音乐和声音。在播讲《强渡大渡河》时，就加上枪声、水声、冲锋号声。据当时听众调查表统计，80%的听众喜欢听这个节目，不少人来信说，通过听革命故事，知道了老解放区的情况，进一步了解了革命历史、抗日战争的经过、解放战争的历程。

当时，电台没有专职的文艺编辑，文艺节目的编排组织等工作主要由播音员负责。播音员除组织专业文艺团体、工人、学生到电台播出文艺节目外，还在电台内部把秘书、编辑、行政人员组织起来，成立业余歌剧组，演播文艺节目。业余歌剧组自己动手，编演了揭露地主恶霸剥削压迫农民的罪恶和歌颂解放后农民的幸福生活的清唱剧《五莲山下》、歌剧《大榆林》，还把话剧《群猴》编成广播剧播出，受到听众的好评。此外，业余歌剧组还改编演播了话剧《日出》、《风雨南京》和歌剧《红军回来了》。这些节目，紧密配合解放战争，起到了“团结人民，打击敌人”的作用。

济南特别市新华广播电台正式播音时，每天播出 7 个小时，广播机功率 100 瓦，波长 219 米，频率 1370 千赫。1949 年元月起，每天播出 13 个小时，增加一部 1 千瓦广播机同时播音，波长 348. 8 米，频率 860 千赫。

济南特别市新华广播电台设管理委员会，管理委员会主任、副主任务一人，主任黎韦。下设工务组、编辑室、记者组、播音组、总务组。

1949 年 6 月 13 日，济南特别市新华广播电台改名为济南新华广播电台。1949 年 6 月 20 日又改称济南人民广播电台。

建台初期，只有二十几人，到 1949 年 8 月，全台共有 55 人。

全市登记的广播收音机，到 1949 年底止，约计 2 万部。

第二章　山东人民广播电台

第一节　机构

山东人民广播电台的前身是济南特别市新华广播电台。济南特别市新华广播电台于 1948 年 11 月 8 日正式播音，1949 年 6 月 13 日改名为济南新华广播电台，同年，6 月 20 日改称济南人民广播电台。

发射功率

1948 年 9 月 24 日济南解放，中国人民解放军华东军区济南特别市军事管制委员会无线电部接管了国民党山东广播电台，接管的设备有100瓦和1千瓦中波广播发射机各一部。经过一个多月的整顿改造，于11月8日始用100瓦机、1370千赫播音，台名呼号为济南特别市新华广播电台。

从1949年元旦起，电台将修复好的原1千瓦机（当时缺末级水冷式电子管510A，实际输出功率为400瓦）与100瓦机同时播音，频率为860千赫和1370千赫。同年6月13日台名呼号改为济南新华广播电台。6月20日台名呼号改为济南人民广播电台。

地市级地方志广播史料

一、青岛市

青岛市广播、电视和农村有线广播的建立是有先有后的。无线广播是1933年建立。

青岛的无线广播始于30年代。1933年6月，国民党青岛市政府建立了一座无线广播电台，定名为青岛市教育局民众教育馆广播电台。同年7月，青岛宏波电气公司建立了一座私营广播电台。当时官办和民办的两座广播电台发射机功率各有100瓦，办的节目不多，而且机关、企业收音机很少，居民中更是寥寥无几，所以广播发挥作用不大。

1938年1月10日，日本侵略军占领青岛，同年建立青岛广播电台，发射机功率为500瓦和100瓦。办了两套节目：一套华语广播，除举办文化娱乐节目和转播北平日伪中央广播电台的节目外，还举办新闻性等宣传节目，主要是为其侵略统治青岛和进行奴化教育服务；另一套是日语广播，为日本侵略军和其侨民服务。这期间，私营企业和居民中收音机逐渐增多，绝大多数是日式三灯和四灯收音机。电台对有收音机者收取收听费。1945年9月，抗日战争胜利后，国民党政府广播事业管理处派员接收了日伪青岛广播电台，电台名称未变，发射机功率仍为500瓦和100瓦。该电台先后曾办三套节目：第一套的内容除举办文化娱乐节目和转播国民党政府广播电台节目外，还举办少量宣传节目，其内容主要是为国民党反动统治和挑起的内战服务；其余两套节目主要是经济信息和广告。1946年2月，山东无线电业行建立了一座私营广播电台，主要是播送广告。这期间，收音机比过去有较大增加，据1949年4月调查统计，有各种收音机1.5万多架，但广播的作用仍发挥不大。

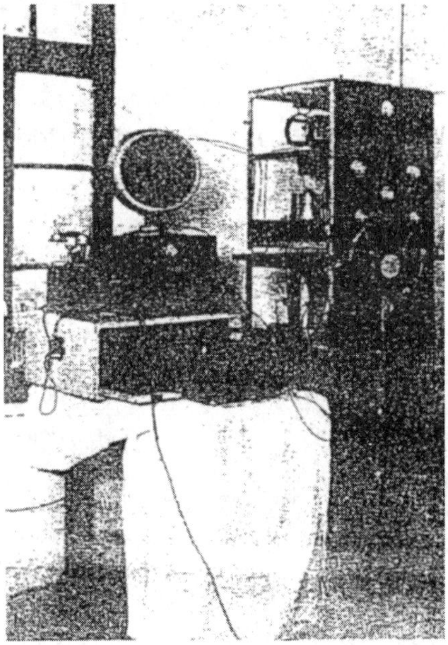

1933年青岛市民众教育馆广播电台机电室

国民党青岛广播电台大门外景

山东省

第一章　民国时期的青岛无线广播

第一节　青岛无线广播的诞生

一、教育局民众教育馆广播电台

该台创办于1933年6月。呼号XTGM，频率曾用930千赫，发射功率100瓦。

1933年6月，国民党青岛市政府为广播7月在青岛举行的第十七届华北运动会的消息，在青岛市朝城路7号民众教育馆内创办了青岛无线广播电台。这是青岛市建置以来创办的第一家无线广播电台。运动会举行以后，这家电台继续播音，并由民众教育馆负责指挥监督。馆长是张俊图；原在海军无线电工厂肄业的学生石维新任电台技士；肖桂衡任电台助理员，辅助技士工作。电台的讲演、戏剧、报告等节目由民众教育馆讲演部办理，经费支出报销由该馆总务部办理。

1933年12月，国民党青岛市教育局确定了该台播音规则：第一条，广播无线电台的宗旨是为普及社会教育、宣传政治工作及公益事项；第二条，收音机分设在市内民众教育馆及沧口、李村、九水、阴岛、薛家岛各乡区建设办事处内；第三条，播音机由教育局派员管理，各处收音机由民众教育馆及各乡区建设办事处负责；第四条，各收音机听众秩序由教育局函公安局转所在地岗警维持之；第五条，广播电台广播事项如下：中央各种报告，国内重要新闻，本市重要新闻，教育局重要报告，通俗讲演，天气预报，报告标准时间，识字牌之字音、字义、注音符号，音乐或歌曲唱片，临时宣传事项；第六条，广播电台广播时间除国际及中央各处电台所定时间外，均为本市广播播音之时间；第七条，市府及市府所属各机关如有广播事项应先与教育局商洽，并自行派员办理。

青岛无线广播电台全天播音时间为9小时。该台播音直到1938年1月青岛沦陷。

1936 年青岛市教育局民众教育馆广播电台时间表

下午12：00～1：00	正午报时及唱片（每日）
6：30～6：50	唱片（每日）
6：50～7：25	儿童故事及唱片（每日）
7：25～8：00	讲演及唱片（星期一）
	科学讲演及唱片（星期二）
	公民常识（星期三）
	电讯常识（星期四、六）
	科学常识（星期五）
	国乐（星期日）
8：00～8：30	报告新闻（星期日停）
8：30～8：45	报告商情（星期日停）
8：45～8：55	唱片（每日）
8：55～9：00	预告节目（每日）

该台播送的节目有些是自己组织的，如 1934 年 5 月 19 日《青岛时报》刊：市立民众教育馆广播电台定于今晚 7 时请市立西镇小学播送儿童歌曲及讲演。节目（甲）歌曲：《渔光曲》、《儿童军》、《艳阳天》、《春风之惠》、《小鹦歌》；（乙）讲演：《提倡国货》。

二、民办青岛宏波电气公司广播电台

该台创办于 1933 年 7 月，台址在青岛市中山路 60 号亚当姆斯大厦（今百货一店）内，呼号先后用过 XGGW 和 XHKB，频率曾用 1150 千赫和 590 千赫，广播发射机先后用 50 瓦和 100 瓦。该台主要广播商业广告。

1936 年青岛宏波电气公司广播电台广播时间表

下午12：30～1：00	西乐唱片
1：00～2：00	中乐唱片
7：30～7：45	新闻
7：45～8：30	中乐唱片
8：30～10：00	和声社票友清音
10：00～11：00	特别节目

第二节　日本侵略军占领青岛时期的无线广播

1938 年 1 月 10 日，日本侵略军占领青岛。同年 3 月 21 日，占用贮水山路 7 号民宅，建立青岛放送局，装设 50 瓦发射机一部，用华语、日语分时广播，并举行开幕典礼。1939 年 5 月，日寇重修朝城路 7 号房舍，并装 500 瓦和 50 瓦发射机各一部，分别于同年 12 月 1 日和 10 日开始播音。1940 年，放送局改为青岛广播电台，正式隶属日伪北平华北广播协会领导。1942 年，华语广播之 500 瓦发射机改装为新式发射机，日语广播之 50 瓦发射机改为 100 瓦新机，并设有 30 瓦备机一部。从那时起，电台收取广播收听费。

日伪青岛广播电台自 1938 年成立后，台长先后由日本人东山秀太郎、高桥左太郎、白神升藏、增村繁担任。机构设有业务科、广播科、技术科。有日籍职员 15 人、中国职员 31 人、工友 8 人。所有重要职务均由日本人担任。

日伪时期，青岛广播电台华语和日语广播的呼号为 XCDP，华语广播的频率是 1150 千赫，天线高度 53 米；日语广播的频率是 700 千赫，天线高度 25 米。华语广播又名第一放送节目，基本上转播日伪北平中央广播电台节目，全天播音 13 小时 50 分；第二放送节目全天播音 12 小时 15 分钟。据 1939 年 10 月 30 日出版的《青岛指南》称，该台放送的节目以转播日伪北平中央广播电台为主，有时也有特别节目放送。

该台从 1938 年 2 月建立一直存在到抗日战争结束。

青岛广播电台节目时间表

（1939 年 12 月 26 日实行）

第一放送节目：

8：30　新民体操（北平）

8：50　日语速成讲座

9：10　京剧唱片（北平）

9：30　新闻重述（北平）

9：50　商情行市重述（北平）

10：05　新民讲坛（北平）

11：50　唱片（北平）

11：59　报时（北平）

12：00　家庭常识（北平）

12：15　唱片（本台）

12：45　商情行市（北平）

12：55　职业介绍（北平）

13；00　评书（北平）

14：15　娱乐节目

18：20　儿童时间（北平）

18：20　儿童新闻（北平）
19：00　讲座（青年讲座）（北平）
19：20　行政报告（北平）
19：30　讲演（北平）
19：50　预告节目（本台）
20：00　戏曲等（北平）
20：30　新闻（北平）
20：40　娱乐节目（北平）
21：20　轻音乐（北平）
21：39　报时（北平）
21：40　新闻（北平）
22：20　地方新闻（北平）
22：30　商情行市（北平）
22：45　英语新闻（北平）
23：00　京剧（本台）

第二放送节目：

7：55～7：59　开始音盘
7：59～8：30　报时、报道
8：30～8：50　体操
8：50～9：45　休息
9：45～10：00　幼儿节目
10：00～10：30　现地家庭时间
10：30～11：50　休息
11：50～11：59　音盘
11：59～12：20　报时、报道
12：20～12：59　音乐、演艺
12：59～13：30　报时、朗读等
13：30～14：59　休息
14：59～15：30　报时、报道
15：30～16：59　休息
16：59～17：30　报时、报道、音乐
17：59～18：25　报时、少年国民的时间
18：25～18：30　节目预告
18：30～18：59　初等华语讲座
18：59～20：59　报时、报道、音乐、演艺等

20：59～21：30　报时、报道

21：30～21：59　音乐、演艺、节目预告等

21：59～22：30　报时、报道、现地报道

第三节　抗日战争胜利后国民党统治时期的青岛无线广播

一、青岛广播电台

1945年9月3日，抗日战争胜利。国民党中央广播事业管理处于同年10月13日派栾瑞接收日伪华北广播协会青岛广播电台，仍名为青岛广播电台，隶属国民党中央广播事业管理处领导，栾瑞任台长。接收后，电台仍用500瓦发射机播音，呼号为XRPC，频率1150千赫，波长260.8米。1946年3月，电台开辟第二广播，用100瓦发射机播音，呼号为XRPC，频率700千赫，波长428.5米。主要是广播商业广告。1949年2月，为了维持开支，电台又开辟了第三广播，用30瓦发射机，专播商业广告。该台经费全由中央广播事业管理处供给。广播收听费于1947年4月取消。国民党青岛广播电台宣传的目的自称是“在于发展国策，宣传政令，推广文教，导正社风”，使电台成为“政府与市民联系上之重要工具”。该台除转播中央广播电台节目外，还办有本市新闻、社论介绍、文摘介绍、书报介绍、文章写作、生活指导、讲演、自由谈、各地风光、英语讲授、无线电常识和文艺等节目。第一套节目全天播音5小时45分；第二套节目全天播音9小时30分。该台的组织机构有工务课、传音课和总务课。接收初期有职员16人、工役8人，以后陆续增加到职员4工人、工役9人，共计50人。

青岛广播电台节目时间表

（1947年2月1日实行）

第一套广播节目表：

7：30～7：35　国歌，预告节目

7：35～7：45　转播中央台健身操

7：45～8：00　转播中央台国乐

8：00～8：15　转播中央台新闻

8：15～8：30　转播中央台军乐

8：30～8：40　转播中央台早晨的话

8：40～8：50　转播中央台西乐

8：50～9：00　气象预告，对时
9：00～9：15　本市新闻
9：15～9：30　社论介绍

—休息—

18：30～18：35　固定唱片，预告节目
18：35～19：00　初级英语讲授
19：00～19：10　歌曲唱片
19：10～19：30　党义丛读（星期一）
文艺丛读（星期二）
儿童故事（星期三）
文摘介绍（星期四）
无线电常识（星期五）
教育广播（星期六）
自由谈（星期日）
19：30～20：00　（转播北平台）国乐（星期一、五）
西乐（星期二、四、日）
杂曲（星期三、六）
20：00～20：20　讲演
20：20～20：30　（转播旧金山）美国之音
20：30～20：50　（转播北平台）音乐欣赏
20：50～21：00　短评
21：00～21：30　（转播中央台）简明新闻、时事述评
21：30～21：35　预告次日节目
21：35～21：45　评剧唱片
21：45～22：00　国内外新闻
22：00～22：15　（转播国际台）英语新闻
22：15～　（转播北平台）评剧
国歌

第二套广播节目表：

12：00～12：05　固定唱片，预告节目
12：05～12：45　（转播中央台）评剧
12：45～12：50　（转播中央台）新闻摘要
12：50～13：00　（转播中央台）家庭节目
13：00～13：25　（转播中央台）西乐
13；25～13：30　（转播中央台）自由谈

13：30～14：00　书报介绍（星期一）
文章写作（星期二）
生活指导（星期三）
音乐常识（星期四）
各地风光（星期五）
小说选读（星期六）
一周大事（星期日）
14：00～14：15　电影介绍
14：15～14：30　社会服务（政令、船期、行情）
14：30～15：00　杂曲唱片
15：30～16：00　评剧唱片
—休息—
17：00～17：05　固定唱片，预告节目
17：05～17：30　西乐唱片
17：30～18：00　滑稽大鼓
18：00～19：00　西河大鼓或琴书
19：00～19：30　评剧唱片
19：20～20：00　歌曲唱片
20：00～21：00　评书
21：00～21：30　（转播中央台）简明新闻、时事述评
21：30～22：00　杂曲唱片
22：00～22：30　本市新闻、行情、国歌

二、民办山东无线电业行广播电台

该台台址在观海二路68号，1946年2月8日建立，同年4月1日正式播音。1948年11月迁至四方路53号。该台呼号为XLMD，后改为BEK33，周率910千赫，发射功率100瓦，负责人为管泽普，台长袁有为。全台有主任1人、报告员2人、机务员2人、事务员2人。该台广播的主要内容是商业广告，另外还转播国民党中央广播电台的简明新闻、时事述评等。该台播音至1950年底停止。

民办山东无线电业行广播电台1948年1月广播节目时间表

18：30～20：30　西乐、歌曲、杂曲唱片
20：30～21：00　（转播中央台）简明新闻、时事述评
21：00～23：00　西乐、歌曲、杂曲、评剧唱片

据1949年4月调查，青岛市收音机已登记的有12234架。收音机类型：

标准三灯收音机占54%；四灯占21%；日式四灯以上占15%；上海及本市装外差式占6%；美式及其他占4%。

第四节　青岛人民广播电台的建立和发展

1949年6月2日，青岛解放。中国人民解放军青岛市军事管制委员会文教部接管了国民党青岛广播电台，定名为青岛人民广播电台，当晚8时30分开始播音。台址仍在青岛市朝城路7号。青岛刚解放时只有两部日本制造的发射机，一部500瓦，一部100瓦，办两套节目。由于发射功率小，设备陈旧，市区的边远地区听不到或听不清广播。

第五节　历届党政负责人及组织机构沿革

1949年6月至9月

青岛人民广播电台负责人　于梦尤（1949年9月调离）

青岛人民广播电台负责人　林明

1949年10月

青岛人民广播电台台长　　林明（1949年10月任，1952年2月免）

组织机构设有：编辑部、办公室、行政科、工务科

大事记

1933年

6月　青岛市教育局民众教育馆无线广播电台创建，发射功率100瓦。台址在朝城路7号。

7月　青岛宏波电气公司无线广播电台建立，发射功率50瓦。台址在中山路60号亚当姆斯大厦。

12月　国民党教育局确定广播电台播音规则。

1934年

5月　青岛宏波电气公司广播电台将50瓦发射机更换为100瓦。

1938 年

3 月 21 日 日本侵略军 1 月 10 日侵占青岛后，在贮水山路 7 号民宅建立青岛放送局，发射功率 50 瓦。

1939 年

9 月 青岛放送局迁至朝城路 7 号，用 500 瓦发射机播送华语广播，用 50 瓦发射机播送日语广播。

1940 年

青岛放送局改名为青岛广播电台。

1942 年

华语广播 500 瓦机改装成新式发射机，日语广播 50 瓦机改换为 100 瓦机。同时开始收取广播收听费。

1944 年

6 月 日伪青岛广播电台在汇泉路 11 号建立收音台。

1945 年

10 月 抗日战争胜利后，国民党政府派栾瑞接收日伪青岛广播电台，台名和发射功率未变。

1946 年

3 月 青岛广播电台开辟第二套广播，用 100 瓦发射机专播商业广告。

4 月 私营山东无线电业行广播电台经国民党政府交通部批准，颁发民字第 25 号执照，正式播音。台址在观海二路 68 号。

1947 年

4 月 国民党政府青岛广播电台取消收听费。

1948 年

11 月 私营山东无线电业行广播电台迁至四方路 53 号。

1949 年

2 月 国民党政府青岛广播电台开辟第三套广播，用 30 瓦发射机广播。

4 月 调查登记青岛市共有各类收音机 12234 台。

5 月 中共青岛市工委地下党员郭梦家通过在电台的我党外围地下关系与国民党政府电台台长栾瑞进行斗争，揭露其妄图破坏电台设备的预谋，并向其阐明利害关系，从而保护了广播电台的设备。

6 月 2 日 青岛解放当天，青岛市军管会即任命于梦尤、林明同志为正副队长，派他们接管国民党青岛广播电台，改名为青岛人民广播电台，当晚8时30分用500瓦发射机、1150千赫向全市人民广播。①

文献辑存

青岛市教育局民众教育馆广播电台开办经过

（摘自《民众季刊》创刊号）

（甲）开办经过

多年来无线电事业发达，一日千里。第17届华北运动会，议决在青岛举行。本市用资巨万之汇泉体育场，亦加工赶筑，以资届时应用。其建设之宏大，华北无出其右者。市当局苦心筹措，厥工甚伟，更为谋大会消息传达敏捷，托海军无线电机工厂，赶制广播电机一座，以便大会报告之用。经当局多方计划，以安设本馆为最适宜，因华北会期甚暂，事后用之于讲演、宣传、报告、播音，则以在本馆为最适合。惟本馆房舍，本现局促，而一电台之设非三数间房不能敷用。当局以时间促迫，盖房建屋，有所不及。本馆体育场南面毗连朝城路小学平房四小间，甚合所需，几经商洽允许后，在6月底，机件均在该房内布设完备，铁天柱亦竖立房之前后，形势伟大，为本馆生色不少。至此电台工作草草完成，总计用款达万元矣。在运动会时，暂用呼号XTGM，俟交通部审核后，始能正式规定。迨华北运动会闭幕，由本馆先行接收保管，旋令呈本馆送开办费用、经常费用、工作计划等项待核。嗣以经费太多，一时无法筹支，遂陷于停顿状况矣。至10月末由教育局核定每月经费152元，用技士、助理员各一人，自11月份起支，旋派原在海军无线电工厂肄业学生石维新、萧桂蘅二君来馆，充任斯职。惟以开办经费无着，人位虽设，仍无所事。机件弃置不用，日久生锈，原有电气设备作用亦恐消失。民众教育馆之有广播电台设备，尚以本馆为嚆矢，甚愿其能早日开幕，裨益民众，岂浅鲜哉。近闻当局已筹妥其款，即日进行置备开办用口，播音之期当在不远也。

（乙）概况

一、组织　广播电台附属民众教育馆，由馆长指挥监督。暂设技士一

---

① 见《胶东日报》1949年6月6日。

人，专司机械及广播事宜，助理员一人辅助技士工作。讲演、戏剧、报告等均由本馆讲演部办理，经费出纳、支出报销由总务部办理，以上均系暂行组织，一俟正式开幕，电台规程颁布后，再行更改。

二、设备　100 瓦特长波播音机全副波长尚未定，华北华南均可直接收音，在本市有收音机者均可收到，并在本馆礼堂、李村及市区第一建设办事处，各设交流收音机一架，阴岛、薛家岛、九水等建设办事处各设直流收音机一架，均能直接收听讲演、报告等项。每日放送节目，正式开幕，再行详定。

三、每月经费分配

1. 薪水工资	67 元，占 44.08%
2. 材料电力	57 元，占 37.5%
3. 消耗	16 元，占 10.53%
4. 办公费	12 元，占 7.89%
总计	152 元，占 100%

二、济南市

济南的无线广播始于 20 世纪 30 年代初。1933 年，山东省政府在济南建立山东省会广播无线电台，发射机功率 500 瓦，广播频率 857 千赫，职员 10 人。该台的建立，对无线广播在中国的推广运用，有着较大的影响。1937 年底日本侵略军占领济南前夕，电台撤退，停止播音。

日军侵占济南后，在原址重建济南广播电台，1938 年 6 月建成，发射机功率 50 瓦，频率 860 千赫，员工约 20 人。为扩大侵略宣传，不久，又在中山公园东侧建新台，1939 年 9 月建成，新安装发射机功率 1 千瓦，12 月开始使用，至 1945 年日本战败投降时，电台员工增至 45 人。

日本投降后，国民党政府派员接收了济南广播电台，用原设备继续播音，人员增至 56 人。由于国民党政府的腐败，电台每况愈下，至 1948 年下半年，经常停播，人员减至 12 人。

1948 年 9 月济南解放后，人民政府接管国民党山东广播电台，建立了济南特别市新华广播电台，1948 年 11 月 8 日开始播音，发射机功率 100 瓦，后又增开一部 1 千瓦发射机同时播音，人员二十多人。1949 年 6 月改称济南人民广播电台。该台在济南解放初期，大力宣传中国共产党的方针、政策，宣传解放战争的胜利形势，对提高广大人民群众的政治觉悟、鼓舞他们的生活热情，以实际行动支援解放战争、建设新济南，做出了积极贡献。

第一章　无线广播

第一节　山东省会广播无线电台

1930年9月，韩复榘出任山东省政府主席后，倡议创办广播电台。1931年7月10日，省政府召开第65次政务会议，确定在经四路小纬六路兴建广播电台。

经过近两年的建设，广播电台建成，试播良好，于1933年5月1日正式播音，台名为山东省会广播无线电台，呼号为XOST，发射机功率500瓦，频率857千赫，“T”型天线高30米。

山东省会广播无线电台每天播音时间平均8个小时，节目有“政令新闻报告”、“常识讲演”、“气象商情”及娱乐节目等。“政令新闻报告”由政府各机关供给，“常识讲演”则请社会名流来讲授历史、科技知识，娱乐节目多是放唱片。晚上播放京剧常到深夜。

山东省会广播无线电台播音后受到社会各界的欢迎。据《中国无线电》报道：“济南自省会五百华脱广播电台成立后，颇引起社会人士之兴趣，是以装置收音机用天线者，几如雨后春笋，触目皆是。”至1937年“七七事变”时，全市收音机（含矿石收音机）约有1000部。

山东省会广播无线电台共有职员10人，台长马仲考，台长以下有工程师1人，总务主任1人，事务员3人，工务主任1人，工务员2人，报告员（播音）1人。1936年进行过一次人事变动，台长为金丽舟，全台9人。此后台名改称山东省政府广播无线电台，亦称山东省广播电台，呼号改为XGOF，频率805千赫。“七七事变”后，曾增加战时节目，如“防空知识”、“战时卫生”、“革命先烈传”、“警策语”等，播音时间增加到10小时。

1937年年底，日本侵略军占领济南前夕，广播电台的多数人南撤，离济前，拆卸了机器，炸毁了天线铁塔。

山东省会广播无线电台1936年播音时间表

上　午	
8：30～9：00	政令报告
9：00	标准时刻
9：00～9：30	唱片
9：30～10：00	本省新闻
10：00～10：30	常识讲演
11：00～11：30	政令及新闻报告（星期日）
11：30～12：00	无线电常识问答（星期日）
下　午	
3：00～5：00	特别节目（星期二、四、六）
7：00～7：10	气象商情
7：10～7～30	唱片
7：30～8：00	政令报告
8：00	标准时刻
8：00～8：10	气象商情报告
8：10～8：30	历代名人事迹（星期一、三）
	无线电常识（星期二、四）
	名人讲演（星期五、六）
	唱片（星期日）
8：30～9：00	国内外新闻（星期一至星期六）
9：00～12：00	京剧

第二节　济南广播电台

一、日伪济南广播电台

日军侵占济南后，在原省会台台址上改建济南广播电台，1938年6月建成。广播机发射功率50瓦，广播频率860千赫，呼号XGCP，用日语、汉语两种语言向济南地区播音。全台二十多人，台长为日本人松本梅吉，设业务、技术、知告（播音）三个系，系长均由日本人担任。

不久，又在经四路中山公园东侧建新台，新台建有二层楼房一座，平房若干间，设有台长室、传音室、机房、仓库等，建筑面积3000多平方米。1939年9月在新台址开始安装1千瓦广播发射机，架51米高的“T”型天线，12月安装完毕，当月26日开始使用，频率860千赫，用作汉语广播。

50 瓦广播机改频率为 1100 千赫作日语广播。小纬六路旧台址则改为收音台。1940 年 7 月，日伪成立“华北广播协会”，济南台属该协会管辖。1944 年 12 月，济南台又安装一部 100 瓦机。1945 年 1 月 1 日起，频率用 1100 千赫做日语广播，50 瓦机则用采干扰国民党重庆中央台的节目。

济南广播电台每日从上午 8 时 30 分开始播音一直播到深夜，共 15 个多小时。新闻主要是摘播报纸，内容由日本人圈定，多是宣扬“中日亲善”、“东亚圣战”。1941 年底，日本侵略军发动太平洋战争后，为加强“思想战”，1942 年电台组织了两次规模较大的广播宣传，一次是纪念孔子 2493 周年诞辰，一次是“第五次治安强化运动”，目的是宣扬奴化思想，镇压抗日民主力量，为其侵略战争服务。

为加强思想渗透，日伪济南广播电台还大力发展收音机，先后从日本本土和天津购进收音机销售，到 1945 年日本投降时，全市收音机有近万部。日伪当局对中国民众收听广播控制很严，不允许收听抗日后方电台的广播，对收音机都要注册登记并收费，1945 年注册登记收费的收音机 7348 部。

1945 年日本投降时，济南广播电台台长是山琦修己。全台 45 人，其中日本员工 13 人，中国员工 32 人。

二、国民党济南广播电台

日本宣布投降后，济南广播电台华人职员郭树森等，根据国民党重庆中央广播电台广播的关于“日伪广播人员保管好机件，听候派员接收”的通知，组成“保管委员会”，负责保管机件、案卷、房产和转播重庆中央台的节目，并监督日本人，听候处理。1945 年 10 月，国民党山东省政府派汪圣农任台长接管济南广播电台，设工务、传音、总务三个课，用原设备、频率播音。

1946 年 4 月 1 日，国民党中央广播事业管理处接收了济南广播电台，由毕庶琦任台长，全台 56 人，仍用原设备、频率播音。每天播音两次，每次转播 30 分钟国民党中央台新闻，安排 20 分钟的地方新闻，此外，大量播送广告，文艺节目多为京剧、曲艺、歌曲。

1947 年年底，国民党中央广播事业管理处派张维和接替毕庶琦任台长，台名改称山东广播电台，呼号为 XRPB，1 千瓦机改用 1030 千赫，100 瓦机改用 1370 千赫播音。

1948 年，市内混乱，物资奇缺，电厂不能正常供电，电台经常停播，有时用柴油机发电供 100 瓦机作短时间广播，电台职员则不断裁减，至 9 月济南解放前夕，只剩 12 人，台长张维和逃往南京。

第三节　济南特别市新华广播电台

1948 年 9 月 24 日济南解放，中国人民解放军华东军区济南特别市军事管制委员会无线电部接管了国民党山东广播电台。接管后，立即进行整顿：通告原电台职员前来报到，并组织其学习；对器材、家具等进行清理登记；对在战争中损坏的机器进行检修；通告持有收音机者前来注册。前来报到的职员有十几人，注册的收音机 2500 多部（后增至约 1 万部），整理修复的机器主要是 100 瓦发射机、1 千瓦发射机、40 瓦扩音器和传音设备等。10 月，中共中央宣传部派黎韦等三人来济南组建新华广播电台。黎韦任台长。在无线广播还不具备播音的条件下，电台人员先组织了有线广播。自 10 月 5 日起，在电台周围和中山公园四周安装了大喇叭播送音乐和转播陕北新华广播电台的新闻。10 月 15 日开始用 100 瓦发射机转播陕北新华广播电台的节目（未报济南的台名）。11 月 4 日济南特别市新华广播电台正式成立，11 月 8 日上午 7 时正式播音，播送了毛泽东的《全世界革命力量团结起来，反对帝国主义的侵略》、中国人民解放军在各个战场上连续大捷的消息、通讯和富有战斗气息的文艺节目。

济南新华台开始播音时，使用 100 瓦发射机，频率 1370 千赫，每天播音 7 个小时。1949 年 1 月 1 日起，增开 1 千瓦发射机，频率 860 千赫，同时播音，每天播音时间增至 13 小时。

济南新华台的宣传任务主要是为建设新济南和解放战争服务。节目除转播陕北新华台的节目外，自办的有“奉市新闻”、“政府机关布告”、“前线通讯”、“工厂之声”、“文艺节目”等，还有和华东新华台联播的《对华东战场人民解放军广播》、《对华东战场国民党军广播》，以及根据形势发展编排的《对淮海战场特别广播》、《对北平天津特别广播》、《对京沪杭特别广播》和庆祝重大战役胜利、纪念重要节日编排的专题广播等。建设新济南的宣传内容主要有：中国共产党的各项政策，建设新的社会秩序的法令、规定，迅速恢复生产和发展生产的事迹、经验等。为中国人民解放战争服务的宣传内容有鼓舞我军、瓦解敌军两个方面，鼓舞我军方面主要是及时播送中共中央和解放军总部的指示、命令、战报，解放军在全国各战场的胜利进军的消息和英雄模范人物事迹。如淮海战役胜利的消息，当天就播出五次，并及时播出了渡江战役胜利和各大城市解放的消息，还播出了射击英雄魏来国、支前英雄董力生的事迹，以及后方努力生产支援前线的通讯和军人家属鼓励前方将士英勇杀敌的信件等。瓦解敌军方面主要是播送中国共产党、人民解放军的政策和毛泽东的重要论著，以及在战场上放下武器的国民党将领的讲话。

济南新华台还经常邀请各界代表到电台来，以自己亲眼所见或亲身经历，向蒋管区人民介绍解放区的真实情况，揭露国民党的欺骗宣传。

济南台文艺广播的特点，是为解放战争服务。常播出的歌曲有《解放区的天》、《没有共产党就没有新中国》、《跟着共产党走》、《打到南京去，活捉蒋介石》等。还设有"教授解放区歌曲"节目，使解放区的许多歌曲迅速在济南流传开来。戏曲节目常请一些驻济和本市文艺团体或艺人来演播。当时没有专门的文艺编辑，电台工作人员组成业余歌剧组改编演播节目。有时为了庆祝重大战役的胜利，工作人员还自编自演文艺节目，秘书、编辑、行政人员也参加演播。

1949 年春节期间，电台举办向人民解放军和新解放城市慰问联播，三天就有 31 个工厂、学校、机关单位和许多知名人士来台演播。

1949 年 6 月，济南特别市新华广播电台改称济南新华广播电台，接着又根据中央广播事业管理处关于"各地所设广播电台一律统称某地人民广播电台"的通知，改称济南人民广播电台。

济南特别市新华广播电台 1949 年 1 月 7 日起新订播音时间表

第一次播音（波长 348.8 公尺　周率 860 千周）	
6：30～7：00	转播华东新华广播电台对华东战场国民党军广播
7：00～8：00	转播华东新华广播电台对华东战场人民解放军广播
第二次播音（波长 219 公尺　周率 1370 千周）	
8：30～8：40	开始曲《东方红》、报时、报告节目
8：40～9：00	唱片节目
9：00	对时
9：00～9：15	国内外新闻
9：15～9：30	评论或军乐
9：30～9：45	第一次本市新闻
9：45～10：00	报告本市行情及外埠物价
10：00	休息

第三次播音（周率1370千周）

12：00～12：10	固定片《人民解放军进行曲》、报时、报告中午节目
12：10～12：30	唱片节目
12：30～12：45	综合新闻
12：45～13：00	第一次工厂或学校通讯
13：00～13：15	评论或唱片节目
13：15～13：30	解放区消息
13：30～13：45	政府机关布告、空中信箱
13：45～14：00	书报或电影介绍及唱片节目
14：00	对时、休息

第四次播音（周率1370千周）

16：00～16：10	固定片《人民解放军进行曲》、报时、报告晚间节目
16：00～16：25	国内外新闻
16：25～16：40	政府机关布告、空中信箱
16：40～17：00	唱片节目
17：00	对时
17：00～17：15	第二次工厂或学校通讯
17：15～17：45	教授解放区歌曲
17：45～18：00	前线通讯
18：00～18：40	讲演或唱片节目

第五次播音（周率860千周和1370千周同时放送）

18：40～18：50	固定片《毛泽东之歌》、报时、报告本台节目及联播节目
18：50～19：30	本市各工厂学校文娱节目
19：30～20：00	陕北新华广播电台“新闻节目”联播
20：00～20：15	陕北台“对蒋管区广播”联播
20：15～20：30	陕北台“解放区城市通讯”节目联播
20：30～20：45	陕北台“一般通讯”节目联播
20：45～21：00	陕北台评论或其他节目联播
21：00	联播终了曲《怒吼吧，长江》

第六次播音（周率1370千周）

21：00～21：15	解放军捷报及第二次本市新闻
21：15～21：35	革命故事演播
21：35～22：00	轮回节目

星期日、三：本台特约稿“抗战前后”

星期一：社会科学讲座

星期二、四：干部学习

星期五：工厂之声

星期六：青年讲座

22：00	对时
22：00～22：15	本市当天行情及外埠物价
22：15～22：30	国内外大事
22：30～23：00	唱片节目

第七次播音　对京沪杭特别广播时间（周率860千周）

23：00～23：05	固定片《坚决消灭蒋匪帮》、对时
23：05～23：30	综合节目
23：30～24：00	陕北台联播节目
24：00～0：10	对时、预告节目，终了曲《怒吼吧，长江》

第四节　济南人民广播电台

一、初建时期

济南新华台改称济南人民广播电台后，台址、发射机功率、广播频率和新华台时一样，未做变动。

1949年8月济南人民广播电台划归中共山东分局领导，台长高扬，全台55人。

济南人民广播电台在宣传内容上，加强了对经济建设和工人阶级的报道。增设了“自然科学常识讲座”、“工商界时间”、“苏联介绍”、“听众服务”等节目，提出“为工人宣传，宣传工人，向工人宣传，组织工人宣传”的口号。为办好广播节目，还提出“打出去（到群众中间去），地方化（办出济南市的特点），为人民而办，由人民来办”的办台宗旨。具体做法是深入工厂、学校等基层采访，组织群众收听并听取他们的意见。再就是开展“广播之友”活动，每月举行一次。

1949年10月1日转播了北京新华广播电台在天安门广场进行的开国大典实况广播。

第五节　驻济电台

第三路军军部台

1934年初，国民党第三路军军部广播电台在济南播音，每天中午播1小时，呼号XAOD。发射机系军部无线电管理处自制，功率50瓦，频率3260.8千赫。播出效果尚好，但播音时间和节目不定。

华东新华广播电台

华东新华广播电台解放战争时期曾在济南播音。

华东台是在山东解放区的临朐县建立起来的。1948年9月12日试播，12月20日正式播音，呼号XNEC，发射机有三部，功率和频率分别是：500瓦机、9500千赫，400瓦机、5020千赫，600瓦机、6222千赫。每天播音5个半小时，台长周新武。

淮海战役期间，为加强对淮海战场的广播宣传，自1948年11月14日至1949年1月15日，华东台带发射机来济南，使用济南新华台的传音设备播音，济南新华台同时转播。广播宣传的内容，除华东新闻、战报，军人家信外，主要节目是“对华东战场国民党军广播”、“对华东战场人民解放军广播”。

1949年2月17日，华东台迁来济南，21日和济南新华台一起正式在济南播音。随着解放战争的节节胜利，华东台除留少数人在济南坚持播音外，多数人自3月下旬起分批南下，准备去接管南京、上海、杭州等地的广播电台。5月27日上海解放后，华东台改在上海播音，在济南的华东台同时停止播音。

第六节　民办电台

一、齐鲁大学试验台

齐鲁大学附设无线电专修科，1933年夏开课后，为教学研究，约于当年年底设立广播电台一座，呼号XOCI，发射机功率75瓦，广播频率1500千赫，每周播2~3次，每次播2~3小时。星期六播6小时左右，多为晚上播音。节目有“学术演讲”、“无线电常识问答”、“听众指定节目”、“音乐”、“唱片”等。该台大约播到1937年底日本侵略军占领济南时止。

二、富令克台

1933年年底，华侨办的富令克无线电制造厂（地点在商埠经七路小纬二路）自装一台广播机播音，功率75瓦，频率约为833千赫。多在星期六晚上播音，播出效果不佳，“所播唱片尚可，言语则交流声所淹不清”。

第四章　管理

第一节　服务事业

广告

市广播电台自1933年正式播音起，即设有《商情广告》节目。1948年济南解放后，市新华广播电台亦设有广告行情节目，为市民服务。

三、烟台市

业务机构

境内无线广播发端于抗日战争时期。1943年，侵烟日军在烟台市益文路7号筹建无线广播电台，1944年建成并播音。电台发射功率为400瓦，用华、日两种语言广播。26名职员，其中7名日本人。1945年日军投降，烟台市人民政府接收时停办。

河南省

河南省地方史志编纂委员会编:《河南省志》第五十四卷，河南人民出版社 1994 年版

《开封市志（第四册)》，北京燕山出版社 1999 年版

概　述

中华人民共和国成立前，河南的广播事业十分落后。国民党执政时期，于1934年在开封市建立河南广播电台，只有一部500瓦的中波发射机。1938年夏，日本军队侵占开封，次年，建立开封广播电台。1940年河南省政府再迁洛阳后，在洛阳建立了河南广播电台。1943年日军侵占洛阳，该台停止播音。1945年日本投降后，国民党河南省政府在开封重建了河南广播电台，也只有一部500瓦发射机。1948年6月人民解放军第一次解放开封时，该台停止播音。

第一章　广播电台

1934 年 10 月，国民党河南省政府在开封市建立河南省第一座无线电广播电台——河南广播电台。1938 年因日军入侵，电台迁往南阳，停止播音。1940 年在洛阳建立新的电台。至 1943 年日军侵占洛阳停播。

1945 年 8 月，日军投降后，国民党河南省政府接收日伪开封广播电台，建立河南广播电台。1948 年 6 月中国人民解放军解放开封时，终止播音。

一、河南广播电台

河南省第一座无线广播电台——“河南广播电台”是 1934 年 10 月由国民党河南省政府在开封建立的。电台发射功率为 200 瓦。广播电台共有12 人。每天两次播音，第一次播音从 9：00～12：00，第二次播音从18：00～21：00，除转播南京中央台的节目以外，自办的节目有《新闻》、《纪念周》、《科学常识或演讲》、《无线电问答》、《公民常识》、《小朋友歌舞》、《气象》、《商情》、《杂谈》、《国剧》、《音乐》等。

1938 年 6 月日军入侵开封，河南广播电台随国民党省政府迁往南阳，未恢复播音。1940 年河南省政府迁往洛阳，又建立了新的河南广播电台，将长波改为短波，每天播音时间是 13：00～24：00。1943 年洛阳市被日军侵占，该台停止播音。1945 年 8 月日本投降后，国民党河南省政府接收日伪开封广播电台，有一部 500 瓦发射机。同年 11 月开始播音。共有十多人。自办《新闻》、《儿童》、《妇女》、《经济》、《文教》、《卫生与常识》、《每周时事讲述及文艺》等节目。每天只播音一次，时间 18：00～23：00，星期六稍有延长。1946 年后，河南广播电台归南京中央广播事业管理处领导。1948 年 6 月中国人民解放军解放开封市，该台停止播音。

二、收音站和县、乡广播站

收音站　1935 年，国民党河南广播电台在省内大部分县建立了收音站。收音站归县政府管辖，由县党部指导，省政府和省党部负责监督。收音站的任务是将收录的消息登载收音日报，由县政府分发给机关、团体及各区、乡、镇。

地市级地方志广播史料

开封市

第一节　广播

一、河南广播电台

30年代初期，在国民党河南省主席刘峙的提议下，党政军联席会议通过了筹建河南广播电台的决议。民国二十三年（1934年）4月20日组织成立了河南广播电台筹备处，省政府委任曾伯良为筹备处主任。7月底筹备工作就绪，随呈奉国民党中央交通部批准。8月7日电台开始试验播音，10月10日开始正式播音。该台发射电力为200瓦，电力发动机两部，电台天线高150英尺，使用频率1070千周。

河南广播电台首任台长何佛情（省政府秘书），电台人员计12人。广播电台在龙亭内占用七八间平房，播音室设在龙亭大殿东侧的墙洞里，每天两次播音，第一次播音从上午9点至12点，第二次播音从下午6点至晚9点，除转播国民党南京中央台的节目以外，自办节目有：新闻、纪念周、科学常识或演讲、无线电问答、公民常识、小朋友歌舞、气象、商情、杂谈、国剧、音乐等。

河南省大部分县设有收音站，配有收音员。民国二十四年（1935年）曾举办过一期无线电技术人员学习班，学习时间六个月，学员毕业后充任各县收音站收音员。

民国二十七年（1938年）夏，日本侵略军大举侵犯河南，为躲避日本侵略者的轰炸，河南广播电台随省政府迁往豫西。由于当时财政和技术方面的原因，直至民国二十九年（1940年）省政府迁往洛阳前未能恢复播音。

抗日战争胜利后，河南省政府迁回开封，接收日伪开封广播电台，恢复河南广播电台。孙继铎任台长，有工作人员10人。同年9月，电台使用日伪时期留下来的500瓦发射机仍在原址开始播音。节目有：新闻节目、妇女节目、经济节目、文教节目、卫生与常识、每周时事讲述及文艺节目。由于电力供应不足，每天只播音一次，时间是18点至23点，星期六稍有延长。民国三十七年（1948年）6月开封第一次解放，该台和国民党政权一起，土崩瓦解。

二、伪开封广播电台

日本侵略军攻占开封后，民国二十八年（1939年）3月，伪河南省政府由安阳迁来开封。是年冬，日伪统治下的开封广播电台开始播音，台址设在开封市中山路北段老府门路西。有两套节目，其中500瓦发射机为华语广播，50瓦发射机为日语广播（转播日本东京广播电台节目）。华语广播每天三次播音，第一次播音是早6点至9点，第二次播音是中午12点至14点，第三次播音是18点至22点。

日伪开封广播电台属于日本军驻开封兵团参谋部领导，设台长1人，是日军的大尉军官。各室设系长1人，全由日本人担任，全台总共20人左右，日本人占二分之一。

电台每天早、中、晚三次报告新闻。国际、国内要闻均采用日本同盟社及华北伪中央稿件，本省本市的新闻由伪河南省署、新民学会提供，采用伪《新河南日报》的消息也不少。其他还有文化娱乐、各种广告等。

民国三十四年（1945年）8月随着日本侵略军的投降，伪开封广播电台也同时消亡。

湖 北 省

湖北省地方志编纂委员会编:《湖北省志·新闻出版》,湖北人民出版社1995年版

武汉市地方志编纂委员会编:《武汉市志·新闻志》,武汉大学出版社1991年版

概　述

湖北省是我国近代广播事业发展较早的省份之一。省内最早的一座广播电台是汉口市政府创建的汉口市广播无线电台，该台于1935年2月正式播音，发射功率为5千瓦。该电台是国民党在华中地区的重要宣传工具之一。武汉沦陷时，日军在汉口设立放送局。抗战胜利后，国民政府派员接收了汉口放送局，重新挂起汉口市广播电台的牌子，并于1946年1月1日恢复播音，呼号XLRA，周率800千周、6054千周，每天播音三次，共5小时15分。该台于1949年5月8日停播。此外，国民党中央军事委员会“华中剿匪总部”于1946年11月办起了华中广播电台，呼号XMPO，周率1070千周，每天播音三次，共4小时30分。1947年7月，汉口还有两座民营广播电台，一座名为正声广播电台，呼号BEL32，周率720千周；另一座名为江汉广播电台，呼号BEL33，周率900千周。

1949年5月16日武汉解放。中共中央中原局宣传部派干部于5月22日接管了汉口市广播电台并成立武汉新华广播电台。该电台5月23日正式播音。在此之前，中共地下组织领导原汉口市广播电台的职工进行护台斗争，抢修设备，曾在5月19日用“汉口人民广播电台”的呼号播音。广播内容是《中国人民解放军布告》和解放军颁发的一些宣传材料。

武汉新华广播电台直接受中共中央中原局（不久改称华中局）宣传部领导。1949年9月1日，按照中央广播事业管理处关于地方电台一律改称“人民广播电台”的规定，武汉新华广播电台改名为武汉人民广播电台。

广　播

人民广播事业的开创与建设

广播事业初创

原在汉口的国民党汉口市政府的“汉口市广播无线电台”于1949年5月8日停止播音，并将一部10千瓦的中波发射机拆迁南运。1946年5月16日武汉解放。经中共组织的护台人员日夜抢修，将10千瓦发射机的前级部分改装成一部50瓦的发射机（实际输出电力可达100瓦），于5月19日用“汉口人民广播电台”的呼号开始播音。内容有《中国人民解放军布告》、《三大纪律八项注意》以及中国人民解放军颁发的其他宣传材料。“汉口人民广播电台”共播音四天。5月22日，中共中央中原局宣传部派罗东、阎迺一等接管了这座广播电台，并于1949年5月23日用、“武汉新华广播电台”的呼号正式播音。

武汉解放时，坐落在汉口中山公园右侧的汉口市广播无线电台两层楼的机房

武汉新华广播电台开播时，办有新闻、政令通告、时事讲话和文艺节目。每天播音时间为18：30～22：40。18：30～18：45报告重要新闻，18：45～19：00本台新闻，19：00～19：30人民解放军和本市军事管制委员会的各种文告，19：30～22：40转播北平新华广播电台（即以后的中央人民广播电台）的节目。

武汉新华广播电台直属中共中央中原局（不久称华中局）宣传部领导。全台有职工20人，一部分是从老解放区南下的干部、学生，一部分是原在汉口市广播电台工作的职工，其中大部分是护台斗争的积极参加者。台内设编辑科、播音科、机务科、总务科。编辑科内设新闻组、播音组、监听委员会。台长兼总编辑罗东，编辑科长阎迺一（一度为田蔚），播音科长林立，机务科长吕令国。

1949 年 9 月 1 日，按照中央广播事业管理处关于地方电台一律改称“人民广播电台”的规定，武汉新华广播电台改名为武汉人民广播电台。改名后，新增了一部从武汉电讯局拨来的 600 瓦短波发射机，使用波长 30. 8 米，9740 千周。从 12 月 1 日起将原改装的一台 50 千瓦中波发射机更新为 500 瓦中波发射机，使用波长 500 米，600 千周，两部广播机同时播送武汉人民广播电台节目。播音时间由原来的每天 4 小时 10 分增至 5 小时 40 分，节目也作了相应调整。

1949 年武汉新华广播电台和武汉人民广播电台

台址——汉口黎黄陂路 41 号

武汉人民广播电台台长兼总编辑仍为罗东，副台长熊景钊。台内设编辑部、机务科、总务科。编辑部下设新闻组、政经组、文教组、工人组、少儿组、文艺组、播音组。1949 年底职工人数发展到 132 人。1949 年 10 月 1 日，武汉人民广播电台首次成功地转播了中央人民广播电台中华人民共和国开国大典的现场实况广播。

武汉新华广播电台和武汉人民广播电台都很重视依靠群众办广播。据开播后八个月的统计，有12533人次到电台来广播（专题讲座490次，参加文艺广播12043人），发展通讯组73个，通讯员542人。

随着中南地区各省相继解放，各省人民广播电台亦相继成立。

附录

一、汉口市广播无线电台节目表

（1946年11月17日）

呼号：XLRA　周率：800千周、6054千周

12：30　国歌，报告当日节目，军乐

12：40　自由谈（一、三、五、日），各地通讯（二），公民常识（四），风土杂谈（六）

12：50　古典国乐曲（一、三、五、日），歌咏（二、四、六），音乐插话，对时

13：00　时论介绍

13：10　平剧（一、三、五、日），管弦乐曲（二、四、六）

13：30　报时，休息

18：30　固定片，报告当晚节目，国乐

18：40　国父遗教或总裁言论（一、三、五），儿童世界（二、四、六），史地丛谈（日）

18：50　昆曲（一），川剧（二），大鼓（三），坠子（四），汉剧、湘剧（五），口琴、弹词（六），粤剧（日），对时

19：00　科学常识（一、四），市政报告（二），儿童学生节目（三），省政报告（五），妇女座谈（六），科学新闻（日）

19：10　平剧（如周末特别节目为平剧，则改为军乐）

19：30　文艺杂谈（一），教育讲座（二、五），音乐丛谈（三），名人演讲（四），国际知识（六），无线电常识（日）

19：40　管弦乐曲（一、三、五），室内音乐（二），国乐演奏（四），西洋歌曲（六），钢琴或提琴曲（日），对时

20：00　广播旧金山电台对华节目

20：30　商情，国乐，交通，水位

20：40　平剧，插话，对时，周末特别节目或西洋选曲介绍

21：00　简明新闻，时评（转播中央台）

21：20　西乐独奏曲

21：30　时事丛谈（一、三、五），广播评论或广播短评（二、四、六），听众之声（日）

21：30　西洋舞曲，对时

22：00　英语新闻（转播国际台）

22：15　预报次日节目

22：20　轻音乐或抒情歌曲

22：30　简明新闻

22：45　报时，国歌，停止

二、日伪汉口放送局

1938 年 10 月 25 日日军占领武汉，于 11 月在汉口黎黄陂路 41 号设立汉口放送班，属日本报道班管辖。发射台设在汉口硚口区萧家地，后迁至中山公园左侧，发射功率为 500 瓦。1939 年 2 月 11 日启用日本生产的标有“JOK”字样的 10 千瓦发射机，呼号为 XOJD，频率为 800 千周。1941 年 2 月，放送班改为放送局。放送局（班）一直由日本人担任局长、科长，从中严密控制。该放送局（班）每天早、中、晚播音三次，22 时结束。华语广播有新闻和音乐节目。新闻内容鼓吹“中日亲善”、“大东亚共荣圈”，宣扬“东亚圣战”的“赫赫战果”，音乐节目大量播出《支那之夜》、《满洲姑娘》之类的反动歌曲腐蚀中国人民的抗战斗志。

一、广播节目

武汉地区无线广播电台播放节目可分为新闻性节目和文艺性节目。新闻性节目又划分为新闻、专题、教育和服务四类。解放前，官办电台的新闻节目与文艺节目大体各半，民营电台则以娱乐节目和商业性广告为主。

（一）节目设置

1. 新闻性节目

1935 年官办的汉口市广播电台创建时，正值国民党军对共产党革命根据地发动第五次军事“围剿”，电台大肆进行反共宣传。根据汉口市政会议决定，这座电台提出的办台宗旨是：“为新时代发扬文化，统一意志，传达政令”，“广播商情，报告新闻，灌输常识，提供高尚娱乐。”广播节目设有《新闻》、《省市新闻》、《演讲》、《儿童教育》、《教育节目》、《特别节目》、《基本英语》、《钱业行情》、《广告·琐闻》。为适应国民党政治和军事的需要，电台不断增加教育及宣传节目，削减娱乐节目。1935 年 7 月教育节目不足 40 小时，11 月份超过 50 小时，次年 3 月后每月超过 80 小时。但宣传节目多赖台外供稿，稿源不足，所占时间只得减少，娱乐节目反而相对增加。同一时期，民营华中广播电台，以传播商情，文化娱乐为主，设有《民众教育》、《常识谈话》、《儿童教育》、《金融消息》、《娱乐消息》。1936 年，汉口市广播电台新闻占日平均总播出量 9%，专题占 28%，教育占 3%，服务性节目占 10%，文艺节目占 50%。华中广播电台专题占 16%，服务占 14%，文艺占 70%。1937 年 4 月，国民政府关于播音节目内容曾明文规定：教育、演讲及新闻报告方面内容，公营电台应占多数，民营电台不得少于 20%。

1937 年抗日战争爆发后，国民党和共产党合作抗日，武汉曾一度是全国抗日运动中心，当时广播节目由平时转为战时轨道，偏重于战争新闻的报道和国际局势的分析，常播放各界人士关于团结一致共同抗日的广播讲演。1938 年 4 月 17 日，周恩来在武汉第二期抗战扩大宣传周的第五天，在汉口市广播电台发表题为《争取更大的新的胜利》的广播讲话；5 月 9 日，郭沫若就悼念为国捐躯的王铭章师长而发表广播讲话，题为《把有限的个体生命融化进无限的民族生命里去》；以后还有邵力子作了《惟能闻胜勿骄，始能闻败勿馁》的广播讲话；著名日本作家鹿地亘曾在汉口市广播电台向日本国民发表广播演讲，申述中国之抗战并非对日本国民之仇恨，乃在打倒压榨日本国民之军阀，号召日本国民站在兄弟友好立场，共同消灭日本侵略者；中国青年救亡协会运用汉口市广播电台，组织广播演讲，鼓舞人们抗战斗志。

抗日战争胜利后，汉口市广播电台辟有专题节目，播送蒋介石《中国之命运》。其他民营广播电台，除按规定转播南京中央广播电台、汉口市广播电台的部分新闻节目外，设有商业行情、文化娱乐等节目。

解放后，人民广播电台围绕各个时期的中心任务设置和调整节目。

解放前，汉口市广播电台 1936 年文艺广播占总播出时间的一半，设有《国乐》、《西乐》节目，多数为播放唱片；1938 年文艺节目比重为 75%（包括广告、娱乐在内）；抗日战争初期，一些爱国文艺团体和文艺工作者，到汉口市广播电台、汉口短波电台为前线战士演唱。1938 年 4 月 17 日晚，艺人董莲枝在电台广播演唱鼓词《八百壮士》；怒潮社管弦乐队和武汉合唱团举行广播音乐会，演唱《抗战歌曲》、《军队进行曲》等，曲调慷慨激昂，听众为之振奋。

二、节目选介

新闻节目　1936 年汉口市广播电台设新闻节目，播出量占日平均总播出量的 9%，1948 年 2 月，自办新闻节目升至 12%，并转播国际台英语新闻。民营广播电台不自办新闻节目。

三、收音与通联

解放前，汉口市广播电台开播前，中央广播事业管理处曾训练了一批收音员分别派往汉口、湖北等近 20 个国民党省、市党部，负责收录、抄写中央广播电台播放的重要文告与新闻。武汉解放初期，电台发射功率小，收听工具又少（武汉市约有收音机 5000 台），全市逐步建立一批广播收音站，并发展收音员、监听员，以加强通联工作。

收音站（员）　1929 年国民党汉口特别市党部有 2 名专职收音员，9 月 1 日举办干训团广播收音训练班，训练专职收音员 31 人，由中央广播事业管理处派出技术教师杨鸿烈、李维祝充任技术教员。1933 年 5 月间，市政府报请省政府批准，以银圆 320 元购置一部华之 RCA 牌八灯收音机。同年 7 月又在市府会议厅装置扩大无线电收音机一座，于每日 13—14 时和 17—21 时为播放时间。到 1943 年，全省有收音室 13 个，坚持工作的有十个，因故停收的有两个，机械损坏的一个。

通联工作　武汉新华广播电台建台头四个月，群众来稿很少，虽办有《广播服务》节目（后改名《听众来信》），实际是编辑部办节目的同志自问自答。

四、广播设施建设

新中国成立前，武汉的广播设施建设较薄弱，仅有 1934 年营建在中山公园左侧的一座两层楼房。

发射　汉口人民广播电台1949年5月19日开播时，发射功率约100瓦，有群众说：江岸播音，江汉听不清。不久，从武汉电信局拨来一部600瓦短波机，波长30.8米。

五、有线广播

武汉市有线广播始于30年代私人试办。

民营有线广播　30年代中期，李玉青留美回汉，开办电声无线电行，在汉口中山大道原金城银行附近南京路口，租借大孚银行二楼架设有线广播，呼声是“电声有线广播台”，这是武汉市第一座有线广播台，输出功率约100瓦，用一对211电子管，每日定期播放，用户用10寸舌簧喇叭收听，月收费3~5元（银圆）。开业不久，因营业不佳停业。

基层有线广播站　解放初期，工矿、企业、机关、学校、车站码头等设有自成系统的有线广播站，其主要任务是转播中央、省、市无线广播电台节目，为本单位工作和群众服务。有线广播的特点是规模小，数量多，多数站设备较简陋。

六、广播电视体制

民国时期，官办汉口广播电台由台长兼总工程师负责，民营广播电台中个人创办的由台长负责，集股创办的民营正声广播电台实行董事长领导下的经理负责制。

七、广播电台为飞机导航

1945年8月日本宣布无条件投降，正式接管前的汉口市广播无线电台奉命从8月27日起，为抢运国民政府军到东部各地进行接收广播导航，不断报告呼号、频率，便于飞机确定方位，导航迄9月底止结束。

1949年11月9日，周恩来直接领导，中共香港地下党具体组织发动，中国、中央两家航空公司经过一年多时间筹划，12架飞机从香港九龙启德机场起义。担任这次起义北飞的12个空勤小组，都是“两航”公司飞行员中的佼佼者，有的机长已有1000小时以上的飞行经验，飞北京是老航线。但地面没有导航，要飞行2000公里，困难不少。飞行途中，“武汉人民广播电台”的呼号陆续被12架飞机的领航员收到，帮助他们确定方位，修正航向，顺利北飞。

地市级地方志广播史料

武 汉 市

概 述

武汉的通讯社成立于1900年以后，首先是由外国人所创办的，最早有英国路透社，美国美联社和合众社，法国哈瓦斯社，意大利史蒂芬尼社，德国海通社，苏联塔斯社等。这些外国通讯社在武汉设有分社或派驻记者，对本国拍发专电。从清末至1949年，武汉共有通讯社250余家。1946年美国新闻处也在武汉设有分社，直至1949年7月，武汉市军管会通知其停止活动。国人在武汉创办通讯社始自1912年湖北通讯社。1916～1926年多至60家，至1949年2月尚存通讯社16家。这些通讯社有官办和民办的。

武汉首座无线广播电台是创办于1935年2月的汉口市广播电台。1937年国民政府中央广播事业管理处在汉口装有250瓦短波台，1938年2月汉口短波台与汉口市广播电台联合播音，并利用武汉电信局4千瓦XP报话两用机一并对外广播，辐射远及北美。抗日战争胜利后，汉口设有无线广播电台五座（官办2座，民营3座）。1949年5月全部撤走停播。

广 播

武汉的广播事业始于1934年，当年汉口广播电台落成，1936年出现民营广播电台。1937～1938年，汉口市广播电台与中央广播事业管理处在汉口设立汉口短波电台，曾一度接替国民党中央广播电台的播音，成为抗日宣传的喉舌，在抗战初期的抗日运动高潮中，特别是在保卫大武汉中做了大量的宣传鼓动工作。1945年，抗日战争胜利后，广播事业为国民党反动派所垄断，为其反动统治服务。官办汉口广播电台的电力不断加强，军中播音总队第三队也在汉口设立军中广播电台，电波覆盖湖北及邻省部分地区。民办广播电台受种种限制，申请开办的有八家，获准的只有三家。武汉解放前夕，所有广播电台均关闭撤离。

武汉解放后，社会主义的广播事业迅速发展。中南人民广播电台设在武汉，覆盖中南六省二市。

广播电台

汉口市广播电台 武汉市第一座官办广播电台，是由汉口市政府筹建的一座中波无线广播电台。1933 年 12 月组成汉口市广播电台委员会，由工程师王慎名具体负责。1934 年 5 月动工，同年 10 月竣工。建造费为法币 9 万余元。台址坐落汉口中山公园左侧，占地 5 亩。机房建筑为二层楼房，并建有两座高约 180 英尺的铁塔。发射机由美国西方电器公司承造，功率为 5 千瓦，仅次于当时南京中央广播电台。该台隶属中央广播事业管理处。1935 年 2 月正式播音，呼号为 XGOW，频率为 1010 千周，波长 297 米。每天 7：30～23：00，间歇播音 6 小时。内容以教育、广告为主，新闻只占 20 分钟。台长兼总工程师王慎名，内设业务、工务二组，主任各 1 人，另有数人承担事务、工务、广告、播音、收音的工作。该台办有《XGOW 广播日刊》，公开发行，前一天出版，内容有节目预告、常识、歌词等。

1935 年汉口市广播电台

1937 年 7 月抗日战争爆发，11 月，国民政府军政机关大都由南京先转移到武汉。当时国共第二次合作共同抗日，中国共产党代表团也驻在武汉。国民党中央广播电台在迁都过程中的广播宣传，一度由汉口市广播电台和汉口短波广播电台接替。1938年春夏，在保卫大武汉的宣传活动中，在武汉的著名人士冯玉祥、周恩来、彭德怀、郭沫若、邵力子、黄琪翔、张厉生等人，都曾到汉口市广播电台发表演说，激励民众的抗日斗志。国际友人鹿地亘也在这座电台作过反法西斯的演讲。在保卫大武汉形成高潮的三个月紧张的日日夜夜里，国际主义女战士绿川英子曾担任过汉口市广播电台日语播音员。1938年10月24日深夜23时30分，武汉被日本侵略军占领前，汉口市广播电台停止播音，5千瓦中波机拆迁贵阳。

1945年8月日本无条件投降，24日，国民党中央宣传部委派特派员王亚民、中央广播事业管理处指派何柏身由重庆来汉口，于9月24日接收日伪汉口放送局。后沿用黄陂路41号播音室，以200瓦中波机，于10月恢复试播。1946年元旦正式播音，呼号为“XLAR”，频率为800千周。每天从18：00~22：15播送节目，包括转播中央广播电台国语新闻，国际广播电台英语新闻，“美国之音”华语节目。同年3月，修复汉口萧家地机房的150瓦短波机，以6054千周加入播音，每天从12时30分起增加1小时播音，又购买了华乐花园（汉口胜利街168号）改建为办公和播音用房。1946年10月，汉口市广播电台曾申请截留一部由重庆运汉的中央无线电器材厂生产的1千瓦短波机，中央广播事业管理处准予暂留试播，频率11500千周。管理处为此曾发文全国各地方广播无线电台收测播音音质，有近30个电台反映收测情况良好。1947年3月，添置500瓦中波发射机一部，以830千周单独播音，每天8小时，以商业、娱乐节目为主。1948年6月又修复一部10千瓦中波发射机，以600千周加入联播。该台自办节目：新闻时论、自由谈、科学常识、评论、商情、文艺等。新闻稿件来源于中央通讯社汉口分社。以专题节目连续播送过蒋介石的《中国之命运》。

1945年恢复播音时，台长为何柏身。1月后，中央广播事业管理处调陈济略任台长。台内设工务科，负责管理机器装置、设计、修理、发射、器材保管等工作；传音科负责播音稿件之选编、撰写、节目编排、播选等工作；总务科负责文书、人事、庶务等工作；营业科负责招揽商业广告工作。全台编制60人，实有47人。1949年5月8日停止播音。

汉口短波广播电台　1937年11月，国民政府宣布迁都重庆，在中央广播电台西迁之际，中央广播事业管理处在汉口增设短波台一座，与汉口市广播电台一起接替中央广播电台的宣传任务。短波机设计制造简小轻便，有袖珍机之誉，自装配至完成历时一月。又利用交通部武汉电信局话报两用机，以加大功率。1938 年 2 月对外播音，呼号为 XGX，波长 31 米，电力 300 瓦。电台负责人为范本中，全台人员不足 10 人。1938 年 10 月 24 日随军乘轮船西迁，在泄滩遇险，机件沉没，4 名员工幸免于难。

汉口短波电台曾租用“保楞”轮船，装配流动性电台，以随军转移，使播音不至于中断，平日停泊于汉口江岸，用专线接通正在播音的短波台，同时联播。当汉口短波广播电台停止播音，流动汉口短波广播电台仍逗留附近，继续播音，不久转迁至长沙。

华中广播电台（1935 年） 商办电台，1935 年秋开播，发射功率 100 瓦，呼号为 XHJA，频率 570 千周。中央广播电台管理处编辑出版的《广播日报》，每期登有该台播出的节目。1936 年 2 月，每天播音三次，第一次为 9：00～9：50；第二次为 11：15～15：00；第三次为 16：30～23：40。全天播音近 12 个小时，以娱乐、商情节目为主。1937 年抗日战争爆发后关闭。

汉口军中广播电台 军中播音总队于 1944 年在重庆成立，系国民党军中电化教育的一个部门，1946 年随国民政府从重庆迁移至南京。下属 5 个队，分别在北平、沈阳、西安、汉口、广州建立军中广播电台。设在汉口的军中广播电台是第三队，位于原汉口慈善会武汉行辕政工处内，领用的是国民政府国防部执照。1948 年 11 月 25 日试播，呼号为 XMPD，发射功率 200 瓦，频率 1100 周。每天播音两次，第一次 7：30～8：30，第二次 18：30～23：30。播送内容：新闻、“戡乱”宣传、军中通讯、音乐、京剧、楚剧等。武汉解放前夕，在随国民党南撤途中，其人员和设备被中国人民解放军第四野战军缴获。

华中广播电台（1947 年） 登记为民营电台，1947 年 9 月筹备，次年 11 月试播，1949 年 3 月 12 日正式播音，呼号为 BEL34，发射功率 200 瓦，频率 1040 千周，波长 285 米。台址设于汉口明星路同丰里。电台提出办台宗旨是：宣传广告，振兴市面，提倡正当娱乐。经费靠集资和广告收入维持。台长潘采侠。武汉解放前夕，发射机在拆迁南运途中，至长沙被国民党溃军炸毁。

正声广播电台 登记民营，亦称特殊电台，由正声无线广播股份有限公司主办。筹建于 1947 年 7 月，台址设汉口黄兴路天福里精业大楼。电台提出的办台宗旨是以宣传三民主义，推广文化，发展商业，经营广告为主。董事长徐国华，经理张声麟，股东有陈震汉等11人。电台资本为法币1.5亿元。发射机系美国奇导公司出品。功率200瓦，音质较好，拥有十五灯长短波收讯机等设备。1947年10月13日试播，15日正式播音，呼号XLOA，频率1000千周。1949年元旦起，按国际无线电会议决定，呼号改为BEL327，频率1000千周。播音时间每日两次，10：30～14：00，16：30～23：00。同年2月1日停播，发射机拆迁柳州被国民党溃军炸毁。

江汉广播电台 由中国业余无线电协会主办。台址设汉口友益街63号，民营，负责人郑光祖。1947年批准试播，发射功率200瓦（实际只有100瓦），呼号为BEL33，频率900千周。1949年5月12日将发射机拆迁至柳州，柳州解放后为柳州人民广播电台接管。

武汉新华广播电台 武汉解放前夕，中共江汉军区城工部通过地下工作关系，组织原汉口市广播电台护台人员把被拆毁的10千瓦发射机前级部分修复，改装成一部50～100瓦中波发射机。1949年5月16日武汉解放，5月19日以“汉口人民广播电台”呼号播音。早、中、晚三次反复播送《中国人民解放军布告》《三大纪律八项注意》，及人民解放军颁发的宣传材料，直到5月23日。同日，中共中央中原局宣传部派罗东、阎迺一正式接管汉口市广播电台，16时以“武汉新华广播电台”呼号播音，频率600千周，波长500米。每天播音一次，开始曲：《大路歌》，18：30～18：45，重要新闻；18：45～19：00，本台新闻；19：00～19：30，播送武汉市军管会的文告；19：30～22：40，转播北京新华广播电台节目。播音时间共4小时10分。

武汉新华广播电台直属中共中央中原局宣传部，有职工20人，台内设编辑科、广播科、机务科、总务科。编辑科下设新闻组、广播组、监听委员会。台长兼总编辑罗东，编辑科长阎迺一。

湖南省

湖南省地方志编纂委员会编:《湖南省志·广播电视志》第二十卷，湖南人民出版社 1998 年版

《长沙市志》第十三卷，湖南出版社 1996 年出版

概　述

湖南无线电广播始于20世纪30年代。民国十九年（1930年），湖南省政府开始筹建湖南广播无线电台，历时三年，于民国二十二年建成，为全国四座公营广播电台之一。民国二十三年5月5日开播，次年扩大发射功率为1千瓦，成为全国42座广播电台中5座1千瓦台之一。抗日战争期间（1937～1945）迁至沅陵，抗战结束迁回长沙。解放战争后期，国民党华中军政长官总署于民国三十八年（1949年）7月密电，令其迅速拆迁。先抵芷江，后至贵阳。随着国民党政权的瓦解，该台消失。

1936 年湖南广播电台播音室

1937 年长沙广播电台发射室

1937 年长沙广播电台外景

第一章　湖南（长沙）广播电台

湖南省筹建广播电台始于民国十九年（1930年）。湖南省政府于是年5月13日发布第55号公报，公布《湖南广播无线电台筹备处组织规程》，规定由省建设厅办理筹备湖南广播无线电台一切事宜。据该厅厅长余籍传撰写的《筹设湖南省广播无线电台之经过》一文称："嗣以政府当局及湘中人士深知无线电及电气事业，关系建设。至为重要，乃集官商之力，创办湖南电器制造公司，以谋此项事业之发展。该公司资本充裕，人才众多，于是关于建设电台一事。乃商请该公司共同设计……"① 但因灾患迭至，经费难筹，未能实施。民国二十二年（1933年）4月重倡斯议并成立湖南省广播无线电台工程筹备处，省政府拨款10万元（法币），加速工程进度。年底建成，试音，效果尚佳。民国二十三年（1934年）1月1日播放名旦徐碧云的拿手好戏，报纸誉为湖南最早的戏剧广播。同年5月5日举行开幕（播）典礼，在长沙的各界人士600多人到会，5月7日正式播音，呼号XGOH，频率590千周，每日连续播音5小时。台址设长沙市省教育会坪（今教育街41号）。发射机器是自装的一台500瓦屏极调幅机，同时建有两座高约50米铁塔，架设一副水平发射天线。民国二十五年（1936年）11月，该机扩大为1千瓦，成为全国五个1千瓦广播电台之一。该台有一栋二层楼房，包括机房、播音室、办公室和宿舍及发电机房共十来间房子，全台人员编制11人，台长为张道源，工程师先后由余育德、刘石如担任。每日播音7小时，内容主要是报告中央通讯社和报纸的新闻，播送国民党党政军界人士的讲话和省党部提供的宣传材料。办有儿童节目、教授英语及世界语，报告气象及商情等。文艺节目则播放中西音乐，每日仅20分钟，星期日增至40分钟，占全天播音时间4.7%至9.5%。从5月7日起，播送阳春、扶风、行余三剧社演唱的平剧；5月29日第一次邀请京剧大师程砚秋来台演播。因其时收音机很少，广播的影响极为有限。

---

① 《筹设湖南省广播无线电台之经过》一文，载民国二十八年（1934年）3月《中国建设》第9卷第3期。

民国二十五年（1936 年）2 月，国民党中央有感于日本侵华战争之险恶形势，决定在长沙筹建一座电力设备仅次于中央广播电台的长沙广播电台，以备在南京受到威胁时暂行中央电台广播任务。当时，中央政府资源委员会在湘江两侧兴建各种工厂，具备电力、运输等条件。中央广播事业管理处于是年着手装配机器，8 月完成，试验结果甚佳，随即装箱运湘，一面勘察台址，一面进行装置。长沙广播电台于民国二十六年（1937 年）2 月竣工试播，同年 5 月 5 日正式播音，呼号 XGOV，频率 790 千周，台址设长沙市党部东街（今民主东街）附 16 号前湖南国术研究社。长沙广播电台开始播音以后，湖南广播电台即停止播音。长沙广播电台的发射机器是利用中央广播电台 75 千瓦大机器积余下来的备用材料，自行装制的第一台中型强力发射机，该机分四级，前三级为 500 瓦，作激励级，末级为强力放大级，采用两只 20 千瓦水冷真空管作乙类放大，输出功率为 10 千瓦。自制高 71 米的新式单杆钢管天线，铺入地下 0.5 米的辐射形地网，射程可及全国，甚至日本、南洋、新西兰、澳大利亚等地也能收到。中央广播管理处撰写的《广播节目演讲概述》文称："获此效果实为吾国广播史上重要一页也。"[①] 每日播音仍为 7 小时，新闻、文艺节目有所加强，两次新闻 25 分钟，占 10%；七次文艺 190 分钟，占 45.2%。同时，先后转播中央广播电台、国际广播电台节目，占 14% 至 18%。全台编制 20 人，金选青、范本中先后任台长，下分总务、传音、工务课。该台直属国民党中央广播指导委员会广播事业管理处领导，统管人事任免和经费开支等事宜。

抗日战争爆发后，南京国民政府西迁，长沙广播电台与武汉广播电台即相辅运用，暂时代行中央广播电台的使命。为此，长沙电台传音科配有粤、英、日语播音员。据《广播节目演讲概述》载："迨抗战军兴，国都西迁，南京中央大电台停播，长沙台更为国中唯一之喉舌，抵制敌方虚伪宣传。当时上海大美报有长沙台驳斥敌方广播，为中日广播战之记载。"该台主要广播国民政府政令、地方政令和进行国内外时事、抗日宣传。新闻节目是转播中央广播电台重要节目，摘编中央通讯社新闻和各报刊文章，自办有简明新闻和记录广播，后者供各地收音室抄收、传发；同时，邀请军政界人士讲演和名演员直接演播。抗战初期，国共合作抗日，全民抗战的爱国民主气氛浓

① 据中国国民党中央执行委员会广播事业指导委员会第 13 次和第 14 次会议记录撰写的《广播节目演讲概述》，文存广播电影电视部档案处。

厚，电台顺应舆情，组织一些抗日爱国、民主进步的节目。民国二十七年（1938年）11月6日中共领导人周恩来在湖南各抗日团体召开的欢迎会上作《抗日第二阶段我们的任务》的报告，次日晚就此内容作了广播讲话。八路军驻湘代表徐特立作了《中共抗日救国十大纲领》的广播讲话。郭沫若等人也作过广播讲演。进步文艺工作者刘良模及演剧队等演播抗战歌曲和短小的文艺节目，如试播战斗剧社演出的话剧《打鬼子去》，《湖南通俗报》称此为“湖南广播剧之始”。又邀请儿童剧团、SOS剧团、难民剧团每逢星期三、六晚上轮流演播。同年7月底，该台传音科科长郑崇武邀集在长各剧团成立第一个广播剧组织——湖南广播剧团，为电台演播广播剧，每周播出四次。民国二十七年至二十八年举办世界语广播讲座，聘请世界语学者郑旦、陈世德任播音员，担负播送世界语国际宣传节目。如用世界语播送宋庆龄的文章《中国是不可征服的》、《告英国人民书》，报道《在日寇铁蹄下的上海妇女》、《皇军在南京的暴行杂记》、《制止日本侵略者的暴行》、《致世界学联的公开信》等。抗战开始后，长沙以及各县的收音设备有所增加，广播的影响日渐扩大。

武汉沦陷，长沙广播电台奉令将其广播机的末级及附件和柴油发电机组拆迁至贵阳和重庆，仍留它的前级和调幅部分在长沙继续播音。民国二十七年（1938年）11月12日夜播音结束后，遇“文夕”大火，仓促之间，仅将重要轻便机件拆卸运出，笨重器材事后运送。湖南省政府西迁沅陵，中央广播事业管理处以播音未可久停，旧有器材亟宜利用为由，派员磋商，决定在沅陵县筹建湖南广播电台，要求立即播音，以应前方及战区听众需要。后因发射机在运输途中损坏过多，不得不全部改装，以原湖南广播电台的500瓦旧机为主体，加上原长沙广播电台拆迁时留存的材料，凑合重装1千瓦中波机。建台工程于民国二十八年（1939年）8月竣工，同年11月12日正式播音，呼号为XLPA，频率为859.6千周，后改为920千周、900千周。播音射程可及川、康、苏、闽、冀、鲁、豫、沪等省市，香港、泰国、越南等地亦可收到。台址设在沅陵县城中山公园内。该台每天晚上播音一次，为5小时，主要内容多系中央通讯社的新闻电稿，也从美国新闻处的宣传报道中选摘一些材料编译成广播稿播出；文艺节目除播放唱片外，还组织当地文艺团体、学校演播一些节目，此外，传音组成员演播著名戏剧家张骏祥的话剧《万世师表》、沈浮的《重庆24小时》；演唱进步歌曲，如《嘉陵江上》，听众反响较大。据国民党中央广播指导委员会记录称："该台播音亦日渐充实。最近增播湘语话剧及有关青年问题之讲演……"；"该台工作正常，每次转播中央台及国际台节目，成绩尚佳。最近为充实儿童节目内容，召集该台所在地各小学负责人商讨进行办法。"该台先后担任台长的有王溶如（1939～1943），王治隆（1945～1948）。

民国二十八年（1939年）春，湖南省政府由沅陵迁至耒阳。为扩大对湘南地区的广播宣传，于民国三十年（1941年）1月1日建立第二座湖南广播电台并正式播音。该台设有900瓦中波机及350瓦短波机各一台，呼号为XGOH，中波频率为1400千周，短波频率力6000千周。台址设耒阳县北郊杜陵书院。房屋狭小，设备简陋，仅有话筒、唱机、增音机，唱片约100张。播音室没有隔音设施，每天自己发电播音2小时，内容主要是选播报刊上有关抗日的稿件和播放唱片。台长始由省无线电台总工程师王石暖兼任，后由副总台长刘石如兼职。全台工作人员6人。

到民国三十四年（1945年）8月初，全国在后方坚持播音的广播电台共14座。湖南省就有两座，发射机总功率为2250瓦。其中在沅陵的属中央广播事业管理处管辖；在耒阳的属湖南省政府管辖。两台每天播音时间少，总计为310分钟，其中新闻110分钟、教育25分钟、宣传45分钟、音乐和戏剧130分钟。

抗日战争胜利后，设在耒阳的湖南广播电台停播。设在沅陵的湖南广播电台于民国三十四年（1945年）11月迁回长沙，台长王治隆勘察了原长沙广播电台在党部东街（今民主东街）的旧址，随即整修房屋，安装机器，民国三十五年（1946年）秋恢复播音。每天播音逐步增加到三次，共390分钟。节目内容：新闻占18%、教育占32%，公告及宣传占12%，娱乐占26%，其他占12%。除正常广播宣传外，还经常协助空军进行导航播音，自上午9时至下午5时连续达8小时之久。自民国三十六年（1947年）起，相继有中共党员张贞和其外围组织成员在湖南广播电台工作，对国民党的某些反动宣传进行了一定的抵制。特别是利用文艺节目，组织一些革命文艺工作者及青年学生到电台演播一些进步的音乐、歌曲、戏曲和话剧。如在长沙的演剧四队、六队及音乐家舒模、宋扬等，均来台演播了节目。该台在解放战争时期，进行了大量反共反人民的宣传。如民国三十七年（1948年）4～5月间，与"戡乱建国动员委员会"联合举办"戡乱宣传周"的节目，由该委员会常务委员、湖南省政府主席王东原，国民党湖南省党部书记长张炯等作广播讲演。

解放战争时期，湖南的中共党员和一些进步人士，经常秘密收听新华广播电台广播。湖南广播电台播音员、中共外围组织“经世学会”成员钱鲁贤，常在晚上11点以后，利用转播中央广播电台的收音机，收听延安和邯郸新华广播电台的广播并抄收《记录新闻》，迅速传播解放区的消息、评论和中共中央的文告，对宣传中共的政策和解放战争形势及解放区的真相起了一定的作用。如解放军击毙张灵甫、俘获王耀武，均是国民党严密封锁的消息，都很快传播出去。从辽沈、平津、淮海三大战役的进展到解放大军渡江之前，他们均将每天记录的新华电台广播稿交给《湖南日报》和《实践晚报》等报刊的中共地下组织，经改写后以“本报驻上海特派员电”或“本报特约记者××电”等形式刊登出来，影响较大。如1947年10月公布的《土地法大纲》及中共的重要文告，都记录得比较完整，及时交中共地下组织印发，广为传播。

1948年11月，陈湘藩任台长。全台设工务、传音、总务股，下有工务员、机务员、播音员、总务、财会、文书、工人等二十多名工作人员。

1949年，中国人民解放军挥师南下，势如破竹。国民党当局极为惶恐，决定湖南广播电台西撤。该台员工以“当时（电台）建房之初，省府协助甚多，故于情于理，事前须与省府商协，得其同意……”① 为由，延缓时间，反对撤迁，7月20日华中军政长官公署白崇禧电令：“广播电台绝不能资敌，尽可能予以拆迁，必要时予以破坏。”由于该公署态度坚决，中共地下组织在电台力量单薄，反迁护台工作未能成功。7月23日，该台将1千瓦发射机、传音及发电设备、钢琴、唱片等共计52箱器材运往芷江。27日抵达芷江，临时台址设在该县桥西省立第十师范学校农场。两个多月后，芷江县临近解放，该台机器安装未及播音，又奉命将全部设备迁往贵州省贵阳市。这些设备随交贵州广播电台保管，员工暂去重庆广播电台工作。贵阳解放后，由中国人民解放军贵阳军管会接管，后经中共贵州省委通知中共湖南省委派员前往贵阳接收。

---

① 民国三十八年（1949年）6月13日湖南广播电台台长陈湘藩呈文，存中国第二历史档案馆全宗368卷310号《湖南电台迁移到芷江》档案。

附录

一、广播电视节目时间表

本表系从历年广播电视节目时间表中挑选具有代表性的一部分，从中可了解当年广播电视宣传的特点及时间安排。

中华民国时期

1935 年

XGOH 湖南省广播无线电台
周率 570 千周波（暂用）

9：00～10：00	扩大纪念周　星期一
16：00～16：30	省政府及各厅施政报告（星期一）　党务报告（星期二）　军训报告或讲演（星期三）　西路军剿匪报告（星期四）　保安司令部工作报告（星期五）　审计委员会一周会议案（星期六）
16：30～17：00	提倡国货讲演（星期一）　民众教育（星期二、四）　合作常识（星期三、六）　法律常识（星期五）
17：00～17：30	地方自治（星期一）　英语教授（星期二、四）　农林常识（星期三）　军事常识（星期五）　科学讲演（星期六）
17：30～18：00	儿童节目（星期一、三、五）　电码练习（星期二、六）　无线电常识及问答（星期四）
19：00	报时
19：00～19：10	中西音乐（星期日）
19：00～19：30	卫生常识（星期一）　本省各高级机关通告通令（星期二、四、六）　国术讲述（星期三）　卫生常识（星期五）

星期日　19：00 报时
星期日　19：00～19：10（中西音乐）
星期日　19：15～19：15（气象报告）
星期日　19：15～19：20（本市商情）
星期日　19：20～19：30（商业介绍）

19：30～20：00　扩大纪念周记录（星期一）　省府会议议案（星期二、五）　党务会议议案（星期三、六）　名人讲演（星期四）　特别音乐　（星期六延至21：00）
20：00　报时
20：00～20：10　中西音乐
20：10～20：20　气象报告
20：20～20：30　本市商情　湖南公矿行情
20：30～21：00　商业介绍
21：00～21：10　中西音乐　预报节目
21：10～22：00　报告新闻

（原载《广播周报》第35期，民国二十四年5月18日出版）

1937年

长沙广播电台
呼号XGOV　周率790

11：30　党歌　军乐
11：40　公民须知　新生活讲话
11：50　歌曲
12：00　新闻
12：10　国语教授
12：30　杂曲及国乐　西乐
13：10　防卫知识（星期一、三、五）　民族英雄传略（星期二、四、六）
13：30　休息
17：00　杂曲及音乐
17：40　儿童节目（星期二、四、六）　党义　总理遗教（星期一）

邮政常识（星期三） 电信常识、家庭常识（星期五）

18：00 音乐 杂曲

18：30 科学常识（星期一） 卫生医药讲座（星期二） 科学讲座（星期三） 体育讲座、国术讲座（星期四） 名人文稿书报选读（星期五） 学术演讲（星期六）

19：00 音乐 平剧

19：30 儿童教育

20：00 转播中央广播电台节目

21：00～22：00 特别节目（星期六，延长15～20分钟）

21：05 平剧 本市气象 水位 预报明日节目（星期六在特别节目完毕后）

21：45 新闻（星期六延）

22：00 停止

星期日

18：00 音乐 杂曲

18：40 讲读蒋委员长言论

19：00 转播中央广播电台节目

20：00 歌曲

20：20 无线电常识

20：40 音乐 本市气象

21：10 新闻

21：20 预报明日节目 平剧或湘剧

22：00 停止

（原载国民二十六年6月5日《广播周报》第139期）

1946年

湖南广播电台

夏季陇蜀时

19：00 国歌 报告当晚节目 军乐

19：10 儿童乐园：第一节时事、儿童 第二节故事、童话、常识

19：30 地方戏曲：湘剧（日） 昆沪曲（一） 川剧（二） 滇剧

（三） 闽剧（四） 秦腔（五） 楚剧（六）
19：40 新闻（星期六，一周时事述评）
19：55 国乐
20：00 国语新闻及时评（转播中央广播电台）
20：30 歌咏
20：35 青年生活、修养概说（日、一） 学术讲话（二、三） 常识介绍（四、五） 文艺丛谈（六）
20：45 西乐
21：00 英语新闻（转播国际广播电台）
21：15 平剧
21：30 粤语新闻（星期六，粤语一周时事述评）
21：45 粤曲 时评
22：00 对时 大鼓
22：10 纵横谈 言论选读（日） 建国琐谈（一、二） 国际综论（三、四） 各地通讯（五、六）
22：25 国乐
22：30 新闻
22：40 军乐
22：45 时评
22：55 口琴 预报次日节目
23：00 平剧（日、一、三、五） 国乐（二、四、六）
23：10 记录新闻 总理纪念歌 报时
23：40 停止

注：括弧内数字表示星期×，下同。

（原载民国三十五年9月1日《广播周报》复刊1号）

1948年

7：30 国歌 报告本晨节目 早操
7：45 早晨的话
7：50 国乐
8：00 新闻
8：15 室内音乐

8：30　休息

12：00　报告本午节目　平剧

12：30　新闻及舆论摘要

12：40　西乐

13：10　家庭谈话（一、二、三）　午间闲话（四、五、六）

13：15　江浙曲（一、四）　南方曲（二、五）　北方调（三、六）

13：30　休息

（以上节目星期日停播）

13：00　报告本晚节目　国乐

18：15　儿童乐园：　儿歌、故事童话、常识或小朋友播音

18：30　新闻

18：45　平剧（一、三、四、日）　歌咏（二、五）

19：00　省府施政报告（一）
学术演讲（二、四）
常识讲话（三、五）

19：15　音乐戏剧节目：音乐会（一、四）
平剧（二）
流行歌曲或笑林晚会（三）
话剧（五）

（以上19：00—19：15节目）音乐欣赏会（日）

20：00　世界要闻（转播“美国之音”对华节目）

20：15　地方剧曲：湘剧（一）
江浙曲（二、三）
北方调（四、五）
西南曲（六）

（以上20：00—20：15节目）预言之声（日）

20：30　纵横谈

20：45　西乐

21：00　简明新闻及时评（转播中央广播电台）

21：30　商情（上海、汉口、长沙）　本省民报社论（日）

21：45　口琴　预报明日节目　国乐　总理纪念歌

22：00　停止

（原载民国三十七年3月12日《广播周报》复刊第79期）

二、文件辑录

湖南省政府本府公报

“增设后方各县市收音机推行方案”

根据中央广播事业指导委员会第六次会议议决《增设后方各县市收音机，以应民众喁望，而利抗战宣传案》，特由中央广播事业管理处及中央宣传部、交通部、教育部合订本方案，以期播音与收音平衡发展。兹就收音机之装制（置），收音机关职责之规定，技术人员之培养，收音机零件及干电池之供给，播音教育指导之规定及经费筹措六点，分述如后：

一、收音机之装置

1. 各县市政府设置收音室。各县市政府已装设收音机者，应辟专室，并委派专员，主办收音及传布消息事宜。机件损坏者，应速修复之。未装设者，应尽予二十八年十二月底以前，装设完竣。

2. 各地方党部机关装设收音机。各县市地方党部机关，应一律于二十九年度内装设收音机，协助政府办理收音事宜。

3. 各级学校及社会教育机关装置收音机。各省市县乡各级学校及社会教育机关应装收音机，一律由各该省市教育厅局通盘筹划，规定分年装置（设），呈请教育部核准，以全补助或半补助购发机件。但须于五年内普及至每一乡镇，至少有一所学校或社教机关装设收音机。

4. 奖励私人装设收音机。私人拟装设收音机者，得请示地方政府收音室，代为设计采购，并指导装设。有愿协助政府办理收音事宜者，应特予奖励之。

5. 请中央无线电制造厂尽量供给电料。尽可能范围内，力求统一收音机线路。各地所需收音机，应以国货为主，其线路程式，亦应力求统一。由中央无线电制造厂尽量供给各地电料，其机件并力求标准化。

6. 规划并督促各机关装设收音机。关于上述各机关装设收音机之规划与督促，应由中央宣传部、内政部、教育部各就所属分别执行之。

7. 关于收音机之装设等事项，均应依照交通部颁发《装设广播无线电收音机登记暂行办法》办理。

二、收音机关职责之规定

1. 各县市政府收音室之职责：

甲　收录新闻，呈送主管长官核阅后，并以壁报公布之。

乙　收录重要讲演呈主管长官核阅后，并在报纸杂志发表之（发表时须声明某人记录，未经原讲演人阅字样）。

丙　编印日刊或时事类编三日刊（按新闻性质分类编辑）。以最迅速之方法，送达未装设收音机之各区乡镇公所公布之，并依次传达各保甲户。

丁　指导各收音机关技术事项。

2. 各机关收音室之职责：

甲　收录新闻编写壁报公布之，并得编印时事简报分发附近居民。

乙　收录重要讲演，投登报纸杂志发表之。

丙　设法公开使民众听讲。

3. 教育机关收音室之职责：

甲　收录新闻编写壁报公布之，并应编印时事简报，分发学生及附近居民。

乙　收录重要讲演投登报纸杂志发表之。

丙　召集学生或民众，准时收听教育播音讲演，并记录呈报主管教育行政机关备查。

丁　指导民众收音，并举行各种收音比赛。

戊　遵照教育部颁发《中等学校利用教育播音须知》及《民众教育馆利用教育播音须知》切实办理。

4. 上述收音机关收音，以中央电台及指定之地方电台所播者为限。

5. 上述各机关办理收音事宜，得列为各该机关考试之一项，其上级主管机关并应随时严加督导之。

6. 各商店居民如能以收音机公开民众收听，并能协助上述各机关办理收音事宜者，政府当予以顺便并奖励之。

三、技术人员之培训

1. 中央广播事业管理处及教育部，均曾有专门收音技术人员之训练，分发各省市服务，以后仍须视实际需要，继续训练，并酌量延长训练时间，充实课程内容，以造就各省市收音技术指导人才。

2. 交通部于训练电信人员时，应增加收音机之装置及修理课程，期于服务时，能兼理收音技术指导事宜。

3. 各省市教育厅局开办训练收音技术人员，限令各县市保送学员，受训练期满后，回原保送机关服务。

4. 各大学理工学院，得设电播专修科目。各工业职业学校及各民众教育机关，亦得设收音技术训练班。各师范学校劳作科，得加授收音机装配修理方法，造就专门技术人才。

5. 各地举办中小学教师讲习会或社会教育人员训练班时，应加授收音机管理及使用须知，期间各受训人员对于收音技术，得有初步之训练，使服务时协助办理收音事宜。

四、收音机零件及干电池之供给（略）

五、播音教育指导之规定

1. 由中央广播事业处对各级收音机关负指导之责。

2. 中央直属各电台，应各划定播音区。所有该区内收音之指导、机件之代购、人才之介绍与训练，均得直接或协助地方政府办理之。

3. 各省市教育厅局应遵照教育部颁各种播音教育法令，从速成立播音教育服务处，设置技术人员，并划定本省市为若干播音教育指导区，每区设播音教育指导员一人，负各该区技术指导及考察收音成绩之责，上述指导人员应就合格人员选派，以专任为原则。如经费困难，不能任用专人时，得由该区教育电影人员兼任施教。

4. 各省市立民众教育馆及中等学校应指定收音技术人员或物理教员办理所在播音教育指导区指导事宜，并与其他收音指导机关密切联络合作。

六、经费之筹措

1. 各地方机关装设收音机用费除教育机关外，统由各县市政府负责筹给之。其本机关经费充裕，可以担负此项设置费者，应自筹之。

2. 各机关所需收音经常用费，应由各该机关事业费内拨支；并自二十八年度起，列入经常预算。

3. 各学校及民众教育机关所需装设收音机用费，以自筹为原则，其经费不足者，得呈由县市政府设法补助，或转呈教育厅局请求补助，必要时得再呈转教育部核准补助之。

4. 各县市政府应筹拨收音机专款，其事业费至少应占该室全经费百分之四十以上。

5. 各省市教育厅局应宽筹播音经费，除足敷行政费用外，并须酌定补助所属各收音机关机件及电池用费。

6. 教育部应增筹播音教育经费，并规定补助各省市收音机及电池用费支领办法。

7. 呈请中央饬由财政部筹拨专款，补助各县市党部及民众团体装设收音机。

湖南省政府

民国二十八年七月

地市级地方志广播史料

长沙市

概述

1930年，湖南省政府着手在长沙筹建无线广播电台。1934年5月，湖南广播电台正式播音。当时设备简陋，发射功率仅500瓦，只能覆盖长沙市区，播出效果也不好。抗日战争前夕，国民党在长沙筹建发射功率为10千瓦的长沙广播电台，1937年5月5日正式播音。湖南广播电台停播。1938年11月“文夕大火”后，长沙广播电台停播，设备拆迁沅陵县，在沅陵重建湖南广播电台。抗日战争胜利后，湖南广播电台由沅陵迁回长沙。1949年长沙解放前夕，湖南广播电台西撤，设备拆迁至贵阳。

第一章　无线广播

第一节　湖南（长沙）广播电台

湖南广播电台是最早设在长沙市的无线广播电台，湖南省政府于1930年开始筹建，1934年5月7日建成播音。台号为XGOH，台址在教育会坪（今教育街41号）。有一部500瓦屏极调幅发射机，两座高约50米的铁塔和水平发射天线，一栋两层楼房，包括机房、播音室、办公室和宿舍以及发电机房。全台11人，其中台长1人、工程师1人、技工2人、广播员2人、其他工作人员5人。广播内容主要摘抄中央社和报纸的新闻，播送军政要人讲话，以及国民党湖南省党部提供的宣传资料，文艺节目以播放唱片为主。1934年5月29日，第一次邀请京剧大师程砚秋到台演播。当时技术水平低，机器发射功率小，播出效果差。市民中收听工具也很少，除少数机关和文教单位购置有国外生产的收音机外，只有几家大商店为招徕生意装有收音机和扩音喇叭。

1936 年 2 月，国民党中央预感到抗日战争一旦爆发，首都南京势必难保，便在长沙筹建一座电力设备仅次于南京中央广播电台的长沙广播电台。该台于 1937 年 5 月 5 日正式播音。湖南广播电台旋即停播。长沙广播电台的发射功率为 10 千瓦，呼号为 XPOV，频率 790 千赫，台址在长沙市党部街（今民主东街），人员编制 20 人左右，直属国民党中央广播指导委员会广播管理处领导。抗日战争爆发后，1937 年 11 月，南京中央广播电台停播（1938 年 3 月在重庆恢复播音），长沙广播电台与武汉广播电台相辅运用，实行代行中央广播电台的使命，一度成为宣传抗日的重要喉舌。当时主要广播国民政府政令、地方政令，转播中央广播电台重要节目，摘播中央通讯社和各报刊文章，还邀请军政界人士演讲，请名演员演播。当时国共合作抗日，徐特立、郭沫若等都曾应邀到电台作广播演讲，进步文艺工作者刘良模和战斗剧社、儿童剧团、SOS 剧团、难民剧团等都曾应邀演播抗战歌曲和小型演唱节目。

武汉沦陷后，长沙广播电台奉令将广播机的末级及其附件拆迁贵阳和重庆，前级和调幅部分留长沙继续播音。1938 年 11 月长沙“文夕大火”，留长沙的广播电台工作人员将设备运往沅陵县，在沅陵筹建湖南广播电台。抗日战争胜利后，于 1946 年冬迁回长沙市党部街原长沙广播电台旧址播音。解放战争期间，该台做了大量反共宣传。由于有中共地下党员及其外围组织成员在该台工作，也曾组织进步的文艺团体和文艺工作者播出一些具有人民性、民主性的音乐、戏曲、话剧等节目。当时在长沙的演剧四队、六队和音乐家舒模、宋扬等都到电台演播过。

长沙解放前夕，湖南广播电台机器设备被迁往芷江县，后又迁贵阳市，交贵州广播电台保存。

广 东 省

广东广播电视志编委会编：《广东广播电视志》，广东人民出版社 1996 年版

《广州市志》卷 16，广州出版社 1999 年版

概　述

广东广播事业始自民国十六年（1927 年）。当年冬，广东省国民政府在广州中央公园附近筹建广东第一座无线电广播电台——广州市播音台。民国十八年（1929 年）5 月 6 日开始播音。1949 年 10 月 20 日，广州人民广播电台正式开台。

新中国成立前，广东公立私立电台虽有 11 家，但其设备落后残旧，功率小（最小的只有 100 瓦），人员少，整个规模都小。这一时期的广播是萌芽时期。

第一篇 >>> 历史沿革

第一章　新中国成立前的广东广播

第一节　抗日战争以前（1927 ~ 1937）

由于电子技术科学的发展，1920 年 11 月 2 日，美国诞生了世界上第一家广播电台。中国的广播事业也应运而生。洋人在上海办的中国第一座广播电台——奥斯邦电台，于 1923 年 1 月 23 日开始播音。孙中山先生很重视它。2 月 8 日该台播出了他的《和平统一宣言》后，他说："余切望中国人人能读或听余之宣言，今得广为宣布，被置有无线电话接收器之数百人所听闻，且远达天津及香港，诚为可惊可喜之事。吾人以统一中国为职志者，极欢迎如无线电话之大进步。此物不但可于言语上使中国与全世界密切联络，并能联络国内之各省各镇，使益加团结也。"嗣后，在各大中城市陆续办起广播电台。广东最早的无线电广播台是广州市播音台，1927 年冬开始筹建，1929 年 5 月 6 日开始播音，是当时全国的第十座电台。初期呼号为 CMB（英语 Canton Municiple Broadcasting 的缩写，"广州市播音"的意思）。1934 年 3 月，根据国民党政府交通部的划一全国电台呼号的规定，呼号改为 XGOK，波长 443 米，频率为 667.2 千赫，发射功率为 1 千瓦。

广州市播音台台址设在中央公园（前称第一公园，现连新路东边一带），为占地面积100平方米左右的红砖平房。南北两侧设有四方尖顶形天线塔两座，基础面积占地10平方米左右，以角铁材料建成，塔高140英尺，塔距250英尺，上挂四条倒“L”形平行天线，每条长90英尺，地线为井网式。该台使用美国西方电气公司106—A型发射机，后因故障多，由上海亚洲电气公司、广州灿华公司及自己的技术力量维修、改装播出。播音时间各年略有不同。1934年时，每天分三次播音：上午8：00～9：40，中午12：00～14：00，晚上18：30～24：00。节目内容有新闻、时事、演讲、金融、商情、报时、气象、文艺等。文艺节目主要是放唱片，内容有粤曲、京剧、歌曲、广东音乐、西乐等。

广州市播音台建立之初，由广州市政府公用局派员兼理，1934年改为市政府直接管理，派市政府参事伍伯胜负责。国民党政府为了鼓吹建立国民党一党专政，巩固它的统治，规定中央一切重要决议、宣传大纲以及通令、通告，统由南京中央广播电台传播，并由中央分批培训收音员派遣到全国各电台收播中央广播电台的广播新闻。广州市播音台是当时华南最大的电台，用粤语国语和英语广播新闻、时事。1931年“九一八”事变以后，民族危机日益严重。在抗日救亡的浪潮中，该台也有共产党地下组织发动进步人士演播的话剧、活报剧、抗战歌曲，宣传团结抗日，反对内战。1938年10月中旬，日军入侵，广州沦陷，广州市播音台停止播音。

1936年前，广州还有一座隶属国民党军队的无线电专科学校试验性的中波播音台，设在今海珠区滨江东路附近，每天定时播音。后来随着部队的转移而转移了。发射台功率等详情未查明。

30年代初，当时的广东省省长陈济棠，有意与蒋介石的南京国民政府抗衡，1935年在广州石牌兴建一座大功率的广播电台，发射功率50千瓦，与当时设在南京的中央广播电台同样规模。1936年夏，因陈济棠反蒋介石失败厂台而停建，当时已建好内有大播音室的钢筋混凝土结构的房屋，并安装好部分设备，原向美国订购的发射机，蒋介石下令运往云南昆明，装备云南广播电台，使之成为抗战时期国民党大后方最大的广播电台。

1929年8月，国民党政府公布的《电信条例》，允许民间经营广播电台。到30年代，广州已有多家私立电台，但现有资料可查的，只有如下两家：一是广用学术广播电台，设在广州芳草街的广用电气技术学校内，呼号为XKYS，波长250米，频率1200千赫，发射功率250瓦，每天12：00～14：00、18：00～21：00两次播音；二是现代无线电广播电台，建于1937

年，有播音，但呼号、功率不详。这些民办的电台，主要是播广告、商情和低级庸俗的娱乐节目，有时也播送一些文化科学知识。后来在抗日救亡运动浪潮推动下，它们敢于冲破国民党政府的禁令，播放抗日歌曲，让共产党人、爱国人士到电台演唱。共产党领导的东江纵队锋社话剧团就经常到私营电台唱《大众的歌手》、《全国总动员》等歌曲，演播话剧、活报剧，包含动员抗战、反对汉奸、怀念失地、打回老家去等内容。

香港地区无线电广播电台的建立略早于广东内地，1928 年香港广播电台已开始播音。

无线电广播的发展，推动了接收无线电广播使用的收音机技术的兴起。群众使用的收音工具各个时期略有不同，归纳起来有如下三类：

（1）矿石收音机。用耳机收听。这种机，虽然要装上天地线、戴耳机，收听声音很小，但造价低，易于自制，群众乐于接受。这种机在抗日战争后一段时间都是群众的宠物。

（2）直流收音机。多用舌簧喇叭（动铁式扬声器）扩音；使用玻璃灯泡电子管，有旧编号#30（检波或低放）、#33（高放）、#34（强放）等型；单管机至四管机居多，线路多采用再生检波式，多管机线路加 1 ~ 2 组级低放，高一级的再加高放（调谐电路要使用双联或三联可变电容器）。后来，“拇指管”、“花生管”诞生，才有超外差式直流收音机面市。直流收音机，实质为电池机，灯丝电压 1.5 伏叫甲（A）电；22.5 ~ 90 伏叫乙（B）电；有供栅负压的叫丙（C）电。直流收音机，由于使用时要外接电池 2—3 组（A 电供电子管的丝极，B 电供屏极，部分机还要接 C 电供栅极），不大方便。但抗战前后，电力不足，很多地区无市电供给，即使有也因电压严重的不稳（当时市电是 110 伏，有时竟跌到 30 ~ 40 伏）而无法使用交流收音机，故有条件的人都采用直流收音机。虽然十分累赘，但当时能拥有亦是一种高级享受，甚至以自己有了这种“顺风耳”而自豪。

（3）交流收音机。可用动圈喇叭扩声，亦可使用玻璃灯泡电子管（外加金属隔离罩）。线路最初多如直流收音机的再生式加高低放等，使用电子管旧编号#40、#42 等型作高放、检波及扩大，#80 作整流。后来发展到采用超外差式（包括混频、中放检波和低放、强放及整流）的五管收音机，价钱较贵，只能少数人享有。战前由日本输入的四管再生机（电子管 12A、12B、26B、27A，舌簧喇叭，要天地线才可收听），售价竟在 100 元银币以上，相当于一间 60 平方米房子的价格，故非一般老百姓所能享有。广州沦陷后，拥有这种收音机的人大多自动毁掉，避免招来杀身之祸；有些人舍不得，也只能珍之惜之，藏诸高阁，不敢使用。

收音机这个新鲜事物，引起广大群众特别是青年学生的广泛兴趣，很多人自行购买零件安装，经营收音机器材为主的商店也就应运而生。当时无线电技术资料及器材短缺，最受群众欢迎的是矿石收音机材料，因为其价廉、简单、容易自制。当时以出售零件较齐全而出名的商店为惠爱西路（今中山六路的西门口附近）的根记，有固定矿石、活动矿石、可变电容器及耳机，拆零出售纱包线、漆包线，多少不拘，花样多，待客热情，美国一家颇有名气的无线电杂志曾称赞过这间商店。及后，惠爱西路的超记、大道无线电行、中央公园前的中央行、伟都行、永汉南路（今北京南路）的交通行（现北京路交电商店）、十八甫路的飞歌行、宇宙行等店相继开业，不但出售零件及整机，而且兼营修理。当时出售的零件，除电子管绝大多数是美国RCA牌和日本货外，也有上海等地生产的。

与此同时，装配收音机的木壳、金属底板等亦纷纷上市，有配齐刻度盘全套的，也有来样订造的。技术书籍亦不断出版，最受群众欢迎的有：潘人庸著的《实用无线电读本》、程权著的无线电丛书《矿石收音机》、《单管再生机》、《四管再生机》、《直流超外差式收音机》、《交流超外差式收音机》等，这为群众自制收音机热潮创造了良好条件。群众收音工具多了，又推动了广播事业的发展。

1929年广州播音台开播之后，在电台门前公园中心亭挂设喇叭，将电台播出的节目以导线引出扩声播放，供市民欣赏，虽未形成有线广播的线路网络，但实质上已经是有线广播的雏形。

这个时期，广东的广播事业从无到有，从有线电话到无线电广播，从用机械的留声机到用电唱机经过发射机播放音乐，从进口收音机到群众普遍自己安装收音机，是电子技术科学发展的大飞跃。广播节目内容上，从娱乐性、趣奇性、商业性到宣传动员募捐抗日，鼓舞人民觉醒投入抗战救亡，为民族统一、团结抗日发挥了一定作用。

第二节　抗日战争时期（1937～1945）

1937年7月，抗日战争全面爆发。1938年10月，日本侵略军在我省惠阳大鹏湾登陆，随即广州沦陷。日军华南派遣军司令部驻在广州市播音台附近的广州市府内。日军广东放送局即利用原广州市播音台的天线铁塔，占用连新路115号和117号民房，重新设立广播电台，改用日制机器，计有1千瓦短波机一台，频率为11650千赫，500瓦中波机一台，频率为980千赫。在民房115号二楼设播音室和增音室，楼下做机房，以两根馈线引出至铁塔下然后转上天线（中波通过设在天线下的负载线圈）；在民房117号楼下增设两台汽油发电机，预备在市电中断时自行发电播音。台名改为广州市无线电广播电台，共有职员30人，其中，日籍19人、华籍11人。台长中村宽康，技师（总工程师）福岛清一，均是日本人。播音语言用日语、国语、广州话三种。节目内容安排全部由日本人控制，极力宣传“东亚共荣圈”。日军对收音机严加管理，经登记批准发证才能使用。当时到日本领事馆登记的市民收音机3000多台；军用收音机由宪兵队管理和登记，未知其数。这个时期的广州市无线电广播电台，成为麻痹中国人民精神，瓦解民族意识，消磨人们斗志，进行奴化教育的工具。

1939年1月15日，广东省会迁至粤北韶关曲江。1940年在韶关河西（现市体育中心南面）建立了广东广播电台。隶属省府战时通讯所，全台15人，其中台长1人，机务室5人，广播室8人，伙房1人，台长叫江友民。机器是新从香港购进的，一台500瓦特中波机，供国内宣传用；一台1250瓦特短波机，向外宣传用。电台呼号为XGOP。市民能收到中央广播电台（XGOA）和中央国际电台（XGOY）的播音。韶关沦陷时电台迁往连县，抗战胜利后撤回广州。

广州沦陷，武汉相继失守，中国抗战进入艰苦的相持阶段，国共两党实行第二次合作，出现全民奋起抗战的形势；但国民党内部的顽固派仍然坚持消极抗日、积极反共的方针，不断掀起反共浪潮。在这种政治、军事斗争的背景下，广东广播电台的宣传，既有宣传团结抗日，共御外侮的积极内容，也有鼓吹“曲线救国”、反共反人民的消极节目，精华与糟粕并存。随着国内外斗争形势的发展变化，这两方面内容的比重在不同阶段有所不同，到了1941年4月以后，直接由中共地下党领导的国民政府军事委员会政治部演剧队第七队经常被邀请到广东广播电台演播节目，唱抗日歌曲。当时在韶关的广东广播电台每天的播音时间还正常，上午10时30分开始，中午12时50分到下午5时休息，晚上10时40分结束，一天播音8小时。其中播音时间最长的是新闻，共4小时35分，分十次用国语、粤语、客语、日语、英语五种语言播出，最长的一次是晚上9时35分至10时40分的粤语《记录新闻》或《国语新闻》，共 1 小时 5 分钟。其次是政治性的时事、形势广播，如“报告”、“长官讲话”、“总理遗教”、“研究”等等，每天七次，共 3 个多小时。因为当时时局紧张，世界急剧演变，这类广播内容题目不能预早确定，临时根据政治需要，当天巧立名目登报向听众预报，请出有关要人或权威登场讲话，最长的一次是晚上 7 时 25 分至 8 时多这段时间，中间安排 25 分钟转播中央台广播，如果报告过长就不转播。整天没有音乐、文艺之类节目。从下面登载在 1941 年 10 月份的《大光报》的几则广播消息就可见一斑。

大光報

今日播音

播音節目

播音要目

今晚播音

抗日战争期间，广东省政府还在曲江建立一个有线广播台，1941 年以后，也成为人民解放军东江纵队第七战区政治大队话剧团经常演出的场地。每年 2 月 15 日全省戏剧界都在这里举行以抗战为主要内容的中华戏曲节演播活动，为抗日救国发挥了作用。

这个时期，我省汕头曾有一座发射功率 200 瓦的广播电台，后来机器被拆掉，详细情况未查明。这期间广州的民营电台受到日军的限制和破坏，停止播音。

香港广播电台在被日军占领前照常播音；日军侵占香港后，广播电台也掌握在日本人手里，成为发动侵略战争的工具。

第三节　抗日战争结束至新中国成立前夕（1945～1949）

日本宣布无条件投降后，蒋介石集团为了夺取胜利果实，迫不及待地接收日伪广播电台。1945 年 8 月 15 日日军投降，国民党中央广播电台随即在广播中要求日伪电台人员保护器材，听候派员接收；命令国民党陆军新二十八师立即接管广州市无线电广播电台，实行军管。9 月 18 日中央广播事业管理处派接收专员郑崇武到广州办理移交接收手续，至 9 月 27 日接收完毕，宣布由中央广播事业管理处直接管辖，改名为广州市广播电台（简称广州台）。该台留用 6 名日籍技术员，用旧机改装一座 200 瓦广播发射机播音，频率为 980 千赫。后因使用的日本发射管、射频振荡和中放电子管失效无法补充，又用美式零件改装，效果很佳。据当时美国出版的 *Radio News* 杂志载称，美国亦可收听到。1946 年又增修好原接收日伪电台的 1 千瓦短波机和 500 瓦中波机播出，频率为 11650 千赫和 780 千赫，电台呼号先是 XGOK，后又改为 XTPA 和 XPSA。播音语言除了国语、广州话外，还比前增设了潮州话和客家话。

附 1945 年接收报告和播出节目表如下：

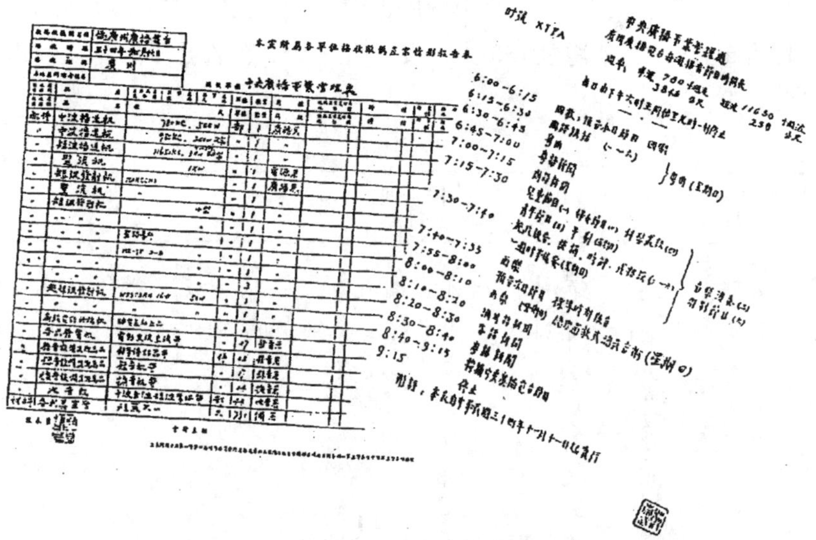

广州广播电台是中央广播事业管理处属下的二等台。播送的语言节目基本上是新闻时事。电台本身不设记者采访，稿件全部采用国民党中央通讯社及报纸上刊登的消息和转播南京国民党中央广播电台的新闻节目。1949 年蒋

介石集团溃逃台湾前夕，以立法院的名义向全国发布的所谓《慰问沦陷区同胞书》（“沦陷区”指解放区），指令电台连播三日，号召反共、“戡乱”。广州台的广告不多。据登记资料记载，当时只有25个广告客户。要先申请交稿，核准后才广播，按播送时间长短交费，一般要广播半个月以上，而且费用高昂，所以广告客户都是些大商行、大企业和厂家。文艺节目基本上是放唱片，包括粤剧选曲、粤曲（香港录制）、京剧选曲（上海生产）、音乐等；音乐主要是抗战歌曲、民歌、广东音乐和西洋古典音乐，但不播放当时被划为黄色歌曲的时代曲。此外，聘请说书艺人播讲古典长篇故事；有时聘请业余曲艺爱好者到台现场演播广东音乐和粤曲，或聘请音乐团体演播歌曲、口琴、话剧等节目。另外，每月一两次租用电话所线路接通戏院，转播粤剧演出实况等。播音建立严格的收测呈报制度。播音方法，国民党中央作过专门规定，提倡“播出材料最好用对话式，以求易于明了，增厚听众兴趣”。

广州广播电台由中央广播事业处管辖后，实行严格控制：职员任免调整补充、经费开支、节目安排等全部要经管理处核准，有些重大事情要经蒋介石点头或写手令批准才能实施。

1946年开始，广州广播电台管理机构不断扩大。根据历史档案资料记载，开台时全台职员33人，其中中央派遣调入18人，留用15人（华籍9人、日籍6人）；后来增至136人，设一台三课。台长是李松生。其组织机构设置如下：

台长
- 总务课
  - 人事室
  - 庶务室
  - 会计室——包括出纳
  - 文书室——负责收发、档案监印、缮校
- 传音课
  - 征集组——会同会计室工作兼广告业务
  - 编审组——包括编辑、记者、特约撰稿人
  - 播讲组——包括播音员、特约播音员
- 工务课
  - 修造室
  - 材料室
  - 增音室
  - 电力室
  - 播送机室

南京解放后，职员普遍情绪波动，以探亲访友、身体不佳为由，申请辞职十余人；到 1949 年 6 月，国民党政府崩溃前夕，职员普遍恐惧不安，要求回家或自寻出路；当时物价飞涨，国民党政府财政收入减少，支撑不住，蒋介石下令削台减员。广州广播电台减员 84 人，由“财政部”拨给遣散费银圆 11638 块。解放时广州台只剩下职员 42 人。

广州广播电台台址原是日军强占的民房。抗日战争结束后，房主强烈要求退还。1946 年 3 月，经双方协商，确定一年半内电台全部撤出，把房屋退还房主，把设在连新路 115 号民房二楼的播音室搬至汉民北路 196 号商务印书馆（今北京路新华书店科技图书门市部）楼上。声频节目以军用电话线沿汉民北路、广卫路、吉祥路至连新路发射机房传送，后改用自动电话所的线路传送。1947 年 2 月，电台搬到沙面肇和路 67 号（今沙面北街 73 号）。该楼原为日本“三菱洋行”旧址，日军投降后被国民党新一军接收。场地比较宽，有三层楼房，分前座后座，有花园式的空地。1947 年 12 月 25 日，把设在汉民北路的播、增音室也全部搬到那里去了，还增建了一个 80 平方米的文艺演播室。同时按照国民党中央决定，把频率非整数调改为整数，短波机频率 11650 千赫改为 1200 千赫，中波机频率 780 千赫改为 800 千赫。短波机联播主要节目，同一个节目分用短波和中波同时播出，另一部中波机频率 1165 千赫改为 1160 千赫，专作广告播音。

1947 年，设在广州沙面肇和路 67 号的广州广播电台

中国人民解放军在东北、华北一带取得节节胜利，南京国民党政府岌岌可危，拟在广州建立偏安政权。1948 年 12 月 4 日蒋介石一纸手令要加强华南的广播事业，把广州广播电台改建为大型广播电台，安装三部大型发射机。国民党政府广州市市长欧阳惜白接令后，同意把抗战前广州市府在石牌建立电台的房屋和 400 多亩地拨给伪中央广播事业管理处。该管理处随即拨款在石牌西村平埔园征地 15 亩准备作建台用，并把原向英国订货、准备在南京安装的大型广播发射机（100 千瓦），以及从上海拆卸一台 1 千瓦广播发射机运到广州黄埔码头仓库。但是解放战争形势发展很快，1949 年初，国民党政府觉得广州也不安稳，决定改在海南岛建立大型电台。于 1 月 19 日派出郑崇武以筹建主任身份前往海南，与海南特区行政长官公署长官商谈建台事宜；并先后两批派出七人坐飞机前往海南成立筹建小组，拨出 32 亿多元“国币”作经费，还从广州台拆除 1 千瓦短波机、500 瓦中波机，两套电力发动机等一大批器材运往海南岛。由于当时经济衰退，百业萧条，物价飞涨，征地一亩要 21 ~24 担米，而一担米要 240 万元“国币”，预算由 32 亿追到 65 亿仍不够，等追加拨款到来时，几天时间物价又成倍地升涨，所以海南台一拖再拖未能建成。加上蒋介石集团崩溃之势已成，决定逃亡台湾，遂以“经费艰窘”为由，下令停止建设海南广播电台，通知郑崇武返回广州，筹建组其他人员遣散回家，把原在南京运来放在黄埔码头仓库的广播器材全部运到台湾去。广州广播电台只留下原在上海运来的一台 1 千瓦中波机维持播音。

1949 年 10 月 14 日广州解放。10 月 17 日，中国人民解放军广州军管会文教接管小组派出马皓为首的接管小组接收了广州广播电台。经过改造建立了广州人民广播电台，于 10 月 18 日开始播音，20 日正式开台。

广州人民广播电台建台初期，还是利用连新路市府旁的铁塔发射，机房设在市府大楼五楼。

据不完全资料统计，抗战胜利后至解放前夕，除了广州广播电台外，广东内地（主要是广州）还有十一座广播电台，其中署名公立的电台有军中、市府、警声、新闻、胜利、新生，署名私立的电台有时代、革新、风行、华电等，还有一个华南广播电台，只有台名、呼号、频率资料的记录，没有其他资料可查，也不知属公属私。

解放前夕广东公立、民营电台情况表

台名	军中	市府	警声	新闻	广东（胜利）	新生	时代	革新	风行	华电	华南
性质	公	公	公	公	公	公	私	私	私	私	
主办部门	国防部	广州市政府	广州警察局	广州绥靖公署政工处	广东省政府新闻处	广东省新生活促进会	中央通讯社	广州市党部	交通部电讯临察科		
曾用呼号	XMPA	XGOK		XGNB XPCA	XTPB XPCB XKPN	XPCC	XLCC	XLCA	XLCB		
曾用频率（千赫）	860	1050 1350	1117	1100 1140	1243 1360	1300	1000	930	700 965	730	1270
发射功率（瓦）	100	200		500	200	500	200 500	200 350	200 250	500	
开办年月	1948年至1949年	1948年至1949年	1949年	1948年至1949年1月	1947年至1949年	1948年5月至1949年	1947年至1951年9月	1947年5月至1949年	1947年10月至1949年	1947年12月至1949年3月	
台址	广州东山三育路17号	广州市政府大楼西侧4楼	广州维新路警察局内	广州惠福东路惠新西街43号3楼	广州泰康路华安楼5楼	广州长堤187号爱群大厦5楼	广州惠爱西路22～24号5楼	曾在广州米市路60号，教育路68号4楼	曾在广州桨栏路130号国民酒家4楼、中华南路16号3楼	佛山市南堤新亚酒店旧址3楼	深圳
负责人		莫维扬		林云聪 梁永济	程克祥 刘贻康	王梓材 程裕源 杨绍珍	岳中权 李梅	郑钟仁 李文辉	林郁文 李岳芝	朱宝华	

上述电台的性质，除了军中比较明确是公营的外，其余的都是公私难分，实质基本上是私营的。蒋介石为了控制民营电台，为其反共打内战，巩固反动统治服务，曾下令中央广播事业管理处与交通部对民营电台“拟具管制办法，以杜流弊”。当时广州最高权力机关“广州绥靖公署”规定凡建电台都要经其核准，广州只准办三个民营电台。但由于办电台收入大，许多商家合股凑钱与政府官员勾结办台。通过走后门，拉某一军政机关做靠山，取得合法地位办起电台来。新闻、胜利、新生等台，开播呼号为公，实质是私

人经营。办台经费，平时收支都是私人的，工作人员也不是政府的公务人员。如新生台的主办单位挂新生活促进会这个半公方的反动组织，实际是私人经营的。而挂名私营电台，也都有政府官员做靠山。如国民党中央通讯社的技术员岳中权拉后台做靠山办起时代台；革新台的后台是国民党广州市党部的官员；风行台是交通部电讯监察科头子林郁文主办的。

这些电台以营利为目的，竞争激烈。如胜利电台，原是一个夫妻电台，丈夫刘贻康主管技术广告，妻子做播音员兼管收支，雇了三个工人开业，因无执照被电监科强制停业。刘贻康用送大礼、给红股的办法，买通伪省府某要员，不到半个月，就以广东广播电台名堂复业。中央通讯社技术员岳中权主办的时代台于1947年开业，电监科头子林郁文主办的风行台也即将开业。为了压倒竞争对手，林以时代台无执照为由，勒令停播。岳中权即赴南京找国民党交通部熟人疏通，拉了一个伪参议员肖英寒做后盾，拿到执照，以XLCC呼号复播。

当时私营电台的特点，多数是设备简陋、条件差、人员少、工作艰苦、收入可观。以当时规模较大的时代台为例，全台共有职员16人，其中台长兼工程师1人，副台长1人，出纳员1人，会计师1人，播音员3人，机务员4人，监听员1人，广告节目员2人，炊事员1人，杂务1人。机务员、播音员均在开播前30分钟上班，其他员工每天上午8时上班。播音员不准到其他台兼职。该台是股份制私人企业，经济收入全靠广告，职员除固定工资（播音员工资最高，每月240港元，其他150港元左右）外，每月还发红利，发多少按广告费收入情况而定。还从广告费中提10%作职工福利。职工两餐由电台包，初二、十六还加菜（按旧商界习俗叫作“祃”）。值班有宿舍。广播设备全部设在一层楼内（惠爱西即今中山六路22～24号五楼），有一部自行组装的500瓦发射机，在楼顶天台架设约30米高的木杆天线。控制室内有两台“惠斯登牌”钢丝录音机、两部英国78转/分电唱机。广播用33D话筒，后改为51型动圈式话筒。还有一台外出用的钢丝录音机，一间二十多平方米的演播室，用作文艺直播。演播室没有隔音设施。那时汽车不多，噪音并不严重，但有时也把街上叫卖“芝麻糊”的声音播出去。演播室没有空调，只有两把小型排气扇。夏天，演播者一曲终了，汗流浃背。曾有这样的传说：粤剧演员文觉非唱完一首曲后，步出播音室时说：“哎呀！重辛苦过踩四门！”（舞台上的武打术语）随后的一位拉二胡的人跟着说：“这里算好了，我们去新闻台演出，鼓乐手你手撞我手呢！”广播时间每天17小时，从早上7时至午夜0时结束。广播内容分新闻、文艺、广告三类。

当时的民营电台，不设记者，也没有编辑，大多数没有新闻节目。唯有时代台与中央通讯社有些渊源，每晚播音结束前，播出约5分钟新闻，全是中央通讯社油印电讯稿。

文艺节目的来源，主要是播放唱片和自己录音的粤曲、广东音乐、时代曲、外国古典音乐和少量的京剧、西乐，还有邓寄尘一人扮几个人声音的谐剧、银娇师娘自打扬琴独唱粤曲等。中午播讲固定的长篇故事，由当时著名的说书艺人陈干臣等播讲《三国演义》、《水浒》等，晚上多数转播大戏院粤剧和播放录音。每周有三晚转播粤剧实况，1949年后增加转播音乐茶座的曲艺演唱实况。有了钢丝录音机后，自己录制粤剧及曲艺节目播出。当时到大戏院和茶座转播的方法是向电话局申请交费，在海珠、太平、乐善、天星四大戏院和温拿、仙城茶座安装到电台的专线，演出前打电话到剧场或茶座叫管扩声机的人送音到电话局，又打电话到电话局接线送音到电台播出，一般不派人去。比较隆重的特殊转播才派人到现场，设立直通电话，有时播音员也到现场作解说。每月组织一两次特别节目，请著名艺人或艺术团体到电台演播室直播演出，如请马师曾、红线女、李少芳等到台演播。

广告由社会上的专职经纪人提供或本台职工出去招揽，付5%～20%的回扣费。有些是客户上门，或打电话联系广告。时代电台广告收费最高，全部按标价八折收取。具体有三类：甲种每个计价单位（100字，日播两次）收80港元，在录音节目或晚上转播曲艺节目间隙播出；乙种100字收40港元，在放唱片时间播出，经常是3分钟唱片，4～5分钟广告；第三种是在特别节目中插播多次的广告，100字收100～150港元；大型或较隆重的特别节目中播的广告收费更高，如在特别节目间隙插播“本节目由亚洲汽水厂报效全场汽水”一句话的广告，在邓寄尘演播的谐剧中插播一句：“哗！你嘅西装真靓！系呀！系昌兴街××定做嘅！”之类的每日一句广告收费特别高。

抗战胜利后，国民党政府利用广播电台大肆进行欺骗宣传，规定民营电台以转播中央广播电台节目为限。但群众越来越不听信它的宣传，连政府电台的职工也偷偷收听解放区电台的节目。私营电台以营利为目的，虽然也遵照反动政府的规定播些新闻，但它们主要是广播商情广告和文艺节目，内容投合市民爱好，听众比公办电台多。其中影响较大、听众较多的有时代、风行、革新等台。

抗战后至新中国成立前，广东接收无线电广播的收音机，基本都是超外差式中、短波电子管收音机。英国、美国、荷兰等国交流、直流收音机大量涌入，盛极一时。这些交、直流机采用高电压灯丝多管串联，省却了一只电源变压器（管子是：12SA7、12SK7、12SQ7、50L6、35ES，如是6管，则增加一只12SK7，整流管改为25E5），动圈式扬声器，流线型电木外壳，体积小，外形美观，发音柔和动听。售价虽昂（值黄金15~30克左右），但购买者不乏其人。及后，群众又趋向多波段、大扬声器（6.5英寸以上）的机型，喜欢它声音洪亮动听，耐用，够体面。那些曾经处于垄断地位的交直流机，因管子易烧、波段少、灵敏度低而被人们冷落了。这时除进口的整机外，还有我国上海、南京生产的整机。广州的商店亦有自行组装的整机出售；商店不单有各种电子零件，还有各种外形美观且附有中、短波刻度盘的收音机外壳木箱出售。很多市民自己动手组装收音机，价格比整机便宜；组装使用的电子管，初时多数用美制的金属管，如6SA7、6SK7、6SQ7、6V6和5Y3等。有少数是用英国、荷兰等国产品，我国南京建成电子管厂后，亦有国产电子管供应。

抗战胜利后，香港只有一家广播电台。国民党挑起全面内战后，共产党领导的东江纵队一部分北上参加解放战争，一部分撤到香港，开展地下斗争。共产党员李门等以艺人的身份组织中原剧艺社经常到电台演出许多有进步思想的广播剧，如《镀金》、《亲爱的死者》、《都会流行病》、《一日生涯》等，宣传解放，反对剥削。根据地下党领导饶彰风同志指示，还派了一些共产党人进入香港私营丽的呼声（Redi fusion）有线广播台，与中原剧艺社密切联系，以此为阵地开展反对内战宣传，为解放事业作出了贡献。

解放战争后期，广东内地一些县、市相继办起了有线广播。根据顺德、番禺县历史资料记载，顺德县勒流镇1947年办有私营声光有线广播站，管理人员一名，一部25瓦扩音机，双线线路长3公里，动圈式喇叭80只，每月收喇叭费。播出内容除转播电台节目外，还自办广告和播放唱片音乐〔1951年年底该广播站为区（镇）人民政府接收〕。顺德县黄莲镇大光电厂，于1948年也办起有线广播站，专职人员一名，有15瓦扩音机一部，线路约1公里，喇叭40只（1952年移交给容奇人民广播站）。番禺县市桥镇1949年6月办有一个叫作高秀石商业有线广播站，工作人员3人，2千瓦军用发电机一台，50瓦扩音机一部，双线路约1.5公里，喇叭85只，每日早、午、晚三次广播，转播广播电台节目及播送粤曲和一般停水停电消息（1950年10月，该广播站由番禺县人民政府和军管会接管）。

第二章 体制 机构 队伍

第一节 新中国成立前广播体制、机构、队伍

一、广州广播电台

民国十八年（1929 年）5 月，广州市播音台开播时，由广州市国民政府公用局派员兼理；1934 年改为市政府直接管理，派市政府参事伍伯胜任台长。下设技术员 3 人，播音员 3 人，主管播出业务 2 人，财务 1 人，后勤、炊事 2 人，全台共 12 人。

民国二十七年（1938 年）广州沦陷，广州市播音台停播。1940 年，在韶关河西建立广东广播电台时，全台 15 人，台长江友民，下设机务室 5 人，广播室 8 人（包括采访、财务、广告业务），伙房 1 人。

民国三十四年（1945 年）日军投降后，电台搬回广州，重新建立广州广播电台，由省政府直接管辖，人员不断增加。开台时 33 人，到 1949 年 5 月，增加到 136 人，台长李松生，设一台三课（科）。

民国三十四年（1945 年）广州电台机构设置表

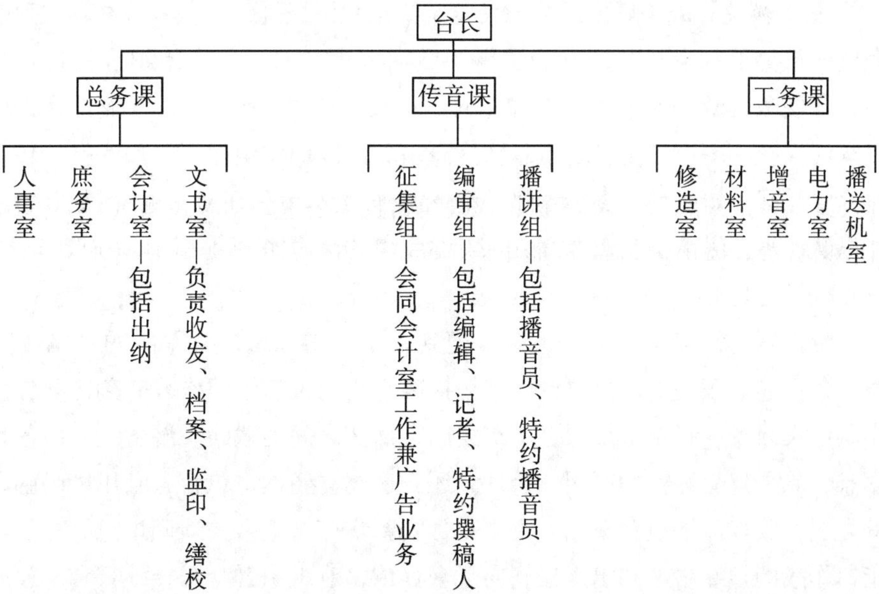

二、民营电台

民国十八年（1929年）8月，国民党政府公布区性《电信条例》，允许民间经营广播电台。抗日战争前，广州有多家民营电台，根据有资料可查的“广用学术广播电台”和“现代无线电广播电台”两家的情况看，这时期民营电台规模很小，只是附属于学校和单位中，设台长、播音员、广告业务员三四人。抗日战争开始后，民营电台停播。

民国三十四年（1945年），民营电台复起，至新中国成立前夕，广州有11座公立或私立民营电台。这些电台小的5人，大的10人左右。如“胜利电台”，是一个夫妻电台，丈夫刘贻康是台长，主管技术、广告；妻子做播音员兼管收支；雇了三名工人开业。大的“时代电台”，共有职员16人，其中台长兼工程师1人，副台长1人，出纳员1人，会计1人，播音员3人，机务员4人，监听1人，广告业务员2人，炊事员1人，杂务1人。

第三章　新中国成立前的广播事业

第一节　游击区的新闻电讯台

1937年抗日战争爆发后，国民党统治集团消极抗日，积极反共。在敌强我弱的形势下，中国共产党为了深入敌后开展抗日，决定组织人民抗日武装，开展敌后游击战争。1939年2月，中共中央派曾生、尹林平到广东组建了东江纵队——广东抗日游击总队。海南岛由冯白驹组建了琼崖纵队。1941年太平洋战争爆发后，逐步组建了港九游击大队、韩江纵队、中区纵队、南路纵队、粤桂纵队（抗日战争结束后改为粤桂湘边纵队）等，共3万余人，遍布全省各地。

游击队经常流动作战，还经常遭到日军袭击和国民党军队的“围剿”，没有条件建立正规的广播电台，甚至连收音机也没有。但作战时刻需要传达中共中央政令、指示，加强上下级之间、部队之间的联络。游击队克服各种困难，除了建立秘密的军用电台外，还普遍建立新闻电讯台，利用密码翻译的方法，收取广播电台新闻，主要是延安新华广播电台的新闻讯息，提供给指挥作战的领导参考和出版报刊向群众宣传，对组织群众团结抗日和解放广东作出了重大贡献。

1941 年以前，常驻扎在罗浮山和东莞一带的游击总队——东江纵队，交通不便，讯息来源主要靠中共中央南方局组织发来的香港报纸，每周由内部交通送来两次，登在报上的讯息虽是过了多天的“旧闻”，但仍然是指战员们的必读品，是向国民党统治区宣传的重要资料。

1941 年 1 月，中共中央批准成立新华社东江分社，并配备了收报机和发报机，同时成立新闻电讯台，专门收电讯，除收抄新闻之外，还与延安进行通讯联络。新华社每天早上 8 时至 12 时发播陕甘宁边区与各抗日根据地新闻、通讯，晚上 18 时至翌晨 2 时发播重要的国内外新闻，包括党报评论、中共中央文件、毛泽东的文章和讲话及揭露国民党反动派的部署、行动。收抄后对照密码译好，立即复写多份送司令部、政治部及主要机关，同时登在自己创办的《大家团结》、《前进》、《新百姓》等报纸上向群众宣传。同时，将部队的战况、敌情用密码发送给新华总社，总社编成新闻用“新华社某日电”发给全国各地。对指挥作战、鼓动群众起了重大作用。

远离延安中共中央的琼崖纵队，更加需要与中共中央电讯联络。原先有一个电讯台，1941 年在谭田村战斗中被敌人破坏了，五年失去与中共中央的联络，给革命斗争带来极大的不利。抗日战争结束后，中共广东区委指示东江纵队派出机要、机务、报务人员冲破敌人层层封锁，分批偷渡琼州海峡，于 1946 年上半年先后抵达六芹山琼崖纵队司令部，协助重新办起了新闻电讯台，恢复了与中共中央的联系，在面临极度危急的情况下，及时通过电讯台收到中共中央的电讯指示，坚持革命斗争，挽救了革命。当时在敌强我弱的情况下，遭到国民党的“围剿”，革命受到挫折的时候，有人主张撤到越南北方去，司令员冯白驹亲自起草，以特委的名义做出了《坚持自卫反击决议》，通过刚恢复的电讯台发往延安请示中共中央，很快得到批示，肯定坚持自卫反击的正确，还提出九点指示，要求要扩大军队，扩大解放区，学会集中力量打运动战，争取每次歼灭敌军一个营、一个团，发展民兵游击队，配合主力作战，以占领整个琼崖为目标，并向南路发展等。遵照中共中央这些指示，琼崖纵队开辟和建立了五指山等革命根据地，不断扩大革命力量。

游击区的新闻电讯台，设备是非常简陋的，只配一部收报机和一部发报机，用手摇马达发电。由于马力不足，开始时只能收不能发，后来条件改善了，才勉强能发出，由于手摇马达声音大，怕被敌人发现，往往要掩蔽在深山野岭或森林山洞里进行收报发报。遇到行军时，一到宿营地就立即架设天线进行工作。电讯台一般只有3～7人，配台长或负责人、报务员、机务员、机要员等，除了总队——东江纵队由邹韬奋负责外文翻译外，其他纵队电讯台都没有外文翻译。电讯台工作非常艰苦而且非常危险，敌人一旦发现发报电波信号就来“围剿”，但电讯台人员毫不畏惧，无论情况多险恶，都坚持收报发报，坚守岗位。1948年9月，粤桂湘边纵队电讯台工作人员在配合主力部队转移时，于广宁、四会交界处被敌人围困在山上。6位工作人员表示，不让一个人掉队，有人在就有电讯台在，大家团结互助，对体弱的人员指定专人照顾，白天隐蔽，晚上突围行军。在群众的掩护下，经过10天艰难的突围行军，在清远一个山村找到清（远）广（宁）英（德）地区苏陶游击队的武工队，继续进行收报发报，为党工作。

附录

大事记

民国十六年（1927年）

1927年冬 广东省国民政府在广州中央公园（前称第一公园，现称人民公园）附近筹建广东第一座无线电广播电台——广州市播音台。

民国十七年（1928年）

是年 香港无线电广播电台开播，频率和功率不详。

民国十八年（1929年）

5月6日 广州市播音台开始播音。该台是当时全国的第十座省级电台。初时呼为CMB。民国二十三年（1934年）3月，根据国民政府交通部的划一全国电台呼号的规定，呼号改为XGOK，波长443米，频率667.2千赫，发射功率1千瓦。

8月 国民政府公布《电信条例》，允许民间可以经营私立电台。

是年冬 广州市播音台在电台门前公园中心亭挂设喇叭，将电台播出的节目以导线引出扩声播放，供市民欣赏，是后来有线广播的雏形。

民国十九年（1930年）

是年 民营广用学术广播电台成立，设在广州芳草街的广用电气技术学校内，呼号为XKYS，波长250米，频率1200千赫，发射功率250瓦。是广东第一座民营电台。

民国二十四年（1935 年）

是年 国民党广东省省长陈济棠蓄意与蒋介石的南京政府抗衡，在广州石牌兴建一座功率 50 千瓦的广播电台，与当时南京中央广播电台同样规模，当时已建好内有大播音室的钢筋混凝土结构的房屋，并安装好部分设备。当年夏天，因陈济棠反蒋失败下台而停建。原向美国购进的发射机，蒋介石下令运往昆明，计划建设抗战大后方的最大电台。

民国二十七年（1938 年）

10 月中旬 日本入侵，广州沦陷，广州市播音台停止播音。日军广东放送局利用原广州市播音台的天线铁塔，占用连新路 115 号和 117 号民房，建立广播电台，改名为广州市无线电广播电台。改用日制机器，计有 1 千瓦短波机一台，频率为 11650 千赫、500 瓦中波机一台，频率为 980 千赫。

民国二十八年（1939 年）

1 月 15 日 国民党广东省政府逃迁粤北韶关曲江，在韶关河西（现在市体育中心）南面建立了广东广播电台，全台 15 人，台长叫江友民。从香港购进两台发射机，一台 500 瓦的中波机，供国内宣传用；一台 1250 瓦的短波机，向国外宣传用。电台呼号 XGOP。

民国三十二年（1943 年）

是年 韶关沦陷，广东电台迁至粤北连县；抗日战争胜利后迁回广州。

民国三十四年（1945 年）

9 月 18 日 蒋介石集团为夺取抗日胜利果实，掌握宣传机器反共，命令国民党陆军新二十八师接管日军广州市无线电广播电台，由中央广播事业管理处派出接收专员郑崇武到广州办理接收手续。9 月 27 日接办完毕，改名为广州市广播电台，由中央广播事业管理处直接管辖，利用旧机改装一座 200 瓦广播发射机播音，频率为 980 千赫。1946 年修好原接收日军电台的 1 千瓦短波机和 500 瓦中波机播出，频率为 11650 千赫和 780 千赫，电台呼号 XGOK，后又改为 XTPA 和 XPSA。

民国三十五年（1946 年）

3 月 设在连新路 115 号民房二楼的播音室和增音室搬至汉民北路 196 号商务印书（今北京路新华书店科技图书门市部）楼上。

民国三十六年（1947 年）

2 月 广州电台由连新路搬到广州沙面肇和路 67 号（今沙面北街 73

号）原日本的“三菱洋行”旧址。

12月25日 把设在汉民北路196号商务印书馆楼上的播音室和增音室搬至沙面肇和路67号。增建了一个80平方米的文艺演播室。

12月 国民党中央决定，把电台频率非整数调整为整数，短波机频率11650千赫改为12000千赫，中波机频率780千赫改为800千赫，另一部专作广告播音的中波机频率1165千赫改为1160千赫。

是年 广东顺德勒流镇办起一座私营声光有线广播站，除了转播无线电台节目外，还播放唱片音乐及自办广告。这是广东第一座有线广播站。

民国三十七年（1948年）

12月 中国人民解放军在东北、华北一带取得节节胜利，南京国民政府岌岌可危，拟在广州建立偏安政权，蒋介石下令加强华南的广播事业，把广州广播电台改建为大型广播电台。国民政府广州市市长欧阳昔白接令后，即同意把抗战前陈济棠在石牌建电台的房屋和400亩地给中央广播事业管理处。该管理处随即拨款在石牌西村平埔园征地15亩作建台用，并把原向英国订货、准备在南京安装的100千瓦大型广播发射机和从上海拆卸一台1千瓦广播发射机都运到广州黄埔码头仓库。

民国三十八年（1949年）

1月 解放战争迅速发展，蒋介石集团准备建都海南，下令停建广州大型电台，并在海南建大型电台，把大批器材运往海南。1月19日，派筹建主任郑崇武前往海南，与海南特区行政长官商谈建台事宜，又成立筹备小组，拨出“国币”32亿多元作经费。因为物价上涨，拖了两个月仍未动工，加上蒋介石集团崩溃之势已定，又决定逃亡台湾，遂以“经费艰窘”为由，停建海南广播电台，其器材运往台湾。

1949年

10月17日 广州市军管会文教接管小组派出马皓、田蔚、尹敏等接收了国民党中央广播事业管理处属下的广州广播电台，建立了广州市人民广播电台（下称广州电台或市台）。电台下设编辑科、播音科、机务科、总务科。台址在沙面肇和路67号。

10月18日 广州电台开始播音；发射功率500瓦，频率1390千赫。

10月20日 广州电台正式开台。自办政治节目有《华南新闻》、《通讯·故事》、《评论或综合报道》等。用广州话、普通话播音，同年增加了潮州话播音。

地市级地方志广播史料

广州市

概　述

广州市广播事业经历了从民国到新中国成立两个不同的历史时代，其间有三个不同的发展阶段。从广州市播音台建立至1949年10月广州解放前夕为广播事业的初创时期，其特点是技术原始，设备功率小，传播范围有限。

1906年12月，世界上第一个无线电广播电台在美国诞生。1922年9月28日，苏联在哈尔滨市办的无线电台交由中国东三省护军总司令部接管，改名为东三省无线电台，这是中国的第一个无线电台，1923年初临时播出，1926年10月1日正式开播。1927年底，广州市政委员会决定筹建广州市播音台，1929年5月6日该台开始播音，这是广州市广播事业的开始。随后，又陆续出现一些私营的广播电台。

1938年10月，日军占领广州，广州市播音台随省会迁往韶关市，日军利用该台余下的一些设备，在广州设立广播电台，称“广东放送局”。1945年抗日战争胜利后，为国民党接收，更名“广州广播电台”。

1949年10月17日，“广州广播电台”为广州市军管会接收，成立“广州人民广播电台”。

第一章　广播

第一节　无线广播

民国时期

民国时期，广东地区先后建立电台12座，设在广州市区的有10座。其中“广州市播音台”是广东省内出现最早，也是华南地区最大的无线电台。

民国十六年（1927 年）8 月 12 日，广州市市政委员会委员长林云陔提议筹办广州无线电播音台，经市政委员会会议通过，开始筹建。民国十八年5 月6 日“广州市播音台”开始播音，呼号为 CMB，发射功率500 瓦，台址在广州中央公园靠连新路的一间约一百平方米的小平房，内设播音室及发射机房等，由市公用局派一位技士管理。该台每天两次播音（上午 11 时至下午 11 时 30 分，下午 6 时至 10 时），节目内容有商业及汇兑情形、时事消息、气候报告、时间报告、音乐、名人演讲等。民国二十三年 3 月，国民政府交通部统一划定全国电台呼号，该台改号为 XGOK，波长 433 米，频率667.2 千赫，发射功率 1 千瓦，并改由市政府直接管理。同年 5 月 1 日，广州市政府派市参事伍伯胜负责管理。该台使用美国西方电气公司 106A 型发射机，后由上海亚洲电气公司、广州灿华公司改装修理，维持播出。播音台设有四方尖顶形天线铁塔两座，高 140 英尺（约 42.67 米），塔距为 250 英尺（约 76.2 米），上挂平衡天线四条，每条 90 英尺（约 27.43 米）。地线为井网式。每天三次播音（上午：8：00～9：40；下午 12：00～14：00；晚上18：30～24：00）。用粤语、国语（普通话）和英语播放新闻时事，节目内容还有音乐、歌曲、京剧、报时、气象、演讲和金融商情等。1931 年“九一八”事变后，播音台大量播放有抗日内容的歌曲和粤曲，对当时的抗日救亡运动起了鼓舞作用。民国二十七年日军侵占广州后，该播音台停播。

抗日战争前，广州市一些私营广播电台也相继出现。抗日战争胜利后，刘贻康申请建立“胜利广播电台”，他在申请表中写道：曾于民国二十六年在广州设立“现代无线电广播电台”；新中国成立初期，梁仲威向市军管会申请恢复私营“广用学术广播电台”的申请书说：抗战前，市私立广用电气技术学校（校址在芳草街）设有“广用学术广播电台”，呼号为 XKYS，波长 250 米，频率1200 千赫，输出功率250 瓦，每天12 时至14 时，18 时至21 时两次播音。

日军侵占广州期间（1938～1945），日军军部“广东放送局”利用“广州市播音台”的原有设备设广播电台，使用 11650 千赫频率和功率 1 千瓦的发射机，用粤语、国语和日语播音，为日军的侵略意图服务。电台机房设在广州连新路 115—123 号，播音室则设在管理处所属的“广州广播电台”；民国三十六年，广州广播电台演播室搬至沙面肇和路 67 号（今沙面北街 73号）。该台用广州话和国语播出，采用“中央通讯社”的消息，反映官方对时局的态度和观点。除广播新闻外，还有商业广告、文艺节目。文艺节目主要播粤剧、京剧选曲、粤曲、抗战歌曲、民歌、广东音乐和西洋古典音乐，还聘请艺人播讲古典和现代长篇小说等。

民国三十六年以后，曾兴办了不少以播放商业广告为主的私营广播电台，其中有些私营台挂公营牌，如“新闻台”和“广东（胜利）台”均属私人经营，但营业执照由官方出面领取（参见表《1945～1949年广州地区广播电台一览表》），私营广播电台亦有一定影响，听众较多的有“风行”、“时代”、“革新”等台。除播放商业广告外，多播放时代曲、长篇故事、言情小说等以吸引听众。

1945～1949年广州地区广播电台一览表

台名	主办单位及其性质	发射功率（瓦）	开办年月	台址
广州广播电台	国民党中央广播事业管理处（公营）	1000、500、250	1945.11～1949.10	初在汉民路，1947年迁沙面肇和路
市府	广州市政府（公营）	200	1948～1949	广州市政府大楼西侧4楼
警声	广州市警察局（公营）		？－1949	维新路警察局内
军中	国防部（公营）	100	1948～1949	东山三育路
胜利（曾用“广东”）	广东省政府新闻处（公营?）	200	1947～1949.10.17	泰康路华安楼5楼
新闻	广州绥靖公署政工处（公营?）	500	1948～1950.1.30	惠福东路惠新西街
新生	广东省新生活促进会（私营）	500	1948.5.1～1950.？	长堤爱群大厦5楼
风行	（私营）	250（曾用200）	1947.10～1949.10	曾在桨栏路国民酒家4楼，后迁中华南路
时代	（私营）	500（曾用200）	1947～1951.11.25	惠爱西路
革新	（私营，挂国民党广州市党部）	350（曾用200）	1947.5～？	米市路，后迁教育路

第二章 机构与管理

1929 年 5 月，广州市区历史上建立的第一个广播事业机构“广州市播音台”，其主管机构为市政府公用局，1934 年改由市政府直接管理；1938 年日军侵占广州，改“广州市播音台”为“广东放送局”，1945 年抗日战争胜利后，由国民党当局接收，更名为“广州广播电台”，由国民党中央广播事业管理处管理，新中国成立后，“广州广播电台”及几家私营广播电台，先后为人民政府接管，由广东省人民政府直接管理。

广西壮族自治区

广西壮族自治区地方志编纂委员会编:《广西通志·广播电视志》,广西人民出版社2000年版

《南宁市志·文化卷·广播电视志》,广西人民出版社1998年版

《桂林市志·广播电视志》,中华书局1997年版

概　述

广播电视是通过无线电波或导线向广大地区传播声音、图像节目的大众传播媒体。按照传播方式，只播送声音的称“声音广播”，简称广播；播送声音、图像的称“广播电视”，简称电视。通过无线电流发送的广播和电视，分别称无线广播和无线电视；通过导线传送的广播和电视，分别称有线广播和有线电视。

广播电视依靠近代高新科技，起源于国外。世界上第一座广播电台——美国匹兹堡 KD－KA 电台 1920 年 11 月 2 日开始播音，第一座电视台于 1936 年由英国广播公司建立。

20 世纪 20 年代，广播技术传入中国。中国境内出现的第一座广播电台，是 1923 年 1 月由美国人在上海创办的“大陆报—中国无线电公司广播电台”。1926 年 10 月 1 日，中国人自己办的第一座广播电台——哈尔滨广播无线电台正式播音。

广西的广播事业始于 20 世纪 30 年代初。

1932 年冬，国民革命军第 4 集团军总司令部筹建广西第一座广播电台——南宁广播电台，1934 年 1 月 1 日开始播音，标志着广西广播事业的诞生。该台中波发射功率 1 千瓦，呼号 XGOE，由于设备配置不当，广西省政府于 1935 年 10 月 20 日命令裁撤。1936 年 6 月 3 日，“广西各界抗日救国联合会”成立，要求宣传抗日救国，该台于 7 月 1 日恢复播音，当年年底第二次停止播音，其设备随省政府搬迁到桂林。

1934 年 11 月 1 日，广西普及国民基础教育研究院无线广播电台正式播音，呼号 XNFE。这是教育家、广西省教育厅厅长兼广西普及国民基础教育研究院院长雷沛鸿为普及广西国民基础教育而设立的电台，是中国建立较早的教育广播电台之一。1936 年 9 月，该台随着广西省政府撤销广西普及国民基础教育研究院而停止播音。

1938年11月，广西省政府教育厅在省府内（桂林皇城）设置放音台（今称“有线广播站”），在桂林城区主要街道安装广播喇叭，广播抗日消息。这是广西有线广播的开端。

1939年7月16日，广西省政府建立的桂林广播电台正式播音。呼号XGOE，中波发射功率10千瓦，后增设短波发射机功率1千瓦。1944年夏，该台在日军侵占桂林前夕停止播音，其设备疏散到柳州转宜山（今宜州市），散失。

1941年6月18日，广西省政府教育厅设立的粤西广播电台开始播音，呼号XPKA，短波发射功率100瓦。1942年年底，该台因经费和器材来源缺乏而停止播音。

1946年6月1日，广西省政府决定由省教育厅用原粤西广播电台的设备，以“桂林广播电台”的呼号（XGOE）恢复广播；同年11月，改为“广西省立教育广播电台”播音，短波发射功率100瓦。1949年10月，该台奉命迁往南宁，12月1日随国民党广西省政府瓦解而停止播音。

1949年5月9日，国民党华中军政长官公署广播电台从汉口撤退到桂林安装播音，改名为“桂林绥靖公署桂林广播电台”，中波发射功率500瓦，呼号BEL_5；短波发射功率1千瓦，呼号DEL_7。同年11月初，恢复原名“华中军政长官公署广播电台”播音，11月23日从桂林往南宁搬迁；12月4日，南宁解放，该台设备和人员被中国人民解放军南宁市军管会接管。

1949年5月，郑光华、郑光祖兄弟在汉口经营的商业广播电台奉华中军政长官命令，搬迁到柳州。桂林绥靖公署命令其改名为“柳州江汉广播电台”，于9月1日开始播音，呼号DEL_{33}，发射功率200瓦。该台在柳州解放前夕停止播音。

1949年夏，潘元（又名潘彩侠）在汉口经营的华中商业广播电台奉华中军政长官命令，将设备搬迁到广西；又奉桂林绥靖公署命令，在柳州安装设备，改名为“广西省柳州广播电台”，于10月1日开始播音，呼号DEL_{35}，发射功率100瓦。11月24日，国民党军队在逃离柳州时，炸毁该台全部设备。

民国时期，广西广播事业经历了十八年，先后有8座广播电台呼号播音。这些电台作为国民党和省政府的宣传舆论工具，着重“宣传党义、布达政令”，突出宣传国民党桂系治桂方略。个别电台着重进行国民基础教育宣传，“启迪民智”。抗日战争时期，在中国共产党抗日民族统一战线的感召下，国民党桂系上层人物在政治上一度表现开明，大批进步人士云集桂林，桂林成为中外闻名的抗日后方的文化城。在这里设立的桂林广播电台，比较集中地广播抗日新闻，播放抗战歌曲、戏剧和社会知名人士发表的广播讲话，“唤起民众，共赴国难”，对一致抗日起过一定的宣传作用。抗日战争胜利后，国民党桂系军阀利用电台进行反共反人民的宣传，企图维护面临崩溃的国民党统治。

民国时期，广西广播事业建立十八年，但没有建成广播网，全省仅有1100多部收音机，主要集中在桂林、柳州、南宁、梧州等城镇。全省电台隶属省政府领导，受国民党中央广播事业指导委员会和中央广播事业管理处管理。省政府曾颁布《广西省收音机统制办法》《播音教育实施办法》及播音节目审定的有关规定等，控制广播宣传舆论。全省广播从业人员最多的年月有40多人。

中共广西地下组织在领导广西各族人民革命斗争中，千方百计掌握收音机，收听广播，了解全国革命斗争形势。1948年12月，中共广西大学地下组织利用“壁报联合会”的合法团体，每天收听解放区的新华广播电台广播，抄收广播新闻，在《壁联新闻》中报道中国人民解放军的进军消息，鼓舞革命群众斗志。1949年4月，中共右江地委、中共六万山地委、粤桂边区人民解放军第四支队等通过收听新华广播电台播出的政令和新闻，打破了国民党统治当局的新闻封锁，鼓舞群众迎接广西解放。

第一篇 >>>
无线广播

第一章　民国时期广播电台

民国二十一年（1932 年）冬，国民革命军第四集团军总司令部筹建南宁广播电台，到民国三十八年（1949 年）12 月，广西曾先后有 8 座广播电台呼号播音，其中三座是国民党军溃败时从汉口撤迁到桂林，柳州安装设备改名播音的。这一时期的广播电台，经历创建、兴起、衰落的过程，1949 年 12 月广西全省解放时，广播电台的设备和人员均被中国人民解放军接管。

民国时期，广西全省收音机约 1100 部，其中桂林市 200 部，梧州市 300 部，柳州 300 部，南宁 100 部，各县约 200 部。

中共广西地下党在领导广西各族人民革命斗争中，千方百计掌握收音机，收听广播，了解全国革命斗争形势。1948 年 12 月，中共广西大学地下组织利用"壁报联合会"的合法团体，每天收听解放区的新华广播电台广播，抄收广播新闻，在《壁联新闻》中报道中国人民解放军的进军消息，鼓舞革命群众斗志。1949 年 4 月，中共右江地委、中共六万山地委、粤桂边区人民解放军第四支队等通过收听新华广播电台播出的政令和新闻，打破了国民党统治当局的新闻封锁，鼓舞群众迎接广西解放。

第一节　南宁广播电台

南宁广播电台（也称"广西无线广播电台"）于民国二十一年（1932

年）冬由国民革命军第四集团军总司令部筹建，民国二十二年底竣工，当年12月31日，广西省政府行文南宁广播电台正式成立，民国二十三年1月1日下午6时30分试播，1月8日举行开播典礼，正式播音，呼号XGOE。发射功率1千瓦，周（频）率1300千周（千赫）。台长周承镐（广西无线电管理局长兼），员工3～5人。民国二十四年10月20日，广西省政府命令裁撤南宁广播电台，设备列册备查，电台停止播音。民国二十五年（1936年）6月3日，“广西各界抗日救国联合会”成立，要求宣传抗日救国，南宁广播电台于7月1日恢复播音，年底，南宁广播电台第二次停止播音，其设备随广西省政府搬迁桂林。

建立南宁广播电台，是为了宣传广西新桂系的主张，布达政令，传播新闻。

一、技术设备

南宁广播电台新建两层楼房一幢（建筑费六千余元），有发音室（今称“播出控制中心”）、播音室（今称“发射台”）、动力室。发音室在广西省政府总办公厅三楼，用450米传音电缆将广播节目信号传送到发射台。发音室的设备有音频放大器（电子管增音机）和电源。音频放大器，三级放大，前二级用37号真空管，末级用38号管。发音室至广西省政府大礼堂设一对传音线，用于转播广西省政府的纪念周会。发射台的发射机分五部分，即线端音频放大器（用UV941真空管）、主振器（用UV211真空管）、调幅器（845真空管两只并用）、中间放大器（用203真空管）、强力放大器（用气冷室真空管UV851）。动力室在中山公园，设18匹马力柴油机和12千瓦120伏直流发电机。铁塔两座，高192.75米，天线高度170.64米，水平长度85.32米。发射机功率1千瓦，天线输出为二三百瓦。

二、广播时间

民国二十三年（1934年）1月1日，南宁广播电台开始播音，星期一至六每天播音二次，即11：00～12：10、18：00～22：00播音，全天播音310分钟（星期日不播音，星期一增加“转播纪念周”90分钟）。其中新闻节目时间115分钟，占37.1%；专题节目时间80分钟，占25.8%；文艺节目时间95分钟，占30.6%；其他节目时间20分钟，占6.5%。民国二十五年7月1日后，每天18：00～21：30播音，全天播音210分钟。其中新闻节目时间45分钟，占21.4%；专题节目30分钟，占14.3%；文艺节目135分钟，占64.3%。

三、节目设置及播音用语

每天开播的首播曲是国民党《党歌》。民国二十三年至二十四年(1934～1935）开办的节目：新闻性节目有《新闻》《简明新闻》《通令通告》；专题节目，聘请专门机关人员到电台播讲，分《常识节目》和《演讲节目》，《常识节目》有“警政”、“法律”、“家政”、“公民”和“电码”、“电学”、“商业”、“卫生”、“无线电”、“农业”、“科学”等，《演讲节目》有国民党“党义”、“政治”、“军事”等；文艺性节目有音乐、戏剧，音乐分国乐、西乐。其他节目有《预告节目》、《本市行情牌价》、《气象》、《标准时间》。民国二十五年7月1日后设置的新闻性节目有《要闻》、《抗日救国情报》；专题节目主要设《演讲节目》，由广西各界抗日救国联合会派员轮流到电台作抗日救国专题演讲。播出过的专题有《我们为什么要发动这次抗日救亡的伟大民族解放战争》，《日本帝国主义是我们中国的唯一死对头》，《广西民众要努力负起抗日救国使命》，《对日抗战的最后胜利一定是归中国的》，《中国对日抗战必胜的论证》，《不参加抗日救国运动的不配做中国人》等。

播音的语言有国语（普通话）、官话（桂林话）、粤语。普通话是节目播出的主要语言。桂林话在开播初期用于播出《新闻》节目，后来不用这一地方方言广播。粤语用于重播《新闻》节目，每天二次。

四、广播收音网

民国二十二年（1933年），广西省政府通令各县设置收音机，建立收音点，并于当年5～9月，开办收音员培训班两期，培训各县选送来的收音员69人。南宁广播电台开播前夕，广西省政府通令各县收音点注意收音事项，告知南宁广播电台的呼号和广播周（频）率，要求各县国民党党部查照执行。南宁广播电台播音后，全省有78县设置收音机收听南宁广播电台的广播，其中三分之一收听效果不好，声音不清晰；有16县没有设置收音机。

民国二十四年5月18～24日南宁广播电台节目时间表

9：30～10：00	音乐	星期一
10：00～11：00	转播省政府纪念周	星期一
11：00～11：30	音乐	星期日停
11：30～12：00	简明新闻	星期日停
12：00～12：10	正午报时及气象	星期日停

18：00～18：20	音乐	星期日停
18：00～18：30	音乐	星期日
18：20～18：60	党义	星期一、三、五
18：20～18：50	常识或名人演讲	星期二、四、六
18：30～19：30	特别音乐或演讲	星期日
18：50～19：00	音乐	星期日停
19：00～19：30	各机关演讲	星期日停
19：30～19：50	音乐	星期日停
19：30～20：05	粤语报告新闻	星期日
19：50～20：30	粤语报告新闻	星期日停
20：05～20：20	音乐	星期日
20：20～21：00	普通话报告新闻及通告通令	星期日
20：30～20：45	音乐	星期日停
20：45～21：30	普通话报告新闻	星期日停
21：00～21：20	音乐	星期日
21：20～21：25	货币价格及气象	星期日
21：25～21：30	预报明日节目及标准时间	星期日
21：30～21：50	音乐或无线电问答	星期日停
21：50～21：55	报告货币及气象	星期日停
21：55～22：00	预报明日节目及标准时间	星期日停

注：此节目时间表载国民党中央广播事业管理处主编的《广播周报》第35期。

第二节　广西普及国民基础教育研究院无线广播电台

广西普及国民基础教育研究院无线广播电台，于民国二十四年（1935年）10月9日建立，台址在广西普及国民基础教育研究院（南宁东郊津头村），10月10日开始试播，11月1日正式播音。呼号XNFE。民国二十五年9月，广西省政府命令撤销广西普及国民基础教育研究院，该台随着停办。

广西普及国民基础教育研究院无线广播电台是为辅导广西普及国民基础教育研究院实验中心区（以研究院为中心的周围20里地带，即邕宁城区、亭子东西街及24个村庄）各基础学校及各表证中心学校教育而设立的，宣传教育家雷沛鸿（广西省教育厅厅长）提出的国民基础教育思想及其内容，每天11：30～12：30和18：00～19：30播音，全天播音150分钟。其中，新闻节目15分钟，占10%，用国语（普通话）和粤语播出；教育节目40分钟，占26.7%；文艺节目84分钟，占56%；其他节目11分钟，占7.3%。设置的节目有《简明新闻》、《国民基础教育》，《卫生常识》、《气象及商情》、《报告气象及未来天气》、《预告节目》、《音乐》、《粤剧》、《中西音乐》等。

第三节　桂林广播电台

民国二十六年（1937年）6月，广西省政府成立桂林广播电台筹备处。民国二十八年1月1日，桂林广播电台建成试播。由于设备故障，停止试播，重新安装，同年7月1日第二次试播，7月16日正式播音，呼号XG-OE。发射机功率10千瓦，周率720千周，民国二十九年12月，国民党中央广播事业指导委员会命令该台周（频）率改为650千周。民国三十一年9月，该台增设短波发射机1千瓦，周（频）率12000千周。台址在桂林市依仁路，为避日机轰炸，发射台设在桂林会仙岩洞内。民国三十三年夏，日军侵占桂林前夕，电台停止播音，其设备疏散到柳州转宜山时丧失。

一、机构、人员、设备

桂林广播电台设总务科、工务科、传音科（即编播部）。传音科有歌咏、国乐、平剧、桂剧，西乐、话剧等组。全台40人左右，其中总务科4人，工务科8～12人，传音科（编辑、播音）20多人，还有业余歌咏队。台长，方维正，后任有桂铭新、利方洮。

桂林广播电台的播音室和增音室连接在一起。增音室有增音机、唱机等。从增音室设一对明线将广播节目信号传送到会仙岩洞发射机房，距离约2公里。发射台有10千瓦中波发射机和1千瓦短波发射机，均装设在会仙岩洞内。洞内还设煤气引擎、75千瓦发电机，洞旁设煤气室、冰冷室（即水冷池）。发射铁塔两座（使用原南宁广播电台铁塔）。

二、广播时间

桂林广播电台的播音时间，民国二十八年至二十九年（1939～1940），每天19：00～22：00播音一次，全天播音180分钟。民国三十至三十一年，每天11：00～13：00和18：00～23：00播音，全天播音二次共420分钟。其中，新闻节目每天播出十一次共160分钟，占38.10%；专题节目60分钟，占14.28%，文艺节目170分钟，占40.48%；其他节目30分钟，占7.14%。文艺节目的170分钟中，国乐25分钟，占14.71%，教唱抗日歌曲35分钟，占20.59%；戏剧65分钟，占38.24%；西乐45分钟，占26.47%。民国三十二年至三十三年广播时间略有变动。

三、节目设置及播音用语

桂林广播电台的新闻性节目有《本省新闻》、《本市新闻》、《简明新闻》、《国际消息》、《新闻报告》，《新闻类述》、《特别消息》、《时事评述》、《记录新闻》、《一周战况》、《省府新闻》、《欧战消息》、《时论介绍》等。专题节目有《（国民党）党义》、《（国民党）总裁言论》、《国父遗教》、《战时常识》、《日语报告》、《英语报告》、《科学丛书》、《儿童教育》、《卫生常识》、《防空常识》、《公民常识》、《战时青年讲话》、《敌情研究》、《防空知识》、《英语教授》、《广西建设计划大纲讲解》、《名人传记》等。文艺节目有《平剧》、《西乐》、《戏剧》、《歌咏教授》、《抗战歌咏》、《杂曲》、《国乐》、《歌咏》、《民族英雄故事》、《日本音乐》等。其他节目有《报告节目》、《本市行情》、《报时》、《社会服务》等。

桂林广播电台用国语（普通话）、桂林话、粤语、日语，英语等五种语言广播。其中普通话播出全台设置的节目（除《记录新闻》外），桂林话播出《桂语纪录新闻》节目30分钟，粤语重播《新闻类述》（10分钟）、《简明新闻》（10分钟）、《特别消息》（10分钟）、《记录新闻》（30分钟）、《国际消息》（10分钟）等节目，日语播出《一周战况》、《新闻类述》、《敌情》、《日语报告》等节目，英语播出《英语报告》节目。

四、广播内容

桂林广播电台较突出地宣传抗日救亡运动。其形式：一是设置抗日救亡宣传节目，其中新闻节目有《抗战时势》，专题节目有《抗战教育》、《抗战讲座》、《抗战杂谈》、《战时常识》、《防空常识》等。二是各方人士到桂林广播电台发表抗日救亡演讲。常到电台发表广播讲话的有李济深、李任仁、郭德洁、千家驹等人士。国民党军事委员会桂林办公厅主任李济深到电台发表广播讲话的题目有《纪念国庆应有之认识》（1940年10月10日），《纪念国父诞辰与庆祝收复桂南失地意义》（1940年11月13日）、《“七七”第五周年纪念的观感》（1942年7月7日）、《饮食节约之要义》（1942年10月1

日)、《最后五分钟的努力》(1943年7月7日)、《同胞们,起来吧!》(1944年5月15日)等等。民国三十年8月,广西绥靖公署政治部提出“阐扬抗战国策,加强必胜信念的宣传办法”,每逢星期五由军政要人到桂林广播电台发表广播讲话。其中有国民党军事委员会桂林办公厅主任李济深(8月8日)、国民党军第四战区司令长官张发奎(8月15日),国民党广西省党部书记刘士衡(8月22日),广西绥靖公署政治部主任程思远(8月29日)等人到电台广播。三是开办日语广播节目,由中山泰德担任播音员,开展对日宣传。先后播出《告日本民众》、《告日本士兵》等节目,揭露日本军阀侵略中国的罪行,忠告日本人民认清真正的敌人,参加反战运动,打倒日本军阀等。在日语广播节目中,邀请当时在桂林的朝鲜义勇队秘书周世敏、国民党军第四战区政治部日语播音队队长梁席珍等人到电台广播。四是在文艺广播节目中播放和教唱《保卫广西》、《民族至上歌》等抗日歌曲,播出话剧《到前线去》等。

五、广播收音点及听众工作

广西省政府教育厅将国民党中央统发给广西的收音机和广西省政府建设厅、教育厅购买的收音机,逐年分配到广西各县中等学校(没有中等学校的县选在该县表证中心学校)设立收音点,由理科教师担任收音员。民国二十七年至三十年(1938年至1941年),先后发给各县收音机800多部(每县4~6部不等),其中直流收音机用的电池由广西省政府教育厅统购配发。各县的广播收音员,分批进行培训。民国二十九年8月,广西省政府在桂林开办中小学收音人员暑假讲习班,同年11~12月在梧州,玉林举办收音员讲习班,民国三十年10~12月在南宁、武鸣、百色等地开办收音员讲习班。同年,桂林广播电台制表发到各地,广泛征求听众意见,了解各地收听广播的情况,还经常收到省内外听众来信,反映对电台播出的节目和广播内容的意见。有爱唱歌的听众,纷纷写信给电台,要求寄给电台教唱歌节目的歌曲讲义。

六、管理

桂林广播电台隶属广西省政府,受国民党中央广播事业指导委员会管理。民国二十六年(1937年),广西省政府颁布《各级学校收音机收音办法》《收音员之辅导及训练》以及有关“器材供应”、“收音机修理”等项规定。民国二十七年10月颁布《广西全省收音机统制办法》。民国二十九年,广西省政府教育厅制定《播音教育实施法》等。

民国三十年9月9日桂林广播电台节目时间表

呼号：XGOE　　周率650千周

上午：

11：00　国歌、报告节目

　　　　本市商情

11：10　歌咏

11：20　防空常识

11：35　西乐

11：45　新闻报告

12：00　平剧

12：15　国乐

0：25　时论介绍

0：45　歌咏教授：农歌

1：00　停止

下午：

6：00　国歌、报告节目

6：10　国语新闻类述

6：20　粤语新闻类述

6：30　平剧

6：50　公民常识

7：05　西乐

7：15　本省新闻

7：25　国乐

7：30　报时、日本音乐

7：35　日语报告

7：50　歌咏教授：保卫广西

8：05　时事评述

8：20　国乐

8：30　青年讲话

8：45　平剧

9：05　西乐

9：15　英语报告

9：20　平剧

9：30　国语特别消息

9：40　粤语特别消息

9：50　杂曲、预告节目

10：00　桂语《记录新闻》

10：30　粤语《记录新闻》

10：00　停止

注：1. 该台播出节目时间表常刊登在桂林出版的《救亡日报》、《大公报》上，有时每天刊登当日播出的节目时间。上录节目时间表刊当日《大公报》。2. 上午：11：20和下午0：20、8：30安排的专题节目，每天不同，有《战时青年建设讲话》、《敌情研究》、《社会教育》、《抗战杂谈》、《防卫知识》、《国父遗教》或《省党部节目》、《社会服务》、《科学丛说》，《名人传记》或《民族英雄故事》、《广西建设计划大纲讲解》等等。

第四节　粤西广播电台

民国三十年（1941年），广西省政府教育厅为迅速传达政令，传播新闻，筹建粤西广播电台，台址在桂林市依仁路。当年6月18日开始试播，呼号XPKA。短波发射机功率100瓦，周（频）率8100千周，每晚7时至8时播音。设置的广播节目有《新闻》、《时评》、音乐等。民国三十一年（1942年）年底，该台因经济和器材来源问题而停播。

粤西广播电台隶属广西省政府教育厅领导和管理，电台工作由教育厅电化教育服务处（后改名电化教育辅导处）人员担任。

第五节　广西省立教育广播电台

抗日战争胜利后，桂林广播电台因其设备在1944年疏散到宜山时丧失，无法恢复广播。广西省政府为推广电化教育，通过省务会议决定，将原桂林广播电台的房产划归教育厅，由教育厅用原粤西广播电台设备于民国三十五年（1946年）6月1日以“桂林广播电台”呼号XGOE恢复试播，6月6日举行正式开播典礼，同年11月改名“广西省立教育广播电台”播音。短波发射机功率100瓦，周（频）率9868千周。该台隶属广西省政府教育厅，台长由电化教育辅导处副主任陈汀声兼任。民国三十七年（1948年）1月，广西省政府命令该台并入教育厅电化教育辅导处。民国三十八年（1949年）10月，电台奉命往南宁搬迁，11月1日到达南宁，当月21日在南宁明德街安装设备继续播音。1949年12月1日，广西省政府瓦解，电台停止播音。12月4日，南宁解放。12月28日，中国人民解放军南宁市军管会文教部代表黄沙等人接管该台设备及人员。

一、机构、人员、设备

广西省立教育广播电台设台长，总理台务。台长下设总务、传音、工务三课，各课课长1人。总务课，干事2人、出纳1人；传音课，编辑2人、播音员4人、干事2人、助理干事2人；工务课，技工、技佐各2人；此外，设会计2人，全台23人。民国三十七年（1948年）1月，电台并入电化教育服务处，当年10月，台、处裁减为13人。

广西省立教育广播电台的100瓦短波发射机分四级：第一级主振荡，二三级倍周，第四级强力放大，输出功率100瓦。调幅器及放大器各一部，调幅器用以调幅发射机末级放大器，用于桂林市区转播。电唱机两台。播音室和增音室各一间。增音室有增音机一部，播音室四周悬挂布幔，减少回音。天线取“赫芝”式，长度二分之一波长，高60英尺，东西向。

二、广播时间

广西省立教育广播电台开播初期，每天播音一次180分钟。其中，新闻节目时间占29.17%，专题节目时间占25%，音乐节目时间占39.58%，其他节目时间占6.25%。民国三十八年（1949年）5月1日改订广播节目时间表，每天18：30～22：30广播，全天播音240分钟。其中，新闻节目时间150分钟，占62.5%；专题节目时间90分钟，占37.5%。

三、节目设置及播音用语

广西省立教育广播电台先后设置的新闻节目有《新闻》、《简明新闻》、《记录新闻》；专题节目有《省府报告》、《广西建设》、《建国讲座》、《地方通讯》、《时论介绍》、《教育讲座》、《妇女讲话》、《儿童故事》、《健康讲话》、《青年生活》、《科学讲座》、《史地知识》、《宪政知识》等。另外，聘请各机关人员到电台播讲而设置的社教节目有《社教讲话》（广西大学）、《法律常识》（桂林地方法院）、《邮政常识》（广西邮电管理局）、《电讯常识》（桂林电讯局）、《农业常识》（广西省政府农业处）。该台播音语言：用国语（普通话）播出全台设置的节目，粤语重播《新闻》和《记录新闻》节目30分钟。

第六节　桂林绥靖公署桂林广播电台

桂林绥靖公署桂林广播电台是1949年5月9日华中军政长官公署广播电台从汉口撤退到桂林安装播音的改名，8月10日试播，9月1日正式播音。短波发射机功率1千瓦，呼号DEL_7，周（频）率11500千周；中波发射机功率500瓦，呼号BEL_5，周（频）率830千周。电台设台长室，代理台长丁作超。台下设总务科、工务科、传音科，全台24人，工友7人。11月初，该台奉国民党华中军政长官命令，恢复原名“华中军政长官公署广播电台”广播。台址在桂林市桂西路尾（今桂林市解放西路）。11月23日停止播音，从桂林往南宁搬迁。12月4日，南宁解放，代台长丁作超和总务科长胡杰遥到在南宁的中国人民解放军天津第二支队三七部队政治处报到，被指定其电台设备和人员在邕宁县卫生院待命接管。12月24日，中国人民解放军南宁市军管会文教接管部黄沙接收电台500瓦中波发射机和1千瓦短波发射机各一部、印章两枚（印名“桂林绥靖公署桂林广播电台”、“华中军政长官公署广播电台”）及电台人员19名。

桂林绥靖公署桂林广播电台每天19：00～23：00播音一次240分钟，其中，新闻节目时间占45%，音乐、戏剧节目时间占55%。《新闻》节目选播国民党中央社播发的稿件，《特别节目》播出桂林绥靖公署和国民党华中军政长官公署提供的稿件和专题演讲，渲染反共反人民战争。文艺广播，戏剧节目有川剧，汉剧、湘剧、楚剧、平剧、越剧、粤剧等，曲艺节目有坠子、梆子、相声、大鼓、弹词等，还有桂剧、歌曲等节目请演员到播音室直接演播。

第七节　柳州江汉广播电台

1949年5月，郑光华、郑光祖兄弟在汉口经营的商业广播电台奉华中军政长官命令，搬迁到广西柳州。桂林绥靖公署命令其改名为“柳州江汉广播电台”。9月1日该台举行开播典礼，发射功率200瓦，呼号DEL_{33}，周（频）率980千周。台址在柳州中山东路翠园村。

柳州江汉广播电台以商业广告为其经济来源。有播音员2人，机务1人，总务1人，台长郑光华，副台长孙元琪。每天11：00～13：00和18：30～22：30用国语、粤语、柳州话播音，全天播音360分钟。设置的节目有《新闻》、《专题节目》、《广告》、音乐、文艺节目等。新闻节目也称“摘报新闻”，每天摘播《南天日报》、《广西日报》（柳州版）、《民声晚报》上刊载的新闻。专题节目曾播出国民党当局柳州军、政、党要人的讲话。9月9日，国民党五十六军军长兼柳州警备司令部司令马拔萃到电台播讲《总体战与实施空室清野》。文艺广播有京剧、桂剧、粤剧、古典音乐等，有时请艺人到台演播粤剧、桂剧《柳娘之醉》、《六月雪》、《大登殿》等。同年11月，中共柳州地下党派人对柳州江汉广播电台人员进行思想工作，教育他们保存电台设备。柳州解放前夕，该台人员将主要设备装箱埋藏。11月24日，国民党军溃逃时炸毁电台房屋一角。柳州解放后，中国人民解放军柳州军管会文教部李毅、林丰富、卢英等人接管了柳州江汉广播电台的设备和人员。

第八节　广西省柳州广播电台

1949年夏，潘元（也名潘彩侠）在汉口经营的华中商业广播电台奉国民党华中军政长官命令，将电台设备搬迁到广西，又奉桂林绥靖公署命令，在柳州安装设备，改名为“广西省柳州广播电台”，于同年10月1日开始试播。台址在柳州中正路东一巷黄宅（今柳州市公园路培江幼儿园后面）。发射机功率100瓦，呼号DEL_{35}，周（频）率1200～1300千周。电台负责人潘元。11月24日晚上，国民党军队在逃离柳州时，炸毁了电台全部设备。

第二篇 >>> 广播电视网

第一章 节目传送网

广西广播电视节目传送的任务是把广播、电视中心播出的节目信号通过各种技术手段（无线或有线）传送到全自治区各发射台、转播台或广播站。节目传送是广西广播电视网技术中的一个重要组成部分。

第一节 有线传送

一、广播电台节目信号

民国二十三年（1934 年）1 月 1 日，广西第一座广播电台建立播音到 1949 年，民国时期的广西八座广播电台，从播控中心到发射台的节目信号，均用架空金属线传送。

二、有线广播站节目信号

民国时期，广西省政府教育厅于 1938 年 11 月在省政府内（桂林皇城）设置放音台（今称“有线广播站”），在广西省政府大门、桂林后库街口，水车门、十字街口、乐群社等处架设胶皮线传送节目信号广播。40 年代末，广西省立教育广播电台在桂林市独秀峰安置高音喇叭，从该台增音室（桂林市依仁路）至独秀峰架设胶皮线传送节目信号转播。

民国时期，广西先后建立播音的 8 座广播电台的管理，以广西省政府领导为主，受国民党中央广播事业管理处领导的有南宁广播电台、桂林广播电台、桂林绥靖公署桂林广播电台；受广西省政府领导，由教育厅主管的有广西普及国民基础教育研究院无线广播电台、粤西广播电台、广西省立教育广播电台；以电台自主经营为主，受广西省政府领导的有 2 座民营广播电台——柳州江汉广播电台、广西省柳州广播电台。

第二章　技术管理

广播电视宣传是依靠现代化电子技术传播，技术设备是广播电视赖以生存的物质基础。广播电视技术设备的质量高低和管理好坏，直接影响传播的质量和范围。技术管理的基本原则是实行技术管理责任制和执行国家和上级广播电视管理部门颁布的技术标准、技术规程、技术规范，逐步实现利学化、标准化、规范化。

广播电视技术队伍随着事业的发展日益壮大。民国三十八年（1949年），全省广播人员 40 多人，其中技术人员 16 人。

广西广播电视技术管理，主要是广播电视技术部门在各级党政领导下，编制广播电视技术发展规划，严格频率管理，提出技术设备维护检修制度和技术标准，建立健全技术操作规程，以及各级技术人员的岗位责任制、有关技术业务管理制度等，经自治区人民政府或广播电视厅（局、处）批准，公布实施，认真贯彻执行，确保优质、安全播出。

附录

大事记

民国二十一年（1932 年）

是年冬　国民革命军第四集团军总司令部开始筹建南宁广播电台。

民国二十二年（1933 年）

2 月　广西省政府派技术人员 3 人到外地学习播音广播技术，同年 5 月携播音台机件返邕。

5月 广西省政府通令各县设置收音机，“用于传播政情”。

5~9月 广西省政府开办广播收音员训练班两期，培训各县资送来的收音员69人。

10月 广西在香港定购的南宁广播电台铁塔，运到南宁，开始安装。

12月31日 南宁广播电台成立，直隶广西省政府。广西省政府委任无线电管理局局长周承镐兼任电台台长。

同日 广西省政府电令省属各机关、各县政府收音注意事项。南宁广播电台定于二十三年（1934年）1月1日下午6时30分至9时30分开始播音，呼号XGOE。

民国二十三年（1934年）

1月1日 南宁广播电台开始试播。中波发射机功率1千瓦，铁塔高度192.72米，天线高度170.64米，水平长度95.32米。电台设置18匹马力柴油机，带动12千瓦120伏直流发电机。

1月6日 南宁广播电台举行正式开播典礼，台长补行就职礼。

2月7日 南宁广播电台台长周承镐答《民国日报》记者问时说：广西全省先后安置收音机者78县，尚未安置者16县；已安置收音机的各县收音明亮者约三分之二。

民国二十四年（1935年）

3月2日 《民国日报》载南宁广播电台播音节目表。该台全日播音二次310分钟，其中，新闻节目时间115分钟（包括国语、粤语新闻），占37.1%；专题节目时间80分钟，占25.8%；音乐95分钟，占30.6%；其他（气象预告、货币价格、预告节目）20分钟，占6.5%。

10月10日 广西普及国民基础教育研究院为辅导实验中心区各基础学校，设立无线广播电台，开始试播，呼号XNFE，频率1500千周（千赫），波长200米。

10月19日 广西省政府令，裁撤南宁广播电台。

10月20日 南宁广播电台奉令停止播音。

11月1日 广西普及国民基础教育研究院无线广播电台正式播音。

民国二十五年（1936年）

1月 中国工程学会考察团赵曾珏的《考察广西电讯报告暨改造该省长途电话网计划》中，针对南宁广播电台机件配置不合理，建议另建一座10千瓦广播电台。

6月23日 国民革命军第四集团军总司令部政训处巡讲团用大车装置播音机，每晚6~9时30分在南宁各街道播音，宣传抗日，教唱抗日歌曲。

7月1日 南宁广播电台奉令于下午6时30分恢复播音，宣传抗日救国运动。

7月8日 广西各界抗日救国联合会开始派员到南宁广播电台作专题演讲，宣传抗日救国。先后有邓焰、宋福基、袁祖真、曾宪章、卢东川、谢启藩、赵诚之、梁金士、覃俊士、李青、粟俊士、梁泽普等人到电台演讲。

民国二十六年（1937年）

6月 广西省政府成立桂林广播电台筹备处。

年底 广西省政府向中国电业公司购回10千瓦中波广播发射机在桂林开始安装。

民国二十七年（1938年）

10月 广西省政府颁布《广西全省收音机统制办法》。

11月8日 广西省政府教育厅在省府内设置放音台（今称“有线广播站”）开始试放；在省府大门（桂林皇城）、桂林体育场大门、十字街口、乐群社等处装置扬声器，向桂林全城广播抗战消息。

民国二十八年（1939年）

1月1日 桂林广播电台开始试播，呼号XGOE，发射机功率1万瓦特（10千瓦），周率（频率）720千周（千赫）。台长：方维正。

4月 桂林广播电台短波机（1千瓦）安装完工。

7月1日 桂林广播电台开始日语广播，每周播出三次，由中山泰德担任播音。

民国二十九年（1940年）

5月1日 桂林广播电台为避免日机轰炸，从桂林市依仁路迁到对河会仙岩试播。

5月23日 桂林广播电台开始用英语、日语向国际广播新闻节目。

6月 桂林广播电台奉省政府令，颁发280台收音机给各县收音用。

7月14日 桂林广播电台奉国民党中央广播事业指导委员会命令，周率（频率）更改为650千周（千赫）。

7月 广西省政府教育厅出版《播音教育实施法》。

8月 广西省政府在桂林开办“中小学收音员暑期训练班”。

民国三十年（1941年）

3月2日 广西省政府建设厅、教育厅分发给全省各区、县及省立中学收音机 420 台。

6 月 12 日 桂林广播电台在《大公报》登载广播节目时间表，全天播音 330 分钟，其中，新闻节目 155 分钟，占全天播音时间的 46.97%。

6 月 18 日 广西省政府教育厅设立粤西广播电台开始播音，呼号XPKA。发射机功率 100 瓦，周率（频率）8100 千周（千赫）。

10～12 月 广西省政府在武鸣、南宁、百色举办巡回讲习班，培训收音员。

民国三十一年（1942 年）

7 月 7 日 国民党中央军委会桂林办公厅主任李济深到桂林广播电台发表《七七第五周年纪念的观感》演讲。

7 月 广西临时参议会议长李任仁到桂林广播电台播讲《我们应以贡献的力量来祭慰阵亡的战士》。

10 月 11 日 广西省政府主席黄旭初在桂林广播电台播讲《纪念国庆要提倡国防科学》。

民国三十二年（1943 年）

6 月 15 日 桂林广播电台举行广播晚会，出席的有美国驻华领事林华德、英国大使馆桂林新闻处主任史密斯、法国代表维戴尔、印度代表米斯利、国民党军委桂林办公厅主任李济深等 20 余人，李济深、林华德等人相继广播。

民国三十三年（1944 年）

1 月 1 日 桂林广播电台举办特别节目，安排国民党军政要员演讲时事、政治。

1 月 16 日 桂林广播电台开始每周四下午 8 点 30 分至 8 点 45 分转播美国旧金山 KWID 电台的华语演讲，第一次转播的内容是中国赴美讲学的张其朐教授演讲《战时美国的青年》。

2 月 26 日 桂林、永安、贵阳、昆明四家电台联合举行宪政广播，邀请张映南、夏孟辉、黄景柏到电台广播。

夏季 粤西广播电台的器材、人员奉命向昭平县疏散。

夏末 桂林广播电台设备疏散至柳州，后运到宜山丧失。

民国三十五年（1946 年）

6 月 1 日 桂林广播电台经广西省政府决定用粤西广播电台设备恢复试播。发射机功率 100 瓦，呼号 XGOE，周（频）率 9868 千周（千赫）。

6 月 6 日 桂林广播电台正式恢复播音，举行开播典礼。广西省政府主席黄旭初、省参议长李任仁、省教育长黄朴心、桂林市市长苏新民到电台发表广播讲话。

11 月 桂林广播电台奉令改为广西省立教育广播电台，省教育厅电教处副主任陈汀声兼任台长。

民国三十六年（1947 年）

1 月 广西省立教育广播电台与广西省教育厅电化教育辅导处合并，电化教育辅导处增设编辑组。

民国三十七年（1948 年）

12 月 中共广西大学地下党组织利用“壁报联合会”合法团体名义，创办《壁联新闻》社，每天收听邯郸新华广播电台广播，抄收广播新闻，在《壁联新闻》中传播。

民国三十八年（1949 年）

3～4 月 中共六万山地委、粤桂边区人民解放军第四支队的领导把收听解放区新华广播电台广播作为迅速获得全国解放战争形势的主要来源。

5 月 1 日 广西省立教育广播电台改订播音时间表，每天播音 240 分钟，其中，新闻节目时间 150 分钟，占 62.5%。

夏季 中共左江地委收抄新华广播电台广播的中共中央文件、政令、战事消息供《战报》刊登。

8 月 10 日 桂林绥靖公署桂林广播电台开始试播，9 月 1 日正式播音。短波呼号 BEV_7，周（频）率 11500 千周（千赫）；中波呼号 BEL_5，周（频）率 830 千周（千赫）。代台长丁作超。

9 月 1 日 柳州江汉广播电台正式播音，举行开播典礼。发射机功率 200 瓦。呼号 BEL_{33}，周率（频率）980 千周（千赫）。台长：郑光华。台址在柳州中山东路翠园村。

9 月 2 日 桂林绥靖公署主任李品仙、广西省政府主席黄旭初等人到桂林绥靖公署桂林广播电台发表广播讲话。

9 月 9 日 国民党军第五十六军军长兼柳州警备司令马拔萃在柳州江汉广播电台播讲“空室清野的实践方法”。

10 月 1 日 广西省柳州广播电台开始试播。发射机功率 100 瓦。呼号 BEL_{33}。台址在柳州中正中路右一巷黄宅。

10 月下旬 广西省立教育广播电台奉命从桂林搬迁到南宁。

10 月 国防部军中播音第三队撤退到柳州播音。台址在柳江县图书馆。台长靳介之。

11 月初 桂林绥靖公署桂林广播电台改回原台名“华中军政长官公署广播电台”。

11 月 21 日 广西省立教育广播电台在南宁安装播音。

11 月 24 日 国民党军在柳州溃逃时，炸毁广西省柳州广播电台的全部设备和柳州江汉广播电台的天线。

11 月 27～28 日 中国人民解放军柳州市军管会文教接管部李毅等人接管柳州江汉广播电台的设备和人员。

12 月 1 日 广西省立教育广播电台在南宁停止播音。

12 月 28 日 中国人民解放军南宁军管会文教接管部黄沙等人接管华中军政长官公署广播电台、广西省立教育广播电台的设备和人员。

12 月 广西有收音机约 1100 架。

地市级地方志广播史料

一、南 宁 市

第一章　无线广播

20 世纪 30 年代，南宁有省广播电台两座。一座是南宁广播电台，也称广西广播无线电台，民国二十一年（1932 年）冬，由国民革命军第四集团军总司令部在南宁中山公园（今植物路自治区直属机关第一保育院址）筹建，次年底竣工，交付广西省政府使用并管理。民国二十三年（1934 年）1 月 1 日试播，8 日正式播音，为全国建立较早的电台之一，呼号 XGOE，发射机功率 1 千瓦。星期一至星期六每天播音二次，全天 310 分钟，员工 3 人至 5 人。民国二十六年（1937 年）年初随广西省政府迁往桂林。另一座是广西普及国民基础教育研究院无线广播电台，台址在广西普及国民基础教育研究院（今广西医科大学校址），民国二十四年（1935 年）10 月 9 日建立，

11月1日正式播音，呼号XNFE，波长200米。每天播音二次，共150分钟，主要广播研究院院长雷沛鸿提出的国民基础教育思想及内容。民国二十五年（1936年）9月随广西普及国民基础教育研究院撤销而停办。

民国三十八年（1949年）11月，广西省立教育广播电台和华中军政长官公署广播电台先后从桂林撤退到南宁。前者于同月21日开始在明德街播音，12月1日停上播音。

解放后，南宁是广西广播事业的中心。

二、桂 林 市

概　述

桂林市的广播事业发端于民国二十八年（1939年）广西省政府创建的桂林广播电台。民国三十年（1941年）又增建粤西广播电台。抗日战争时期，这两个电台曾为宣传抗日救亡发挥过积极作用。民国三十五年（1946年），桂林广播电台改为广西省立教育广播电台，撤销粤西台。民国三十八（1949年）年5月，汉口华中军政长官公署广播电台迁到桂林，改称桂林绥靖公署桂林广播电台。桂林解放前夕，上述电台均先后迁往南宁。

1949年11月22日，桂林解放。

第一章　无线广播

桂林的无线广播电台，解放前先后建有桂林广播电台、粤西广播电台、广西省立教育广播电台和桂林绥靖公署桂林广播电台。

第一节　广播电台

一、桂林广播电台

民国二十八年（1939 年）1 月 1 日，桂林广播电台建成试播。呼号为“桂林广播电台 XGOE”，发射功率 10 千瓦，频率 720 千周，波长 416 米，隶属广西省建设厅。民国三十三年（1944 年）8 月 5 日，因日本侵略军南侵，桂林电台奉命将全部机器设备疏散到柳州，后迁至宜山。宜山陷敌后，机器设备尽失。民国三十五年（1946 年）3 月，桂林广播电台由广西省教育厅接管，同年 6 月 1 日恢复播音。呼号仍为“XGOE”，波长 304 米，频率 9868 千周。

二、粤西广播电台

民国三十年（1941 年）6 月 18 日开始试播。该台隶属于广西省教育厅电教处，发射功率 100 瓦，频率 8100 千周，呼号为“XPKA”，播音时间是每天19：00～20：00。抗日战争胜利后，广西省政府为推行电化教育，将桂林广播电台划归省教育厅管辖，撤销粤西台，开办教育广播电台，用粤西台的设备广播。

三、广西省立教育广播电台

民国三十五年（1946 年）11 月 21 日，桂林广播电台改为“广西省立教育广播电台”。呼号仍用“XGOE”，波长 304 米，频率 9868 千周，发射功率 100 瓦。民国三十八年（1949 年）10 月下旬，教育台撤至南宁。

四、桂林绥靖公署桂林广播电台

民国三十八年（1949 年）5 月 9 日，原属中央直接管辖的汉口“华中军政长官公署广播电台”迁至桂林，隶属桂林绥靖公署，改名“桂林绥靖公署桂林广播电台”。8 月 10 日在桂林试播，频率 11500 千周，每天 20：00～22：00 播出。下设工务科、传音科、总务科，全台 52 人。同年 11 月初，电台改称原名“华中军政长官公署广播电台”，不久撤往南宁。

第二节　采编播业务

解放前驻桂林的广播电台中，广西省立教育广播电台以教育为中心，绥靖公署广播电台以反共为中心，但这两个电台存在时间短暂。存在时间较长的桂林广播电台和粤西广播电台，在宣传群众、鼓动抗战方面作出了积极的努力。

桂林广播电台和粤西广播电台采编播业务

抗日宣传 桂林广播电台和粤西广播电台均成立于抗日战争时期。因而在宣传上突出了抗日的主题，除了播发国民党中央和地方通讯社的电讯稿外，还设专人主持开展抗日救亡宣传工作，配合抗战形势和桂林抗战文化运动的开展，还不时邀请黄旭初、李济深、李宗仁、张发奎、程思远等军政首脑和欧阳予倩、千家驹、李四光、王文彬、郭德洁、熊佛西等知名人士到电台演讲。其中较重要的演讲有：民国二十八年（1939 年）7 月 3 日，王文彬演讲《满蒙空战与英日冲突》；民国二十九年（1940 年）5 月 4 日，程思远演讲《今后青年运动的方向》；民国三十年“三八”妇女节，李宗仁夫人郭德洁发表广播讲话，号召广西妇女动员起来，积极投入抗战行列；同年 12 月 31 日，熊佛西演讲《抗战戏剧的新阶段》；民国三十一年（1942 年）7 月，李宗仁演讲《我们应以贡献力量祭慰阵亡战士》等。

广播电台还邀请在桂林的国际反法西斯组织的人士到电台作反战宣传先后有：投诚的日本军官中山泰德、被俘的日本原驻河内领事馆秘书汐见正作用日语播讲《告日本听众》等，讲述日本俘虏在中国备受优待，揭露日本军国主义对中国的污蔑宣传；朝鲜义勇队秘书周世敏用日语向日军士兵介绍朝鲜义勇队到中国参加抗战的意义，号召日本士兵向中国军队投诚；《东方战友》社社长李斗山演讲《大东亚和平与各民族之使命》；中越文化工作同志会的越籍人士，用越语向越南听众宣传世界反法西斯战争和中国抗战的形势。民国二十九年（1940 年）8 月，美国著名作家、记者史沫特莱到桂林，应邀在电台演讲，报告她遍访中国南北战场的印象，生动地描述了中国敌后战场艰苦抗战及沦陷区的情况。民国三十一年（1942 年）6 月 14 日，美国合众社记者爱泼斯坦应邀参加电台纪念“联合国日”举行的招待茶会，对听众发表讲话：“如果全世界的弱小民族，都像中国一般坚强地不怕一切苦难和侵略者战斗，那么，纳粹的末日就会到临。”民国三十三年（1944 年）1 月，中外记者湘北战地考察团自衡阳抵桂林，随团采访的美国广播专家布宁应邀到电台演讲《常德之战》，叙述中外记者参观团亲历战地所见所闻，抨击日本侵华罪行。

民国三十三年（1944 年）2 月至 5 月，桂林举办规模空前的“西南剧展”，广播电台特设“大会动态”节目，报道剧展消息。同年 6 月，桂林文化界掀起声势浩大的“扩大动员抗战宣传周”。6 月 15 日，国民政府军委会桂林办公厅主任李济深，到电台作“同胞们，动员起来”的广播讲话，号召八桂子弟组织起来，武装起来，粉碎日军的进攻。电台还配合这一活动，播出新中国剧社演出的广播剧《天下一家》以及各音乐团演唱的抗战歌曲等，并积极报道宣传周活动开展情况。

文艺节目　桂林台除播放唱片外，还设有桂林广播电台管弦乐队和歌咏、国乐、西乐、平剧、桂剧、话剧等组，经常邀请专业和业余音乐、戏剧团体和艺术家到电台演播。如广西省立艺术馆音乐部、新中国剧社、广西艺术师资训练班音乐组、抗敌宣传第一队、逸仙中学歌咏团、马师曾粤剧团以及外来的“米卡奇夏威夷吉他乐队”等亦到电台演播过。到电台演播过的还有桂剧名演员方昭媛、著名小提琴演奏家马思聪、钢琴家石嗣芬等、著名话剧演员朱琳在电台播唱了话剧《再会吧，香港》主题歌等。

第三节　节目设置

一、桂林广播电台节目设置

民国三十年（1941 年）2 月，桂林广播电台所设的新闻性节目有《新闻报告》、《新闻类述》、《本省新闻》、《特别消息》、《纪录新闻》；专题性节目有《战时青年讲话》、《日语报告》、《敌情研究》、《时事评述》、《英语教授》、《公民常识》；文艺节目有《国乐》、《西乐》、《平剧》、《抗战歌曲》等，每天播音二次，共 360 分钟。播音语种除国语（普通话）外，还有日语、英语、粤语和桂林话。民国三十年 6 月，桂林广播电台将每天播音二次改为播音一次，时间是 18：00～23：00，共 300 分钟。所设节目有：《国语新闻类述》、《粤语新闻类述》、《国语简明新闻》、《日语报告》、《英语报告》、《桂语纪录新闻》、《儿童教育》、《卫生教育》，文艺节目除本台合唱团演唱之外，还安排了国乐、西乐和平剧等。三个月后，桂林广播电台增设《时论介绍》、《防空知识》、《青年讲话》、《日本音乐》，以及教唱《农歌》和《保卫广西》等歌曲，并恢复每天两次播音，第一次是 11：00～13：00，第二次是 18：00～23：00。民国三十一年（1942 年）5 月，桂林广播电台增设《民族英雄故事》《社会服务》《广西建设计划大纲讲解》《英雄报告》等节目，同时撤销《社会教育》《科学丛说》《省党部节目》。民国三十二年（1943 年）4 月 23 日起，每周一至六下午 18：40 试转播 KWID 旧金山广播电台的广播，节目有国语时事述评、英语新闻及时事述评。

二、粤西广播电台节目设置

民国三十年（1941年）6月，粤西广播电台设置《新闻》、《时评》、《音乐》等节目；除办固定节目外，还经常举办音乐广播节目，以充实广播内容。民国三十一年（1942年）7月，为纪念“七七事变”五周年，粤西台举办了“黄河大合唱”文艺演播。民国三十一年（1942年）9月，举办了铜乐、歌咏、口琴文艺演播，还邀请少年服务团到电台演播。

三、广西省立教育广播电台节目设置

广西省立教育广播电台建立初期，开设的节目有《每周省政报告》、《广西建设》、《建国讨论》、《地方通讯》、《时论介绍》、《教育讲话》、《妇女讲话》、《儿童故事》、《健康讲话》、《青年生活》、《科学讲座》、《史地知识》、《艺术漫谈》、《社教讲话》、《法律常识》、《电信常识》、《农村常识》等。民国三十六年（1947年）11月，增设《省国语新闻》、《粤语新闻》、《本省记录新闻》、《各地风光》等节目。民国三十八年（1949年）5月，将原播音时间改为18：30～22：30，其中新闻节目时间占2/3，教育节目时间仅占三分之一。同年8月，又把播音时间改为19：30～23：30，新闻和教育节目占大部分时间，另外还设置了一些戏剧、歌曲等节目。

第四节　技术设备

解放前，桂林的广播电台设备简陋。民国三十年（1941年）6月18日粤西台试播时有短波机一台，发射功率100瓦。民国三十一年2月，桂林广播电台正式播出时有10千瓦中波发射机一台，附设电力室、水汽室、煤气发生室。同年9月，为扩大播音区域，添置短波机一台。民国三十五年（1946年）1月重建桂林广播电台时，使用的是粤西广播电台的设备。桂林绥靖公署桂林广播电台仅有中、短波机各一台。

四川省

四川省地方志编纂委员会编:《四川省志·广播电视志》,四川科学技术出版社 1996 年版

成都市地方志编纂委员会编:《成都市志·广播电视志》,四川大学出版社 1997 年版

概　述

四川于民国二十一年（1932年）始建于广播电台，这是中国西部最早的无线广播电台。

一

1932年，刘湘以四川善后督办名义在重庆设立无线广播电台。

日本帝国主义于1931年9月18日发动“九一八”事变，出兵侵占中国东北三省。1932年1月28日，日本海军陆战队进攻上海。在关系到中华民族生死存亡的关头，国民政府将四川视作“民族复兴的根据地”，着意营建四川的广播事业。国民政府为控制四川局势，饬令交通部于1934年（民国二十三年）筹建成都广播电台和国际电台成都支台。1936年9月，成都广播电台建成播音。1937年抗日战争全面爆发，在日军占领上海、进攻南京之际，国民政府于同年11月20日宣布移住重庆办公，并令中央广播电台转移至重庆。1938年3月，该台在重庆恢复播音。国民党中央广播事业指导委员会、中央广播事业管理处亦迁重庆，行使指导、管理全国广播事业的职权，至抗日战争胜利返还南京之前，重庆一度成为全国的广播中心。

国民政府为开展国际宣传，争取外援，于1936年在重庆成立中央短波广播电台筹备处，1939年2月建成播音。1940年1月，该台改名为国际广播电台，成为国民政府“国际宣传之喉舌”。该台以不同的波长、定向或不定向天线，对不同国家和地区，使用17种语言播音。抗日战争胜利后，国际广播电台仍留重庆播音，直至1949年11月底重庆解放。

1940年，在日军向西南进逼下，国民政府即在西昌筹建西康广播电台，1943年5月建成开播。其广播任务，不仅面向四川、西康、西藏，而且面向亚洲西部地区。

抗日战争进入决定性胜利阶段，国民政府为适应盟军的需要，按联合国在华设立临时军用无线电台办法，屈从美军于1944年10月在重庆白市驿设置50瓦广播电台一座；1945年又在成都、泸县设置广播电台各一座，专为美军服务。

40年代，重庆先后出现私营广播电台，为各自的商业经营效力。1943年，复亚、华记行、行功三个私营广播电台相继开展短时广播业务。1947～1949年，谷声、陪都、万国三个私营广播电台一度兴盛。

民国期间，在四川虽建有上述多种广播电台，但收听工具极少。1949年成都市仅有收音机1万部左右，且多数掌握在官僚和工商业者手中；另有矿石收音机6000多部，大多系学生和店员使用。重庆市拥有的收音设备略多于成都市，但仍有限。专署和县曾设收音员，虽经国民政府培训、委任，因所配发的收音机量少质差，损坏后无经费和器材修复，大都废置。

1949年11月，国民党溃逃时，密令军警将国际广播电台和重庆广播电台的发射机全部炸毁。从南京逃至重庆的军中播音总队“军中之声”广播电台，转撤至成都。军中播音二队也从西安撤至成都。陕西绥靖公署所辖的西安广播电台，于1949年12月撤至成都，在途中奉命更名为华西广播电台。这三个电台的人员，有的经中共地下组织开展策反工作，保护广播机器设备；有的在解放大军兵临成都的情势下，表示起义，迎候接管。

二

1937年抗日战争爆发前后，中共中央即在革命根据地筹建广播电台，当时限于条件，未能实现。

在国共合作期间，1939年5月31日，中共代表周恩来应邀到国民党在重庆的中央广播电台发表题为《二期抗战的重心》的广播讲演，号召全国最好的兵力，最优秀的人才，深入敌后，在那里去建立根据地，到那里去消灭敌人，以争取二期抗战胜利。这篇广播讲演，震撼了国统区人士，产生了巨大影响。

1940年春，中共中央广播委员会正式成立，由周恩来、朱德先后在延安主持筹建广播电台的工作。1940年12月30日，延安新华广播电台开始播音。此后，地处大后方的四川民众能直接收听到新华广播电台的广播，了解中国共产党的抗日救国主张，洞悉国民党“消极抗日、积极反共”的阴谋，及其挑动内战的反动行为，进而起到明是非、正视听的积极作用，得到四川的爱国、民主、进步人士和广大听众的支持和信任。

由中共南方局领导的重庆《新华日报》，经常抄收并刊载新华广播电台播送的新闻、文告、命令、文件和中共中央领导人的重要讲话。中共四川省委接办《新华日报》后，仍然如此。

1947 年 2 月 28 日夜，国民党无理查封重庆《新华日报》。3 月，中共四川省委和《新华日报》奉命撤回延安。留在四川做秘密工作的中共川东临时工作委员会委员彭咏梧（后任中共下川东地工委副书记），领导中共地下党员和进步群众，在重庆秘密建立一个新华广播电台的收音站，抄收《记录新闻》，于 1947 年 3 月油印出第一期陕北电讯小报，至同年 7 月共印 13 期。根据中共地下组织的意见，这个收音站以后只收听记录，编印工作交由新出版的《挺进报》承担。同年 9 ~ 10 月间，中共中央发布的重要文件：《中国土地法大纲》、《中国人民解放军宣言》、《中国人民解放军总部关于重行颁布三大纪律八项注意的训令》等，均由该收音站抄收后，交《挺进报》刻印散发。该收音站根据中共地下组织的通知，于 1948 年 4 月停止收音工作。

《新华日报》被迫停刊后，在成都的中共地下川康特委决定办一张小报，每天收听和记录中共新华广播电台的广播，并油印出来，通过多种渠道散发出去。中共川西边临工委、中共洪（雅）乐（山）工委、中共川南工委等地下组织都收听并抄记新华广播电台的广播内容，秘密地编印出来，传给地下党员和进步群众。

这期间，收听、抄收中共新华广播电台的“真理之声”，成为延安通往巴蜀的“空中渠道”，使四川各地的中共地下党员和进步群众，能够及时了解到中国共产党的路线、方针、政策、部署和命令，为争取抗日战争的胜利和西南的解放而抗争。新华广播电台被四川人民赞誉为“黑夜里的明灯、黎明前的火炬”。

第一篇 >>>

无线广播

四川的无线广播电台，是在无线电技术和无线电通讯事业的基础上逐步建立的。1932 年，四川善后督办公署在重庆设立广播电台，是四川无线广播的先声。至 1949 年，四川先后设有各类广播电台 15 座（不包括抗日战争时期美军在四川设立的军用电台），其中有中央级广播电台两座，地方性广播电台四座，私营广播电台六座。1949 年冬，国民政府撤至四川的广播电台三座。

第一章 建置沿革

第一节 民国期间的广播电台

一、重庆广播电台

在 20 世纪 30 年代和 40 年代，重庆先后两次建立广播电台。

1931 年 3 月，国民政府公布《四川善后督办公署暂行组织大纲》，规定全省军队归督办负责管理。1932 年 12 月，四川善后督办刘湘在重庆建立军用广播电台，定名“重庆广播电台”，呼号 XGOS，主要转播南京中央广播电台的节目。播音极不正常，不久即中断。

1934 年，国民政府又任命刘湘为四川“剿匪”总司令，重庆广播电台恢复播音，呼号仍为XGOS，广播频率650千赫，发射功率1千瓦。每日晚上播音，除转播南京中央广播电台的节目外，还播送商情、气象、音乐、新闻1小时。1935年2月10日，改组后的四川省政府在重庆成立，刘湘任省政府主席，训令成区各县县长，将一切政务完全归省政府管辖。1936年12月，四川善后督办公署撤销。重庆广播电台继续播音，至1937年抗日战争开始，国民政府中央广播事业管理处、中央广播电台迁重庆后，重庆广播电台被撤销。

抗日战争胜利后，中央广播电台从重庆迁返南京，1946年恢复建立重庆广播电台，附设在国际广播电台内，由中央广播器材修造所装制一部发射机，功率1千瓦，频率1200千赫，于1946年9月初开播，呼号XGOB。每日早晚播音5~6小时，设“新闻”、“童子军讲演”、“节约讲演”、“卫生常识”、“音乐警策语”、“商情”、“气象”等节目。新闻全部采用当日中央通讯社电稿。重庆广播电台仅设几位播音员，其行政和机务人员均由国际广播电台员工兼任。至1949年11月，国民党及政府要员逃台湾前夕，派员炸毁重庆电台设在小龙坎的发射机。

二、成都广播电台

30年代初，国民政府决定在成都建立通讯电台和广播电台。由交通部向德国得律风根公司订购10千瓦中波发射设备一套，原定安装在上海吴淞镇的“上海海岸电台”旧址。1932年初，日本军队入侵淞沪，海岸电台被毁。交通部为确保国际通讯，决定在成都筹建国际支台，遂将这套德制10千瓦广播设备改移到成都。1934年开始筹建成都广播电台。1935年初，国民政府军事委员会委员长行营参谋团抵达重庆，交通部派一等电务技术员周崇高为工程师随行，并运送广播器材到成都。成都广播电台发射台和成都国际支台发射台台址，都选定在成都南郊华西后坝。成都广播电台的播音室设在市内永兴巷，成都国际支台收讯台设在北外梁家巷。

1936年9月16日，成都广播电台建成播音，呼号XGOG，发射功率10千瓦，频率560千赫。建有100米高自立式天线铁塔两座。办有《新闻述要》、《时事述评》、《省府讲座》、《英语讲座》、《藏语报告》、《回语报告》等节目。还办有川剧、滇剧、粤曲等文娱节目及特约播送平剧节目。

1948年10月7日，四川省政府颁发《政闻广播实施细则》，规定“政闻广播除本府直属各单位外，本省保安司令部及军管区司令部亦须参加”。“播讲政闻由各单位长官亲自出席，非经请假核准，不得派员代为播讲。”

"各单位于播讲后，应即检送讲稿三份，由本府秘书处分别以一份发布新闻，一份刊登公报，一份存查。"

成都广播电台隶属国民政府交通部电政司管辖。抗日战争胜利后，交由成都电信局管理。由于经费所限，组织机构从简，任周崇高工程师主持全台工作，下设广播课、工务课、总务课，共十余人。至解放战争时期，所办节目减少，除发布"戡乱"文告外，采用当地报纸所载国内外新闻，并播放大量唱片。1948年5月起，每晚转播"美国之音"广播电台专对中国的华语广播半小时。1949年12月27日成都解放，成都广播电台由中国人民解放军成都市军事管制委员会接管。

三、设在重庆的国际广播电台

1934年，国民党中央广播事业管理处"议设强力短波广播电台，定向放射于欧美各国"，"列为国防要素"，作为"国际宣传之喉舌"，宣传国民党及其政府对外政策和"民主政治"。1936年，中央短波广播电台筹备处正式成立，由中央广播事业管理处处长吴道一任筹备处主任，冯简任筹备处副主任兼总工程师。冯简随即从南京到重庆勘察，将发射台址定在小龙坎。同时向英国马可尼无线电公司订购35千瓦短波广播机一部及全部发音、增音、天线、收音转播设备和备用250千伏安蒸汽发电机设备。还派工程师5人赴英实习，并监造机件。1937年抗日战争爆发时，广播机件陆续运到重庆，着手安装。1938年10月，广播发射机装成，经过试播，于1939年2月6日正式播音。

这座短波广播电台的主要任务是开展国际广播，而中央广播事业管理处当时无法提供各国文字的稿件和外语播音员，遂由国民党中宣部国际宣传处提供。1940年初，短波广播电台划归国际宣传处直接管理，派王慎铭任台长，同时改台名为国际广播电台，呼号为XGOY，简称VOC，即Voice Of China（中国之声）。国际电台以XGOY呼号对欧洲、澳洲及南洋等地区广播，有时又以XGOX呼号对北美洲广播。此时，冯简仍任总工程师。为防御日本侵略军飞机空袭，在小龙坎赶建防空机房，1940年6月建成，7月拆迁发射机到防空机房。不久，国际宣传处奉令将国际电台交由中央广播事业管理处管辖，委任冯简为台长。

国际广播电台播音的语种和时间，随国民党当局所提供的经费、人员、设备等条件而定。1939年2月开播时，仅用9种语言，至1941年增至17种语言播音。播音语言分两大类：一类是本国语，有国语（普通话）、粤语、闽语、客家语、沪语等；另一类是外国语，有英语、法语、德语、俄语、日语、荷兰语、印度语、缅甸语、越南语、西班牙语、马来亚语、朝鲜语等。在这些语种中，经常使用国语、粤语和英语播音，其他语种每天播音各约半小时。全台各语种每日播音，一般约有12小时，最长时达16小时。以不同波长、频率，定向或不定向发射，对不同国家和地区定时广播。此外，国际电台每晚要转播中央电台国语新闻节目30分钟，而国际电台21时的英语新闻节目，也要求国内各地的广播电台转播。

国际电台的节目内容，以新闻和时事述评为主，几乎全部采用中央社电讯稿和《中央日报》刊登的新闻、评论，以及中宣部国际宣传处和美国新闻处提供的稿件。未设专职记者、编辑，仅设国语、英语、缅甸语等几个语种的播音员播送相关节目。其余节目皆由各国驻华记者到该台自编自播。美国国家广播公司NBC、加利福尼亚广播组织CBS、互通广播组织MBS、英国广播公司BBC等外国记者，通过国民党中宣部国际宣传处介绍，就可到国际广播电台直接播出自编的节目，并通过该国自己的电台届时转播。每晚，办有对美国广播的英语记录节目1~2小时，由旧金山专门机构收录转播。国际广播电台的宣传内容，随国民党及其政府的政治态度和策略、国内外政治、军事斗争形势的需要而变化。

抗日战争胜利后，中央广播事业管理处和中央广播电台于1946年5月迁返南京、国际广播电台仍留重庆。由于国际电台各种语言播音员大多离重庆东下，中央社提供英文稿亦无保障，国际电台的对外广播难以维持。1947年，南京中央电台建立通报台，每日将中央社英文稿以电报发给国际电台，经抄收整理后播出，半天通报的内容往往满足不了一次新闻节目的需要。当时除国语、粤语、英语、俄语和越语外，其他语言播音全部停止。播音时间，每日减少至4小时。美国的宗教团体还在国际电台播出宗教节目，每周一个半小时，多时达两小时。每播1小时，美方付110美元作为代价。这种宗教节目，一直办到重庆解放前夕。

1949年11月27日下午，蒋介石召见冯简，令他去台湾。28日夜至29日晨，国际电台小龙坎发射台被炸，35千瓦和10千瓦短波发射机等设备顿成废铁。30日，重庆宣告解放。

四、迁至重庆的中央广播电台

1937年秋，日本侵略军占领上海，向国民政府首都南京进逼。同年11月20日，国民政府宣布移住重庆。三天后，其中央广播电台奉命转移，取道长沙，迁至重庆。在重庆上清寺国民党中央党部新址范庄附近的聚兴村租赁办公室，利用牛角沱陶瓷职业学校旧房作机房，将从南京抢运来的广播设备赶修好，于1938年3月10日恢复播音，呼号仍用XGOA，频率1450千赫，发射功率10千瓦。1939年1月频率改为1200千赫。又借用重庆电信局7.5千瓦电报电话两用机，改作短波广播发射机，转播中波广播，供远地收听。国民党中央广播事业指导委员会、中央广播事业管理处亦迁至重庆。

1938年夏，中央广播电台在重庆上清寺聚兴村对面的火烧坡中山三路地段，开始兴建广播大厦，1940年年底竣工。这座大厦共三层，上层作中央广播事业管理处的办公室，二层和底层作中央广播电台和国际广播电台的办公室、编辑室，还有7个播音室。

1939年1月，国民党中央广播事业指导委员会决定：中央广播电台拥有中波广播和短波广播，中波广播的播音时间从每日2时至23时，间歇播出9小时30分；短波广播的播音时间，在原播出5小时的基础上，增加凌晨2时至4时20分一段时间播出。中波广播面对国内听众，以国语、粤语为主；短波广播面对海外华侨，使用粤语、闽语、英语、泰语和马来亚语。

中央广播电台播音节目，办有《简明新闻》、《新闻》、《记录新闻》、《一周大事》、《评论》、《国文教授》、《英文教授》、《无线电杂谈》、《文艺杂谈》、《哲理杂谈》、《儿童节目》、《家庭节目》、《国乐》、《西乐》、《平剧》等。还有《总理遗教》、《讲读蒋委员长文稿》等。

中央广播电台的宣传内容既有主张团结抗日、共御外侮的积极方面，又有鼓吹"曲线救国"反共反人民的消极方面。中央广播电台一度邀请中共代表、抗日将领、国民党的抗战派、爱国人士和国际友人如周恩来、冯玉祥、李济深、郭沫若、沈钧儒、黄炎培、爱德华（印度援华医疗队队长）等发表广播讲演，号召国内广大同胞团结起来共同抗日，呼吁国内外反法西斯力量团结起来，打败德、意、日侵略者。1939年5月31日，中共中央代表周恩来应邀在《特约讲座》中作了《二期抗战的重心》的广播讲演。讲演稿很快被刊登在《广播周报》第173期上。周恩来的广播讲演，阐明了中国共产党的主张，产生了巨大的影响。随着国民党顽固派再次掀起反共高潮，特别是1940年4月以后，中央电台广播节目中反共反人民，颠倒是非，混淆黑白，颂扬国民党独裁统治的报道、讲演和文章日益增多。抗日战争胜利后，蒋介石到中央电台发表"戡乱建国"的广播演讲；中央广播事业管理处还发布《广播复员紧急措施办法》、《管理收复区报纸通讯社杂志电影广播事业暂行办法》等。

中央广播电台台长由中央广播事业管理处处长吴道一兼任。节目播出工作由传音科负责，传音科下设播音股、编审股、方言股。另设音乐组，下分国乐和西乐两部分。

1945年8月，日本宣布投降后，中央广播电台成立“还都委员会”，1946年5月，中央广播电台由重庆迁返南京。中央广播事业指导委员会、中央广播事业管理处同时迁回南京。

五、西康广播电台

国民政府于1938年7月动议在康定设立西康广播电台，委派郑崇武为筹备主任。1939年将江苏省政府广播电台的广播设备西运重庆，机件颇多残缺，经整修装配为1千瓦中波广播机后，再运至雅安。因通往康定的公路尚未修成，这批机件直至1940年年底方运到康定。台址设在康定南门外，利用一幢住宅改建机房，并作办公之用。1941年10月，广播发射机装成，开始试播，呼号XRSA，波长261米。但试音不准，更因经费不支，电源不足，机器破损严重，运输困难无法补充，这次试播未成功。

1940年，中央广播事业管理处遵照蒋介石手谕，限期在西昌建立短波广播电台，以备抗日战争局势恶化，重庆难保，退守宁属各地时，作为对外广播发言之用，遂派单乃勋往西昌筹建。台址设在西昌城内下西街天尚宫（今西昌市第二小学）。调用昆明电台的2千瓦短波发射机，因机件笨重，公路未通，便将发射机拆散，人背畜驮，翻山越岭，于1941年初运到西昌。当即安装设备，至1942年1月装成试播。因原建在康定的广播电台试音未成，奉中央广播事业指导委员会命令撤销，于1942年7月与西昌广播电台合并，定名为西康广播电台。1943年5月1日，在西昌的西康广播电台正式播音，呼号SRSA，发射功率2千瓦，波长37米，频率8110千赫，属中央广播事业管理处直接管辖。

西康广播电台对国内的川、康、藏地区广播，对国外的亚洲西部及中东一带广播。广播内容除转播当时在重庆的中央广播电台的节目外，设有新闻、讲座、文娱等节目。全台有编播、机务人员二十多人，台长由单乃勋担任。

1945年8月，抗日战争结束，西康广播电台奉命撤销，人员和设备调往重庆。

六、自贡广播电台

1947年（民国三十六年），自贡市政府为“宣扬政令，教育市民，协助防空”，由市长何绍南承办，在公园高氏图书馆建有小型广播电台一座，是年11月21日开播，呼号为“自贡市政府广播电台”，波长273米，频率1100千赫，输出功率50瓦，主要播送市政府各科、处提供的市政节目。后因经费难以维持，遂于1948年11月25日停播。

七、撤至四川的广播电台

1949年10月，在人民解放军胜利进军下，国民政府由广州撤退至重庆。其所属一些部队广播电台和地方政府的广播电台，也于同年11月和12月从南北两路退集成都，计有国民政府国防部所属军中播音总队的“军中之声”广播电台、军中播音总队第二队“军中之声”广播电台、原系陕西广播电台撤退中改称的华西广播电台。

军中播音总队于1943年6月在重庆成立，原属国民党军事委员会政治部，后划归国民政府国防部。1945年，军中播音总队在重庆遗爱祠建立第一座“军中之声”广播电台，呼号XMPA，从事“担负对前线部队和对敌方的广播宣传任务”。抗战胜利后，由重庆迁至南京播音。1949年4月，中国人民解放军横渡长江前夕，该台取道上海退至广州。同年6月，又逃迁到重庆，9月在当地架台播音。1949年11月，解放大军合围重庆，该台又退至成都，驻旧皇城坝内。12月中旬，川北门户广元解放，军中播音总队队长徐复华率副官等飞逃台湾，抛下电台官兵45人，留有1千瓦短波机一台、500瓦中波机一台、50瓦扩大机一台、20瓦扩大机两台、10瓦小型播音机七台，五灯和七灯收音机各一部。1949年12月27日成都解放，该台员工事前接受中共地下党组织的劝告，保护机器，后由成都市军事管制委员会接管小组接管。

军中播音总队第二队“军中之声”广播电台，简称“军中播音二队”。1947年，军中播音总队改组，将原编5个中队改为5个队，分别在北平、沈阳、西安、武汉、广州五地设“军中之声”广播电台播音。在西安设台播音的“军中播音二队”，受西安绥靖公署指导，呼号XMPC。1948年3月后，人民解放军向西安进发，该二队于1949年1月由队长马培诚、副队长梁梦麒率领编播、技术人员十多人，由西安撤退到南郑，在当地架台播音两个月。1949年11月，又逃到成都，在旧皇城坝与军中播音总队“军中之声”广播电台会合，尚留有200瓦短波机一台和其他广播器材。进入成都后，国民政府国防部即命令该队队长马培诚："自1949年12月1日起，接受胡宗南长官指挥，并随军进退。在必要时，可将全部机器予以破坏。"这一内情为中共川康边人民游击纵队留蓉工作部所侦知，即派地下党外围组织"新民主主义建国社"成员刘格非做马培诚的策反工作。刘以山东同乡关系劝说马站到人民一边，保护电台全部器材。马培诚答应说："我原本不忍心破坏这台美制设备，现则得到党（指中国共产党）的信任和指导，我决定照办。"事后，马培诚将广播设备全部拆卸装箱，另以旧器材顶替应付。不久，解放大军分南北两线夹击成都，胡宗南急于逃命，未能顾及电台，遂使电台机器安然保存。成都解放后，由马培诚等将全部机器向成都市军管会军事接管小组点交。

华西广播电台，原系西安广播电台，成立于1936年8月，呼号为XGOB。1938年3月，日军侵占风陵渡，西安广播电台于是年秋天迁往南郑，改称陕西广播电台，1939年8月正式播音，呼号改为XKPA。播音不久，将广播对象扩大为西北各省。抗日战争胜利后，陕西电台于1946年10月迁返西安播音。曾用一个频率干扰延安新华广播电台。1949年5月12日，陕西广播电台又退到南郑，以临时改装的发射机进行播音。同年7月，胡宗南部队在扶眉惨败，该台代理台长兼工务课长韩镇华率领编播、技术人员25人，携带广播机器南逃，一度在广元被胡宗南部队扣留，12月5日才逃抵成都，暂在商业场总府街小学驻足，带有5千瓦中波机一台、400瓦中波机一台、转播机一部及其他广播器材。当时，随蒋介石逃到成都的国民党中央宣传部要员任卓宣（叶青），闻知从陕西迁来电台，即召见代理台长韩镇华，命令陕西广播电台改名为华西广播电台，编作西南军政长官公署华西随军电台，并拨给经费，随军撤往西昌播音。按任卓宣的计划，在华西某地保存一座电台播音，对国外可以表明大陆西南尚有国民政府的根据地，在国内还能为流窜到边境的国民党残部鼓气助威。但韩受命不久，解放大军迅即包围成都，华西广播电台在围困中未能撤走。12月中旬，代理台长韩镇华通过成都市邮政储金汇业局的通讯电台，向北京中央广播事业局发一电报，表示起义，保护机器完好。成都解放后，该台由成都市军事管制委员会接收。

八、私营广播电台

（一）复亚、华记、行功广播电台

1934年，重庆复亚无线电公司开办复亚广播电台，输出功率5瓦；华记五金行开办华记行广播电台，输出功率5瓦；行功电业社开办行功广播电台，输出功率10瓦。这些电台均分别设于重庆各家商店内，进行商业广播，开播不久，均因没有取得当局的执照而被撤销。

（二）谷声广播电台

该台1947年5月8日在重庆开办，前身为谷声无线电社。这个无线电社由王小谷于1936年所办，主要从事修理和装配收音机、扩大机业务。抗战胜利后，集资改组为谷声无线电公司，扩大业务范围。谷声广播电台的频率为1340千赫，输出功率500瓦，后扩大到1千瓦，呼号BEF-24，使用机器系谷声无线电公司自己设计安装，每日播音10小时以上。经营业务以商业广告为主，播送金融市场行情和商品广告，并播放川戏、京剧和歌曲唱片。设新闻节目，播送国民党中央社和重庆各家报纸的消息。还办有《重庆掌故》、《听众点播》、《无线电常识问答》等节目。

（三）陪都广播电台

该台开播于1947年10月10日，由重庆恒义兴百货行开办，频率1100千赫，输出功率300瓦，呼号BEF-33，每日播音8~9小时，设新闻、评论、歌曲、曲艺、川戏、京剧等节目。定期转播国民政府中央广播电台节目和“美国之音”华语节目。重庆解放后，转播西南、重庆人民广播电台节目，播送广告，自办少量节目。

（四）万国广播电台

该台开办于1948年5月30日，前身系重庆万国无线电股份有限公司。频率910千赫，输出功率300瓦，后增为750瓦，每日播音10小时以上，设广告、新闻、评论、歌曲、曲艺、川戏、京剧等节目。定期转播“美国之音”华语节目。重庆解放后，转播西南、重庆人民广播电台节目，播送广告，自办少量节目。

第二篇 >>>

延伸事业

第一章 期刊、报纸和图书

第一节 期刊

刊物

民国期间刊物

1937年2月，中华民国交通部成都广播电台主办的《广播月刊》创刊，发刊词中说："前年秋……建设广播电台，越八月而工程完竣。经长时间试验后，确信工作上毫无疵点，始于客岁仲冬，正式播音。复蒙川中诸名流莅台讲演，才逾二月，即集得讲稿数十篇。琳琅满目，洵称杰作。深恐情随事霁，致后之观今，无从考证。而有与时俱没之憾，爰特发行月刊，以资流传，此本刊之所由作也。""兹刊内容，除政令不载外，举凡政治科学教育军事各专家讲演，均有极精详之记载，藉补收听时之遗误。发刊伊始，特记缘起于此。"创刊号中印有四川省政府主席刘湘，秘书长邓汉祥等题词。还登有"全国广播电台各别播音节目表"，以及多种广告。《广播月刊》为16开本，向国内外发行，编辑者是交通部成都广播电台播音股，发行和印刷者是成都美信印刷局，编辑发行约两年。

1939年5月13日，交通部成都广播电台出版《广播周刊》。创刊号的

《弁言》中写道："在此整个中华民族忍辱负重困苦奋斗的时候，我们有无限的毅力和坚决的自信，我们有深切的期待和满怀的热望，要向国内外同胞以及沦陷区域的父老兄弟报告，同时更要向同情正义爱好和平的友邦人士申说：这一种传播的工作，从事广播事业者，实负有重大的责任。""但是，广播事业在中国还是萌芽的时期。二十二阅月来对日的抗战，又遇及重大摧折。过去中央广播电台巍峨的铁塔竟为敌人所利用，初具规模的几个广播电台，多半已在沦陷区域破坏了！目前在后方规模比较完备的，就只有成都一颗仅存的硕果。""成都广播电台因事实上的需要而设立，到现在不过短短二个年头，就遇着如此严重的时期，负起了全国广播事业中心的工作，由于责任的重大，使我们更透切地感受到广播事业的重要，更使我们感觉到工作上有愈加勤奋努力、愈加审慎检讨的必要。这一册小小刊物的发行，一方面是为我国广播事业的前途聊尽一部分倡导的责任；一方面也是为我们工作本身作一个定期的决算和检讨。""在过去两年之中，往往为了一个问题的探讨，或是一种运动的提倡，承蒙党政军首长以及各界名流、专家、学者，给予许多精辟的讲演。现在乘这周刊问世的机会，择要加以登载，以供各界的参考。同时，今后广播的节目，以及应行兴革的事宜，也想藉此篇幅，尽先预告，俾便听众的采择和指教。"周刊的编辑者、出版者和发行者都是交通部成都广播电台。周刊断续办至40年代中期。

第二节　报纸

民国期间的广播机构，未办专业报纸。广播电台的播音时间表和节目内容介绍刊登在《广播月刊》、《广播周刊》上，重要的广播内容则作为新闻发表在日报、晚报上。

第三篇 >>>

业务研究和交往

第一章　业务研究

第一节　科学技术研究

科研沿革

1942 年，国民政府无线电专家冯简向中央广播事业管理处请得专款，在重庆建立中央电波研究所。其宗旨，“系以科学方法研究各种电波之传送，及各种无线电机件之效能，以其研究所得，促进全国无线电工业之发展”。1943 年 8 月，该所开始观测太阳黑子。1944 年 11 月，自制电离层观测机装成，对重庆上空作电离层特性的观测。1946 年至 1947 年，南京、北平、兰州三个城市设电离层观测台，对中国天空电离层特性作全盘研究，供军事、航空、广播、通信正常工作参考。中央电波研究所因“限于经济与环境，还未正式成立，故发展亦诸多掣肘”。重庆解放后，由西南人民广播电台接管，后移交西南电信部门。

第四篇 >>> 管理

第一章 管理体制

第一节 体制演变

民国期间广播事业的管理体制

民国期间的广播事业，由中央广播事业管理处、中央文化事业计划委员会、军事委员会、交通部、内政部、外交部、教育部等机关代表组成中央广播事业指导委员会进行监督及指导，负责广播计划与统管、广播电台的筹设与取缔、广播事业法规的制定、广播电台波长的分配与呼号的规定等事项。由中央广播事业管理处领导、管理和行使处理日常事务、技术工作及随时更订节目和筹划扩展广播事业，开办收音员训练班，出版定期刊物，协助教育部实施播音教育等职权。抗日战争期间至解放战争期间，在四川省的中央和地方各类广播电台，按其性质不同，分别由中央广播事业管理处、军事委员会、交通部和四川省政府管理。

1935 年，四川省政府决定由建设厅开办无线电收音员训练班。

1940 年 4 月 22 日，四川省政府决定设置四川省无线电机修配所，隶属于建设厅，掌管无线电机的装配修理，培训各县收音员及研究改良事宜。

第二节　技术管理

民国期间的广播电台，设主管工程师分管所有技术工作。1936 年正式播音的成都广播电台，由国民政府交通部任命主管工程师。设在重庆 1939 年建成播音的国际广播电台，国民政府任命总工程师、副总工程师，统管技术工作。

地市级地方志广播史料

一、成 都 市

概　述

广播电视是随着电子工业和无线电科学技术的发展而出现的现代化传播工具。它在成都出现较晚，民国二十五年（1936 年）国民政府在成都建立交通部成都广播电台。当时，接收机甚少，且价格昂贵，除一些军政要员、达官贵人、豪商富贾有收音机外，一般人无力购买。到 1949 年成都市拥有的收音机包括民间自装的许多矿石耳机在内亦不过数千部。所以，解放前成都虽有广播电台，但收听广播并不普及。

第二章　广播

第一节　民国时期的成都广播事业

一、无线电广播传入成都

20世纪20年代，上海、哈尔滨、南京、北京、天津、沈阳等都市相继建立无线电广播电台之际，地处西南的成都，正值军阀割据的防区制时期，交通闭塞，经济文化落后，既无广播电台，市场上也无收音机销售。仅有少数从日本、欧美等国归来的留学生及往返于京、沪等地的达官富商将在沿海各大商埠耳闻目睹到的无线电收音机（当时又称无线电话接收器），作为“海外珍闻”，津津乐道。

民国十七年（1928年）至民国十八年（1929年），国民革命军二十一军（刘湘部）、二十四军（刘文辉部）、二十八军（邓锡侯部）等军部相继开始装置由上海、天津等地购进的短波无线电机（电台）。民国十九年（1930年）10月，国民政府交通部正式批准成都电报局建立第一座短波无线电台（250瓦），统揽民用无线电报业务。这些军用民用无线电台的机器设备以收、发无线电报为主，兼有收音、收话装置，可以收听到南京、上海甚至国外广播电台的新闻、音乐节目。短波无线电台在成都地区的建立，实为无线广播传入成都的先导。一批在上海等地受过无线电专业技术训练的电台机务报务人员，成为成都地区最早的无线电爱好者和无线电接收器组装收音技术的传授者。

民国二十一年（1932年）11月20日，国民政府中央广播电台安装了从德国购进的功率为75千瓦的新型广播设备，全国各地均可较清晰地收听到南京中央广播电台的声音。民国二十二年秋，国民政府中央广播事业管理处在南京首次举办全国各省、市、县无线电收音人员训练班。四川的成都、郫县等二十多个市、县，各保送一名高中毕业生赴南京参加学习，为期五个月，主要任务是学习收音、抄报技能和收音机的装置修理技术。学习期满后，带回直流七灯收音机一部，在本地筹划开展收音业务。

民国二十四年（1935 年），四川省政府建设厅在成都实业街首次举办全省各县无线电收音员训练班。以民国二十二年赴南京中央无线电台学成归来的 30 余人为训练班骨干，共有学员 120 多人。受训三个月结业，由省府颁发收音员委任状。受训人员结业后，领取七灯直流收音机一部，在各县建设科或民众教育馆建立收音室，抄收中央广播电台的《记录新闻》，供县府机关要员参阅。无线电收音员训练班的相继举办和七灯直流收音机的传入，标志着成都地区的无线电广播收音事业逐渐有了发展。民国二十四年（1935 年）8 月 5 日，上海出版的《中国无线电》（*China Radio* 杂志）上，对成都的收音情形作了如下的报道："成都远处边陲……距离南京、汉口、上海等处遥远，用矿石机是收不到音的。……大概要想用扬声器收听各处的播音，非六、七管之超外差式机不可。……我们翘首盼望，四川省会成都于最近的将来，有播音台的出现……"

二、交通部成都广播电台

（一）建台

民国二十三年（1934 年），国民政府交通部为了适应国际电讯和广播宣传的需要，将从德国运到上海的 10 千瓦中波广播电台设备和从英国订购的 20 千瓦短波电台设备，全部转运到成都，筹建交通部成都广播电台和交通部国际电台成都支台。同时抽调原在交通部上海国际电台任职的无线电专家（法国留学生）周崇高全面负责两台的筹建工作。两台在成都华西后坝南台寺选定地址，于民国二十四年（1935 年）10 月开始施工建设，八个月后广播机器设备安装竣工，其后又经连续四个月的运转调试，成都广播电台遂于民国二十五年（1936 年）9 月 16 日建成播音。该台由交通部委托国际电台成都支台代管。

交通部成都广播电台呼号为 XGOG，频率 560 千赫，发射功率为 10 千瓦。电台的技术设备，发射功率及覆盖面，仅次于国民政府中央广播电台。西南、西北、东南沿海诸省及香港等地均可收到 XGOG 的声音。该台首次播音，轰动了全川。前往华西坝参观高达百余米的无线电广播铁塔的各界民众络绎不绝。

在成都《广播月刊》创刊号"发刊词"中，该台工程师周崇高就"创立蓉台之本旨"作了以下阐述："蓉台之创立，盖期西北及西南诸省，对于现时之国家政闻，世界情况，逐日播发，俾人民了解政府之举措与世界大势……此政府所以不惜巨费，创立蓉台之本旨也。"在《广播月刊》创刊号上还刊登了该台播音股股长刘仁信撰写的《本台的使命和希望》一稿，文中强调："四川为民族复兴的根据地，提高文化水准，实为本台之重大使命。"

文章指出：交通部成都广播电台还担负有对外宣传的使命。因此，该台从开播之日起，每周逐日轮换播出："英语新闻报道"、"英语时事解说"、"英语专题演讲"节目，以和国民政府中央国际广播电台协作配合，实施其对外宣传的使命。

（二）机构管理

交通部广播电台组织通则规定：广播电台设工程师一人，综理全台事务。因此，成都广播电台未设台长、副台长等职衔，仅设工程师一人，既管理技术业务又管理编播行政工作，统领全局，总管一切。该台工程师由早年留学法国、攻读无线电专业、谙熟广播技术业务的周崇高担任。

交通部成都广播电台设播音股、技术股、事务股，分别设股长一人。未设置编辑部，也没有一个专职记者和编辑。

播音股掌管拟定每周节目播出时间、广播稿件的组织撰写以及节目转播事项。每日播出的新闻绝大部分系中央社直接供稿或由播音员临时编排各报刊登载的重要新闻，直接播出。广播讲座、时事讲演等各项专题节目内容全由有关机构、社会学术团体、大专院校等单位供稿，指派专人到台播出，播音股则负责组织联系、编排节目播出等具体事项。播音员单人值班时，除直播各类新闻稿外，还按照每日节目时间表格，负责值机穿插播放音乐、戏曲等文化娱乐节目的各类唱片，从开机到关机，一手负责到底。

技术股掌管工程的计划改良及费用的估计事项；机件的装设调试及维修事项；机料的领购保管及预算事项；机件的正常运行及技术安全事项。

事务股掌管文书收发缮校事项；现金出纳及单据保管事项；营业之处理及会计稽核事项；其他不属各股管理的事项。

交通部成都广播电台机构精简，播音、技术、事务三个股每股多则五六人，少则三四人，事务股长由工程师兼任，全台共有公务职称的员工仅14～15人，再加机工、差役和警卫人员若干名，全员总计25人左右。

交通部成都广播电台自民国二十五年（1936年）11月开播后，即由交通部直接委托该部国际电台成都支台代管。民国三十四年抗战胜利后，国际电台迁回上海，交通部遂决定于民国三十五年（1936年）6月将交通部成都广播电台人员和机构设备全部移交交通部成都电信局接管。对外呼号仍为交通部成都广播电台XGOG。

（三）节目设置

交通部成都广播电台开播初期每天播音两次。第一次13：00～17：00，第二次 18：00～21：00。周一至周六，全天播音 7 小时 10 分钟。星期日 18：00～21：10 播音一次，共 3 小时 10 分钟。抗战期间，节目时间有所调整。据民国二十八年（1939 年）5 月的一份节目时间表记载，第一次播音 6：00～7：50，第二次播音 16：00～23：00，全天播音（周一至周六）8 小时 50 分钟。星期日 18：00～23：00 播音一次，共 5 小时。节目分类如下：1. 新闻节目——地方新闻、四川省府政闻、转播中央电台时事新闻节目。周一至周六，每天播出 140 分钟左右。星期日播出新闻 30 分钟，新闻稿主要由中央社成都分社提供，并摘播当日出刊的成都报纸上的消息。2. 专题节目——专题讲座、市政报告、学术讲座、知识性讲话、名人讲演等。各类专题节目如民政厅讲座、省党部讲座、川大讲座、华大讲座、自然科学讲座、航空常识讲座等，每周或间周轮换播出，每次 15 分钟至 30 分钟不等。专题节目每天播出时间共达 2 小时以上。各种讲座的题目、内容均由各机关、大专院校、社会学术团体等主讲单位约定包办，电台只需安排播出时间即可。名人讲演由电台预期邀请主讲人播讲。冯玉祥、陈立夫、张伯苓、黄炎培等党政显要、社会名流学者均曾到台讲演。3. 英语节目——成都广播电台开播初期仅于每周星期日 18：30～19：00 安排半小时的“英语时事讲演”节目。抗战期间为了加强对外宣传，增设了“英语报告”、“英语时事述评”、“英语战时讲话”、“华大英语讲演”，每日轮换交替播出的英语节目共达 45 分钟。稿件主要采用中央社总社编译的国内英文新闻稿和美国新闻处提供的新闻稿。民国二十九年（1940 年）12 月 13 日国民政府国际广播电台准时转播了陈立夫在成都发表的英文演讲。4. 音乐戏曲文娱节目——播放国乐、西乐、粤曲、歌曲、滇剧、川剧、评剧、曲艺的唱片，并于每周穿插播放慈惠堂瞽童的琴书和小学生演唱，以及四川艺专乐队、华大乐队、中央军分校乐队演奏及春熙大舞台、三益公剧院的京、川剧剧目现场转播节目。每天播出 150 分钟左右。5. “藏语报告”、“回语报告”节目。6. 商情、气象节目。该台每周还两次插播有关民生公司船期、欧亚航班班期以及成都各电料行出售收音机之简短信息，均不收费。

成都广播电台的建立，促使成都市区少数商家开始成批出售矿石收音机和耳机，自己购买零件组装收音机的无线电爱好者日益增多。抗战中期至后期（1940～1945），专门经销并修理各类进口无线电收音机的无线电器材行已由三四家增至十多家。全市收音机的拥有量也由民国二十六年的近百部（包括矿石收音机）发展至民国三十四年的近千部。

据不完全统计，1949年底成都解放前夕，全市拥有的民用收音机（包括矿石收音机）仍为数不多。交通部成都广播电台建台12年，发射能力虽然强大，但因电源全靠成都启明电灯公司供给，市区经常停电，使电台节目播出时断时续，甚不正常，再加当时受战乱影响，西南诸省收音机普及程度甚差，因而这家位居全国前列的大型电台的收听效果欠佳。

二、重庆市

概　述

20世纪30年代初，重庆通远门（今观音岩）外纯阳洞出现一家民营广播电台之后，重庆相继建有华蜀、行功、复亚、盛华、谷声、陪都、万国等民营广播电台。这些台多数功率很小，以不定期播出商业广告为主，同时播出少量戏曲和民乐。播出一段时间后，因未取得执照或经费困难等原因停播。谷声、陪都、万国诸家规模较大、播出较正规的民营广播电台，一直播音至重庆解放，由新建的人民广播电台接管后停止播出。

1932年12月，军阀刘湘任主任的四川善后督办公署在重庆建立中国西部第一个广播电台——重庆广播电台。呼号XGOS，播出不久即中断。1934年用原呼号恢复播音，频率650千赫，功率1千瓦。

1937年11月20日，国民党中央广播电台（以下简称中央广播电台）播出《国民政府移驻重庆办公宣言》后，随国民党中央广播指导委员会和中央广播事业管理处，从南京西迁重庆。1938年3月10日，中央广播电台在国民党中央党部新址——重庆上清寺聚兴村6号，用呼号XGOA恢复播音。频率1400千赫，功率10千瓦。播出语种有汉语（国语）、英语、蒙语、藏语、回语。不久又用7.5千瓦电报电话两用机作短波播出，播出语种增加厦门语和粤语。

第一章　无线广播

第一节　民营广播电台

重庆的广播事业起源于20世纪30年代。从1932年重庆通远门外纯阳洞建立第一个私营广播电台起到1949年的十七年间，重庆先后建立了多座广播电台，其中既有私营广播电台，又有官办广播电台，各类广播电台基本上都集中在城区，主要是中波广播，发射功率除国民党中央广播电台拥有50千瓦的发射机、国民党国际广播电台拥有35千瓦的发射机外，其他广播电台的功率都较小，开办时间也不长。只有国民党国际广播电台留驻重庆的时间最长，直到中华人民共和国成立。

重庆市第一家私营广播电台成立于1932年，地点在重庆通远门纯阳洞外，系私人建的广播电台。电台建在两间平房里，发射功率500瓦，频率1000千赫。广播时间是晚上，主要播放唱片音乐如川戏等。这是重庆第一家广播电台。

1934年，重庆华记五金行开办华蜀（华记行）广播电台，输出功率5瓦；行功电业社开办行功广播电台，输出功率10瓦，分别设于各商家店内。开播不久，因为没有取得当局执照而被撤销。

1934年，重庆复亚无线电公司开办重庆复亚广播电台，输出功率5瓦。

1947年5月8日，重庆谷声广播电台建立。谷声广播电台的前身为重庆谷声无线电公司，创办人王小谷。发射功率500瓦（后来扩大到1千瓦），频率1340千周，呼号BEF－24，机器由谷声无线电公司自己设计安装，并向国民政府交通部登记，每日播音10小时以上。节目以商业广告为主，还播放京剧、川戏、无线电问答等。

1947年10月10日，重庆互利兴袜衫厂老板张银洲创办陪都广播电台，频率1100千周，功率300瓦，呼号BEF－33，节目以广告为主。

1948年，重庆万国广播电台开办。其前身系重庆万国无线电有限公司，创办人李作黎。功率300瓦，后增加到700瓦，频率910千周。1952年9月撤销。

第二节　国有广播电台

民国时期的国有广播电台

20世纪30年代和40年代，重庆先后两次建立广播电台。

1931年3月，国民政府公布《四川善后督办公署暂行组织大纲》，规定全省军队归督办节制。1932年12月，四川善后督办刘湘在重庆建立军用广播电台，定名重庆广播电台，呼号XGOS，主要转播南京中央广播电台的节目。但播音极不正常，不久即中断。1934年，重庆广播电台恢复播音，呼号仍为XCOS，广播频率650千赫，发射功率1千瓦。每日晚上播音，除转播南京中央广播电台的节目外，还播送商情、气象、音乐、新闻1小时。1935年2月10日，改组后的四川省政府在重庆成立，刘湘任省政府主席，训令成区各县县长，将一切政务完全归省政府管辖。1936年12月，四川善后督办公署撤销，重庆广播电台继续播音。至1937年抗日战争开始，国民党中央广播事业管理处、中央广播电台迁重庆后，重庆广播电台被撤销。

抗日战争胜利后，中央广播电台从重庆迁返南京，1946年恢复建立重庆广播电台，附设在国际广播电台内。由中央广播器材修造所装制一部发射机，功率1千瓦，频率1200千赫，于1946年9月初开播，呼号XGOB。每日早、晚播音5～6小时，设“新闻”、“童子军讲演”、“节约讲演”、“卫生常识”、“音乐警策语”、“商情”、“气象”等栏目。新闻全部采用当日中央通讯社电稿。重庆广播电台仅设几位播音员，其行政和机务人员均由国际广播电台员工兼任。至1949年11月，国民党政府溃逃台湾前夕，炸毁了重庆电台设在小龙坎的发射机。

国际广播电台

1934年，国民党中央广播事业管理处“议设强力短波广播电台，定向放射于欧美各国”，“列为国防要素”，作为“国际宣传之喉舌”，宣传国民党及其政府的对外政策和“民主政治”。1936年，中央短波广播电台筹备处正式成立，由中央广播事业管理处处长吴道一任筹备处主任，冯简任筹备处副主任兼总工程师。冯简随即从南京到重庆查勘，将发射台址定在小龙坎。同时向英国马可尼无线电公司订购35千瓦短波广播机一部及全部发音、增音、天线及收音转播设备和备用250千伏安蒸汽发电机设备，还派工程师5人赴英实习，并监造机件。1937年抗日战争爆发时，广播机件陆续运到重庆安装。1938 年 10 月，广播发射机装成。经过试播，于 1939 年 2 月 6 日正式播音。这座短波广播电台的主要任务是开展国际广播，而中央广播事业管理处当时无法提供各国文字的稿件和外语播音员，遂由国民党中宣部国际宣传处提供。1940 年初，短波广播电台划归国际宣传处直接管理，派王慎铭任台长，同时改台名为国际广播电台，呼号为 XGOY，简称 VOC，即 Voice Of China（中国之声）。国际电台以 XGOY 呼号对欧洲、澳洲及南洋等地区广播，有时又以 XGOX 呼号对北美洲广播。此时，冯简仍任总工程师。为防御日本侵略军飞机空袭，在小龙坎赶建防空机房，1940 年 6 月建成，7 月拆迁发射机到防空机房。不久，国际宣传处奉令将国际电台交由中央广播事业管理处管辖，委任冯简为台长。

国际广播电台播音的语种和时间随国民党当局所提供的经费、人员，设备等条件而定。1939 年 2 月开播时，仅用 9 种语言，至 1941 年增至 17 种语言播音。播音语言分两大类：一类是本国语，有国语（普通话）、粤语，闽语、客家语、沪语等；另一类是外国语，有英语、法语、德语、俄语、日语、荷兰语、印度语、缅甸语、越南语、西班牙语、马来西亚语、朝鲜语等。在这些语种中，经常使用国语、粤语和英语播音；其他语种每天播音各约半小时。全台各语种每日播音一般约 12 小时，最长时达 16 小时。以不同波长、频率，定向或不定向发射，对不同国家和地区定时广播。此外，国际电台每晚要转播中央电台国语新闻节目 30 分钟，而国际电台 21 时的英语新闻节目，也要求国内各地的广播电台转播。

抗日战争胜利后，中央广播事业管理处和中央广播电台于 1946 年 5 月迁返南京，国际广播电台仍留重庆。由于国际电台各语种播音员大多离开重庆东下，中央社提供英文稿亦无保障，国际电台的对外广播难以维持。1947 年，南京中央电台建立通报台，每日将中央社英文稿以电报发给国际电台，经抄收整理后播出，半天通报的内容往往满足不了一次新闻节目的需要。当时除国语、粤语、英语、俄语和越语外，其他语种播音全部停止。播音时间，每日减少至 4 小时。美国的宗教团体还在国际电台播出宗教节目，每周一般半小时，多时达两小时。每播 1 小时，美方付 110 美元作为代价。这种宗教节目，一直办到重庆解放前夕。1949 年 11 月 27 日下午，蒋介石召见冯简，令他去台湾。28 日夜至 29 日晨，国际电台小龙坎发射台被炸，35 千瓦和 10 千瓦短波发射机等设备顿成废铁。30 日，重庆宣告解放。

中央广播电台

1937年秋，日本侵略军占领上海，向国民政府首都南京进逼。同年11月20日，国民政府宣布移驻重庆。三天后，中央广播电台奉命转移，取道长沙，迁至重庆。在重庆上清寺国民党中央党部新址范庄附近的聚兴村租赁办公室，利用牛角沱陶瓷职业学校旧房作机房，将从南京抢运来的广播设备赶修好，于1938年3月10日恢复播音，呼号仍用XGOA，频率1450千赫，发射功率10千瓦。1939年1月频率改为1200千赫。又借用重庆电信局7.5千瓦电报电话两用机，改作短波广播发射机，转播中波广播，供远地收听。国民党中央广播事业指导委员会、中央广播事业管理处亦迁至重庆。

1938年夏，中央广播电台在重庆上清寺聚兴村对面的火烧坡中山三路地段，开始兴建广播大厦，1940年年底竣工。该大厦共三层，上层作中央广播事业管理处办公室，二层和底层作中央广播电台和国际广播电台办公室、编辑室，还有7个播音室。

1939年1月，国民党中央广播事业指导委员会决定：中央广播电台拥有中波广播和短波广播，中波广播的播音时间从每日2时至23时，间歇播出9小时30分；短波广播的播音时间，在原播出5小时的基础上，增加凌晨2时至4时20分一段时间播出。中波广播面对国内听众，以国语、粤语为主；短波广播面对海外华侨，使用粤语、闽语、英语、泰语和马来亚语。

中央广播电台播音节目主要有《简明新闻》、《新闻》、《记录新闻》、《一周大事》、《评论》、《国文教授》、《英文教授》、《无线电杂谈》、《文艺杂谈》、《哲理杂谈》、《儿童节目》、《家庭节目》《国乐》、《西乐》、《评剧》等。还有《总理遗教》、《讲读蒋委员长文稿》等。

中央广播电台台长由中央广播事业管理处处长吴道一兼任。节目播出工作由传音科负责。传音科下设播音股、编审股、方言股。另设音乐组，下分国乐和西乐两部分。

1945年8月，日本宣布投降后，中央广播电台成立“还都委员会”，1946年5月，中央广播电台由重庆迁返南京。中央广播事业指导委员会、中央广播事业管理处同时迁回南京。

军用广播电台

1943年6月，国民党军中播音总队在重庆成立，先属原国民党军事委员会政治部，后划给国民政府国防部。该总队经过两年筹备，于1945年在重庆遗爱祠建立“军中之声”广播电台，呼号为XMPA，担负对前线部队和对敌方的广播宣传任务。抗日战争胜利后，该台于1946年5月分批由重庆迁至南京播音，除用汉语和英语播送新闻外，设有《领袖言行》、《精神讲话》、《步兵操典》等节目。1949年4月，中国人民解放军横渡长江前夕，“军中之声”广播电台取道上海退迁至广州。同年6月，迫于广州解放在即，又逃至重庆，9月在重庆架台播音。11月中国人民解放军合围重庆，该台再逃至成都。12月27日成都解放，该台员工保护好广播设备，接受成都市军管事管制委员会接管。

国民政府为适应美国需要，屈从美军，于1944年10月在重庆白市驿设置50瓦广播电台一座，专为美军服务。该台随美军撤离而告终。

第三节　节目设置及编播

一、民国时期民营广播电台的节目设置

复亚、华记、行功广播电台

1934年，重庆复亚无线电公司开办复亚广播电台，输出功率5瓦；华记五金行开办华记行广播电台，输出功率5瓦；行功电业社开办行功广播电台，输出功率10瓦。这些电台均分别设于重庆各家商店内，进行商业广播，开办不久，均因没有取得当局的执照而被撤销。

谷声广播电台

1947年5月8日在重庆开办，前身为谷声无线电社。谷声广播电台的频率为1340千赫，输出功率500瓦，后扩大为1千瓦，呼号BEF—24，使用机器系谷声无线电公司自己设计安装，每日播音10小时以上。经营业务以商业广告为主，播送金融市场行情和商业广告，并播放川戏、京剧和歌曲唱片，设新闻节目，播送国民党中央社和重庆各家报纸消息。还办有《重庆掌故》、《听众点播》、《无线电常识问答》等节目。备有两台钢丝录音机，录制各影院上演的剧目播放。还定时转播“美国之音”华语节目。重庆解放后，转播西南、重庆人民广播电台节目，播送广告，还自办少数节目。

陪都广播电台

开播于1947年10月10日，由重庆恒义兴百货行开办，频率1100千赫，输出功率300瓦，呼号BEF—33，每日播音8～9小时，设新闻、评论、歌曲、曲艺、川剧、京剧等节目。定期转播国民党政府中央广播电台节目和“美国之音”华语节目。重庆解放后，转播西南、重庆人民广播电台节目，

播送广告，自办少量节目。

万国广播电台

开办于1948年5月30日，前身系重庆万国无线电股份有限公司，频率910千赫，输出功率300瓦，后增为750瓦，每日播音10小时以上，设广告、新闻、评论、歌曲、曲艺、川戏、京剧等节目。重庆解放后，转播西南、重庆人民广播电台节目，播送广告，自办少量节目。

二、民国时期国有广播电台的节目设置与编播

重庆广播电台

1932年12月，四川善后督办刘湘在重庆建立军用广播电台，定名“重庆广播电台”，呼号XGOS，主要转播南京中央广播电台节目，播音极不正常，不久即中断。1934年，重庆广播电台恢复播音，呼号仍为XGOS，广播频率650千赫，发射功率1千瓦，每日晚上播音，除转播中央广播电台节目外，还播送商情、气象、音乐、新闻1小时。1936年12月，重庆广播电台继续播音，至1937年抗日战争开始，国民党中央广播事业管理处、中央广播电台迁重庆后，重庆广播电台被撤销。抗日战争胜利后，中央广播电台从重庆迁返南京，1946年恢复建立重庆广播电台，功率1千瓦，频率1200千赫，于1946年9月开播，呼号XGOB，每日早晚播音5～6小时，设“新闻”、“童子军讲演”、“音乐警策语”、“商情”、“气象”等节目。新闻全部采用当日中央通讯社电稿。

国际广播电台

1939年2月6日正式播音，呼号为XGOY，简称VOC，对欧洲、澳洲及南洋等区广播。这座短波广播电台的主要任务是开展国际广播，而中央广播事业管理处当时无法提供各国文字的稿件和外语播音员，遂由国民党中宣部国际宣传处提供。1940年年初，短波广播电台划归国际宣传处直接管理。

国际广播电台播音的语种和时间，随国民党当局所提供的经费、人员、设备等条件而定。1939年2月开播时，仅用9种语言，到1941年增至17种语言播音。一类是本国语，有国语（普通话）、粤语、闽语、客家语、沪语等；另一类是外国语，有英语、法语、德语、俄语、日语、荷兰语、印度语、缅甸语、越南语、西班牙语、马来西亚语、朝鲜语等。在这些语种中，经常使用国语、粤语、英语播音；其他语种每天播音各约半小时。全台各语种每日播音一般有12小时，最长达16小时，以不同波长、频率，定向或不定向发射，对不同国家和地区定时广播。此外，国际广播电台每晚要转播中央电台国语新闻节目30分钟，而国际广播电台21时英语新闻节目，也要求国内各地的广播电台转播。

国际电台的节目内容，以新闻和时事述评为主，几乎全部采用中央社电讯稿和《中央日报》刊登的新闻、评论，以及中宣部国际宣传处和美国新闻处提供的稿件。未设专职记者、编辑，仅设国语、英语、缅甸语等几个语种的播音员播送相关节目。其余节目皆由各国驻华记者到该台自编自播。美国国家广播公司NBC，加利福尼亚广播组织CBS、互通广播组织MBS，英国广播公司BBC等外国记者，通过国民党中宣部国际宣传处介绍，就可到国际广播电台直接播出自编节目，并通过该国自己的电台届时转播。每晚，办有对美国广播的英语记录节目1~2小时，由旧金山专门机构收录转播。

抗日战争胜利后，中央广播事业管理处和中央广播电台于1946年5月迁返南京，国际广播电台仍留重庆。由于国际电台各种语言播音员大多离重庆东下，中央社提供的英文稿亦无保障，国际电台的对外广播难以维持。1947年，南京中央电台建立通报台，每日将中央社英文稿以电报发给国际电台，经抄收整理后播出，半天通报的内容往往满足不了一次新闻节目的需要。当时除国语、粤语、英语、俄语和越语外，其他语言播音全部停止。播音时间，每日减少至4小时。美国的宗教团体还在国际电台播出宗教节目，每周一般半小时，多时达两小时。这种宗教节目一直办到重庆解放前夕。

中央广播电台

国民党迁至重庆的中央广播电台于1938年3月10日恢复播音，呼号仍用XGOA，频率1450千赫，发射功率10千瓦，1939年1月频率改为1200千赫。中央台拥有中波和短波广播，中波广播的播音时间从每日2时至23时，间歇播出9小时30分；短波广播的播音时间，在原播出5小时的基础上，增加凌晨2时至4时20分一段时间播出。中波广播对国内听众，以国语、粤语为主；短波广播面对海外华侨，用粤语、闽语，英语、泰语和马来西亚语。中央广播电台播音节目，办有《简明新闻》、《新闻》、《记录新闻》、《一周大事》、《评论》、《国文教授》、《英语教授》、《无线电杂谈》、《文艺杂谈》、《哲理杂谈》、《儿童节目》、《家庭节目》、《国乐》、《西乐》、《评剧》等，还有《总理遗教》、《讲读蒋委员长文稿》。

中央电台的宣传内容既有主张团结抗日、共御外侮的积极方面，又有鼓吹“曲线救国”、反共反人民的消极方面。中央广播电台一度邀请中共代表，抗日将领，国民党的抗战派，爱国人士和国际友人如周恩来、冯玉祥、李济深、郭沫若、沈钧儒、黄炎培、爱德华（印度援华医疗队队长）等发表广播讲演，号召国内广大同胞团结起来共同抗日，呼吁国内外反法西斯力量团结起来，打败德、意、日侵略者。1939 年 5 月 31 日，中共中央代表周恩来应邀在《特约讲座》中作了《二期抗战的重心》的广播讲演。讲演稿很快被刊登在《广播周报》173 期上。周恩来的广播讲演，阐明了中国共产党的主张，产生了巨大影响。随着国民党顽固派再次掀起反共高潮，特别是 1940 年 4 月以来，中央电台广播节目反共反人民，颠倒是非，混淆黑白，颂扬国民党独裁统治的报道、讲演和文章日益增多。抗战胜利后，蒋介石到中央电台发表“戡乱建国”的广播演讲；中央广播事业管理处还发布《广播复员紧急措施办法》、《管理收复区报纸通讯社杂志电影广播事业暂行办法》等。中央广播电台台长由中央广播事业管理处处长吴道一兼任。节目播出工作由传晋科负责，传音科下设播音股、编审股、方言股。另设音乐组，下设国乐和西乐两部分。

军用广播电台

1945 年，国民党军中播音总队在重庆遗爱祠建立“军中之声”广播电台，呼号为 XNIPA，“担负对前线部队和对敌方的广播宣传任务”。抗日战争胜利后，该台于 1946 年 5 月分批由重庆迁至南京播音，除用汉语和英语播送新闻外，设有《领袖言行》、《精神讲话》、《步兵操典》等节目。1949 年 4 月，中国人民解放军横渡长江前夕，“军中之声”广播电台取道上海退迁至广州。同年 6 月迫于广州解放在即，又逃至重庆，9 月在重庆架台播音。11 月中国人民解放军合围重庆，该台再逃至成都。12 月 27 日成都解放，被成都市军事管制委员会接管。

贵州省

贵州省地方志编纂委员会编:《贵州省志·广播电视志》,贵州人民出版社 1999 年版

概　述

贵州的广播事业始于民国二十七年（1938 年），民国时期的贵州广播电台于 1939 年元月建成。

贵州广播电台于 1938 年 4 月筹建，1939 年元月 1 日建成并开始播音。播音对象为本省、全国以至南洋。用国语（包括粤语、客家、厦、沪四种地方语）和英语、马来语等语种播音。使用一部国产的 10 千瓦短波播送机和 5 千瓦、100 瓦、200 瓦中波发射机各一部，用中波和短波同时发射。电台的节目分为宣传、教育、娱乐三大类。另开辟有答复国内外听众函件节目、商情与气象报告节目等服务类节目。播音时间每天约 7 小时，随着时局的变化或增加或减少，1945 年 10 月为最少，每天播音 4 小时 35 分，最多为 1947 年 4 月，每天播音 13 小时 10 分。

贵州广播电台成立后，同全国其他电台一样，与航空委员会合作，负有导航任务，协助过境飞机安全航行。

到 1944 年，贵州广播电台已成为一个设备齐全，具有中上规模的电台，位于国民党中央广播电台、国际广播电台、昆明广播电台之后的第四位。1947 年后，贵州广播电台取消其他语种的播音，全部使用国语播音。

民国时期收音机属高档消费品，少且昂贵。1945 年上半年，贵州有收音机 305 架，到 1949 年解放前夕，贵州约有收音机 1000 架，基本上集中在省城贵阳。

第一篇 >>>

无线广播

第一章　民国时期的广播

第一节　贵州广播电台的建立

一、建台

抗日战争时期，国民党中央曾把广播称为海、陆、空三战线之外的第四战线。1938年3月，为了“坚固播音壁垒”，对敌人（日寇和伪军）实施有效的广播和更有力的争取国际同情与支持，中央广播事业管理处（以下简称中管处）拟设昆明广播电台和贵州广播电台，以供战时舆论宣传之需要。1938年4月，贵州广播电台成立筹备处，着手购买、安装传音设备和发射设备，选配职员。1939年元月1日建成开始播音。台址租用电台街（电台街因设电台于此而得名）华问渠私房（也称华家阁楼），设有发音室与发射设备。后为防备日军空袭，1939年年初，中管处拨款，在本市小团坡（现半边街106号501台所在地）购买地皮，并着手修建，不久将发射部分设施迁到新址。新台址占地31亩，有房屋11座。发音室仍在电台街。至此，贵州广播电台有城台和乡台之称。城台为行政部门与发音室，乡台为技术设备与发射。

二、机构　职员

中央广播事业管理处下达给贵州广播电台编制为38人。除台长外，下设工务、传音、总务三课和财会室、台长室。工务课下设增音室、播放室、修造室（驻华家阁楼）与发射台（半边街）。临解放时课长为巫瀚澄。传音课负责编稿与播音。传音课不设专职采编人员，播出稿主要来自中央社电讯和《中央日报》、《贵州日报》。从1939年元旦开播到1945年，贵州广播电台负有国际宣传任务，开有短波对东南亚地区广播，电波可到达美国东部。临解放时课长为丁秉成。总务课分管全台行政事务，兼处理有关文书档案。临解放时课长为谢仲坚。台长室秘书一人，临解放时金莺任秘书。财会室有会计、出纳二至三人。临解放时台长为黄天如。台长和课长都不设副职。1949年上半年，国民党为加强监督和控制，由中管处派郛义军为贵州广播电台专员。不久，由湖南广播电台逃来贵州的王治隆也安排做了专员。

贵州广播电台从建台到1949年，职员时有增减。1939年有正式职员30人。1946年和1947年下半年为38人，达到额定编制。其中1947年包括工友在内共53人，为人数最多的一年。之后逐年锐减。1948年有正式职员21人，1949年减到19人。

学历结构：1947年上半年，正式职员38人中，具有大学学历的10人（其中1人为国外大学毕业），高中毕业的10人，初中7人，师范2人。

年龄结构：1945年上半年，有正式职员33人，其中20～29岁7人，30～39岁22人，40～44岁3人，50岁以上1人。

贵州广播电台从1938年4月筹建到1949年11月贵阳解放的十一年中，先后有6位台长任职，平均不到两年更换一任。第一任台长董毓秀，以后依次是叶桂馨、姚善辉、陆以灏、潘志刚、黄天如。这些人大都从全国各地调来。董毓秀调来之前是长春广播电台台长，姚善辉原是台湾广播电台台长，黄天如是昆明广播电台台长。贵州广播电台的行政与业务直接隶属中管处，工资是每月造具表册，中管处拨发。

三、设备

1938年，在国民党国际广播电台尚未建成开播的情况下，为了加强国际宣传，中管处拨给贵州广播电台一部由中管处自己制造的10千瓦中型短波播送机，于同年4月装置完毕并试验播音，播音覆盖东南亚、南洋一带。中管处在1941年的《中国广播事业之沿革及发展情况》中对这部短波机颇多褒扬之辞，称之为“开国人自制短波机之先声”，赞扬其在1939年正式播出后的三年中于国外宣传颇著成效。

1938年10月24日，武汉电台随国民党军向西南地区撤退时，中管处为了充实抗敌（日伪军）宣传阵容，决定将该台一部5千瓦的中波机迁装贵阳，1939年元月1日与短波机同时播音，以后又陆续将武汉电台撤退时存于桂林的500瓦中波发射机及100瓦中波发射机运至贵州电台。500瓦中波机运来时完好无损，在贵州电台1939年5月由旧台址（电台街）迁新台址（即半边街发射台）直至解放前夕，都曾作为5千瓦中波机的备用机使用。100瓦的中波机由于配件匮乏，从未使用过。从1939年元月正式播音开始到1947年九年中，贵州电台10千瓦短波机和5千瓦中波机的电力都很稳定。到1948年、1949年两年中则故障迭出，1948年下半年，由于两部机子都出现故障，便改用500瓦中波备用机，后10千瓦短波机曾修复，一直使用到次年上半年，下半年因缺配件，又缺乏经费，故未修复。

从1938年4月筹建到1944年七年间，在中管处所辖的11个电台（日伪占领区电台）中，贵州电台已发展成一个设备齐全，具有中上规模的电台，到1944年年底止，中管处所属各台财产总值统计表，贵州电台的财产总值达56.8万余元，其中机件包括四部发射机、一部干扰机（1940年2月启用，主要干扰日伪电台的华语节目）、公共演讲机及与之配套的发音、增音和仪器等设备就达44.2万余元，属于传音课的如唱片、国乐器（扬琴、二胡、琵琶）、西乐器（钢琴）、图书等价值1.8万余元。如果撇开属于总务课及传音课的价值，单算机件及配套的仪器设备，贵州电台高出西康台9万余元，比甘肃、江西、陕西、湖南四台高出10万至30万元，处于除中央、国际、昆明台之后的第四位。

贵州电台1938年试播及次年元月正式播音，是用自备的柴油发电机发电，1939年5月与贵阳电厂签订供电合同后，即于当月开始供电，贵州电台短波发射机天线为双极式，高度10米左右，中波发射机天线为铁塔式，高度40米。

从1948年到贵阳解放时，城台的技术设施有两间小播音室、一间大播音室、一间增音室、一间机务室。小播音室有一个话筒、两个电唱机，大播音室有两个落地RCA铝带式话筒。增音室有两套RCA增音机、一个线放立柜及两部NC—100收讯机。机务室为修理间，有绕线机、电烙铁、小万用表、一个手摇小台钻等修理工具。乡台的技术设施有一部500千瓦中波发射机、一部闲置停开的10千瓦短波机、一部由100瓦改装的200瓦中波机、一部75千瓦柴油发电机以及发射天线等。传音线为八对16号铜线架空明线，总长4公里（从城台到乡台）。

第二节　贵州广播电台的业务

一、呼号、频率

贵州电台的呼号1939年至1946年上半年是XPSA，短波波长35.4米、周率8465千周，中波波长300米、周率1000千周。1946年下半年改呼号为XPPA，短波波长32米、周率9430千周，中波波长300米、周率1000千周。1949年，全国各台更改呼号，贵州电台短波改为BEF4，中波BEF9，短波波长49.5米、周率6065千周，中波波长和周率未变。

二、播音对象、用语

除电台呼号、频率外，中管处对全国各台的播音对象、用语，各个时期的宣传方针，以及各类节目的百分比也都有明确的规定。贵州电台正式播音之前，中管处明确规定播音对象为本省、全国与南洋，用国语、英语、马来语和粤语、客家话、厦、沪四种地方语共七种语言。从贵州电台1945年的一份播音节目时间表上可以看出，用上述七种语言播送简明新闻中，国语比重较大，每天20分钟，其次为英语（转中央台）、马来语、沪语，各15分钟，其余客、厦、粤语各15分钟。七种语言每天播音时间总计95分钟，占全天播音时间的24%（全天共400分钟）。抗战胜利后，在中管处"逐渐酌减方言节目，以收统一国语、沟通文化之效"的指示下，贵州电台1945年10月1日实行的每周播音节目时间表中取消了沪、厦方言及马来语。国语比重加大，除在1943年每天20分钟的基础上增加5分钟外，每周五、六、日另增15分钟，平均每天31.43分钟。粤语节目同1943年相比，平均每天增加4.3分钟，客家话则下降到每天4.29分钟。1945年与1943年相比，贵州电台面向国内的方言用语有所削减，但针对南洋一带的如粤语却有所加强。1947年后，贵州电台所有的方言用语全部取消，播音对象明显改向国内，唯一用语是国语。唯戏曲及音乐欣赏节目中仍有地方的剧种（如川剧、滇剧、绍兴剧）和乐曲（粤曲、闽曲、潮曲等）。

另外，贵州电台根据中管处的规定，同全国各台一样，与中央航空委员会合作，负责导航，协助飞机安全航行。

三、播音时间

贵州电台建台后第一次播音时间从早晨6点55分开始，8点结束；第二次播音中午12点半开始，下午2点结束；第三次播音下午6点开始，晚10点至11点结束，每日播音时间约7小时。最多时是1947年4月份，每天13

小时零10分钟；最少时是1945年10月，每天4小时35分钟。

四、节目内容及收听率

民国时期贵州电台的节目可分为宣传、教育、娱乐三大类。

1939年（抗战时期）的节目内容有：

宣传类：新闻（包括抗战纵谈、演讲）；教育类：儿童教育、妇女讲座、教授国语；娱乐类：教授歌咏、话剧。

另辟有答复国内外听众函件的节目。

1945年（抗战胜利后）的节目内容有：

宣传类：党政报告、建国方略、时事漫谈、时事报道、国际纵谈、英语及各种方言新闻、本省新闻、国语新闻；教育类：民众教育、科学演讲；娱乐类：平剧（即京剧）、国乐、歌曲、粤曲。

另辟有商情及气象报告节目。

1949年的节目内容有：

宣传类：自由谈、国内外及本省新闻提要、简明新闻、时评、戡乱讲话；教育类：民众教育、妇女与儿童、童军之声、科学常识；娱乐类：地方剧种（平剧、川剧、滇剧、绍兴剧、粤剧、弹词、坠子、大鼓等）、音乐常识、管弦乐、交响乐、组曲、西洋歌曲。

另辟有国际动态、社会服务、福音广播、预言之声、商情等节目。

民国时期收音机属奢侈品，少且昂贵。大多集中在城市和有钱人家中，收听率自然极低。截止1946年上半年止，贵州有305架收音机，到1948年增至1000架，这一数目除高出青海、宁夏10倍外，比其他省市都低得多。中管处针对收音机少的状况，于1943年至1945年陆续给贵州配发了71架公用收音机，责成各台培训公共收音员，便于在公共场所播放。

第二章　贵州人民广播电台体制与建设

第一节　接管贵州广播电台

1945年，抗日战争胜利后，国民党给贵州广播电台的经费减少，管理也有所放松，因此，机件损坏往往无法补充。1945年年底，10千瓦短波发射机停播，短波天线也被拆除。中波天线仅有 40 米高，加上地网铺设混乱，网数不够，发射功率仅为 500 瓦，效果很差。发射机房已经倾斜，靠木架支撑。从播音室到发射台的传音线路已经老化，一遇风吹，播音就中断。到 1949 年解放前夕，贵州广播电台仅剩下 19 人。

贵州广播电台台长黄天如，尽管对电台控制很严，但大多数人认为电台是他们挣钱养家糊口的工作单位，对黄天如也并非唯命是从。在贵阳解放前夕，电台的大多数员工与黄天如进行护台与毁台的斗争。

1949 年 3 ~4 月间，安粤（安毅夫）到贵阳，指示邓偃在贵阳解放时设法保护电台设备，防止破坏。邓偃立即开始进行护台的准备工作。

1949 年 10 月，解放大军逼近贵州。10 月中旬，台长黄天如在电台开“应变会议”，决定拆卸机器，向重庆逃跑。会上分工黄天如负责与有关单位联系，筹集经费；中管处派来的“专员”邬义军等人负责交通工具；巫瀚澄负责拆卸机器装箱。

11 月 10 日，巫瀚澄等人到发射台，打电话叫发射台准备装机器。当时解放军已逼近贵阳，国民党很多机关已纷纷外逃。邓偃等人商量决定，采取拖延的办法。当天，外面传来国民党军警逃走的消息，专员邬义军首先就稳不住了，不断催促快走。黄天如惊恐万分，顾不上到发射台装运机器。最后他们只是顺手把一些唱片和一部放在台长室的收音机拿走。

11 月 11 日，邓偃与共产党地下刊物《解放快报》取得联系，一方面了解解放军进军的情况，一方面及时布置发射台检修机器设备，迎接解放。黄天如等人携带 500 多张唱片及部分物资、案卷、黄金逃到乌江，听说解放军来了，又匆匆忙忙返回贵阳。

11 月 15 日，贵阳解放。中国人民解放军对广播电台实行军事管制，并派王湛为军事代表接管电台。王湛向广播电台全体员工宣布了中国人民解放军 1949 年 4 月 25 日布告的《约法八章》等政策。要求他们安于职守，于当天恢复中断两天的播音。呼号为“贵阳人民广播电台”。播音时间为每晚 20：15 ~22：30，内容主要是转播北京新华广播电台（即中央人民广播电台前身）的节目，同时也广播人民解放军贵阳军事管制委员会的命令和通令。

12 月 12 日，中共贵州省委决定调张经五任广播电台军事代表，接替王湛工作。张经五到广播电台后，立即着手筹备正式播音工作。当时干部很缺乏，解决的办法：一是大胆使用贵州广播电台的原有人员，一是招收新人员。根据党的政策，张经五宣布将黄天如、丁秉成调离广播电台，邓偃等 13

人留用。与此同时，调来了西进贵州的一批学生和贵阳革命干校的一批学生，接着又在贵阳招收了一些青年学生。从12月20日起，对广播电台所有的广播器材、房产、地产以及唱片、办公用具等都造册登记，一一验收。接收的主要器材、物资和资产如下：

10千瓦短波、5千瓦中波、200瓦中波和100瓦中波共四部发射机，除5千瓦中波前级500瓦可维持播音外，其余均因损坏、发生故障或缺少零件不能开动。

80匹柴油发电机一部，维修后可以发动；增音、播音设备完整；工务修造间一个，只有一般工具。

乡台地产50亩，机器、办公、宿舍等房屋数幢，房屋系临时性质，有一幢已倒塌，机器房已倾斜。

贵州电台增音、播音、编辑和总务用房系租用的私房；好坏唱片共1300张；案卷大部。

30人的桌椅、床等办公用具和生活用具。

黄天如藏匿的十多两黄金，被查出来。

当时电台工作非常紧张，大家一面接收旧电台，一面筹建人民广播电台。人民广播电台设立编辑部、工务科和办公室，建立工作秩序、学习秩序和生活秩序。那个时候除原有人员仍实行薪津制外，其他人员都实行供给制。薪津和供给标准都按米、布、油等实物计算。虽然很艰苦，但大家情绪高涨。编辑人员夜以继日地筹办广播节目，技术人员克服困难积极检修广播设备，各项筹备工作进展顺利。

第三章　民国时期的广播

第一节　贵阳广播电台的建立

贵阳市广播事业是先从接收设备逐渐普及开始的。起初，贵阳市只有少数收音机接外地广播，限于少数达官贵人和军政首脑机关。当时发射机的功率较小，接收距离较远，再加上收音机灵敏度不高，收听时需架设室外天线。30 年代中期的收音机，几乎全是国外生产直流电子管式，贵州全省的拥有量不超过 50 架。30 年代后期，广播电台在贵阳建立，全省收音机拥有量逐年增加。截止 1945 年上半年，全省有收音机 305 架，一半以上在贵阳市。

抗日战争爆发后，国民党政府退处西南一隅，云、贵、川变成抗日后方基地。为了“坚固播音壁垒”，对敌人（指日寇和汪伪军）实施有效的广播和获得有力的国际同情，国民党中央广播事业管理处（以下简称中广管处）拟设昆明及贵阳广播电台，以供战时宣传之用。1938 年 4 月成立贵阳广播电台筹备处，次年 1 月 1 日建成并播音，台址是租用电台街 22 号华问渠的私房——华家祠堂，一般称叫华家阁楼，后将街道名改为电台街。建台初期，发射及播音室都在一处，为防备空袭，1939 年由国民党中广管处拨款，于小团坡（现半边街 106 号 501 台所在地）购买土地，着手修建新台，不久将发射部分迁往。新台址占地 31 亩，房屋 11 间。播音和办公仍在电台街。

贵阳电台的短波发射机功率较大，其电波传送可达数千公里之外，抗日战争期间，其覆盖范围除全国大部分城乡外，还可传送到南洋一带，是对外广播的骨干台之一。由于当时贵州的收音机拥有量极少，且一般简易收音机收不到短波，所以主要接收对象在省外和国外。其作用的发挥时间仅在抗战时期。

中波发射机虽号称 5 千瓦，但据资料介绍，该机从拨来之日起，末机一直未能开动，实际上开动的只是 500 瓦前机。中波发射机的天线为拉线铁塔式，高度仅 40 米，加上地网铺设质量不高，根本不能承担省内和国外的节目发射任务。对省内的覆盖，也只限于夜间，白天播音仅能覆盖贵阳市城区和近郊。中波播出的对外宣传节目完全是应付公事。

电台在贵阳市，但人员编制、财政供给和设备配置，以及宣传工作，均由中广管处直接管辖，关系不属于省和市。

据档案记载，中广管处给电台的编制 38 人。台长下设工务、传音、总务三课。传音课负责组织稿件，编排及播放节目。工务课负责发射台机器和设备维修。总务课负责行政，财务和财产管理。

电台从建立到 1949 年解放时，人员时有增减。据电台每月报送中广管处的名单，1939 年有正式职员 30 人。1946 年和 1947 年下半年为 38 人，达到编制数。1947 年连工友在内共 53 人，为人数最多的一年。到 1948 年减少到 21 人，1949 年减少到 19 人。

从电台职工年龄结构上看，30 ~ 40 岁的中青年占绝大多数。据 1945 年上半年的一份统计，当时的33名职工中，20～29岁的7人，30～39岁的22人，40～44岁的3人，50岁以上的1人。从文化结构上看，文化水平高中以上的占多数。电台1947年上半年的一份统计表反映就是一个明证，37名正式职员中，大学学历的10人（其中国外大学毕业者1人），高中毕业的10人，初中毕业的7人，师范毕业的2人。

电台从1938年4月筹建到1949年11月贵阳解放的十一年中，中广管处先后任命6任台长，平均任期不到两年。第一任董毓秀，以后依次为叶桂馨、姚善辉、陆以灏、潘志刚、黄天如，大都是从全国各地调来的，如董毓秀调来前是长春台台长，姚善辉原系台湾台台长，黄天如则是昆明台台长。电台下设的三个课，各设一名课长（台、课长均无副职）。

第二节　电台设备

为了加强国际宣传，中广管处1938年拨给贵阳台一部本处自制的10千瓦短波播送机，同年4月装置完毕并试播音。短波机收听范围很广，电波可达美国东部、新西兰、印度及南洋。国民党政府对这部发射机评价很高，称为“开国人自制短波机之先声”。是年10月24日，国民党向西南地区撤退，中广管处为充实和加强抗战宣传力量，决定将武汉电台的一部5千瓦中波机迁装于贵阳，1939年1月1日与10千瓦短波机同时发射。以后又陆续将武汉台撤退时存于桂林的500瓦中波发射机及100瓦中波发射机运至贵阳。据一份资料介绍，5千瓦中波发射机原有毛病，自拨来之日起，就未曾开动，实际上经常开动的只有该机的前机，其功率只有500瓦。由此可见，贵阳台中波发射功率从未超过500瓦。抗战结束后，国民党政府返南京，电台失去了对外宣传骨干台的地位。1945年年底，10千瓦短波机损坏停播。1946年至解放前夕，贵阳台只有500瓦中波机维持播音。

1938年到1944年的七年，中广管处所辖11个电台中，贵阳台是设备比较齐全，具有中上等规模的广播电台。从1944年年底中广管处的财产统计表中可看出，贵阳台的财产总值达56.8万多元，其中发射机四部、干扰机一部（主要用于干扰日伪电台的华语广播）、公共演讲机（即多路话筒混合器）及与之配套的发音（话筒）、增音和仪器，价值44.2万多元。属于传音课的唱片、国乐器（扬琴、二胡、琵琶）、西乐器（钢琴）、图书等价值1.8万多元。规模仅次于中央台、国际台、昆明台，排列第四位。可见国民党政府对贵阳台的国际宣传非常重视，拨款是比较多的。

第三节 广播状况

呼号、频率

贵阳电台建成开播后十一年间，呼号和短波频率曾有两次改变。1939 年至 1946 年上半年其呼号为 XPSA，短波波长 34.4 米、频率 8465 千赫，中波波长 300 米、频率 100 千赫。1946 年下半年呼号改为 XPPA，短波波长 32 米、频率 9430 千赫，中波未改，一直使用到 1949 年 11 月。按照中广管处的规定，1949 年全国各台更改了一次呼号，贵阳台短波改为 BEF4，中波改 BEF9，短波波长改为 49.5 米，频率 6065 千赫。

播音对象及所用语言

中广管处对属各台的播音对象，用语和各个时期宣传方针，及各类节目的百分比，都有严格、明确的规定。贵阳台正式播音前，中广管处第 23 次会议规定播音对象为本省、全国与南洋，用国语、英语、马来语和粤语，客家语、厦语、沪语四种地方语言。从贵阳台 1943 年的一份播音节目时间表上可以看出，用上述七种语言播送的简明新闻中，国语为 20 分钟，英语（转播中央台）、马来语、沪、粤、客、厦语各 15 分钟，占全天播音时间的 24%。抗战胜利后，取消了马来语及沪、厦方言。1947 年后所有方言用语全部取消。播音对象明显转向国内。

另外，贵阳台根据中广管处的规定，同全国各台一样，与国民党航空委员会合作，负责导航任务，协助飞机安全航行。

播音时间

贵阳台建台至抗日战争结束，每天播音时间 7 小时。第一次播音早晨 6 点 55 分开始，8 点结束；第二次播音中午 12 点 30 分开始，下午 2 点结束；第三次播音下午 6 点开始，晚上 11 点结束。播音时间最多的是 1947 年 4 月份，每天达 13 小时零 10 分钟；最少的是 1945 年 10 月份，每天仅 4 小时 35 分钟。

播出内容

电台播出节目总的分为宣传、教育、娱乐三大类，节目设置因受制于不同时期宣传的侧重点不同而各异。比如抗日战争时期，强调抗日宣传及驳斥日寇和汉奸的谰言，特设“抗战纵谈”及“演讲”节目。抗日战争胜利后，因着重宣传战后建设问题，故设“建国方略”节目。此后基于反共宣传的需要，又增辟“时事漫谈”、“戡乱讲话”等节目，直至国民党政府覆灭前夕。此一时期的娱乐性节目比抗日战争时期显著增加，戏曲节目除平剧（京剧）外，地方剧种相应增多，如川剧、评剧、越剧、豫剧、滇剧；曲艺节目有弹词、坠子、大鼓；音乐节目有国乐、西洋乐曲、电影插曲，天天播出。

第四节 收听工具和收听率

贵州广播电台建立后，民用收音机才逐渐出现，但只是殷实户才有。为了提高收听率，中广管处于1939年给贵州调来收音机75架，供集体单位组织收听用，收听率极低。40年代初期，太平洋战争爆发，滇缅战场开辟，美国盟军入驻云南、贵州，美制电讯器材随之流入贵阳民间市场。到抗日战争胜利后，贵阳市面上随时可买到美制耳机和电阻、电容器、真空管等器件，为矿石收音机和简易电子管收音机的普及创造了条件。买不起收音机的市民和学生，都可安装这种不用电源的矿石收音机。由于矿石收音机只能在发射塔周围十多公里范围内才能收听到广播，所以只有市区才能普及。1945年以后，大街小巷居民住宅屋顶上到处都可以看到矿石收音机的天线，在很大程度上扩大了广播对贵阳市的有效覆盖。这种简易有效的接收工具，延续到解放后的50年代。解放前夕，贵阳市拥有电子管收音机的人家不多，在农村，绝大多数农民还没有见到过收音机。

抗日战争时期，各地工商企业、文教事业单位和军政机关迁入贵州，人口大幅度增加，促进贵阳经济、文化的发展。各种民用音响设备逐渐增多，市面上的许多商店都装上扩音喇叭，用电唱机或收音机播放流行歌曲，以招徕顾客，影响颇为深广，许多市民也会哼唱几首流行歌曲，如周璇的《天涯歌女》、《四季歌》、《拷红》、《花好月圆》，欧阳飞莺的《香格里拉》，白光的《风吹墙》，以及其他歌星的《踏车寻春》、《陋巷之春》、《蔷薇处处开》，都曾风靡一时。

第五节 解放前夕的护台斗争

1949年3月，电台发射台负责人邓伾，在中共地下党人安粤（即安毅夫，是邓在浙江大学的同窗好友）的安排下，组织护台斗争。邓在值班时，收听解放区邯郸人民广播电台的新闻，向电台职工介绍解放战争形势，宣传共产党的政策，揭露国民党官吏的贪污腐败，用事实戳穿国民党的反共宣传。还要求大家保护好电台，防止设备被运走和破坏，迎接贵阳解放。电台职工经过串联和说服引导，多数都参加了护台斗争。一些对国民党比较忠诚和受信任的职员，已预感到国民党政府覆灭的结局很快就要到来，都想为解放后留一条出路，不做国民党的殉葬品。通过护台斗争，不少职工政治觉悟有一定提高，解放后成为建设和发展贵州广播事业的骨干。

1949 年 11 月 10 日，台长黄天如在城台召开“应变会议”，参加会议的有专员、各课课长及会计，会议决定将机器拆光，向重庆方向转移，并决定由工务课长巫瀚澄负责拆卸机器装箱。他家住在电台，一切护台活动都瞒不过他，他又被指定负责拆机，能否保住机器不被拆卸运走，与他的态度关系极大。经邓与他做思想工作，解除其思想顾虑，巫同意保护电台，保护机器，积极参加护台工作。当时电台职工少，又有保安部队驻守，邓与巫商量后认为，不能用武装护台，只有采取拖延和隐蔽的方法。在电台大多数职工的支持与努力下，使国民党拆机转移的计划拖延了二十多天，直到贵阳国民党党政军仓皇逃走。

11 月 10 日，台长黄天如眼看无法将机器运走，准备将发射台炸毁，向保安司令部写了一封信，详细开列了发射台的地址和要炸的设备。此信未送出，已被护台人员拿到，避免了发射台被炸毁的危险。台长黄天如和会计在惊恐中，只带走了一些唱片和收音机。

11 月 11 日，国民党政府人员已走光，解放军尚未进城，贵阳处于真空状态。护台人员与地下报《解放快报》取得联系，互通信息。夜间就打开增音室收音机，收听新华社广播，了解解放军进展，同时布置发射台将机组整理恢复，以迎接解放。

11 月 12 日下午，由《解放快报》处得知解放军即将到贵阳，15 日准备入城，当即召集原电台职工在大十字装设收音机和喇叭，并与发射台联系进行短暂试播。15 日上午 10 点左右电台开始播音，播送《义勇军进行曲》、《中国人民解放军布告》及《解放快报》刊登的一些消息。这样，从贵阳解放第一天起，原来作为宣传工具的贵阳广播电台，就完整地转到人民手中。

解放军入城后，电台职工陆续到机关上班。11 月 15 日起，电台每天中午播音一次，内容主要是《中国人民解放军布告》等，直至军代表接管。

附录

大事记

1938 年

3 月 国民党中央广播事业管理处决定建设贵州广播电台。

4 月 成立贵州广播电台筹备处，购买、安装设备，选调人员。

1939 年

1 月 1 日 贵州广播电台建成开播。台址租用电台街华家阁楼。第一任台长董毓秀。

5 月 贵州广播电台发射台由电台街迁到半边街。全台有职工 30 人。

1944 年

12 月 贵州广播电台的财产总值 56. 8 万元。

1945 年

10 月 1 日 贵州广播电台原来用七种语言播音，现取消沪、厦方言和马来语。全天播音时间 400 分钟。

12 月 10 千瓦短波发射机停播，发射功率为 500 瓦，而且效果很差。

1948 年

12 月 中共地下党组织在发射台开展秘密活动，动员职工护台。

1949 年

11 月 15 日 贵阳解放。国民党贵州广播电台停播。

11 月 17 日 中国人民解放军派军代表王湛接管贵州广播电台，开始转播中央台节目。

12 月 10 日 张经五接替王湛工作，主持贵州台的工作。

12 月 31 日 省委任命刘子毅兼贵州台台长，张经五为副台长。

云 南 省

云南省地方志编纂委员会编:《云南省志一·卷七十八·广播电视志》,云南人民出版社 1996 年版

《文山州广播电视志》,云南人民出版社 2007 年版

续修《云南省志·广播电视志（1932～2005)》

概 述

民国时期，云南先后建立了十多座广播电台，其中既有官办的，也有民办的，还有外国人办的。各类电台基本都集中在省会昆明，主要是中波广播，发射功率除了昆明广播电台拥有50千瓦的发射机以外，其他电台的功率都很小，开办时间也不长。到中华人民共和国成立前夕，还在播音的仅有昆明广播电台和云南教育广播电台，其中昆明电台由于经费和人力不足，发射功率降至500瓦运行。广播接收工具，全省收音机不足8000台，90%以上集中在昆明市，大部分地区是一片空白。

第一章　无线广播（上）

云南省的广播事业创建于20世纪30年代初期，到1949年中华人民共和国成立前，曾先后建立云南省政府无线电局广播台（以下简称云南无线电局广播台）、中国国民党中央广播事业管理处昆明广播电台（简称昆明广播电台）、云南省教育广播电台、驻华美军办的广播电台和昆明市的一批私营广播电台。其中昆明广播电台是当时中国发射功率最大的中波电台，抗日战争时期在全国（含日寇占领区）和东南亚各地华侨中有较大的影响；其余的电台虽在传播信息、普及科学文化知识、文化娱乐方面起了一定作用，但因发射功率较小，影响不大。

第一节　官办广播电台

一、云南无线电局广播台

（一）沿革

民国十八年（1929年）云南省政府鉴于“滇地边陲，交通梗塞，宣传党政，灌输文化，以启迪民智，苦乏利器……”，决定办一座无线广播电台，筹建工作由云南无线电局负责。经积极筹划，购买到美国开洛公司生产的晶体控制主振式250瓦中波广播发射机一部，机器从上海经越南运抵昆明，长途运输不但花费许多时间，机件也有一些破损。至1932年3月机器才修理补充完善，开始在昆明市五谷庙内装机调试。发射天线利用无线电局旧有火花式发报机的伞状铁塔架设，主塔高150米，为倒“L”型。电台于1932年10月开始试播，1934年3月15日正式播音，呼号XGOY，波长430米，频率697.3千赫，同时播音的还有一台100瓦的短波电码发射机，波长40米，频率7500千赫。与此同时，云南省政府决定分批在全省各县设立收音台，负责抄收无线电局广播台的电码新闻。在广播台开播前，昆明附近和滇越铁路沿线的呈贡、晋宁、昆阳、安宁、富民、宜良、开远、石屏、建水等35个县，都选送合格人员到无线电局接受收音、修理等技术训练。受训结束后，各领收音机一台，回籍建立收音台。

（二）节目设置

云南无线电局广播台设置的节目有："新闻"、"党义"、"长官训话"、"施政报告"、"医学常识"、"科学演讲"、"英语教授"、"商情"、"气象"、"滇剧"、"故事"、"军乐"、"短波电码新闻"等。每月还举办一二次特别文艺节目，请昆明市的平剧、滇剧票友演播。电台每天播音3小时，其中1小时为"短波电码新闻"，专播政府政令和重要新闻，供各县收音台抄收后，送当地各机关及报社，或在自己创办的通讯刊物上发表。星期日除保留1小时"短播电码新闻"外，其他节目停播。电台每天广播的政令材料，由省政府秘书处供稿；其他广播材料由国民党云南省党部指导委员会、昆明市商会、测候所、无线电局新闻股供稿。

云南无线电局广播台1935年播音节目时间

（民国二十四年六月三十日重订）

呼号：XGOY

台址：云南昆明市五谷庙内

周率：697.3基罗周波	电话	7500基罗周波	电码
波长：430公尺	电话	40公尺	电码
电力：250瓦特		100瓦特	

平日（星期一至星期六）

15：00（60′）短波电码新闻

19：00（10′）唱片　一、军乐　三、市乐

19：10（5′）　气象

19：15（10′）商情

19：25（15′）简明新闻

19：40（45′）一、党义　二、医学常识　三、各机关长官训话及施政报告或演讲、故事　四、英语教授　五、电讯常识及名人演讲或科学演讲　六、滇剧

20：25（5′）　预报节目

20：30（30′）新闻报告

21：00　　　　标准时间

星期日

15：00（60′）短波电码新闻

（三）机构人员

云南无线电局广播台由局长肖扬勋直接领导，台长赵家遹。全台有职工11人，下设新闻股、工程股、总务股，分别负责有关播出、工程技术和日常事务工作。为保证日常工作的顺利进行，还制定了《云南省政府无线电局广播台章程》，对办台宗旨、节目内容、播出时间、稿件供应、组织机构、人员编制、经费来源等都作了具体规定。同时制定了《云南省政府无线电局广播台收音训练班简章》、《各县市收音员服务通则》、《各县市保送收音员训练班学员办法》等。

云南无线电局广播台由于发射功率小，收听范围仅限于昆明附近地区，加之已建立的部分县收音台，因经费无着，电池供应困难，收音工作逐渐停顿。因此，1940年国民党昆明广播电台正式播音后，云南无线电局广播台即奉命停播。

二、昆明广播电台

（一）沿革

1937年春，国民党中央计划筹建全国广播网，认为昆明地处西南边陲，和缅甸、越南、泰国、印度以及南洋各地比较接近，是通达这些国家和地区的重要城市，决定在昆明设置强力电台的据点。正在设计期间，抗日战争爆发，国民政府迁到重庆，原南京中央广播电台机件没有来得及撤退，全部损失。因此在昆明建立大功率广播电台更为迫切。于是决定将原计划安装在广州市的英国生产的标准牌（STANDARD RADIO）50千瓦栅调制中波广播发射机搬到昆明设台。

1938年3月，由中央广播事业管理处处长吴保丰兼昆明台筹备主任，总工程师刘振清兼副主任，带领工作人员分别从武汉、重庆到达昆明，进行筹建工作。经选定在昆明市西郊普坪村北部山凹内建立发射台，这里山形回曲，树石成林，易于隐蔽，还有清澈的长流泉水，符合技术需要。同时选定小西门外潘家湾为建造发音室和办公室的地址（现人民西路47号内），这里地处市郊，便于疏散。在省政府和有关单位的大力协助下，勘测地址，征收地权，采办材料等工作进展顺利。同年5月，由扬子建筑公司承包全部土木工程。首先开凿普坪村山坡，建机房于坡下，上筑3尺厚的拱圈式钢筋水泥屋顶，再覆土伪装，恢复山坡原形。天线铁塔建在滇池之滨靠近普坪村的田坝里。发射机由香港经越南运到昆明，沿途损坏机件较多，又由出售公司赔偿、补充机件。1940 年 2 月主要机件运到昆明，本应由出售公司负责安装，但所派人员多敷衍从事，为加快机器安装进度，筹建组全体工作人员昼夜赶装，经过两个多月的努力，全部安装完毕，初部测试，播出性能良好。此时，从潘家湾发音室到普坪村 11.5 公里长的地下电缆也铺设完成。同年 5 月 13 日开始试验播音。据国内各地及印度、缅甸、越南、泰国等地收听反映，声音清晰，音量宏大，射程不亚于原南京中央广播电台。不久，潘家湾发音室竣工，计有播音和放送唱片的发音室两间；可容纳 200 多人，专供播送特别音乐、戏曲节目时使用的大发音室一间。

昆明广播电台于 1940 年 8 月 1 日正式播音，呼号 XPRA，波长 435 米，频率 690 千赫。

（二）节目设置

昆明广播电台开播时每天播音 5 小时，后逐步增加到 7 小时。1944 年上半年，因滇缅交通中断，运输困难，真空管等重要器材一时不能补充。加上电费昂贵，超出预算甚多，遂将播音时间调整为每天 4 小时。1945 年 9 月，抗日战争胜利以后，每天播音时间恢复到 7 小时，1949 年增至 12 小时 30 分。

昆明广播电台面对全国（含日占地区）和南洋各地华侨广播，除用普通话播音外，先后使用过粤、闽、厦、英、法、日、韩、越、缅、泰、印、马来等十多种语言播音，除转播中央广播电台和国际广播电台的英语广播外，有时还转播美国之声电台、联合国电台和旧金山广播电台的节目。

昆明广播电台自己办的普通话节目有："新闻"、"时事解说"、"一周时事评述"、"本省要闻"、"本省施政报告"、"总理遗教"、"总裁言论"、"人物介绍"、"科学常识"、"杂志文章"、"家庭生活"、"妇女生活"、"青年节目"、"学术讲座"、"广播邮箱" 以及 "音乐"、"歌曲"、"戏曲" 等。星期六晚上经常举办特别节目，请平剧、滇剧票友和名演员演播节目，有时也举办音乐会，请音乐界的名家和歌咏团体演出节目。

抗日战争时期，昆明广播电台的爱国抗日宣传占一定的比重，那时国内一些著名大学，如北大、清华、南开等都迁到昆明，许多学术界的知名人士和进步人士云集昆明，他们有时也为昆明电台写稿，到电台发表广播演讲，通过电台普及知识，宣传抗战，在鼓励民气，慰勉侨胞，唤起国际友情等方面起了积极作用，在国内和各沦陷区广大爱国同胞以及海外爱国侨胞中有一定影响。但它的宣传从总体上看是充满反共反人民色彩的。对中国共产党领导的八路军等人民武装英勇杀敌的事迹就很少宣传。加上新闻性节目由国民党中央宣传部所办的中央通讯社供稿，其他节目的大部分稿件，也必须从国民党机关报和新闻检查处认可的刊物上选用；“青年节目”多由云南省三民主义青年团派人播讲，因此有不少虚伪和欺骗性的宣传。1945 年抗日战争胜利后，国民党加强了对昆明广播电台的控制，反共产党、反人民的宣传更加露骨，经常转播中央广播电台的重要节目，如 1947 年 7 月 6 日蒋介石的广播演讲，以纪念抗战十周年为名，攻击中国共产党，鼓吹要“戡平叛乱”；并把国民党中央宣传部副部长叶青请到电台演讲，反复播送他的讲词；还专门举办了“戡乱节目”。

昆明广播电台办公楼

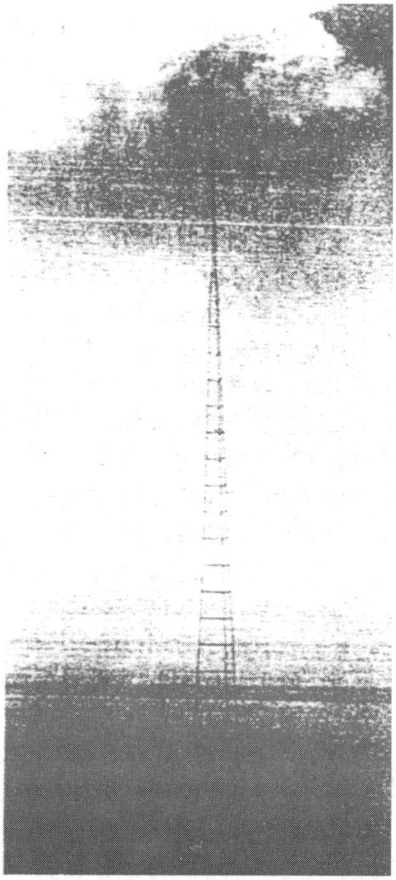

昆明广播电台发射天线

国民党昆明广播电台历年节目时间（选录）

1946 年

呼号　XPRA　　波长　435 公尺　　周率　690 千周波

时　间	计　分	节　目
12：30～12：45	15	国歌，预告中午节目，新闻
12：45～13：00	15	平剧（一至六）　西洋名曲介绍（星期日到 13：30）
13：00～13：15	15	一、建国讲座，二、名人言行，三、市政报告，四、儿童节目，五、新知识介绍，六、青年节目，日、西洋名曲介绍
13：15～13：30	15	一、滇剧，二、大鼓，三、粤剧，四、川剧，五、口琴，六、杂曲
13：30		对时、休息
19：00～19：20	20	国歌、预告节目、新闻提要一，歌咏二、四，六平剧，三、五西乐（星期日延至 20：00 为特别节目）
19：20～19：30	10	转播旧金山电台节目（一至五），法语节目（六）
19：30～19：45	15	学术讲座（一至六）
19：45～20：00	15	平剧（一、三、五）　国乐（二、四、六）
20：00～20：20	20	转播中央台简明新闻及时评
20：20～20：45	25	空中学校（一至六）　英语节目（日）
20：45～21：00	15	西乐（一、三、五）　歌咏（二、四、六）　一周时事（日）
21：00～21：15	15	转播国际台英语新闻
21：15～21：20	5	军乐（一至六）（星期日至 22：00 为平剧唱片音乐会）
21：20～21：35	15	时论（一至六）
21：35～21：45	10	国乐（一、三、五）　平剧（二、四、六）
21：45～22：00	15	广州语节目（一至六）　对时
22：00～22：30	30	新闻、商情、预告次日节目、国歌
22：30		对时停止

附注：1. 本台播音用夏季时间，较格林威治时间早八小时；

2. 本节目表自民国三十五年六月六日起改订；

3. 本台地址在昆明小西门外潘家湾 82 号。

1948 年

呼号 XPRA　　波长 429 公尺　　周率 700 千周波

12：00～12：30	30	国歌、预告下午节目、平剧	
12：30～12：45	15	对时、固定片、新闻	
12：45～13：00	15	滇剧（一至六）　对时　西洋名曲介绍（日至13：30）	
13：00～13：15	15	建国讲座（一），名人介绍（二），儿童节目（三），卫生常识（四），新知识介绍（五），青年节目（六）	
13：15～13：30	15	粤曲　粤剧（一至六）	
13：30～14：00	30	平剧	
14：00～14：30	30	对时　西洋歌曲	
14：30～15：00	30	现代歌曲	夹播广告
15：00～15：30	30	对时　平剧	
15：30～16：00	30	口琴　歌咏	
16：00～16：15	15	对时　现代歌曲	
16：15～16：50	35	西乐（六、日）　歌咏（一至五）	
16：50～17：00	10	军乐　对时　休息	
18：30～19：00	30	国歌、预告晚间节目、固定片、新闻、平剧（一至六）　滇剧（日）	
19：00～19：15	15	对时、时论介绍（一至六）　一周时事述评（日）、军乐	
19：15～19：30	15	转播美国之声电台华语节目（日至五）　家事节目（六）　法语节目（每月底）	
19：30～19：45	15	对时、学术讲座（一、三、五）　戡乱节目（二、四、六）　军乐、杂曲（日）	
19：45～20：00	15	粤曲、粤剧（一、三、五）　现代歌曲（二、四、六）　杂曲（日）	
20：00～20：30	30	转播中央台新闻及时评（一至六）　英语时事述评、歌咏	
20：30～21：00	30	对时、商情、平剧（一、三、五）　国乐（二、四、日）　星期六20：30～22：00共90分钟为特别节目	

21：00～21：15	15	转播国际台英语新闻（日至五）
21：15～22：00	45	西洋名曲（一、三、五）　平剧（二、四、日）
22：00～22：15	15	对时、固定片、简明新闻、军乐
22：15～23：00	45	预告次日节目，固定片、记录新闻
23：00		对时、国歌、停止

注：①本节目表自民国三十七年二月一日改订；

②本台用冬季陇蜀时间较格林威治时间早七小时；

③本台地址在昆明小西门外潘家湾82号，电话4119号。

1949年

呼号　BEF2　　波长　429公尺　　周率　700千周波

10：00～10：30	30	国歌、报告当天节目、滇剧
10：30～11：00	30	歌咏（一、三、五、日）　西洋歌曲（二、四、六）
11：00～11：30	30	对时、川剧、粤剧（一、三、五、日）　平剧（二、四、六）
11：30～12：00	30	杂曲
12：00～12：30	30	对时、报告下午节目、西乐
12：30～13：00	30	平剧（一至六）　对时、西洋名曲介绍（日至13：30）
13：00～13：15	15	建国讲座（一）　名人介绍（二）　儿童节目（三）　卫生常识（四）　新知识介绍（五）　青年节目（六）
13：15～13：30	15	杂曲（一、四）　川剧（二）　大鼓（三）　粤曲（五）　昆曲（六）
13：30～13：45	15	对时、固定片、新闻
13：45～14：00	15	滇剧
14：00～14：30	30	对时、西洋歌曲
14：30～15：00	30	现代歌曲
15：00～15：15	15	对时、口琴、歌咏、联合国国歌（六）
15：15～15：45	30	平剧（日至五）　转播联合国电台节目（六）
15：45～16：00	15	现代歌曲
16：00～16：30	30	对时、平剧
16：30～17：00	30	西乐
17：00～17：30	30	对时、报告晚间节目、西洋名曲

17：30～18：00	30	平剧、邮政节目（每月一号）
18：00～18：20	20	对时、固定片、新闻
18：20～18：40	20	现代歌曲（一至四、六、日）　家事节目（五）
18：40～19：00	20	时论介绍、军乐
19：00～19：40	40	对时、平剧（一、三、五）　西洋名曲（二、四、日）　预言之声（六）
19：40～19：50	10	科学丛谈（一、五）
19：50～20：00	10	粤曲
20：00～20：30	30	转播台湾台新闻及时评（日至五）　星期六特别节目（延至21：30）
20：30～21：00	30	对时、西洋歌曲（日至五）
21：00～21：15	15	转播国际台英语新闻（日至五）
21：15～21：30	15	西洋歌曲（一、三、五）　平剧（二、四、日）
21：30～22：00	30	对时、固定片、新闻、国乐、预告次日节目
22：00～22：30	30	对时、固定片、记录新闻、对时、国歌、停止

注：①本表用陇蜀时间较格林威治时间早七小时，较中原时间早一小时。
②本台地址在昆明小西门外潘家湾2号，电话4119号。
③此节目时间为1949年（民国三十八年）4月29日订。
④电台呼号于1949年（民国三十八年）1月1日改为BEF2。

（三）机构人员

昆明广播电台由国民党中央广播事业管理处直接领导，设台长1人，先后担任台长的有刘振清、杨树仁、黄天如、潘志刚等。电台机构设工务、传音、总务三个科。工务科长兼总工程师，下设助理工程师、工务员、助理工务员等，负责全台技术工作；传音科设播音员、总干事、干事、助理练习员等，负责征集、剪贴报纸新闻稿件，播音工作以及音乐、歌曲、戏曲节目的安排、组织工作；总务科设总干事、干事、助理录事等，负责财务及文书收发等工作。1948年，全台共64人，其中员工33人，警卫18人，工役13人。

1949年昆明广播电台因经费困难，无力支付电费，将50千瓦发射机降低功率为500瓦播出。同年12月，昆明和平解放，昆明广播电台由云南人民临时军政委员会接管。

三、云南省教育广播电台

（一）沿革

云南省教育广播电台，是为了推广社会教育，由云南省教育厅社会教育科和电教辅导处于1948年10月开始筹办的一座小型广播电台。1949年3月开始试验播音，同年8月27日正式播音。使用的机器是美国奇异公司生产的BC—191—F100瓦中波发射机，波长212米，频率1410千赫，另有1千瓦短波机一部。教育广播电台的地址在昆明市劝业场实验剧场内（后为五一电影院），有机房、播音室、办公室等房屋六间。电台没有固定的经费收入，大部分开支由实验剧场支付，由于经费困难，发音室内没有吸音板装置，而是以草席、旧毡代替，其他设备也很简陋，唱片多系向私人借用。

（二）节目设置

教育广播电台每天播音14小时，以教育性节目为主，设有“英语讲座”、“学术讲座”、“医药卫生”、“家庭生活”、“青年节目”、“人物介绍”、“儿童节目”、“戏剧丛谈”、“听众服务”等栏目。文艺节目以播送音乐、戏曲唱片为主，少量播出钢丝录音节目。每周还转播实验剧场的滇剧演出实况二三次。

（三）机构人员

教育广播电台由云南省教育厅社会教育科科长范绍文兼任台长，台内设技术、传音、总务三个组，分别管理机器、宣传和日常事务。全台共有职工14人，大部分是由电教辅导处和实验剧场的人员兼任。

第二节　私营广播电台

1945年抗日战争胜利以后，昆明市先后出现了十多家私营商业性的广播电台，这些电台一般都与政府、报社或社团挂钩，情况比较复杂。

一、亚明广播电台

昆明市最早出现的一家私营电台，由亚明电料行的经理叶学明创办，台址在长春路如意巷内，发射机是叶学明自己改装的，功率150瓦，频率1000千赫。亚明广播电台于1946年6月开始播音，节目很不正规，以商业广告为主，曾邀请花灯艺人到电台演播花灯，这是广播电台首次播出云南花灯。当时正义路的一些私人商店为了招揽生意，收放了这次节目。同年9月，云南省电信局根据国民党当局的指令，查封了亚明广播电台。

二、昆明市政府广播电台

名意为市政府广播电台，实际是私人开设，以商业广告收入维持日常开支，负责人是无线电爱好者何韶昌，机器是用美国空军机载发射机改装，输出功率约70瓦。市政府广播电台于1947年2月开始播音，新闻节目主要是选读当天报纸，有时插播一些市政府通告，大部分时间播送流行歌曲，有时也请平剧演员和票友到电台演唱。开播不久，由于广告收入入不敷出，何韶昌征得市政府有关部门的同意，将发射机卖给了无线电爱好者过冉，并迁到云瑞西路播音。

三、大观报广播电台

1948年底成立，虽然是以大观晚报社的名义创办，但实际上由褚鸿斌私人经营。每天有一二次新闻，主要播送《大观晚报》上刊登的消息，其他时间就播出歌曲和戏曲唱片，在放唱片时插播大量商业广告。由于经常有人到各商号兜揽广告，又播送较多的流行歌曲，迎合一些商人的口味，因此广告收入除维持日常开支外，尚有盈余。发射机是褚鸿斌自己改装的，功率15瓦左右。1949年12月，云南人民临时军政委员会通知大观报广播电台停播。

四、正义报正义之声广播电台

西南联合大学和云南大学的学生张世富、万淮等8人创办。过去他们常在一起收听广播，有志举办一座有较高水平的广播电台。后来听说正义报社有开办广播电台的打算，便通过正义报社社长阮以仁的关系，由正义报社出资数百元半开（银圆），交张世富等人筹办。双方签订合同规定，正义报社除供给新闻稿件以外，还负责电台的房租和水电费，其他开支则从电台广告收入解决。电台于1949年元旦在白马庙正式播音，呼号XLVK，发射功率20瓦，频率1020千赫。

正义之声广播电台的宗旨是："播送当日发生的消息，报道商场重要动态，提倡空中社会教育，供给市民正当娱乐。"每天播音9小时30分钟，举办的节目有"新闻"、"儿童乐园"、"家庭生活"、"卫生常识"、"空中杂志"、"空中学校"（英语讲座）、"小音乐会"、"商业常识"、"平剧"、"滇剧"、"西洋音乐"、"现代歌曲"等，有时还举办特别文艺节目，在新闻节目中，经常播发《正义报》上有关解放战争的消息。1949年1月18日，曾播出《中共中央毛泽东主席关于时局的声明》全文。当时有收音机者，均争相收听，街头行人，多驻足而听。

正义之声广播电台由阮以仁兼任台长。同年7月因经费困难而停播，9月9日被国民党当局查封。

五、中央日报广播电台

国民党昆明中央日报社与亚明电料行合伙创办，于1949年1月10日开始试播。筹备期间，双方签订合同规定，电台的宣传必须按《中央日报》的口径进行，播送该报的新闻、社论；广告收入的30%交报社，70%归电台。

中央日报广播电台每天播音10小时，开办的节目有“新闻”、“时论介绍”、“商情”、“中航飞航班次报告”、“儿童节目”、“滇剧”、“平剧”、“歌曲”、“西乐”、“特别节目”等。先后举办过“平剧讲座”、“无线电问答”、“卫生常识”、“家庭讲座”等。中央日报广播电台成立的时候，正值解放战争取得伟大胜利，国民党陷入四分五裂土崩瓦解的境地，国民党当局为了挽回败局，开展了和平攻势。受《中央日报》控制的电台在“新闻”、“时论介绍”等节目中，多是这方面的内容。

中央日报广播电台的发射机，是用原亚明广播电台的机器改装的，功率300瓦，频率1360千赫，呼号BEF15，台址在云瑞西路胜利堂大门右则。

六、民声广播电台

无线电爱好者赵超尘设在民生街东生巷3号自己家里的一座小型电台，于1949年4月开始播音，使用的发射机是赵自己装配的，功率15瓦，频率1560千赫。设置的节目有“新闻”、“戏曲”、“古典音乐”、“故事”、“广告”、“无线电常识信箱”等。同年5月，共产党外围组织民主青年同盟（简称民青）成员刘傅辉等参加民声电台工作，开始抄收新华广播电台和英国广播公司BBC广播电台的新闻，改编后以某报消息的名义播出。1949年9月9日，民声广播电台被国民党当局查封。

七、民众之声广播电台

中央政治大学学生马崇宽等人创办。为寻找合法借口，他们与当时云南民众教育馆联系，以民众教育馆的名义开办电台，所以取名民众之声广播电台，电台于1949年5月开始播音，以广告收入维持日常开支，台址在华山南路华国巷内。发射机是自己装配的，功率100瓦，频率1300千赫。每天播音8个多小时，新闻节目是选读当天报纸，有时转播英国BBC广播电台和美国之声广播电台的华语节目；文艺节目以放唱片为主，有“古典名曲”、“外国轻音乐”和当时的一些流行歌曲，也播出少量的戏曲节目。在播出文艺节目中插播商业广告。中共地下党领导的晨岚歌咏队，曾到这家电台演播《青春舞曲》、《山那边好地方》、《我们的队伍来了》等歌曲。同年9月9日夜，民众之声广播电台被国民党当局查封。

在这前后，昆明市还先后出现扫荡报广播电台、朝报广播电台、小时报广播电台以及社会之声广播电台等。这些电台都没有办多久就关闭了，办台情况与上述私营商业性电台大体相同。

第三节 驻云南美军广播电台

抗日战争后期，美国军队大量进入中国境内，参加对日作战。云南为美军重点驻屯地区，为满足美军官兵娱乐的需要，1944 年 10 月驻云南的美军，根据联合国在华设立临时军用无线电台办法，经中国军事委员会核准，分别在昆明、云南驿驻地设立无线广播电台各一座。驻昆明美军无线电台，呼号 XNAW，功率 1 千瓦，频率 620 千赫，台址在昆明市拓东路原谊安大厦内。用英语播音，每天广播 7 小时 30 分钟，除两次 15 分钟新闻节目外，大部分时间是播送美国专为其军队制作的大型唱片，内容有："名诗朗诵"、"士兵节目"、"笑林"、"爵士音乐"、"跳舞音乐"、"古典名曲"等。驻云南驿美军广播电台，呼号 CB2，功率 50 瓦。1945 年 3 月，驻陆良、羊街、沾益等地的美军也设立了类似的广播电台。抗日战争胜利以后，这些电台随着美国军队的撤离而停播。

第四节 收听新华广播电台广播纪实

延安（陕北）新华广播电台（XNCR）40 年代曾在云南产生了广泛的影响。它不但帮助当时生活在国民党统治区的人们了解中国共产党，加深对党领导革命事业的认识；同时也指导和鼓舞着中共地下党员和中国人民解放军滇桂黔边纵队（以下简称边纵）的指战员以及进步人士反对国民党独裁统治，反对内战，争取民主、自由的斗争。

一、地下党抄收传播

抗日战争胜利前后，在昆明的中共地下党员、民青成员和进步青年中，秘密传阅着从多渠道传来的手抄和油印的《解放区消息》，这些消息多数是中共地下党员和其他进步人士秘密收听延安新华广播电台广播记录下来的。

1946 年国民党发动全面内战，为了封锁消息，反动派多次捣毁昆明的《新华日报》营业处，迫使营业处关闭。为使云南的共产党组织和进步人士能及时了解中共中央的指示精神，经中共中央南方局批准，在中共云南省工委书记郑伯克领导下，于 1946 年 3 月开始出版油印的内部刊物《新华社电讯》。刊物由云南大学的几位地下党员秘密抄收延安新华广播电台的《记录新闻》，经整理、刻印、装订后发出。《新华社电讯》每周出 1 期，每期 300 份左右。为防止被反动派发觉，《新华社电讯》以新华社香港分社的名义出版。除抄收印发中共中央的一些重要指示、文告、命令和揭露国民党阴谋的稿件外，较多的是传播解放战争的胜利消息。有一期刊登了《张冲将军投奔解放区》的新闻，省工委领导看到以后，立即组织与张冲有关的人士转移，避免了反动派的迫害。后来，还以小册子形式，刻印了毛泽东写的《中国人民解放军宣言》、《目前形势和我们的任务》，周恩来写的《关于在蒋管区的工作方针和斗争策略的两个文件》等。《新华社电讯》不仅在共产党和党的外围组织中传阅，也在进步人士中秘密传阅，有的还传送到专县和游击区，也传给共产党正在争取的国民党军政人员。

1948 年出版的地下刊物《新华社电讯》

昆明学生联合会和西南联合大学、云南大学学生自治会中的中共地下党员和进步同学经常把新华广播电台的重要新闻，以《人民》、《民主》为刊头，抄写成大字壁报张贴到大街上。一次在抄收到新华电台广播的战争罪犯名单以后，《人民》壁报立即把名单张贴到街头，有许多群众涌上来看。他们还把抄收到的《向全国进军的命令》、《中国人民解放军布告》、《敦促杜聿明等投降书》和几批战犯的名单印成传单，通过各种渠道，送到卢汉家里和国民党军政人员手中。

1948 年 12 月前后，昆明市的一些报纸，如《平民日报》、《观察报》、《正义报》、《民意日报》、《大观晚报》、《复兴晚报》等，都有地下党员或党的外围组织成员，他们利用报社的电台和收音机抄收新华社电讯和陕北、邯郸等新华广播电台的广播，并将抄收到的新闻在报纸上刊登。《复兴晚报》抄收到第一批战犯的名单以后，加了一个外国电台的电头，刊登在第二天的晚报上，扩大了政治攻势。

党组织还依靠在富滇新银行、中央航空公司昆明站、中华职教分社、民声广播电台（私营）等单位的地下党员和民青成员，利用工作之便秘密抄收新华广播电台的广播，并广为传播。

1948 年，大理地下党组织通过国民党大理县政府办事员，利用县政府的收音机抄收新华广播电台的《记录新闻》，在党内传播。并于 1949 年 3 月创办了油印刊物《新时代文丛》，刊登新华广播电台播出的新闻和中共中央的重要文告、文章等，供党员和党的外围组织成员阅读。他们还把抄收到的《中国人民解放军布告》等大量翻印，秘密张贴，并寄给国民党党政军警的负责人，促使他们严格遵守。在迎接边纵七支队进驻大理时，他们还根据新华广播电台广播的五星红旗的设计方案，赶制了一批五星红旗悬挂在街头。

1948 年，在剑川县的中共地下党也经常收听新华广播电台的《记录新闻》，并由剑川中学的几位同学刻印后散发，刻印件曾用过《新华社电讯》作刊头。

二、边纵抄收办报

新华广播电台在边纵中也产生过重要影响。40 年代后期在云南省内活动的边纵部队有 10 个支队、两个独立团。为打破国民党的封锁，改变消息闭塞的状况，他们先后设置了电台或收音机，抄收新华社电讯和新华广播电台的《记录新闻》，并办起了各种小报。收听新华广播电台的广播，成为边纵指战员了解中共中央的指示精神和国内外形势的重要途径。

纵队司令部的新闻电台主要抄收新华广播电台的《记录新闻》，抄收到的稿件除送有关领导外，还送给政治部作为编印《战斗报》的主要稿源。

二支队活动于滇东南弥（勒）泸（西）地区，设有电台，新华社电码新闻和新华广播电台的《记录新闻》兼收，他们以此为稿源，办了油印的《盘江小报》。

三支队活动在滇东北，有一台收音机抄收新华广播电台的《记录新闻》，办了油印的《胜利报》。

罗盘支队（曾称为五支队）活动于罗平、盘县地区，有专人抄收新华广播电台的《记录新闻》，稿件既供领导阅读，又作为编印小报的主要新闻来源，行军途中曾办过多期《战斗新闻》，还印发了《战斗简讯》92 期。

1948 年底，纵队司令部、政治部进驻罗平县板桥镇附近的乐岩村，政治部原办有《战斗报》。1949 年 4 月中共罗盘地委成立不久，出版了《战斗报》（罗盘版）。遇有重要新闻，他们还用毛笔抄成号外，贴到板桥镇街头。人们看到号外，常常以放鞭炮来表达他们喜悦的心情。

六支队活动于滇东北地区，地处云南、贵州、四川三省结合部，1948 年滇东北军政干部学校有一台收音机抄收新华广播电台的《记录新闻》，供部队和干部学校领导阅读。1949 年 4 月，部队缴获了一台美国军用七灯收音机，有专人抄收新华广播电台的《记录新闻》，并于 9 月办起了铅印 4 开的《人民快报》，除发给部队外，也发给根据地和游击区的工作人员。当收到中华人民共和国开国大典的新闻后，各据点和游击区都举行了庆祝会。

七支队活动于滇西北地区，也抄收新华广播电台的广播，1949 年 8 月 1 日创办了《人民日报》，11 月 1 日改为《滇西北日报》，报纸为石印，发到部队和部队所在范围的各县。新闻的来源主要是每天抄收新华广播电台的《记录新闻》。七支队的 36 团还有一台收音机，经常收听新华广播电台的广播，并办了《人民报》，在保山还办了《怒江日报》。

八支队活动于滇西地区。1948 年 9 月，他们从昆明带回一台菲利浦直流收音机，开始抄收新华广播电台的新闻，编辑成《政工简讯》，用毛笔抄写后，贴在部队驻地，有时也油印，分送给指战员和地方的民青成员传阅。由于电池无法补充，三个月后中断了抄收。1949 年 3 月，在地下党和进步人士的努力下，争取了国民党航空委员会驻祥云县云南驿航空 38 站第 148 无线电台，全体人员带机起义。从此八支队有了自己的电台，恢复了抄收新华广播电台的新闻。稿件送到总部编印《滇西通讯》，除在本支队散发外，还送给友邻部队和附近的地下党组织。同年 7 月，中共滇西地委成立，部队还将抄收到的新闻及时送给地委，地委又根据这些材料编印了《人民通讯》。

九支队活动于思（茅）普（洱）地区。1948 年 7 月以后从建水县带去一台美国军用的 6 灯收音机，随军使用。开始抄收的稿件只能供领导传阅。后来办了《捷报》，还在战斗间隙刻印过传单。1949 年初，政治部正式出版了《消息报》，以刊登新华社电讯和新华广播电台的《记录新闻》为主。1949 年 7 月，中共思普地委成立，8 月 8 日在《消息报》的基础上办了《思普人民报》，每期约 1 万字，都有 1/3 左右的版面刊登新华社电讯和新华广播电台《记录新闻》的摘要，发行到 15 个县，还有少量发行到滇南和滇中地区。

十支队活动在滇南地区。1949 年 7 月建立电台，主要任务是收听和抄收中共中央的命令、文告、解放军战报以及国民党统治区的消息动态等，及时送领导阅读。为充分发挥这些消息的作用，9 月份创办了油印的《红河报》，供部队和地方干部阅读。10 月 1 日中华人民共和国成立，电台人员及时抄收了有关国旗的图案、国歌、国家领导人员名单、党和国家领导人的讲话稿以及开国大典的盛况等稿件，在《红河报》上刊登传播后，使当地军民大受鼓舞。

独立一团活动在滇中地区。1949 年 5 月底建立电台，抄收新华广播电台的《记录新闻》，办了《滇中解放报》。

独立二团活动于滇北地区。1949 年缴获了一台收音机，抄收新华广播电台的《记录新闻》后，在禄劝县办了油印的《红星报》。

三、人民群众收听

40 年代初，昆明地区的收音机还不多，一些进步人士和青年就通过各种方式秘密收听延安新华广播电台的广播。1942 年，西南联合大学师生和昆明学生联合会曾写信给中共中央说：昆明的进步青年常常秘密收听延安的广播。他们从广播中了解了抗日根据地军民英勇斗争的事迹和自力更生、丰衣足食的生活，加深了对中国共产党政策的理解，认清了抗战的形势和前途，产生了对延安的向往。他们把延安新华广播电台称为“黑夜里的一盏明灯”。

40 年代后期，随着无线电器材和收音机的增多，收听解放区广播的面比较广，不仅有进步人士、青年学生、无线电爱好者、商人，也有国民党政府的官员。不仅昆明地区收听传抄，而且遍及建水、大理、普洱、陆良、昭通、腾冲等地。

抗日战争胜利后，建水县建民中学的教师，进步人士郑道津从昆明买回一台美制 5 灯收音机，开始收听延安新华广播电台广播。他经常把抄收到的稿件及时送给中共地下党的同志，并将抄收到的消息油印成传单，向建民中学和惠民中学的进步师生传播。1948 年上半年，郑道津还把抄收到的新闻，供给临安中学联合党支部，出版了油印刊物《每周通讯》。

在大理，中国民主同盟成员袁思齐等也积极收听、传播解放区的消息。1949 年 4 月，云南的民盟组织决定在大理开展工作，开始他们和省立大理中学的一些进步学生，在下了晚自习以后，到天主教堂收听外国电台的华语广播，并将有关中国解放战争的重要新闻记录下来，抄成小字报在校内外张贴。后来他们筹资 300 多元，卖了一台菲利浦收音机，由大理中学教师刘钦秘密收听新华广播电台和莫斯科广播电台的广播，并将重要新闻记录下来，办起了油印刊物《省中通讯》。这个刊物受到师生和群众的欢迎。在县城的大街小巷贴出以后，长时间挤满了读者。

新华广播电台在云南产生了巨大的影响，它及时传播了中共中央的指示精神和解放战争的胜利消息，鼓舞教育了云南各族人民，对云南的解放事业起了积极的推动作用。

第二章　无线广播（下）

中华人民共和国成立以后，云南省的无线广播有较大的发展。

第一节　云南人民广播电台

沿革

云南人民广播电台是在接管国民党昆明广播电台的基础上建立起来的。

1949 年 4 月，中国人民解放军解放南京后，准备向西南进军。7 月，在刘伯承、邓小平的领导下，组建了人民解放军西南服务团，为接管西南培训干部。

1949 年 8 月 15 日，中央广播事业管理处处长廖承志写信给邓小平说："昆明有个五十基罗电力的广播电台，将来在对东南亚广播宣传上处于有利的地位，所以我们决定派黎韦同志并带同李廉士、苏明、祝敬迓、姚琦、钟清平等同志参加你们进军大西南的战斗序列，到云南去接管昆明广播电台。"黎韦是原济南新华广播电台台长，李廉士是原邯郸新华广播电台台长。他们在南京吸收了新华社新闻工作人员训练班的部分学员，编入西南服务团云南支队；后来在行军途中又从云南支队调来部分人员，为在昆明接管旧台建立新台做了干部准备。

1949 年 12 月 9 日，国民党云南省政府主席卢汉宣布起义。这时黎韦等还在行军途中，中共云南省工委决定派张仁坚以云南人民临时军政委员会专员名义，接收国民党昆明广播电台，参加接收工作的还有地下党员沈裕华和党的外围组织新民主主义联盟成员何缵荣等。主要任务是：按照 1949 年 4 月 25 日发布的《中国人民解放军布告》精神，发动全台员工坚守岗位，保护机器、财产和档案，准备恢复播音，迎接中国人民解放军接管。张仁坚等进电台以后，依靠台内盟员，组织员工抢修机器设备，在12月下旬恢复了播音，除转播中央人民广播电台节目外，还自办了新闻节目和文艺节目。

第三章　广播技术事业建设

云南的广播事业创始于20世纪30年代。先后建立的无线广播电台有：云南无线电局广播电台、国民党中央广播事业管理处昆明广播电台、云南省教育广播电台和昆明市一些私营广播电台。到云南解放前夕，还在播音的仅有昆明广播电台和教育广播电台。（详细情况见本志第一章）

第一节　省电台建设

节目制作与播出控制

民国时期的昆明广播电台仅办一套节目，未设编辑部，由传音科每天安排节目，播音员直播语言节目，文艺节目以放唱片为主。设有两个小播音室、一个大发音室和一个增音室。大发音室用作文艺节目直播。增音室设备主要有两部美国西电公司出品的23—B型增音机及一台蝴蝶牌SX—28型收讯机。信号通过传音电缆送到普坪村发射台。

云南人民广播电台建台初期，沿用潘家湾原昆明广播电台的播音、增音和发音室。录音设备仅有一台接管的美制钢丝录音机和一架胶片录音机，且钢丝录音机还缺少音频功率放大级，由省电台技术人员自制功放电路后投入使用。当时外出现场转播靠一台增音机将话筒拾取的声音信号放大后通过电话线传送到电台增音室。

普坪村发射台

普坪村发射台系1940年建立的昆明广播电台的发射台，设有50千瓦已调波放大式中波机一部，是当时国民党统治区最大的中波广播发射台。随着国民党政府的崩溃，昆明电台也每况愈下，1949年由于付不起电费，只能将发射功率降低为500瓦使用，机房变压器也被电厂拆走。1949年12月，中共云南省工委派员接管该电台后，立即着手恢复发射功率的工作，由于受到当时器材和变压器容量的限制，经过努力到云南人民广播电台成立前，发射功率已恢复到24千瓦播音（广播频率700千赫）。

第四章　节目传输网建设

第一节　电缆传输

1940年，国民党昆明广播电台建台时，在潘家湾发音室和普坪村发射台之间铺设了长约11.5公里的音频电缆，用来传送广播节目信号。

附录

一、大事记

民国二十一年（1932年）

10月　云南省政府在昆明建立无线广播电台，台名云南无线电局广播台，中波发射功率250瓦，电码发送短波机100瓦，每天播音2小时。

民国二十九年（1940年）

8月1日　中国国民党中央广播事业管理处昆明广播电台（简称昆明广播电台）正式开播，中波发射功率50千瓦，短波2千瓦，面对全国和南洋各地华侨广播，每天间隙播音7小时，使用国语、粤语、厦门语、英语、法语、越南语报告新闻。

民国三十一年（1942年）

9月　昆明广播电台增设对敌（侵华日军）宣传节目，并增用缅、泰、韩、日、印、马来等语言播音。

民国三十三年（1944年）

10月至次年3月　援华美军在昆明、云南驿、陆良、沾益及陆良的羊街等驻地分别设立无线广播电台，为美军服务。

民国三十四年（1945 年）

7 月 20 日　昆明广播电台奉命每天无偿提供 3 小时播音时间给昆明美国新闻处，由美新闻处举办对日本的广播。

民国三十五年（1946 年）

6 月　昆明市私营亚明广播电台成立。随后又陆续办起十多家私营电台。

民国三十八年（1949 年）

3 月　云南省教育广播电台开播。它以推广社会教育为目的，由云南省教育厅社会教育科和电教辅导处主办。

1949 年

8 月 15 日　中国共产党中央广播事业管理处派原济南新华广播电台台长黎韦等随军南下，准备到云南接管昆明广播电台。

10 月 1 日　毛泽东主席在北京宣布中华人民共和国成立。

12 月 9 日　卢汉在昆明宣布起义。当晚，昆明广播电台奉命停播，10 日开始播出有关起义的新闻。

12 月 25 日　中共云南省工委派张仁坚等接收昆明广播电台，发动全台员工坚守岗位，保护机器设备，恢复播音，等待人民解放军正式接管。

二、重要文献资料（选录或摘要）

廖承志为接管原昆明广播电台致邓小平的信

按：1949 年 4 月，人民解放军解放南京后，积极准备向西南进军。7 月，在刘伯承、邓小平同志的领导下，组建了人民解放军西南服务团，为接管西南三省开始培训干部队伍。中央广播事业管理处随即调派原济南新华广播电台台长黎韦等 6 名干部南下，参加解放军进军西南的战斗序列，到云南接管国民党昆明广播电台。当年 8 月 15 日，中央广播事业管理处处长廖承志为此事写了一封信给邓小平同志，信中阐述了接管昆明广播电台的重要意义，并对接管后电台的工作方针、任务以及组织领导关系等提出了建议。这是云南广播战线一份珍贵的历史文献。

下面是这封信原文的复印件。

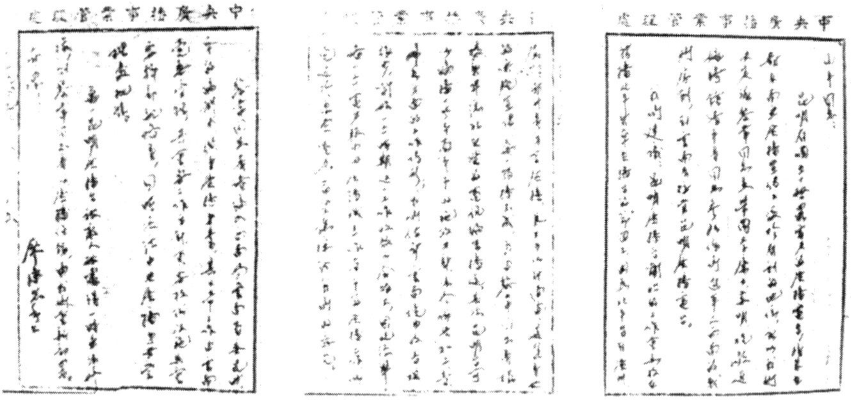

廖承志为接管原昆明广播电台致邓小平的信

小平同志：

昆明有个五十基罗电力的广播电台，将来在对东南亚广播宣传上处于有利的地位，所以我们决定派黎韦同志并带同李廉士、苏明、祝敬迓、姚琦、钟清平等同志参加你们进军大西南的战斗序列，到云南去接管昆明广播电台。

我们建议：昆明广播台开始的工作重点放在转播北平新华广播台的节目上，因为北平台有广州、厦门、潮州等方言广播，马上可以对缅甸、暹罗等地的侨胞宣传；万一转播不成，再由黎韦同志等根据新华总社所发的电讯编写播送。其次昆明台可以编播一些本省本市的施政方针、法令布告和工、青、妇各方面的工作情形；我们估计云南境内收音机很少，开始一个时期这一工作收效不会很大，因此须准备一个电力较小的广播机来做省市的广播工作，以免过于浪费电力。希望您采纳我们的意见。

黎韦同志等请编入西南局云南省委昆明市的编制内，从事广播事业，其日常工作由云南党委管理；其重要工作方针、重要技术设施与重要干部配备等，同时须经中央广播事业管理处批准。

万一昆明广播台被敌人破坏得一时无法修复，则黎韦同志等的广播任务，由我们重新部署。

敬礼！

廖承志 手上

一九四九年八月十五日

三、抗战时期云南广播

戴美政

第一节　昆明广播电台建立

1940 年 8 月 1 日正式播音的昆明广播电台，是为抗战国际宣传而建立、抗战时期中国功率最大的广播电台，为中国抗日战争和国际反法西斯战争的舆论宣传、战事报道，及反侵略思想文化传播等作出了重要贡献。

抗战初期中国广播

1923 年 1 月，中国境内首座广播电台“中国无线电公司广播电台”由美国人奥斯邦在上海开办。1928 年 8 月 1 日，国民党中央在南京建立的第一家全国性的广播电台——中国国民党中央执行委员会广播无线电台开始播音，简称“中央广播电台”，1932 年功率扩大到 75 千瓦，成为当时亚洲发射功率最强的广播电台。1937 年全面抗战爆发后，日本侵略者把中国广播电台作为轰炸的重点，中国广播事业遭受重大损失，中央电台先迁武汉再迁重庆，1938 年 3 月恢复播音，但中波功率仅 10 千瓦，远较南京时期小得多。其他电台或被日军占领或迁偏僻地区播音。到 1937 年年底，中国官方广播电台仅剩六七座，总功率不到 11 千瓦。

昆明广播电台建立

全面抗战开始以前，中国当局就十分重视发展广播这一强有力的新兴传媒工具，1937 年初筹划建立全国广播网时，全国有各类电台 82 座（含外国人在华电台 4 座），总功率 120 余千瓦。但西部仅有 5 座电台，分布极不平衡。因此决定在昆明、贵阳、兰州等地筹设新的广播电台。1937 年 6 月，日本近卫内阁成立后，进一步促成战时体制，准备扩大对中国的侵略。在民族危机日益加深的严峻形势下，筹设全国广播网这样的大事就必然与中国的抗战前途紧密地联系在一起。经多方权衡，当局选中云南省首府昆明作为建立强力电台的地址。所以如此，是“以昆明地处西南边陲，且为通过国际路线

全國廣播電台表

——以週率爲序——

週率(千週波)	波長(公尺)	台名	地址	呼號	電力
五六〇	五三五·七	成都	四川成都南門外	XGOG	一〇〇〇
五六〇	五三五·七	華泰	公平路四〇一弄拾號	XLBR	八七
六二〇	四八三·八	大陸	上海北京路中法大藥房三樓	XHHK	一〇〇
六六〇	四五四	中央	南京中央黨部	XGOA	七五〇〇〇
七一〇	四二二·九	重慶	重慶通遠門外武廟	XGOS	一〇〇〇
七三〇	四一〇	燕聲	北平帥府園九號	XQKD	五〇
七四〇	四〇五·四	建華	上海馬霍路五〇四弄三六號	XHHB	一〇〇
七五〇	四〇〇	廣州市	廣州中央公園	XGOK	一〇
七六〇	三九四·六	亞東	上海甘世東路新順興里五號	XLHJ	一五
七七〇	三八九	青年會	天津東馬路青年會	XQKB	▽五〇
七七〇	三八九	四明	寧波中山公園內	XHID	七五
七七六	三八六	雲南省	雲南昆明市東門外五殼廟	XGOY	二五〇
七八〇	三八四·六	新新	上海新新公司	XIHA	五〇
七九〇	三七九·七	長沙	湖南長沙	XGOV	一〇〇〇〇
八〇〇	三七五	東陸	上海浙江路二四五號	XLHG	一〇〇
八〇五	三七一·四	山東省	濟南經三路小緯六路	XGOH	五〇〇
八三〇	三六一·四	亨大利	南京中山路中市	XLII	七·五
八四〇	三五七	大中華	上海南京路五九九號	XHHU	一〇〇
八五〇	三五三	歌亭	杭州英士街八四號	XLIQ	五〇
八七〇	三四五	百靈	蘇州護龍街七二〇號	XHIC	▽七五
八八〇	三四〇·九	友聯	上海福煦路九三〇弄五號	XHBV	一〇〇
八九〇	三三七·〇	仁昌	天津法租界三一號路三三號	XQKC	一〇〇
八九〇	三三七·〇	[illegible]	[illegible]北門[illegible]社		一五
九〇〇	三三三	上海市	上海市中心區	XGOI	五〇〇
九一〇	三二九·六	同文	廈門市同文路	XLIM	一五
九二〇	三二七·一	富星	上海戈登路九四號	XHHS	一〇〇
九四〇	三一九·一	李樹德堂	上海白克路二五〇號	XHHE	一〇〇
九五〇	三一五·六	北平	北平西單北大街	XGOP	三〇〇
九六〇	三一二·五	明遠	上海湖北路一三三號	XHHF	一〇〇
九七〇	三〇九·二	時和	無錫北大街	XHIB	▽七五
九八〇	三〇六	佛音	上海霞飛路四一八號	XMHB	五〇〇
九九〇	三〇三	浙江省	杭州基督路浙江省電話局內	XGOD	二〇〇〇
一〇〇〇	三〇〇	太原	山西太原後小河	XGOT	五〇
一〇〇〇	三〇〇	江西教育廳	教育廳內	XGKE	五
一〇一〇	二九七	漢口市	漢口中正路	XGOW	三〇〇〇
一〇二〇	二九四·一	東方	上海康腦脫路一二〇號	XHHG	一一五
一〇三〇	二九一·二	蘇州	蘇州東大路鴻并巷	XGOL	一五〇
一〇四〇	二八八·四	中西	上海四馬路中西大藥房	XHHB	一〇〇
一〇五〇	二八六	中華	天津特三區一號路	XHKA	一〇〇
一〇五〇	二八六	國華	無錫[illegible]路六號	XHIS	▽七五
一〇六〇	二八三	華美	上海南京路五六五號	XHHI	一〇〇
一〇七〇	二八〇	河南省	開封龍亭	XGOQ	二〇〇
一〇七〇	二八一	無綫電專	廣州河南番士敏土廠側	XKRI	一〇〇
一〇九〇	二七五·二	紹興	紹興北海橋七七號	XLIO	二五
一一〇〇	二七二·四	上海	上海江西路三三三號	XHBS	一〇〇
一一一〇	二七〇	[illegible]	[illegible]	XLIJ	一〇〇
一一二〇	二六七·八	亞聲	上海貝勒路三五九號	XHHW	一〇〇
一一三〇	二六五·四	江西省	南昌王陽明路北四經路	XGOC	三〇〇
一一五〇	二六〇·八	江蘇省	鎮江大吉山	XGOZ	▽一〇〇〇
一一八〇	二五四·二	就業	上海廣東路九十三號	XHH[illegible]	五〇
一一九〇	二五二·一	育英	北平燈市口十四號	XLKA	五〇
一二〇〇	二五〇	國華	上海廣東路五四五號六樓	XHHN	一〇〇
一二一〇	二四七·九	[illegible]民教館	[illegible]朝城路七號	XHKC	一〇〇
一二二〇	二四五·八	鶴記	上海嘉興路口西倉路	XQHG	五〇
一二三〇	二四三·八	雲聲	杭州米安[illegible]直街一〇號	XLIR	五〇
一二四〇	二四一·九	利利	上海北西藏路安富[illegible]九號	XHHY	一〇〇
一二五〇	二四〇	興業	無錫北大街七九號	XLIE	五〇
一二六〇	二三八·一	華興	上海青島路十九號	XHHP	一〇〇
一二七〇	二三六·二	大有聲	[illegible]河大馬路	XLIH	一五
一二九〇	二三二·五	西安	西安南苑門第一市場	XGOB	▽五〇〇
一三〇〇	二三〇·七	上海交部	上海南京路[illegible]房子一號	XQHC	一〇〇〇
一三二〇	二二七	蘇州	蘇州[illegible]路六〇〇號	XLIP	五〇
一三三〇	二二五·五	武進縣黨部	常州中山紀念堂	XLIK	七五
一三五〇	二二二·二	淮陰	淮陰民衆教育館內	XGOU	一〇〇
一三五〇	二二二·二	東方	天津法租界二號路大陸大樓	XQKA	五〇
一三六〇	二二〇·五	華東	上海廣西路四六五號	XQHD	二〇〇
一三六〇	二二〇·五	南寧	廣西南寧中山公園	XGOE	一〇〇〇
一三七〇	二一八·九	亞洲	杭州迎紫路三號	XLID	五〇
一三九〇	二一五·七	世界無線電社	無錫大市橋六五號	XLIN	五〇
一四一〇	二一二	徐州	徐州鼓子街民教館民衆禮堂	XHIA	▽六〇
一四二〇	二一一	福音	上海博物院路一二八號	XMHD	一〇〇〇
一四三〇	二一〇	江西民教館	南昌章江路東街十三號	XLJA	二〇〇
一四四〇	二〇八·六	鳳鳴	上海中華路小北門鮮[illegible]里11	XLHQ	三〇〇
一四五〇	二〇六·八	久大	蘇州北局國貨商場四樓	XLIB	一五
一四八〇	二〇二·七	元昌	上海菜市路三讓坊七號	XLHM	六三
一四九〇	二〇一·三	吞藝堂	嘉興北大街三六號		一五
一五〇〇	二〇〇	齊魯大學	濟南齊魯大學無線電科	XOCL	一〇〇
六八二〇	四四·〇	南京短波電台	南京中央黨部	XGOX	五〇〇

附外人在中國境內經營之電台(?)

週率	台名	呼號	電力
六〇〇	上海華美	XMHA	五〇〇
八二〇	上海奇閘	XQHF	五〇
一三〇〇	上海法人	XGOU	二五〇
一四〇〇	北平協和	FFZ	十五

【廣播週報第一四七期】 全國廣播電台表 三一

全国广播电台表。原载《广播周报》第147期（1937年7月24日）

之要隘，故决定为设置强力广播电台之据点”。[1] 中央广播事业管理处（以

① 昆明广播电台简史（1941年9月30日），昆明广播电台档案，第53-1-1卷。

下简称“中广处”）1938 年 5 月 2 日致云南省党部的公函写明：“查本处奉中央之命，来滇筹设强力广播电台，以资宣传，而利国防。”[①] 1938 年 12 月，中广处拟订的《抗战时期广播工作计划》[②] 中说：“溯自平津沦陷、京沪失守，我国萌芽之广播事业，摧残殆尽。在此抗战期间，举凡思想意志之统一，准确消息之传递，以及唤起民族精神，健全民众组织等，无不赖广播宣传。目前播音之湘汉渝蓉闽陕各台，或受敌方电波之干扰，音波未能清晰；或受敌机威胁，播音时虞停顿；或因电力过小，远方不能畅聆。爰为适应非常时间之需要，因草拟此广播事业工作计划以实行之。俾我沦陷各地同胞，不受敌方不准确消息之蒙蔽，后方民众受播音宣传之鼓励，使人人有抗战精神，个个有杀敌勇气，处此长期抗战而欲夺取我国家最后胜利，雪除我人民积年耻辱者，广播事业，其可不应注意乎？”该计划说：“非常时间，电台时受敌机威胁，电波时受敌方干扰。为充实广播宣传，以制止敌人猖狂。除已设之湘汉渝蓉各台外，仍按时播音，职司普遍宣传，及目前筹设之渝短波台，滇中波台，专司国际及南洋等处宣传外，应增设电台，分固定流动二种，专以训练民众，鼓励抗战精神为目的，使电波畅达各城市，不受干扰影响。”这里所说的“目前筹设之渝短波台，滇之中波台”即指重庆的国际广播电台和昆明广播电台。以上情形充分表明，昆明广播电台的建立，是中国当局抗战广播宣传总体安排的重要部署，完全出于抗战国际宣传紧迫需要的战略考虑。以后的事实证明，这一决策相当有远见并有成效。昆明广播电台筹划之中，“七七事变”爆发，计划顿时受阻，至国民政府迁都重庆后方继续进行。1938 年 3 月，由中广处处长吴保丰和总工程师刘振清带领中央电台的技术人员钱瑶章、叶烈生、沈菊芬、蒋元生等分别从武汉、重庆到达昆明。两人分任昆明电台筹备处正副主任，并得云南当局协助，抓紧时间进行筹建。昆明电台的发射设备原筹划自己设计，但因抗战爆发，形势紧迫，蒋介石等最高领导人决定，以广州装置未竣的英国产 50 千瓦中波发射机移设昆明。[③] 但陆路运输不畅，只能取海路运至越南海防再转运云南。其间经历种种曲折，直到 1940 年 2 月，方将主要机件数百箱运至昆明，另外有 7 吨

① 昆明广播电台简史及组织情况，昆明广播电台档案，第 53－1－1 卷。

② 一九四三年至一九四四年一般来往公函，昆明广播电台档案，第 53－3－54 卷。

③ 1938 年 2 月 6 日孔祥熙致军委会政治部函，一九三八年筹建文稿，昆明广播电台档案，第 53－3－28 卷。

相关设备系从重庆经黔滇公路运入，真空管等重要部件由航空运达。为同侵略者抢时间，刘振清动员全体人员“漏夜赶装，亲自督率工作，历数月不辍，至四月底全部机器装置竣事”。[①] 5月中旬，地下电缆铺设完成后即试验播音。由此，中国抗战有了较重庆电台功率更为强大的宣传工具，其意义非同一般。1940年是国际反法西斯战局极为艰苦的一年，法西斯德国在欧洲的闪电战进攻连连得手，日本侵略者推行南进政策，意图断绝国际援华通道，迫使中国政府屈服。当年6月，法国与日本妥协，宣布禁止一切货物从越南经滇越铁路进入中国。7月18日，英国与日本签订关于封锁滇缅公路的协定，规定从即日起，禁止军用物资等经缅甸进入中国。9月下旬，日军侵入越南北部，26日在海防登陆。这样，中国战时陆上、海上的对外交通线便被完全封锁。但是，昆明电台的主要机件已赶在侵略者之前运到昆明，保证了该台的筹设，这是同侵略者争时间抢速度得来的重大成果，由此改变了中国对外抗战宣传的战略态势。

昆明广播电台开播

1940年8月1日，昆明广播电台正式播音，呼号XPRA，波长435米，频率690千赫。当日举行隆重的开幕仪式。[②]“到省市及中央在滇各机关长官暨各界来宾百余人”，由吴保丰主持并报告说“广播事业在现代为社会教育事业之一，尤以宣传抗战、发展民气，更属重要，现在中央已有统筹计划，在××等处，皆设有中心电台，专司其责。昆明广播电台之设立，在西南大有重要意义”。即后由台长刘振清报告筹备经过，再由省教育厅长龚自知致辞，略述“昆明电台使命重大，今后愿本教育立场，竭力合作，以期达到唤起民众之目的”。即后，来宾乘汽车至潘家湾该台参观播音室等。为庆祝开播，昆明广播电台着意安排了特别节目。[③] 当日下午五点三十分正式播音开始，激昂的抗战歌声在广播中响起，接着是15分钟的新闻类述、随后是国乐，琵琶演奏；六点二十分，军事委员会委员长昆明行营主任、云南省政府主席龙云应邀在广播中致辞。龙云致辞后是昆曲《游园》选段；八点五十分，西南联合大学常委、北大校长蒋梦麟致辞。接着演播昆曲、话剧、平

---

① 昆明广播电台简史（1941年9月30日），昆明广播电台档案，第53－1－1卷。

② 《昆明广播电台　昨行开幕礼》，《中央日报》（昆明版）1940年8月2日。

③ 昆明广播电台八月一日（星期四）播音节目表（1940年），昆明广播电台档案，第53－2－36卷。

剧，最后是《简明新闻》和《总理纪念歌》。热烈隆重的播出至晚上 12 时方结束。开播当日，在市中心近日楼（今百货大楼）等地，“设置播音机，俾一般市民得以聆听，声音洪大，迄晚十一时，围观群众，仍甚拥挤云”。可谓盛况空前。昆明电台开播后，每天播音约 7 小时。在 40 年代抗战最艰难时期，成为轰动省城和影响中国宣传界的大事，备受各方关注。1941 年 9 月写就的该台简史称：“国内外收听，音质清晰，音量宏大，其射程亦不亚于昔日首都所建七十五基罗之中央广播电台。”① 各地收音室赞扬之信电纷至沓来，《湘潭民报》函称：“声音洪大，解释清楚，收听新闻，尚称便利”；② 四川省苍溪县政府函称：“贵台连日试验播音，成绩极为良好”，③ 等等。从试播到抗战胜利，该台收到的反映收听效果的函电，在国内远至江西、河南、湖北、上海、江苏、湖南、陕西等多个省市，在国外则达新加坡、旧金山等许多地方。抗战胜利后任该台传音科长的陈斯正回忆，夜间，昆明电台的电波可以达到整个东半球，“我们时常收到澳大利亚电台、新西兰电台和瑞典、挪威等北欧电台的来信，报告夜间曾收听过我们的节目”。④ 云南虽在 1934 年就创立了云南无线电局广播电台，功率仅 250 瓦，经费困难，影响仅限于省城及附近地区。昆明电台创立后，该台奉命停播。中央广播电台迁到重庆后，功率较南京时期小了许多，仅 10 千瓦，加上地处大西南腹地，信号传播受到很大限制。1938 年 11 月在重庆建成的 35 千瓦国际广播电台，功率虽大，但用短波播出，国内许多地方收听不便。昆明电台播出后，原来收听重庆中央电台的各地收音室及许多机关、学校、工商企业等，纷纷转而收听昆明电台。如 1940 年 7 月，江西省教育厅致函昆明电台，称中央电台《记录新闻》突然停播，江西各县五十余架收音机盼望昆明电台增加《记录新闻》。⑤ 同时，湘潭民报社等也来函请增加晨间播音节目，以便记录。1943 年，昆明电台每日凌晨 2：30～4：00 播出的《记录新闻》停播，顿时引起各地收音室强烈反映，纷纷来函询问，甚至反映到重庆中广处，“群请转饬该台恢复

① 昆明广播电台简史（1941 年 9 月 30 日），昆明广播电台档案，第 53－1－1 卷。

② 一九四〇、四七、四八年外来节目函件来往，昆明广播电台档案，第 53－2－36 卷。

③ 一九四〇、四七、四八年外来节目函件来往，昆明广播电台档案，第 53－2－36 卷。

④ 陈斯正《抗日和解放战争中的昆明广播电台》，《昆明文史资料选辑》第 11 辑，1988 年 8 月。注：此文将该台开播时间误为 1941 年 8 月 1 日。

⑤ 一九四〇、四七、四八年外来节目函件来往，昆明广播电台档案，第 53－2－36 卷。

《记录新闻》节目”。[①] 昆明广播电台开播初期节目状况，见以下各节目表。

体制　管理　人员　经费

昆明广播电台为中国抗战国际宣传而建立，直属国民党中央广播事业管理处领导，属中央广播机构而非省市级地方广播机构，其人员、设备、经费等均由国民党中央有关部门负责调配，宣传内容按中央宣传部门要求进行广播。1938 年 5 月 2 日，昆明广播电台筹备处正式成立，由中央广播事业管理处处长吴保丰、中央电台总工程师刘振清分任昆明广播电台筹备处正副主任。1940 年 8 月正式开播后，设台长 1 人（一般由总工程师担任）主持全台工作，下设工务科、传音科、总务科（后称事务科）三科，各科科长 1 人（均无副职）。

工务科　负责广播设备（增音室、机房、厂房、天线、地下电缆等）的运行、维护、检修，及设备材料收发保管等。工务科长一般由本台总工程师兼任，该科人员按技术与工作职别分，有总工程师、工程师、助理工程师、工务员、助理工务员、练习工务员，机务员、练习机务员、实习生、机务学徒等。其中部分人员也有党务工作人员职别，如干事、总干事等。

传音科　负责节目编排（稿件征集、编辑、节目安排、稿件初审、唱片收集），播音（发音室值班及管理），联系照应外来演播人员等。传音科是主管广播节目的宣传的核心部门，科长一般由总干事级别的人员担任，下设征集组（又称征辑组、编辑组等）、播送组（又称报告组、播音组）、外语组、乐剧组（音乐戏剧组）四组。分管新闻编排、节目播音、外语节目、文艺节目。传音科所辖各组人员，初期均无职称区别，按各自工作性质分别称征集员（又称编审员、编辑）、报告员（播音员）、助理播音员等。

事务科　有会计、出纳、庶务、保管、事务等人员。抗战时期，中国官方广播电台除技术人员有职称外，编辑、播音人员起初并无明确的职称设置，其级别归属于党务工作人员系列，分别为录事、助理干事、干事、总干事等。其待遇按 1941 年 5 月制定的《改定中央党部薪俸等级表》，自最低职位“录事”到最高职位“中央党部秘书长”，其薪俸由下到上共分为 20 级，每级按职位大小其薪俸又分为数级。其中，干事薪俸自 150 ~ 240 元不等，共 10 级，每级相差 10 元，晋升颇为不易。抗战期间官方广播电台并无广播

---

① 一九四〇、四七、四八年外来节目函件来往，昆明广播电台档案，第 53 - 2 - 36 卷。

“记者”一职，广播内容主要选自上级下达的宣传指令和材料，报刊书籍等，由征集组编辑后送播音组播出，部分节目有本台特邀专员和专家撰稿或演讲，文艺节目除播送唱片外，主要由组织本台人员或邀请社会文艺团体演播。直到1948年2月16日《中央广播事业管理处通知》［京书（37）字第1617号］下发，准予各台“应就现有传音人员较为优秀者选派”为广播记者“采访新闻”，中国官方电台始有广播记者一职。

抗战时期昆明广播电台发音室（潘家湾）原貌。(1950年）孙振民提供

昆明广播电台发音室（潘家湾）现貌。(2005年9月7日）戴美政摄

昆明广播电台大发音室原貌，云南各兄弟民族广播联欢会。（1950 年 8 月 22 日）孙摄民提供

昆明广播电台大发音室（演播厅）现貌。（2008 年 7 月 30 日）戴美政摄

抗战时期昆明广播电台天线塔(185.32 米)，位于昆明西郊普坪村滇缅公路一侧。(摄于 20 世纪 50 年代)

昆明广播电台播音节目表

本表依陇蜀（东经105度）时订定，较世界标准时早七小时。

呼号　XPRA　波长　435公尺　周率　690千周波

（本表自廿九年七月二十二日起行）

播出时间	时长	节目名称
02：00～03：30		记录新闻（暂不施行）
03：00		休息
18：30～18：40	10	报时　国歌　杂曲
18：40～18：55	15	新闻类述
18：55～19：00	5	军乐
19：00～19：20	20	演讲（一、三、四）　儿童教育（二、四、六）妇女讲座（日）
19：20～19：30	10	歌咏
19：30～19：40	10	敌情
19：40～20：00	20	平剧　预报节目
20：00～20：15	15	时论或时谈
20：15～20：30	15	国乐
20：30～20：45	15	总理遗教（一、三、四）　总裁言论（二、四、六），防空或卫生常识（日）
20：45～21：00	15	粤语新闻类述
21：00～21：00	10	报时　西乐
21：00～21：20	10	英语新闻
21：20～21：30	10	法语新闻
21：30～21：40	10	□□□□
21：40～21：50	10	□□□□
21：50～22：00	10	国乐
22：00～23：00	60	记录新闻　总理纪念歌
23：00		停止

原存昆明广播电台档案第53－2－42卷。

昆明广播电台八月一日（星期四）播音节目表

（1940年8月1日）

播出时间	节目名称
17：30～17：45	歌咏
17：45～18：00	新闻类述（琴箫合奏）
18：00～18：20	国乐（琵琶，曲名为改进超操或歌乐引）
18：20～18：40	演讲（龙主席）
18：40～18：50	昆曲（游园）
18：50～19：05	演讲（蒋校长）
19：05～19：20	昆曲（刺虎）
19：20～21：20	话剧（寄生草）
21：20～23：20	平剧（捉放曹、坐功）
23：20～24：00	简明新闻、总理纪念歌
24：00	停止

原存昆明广播电台档案第53－2－36卷。

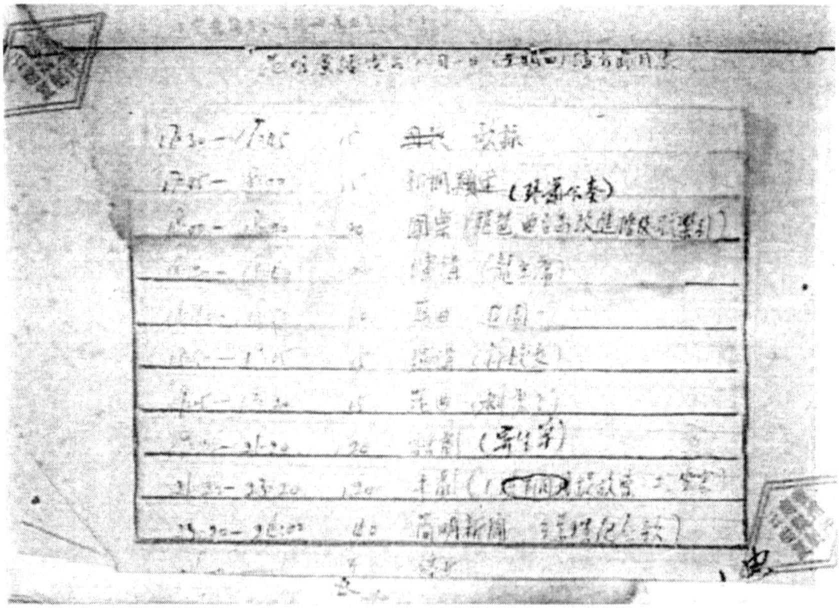

昆明广播电台八月一日（星期四）播音节目表（1940年），原存“昆明广播电台档案”第53－2－36卷。

原总务科 还负责文书收发、保管、撰拟、缮校、用印，经费开支、资产结具、报销，以及用车、房屋维修、人员招待等。全台设台长室（台办公室）、协助台长处理节目编排、人员调配、工资发放等事宜，后设人事室，有主任1人或管理员1人，协助台长处理台务。

昆明广播电台每周播音节目时间表

（1940年7月29日起实行）

<table>
<tr><th>播出时间</th><th>时长</th><th colspan="2">节目名称</th></tr>
<tr><td>03：00～04：30</td><td>90</td><td colspan="2">国歌　记录新闻（暂不施行）</td></tr>
<tr><td>04：00</td><td></td><td colspan="2">休息</td></tr>
<tr><td>18：30～18：40</td><td>10</td><td colspan="2">报时　国旗歌　军乐</td></tr>
<tr><td>18：40～18：55</td><td>15</td><td colspan="2">新闻类述</td></tr>
<tr><td>18：55～19：10</td><td>15</td><td>儿童教育（一、二、三、四、五、日）</td><td rowspan="4">音乐会或话剧或平剧（六）</td></tr>
<tr><td>19：15～19：25</td><td>10</td><td>杂曲</td></tr>
<tr><td>19：25～19：44</td><td>20</td><td>总理遗教（一）　演讲（二）　防空知识（三）
学术讲座（四）　战时青年（五）　妇女讲座（日）</td></tr>
<tr><td>19：45～20：00</td><td>15</td><td>国乐（转播二、五，自播一、六、日）</td></tr>
<tr><td>20：20～20：15</td><td>20</td><td colspan="2">时论（或时谈）</td></tr>
<tr><td>20：15～20：30</td><td>15</td><td colspan="2">歌咏　预报节目</td></tr>
<tr><td>20：30～20：45</td><td>15</td><td colspan="2">总裁言论（一、三、五）　敌情论述（二、四、六）　抗战丛谈（日）</td></tr>
<tr><td>20：45～21：00</td><td>15</td><td colspan="2">西乐　报时</td></tr>
<tr><td>21：00～21：10</td><td>10</td><td colspan="2">英语新闻</td></tr>
<tr><td>21：10～21：25</td><td>15</td><td colspan="2">粤剧</td></tr>
<tr><td>21：25～21：40</td><td>15</td><td colspan="2">粤语新闻类述</td></tr>
<tr><td>21：40～22：00</td><td>20</td><td colspan="2">平剧</td></tr>
<tr><td>22：00～22：20</td><td>20</td><td colspan="2">简明新闻　总理纪念歌</td></tr>
<tr><td>22：20</td><td></td><td colspan="2">停止</td></tr>
<tr><td colspan="4">附注：在国旗语未购及之前，以伟大的民族英雄歌代替</td></tr>
</table>

原存昆明广播电台档案第53－2－36卷。

建台初期有技术室设置，可能不久即撤销，档案中未见该室工作记录。另有报务室负责电报收发，此为该台机要处所，主要负责与重庆中广处联络，报务员均有“中统”背景。全台设警卫队一支，队长先后为陈雄、赵春庭，队员多时约30人，少时约20人，负责普坪村发射机房、潘家湾发音室两处警卫。

台长主政 民国时期官方广播电台实行台长负责制，一般由技术人员担任台长，综理全台业务。建台初期，昆明广播电台每周均由台长主持举行工作例会，安排一周工作。各科科长、组长、总干事、会计等参加，均为主导电台运行的核心人物。每次会议多由台长讲开会主旨，传达重庆方面指示，然后依次由工务、传音、总务各科科长报告一周工作，接着讨论问题形成共识，最后由台长总结决定。每周例会多在周一举行，并记录在案，涉及整个电台运行、节目编排、人事调配、职工生活等各方面要事，相当繁复，有时不免琐碎凌杂。重要的会议记录包括，每周开机时间、故障停播时间，设备运行维修、节目编排播出新闻、专稿篇（件）数、邀请演讲名人次数、重庆中广处下达的指令、人员变动，等等。此外，每周向中广处呈报的工作报告，其内容主要来自会议记录。

人员变动 昆明广播电台1940年8月开播至1949年12月被接收的八余年间，人员变动较大。按该台历年职员总名册，每年在职和兼职的人员总计在60～70人左右，警卫、工役等人员均不列入统计。“兼职”指按《昆明广播电台特约职员服务规则》聘用承担编播工作，并经中央广播事业管理处批准任职的人员，如西南联大教授蔡维藩、吴达元、陈定民及多名联大师生。1940年开播时全台职员（含兼职）63人，加警卫、工友50人，共113余人；1945年10月有职员62人、工役27人、警卫19人，共108人。1949年12月，云南临时军政委员会接收时，该台在职人员仅余25人。

经费来源 昆明广播电台的经费均由中央下拨，但远在重庆的中广处办事拖沓，经费拖欠常有发生，加之战时物价飞涨，致使该台常陷于困境之中，或因交不起电费而减少播音，或因薪俸无着致使职工无钱买米。如1944年8月15日，中广处致函昆明广播电台说：“中央台《记录新闻》确有杂音干扰或以空袭关系骤然停播，对各地收录殊多妨碍。”指令昆明电台将晚间22：00～23：00的节目取消，“改为《记录新闻》，以便各地收听。”8月26日，昆明电台回函说：“本台七月份电费已卅一万元之多，其他文具、交通、杂支及工警津贴等费用亦均逐渐增加，目前每月四十五万元之预算已感不敷开支”，如果恢复《记录新闻》，“势恐超出预算更多。应如何办理之处，理合备文呈情鉴核示遵为祈”。此函呈报后中广处再无下文，《记录新闻》直至1945年始得恢复。战时昆明物价奇高，西南联大经济学教授杨西孟计算，1937年大学教授薪俸350元，至1943年下半年仅值8元。[①] 而昆明广播电台多数职员薪俸并不高，以1941年为例，该台薪俸最高者之一总工程师俞曰尹为480元，资深播音员吴祥祜、刘俊英等，不过240元，其他人员则更低，仅100元左右。而且，该台每开支一笔费用，无论大小，均要呈请中广处批准，自己毫无决断权。1942年2月，该台向中广处的报告说，本台同仁1月膳食所费，竟达460元之巨，请求将值夜班者夜点费由3.3元增加为6元。播音员虞佩曹回忆，每月薪俸均要抵扣伙食费，扣除后基本不剩什么，得到的是一张结算纸条。各科负责人交接职务时，连几张公文纸、几个灯泡，均要数清交接。中广处处长吴保丰处事平和，常被擅于弄权的副处长吴道一掣肘，吴保丰在昆明批示拟办之事，吴道一就敢拖住不办。如台长刘振清呈请昆明电台职员按中广处同样待遇增加薪俸，因吴道一抵制就未加成。面对飞速上涨的物价，职员生活困苦不堪，身心虚弱，疾病时发，许多人不得已请病假或辞职。这是该台人员变动较大的原因之一。

昆明广播电台机构设置及负责人简表（1938.5～1949.12）

注：本表按昆明广播电台档案相关卷宗统计，缺1948年职员表及个别资料

职务	任职人及时间
筹备处	主任吴保丰（1938.5～1939.10）、副主任刘振清（1938.5～1940.7）
台长	刘振清（1940.8～1942.3）、杨树仁（1942.3～1944.10）、许贵年代理（1942.7～8）、黄天如（1944.10～1948.6）、总工程师潘志刚（1948.6～1949.10）
工务科长	总工程师俞曰尹（1940.7～1942.2）、金家仁（1942.2～1943.3）、应国麟（1943.3～1945.11）、曹辅孙（1945.11～1947.10）、邵启明代理（1948～1949.12）
传音科长	张迪青（1940.7～1942.5）、杨树仁兼任（1942.5～1943.1）、贺俊人（1943.1～1943.10）、王勉代理（1943.12～1945）、黄天如兼任（1945～1946.11）、陈斯正代理（1946.11～1947.11）、陈斯正（1947.11～1949）

① 《九年来昆明大学教授的薪俸及薪津实值》（1946年9月14日），《国立西南联合大学史料·教职员卷》，云南教育出版社1998年10月版。

（续表）

<table>
<tr><th>职务</th><th colspan="2">任职人及时间</th></tr>
<tr><td>总务科长
（事务科长）</td><td colspan="2">何柏身（1940.7～1942.2）、李梅先（1942.2～1942.11）、戴子钦（1942.11～1944）、孙景阳（1944～1945）、钟逸铭（1945.9～1947.1）、蔡心鑑代理（1947.1～1948）、王毓珍代理（1949.1～12）</td></tr>
<tr><td>征集组（征审组）</td><td colspan="2">刘俊英代理（1940.7～1942.9）、王勉（1942.10～1943.10）、王勉兼任（1943.10～1945）、倪仲昌（1946.3～）、林碧藻（1948～1949.4）</td></tr>
<tr><td>报告组长（播音组）</td><td colspan="2">吴祥祜（1940.8～1943.12）、林澄伯（1946～）、孙振民（1949）</td></tr>
<tr><td>外语组长</td><td>吴长炎（1942.10～1942.11）、沈自敏（1942.11～1945）</td><td rowspan="2">外语组、乐剧组1942年10月正式成立，先前仅有负责人。</td></tr>
<tr><td>乐剧组长</td><td>高义（1940.10～1942.4）、黄萱（1942.10～1949.3）</td></tr>
<tr><td>台长室</td><td colspan="2">负责人刘俊英（1940.7～1943.11）</td></tr>
<tr><td>技术室</td><td colspan="2">建台初期拟成立，以后未设置</td></tr>
<tr><td>增音室综理</td><td colspan="2">刘迪（1940.7～1944.5）、贾士吉（1944.5～1945.10）、张允林值班（1945.10～1946.2）、吴焌昌值班（1946.2～　）</td></tr>
<tr><td>机房综理</td><td colspan="2">李仿（1940.7～1945.11）、曹辅孙兼管（1945.11～1947）、邵启明（1949）</td></tr>
<tr><td>厂房综理</td><td colspan="2">蒋元生（1940.7～1947）</td></tr>
<tr><td>人事室主任
（1943.11 成立）</td><td colspan="2">许贵年（1943.11～1945.3）、刘俊英代理（1945.3～11）、钟逸铭代理（1945.11～　）吴海初（1946.7～1947）、管理员丁飞（1949）</td></tr>
<tr><td>会计室主任</td><td colspan="2">朱寿曾（1940.7～1947）、常芷元（1949）</td></tr>
<tr><td>报务室</td><td colspan="2">谭砚山（1940.7～1942.5）、任洛（1942.5～1943）、赵晓光（1943～1945）</td></tr>
<tr><td>警卫队长</td><td colspan="2">陈雄（1940.7～1946）、赵春庭（1946～　）</td></tr>
</table>

昆明广播电台历年在职（兼职）人员统计表

（本表据昆明广播电台档案职员名册统计，除1949年为1月外，

余均为当年10月统计数，不含警卫、工役人数）

年份	1940	1941	1942	1943	1944	1945	1946	1947	1948	1949
人数	63	71	64	59	60	108	75	63	缺	39

昆明广播电台传音科征集员（编辑）、报告员（播音员）名录

（1940.7～1949.12）

昆明广播电台征集员（编辑）

征集组：张凤仪、窦瑞荫、窦瑞兰、施蕤青、高葆光、孙蕙君、温瑜、何克淑、张育英、王勉、王乃樑、丁则良、吴纳孙、王逊、陆智常、陆钦墀、陈逸华、倪仲昌、董杰、周文砚、马方若、蔡维藩、陆钦原、朱汝奇、冯钟潜、崔菊兰、俞维德、肖志坚、陈斯正、方乃昌、曹旭东、钟咏雩、王玖兴、林澄伯、杨子裕、金凤

外语组（兼外语播音者列入播音员名录）：吴长炎、沈自敏

乐剧组：高义、黄萱（黄相泉）、郑敏、钱晋华、罗翠玉、高小文、官知节、肖祝久

昆明广播电台报告员（播音员）

国语播音：吴祥祜、齐潞生、陆智常、徐瑞瑾、章琴、李淑蓉、吴纳孙、王乃樑、刘沁业、陶维大、李宗蕖、虞佩曹、傅憭斐、王瑛兰、张乃映、梁齐生、冯钟潜、王芸华、冯允恭、陈忠经、周文砚、丁则良、张承基、李奇、张默存、温伯英、朱汝奇、王炳秋、刘君蕙、朱和、侯培、曾惠然、江心美、丁懋先、熊小秋、余淑蕴、王光诚、孙振民、李冠英、安爱敏、徐瑞娟、胡雪谷、孟晋、周超超、刘鹤云、陈赓鸣、金振环、刘芳、弭明国

英语：高葆光、水天同、王佐良、谭锡祺

法语：陈廪、王士魁、张家恭、陈定民、吴达元、于念平、王世杰、夏康农、刘保环（法籍）

越南语：张静宜、何廷庆

缅甸语：黄瑞桃、林瑞英

日语：金佑卿、刘兼善、刘祚昌、简焯波、金安涛、宁世铨、尾崎於太郎、森山光彦

马来语：黄克峰、陈犀峰、黄宗英、李和清、林碧藻

泰国语：张业芬、陈伦、唐永麟

粤语：胡艺超、佟德馨、李绰球、罗葆贞、邹萍
厦门语：郑韵琴、黄曾赐、许四福
台湾语：黄曾赐
沪语：章知华

第二节　宣传报道以抗日救国为主旨

节目设置与调整

昆明广播电台开播时的节目设置，按1940年8月开播时的播音节目表，每天播音两次，第一次2：30～4：00，国歌、记录新闻（此项用记录速度播出，每分钟不超过100字，主要供各地收音室收听记录）：第二次18：30～23：00，每天播音约5小时，节目有：报时、国旗歌、军乐、新闻类述、儿童教育、杂曲、总理遗教、演讲、防卫知识、学术讲座、战时青年、妇女讲座、国乐、音乐会或平剧、话剧、时论或时谈、歌咏、总裁言论、敌情论述、抗战丛谈、西乐、英语新闻、粤剧，粤语新闻类述、平剧、简明新闻、总理纪念歌等。当年10月、12月两次调整节目，增加了厦门语、越语、法语等新闻，以后随战时宣传的需要每年均作过调整，但都包括了新闻、专题、文艺、汉语方言和外语广播四大类节目。以后者为例，昆明电台设置了粤、厦、台、沪等汉语方言和英、法、越、日、缅、泰、马来语等多种外语播音，明显体现了抗战国际宣传的特色。中广处主办的《广播周报》解读说："至于节目方面，依其注重国内听众为对象之目的，妥慎支配，迨至太平洋战争爆发，奉令增添对敌伪及缅甸越南沦陷区各地宣传节目，及新闻评论等项……虽敌所占据之南洋及沪港各地，绝对禁止民众收听短波广播。各该当地民众，以本台为电力颇大之中波，故恒注重收听，本台以随时依其需要，针对编排节目。"① 按1940年7月29日实行的节目表，开播初期，昆明广播电台节目两次播音共5小时20分钟，1940年10月、12月两次调整节目，每日播音时间增加到6小时余。以后因电力供给和经费困难，夜间《记录新闻》一度取消，每日播音约4小时，如1944年18：30～22：30共播出4小时。1945年8月抗战胜利，播音时间增加到6小时余，其中，3小时为美国新闻处安排的外语及音乐节目，数月后美国新闻处节目撤出，每日恢复到

① 《昆明广播电台》，《广播通讯》第10期（中央创办广播事业十五周年纪念特刊），1944年4月30日。

原来4小时左右。1946年后中午增加播出一次（12：00~13：00），每日共播出4小时余。1947~1948年间播出时间变化不大，也是4小时余。1949年4月29日改订的节目时间表，播出时间大为增加，自10：00~22：30连续播出，但因经费困难，无力支付电费，将50千瓦发射机降为500瓦播出。同年12月，昆明和平解放，昆明广播电台由云南人民临时军政委员会接管。即后改编为昆明人民广播电台，1950年3月改称云南人民广播电台。

昆明广播电台每周播音节目时间表

（1940年10月1日实行）

本表依陇蜀时（东经105度）订定，较世界标准时G. M. T早七小时

<table>
<tr><th>播出时间</th><th>时长</th><th colspan="2">节目名称</th></tr>
<tr><td>02：30~04：00</td><td>90</td><td colspan="2">国歌　记录新闻</td></tr>
<tr><td>18：30~18：40</td><td>10</td><td colspan="2">报时　伟大的民族英雄歌　预报当日节目　军乐</td></tr>
<tr><td>18：40~18：45</td><td>5</td><td colspan="2">本省要闻</td></tr>
<tr><td>18：45~18：50</td><td>5</td><td colspan="2">杂曲</td></tr>
<tr><td>18：50~19：00</td><td>10</td><td colspan="2">新闻类述</td></tr>
<tr><td>19：00~19：20</td><td>20</td><td colspan="2">本省施政报告（一）　儿童教育（二至日）</td></tr>
<tr><td>19：20~19：30</td><td>10</td><td colspan="2">歌咏</td></tr>
<tr><td>19：30~19：50</td><td>20</td><td>总理遗教（一），演讲（二），学术讲座（四），防卫知识（五），妇女讲座（日）</td><td rowspan="3">星期六
音乐会
话剧
平剧
滇剧
轮流</td></tr>
<tr><td>19：50~20：00</td><td>10</td><td>平剧（星期三国乐）（警策语）</td></tr>
<tr><td>20：00~20：15</td><td>15</td><td>总裁言论（日），时论或时谈（一、三、五），敌情论述（二、四，间周一次），世界名曲介绍（60）与音乐（30）轮流（二）</td></tr>
<tr><td>20：15~20：30</td><td>15</td><td colspan="2">国乐（星期四口琴）　预报节目</td></tr>
<tr><td>20：30~20：40</td><td>10</td><td colspan="2">厦门语新闻类述</td></tr>
<tr><td>20：40~20：50</td><td>10</td><td colspan="2">粤剧</td></tr>
<tr><td>20：50~21：00</td><td>10</td><td colspan="2">粤语新闻类述</td></tr>
<tr><td>21：00~21：10</td><td>10</td><td colspan="2">报时　西乐</td></tr>
<tr><td>21：10~21：25</td><td>15</td><td colspan="2">越南语报告</td></tr>
</table>

（续表）

播出时间	时长	节目名称
21：25～21：40	15	法语新闻及时评
21：40～21：55	15	英语新闻及时评
21：55～22：10	15	平剧（警策语）
22：10～23：00	50	新闻（先简明后记录，总理纪念歌）

原存昆明广播电台档案第53－2－36卷，又刊于《中央日报》（昆明版）1940年10月6日。

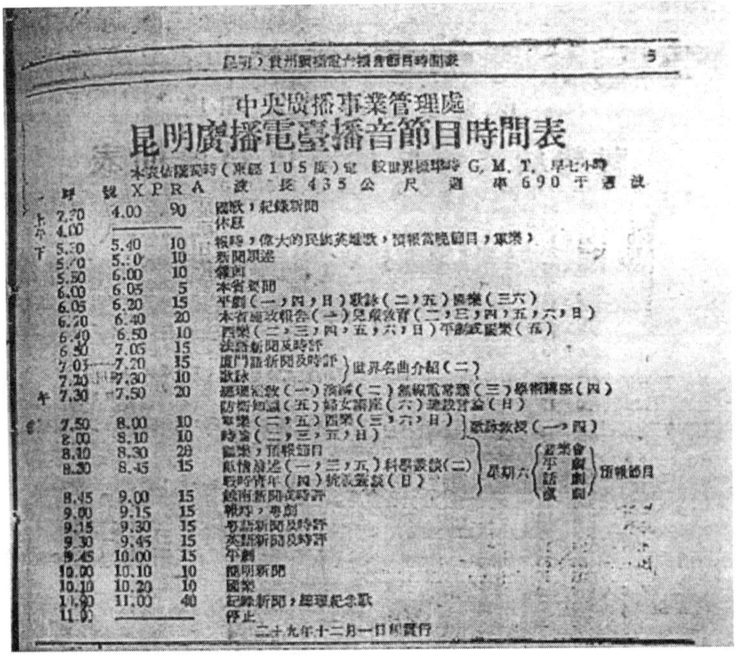

中央廣播事業管理處
昆明廣播電臺播音節目時間表
本表依[illegible]時（東經105度）定 較世界標準時G. M. T. 早七小時
呼號XPRA 波長435公尺 週率690千週波

7.20	4.00	90	國歌，紀錄新聞
4.00			休息
5.30	5.40	10	報時，偉大的民族英雄歌，預報當晚節目，軍樂）
5.40	5.50	10	新聞綜述
5.50	6.00	10	[illegible]
6.00	6.05	5	本省新聞
6.05	6.20	15	平劇（一，四，日）歌詠（二，五）國樂（三六）
6.20	6.40	20	本省[illegible]（一）兒童教育（二，三，四，五，六，日）
6.40	6.50	10	西樂（二，三，四，五，六，日）[illegible]（五）
6.50	7.05	15	法語新聞及時評
7.05	7.20	15	廈門語新聞及時評 } 世界名曲介紹（二）
7.20	7.30	10	歌詠
7.30	7.50	20	總理遺教（一）演講（二）無線電常識（三）[illegible]講座（四）防空知識（五）婦女講座（六）[illegible]（日）
7.50	8.00	10	軍樂（二，五）西樂（三，六，日）} 歌詠教授（一，四）
8.00	8.10	10	時論（二，三，五，日）
8.10	8.30	20	國樂，預報節目
8.30	8.45	15	[illegible]（一，三，五）科學講談（二）戰時青年（四）[illegible]講談（日） } 星期六 { 音樂會 平劇 話劇 [illegible] } 預報節目
8.45	9.00	15	越南新聞及時評
9.00	9.15	15	報時，粵劇
9.15	9.30	15	法語新聞及時評
9.30	9.45	15	英語新聞及時評
9.45	10.00	15	平劇
10.00	10.10	10	簡明新聞
10.10	10.20	10	國樂
10.20	11.00	40	紀錄新聞，總理紀念歌
11.00			停止

二十九年十二月一日起實行

昆明广播电台每周播音节目时间表（1940年12月1日起实行），
原载《广播周报》第191期，1941年2月

以抗日救国为主的宣传内容

抗战时期，昆明广播电台的播出节目毫无疑问以抗日救国，争取国际援助为主要内容。主要在新闻类节目中播出，如《新闻类述》、《简明新闻》、《国语新闻》、《记录新闻》，以及时事述评类、外语和汉语方言节目中播出。其中，报道反法西斯战局和盟国形势等军事时政新闻占了很大比例，从现存档案史料，可以分析出其大概。首先，按照国民党中央宣传部对敌宣传委员会、中央广播事业管理处、中央通讯社等部门从重庆发来的指令、电文、快

邮代电、《广播周报》、宣传小册子等各种文件或资料的要求编选播出稿。如中广处主办的《广播周报》反复刊载的《征稿启事》明确提出：

本处为充实播音节目与周报内容起见，需要下列各项文字，欢迎投稿。（一）敌情论述　每篇约一千字至二千字。凡关于敌国财政枯竭之状态，国际地位之孤立，人民反战情绪之高涨；能将敌方情形，阐述详尽，有广播之价值者。（二）时事谈话　每篇约二千字至四千字。凡中外时事、国际舆论、有关于抗战者。（三）杂谈　每篇约一千字至二千字。凡关于民族英雄之史迹，抗战军官、士兵，勇敢杀敌之情况，以及史地掌故，有文艺性者。（四）小品　每篇字教不拘多少，如歌、诗、词、鼓词、短篇小说，而能激发抗战情绪者；或有关于生产建设者。

《广播周报》第163期，1939年3月25日

而各类宣传指令、电文、快邮代电，主要有《声讨汪逆伪组织宣传方案》、《我军入越宣传大纲》、《关于敌军企图攻滇之宣传要领》、《对于敌将我沦陷区划入殖民地区域之宣传要点》、《揭露敌伪在沦陷区强征兵员粮食宣传指导纲要》、《抗战六周年纪念宣传大纲》、《驳斥日寇所谓交还上海租界荒谬措施宣传对策》、《对敌伪在沦陷区强征壮丁对策》、《1943年空军节宣传要点》、《发动全国知识青年志愿从军运动宣传办法》，等等。① 其次是重庆方面直接寄广播稿指令播出。如《日寇侵扰越南之诡计》、《公布在越侨民中的汉奸恶迹劝导侨胞勿资敌用》、《全国征募寒衣运动宣传稿》、《日寇压迫下台湾的惨景》、《关于裕溪口敌俘虏集中营情形》、《敌国军民作战情形消沉情形》，等等。如1945年2月19日中广函件指令播出以下内容：

（1）租借美方新车一万五千辆存放印度布匹可望有该车陆续运华；

（2）我对敌侵略行动将予彻底打击，劝沦陷地勿以船只资敌；

（3）配合盟军作战对寇最后反攻；

（4）倭寇小矶内阁全部改组垮台之先声，我们必须打破其阴谋。

一九四一至四七、四九年美新闻处附英法及其他函件来往，昆明广播电台档案，第53-2-38卷。

又如1941年1月15日中广处函转发中宣部的指令《为抄送日寇侵扰越南之诡计》，让昆明电台用越语等广播。全文如下（标点为笔者所加）：

（港讯）日寇进据谅山后，即阴谋组织越南傀儡政府。为实现此项阴谋，

---

① 均选自昆明广播电台档案，这里不详注。

特将前越南王果格利唐之弟疆帝自倭召回，唆令主持。并由敌南支派遣军司令后宫淳将前在谅山所缴之法军步枪一千五百支拨归疆帝，作为组织越南复兴军之用。疆帝乃召集匪徒千余人盘踞谅山，到处骚扰，无恶不作。敌军离谅山时，为讨好法人计，又将疆帝非法组织及骚扰情形转报法方。法当局当即派飞机按地址轰炸。结果死伤甚众。现该项组织及所率匪徒实力大减，日寇对之将停止接济云。

一九四二年外来节目函件来往，昆明广播电台档案，第53－2－33卷。

关于昆明广播电台的宣传内容，还可从昆明地区收听单位向该台洽购收音机的函件①中得到证实。这些单位缘何购置价格昂贵的收音机，大成实业公司新成炼油厂说："兹为增强敝厂员工抗建意识起见。"② 新纪维通木炭炉机器工厂说："为调剂员工精神，激发抗战情绪并增进工作效率。"③ 私立长城中学说："现以盟军加紧反攻，摧毁东方顽寇势焰之际，每一国民更应明了及关注时局之演进，欲明乎此间新闻消息则为首要，本校有见及此，为使学生关心国是，期获更大教育成效起见，拟于最近添装无线电收音机一具。"④ 这些函件充分表明，昆明电台以抗日救国为主旨的广播宣传的广泛影响。

昆明广播电台每周播音节目时间表

（1940年12月1日起实行）

呼号XPRA　　波长435公尺　　周率690千周波

本表依陇蜀时（东经105度）订定，较世界标准时G. M. T早七小时

播出时间	时长	节目名称
02：30～04：00	90	国歌　记录新闻
04：00		休息
17：30～17：40	10	报时　伟大的民族英雄歌　预报当晚节目　军乐
17：40～17：50	10	新闻类述
17：50～18：00	10	杂曲
18：00～18：05	5	本省要闻

① 一九四四年至一九四六年收音机借让证，昆明广播电台档案，第53－3－11卷。
② 同上。
③ 同上。
④ 同上。

（续表）

<table>
<tr><th>播出时间</th><th>时长</th><th colspan="3">节目名称</th></tr>
<tr><td>18：05～18：20</td><td>15</td><td colspan="3">平剧（一、四、日），歌咏（二、五），国乐（三、六）</td></tr>
<tr><td>18：20～18：40</td><td>20</td><td colspan="3">本省施政报告（一），儿童教育（二至日）</td></tr>
<tr><td>18：40～18：50</td><td>10</td><td colspan="3">粤剧（一、三、四、五、六、日），平剧或国乐（二）</td></tr>
<tr><td>18：50～19：05</td><td>15</td><td colspan="3">粤语新闻及时评</td></tr>
<tr><td>19：05～19：20</td><td>15</td><td colspan="3">厦门语新闻及时评</td></tr>
<tr><td>19：20～19：30</td><td>10</td><td colspan="3">歌咏</td></tr>
<tr><td>19：30～19：50</td><td>20</td><td colspan="3">总理遗教（一），演讲（二），无线电常识（三），学术讲座（四），防卫知识（五），妇女讲座（六），总裁言论（日）</td></tr>
<tr><td>19：50～20：00</td><td>10</td><td>军乐（二、五），西乐（三、六、日）</td><td colspan="2" rowspan="2">歌咏教授（一、四）</td></tr>
<tr><td>20：00～20：10</td><td>10</td><td>时论（二、三、五、日）</td></tr>
<tr><td>20：10～20：30</td><td>10</td><td>国乐　预报节目</td><td rowspan="3">音乐会
平剧
话剧
滇剧</td><td rowspan="3">预报节目（周六）</td></tr>
<tr><td>20：30～20：45</td><td>15</td><td>敌情论述（一、三、五），科学丛谈（二），战时青年（四），抗敌丛谈（日）</td></tr>
<tr><td>20：45～21：00</td><td>15</td><td>越南语新闻或时评</td></tr>
<tr><td>21：00～21：15</td><td>15</td><td colspan="3">报时　西乐</td></tr>
<tr><td>21：15～21：30</td><td>15</td><td colspan="3">法语新闻及时评</td></tr>
<tr><td>21：30～21：45</td><td>15</td><td colspan="3">英语新闻及时评</td></tr>
<tr><td>21：45～22：00</td><td>15</td><td colspan="3">平剧</td></tr>
<tr><td>22：00～22：10</td><td>10</td><td colspan="3">简明新闻</td></tr>
<tr><td>22：10～22：20</td><td>10</td><td colspan="3">国乐</td></tr>
<tr><td>22：20～23：00</td><td>40</td><td colspan="3">记录新闻　总理纪念歌</td></tr>
<tr><td>23：00</td><td></td><td colspan="3">停止</td></tr>
</table>

原存昆明广播电台档案第53－2－36卷

新闻类稿件播出统计

从该台呈报中广处的工作月报可知，昆明广播电台每月播出的各类新闻及讲稿数量相当可观，多在1200篇以上，如1940年10月6日至11月2日，共编播讲稿112篇，播报新闻1279件，同年11月3日至12月28日，共编播讲稿142篇，播报新闻1451件。详情见下表。其中，新闻包括《简明新闻》与《记录新闻》，后者每月约播出300件左右，平均每日约10件。这里所说的讲稿指专家所撰和征集组选编，并由播音员播报的专稿，不包括邀请专家在发音室播讲的内容。

抗战时期昆明广播电台新闻类节目播出统计（1940.9～1942.3）

播出时间		1940.9.1～14		1940.10.6～11.2		1940.11.3～12.7		1940.12.8～28	
新闻（件）	讲稿（篇）	538	69	1279	112	1451	142	884	96
播出时间		1940.12.29～1941.2.1		1941.3.2～29		1941.3.30～5.4		1941.5.4～31	
新闻（件）	讲稿（篇）	1346	151	1233	136	1670	168	1224	136
播出时间		1941.6.1～28		1941.6.26～7.26		1941.7.27～9.27		1941.9.28～10.25	
新闻（件）	讲稿（篇）	1193	136	1136	118	2425	307	1220	134
播出时间		1941.10.26～11.29		1941.11.30～12.27		1941.12.28～1942.1.31		1942.2.1～2.28	
新闻（件）	讲稿（篇）	1203	171	1324	132	1407	169	1126	140
播出时间		1942.3.1～28							
新闻（件）	讲稿（篇）	998	139						

据“昆明广播电台呈报中广处工作月报”统计，原存昆明广播电台档案，第53－2－52卷。

反映战争局势的军事消息

1942年5月，日寇侵占滇西大片国土后，敌我隔怒江对峙达两年之久，云南由大后方变为最前线。抗战期间入驻云南的中国抗日部队达五个集团军之多，加上地方部队、盟军、军事学校、机关工厂、高等学校、难民等，总数达100万人。1943年至1944年，中国驻印军和远征军与盟军发起滇西反攻和缅北反攻，各类军事报道日益增加。抗战救国广播宣传的时代使命显得更为紧迫和重要。这段时间，指示如何宣传报道国内外战局情况的“宣传战情要点”、“战地宣传通报”源源不断从重庆方面寄来，几乎每周都有，有时一天中就收到数件。当时在云南的远征军各部队，几乎都有专职无线电员负责收听国内外电台广播，以作军事决策参考。而功率强大的昆明电台，则是收听首选的电台。对此还可从报刊新闻和军队收听者的来函中得到印证。据本文笔者对抗战期间云南出版的《云南日报》、《正义报》、《扫荡报》(昆明版) 等报纸的大量战事报道所作的分析，发现许多报道均来源于广播消息包括昆明广播电台的消息。1943 年 12 月，昆明广播电台收到发自“弥渡军邮 130 局附 28 号”署名“武功总部周恺”即远征军部队无线电员所寄的函件，称:“鄙人因负抄收广播新闻责任，除已收得贵台长波外，未悉贵台有无其他短波”，希望详告播出节目时间。① 该台当即回函告之。为了更好地反映战况，该台还分别致函重庆军令部，以及美、英、法新闻处，请其提供最新战区地图以资编选战事新闻播出时参考。昆明广播电台的战事报道，突破印刷媒介传播不易的限制，将军事消息及时传到前线，其重要作用不言而喻。

对抗敌方侵略的宣传战

第二次世界大战期间，美、英、苏、中盟国与德日意等邪恶势力之间，均重视空中的广播宣传战，其斗争之激烈有时达到白热化的地步。其中，法西斯日本对广播侵略更是不竭余力，除了加大本土，以及我国台湾、香港等沦陷区的广播功率外，在东北、华北、华东等沦陷区先后建立的日伪广播电台达 60 余座，配合日军的军事、政治侵略，大肆传播殖民思想和进行奴化教育。为达到宣传目的，日本对中方抗战广播均多方干扰，并且严厉禁止沦陷区民众收听。1944 年 7 月 17 日《大公报》(重庆版) 报道:

日方控制下的曼谷电台，七月七日对泰人广播称:政府也颁布新法律，一切无线电台、收音机，均应立即受政府管理，违者严惩，可能判处死刑。观察家指出:前此泰国 (民众) 收听广播尚少限制。此项新法中规定惩罚严，似在表示泰政府对于人民收听 (盟军反攻得势) 短波广播一事，极感棘手。

面对法西斯敌国的广播侵略，战时中国功率最大的昆明广播电台，与重庆的中央广播电台、国际广播电台等互相呼应，不断调整播出内容，增加播出语种与播出时间、改变频率波长，针锋相对与敌方的广播侵略对抗，尽力宣传抗战。按中广处指令，昆明电台必须经常转播中央电台的重要节目，比如党国要人的广播讲话等。1945 年，每天均转播中央电台“国语新闻与时

① 一九四一年至一九四五年各地收听函件来往，昆明广播电台档案，第 53-2-34 卷。

评”、国际电台“英语新闻”等。但由于昆明电台所处的地理优势和强大功率，很多时候是中央电台、国际电台转播昆明电台的节目，相当程度上取代重庆两台发挥了重要宣传作用。如1940年10月1日昆明电台越南语节目正式开播后，中广处即指令中央、贵州两台和国际电台“均须转播”。① 又如该台法语节目设置后，也有多次由国际电台转播。1943年1月，军统局密函告：“敌派佐佐木到港接充播音局长，加强播音宣传，定于12月1日起增加对重庆短波广播，播音时间为下午8时至10时半，呼号JPH。”因“查中央台中波电力不够强大，未能远及香港”，中广处急令昆明电台“每日增加粤语报告一次，每周至少六次。藉以抵抗香港敌台JPH之虚伪宣传”。② 昆明电台即将粤语报告增加为每周六次。1943年4月，中央广播事业指导委员会侦察组侦听到日伪在张家口设立“中央广播电台”，其呼号、频率、波长等，均与重庆的中央广播电台相近，“窥其奸计，似在潜窃模仿淆乱听闻”。为此，该委员会指令各电台“希随时插播我中央电台之波长呼号”以正听闻。③ 接此指令后，昆明广播电台立即安排执行。1944年8月，因“各地收音报告，中央电台每日《记录新闻》时有杂音干扰有碍收录”等由，中广处电令昆明电台将每晚22时以后节目取消，改播《记录新闻》，“以便各地收听，而补中央台之不足”。④ 由于经费不足等因，此事延至1945年方得实施。

盟国协调进行的对敌电波战　同军事上的协同作战相适应，昆明广播电台从成立起，就与美英苏等盟国的宣传机构多方合作，进行反侵略的空中电波战和互相之间的广播文化交流。其中，尤以同美国的合作最为长久且形式多样，包括开办对驻华美军广播节目、播出美国新闻处编排的节目、每周日晚7：30定时转播旧金山电台（KWLD）“对祖国报告”节目，以及中美合作演播，藉以获得国际援助，等等。第二次世界大战期间，为慰劳在全球各地作战之美军，美国陆军部专门灌制了音乐唱片，寄发各地美军及盟友。昆

① 1940年9月1日中广处致昆明电台函，一九四〇、四七、四八年外来节目函件来往，昆明广播电台档案，第53－2－36卷。

② 1943年1月21日中广处致昆明电台函，一九四三年外来节目函件来往，昆明广播电台档案，第53－2－41卷。

③ 1943年4月中央广播事业指导委员会致昆明电台快邮代电，一九四三年外来节目函件来往，昆明广播电台档案，第53－2－41卷。

④ 1944年8月15日中广处致昆明电台函，一九四一年至一九四五年各地收听函件来往，昆明广播电台档案，第53－2－34卷。

明电台收到后，从1944年3月起专门设置“对驻华美国陆军音乐节目”，每晚定时播出30分钟。1945年夏，随着美军在太平洋战场的进展加快，战事日益逼近日本本土，广播宣传也更为迫切。美方要求昆明广播电台每日提供3小时播出时间，播出美方编排的节目。此事经中宣部批准并在美方催促下得以实现。该节目1945年7月20日开播，有美国新闻处编排的日语、英语、越语、法语、泰语、华语等数种语言节目，主要播出战事新闻，还有音乐等。1941年夏，由国际广播电台筹划，中宣部副部长董显光请中国红十字会总干事林可胜出面，邀请在昆明的美国红十字会驻华总干事贝克博士、副总干事迈尔、基督教圣公会牧师朱幼渔夫人、昆明金碧路圣公会牧师易理藩、基督教青年会干事安汝智等5人，于当年6月10日至18日到昆明广播电台连续播讲，介绍中国抗战形势与重庆、昆明等地战时状况。该节目播出同时，重庆的国际广播电台35千瓦短波发射机将信号转播至太平洋彼岸，由中国驻美收音员收听并灌制唱片，再由纽约统一援华募捐委员会分送美国各地电台再播，以此向美方各界人士募捐支援中国抗战。此事得西南联大汤佩松教授协助，昆明电台致各位美方友人的邀请函均由汤佩松逐一转交。[①] 而当时播讲的英文打印稿，至今仍保存完好。这类合作播出有明显的政治军事目的，任务紧迫，讲求时效，双方均高度重视，因而传播效果较好。贝克博士等知名人士播讲后，国际广播电台台长冯简来函称：“贝克博士演讲本台收转情形甚良好。”

昆明广播电台转播苏联对华广播始于试播期间。1940年7月29日，该台奉令转播苏联对华广播音乐节目，其内容为苏联人民管弦乐队演奏、土库曼合唱队演唱的土库曼、达吉克、吉尔吉斯等民族的音乐，如民歌、舞曲、管弦乐等。以后多次转播苏联对华广播。与英国方面的合作仅举一例，1945年5月，由中广处安排，新德里英国广播公司提供中文节目灌音片（唱片），供昆明广播电台试听后选择播出，“每星期一次或两次”。

为中美空军对日作战导航

除承担抗战国际宣传重任外，昆明广播电台还担负了特殊的军事任务，为中美飞机对日作战导航，为抗战军事作出了不可替补的重要贡献。全面抗战开始后，中国空军经过无数次残酷空战，至1940年底仅剩各式飞机65架。1941年初，中国空军补充到苏制轰炸机、驱逐机共248架，但苏式飞机

① 一九四一年外来节目函件来往，昆明广播电台档案，第53-2-32卷。

不如日机先进，因此中方多采取避战方针。1941 年 5 月，在昆明设空军第五路司令部，准备应对来自东南亚的日机侵袭。1941 年 12 月，太平洋战争爆发后，中国空军得到盟国支援，实力得以恢复，此时编有第一、第二、第八、第十二（训练）大队，驱逐机第三、第四、第五、第十一大队及第十二侦察中队。到 1942 年 10 月，中国空军有飞机 290 余架，其中包括美国援助的新式驱逐机 150 架、轻轰炸机飞机 19 架。此时，美国志愿航空队已完成训练，第一、第二两个中队飞至昆明巫家坝机场，1941 年 12 月 18 日首次空战，击落日机 4 架，军民为之振奋。为应对日机更大侵略，中国空军做了多方面的准备。昆明广播电台即在此情势下接受为中美飞机对日作战导航的任务。1941 年 12 月 22 日，驻昆明的空军第五路司令部派参谋周洪涛前来昆明广播电台联系，商请昆明广播电台按空军总指挥部要求，适时打开广播发射机播送昆明电台呼号，为空军作战导航，要求“昆广播台定向亦可在此次一并试验”。双方商定了广播导航方案，约定了联络方式和广播开机密码等。导航行动由驻成都的中国空军第二大队与昆明广播电台试验后实施。按双方约定，每逢空军要求广播开机，须持《广播机开机证》与电台联系，确认无误后按密码指令施行。《广播机开机证》用空军第五路司令部公函写就，正中盖有该司令部关防，自中间拆开，空军第五路司令部持右半页，昆明广播电台持左半页，左右拼对无误后方认可（见图）。密码表的设置较为简单，也盖有第五路司令部关防。应为通过电话指令电台人员操作。

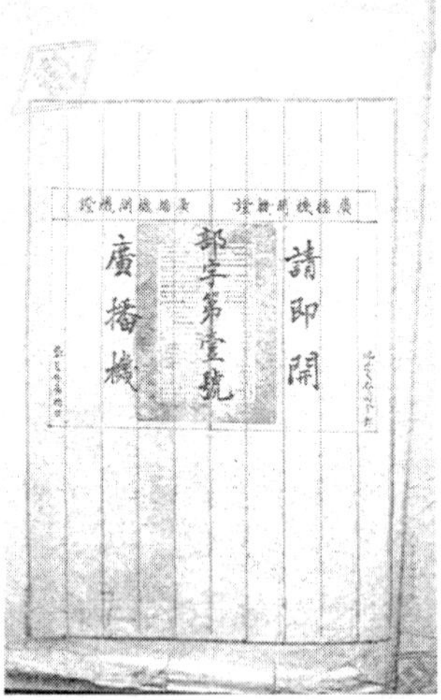

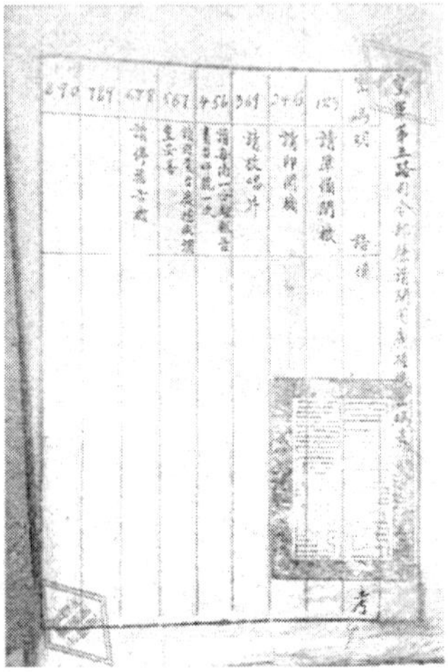

空军第五路司令部广播机密码表、开机证。

原存昆明广播电台档案，第 53 - 2 - 14 卷

空军第五路司令部声请开用广播机密码表

密码	明语	备考
123	请准备开机	
246	请即开机	
369	请放唱片	
456	请每隔一分钟报告贵台呼号一次	
567	请将贵台广播机调整妥善	
678	请停播音机	
789		
899		

1942年1月，中国空军和美国志愿航空队主动出击越南境内的日机基地。当年5月，中国远征军战局失利自缅甸撤退时，中美空军连续出击，轰炸扫射入侵滇缅边境的日军，遏制了日军侵略势头。此后，中日军队一直隔怒江对峙，直至1944年中国远征军反攻缅北滇西。中美空军对日作战，无疑得到昆明广播电台的积极配合。1942年4月9日，该台呈报中广处的函件说："窃查本台自应空军第五路军司令部空军作战定向广播以来，传音科播音人员按日均需轮流值守，以便临时播音，因人员不敷，暂由各播音同志兼顾，而经常播音，仍须各同志负责。"① 由该报告可见，此项军事任务相当紧张频繁，除正常的节目播音之外，播音员每日还要轮流值守，以备急需。查1942年该台职员表，在发音室值班负责中文播音的是联大学生齐潞生、李淑蓉、陶维大、李宗蕖、虞佩曹。具体情况，当时播音员虞佩曹、李宗蕖回忆说，为空军导航轮到她们值班时，就反复播送本台呼号："昆明广播电台XPRA，波长435公尺，周率690千周波。"每分钟播三次，空军方面也派员在播音室值守，播出时间看需要而定，一般数十分钟或一个多小时，直到我方飞机返回。②

广播导航在对日空战中发挥了重要作用，1942年8月，中国空军总指挥部参谋处制定了《空军使用广播电台暂行办法》，使广播导航更加适应作战需要而趋于规范化。该办法由空军总指挥毛邦初签发，当年9月下达中央各直属电台。该办法共十条，对广播导航的要求、职责、措施、保密、联络方式、津贴结算等均作明确的规定。其中说："空军因作战航行之需要得随时

① 1942年中广处致昆明电台函，昆明广播电台人事卷，昆明广播电台档案，第53-1-16卷。

② 2005年10月，戴美政在南京采访虞佩曹笔录；2010年10月21日，戴美政在上海师大采访李宗蕖录音笔录。

使用全国各地广播电台以供飞机之定向”，“各广播电台对于定向实施应确实负责不得借词推诿”，空军使用广播定向需提前半小时通知电台准备，等等。而且，对各电台因定向要求额外开机时间将由空军总部给予津贴。津贴标准按该电台功率和开机时间统计发给。其标准为：

机器电力	每小时津贴数
五百瓦	一百元
五百瓦以上至一千瓦	二百元
一千瓦以上至五千瓦	三百元
五千瓦以上至十基罗瓦	四百元
十基罗瓦以上	六百元

《空军使用广播电台暂行办法》，1942 年 10 月空军总致昆明电台函附件，昆明广播电台档案，第 53－3－21 卷。

1941 年 6 月，中广处所属正式播音的广播电台共 9 座，各台呼号、功率、波长分别见下表：

本处所属广播电台概况统计表（1941 年 6 月）

台别		地址	呼号	电力（千瓦）	波长（公尺）
中央电台	中波机	重庆	XGOA	10	250.00
	短波机	重庆	XGOA	4	50.12、30.68
国际广播电台		重庆	XGOY XGOX	35	31.60、25.50 19.70、16.95
昆明广播电台		昆明	XPRA	60[注]	435.00
贵州电台	中波机	贵阳	XPSA	100	35.40
	短波机	贵阳	XPSA	5	
湖南广播电台		沅陵	XLPA	0.5	348.80
福建电台	中波机	永安	XGOL	0.5	315.70
	短波机	永安	XGOL	0.50	29.85
陕西广播电台		南郑	XKPA	0.5	232.50
西安广播电台		西安	XKDA	0.04	300.00
上饶广播电台		上饶	XGOC	0.5	312.50

注：应为 50 千瓦，但该件多份统计均为 60 千瓦，原因待查。

原载中央广播事业管理处总务科统计组编《统计资料》（民国三十年九月），昆明广播电台档案，第 53－2－4 卷。

由该表可知，1941 年 6 月，中国官方 9 座广播电台中波总功率 117.45 千瓦，昆明广播电台功率占中波总功率的 42.6%，空军总部下发的广播导航津贴是按电台功率和导航开机时间计算的，因此，昆明广播电台无疑是中国广播电台中为空军作战导航贡献最大者，这从实际功效也得到证实。1942 年 9～12 月，该台为空军作战导航开机 10 次共 1100 分钟，平均每次 110 分钟。[①] 1943 年 1 月，空军第五路司令部致函该台，通知发给 1942 年 1～8 月导航开机津贴 15600 元。按每小时 600 元计，可知此段时间该台共开机 26 小时，以每次 110 分钟计，八个月共导航约 14 次。曾任播音员的西南联大学生李宗蕖回忆，空军所发津贴有时是美元，确实给生活困难的该台职员贴补不少。[②] 1942～1945 年担任昆明呈贡航空站中校站长的惠群先生回忆，他当时负责为陈纳德第 14 航空队提供情报资料，这些情报资料多来自空军第五路军："我的情报资料，是由空军第五路军提供的。五路空军司令晏玉琮是我的先后同学，五路军参谋部的人我都熟悉。"[③] 显然，应空军第五路开通广播机导航，自然也是所提供的情报之一。1942 年 8 月 8 日《新华日报》刊载中央社电讯说："无数中国人现为美空军担任次要工作。如货车驾驶员、机械员等，其中尤以在无线广播电台任职者最为重要。"昆明广播电台为中美空军对日作战导航，主要集中在 1942 年至 1944 年间。因保密需要，此事当时未公开报道，事后也绝少提起。这里披露的，仅为部分详情。

知识青年从军节目

"知识青年从军运动"是抗战中由国民党、三青团发动的具有特殊意义的重要事件。数以万计的青年学生响应最高当局的号召积极应征，振奋了前方士气，唤起了后方民心，由此编练而成的青年远征军部分人员远赴印缅参加对日作战，为抗战胜利建立了功勋。

知识青年从军运动　抗战初期，中国军队所以失败的重要原因之一，就在于高端武器少，兵源素质低。1943 年夏以后，中国驻印军与盟军反攻缅甸作战极为艰苦，缺员很多，亟待补充有一定文化素质的兵源。在此情况下，国民党当局决定开展"知识青年从军运动"，广泛动员学生参军。该运动以 1943 年 11 月一批四川青年响应军政部之命报名参军为发端，即后迅速扩展到湖北、西康、陕西、四川等十余个省。1944 年 1 月 11 日，全国学生从军

---

① 昆明广播电台致空军第五路司令部函（1943 年 1 月 28 日），昆明广播电台档案，第 53－3－21 卷。

② 2010 年 10 月 21 日，戴美政在上海师大教师宿舍采访李宗蕖录音笔录。

③ 于舟、云英：《采访手记：惠群先生的回忆》，鱼佩舟编：《美国飞虎队援华抗战纪实》，西南师范大学出版社 1993 年 3 月版。

指导委员会宣告成立，蒋介石亲任委员长，张治中、陈立夫、梁寒操等17人分别任常委或委员，所颁布的《各省学生从军指导委员会组织通则》、《学生志愿服役办法》等文件，确定了知识青年从军的原则、措施、办法等。1944年秋，日军举行打通大陆交通线的“一号作战”，严重威胁重庆。9月16日，蒋介石在国民参政会演讲，号召全国知识青年积极从军，提出“一寸山河一寸血，十万青年十万军”的口号。1944年10月11日至14日，国民党、三青团在重庆连续举行“发动知识青年从军运动会议”，蒋介石再次讲话，阐述发起从军运动的宗旨。会议对知识青年从军办法、干部选拔及从军指导征集机构的组建等，都做出了决定。预定征集10万人，征集人员编为10个师，分区集训。同时宣告成立“全国知识青年志愿从军指导委员会”，蒋介石兼任主任委员，何应钦、白崇禧、陈立夫、周钟岳、谷正纲、吴铁城、罗卓英、顾毓琇等一批党政要员为委员，西南联大校常委张伯苓、蒋梦麟也是委员之一。随后举行的全国知识青年志愿从军指导委员会会议分配了各省知识青年志愿从军征集数，其中，四川省为8000名，云南、重庆市各征集1000～3000名。10月21日，国民政府军事委员会等机构分别颁布《知识青年从军征集办法》、《全国知识青年志愿从军指导委员会组织办法》、《省（市）知识青年志愿从军征集委员会组织办法》、《专科以上学校知识青年志愿从军征集委员会组织办法》、《全国知识青年志愿从军编练计划纲要》、《知识青年从军管理办法》等法规、法令，使知识青年从军运动有章可循。10月24日，蒋介石发表《告知识青年从军书》，号召青年走上前线，整我军旅，灭彼倭寇。同日，中央大学等24所大学校长电呈蒋介石表示支持知识青年从军运动，并发出《致全国专科以上学校校长电》，呼吁鼓励各校学生积极从军。11月3日，教育部公布《志愿从军学生学业优待办法》，规定从军学生一律保留学籍，从军学生退伍时免试升学、减少学期、优先录取等优待办法，大大激励了学生从军运动的高涨。11月5日，国民政府军事委员会设立全国知识青年志愿从军编练总监部，以加强知识青年的军事训练督导，罗卓英出任总监。为鼓励学生从军，一些党政官员带头送子女从军，蒋介石特令蒋经国和蒋纬国参加远征军服役，报纸、电台对此大加宣传，使不少知识青年受到了鼓舞。陪都中央机关的很多知识青年纷纷报告参军，各省市出现了中国历史上规模空前的知识青年报名参军热潮。“一寸山河一寸血，十万青年十万军”的口号响遍国统区。1944年11月18日，中国远征军政治部通电全国，欢迎知识青年从军。很快，各地征集人数突破了原定10万人的数额。据《中华民国史事纪要（初稿）》（1944.10～12分册，台北“国史馆”1994年5月版）统计，重庆市和四川、贵州、云南、河南、湖北、广东、福建等16个省的大专学校，以及第三战区、沦陷区共征集到122572人，其中，四川为16196人、云南为2389人。1945年2月20日，全国知识青年从军指导委员会召开第三次大会，编练总监罗卓英报告称知识青年报名从军人数总计达15万余人。从军知识青年入伍后编成青年远征军共9个师，即第201～209师，其中，第207师驻昆明曲靖，全师7310人。经三个月短期训练后，各师正式纳入正规军编制。青年军9个师分别归属中国远征军各部，拨给印缅远征军的青年军总数计一万余人，在印度受训结业后很快派到印缅前线担任交通运输、坦克车兵等技术兵种工作。青年军先后参加了缅北大反攻、如密支那、八莫、南坎、腊戍等战役，对打通中印公路发挥了积极作用。①

知识青年从军节目　昆明广播电台的“知识青年从军节目”，顺应形势在知识青年从军运动高潮中举办。1944年10月31日起，昆明广播电台即将日语播音时间节目（该节目因缺少日语播音员正难以为继）改为“知识青年从军节目”，每周二、四、六晚19：50～20：00播出，“内容包括党政当局及和会名流与专家讲演，暨从军各项设施并各地消息”。② 同时，将知识青年从军新闻安排在“各次简明新闻中全部播出”，③ 11月1日，国民党中央执行委员会紧急致函昆明广播电台，传达了最高当局有关立即举办“知识青年从军节目”号召青年学生从军抗战的指令和具体办法。④ 11月15日，昆明电台将该节目开办情况呈报重庆中广处，称“除将办理详情于每月传音月报表中填报外，理合备文鉴教”。在中广处下达该指令的同日，昆明广播电台函请西南联大训导长查良钊，于11月2日晚8：50作从军节目首次广播，号召同学们积极应征。即后，多位联大负责人和教授也应邀到电台演讲。11月21日晚，全国知识青年志愿从军指导委员会委员、西南联大校常委蒋梦麟到该台播讲，阐述“知识青年从军意义”。⑤ 与此同时，11月11日，云南省党政机关召开联席会议，议决组织知识青年从军委员会，以省政府主席龙

① 江沛、张丹：《战时知识青年从军运动述评》，《抗日战争研究》2004年第1期。

② 1944年11月15日昆明电台呈中广处函，昆明广播电台档案，第53－2－41卷。

③ 同上。

④ 1944年11月1日中广处致昆明广播电台函（渝文［33］）2292号），昆明广播电台档案，第53－2－41卷。

⑤ 1944年11月14日云南省党部致昆明电台函，昆明广播电台档案，第53－2－41卷。

云为该会主席，西南联大校常委梅贻琦、云南大学校长熊庆来为委员之一。11月15日，西南联大成立“知识青年志愿从军征集委员会”，24日举行的西南联大第七届第三次校务会议，商讨了如何动员同学应征议题。与此同时，省党部主持的“知识青年从军宣传旬”在有关机关、学校的支持下也在11月12日拉开帷幕，各级各界响应从军运动的宣传活动由此大张旗鼓地进行。11月29日，西南联大全校停课，梅贻琦、钱端升、冯友兰、周炳琳、燕树棠、闻一多等有多位教授作从军演讲。这些活动，按照中广处“尽量广播有关知识青年志愿从军之新闻”的指令，均在昆明广播电台“知识青年从军节目”中得到反映。不仅如此，自1944年10月30日起，就编排“从军乐”节目，在“从军训练开始时”播出，[①] 内容包括“演奏各种有关抗战从军之音乐歌咏戏剧”。[②] 成为昆明广播电台抗战广播富有特色的宣传活动之一。经多次动员，西南联大从军学生共200余人，他们的带头作用影响了全省，至1945年3月17日，云南全省送入军营者共2428人（其中女青年206人），比规定配额略有超出。[③] 加上包括参加译员训练班和其他渠道入伍抗日的学生，总计830余人（实际超过此数）。西南联大从军学生，大都分配到在云南组建的青年远征军第207师。昆明广播电台不仅举办从军节目鼓动青年学生入伍，而且对本台志愿从军者也积极支持，如在该台兼职的联大学生黄克峰、陈犀峰、董杰、陆钦原、黄宗英等积极从军均获支持。其中，该台特约编辑、联大学生董杰1944年3月应征入伍，该台呈报中广处批准联大政治系三年级学生陆钦原替补其岗位，而陆钦原则是参加远征军抗日回国考取联大，再到该台兼职的。黄宗英原侨居荷属爪哇岛，1940年回国就读于国立重庆华侨中学，毕业后考取西南联大，就读期间兼任昆明广播电台马来语播音。1945年1月考入译员训练班“服务军旅”。

美国陆军音乐节目

1944年初，昆明广播电台与美军合办美国陆军音乐节目，慰问在世界各地作战的美军。该节目每晚21：15～21：45播出，主要播放美方提供的唱

---

① 1944年12月21日昆明广播电台致云南省知识青年志愿从军征集委员会函，昆明广播电台档案，第53－2－41卷。

② 1944年12月19日云南省知识青年志愿从军征集委员会致昆明广播电台函，昆明广播电台档案，第53－2－41卷。

③ 《续云南通志长编》（上册），转引自《云南抗日战争史》（云南大学出版社1995年7月版）第361页。

片。1944 年 2 月 17 日，成都听众周继涛致信昆明广播电台，称“每晚收听贵台所播对美国陆军音乐（午后 9：15～9：45），甚觉清晰，和谐可听”，以为是电台转播美军音乐会，希望了解节目全貌。[①] 该台回信说：“对驻华美陆军音乐系唱片并非转播，此项唱片系美国陆军部所灌制，寄发全球各地作战之美军，藉以慰劳作战将士。”并附寄去节目时间表。[②] 2012 年，戈叔亚先生提供了有关该节目极为珍贵的照片，此照片为美国国家档案馆保存的大量“二战”时期中美合作抗战照片之一，日期为 1944 年 6 月 14 日，所摄画面为中美双方编播人员在昆明广播电台发音室（播音室）合影，桌前的标识明显写出昆明广播电台及其呼号 XPRA，照片背面有英文说明。由照片内美方文森特·塞克斯顿上尉所持唱片可知，这是该节目开播不久中美双方人员的合影。该照片英文说明有关中方人员名字系韦氏拼音，与现在英文音标有所不同。现根据昆明广播电台档案资料的人物名单反复对照辨认译出，除 HarriTTe Wong 外，其他人员及其职务均已确认。其中，对个别有误的英文人名已作了改正。以下为译文（括号内为译者注释文字）：

LOT #12468
DAVE ALBERT 14 JUNE 44.

STAFF OF CHINESE GOVERNMENT RADIO STATION, XPRA, KUNMING. LEFT TO RIGHT, HWANG CHAN SU, WANG YIN LAN, FU SU FEI, CHANG WAN YING, HARRIETTE WONG, SHUN TZU MIN, YU PEO TSAO, S. J. YANG, DIRECTOR OF THE STATION, CAPT. VINCENT SEXTON, Y FORCE PRO OFFICER, WANG MIEN, AND CHIA SHIH CHI.
TAKEN FOR PRO.

图 11　昆明广播电台“美国陆军音乐节目”中美编播人员合影及英文说明。原存美国国家档案馆，戈叔亚提供

① 周继涛致昆明广播电台信，1944 年 2 月 17 日，昆明广播电台档案，第 53－2－34 卷。
② 昆明广播电台复周继涛函，1944 年 4 月 12 日，昆明广播电台档案，第 53－2－34 卷。

中央广播事业管理处昆明广播电台（XPRA）自左至右：黄曾赐（台湾语播音员），王瑛兰（汉语播音员），傅愫斐（汉语播音员），张乃映（征集员，即编辑），Harriette Wong，沈自敏（外语组长），虞佩曹（汉语播音员），杨树仁（第二任台长），文森特·塞克斯顿（Vincent Sexton）上尉、Y部队预备役军官，王勉（征集组长，后代理传音科长），齐璐生（征集员）。

译者：戴美政

其中，黄曾赐、王瑛兰、傅愫斐、张乃映、沈自敏、虞佩曹、王勉、齐璐生等八人均为西南联大毕业生或研究生。

广播邮箱节目

1945年9月抗战胜利，喜庆欢腾之余，人心思归，内迁同胞亟待了解家人情况以便返乡。昆明广播电台顺应形势，及时举办“广播邮箱”节目面向收复区广播，为广大同胞提供家音信息。该节目由播音员冯允恭建议设置并获准实行，自1945年9月15日起，安排在每晚10：15开播的“对收复区节目”中播出。以下为该节目宣传词及实施办法。

“广播邮箱”宣传词（节选）

各位听众：抗战已经胜利了，现在后方的同胞，因为交通的关系，还不能立即回到收复区的老家。但是大家都想把别后的生活境况，向家里报告。所以本台自九月十五日开始为大众服务，每天晚上从夏季时间十点十五分开始增设一节目“广播邮箱”。我们现在把这个“广播邮箱”的办法，向各位报告一下。（以下播出内容见《昆明广播电台广播邮箱办法》）

上面所报告的，是本台“广播邮箱”节目代诸位报告家音的办法，希望在收复区的同胞每晚按时收听。这是昆明广播电台，XPRA，波长四百三十五公尺，周率六百九十千周波。

原存昆明广播电台档案，第53－2－41卷

昆明广播电台广播邮箱办法

（一）凡后方同胞家在收复区，欲向对方播送家音者，得依照本办法之规定办理之。

（二）申请代播家音者，可致函昆明小西门外昆明广播电台本台传音科，申请登记广播，并在信封左上角书名“广播邮箱”四字，如需用缅甸语、越南语、马来语、泰语、广州话、厦门话播出者，本台亦可代播，但须信内注明。

（三）申请代播家音函件，须写明双方姓名地址及信件，内容以五十字

为限，经本台审核后代为广播。

（四）代播家音内容，以报告家庭或个人之平安及日常生活为原则，不得涉及其他。

（五）每日昆明夏季时间下午十点十五分开始，现报告新闻要点及次日播音节目，接着就播送“广播邮箱”节目，按收到先后次序广播。

（六）此项“广播邮箱”节目，纯系服务性质，不收任何费用。

（七）本办法自九月十五日起施行，如有未尽事宜，得承台长核准后修改之。

原存昆明广播电台档案，第53-2-41卷

第三节　抗战演讲中的联大专家群体

由于中国共产党倡导的抗日民族统一战线和国共合作新的形势影响，抗战期间中国广播宣传发生了重大变化，抗战救国成为广播的主要内容。而“名人演讲”、“学术讲座”等节目，就是传播这些内容的有效载体。1939年4月11日，中广处下达的文件《本处半年中心工作》规定，中央电台的“名人演讲”节目，“每周延请名人，作政治及学术之演讲，联合各台转播……使抗战必胜建国必成之信念，贯［灌］输于沦陷区及后方民众”。[①]抗战时期是中国广播从初创走向成熟的过渡阶段，加上战争环境下广播在传播战事消息方面的便捷性和高效率，因此格外受到重视。再有，当时中国广播界尚无成熟的录音技术和录音设备，除音乐戏剧节目等少数节目能播出现成唱片外，所有节目毫无例外均要直播。因此举办名人演讲类节目，既契合抗战宣传的时代需要，又解决了不能录音播出和稿源缺乏的困难，更满足了各界人士借广播传扬思想观点的欲望，因此深受听众欢迎。1938年“保卫大武汉”的宣传活动中，冯玉祥、周恩来、彭德怀、郭沫若、邵力子、黄琪翔等各界代表人物纷纷到电台发表演说，宣传全民族团结一致，坚决反抗侵略。重庆时期的中央广播电台，随着世界反法西斯战争的演进，也成为反法西斯战线的重要宣传阵地，除国民党要人外，中共领袖人物、著名爱国人士、盟国政治家等，都在这里演讲过。1939年5月31日，周恩来在中央电台作了《二期抗战的重心》的广播讲话，分析抗战形势，痛斥汉奸和投降论

① 中央广播事业管理处宣传要点函件指示，昆明广播电台档案，第53-2-43卷。

调，宣传中共的抗日战略。彭德怀、邓颖超、吴玉章、郭沫若、张伯苓、周钟岳等，均在重庆等地的电台作过多次广播演讲。这些，均是国共合作以后广播传媒中出现的颇具政治影响的新事物。

抗战广播演讲

昆明广播电台举办抗战广播演讲节目，具有独特优势和广泛影响。抗战期间，随着内地工商业及北京大学、清华大学、南开大学等一批著名学府的迁入，各种政治、军事、经济、文化机构的建立，昆明成为继重庆之后大西南又一政治、军事、经济、文化中心。名人荟萃，学者云集，为名人演讲这类影响极大、极富时代色彩的节目提供了不可多得的人才基础。这就使该台的“名人演讲”、“学术讲座”、“时事论述”、“空中学校”等节目办出了特色和影响。从1940年8月开播到1945年抗战胜利，昆明广播电台历次改订的播音节目表，都将“学术讲座”、“名人演讲”等节目作为重点设置，一般安排在晚间18时至20时的黄金时间，每日播出一至两次，每次约20分钟。1940年8月1日，昆明广播电台正式开播之日，应邀到该台演讲的是云南省政府主席龙云和西南联合大学常委、北京大学校长蒋梦麟。以后，蒋梦麟多次到该台作过广播演讲，如纪念五四演讲、战时公债劝募演讲、动员知识青年从军抗战演讲等。经常主持联大校务的清华大学校长梅贻琦也为该台所请演讲专家之一，如《梅贻琦日记》（清华大学出版社2001年4月版）1940年5月4日记载：“晚七点半至广播电台讲‘今日青年教育的一个问题’廿分钟。”

特约专员蔡维藩和联大演讲专家

为保证此类节目长期正常播出，经云南省教育厅长龚自知推荐，昆明广播电台1941年4月正式聘请西南联大教授蔡维藩担任电台特约专员，约定每月津贴国币二百元，负责该台专题节目各类稿件的编撰审核等事宜。[①] 蔡维藩是美国伊利诺斯大学硕士，时任联大历史系教授和联大师范学院历史系主任，是位学识渊博、眼界开阔的西洋史专家。1941年5月1日，蔡维藩到该台就职，一直到抗战胜利后。不少联大师生到该台任职或演讲，也因蔡维藩的推荐。所谓特约专员，按《昆明广播电台特约职员服务规则》的说明，即“有专门学识或技能适合本台实际需要而不能专任本台工作者得特约之”，

---

① 昆明电台呈报中广处聘蔡维藩为特约专员由1941年5月2日，昆明广播电台档案人事卷，第53-1-16卷。

其职位十分重要独特。不仅如此，该台还腾出一间房舍让蔡维藩及家人居住，这更属非常特殊的待遇。蔡维藩到职后，即组织了一个几乎全由联大教授组成的时论委员会，负责时论、学术讲座等节目的选题确定、作者联系等事宜。该委员会“有特约著名教授六七人，每周开会一次交换意见，提供资料；最后，每人各选一题，精心撰写时论稿（即‘时事评论’之简称）。每晚播出一篇”。① 每月到该台演讲的联大专家，少则七八人次，多则二三十人次，俨然成为一个学科齐全、阵容齐整的广播演讲专家群体。据该台档案资料和战时报刊不完全统计，自1940年7月起到抗战胜利，先后应邀到该台演讲的西南联大专家有蒋梦麟、查良钊、曾昭抡、黄钰生、陶葆楷、陈岱孙、马约翰、张大煜、贺麟、钱端升、蔡维藩、汤佩松、林良桐、施嘉炀、朱汝华、张泽熙、任之恭、沈同、傅锡永、王信忠、张印堂、罗常培、罗庸、陈铨、梅贻琦、陈友松、李景汉、唐兰、庄前鼎、伍启元、潘光旦、王赣愚、汤用彤、吴宓、雷海宗、邵循正、邵循恪、陈省身、鲍觉民、杨业治、戴世光、冯友兰、费孝通等人。演讲确定后，常常要在节目中作预告，以引起听众注意。除了单项专题演讲外，昆明广播电台还经常举办主题明确、内容丰富、时间较长的系列讲座，如1942年10月举办为期三个月的文哲、科学、国际关系讲座，请罗常培、曾昭抡、王赣愚分别主持。1943年2月，设文哲、国际政治、科学、国际经济讲座，请罗常培、王赣愚、陈省身、伍启元等联大教授分别主持。其中3月3日首次讲座请闻一多讲播。②

曾昭抡　西南联大教授、著名化学家。曾昭抡是最早应邀到昆明广播电台作学术演讲和科普讲座的学者之一。曾昭抡，湖南湘乡人，美国麻省理工学院科学博士。1938年前任北京大学教授兼化学系主任。他是中国化学会的创始人之一，著名国防化学专家，也是一位懂得新闻宣传重要作用的报刊编辑家、军事评论家。1940年8月该台正式播音的当月，曾昭抡即应邀到电台演讲。当时情形他在日记中作了记述。8月19日记为：“九至十一，写《抗战以来中国工业的进展》一稿，为明晚预约之广播用。……四至六，将上午所写之稿写完（共长约二千五百字）。”曾昭抡写稿一向下笔很快，但为了这篇广播稿，竟花了4个小时。对此次电台演讲，曾昭抡颇为兴奋，20日记

① 陈斯正《抗日和解放战争中的昆明广播电台》，《昆明文史资料选辑》第11辑，1988年8月。注：该文将该台开播时间误为1941年8月1日。

② 1943年2月26日王勉呈请闻一多演讲便条，一九四三年至一九四四年一般来往公函，昆明广播电台档案，第53-3-54卷。

述后21日又作了详细描述："昨日在电台广播，坐房中对广播说话，毫不费力。对稿而讲，亦毫不心慌。此台 Capacity 为60～80kW，乃国内目前最大之广播电台（以前南京之台，亦不过75kW），其对象为国内及南洋，职员多系来自南京电台。开始播音，至今不过一月。因播音员缺乏故，日间并不播音，仅晚间六时半至十时十分为之。除国语广播外，每日尚有广州话及厦门话之播音。……此台内部设备甚考究。播音室窗子皆系夹层，以防外间声音传入。墙上则遍安美国来之甘蔗纸板，以吸音而免回响。"1940年12月12日，曾昭抡再次到该台演讲，此次所讲为《化学战争》，其日记也作了记述。

黄钰生　联大师范学院院长黄钰生也是该台最早邀请的演讲者之一。黄钰生早年就读于清华学校，1919年赴美留学，后获芝加哥大学教育学硕士学位。回国后任南开大学教授兼秘书长。1938年秋任西南联大师范学院院长。黄钰生是我国著名教育家，主持南开教务时期已形成自己的教育思想。联大时期他讲授的教育学概论、教育哲学、普通教学法等课程很受学生欢迎。黄钰生特别重视对学生的品德教育，认为教师必须有高尚的思想品德，符合为人师表的言行举止。这些思想与抗战需要结合，贯穿于广播演讲中，便有了激励人心的时代意义和教化作用，因此很受该台看重。常邀请他作有关教育问题的专题演讲，如每年4月4日的儿童节演讲、8日27日的教师节演讲等，现查到其演讲记录有五次之多。

马约翰　联大体育教授、著名体育教育家马约翰也是该台聘请的经常演讲者。马约翰是福建厦门人，1911年毕业于圣约翰大学，后获美国春田大学硕士学位。1914年到清华学校任体育教员，后任清华大学教授。马先生在体育教育上卓有成效，而且在体育理论等多方面也造诣颇深。他最早到昆明电台演讲的记录是1940年11月上旬，以后便多次应邀到该台演讲，其主题多以体育与国防、青年运动有关。1945年抗战胜利后"空中学校"开播，马约翰即成为该节目的主要演讲专家。但中广处传音科监听各台节目者对马先生的演讲却不甚满意，1946年4月5日重庆寄来的《察听通知书》称其演讲口齿欠清楚，收听时不易听懂。曾在联大注册股工作过的昆明电台传音科长、总干事陈斯正看完批注说，虽难以改进，但仍有多数听众能听懂。这样，马约翰的演讲照样进行。当年4日13日中广处再次下达通知书，称空中学校所播"体育在抗战中的价值，西南联大教授播讲，情绪甚佳，惟口齿不太清晰，时有听不懂之感"。看来马先生可能被令停播。陈斯正接到通知后注上自己的意见转呈台长："查马约翰教授乃国内极具声誉之体育原理大师，经‘空中学校’筹备会议慎重决定礼聘担任体育节目课程者，不惟听众之福音，电台之幸而已也，且当初劝驾甚非易易，今既幸蒙慨允复，小受车马费等津贴，尤为难能可贵。拟烦林组长以私人函知察听人员略加声明，如能有多数人得以领悟，似不宜舍本而遂末也。”① 台长黄天如看后仅批了个“存”字默认此事，以后大概经所说的“林组长”（疑为林澄伯）疏通后，重庆方面也未坚持原议。

潘光旦 1942年4月4日，西南联大教授潘光旦应邀到该台作了题为《新母教》的演讲。他提出新母教应有择教之教、择父之教、胎养之教、保育之教、品格之教五个段落。教育是一桩最大最难的事业，母教又是这桩事业里最最基本的部分。国民中比较健全的女子真想做健全的母亲的话，就有选择最有意义、最有价值的教育，就要有充分的学识与态度的准备；就要选择好丈夫，注重胎养，而更重要的则是重视品格教育。品格教育的最大责任在家庭以内，母教就是品格教育；如果子女的遗传和教育有欠缺，一时受累的是一家一代，长期受累的却是整个社会、整个国家和民族的未来。② 潘先生从社会学、优生学的角度，将家庭教育与国家前途、民族发展的大局联系起来，可谓高瞻远瞩，语重心长。

陈友松主持“空中学校”

抗战胜利前后昆明广播电台开播的“空中学校”节目，则由联大陈友松教授倡议和指导。陈友松是我国著名的电化教育专家，先后就读于美国加州大学、斯坦福大学，获哥伦比亚大学哲学博士学位。回国后曾任厦门大学教授、湖北省立师范学院院长，在联大时两次代理师范学院教育系主任。他长期致力于教育理论的研究与翻译工作。1937年，他撰写的《有声的教育电影》由商务印书馆出版，是我国第一本电教专著。他又是我国第一位介绍苏联教育理论的学者，所著《苏联的教育》1944年再由商务印书馆出版。在强敌入侵、民族存亡的关头，陈友松将电化教育看作是“摧坚锄强，移风易俗，继绝存亡，立心立命”的有力工具。昆明广播电台的开播，使他有了实现自己教育思想的又一阵地。陈友松到该台演讲，最早的记录是1941年5月，以后多次应邀演讲。他倡导和主编的“空中学校”节目，内容涉及各科知识、社会生活、家庭婚姻等许多方面，不仅听众喜爱，竟连远在重庆负责

① 中广处传音科察听节目通知书（1946年8月19日），昆明广播电台档案，第53－2－34卷。
② 《新母教》，《潘光旦教育文存》，人民教育出版社2002年6月版。

监听的中央广播事业管理处传音科也赞许有嘉，如1946年4月13日该科的《察听各台节目通知书》称该节目“杂谈中的婚姻问题，内容甚佳，报告亦清、情绪贯注，定能使听众欢迎”①。陈友松在该台的广播讲稿，现存《新教育哲学检讨》（《广播周报》复刊第95期）一篇，通俗介绍了“新教育”，即以杜威为代表的美国进步教育理论的主要观点，说明其哲学基础“是以进化论的自然主义与实验主义做出发点的”，要注意其积极和消极两方面问题，尽管很多人误用和攻击新教育理论，“但其哲学本身，则对新时代还有极重大的意义”。

联大专家讲稿

昆明广播电台以联大教授为主体的名人演讲节目，无疑以抗日救亡为主题，充满了激昂的爱国精神。1940年8月23日，《云南日报》刊出曾昭抡三天前的广播稿《抗战以来中国工业的进展》，全文约2850字，篇末注明“二十日在广播电台讲演”。该篇用抗战爆发三年以来中国工业内迁，大后方钢铁、煤炭、水泥、燃料、军火，以及轻工业、手工业获得发展的客观事实，说明了战时工业对于抗战建国和促使中国从农业国向工业国转变的必要性和重要性，激励民众增强民族自信心，努力工作，争取抗战胜利。他说：“可是敌人只能毁灭我们的物质，不能破坏我们的精神，沿海各处的工业完结了，大后方的工业却又已经树立起来，这一点也很可以表示我们中华民族伟大的国民魂。”他还说，三年来大后方工业的兴起，是由许多因素造成的，“在这些因素当中，最重要的当然是一般国民对于抗战的正确认识，每个中国人也都知道，这次战争的性质，必将演成长期抗战；国防必需品的自给，是获得最后胜利的一种因素。有了这种认识，所以无论环境如何艰苦，总是努力奋斗，今日得有如此成绩，就是这种苦斗的结果。……在对于抗战前途抱乐观态度的因素当中，三年来后方工业的进展，是一种很重要的因素。”这样的广播演讲，有理有据，情感激昂，有很强的感染力和号召力，今天读来，也为之振奋。学术讲座类节目不仅“很受听众的重视与欢迎”，而且也由于演讲者的学识与名望而受到官方重视。1940年9月12日，中广处指令昆明广播电台“希将每周邀请名人演讲之讲稿源源寄处，以便送载《广播周报》”，同时也可供其他各电台选播。② 这样，西南联大的思想与学术便得到

---

① 中广处传音科察听节目通知书（1946年4月13日），昆明广播电台档案，第53－2－34卷。

② 1940年9月16日中广处致昆明电台函，一九四〇、四七、四八年外来节目函件，昆明广播电台档案，第53－2－36卷。

更广泛的转播。而播讲者也看重自己的演讲，如联大中文系主任罗庸教授将所写的广播稿《诗的境界》、《儒家的根本精神》收入作者文集《鸭池十讲》，1943 年由昆明开明书店印行出版。罗庸在解释书名时说，“昆明的滇池，在元代本名鸭池……以记地故，因题此名”。可见对这段生活的怀念。潘光旦先生 1942 年 4 月 4 日应邀到该台作题为《新母教》的演讲后，将讲稿整理发表于当年 5 月 3 日的《云南日报》，以后又收入 1944 年出版的《优生与抗战》一书。联大后期各专家在昆明电台的演讲稿，《广播周报》刊出的，有蔡维藩的《战争与和平》、杨业治的《西洋文艺的历史层次和相互关系》、戴世光的《从生活程度说到穷人翻身》、贺麟的《西洋近代人生哲学的趋势》、冯友兰的《关于真善美》、雷海宗的《举世闻名的阿拉伯民族》和《北极的近郊——冰岛》、冯至的《中国的新诗》、陈友松的《新教育哲学的检讨》、沈同的《军队的营养问题》、任之恭的《关于无线电的几种常识》，等等。蔡维藩所撰广播稿，讲求谋篇布局，兼顾学术性与可听性，语言生动自然，很受听众欢迎。抗战胜利前后，由蔡维藩主编，昆明广播电台将学术广播稿结集出版，题为《和平之路——昆明广播电台学术讲座文集》，1946 年发行。该书共 25 章，论述第二次世界大战后期战争局势与国际政治等许多重大问题，包括大西洋宪章、联合国宪章等内容。这是 1949 年以前，滇版图书中唯一论述世界政治问题的著作，发行后反响甚佳。武汉大学、广西大学等单位收到后致函该台，极尽赞扬之辞，称该书“内容丰富、理论精辟、卞玉随珠、光腾五夜，崇论宏议、嘉惠士林”。① 云南省教育厅收到该书后称：“内容精彩，本厅同仁欲阅者甚众。”希望再赠送十余册。面对众多读者，该台只好回函说明因经费问题碍难再赠。

各界显要演讲 昆明广播电台开播后，颇受各界重视，中央在滇机构和本省各界要人纷纷应邀到该台作各类专题演讲，将其当作贯彻政令、抗战动员、回顾历史、纪念先烈的重要宣传工具。这些演讲一般安排在“本省要闻”、“本省施政报告”等节目中播出。1943 年，这类演讲有：3 月 6 日、8 日，南菁中学校长张邦珍、省政府主席龙云夫人顾映秋分别作纪念三八节演讲，3 月 26 日国民参政会经济动员策进会滇黔区办事处主任褚辅成讲限价问题，3 月 29 日云南省教育厅长龚自知讲护国首义纪念，4 月 26 日昆湖电厂

---

① 广西大学致昆明电台函，一九四〇、四七、四八年外来节目函件，昆明广播电台档案，第 53-2-36 卷。

厂长刘晋钰讲解决昆明用电问题，4 月 28 日省党部书记长赵澍作云南各界纪念五一劳动节大会演讲，5 月 5 日《中央日报》（昆明版）主任张志韩对沦陷区演讲，7 月 3 日至 5 日，为庆祝第 21 届国际合作节，省社会处长陈廷璧、昆明市长罗佩荣、昆明县长高直青演讲，8 月 14 日空军第五路司令晏玉琮空军节演讲，10 月 1 日昆明市长罗佩荣作市场限价议价宣传讲话，10 月 8 日省党部陇体要委员作国庆演讲，12 月 25 日省党部委员黄衡秋作护国起义纪念讲话。1944 年这类演讲有，1 月 1 日昆明防守司令杜聿明作民国建立 33 周年纪念演讲，2 月 5 日，2 月 25 日、27 日，省参议会由云龙议长、省社会处陈庭璧处长作赈灾宣传演讲会，7 月 7 日，省党部委员裴存藩作“七七事变”讲话，7 月 19 日云南省军队特别党部书记长楼兆元就本省各级党团部发起书报劳军运动演讲，8 月 27 日云南省文化运动委员会杨家麟作孔子诞辰演讲，9 月 18 日滇越线区司令万国宾作“九一八”事变 12 周年演讲，11 月 21 日云南防空司令部副司令张有谷作防空节专题播讲，12 月 25 日，省参议会由云龙议长、省党部陈秀山委员作护国首义纪念演讲，等等。还有一类播讲兼有战时科普讲座性质，如 1941 年 2 月 21 日至 3 月 28 日，昆明广播电台举办防卫医学知识讲座，邀请本省医学专家演讲，包括慈群疗养院医学博士范秉哲（2 月 21 日）、惠滇医院医师姚汉平（2 月 28 日）、昆华医院院长秦光弘（3 月 7 日）、昆华医院副院长徐彪南（3 月 14 日）、正义诊所医师赵明德（3 月 21 日）、甘美医院耳鼻喉科主任李枢（3 月 28 日）等人。

第四节　担负抗战国际宣传重任的外语节目

抗战期间，昆明广播电台先后开播的外语节目有英语、法语、越南语、缅甸语、日语、马来语、泰语等，汉语方言节目有粤语、厦门语、台湾语、沪语节目等，吴长炎、沈自敏先后任外语组长。这些节目当日播出一般为 10 分钟到 15 分钟，从筹备到播出，多经历曲折反复，因有外语专家和西南联大师生的主持或参与，多数节目均坚持到抗战胜利，完成了抗战对外宣传的历史使命。

英语节目

英语节目是昆明广播电台首先开播的外语节目。1940 年 8 月 1 日起实行的节目时间表中，外语节目只有“英语新闻”一项，每晚 9 时播出（周六除外），每次 10 分钟。这大约是由刚招入电台的联大政治系学生高葆光播音的。可能因高葆光难以承担如此重任，经多方物色，1940 年 9 月 26 日，该台聘请英语教育家、云南省立英语专科学校校长水天同担任英语编播，同时聘请曾留法学者、云南大学数学系主任王士魁担任法语编播。水、王两人分别在 8 月下旬、9 月上旬到该台试播后，被正式函聘为特约干事，分别负责编撰播出英语、法语稿件，每月各致津贴 200 元。水、王两人 10 月 1 日正式就职。昆明电台改订的节目时间表也在此时实行。水天同是著名英语教育家，柏林大学英国文学学士、哈佛大学比较文学硕士，又在德国、法国分别进修过德语、法语。回国后先后执教于山东大学、清华大学、云南大学。昆明广播电台礼聘之时，正值水天同与联大英籍教员吴可读、美国学者温德、吴富恒等中国正字学会会员创办的云南省立英语专科学校开学之际。作为该校校长，水先生校务异常繁忙。1940 年 10 月实行新节目时间表后英语节目增加为每晚 15 分钟，并增加了英语时评内容。到 1941 年 12 月，英语节目奉中广处令于 12 月 19 日起停播，改为转播国际台英语节目。水天同的特约专员大约也任至此时。1943 年，昆明广播电台的英语节目主要是转播国际广播电台英语节目，当年 10 月，中广处接到军统局侦听该节目后的密函，称昆明电台转播英语节目时为德国电台干扰，于是中广处于 10 月、11 月两次函令昆明电台停止转播改为自播，但可能因无合适播音员和经费问题并未实行。1944 年 3 月，该台节目再次调整时恢复了英语节目，安排两栏英语节目。一为“英语报告”即英语新闻，每日 21：00～21：15播出；二为“英语谈话”，每周二、五 20：35～20：45 播出，由中宣部国际宣传处昆明办事处提供稿件并派员播讲，其目的是“藉使外人更能明瞭我国抗战之努力与我国固有之风土人情”。[①] 1945 年 8 月抗战胜利，该台英语广播再次调整，除保留每周两次的英语谈话外，每晚 9 时定时转播国际广播电台 15 分钟的英语新闻，另外在 3 小时美国新闻处编排播出的节目中，有半小时的英语新闻。每周英语节目已达 335 分钟，英语广播达到全盛时期。这段时间有联大外文系教员王佐良，每周日撰写英文时评一篇在该台播出。1946 年 10 月以后，该台未办英语节目，改为周一至周六转播国际广播电台的英语新闻，每次 15 分钟。1949 年，传音科的英语播音员为谭锡祺，按当时节目时间表，昆明电台英语节目仍转播国际广播电台英语新闻。但此时该台是否还自办英

① 中宣部国际宣传处昆明办事处函，一九四一年至一九四五年各地收听函件来往，昆明广播电台档案，第 53－2－34 卷。

语节目，谭锡祺是否播音，有待了解。

法语节目

法语节目早在1940年7月即开始筹划，当时呈请中宣部国际宣传处准调中法教育基金会秘书陈廪到该台筹备处，准备担任法语播音，按1940年7月22日试播期间的节目时间表，晚上21：10～21：30先后安排有英语新闻、法语新闻节目，各有10分钟。其中，法语新闻可能就是由陈廪播报。按1940年10月1日再次改定节目时间后，播音员除王士魁外，又聘另一位熟谙法语者张家恭和云大教授陈定民担任。但王、张两人不久即辞职，昆明广播电台于当年11月又聘联大外文系教授吴达元担任此职，与陈定民轮流播出法语节目。陈、吴两人均为当时法语专家。陈定民是浙江绍兴人，早年就读于北平孔德学校、中法大学，1934年赴法留学，后获巴黎大学语音学院文科博士学位。兼任昆明电台编播职务期间先在云南大学、后执教于西南联大。他讲课条理清楚，法语语音纯正，著有《法文读本》、《法语语音学》。吴达元是广东中山人，清华大学外文系毕业后留校读研究院，1930年赴法国留学，后获里昂大学硕士学位，回国后在清华大学任教。联大时期著有《法国文学史》。昆明电台法语节目由两先生主持可谓得人。有关法语节目的影响，这里仅举一例，1942年1月22日，滇越铁路线区开远车站司令办公室致函昆明电台，称该“铁路法籍路员欲收贵台法语广播”，请该台函告播出时间、呼号、波长等。① 日军占领越南后，滇越铁路中断，中国境内昆明至河口一段便由中方接管，成立滇越铁路线区司令部专门办理军事运输，他们对战时广播消息自然十分重视。

法语节目停播与恢复

云南紧靠东南亚。鸦片战争以后法国势力侵入云南，对云南政治、经济、军事、文化等多方面影响颇大。第二次世界大战初期法国失败，贝当政府投降德国，随即迁都维希（旧译“维琪”），因此称为维希政府。戴高乐将军流亡英国后发起“自由法国”运动，领导法国抵抗者进行反法西斯斗争。这种情势也影响了昆明广播电台的法语节目。当时国民政府与维希政府仍然保持外交关系，因此指令报刊广播不得刊发有违双方关系的消息言论。还有，当时昆明电台传音科尚无外语组之设置，也无熟谙法语者审阅播出稿。因此“讲材向依宣传要点由报告者自由选择”，并不送上司审阅。如此

① 一九四一年至一九四五年各地收听函件来往，昆明广播电台档案，第53-2-34卷。

处理一段时间后也就习惯了，但时间一长问题就来了。原来与王勉、丁则良等联大学生一起考进该台的厦门大学政经系学生吴长炎，到台后勤勉从事，于 1942 年 8 月被指定代理外语组组长。按规定所有外语广播稿均需组长审阅签字后方可播出。但由于前述原因，陈定民多是自己选编稿件。更何况一位是留法博士，一位仅是厦门大学肄业学生。再者，法语节目因播出需要，1942 年 3 月奉令增加为每日一次，因此在当年 3 月又聘曾留法多年的于念平为试用播音员，8 月份又聘王世杰参与编播。其中王与陈接近且听陈的安排。吴长炎对此已有微词。更主要的是，法语节目增加时评内容后，在昆明之“自由法国”成员，如 Dr. May、Leonrd 等获准在该节目播讲法语评论，而两人每次来台亦由陈引导，所讲内容据说有批评维希政府、宣扬“自由法国”主张之辞。这就违背了当局旨意。凡此种种，矛盾终于爆发，1942 年 8 月 17 日下午，吴长炎与陈定民因稿件审阅之事争执激烈。作为播音组负责人之吴祥祜前来协调也未有结果，吴称陈“言未即闭职于第二发音室门外”。这是该台成立以来同仁之间的首次公开冲突，双方各执一词、互不相让。事后吴长炎与吴祥祜均写了辞呈，吴祥祜提出要停止陈、王两人职务，自己也将辞职。台长杨树仁考虑再三，只好报请中广处让陈解除聘约，该呈函称陈定民“屡屡为‘战斗法国’（即自由法国）鼓吹，时或对维琪政府出以谩骂之辞……无视国家立场，滥用宣传工具”，“既不缮稿送审，亦不存稿备查”，“不重主管职权，干涉台务行政”等，因此通知该员停止到台播讲。9 月 26 日，昆明电台通知陈定民法语节目到 10 月 5 日暂时停播，双方解除聘约。与此同时，该台聘得中法大学生物系主任夏康农教授为特约法语播音员，同年 10 月 4 日，夏康农继续播出法语节目。此次事件以后，吴长炎于当年 10 月请假赴重庆不归，昆明电台只好呈报让吴停薪留职，另聘当年 10 月进台工作的浙江大学史地系毕业的沈自敏为外语组干事，代行组长职权。1943 年 6 月，因夏康农辞职，法语节目遂停播。查 1944 年 3 月实行的节目时间表，也无该节目。1944 年 6 月，盟军成功登陆诺曼底开辟第二战场，当年 8 月攻占巴黎。9 月成立了以戴高乐将军为首的法国临时政府，此种情势促使昆明广播电台恢复法语节目。1945 年初，该台奉令转播国际广播电台的法语节目但效果不佳，于 3 月 28 日呈报中广处：“拟请职台就地物色法语人员俾节目得以完整进行。”但中广处 4 月 10 日回函“暂缓置议”。5 月初，中广处同意昆明就地物色人员恢复法语节目。5 月 23 日，法国驻华新闻处副处长毕克儒、昆明法国新闻处处长顾德烈携带中宣部对敌宣传委员会的介绍函，由西南联大教授陈定民陪同，来昆明电台洽谈恢复法语节目问题。以后经过多次协商并报中广处批准，昆明电台最终确定1945年8月恢复法语节目。昆明电台聘请法方介绍的法籍刘保环教授为播音员，广播内容以宣传中国对日反攻及建设工作为主，兼采用法方供给材料。这样，刘保环于8月4日到该台试播，法语节目于8月12日恢复播音。以后播出的内容有：战后法国文坛、战后法国绘画界、谈谈法国的妇女、细菌学鼻祖巴斯德、第四共和国、巴黎的博物馆、漫话法国音乐等。法语节目的种种周折，反映了国民党当局当时对德国和已成为德国附庸的法国维希政府的暧昧态度，和中法两国爱国人士欲通过媒体宣传抵抗运动的正义主张，当然，也反映了战后法方欲左右中国舆论的企图，以及中方力图维护舆论主权的立场。昆明广播电台法语节目在宣传反法西斯斗争和促进中法文化交流上功不可没，但在相当程度上失去了对传播内容的控制。

越语节目

昆明广播电台正式播音后不久，日军加紧了对东南亚的侵略行动。1940年9月18日，中广处紧急致函昆明电台，转来中宣部转发的蒋介石的指令："据报近日越南局势紧张，敌方趁机向越南作种种无耻之宣传，因之该地人心惶惶，影响颇钜，值兹敌越和战酝酿未决之际，对越宣传作用甚大，我方广播电台以亦应每日加添越语报告一项，强调我方决心及准备之周密，使越南人士闻之转而向我。以打击敌人挑拨离间之阴谋。一旦战事爆发，尤应唤起越人共起御倭。并以正确之军事消息逐日广播等情，希即酌办为要。"急令昆明电台尽快"物色越语人才……即日增加对越经常报告节目"。[①] 9月23日，昆明电台即致函中国驻河内领事馆，请其代为物色越语报告人才。9月25日，中广处再次函令，"兹因越局万分紧张，该案自应尽速遵行，以免延误。前所商播音人员，请由昆明广播电台甄送来渝一节，深恐转折往返费时，未能切应急要。现拟将该项播音工作，暂由昆明广播电台就近担任，一俟人员选定，即行在昆开始播送。"随后几经寻觅，昆明电台终于物色得广东籍华侨张静宜女士担任越语播音员。张毕业于海防华侨中学，兼通中文，于是越语节目"越南语报告"得以在1940年10月1日开播，每日21：10播出，每次15分钟。但张静宜因程度太浅，难以胜任如此重负，当年11月

① 中广处致昆明电台函，一九四〇、四七、四八年外来节目函件，昆明广播电台档案，第53－2－26卷。

15日，昆明电台只好呈报中广处暂停试播。11月23日，在昆明电台本年度第14次工作会议上，播音组负责人吴祥祜提议，机务学徒何廷庆懂越语。当即安排让何廷庆下周试播。原来，昆明电台开播后，因技术工人缺乏，便登报招考机务学徒。当年9月22日举行考试，录取了机务学徒10名，其中，毕业于广州第一中学的何廷庆在276名报考者中，国语、常识、数学三科考了最高分238分，以第一名成绩被录取。何廷庆试播后，吴祥祜等甚为满意，越语节目于当年12月1日起恢复播音。昆明电台即后呈报中广处，试用何廷庆为助理干事，次年正式任用，称其"经派试任越语报告工作以来，颇能负责从事，成绩优良"。1940年12月1日修改播音节目后，越语节目改为20：45播出，改称"越南语新闻或时评"。1944年、1945年的越语节目除播出时间有改动外，仍称"越南语报告"，每次10分钟。1945年10月改称"越南语广播"。经数年紧张忙碌的播音锻炼，好学上进的何廷庆本事大了，于1945年11月3日请假不归，后来竟到重庆进了中央通讯社。1946年4月6日，昆明电台只好呈报让其停职。越语节目也在此时停播。

缅甸语节目

昆明广播电台每一种外语节目的增设，均与国际局势的变化紧密相关。太平洋战争爆发初期，缅甸是东南亚唯一未被日军占领的国家，成为盟国在亚洲大陆的南翼屏障。从中国昆明到缅甸腊戍并连接仰光的滇缅公路，是中国战时唯一的国际交通线。1941年12月，日军开始进攻缅甸，其目的就是截断滇缅公路，断绝国际援华物资，想早日取得侵华胜利。1942年1月，日军占领缅甸南部，急速向仰光推进。缅甸局势万分危急，中国政府按照"中英共同防御滇缅路协定"组建的中国远征军开始入缅抗日。此时，昆明广播电台按中广处指令加紧筹划缅语节目，当年2月20日致函驻缅领事馆荣总领事，称"本台为加紧宣传，增强抗战力量，拟于最近增播缅甸语节目"，请其代为物色缅语人才。但日军于3月8日占领仰光，此事遂告落空。其实，还在1939年7月，中广处就请昆明电台筹备处代为物色泰语、缅语播音员，以便调重庆国际广播电台待用。昆明电台筹备处当时即请军委会西南进出口物资总经理处代为物色，但此事后来没有结果。转眼半年过去，直到当年9月，方物色得22岁的黄瑞桃担任缅甸语播音员，该节目随即在当年10月1日开播，到1945年4月黄瑞桃辞职时止，算是正常运行了两年半。后由毕业于仰光师范学校的华侨青年林瑞英接替其职，1946年3月停播。

在缅语节目筹划的同时，增设日语、马来语、泰语、台湾话节目的工作也在紧张进行。1942 年 9 月，昆明电台多方努力分别聘得日语播音员刘兼善、刘祚昌（联大政治系学生），马来语播音员黄克峰（联大化学系学生），泰语播音员张业芬（暨南大学师范专业毕业）和台湾语播音员黄曾赐（联大生物系学生），当年 10 月，均在这些语言节目开播时就任其位。

日语节目

日语节目开播于 1942 年 10 月，最早的日语播音员是金佑卿（其情不详）。金任职时间大约不长，以后该台聘得刘兼善为特约专员，专负日语编播之责。刘兼善毕业于早稻田大学政治经济科，曾任黄埔军校教官、中山大学、陆军大学教授，该台档案称其“对国际政治问题研究造诣颇深”。加上西南联大政治系学生刘祚昌的协助，因此开播初期日语节目运行尚属正常。1943 年 4 月，刘祚昌因病辞职，该节目仅刘兼善播音难以维持。昆明电台“经多方物色迄今尚无此项人才”，只好于 4 月 15 日呈报中广处解决。4 月 27 日中广处回函说已请中宣部对敌宣传委员会代为物色，当前日语播音乃须依仗刘兼善。到 1944 年 10 月，该台奉令增办知识青年从军节目，遂将日语节目改为知识青年从军节目。此项应急宣传任务过后，日语播音仍需恢复。但此时刘因故请假离开，眼看该节目只能停播下去了，幸而在 1945 年初聘得联大生物系助教简焯波，带领哲学心理学系二年级学生金安涛、机械系一年级新生宁世铨承担了日语节目的收听、编译、播音任务。师生三人满怀爱国热情尽心工作，第三任台长黄天如对三人也“当称满意”。但是简焯波因课业关系到当年 4 月不能继续编播，金、宁两同学也因学业紧张难以久留。黄天如于当年 2 月再次呈报重庆告急。1945 年 5 月 3 日，中广处通知昆明电台说，经中宣部对敌宣传委员会批准，与军政部俘虏集中营洽妥，派日俘 2 人，指导员 1 人，到昆明电台担任日语播音员。所说指导员为钟咏雩，东京明治大学经济科毕业，此次作为中宣部对敌宣传委员会派驻昆明广播电台担任对日宣传指导事宜，实际就是编选审核播音稿，监督日俘播音。两名日军俘虏一为尾崎於太郎，一为森山光彦。这样，在中国军队和盟军对日军事行动更加扩大，急需进行心理攻势的境况下，昆明广播电台的日语播音终得继续进行。

马来语节目

1942 年 10 月开播的马来语节目，由联大化学系二年级学生黄克峰担任编播工作，起初每周播音三次，1943 年 2 月因局势需要增加到每周六次，于是又增聘联大经济系学生陈犀峰为播音员，黄、陈两人一直工作到 1944 年 4 月，因抗日前线需要征调为译员投身军旅。再由联大社会系二年级学生黄宗英继任，1945 年 1 月，黄宗英也考入译员训练班，便推荐自己的同班同学联大社会系学生李和清继任其职。这几位联大学生均是福建籍华侨青年，怀抗日救国之志受聘该台。如黄宗英原侨居荷属爪哇岛，为抗日于 1940 年回国，就读于国立重庆华侨中学，毕业后考取西南联大，联大期间应聘为该台马来语播音员。但他并不依恋该台相对稳定的生活，报名考入译员训练班，直接上前线“服务军旅”。马来语节目由李和清继续编播后，直到 1945 年 8 月抗战胜利辞职，准备回南洋。其职由曾任贵州电台播音员的归国华侨、暨南大学外文系毕业的林碧藻继任。但林接替不久，1946 年 3 月，该节目即奉命停播。

泰语节目

泰语即泰国语，1942 年 10 月与马来语等外语同时开播，最早的播音员为暨南大学师范专业毕业的张业芬，最初每周播音三次，每次 10 分钟。但张业芬任职时间不长，该台又聘陈伦为泰语播音员（其简历未查到）。陈伦到职后工作尽心，1943 年 7 月 9 日，昆明电台呈请中广处为其加薪。同时加薪的播音员还有刘兼善、夏康农、黄克峰、陈犀峰、黄瑞桃、黄曾赐、佟德馨等人。1943 年 9 月底，陈伦辞职。1943 年 10 月，该台试用泰国曼谷男三仓学院毕业生华侨青年唐永麟为泰语播音员，11 月 16 日经中广处批准任用。该台称唐试用以来“工作极为认真，译撰亦甚缜密”。按 1944 年 3 月改订的节目时间表，每周一至周六，从 19：00～20：10 的 70 分钟内，依次安排的是粤语、台湾语、马来语、越南语、泰语、缅甸语、厦门语（周一、三、五）或日本语（周二、四、六）节目，每个语种均为 10 分钟。其中，泰语节目与马来语、越南语、缅甸语节目一样，均是每周播出六次。1945 年 8 月，泰语节目每周一至五、日 20：10～20：20 播出，每次 10 分钟。泰语节目在抗战胜利后停播。

筹划未果的韩语、印度语节目

对于昆明广播电台外语广播曾有韩语、印度语播音之说，实为史实差误。实际上该台从未设置过韩语、印度语节目，仅是奉重庆中广处指令作过前期筹划，但从未开播。1942 年 7 月，重庆中广处曾致函昆明电台，指示该台物色日语、缅语、泰语、越语、印度语、韩语等外语播音员，增办多种外语节目。[①] 当年 8 月，该台物色到在昆明的韩国人赵重哲拟任韩语播音员，

① 《呈复印韩语播音员物色困难拟将该节目暂缓办由》，1943 年 3 月 4 日。昆明广播电台档案，第 53－2－41 卷。

其呈函称赵曾任韩国独立党主席，属韩国统一促进会成员。8月10日，该台将拟聘用赵重哲之事呈报中广处。[①] 并致函航空委员会第一飞机制造厂了解赵重哲的情况，1942年8月19日，该厂回函说，“赵重哲曾任本厂设计课课员及制图员专任飞机设计工作。”[②] 即后，昆明电台于9月2日致信赵重哲，聘请赵担任韩语播音员，同时发出的邀请信，还有两封分别致日语播音金佑卿、缅甸语播音黄瑞桃。[③] 并将拟聘请人员呈报中广处。1942年9月25日，中广处向昆明电台发出密电，令该台立即停止试用赵重哲，详情见随后即到的快邮代电。[④] 电报全文为：

广播电台杨台长树仁览　管密　赵重哲应立即停止试用　余另代电详　梗（廿三）

即后，昆明电台收到中广处快邮代电：[⑤]

昆明广播电台杨台长树仁览　极密　前据该台呈请查询韩国统一促进会组织及赵重哲在昆之任务一案　现经函准军事委员会政治部第三厅利三字第534号函复内开：“查韩人赵重哲操英语极流利为旅美韩侨中有名之共产党　韩国独立党早经开除其党籍　又　昆明韩侨约七八人　均系左倾分子　韩国统一促进会之组织　如系赵重哲所领导　则其使命与任务如何当不难加以判断”等由　到处先以梗电饬知　赵重哲立即停止试用外　特再电达　希将办理经过呈报为要　中央广播事业管理处梗印（章）

中华民国卅一年九月廿三日

9月29日，台长杨树仁阅此快邮后即批示：[⑥]

业经遵梗电将赵重哲先行停止试用　惟查韩侨在昆者均与赵重哲有关　均为左倾分子　若再在昆物色韩语人员　恐仍有此流弊　呈请大处由渝选派韩语人员来昆负责

---

① 《昆明广播电台呈中广处函》，1942年8月10日，昆明广播电台档案，第53-2-32卷。

② 《航空委员会第一飞机制造厂致昆明电台函》，1942年8月19日。昆明广播电台档案，第53-1-17卷。

③ 《昆明广播电台致金佑卿等函》，1942年9月2日，昆明广播电台档案，第53-1-17卷。

④ 《中广处致昆明广播电台电文》，1942年9月25日，昆明广播电台档案，第53-1-17卷。

⑤ 《中广处致昆明广播电台快邮代电》，1942年9月23日，昆明广播电台档案，第53-1-17卷。

⑥ 同上。

中广处接到昆明电台此份呈报后，当年10月17日致函该台说：“韩语报告员正物色中　一俟得人　当即指派往该台工作。”但后来就无下文了。①至于印度语播音员，该台实际也无法寻觅。转眼半年过去，1943年3月4日，昆明广播电台再向中广处呈报说：

钧处卅一年七月鱼电饬本台物色日、缅、泰、越、印、韩各语播音员，俾增加各该语节目等因，当即遵照分别聘任。唯查印、韩两项语言播音员一时殊难获得相当人才，窃以印度政治情形复杂，立论颇有不易之处，韩国旅外侨民多在美菲各地，非本台电波所能及。因此对于印韩语两项节目，拟暂缓增添。是否有当，理合备文呈请鉴核示为祈。

谨呈

中央广播事业管理处

此函呈报后，中广处是否回复，档案资料未见显示。以后，昆明电台最终没有设置韩语、印度语节目。查昆明广播电台现存的1940年至1946年的10份节目时间表，均无韩语、印度语语言节目。此事关乎抗战广播重要史实，特撰此节，以纠差误。

第五节　动员海外侨胞参加抗战的汉语方言节目

昆明广播电台先后开播的汉语方言节目有粤语、厦门语、台湾语、沪语节目等，其中粤语节目最早设置。

粤语节目

粤语（广东话）节目1940年8月1日正式开播，为该台最早设立的汉语方言节目，起初称“粤语新闻类述”，排在“粤剧”节目之后，每次15分钟，后改为“粤语报告”，每次10分钟。最早担任粤语播音的是该台工务员黄石煖之夫人（姓名不详），接着是胡艺超。1942年5月胡离职后，该台遂聘“广州语发音正确，口齿亦尚清晰”的联大法律系学生佟德馨继任其职。佟德馨到台后颇能尽职，未因学业紧张而耽误播音。1942年12月，军统局侦听得日军在香港的电台（JPH）增加了对重庆的短波广播，中方即作了针对性的部署，1943年1月21日，中广处一方面急令中央电台增加长波、

① 《中广处致昆明电台函》，1942年10月17日，昆明广播电台档案，第53－1－17卷。

短波两个广播波段的粤语广播与日方对抗，同时鉴于“中央台中波电力不够强大，未能远及香港”的现状，急令昆明电台：“每日增加粤语报告一次，每周至少六次，藉以抵抗香港敌台‘JPH’之虚伪宣传。”① 这样，自1943年2月10日起，昆明电台每周粤语播音增加为六次，每次10分钟。因播音员难寻，新增任务自然又落到了佟德馨肩上。而所增加的广播稿编选，则由担负厦门语、台湾语播音的联大学生黄曾赐承担。此时，佟德馨在联大法律系就读已是最后一个学期，课业紧张异常，但播音又不能耽误。因此在电台与联大之间两处疲于奔走。出于抗日救国的热情，两人均咬紧牙关挺了下来。而该台所能做的，便是上报中广处给两人增加一点微薄的津贴。当年11月，佟德馨因赴重庆参加自费留学考试，曾短期请过假。以后一直在该台工作，1944年7月，昆明电台呈报中广处，将佟德馨改聘为专任，称佟“平素颇能遵守时间，认真学习”。这样，佟德馨又工作了八个月，到1945年3月辞职离去。以后由罗葆贞（香港梅芬女子中学毕业）继播，罗留职停薪后，该台又试用邹萍（私立岭南大学四年级肄业）为粤语播音员。该节目一直办到抗战胜利后。

中央广播事业管理处昆明广播电台节目表

（1944年3月19日起实行）

呼号 XPRA 波长 435公尺 周率 690千周波

播出时间	节目名称
18：30～18：35	国歌 预报当日节目
18：35～18：50	新闻类述及简明新闻
18：50～19：00	粤语报告（周一至六）
19：00～19：10	报时，台湾语报告（周一至六）
19：10～19：20	马来语报告（周一至六）
19：20～19：30	越南语报告（周一至六）
19：30～19：40	泰语报告（周一至六）
19：40～19：50	缅甸语报告（周一至六）

① 1943年1月21日中广处致昆明电台函，1943年外来节目函件，昆明广播电台档案。

（续表）

<table>
<tr><th>播出时间</th><th colspan="2">节目名称</th></tr>
<tr><td>19：50～20：00</td><td colspan="2">厦门语报告（周一、三、五）　日本语报告（周二、四、六）</td></tr>
<tr><td>20：00～20：10</td><td>报时，口琴演奏（一）、音乐故事或歌咏教授（二）、西乐演奏（三）、演讲或国乐演奏（四）、杂谈（五）、书报评介（日）</td><td rowspan="9">星期六
特别节目</td></tr>
<tr><td>20：10～20：30</td><td>评剧，预报次日节目</td></tr>
<tr><td>20：30～20：35</td><td>本省要闻</td></tr>
<tr><td>20：35～20：45</td><td>英语谈话（一、五），杂曲（一、四、日），歌咏（三）</td></tr>
<tr><td>20：45～20：55</td><td>简明新闻</td></tr>
<tr><td>20：55～21：00</td><td>西乐</td></tr>
<tr><td>21：00～21：15</td><td>报时　英语报告</td></tr>
<tr><td>21：15～21：45</td><td>对驻华美国陆军音乐节目</td></tr>
<tr><td>21：45～21：55</td><td colspan="2">时论（周一至六）、歌咏（日）</td></tr>
<tr><td>21：55～22：00</td><td colspan="2">国乐</td></tr>
<tr><td>22：00～22：10</td><td colspan="2">报时　对沦陷区广播（一、三、五、日）、党员守则（二）、总裁言论（四）、杂曲（六）</td></tr>
<tr><td>22：10～22：15</td><td colspan="2">军乐</td></tr>
<tr><td>22：15～22：30</td><td colspan="2">简明新闻　总理纪念歌　停止</td></tr>
</table>

原存昆明广播电台档案，第53－2－34卷。本表时间原为12小时制，本书统一表示为24小时制。

厦门语节目

1940年10月开播的厦门语节目称为“厦门语新闻类述”，每次10分钟。当年12月又改称为“厦门语新闻及时评”，自然是增加了评论内容，1944年3月改为“厦门语报告”，每周三次，每次仍为10分钟。该节目开播之初还算顺利，聘得联大教育系二年级学生郑韵琴兼任播音员。以后郑辞职，便由台湾语播音员、联大生物系学生黄曾赐兼任该职。黄曾赐是福建闽侯人，工作颇能吃苦，直至1945年8月抗战胜利时辞职，属该台汉语方言播音员中任职时间较长者。继其后担任厦门语播音的为联大土木工程系三年级学生、厦门籍的许四福。许于当年12月辞职后，厦门语播音又延续了一段时间，抗战胜利后停播。

台湾语节目

台湾语和厦门语，实际均属闽南话。1942年10月该节目设置之初，由于聘得勤奋能干的联大学生黄曾赐播音，每周三次的播音算是正常进行。但后来大约未能正常播出。1943年3月27日，中广处函令昆明广播电台说："查台岛被敌割据已久，对岛的同胞之争取利用广播宣传实有必要……如在昆明广播电台广播，岛内同胞可直接收听。"① 还在全面抗战爆发以前，最高当局对收复日本占据的台湾就有主张。1940年3月，蒋介石致电朱家骅、陈立夫等人，对战时台湾工作作了布置。1941年2月，国民党中央组织部台湾直属党部筹备处在香港成立，翁俊明任筹备处主任，设组训、宣传、总务三科准备开展工作。香港沦陷后，台湾党部筹备处迁往广东等地。② 以后迁至福建龙溪。当年12月，中广处再次函令该台，说应台湾省党部之求，为加强宣传与播送密码计，便于该党部与岛内通讯，应将台湾语广播增加到每周六次。1943年11月至12月间，中广处和台湾党部筹备处主任翁俊明与昆明广播电台多次函电联系，均是商讨此事。③ 最后确定台湾直属党部筹备处派该部黄××至昆明电台担任台湾语播音员，其薪俸由该党部发给。如此重要之任务，曾在台湾党部工作人员训练班受训的黄××应该知其分量。谁想此人到昆后对播音之事视同儿戏，几次迟到使节目中断。外语组长沈自敏为此叫苦不迭。更有甚者，此人到该台后，称在该党部未领到薪俸，便先后在昆明电台借支膳旅费5000余元，其实他在台湾党部前后预支旅费已达14200元之多。如此人物昆明电台如何侍候得起，当年3月31日，该台只好呈报中广处说黄某人"于本台之既定节目殊有妨碍"，请准台湾语节目全部由黄曾赐负责

---

① 中广处致昆明广播电台函，昆明广播电台档案，第53-1-9卷。

② 左双文：《关于国民政府与台湾光复问题的一点补充》，《抗日战争研究》2005年第2期。

③ 昆明广播电台档案，第53-1-9卷、第53-2-34卷。

播报。这样，黄曾赐每周要承担厦门语与台湾语共九次的播出任务，可谓劳累异常。台湾语节目大约持续到1944年3月该台实行新节目表时停播，以后再未恢复。

沪语节目

从档案材料看，沪语节目设置较晚，1945年2月，江苏武进中学毕业的女青年章知华进入昆明电台后方有此节目，章知华播音。当年8月，该台再次修订的节目表中，沪语节目称为“上海语新闻”，每周一至六晚18：10～18：20播出，每次10分钟。该节目1946年停播。

多语广播特点

抗战期间，昆明广播电台的外语和汉语方言节目设置有两方面特点：其一，该台的外语节目和汉语方言节目，毫无例外均是为抗战国际宣传而设立的，而且每一种语言节目的设立均与当时世界反法西斯战场局势的变化发展和国际关系的复杂变化有关。英语节目设立，出于最大程度争取盟国的国际援助；法语节目设立是应对东南亚是法国势力范围的现实；越南语节目设立于日本进占越南北部以后；日本语、缅甸语、泰语、马来语设立于日军侵入缅甸、中国远征军第一次入缅抗日、进而侵占整个东南亚之时；粤语、厦门语、上海语节目的设立，是考虑到南洋侨胞中广东、福建、上海籍侨胞较多的现实；台湾语节目的设立则是向长期被日本奴役的台湾同胞广播。其二，昆明广播电台这些节目的设立，与中央广播电台、国际广播电台的外语节目、汉语方言节目各有分工，互相呼应，均服从于当时中国抗战宣传战略的整体需要，如国际广播电台是当时外语人员素质最高、语种最多、播音时间最长的国家电台，但一段时间该台并无缅、泰、马来语节目，其使命便由昆明广播电台承担。中央广播电台有藏语、蒙语、阿拉伯语、维吾尔语等节目，以对外宣传为主的昆明广播电台显然不必设置这类节目。英语是世界语言，各台均设立且重点保证其正常播出。按1941年1月至6月中央广播事业管理处的统计，当时中央电台有五种语言节目，即英语、韩语、阿拉伯语、藏语、台湾语，国际电台有四种语言节目，即英语、日语、粤语、沪语，而昆明电台则有英、法、越等三种外语，粤语、厦门语两种汉语方言节目。清楚表明战时中国官方广播抗战宣传的分工情形。

昆明广播电台每周播音节目时间表

呼号 XPRA　波长 435 公尺　周率 690 千周波

（1945 年 8 月 21 日起实行）

<table>
<tr><th>播音时间</th><th>时长</th><th colspan="2">节目内容</th></tr>
<tr><td>05：30～06：30</td><td>60</td><td colspan="2">美新闻处日语节目</td></tr>
<tr><td>18：00～18：10</td><td>10</td><td colspan="2">国歌　预报当晚节目　新闻要点　军乐</td></tr>
<tr><td>18：10～18：20</td><td>10</td><td>上海语新闻</td><td rowspan="2">星期日平剧</td></tr>
<tr><td>18：20～18：30</td><td>10</td><td>广州语新闻</td></tr>
<tr><td>18：30～19：00</td><td>30</td><td colspan="2">美新闻处英语节目</td></tr>
<tr><td>19：00～19：15</td><td>15</td><td colspan="2">对时　国语新闻　国乐</td></tr>
<tr><td>19：15～19：30</td><td>15</td><td colspan="2">日语广播</td></tr>
<tr><td>19：30～19：40</td><td>10</td><td>英语谈话（二、四），
法语新闻（一、三、五），杂曲（日）</td><td rowspan="6">星期六
特别节目</td></tr>
<tr><td>19：40～19：50</td><td>10</td><td>缅甸语广播</td></tr>
<tr><td>19：50～20：00</td><td>10</td><td>越南语广播</td></tr>
<tr><td>20：00～20：10</td><td>10</td><td>对时　马来语广播</td></tr>
<tr><td>20：10～20：20</td><td>10</td><td>泰语广播</td></tr>
<tr><td>20：20～20：30</td><td>10</td><td>厦门语广播</td></tr>
<tr><td>20：30～20：45</td><td>15</td><td colspan="2">美新闻处越南语节目</td></tr>
<tr><td>20：45～21：00</td><td>15</td><td colspan="2">时论或时事解说、军乐（一至五）
一周时事述评、军乐（六）、滇剧（日）</td></tr>
<tr><td>21：00～21：15</td><td>15</td><td colspan="2">对时　转播国际电台英语节目</td></tr>
<tr><td>21：15～21：30</td><td>15</td><td colspan="2">美新闻处法语节目</td></tr>
<tr><td>21：30～22：00</td><td>30</td><td colspan="2">美新闻处泰语节目</td></tr>
<tr><td>22：00～22：15</td><td>15</td><td colspan="2">美新闻处音乐节目</td></tr>
<tr><td>22：15～22：30</td><td>15</td><td colspan="2">新闻要点　预报次日节目　平剧</td></tr>
<tr><td>22：30～23：00</td><td>30</td><td>对收复区节目　西乐</td><td rowspan="2">星期日西洋
名曲介绍</td></tr>
<tr><td>23：00～23：15</td><td>15</td><td>对时　平剧</td></tr>
<tr><td>23：15～00：00</td><td>45</td><td colspan="2">记录新闻　总理纪念歌　休息</td></tr>
</table>

原存昆明广播电台档案，第 53－2－34 卷。

中央广播事业管理处昆明广播电台播音节目时间表

呼号 XPRA　波长 435 公尺　周率 690 千周波

（注：此表实行时间约为 1945 年 10～12 月）

播出时间	时长	节目名称
12：00～12：10	10	国歌　预报中午节目　国乐
12：10～12：15	5	国语新闻
12：15～12：45	30	杂曲（一），昆曲（二），大鼓（三），歌咏（四），川剧（五），粤剧（六），口琴（日）
12：45～12：50	5	本省要闻
12：50～13：00	10	平剧　休息
18：00～18：15	15	国歌　预报当晚节目　国语新闻
18：15～18：30	15	平剧（一、三、五），滇剧（二、四、六）
18：30～18：40	10	总理遗教（一），总裁言论（二），科学常识（三），抗战史实（四），家庭生活（五），杂志文章（六），西洋歌曲（日）
18：40～18：50	10	国乐（一、三、五），西乐（二、四、六）
18：50～19：00	10	学术讲座
19：00～19：15	15	对时　国语新闻　军乐
19：15～19：30	15	时论（一、三、五），时事解说（二、四），一周时事述评（日）
19：30～19：45	15	法语广播（一、二、三、四、五），西乐（日）
19：45～20：00	15	越南语广播（一、三、五），缅甸语广播（二、四、六）
20：00～20：15	15	时论　暹罗语广播（一、三、五），马来语广播（二、四、六）
20：15～20：30	15	厦门语广播　闽粤剧曲
20：30～20：40	10	广州语节目
20：40～21：00	20	转播中央台国际新闻及时评
21：00～21：15	15	转播国际台英语节目
21：15～21：30	15	美新闻处法语节目
21：30～21：45	15	美新闻处暹罗语节目
21：45～22：00	15	美新闻处越语节目
22：00～22：15	15	美新闻处华语美国新闻
22：15～22：30	15	预告次日节目　国语新闻
22：30～22：45	15	平剧（二、四、六），川剧（一、五），滇剧（三）
22：45～23：00	15	本省记录新闻
23：00～24：00	60	记录新闻

原存昆明广播电台档案第 53－2－36 卷。原表时间为 12 小时制，本书均统一表示为 24 小时制。

第六节 抗战文艺和戏剧广播

抗战军兴，抵抗侵略的炮火唤起了国人的民族自强意识，抗日救亡成为中国社会生活的主要内容。随着内地文化艺术单位和一批著名大学的迁入，众多文化名人相继来滇，昆明继重庆之后成为大后方又一文化中心，中华全国文艺界抗敌协会昆明分会、中华戏剧界抗敌后援会云南分会等文化界抗日救亡团体的成立，更促使昆明的抗战文化活动空前活跃起来。先后成立的有金马剧社、剧教队、大鹏剧社、国防剧社、青年歌咏团、昆明歌咏团、海啸歌咏团、五月合唱团、联大歌咏团等许多文艺社团。随文化界内迁进入昆明的，有剧宣九队、剧宣五队、抗敌剧团、射日剧团、抗敌剧社、远征剧团、新中国剧社等一大批戏剧团体。他们演出的剧目有多幕剧、活报剧、历史剧，又有抗敌剧、讽刺剧，多以唤醒民族意识、激励爱国精神为主旨。《清宫外史》、《孔雀胆》、《天国春秋》、《林冲夜奔》、《棠棣之花》、《胜利进行曲》、《山城夜曲》、《张自忠》、《黑字二十八》、《桃花扇》、《陈圆圆》、《金玉满堂》，等等，抗战时的昆明舞台，京腔滇调、此起彼伏，合唱高歌、传扬四方。田汉、郭沫若、夏衍、曹禺、阳翰笙等名家的戏剧，更是长演不衰。1944 年 10 月，郭沫若的《孔雀胆》在昆明连演 15 天 30 场，观众达 8 万人次，轰动了当时仅有 27 万人口的省城，创造了抗战中昆明戏剧公演的最高卖座纪录。

抗战文艺节目

与蓬勃发展的抗战文化活动相适应，昆明广播电台的文艺节目设置了戏曲、歌咏、国乐、西乐四大部分，除介绍文艺知识、播出唱片、及时报道演出消息外，还举办周末特别节目，请平剧、滇剧票友和名演员演播节目，请音乐家和歌咏团体演播音乐会。按 1940 年 8 月的节目时间表，昆明广播电台文艺节目有军乐、杂曲、国乐、音乐会或戏剧、歌咏、西乐、粤剧、平剧等，约占全台播出时间的 30% 左右。还有周六约 1 小时的特别文艺节目，邀请社会文艺团体现场演播，或电台同仁自己演播。因当时不具备可供播出的录音技术，文艺节目除播放唱片外，很多时候均邀请社会文艺团体现场演播，或电台同仁自己演播。这些安排，即是抗战文艺宣传的需要，也符合当局的宣传要求。1939 年中央广播事业管理处拟定的《本处半年中心工作》，要求中央电台的话剧宣传除原有人员外，需“自三月份起，逐渐增加编演人员，采辑抗战事迹、忠义史实、社会动态”等，每周或每月均要编出短篇剧、儿童剧、长篇剧数出按周播出，并印发各分台播用。对音乐会，则要“物色国乐专材，演奏中型合奏曲……鼓励作曲界，创作富有民族特性之新乐曲”，以及搜罗私人国乐秘谱，征求歌咏团员，组织管弦乐队和合唱团等，在广播中演播。并要求“自备之乐歌团、剧团、歌咏团定期播音，为永久存用计，均选择灌音制片，随分发各台应用”等，[①] 将文艺节目作为激励民族精神、抗日救国的文化武器。开播之初，昆明电台负责音乐戏剧节目编排的是中央电台调来的高义，她是30年代中央大学钢琴专业的毕业生，天姿聪慧，气质高雅，早年被称为“音乐神童”，在中央电台“本台同仁演奏”节目中，弹钢琴又吹笙，并且热心提倡国乐，常在《广播周报》“音乐丛谈”专栏撰稿介绍民族乐器与音乐知识。继高义之后任乐剧组长的黄萱（黄相泉），毕业于中央大学音乐科，也是位致力抗战文艺宣传的音乐家。先后任乐剧组专职或兼职助理干事的，有联大历史系孙蕙君、联大师院音乐教员刘振汉（任特约音乐指导，后由钱晋华继其职）、电机工程系高小文、物理系官知节、中文系郑敏、历史系罗翠玉等。乐剧组还先后聘任山东大学毕业的肖祝久负责戏剧节目，联大哲学心理学系陈斐昂、中央研究院工程研究所文华、裕滇纺织厂鱼月秋担任口琴演奏，昆华师范学校林志音演奏国乐，等等。

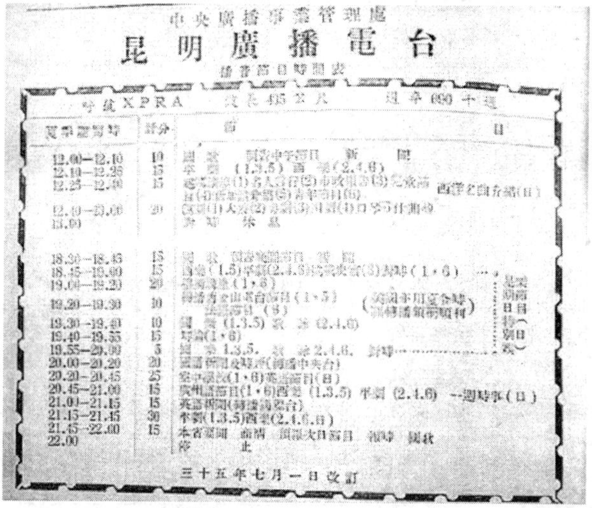
中央廣播事業管理處
昆明廣播電台
三十五年七月一日改訂

昆明广播电台播音节目时间表（1946年7月1日改订）。

原载《广播周报》第197期，1946年9月

① 一九三九、四四、四五、四七年中央广播事业管理处宣传要点函件指示，昆明广播电台档案，第53-2-34卷。

中央广播事业管理处昆明广播电台播音节目时间表

（1946 年 7 月 1 日改订）

<table>
<tr><th colspan="4">呼号 XPRA　波长 435 公尺　周率 690 千周</th></tr>
<tr><th>播出时间</th><th>计分</th><th colspan="2">节目名称</th></tr>
<tr><td>12：00～12：10</td><td>10</td><td colspan="2">国歌　预报中午节目　新闻</td></tr>
<tr><td>12：10～12：25</td><td>15</td><td colspan="2">平剧（一、三、五）　西乐（二、四、六）</td></tr>
<tr><td>12：25～12：40</td><td>15</td><td colspan="2">建国讲座（一）　名人言行（二）　市政报告（三）　儿童节目（四）　新知识介绍（五）　青年节目（六）</td></tr>
<tr><td>12：40～13：00</td><td>20</td><td colspan="2">滇剧（一）　大鼓（二）　粤剧（三）　川剧（四）　口琴（五）　什曲（六）　西洋名曲介绍（日）</td></tr>
<tr><td>13：00</td><td></td><td colspan="2">对时　休息</td></tr>
<tr><td>18：30～18：45</td><td>15</td><td colspan="2">国歌　预报晚间节目　新闻</td></tr>
<tr><td>18：45～19：00</td><td>15</td><td>西乐（一、五）　平剧（二、四、六）　抗战史实（三）　对时（一至六）</td><td rowspan="6">星期日特别娱乐节目</td></tr>
<tr><td>19：00～19：20</td><td>20</td><td>学术讲座（一至六）</td></tr>
<tr><td>19：20～19：30</td><td>10</td><td>转播旧金山电台节目（一至五）（美国亦用夏令时间转播颇称顺利）　法语节目（六）</td></tr>
<tr><td>19：30～19：40</td><td>10</td><td>国乐（一、三、五）　歌咏（二、四、六）</td></tr>
<tr><td>19：40～19：55</td><td>15</td><td>时论（一至五）</td></tr>
<tr><td>19：55～20：00</td><td>5</td><td>国乐（一、三、五）　歌咏（二、四、六）　对时</td></tr>
<tr><td>20：00～20：20</td><td>20</td><td colspan="2">国语新闻及时评（转播中央台）</td></tr>
<tr><td>20：20～20：45</td><td>25</td><td colspan="2">空中学校（一至六）　英语节目（日）</td></tr>
<tr><td>20：45～21：00</td><td>15</td><td colspan="2">广州语节目（一至六）　西乐（一、三、五）　平剧（二、四、六）　一周时事（日）</td></tr>
<tr><td>21：00～21：15</td><td>15</td><td colspan="2">英语新闻（一至六）（转播国际台）</td></tr>
<tr><td>21：15～21：45</td><td>30</td><td colspan="2">平剧（一、三、五）　西乐（二、四、六、日）</td></tr>
<tr><td>21：45～22：00</td><td>15</td><td colspan="2">本省要闻　商情　预报次日节目　报时　国歌</td></tr>
<tr><td>22：00</td><td></td><td colspan="2">停止</td></tr>
</table>

原载《广播周报》第 208 期（复刊第 12 期），1946 年 11 月 17 日。

昆明广播电台播音节目时间表

陇蜀时　XPRA　690千周

（1946年10月1日改订）

<table>
<tr><th>播出时间</th><th colspan="2">节目名称</th></tr>
<tr><td>12：00</td><td colspan="2">国歌　预报中午节目　固定片　新闻</td></tr>
<tr><td>12：15</td><td colspan="2">平剧（周一至五）</td></tr>
<tr><td>12：30</td><td colspan="2">建国讲座（一），名人介绍（二），市政报告（三），卫生常识（四），知识介绍（五），青年节目（六）</td></tr>
<tr><td>12：45</td><td colspan="2">滇剧（一），大鼓（二），粤剧（三），川剧（四），歌咏（五），杂曲（六）</td></tr>
<tr><td>12:45～13：00</td><td colspan="2">星期日西洋名曲介绍</td></tr>
<tr><td>13：00</td><td colspan="2">对时　休息</td></tr>
<tr><td>18：30</td><td colspan="2">国歌　预报晚间节目　固定片　新闻提要</td></tr>
<tr><td>18：40</td><td colspan="2">平剧（周一至六），儿童节目（周日，包括儿童故事、儿童歌曲、童话、常识，对时）</td></tr>
<tr><td>19：00</td><td colspan="2">时论，军乐（周一至六），一周时事（周日）</td></tr>
<tr><td>19：20</td><td colspan="2">转播旧金山电台节目（周日至五），法语节目（周六）</td></tr>
<tr><td>19：30</td><td colspan="2">学术讲座（一、三、五），空中学校（二、四、六），英语时论（日）</td></tr>
<tr><td>19：45</td><td colspan="2">歌咏（一、四、六），西洋歌曲（二、五、日），抗战史实（三）</td></tr>
<tr><td>20：00</td><td colspan="2">简明新闻　时评（转播中央台）</td></tr>
<tr><td>20：30</td><td>广州语节目（一至六）</td><td rowspan="6">星期日
特别节目</td></tr>
<tr><td>20：45</td><td>西乐（一至六）</td></tr>
<tr><td>21：00</td><td>英语新闻（一至六）（转播国际台）</td></tr>
<tr><td>21：15</td><td>国乐（一、三、五），平剧（二、四、六），对时</td></tr>
<tr><td>21：30</td><td>固定片　简明新闻　商情（一至六）</td></tr>
<tr><td>21：50</td><td>平剧（一、三、五），国乐（二、四、六）</td></tr>
<tr><td></td><td colspan="2">预告次日节目</td></tr>
<tr><td>22：00</td><td colspan="2">固定片　记录新闻　对时</td></tr>
<tr><td>23：00</td><td colspan="2">国歌　停止</td></tr>
</table>

原载《广播周刊》第208期（复刊第12期），1946年11月17日。

周六特别节目

昆明广播电台的抗战文艺广播，以每周六的“特别节目”内容丰富、形式活泼，最受听众欢迎。主要约请外来文艺团体和文艺界人士演播。音乐广播方面，参加演播的有国立音乐实验管弦乐团、联大歌咏团、联大工学院蓝鹰歌咏队、联大师范学院回声歌咏队、联大师院附属学校、西南运输处金桥音乐社、云南歌咏协会、晨曦歌咏团、歌岗合唱团、邮工合唱团、青年合唱团、中法合唱团、西南夏威夷乐队、大自在音乐会、今虞琴社，等等。电台那间用作文艺直播的大发音室（即演播厅）常常挤满来宾，歌声激昂、乐声振奋，一方唱罢又一方登场，抗战激情充沛的节目接连不断。如，1941 年 8 月 23 日，云南歌咏协会为响应布鞋劳军运动而演播《抗战建国大合唱》；1943 年 12 月 25 日，为纪念云南护国起义周年西南歌咏团演出；1943 年 2 月 6 日三青团云南省支团部举行国乐广播；1944 年 2 月 19 日著名音乐家金律声指挥国立音乐实验管弦乐团演播管弦乐名曲，并有毛宗杰、陈健、黄源澧的钢琴三重奏，等等。为文艺抗战的热情激发，许多音乐家和文艺工作者也应邀到昆明电台演播，如著名小提琴家马思聪、雷漫天。联大师院音乐讲师顾钟琳多次在电台演播小提琴。还有西南夏威夷乐队梁培辅的手风琴独奏，昆明粹刚小学（以空军英雄刘粹刚名字命名）陈玉霞的女高音独唱，昆华女子师范学校万昌文、空军学校第十九期学生黄学源的男高音独唱，等等。抗战期间中国最大的广播电台，俨然成了传播抗战歌曲、普及国乐、介绍西乐的音乐殿堂。这些演播多在“七七抗战”、“护国起义”等重要纪念日前夕或当日举行，事先均要反复演练，故效果常常令人满意，如 1944 年 2 月 22 日，昆明电台的感谢函，就称 2 月 19 日演播的“广播钢琴三重奏名曲，艺术精湛，嘉惠听众”。

西南联大演播团队

在众多广播文艺演播团体中，西南联大演播的团队无疑是参加最早、影响最大的团队之一。早在 1940 年 7 月昆明广播电台试播期间，联大歌咏团就两次应邀到该台播出抗战歌曲。1940 年 8 月 31 日，为给抗日将士募集寒衣，该歌咏团再次到昆明电台演播。该团前身是 1939 年成立的群声歌咏队，不少成员是“群社”社员，其歌咏活动意在丰富课余生活，普及救亡歌曲。为此次广播演播，同学们精心准备了服装、团旗，认真排演。当晚演播开始，令人振奋的钢琴声响起，雄壮激昂的抗战歌声随着电波传遍云岭高原、海外南洋。这场演播有男女声二重唱、四重唱、独唱，曲目有《黄河大合唱》、《游击队歌》、《抗敌歌》、《旗正飘飘》、《太行山上》等，其中《黄河大合唱》是首次在云南演出。1941 年 3 月 8 日，该团又到电台演播了 13 首抗战歌曲。两天后的 3 月 10 日，该台每周例会提出，要与联大“马氏歌咏团”商谈长期合作办法，以使音乐会节目常播常新。所说的“马氏歌咏团”即联大歌咏团，“马氏”即体育教授马约翰，他是体育教育家也很有音乐修养。该团多次到电台演播，多是通过马约翰联系的。当年 4 月 19 日，联大歌咏团再次到该台演播，激昂振奋的歌声给抗战军民带去了莫大的激励与慰藉。数十年后，参加演播的同学相聚，还拿出珍藏的当时（1940 年 8 月 31 日）演出的照片，回味那感人的时刻与旋律。联大历史系校友施载宣（肖荻）据照片回忆，当时参演的男女四声部的同学，加上指挥和钢琴伴奏共 44 人，这是联大歌咏团相对固定的演出阵容。经仔细辨认确认，当时参演的同学女声有缪景湖、刘家瑞、梁淑明、陈锡荣、朱瑞清、袁月如、陈琏，男生有徐树仁、张世福、朱鸿恩、黄伯申。[①] 1941 年 11 月 15 日，联大师范学院回声歌咏队应邀在该台演播，该队 1941 年秋组成，有男女声四部合唱 20 余人，在张清常指挥下，排练过多首抗战歌曲和外国合唱曲，如《旗正飘飘》、《游击队歌》、《长城谣》、《念故乡》、《蓝色多瑙河》、《花的圆舞曲》等。对此张清常回忆说：“这个歌咏队曾在联大师范学院院庆、联大新年晚会、昆明广播电台公演过。”[②] 1943 年 3 月 9 日、5 月 29 日，联大工学院蓝鹰歌咏队两次到该台演播；联大师院附属学校等，也在该台演播过。一些有文艺才华的联大教师和家属，也在昆明电台邀请之列。1943 年 4 月 5 日是国民政府规定的首届音乐节，当晚，联大外文系袁家骅教授之夫人（后知袁夫人即钱晋华）应邀到该台播唱，同时参演的有西南歌咏团、联大工学院联声管弦乐队，以及林亭玉、王安敏、周廷杰、顾钟琳等音乐人。其中，顾钟琳（女）曾任联大师院教育学系音乐讲师，拉得一手好提琴，多次在电台演播曲目。

歌咏教授

开播初期，昆明电台“为提高社会人士音乐水准，辅助抗战宣传”，设有“歌咏教授”即教唱歌节目，每周播出二次。曾于 1940 年 11 月聘请联大师院教育学系教员刘振汉为特约干事，负责指导电台同仁歌咏团和承担“歌

---

① 施载宣：《从群声歌咏团到联大歌咏团》，《笳吹弦诵在春城》，云南人民出版社 1986 年 10 月版。

② 张清常：《忆联大的音乐活动》，《笳吹弦诵情弥切》，中国文史出版社 1988 年 10 月版。

咏教授”节目。以后由钱晋华女士继其职，钱女士离去后该节目 1942 年 1 月停播。1943 年初，该台又约请联大物理系四年级学生官知节为特约播音员，负责歌咏指导等，于是，深受听众欢迎的教唱歌节目，仍然在联大人支持下恢复播出。

话剧广播

话剧广播方面，到昆明电台演播的有联大戏剧研究社、联大剧团、励志社总社戏剧股、天祥剧社、云南省军队联合特别党部华山剧社等多家团体。除邀请台外人员演播外，昆明电台开播后不久即组织了本台歌咏团多次举行音乐会演播，又自排了《米》、《五姊妹》、《十三年》、《模范工人》等多出话剧播出。其后演播的还有《血洒晴空》、《代用品》、《突击》、《中国的母亲》、《良辰吉日》、《可怜的裴迦》、《古城的怒吼》、《死角》、《心防》等。从排演剧目的阵容和演播次数来看，联大的话剧团体无疑是该台话剧演播的主角。北大、清华、南开本来就有演剧传统，颇有戏剧才能的同学也多，到昆明后遇到相对宽松的环境，联大的戏剧活动便开展得日益活跃。先是联大话剧团成立，以后相继成立的有联大戏剧研究社、青年剧社、山海云剧社、怒潮剧社、青春服务社、联艺剧社等。他们不仅在校内演出，还在省城公演和把戏剧带到远郊乡镇。1940 年底至 1941 年 1 月，联大戏剧研究社首次到昆明电台演播夏衍的话剧《上海屋檐下》。1941 年 3 月至 4 月，该社又两次在电台演播《夜光杯》等剧目。1942 年 2 月，联大课余戏剧研究社演播话剧《前夜》。在该台演播次数最多的是联大话剧团。1939 年，该团在陈铨、孙毓棠、闻一多等教师指导下，排练了陈铨的剧本《祖国》，该剧以东北某城市为背景，反映知识分子、学生、工人等爱国人士与敌伪斗争的故事。1939 年 2 月 18 日至 25 日在昆明新滇大舞台连演八场，观众反响强烈，报界好评不断。1940 年 10 月至 11 月间，联大剧团应邀到昆明电台演出话剧《祖国》后，可谓此剧演出余波中的高潮。从 1940 年 10 月至 1942 年 1 月，该团在昆明电台先后演播了话剧《雾重庆》、《锁着的箱子》、《怒海余生》、《人约黄昏》、《未婚夫妻》等，使联大文艺抗战的声名远播海内外。联大各剧社的广播演播剧目，多以抗日救亡为主题，反映了驱除敌寇、争取解放的民族心声。如《夜光杯》写舞女郁丽丽谋刺汉奸未成而壮烈牺牲。《雾重庆》则描绘了内迁后方的知识分子的悲剧，以唤起迷途的人们觉醒。《前夜》则表现了爱国青年揭露汉奸劣行的果敢行为，等等。

戏剧广播

昆明广播电台的戏剧广播也十分兴盛长久。参加演播的既有戏剧改进社等专业团体，也有名角和票友们组织的聊社、嘤社、云社等，而更多的是抗战时内迁的工矿文教单位中的文艺组织，如中央机器厂职工进益会、中央电工器材厂俱乐部等。而陈豫源、吴小秋、云飞君、何夔成、凌霄馆主等名家名角，也是该台演播的常客。他们演播的剧目内容繁多，流派各异。平剧（即京剧）方面，有聊社的《贩马记》、《御碑亭》、《乌盆记》，中央机器厂职工进益会的《大登殿》、《乌盆记》、《骂曹》、《琴挑》、《思凡》、《审头刺汤》，嘤社的《女起解》、《空城计》，云社的《珠帘寨》、《梅龙镇》、《空城计》、《打鼓骂曹》、《二进宫》等。还有联大平剧团、复兴公司新生活促进会平剧组、云南邮务工会等唱播的剧目。昆曲方面，主要有当时在昆的名票、中央机器厂俱乐部、谷音社等团体唱播，也有知识界的爱好者，如《梅贻琦日记》1942年10月10日记载："晚于广播中听昆曲数段，为云飞君之《刺虎》，罗莘田之《弹词》，崔之兰之《游园》，张中和之《扫花》。"① 所说"罗莘田"即联大中文系教授罗常培，"崔之兰"为云南大学生物系教授、联大生物系主任张景钺之夫人。滇剧方面主要是滇剧改进社和张吟梅、何夔成、竹八音、何佩安等多位名角唱播，如《九华宫》、《八义图》、《宁武关》等剧目。可以说当时剧场上演的剧目，几乎都在昆明电台演播过。而且，为了倡导国粹，发扬民族精神，参与演播的戏剧团体、名角名票、音乐界人士等，都抛弃了门户之见，携手合作，分别担任文武场面，同台演播。如1941年8月1日，昆明电台成立一周年播出的特别节目，就有聊社肖祝久等人的平剧，王守泰的昆曲，彭祉卿的古琴，徐季吾的南胡，滇剧改进社的滇剧等。1944年10月27日，马世英、吴志章等九人演播《宇宙锋》、《上天堂》、《贵妃醉酒》、《三娘教子》，同年12月9日，又有曾文佑等九人演播昆曲《思凡》，平剧《玉堂春》、《打鼓骂曹》等。

唱片广播

19世纪末，随着资本主义在全球的扩张，发明不久的留声机与唱片很快传入了中国，1890年滚筒式留声机第一次在上海出现，1907年中国第一家唱片公司在上海创办。随着留声机与唱片的改良和普及，中国唱片业从产生到发展，30年代前期达到鼎盛时期，上海就集中了各类唱片公司数十家，著

① 《梅贻琦日记》，清华大学出版社2001年4月版。

名的“百代”、“胜利”、“大中华”三家公司均具有唱片制作生产能力，上海成为当时远东地区最大的唱片制造中心。唱片及唱片业不仅改变了近代中国音乐文化的面貌，而且对大众文化生活，乃至政治、经济、教育等多方面都有着深刻的影响。无线电广播产生后，就与唱片结下不解之缘，播放唱片是广播电台的重要节目。民国时期，中国唱片的内容大致分为戏曲、曲艺、器乐、歌曲及杂项五大类。这些，都是广播文艺必不可少的重要内容。1923年，中国第一个广播电台——在上海的“奥斯邦电台”每天1小时播音就安排了唱片音乐，1937年7月上海的28家广播电台中，25家均设有唱片节目。唱片音乐作为电台广播文艺节目的主要内容，为广播电台赢得了大批收音听众，带动了无线电业的增长。而电唱机出现后，收音机也成为放唱设备，购买收音机成了唱片消费的前提。即使在抗战艰难时期，举行唱片音乐会也是时髦之举，报纸经常提前刊载唱片音乐会消息。因抗战国际宣传紧迫需要而创立的昆明广播电台，唱片播出也是文艺节目的主要内容，主要有军乐、国乐、西乐、歌咏、戏剧、大鼓、东南亚音乐等。该台唱片起初种类数量均少，难以满足听众兴趣，多方与上海方面洽购新片，所获也不多。1941年5月，乐剧组长高义拟稿，该台在报纸连续三日刊登启事高价征求唱片。[①]传音科长张迪青回忆：“当时昆明与上海、香港之间交通困难，无法另行采购补充，费了许多力，才在昆明向一位海关职员陈某，把他收藏的贝多芬交响乐唱片一百多张分让给电台。又向商槐生先生分让了几十张京剧唱片，才充实了文艺节目，提高了宣传效果。”[②] 1945年1月21日，昆明电厂听众许懋淳致信昆明广播电台，希望电台近期演奏名曲，每周日公开举行音乐会。代理传音科长王勉批示回复：“拟复‘所开名曲当次第放送，关于举行公开唱片音乐会事’，俟本台新节目开始后，西乐时间可酌量增加。”[③] 查1945年8月该台节目时间表，星期日20：30～21：15较前增加了45分钟的“西洋名曲介绍”节目。对此，王勉先生六十余年后回忆：“电台每周末播送古典音乐节目，当时影响极大。”[④] 1947年12月该台清理，共有各类唱片2019

---

① 拟征求各种唱片稿，昆明广播电台档案，第53－2－29卷。

② 张迪青：《解放前云南的广播事业》，《云南文史资料选辑》第7辑，1965年3月。

③ 收到昆湖电厂许懋淳函，1945年1月26日。昆明广播电台档案，第53－2－34卷。

④ 王勉自上海复戴美政信，2008年9月23日。

张（含搁置不用128张），加上已订购收到的大中华唱片，[①] 应属可以应对播出需要了。可知三位传音科长所说，确为实情。

1947年12月昆明广播电台实存唱片统计

西乐声乐240、器乐421、平剧434、粤曲150、国乐57、歌咏145、儿童歌曲12、川剧49、滇剧47、昆曲6、闽曲2、粤剧125、军乐56、大鼓19、弹词3、口琴14、洛子6、梆子4、什耍9、印度音乐36、缅甸音乐7、马来音乐4、泰国音乐36、越南音乐25、日本音乐8、配音片11、体操17、演讲11。

昆明广播电台保存的大中华唱片目录

民国国歌　联合国歌　国旗歌　我住长江头　叫我如何不想她　玫瑰三愿　茶花女　饮酒歌　思乡曲　满江红　阳关三叠　雨不洒花花不红　大江东去　嘉陵江上　美酒美人　牧羊恋歌　莎里洪巴　青春舞曲　春光无限好　青春休浪漫　春之夜　月光曲　爱的歌　江边月　欢喜冤家　渔翁乐　声之交响曲　四季美人　送情郎　野海棠　走西口　牧羊姑娘　跑马溜溜的山上　新闺怨主题歌　中国海军进行曲　可怜小郎　在路边　花不逢春不开放　为什么看着我　芳草曲　湖上轻舟

据音乐史学者徐羽中估计，1949年以前，在中国灌音而生产的唱片模版至少有5万面，生产的唱片约在5000万张左右。[②] 可见，抗战胜利后昆明广播电台能够保存两千余张唱片，也属不易。而且在有条件时，该台也设法灌制唱片。如1945年10月30日，该台请金律声先生、徐嘉森小姐两人独唱，杨福全钢琴伴奏，由美国新闻处灌制唱片。[③] 所说金律声为抗战时期最有影响的音乐家之一，早年留学欧洲，曾任南开中学、上海专科师范学校音乐教师，中央电影摄影场音乐组长、内迁重庆的中国音乐院教授、国立音乐院实验管弦乐团指挥，曾在重庆指挥千人抗战大合唱。

第七节　西南联大师生担负编播重责

出于抗战宣传的时代需要，昆明广播电台与最著名的高校国立西南联合大学形成了非常特殊的关系。西南联大荟萃了当时中国知识界的精英，

---

① 昆明广播电台十二月份唱片分类数量报告表，1940、1941、1947、1948年传音节目唱片报表，昆明广播电台档案，第53－2－29卷。

② 徐羽中：《二十世纪上半叶中国唱片初探》，中国音乐史学网。

③ 1940年至1949年特别节目、旧社会团体来台演播，昆明广播电台档案，第53－2－30卷。

以不可替代的思想、学术、人才的优势，全力支持了昆明广播电台的抗战宣传。

联大理工学生承担技术重任　昆明电台延揽专业人员，得到西南联大领导蒋梦麟的热心支持。最先进入该台的是联大理工科毕业生。1938 年 9 月该台筹备之初，西南联大与该台就电机系学生到电台实习或服务等事宜就有了正式联系。1939 年 7 月，该台筹备处致函西南联大招聘毕业生，要求“应征者须擅长数理富有进取研究精神，如能兼擅国语者尤佳”。[①] 联大对此十分重视，遂由理学院院长吴有训、工学院院长施嘉炀，分别推荐物理系贾士吉等 8 名学生应聘。经面试，该台录取贾士吉、陈希尧、林为干、曾克京四人参与筹建工作。当年 8 月，贾、陈、林三人先后到职，陈、林不久辞职，但贾士吉一直在电台最重要的技术部门增音室工作，最后综管该室技术，直到抗战胜利后 1945 年 10 月辞职。1940 年 5 月该台试播后，周崇经、胡永春、陆志新（女）、刘植荃（女）等联大毕业生经面试获准到该台服务。以后，又有齐植梁、何文蛟、雷琼芳、张允林等联大学生被录取。战时昆明敌机侵袭频繁，供电常被切断，设备故障频出，电讯器材紧缺，因此播出经常中断。高素质的联大毕业生长期在增音室、机房等要害部门值班，在敌机轰炸、供电障碍的紧急时刻也坚持职守。

联大文科学生成为编播主角　技术人员来源困难缓解之后，编播人员缺乏也须解决。1940 年 6 月，中央广播事业管理处正式任命刘振清为昆明广播电台台长，俞曰尹任总工程师兼工务科长，张迪清任传音科长，又调该处总干事何柏身、干事吴祥祜（女）、刘俊英（女）、高义（女）到该台任职。刘、吴、高、何等人均是当时中国广播界的著名人物，他们到昆明电台报到后，刘参与全台节目设计（后任该台人事室代理主任），吴主管播音组，高任职乐剧组（即音乐戏剧组），何负责事务科。中央电台的骨干到昆明电台任职，该台即着手物色能尽快应对工作的编插人员。1940 年 7 月，该台经面试，首先接纳两月前呈交了中英文自荐信的西南联大政治系学生高葆光负责英语编播。同时，又录取联大物理系何克淑、法律系贺祖斌，燕京大学研究生张凤仪等人到征辑组工作，但远远不能满足需要。1940 年 7 月、9 月，昆明广播电台两次在报纸上登出招考启事，公开招考国语报告员（播音员）、

---

① 1939 年 7 月 4 日昆明电台筹备处致西南联大函，西南联大档案人事类，西南联大档案，第 32－1－118 卷。

征集员（编辑），经严格的口试笔试，两批录取了播音员、征集员共19人，最终有11人先后到该台报道工作。其中有联大的陆智常、温瑜、王勉、齐潞生、吴纳孙、王乃樑、丁则良，厦门大学的吴长炎，中山大学的郜诒，江西葆灵中学的李淑蓉（女）。接着，又有郑韵琴（女）、孙蕙君（女）、王逊等联大学生经考核到该台就职。他们在吴祥祜、高义等资深播音员指教下，很快进入角色，该台编播工作由此趋于正常。

由于战时动荡的局势与艰难的生活，又要如何兼顾学业，以及如何适应该台特殊的环境等原因，进入该台的这些学生，许多人不能专任其事，往往不长时间即请假辞职，空缺的岗位亟待补充。这样，除了先前进入的贾士吉、周崇经、王勉、齐潞生等十余人外，便有一批又一批的联大毕业生或在校生（包括研究生）经过考核，相继进入该台担任编辑、播音和其他工作。1941年有刘沁业、齐植樑、章琴（女）、陶维大（女）、范宁生等，1942年有陈忠经、李宗蕖（女）、虞佩曹（女）、马芳若、佟德馨（女）、雷琼芳（女）、何文蛟、黄曾赐、黄克峰、刘祚昌、何儒、张承基、黄秀雅（女）等，1943年有钱达民、陈逸华、王瑛兰（女）、倪仲昌、郑敏（女）、张允林、傅愫斐（女）、董杰、官知节、高小文（女）、罗翠玉（女）等，1944年有周文砚（女）、马芳若、黄宗英、陆钦原、张乃映、朱汝琦等，1945年有王芸华、梁齐生、冯钟潜（女）、李和清、许四福、俞维德（女）、刘君蕙（女）、肖志坚、简焯波、王玖兴、宁世铨、金安涛、朱和等，1946年有温伯英（女）、王光诚。由于急需用人，昆明广播电台后来也未坚持非要专任，于1941年5月制定了《昆明广播电台特约职员服务规则》并经中广处批准，使该项聘任办法合法化。因此不少联大同学是在求学期间兼任该台工作的。

大批西南联大学生进入昆明广播电台后，成为该台编播工作的主要力量，全力支撑了抗战宣传。据该台档案人事卷统计，1940年至1945年间，经中广处批准的专职、兼职人员（不包括临时约请的演讲人员）共186人次，其中联大师生共133人次，占71.5%。由下表并结合该台历年人事变动情况分析，战时昆明电台的编播人员中，联大师生平均占半数以上，而且在播送组中占绝对多数。如1942年在该台发音室值班即播报新闻的5人中，齐潞生、陶维大、李宗蕖、虞佩曹均为联大学生，另一位播音员李淑蓉任职期间也考上了联大。

1940～1945 年昆明广播电台先后在职的联大师生统计表

年份	1940		1941		1942		1943		1944		1945		合计	
	人数	比例	人数	比例	人数	比例	人数	比例	人数	比例	人数	比例	人数	比例
传音科人次	23		27		29		27		34		46		186	
传音科联大师生	12	52.2%	14	51.9%	14	48.3%	17	62.6%	18	52.9%	23	50%	98	52.7%
其他部门联大学生	6		5		7		7		5		5		35	
该台联大师生合计	18 人次		19 人次		21 人次		24 人次		23 人次		28 人次		133 人次	

联大学生承担编播重责

进入昆明广播电台任职的联大学生，多为当时青年中的佼佼者，怀抗日救国之志服务该台。或是很难考取的联大研究生，或是教学繁忙的助教，或有很好的文艺修养。尽管生活困苦、学业紧张、工作劳累，但都能咬紧牙关奋进不止。他们许多人进入电台后继续学习进取，或赴美留学，或继续升学深造，或从军抗日。董杰、黄克峰、黄宗英三人，均是在该台任职后，分别于 1944 年 4 月、1945 年 5 月从军抗战。联大旁听生朱谌，毕业于北平育英中学，曾任育英电台播音员，1940 年 8 月考进昆明广播电台任播音员（其中口试为最高分 87.3 分），后来从军抗战牺牲。他的名字刻于“国立西南联合大学抗战以来从军需生名录”之上。随着抗战宣传的急迫需要，联大毕业生、研究生还担任了代理传音科长、征集组长、外语组长等要职，从而负起更重要的职责。

王勉　福建长乐人，出身书香门第，1940 年联大社会系毕业，联大期间编辑过《中央日报》（昆明版）敌情副刊，1940 年 11 月以优良成绩考进该台任征辑员。该台称其“谨慎从事，克尽其职……而处理各事从无贻误，殊甚嘉尚”。① 他先后任干事、征集组代理组长。1943 年 12 月，昆明广播电台第二任传音科长贺俊人辞职后，编播工作无人负责，该台便起用到台工作近

① 1942 年 5 月 7 日昆明电台呈中广处函，昆明广播电台人事卷，昆明广播电台档案，第 53－1－17 卷。

三年的王勉负责传音科，当年12月经中广处批准为代理传音科长。该科长差事难当，但王勉却干得出色。以致1945年他辞职后一时竟找不到合适人选接替。王勉笔名“鲲西”，现为著名文化学者、上海古籍出版社编审，著有《三月书窗》、《推窗集》、《清华园感旧录》、《深宫里的温莎娘们》、《吴伟业》、《听音小札》、《窗前灯下集》、《吾爱吾闽》等散文集、回忆录、专著等，以及有关明清诗文小说戏曲论文。

倪仲昌　联大政治系学生，1943年被该台录用后勤勉工作，1946年3月任该台编审组长（即征集组），负责广播稿选编等事宜。

沈自敏　浙江大学史地系毕业，1942年12月进入该台，1943年5月被任命为外语组长。任职期间考取西南联大清华研究院历史学部研究生，一面攻读，一面兼顾外语广播，直至1945年辞职。

第八节　昆明电台抗战广播地位及影响

昆明广播电台抗战广播地位

抗战时期中国工矿业、商业、科教文化机关向西部的大迁移，是为抗日救亡、民族复兴而进行的一场史无前例的大转移，在中国人民最终战胜日本帝国主义中作用巨大。1941年9月，中广处以“密”件印发了该处总务科有关全国广播电台状况的《统计资料》。从这份《统计资料》可知，从抗战爆发至1941年6月，同大规模的工商企业、科技机构与高等学校内迁一样，中国广播事业也经历了日军轰炸和长途迁移的劫难，从东部沿海迁到大西南，经艰难奋斗已恢复到战前水平。全国电台已达21座，虽不及战前数量，但总功率已超过战前水平达到161.69千瓦（包括正筹建的甘肃、西康等电台）。其中，国民党中央直属的广播电台有14座，总功率143.29千瓦，仅云贵川三省的6座官方广播电台，就集中了全国广播功率的82.9%，达133千瓦。这同全国军事、政治、经济、文化内迁后集中在大西南的总体态势是一致的，表明抗战广播在抗战全局中的重要性。其中，昆明广播电台的发射功率名列第一，占全国电台总功率的37.1%。为了更清楚的说明问题，将该《统计资料》整理为下表。据此可知，1941年1月至6月，昆明广播电台的发射功率、半年开机时间、日均播音时间、半年电力消耗、播音语种等，在中广处所属的11座电台中（含正筹建的3座电台），分别占第一位、第二位或第三位。清楚表明昆明广播电台在抗战广播全局中的重要地位。

抗战时期中央广播事业管理处所属广播电台统计表（1941 年 1 月至 6 月）

电台	中央电台（重庆）	国际电台（重庆）	昆明电台（昆明）	贵州电台（贵阳）	福建电台（永安）	陕西电台（南郑）	湖南电台（沅陵）	西安电台（西安）	甘肃电台（筹建）	西康电台（筹建）	西昌电台（筹建）	合计
发射功率（千瓦）	10（中波） 4（短波）	35	60注	5（中波） 10（短波）	0.5（中波） 0.5（短波）	0.5（中波）	0.5		10	10	2	148千瓦
半年开机时间（小时）	1485 1685	2941	1416	721	1045 1035	765	899					11092小时
半年电力消耗（度）	33008 21862	305235	209865	15580	2584 1205	3573	1733					594643度
日均播音（分钟）	560	865	395	235	370	240	300	180				3145分钟
播音语种（均有国语）	蒙、阿、藏 台湾、韩语	英、日 粤、沪	英、法、越、粤、 厦门	粤、潮州 厦门	粤、沪 厦门		湘					

注：应为 50 千瓦，但中广处多次统计均为 60 千瓦，原因待查。

资深广播人主持运行

昆明广播电台在中国抗战广播中的重要地位，在人事方面也体现得很清楚。该台创办者和负责人吴保丰、刘振清，以及在该台任职的刘俊英、吴祥祜、高义等，均为当时中国广播界的著名人物，均在抗战广播中有过重要或特殊的贡献。其他聘用人员，如张迪青、陈斯正、黄萱等，对该台广播也发挥了积极作用。

吴保丰 昆明广播电台主要创建人，江苏昆山人，1921 年毕业于上海交通大学电机系，1924 年获美国密西根大学硕士学位。此间结识陈立夫、曾养甫等人。吴保丰回国后进入政界升迁很快，曾任国民党中央组织部总干事、南京市和江苏省的党部委员等职，1932 年起先后任中央无线广播电台管理处处长，国民党中央执行委员会委员、中央广播事业指导委员会副主任委员等要职，抗战期间任中央广播事业管理处处长（其职权类似现今国家广电总局局长）。筹建昆明广播电台事关重大，因此亲自出马，在本职权限内帮助解决了该台筹建的许多重要问题。吴保丰 1944 年在重庆任交通大学校长，抗战胜利后交大迁回上海。在 1947 年反饥饿、反内战的爱国运动中，吴保丰多方掩护进步学生，用自己的专车将中共学运负责人营救脱险。新中国成立后，吴保丰被安排到华东人民广播电台（今上海人民广播电台）工作，1963年过世。

刘振清 首任台长刘振清，字剑庵，浙江慈溪人，中央广播电台的技术专家、潜心于无线电事业的学者（其学历未查到），在南京中央电台筹建中贡献颇大。1932年中央电台扩大功率时，刘振清和同事被委派赴德国购置广播发射机，他们谢绝了德方给的高额回扣，德国人为此感动，便将原定50千瓦的发射机加大为75千瓦。因此，中央广播电台有了强大的发射功率。① 刘振清任昆明电台台长后，勉励同仁“应于艰难中苦斗，就可能中努力”，投入抗战宣传。② 主持昆明电台期间，多方借助西南联大人才优势，办出了中国抗战广播的高水平。该台简史说：“时国内著名大学如北大、清华、南开、同济等云集昆明，人才荟萃。该台于播音节目，罗致颇称完备。……如阐扬学术，鼓励民气，慰勉侨胞，提倡高尚娱乐等项，均能配合国情，发挥其最大效力。”③ 刘振清为人正派，不畏权势，1940年6月3日，重庆中广处快邮代电致昆明电台，称兹有西南联大电机系某毕业生拟派往该台服务。④ 对此拉关系行为，刘振清当即批示“联大已介绍新毕业生两名来昆台工作”，该台按刘批示函复中广处“×××来台服务一节，暂不需要”。⑤ 当月，该台按正常面试程序接收了联大电机系周崇经、胡永春，电讯专修科陆志新、刘植荃等四名毕业生。战时物价飞涨，职员生活困苦，该台多次呈报职员增加薪俸。刘振清在自己名下多不填写，有时仅写“请钧处议叙”。1942年3月，刘振清奉调重庆中广处，仍负广播技术职责。抗战胜利后随中广处回迁，至上海任中央广播器材修造所所长。

俞曰尹 首任总工程师兼工务科长，浙江公立下业专门学校电机系、英国马可尼无线电学校毕业，曾任中央电台副技师、中广处工程师，1939年1月筹备期间奉派昆明广播电台，综理设备采购安装重责，使该台发射机件在规定时限内运输到位，检修调试完成成功播音。1940年8月正式任职，综理

① 汪学起、是翰生：《第四战线——国民党中央广播电台掇实》，中国文史出版社1988年7月版。

② 台长训示，昆明广播电台第十九次会议记录，昆明广播电台档案，第53-2-9卷。

③ 《昆明广播电台简史》，1941年9月30日，昆明广播电台档案，第53-1-1卷。

④ 1940年6月3日中广处快邮代电，昆明广播电台档案，第53-1-4卷。

⑤ 1940年6月8日昆明广播电台复中广处函，昆明广播电台档案，第53-1-4卷。

全台技术业务、技术人员考核等事务。1940 年 10 月，该台最重要的半地下建筑普坪村发射机房和发电机房复土伪装工程奉中广处令停止施工，俞曰尹紧急具文呈请台长刘振清报告中广处恢复施工，刘振清当日即批示转呈重庆方面，以使覆土工作继续进行。[①] 以后，俞曰尹还提议组织本台防护团，以备日机空袭时设备机件安全。1942 年 3 月，俞曰尹奉调重庆，抗战胜利后随中广处回迁，至上海担任中央广播器材修造所总工程师，1950 年随该所迁北京，组建北京人民广播器材厂，任该厂总工程师。50 年代后期调河南新乡第 6 号信箱（760 厂），仍任总工程师，曾任新乡市政协委员，《新乡市电子工业志》（1956～1984）收有其简传。

杨树仁 第二任台长杨树仁也为资深广播技术人，为人宽厚平和，主持该台期间，使抗战广播发挥了重要作用。其简历未查到，这里从略。

刘俊英 南京时期中央电台最有影响的女播音员。河北沧县人，曾任北平私立笃志女中国文教员。1933 年，刘还在国立北平师范大学国文系就读，就和吴祥祜、张洁莲两位女青年，被专门到北平招考播音员的中央电台总工程师冯简在数千名应考者里选中。1933 年 10 月，三人进入中央电台。她们不仅说得一口标准的国语，而且多才多艺，能播能编能写能唱，还能演播话剧。于是很快崭露头角，成为 20 世纪 30 年代中国最出色的女播音员。刘俊英更为国外媒体誉为“南京之莺”，声名远播海外。日军攻占南京期间，刘俊英在日军空袭中，连续多日在昏暗的灯光下坚持备稿、播音，号召国人抵抗侵略，因此得了严重的眼疾。刘俊英先后任中央电台助理干事、干事，初到昆明电台时升为总干事，参与节目设计，后负责该台人事室，1945 年 3～11 月代理昆明电台人事室主任。刘俊英处事正派，颇得同仁敬重，她敢于抵制专横弄权、偏袒亲信的台长黄天如，1945 年 12 月被调往贵州电台。

吴祥祜 广西桂林人（按昆明广播电台职员登记表，吴祥祜的永久地址为广西桂林西江圩邮政代办所辖花岭圩），祖籍江西，少时在北平上学，国立北平师范大学附中毕业。1933 年后进入中央电台后长进很快，除了同刘俊英等演播话剧外，还以“吴暄谷”的儿童身份主持通讯节目，号召小朋友捐款购飞机贡献国家，在小朋友听众中深有影响。抗战爆发后随中央电台迁往长沙，再迁重庆。1940 年 7 月调昆明广播电台后负责播送组（播音组）之职，主持播出过许多重要抗战节目，1943 年 12 月后调回重庆中央电台任播

① 俞曰尹呈请准予恢复复土工程，一九四一年总类。昆明广播电台档案，第 53－3－45 卷。

音股长，抗战胜利时主持安排了日本投降等重大新闻播出。1949 年后参加人民广播事业。

张迪青　云南昆明人，1938 年 5 月为中广处试用人员，同年 8 月被正式录用，1940 年 8 月任昆明广播电台传音科长，该台档案称“该员学识经验，俱称宏富，工作干练，胜任愉快”。1942 年 5 月获准辞去科长一职，改任该台专员。张迪青主持传音科期间尽职尽责，处事得体，得各方好评，是进入该台决策核心的唯一云南人，他推荐了蔡维藩等多位西南联大师生到该台工作，积极联系本省名人、团体到台演播。

陈斯正　1946 年 3 月进入该台的陈斯正，江苏宿迁人，武汉大学哲学教育学系毕业，1945 年曾任西南联大注册组、图书馆职员。先任该台传音科总干事，1947 年 11 月代理传音科长，1949 年任传音科长，直至该台被接收。

黄萱（黄相泉）　云南昆明人，中央大学教育学院艺术课音乐专业毕业，曾任昆明中学音乐教员、省立昆华艺师教育训育主任，1942 年进入昆明广播电台，同年 10 月任该台乐剧组组长，1949 年 3 月辞职，后任昆明师范学院（云南师范大学前身）艺术系教师。

中共人员支持抗战播音

1941 年 12 月，西南联大经济系学生陈忠经面试合格，1942 年 1 月 1 日进入该台担任中文播音。1 月 19 日，昆明广播电台呈报中广处试用陈忠经，传音科长张迪青称陈“国语流利，办事能力亦强”。[①] 陈忠经，江苏仪征人，1916 年生，1934 年考入北京大学经济系就读，1938 年北大、清华、南开合组长沙临时大学，已是大四学生的陈忠经从北平来到长沙临大，办了休学一年，进入湖南战地服务团服务。[②] 即后，他到陕西凤翔，得到胡宗南赏识，当上三青团首任西安市分团书记。此间加入中共，成为潜伏胡宗南身边的中共特工之一。大约在 1941 年来到昆明西南联大复学。陈忠经眉清目秀，个子不高，颇有人缘。当时在该台兼职的多是联大同学，彼此气氛融洽，因此陈忠经似乎没有顾虑，曾告诉陶维大自己是中共人员。[③] 陈忠经工作严肃尽

---

① 1942 年 1 月 19 日昆明广播电台呈中广处函，昆明广播电台档案，第 53 - 2 - 16 卷。

② 《国立西南联合大学史料 · 学生卷》，云南教育出版社 1998 年 10 月版。

③ 联大心理学系校友的李宗蕖回忆，当时她和联大同学陶维大都在昆明电台兼职播音，两人与吴祥祜同住一间宿舍。陈忠经可能对陶维大有点意思，他告诉陶自己是中共人员。陶维大听了很兴奋，便悄悄告诉李宗蕖。李说，这事我们绝不能传出去。假若他真是中共派来的，我们说了就出卖了他；假若他是试探我们，我们说了自己倒霉（2010 年 10 月 21 日，戴美政在上海师大宿舍采访李宗蕖录音笔录）。

职。1942年4月21日，昆明广播电台呈报中广处正式任用陈忠经为播音员，称陈“学识优良，工作勤谨，颇属称职”。4月29日，中广处批准正式任用他为三等20级播音员，月支薪150元。1942年7月1日，陈忠经以“因事即将赴渝”为由呈请该台辞职，7月23日获中广处批准，实在该台播音半年整。查《国立西南联合大学史料·学生卷》，陈忠经1942年7月从经济系毕业。他辞职的表面原因是学业完成，其隐情可能是秘密工作需要。以后，陈忠经继续潜伏在胡宗南身边，为中共获取了不少重要情报，使胡宗南屡战屡败。他与熊向晖、申健被称为中共隐蔽战线“后三杰”。1947年，三人均被胡宗南选中，送往美国深造，陈忠经进入哥伦比亚大学研究院。1949年6月回国。曾任对外文化联络局代局长，对外文委副主任、秘书长，现代国际关系研究所所长，中国艺术代表团团长，中共中央调查部副部长，第五、六届全国政协委员等职。在昆明广播电台为抗战播音，却是鲜为人知的一段特殊经历。[①] 除陈忠经外，进入昆明广播电台的中共人员还有周文砚。周文砚又名周砚，女，上海人，1942年考入西南联大外语系学习，[②] 1944年1月进入该台外语组任播音员之职。1943年12月16日，该台代理传音科长王勉、台人事室总干事刘俊英、外语组长沈自敏“三人会同试听”，对周文砚颇为满意。同年12月22日，沈自敏即呈报代理台长许贵年，请准任用周文砚，称“周君系西南联大外文系三年级学生，学行兼优……发音清晰正确，语调纯熟，颇为合格”。[③] 1944年1月31日，中广处下文批准周文砚为该台播音员。1944年6月30日，周文砚呈文辞职。称“然今春以来，身体日弱，疾病时扰，医生嘱多休养，免损健康。而校中功课繁多，职以时间有限，□□误台内工作，用特呈请辞职”。[④] 即后，该台呈准任用联大学生张乃映替补空缺。周文砚英语、俄语纯熟，熟悉国际事务。新中国成立之初，1950年10月，中国政府决定派出以伍修权为大使衔特派代表、乔冠华为顾问的代表团，出席联合国安理会讨论中政府所提出控诉美国武装侵略台湾案的会议。其中，代表团成员除伍修权、乔冠华外，还有龚普生、安东、陈忠经、浦山、周文砚、孙彪、王乃静等七人。以后，周文砚调到中国驻苏联使馆工作。1956年11月24日，新中国国际问题研究的第一所研究机构——中国科

---

① 经盛鸿：《胡宗南大传》，团结出版社2009年9月版。

② 《国立西南联合大学史料·学生卷》，云南教育出版社1998年10月版。

③ 沈自敏呈代台长许贵年报告，昆明广播电台档案，第53-1-9卷。

④ 周文砚呈台长杨树仁报告，昆明广播电台档案，第53-1-9卷。

学院国际关系研究所（后改名中国国际问题研究所）成立，刚回国不久的周文砚原想去外交部，张闻天说服她进了该研究所。[①]

抗战广播地位及影响

昆明广播电台在中国抗战广播中的重要地位及影响，还可从国民党官方机构和社会影响两方面来认同。抗战期间，中央广播事业管理处的有关文件和统计资料等，在所属广播电台的排序上，一直都将昆明广播电台列为第三位，紧随重庆的中央广播电台、国际广播电台之后。此外，中广处主办的《广播周报》、《广播通讯》，抗战期间和抗战胜利后一段时间，不仅经常刊载昆明电台的广播稿让各电台选播，很多时候每期所刊该台的时论、学术讲座等广播稿，常常有两三篇之多，并选择其一排为首篇，甚至连续十余期刊登该台广播稿。究其原因之一，即抗战期间云集昆明的知识界精英所撰广播稿，代表了中国学术界抗战宣传的最高水平，非其他稿件可比。还有，抗战中西南联大等许多单位致该台信函，均将昆明广播电台写为"中央广播电台"，这不仅因为该台全称是"中央广播事业管理处昆明广播电台"，更主要的是，昆明电台主要面向世界和全国广播的特性，开播后一段时间很少播出云南消息。以至省党部多次致函昆明电台，称"迄今，在《记录新闻》中并未收到本省消息甚至有时专播国际消息"，希望"加入本省要闻，以便收听，而利宣传"。[②] 昆明电台则复函说："查本台电力强大，射程遥远，播音节目均须普通性，期收广播宣传之实效。嘱于广播《记录新闻》时增播本省新闻一节，未便照办。"[③] 所说的"普遍性"，即主要指国际宣传的特性。不过，"本省要闻"节目后来也趋正常，稿件由云南通讯社供给。抗战期间，由于中国共产党倡导的抗日民族统一战线的巨大影响和国共合作抗日的客观现实，国民党政府迫于形势和争取国际援助的需要，以及权衡到与苏、英、美等盟国的利益关系，在昆明广播电台的宣传中，除了尽力封锁中共消息外，多避免涉及中共问题。如 1945 年 1 月中宣部下达"极机密"的一份快邮代电称，现苏联外长与宋外长接触之时，"凡于引起苏方误解之文字应一律避免，尤以波兰问题及苏联对于中共之态度问题，我日报及期刊均避免发

① 萧扬：《忆张闻天创建中国国际问题研究所》，《世界知识》杂志，2006 年 8 月 23 日。

② 1941 年 2 月 11 日云南省党部致昆明电台函，一九四一年外来节目函件，昆明广播电台档案，第 53－2－32 卷。

③ 1941 年 3 月 6 日昆明电台致省党部函，一九四一年外来节目函件，昆明广播电台档案，第 53－2－32 卷。

表任何引起苏方误解及刺伤其感情之文字，是为重要”。[①] 另一份快邮代电称，褚辅成等七参政员往延安与毛泽东等人商谈一事，“本党及政府各报暂不必评论”[②]。当年昆明广播电台的播音员虞佩曹回忆，也说明当时播出稿件中并不涉及中共。[③]

昆明广播电台发音室与发射台

昆明广播电台发音室与发射台，当时统称为该台设备机件，发音室（办公室）为邀请播音人员方便，建于昆明城郊潘家湾。发射台包括动力厂（厂房）、播送台（发射机房）、天线塔等，建于西郊普坪村后的山凹中，两地相距11公里余。发音室播出的节目信号通过地下电缆传送到播送台，再输送到天线发射出去。发音室为两层钢混建筑，有大发音室一间、小发音室三间、控制室两间，其余为台长室、电报室、办公室等。大小发音室的墙壁天花板均覆有隔音板，地面铺地毯，门窗也有隔音装置，音响效果极佳。发音室传话器或电唱机传出的节目信号，进入控制室的增音器放大后，再由地下电缆（传音线）送至西郊普坪村播送台。传音线为铅包电缆，长约11500米，共26对。其中，3对专门传送节目，23对为公务通话及信号用。1938年3月，中央广播事业管理处处长吴保丰兼任昆明广播电台筹备处主任，中央广播电台总工程师刘振清任筹备处副主任（后为该台首任台长），两人率中央电台技术人员分别从武汉、重庆赶到昆明，借用省党部为办公地址，随即多方踏勘，选定普坪村后山，两山夹持之谷地为发射台地址。所以选定潘家湾、普坪村两处为台址，以及建筑施工、调试开播等情况，1941年9月30日该台呈送国民党中央党史史料编纂委员会的《昆明广播电台简史》说：

当经择定昆明县西普坪村为装机之所。盖取其山形回曲，树石成林，易于隐蔽，而泉流清澈畅明，亦合技术需要。并以市郊潘家湾为发音及办公地址，以其毗郊市区而僻处城外，亦寓疏散之意焉。因得当地官厅之协助，所有勘测地址，征收地权，采办材料等事宜，均甚顺利。五月间招标确定由扬子建筑公司承造全部土木工程。兴工伊始，首先开凿普坪村山坡，以备建机

① 中宣部致昆明电台快邮代电　渝34明秘字第2456号（1945年1月），昆明广播电台档案，第53-3-50卷。

② 中宣部快邮代电　渝34明秘字第3450号（1945年2月），昆明广播电台档案，第53-3-50卷。

③ 虞佩曹致戴美政信，2003年3月21日寄自南京。

房于坡下，上筑坚固之拱圈式屋顶，再覆土伪装，以恢复山面原形，一面装置天线铁塔，建造厂房及办公室，皆能于预定期间先后完工。唯以机件须经港越转辗运滇，不特转辗费时，而战时运输阻滞，沿途搁置损坏颇多，复经由原售公司赔偿，再由英伦运来，故延至二十九年二月始收主要机件运抵昆明。本应由该公司负责装置，但以该公司所派人员多属敷衍从事，该台主持人为求速成计，不遑与之较，即动员全体工作人员，昼夜赶装，亲自督率工作，历数月不辍，至四月底全部机器装置竣事，逐步试验，成绩良好。潘家湾发音室台址及城乡间之地下电缆等工程亦于五月中完竣，爰即开始试验播音，国内外收听音质清晰，音量宏大，其射程亦不亚于昔首都所建七十五基罗之中央广播电台。

由该台简史可知，普坪村发射台筹建于先，潘家湾发音室建筑稍后。又据档案资料记载，筹建初期，该台筹备处在普坪村、潘家湾分别征购土地149.06亩、25.984亩，均得当地官方支持。故简史有“所有勘测地址，征收地权，采办材料等事宜，均甚顺利”之说。昆明广播电台发射台选址环境适宜，建筑坚固，综合考虑了隐蔽防空、运输便利、信号传输等诸因素。据该台竣工后所摄全景照片及耀龙电力公司（1938年12月10日）电力线施工平面图等档案资料，昆明广播电台发射台建筑包括发射机房（播送台）、发电机房（动力厂房）、办公室、材料室、职员宿舍、子弟学校校舍、警卫室、抽水机房、天线交联室、水塘、围墙、大门等，所有房屋均处于两山夹持的三角谷地间，有山体作屏障，日机偷袭困难。根据GPS测量和当时电力施工示意图标注，该地与滇缅公路直线相距不过500米，距耀龙公司高压输电线也在800米之内，设备机件便于运输，动力电线便于引入。发电机房（动力厂房）供给广播发射机所需电力，分为市电供给设备及备用发电系统两部分。市电由昆湖电厂供给三相6600伏高压电（按耀龙公司电力线施工平面图，高压输电线为23kV），通过变压器输出三相380伏电力，送至发射机配电板。其中，耀龙电力公司高压输电线至变压器室380米，变压器室至发射台大门260米。机房备用电源系统包括450匹马力柴油引擎发电机、365千伏安交流同步发电机、励磁机等，还有消声坑、排气烟囱、循环冷却水等设施。平时播音以市电供电为主，若市电中断就自己发电供给。为战时防空考虑，播送台（机房）施工时先开凿山坡，使机房建于坡下，其上筑坚固的拱圈式屋顶，再覆土伪装，以恢复山面原形。据昆明广播电台首任传音科长张迪青回忆：

当时为了防止敌机轰炸，规定机房建筑用三尺厚的钢筋水泥，顶为弧形，虽遇五百磅重弹，可以不至损坏。机房只两头有门，两侧俱不开窗。这样一座等于地下室的机房，必须有调整空气设备及热天降低温度的冷气设备，才能使空气流通，温度适宜。但此项机件，因包商延误而全部损失，筹备处也没有追究责任，令其赔偿。所幸昆明气候尚不甚热，夏季在机房工作不感太热，只是空气不甚流通，经装置通风管后，即略有改善。

机房共两层，地层为马达发电机室、水冷室、高压整流室、高压滤波室及变压器室，楼层为电力供给部及广播发射机室。发射机为英国标准公司制造的 50 千瓦广播发射机，原为广东军政当局所购闲置香港。抗战爆发后，中国当局因昆明地处国际要隘，决定在此建设强力电台，以利抗战国际宣传。即由国家拨款转购，将该套设备由香港经海路过越南入滇，移装昆明，采购运输许多事务由中广处派驻香港的地下人员黎子留经办，其间经历颇为曲折，费尽艰辛，终在 1940 年 2 月将主要机件运抵昆明。运输途中损坏部分又由英国补偿远运入滇。另有 7 吨机件自重庆启程，由川黔公路运抵昆明。真空管等重要部件则由航空运达。该发射机由高度稳定振荡器、调幅振荡放大器、强力放大器三部分组成，“全部嵌装在墙上”。它将发音室送来的广播信号调制为 690 千赫调幅电波，经多级放大后经 700 米架空馈线送至天线交连室，再输到天线塔发射。发射天线塔为自立式三角铁塔，不需另附支撑构架。高 185.32 米（608 英尺），其中塔脚离地 3.66 米（12 英尺），位于普坪村附近滇缅公路南侧。天线利用铁塔本身传导信号，不再另挂铜线，塔脚用磁质绝缘子与地绝缘。铁塔天线地下约 1 英尺深处，以铁塔为中心埋设圆形铜线网，与铁塔组成天线系统。全部工程 1938 年夏筹备，1940 年 5 月竣工，连同潘家湾发音室总计投资约 200 万元。20 世纪 40 ~ 50 年代，很远就能看到高耸于滇缅公路边的天线塔，堪称昆明西郊的标志性建筑。车辆行人从天线塔旁通过，印象长久难忘。昆明广播电台发射台建设的骨干力量均为当时中国最有经验的广播技术人员，筹备处副主任刘振清原为南京中央电台总工程师，国民政府派往德国监造中央电台 75 千瓦发射机的把关人，在中央电台筹建中贡献颇大。总工程师俞曰尹原为中央电台副技师，毕业于英国马可尼无线学校、浙江公立工业专门学校电机系，其他如钱瑶章、沈菊芬、蒋元生等，均为中央电台资深技术人员。为尽快建成该发射台，刘振清动员全体人员，“漏夜赶装，亲自督率工作，历数月不辍”。终于在 1940 年 4 月底将设备机件安装调试完竣，5 月试播成功。接着，刘振清得到西南联大领导支持，先后吸收了该校电机系周崇经、胡永春，电讯专修科陆志新、刘植荃等多位毕业生到电台工作。他们具有专业知识和爱国热情，又十分尽职尽责，在日机侵袭的危险时刻也坚守岗位，确保了广播发射正常运行。按该台管理条例，总工程师兼工务科长分管广播发射设备，俞曰尹、应国麟、曹辅孙（1946 年后）、邵启明（1949）先后为工务科长，李仿（中央大学毕业）负责发射机房，蒋元生（中央大学毕业）负责动力厂房。为更好掌握使用此套广播设备，1944 年 1 月，昆明广播电台保荐李仿、刘迪、蒋元生三人，赴英国标准公司实习，他们均为参与昆明广播电台筹建的技术人员。自 1940 年开播到 1949 年被接收，先后在发射台工作过的技术人员，除周崇经、胡永春、陆志新、刘植荃外，还有张锡生、曾德新、虞承藻、雷琼芬、何文蛟、李青山、陈瑞鸿、黎寿荣、王天才、沈云虎、胡留留、顾葆文、王允深、凌宏章、郑达、刘存义、陆润初、屠祖光、李志鹏、侯再林、邵启明、蔡祖谋、黄石芽、鲍康元、胡方进、范美英、韦征明、容贵生、薛慕德、何缵荣、王五福、叶学明等，或为工程师、助理工程师，或为工务员、助理工务员、机务员、实习机务员等。其中，雷琼芬、何文蛟、何缵荣均为西南联大毕业生。

昆明广播电台旧址

昆明广播电台旧址包括发音室旧址和发射台旧址两部分。

发音室旧址　位于潘家湾的昆明广播电台发音室（办公室）旧址基本保存完好，其中，北面一列房间，为 20 世纪 50～60 年代云南人民广播电台增建。据档案资料和曾到该台多次演讲的联大教授曾昭抡 1940 年日记记载，该建筑 1938 年筹建，1940 年 5 月竣工，所用的水泥、钢材、玻璃等材料均为进口，所用墙砖为当时在普坪村所建的三座砖窑烧制。该建筑施工及内部装修非常严格认真，施工现场均有工务员监督，每日均要填写日报上报该台筹备处，工程进度每周均要上报重庆中央广播事业管理处。该工程由扬子建筑公司承包。建造坚固结实，大门主墙厚约 97 厘米，内部隔墙厚约 40 厘米，内部房间重重，犹如迷宫，地板铺设平整紧密，历数十年使用至今完好。大发音室（演播厅）、小发音室（播音）均被两道墙体包围，设计科学，用材精良，安装讲究，所用数千块吸音板全由美国进口。其中，大发音室有双道门隔音，单门厚 10 厘米以上，厚重结实，启闭严密，至今仍不扭不裂。

抗战时期昆明广播电台普坪村发电机房，又称动力厂房
（约摄于20世纪50年代初期）

抗战时期昆明广播电台普坪村50千瓦发射机房，又称播送机房
（约摄于20世纪50年代初期）

抗战时期昆明广播电台50千瓦发射机房（播送机房）内景

（约摄于20世纪40年代）

抗战时期昆明广播电台发电机房（动力厂房）内景

（约摄于20世纪40年代）

发射台旧址 昆明广播电台发射台建在西郊普坪村（上村）后山，距滇缅公路数百米。当时为防日机空袭，发射机房和发电机房均依山东南坡挖山建成，其方位与外形均与历史照片与文献记述相符，基本保持原貌，现无人居住也未使用。两处建筑屋顶均为半圆形石砌拱顶（弧度稍不同），厚约1米，其上长满杂草。内部结构齐整坚固，内屋顶也呈半圆拱形，但发射机房弧度稍大。其中，发电机房（厂房）顶部有7根横梁连接两翼墙体，底层有水泥立柱支撑楼层，底层至屋顶约高8米，仅在房门一侧建有楼层，楼层目测近40平方米，底层（6.38米×13.46米）约85.87平方米，两层面积总计约120平方米。内室局部近年简单装修使用过，但基本面貌未有大的改变。与发电机房相比，发射机房（机房）结构复杂，面积较大，上下两层（个别地方还有顶层），底层在地下。各层现有大小房间数十间，左转右拐，犹如迷宫。正门进去是走道，走道过去就是机房楼层，此处即当年发射机主体设备安置处，面积约600平方米（43米×14米），后被分割成多个房间。楼层有两道楼梯转折通往地下底层，底层主走道宽约3米，分成多间设备室，最大一间约75平方米，仍保存有数个长方形水泥墩及地脚螺丝，疑为当年安置设备之用。发射机房内还有数条迂回曲折的狭窄走道，其中两条阶梯走道蜿蜒向山体内高处延伸，出口处已被封闭，其中一条应通往发电机房。走道宽1~2米，半圆形拱顶上装有多个输电线铁架和绝缘瓷瓶，每个相距约2~3米，应为当年输电线路旧物。初步测量，发射机房及附属建筑总面积约2000平方米。发射机房外面一侧，距发电机房十余米远，紧挨山坡还遗存钢混结构的长方形水池一座，应为当年所用冷却水池，供给备用发电机及配电板水冷真空管所需之循环冷水。现存发射机房、发电机房紧挨原昆明水泥厂矿山公路一侧，该发射台的其他建筑，如办公室、职员宿舍、材料室、子弟小学校舍、抽水机房等，现均已不存。

结束语 中国共产党所以伟大，就在于在民族危亡的紧迫关头，以宽宏的气魄和时代的眼光审时度势，倡导抗日民族统一战线，实现国共合作，团结起中华民族一致对敌。最终在世界反法西斯力量支援下，取得了一百余年来反抗侵略的完全胜利。抗战时期的昆明广播电台顺应抗日救亡的历史大势，成为中国向国内和全世界宣传抗战的重要舆论阵地和传播工具，为抗日战争和世界反法西斯战争的胜利作出了重要的特殊贡献。西南联大师生全力支持昆明广播电台宣传抗战救国，为国人了解世界反法西斯战场局势，坚定抗战决心，重振民族精神等，提供了有力的思想文化武器。抗战时期中国工矿业、商业、教育文化机关向西部的大迁移，是为抗日救亡、民族复兴而进行的一场史无前例的大转移。它保证了我国同日本帝国主义斗争到最后胜利的物质基础、人才资本和精神财富，为战后中国的新的历史行程提供了物质力量和思想文化基础。昆明广播电台与西南联大通过广播传播的思想文化及所产生的重要影响，既是整个抗战救国事业不可分割的部分，也是西部大开发的文化先声。像一条不可阻断的“空中滇缅路”，源源不断传播了反侵略思想文化的时代强音。

地市级地方志广播史料

文 山 州

概 述

1938 年 8 月 30 日，设在文山县民众教育馆明伦堂的广播收音站，利用一台美式收音机抄收新闻电码，开放广播。1948 年，云南地下党滇东南前委先后在丘北老鸦屯（今雄山）、广南县碗窑村安装了两部电台，每天晚上专门收听延安新华社党中央的指示精神和全国解放战况。

大事记

民国二十二年（1933 年）

马关县民国政府为促进社会教育，发展地方教育文化事业，指令县教育局负责筹办县收音站。县教育局选派县乡村师范毕业生吴贵虞、石恩录到云南省无线电局接受培训，结束后回马关创办马关收音站。

民国二十六年（1937 年）

8 月 云南省政府在昆明五谷庙内举办无线电原理、广播收音、电码收发等为内容的收音员培训班。文山县王需章、吴庶吉，西畴县柏庆芳，砚山县谭高录参加培训。

民国二十七年（1938 年）

7 月 文山县财政局、教育局筹款购买美国飞而哥收音机一台，在民众教育馆明伦堂内正式设立收音站。8 月 30 日下午开始收音，10 月 7 日收音机发生故障，收音站工作中断。

民国三十七年（1948 年）

中国共产党滇桂黔边区纵队李石秀等领导人，在广南县城东门外南观公园附近用干电池电子管收音机设收音站，收听延安新华广播电台的广播。

西藏自治区

周德仓著:《西藏新闻传播史》，中央民族大学出版社 2005 年版

第三章　西藏广播事业的开始和延续

西藏这一时期的广播事业，带有很明显的洋化色彩，主要是在英国人福特的总指导下，在拉萨、昌都和那曲进行的无线电广播活动。除此而外，南京国民政府在祖国内地创办的藏语电台，也不能不书一笔。

第一节　西藏广播事业的基础建设

电力是建立广播事业的基础。1903 年，西藏噶厦政府在印度大吉岭与英国签订了商、运、邮政协议，英藏开始通商。蜡烛和汽灯传入西藏。1911 年，十三世达赖喇嘛逃往印度大吉岭，从印度社会发展的现实中，感受到世界现代化发展的大趋势，决定派遣一批年轻、聪明的藏族青年去接受英国新式教育。1913 年，四位藏族青年被送到英国诺裴里大学学习，1921 年结业返藏。1924 年，四名青年学子之一的强俄巴·仁增多吉把西藏噶厦政府在英国基尔斯机器制造厂订购的一部 125 匹马力的发电机和一台铸造货币的机器运回拉萨。1925 年，在拉萨夺底修建了一座藏式四柱电机房，1927 年开始运转发电。1931 年 11 月 18 日，十三世达赖喇嘛亲自前往参加电厂竣工仪式，并命名为“无线美妙智能宝库扎溪电机厂”。1935 年，强饿巴·仁增多吉用高压线将夺底电厂电力输送到拉萨新建的吉布岗小电站，使八廓街的贵族、商民群众家里都装上了电灯。1947 年，噶厦政府批准了扎溪列空关于兴建谢德水电厂的计划，但终于未能付诸实施。

邮电和通讯设施建设是建立广播事业的前期工作。1907 年 2 月，驻藏大臣联豫向清廷呈递《详陈藏中情形及拟办各事折》，提出推行新政的主张。其中就担心当时西藏“电线未通，邮局未立”，影响公务传递和军事建设。为此，1910 年 12 月，建成驻藏大臣衙门至西大关约 30 公里的电话线，以备与拟赎买英办的江孜至中印边界之电话线接通，然后拟办通往四川内地之电话线。同时官办邮政，将原塘兵驿站裁撤，并入邮政，于 1911 年在拉萨成立邮政管理局。公元1918年（藏历第十五绕回土马年），西藏设立邮政局，管理拉萨至亚东总管府、日喀则总管宗以及公布江达之间的邮政。电报局最初的主管官员是由通晓外语及收发电报业务的僧官荣白伦·群单丹达担任。

在19世纪20年代，英国人为架设拉萨到江孜间的电报线提供了技术支持，一些西藏青年被培训为译电员，西藏上层还希望加入“万国邮政协会”，并在印度生产藏文打字机。

抗日战争爆发后，蒋介石出于对西藏作为战略大后方的考虑，先后四批派遣军统特工人员进藏，并建立了电台——拉萨支台（支台长罗坚），与昌都、山南、日喀则和德格的分台以及重庆总台、兰州支台保持联系。拉萨支台还试图与设在印度、尼泊尔、西藏边境的两个电台联系，但未获成功。

1934年8月28日，黄慕松率国民政府代表团抵达拉萨，获准在拉萨设立他们自己购置的一台无线电台，以便与南京国民政府联系。电台由国民政府使团留守拉萨的国民参议会参议院刘朴沈负责，归国民政府交通部管辖。电台建立之初，即言明西藏地方政府向中央发电免收报费，至于商人，则主要是在向印度采购货物时，依靠西藏有线电台联系，而向内地采购者较少，每次收藏银三两，价格很高。台长席裕翼为无党振人士，报务员、技工、事务员各一人。1947年以后，只有台长和技工各一人。在1949年7月9日发生的“驱汉事件”中，这座电台被查封了。后将装箱的零件送至陈锡璋处，由陈带往印度。

1936年，当时任总管西藏商务及邮政事务的东印度公司设在哲孟雄首府甘托克的行政长官古德到拉萨访问，西藏当局就试图说服印度向西藏提供无线电设备，但未获成功。

1942年12月12日，在获得西藏“外交局”的正式邀请之后，美国“战略情报局”派伊利亚·托尔斯泰上尉（俄罗斯大文豪托尔斯泰的孙子）和布鲁克·多兰中尉，携带着罗斯福总统给达赖的信来到拉萨，受到良好接待。当这两位美国人获知西藏希望得到通讯设备对，就主动提出向西藏提供3部全套轻便易运的无线电台，以便在西藏建立连接昌都、甘托克、那曲、措那和日玛等沿边地区的通讯网，还许诺帮助西藏制造一些藏文打字机。古德在得知这一情报后，立即向他在德里的上司建议，英国也应当向西藏提供发报设备，以削弱美国向西藏赠送无线电的影响。结果是，美国政府批准向西藏赠送了三部无线电台和5部无线电接受台，英国也不愿被忽视，也向西藏提供了两部以上的无线电台，并答应由其驻西藏的使节负责培训西藏无线电专业人员。为此，英国人就提出要加强对西藏人进行西方化的基础教育，学会英文。在此背景下，1944 年了月 31 日，拉萨英语学校举行了开学典礼，但只有五个月的时间，由于西藏内部意识到，学校教育内容对政教合一的政治体制具有不可忽视的威胁，这所学校就只好关门大吉。

1949 年秋，西藏噶厦政府邀请印度“电力公司”的古德来西藏考察 7 周时间，以论证在拉萨架设电线的可能性。

从这些简单的梳理中，可以看出，不论是清朝中央政府驻藏大臣，还是西藏地方政府，以及当时极为发达、对西藏怀有极大政治野心的英美等资本主义国家，都在西藏广播事业的初期建设，即有线和无线通讯设备购进、西藏本土专业人员培训等方面，付出了一些努力。尽管动机不同，在后来西藏社会发展进程中的功效也大相径庭，但客观上使西藏在极为封闭、落后的情况下，建立了很粗糙的广播事业的基础。

第二节　福特在西藏的广播活动

美国政府出于其战略利益的考虑，对西藏设立无线电台、建立广播事业投入极大的热情，1945 年初，美国政府向西藏提供了三部成套的无线电台，为了应用于战争和行政管理，西藏还邀请英国驻拉萨公使馆的无线电报务员福克斯（R · Fox）为自己培训可以操作无线电台的官员。1947 年，福特（R · Ford）接替福克斯，担任英国驻拉萨公使馆的无线电报务员。他从 1935 年起就一直加入西藏地方政府，曾被任命为“外交部长”，享有很高的政治地位。1947 年以后，西藏当局感到仅仅依靠自己的力量发展无线电技术进展太慢，便设法请印度政府帮助自己，加速发展无线电技术，但终无所获。于是，他们就请出福特，全权指导西藏的无线电工程建设和广播事业的发展。福特从 1948 年开始，花了一年的时间，建立了西藏的第一座无线电广播站——西藏广播电台（也称“拉萨电台”），西藏第一次可以向外界广播了。

西藏地方政府已经很清楚地意识到，昌都在对抗解放军进军西藏战略行动的优先位置，便计划架设一个由拉萨到昌都的无线电通讯网，于是，在 1949 年 12 月，福特又被派往作为康区民政和军事总管所在地的昌都，带了三部电台和在印度受训后充当无线电操作员的四名藏族青年，建立了西藏第二座电台，以便在可能发生的军事对峙中占有优势。

同时，为抵抗人民解放军从藏北发起攻势，西藏当局又在藏北最重要的政治中心及藏北总管府驻地那曲建立了第三座电台。还没有材料证明这座电台的建立与福特有直接关系。

据有关资料，福特在阿里、亚东等地也建立了电台，作为拉萨电台的分台。这样，西藏就拥有五座电台，拉萨是总台、昌都、那曲、阿里、亚东便是其分台。

福特在西藏建立电台所遇到的技术层面的困难，具有相当的真实性和典型性。据福特在《在西藏被俘》一书中记载，因为海拔高，空气极其缺氧，只有特制的或经过改装的发动机才能适应高原气候。美国事前提供的发动机由于马力不足，不能带动一般发动机。福特就决定购进新的发动机。当这些发动机运到拉萨时，只有一部发动机还是完好的。这部发动机当然就用来驱动西藏最重要的电台——西藏广播电台。于是福特就只有带着一部残缺不全的电台到了昌都。由于他事前在印度购买了两台手提式无线电收报机，正好可以用美国人提供的小功率发动机带动，所以他在昌都的“无线电事业”就很“幸运”地取得了成功。

福特在事实上就成为西藏广播事业的第一位“总工程师”。不过，由于他受其帝国主义国家利益的驱使，所以在藏创办无线电和广播事业的核心使命，就是对抗即将到来的人民解放军进藏的历史趋势，对抗中国国家统一大业，使他的这种在西藏的史无前例的现代文明工程蒙上了可耻的阴影。福特用自己掌握的在当时极为罕见的现代无线电技术，在西藏噶厦政府实现其西藏独立的政治野心的罪恶行动中，发挥了不可替代的作用。在摄政大札等亲英势力于1949年秋天制造的“驱汉事件”中，西藏广播电台播出了许多恶毒的谣言，混淆了大众的视听，诸如：“汉藏关系是宗教上的布施关系，西藏在历史上就不属于中国”，声称西藏并不存在帝国主义者，所以就没有必要解放西藏。他们还用电台蛊惑人们说，解放军进藏会违反神的意愿，与西藏政教水火不兼容，鼓动西藏人要男尽（死）女顶，前赴后继，坚决进行武装抵抗。这些内容就由藏人热萨甲杆·平措旺久、绕西·彭措扎西和英国人抛司，分别用藏汉英三种语言进行广播。福特还在亚门马嘎藏军八代本驻地（现西藏军区第二招待所）用无线电进行广播，宣传西藏独立，并播出了所谓《西藏独立宣言》。当拉萨当局10月12日得知人民解放军发动昌都战役的消息，极度紧张之余，立即做出决定，所有无线电广播均不得播出这个消息，以免引起惶恐和混乱，倒是印度德里的无线电台在10月15日播出了这个消息。而在昌都，福特无疑是一位“忠心耿耿”、“恪尽职守”的藏军无线电技术装备“参谋长”，他虔诚地运用自己的“智能”，力图挽救藏军全军覆没的命运。在与解放军的交战中，藏军除了在有些时候凭借无线电之力“及时”逃脱解放军的惩罚外，福特并无大的“建树”。原因就在于，解放军作战的目的之一，就是武装“没收”这些电台，实际上也并不困难地做到了。

福特建立的这些电台，由于用柴油机发电，功率小，而且只有少数贵族才有收音机，故对西藏的影响极为有限，主要功能是对外广播。

第三节　西藏接受域外广播的情况

面对无线电广播这样一种需要双边活动和先进技术保障的传媒，西藏极为落后的科技和经济状况，实在是显得格格不入，所谓影响也就局限在官方和少数贵族之内，不过影响毕竟是存在的。

1935 年，英国乘十三世达赖喇嘛圆寂之际，派人到拉萨进行分裂中国的阴谋活动。为维护国家主权，南京国民政府一度开办藏语广播节目，强调中国对西藏的主权，揭露帝国主义的侵略野心。但受条件的限制，实际的宣传效果很微弱。

在抗日战争胜利后，西藏许多官员开始有了堪称“珍贵”的收音机，使他们不仅可以收听到西藏微弱的声音，还能接受西藏域外的广播，这使他们对国际、国内形势的把握有了一点保障，从而做出政治上的选择。遗憾的是，由于接受消息有限，所以对外部电台的依赖，反而让他们错误地估计形势，做出错误的选择。

陕西省

陕西省地方志编纂委员会编:《陕西省志·第六十九卷·广播电视志》,中国广播电视出版社 1993 年版

《西安市志·新闻出版志》,西安出版社 2002 年版

《咸阳市志·新闻出版》,三秦出版社 2000 年版

《宝鸡市志·文化艺术》,三秦出版社 1998 年版

《汉中地区志·文化艺术》,三秦出版社 2005 年版

概 述

陕西虽然曾经有过悠久而辉煌的古代文明，但作为现代化的电子传播媒介的广播却起步甚晚。1936 年 8 月 1 日，中国国民党中央广播事业管理处直接领导的西安广播电台开始播音，标志着陕西境内广播事业从此肇始；1940 年 12 月 30 日，由中国共产党中央领导的延安新华广播电台诞生，开创了中国人民广播的新纪元。

一

抗日民族解放战争全面爆发的前夕，1935 年 6 月，国民党中央根据丧权辱国的“何梅协定”中有关规定，下令将直属国民党中央广播电台管理处设在国民党河北省党部内的河北广播电台的主要设备，拆迁到西安，成立西安广播电台，台址设在西安南院门国民党陕西省党部院内。这是西北五省中建立的第一个广播电台，也是当时国民党中央广播事业管理处直接管理的五个直属台之一。

西安广播电台开播时，整个中国已有官办和民营广播电台近 80 座。上距 1923 年美国商人奥斯邦在上海建立的以“上海无线电公司”为名的中国第一座广播电台晚了十三年；在当时官办的省级广播电台中，它又晚于天津、北平、南京，乃至重庆、南宁、云南、河南等地，而居 19 位；说明这一现代化传播事业在陕西的出现，落后于全国的许多地区。

据国民党宣称，西安广播电台的宗旨是：“开发西北，唤起国人注意边防，同时将西北文物风光介绍于华中民众”。① 开始时，它每天播音三次，共

① 吴宝丰：《十年来的广播事业》，引自《十年来的中国》，1937 年出版。“华中民众”疑为“中华民众”之误植。

约9小时10分钟，除按照国民党政府行政院通令转播中央广播电台的新闻、演讲、文艺节目外，还设置有自办的《总理遗教》、《党务报告或剿匪消息》、《施政报告》、《新运要义》①、《公民常识》、《家庭常识》、《民众教育》、《西北文物》、《农林常识》、《儿童乐园》等节目。此外，还播送一些音乐、平剧②、秦腔等文艺节目。其中《剿匪消息》节目在当时发射功率100瓦以上的58座广播电台中，是只有西安广播电台才设置的一个特别节目。它显示了西安广播电台对经过长征到达陕北的共产党中央和红军加紧舆论“围剿”的重视，也是国民党政府“攘外必先安内”政策在广播事业建设上的表现。

但是，在民族存亡的紧急关头，中国人民要求抗日救国的潮流不可阻挡。西安广播电台开播不到半年，1936年12月12日，爱国将领张学良、杨虎城就在西安发动了“西安事变”，并在事变当天派人接管了西安广播电台，播出了抗日救国八大主张。张、杨两将军先后到电台作抗日救国演讲，呼吁枪口对外，一致抗日。中共代表周恩来抵达西安后，曾指示中共地下党员协助办好广播电台。事变期间，西安广播电台举办了《抗日救亡的理论和方法》、《时事述评》、《歌咏》等专题节目，邀请各界知名人士作抗日演讲，邀请爱国学生作救亡演出；同时，用英语报告新闻，扩大对外宣传。在“西安事变”期间，西安广播电台成为一支重要的宣传抗日救亡的舆论力量。

1937年7月，抗日战争全面爆发，在国共合作共同抗日的形势下，西安广播电台播发的抗战新闻，成为陕西各界人士了解战争局势的一条重要渠道。

当西安广播电台于1936年8月开播时，它曾介绍自己的覆盖范围称：“虽西北邻近诸省暨长江流域均能收听清晰，但欲畅达东南隅及海外，犹感射力不逮。”③ 但实际上，由于当时陕西境内收音机为数极少——据1936年统计，全省各地的民众教育馆和学校所拥有的各种直流、交流收音机的总数仅25台，其中损坏的八台——因而，能够直接收听它广播的听众是很有限。一些抗日团体便往往把广播的重要新闻刻印成小报，扩大宣传范围。目前发现的最早的油印广播新闻小报，是1937年7月28日由中共蒲城特别支部以

---

① “新运”为蒋介石所倡导的“新生活运动”的简称。

② “平剧”即京剧。当时因北京改名北平而称平剧。

③ 传编：《西安广播电台概况》，引自《广播周报》第104期，见本志《附录》。

蒲中学生抗敌后援会名义印发的《新闻广播》第三期，它的大标题是：《最后关头临到了——大战爆发就在今夜》。

1938 年 3 月底，风陵渡失守，潼关告急，日寇飞机频繁轰炸西安。经国民党中央广播事业管理处批准，西安广播电台迁至南郑（今汉中市），于 1939 年 8 月在南郑东关外磨子桥的一个道士观里播音，名义改为陕西广播电台，功率仍为 500 瓦，每天播音一次，共 4 小时。它在西安留守的两名工作人员，利用没有撤走的设备器材自己装配了一个功率 40 瓦的发射机，仍以“西安广播电台”的名称维持播音，覆盖范围仅及于西安市区。

抗日战争进入相持阶段以后，日本侵略军的主力逐步集中压向解放区战场，国民党中的顽固派也加紧推行其防共、限共、反共政策。中国共产党中央决定加速建立自己的广播电台作为“各抗日根据地目前对外宣传的最有力的武器”。[①] 此前，1940 年 3 月，中共中央军委副主席周恩来从莫斯科治病回国，带回一部短波广播发射机，接着成立了以周恩来为主任的广播委员会，领导广播电台的筹建工作。军委三局专门组建了 30 多人的九分队，承担建台任务。经多次勘察，台址选在延安以西 19 公里处的王皮湾村。在半山腰陡峭的岩石上凿了两孔石窑，分别安装广播发射机和发电机。在附近的山坡上竖起用三根木杆连接而成的天线杆，又用两个旧汽车发动机经大修后带动电机发电。当时汽油奇缺，于是，又设法把两个大汽油桶焊在一起烧木炭产生煤气以代替汽油。经过将近一年的艰苦努力，建台任务终于完成。1940 年 12 月 30 日，延安新华广播电台首次播音，呼号为 XNCR。开始时每天播音一次 2 小时，以后逐步增为二次 3 小时和三次 4 小时。

延安新华广播电台的广播稿件由新华社广播科编发。当时广播的主要内容是：中共中央和陕甘宁边区政府的重要文告；《新中华报》、《解放》周刊、《解放日报》的社论和重要论文；名人演讲；新华社编发的国内外消息等。

延安电台开播不久，就发生了震惊中外的“皖南事变”，国民党政府严密封锁事变真相，又进行大量歪曲宣传。延安电台在 1941 年 1 月下旬，反复广播了中共中央的有关文件，其中包括《为皖南事变发表的命令和谈话》等。对延安电台的广播，国民党中央密令广播事业管理处“每日指令专员收

---

① 《中共中央宣传部关于电台广播的指示》，1941 年 5 月 25 日。

听，逐日汇报”，并布置河南广播电台“就近干扰”。据同年4月19日国民党中央广播事业管理处收听记录声称：延安电台“电力尚称强大，声音并不见佳，交流声及天电干扰尤烈”。

由于设备简陋，故障频仍，初建的延安电台时播时停，不能坚持正常播音。于是，在1943年春便暂时中断广播，对发射机进行改装修理，又从晋绥前线运来一台锅炉，铆装改为25匹马力的蒸汽机作动力。经反复调试后，在1945年8月14日，日本政府宣布无条件投降、抗日战争取得最后胜利之际，延安新华广播电台重新试验播出，并于9月5日正式恢复播音。这时，发射机房和播音室都迁往延安西北十多公里的盐店子寨子峁。恢复试播的当天，延安电台反复广播了延安总部朱德总司令为日寇投降事于8月10日向各解放区所有武装部队发布的命令及11日发布的其他六道命令。用最快的速度，向一切有收音机的地方传播了中国共产党中央的声音。

在第三次国内革命战争期间，在中国人民进行两种命运的决战的时候，随着人民力量和反动势力此长彼消的斗争过程，陕西境内中国共产党和中国国民党各自领导下的广播事业，也发生了急剧而显著的变化——到1949年，共产党所领导的延安新华广播电台，几经转移，已经到北京以北京新华广播电台的名义（按：即中央人民广播电台），向全国、全世界播音；1949年1月5日在延安另行组建的西北新华广播电台，迁到西安后，同时使用一个短波、一个中波向西北、西南地区播音；而全面溃败的国民党所属的陕西广播电台，1949年在汉中播音时，输出功率不足100瓦，不到两月，又拆装逃离陕西；另一西安军中之声广播电台（功率500瓦），也随着逃之夭夭。国民党在陕西的两座广播电台，至此完全销声匿迹。

1949年初，辽沈、淮海、平津三大战役全部胜利结束。中国人民解放军以排山倒海之势向一切尚未解放的地区进军。1月5日，西北新华广播电台在延安正式播音，它主要面向西北、西南尚未解放的省区。在它正式播音前，新华总社曾发出指示，要求它除转播陕北新华广播电台的广播外，“自编的地方性节目应包括下列内容：（甲）争取陕、甘、宁、绥、川等省城市人民，以能收听我方广播的公教技术人员和工商者为对象。（乙）瓦解当面敌军。（丙）为西北前线野战军服务，如代播军属家信等”。①

① 《新华总社关于西北新华广播电台的节目内容和宣传重点给西北总分社的指示》，引自新华总社《业务汇报》第七期，1949年1月15日。

根据上述指示，西北新华广播电台自办了《西北新闻》、《对西北国民党军和国民党统治区人民广播》、《对西北野战军和各分区广播》和《记录新闻》等节目。中国人民解放军西北野战军副司令员赵寿山在西北电台元旦试播时，发表了《告西北国民党军官兵》的广播讲话。号召他们认清形势，站到人民方面来。

综观肇始时期陕西境内的广播事业，其主要特点是：

——广播从属于具有强大政治、军事力量的政党，没有任何中立的、商业的色彩；

——各台发射功率都在1千瓦以下（含1千瓦），仅西北新华台迁到西安后才使用了5千瓦机；

——各台功能均以传播新闻为主，在国共两党两军对垒作战时期间均以向对方进行政治的、心理的攻势为主；

——收音机为数极少，仅占全省人口1/100000强，而且主要集中在西安、宝鸡、汉中等大、中城市的比较富裕的阶层手中。广大农村和工农群众尚不知广播为何物；

——国共两党在陕西设立的广播电台，均直属其中央有关部门管理。

二

1949年5月10日，西安解放前夕，中共中央西北局发出《关于进西安后办报办广播的初步意见》，提出如下总的方针：

“向新解放的群众宣传二中全会各项政策（进城之初，先注重宣传有关安定社会秩序、恢复生产等政策）及军管会各项法令；迅速反映新解放区群众的活动、意见（特别是工人的）及新区各方面的情况，配合党政领导机关解决群众中各项问题，大力推动各种建设，特别是工业建设。”

这标志着中国共产党在即将取得全国政权之际，它所领导的西北新华广播电台开始由原来的主要面向敌区、敌军改为主要面向新解放区和城市工人的重大转变。

第一篇 >>>

广播宣传

第一章　节目设置

陕西境内的广播宣传始于1936年8月1日开播的中国国民党西安广播电台。该台建立初期，平均每天播音7小时，除转播国民党南京中央台节目外，其自办节目中新闻性节目占15%，教育性专题节目占23%，文艺节目占51%。该台自办新闻性节目有：《新闻》、《党务报告》、《施政报告》、《剿匪消息》、《新运要义》、《国际大势》和《一周大事述要》等；教育性专题节目有：《总理遗教》、《民众教育》、《名人传记》、《青年问题》、《儿童乐园》、《西北文物》、《禁烟宣传》，以及《农林常识》、《卫生常识》等；文艺性节目有：《秦腔》、《平剧》、《党歌》、《军歌》、《国乐》、《西乐》、《歌咏》、《杂曲》等。

1936年12月，"西安事变"期间，西安广播电台曾开办《抗日救亡言论》、《抗日救亡的理论和方法》、《时事述评》、《学生表演》、《歌咏》等专题节目，同时增加《英语新闻》节目。

1938年3月，风陵渡失守后，潼关告急，日寇频繁轰炸西安。西安广播电台将大部分机器迁至南郑（今汉中市），改名陕西广播电台，于1939年9月，在南郑县播音，每次播音3小时10分钟。该台除转播国民党中央广播电台的《新闻类述》、《记录新闻》外，自办新闻性、教育性节目有《本省新闻》、《总理遗教或总裁言论》、《施政报告》、《时事漫谈或演讲》、《抗战讲座》、《抗日英雄传》、《时评》、《战时教育》、《儿童教育》、《兵役宣传》和《防卫常识》等；文艺节目设有《国歌》、《歌咏》等。1939年8月，留守西安的人员仍以西安广播电台的名义继续维持播音，每天播音时间减少至3小时50分钟。该台新闻性、教育性节目设有：《简明新闻》、《领袖言论》、《民族英雄传》、《新生活讲话》、《战时青年问题》、《儿童节目》；文艺节目设有《秦腔》、《平剧》、《国乐》、《歌咏》等。

抗日战争胜利后，1946年，国民党陕西广播电台从南郑迁回西安，西安广播电台停播。这个时期，陕西广播电台自办新闻性节目有：《省市新闻》、《新闻》、《一周大事汇述》；教育性专题节目有：《党务报告》、《施政报告》、《名人讲演》、《妇女讲座》、《回教讲座》、《童军教育》、《科学讲座》、《法律常识》和《卫生常识》等；文艺节目有：《秦腔》、《平剧》、《昆曲》、《国乐》、《歌曲》、《大鼓》等。

1946年陕西广播电台节目成分百分比

陕西广播电台（民国三十五年6月）　播音时间7小时

新闻	22%
演讲宣传、教育	19%
乐剧	47%

（摘自民国三十七年《中华年鉴》，第1967页）

中国共产党领导下的延安新华广播电台创建于1940年12月30日。该台初创时期，除报道国际国内新闻及抗战消息外，设有《名人讲演》、《革命故事》、《科学常识》、《音乐》和《日语》节目。1943年3月，由于广播器材短缺、机器发生故障，暂时停播。

1945年9月5日，延安新华广播电台正式恢复播音后，开办的节目有：《时事新闻》、《解放区消息》、《时评及名人讲演》和《记录新闻》等。从10月起，又开办《解放区介绍》、《解放区政策》、《解放区建设》和每周一次的《文艺》节目。1946年1月，增办《言论》、《通讯、故事》节目，从1946年7月12日起，又增办了《对国民党广播》节目。

1949年1月5日，西北新华广播电台在延安开播，开始全天播音3小时，除转播北平新华广播电台的《新闻评论》、《讲演、通讯、综合报道》

节目外，自办有《西北新闻》、《对野战军和各分区广播》、《对国民党军和国民党统治区人民广播》和《记录新闻》等节目。

中华人民共和国成立后，1949年12月1日，西北新华广播电台[①]对其节目作了新的调整，每天播音从一次增加至三次，全天播音时间由3小时15分增加至8小时零5分，其中自办节目占66%。该台转播北京新华广播电台[②]的节目有《新闻》、《国际时事》、《评论或综合报道》、《讲演或通讯》和部分文艺节目；自办节目有《西北新闻》、《评论、综合报道、通讯》、《边区政令、通告》、《本市政令、通告》、《职工节目》、《市场行情》和作为轮换节目的《战士》、《青年》、《妇女》、《少数民族》节目，以及文艺性的《文艺》、《音乐》节目。

第二章　新闻广播

第一节　时政新闻

1936年8月1日，国民党西安广播电台开播后，每天除转播其中央台的新闻性节目（后来还增加转播美国之音台的华语新闻）外，自办的《新闻》节目每天有两次，共35分钟。另外还设有定期播出的《剿匪新闻》、《施政报告》、《国际大势》、《一周大事述要》等新闻性专题节目。它们的内容，大部分是时政方面的。据当事者回忆，“新闻材料，白天（编者注：指自办新闻节目）全取自《西京日报》（播音员自择）”。[③]

1936年12月12日，国民党驻西北的爱国将领张学良、杨虎城将军为逼蒋介石抗日，发动了震惊中外的“西安事变”，并于当天接管西安广播电台，播出了抗日救国的八项主张。12月14日和15日，张学良和杨虎城将军先后到广播电台发表演讲。他们在演讲中报告了发动“西安事变”的原委，阐明抗日救国的主张，并且揭露了国民党亲日派造谣污蔑的可耻伎俩。张学良在

① 西北新华广播电台于1949年12月11日改名为西安人民广播电台。1950年10月1日，又改名西北人民广播电台。而以西安台作为西安市台。

② 北京新华广播电台从1949年12月5日改名中央人民广播电台。

③ 丁明：《伪陕西广播电台介绍》，引自《陕西国统区广播资料选编》。

广播演讲中还特别指出："现在南京方面，把我们的电讯隔断，并且给我们造了好多谣言。他们不愿意国人知道我们在做些什么，真是一件不幸的事，我们希望国人明瞭真相。我们不愿意任何人利用机会造混乱。"①

"西安事变"期间，西安广播电台曾举办《抗日救亡言论》、《抗日救亡的理论与方法》和《时事述评》等新闻性专题节目，邀请各界知名爱国人士作抗日讲演，反复宣传抗日救国的主张。与此同时，该台还增加英语新闻节目，扩大了"西安事变"在国外的影响。斯诺在《西行漫记》中曾写道："'西安事变'期间，西安终日广播，为正义和和平而呼吁……一直到'西安事变'和平解决才终止。"

抗日战争时期，西安广播电台"最主要的是新闻报告，因为当时大家都很关心前线消息以及战争形势的发展。早、中、晚三节播音中都有新闻节目，它分《简明新闻》、《地方新闻》、《记录新闻》和《国际新闻》等，如果说当时西安广播电台发挥了什么作用的话，在这一点上可能对传递消息、沟通情况，使听众了解战争形势起了一定作用"。②

1945～1949年，国民党日趋反动，没落。"1948年后，国内战争愈演愈烈，国民党军队节节败北，此种对国民党不利的消息，（西安广播电台）往往守口如瓶，不予报道或拖延时间报道，或故意捏造粉饰，颠倒黑白，失去了人民的信任……（并）热心地组织了一起又一起的反共特别节目，（即所谓《戡乱建国特别节目》）……把共产党诬蔑成红眉毛、绿眼睛、灭绝人性的、杀人不眨眼的共产共妻集团……"③

在中国共产党领导下，创立于1940年12月的延安新华广播电台，同样以时政新闻为主要内容。1941年1月，国民党顽固派制造了震惊中外的"皖南事变"，掀起新的反共高潮。事变发生后，国民党开动各种宣传工具，大肆造谣，颠倒黑白，诬蔑中共和八路军、新四军，歪曲事实真相；同时，对中共在重庆出版的《新华日报》实行严格的新闻检查，强行扣压、没收，禁止发行；妄图一手遮天，蒙蔽世人耳目。在这关键时刻，延安新华广播电台反复播送《中国共产党中央军事委员会为皖南事变发表的命令和谈话》，揭露事变的真相，声讨国民党顽固派反共卖国、破坏抗日、发动内战的滔天罪

① 转引自赵玉明：《中国现代广播简史》。
② 周旧邦：《关于西安广播电台的一些片断回忆》，引自《陕西国统区广播资料选编》。
③ 韩镇华：《陕西（西安）广播电台主要情况》，引自《陕西国统区广播资料选编》。

行，分析中国面临的危机，号召全国人民“以极大的警惕性，注视事态的发展，准备着对付任何黑暗的反动局面，绝不能粗心大意”，及时粉碎了国民党顽固派的新闻封锁。在其后的两年多里，延安新华广播电台经常向全国听众报道正面战场和敌后战场的情况；报道八路军和新四军同日伪军英勇作战的捷报，报道抗日根据地的政权和生产建设，以及人民群众的支前情况；报道国民党统治区群众抗日运动蓬勃发展，世界反法西斯战争和其他重要国际新闻；播送中共中央的重要文件和党报的重要社论和文章，介绍共产党的方针、政策；揭露和控诉日本侵略者的血腥暴行和国民党顽固派消极抗日，积极反共，破坏团结，挑动内战的罪行，教育和鼓舞全国人民团结起来，夺取抗日战争的胜利。

1945 年 8 月中旬，延安新华广播电台在停播两年之后，恢复试播，9 月 5 日正式播音。试播期间，曾播出朱德总司令为日本投降事向全国解放区的武装部队发布的进军命令，朱德总司令 8 月 13 日、16 日给蒋介石的电报和毛泽东为新华社撰写的评论《蒋介石在挑动内战》、《评蒋介石发言人的谈话》等，号召全国人民提高警惕，“团结起来，壮大自己的力量”，制止内战。

1945 年 10 月，国民党反动派准备发动全面内战，国民党统治区人民十分关心国家的前途，迫切需要了解解放区的情况和中国共产党的各项政策。延安新华广播电台于 10 月 29 日播出了广播讲话《十九个解放区的形势》，接着，又从 11 月 2 日起，增设专题节目，具体地、全面地、系统地介绍了十九个解放区的情况和共产党的各项政策。

从 1946 年 7 月起，遵照中共中央和毛泽东主席的指示，延安新华广播电台在宣传中进一步揭露国民党反动派“假和平，真备战”的阴谋和向全国解放区进攻的事实真相；报道人民解放军在各个战场英勇抵抗的胜利消息，在动员解放区军民和全国人民团结起来，彻底粉碎国民党的进攻，建立独立、和平、民主的新中国方面，发挥了巨大作用。

1947 年元旦，延安新华广播电台广播了经毛泽东审阅的新年献词《艰苦奋斗，迎接光明》和朱德总司令向解放区军民的广播讲话《1947 年的十大任务》，号召解放区军民共同努力，收复失地。元旦过后，该台又播出了各地解放军取得胜利的消息。如：鲁西解放军收复聊城、巨野、嘉祥等县城；鲁南解放军歼敌 2.7 万人，收复邳县等县城；冀鲁豫解放军 10 天歼敌

2.5 万人；晋察冀解放军半年歼敌 21 万人；东北民主联军一年歼敌 14.6 万人，等等。

1947 年 3 月 13 日，国民党 15 个旅分两路向延安进犯，中共中央决定暂时撤离延安。3 月 14 日，延安新华广播电台转移到延安东北瓦窑堡（今子长县）的好坪沟播音。3 月 20 日，延安台改名陕北新华广播电台，播出了《人民解放军给予蒋军重大杀伤后主动撤离延安》。此后，又播出了《人民解放军总部发言人谈保卫延安之战》等重要消息。

1947 年 3 月 28 日，陕北新华广播电台在播出青化砭大捷的胜利消息后，奉命连夜转移。次日，由设在晋察冀解放区涉县的第二战备台接替陕北新华广播电台继续播音。

1949 年 1 月 5 日开播的西北新华广播电台最重要的节目，也是属于时政新闻性质的。据当事者回忆："西北台开播的时候，正是 1949 年新年，我们先后邀请人民解放军西北野战军副司令员赵寿山和陕甘宁边区副主席杨明轩等对国民党统治区人民和军队讲话。在我人民解放军逼近西安的时候，杨明轩副主席又发表广播讲话，号召西安人民迎接解放。"①

从 1949 年 5 月 20 日西安解放到 1949 年底，西北台在集中宣传了新解放区开展民主建政，巩固人民政权的同时，报道了中国人民解放军进军大西北，解放兰州、西宁和迪化（今乌鲁木齐）等城市的情况。

第二节 经济新闻

经济新闻是社会经济活动的反映。随着经济建设的发展，陕西省各级广播台、站经济宣传的分量逐步加强。

全国解放以前，国民党的西安广播电台、陕西广播电台以及西安军中之声广播电台，都很少播出经济新闻，西安广播电台 1936 年 8 月每天播出总时间为 7 小时 10 分钟，其中只有 15 分钟是所谓的《杂曲与商情》。中国共产党领导下的延安新华广播电台、陕北新华广播电台，有一部分新闻节目介绍了解放区"各地政治、经济、文化、社会政策和建设情况"。但经济新闻并不占主要地位。延安新华广播电台在节目设置中，只有《言论、政策和建设情况》节目把经济建设作为报道的一个主要内容。

---

① 武英：《西北新华广播电台的前前后后》，引自《陕西广播电视》1984 年（试刊）。

第三节　文教新闻

中华人民共和国成立前国共两党在陕西建立的广播电台所播出文教新闻，数量都比较少，虽然国民党西安广播电台曾宣称其节目要“宣扬西北文物”，但从目前搜集到的各种当时的材料和回忆录看，都不见这方面的具体内容。中国共产党领导的延安新华广播电台曾经以“解放区文艺动向或短作品，每周有一两次报道”及“报道各地……文化……情况”为一项工作任务。但不久即面临国民党反动派发动的全面内战，延安被占领，这个方针也没有来得及充分实施。

第四节　社会新闻

中华人民共和国成立前，国民党西安、陕西台的新闻节目中，同当时的报纸一样，社会新闻数量较多，有关抢劫、凶杀、偷盗、桃色的事件和报道层出不穷。解放区的广播以及解放后的广播，则很少予以报道。

第三章　专题广播

第一节　对象性节目

对国民党军广播

1946年7月12日，延安新华广播电台开始举办《对国民党军广播》，这个节目采用“放下武器蒋军军官介绍及书信”的形式，向国民党军进行政治宣传攻势，对瓦解国民党军队发挥了重要作用。

1949年1月，西北新华广播电台正式播音后，也同样举办了《对西北国民党军和国民党统治区广播》。第一次播出的节目是西北野战军副司令员赵寿山的《告西北国民党官兵》，讲话分析了全国和西北战场的形势，向西北战场的国民党军队指出了光明出路：

国民党反动派在淮海地区的七个兵团，三个已经被歼灭了，另外剩下的两个兵团，也已经狼狈不堪快要被歼灭了。自从东北解放军入关以后，傅作义的军队全部被包围在北平、天津，阎锡山也不过是瓮中之鳖。在西北战场方面：胡宗南的军队，数目上还有二十四个师，但绝大部分是残兵败将。你们三十八军五十师师长曹维汉，曾经给他的哥哥——西安警备司令曹日晖写了一封信，信中说："如死守不动，必致势穷力竭，非打死，即困死，瓮中之物，决无幸存之理。"你们七十六军军长李日基被俘虏以后说："早打早完，晚打晚完，反正迟早要当俘虏的。"这就完全说明了国民党军的士气，至于马鸿逵和马步芳，也快要做不成土皇帝了……

我特别提醒西北的杂牌军注意：胡宗南是有他的阴谋和诡计的。必要的时候，他会叫你们当西北的傅作义，给他替死，让自己抽身逃跑。在这个关头，你们应该回想自己对人民所犯的罪过，已经到了怎样的程度。但是，如果你们能够立刻觉悟，愿意减轻你们的罪恶，人民当然还可以原谅你们，在这个是非善恶的关头，听讲的人，是懂得走什么道路的。

究竟你们有什么希望和出路呢？你们唯一光明出路，就是站到人民方面来。在这个紧要关头，谁好谁坏，何去何从，愿你们赶快拿主意，不要错过机会。看吧！东方已经大明，新中国将要出现，希望你们珍重个人的前途，走上光明的道路。①

这个节目到西安解放后，从 1949 年 6 月 1 日起改为《对敌区、敌军广播》。11 月 18 日，播出了西北军区副司令员王维舟向四川各界发表的广播讲话，题目是《四川人民行动起来，迎接解放》。

对工人广播

1949 年 7 月 15 日，西北新华广播电台开办了《职工节目》。开始，每天播出一次，每次 15 分钟。1950 年 5 月 15 日，改为每次 20 分钟，9 月 1 日起改为每次 30 分钟。

对青少年广播

国民党西安广播电台从开播时起就办有以青少年为对象的专门节目，节目的名称分别叫《儿童节目》、《儿童乐园》、《青年问题》，每周各一次。节目来源主要靠国民党中央广播事业管理处编辑的《广播周报》或其他报刊，由播音员选择播讲。

① 引自《西北、西安台资料选编》第 27、28 页。

第二节　教育性专题

理论节目

国民党西安广播电台辟有讲述“三民主义”的专门节目，名称叫《总理遗教》、《新运要义》等，每周一次，每次20分钟。由播音员从孙中山和蒋介石著作中选播。

法制宣传

陕西境内广播宣传中有关法制的内容，最早为国民党西安广播电台的《禁烟宣传》，每周一次，每次20分钟。但在国民党统治区，禁止吸毒（鸦片）的宣传，一直是个官样文章，禁者自禁，而吸者自吸。国民党统治末期，更把吸毒作为诬陷、镇压进步人士的借口，著名的民主人士杜斌丞惨遭杀害，强加给他的罪名就是所谓的“吸毒”违法。

文化生活

国民党西安广播电台开播之初，在它的节目时间表中就安排有《西北文物》这一专栏。每周一次，每次20分钟，但节目内容都不是广播专稿而是由播音员从报刊上随意选播的。

第三节　知识性节目

国民党西安广播电台开办时，即设有《法律常识》、《农林常识》、《邮电常识》、《卫生常识》、《无线电常识及回答》、《军事常识》等知识性节目，后来，又设有《科学小园地》等节目。一般每周各一次，每次10～20分钟，由播音员从报刊文章中选播。

第四章　文艺广播

第一节　戏曲

国民党西安广播电台初创时，戏曲节目就在文艺性广播占有不小的比例，根据西安广播电台1936年8月的节目时间表，每天播出文艺性广播140分钟，戏曲节目占45分钟，其中平剧（即京剧）25分钟，秦腔20分钟。这些节目的来源，大多数依靠当时出版的唱片，少数由播音员邀请戏曲界人士或票友来台直播。1939年，西安广播电台迁往汉中改名陕西广播电台后，其播音时间减为每天播出4小时，其中文艺性广播时间为35分钟稍多一点，戏曲节目也只剩下10分钟的平剧。1946年，陕西安广播电台迁回西安后，全天播出文艺性广播120分钟，其中戏曲节目约为40分钟，秦腔约15分钟，平剧约20分钟，昆剧隔日有10分钟。

共产党领导的延安新华广播电台，最初创办时没有文艺性广播。1941年夏，中共中央军委主席毛泽东把自己保存的二十多张音乐、戏曲唱片（绝大部分是京剧唱片），送给延安台。延安广播中从此才有了文艺节目。

西北新华广播电台在1949年开播初期，曾直播平剧等戏曲节目。同年11月20日，西北台在西安群众堂转播了著名京剧表演艺术家程砚秋演出的京剧《春闺梦》。

第二节　音乐

音乐节目（包括广播节目的开始曲、结束曲、缓冲曲等）一直是陕西境内各广播台、站文艺性广播的重要组成部分。国民党的西安广播电台1936年开始播音时，在全天的140分钟固定的文艺性广播节目中，以《党歌》、《军乐》、《歌咏》、《杂曲》、《西乐》、《国乐》分别命名的专栏有六个，共95分钟。共产党领导下的延安新华广播电台第一次完整地直播的文艺性广播节目是歌曲《庆祝胜利》、《有吃有穿》、《东方红》和秧歌剧《兄妹开荒》，全部是音乐节目。

1949年6月1日，西北台由延安迁至西安播音，播音条件很差。当时，国民党军队扬言6月15日要重占西安，到了这一天，恰巧播音室停电，播音员就用电话向发射间广播。不能播放唱片，就对着电话拉胡琴，及时播出了音乐节目。

1949年3月著名诗人柯仲平为西北台作了序曲。序曲用《保卫黄河》的原曲填词演唱，沿用到次年8月底。

西北新华广播电台序曲

柯仲平

（用《黄河大合唱》中《保卫黄河》原曲）

西北大，西北高，
西北在战斗，西北在创造，
西北天天在飞跃，
西北电台忠实报道。
民主圣地，全国人民忘不了，
坚持进步，莫因胜利而骄傲。
我们要多用头脑，
我们要英勇勤劳，
我们战斗，我们胜利，
消灭敌人，把敌人消灭掉！

（唱第二遍时，最后两句改为：“我们创造，我们胜利，建设西北，把西北建设好！”）

第三节　文学

文学节目，包括诗歌、小说、散文、故事及话剧、电影的录音剪辑等。在国民党西安广播电台的节目中，文学节目并不占有固定的地位，只是偶尔由播音员邀请一些文学或话剧的业余爱好者来台演播一次。抗战初期，西安广播电台播出的各种救亡话剧节目相对的较多一些。《古城的怒吼》就是其中之一。解放战争后期的1948年秋，人民解放军开始大规模战略反攻，国民党西安广播电台曾专门招揽一批从解放区逃出的亡命之徒，由西安绥靖公署出钱养活，通过广播，演出不少反共的活报剧和荒诞不经的反共故事小说。

中国共产党领导下的延安新华广播电台在1945年恢复播音后，曾介绍过解放区的文艺作品包括故事等。

第四节　曲艺

曲艺节目以其演出简便，形式灵活，在陕西境内广播事业初创时受到了一定程度的重视。国民党西安广播电台最初编制的节目时间表中每星期日就曾专门安排一次长达25分钟的《大鼓》节目，其内容全部是传统性的段子。延安、西北新华广播电台的节目中，没有留下有关播出曲艺节目的记载。

第五节　综合文艺

西北台、陕西台、西安台在建台初期，就多次播出节日文艺晚会和配合政治运动的文艺演唱、广播比赛等。这类节目一般都短小精悍，迅速及时地配合了当时的政治运动。

广告与信息

国民党的西安广播电台开办时以至于它的中期阶段，都没有广告节目，1948年以后，宣称这一国民党办的广播事业为全国民众所共有共用，它的节目中才有了少量的商业广告。

天气预报

国民党西安广播电台最初的节目时间表中，同节目预告一起，还有气象预报，但后来气象预报取消了。

早期的人民广播，其节目时间表中，也没有“天气预报”的节目。

节目预告与广播荟萃

陕西境内各广播电台、站一开始播音后，都设有《预告》节目。各次播音的预告都是介绍当天专题节目和文艺节目的主要内容，并于晚间播音结束时，预报第二天节目内容。

1936年8月国民党西安广播电台开始播音，每天晚上播音结束时有《预告节目及气象》。1946年它重新迁回西安后，每天播音三次，每次都预报本次节目内容。

西北新华广播电台、西安人民广播电台，都在每次播音开始预告本次节目内容。

第二篇 >>> 编播与协调

第一章　专业分工

第一节　初创阶段

中华人民共和国成立前，陕西境内国共两党的广播，虽然它们的性质、任务根本不同，但是，就其信息传播的流程而言，因为同处于整个广播事业的初创阶段，所以，都是很简陋而又很不完备的，各工种的分化很不明显，而且，服务于信息传播过程的各种支援力量，也都还没有正式形成。

据目前查证到的资料，中国国民党西安广播电台（包括迁往汉中时期的陕西广播电台）自1936年正式播音以至于1949年逃离陕境，一直没有专门的编辑记者队伍。它的编播部门称为传音课（股），有主任一人，播音员若干人。一般新闻由播音员从《西京日报》、各种晚报或中央社新闻稿中择播，各种专题节目多数由播音员从中央广播事业管理处下发的《广播周报》中选用，少数演讲之类的专题节目，则外请政府官员或社会名流担任。重要的评论性稿件如《一周大事述要》由传音股主任审批，重要的特约讲话由台长核准。它的宣传方针和计划，则由国民党中央宣传部每周或半月制定一次宣传要点，通过中央通讯社或中央广播电台用特别密码下发。当时的播音员，实际上是以播音为主而兼编采工作，实行着播编采合一的体制。

1947年秋在西安孔庙（今碑林）正式播音的国民党西安军中之声电台，编辑和播音员职能已经正式分开，各设一股，各有5~6人。

1940年12月31日开始播音的延安新华广播电台，是诞生于陕西境内的中国第一座人民广播电台。它建立之初，播音员和编辑就有了明确的分工。播音员最初为许瑞璋（麦风）、姚雯，以后，又有肖岩和孙茜等，编辑最初只有李伍（科长）、陈笑雨和王唯真等。但播音及编辑分属两个不同的系统，播音工作从属于“代号叫九分队的延安新华广播电台，是军委三局下面的一个单位”。[①] 编辑工作则从属于新华社广播科。[②] “广播的稿件，每天由通讯员从设在清凉山新华社广播科送来。”[③]

1949年1月5日，西北新华广播电台在光复后的延安正式开始播音，最初只有编辑、播音员10人。此时，播音员的建制已不再属于军委三局系统，而统一归属于新华社西北总分社辖下的广播电台。虽然在它成立以前新华总社已经作出部署：“记者问题，各台应调出两个得力编辑，进行采访”，但当时的西北新华台仍然没有专门的记者，而只有编辑和播音两个工种。它的通讯联络工作，由新华社西北总分社负责，而实际上由中共西北各地委、工委与分区政治部给予保证。1949年1月20日中共中央西北局《关于西北新华广播电台工作的指示》中曾经规定：“各地委、工委与分区政治部，对西北新华广播电台应负供给稿件与及时反映情况的责任。关中、黄龙、西宁等地委与西府工委，负责供给对西安、宝鸡、南郑等方面广播稿件及反映这些地区的情况。甘肃工委、陇东地委负责供给对兰州、天水、平凉、西宁等方面的稿件及反映这些地区的情况；三边地委供给对宁夏方面的稿件和情况。榆林工委供给北线的稿件与情况，甘肃工委、陇东地委、榆林工委、伊东工委等，应同时注意供给对回、蒙、藏等少数民族广播的稿件。……此外，各地应将敌区群众与敌军收听情况及听众的要求意见，有计划的收集及时告诉西北总分社”，但是，这个指示似乎并未有效贯彻。据同年5月7日群众日报社《关于广播室工作的检讨》称：“对外广播是西北台的主要部分，但现在材料很少，西安、宝鸡各方面情况了解也少。”

---

① 肖岩：《延安播音生活回忆》，见《中国人民广播回忆录》，第39页。

② 王唯真：《延安广播的萌芽时期》，见《中国人民广播回忆录》，第43页。

③ 许瑞璋：《重返延安忆当年》，见《中国人民广播回忆录（第三集）》，第34页。

第二节　建设时期

中国人民解放战争的胜利，使陕西境内国共两党两种性质不同的广播互相斗争的历史随之而宣告结束，并进而揭开了人民广播发展历史的新篇章。

进入西安以后的西北新华广播电台，开始时编辑部人员总数只有 11 人，“没有专门的外勤（记者）”。① “编辑部工作人员采取了编、采、通、组合一方针，按社会性质分了工。……现在分成新闻、政经、本市、工青、听众服务、通采、文工团等组”。“组织通讯员和收音员工作，是由青年节目从学生开始的……”“在全市 43 个大中学校普遍建立起广播小组，共组织通讯员 252 人……从 5 月 15 日到 8 月 10 日，共收到学校学生来稿 131 篇，采用 103 篇。”②

第二章　编辑工作

第一节　指导思想

编辑工作是广播电视信息传播流程的中心环节，负责信息的把关。其主要任务是对流向编辑部的大量信息进行筛选，并对选定播出的作品（各种广播稿、电视片和文艺节目等）进行程度不等的整理加工。对信息的传播进行政治把关，是编辑工作的首要职责。

中华人民共和国成立前，陕西境内的国民党西安广播电台（包括陕西广播电台），没有专职的编辑人员；西安军中之声广播电台，设有编辑股，有五六人。不管它们是否有专职的编辑人员，它们播出的节目，都必须遵循国民党中央关于节目审查的各项规定。国民党政府于 1936 年 10 月颁发了《指导全国广播电台播送节目办法》，嗣后，又颁布了《播音节目内容审查标

① 《西安人民广播电台工作情况》，1949 年 10 月。

② 《编辑部关于全国新闻会议以后四个月的工作情况》，1950 年 10 月。

准》。《指导全国广播电台播送节目办法》中规定："各广播电台逐日播送每种节目之标题（如讲某事、奏唱某事、某曲）及担任人员姓名，应先编排节目内容预报表送呈中央执行委员会广播事业指导委员会审阅。如有更改之必要者，得通知更改之"，"各广播电台不得播送有干禁例或偏激之言论，诲淫诲盗荒诞之故事及歌曲、唱词"；"不遵守本办法者交由交通部按其情节轻重警告或取缔之。"在此前后发生的著名的《新生》杂志"闲话皇帝案"以及救国会七君子入狱案，就说明主张抗日救国是"有干禁例"的。"西安事变"后中广处对西安广播电台工作人员的整肃，以及原西安广播电台台长王权受到的"永不叙用"的处分，就是这种惩罚手段的实际应用。

在人民广播创办之初，编辑工作是广播宣传的最主要的工作。按照无产阶级的党性原则进行政治把关是它的基本原则。延安新华台开播后不久，1941年5月25日，中共中央即发出《关于统一各根据地内对外宣传的指示》，明确指出：

中共在全国以至全世界所占的重要地位，中共每一负责同志和领导机关之一言一动在全国以至全世界所发生的巨大影响，政治形势之紧张，敌人谋我之尖锐，党派斗争之激烈，都要求我党统一对外宣传及采取慎重处事的态度。

为此，中共中央在同一指示中明确规定：

（甲）一切对外宣传均应服从党的政策与中央决定，各中央局、中央分局、省委、区党委负责同志的公开发言，尤应严格遵守此原则。各军事领袖不得军委许可不准公开发表有关全国性的意见。凡牵涉到全国性意义的重要政治事变，任何中央局、中央分局、省委、区党委负责同志以及任何军事首长，在中央未指示前，不得公开发言，以保障全党意见与步调的一致。

（乙）……（略）

（丙）……广播台及起广播台作用的战报台，应划归通讯社，并设立广播委员会专门负责广播材料的审查编辑，并由宣传部指定一政治上坚强的同志领导之，并经常检查其工作……

此后不久，1941年6月20日，中共中央宣传部在《关于党的宣传鼓动工作提纲》中又特别提出："应当在党的统一的宣传政策之下，改进现有通讯社及广播事业的工作。"这个基本原则所包括的两个方面：①服从党的统一的宣传政策；②努力改进广播事业的工作，成为中国共产党领导下的整个广播事业长期坚持的基本指导方针。

其后，1942年4月1日，中共中央发出《关于统一根据地对外宣传的第二次指示》，9月1日又发出《关于统一抗日根据地党的领导及调整各组织间关系的决定》，都反复重申上述原则。

这一系列原则规定，表明中国共产党所领导的广播电台，从它建立之日起，就是作为党的喉舌而存在的。它所发布的各种新闻和报道，都必须在政治上与中共中央保持一致。

1948年10月2日，中共中央书记处书记刘少奇发表了《对华北记者团的谈话》，他强调指出："办报是联系群众很重要的工作"。"中央就是依靠你们这个工具，联系群众、指导人民、指导各地党和政府工作的"。"你们的报道一定要真实……第一是真实，不要过分，再就是全面、深刻。"他同时要求新闻工作者"继续努力改造自己，端正为人民服务的态度"。这个讲话，在全国解放前夕发表，成为指导新中国成立以后新闻工作包括广播工作的纲领性的文件。特别在新中国成立初期，它对全省广播工作者，有着重要的指导意义。共产党的真实的为人民服务的报道和国民党诬蔑共产党共产共妻、杀人放火的欺骗宣传形成了鲜明的对照，使广播的听众为之耳目一新。

1949年5月10日，西安解放前夕，中共中央西北局《关于进西安后办报办广播的初步意见》，对当时的广播宣传提出了如下的总方针：

向新解放的群众宣传二中全会中各项政策（进城之初，先注重宣传有关安定社会秩序、恢复生产等政策）及军管会各项法令；迅速反映新区群众的活动、意见（特别是工人的），及新区各方面的情况；配合党政领导机关解决群众中各项问题；大力推动各种建设，特别是工业建设。

中共中央西北局的上述《意见》进而指出：

地方新闻的新方针新内容　二中全会指出："我们必须全心全意依靠工人阶级，团结其他劳动人民，争取尽可能多的能够和我们合作的自由资产阶级及其代表人物站在我们方面，或者使他们保守中立，以便和帝国主义、国民党、官僚资产阶级作坚决斗争，一步一步地去战胜这些敌人；同时即着手建设我们的事业，一步一步地去学会管理城市，恢复和发展城市的生产事业。"这也是我们新闻报道的新方针新内容，特别是"依靠工人阶级"与"发展工业生产"是中心，也是我们过去注意不够、也不熟悉的。我们的通讯采访工作从进城的第一天起，就要把重心放在这方面去。当然，在进城之初还应配合军管会工作，反映"约法八章"的具体实施——即是各项接管工作的具体实施。

根据上述原则，西北、西安人民广播电台对新中国成立初的各项工作进行了宣传。电台对各方面来稿的采用与否，一个重要的检验尺度是看它是否符合党的政策。

第二节　整理加工

广播电视所传播的信息，既可作用于受传者的第二信号系统，（通过抽象的语言符号），又可作用于受传者的第一信号系统（通过各种具体的音响或声音与图像的结合）。根据这个区别于报纸、杂志的媒介特征，广播电视的编辑工作除根据上级党委、政府规定的指导思想和政策界限进行政治把关外，还须对播出的全部稿件（包括录音带和电视片），进行两个方面的加工整理：（一）使之口语化；（二）使音响和图像具备更真切的现场感和更强烈的感染力。

口语化

中华人民共和国成立以前，国民党统治区的西安广播电台、陕西广播电台等，其稿件多选自当时的报纸、杂志，很少自编，因而广播中书面语言的色彩很重。

在中国共产党领导下的解放区的延安新华广播电台，除文告性的节目外，其口语广播，则有着迥然不同的语言风格。1946 年 9 月 5 日，延安新华广播电台恢复广播一周年的时候，它的专稿《大家都来说话——XNCR 周年纪念广播》中的两段话，代表了当时人民广播的语言特色。

你们听了以后，喜欢听哪些？不喜欢听哪些？都欢迎很直率地告诉我们。你们有什么问题，需要我们答复，也盼随时写信来，我们可以公开答复，也可以个别答复，请你们在信上注明。只要我们能做到，我们一定照办。

XNCR，它是全中国人民的声音，它愿意代表你们讲话，你们有什么话无处可说呢？写信来吧！

这些话，不但字里行间充溢着为人民服务的热诚，而且唯恐听众听不清楚，所以十分注意使用短句，十分注意音节的响亮，注意使之平仄相间。

1948 年 12 月 18 日，新华总社就西北新华广播电台即将正式播音打电报给该社西北总分社指出：

广播稿编辑方面，应特别注意：

（甲）……（略）。

（乙）内容要能为收听对象所了解。要知道国民党区听众对解放区的各种政策与情况是不熟悉或很少了解的。解放区人民所熟知的各种事物，对他们必须从头说起，从头解释，切不可以办老解放区报纸的经验去办广播。

（丙）文章的结构，语句的构造，用词的选择，都要注意是给耳朵听的，不是给眼睛看的，要力求口语化，意思要简明，头绪要清楚，要一听就懂，并且生动而富有说服或鼓动的力量。单播稿件，每篇以一千字以下为宜。现陕北台实行念稿制度，重要新闻和单播写好稿，都由一个念，大家听，听不懂或听起来不流畅的就改，改好了才播出。此制度你们可采用。①

这段话，表明了人民广播工作者对广播的媒介特征的认识和对听众特点的重视，并且对这些问题作了理论的概括。

第三节　审批程序

国民党在陕西的陕西广播电台、西安广播电台、西安军中之声广播电台，主要通过播音员播发中央社的新闻稿以及中广处印发的宣传材料。因此，一般情况下，台内的审批手续不很健全。有关的少量记载是：

丁玲同志在1938年春夏间曾要到电台讲话被拒绝，当时八路军驻西安办事处曾派二位同志（记得其中一位好像叫白什么夫）到电台找我说，丁玲团长要到电台讲一次话，希望给安排一个时间。我请示黄鹤筹是否可以？（当时黄天如已离开）他说恐怕不妥，如果同意来讲，管理处和陕西省党部责怪下来不得了！我只好对来的两位同志表示歉意。②

国民党对广播宣传的审查，主要的环节是中广处对广播节目时间表及节目内容预告表的审查。

早期的人民广播，由于播出节目较少，而且在错综、复杂的政治、军事斗争中，代表中共领导机关发言，影响重大，故而审批手续相当严格。

1943年3月20日，中共中央政治局会议决定设立宣传委员会和组织委员会，作为政治局和书记处的助理机关。宣传委员会由毛泽东、王稼祥、博古、凯丰组成，毛泽东任书记，王稼祥任副书记，胡乔木任秘书。毛泽东不仅亲自撰写了许多重要的广播稿件，而且，对何时广播何种稿件，作过多次

① 《新华总社关于西北新华广播电台的节目内容和宣传重点给西北总分社的指示》，引自新华总社《业务汇报》第七期，1949年1月15日。

② 周旧邦：《关于西安广播电台的一些片断加忆》1984年3月。

十分具体、明确的指示。1946 年 5 月 22 日，毛泽东致函当时新华社代理社长兼总编辑余光生，指令“从二十三日起摩擦消息暂停广播；唯报上仍可登载一部分”。同年 6 月 30 日，毛泽东复又致函余光生，指令“从现时起，凡各地蒋军向我进攻之消息，均请发表并广播，因蒋口头说停战，实际在作战，我应发表新闻予以揭穿。本月参考消息《顽军侵占青州龙山两车站》、《文水阎军占我孝义镇》等项消息请补发广播，并登报”。

1949 年 12 月，西安人民广播电台《一年来的编播、调配、电源工作情况》，曾对该台节目的审批情况加以回顾：

一年来，由于西宣部（中共中央西北局宣传部）和（《群众日报》）社委会的领导，我们播送的稿子，全部经过（报社）总编辑审查过。有些稿子还经（报社）副社长及宣传部审查。特别是在开创的一个时期，全部稿子经宣传部审查，有些是李卓然部长亲自审阅修改。

第三章　采访工作

第一节　专业记者

国民党的西安广播电台、陕西广播电台、西安军中之声广播电台，均无专职采访人员。

在陕西各新华广播电台、人民广播电台及各县广播站初创时期，采访工作都是由编辑人员兼任的。1948 年 9 月 29 日，新华总社广播管理部在《今后的工作和准备提交广播会议讨论的几个问题》中，虽然曾经提出，“各台应调出两个得力编辑，进行采访，专写对外稿件”。但其后成立的西北新华广播电台并未执行此项决定。只是在广播需要而报纸、通讯社和各系统、各地区的通讯员所供给的稿件不能满足此种需要时，广播编辑人员才外出进行独立的采访。1949 年 10 月的《西安人民广播电台工作情况》曾就此发出抱怨：“我们在工作中被动性很大，只是跟着《群众日报》与新华社西北总分社屁股后面跑。”这当然也有客观的困难，如广播台还没有专门的外勤，他们没有广播通讯网。

第四章　播音、播出

第一节　播音

播音是广播电视系统宣传工作的最后一道工序，是同各台、站的建立相伴生的，而成为各台、站最早拥有的工种之一。

国民党的西安广播电台、陕西广播电台、西安军中之声广播电台，均招收具有一定文化程度的人员，用当时称为国语的普通话进行广播，与外地某些私营台用当地方言进行广播者不同，由于西安所处的重要战略地位，“西安事变”后，国民党中央广播管理处曾一度派遣当时号称“南京之莺”的刘俊英等来西安广播电台播音。由于当时社会风气习于靡靡之音，因而播音语调比较轻软；又由于稿件多系书面语言，因而播音又略带吟诵式，节奏较慢。

延安新华广播电台创立之初，广播电台只是新华总社语言广播部的播出机构。最早担任播音员的是麦风（许瑞璋）和姚雯。对延安台的播音工作，中共中央十分重视。1947 年 3 月，周恩来、朱德曾先后前往延安新华广播电台视察，要求“坚守岗位，保证播音不中断”。

由于当时延安台（陕北台）需要经常播出中共中央的一些重要文件，因而对播音的准确性要求也很严格。1948 年 5 月，陕北台播出《中央关于土地改革工作的指示》时，稿件上特别注明：“毛主席指示：‘此件不要播错一个字’。”播音员也都具有严谨的工作作风。延安台、陕北台经常播出一些战争胜利的消息，播音的语调也随之而富于战斗激情。

1949 年 1 月 5 日，西北新华广播电台正式播音。当时的四名播音员中，1 名湖北籍，1 名东北籍，语音不够纯正。他们就互相研讨校正字音、语气、声调。当时编辑部与播音室一在山下，一在山坡，有一次稿件上有一个字认不清，播音员即冒大雨下山询问，往返费时 35 分钟，同样地表现出一种严肃、热情的风格。（此事记载于 1950 年 1 月 5 日《群众日报》《西安人民广播电台是怎样建立起来的》一文）

第二节　播出

这里所说的播出工作，特指直播时期播音以外的其他播出活动，即由编辑部门指挥的的播出活动。同后来实行的预先录音、录像届时播放的播出，其工作内容、任务、方法均有所不同。

国民党的西安广播电台等，都建有当时比较正规的播音室，除政治性、知识性广播由播音员播音或由某人演讲外，一些文娱性节目，也由有关团体到电台播音室演播。当时的文艺团体编制都比较小，参加演播的人数一般在10人左右或以下，播出安排比较容易。

解放区的延安新华广播电台、西北新华广播电台，其播音室都是很小的窑洞，四周围着陕北土产的羊毛毡，安排文艺团体演播节目时困难就比较多，一些稍为大型的文艺活动，就只好在露天对着话筒表演。

第五章　通讯联络

第一节　通讯网络

中华人民共和国成立前，陕西境内的国民党广播，没有自己的通讯网组织。共产党领导下的西北新华广播电台，根据中共中央西北局的决定：依靠“各地委、各工委与分区政治部……负供给稿件与及时反映情况的责任”。没有建立个人通讯员。中华人民共和国成立以后，广播的通讯网络才逐步正式建立起来。

第二节　受众反馈

对听众的反映加以收集并以此作为改进广播工作的依据，是陕西境内人民广播的优良传统之一。1949 年 1 月，中共中央西北局即发出指示要求所属各地委、工委和分区政治部向西北新华广播电台及时反映情况。西北人民广播电台成立后，曾以很大的努力在开展广播宣传的同时，收集听众反映，并将一些听众对重大政治问题的反映写成专门报告。

第三节　对外交往

这里所说的对外联络，是指广播电视系统与其他国家和地区的关系，也包括中国的香港、澳门、台湾地区。

陕西境内广播系统与外国的最早联系，可以追溯到1936年12月“西安事变”时的西安广播电台。当时，在周恩来指示下，中共负责电台工作的干部聘请当时在西安的美国作家史沫特莱和英国记者贝特兰等协助，举办英语广播宣传事变真相，扩大国际影响。

第六章　协同力量

第一节　专业报刊

广播电视通过电波传输声音和图像，有声有色，丰富多彩，但是，它也有讯息稍纵即逝、存储查阅不便等不足之处，借助广播电视报刊，预告和介绍广播电视节目内容；选登优秀的广播电视稿件，有助于弥补广播电视一瞬即逝的弱点。广播电视专业报刊是发展广播电视事业的协同力量之一。陕西省广播电视报刊主要有两类：一是向观众和听众介绍广播电视内容的广播电视报纸。50年代初期，各地根据抄收《记录新闻》出版的油印小报，也属于这一类；二是广播电视系统内部出版或公开发行的刊物。前者主要为听众和观众服务，扩大广播电视的宣传效果和影响；后者主要为广播电视从业人员研究业务、交流经验，提供信息。

油印小报

在国民党统治时期，国民党中央广播事业管理处在陕西部分县市建立过收音室，个别地方也编印过油印报，其内容和国民党广播电台的宣传如出一辙。1935年杨虎城将军赠给蒲城县尧山中学一架收音机。1937年5月建立的中共蒲城工委，利用这部收音机抄录新闻稿和党报党刊的材料，加以改编，曾编辑出版过油印小报《新闻广播》，向校内外散发，宣传抗日，这是截至目前发现的在中共地下组织领导下出版的最早的油印小报。

第二节 音像出版物

唱片与录音带的发行和管理

音像制品包括唱片、录音带和录像片。在音像制品中，最早出现的是唱片。中国唱片的制作出版有较长的历史，早在19世纪30年代，陕西省一些著名秦腔演员即应邀为上海百代唱片公司灌制唱片。至今，中国唱片公司上海分公司还保存有苏哲民、李正敏等8名秦腔演员灌制的唱片的母版。但是，陕西一直没有唱片的出版和生产单位，只有唱片的发行机构。

业余艺术团体

在陕西境内最早出现的业余的广播艺术团体，可以追溯到1940年，当时尚处于国共合作抗日阶段，国民党的西安广播电台曾经组织了“广播歌咏队”，在广播中演唱抗战歌曲，并演播了多幕话剧：《古城的怒吼》。但不久就解散了。中华人民共和国成立后，西安、宝鸡、安康、山阳等地的广播台、站，先后成立过一些业余广播艺术团队。

第三篇 >>>

广播技术

广播节目是传播声音（广播）信息的载体，通过无线电波传播的是无线广播，通过有线网络分配的是有线广播。

每个（无线）广播电台和有线广播电台（站）都有各自独立的技术系统，各独立系统之间通过节目转播和交换联结。每个独立系统的广播节目传播流程（亦称技术系统运行程序）均有节目制作、节目播出、节目传送和受众接收四个环节。发射覆盖应属于节目传送的一部分，因其系统庞大，特单列一章。本篇按系统构成、节目播出、节目制作、节目传送、发射覆盖、受众接收分别记述。

第一章　系统构成

陕西省广播技术系统的建立始于国民党在西安筹建西安广播电台的1935年。至中华人民共和国成立时，陕西境内已先后建立过五座广播电台——陕西广播电台、西安广播电台、西安军中广播电台，延安（陕北）新华广播电台和西北新华（人民）广播电台。这五座广播电台技术系统都比较简单，用一个中波或短波频率播出一套节目；节目单一，主要是直接口播文字稿，播放唱片和收转上级广播电台的节目；设施简陋，只有传声器、增音机、手摇或电动唱机、收音机和室外接收天线，功率为1千瓦以下的发射机和发射天线；播控系统和发射系统大多设在一起。这是组成一个广播电台最起码的设施和规模。

西安解放后，西北人民广播电台（简称西北台）由延安迁入西安，不久即由一个短波频率播送一套节目，发展为一个短波和一个中波频率播送一套节目，随后相继成立西安人民广播电台（简称西安市台）和西安人民广播电台工人台（简称西安市台工人台），各由一个中波频率播送一套节目。三座电台三套节目从播控至发射各有自己的独立系统，这三个电台的技术系统仍比较简单。不久发射系统迁入第一发射台和报恩寺街家属院，与播控系统分为两处。

陕西人民广播电台（简称陕西台）成立初与西北台合用一个中波频率的播控和发射系统，分割时间播出，西北台撤销后即继承这套技术系统。这时录音技术刚刚起步，控制系统已分为制作与播出两部分，因录制设备甚少，仍以直播为主。

解放前陕西省只有电子管收音机几千台，解放初只剩下千余台，大部分集中在西安市，其余在宝鸡等几个城市里。西北台和陕西台为使全省群众听到广播，扩大广播宣传范围，指导有收音机的工厂、学校建立收音员，组织工人和学生收听；随后又配给各县收音机，建立县广播收音站。广播收音站设备只有一台直流电子管收音机，一副简单的接收天线和几套干电池。收音员收听和记录中央台、西北台和陕西台的新闻，通过油印报、黑板报等广为传播，或组织群众收听。

第二章　节目播出

第一节　直接播出

陕西省第一座广播电台——西安广播电台 1936 年 6 月下旬试播，8 月 1 日开播，呼号 XGOB。台址在西安南院门国民党陕西省党部院内，初占地约 3 亩（“西安事变”后又扩大约 3 亩），新建播控和发射机房，包括办公、生活用房等总建筑面积约 400 平方米。机器从原设在北平天坛的河北广播电台迁来，播控设备仅有传声器与唱机。西安广播电台播出的节目主要是讲话和播放唱片（约有几十张音乐、歌曲、戏剧、曲艺唱片），声音信号直接送入发射机。技术系统简单。

1938 年 8 月日军侵占山西风陵渡后，西安广播电台于秋天迁往南郑（今汉中市）改称陕西广播电台，1939 年 8 月在南郑东关外磨子桥的一个道士观里播音，呼号 XKPA，道士观西院神殿作为机房，播控与发射系统在一起，技术系统简陋，条件更差。

西安广播电台南迁后，留守西安的人员用剩余器材自装发射机，1939 年 9 月以西安广播电台名义继续播音，呼号 XKDA，设备是凑合起来的，工作时断时续，维持到 1944 年 4 月停止播音。

抗战胜利后，1946 年 10 月陕西广播电台由南郑迁回西安原址播音，技术系统和工作状况一如既往。

1949 年 5 月 12 日，西安临近解放，陕西广播电台拆迁南郑，在南郑南门外正街后东侧社坛镇小学临时设台，6 月初用改装的发射机和临时架设的天线播音，7 月底又将设备拆迁四川成都，改为华西随军广播电台，并于成都临近解放时宣布起义。

1947 年春国民党西安军中广播电台在西安孔庙开播。技术系统和设备简陋状况不比陕西广播电台好，该台系 1942 年成立的军中播音总队第二中队，1945 年冬到达西安，因没有设备未播音。1949 年元旦前后，该台由西安迁往南郑，6 ~ 7 月间在南郑洗马池忠烈祠播音，不久又迁往四川成都，成都解放时，被人民解放军接管。

中国第一座人民广播电台——延安新华广播电台（中央人民广播电台前身）1940 年 12 月 30 日在延安以西 19 公里的王皮湾开播，呼号 XNCR（按国际上有关规定我国无线电台呼号的第一个字母是 X，NCR 为“新中国广播电台”的英文 New Chinese Radio 的缩写），在西川北岸沟口两孔土窑内播音，有一个旧的传声器，一年以后增加一台手摇旧唱机和二十多张毛泽东主席赠送的唱片。播音室四壁和门窗挂着延安土产的灰色羊毛毡隔音。

1944 年迁延安西北十多公里的盐店子寨子峁山上，在半山腰修建三排土窑，第二排有两孔用作播音。设备和在王皮湾时没有多大变化。土窑面积很小，仅可容纳 1 ~ 2 人直接口播、独唱、男女合唱、口琴独奏和合奏。鲁艺文工团人多就在窑洞外小块平地上，架设临时传声器露天演播。11 月间迁裴庄，在山沟里新建的一个长方形平房内播音，平房约有 50 平方米。南、北、西面的玻璃窗挂窗帘，墙上钉毛毡隔音。室内有电灯照明。旁边有一孔土窑是小播音室。动力间和发射机房留在盐店子，盐店子至裴庄间架设电源线和信号线。

1946 年 6 月，原属中央军委通讯局的播音和机房工作划归新华社，由新成立的新华社电务处统一管理（包括文字广播的机务工作），9 月延安新华广播电台从裴庄迁到延安北关以西 1 公里多的大砭沟。在八路军大礼堂东北山坡上一孔土窑内播音。11 月又迁至延安北关美军观察组（已撤离延安）驻地，用观察组留下的无线电通讯设备改装的广播设备在一间大砖房内播音。

1946 年 6 月底，国民党军队向解放区发动全面进攻，新华社和延安新华广播电台的部分人员开始疏散转移，一部分编播、技术人员转移至子长县（瓦窑堡）的史家畔。

1947 年元月播音和发射由北关迁回盐店子，在寨子峁山上土窑内播音。北关留下美军观察组的设备转移至子长县好坪沟（史家畔川西 10 公里），建立第一线战备台。3 月 14 日晚间，延安新华广播电台在子长县好坪沟播音。好坪沟口有座门楼，播音员在楼上 6 平方米的观音庙内播音和住宿。庙里三条半腿（半条腿垫着土坯）的供桌上放着传音器，门上挂着羊毛毡隔音。发射机放在楼下门洞里。21 日延安新华广播电台改名为陕北新华广播电台，28 日接到命令，当晚播出青化砭大捷新闻后，埋藏带不走的机器设备连夜转移，离开陕北。埋下的机器被胡宗南军队侵占瓦窑堡时被带走或破坏。

1948 年 4 月 21 日收复延安，年底西北新华广播电台在延安成立，1949 年元旦试播，元月 5 日正式播音，呼号 XGYA（2 月 1 日按新华总社元月 15 日通知，拉丁字母呼号取消，改以台名呼号）。在清凉山上整修几孔旧窑，播音室和调配室各占一孔，内为播音室，外为调配室，两室间有一长约两米的小隧洞供播音员进出和联络传话。播音室墙上、地上以及小隧洞两端门框都用陕北土产的羊毛毡隔音。因隔音不好，窑外杂音和调配室稍大的声音依旧传入播音室。于是规定播音时间调配室不准大声说话，不准听收音机。

延安收复初期，人力物力极端困难。西北台播音室有一个旧炭精传声器，调配室有一部由军用报话机改装的增音机、一部手摇唱机、10 张左右唱片和两部旧 NC—200 型收音机（一部好用，另一部杂音太大，仅供转换波长使用）等几样简单的设备。

西北台每晚播音 3 小时 15 分钟，其中 2 小时 15 分钟转播陕北新华广播电台的节目。自办节目主要是播音员直接口播，播音室与控制室用信号灯联络。娱乐节目唱片太少，常请西北文工团来演播，人多窑内容纳不下，把传声器拉到窑洞前空地上演播。播音室只有一个窗户，播音时不能打开，人多走动，羊毛与尘土飞扬，室内空气非常不好。

1949 年 5 月 20 日西安解放，28 日西北台接管国民党在西安南院门的陕西广播电台。该台仅剩下一院机房、十几间砖木结构的办公用房和一根高 49 米的钢管拉线式天线。

6 月 1 日西北台借用西安电信局的短波发射机，架通传音线路，在非常艰难的条件下，正式接替延安在西安播音。

播音室内墙装置木渣纤维板，隔音不严，吸音效果不好回声大。使用一个延安带来的碳精传声器，噪声大，声音也不太好。没有电唱盘，没有增音机，修理工具和器材零件也要向外单位借，甚至连找根导线也非常难。从东大街华华无线电料行借来的一台旧干电池收音机，在西安第一次转播北平新华广播电台（陕北新华广播电台 1949 年 3 月 25 日迁入北平后改名）的节目，收转频率 10260 千赫。1949 年冬，用从北京带回的一部收音机的音频前级接入传声器作播音用，整机作转播用。至 1950 年，添置北京广播器材厂生产的增音机和新的传声器。

延安时期，自发电电压比较稳，但耗油量大，西安有发电厂电费开支仅为自发电耗油开支的 1/8，进西安后力求用公用电网的电。可是公网电压非常不稳，常停电，电压骤变常将变电器、整流管和收音机电子管烧坏。为此借西安电信局一台 750 瓦发电机作播音电源，用直流收音机转播，以确保安全播出。

第三章　发射覆盖

第一节　中　波

早期的发射系统

1936 年开播的国民党西安广播电台是陕西省第一座中波广播电台，其发射系统和播控系统一起设在西安南院门，发射间约有60平方米。安装一部经河北广播电台改装为500瓦的中波发射机。该机原系北平天坛长波报务台报废的报话两用发射机。发射机的高频信号由调屏调栅高频振荡器产生，经两级放大在高频末级受调幅器末级的音频信号调幅后送上发射天线。传声器的音频信号进入调幅器经予放与唱机的音频信号混合，放大后调幅高频末级，调幅器末级与高频末级均用两只204A型三极电子管推挽输出。频率1290千赫，波长232.6米。

发射机电源由柴油机带动的直流发电机提供110伏的直流电压，再经四组直流电动发电机组变压，分别提供2600伏高压、500伏中高压、200伏低高压和12伏灯丝电压等四种直流电源，还有一个可供调整电源电压的控制台。

发射天线竖立高约57米，由9根直径为100毫米的镀锌钢管连接而成，在互为120度的三个方向用七层拉线固定。建筑物四周用14号铜丝，深埋1.5米，构成一个椭圆形的接地网，周长519米，中央四周各埋长方形接地铜板一块，深3米，并与深55米多的自来水井水管相连接。

抗日战争期间，1939年春西安广播电台南迁南郑（现称汉中市）磨子桥，改名陕西广播电台，5月安装发射机与发电机，7月安装西安迁去的钢管天线后开始试播，8月正式播音，功率和频率未变。先用柴油发电机自发电，12月开始由南郑发电厂供电，于是播音时间延长，后因供电不足又恢复为2小时，此后常因供电不足、机件故障而停播或减少播音时间。抗日战争后期改用一部重庆广播器材修造厂的500瓦中波发射机发射。

西安广播电台南迁后，留守西安人员利用没有搬走的广播器材和设备，装配一部40瓦中波发射机，拉一条简单天线，1940年11月1日仍以西安广播电台呼号凑合播音。频率1000千赫，波长300米。由于电力很小，收听范围限于西安市区。1941年初机器发生故障，陕西广播电台派工务主任来西安修理，停播近三个月。西安广播电台维持到1944年4月停止播音。

抗战胜利后，陕西广播电台于1946年迁回西安南院门旧址，呼号、频率未变，工作状况一如既往。同年接收日伪河南广播电台设备，从开封运回西安。1948年12月31日统计，陕西广播电台的主要设备和仪表有500瓦中波发射机一部（已拆待修）、中短波段收音机四部、四级增音机一部、天线绞车（卷扬机）一部、兆欧表一个。

1949年5月上旬，西安临近解放，陕西广播电台拆迁汉中，在南门外正街后东侧社坛镇小学临时设台。使用10千伏单相供电，由于电力不足大约在6月初另改装一部100瓦中波发射机，架设临时发射天线应付播音。这部发射机亦屏调发射机。高频振荡经二级放大，推动两只211型电子管推挽的高频末级；低频经予放、激励、推动两只203型电子管推挽调幅器末级，调制高频末级。输出功率实际不足100瓦。市电电压不稳，晚间用电量骤增，电压有时降至130～140伏，以致无法开机，实际仅每天早上、中午两次播音。7月底停播，拆运四川。

1942年国民党成立军中播音总队，该总队下属第三中队，1945年冬调来西安。抗日战争胜利后，设备只有一台15瓦报话机及一台手摇发电机，设在西安建国公园（现为儿童公园）北侧早慈巷西安一中内，未播音。1947年该队改为军中二队，在孔庙（现为碑林）设立西安军中广播电台，使用南京运来的一部500瓦中波发射机播音，频率1500千赫，波长200米，每天下午播音3小时左右，收听对象以国民党军队的官兵为主。1949年春该台迁往汉中，六七月间在汉中洗马池忠烈祠播音，呼号、频率未变。不久亦拆迁四川。

1949年5月西安解放，在延安成立的西北新华广播电台迁入西安南院门，先借用西安电信局的短波发射机接替延安工作。南院门电台内技术系统非常简单，只有播控系统，没有发射系统。因西安市大多数市民的收音机只有中波段，西北台按1948年9月新华总社广播管理处指示：地方广播要在本区较大的城市中心建立1千瓦以上的中波台，转播陕北新华广播电台新闻等节目，以满足解放区各城市拥有中波收音机听众的要求。7月底将延安停用的1千瓦短波发射机运到西安，8月底改装为1千瓦中波发射机，安装在调配室南边的发射间内，用陕西广播电台撤离留下的钢管天线维修后作为发射天线，9月3日试机，9月20日开始试播。10月1日正式播音，使用频率1300千赫，波长230.8米，除每晚节目与短波发射机内容相同外，另外增加早上和中午两次播音。这时台内才开始有发射系统。

第二节　短　波

陕西省填内第一座短波广播电台是1940年在延安创建的延安（陕北）新华广播电台（中央人民广播电台前身）。

延安新华广播电台的发射系统设在延安以西19公里的王皮湾。在其南岸半山腰陡峭的岩石上，开凿两孔窑洞安装短波发射机。广播发射机系苏联产品，1940 年 3 月由周恩来带回国，从苏联经迪化（现乌鲁木齐）兰州、西安长途辗转运到延安，机件有一定的损坏。11 月安装，经修理、调试后，勉强供使用。在发射机房两边山坡上竖立木杆，挂导线作为发射天线，引下馈线长达 30 多米。

发射机发射功率 1 千瓦要消耗电力几千瓦，先后找到两个旧汽车引擎（发动机），大修后带动发电机发电。延安汽油、柴油奇缺，用两个大汽油桶焊在一起，制成煤气发生炉，烧木炭产生煤气代替汽油。煤气发电，引擎转速不够，产生的电力不足，发射机的发射功率只能达到 300 瓦。

1940 年 12 月 30 日延安新华广播电台开始播音，先后使用 10710 千赫（20 米）、9800 千赫（30.5 米）、4040 千赫（61 米），频率（波长）播音，开始每天播音一次 2 小时，后增至两次 3 小时和三次 4 小时，其余时间发射机还要供文字广播使用。

发射机太简陋，常发生故障，有时不能按时播音或不得不暂停几天，这样时播时停地工作两年多。终因斗争环境愈来愈艰苦，无线电器材愈来愈没有保证，大型电子管失效得不到补充，播出效果不好，声音也不清晰，各地新华分社反映有时听不清、记不下多数分社只收听文字广播不收听口语广播，1943 年春暂停播音，广播发射机运到延安通信材料厂修理、改装后，用于文字广播。

这时，为便于就近联系，发射机房由王皮湾迁至延安西北 13 公里的盐店子村寨子峁山上，在约 50 米高的山顶修建两间土坯墙、石板盖顶的平房（约有 20 平方米，坐西朝东），作为发射机房，房后两边山坡之间架设发射天线。开始仍使用煤气发生炉，烧木炭产生煤气驱动汽车引擎带动发电机发电。1944 年春，晋西北抗日前线缴获一台锅炉，拆运到延安，经铆装改为一台 25 马力的蒸汽机，安装在寨子峁山下的一座关帝庙院里，作为发电机动力，然后，在锅炉四周砌墙收顶，修成两孔相通的窑洞，每孔面积约 70 平方米，高 10 米，庙旁挖井并用铁管连接几个水桶作贮水池。锅炉装成后，与煤气发生炉轮流用来发电。

1945 年 8 月抗日战争胜利前夕，中共中央根据当时的形势，指示尽快恢复延安新华广播电台的广播，中央军委通讯局九分队利用发报空隙时间改装和调试机器，连续加班四昼夜，终于在 14 日日本天皇宣布无条件投降的那一天试播，实际输出功率只有 300 瓦，9 月 11 日正式播音，频率 7500 千赫，波长40米。

1946年6月发射机房随同播音室一起迁至延安北关以西的大砭沟，11月又一起迁至北关美军观察组撤走留下的驻地。用美军留下的一部500瓦通讯发射机改装后广播（实际输出只有450瓦）。

1946年内战全面爆发。1947年元月延安新华广播电台战备转移，由北关迁回盐店寨子峁山上。北关留下的美军观察组的设备转移至子长县好坪沟建立第一战备台。1947年3月14日延安（陕北）新华广播电台转移至好坪沟，28日接到再转移的命令，埋藏带不走的机器设备，连夜东渡黄河离开陕北。

1948年4月21日西北野战军收复延安，9月新华总社广播管理部决定在延安新建一座短波电台，定名西北新华广播电台（简称西北台）。12月25日西北台在凤凰山大砭沟山上，新挖三孔土窑为发射机房，用山西运来的木杆架设电源线、传音线和天线，发射天线架设在山上，山下沟口整修几孔旧窑洞和一大间棚房为动力间。12月9日发射机（这是1940年延安新华广播电台创建时用过的短波发射机，1947年带到山西兴县，留在晋绥军区通讯处实验室）由山西运到延安，经过改装，功率扩大为1千瓦。12月25日开始试机，1949年元旦试播，元月5日正式播音，频率8007千赫，波长37.47米。

延安没有发电厂，电源自己解决。因汽油供应困难，先搞到一个蒸汽车头发电，后又搞到两部发电机，其中一部三相220伏、15千瓦系用一个汽车引擎（大道奇）驱动，电压比较稳定，但引擎太旧，耗油量太大，有时汽油供不上不得不减少播音时间。

1949年5月西安解放，西北台接管国民党陕西广播电台，设备器材已被盗运一空，无法恢复工作。中共中央西北局要求"三天内开出无线广播"，西北台借用西安电信局的一部5千瓦短波发射机（系英国马可尼公司早期产品）按时完成任务。发射机架设在革命公园内，从南院门至革命公园临时架设传音线路传送信号。试播三天，5月31日用该机与延安1千瓦发射机通话，约定西安接替延安播音的时间。6月1日西北新华广播电台正式接替延安在西安播音，呼号、频率和波长均未变。发射机原供报话通讯两用，实际输出功率只有3千瓦，供广播用音质很差。发射机每天还兼通报通话任务，只在晚间播音4小时。其中2小时转播北平新华广播电台的节目。

第四章　节目传送

第一节　广播中心向直属发射台传送

国民党时期在陕西建立的三座台，播控系统和发射台在一起或相距不远节目信号传送线路非常短。

延安（陕北）新华广播电台和西北新华广播电台在延安时期，播音室、调配室一般和发射机房相距几公里，节目信号传送用架空裸线或用部队通讯电话线。

西安解放，西北台迁西安后，短波发射机在革命公园，播控系统设在南院门，南院门与革命公园之间架设临时传音线路传送节目信号。

第二节　节目转播

节目转播在这里主要是指下级台转播上级台的广播节目。

国民党在陕西建立的三座广播电台转播设在南京的国民党中央广播电台的节目，据陕西广播电台 1948 年统计，转播使用的收讯机有美国的 SX—42 型和 NC—100 型交流收讯机各一台，日本 SA 交流收音机两台，在此以前有过三台 NC—100 型收讯机。

西北台在延安成立时，陕北新华广播电台已迁至河北平山县西柏坡村附近播音。西北台用两台 NC—200 型收音机、两副收音天线收转它的短波节目，每天转播时间约占全天播音时间的 69%。西安解放后，西北台在西安播出第一天，设法借来一台旧干电池收音机，转播北平新华广播电台 10260 千赫短波信号，每天转播时间约占全天播音时间的 50%。随后，收讯机增多，成立收音室，用偶极子接收天线收音。陕西台成立时有美制收讯机三台，50 年代初，使用的收讯机有美制的 SX—42、NC—100 和 NC—240 等。

第五章　受众接收

第一节　集体收听（含广播收音网）

国民党西安广播电台时期，为扩大广播宣传，在陕西省境内建立过50个收音室，这是陕西省最早建立的接收网点。但这个时期私人拥有的收音机却很少，到40年代收音机数略有增长。据1946年至1947年西安市登记散存在机关、团体或个人手中的收音机有5000台，当时估计实有7000台。

延安新华广播电台开播后，中共中央曾指示抗日根据地的党政、军机关，有收音机的“应经常接收延安新华广播电台的广播，没有收音机应不惜代价设立之”。在陕北根据地收音机无确切统计数字，但数量是非常少的。

西安解放后，1949年6月14日西安市军事管制委员会布告登记收音机，至1950年3月在西安市公安局登记的收音机大约有800台，机关和国营商店约有300台未登记。另据统计，南郑和宝鸡各有收音机50台，其余城市只有部分专署和地委机关有。城市居民中有收音机的多数是商人，工人很少，广大农村几乎没有收音机。这个时期收音机多数是电子管式（3管或5管）超外差中、短波收音机，机型较大，灵敏度低，接收稍远的电台，需要架设室外天线（蛛网状或倒“L”状接收天线）。

西北台迁入西安后，首先帮助有收音机的组织收听、没有收音机的解决收听难问题；通过机关、企业、学校组织群众收听；动员有收音机的商店将收音机放在门口，让过往群众听，有的地方（如延安市）在公共场所设立公共收音机组织群众收听。千方百计利用现有的少量接收工具组织广大群众收听。

第四篇 >>>

管　理

广播管理工作伴随着广播事业发生、发展及其兴衰成败的全过程，而在各个不同时期，又有不同的模式和特点。本篇记述广播管理工作的一些主要方面，诸如体制、机构、队伍、经费和宣传、事业管理等各方面职能，并纵述其历史和现状，以便从管理中显现事业发展的一般规律和兴衰成败的因果关系。

第一章　体制沿革

第一节　条条为主管理

新中国成立前，陕西境内国共两党的广播事业，是两种性质、任务根本不同的大众传播事业，但就其管理模式而言，却有相似之处。它表现在：（一）在广播事业系统内，都实行条条的垂直领导，或条块结合，以条条为主管理的模式；（二）在广播事业单位中，都实行首长负责制。

1936 年 8 月 1 日开始正式播音的国民党西安广播电台，是直接隶属于国民党中央广播事业管理处（中广处）的一座广播电台。举凡它的人员、经费（包括经常费、事业费、特别费等）以及发展计划、器材供应、宣传内容等，都由中广处掌管、控制。

南京中国第二历史档案馆至今还保存着当年国民党陕西电台台长以函、

电、代电形式向这个管理处汇报工作情况的报告，每月1～2次。

在特殊情况下，中广处可以对西安广播电台进行改组。1937年2月“西安事变”以后，中广处即下令通知西安广播电台停止播音，并派其传音股长到西安接管、改组西安广播电台，除一名工友留守外，其余人员全部调回南京整肃。西安广播电台从台长起以至播音员、技术人员全部由中广处另行委派。

凡重大决策，西安广播电台都需要事先报请中广处审查批准，然后施行。1938年冬，日寇逼近潼关，西安屡遭轰炸，西安广播电台即请示中广处电台是否搬迁？迁往何处？经中广处回电同意搬迁，迁往南郑（今汉中市）后，西安广播电台即按此方针执行，并在西安的国民党党政军机关均未搬迁的情况下，单独迁往南郑，直到抗日战争胜利后才迁回西安。

1947年在西安正式播音的国民党西安军中之声广播电台，直属国民党政府国防部军中之声总台（原为军事委员会政治部播音总队）领导，而由国民党西安绥靖公署政治部在业务上指导。其人员由总队委派，经费由总队拨发，工作由总队考核（总队专设一“考核股”，考核各地军中之声电台的工作）。

以陕甘宁边区为根据地的中国共产党中央，于1940年春天决定建立广播电台。当年12月30日，延安新华广播电台开始播音，广播稿件全部由新华社供给，而机务工作则由军委三局负责。两方面的工作统一由中共中央领导。

1949年1月5日，西北新华广播电台在延安正式播音。建立西北新华广播电台，是根据1948年9月新华总社广播管理部《今后的工作和准备提交广播会议讨论的几个问题》所拟订的计划实行的。关于它的隶属关系，这个文件规定如下：“提议今后（各地广播电台）应统一由中央局宣传部领导……管理部可在业务上指导各台。”不久以后，同年6月5日，中共中央即发出关于成立中央广播事业管理处的通知。通知宣布，中央广播事业管理处与新华总社为平行的组织，同受中央宣传部的领导。各中央局所属的广播电台受各该中央局宣传部与中央广播事业管理处两方面的领导。各地广播电台与中央广播事业管理处的关系与各地新华总分社、分社与新华总社的关系相同。又不到一个月之后，同年6月30日，中央广播事业管理处又发出对各地广播电台的暂行管理办法，规定：“中央局所在地的人民广播电台的日常工作由中央局宣传部管理，其重要工作方针、重要技术设施与重要人事配备须报告中央广播事业管理处批准。普通城市的人民广播电台的日常工作由所在地的市委和区党委、省委宣传部管理，其重要方针、重要技术设施与重要人事配备须报告中央局所在地人民广播电台批准。”这样，在西北新华广播电台建立的半年时间内，它的隶属关系就经历了由中共中央西北局宣传部领导，过渡到由中共中央西北局宣传部与中央广播事业管理处两方面领导，再过渡到日常工作由中共中央西北局宣传部管理，而重要方针、重要技术设施与重要人事配备报告中央广播事业管理处批准的迅速演变，从而形成了在管理上条块结合，以条条为主管理的体制。这反映了全国解放前夕，各个原来分割的根据地迅速融为一片，国家空前统一，中央加强宏观控制、指导的总趋势。

尽管在管理模式上，中华人民共和国成立前国共两党的广播事业基本相似，但毕竟由于两者的根本性质和任务迥然不同，所以，它们的运行机制和工作作风是大不相同的。据当时国民党西安广播电台的工作人员回忆：

黄天如以一个体育教员，当上了台长。……他不懂技术、政治、经济，文学艺术也一窍不通。大家都看不起他。加上他每天一起身就出去，说是去行辕，午饭后，又常出去乱跑……他从未提出过改进电台工作的意见。①

在有账可破、有红可分、能做生意兼差使的情况下，各部门工作……彼此心照不宣。总务科的职员们……大半时间是一本小说消遣。科长们成天在围棋盘边品茶论战，神情自得，台长倒是干脆不照面……播音员他们的工作较忙一点。②

各地广播电台积欠工资半年以上，濒临解体。黄鹤筹台长与传音股主任张济周和总务股主任张拱北合谋，将原北京台搁置多年的直流发电机、柴油发电机、交流发电机、电动发电机、配电盘、开关等，经报请中广处批准招标出售……所得价款即由总务主任张拱北换成黄金，再折成伪法币，发了电台工作人员半年工资，以安人心。③

相反，在陕甘宁边区的延安新华广播电台、西北新华广播电台，虽然工作条件异常艰苦，但工作人员的革命热情和献身精神却战胜了面临的一切困难：

① 陈鉴：《“西安事变”后西安台改组情况》，引自国统区陕西广播电台资料选编。
② 丁明：《伪陕西电台介绍》1949 年 4 月 21 日于延安，引自国统区陕西广播电台资料选编。
③ 韩镇华：《陕西（西安）广播电台主要情况》，引自国统区陕西广播电台资料选编。

1948 年春季，光复后的延安被国民党反动军队破坏得不像样子，树木砍光了，连人民的吃住都很紧张。……当时的技术工作人员，调配室只有黄德元一个女同志，她把小孩背在背上日夜工作；发射间有张传治和魏福寿两个同志，动力间是吴兴舟、胡友三、石宇平、王再得同志……大家的手冻裂了，有的同志手指被鲜血凝住，晚上洗净了，第二天照样苦干，工程进展很快，发射机用的三孔窑洞打成了，从几百里外砍下的树干驮回延安了，发射天线高高地竖立在山顶了；传输线从凤凰山到清凉山架起来了；播音室和装配室装修好了；两部十多千瓦的汽油发电机修好了，备用发电设备——一个旧汽车头和一个蒸汽锅炉也装配起来了。①

随着中华人民共和国的成立，陕西境内国共两党性质、任务根本对立，互相斗争的广播史以人民广播的胜利而宣告结束，从此开辟了人民广播继续发展的新纪元。

第二章　机构

第一节　宣传机构

以大众传播为目的建立起来的广播电台、电视台及其转播台和广播站，均属宣传机构。各宣传机构逐步设立的职能部门有：编播宣传部门、设备技术部门、行政指挥和后勤保障部门。宣传机构及其职能部门的演变情况如下：

1936 年 8 月 1 日建成播音的国民党西安广播电台是陕西省最早建立的广播宣传机构。第一任台长王权，电台开始设工务课（股）李蕴滋负责，接着韩镇华任股长；总务课（股）黄鹤筹、张拱北先后任股长，播音工作归总务股领导。不久将播音工作从总务股分出，成立传音股，张济周任股长。这是早期广播电台技术、编播和行政三个职能部门序列的雏形。同年 12 月 12 日，张学良、杨虎城两将军发动兵谏，接管了西安广播电台。随着“西

① 武英：《西北新华广播电台的前前后后》，引自《陕西广播电视》杂志试刊号，1984 年。

安事变”的和平解决，1937年2月，国民党中央广播事业管理处又派李秉新等到西安接管并改组西安广播电台，这时的台长是黄天如，台内职能部门如前。

1938年秋，由于日本军队侵占中原，西安常遭空袭，经国民党中央广播事业管理处批准，西安广播电台南迁汉中，改称陕西广播电台。在此期间，留守人员曾以剩余设备维持播音仍称西安广播电台，台长由陕西广播电台台长黄鹤筹兼任。1946年10月，抗日战争胜利后，国民党陕西广播电台从汉中迁回西安。1949年5月，西安解放前夕，陕西广播电台再次南迁汉中，后即逃往四川成都，改名为“华西随军广播电台”。这时黄鹤筹等飞往南京中央广播事业管理处，台务工作先后由肖之仪、韩镇华代理。

另外，1947年到1949年初，在西安还设有“军中之声广播电台”，台长马培诚，属国民党军中播音总队领导。下设机务、播音、编辑三股，并有若干行政人员。1949年元旦前后，迁往汉中，后亦逃往四川成都。

1940年12月30日，延安新华广播电台建成。这是中国共产党领导下的第一座人民广播电台，为新华社的组成部分，廖承志等分管过广播工作。广播初期，机务工作由军委三局九分队负责，广播稿件由新华社供给。以后，在新华社内设口播组（部），负责广播电台的口播稿件的编辑工作。

1947年3月14日，由于国民党军队进犯延安，延安新华广播电台转移至瓦窑堡，并从3月21日起改名陕北新华广播电台，坚持播音到3月28日后，分批撤离陕北。

1948年12月25日，西北新华广播电台建成，1949年元月5日正式播音，和新华社西北分社、群众日报社在一起，《群众日报》副总编辑金照主管广播电台工作。1949年5月28日，随解放军进入西安的西北新华广播电台先遣人员，接收国民党西安广播电台。

1949年6月1日，西北新华广播电台在西安播音，6月6日，改名西安新华广播电台，7月1日，又改名西安人民广播电台，均为大区台。

第二节 管理机构

国民党陕西境内除西安广播电台、西安军中之声电台外，在少数地方或单位还建立有收音室，但未设广播管理机构。

延安新华广播电台在中央广播事业管理处成立前，属新华总社广播管理部，既领导宣传又管理华北、邯郸和西北新华广播电台的工作。同样，西北新华广播电台，对西北各省区的广播电台负有领导和管理的职责。

陕西人民广播电台，在陕西省广播事业管理局成立前，既管宣传又接受委托领导并管理全省的广播事业。

第三节　职工培训

国民党统治区内，广播电台的播音员、技术人员以至收音室的收音员，概由国民党中央广播事业管理处统一培训，陕西境内无任何培训。

第三章　经费管理

第一节　省级经费

国民党西安广播电台的经费，最初由中央广播事业管理处从国库拨付，1948年以后，改由国民党中央宣传部按月汇发。另外，从商业广告费、节目费、时间费自筹自给一部分，其工务科兼营收音机修理，还收入一部分修理费，后两者由有关人员破账分红。西安军中广播电台经费，每月由军中之声总台汇寄。

延安新华广播电台和西北新华广播电台，原来或属于新华总社，或属于群众日报社和新华社西北总分社，财政不独立。

附录

一、大事记

（1935～1989）

1935 年

12 月 1 日 中国国民党中央广播事业管理处直属的西安广播电台开始基建，台址选在西安南院门国民党陕西省党部院内。机器设备迁自原设在北平天坛的河北广播电台，主要有 500 瓦中波发射机、柴油发动机、发电机和播音控制台。

1936 年

8 月 1 日 西安广播电台开播，呼号 XGOB，频率 1290 千周，功率 500 瓦。职工约 10 人，第一任台长王权。该台除转播国民党中央广播电台部分节目外，还设置有《总理遗教》、《党务报告》、《剿匪消息》、《新运要义》、《国际大势》、《军事常识》、《合作宣传》、《新闻》、《社会教育》、《文艺》等节目，每天播音两次，共 9 小时 10 分钟。

12 月 12 日 张学良（国民党西北“剿总”副司令）、杨虎城（西安绥靖公署主任）发动“西安事变”，接管西安广播电台，广播“抗日救国八项主张”。

12 月 14 日、15 日 张学良、杨虎城先后到西安广播电台发表抗日救国演讲，说明事变真相，呼吁国人团结，枪口对外，一致抗日。

12 月 西安广播电台举办《抗日救亡言论》专题节目，邀请各界知名人士作广播讲话，并聘请美国进步作家史沫特莱和英国记者贝特兰协助，举办英语广播，宣传抗日主张，扩大国际影响。

12 月 24 日 西安绥靖公署参谋长李兴中（杨虎城将军代表）在西安广播电台发表关于抗日救亡的三点意见和八点抗日纲领的广播讲话。

12 月 25 日 “西安事变”西北总部秘书长吴家象在西安广播电台向全国报告蒋介石被释离陕详情。

1937 年

2 月 9 日 国民党中央军进入西安后，西安广播电台中断播音。国民党中央广播事业管理处（简称中广处）通知西安广播电台除一名工友留守外，其余人员全部调回南京整肃。

1938 年

3 月 日军侵占山西风陵渡后，西安广播电台即于秋天迁往南郑（今汉中市），改称陕西广播电台。

1939 年

8 月 陕西广播电台在南郑东关外磨子桥的一个道士观里播音，每天一次。呼号 XKPA，频率 1290 千赫，功率 500 瓦。

9 月 西安广播电台南迁后，留在西安的人员用自装的 40 瓦发射机，以西安广播电台名义继续播音，呼号 XKDA，频率 1000 千赫，波长 300 米。

1940 年

12 月 30 日 延安新华广播电台在延安王皮湾开播，呼号是 XNCR，发射功率 300 瓦左右。每天二次，每次 1 小时。这是中共中央领导下的第一座人民广播电台，筹建于 1940 年春，领导筹建工作的是以中共中央军委副主席周恩来为主任，有军委三局和新华社负责人参加的广播委员会。使用的发射机是共产国际援助的。周恩来去四川工作后，筹建工作由八路军总司令朱德领导。

1941 年

夏 延安新华广播电台（简称延安台）有了一部手摇唱机，但缺乏唱片。毛泽东主席将自己保存的二十多张音乐、戏曲唱片赠给延安台，这些唱片此后成为延安台反复使用的珍贵资料。

1942 年

12 月 延安台由于发射功率小，又常出故障，时播时停。

1943 年

3 月 8 日 朱德总司令到延安台视察，刚一开机，就发现发射管失效，无法工作。当时由于国民党封锁，无线电器材供应困难，广播暂时中断。

1944 年

4 月 30 日 据有关调查材料统计：国统区陕西已建立收音室 50 个，其中继续收音的有 35 个。

1945 年

8 月中旬 延安台的无线电技术人员，克服困难，安装成功一台无线电广播发射机，功率 300 瓦左右，14 日开始试播。

9 月 5 日　延安台恢复播音。

10 月 6 日　延安台第一次播送文艺节目，内容是延安鲁迅艺术学院文工团演播的《庆祝胜利》、《有吃有穿》、《东方红》和秧歌剧《兄妹开荒》。

10 月 8 日　解放日报社、新华社编委会讨论口语广播问题，决定成立口语广播组，1946 年 6 月改为语言广播部，负责编辑广播电台的口播稿。

11 月初　中共中央领导人毛泽东、刘少奇、任弼时等到军委三局所在地裴庄视察，并听取关于延安台情况的汇报。

1946 年

1 月 1 日　延安台播出《庆祝新年 XNCR 的自我介绍》的广播稿。广播稿说，“XNCR 的宗旨，在于使得各位了解人民政党、人民军队和人民自己建立起来的解放区的情况，了解它的主张和事业。”1 月 2 日延安《解放日报》刊登了这篇广播稿。

7 月 12 日　延安台开办《对国民党军广播》节目。

10 月　国民党陕西广播电台从南郑迁回西安原址播音，呼号频率照旧。每天三次。国民党西安台随之撤销。

1947 年

春　国民党西安军中之声广播电台在改组后，以一部 500 瓦中波发射机（一说为 1 千瓦）在西安孔庙开播，每天下午播音 3 小时左右，对象是国民党军队，同时展开所谓“对敌”宣传工作。该台即国民党军中播音总队第二中队，是 1945 年冬到达西安的。

3 月 14 日　延安台在国民党军队进犯延安时转移到瓦窑堡的好坪沟，继续播音。

3 月至 4 月　在胡宗南军队进犯陕甘宁边区时，国民党陕西广播电台举办所谓“戡乱建国”特别节目，积极配合胡宗南军事行动，编造胡军侵占延安的战绩，进行反共宣传。

3 月 21 日　延安台改名陕北新华广播电台（简称陕北台），坚持播音到 28 日，方连夜转移。由设在太行山东麓涉县沙河村的新台以陕北新华广播电台呼号继续广播，陕北台人员于 4 月和 6 月分批撤离陕北。

3 月 25 日　周恩来、朱德先后到好坪沟视察陕北台，鼓励干部尽职工作，保证广播不中断。

1948 年

5 月 23 日　陕北新华广播电台迁移到晋察冀边区河北平山县西柏坡村附

近播音，发射功率总计为4千瓦。

9月29日 新华总社广播管理部在《今后的工作和准备提交广播会议讨论的几个问题》中，提出增办西北新华广播电台，以形成华东台面向东南，邯郸台面向华中、华南，西北台面向西南、西北的扇形广播网。

12月25日 西北新华广播电台（简称西北台）调机（发射机是由延安台用过的机器改装的），波长37.47米，频率8007千赫，功率1千瓦，呼号XGYA。电台负责人金照，主编张潮（1949年2月张潮调离，由新华社西北分社主编普金兼任），武英任副主编。编辑室有：聂耶、沈石、高地、王育仁。播音员先后有于毅、张慰、颜春、马莉、丁力、赵勉等。技术工作由边义选负责，调配室有：黄德元、白瑞年、赵生技。发射间有：张川治、魏福寿。动力间有：吴兴舟、胡友三、石宇平和王再得。

1949年

1月1日 西北台试播时，西北野战军副司令员赵寿山发表《告西北国民党军官兵》广播讲话。

1月 元旦前后，国民党西安军中之声广播电台，由西安迁往南郑（今汉中市），一两月后，又迁往成都，与由重庆到成都的国民党军中播音总队会合。成都解放时，被中国人民解放军接管。

1月5日 西北台正式播音，除转播陕北台节目外，自办节目有：《对西北国民党军及国民党统治区人民广播》、《西北新闻》、《通讯评论》、《记录广播》、《对西北野战军和各分区广播》以及音乐、戏曲等文艺节目。

1月20日 中共中央西北局为西北台播音给各地委、工委、军分区发出指示。指示说："西北新华广播电台是宣传我党政策，争取国民党统治区广大人民群众与瓦解敌军，及向我边区内地迅速传播党的政策、时事的有力武器。"

3月1日~4月2日 国民党陕西广播电台在国民党中央广播事业管理处及西安绥靖公署督促下，曾装配100瓦阴极调幅干扰机，干扰解放区广播电台广播，到4月2日因西安绥靖公署对收测效果不满意而停止。

4月24日 23日午夜南京解放。24日晚西北台连续广播南京解放喜讯，延安广大干部、群众连夜上街游行庆祝。

5月10日 中共中央西北局发出《关于进西安后办报办广播的初步意见》，要求报纸、广播向解放区群众宣传中共七届二中全会通过的各项政策及军管会各项法令，迅速反映新解放区群众的活动、意见（特别是工人的）及新区各方面的情况；配合党政领导机关解决群众中各项问题，大力推动各种建设，特别是工业建设。

5 月 12 日 国民党陕西广播电台撤退到南郑，后又将机器设备运往成都，改为华西随军广播电台，并于成都临近解放时宣布起义。

5 月 20 日 西安解放。随军进入西安的西北新华广播电台先遣人员于 5 月 28 日接管国民党陕西广播电台留在西安的人员、设备、房产，随即借用西安电信局 5 千瓦报话两用发射机等器材，进行试播。同时，约定在延安的西北新华广播电台于 5 月底停播。

6 月 1 日 西北新华广播电台在西安播音。6 月 6 日更名为西安新华广播电台；7 月 1 日又更名为西安人民广播电台（均为西北区台）。负责人金照，主编普金。7 月 1 日，普金调离，毛岚任主编。

秋 经中共中央西北局批准，西安人民广播电台财务行政独立。在这之前，西北区台是新华社西北总分社、《群众日报》下属的一个编播单位。

9 月 20 日 西安人民广播电台增设中波广播，发射机是在延安使用的 1 千瓦短波机改装的。9 月 20 日试播，10 月 1 日正式广播，波长 230. 8 米，频率 1300 千赫。

10 月 1 日 中华人民共和国中央人民政府宣告成立。西安人民广播电台用短波和中波转播北京新华广播电台播送的北京开国大典和游行的实况。

二、史料辑录

1. 西安广播电台概况

西安电台，导源于河北电台，故在叙述西安电台之先，对于其前身之河北电台，当略及数语：

河北电台前经本处呈请中央□□核准，并商请交通部，拨借其已废之北平天坛长波报务电台。于二十二年抄，派员赴平接收，将其改装为一千五百瓦特广播机之末级高周率放大级，而由管理处技术科另建五百瓦特之振荡三级调幅一级于其前，此电台即设于天坛，并设发音室于河北省党部。二十三年十月下旬试行播音，电力为五百瓦特，定名河北广播电台，呼号为 XGOT，周率为一二二〇千周波。至同年十二月一日正式成立。所播节目，颇受北方群众之赞许，平津原有公私立电台数座，节目内容类无方针，及冀台成立后，各台播音节目亦多努力改善，面目为之一新焉。

河北电台播音一载有半，于二十四年六月中旬，奉命结束，移置西安，其目的用以启发西北文化。惟台址问题，颇费踌躇，辗转数月，始经择定西安南院门，陕西省党部内空地为台址，方拟兴工建业，中间又经纷扰，延至初冬始克开始。时以气候攸关，工程进行，颇为递滞，本年五月，屋宇终于落成。即日赶装机件，布置办公室，并一面种花植木，以为点缀，六月下旬，始规定节目时间，正式试验播音。试播月余，成绩良好，遂于八月一日即正式成立。呼号 XGOB，周率为一二九〇千周波。成立之日，播送特定之庆祝节目，为况称盛。

西安台现有之节目，较前冀台颇有更变，除与其他各地电台同有之教育宣传娱乐节目外，其中特殊者如宣扬西北文物，开发西北交通实业，及播送西北本地风光之娱乐节目如秦腔等。皆为环境之特殊需要而设。

西安台机件，颇多与他台不同，兹将其特点略述如后：

（一）天线——中央广播事业管理处技术科为求放射较好之天线计，爰照世界最新式之设计。自制单根拉线直立式之天线以应需要，经三阅月之研究与装试，竞获完满成功。其杆计高一八六尺许，用四寸长白铁管九根连接而成，计用拉线七道。每道三根，成一百二十度角，三面拉出，以求稳固。兹将其特点略举如下：（子）杆之本身即为天线，无另架天线之麻烦；（丑）材料节省；（寅）占地较少；（卯）工程较易；（辰）电波射程较远。此种直立式天线，费简效宏，在外国早经采用，然结构简单而能维持良好放射效率。如本台者，实不多见。

（二）地线——地线分布于屋之四周成椭圆形，占地约九五六八平方尺。用十四号铜丝埋于地下深约一公尺半。线之总长计一七〇二尺，其中央及四周各埋长方钢板一块，深及三公尺，并将地线与深入地下一百八十余尺之自流井水管衔接，俾获良果。

（三）播送机——振荡器为调屏调栅式，其所产生之高周波电流经两级之高周波放大器后，至最后级放大器，以与调幅器之低周波电流相合而至天线，其输出电力为五百瓦特。

（四）控制台——此台为台案式，动作迅速，易于管理，调整电源电压极为利便。

上为目前状况之述略，惟是西北为我国文化策源地，幅员辽阔，而交通梗阻，昔日文化隆盛之区，今则变为思想落后，文化低降之地，兼之灾祲频仍，毒雾弥漫，遂致农村破产，民气消沉。西安台为对内提高文化水平，激发民族意识，对外介绍古都文物，招来开发西北同志计，自当秉承中央意旨，采择各方意见，慎选节目，时求精进，努力以赴之。

以言广播事业之收效，节目固有攸关，而电力射程，尤为切要！西安台现仅五百瓦特，虽西北邻近诸省暨长江流域均能收听清晰，但欲畅达东南隅及海外，犹感射力不逮。扩充电力，实为本台未来之必要工作。

考我国广播电台事业，多发展于东南各地，兹台之设，西北犹系初创！当地民众对之未免略有隔膜。但广播事业之成效若何，听众之多寡为其重要之因素，深望西北明达之士，共起倡导，务使本台播音之效率，能普遍及于民间，对于西北文化及建设事业当有更大之贡献焉！

（载《广播周报》第104期，民国二十五年九月十九日中央广播事业管理处出版）

2. 延安广播电台一周岁　陆定一

随着抗战的胜利，一种新的事业诞生出来，这就是解放区的广播事业。去年今日，延安广播电台开始播送中国人民的声音。到现在，解放区除了延安广播电台以外，已有张家口、哈尔滨、安东、邯郸、齐齐哈尔等五个电台。还有长春、承德两个电台，在战争中被国民党反动派占去了。

我们的广播事业，从它存在的第一天起，就为中国的独立、和平、民主事业服务，就为中国人民的解放事业服务。我们的广播工作同志们，在极困难的条件之下惨淡经营，得到了巨大的成绩。他们对于中国人民，作了极重要的贡献。在延安广播电台一周岁的时候，敬祝我们广播工作的同志们健康，敬祝他们把中国人民的声音，在天空中响得更大、更远。

（原载1946年9月5日延安《解放日报》）

3. 新华总社关于西北新华广播电台的节目内容和宣传重点给西北总分社的指示（一九四九年一月）

（一）延安的广播台，定名为西北新华广播电台。

（二）西北台除转播陕北台（按：现已改为北平新华广播电台）广播外，自编的地方性节目应包括内容：

甲、争取陕、甘、宁、绥、川等省城市人民，以能收听我方广播的公教技术人员和工商业者为主要对象。

乙、瓦解当面敌军。

丙、为西北前线野战军服务，如代播军属家信等。

（三）在目前形势下，应着重宣传：

甲、我军之伟大胜利。

乙、我党之城市政策及其实施情形。以此揭破敌人对我城市之各种造谣。争取国民党统治城市各阶层人士对我更多了解。关于此项宣传办法，请参考总社十二月七日致各分社电。

丙、解放区与国民党区经济的对比，说明我工商业之欣欣向荣，与敌财政经济之破产，无法收拾。

（四）广播稿编辑方面，应特别注意：

甲、要有战斗性，要根据每天时局发展情况定编辑方针发些什么稿件；要研究西安、重庆、兰州等敌台的广播，与之作针锋相对的斗争。

乙、内容要能为收听对方所了解，要知道国民党区听众对解放区的各种政策与情况是很不熟悉或很少了解的。解放区人民所熟知的各种事物，对他们必须从头解释，切不可以办老解放区的报纸的经验去办广播。

丙、文章的结构、词句构造、用词的选择，都要注意是给耳朵听的，不是给眼睛看的，要力求口语化，意思要简明，头绪要清楚，要一听就懂，并且生动而富有说服或鼓动的力量，单播稿件，每篇以一千字以下为宜，现在陕北台（按：现已改为北平新华广播电台）实行念稿制度，重要新闻和单播写好稿，都由一人念，大家听，听不懂或听起来不流畅的，就改，改好了才播出，此制度你们可采用。

（五）、（六）从略。

（原载新华总社《业务汇报》第七期，一九四九年一月十五日出版）

4. 中共中央西北局关于进西安后办报办广播的初步意见（一九四九年五月十日）

一、总的方针

向新解放的群众宣传二中全会中各项政策（进城之初，先注重宣传有关安定社会秩序、恢复生产等政策）及军管会各项法令；迅速反映新解放群众的活动、意见（特别是工人的）及新区各方面的情况；配合党政领导机关解决群众中各项问题；大力推动各种建设，特别是工业建设。

二、对政策法令的宣传

1. 根据二中全会决议有系统有计划地转载或转播党的重要文件（全文或摘要）以及解释和发挥文件精神的重要文章。

2. 根据马列主义、毛泽东思想来批判旧思想、旧观念、旧习惯、旧经验、旧作风，建设新的。

3. 对若干事物均应加以新的解释，并从头说起。

4. 有系统有计划地介绍老解放区、苏联、新民主主义国家及世界革命运动的基本情况，通过具体事物使解放区群众了解我党的政策及其实施。

三、地方新闻的新方针新内容

二中全会决议指出："我们必须全心全意地依靠工人阶级，团结其他劳动人民，争取知识分子，争取尽可能多的能够和我们合作的自由资产阶级及其代表人物站在我们方面，或者使他们保守中立，以便和帝国主义、国民党、官僚资产阶级作坚决的斗争，一步一步地去战胜这些敌人，同时即开始着手建设我们的事业，一步一步地去学会管理城市，恢复和发展城市的生产事业。"这也是我们新闻报道的新方针新内容，特别是"依靠工人阶级"与"发展工业生产"是中心，也是我们过去注意不够、也不熟悉的。我们的通讯采访工作从进城的第一天起，就要把重心放在这上面去。当然，在进城之初还应配合军管会工作，反映"约法八章"的具体实施——即是各项接管工作的具体情形。因而在入城之先集中训练接管人员即应注重讲解如何建立新闻报道工作。

四、加强社会服务与副刊

1. 建立服务部——加强对读者的联系，沟通读者与各有关方面的联系，从解答若干具体问题中提高群众对我们政策法令等各方面的知识。

2，报纸的副刊和广播的"副刊节目"应通过各种形式（文艺、通讯、常识、专论、杂文等等）从正面或侧面来进行宣传。并应针对工人搞一些通俗读物与工人写作等等。

五、编采技术上的改进

1. 短而精；

2. 快而准；

3. 内容多样、活泼；

4. 版面美观、经济（标题字不宜太大）。

六、干部问题（略）。

（引自北京广播学院新闻系编的《中国广播史料选辑》第五辑）

地市级地方志广播史料

一、西 安 市

广播电视 民国二十五年（1936 年）8 月 1 日，国民政府中央广播事业管理处直属的西安广播电台开始正式播音，标志着西安广播事业从此肇始。之后，又有陕西广播电台、西安军中之声广播电台在西安播音。当时因受社会发展条件制约，收听人数甚少。

无线广播 民国二十四年（1935 年）12 月 1 日，国民政府中央广播事业管理处直属的西安广播电台开始筹建，台址设在南院门国民党陕西省党部院内。民国二十五年（1936 年）8 月 1 日正式播音。之后，又有陕西广播电台、西安军中之声广播电台在西安播音。1949 年 5 月西安解放，6 月 1 日，西北新华广播电台在西安正式播音，揭开了西安人民广播事业的新篇章。

西安广播电台 民国二十四年（1935 年）6 月，国民党当局执行对日本侵略者投降退让的“何梅协定”，下令撤销设在北平天坛的河北广播电台，将机器设备搬到西安，开始筹建西安广播电台。台址设在南院门国民党陕西省党部院内。民国二十四年（1935 年）12 月 1 日开始土建，民国二十五年（1936 年）5 月完工，并安装设备（主要有 500 瓦中波发射机、柴油发动机、发电机和播音控制台等）。6 月下旬试播，8 月 1 日正式播音，呼号为 XGOB，频率 1290 千赫，功率 500 瓦。直属国民政府中央广播事业管理处领导。工作人员约 10 人，第一任台长王权。

国民党宣称西安广播电台的主要任务是：“开发西北，唤起国人注意边防，同时将西北文物风光介绍于华中民众。”其实质是对付长征胜利到达陕北的中央红军。为加强反共宣传，其节目除转播国民党中央台部分节目外，还设置“总理遗教”、“党务报告”、“剿匪消息”、“新运要义”、“国际大势”、“军事常识”、“合作宣传”、“新闻”、“社会教育”、“文艺”等节目。每天播音二次，共 9 小时 10 分钟。

民国二十五年（1936 年）12 月 12 日，“西安事变”爆发，张学良、杨虎城两将军所部接管西安广播电台，播出了“抗日救国八项主张”。14 日、15 日两天，张学良先后到西安广播电台作抗日救国讲演，说明事变真相，呼吁国人团结，枪口对外，一致抗日。12 月 15 日，西安广播电台广播“自西安实行兵谏发动抗日救亡以来，各方函电纷纷，均表示兴奋，总部（即领导西安事变的联合总部）决定今后每晚 8 时起，在西安广播电台广播所有救亡消息”。“西安事变”期间，周恩来多次指示中共负责报纸、电台工作的同志，利用张、杨接管的广播电台，对国内外进行宣传。西安广播电台还举办“抗日救亡言论”专题节目，邀请各界知名人士作广播讲话，并聘请美国进步作家史沫特莱和英国记者贝特兰等，举办英语广播，宣传事变真相，扩大国际影响。一时西安广播电台成为影响较大的宣传爱国统一战线、宣传抗日的舆论工具之一。12 月 24 日，西安绥靖公署参谋长李兴中在西安广播电台发表关于抗日救亡的三点意见和八点抗日纲领的广播讲话。12 月 25 日，“西安事变”西北总部秘书长吴家象在西安广播电台发表蒋介石被释离陕广播讲话。

民国二十六年（1937 年）2 月，国民党中央军进驻西安，西安广播电台一度中断播音。国民政府中央广播事业管理处通知西安广播电台除一名工友留守外，其余人员全部调回南京整肃。不久，西安广播电台恢复播音。“七七事变”后，西安广播电台约有 15 名员工。节目除“总理遗教”、“领袖言论”、“音乐和戏曲”外，新闻有《简明新闻》、《地方新闻》、《记录新闻》、《国际新闻》等。讲座有时事、科学、教育、文艺、国际等。常识有医药、卫生等。稿件多选自报纸杂志，自编节目很少。民国二十六年（1937 年）8 月 28 日下午，从北平（今北京）抱病回陕的水利专家李仪祉在该台发表题为“警告西安市民”的广播讲话，呼吁市民提高警惕，积极投入抗日救亡活动。

民国二十七年（1938 年）3 月，日军攻占风陵渡后，潼关告急，日寇频频轰炸西安，西安国民党党政机关纷纷南迁。民国二十八年（1939 年）9 月，西安广播电台迁入南郑（今汉中），改称陕西广播电台。呼号 XKPA，频率 1290 千赫，功率 500 瓦，波长 2325 米，每天 19 时至 23 时播音一次。

西安广播电台主要设备及人员迁往汉中后，留在西安的少数人员用自装的 40 瓦发射机，仍称西安广播电台继续播音，呼号为 XKDA，频率 1000 千赫，波长 3000 米。每天中午和晚上各播音一次，共计 3 小时 30 分钟。

民国三十五年（1946 年）10 月，陕西广播电台从南郑迁回西安原址播音，呼号、频率照旧，西安广播电台撤销。

陕西广播电台 民国三十五年（1946 年）10 月至民国三十六年（1947 年）春，陕西广播电台从南郑迁至南院门原西安广播电台旧址，呼号、频率不变。后由西京电厂供电，发射频率改为 1300 千赫，民国三十七年（1948 年）呼号改为 BEM。陕西广播电台迁回西安时，人员有 20 名，每天播音三次。据民国三十七年（1948 年）12 月 31 日陕西广播电台上报资料统计，电台的主要设备有：500 瓦中波发射机一部（当时已拆待修）、中短波交流收音机四部、四级增音机一部、无线绞车一部、兆欧表一只、小工具 30 余件。

民国三十六年（1947 年）陕西广播电台在胡宗南军队进犯陕甘宁边区时，举办所谓“戡乱建国特别节目”，积极配合胡宗南军事行动，编造胡军侵占延安的战况，大肆进行反共宣传。民国三十七年（1948 年）秋，国民政府中央广播公司，声称其所属各台系全体国民共有共用，任何党派或个人只要出钱买时间，都可以到电台广播。之后，电台经费由时间费、节目费、商业广告费自筹自给，不再由国库拨款。虽然国民党当局还暗中拨款补助，但是这时陕西广播电台已经入不敷出，该台闲置多年的直流发电机、柴油发电机、交流电动机、配电盘、开关等，报请中央广播事业管理处后，招标出售，供发薪之用。

民国三十八年（1949 年）3 月，陕西广播电台在中央广播事业管理处及西安绥靖公署的督促下，装配 100 瓦阴极调幅干扰机，干扰解放区广播电台广播，至 4 月 2 日，因绥靖公署收测其效果不佳而停止。

民国三十八年（1949 年）5 月 12 日，西安解放前夕，陕西广播电台迁往汉中。战役后，又撤到成都，改称华西随军广播电台。1949 年 12 月 27 日，成都解放时，被中国人民解放军接管。

1949 年 5 月 28 日，随军进入西安的西北新华广播电台先遣人员接收了陕西广播电台。当时陕西广播电台仅剩下一根天线和几间空房子。

西安军中之声广播电台 民国三十四年（1945 年）冬，即国民党军中播音总队第二中队到达西安，开始有一台 15 瓦报话机和一台手摇发电机，未播音。1947 年，军中播音总队进行改组，固定设立军中之声广播电台，南京总队派来的新队长马培成携带一部 500 瓦中波发射机，用 1500 千赫在西安孔庙开始播音，每天下午播音 3 小时左右。对象为国民党军队，同时展开所谓“对敌”宣传工作。

民国三十八年（1949 年）元旦前后，军中播音二中队由西安逃往汉中，曾在汉中洗马池忠烈祠播音一两个月，之后又逃往成都。在成都，与陕西广播电台一起被中国人民解放军接管，改建为成都人民广播电台。

西北人民广播电台　前身为1948年12月初在延安开始建设的西北新华广播电台，1949年1月5日正式播音，呼号XGYA，波长37.47米，频率8007千赫。

1949年5月20日西安解放，西北新华广播电台先遣人员随军进入西安，第二天在市中心用扩大机和高音喇叭进行广播。在军管会电讯处和西安电信局及其他方面的支持帮助下，西北新华广播电台借用西安电信局一部5千瓦报话两用发射机等器材，安装播控设备，5月29日试播，并和延安西北新华广播电台通话，约定延安西北新华广播电台5月底停播。6月1日，西北新华广播电台在西安正式播音。每天播出时间为18：30～22：30。

1949年6月6日，西北新华广播电台更名为西安新华广播电台。7月1日，西安新华广播电台又更名为西安人民广播电台。两台均为西北大区台。

根据中共中央宣传部和西北局关于加强城市广播的精神，西安人民广播电台增设中波广播，专门对西安地区广播。中波发射机为原在延安使用的1千瓦短波发射机改装的。9月20日试播，10月1日正式播音，波长230.8米，频率1300千赫。除转播北京新华广播电台节目外，还播送“西北新闻”、“西安新闻”、“市场行情”、“政令通告”及职工、青年、妇女、少数民族节目等。

二、咸阳市

第一章　广播、电视

广播电视事业在咸阳兴起较晚。1936年，国民党中央广播事业管理处曾发给三原县中学、女子中学和三原工业职业学校、泾阳县姚家巷小学及兴平师范学校直流收音机各一台，分别建立了收音室。其后又给乾县、咸阳、三原民众教育馆和礼泉县参议会配发无线电直流收音机，并设立收音室。其活动都由国民党县党部所控制，主要任务是收听国民党中央社广播新闻。至1949年解放时，咸阳共有收音机十一台，私人有收音机的仅为泾阳县银行经理崔贯一办的一台。

三、宝 鸡 市

第六章　新闻出版

第一节　广播

收音站

民国三十三年（1944 年）至民国三十七年（1948 年），宝鸡、凤翔、岐山、眉县、凤县、陇县等县教育馆或中学，由官方配发 5 灯直流收音机一台，建立收音室，记录国民党中央社新闻，向社会油印散发。

四、汉中地区

第七章　广播电视

第一节　机构

民国二十五年（1936 年），驻在汉中的军政机关和少数中等学校始有收音机五台。抗日战争爆发后，陕西省政府的西安广播电台于 1939 年 8 月迁至汉中，改称陕西广播电台，1945 年迁回西安。1949 年初，陕西广播电台再度迁到汉中，不久又迁至四川成都。

甘肃省

甘肃省地方史志编纂委员会编:《甘肃省志·第六十四卷·广播电影电视志》,甘肃人民出版社2007年版

兰州市地方志编纂委员会、兰州市广播电视志编纂委员会编:《兰州市志·第六十三卷·广播电视志》,兰州大学出版社1999年版

概　述

1933年，甘肃的广播事业开始发展。当年，国民党通渭县党部所在地成立了无线电收音处，泾川县政府也有了收音机。

1934年，国民党镇原县、宁县、秦安县党部各设立收音处，用直流电子管收音机收录国民党政府中央广播电台的广播新闻。

1940年12月30日，中国共产党建立的延安新华广播电台开始播音，陇东解放区的党政军民从无线电波中收听到了党中央、毛泽东主席的声音和抗日前线对敌作战胜利的消息。

1939年下半年，国民党中央广播事业管理处决定筹建甘肃广播电台。1940年4月27日，国民党中央广播事业管理处工程师、传音科科长范本中被任命为甘肃广播电台筹建处主任，携带国民党中央宣传部部长陈果夫给甘肃省主席朱绍良的信到达兰州。5月13日，甘肃广播电台筹备处在兰州山字石103号院内开始办公。兰州市政府将兰州中山林的10.8亩公地，划归甘肃广播电台筹备处，作为电台台址；又从兰州郑家庄征购农民土地22亩，作为发射台台址。9月1日，中山林和郑家庄两处工程同时开工。1941年5月底土建全部完工，紧接着安装机器，于1941年11月起，用100瓦中波发射机开始广播，成为甘肃最早的广播电台。

甘肃广播电台（后为兰州广播电台）的节目，主要分为新闻、教育、宣传、文娱节目。每天播出约300分钟，其中新闻115分钟、教育40分钟、宣传45分钟、娱乐剧100分钟。因当时设备简陋，播出多采用直播，党政军要员、社会名流的讲话都是在播音室直接播讲的。音乐、戏剧节目主要靠放唱片，有时请乐队和艺人到演播室直接演唱。电台没有独立的记者，播出消息大多来自中央社、《民国日报》、《西北日报》和党政军机关提供的情况。

1949年8月，兰州解放前夕，为保护兰州广播电台安全回到人民手中，电台的中共地下党员与敌人展开英勇顽强的斗争。年轻的共产党员石凤玉、高斗垣为此付出了宝贵的生命。

1949年8月26日，随着古城兰州解放，兰州广播电台回到人民政府手中，9月7日，兰州人民广播电台正式播音。

第一章 甘肃广播电台（民国时期）

据史料记载，1933 年国民党通渭县党部所在地成立无线电收音处，有工作人员一名。当时，泾川县政府也有了收音机。1934 年，国民党镇原县、宁县、秦安县党部各设立收音处，用一台直流电子管收音机收录国民党中央广播电台的广播新闻。1938 年，国民党清水县党部派小学教师汪清泉去西安学习收音技术，购回一台直流八灯超外差收音机，收抄新闻。随后，甘谷县一中、天水县一中（今天水市一中）也有了类似的收音活动。

1940 年 12 月 30 日，中国共产党建立的延安新华广播电台开始播音，陇东解放区的党政军民从无线电波中聆听到中国共产党中央委员会和毛泽东的声音，听到抗日前线作战的胜利消息，受到鼓舞和教育。

第一节 广播电台筹建

1937 年，依照国民党中央广播事业指导委员会第五次会议通过的全国广播电台分配法，将全国（国统区）划分为八个广播区，即上海、北平（今北京）、太原、兰州、长沙、广州、成都、迪化（今乌鲁木齐）。1938 年 9 月，国民党中央广播事业管理处为建设西北广播网，拨 28.2 万元国币，筹建拥有 10 千瓦的中波甘肃广播电台，并着手在重庆沙坪坝中央广播电台材料库装配设备。1939 年 8 月 28 日，日军飞机空袭重庆，中央广播电台短波机房、材料库中弹起火，为甘肃装就的机器受损，重新装配。

1940 年，国民党政府委派中央广播事业管理处传音科科长、工程师范本中为甘肃广播电台筹备处主任，中央调查统计局蔡其璠为总干事协助。范、蔡二人于 4 月 27 日由重庆抵达兰州，29 日由范持国民党中央宣传部部长陈果夫函件，向甘肃省政府主席朱绍良面谈在兰州建立广播电台之意和征用土地事宜，得到朱的支持。5 月 13 日，甘肃广播电台筹备处在兰州市山字石 103 号正式成立，开始甘肃广播电台的筹建工作。经筹备处人员对兰州市区勘察，选定南稍门外中山林、陇右公学小学部（现兰州市白银路省广播电视器材供应站所在地）为发音台及办公地址，西稍门外 10 华里处郑家庄（现兰州火车西站附近）为播音台地址。后经省政府批准，将中山林陇右公学官地10.8亩和郑家庄民地22亩由甘肃广播电台征用。当年9月1日，郑家庄、中山林两处工程同时动工，甘肃省政府主席朱绍良题字刻碑，参加奠基仪式。1941年5月，两处土建工程竣工，建成大小房屋70余间，防空地下洞式发射机房一座，房屋多为青砖地面，草泥屋顶，纸糊顶棚。建筑费用15.5万元，加上供电线路费用6.15万元、征用土地费6.35万元，共耗资28万元国币。

1940年3月在重庆装配成的一部100瓦中波发射机，由中央广播事业管理处派人从重庆运至兰州。

1941年5月16日，甘肃广播电台筹备处移址中山林办公，并着手安装设备。11月，100瓦发射机在中山林开始试播，呼号XMRA，频率1400千赫，每天上午播音两小时。从此，甘肃有了第一座广播电台。

1943年底，10千瓦中波发射机运抵兰州，在郑家庄安装调试。因设备不齐，物价飞涨等原因，郑家庄机房工程进度和设备安装工作受阻。1944年9月，中央广播事业管理处追加预算经费72.1万元，赶建郑家庄机房，加速设备安装工作。年底，10千瓦发射机投入试播，频率820千赫。

1945年夏，经国民党中央广播事业管理处正式验收批准，甘肃广播电台于7月9日（北伐战争誓师纪念日）正式播音，甘肃省党政军要员、社会名流等数十人，出席开播典礼。电台用100瓦、10千瓦发射机和市电信局发射机三机联播，播出特别节目三天，每天播音7小时。

为加强西北广播力量，1945年底，一部1千瓦短波发射机运抵兰州。1946年6月1日，短波机开播，频率9750千赫。

1947年2月，因规划修建天兰铁路，郑家庄发射台址属兰州火车西站范围之内，奉命搬迁。新台址选定在兰州市黄河北岸赵家庄（今535台台址），占地70亩。当年6月3日施工，次年秋季建成搬迁。

1947年8月，甘肃广播电台改名为兰州广播电台。

第二节　机构及人事变更

甘肃广播电台一直隶属国民党中央广播事业管理处，人事、经费、设备均由中央广播事业管理处直接管理。同时受国民党中央调查统计局的控制，是中央调查统计局在兰州的一个重要据点。

1940 年 9 月，范本中返回重庆，由蔡其璠代理甘肃广播电台筹备处主任，后正式任命为主任。

1941 年 11 月，100 瓦广播发射机试播后，筹备处增设事务课，总管电台的日常工作。

1943 年 4 月，蔡其璠在兰州病故，中央广播事业管理处派黄天如接任甘肃广播电台筹备处主任。1944 年夏，黄调任昆明电台台长，筹备处主任由葛豫夫接任。1945 年，葛因事务课长周明贪污案被撤职，3 月由黄念祖接任筹备处主任。

1945 年 7 月 9 日，甘肃广播电台正式成立，黄念祖任台长，下设传音、公务、总务三课。

1946 年，黄念祖调任北平广播电台台长，由原公务课课长陈湘藩接任台长。1947 年 8 月，甘肃广播电台改名兰州广播电台，陈湘藩继任台长。机构除了传音、公务、总务三课，还增设电离层观测所。全台人员 55 人（包括工人、工友 20 名）。1948 年陈湘藩离职，刘世烈任台长至 1949 年兰州解放。

第三节　主要设备

甘肃广播电台主要机件从欧美进口，价格昂贵。抗日战争爆发后，海运不易，广播器材多经印度、缅甸运往中国。国民党政府因财政困窘，虽经八年经营，甘肃广播电台（兰州广播电台）的设备仍然十分简陋，至 1949 年 8 月，主要设备有：发射机三部（100 瓦、10 千瓦中波发射机各一部，1 千瓦短波发射机一部），电离层观测设备一套，转播机四部，增音机两部，120 匹马力 62.5 千伏安柴油发电机一部，60 千伏安变压器一部，交流收音机三台，直流收音机一台，扩音器两部。在赵家庄、中山林各架设木制天线一副。

1949 年兰州解放前夕，台长刘世烈将 1 千瓦、10 千瓦发射机主要机件装箱，运往新疆途中被中国人民解放军在酒泉和星星峡两地截获，于 1949 年 10 月底运回兰州。

第四节　宣传及节目

1937 年“七七事变”后，日本帝国主义加紧军事侵略中国的同时，加强对华广播心战。面对“播音侵略、播音壁垒”的形势，国民党政府把广播电台作为重要的宣传工具，行文明示，各级广播电台是“党国喉舌”，其任务是宣扬主义、阐述国策、报道新闻、辅助教育、促进文化的无上利器。

甘肃广播电台自1941年底试播，到1945年8月日本投降，曾提出，为国家的生存、独立，广播事业应服务于抗战，鼓舞全国人民抗战勇气，揭露日本军国主义侵华暴行，积极粉碎敌人谣言攻势，向友邦和世界人民报道正确战况，争取友邦和世界人民支持、信赖和援助。但是，由于国民党的“反共”政策，“党国喉舌”的广播电台，经常发出不谐之音。

1946年，国民党撕毁国共两党和平谈判协议，悍然发动内战，甘肃广播电台随即成为反共宣传的急先锋。反共消息充斥各类节目，政治、经济、文化等宣传部和“剿共”联系在一起，连一些文艺节目也不例外。同时，在宣传中不惜捏造事实，歪曲真相。如中国人民解放军发动辽沈、平津、淮海三大战役歼灭了国民党军队的有生力量，广播电台在有关战况的报道中，还大造谎言，说什么“共军节节败退，国军乘胜追击”、“国军英明果断，进行战略转移”等。

甘肃广播电台（兰州广播电台）的节目主要分为四大类：新闻节目，教育节目，宣传节目，文娱节目。如1945年，电台每天播出300分钟，其中新闻115分钟、教育40分钟、宣传45分钟、娱乐剧100分钟。因当时设备简陋，播出多采用直播。党政军要员、社会名流的讲话都在播音室直接播讲。音乐、戏剧节目主要靠放唱片，有时请乐队艺人到演播室演唱直播。电台没有独立的记者，播出消息大多来自中央社、《民国日报》、《西北日报》和党政军机关提供的情况。

第五节　中国共产党地下组织在广播电台的活动

1947年以后，国民党政治腐败，经济濒临崩溃，物价飞涨，民不聊生，兰州广播电台经费日趋困难，连每月职工的薪水也迟迟不能发出，电台连连向中央广播事业管理处告急，人心浮动。在这一形势下，中共甘肃工委派人在电台秘密发展共产党员。经过一段工作，先后发展党员5人，分属三个地下党组织，陆寰安、何谧属皋榆工委，孙绍祖属陇右工委，石凤玉、高斗垣属陇南工委。1949年8月兰州解放前夕，石凤玉、高斗垣两同志被国民党当局杀害于兰州大沙沟监狱。

第二章　甘肃人民广播电台

第一节　机构设置

甘肃人民广播电台的前身是兰州人民广播电台。1949 年 8 月 26 日，兰州解放当天，兰州军事管制委员会即派军代表普金与工作人员施致铳，在中共地下党员陆寰安、何谧等的协助下，顺利接管了国民党兰州广播电台。由当时省新闻系统总负责人阮迪民及军代表普金领导。1949 年 9 月 7 日，兰州人民广播电台正式开播。台址在兰州民主西路（今兰州市白银路）。全台 18 名职工，设编辑部、总务科和工务科，行政和财务由甘肃日报社统一管理，年底，全台职工增加到 30 人，台长由阮迪民兼任。

附录

大事记

1933 年

是年　国民党甘肃省通渭县党部所在地成立了无线电收音处，工作人员 1 名。

全省有电影放映单位一个，广播无线收音处一处。

1934 年

是年　国民党甘肃省镇原县、宁县党部各设立收音处，分别用直流电子管收音机收录中央广播电台的新闻。

全省有广播收音处三处。

1937 年

国民党中央广播无线电台管理处依据国民党中央文化事业计划委员会第五次会议通过的电台分配法，将全国划分为八个广播区，兰州列为其中之一。

全省有广播收音处三处。

1938 年

国民党甘肃省清水县党部派小学教师汪清泉去西安学习收音技术，购回一台直流八灯超外差式收音机，开始收录新闻。

全省有广播收音处四处。

1939 年

9 月 国民党中央广播事业管理处划拨经费 28.2 万元法币，用于在兰州筹建甘肃广播电台。

全省有广播收音处四处。

1940 年

4 月 27 日 国民党中央广播事业管理处任命的甘肃广播电台筹备处主任范本中与总干事蔡其璠，携带国民党中央执行委员会常务委员、中央文化事业计划委员会主任陈果夫给中华民国甘肃省政府主席朱绍良的信，乘飞机到达兰州，开展筹备建台工作。

是月 筹建甘肃广播电台所需器材，历时三年多，分六批通过轮船、汽车、飞机辗转运抵兰州。

5 月 13 日 甘肃广播电台筹备处在兰州山字石 103 号正式成立。

5 月 31 日 中华民国甘肃省政府批准，将兰州南稍门外中山林陇右公学西侧（地址在今省广播电影电视局器材供应站附近）的 10.8 亩公地拨给甘肃广播电台筹备处，作为建设电台台址及发射台用地。电台筹备处遂迁此办公。

6 月 甘肃广播电台筹备处在郑家庄（地址在今兰州市火车西站附近）向农民征地 22.01 亩，作为筹建另一处发射（播音）台的用地。

7 月 3 日 国民党中央执行委员会主任委员陈立夫，率中华民国政府行政院西北政务巡视团，自陕西抵达兰州视察。甘肃广播电台筹备处主任范本中，在西园行馆向陈立夫汇报了电台筹建情况。

9 月 1 日 甘肃广播电台在中山林、郑家庄的两处工程同时开工，中华民国甘肃省政府主席朱绍良出席奠基仪式。

11 月 甘肃广播电台在重庆装配的一台 100 瓦中波发射机运抵兰州，开始在中山林机房安装调试。此前，10 千瓦发射机的部分机件，已运至郑家庄发射台机房。

12月 经国民党中央广播事业管理处核定，甘肃广播电台筹备处与兰州电厂签订向郑家庄、中山林两个发射台架设用电线路及供电合同，约定架设工程半年内完工。

是年 全省有广播收音处四处。

1941年

5月 甘肃广播电台中山林、郑家庄两处土建工程同时竣工。

11月 甘肃广播电台设在中山林的100瓦中波发射机开始试播，呼号ZMRA，频率1400千赫。

12月 甘肃省教育厅电化教育服务处在兰州举办第二届电影及收音技术人员训练班，各县保送一百多人受训，学习期限三个月。

是年 全省有中波广播发射台一座，广播收音处四处。

1942～1943年

全省有中波广播发射台一座，广播收音处四处。

1944年

3月14日 国民党中央广播事业管理处正式下达甘肃广播电台科室配属和员额编制：设工务课、传音课、总务课，总计35人。

全省有中波广播发射台一座，广播收音处四处。

1945年

5月9日 甘肃广播电台郑家庄发射台10千瓦、820千赫中波发射机，采用单杆不定向天线开始发射信号。

7月9日 甘肃广播电台举行开播典礼，国民党甘肃党政军要员及社会名流数十人出席典礼。首任台长黄念祖。

9月2日 甘肃广播电台临时开设的《庆祝抗日战争胜利特别节目》下午开始播出，并在市内设置放送站数处，供市民收听。

全省有广播电台一座，广播节目一套，中波广播发射台两座，广播收音处四处。

1946年

夏 甘肃广播电台中山林发射台增设1千瓦、9750千赫短波发射机一台，采用菱形定向天线发射。

是年 全省有广播电台一座，广播节目一套，中、短波广播发射台两座，广播收音处四处。

1947年

6月3日 因修筑天（水）兰（州）铁路，甘肃广播电台奉命将位于铁路线上的郑家庄发射台迁至黄河北岸的赵家庄（今省广播电影电视局535台所在地），土建工程即日开工。

8月 甘肃广播电台改名为兰州广播电台。

全省有广播电台一座，广播节目一套，中、短波广播发射台两座，广播收音处四处。

1948年

1月2日 国民党《兰州日报》报道，“兰州广播电台迁建工程完工”，发射机调试完毕，定于除夕（2月9日）试播。

是年 全省有广播电台一座，广播节目一套，中、短波广播发射台两座，广播收音处四处。

1949年

5月 在兰州广播电台播音科任科长的中国共产党党员高斗垣，被国民党当局逮捕。8月被杀害于兰州沙沟监狱，时年23岁。

8月4日 在兰州广播电台工作的中国共产党党员石凤玉，被国民党当局逮捕。在兰州沙沟监狱惨遭杀害，时年29岁。

中旬 中国人民解放军兵临兰州城下，兰州广播电台台长刘世烈将1千瓦和10千瓦两台发射机拆卸装箱，交国民党马步芳军队用汽车运往河西。100瓦发射机因工人有意拖延拆装时间未能运走。

8月26日 兰州解放。当天下午，兰州军事管制委员会即派军代表普金与工作人员施致铳，在中国共产党地下党员陆寰安、何谧等协助下，接管了国民党兰州广播电台。8月底至9月初，由省新闻系统总负责人阮迪民及军代表普金领导，开始筹建兰州人民广播电台。

9月7日 兰州人民广播电台正式成立，开始播音，台址在兰州民主西路（今兰州市白银路）。当时只有一台100瓦发射机，频率1400千赫，广播时间为每天中午12时至下午1时，晚上6时至10时半，主要播送本市新闻及军管会重要文告，并转播西安人民广播电台及北平新华广播电台的新闻节目。

当时，兰州人民广播电台的人事和财务由甘肃日报社统一管理，只有编辑、工务和总务工作由电台自理。

10月1日 中华人民共和国中央人民政府宣告成立。兰州人民广播电台转播北京新华广播电台播送的开国大典和游行的实况。

地市级地方志广播史料

兰州市

概述

兰州创建无线广播电台始于40年代初期，创建无线电视台始于50年代末期。经过半个多世纪的孕育、发展，现已形成遍布城乡的由无线广播和有线广播、无线电视和有线电视组成的广播电视网，听广播、看电视已经成为城乡人民日常生活不可缺少的组成部分。兰州广播电视事业的发展，大体经历了这样几个时期：

一

抗日战争爆发后，不少地方广播电台被日本侵略军霸占，有的被迫迁往偏僻地区，更换呼号播音。设在南京的中央广播电台也受到威胁，为了适应形势的变化，民国二十六年（1937年），国民党中央广播事业管理处依据中央文化事业计划委员会第五次会议通过的全国广播电台分配法，将全国划分为八个广播区，兰州列为其中之一，并于民国二十八年划拨款项，开始筹建甘肃广播电台。

民国二十九年（1940年）4月，由中央广播事业管理处派遣的筹备人员抵达兰州。5月，在兰州成立了甘肃广播电台筹备处。9月，甘肃广播电台中山林、郑家庄两处土建工程同时开工。民国三十年5月，两处工程同时竣工，开始在电台本部所在地中山林机房安装机器设备。11月，中山林中波发射台开始试播，呼号XMRA。从此，兰州有了第一座无线广播电台。

民国三十三年（1944年）9月，中央广播事业管理处追加预算数十万元法币，用于完善郑家庄发射台的设施。翌年5月，郑家庄中波发射台开始试播，呼号仍为XMRA。

民国三十四年夏，经中央广播事业管理处验收批准，甘肃广播电台于7月9日北伐战争誓师纪念日正式播音。

在这之后，甘肃广播电台又增装了一部1千瓦的短波发射机，于民国三十五年（1946年）6月投入运行。

甘肃广播电台建成后，实行三机联播，合计发射功率11.1千瓦，为当时西北五省区规模最大的无线广播电台。

甘肃广播电台开播之后，执行国民党“反共”政策，播出过不少反对共产党的内容。到国民党反动派发动内战之后，更加紧了反共宣传，甚至不惜捏造事实，歪曲真相。由于当时兰州电力严重不足，电台发射效果极差，加上民众中有收音机者极少，所以甘肃广播电台对兰州市民的影响非常有限。民国三十六年（1947年）8月，甘肃广播电台改名为兰州广播电台。

兰州解放前夕，国民党当局几乎拆走了兰州广播电台的所有关键设备，交由马步芳军队，企图运往新疆。电台因此中断播音。

二

民国三十八年（1949年）8月26日，兰州解放。中国人民解放军兰州军事管制委员会接管了兰州广播电台。在极端困难的条件下，技术人员利用国民党当局未来得及拆走的1台100瓦、1400千赫发射机，赶在中华人民共和国成立之前，改呼号为兰州人民广播电台，于9月7日开始播音。不久，由马步芳军队运走的设备，被解放军截获后陆续运回兰州，兰州人民广播电台的发射功率逐步恢复到原先的水平。

大事辑要

民国二十六年（1937年）

中国国民党（以下简称国民党）中央广播事业管理处（以下简称中广处）依据中央文化事业计划委员会第五次会议通过的电台分配法，将全国划分为八个广播区，兰州列为其中之一。

民国二十八年（1939年）

9月　中广处划拨经费28.2万元法币，用于在兰州筹建甘肃广播电台（以下简称甘电台）。

民国二十九年（1940 年）

4 月 27 日 中广处任命的甘电台筹备处主任范本中偕总干事蔡其璠，携带国民党中央执行委员会常务委员、中央文化事业计划委员会主任陈果夫给甘肃省政府主席朱绍良的信乘飞机到达兰州，开展筹备工作。

5 月 13 日 甘电台筹备处在兰州山字石 103 号正式成立。

31 日 省政府批准将兰州南稍门外中山林陇右公学西侧（现省广播电视厅器材供应站附近）10.8 亩公地拨甘电台筹备处，作为建设甘电台台址及发射台用地。甘电台筹备处遂迁此办公。

6 月 甘电台筹备处通过皋兰县政府，在郑家庄（现兰州火车西站附近）向农民征地 22.01 亩，用于建设另一处发射台。

9 月 1 日 甘电台在中山林、郑家庄两处工程同时开工，省政府主席朱绍良出席奠基仪式，并题字刻碑。

11 月 在重庆装配的一部 100 瓦中波发射机运抵兰州，开始在中山林机房安装调试。此前，10 千瓦发射机的部分机件也运至兰州，存放在郑家庄发射台机房。

12 月 经中广处核定，甘电台筹备处与兰州电厂签订向郑家庄、中山林两发射台敷设供电杆线及供给电源的合同，约定敷设工程半年完工。

民国三十年（1941 年）

5 月 甘电台中山林、郑家庄两处土建工程同时竣工。

11 月 设在中山林的 100 瓦、中波 1400 千赫发射台采用单杆不定向天线开始发射信号。

民国三十二年（1943 年）

9 月 1940 年 1 月至是月，筹建甘电台所需器材分六批通过轮船、汽车、飞机辗转运达兰州。

民国三十三年（1944 年）

3 月 14 日 中广处下达甘电台人员编制：内设工务、传音、总务三课，总计 35 人。

民国三十四年（1945 年）

5 月 9 日 设在郑家庄的 10 千瓦、中波 820 千赫发射台采用单杆不定向天线开始发射信号。

7 月 5 日 甘电台发给中央社的电讯稿称：为配合反攻日本侵略军，决定每日午夜增加对华北及东北沦陷区广播 1 小时，对沦陷区民众逐日报道正确时事，并起策动沦陷区民众奋起配合反攻行动之效。

9日 甘电台正式成立并举行开播典礼，甘肃党政军要员及社会名流数十人出席典礼仪式。首任台长由黄念祖担任。

9月2日 甘电台临时开设的“庆祝抗日战争胜利特别节目”下午开始播出，并在市内设置临时放送站数处，供市民收听。

民国三十五年（1946年）

上半年 中山林发射台增设1千瓦、短波9750千赫发射机一台，采用菱形定向天线发射。

民国三十六年（1947年）

6月3日 因修筑天（水）兰（州）铁路，确定将位于铁路线上的郑家庄发射台迁至黄河北岸的赵家庄（今省广播电视厅赵家庄发射台所在地）。赵家庄发射台土建工程即日开工。

8月 甘肃广播电台改名兰州广播电台。

民国三十七年（1948年）

1月2日 《兰州日报》载：兰州广播电台迁建工程完竣，发射机调整完毕，定于2月9日开始试播。

民国三十八年（1949年）

7月 在兰州广播电台播音科任科长的中国共产党（以下简称中共）党员高斗垣被国民党当局逮捕，8月在兰州沙沟监狱惨遭杀害，时年23岁。

8月4日 在兰州广播电台工作的中共党员石凤玉于赵家庄被国民党当局逮捕，不日在兰州沙沟监狱惨遭杀害，时年29岁。

中旬 中国人民解放军兵临兰州城下，兰州广播电台台长刘世烈亲自督促将1千瓦和10千瓦两台发射机拆卸装箱，交国民党马步芳军队用汽车运往河西，100瓦发射机因工人有意拖延拆装时间而未能运走。

26日 兰州解放。中国人民解放军兰州军事管制委员会派新闻处副处长普金等，在兰州广播电台供职的中共党员配合下，顺利接管该台，并将兰州广播电台更名为兰州人民广播电台。

9月7日 经过紧张抢修，兰州人民广播电台开始播音。

1949年

10月23日 国民党马步芳军队溃逃时运走的两台广播发射机及部分附件、收音机、唱机等被中国人民解放军在甘肃酒泉和新疆哈密截获。

第一章 无线广播

兰州的无线广播创建于1941年，到1949年只有一家广播电台，合计发射功率11.1千瓦。中华人民共和国成立以后，广播事业日益发展。

第一节 甘肃广播电台

甘肃广播电台是兰州最早的无线广播电台，建于民国三十年（1941年），民国三十六年8月改名为兰州广播电台，是当时国内规模和影响较大的少数几个广播电台之一。

民国二十六年（1937年），国民党中央广播事业管理处（以下简称中广处）依据中央文化事业计划委员会第五次会议通过的全国广播电台分配法，将全国划分为八个广播区，兰州被列为其中之一，并于民国二十八年9月拨款28.2万元法币，用于筹建甘肃广播电台。民国二十九年，中广处任命本处传音科科长范本中为甘肃广播电台筹备处（以下简称甘电台筹备处）主任，委派中央调查统计局蔡其播为总干事协理其事。4月27日，范、蔡由重庆飞抵兰州。4月29日，范携带国民党中央执行委员会常务委员、文化事业计划委员会主任陈果夫的信函，约见甘肃省政府主席朱绍良，向朱陈述在兰州建立电台及征用土地之意，得到朱的支持。5月13日，甘电台筹备处在兰州山字石103号成立。31日，省政府将位于南稍门外中山林陇右公学西侧（今甘肃省广播电视厅器材供应站附近）的10.8亩公地拨给甘电台筹备处，作为建设甘电台及其发射台的用地。甘电台筹备处遂迁此办公。6月，甘电台筹备处通过皋兰县政府，以4402元法币向居住在西稍门外10华里处（今兰州火车西站附近）的郑家庄农民郑有福、郑有仓征购土地22.01亩，用于筹建另一处发射台。9月1日，由春记营造厂承建的中山林、郑家庄两处土建工程同时开工，朱绍良参加了中山林土建工程的奠基仪式并题词刻碑。民国30年（1941年）5月，两处土建工程同时提前完工，共建成房屋70间，并在中山林建成防空洞式地下发射机房一座。两处土建工程总造价法币154534.75元，其中中山林工程造价89838.75元，郑家庄工程造价

64696元。

与此同时，一部100瓦的中波发射机由重庆通过水路运往广元，又从广元通过公路运抵兰州，民国三十年5月开始在中山林机房安装调试。11月，中山林中波发射台开始试播，发射功率100瓦，频率1400千赫，呼号XMRA，每天播音两次。从此，兰州有了第一座无线广播电台。

随后，另一部10千瓦中波发射机的机件陆续运抵兰州，于民国三十二年底在郑家庄机房安装完毕。由于物价飞涨，加上民国三十一年夏季兰州发生山洪时郑家庄机房的部分机件被水浸渍受损，致使工程造价大大突破预算。为此，中广处不得不在民国三十三年9月追加预算法币72.1万元，以充实、完善郑家庄发射台的设施。次年5月9日，郑家庄中波发射台投入试播，发射功率10千瓦，频率820千赫，呼号仍为XMRA。

民国三十四年（1945年）夏，经中广处验收批准，甘肃广播电台于7月9日北伐战争誓师纪念日正式开播，由中山林、郑家庄发射台共同发射，连续播出特别节目三天，每天播音7小时。当时，甘肃党政军要员和社会名流数十人出席开播典礼。开播实况通过兰州市电信局的短波电台传往重庆，由设在重庆的中央电台进行了转播。

在这之后，甘肃广播电台又在中山林发射台增装一台1千瓦短波发射机，于民国三十五年6月1日开播，频率9750千赫，呼号依旧。

甘肃广播电台从筹备到建成，历时四年多，耗资法币182.34万元。建成后实行三机联播，合计发射功率11.1千瓦，为西北五省区规模最大的无线电台。民国三十六年（1947年）8月，甘肃广播电台改名兰州广播电台。

同年2月，因国民党当局规划修筑天（水）兰（州）铁路，处在兰州火车西站范围内的郑家庄发射台奉命搬迁。新址选在黄河北岸赵家庄（今甘肃省广播电视厅535台所在地），当年6月3日开工，民国三十七年初建成并完成搬迁。

民国三十八年（1949年）8月下旬兰州解放前夕，国民党当局几乎拆除了兰州广播电台所有关键设备，交马步芳军队企图运往新疆，电台因此中断播音。

新中国成立前，中国的电子工业还是一片空白。国内所需广播器材，全靠从欧美进口。到第二次世界大战时期，不仅价格昂贵，运输也很困难，加上政府财政拮据，所以虽经八年苦心经营，但兰州广播电台的设备仍十分简陋。至民国三十八年8月，除了三部发射机外，其余设备有四部转播机、两部增音机、一部120马力（62.5千瓦）柴油发电机、一部60千瓦变压器、三部交流收音机、一部直流收音机、两部扩音器、一套电离层观测设备。中山林和赵家庄的发射天线塔也是木制的。

甘肃广播电台正式开播后，每天播出两次：第一次为12：00～14：00；第二次为20：30～1：00。开设的主要栏目有：《早晨的话》、《简明新闻》、《时论介绍》、《省政报告》、《快电新闻》、《时事谈话》、《新闻类述》、《记录新闻》等。甘电台没有独立的记者，播出的稿件大都根据中央社、《民国日报》、《西北日报》的报道和党政军机关提供的情况编写。因没有录音设备，除播出的部分音乐、戏剧节目靠放唱片外，其他节目都采用直播，党政军要员、社会名流的广播讲话也是在播音室直接播讲的。

抗日战争时期，甘肃广播电台曾提出，为了国家的生存、独立，广播事业应服务于抗战，鼓舞全国民众抗战的勇气，揭露日本军国主义的侵华罪行，积极粉碎敌人的谣言攻势，向友邦和全世界人民报道正确的战况，争取友邦和全世界人民的支持、信赖和帮助。但它作为“党国”的“喉舌”，从开播之日起，便秉承国民党的旨意，播出了不少反对共产党的内容。到国民党反动派撕毁国共两党和谈协议，发动全面内战之后，甘肃广播电台更是成了从事反共宣传的重要工具。当中国人民解放军相继在辽沈、平津、淮海三大战役中歼灭国民党大批有生力量时，它却说“共军节节败退，国军乘胜追击”、“国军英明果断，进行战略转移”等等，显然是自欺欺人。不过，由于当时兰州的电力供应严重不足，广播发射效果极差，加上有收音机者很少，所以，甘肃广播电台在兰州市民中的影响非常有限。

甘肃广播电台一直隶属国民党中央广播事业管理处直接领导，人事、经费等均由该处管理。同时受国民党中央调查统计局的控制，是“中统”在兰州的一个重要据点。

民国二十九年（1940年）5月，甘肃广播电台筹备处成立之初，由范本中任主任，蔡其璠任总干事。同年9月，范回重庆，由蔡代理主任，后任主任。民国三十年11月，中山林发射台开始试播后，筹备处增设事务科，总管电台日常工作。民国三十二年4月，蔡在兰州病故，由黄天如接任主任。民国三十三年夏，黄调任昆明广播电台台长，由葛豫夫接任主任。民国三十四年（1945年），葛因事务科科长贪污案被撤职，3月由黄念祖接任主任。

民国三十四年7月，甘肃广播电台正式成立，由黄念祖任台长，下设传音、公务、总务三科，职工总人数不详，有工务人员11名。民国三十五年，黄调任北平广播电台台长，由原公务科科长陈湘藩接任台长。台内机构除上述三科外，增设电离层观察所，全台共有55人，其中包括20名工友。民国三十七年陈湘藩离职，由刘世烈继任台长，直至兰州解放。

民国三十六年（1947年）以后，电台因月月不能按时发给职工工资而连连向中广处告急。在这种形势下，中共皋榆工作委员会派人在广播电台秘密发展中共党员5名，分属三个党支部。民国三十八年8月，在电台从事播音和技术工作的高斗垣、石凤玉两名中共党员不幸被捕，被国民党杀害于兰州沙沟监狱，他们为保护广播电台安全回到人民手中，献出了年轻的生命。

第二节　甘肃人民广播电台

甘肃人民广播电台的前身是国民党政府遗留下来的兰州广播电台（即原甘肃广播电台）。民国三十八年（1949年）8月26日兰州解放的当天，中国人民解放军兰州军事管制委员会即派军代表、军管会新闻处副处长普金和该处随军工作人员施致铣，与在兰州广播电台工作的中共党员陆寰安、何谧等配合，顺利地接管了兰州广播电台，并由省新闻系统总负责人阮迪民及军代表普金领导，立即开展了筹建兰州人民广播电台的工作。

第二章　有线广播

兰州最早的有线广播，是1945年8月甘肃广播电台在兰州市内设置的广播放送站，但这只是有线广播的一种雏形。兰州建立真正意义上的有线广播，是在中华人民共和国成立之后。

第一节　农村有线广播

农村有线广播，是在解放初期农村收音网的基础上发展起来的。

第二节　城市有线广播

兰州开办城市有线广播早于农村有线广播。1945 年秋天，甘肃广播电台为使较多的兰州市民听到该台定于 9 月 2 日播出的《庆祝抗日战争胜利特别节目》，临时在市内设置放送站数处，向市民收扩该节目。解放初期，兰州人民广播电台（即今省电台）在南关什字城楼等处架设高音喇叭，定时收扩该台播出的节目，以供群众收听。这些只是兰州城市有线广播的雏形，无论是规模还是功能，都不能与此后的城市有线广播相比。

第三章　机构

第一节　省级管理部门

中华民国时期，甘肃广播电台（后改为兰州广播电台）的人事、财务、宣传、技术等项工作由中国国民党中央广播事业管理处直接领导。甘肃省和兰州市都没有设立专门的广播管理机构。

1949 年兰州刚解放时，兰州人民广播电台（今甘肃人民广播电台）统一归省新闻系统负责人阮迪民领导。

青海省

青海省地方志编纂委员会编：《青海省志·广播电视志》，黄山书社1996年版

概　述

青海地域辽阔，资源丰富，但因地处边远，人口稀少，经济发展缓慢，广播事业起步晚于内地省区。民国期间，国民党出于反共宣传的需要，在马步芳的授意下，于1948年初，由青海省政府从上海购进两部广播发射机，经过一年多的装机、调试，于1949年7月在西宁安装了1千瓦短波发射机，建成青海省第一座无线广播电台，并于8月7日使用9900千赫频率正式播音。当时，西宁市只有20台收音机，供个别军政要员和资本家收听。

解放前，青海广播电台的新闻宣传内容，多是编造国民党时局的“好形势”，掩盖国民党反动统治全面崩溃、瓦解的事实真相，蒙蔽群众。电台仅播出二十多天便停止播音。

1949年9月5日，青海省解放，广播电台由人民解放军接管，并于9月14日创建西宁人民广播电台，很快播出党和人民的声音。10月1日，西宁人民广播电台转播中华人民共和国成立庆典活动实况，高原各族人民欢欣鼓舞，载歌载舞地庆祝中华人民共和国的诞生。

利用旧设备建起的西宁人民广播电台，设备条件差，播音时间短，收听范围很小。

第一章　无线广播

第一节　青海广播电台

1949年3月，在马步芳授意下，青海省政府从上海购进两部广播发射机，经过装机、调试，于同年7月，将1千瓦短波发射机，安装在西宁小校场中山纪念堂西侧。8月1日，以BSNZ为呼号的青海广播电台，用9900千赫频率正式播音。当时，西宁市只有20架直流收音机供个别国民党军政要员和资本家收听。西宁城仅有一只高音喇叭供市民收听，农村和牧区收音机很少。随着解放大军进军西北的胜利，国民党青海广播电台于8月20日停止播音。

青海广播电台属省政府无线电总台管理。内部机构设传音科（辖编审股、采访股、播送股）、工务科（辖材料股、修理股、机务股）、总务科（辖广务股）。广播电台共有职工33人，设秘书1人，书记1人，播音3人，机务员7人（兼职），音乐员8人，工友3人。台长张之俊（兼），副台长赵迪，工程师刘景炎（兼），播音员丑辉瑗、董生芳、王松林。广播电台每日上、下午各播音一次，每次播出1小时30分钟。节目有新闻和文艺两类，各占播出时间的一半。

新闻节目有《新闻》、《时事讲话》和《评论》。内容主要是编播国民党中央社电讯稿、《青海民国日报》地方消息和国际消息，也播出政府公告。还播出一次省政府主席马步芳的几分钟电话传音讲话。广播内容多为编造的时局“好形势”，掩盖国民党军队和政权崩溃、瓦解的真相。文艺节目无固定栏目，只有音乐、歌曲、戏剧、曲艺，主要播放歌曲、京剧、平剧及爵士音乐唱片和几位青海民间艺人演唱的青海平弦、越弦等，也曾邀请“海心剧团”、“昆仑剧团”和“儿童剧团”到电台演播歌舞节目。

第二节　青海人民广播电台

1949 年 9 月 14 日，成立西宁人民广播电台，归青海省军事管制委员会文教处领导，军代表陈钊、王珏。内设工务科、修理股，职工 16 人，其中编播人员 2 人，技术人员 5 人，行政人员 9 人，广播宣传主要面向城镇。9 月末，改由新华社青海分社领导，设工务科、总务科、播音组。青海日报社副社长乔迁兼台长，军代表王珏。11 月，改由中共青海省委宣传部领导。

宁夏回族自治区

宁夏通志编纂委员会编:《宁夏通志·文化卷》，方志出版社 2008 年版

《银川市志·文化》，宁夏人民出版社 1998 年版

概　述

20 世纪 30 年代，中华民国中央政府给宁夏省机关部门和一些中小学陆续配置干电池收音机，教化民众。民国三十七年（1948 年）2 月，宁夏省政府决定成立“宁夏广播电台”，只试办了几个月就停播了。

第一篇 >>> 广播

第一章 收音

第一节 初始收音活动

常规收音

宁夏广播收音始于20世纪30年代。民国二十三年（1934年），中卫县中学获宁夏省教育厅拨发的干电池收音机，为学生收放广播节目。民国二十五年（1936年）春，教育部发给宁夏省直流收音机7架，由教育厅分发到省城中小学和图书馆使用。民国二十六年（1937年）春，教育部又发给宁夏省收音机24架，宁夏教育厅分发给各县中小学使用。获收音机的学校、图书馆等均为固定收音点，由专人管理收放广播。

民国二十三年（1934年），固原县设立收音处，有收音机一台。收音员夏炳炎、蓝生吉在南京中央广播无线电台收音训练班第三期毕业，夏炳炎任固原县无线电收音处主任。收音处所需经费由官府拨发。民国二十八年（1939年），地方财政拨经费720元，民国三十年至三十二年（1941～1943年）分别拨经费840元、1386元、1386元。

民国二十九年（1940年）5月，宁夏省政府教育厅内设置播音教育技术员一人，专司播音教育事宜。凡各点机器出现故障，积极设法修理，一时零件未能购获，无法修理，呈缴教育厅点收，寄存教育经费保管委员会保管。

民国二十八年（1939 年）11 月，宁夏省组织边疆教育巡回工作团下乡镇宣传演讲，还在晚上选择适中地点，装设收音机收播中外时事，让当地群众收听。民国二十九年（1940 年）5 月，该巡回工作团在各县巡回工作期间，到各乡、镇、村 160 多处，晚上选择适中地点装设无线电收音机，收播中外时事 200 余次，让群众收听。

民国三十年（1941 年），中国业余无线电学会宁夏分会成立，无线电爱好者逐年增加。之后几年，一些会员装置矿石收音机或电子管收音机。个别会员还进行过小功率广播发射试验。

中华民国时期，宁夏官方不允许个人私自拥有收音机。据惠农县志记载，1949 年初，梁××从外地带回一部收音机，被马鸿逵的特务机关抓去，以“共军电台”的罪名枪毙。

非常规收音

民国三十五年至三十八年（1946～1949 年），国民党军队系统的电台报务员常利用收报耳机，收听国民党中央广播电台的新闻，或偷听延安新华广播电台、陕北新华广播电台和邯郸新华广播电台的消息，相互对照。马鸿逵部队一位报务员保存的资料记述：民国三十七年（1948 年）10 月 19 日，国民党中央台广播“郑洞国将军率领全体将士死守长春中央银行大楼，弹尽粮绝，忠烈殉国”。新华电台广播“长春守敌国民党长春最高指挥官、东北‘剿总’副总司令郑洞国率领国民党军第一兵团直属部队和新七军全体官兵放下武器，向中国人民解放军投降”。民国三十七年（1948 年）12 月 24 日，国民党中央台广播“张家口方面国军经过激烈战斗主动转移”。新华电台广播“张家口附近一战，歼灭国民党军七个整师共 5.4 万人”。1949 年 4 月 24 日，国民党中央台广播“太原城情况不明”。新华电台广播“太原前线急电，中国人民解放军今晨 4 时向太原城发起总攻，上午 10 点钟太原全城解放”。这些讯息在国民党军队秘密传播，对瓦解军队军心起到不可估量的作用。宁夏省政府主席马鸿逵也经常通过报话机收听新华电台的广播。民国三十七年（1948 年）12 月 25 日，新华电台广播了 43 名内战战犯名单，其中列有马鸿逵等地方军阀。专给马鸿逵开报话机的和延璧回忆，马鸿逵听到他名列战犯名单，非常沮丧，自言自语地说：“共产党饶不了我。”

民国三十二年（1943 年），固原县政府获得手摇电台一部，收发电报，兼收中央社新闻，供地方报刊利用，抄送有关单位。当年给电台经费 8520 元。

第二章　无线广播

第一节　省（自治区）广播电台

沿革

民国三十七年（1948 年）2 月，宁夏省政府决定成立宁夏广播电台，并指派马鸿逵军部通讯营副营长荣兆金负责筹建，台址选定在银川市文化东街 11 号，当即设计施工，并与天津无线电公司签订购置和安装广播设备合同。3 月，天津无线电公司派工程师到银川，安装 300 瓦中波发射机一部，转播接收机一部，美制 2.5 千瓦汽油发电机一部，架设 36 米高的“T”型广播发射天线一副，铺设简易地网。5 月，宁夏广播电台开始试播，频率为 1130 千赫，呼号为 XGRA，有专职和工作人员 6 人，台长由马鸿逵军部通讯营长马友梅兼任。每天晚上播音两个小时，除转播国民党中央广播电台新闻节目外，还播放一些唱片，没有自办节目。9 月，因国民党军队节节败退，宁夏省政府主席马鸿逵令电台停止播音，将设备封存。

1949 年 9 月 23 日，中国人民解放军第 19 兵团开进宁夏省会银川市，宣告宁夏解放。

地市级地方志广播史料

银 川 市

第八章　新闻

第一节　广播（电台）

国民党统治下的宁夏，是中国西北角最贫穷落后的地区之一，宁夏绝大多数群众不知道“广播”、“无线电”为何物。直到 1948 年，国民党宁夏省政府才决定成立宁夏广播电台。马鸿逵指定通讯营一位副营长负责筹建广播电台，在今银川市城区文化东街选定台址、设计施工，并与天津无线电公司签订合同，购置机器设备。1948 年 9 月试播，每晚两小时，除转播国民党中央社新闻外，还播放一些唱片，试播几个月后，因国民党军队节节败退，马鸿逵看到大势已去，即将设备封存，停止试播。

1949 年 9 月银川解放。遵照中国人民解放军银川市军事管制委员会的命令，原宁夏广播电台的负责人将广播设备全部移交给宁夏日报社。

新疆维吾尔自治区

新疆通志编纂委员会编:《新疆通志·广播电视志》，新疆人民出版社1995年版

《乌鲁木齐市志·广播》，新疆人民出版社1999年版

概　述

新疆广播事业始于1935年。当年新疆省边防督办公署交通处在迪化（今乌鲁木齐）建立有线广播电台，这是新疆地区最早的广播。当时，设备简陋，仅覆盖迪化地区。

1949年9月，新疆和平解放后，有线广播事业才在全疆逐步发展起来。

第一篇 有线广播

第一章 有线广播台、站

第一节 解放前的有线广播电台

民国二十四年（1935 年），迪化有线广播电台（简称迪化电台）建成，台长杨德禄，职工 21 人，隶属于新疆省边防督办公署交通处管理。从此，开创新疆有线广播之先河。迪化电台设备简陋，功率很小，只有 8 瓦广播机一台，广播喇叭 30 余只，多安装在省府机关内。以后，交通处又自制广播机一台，从苏联购进广播喇叭 200 多只。民国二十八年（1939 年），广播喇叭增加到 775 只，安装在省府机关 30 余只、文化团体 36 只、部队 218 只、学校 28 只、工商户 103 只、居民个人 315 只。至民国三十九年（1940 年），广播喇叭增至 1085 只。

民国三十年（1941 年）12 月，迪化电台划归省交通处电话局管理。

民国三十一年（1942 年），鉴于广播线路紊乱，广播喇叭经常发生故障，于 1 月 15 日停机整修，增设电杆，改装喇叭，建立健全管理制度后，于 6 月 1 日恢复播音。

盛世才投靠国民党后，迪化电台成为国民党的宣传工具。民国三十二年（1943 年）1 月，国民党新疆省党部派人对迪化电台进行整顿。民国三十三年（1944年），迪化电台职工减至12人，并继续实行收费制度。民国三十三年（1944年）1~5月，收喇叭费、移机费、押机费共209300元新币，全年收支相抵尚有盈余。民国三十六年（1947年），省宣传委员会委托省交通处第六区公路局电讯台的吴尚勤、温复等人筹建新疆广播无线电台，民国三十七年（1948年）2月28日进行试播，8月组建新疆广播无线电台。民国三十八年（1949年）5月2日，新疆广播无线电台正式播音，迪化有线广播电台随即停止播音。

第二章　有线广播宣传

第一节　迪化有线广播电台的宣传

民国二十四年（1935年），迪化有线广播电台创办后，主要宣传新疆督办盛世才提出的“反帝、亲苏、民平（指民族平等）、清廉、和平、建设”的“六大政策”。民国二十九年（1940年）12月6日《新疆日报》载：“反帝总会为加强民众教育，使广播成为有力武器，除在广播中播送国内外和本省新闻及各机关工作报告外，并系统地作政治报告。”仅民国三十一年（1942年）半年内，播放政治报告140余次，在一年之内通俗讲演60余次。反帝总会除利用广播作政治报告外，还组织省府机关领导人在广播中解释政策法令，讲述新疆工业、农牧业及市政建设的方针和任务；播出各机关、学校、团体组织的文艺节目。抗战时期，由于中国共产党和盛世才建立统一战线，坚持又联合又斗争的原则，在广播宣传中播出了中共领导人和进步人士的文章、讲话等，使新疆各族青年知识分子受到不同程度的马列主义理论教育和中国共产党人进步思想的影响。

民国三十一年（1942年），盛世才彻底投靠国民党，迪化有线广播电台随之成为国民党的舆论工具。民国三十二年（1943年）1月，国民党新疆省党部成立，特派专人对广播电台进行整顿。从民国三十四年（1945年）3月以后，大肆进行反共宣传，并每天播出1小时特别节目，内容主要有：《总理遗教》、“总裁训示”与蒋介石反动著作《中国之命运》、《新生活运动》以及新疆的施政方针等，特别节目的播送时间，政治报告及施政方针占

50%，时事专论及常识占25%，音乐、歌曲、评剧等占25%。

民国三十五年（1946年）7月1日，新疆省联合政府成立。西北行辕主任张治中兼任新疆省主席后，提出和平、统一的施政方针，并对苏友好，要求在报纸广播宣传中清除一切反苏倾向，对国民党“中央社”播发的新闻电讯严格筛选，内战消息一律禁止报纸刊登，并不许广播。1949年1月，包尔汉担任新疆省主席，继续执行张治中的政治主张，直到新疆和平解放。这一时期的广播宣传，基本上贯彻了上述精神。

第三章　有线广播技术

新疆是多民族地区，自然地理条件复杂，各族人民居住分散，经济建设比较落后，这些因素为发展有线广播增加了很多困难。

第一节　播控中心

新疆在1935年建立有线广播电台，播控设备有8瓦广播机。政治性节目，由播音员或主讲人到播音室话筒前直播；文艺性节目，主要播送唱片或在播音室内演播。当时没有录音设备，谈不上节目制作。

附录

大事记

民国二十四年（1935年）

迪化（今乌鲁木齐市）有线广播电台建成，隶属新疆边防督办公署交通处，有广播收音机（广播喇叭）30余部。杨德禄为台长。

民国二十五年（1936年）

4月　迪化广播电台经费（新币）为2229.62元，其中，职工11人薪给支出1525元，办公费500元，津贴及代金654.62元。

民国二十七年（1938年）

12月6日 迪化广播电台增加《政治报告》节目，内容有《援助中国的反世界侵略运动》、《日本经济能否持久作战》及《日本人民之反战运动》等。

12月16日 迪化广播电台定时播放反帝会指定的报告员所作政治报告。教育厅孟一鸣厅长等13人为政治报告员。

民国二十八年（1939年）

迪化市有线广播喇叭发展到775只，其中，工商界103只，文化团体36只，部队218只，机关80只，学校23只，居民315只。

民国二十九年（1940年）

迪化广播电台广播喇叭发展到1085只。全年支出经费（新币）4584.55元。

民国三十年（1941年）

12月6日 新疆交通处处长王镜楠签发命令："广播电台台长杨德禄属事不当，业经撤差。所有广播电台管辖各项事宜，均由电话局局长杨景山暂行办理。"从此，广播电台实际上划归电话局管理。

民国三十一年（1942年）

1月21日 新疆交通处呈请新疆边防督办公署对广播电台作全面整顿：一、整顿线路；二、修理线路期间暂停广播和安装喇叭；三、改善装修办法，一切用料均由电话局供给，加收装移材料费；四、原用户自备材料由交通处收买。

5月13日 新疆交通处发出训令："广播线路既经整修完竣，所有请装广播各户，应立即恢复安装，于6月1日开始播放、收费。"

6月25日 新疆交通处向新疆边防督办公署提出充实广播内容和组织稿源的七项建议报告：一、广播电台以往仅播出国际国内重要新闻，关于本省新闻很少播出，拟请将《新疆日报》第一、二、三版重要新闻全部交广播电台播送。每日社论亦宜播送，并由主稿人躬亲播放，俾得详细解释不致错误；二、关于政治报告及学术讲演，最好聘专人分别担任；三、关于抗战故事及话剧亦应聘专人或指定某机关负责担任；四、妇女动态，应由妇女协会经常派人播送；五、音乐、戏剧除请团体参加外，如有擅长者应广为延聘；六、使用收音机转播国内外音乐及戏剧；七、增加放送时间，每日下午5时起至9时止。如遇星期天或假日，均由早上8时起至中午12时止，下午5时起至9时止。

10月2日 新疆电信管理局转发交通部代电给省宣传委员会，代电称："关于新疆省政府宣传委员会请设置公营广播电台一节，拟可照准，惟应由新疆省政府申请。兹随电附广播电台设置规划、许可证申请书及登记表各一份，仰查收转，请改用省主席名义填写申请。"新疆电信管理局恳请省宣传委员会按上述代电转请新疆省政府依章办理登记手续。

12月14日 新疆交通处为1943年元旦广播征稿事向新疆边防督办公署请示称："广播电台现在每日播送节目，虽有国际及国内时事问题等，而对本省各部门之建设报告似嫌不多，不无缺点。兹值1942年将末而1943年将临时期，关于新省教育之扩充，工业之增进，以及农牧业之改进、市政修建、财政增收等概况，均宜宣扬，以广听闻。是以恳请俯准，饬令有关机关迅速准备题材，呈交反帝会审阅，利用新年假期派人来台播放。"

民国三十二年（1943年）

5月 迪化市有线广播电台，收音机（喇叭）约有300只。自5月中旬起每日增加特别节目1小时，其中：总理遗教及"总裁"训词占43%，《中国之命运》占20%，时事常识占15%；故事及音乐占10%，专题讲演占10%，自7月份起，应民众要求，增加维吾尔语广播，每周两次。

12月21日 新疆交通处上报新疆电政情况称：迪化安装8瓦特有线广播机两部，全市安装扩音器（喇叭）300余个，传音线路属铁质，利用电话杆架设。

民国三十四年（1945年）

1月 迪化广播电台编制12人，营业收入1787元（新币）。

2月14日 新疆电信管理局局长王镜楠签发《有线广播押机费标准的规定》，要求各机关安装广播机，依照部章每具应征收押机费新币20元，于本年1月份起开始征收。若逾期不交，即将广播机拆除。

3月1日 迪化广播电台特别节目恢复播出，由省党部指派专人播讲。汪洛生讲《种族优越思想批判》，杭炎甫讲《慰劳归来》，杨彬讲《音乐的起源》，刚伯讲《联合公演的意义》，霍然讲《本省剧运展望》，王为一讲《音乐演奏》等。

3月3日 从即日起，文艺研究会在迪化广播电台播出《乌鲁木齐之恋》、《长城谣》)、《抗敌歌》、《夜半歌声》等歌曲。

5月 据新疆交通处统计，1月份广播室营业收入为新币1787元。广播电台编制12人。

12月 迪化有线广播喇叭共358只，其中，机关27只，企业5只，居民103只，团体9只，商号86只，学校7只，军警机关101只，医院13只，合作社1只，银行4只，省党部2只。

民国三十六年（1947年）

10月 新疆省政府宣传委员会主任秘书莫汝英，以省秘书长兼宣传委员会主任委员刘孟纯的名义，邀请交通部第六区公路局的温复、吴尚勤、梁铁民、钟厚和等商讨关于建立新疆广播无线电台问题。会后，由温复、吴尚勤、钟厚和、梁铁民、黄天尚等负责新疆广播无线电台的筹建工作。

民国三十七年（1948年）

2月28日 新疆省政府宣传委员会委托第六区公路局温复等人筹建的新疆广播无线电台开始试播，波长暂定为75米。

8月 经新疆省政府宣传委员会批准，正式组建新疆广播无线电台。温复为总工程师兼台长。

民国三十八年（1949年）

5月2日 新疆广播无线电台正式播音。在开播典礼上，新疆省政府宣传委员会主任委员刘孟纯报告广播电台筹建经过，新疆省主席包尔汉、副主席伊敏先后致辞。

新疆广播无线电台呼号为：新疆之声BYA，波长42.55米，频率7050千周，每天上午8时30分到11时30分为播音时间。主要用汉语播音，有时插播维吾尔语新闻。台址在迪化市（今乌鲁木齐市）和平北路122号（今天山大厦对面）。

9月25日、26日 陶峙岳、包尔汉率新疆军政人员宣布起义，新疆和平解放。

11月15日 新华社随军记者延国民以迪化市军管会代表身份奉命接管新疆无线广播电台。

12月7日 军代表陈华等3人小组接替延国民进驻新疆无线广播电台。当时，新疆日报社、迪化人民广播电台、新华通讯社新疆分社合署办公。中共中央新疆分局常委、秘书长、宣传部长邓力群兼任这三个单位的主要负责人。

12月21日 迪化人民广播电台正式成立，维吾尔语对外呼号为“乌鲁木齐人民广播电台”。当天举行庆祝大会。邓力群兼迪化人民广播电台台长，陈华任副台长。电台下设编辑组、传音组、工程组、材料组、总务组，共有职工41人。

地市级地方志广播史料

乌鲁木齐市

机构沿革

（新疆人民广播电台）民国二十四年（1935 年）迪化出现有线广播。广播电台台长为杨德禄，第一位播音员为常天姿（女）。广播电台技术方面由省交通处负责，节目内容由新疆民众反帝联合会宣传科负责。第二年，有职工 11 人。民国三十一年（1942 年）经省交通处申请，迪化有线广播电台划归市电话局领导。民国三十三年（1944 年），国民政府接管了盛世才政权，派专人对有线广播电台进行整顿，加强对广播宣传的控制。民国三十四年（1945 年）电台编制 7 人，在册职工 12 人。民国三十六年（1947 年）由新疆省宣传委员会出资，筹建无线广播电台。第二年 2 月试播，8 月正式组建，委派温复担任电台台长兼总工程师，并从六区公路局等单位选派 17 名人到电台工作。

1949 年 12 月 21 日，迪化人民广播电台成立。邓力群任台长，职工 41 人，下设编辑、传音、工程、材料、总务五个小组。

事业发展

（迪化广播电台）民国二十二年（1933 年）盛世才攫取新疆军政大权后，为控制政局巩固其统治地位，非常重视电信事业，于民国二十三年（1934 年）对电报局进行整顿和扩建，并设立无线电台、长途电话、市营电话和有线广播等。民国二十四年（1935 年），迪化有线广播电台正式成立，台址在迪化市文庙巷的南厢房中。初期广播设备仅有 8 瓦扩音机一台，安装广播喇叭 30 多只，且大多数安装在政府机关内；以后自制了一台功率较大的扩音机，并从苏联购进一批广播喇叭。到民国二十八年（1939 年）广播喇叭已增至 775 只，线路逐步扩展到工商界、学校、部队及文化团体。内容主要宣传省政府的“六大政策”。民国三十三年（1944 年）国民政府接管了迪化有线广播电台。据当年统计，有线广播喇叭只有 321 只。到民国三十五年（1946 年），迪化市有线广播的节目才逐步走向正规，并在广场、三角地、南门等人口稠密处装置大型扩音喇叭，分别以汉、维吾尔、哈萨克、蒙古语进行广播。广播内容以“总理（孙中山）遗训”、“蒋介石训示”与新疆省政府施政纲领为主，约占 50%；时事专论及常识占 25%；音乐、歌咏、平剧占 25%。民国三十六年（1947 年）4 月，新疆省政府决定由省宣传委员会出资，委托第六区公路局电台代为筹建新疆无线广播电台。1949 年 5 月 2 日正式播音，呼号为“新疆之声 BYA”，频率 7050 千周。主要使用汉语播音，有时插播维吾尔语新闻，文艺节目内容多为放唱片。电台设在迪化市三角地省政府招待所的二层小楼上，条件差，技术装备简陋，在广播中时有叮咚的驼铃声和喔喔的鸡啼声。发射机是美国 BD—610 报话机改装的，另有一部前级增音机、两部扩音机、两台美制旧钢丝录音机、两只话筒和一部旧汽油发动机。由于播出功率只有 350 瓦，发射范围仅及迪化市和近郊。

1949 年 9 月 25 日新疆和平解放，电台停止播音。10 月初，中国人民解放军进驻迪化后，对电台实行军管。12 月 21 日，将原“新疆之声”改为“迪化人民广播电台”。

台湾省

《台湾省通志·卷五　教育志·文化事业篇》，台湾众文图书公司 1971 年版

第七章　广播事业

第二节　光复前之广播事业

光复前之广播事业，实充满日本之军国主义思想，除夸诩、蒙骗、麻醉及颠倒是非而外，更挟其异族之优越感，以作愚民政策之歪曲宣传，实无其真正教育之意义存在。然今日之广播事业，乃继承其遗规旧制，改弦更张而来者，知己必先知彼，无已，乃姑志其梗概焉：

光复前，台湾区共有广播电台五处，统一组织于台湾放送协会之下（台北广播电台开始广播为日昭和三年十二月廿二日），是时计有播音机六座：即台北、板桥各一座，其输出电力，均系十基罗瓦特者，台中北屯及台南各一座，输出电力均系一基罗瓦特，此外嘉义有五百瓦特一座，花莲有一百瓦特一座而已。至全部电台每日播音机开机播音时数，仅为时 63 小时又 55 分，而节目广播部分则为两个，惟当时所用之员工，则为数至巨，计职员 566 人，工友 43 人，共 609 人。

又台湾区广播电台之建立，日期各有先后，最早为台北放送局之板桥放送机室第一部分，建立于民国二十年（昭和六年）一月二十五日；次为同局之板桥放送机室第二部分，建立于民国二十年（昭和六午）五月一日。惟该部分接收前已因机件损坏停播；又次为台南放送局之台南放送机室，建立于民国二十一年（昭和七年）四月一日；台中放送局之北屯放送机室，建立于民国二十四年（昭和十年）四月一日；民雄放送所之民雄放送机室，建立于民国二十九年（昭和十五年）九月二十八日，惟于二次大战期中，被盟军空军炸坏停播；又台北放送局之板桥放送机室第三部分，建立于民国三十一年（昭和十七年）九月二十五日；嘉义放送局之放送电台，创建于民国三十二年（昭和十八年）五月五日；而最后建立者则为花莲放送局之放送电台，直至民国三十三年（昭和十九年）五月一日始告建立。

至于业务方面，日据时期，由台湾放送协会加入课办理，该课内分二系：一为加入系，办理收音机登记，移转，取消登记等事务；一为料金系，办理收音机月费征收事务。上述业务，以办理登记收音机为最主要，日据时期办理此项业务，乃以政治力量为手段，强迫每一备有收音机之听户，必须向放送协会登记，如不依时办理登记，一经警察查出，即以犯法违警论罚。

日据时期之收音机登记，截至民国三十四年（昭和二十年）七月份止，全省之收音机计 97541 架（亦即后来移交之数字），至其各县市之分配数目，详见下表：

县市别	收音机架数	县市别	收音机架数
台北市	24255 架	台中县	13257 架
基隆市	3724 架	台南市	5179 架
台北县	8428 架	嘉义市	3030 架
新竹市	2005 五架	台南县	10510 架
花莲县	2253 架	高雄市	6732 架
台东县	461 架	屏东市	1437 架
新竹县	4502 架	高雄县	4406 架
台中市	5225 架	澎湖县	407 架
彰化市	1775 架		共计 97541 架

按收音机征收月费之制度，系创始自英国，以后盛行于欧洲各地，其法即以收自听户之钱，而用之于改良节目与增加设备上，颇称良法美意。日人因之，据台时乃效法英国而向听户征收月费。惟是项征收工作，实极感烦琐而艰巨。然日人征收收音机月费，系得助于政治力量，故日据时期中，征收收听月费最高纪录曾达到听户百分之九十，良有以也。其收听月费每架为台币一元五角。至修理业务，则完全为听众服务，仅收回材料费而不收工资，盖听户已缴交收听月费故也。

第三节　光复后之广播事业

八年抗战，最后胜利终属我，台湾亦于焉光复。中央即派林忠氏接收前台湾放送协会，并于民国三十四年十月二十五日改组成立，正式改称“台湾广播电台”，隶属于中国国民党中央执行委员会广播事业管理处，计辖台中、台南、嘉义、花莲等四电台，并即日形始以 XUPA 之自由和平呼号，向全世界呼叫，予听众以快慰，授同胞以国语，更进而使之明了祖国历史之长远，地大物博，风厚民淳……其广播事业，实未因此青黄下接之际而稍懈。

兹为明了光复后之台湾广播事业概况起见，拟分工务、节目、业务三方面叙述之如下：

一、工务方面

（一）工务工作概况

台湾广播电台工务科之前身，为台湾放送协会之技术部，接收以后，始改称工务科。民国三十四年十一月一日至六日，先接收前台北放送局，十一月十五日至十七日，接收前台中放送局，十一月十七日至十八日，接收前民雄放送所，十一月十八日至十九日，接收前嘉义放送局，十一月十九日至二十一日，接收前台南放送局，十一月二十六日至二十八日，接收前花莲港放送局。于此期中，有废待兴，工务方面所遭遇到之困难实多，然终为之克服。

接收前，台湾区共有五处广播电台，并有6座播音机从事播音工作，已如前述，接收后除一一仍维旧观外，而战时被炸毁之机件，如受损极重之民雄播送机室一百基罗瓦特强力播音机一座；机件损坏，已置之不用之板桥播送机室短波三基罗瓦特播音机一座；又缺少器材无法使用之中波一基罗瓦特播音机两座；及100瓦特播音机两座。均加以改装、修复或添置，而先后开始从事播音矣。此外并在民国三十五年冬，成立台东广播电台，置中波100瓦特播音机一座，至此，台湾广播事业已奠定其完美之基石矣。

台湾区各电台播音机开机播音时间，民国三十五年（民国三十四年从略，因光复伊始，一切未入正规故也）一年中，计台湾台民雄播送机室2431小时，台湾台板桥播送机室6753小时，台中台4260小时，台南台4161小时，嘉义台3961小时，花莲台3218小时，台湾区总计24784小时。

台湾广播电台工务科，除上述经常之管理工作外，其重要者计有下列二项：

1. 补充真空管与换用代用真空管。因过去本省均采用日制真空管，而光复后日货来源断绝，乃以美制真空管代之。惟须经一番改装、调整或试验之工作过程，方可臻技术上美满之结果。

2. 传音专线问题。实为台湾区最严重之工务，因光复后台湾区有五处广播电台与三处播送机室可以用载波设备，或用专线直接传音联播各种节目，两处广播电台即用收音机收转联播，按照当时之情形，该项传音专线总长已达 724.9 公里，其保护与修缮均系艰巨之工程。而此种种之工程、技术、购材并督导各地方台之工务等，均由台湾广播电台工务科负责。

考台湾区各电台工务人员之数字，光复前计 123 人，光复后 110 人，其分配情形如下：

台湾区各台工务人员统计表

情形＼人数＼台名	台湾台工务科	台中台工务科	台南台工务科	嘉义台工务科	花莲台工务科	总　计
光复前	75 人	15 人	17 人	8 人	8 人	123 人
光复后	61 人	18 人	14 人	10 人	7 人	110 人

（二）台湾区广播网设备情形

台湾光复后，素以愚民政策作宣传之台湾放送协会，亦为我所接收，经一年余之努力经营，曾先后修复日据时期被盟军炸毁之机件多种，其著者如民雄播送机室之一百基罗瓦特强力播音机等是也。更经多方予以添置、补充与改善，因此台湾之广播事业，日渐突飞猛进中。计此时已拥广播电台 6 处，播音机 7 座，输出电力计 215.9 基罗瓦特，而每日播音机播音时数为 78 小时又 40 分，节目广播部分则为三个，至此已构成一完备之广播网。台湾广播电台在此短短一年之时光中，竟有如此辉煌之成绩，实不可多得也。兹详述其情形如次：

台湾区之广播网，以台湾广播电台为中心，更以其台北增音（后设）为主，分四路用载波设备，或用专线直接传送至所属之其他各台室播音：

第一路传音以北民载波机之甲机，用载波周率 36 千周送至民雄播送机室，在该室之北民载波机之乙机中检出节目，经过线路增音机，而输入中波 750 千周，以一百基罗瓦特强力播音机播出。每日开机播音时间有 4 小时又 45 分，亦即 XUPA 输出电力最大之播音机也。

第二路即用两对直达专线及一座 10 瓦特 60000 千周频调播音机，将各种节目分别传送至板桥播送机室，在该室经过线路增音机，由中波 670 千周、十基罗瓦特播音机，中波 1020 千周、十基罗瓦特播音机，及短波 7223 千周、三基罗瓦特播音机分别广播。每日开机播音时间：670 千周播音有 4 小时又 45 分，1020 千周及 7223 千周播音有 10 小时又 10 分。

第三路传音以北中载波机之甲机，用周率 1635 千周送至台中广播电台，在该台北中载波机之乙机中检出节目，改换专线直接传送至北屯播送机室，经过线路增音机，以中波960千周、一基罗瓦特播音机播出。再在台中广播电台，另用中南载波机之甲机，以载波周率1635千周送至台南广播电台，在该台中南载波机之乙机中检出节目，经过线路增音机，输入中波1040千周、一基罗瓦特播音机播送。又在台南广播电台以南嘉中型载波机之甲机，用周率36千周传送至嘉义广播电台，由该台在南嘉中型载波机中检出节目，经过线路增音机，输入中波1070千周、500瓦特播音机播出。此一路传音较为复杂，距离亦最长，每日开机播音时间，各机均有10小时又10分。

第四路传音由北花小型载波机之甲机，用周率28千周送至花莲广播电台，在该台北花小型载波机之乙机中检出节目，经过线路增音机输入中波1060千周、100瓦特播音机播出，每日开机播音时间有10小时又10分。

此外，新建立之台东广播电台，即用收音机收转联播台湾广播电台之节目，每日开机播音时间有8小时又10分。

按台湾广播电台之设备情形，本区之广播网，不但可以在台北总发音室发音，传送至各台室播音，且能在其他台中、台南、嘉义、花莲、民雄或板桥任何一处发音，由载波设备传音或以直接专线传送至各台室播送。换言之：如有特别节目在某地演奏，只需有载波专线之地即可发音，由其他各台室联播。此则，台湾区广播网之设备，真可谓为全国之冠也。

兹为简明起见，附表如后（见第1155页表）。

二、节目方面

广播事业之重要使命，厥为国家之对外宣传，与对内推行政令，学校教育以外各种常识之播讲，以及传播各地消息与通俗之娱乐等节目，其重要性，于此可以概见。而节目又为广播之生命，何以言之？盖节目为广播电台最重要之日常工作，以其直接与民众接触，故其影响亦至巨，台省收音机普遍，广播教育之推行亦易收效，故台湾广播电台于节目设计方面，即以通俗、趣味、易为听众所接受之原则而设计，更配以娱乐节目，以宏广播功效，兹将节目概况述后：

（一）概述

台湾广播电台于民国三十四年十月二十五日，以XUPA呼号正式开始播音，当时节目多因环境需要，除娱乐时间外，多因服务，政令，新闻及国语教育。民国三十五年度起，节目内容予以调整，每月播音232小时，至民国三十五年（1946年）底，每月播音时数增至369小时又12分（此项数字未包括地方台广播时间）。

台湾区广播网设备情形一览表

电台名称	设备情形										
	室名	单位	数量	呼号	输出电力	波长	周率	建立日期	接收日期	接收前情形	接收后情形	每日播音时间
台湾广播电台	民雄播送机室	座	1	XUPA	100K. W.	400M.	750K. C.	民国廿九年九月廿八日	民国卅四年十五月十七日	被炸损坏停播	修复后于卅四年十二月十日播音	四小时四十五分
	板桥播送机室	座	1	XUPA	10K. W.	448M.	670K. C.	民国二十年一月廿五日	民国卅四年十一月一日	播音	继续播音	同上
	同上	座	1	XUPA	10K. W.	294M.	1020K. C.	民国卅一年九月廿五日	同上	同上	同上	十小时十分
	同上	座	1	XUPA	3K. W.	415M.	7223K. C.	民国二十年五月一日	同上	机件损坏停播	改装后于民国卅五年七月廿四日开始播音	同上
台中广播电台	北屯播送机室	座	1	XUDO	1K. W.	313M.	960K. C.	民国廿四年四月一日	民国卅四年十一月十五日	播音	继续播音	同上
台南广播电台	台南播送机室	座	1	XUDB	1K. W.	289M.	1040K. C.	民国廿一年四月一日	民国卅四年十一月十九日	同上	同上	同上
嘉义广播电台		座	1	XUDG	0. 5K. W.	280M.	1070K. C.	民国卅二年五月五日	民国卅四年十一月十八日	同上	同上	同上
花莲广播电台		座	1	XUDH	0. 1K. W.	283M.	1060K. C.	民国卅三年五月一日	民国卅四年十一月廿六日	同上	同上	同上
台东广播电台		座	1	XUDT	0. 1K. W.	337M.	890K. C.	民国卅五年十一月十一日		缺少器材未用	新建立正式播音	八小时十分

(二)教育性节目

A. 特殊性教育节目——以台省为光复省份，为消除彼此文化上之隔阂而设计者：

(甲)国语讲座及国语发音示范——自民国三十四年十二月起开办，每日播音教授国语，此为台湾广播电台所有教育节目中收效最著者。

(乙)史地讲座——以趣味为原则，有系统的介绍祖国历史与地理。

(丙)常识讲座——举凡党义，总裁言论，忠烈史迹等均经常公开阐述播讲。

(丁)台湾介绍——以对话、话剧等方式介绍台湾一切，俾国人易于明了。

(戊)闽南话讲座——以常识、卫生、掌故、生活小趣味等为主。

B. 一般性教育节目：

(甲)早晨的话——以青年修养，处世之道为讲座内容。

(乙)学术讲座——聘请国内专家、名流分别担任专题之演讲。

(丙)家庭杂谈——为闽南语对话，讨论家庭中一般常识。

(丁)儿童节目——唱歌、话剧或讲故事，以灌输儿童一般常识。

(戊)夫妇之间——创设一对模范夫妇，就其家庭生活经验作为长篇连播，以短话剧播出，富有家庭教育一切知识，最受听众欢迎。

(己)其他——纪念日及临时文告等。

上述教育节目，计占播音总时数百分之十五点四。

(三)一般性节目

A. 新闻及时评——每日有新闻四节，抄收各地电讯，随时报告。计每日国语四次，闽南语四次，客语一次，日语一次，新闻及时评节目，占播音总时数百分之二十三点三。

B. 戏剧——包占地方剧、平剧、话剧、歌剧等，计占播音总时数百分之十一点八。

C. 音乐——包括西乐、国乐、地方乐、歌曲等，计占播音总时数百分之四十一点八。

D. 其他——包括娱乐、转播，公告等，计占播音总时数百分之七点七。

(四)语言

台湾广播电台播音所用语言计有国语、闽南语、客语、英语及日语五种。民国三十五年度国语播音 858 小时，占百分之四十二，闽南语播音 810 小时又 49 分，占百分之三十九点七，客语播音 151 小时，占百分之七点四，英语播音 150 小时又 49 分，占百分之七点四，日语播音 78 小时，仅占百分之三点五而已。

（五）附属团体

台湾广播电台为加强其节目及业务起见，特附设若干团体，以充实其节目，发展其业务，兹略述之如下：

A. 台声合唱团：拥有男女团员三十二人，计分独唱、混声合唱等，另有器乐组之附设。

B. 台声话剧团：拥有富有经验之团员二十余人。

C. 台湾之声出版社：已出版之丛书计有：

（甲）国语广播读本——已出版三册，销售达九万册。

（乙）英语广播读本——已出版一册，销售达二万册。

（丙）台湾之声——为定期月刊，每期销售三千份，为台省当时销路最广之定期出版刊物。

三、业务方面

台湾广播电台业务科之前身，为台湾放送协会总务部之加入课。光复后，加入课改为业务科，设登记股，征收股，仍旧办理收音机登记、移转、取销登记及征收收音机月费等事务。至民国三十五年 4 月增加一广告股，办理播音广告业务，同年 5 月间将日据时期总务部工务课之各地相谈所一批技术员划入业务科，改名为修理股，于是业务科之组织确定为登记、征收、广告、修理四股。

（一）登记与征收

业务科成立后，其首要工作，即为从新办理登记收音机业务。台湾广播电台采取劝导登记方式，以代替往日之强迫登记方式，于是派员逐家逐户访问，并制成一种登记优待证，凡持有优待证之听户，如向电台修理收音机或购买电台出版之刊物，均可享受八折优待，如此，登记工作始能顺利推行，同时更得邮局之协助，由信差在乡村代办登记业务，边远之地则采通讯方式登记。民国三十五年 5 月间并发起全台员工总访问运动，所得结果尚称满意。

统计光复后一周年中，全省重新办理收音机登记，为数仅三万余架，其数字尚不及日据时期之三分之一数。考其致此之因，除不愿登记占小部分外，大部分系远处乡间，且不登记之听户又无处罚之规定，无怪乎自动登记者之锐减矣。如澎湖一地，日据时期有收音机 407 架，光复后仅有一架，相差远达 406 倍，于此可证台湾光复后，并非收音机数目减少，而实系收音机登记之数目大减。且光复以来，仅台湾广播电台出售之收音机数量亦近千架，再各电料行及私人带来台湾之收音机数目亦不在少数，据估计台湾区有收音机当在十万架左右，则绝对可靠之约数也。

至征收月费一项，光复后最高纪录仅60%，收听月费每架为台币一元五角，以后逐有调整。

（二）广告业务

播音广告业务，在台湾尚属初创。民国三十五年4月1日，第一家广告户正式在电台播出广告后，因本省收音机极为普遍，广告收效极速，故广告客户每日均见增加。惟以台湾经日人五十一年来之政治统治，经济榨取，社会经济未见繁荣，光复初商业萧条，人民购买力薄弱，更兼本省人以勤朴成风，虽有大商号，亦以广告费支出，乃增加销货成本之观念根深蒂固，故播音广告亦不如理想中之可以与上海媲美，直至民国三十五年10月份，播音广告始突飞猛进，省营各公司加入台湾广播电台做特别广告节目，每日于电台中固定一时间，以精彩之演艺节目播出，而引起外界普通之注意。至此，广告之效大见矣。

兹将民国三十五年（4～12月）台湾广播电台之广告户统计表列后：

月份 / 户数 / 广告户别	4月	5月	6月	7月	8月	9月	10月	11月	12月	总计
公营专业及政府机关	2	0	7	14	11	13	19	18	20	104
民营事业及商家行号	29	7	8	9	27	16	22	13	33	164
广播信箱	4	3	3	2	4	5	7	6	8	42
合计	35	10	18	25	42	34	48	37	61	310

（三）修理业务

光复后之修理业务，乃本服务精神，完全为听众服务，一如日据时期旧例，仅收材料费而不收工资，并为顾虑偏远乡村中之听户修理方便起见，台湾广播电台业务科每月举行一次巡回修理，派出巡回修理班，借各地邮政代办所或乡镇公所公共场所等地，集中附近损坏之收音机修理，各地听众均称方便。

兹将民国三十五年（5～12月）台湾广播电台之修理业务列表如下：

民国三十五年台湾广播电台为听户修理收音机及配换材料统计表

月份 / 数目 / 类别	5月	6月	7月	8月	9月	10月	11月	12月	合计
收音机	23	85	134	94	232	233	176	155	1132
材料	96	120	215	136	298	280	336	214	1695

附录一：台湾广播电台组成系统图

- 台湾广播电台
  - 台长
    - 工务科
      - 民雄播送机室
      - 板桥播送机室
      - 工程股
      - 材料股
    - 监督指导
    - 各地方台
    - 工务事项
    - 节目科
      - 播送股
      - 演艺股
      - 编审股
      - 新闻股
    - 监督指导
    - 各地方台
    - 节目事项
    - 业务科
      - 登记股
      - 征收股
      - 广告股
      - 大安修理股
    - 监督指导
    - 各地方台
    - 业务事项
    - 总务科
      - 出纳股
      - 保管股
      - 文书股
      - 庶务股
    - 会计室
    - 人事室
    - ………台中广播电台
    - ………台南广播电台
    - ………嘉义广播电台
    - ………花莲广播电台
    - ………台东广播电台

图书在版编目（CIP）数据

新修地方志早期广播史料汇编：全2册/赵玉明，艾红红，刘书峰主编．—北京：中国广播影视出版社，2016.3

（广播电视学学科建设书系）

ISBN 978-7-5043-7317-5

Ⅰ.①新… Ⅱ.①赵… ②艾… ③刘… Ⅲ.①广播事业—新闻事业史—史料—汇编—中国 Ⅳ.①G229.29

中国版本图书馆CIP数据核字（2014）第292099号

新修地方志早期广播史料汇编（上、下）

赵玉明　艾红红　刘书峰　主编

责任编辑　史闻峰
装帧设计　丁　琳
责任校对　张莲芳

出版发行　中国广播影视出版社
电　　话　010-86093580　010-86093583
社　　址　北京市西城区真武庙二条9号
邮　　编　100045
网　　址　www.crtp.com.cn
电子信箱　crtp8@sina.com

经　　销　全国各地新华书店
印　　刷　河北鑫宏源印刷包装有限责任公司

开　　本　710毫米×1000毫米　1/16
字　　数　1202(千)字
印　　张　74.25
版　　次　2016年3月第1版　2016年3月第1次印刷

书　　号　ISBN 978-7-5043-7317-5
定　　价　180.00元